KB241364

2025년판

무역 회계와 세무실무

김겸순 · 정재완 · 황종대 공저

SAMIL | 삼일인포마인

머리말

“수출입실무 관련 무역이론과 조세법률 적용을
이해하기 쉽고 간략하게 전달”

국내거래 부가가치세 세율은 10%인 데 비하여 국내에서 반출하는 재화, 용역의 국외공급, 외국항행용역 등의 부가가치세 세율은 0%이다. 이는 국제적인 거래에 대한 이중과세를 방지하고자 수출하는 국가(생산국)에서는 영세율로 하고, 수입하는 국가(소비국)가 부가가치세(명칭은 다를 수 있다)를 부과하는 제도이다. 그 외 조세정책목적으로 국외거래에 해당하는 외국인도수출 등과 국내소비에 대하여도 영세율로 정하고 있다.

수출과 수입에 관한 경리업무는 국제거래에 관한 무역업무를 먼저 이해하여야 하므로 경리담당자로서는 여간 힘든 일이 아닐 수 없다. 이 책은 무엇보다 물품의 수출입과 관련된 무역실무와 조세법률의 적용을 경리업무를 담당하는 실무자 및 조세전문인에게 이해하기 쉽고 간략하게 전달하는 데 중점을 두었다.

본서는 총 7장으로 구분되어 있다. 1장~2장은 대외무역법과 관세법을 비롯한 무역거래와 관련된 법령의 규정, 무역거래 계약의 체결, 대금결제, 국제운송, 내국신용장과 무역금융 등 무역거래 및 수출입통관 실무를 자세히 서술하여 다음의 3장~7장까지의 세무회계실무 전반을 이해하기 쉽도록 하였다. 예컨대, 1장에서 수출입 물품의 인도책임은 무역관행상 언제 완료되는지 그리고 대금의 회수와 또는 지급방법은 어떻게 이루어지는지를 알면 세무회계의 처리가 한결 쉬워질 것이다.

1. 최근 세법 개정 및 판례 사항 중 본서에 반영한 몇 가지를 정리하면 다음과 같다.

① 2022.2.15. 이후 신고(경정포함)분부터 전자상거래 소매 중개업이, 2020.7.1.부터는 해당 법률에 따른 투자자문업(해당 국가에서 우리나라의 거주자 등에 동일하게 면세하는 경우에 한정)이 각각 영세율이 적용되는 외화획득용역 범위에 포함되었다.

② 2021.2.17.부터 수출 또는 외국용역 채권으로서 한국무역보험공사로부터 회수불능으로 확인된 채권은 대손처리가 가능하다.

③ 부가령 제33조 제2항 제1호 각 목에 해당하는 재화 또는 용역을 공급하고 그 대금을 핀테크(FinTech)기업의 외화송금서비스를 통한 원화로의 입금은 외화입금으로 보지 아니한다는 해석이다.

④ 관세법에 따른 수입신고수리 전의 보세구역 보관물품은 외국으로의 반출거래를 위한 영세율거래임을 명확히 하였다.

⑤ 구매대행용역은 국제운송용역에 포함되지 아니하여 영세율거래가 아니라는 대법원 판례와 영세율에 해당하는 크루즈 여행상품 등의 예규를 반영하였다.

⑥ 국제연합군 또는 미국군, 외국항행 선박 및 항공기 또는 원양어선에 공급하는 재화 또는 용역은 직접 공급하는 자만 영세율 적용이라는 국세청 해석과 달리 조세심판원은 하청받아 공급하는 경우도 영세율 대상거래로 판단하였다.

⑦ 국내 반입없이 국외에서 국외로 이동하는 재화에 대하여 발급된 선하증권을 국내에서 양도하는 경우 부가가치세 과세대상이 아닌 것으로 예규를 변경하였다.

⑧ 기명식, 무기명선하증권의 양도에 따른 세무처리에 대하여 국세청, 기재부, 조세심판결정을 사례별로 분석 · 수록하였다.

2. 최근 무역관련 법령 등 개정사항 중 본서에 반영한 몇 가지는 다음과 같다.

① 2023년도부터 물품 수출에 따른 관세등의 환급 신청기한을 종전 수출신고수리일로부터 2년에서 5년으로 연장하여 환급신청을 용이하게 하도록 하였다.

② 수출입기업의 부담 완화를 위하여 통관단계에서 세관이 실시하는 수출 또는 수입물품검사에 따른 검사수수료, 파출수수료 등을 폐지하였다.

③ 명의대여를 통한 관세회피를 방지하기 위하여 관세부과 제척기간의 예외 사유를 신설하고, 성실납세 유도를 목적으로 수정신고에 따른 과소신고가산세 감면율을 상향 조정하였다.

④ 중소수출기업 지원을 위해 간이정액환급률표에 따라 환급받을 수 있는 환급대상의 기준을 직전 2년간 매년도 환급실적 및 당해연도 환급신청일까지의 환급실적이 각각 '6억원 이하'일 것에서 각각 '8억원 이하'일 것으로 완화하고, 해당 환급실적의 범위에서 원재료를 수입한 상태 그대로 수출한 경우 해당 수출물품 관련 환급실적은 제외하도록 하였다.

⑤ 거주자가 외국에 있는 부동산 등을 취득 등 신고의무를 이행하지 아니한 경우에는 금액에 따라서 과태료, 벌금, 징역, 외국환 몰수 등 제재가 강화되었다(외국환거래법 32).

　본서는 공저로 집필되었다. 세무사업무와 무역 및 수출입통관업무, 국세청의 부가가치세 영세율예규업무 등 이 분야에 많은 강의와 저술을 하고 있는 필자 셋이 전공부분에서 최대한의 장점을 살리고자 하였다. 이러한 의도가 이 책을 활용하는 분들께 도움이 되기를 기대한다. 마지막으로 금융연수원 홍종덕 교수님을 비롯, 집필에 도움을 주신 여러분께 깊은 감사를 드린다.

2025년 6월
공동저자

차 례

차례

제 5 장 수출회계 · 895

차 례

제1장

무역실무기초

제1절

무역실무 개관

 **무역의 의의**

(1) 무역의 개념

무역이란 좁게는 국제간의 물품의 이동을 말하며, 국가와 국가 사이에 서로 필요한 물품, 자본, 기술 등을 거래하는 경제활동을 말한다. 외국무역 또는 대외무역이라고도 부르며 국제상거래에 참여한다는 의미에서 국제무역 또는 세계무역이라고 혼용하기도 한다. 무역은 한 나라를 중심으로 할 때 수출 또는 수입으로 이루어진다. 그러나 통상적인 용어가 아닌 법령에서 정하는 수출과 수입의 개념은 법령에 따라 차이가 날 수 있다. 무역의 기본법인 대외무역법상 수출, 수입의 개념과 물품의 수출입통관 및 관세과세에 적용되는 관세법상의 수출 및 수입의 개념도 차이가 있다.

(2) 무역의 특성

무역거래는 언어, 법률, 제도, 상관습 등 제반환경이 다른 국가간에 이루어지기 때문에 복잡하고 다양한 계약 및 절차에 따라 이루어지게 된다. 따라서 거래에서는 통상 매도인과 매수인의 책임과 관련한 상관습을 정형화한 정형거래조건을 사용하며, 장거리 운송에 따른 운송위험, 상대방에 대한 신용위험, 환위험, 국가채무불이행 선언과 같은 비상위험, 그리고 전쟁과 폭동 등 불가항력적 상황의 발생과 같은 위험이 따를 수 있다.

(3) 무역거래의 대상

무역거래의 대상에는 상품, 고정자산 등 유형의 재화와 기술, 용역(서비스), 자본, 전자적 형태의 무체물 등이 있다.

(1) 무역업 정의

「무역업」이란 용어를 대외무역법령에서 따로 정의하고 있지는 않다. 그러나 대외무역법 상 무역이 "물품이나 대통령령으로 규정한 용역[1] 또는 전자적형태의 무체물[2]을 수출 또는 수입하는 것"을 의미하므로, 이러한 무역을 사업으로서 영위하는 것을 무역업이라 정의할 수 있다.

(2) 무역업고유번호

무역을 업으로 영위하는 자에 대해서는 일찍이 대외무역 관련 법령으로 허가제나 등록 제, 신고제 등을 적용해 정부가 개입하였으나 1999년말 법 개정으로 2000년 1월부터 이러한 개입을 전면 폐지하였다. 대신 「대외무역법 시행령」(이하 "대외무역령") 제21조 제1항 및 「대외무역관리규정」 제24조에 무역업고유번호 부여제도를 규정해 시행하고 있으나, 이러한 번호부여도 무역업자에 대한 필수적 의무사항은 아니다. 즉, 대외무역관리규정(제24조) 상 「대외무역법」 제2조 제1호에 따른 무역을 업으로 하고자 하는 자는 무역업고유번호를 한국무역협회장에게 신청해야 하며, 한국무역협회장은 접수 즉시 신청자에게 무역업고유 번호증을 발급하여야 한다(대외무역관리규정 §24 ①, ②)라고 규정은 되어 있지만, 이 규정이 무역업 영위의 전제조건은 아닌 것이다. 따라서 무역업고유번호를 부여받지 않았다 하여 처벌을 받거나 무역활동에 어떤 제한을 받는 것은 아니다. 다만, 한국무역협회 회원 가입을 통해 무역업고유번호를 부여받게 되면 무역협회 회원사로서 여러 혜택을 누리는 것이 가능 하고, 수출입신고서 등에도 무역업고유번호를 기재하도록 하기 때문에 편리한 점이 많다. 이 경우 물론 무역협회 회원사로서 협회비를 부담할 의무를 진다.

---

1) 여기에 규정된 용역은 ① 「부가가치세법 시행령」 제3조에 따른 용역(출판업과 영상·오디오 기록물 제작 및 배급업을 포함한다), ② 지식기반용역 등 수출유망산업으로서 산업통상자원부장관이 정하여 고시하는 업종 의 사업을 영위하는 자가 제공하는 용역, ③ 국내의 법령 또는 대한민국이 당사자인 조약에 따라 보호되는 특허권·실용신안권·디자인권·상표권·저작권·저작인접권·프로그램저작권·반도체집적회로의 배치설 계권의 양도(讓渡), 전용실시권(專用實施權)의 설정 또는 통상실시권(通常實施權)의 허락 등이다(대외무역 령 §3).
2) 여기에 규정된 전자적형태의 무체물은 ① 「소프트웨어 진흥법」 제2조 제1호에 따른 소프트웨어, ② 부호·문 자·음성·음향·이미지·영상 등을 디지털 방식으로 제작하거나 처리한 자료 또는 정보 등으로서 산업통상 자원부장관이 정하여 고시하는 것, ③ ①과 ②의 집합체와 그 밖에 이와 유사한 전자적 형태의 무체물로서 산업통상자원부장관이 정하여 고시하는 것 등이다(대외무역령 §4).

(3) 신청방법

무역업고유번호의 신청방법은 한국무역협회를 직접 방문하거나, 우편, 팩시밀리, 전자우편, 전자문서교환체제(EDI) 등의 방법으로 한국무역협회장에게 신청하거나 한국무역협회 웹사이트에 접속하여 회원가입(무역업고유번호 신청 포함)을 클릭하여 신청한다.

| 무역업고유번호 신청절차 |

구 분	내 용
수출입행위의 범위	• 수출입취급품목의 제한은 없으나, 약사법 등 다른 법률에 인허가 사항이 있으면 이를 이행한 다음 신청 가능 • 수출입 대행의 경우도 가능
신청요건	사업자등록증을 보유한 개인 또는 법인(무역협회 회원사로 가입시 무역업고유번호는 자동부여)
신청방법	① 온라인 신청(PDF 파일로 첨부) : 원본대조필을 한 사업자등록증 사본 1부, 법인 인감증명서 1부 (개인사업자의 경우 대표자 개인 인감증명서 1부) ② 방문 신청 : 무역업고유번호신청서 1부 및 원본대조필을 한 사업자등록증 사본 1부
유효기간	기간제한 없음

(4) 무역업고유번호를 부여받은 자의 의무 및 승계

무역업고유번호를 부여받은 자가 상호, 대표자, 주소, 전화번호 등의 변동사항이 발생한 경우 변동사항 발생일로부터 20일 이내에 한국무역협회에서 운영하고 있는 무역업 데이터베이스에 변동사항을 수정입력하여야 한다.

또한 무역업고유번호를 부여받은 자가 합병, 상속, 영업의 양수도 등 지위변동이 발생한 경우 증빙서류를 갖추어 신청한 경우에는 무역업고유번호를 승계할 수 있다(대외무역관리규정 §24 ③, ④).

(5) 대외무역법상 전문무역상사의 지정 및 지원

산업통상자원부장관은 신시장 개척, 신제품 발굴 및 중소기업·중견기업의 수출확대를 위하여 수출실적 및 중소기업 제품 수출비중 등을 고려하여 무역거래자 중에서 전문무역상사를 지정하고 지원할 수 있다. 전문무역상사제도는 2009년 10월 종합무역상사제도가 폐지된 이후, 수출역량이 부족한 중소·중견기업의 간접수출 지원을 위해 운영하고 있는 것이다. 2014년 7월 대외무역법 시행령 등의 개정을 통해 전문무역상사 제도가 법제화되었다.
전문무역상사로 지정받을 수 있는 자는 다음의 기준을 모두 충족하는 자이다(대외무역관리규
정 §7 ①[3]). 지정기간은 2년이며, 갱신될 수 있다.
　① 전년도의 수출실적 또는 최근 3년간의 평균 수출실적이 미화 100만불 이상인 자
　② 전체 수출실적 대비 타 중소·중견기업 생산 제품의 전년도 수출 비중 또는 최근 3년
　　간 평균 수출 비중이 100분의 20 이상인 자

| 전문무역상사 제도의 모델 |

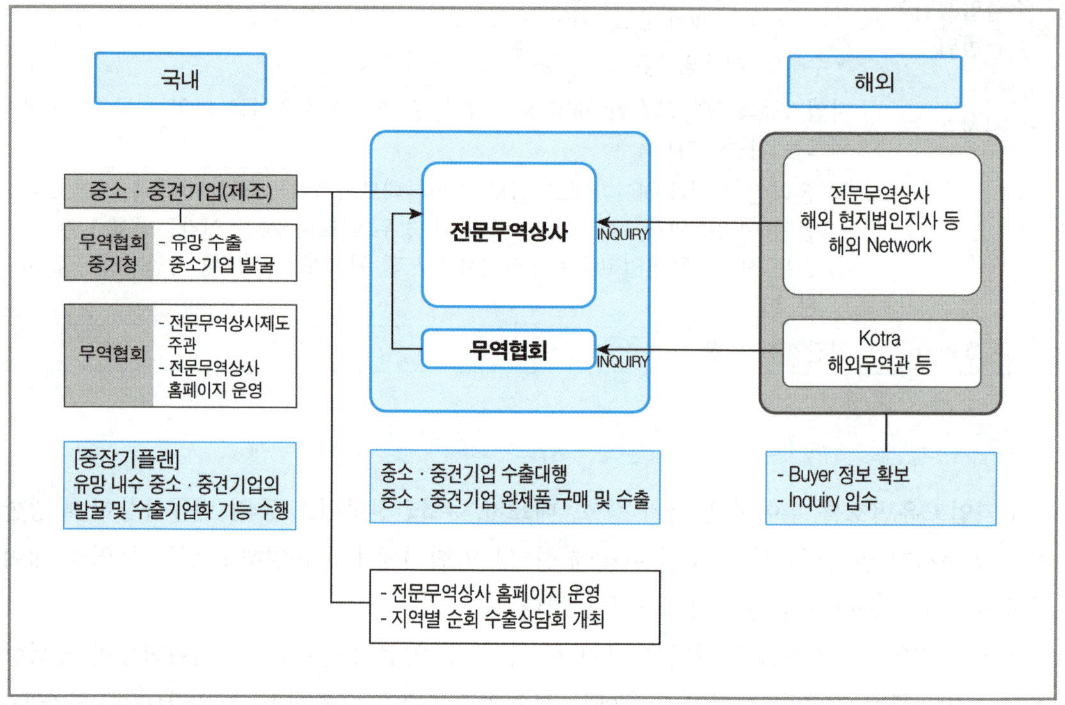

자료 : 한국무역협회

---

3) 이 외에도 신시장의 개척, 신제품의 발굴 및 중소기업 또는 중견기업에 대한 효과적인 수출 지원 등을 위하여
　산업통상자원부장관이 업종별 특성과 조합 등 법인의 조직 형태별 수출 특성을 고려해 대외무역관리규정 제7
　조 제2항과 제3항에 규정한 기준을 갖춘 자도 전문무역상사 지정을 받을 수 있다.

3 해외지사의 설치 등

(1) 개요

해외지사(비금융기관 해외지사)는 지점, 지사, 출장소, 사무소, 지부, 주재소, 현지법인 등 여러 가지 명칭으로 호칭되고 있으나 「외국환거래법」에서는 국내업체가 외국에 설치·운영하는 해외지사를 해외지점과 해외사무소로 구분하여 관리하고 있다(외국환거래규정 §9-17).

(2) 해외지사의 활동범위

항목/구분	해외지점	해외사무소
의의	독립채산제를 원칙으로 하여 외국에서 영업활동을 영위(일정한도의 영업기금 보유) ☞ 현지법인 현지주재국의 법률에 따라 법인격을 갖춘 경우로 해외투자 허가를 받아 합작법인을 설립하는 경우가 대부분이다.	직접 L/C개설 등 외국에서 영업활동은 영위하지 못하고 업무연락, 시장조사, 연구개발활동 등 비영업 적인 기능만 수행하거나 비영리 단체가 국외에서 당해 단체의 설립 목적에 부합하는 활동을 수행하기 위하여 설치
활동범위	① 주재국의 법률에 따라 본·지사간의 독립채산제에 의거 해외 영업기금을 바탕으로 자유롭게 영업활동 ② 본국으로부터 대리점수수료, 대행지급금, 기타 중계수수료 등을 지급받을 수 있다. ③ 본국의 외국환은행 및 본사의 지급보증에 의거 현지에서 금융지원(현지금융)을 받을 수 있다. ④ 한국은행총재에게 신고하여 수리가 되면 부동산에 관한 거래 또는 행위, 증권에 관한 거래 또는 행위, 비거주자에 대한 상환기간이 1년을 초과하는 대부 등을 할 수 있다.	직접적인 영업활동을 제외한 단순 세일즈업무, 시장조사, 본·지사간 업무연락 등
사후관리	① 설치신고를 한 날로부터 6월 이내에 현지 법규에 의한 등록증 등 지사설치를 확인할 수 있는 서류를 첨부하여 지정 거래 외국환은행의 장에게 설치행위의 완료내용을 보고하여야 한다. ② 부동산의 취득이나 처분시 그 취득 또는 처분일부터 6월 이내에 취득 또는 처분내용을 지정 거래 외국환은행의 장에게 보고하여야 한다.	좌동

항목/구분	해외지점	해외사무소
사후관리	③ 당해 해외지사의 연도별 영업활동상황(외화자금의 차입 및 대여명세표 포함)을 해당연도 종료일로부터 2월 이내에 지정거래 외국환은행의 장에게 제출하여야 한다. ④ 영업기금, 설치비, 유지활동비의 지급은 해외지사설치 신고를 한 지정거래 외국환은행을 통하여야 한다. ⑤ 지정거래 외국환은행은 해외지사별 부동산 취득, 처분현황, 영업기금, 유지활동비 지급현황을 해당연도 종료일부터 3월 이내에 한국은행 총재에게 보고하여야 한다.	좌동

(3) 해외지사의 설치신고

항목구분	해외지점	해외사무소
신고대상	① 과거 1년간 외화획득실적이 미화 100만불 이상인 자 ② 한국무역협회장 또는 주무부장관이 외화획득전망 등을 고려하여 해외지점의 설치가 필요하다고 인정하는 자 ☞ 한국무역협회장 추천기준 무역업고유번호를 받은 업체로서 다음 중 어느 하나의 요건을 충족하는 자 ① 과거 1년간 외화획득실적 10만불 이상 ② 10만불 이상의 취소불능신용장 수취 또는 수출계약을 체결한 업체 ③ 사업계획서를 검토하여 설치의 필요성이 인정된 경우 〈구비서류〉 ① 추천서(소정양식) ② 수출실적(외화획득)증명서 또는 L/C 사본 ③ 사업계획서 ④ 법인등기부등본(개인은 사업자등록증)	① 과거 1년간 외화획득실적이 미화 30만불 이상인 자 ② 외화획득업자로서 외화획득실적이 미화 30만불에 미달하는 2인 이상이 공동으로 하나의 해외사무소를 설치하고자 하는 자 ③ 대외무역법에 의하여 무역업을 영위하는 법인으로서 설립 후 1년이 경과한 자 ④ 기타 주무부장관 또는 중소벤처기업부장관 또는 한국무역협회장이 해외사무소의 설치가 불가피하다고 인정한 자 (비영리단체를 포함) ☞ 한국무역협회장 추천기준 사업계획서를 검토하여 설치의 필요성이 인정되는 경우(수출입과 관련 없는 업종은 업종관할 주무부장관 추천) 〈구비서류〉 ① 추천서(소정양식) ② 외화획득증명서 또는 L/C 사본 ③ 사업계획서 ④ 법인등기부등본(개인은 사업자등록증)

항목구분	해외지점	해외사무소
	사본	사본 ☞ 무역업자 이외의 자에 대한 해외사무소 설치 허용대상 ① 정부투자기관 ② 금융감독원 ③ 과거 1년간 유치한 관광객 수가 8천 명 이상인 국제여행 알선업자 ④ 외화획득업자나 수출품 또는 군납품 생산업자로 구성된 협회 또는 조합 등의 법인 ⑤ 중소기업협동조합 ⑥ 국내의 신문사·통신사 및 방송국 ⑦ 기술개발촉진법령에 의하여 교육과학기술부장관으로부터 국외에 기업부설연구소의 설치가 필요하다고 인정받은 자

※ 출처 : 한국무역협회 홈페이지

4 무역 관련 주요 국내법규

대외무역을 규율하는 기본법은 대외무역법이다. 그러나 물품의 통관 및 수입물품에 대한 관세의 부과징수를 규정한 관세법, 대외지급과 영수에 대해 규정한 외국환거래법도 무역과 특히 밀접한 관련이 있다. 그 외 개별법으로서 약사법, 마약류 관리에 관한 법률 등 약 60여 개 법률에도 수출입과 관련한 규율내용이 있다. 이러한 개별법의 내용은 대외무역관리규정에 따라 산업통상자원부장관이 공고하는 통합공고를 보면 확인할 수 있다. 주요 대외무역 관계 법률의 개요는 다음과 같다.

① **대외무역법** : 대외무역을 진흥하고 공정한 거래질서를 확립하여 국제수지의 균형과 통상 확대를 도모함을 주요 목적으로 한다. 하위법령으로는 동법 시행령과 대외무역 관리규정이 있다.

② **불공정무역행위조사및산업피해구제에관한법률** : 이 법은 불공정한 무역행위와 수입의 증가 등으로 인한 국내산업의 피해를 조사·구제하는 절차를 정함으로써 공정한

무역질서 확립과 국내산업 보호를 목적으로 한다. 하위법령으로 동법 시행령과 시행규칙이 있다.

③ **자유무역지역의지정및운영에관한법률** : 이 법은 자유무역지역의 지정과 운영에 관하여 규율함을 목적으로 한다. 자유무역지역은 관세법·대외무역법 등에 대한 특례와 지원을 통하여 관세 등의 부담 없이 자유로운 제조·물류·유통 및 무역활동을 보장하기 위한 지역이다. 하위법령으로 동법 시행령과 시행규칙이 있다.

④ **외국환거래법** : 외국환거래와 관련된 규율을 주요 목적으로 한다. 이 법에 따라 환율과 외국환의 거래, 대외지급과 영수, 자본거래 등에 대한 규율이 이루어진다. 외국환거래법의 하위법령으로는 동법 시행령과 외국환거래규정이 있다.

⑤ **관세법** : 물품의 수출입통관과 관세의 부과 등에 관한 규율을 주요 목적으로 한다. 관세법의 하위법령으로는 동법 시행령과 시행규칙이 있다.

⑥ **수출용원재료에대한관세등환급에관한특례법**(약칭하여 **관세환급특례법**) : 물품수출에 따른 관세, 개별소비세, 주세, 교통·에너지·환경세, 교육세, 농어촌특별세의 환급에 대하여 규정하고 있다. 이 법에 의한 조세환급은 수출물품 제조에 소요된 원재료가 당초 수입될 경우 납부한 제세에 국한된다. 하위법령으로 동법 시행령과 시행규칙이 있다.

⑦ **자유무역협정의이행을위한관세법의특례에관한법률**(약칭하여 **FTA관세특례법**) : 우리나라가 다른 나라와 체결한 자유무역협정(FTA)의 이행을 위하여 필요한 관세의 부과·징수 및 감면, 수출입물품의 통관 등 관세법의 특례에 관한 사항을 규정하고 있다. 하위법령으로 동법 시행령과 시행규칙이 있다.

⑧ **부가가치세법, 개별소비세법, 주세법, 교통·에너지·환경세법, 교육세법, 농어촌특별세법, 지방세법** : 이들 내국세법 등에는 수입물품에 부과되는 조세와 수출에 따른 감면세, 환급, 영세율 적용 등을 규정하고 있다. 하위법령으로 각 세법의 시행령과 시행규칙이 있다.

⑨ **외국인투자촉진법** : 이 법은 외국인투자에 대한 지원과 편의제공 등을 통해 외국인투자의 유치를 촉진하고자 하는 것이다. 하위법령으로 동법 시행령과 시행규칙이 있다.

⑩ **무역보험법** : 이 법은 무역과 해외투자를 촉진하기 위한 무역보험제도의 운영을 주된 목적으로 한다. 무역보험의 종류는 한국무역보험공사가 산업통상자원부장관의 승인을 받아 정한다. 하위법령으로 동법 시행령과 시행규칙이 있다.

⑪ **한국은행금융중개지원대출관련무역금융지원프로그램운용세칙** : 수출물품의 구매, 수

출물품 제조용원재료의 수입 또는 국내조달, 수출물품의 생산 등에 필요한 자금을 무역금융으로서 제공하는 것과 관련한 한국은행(www.bok.or.kr)의 규칙이다. 이 규정에 따라 무역업자는 시중은행에서 일반대출금리보다 약간 낮은 금리의 무역금융을 이용할 수 있다. 이 규칙에 내국신용장에 관한 자세한 규정이 있다. 하위규정으로 한국은행무역금융취급절차가 있다.

⑫ **한국수출입은행법** : 한국수출입은행을 설립하여 수출입과 해외투자 및 해외자원개발에 필요한 금융을 공여하기 위한 법이다. 하위법령으로 동법 시행령이 있다.

⑬ **중재법** : 이 법은 사법상의 분쟁을 중재에 따라 적정·공평·신속하게 처리하기 위한 상사중재제도의 운영을 주요 목적으로 한다.

⑭ **무역거래기반조성에관한법률** : 이 법은 무역거래기반을 효율적·체계적으로 조성하여 균형적인 무역거래의 확대를 목적으로 하고 있다. 이 법에 의해 무역전시산업의 육성, 전자무역거래기반의 확충, 무역정보의 유통촉진, 무역전문인력의 육성·훈련, 무역거래기반조성에 관한 자금지원 등이 이루어진다. 이 법률과 관련하여 무역자동화 서비스를 제공하는 곳으로 한국무역정보통신(KTNET : www.ktnet.co.kr)이 있다. 하위법령으로 동법 시행령이 있다.

5 무역 관련 주요 조약

① **세계무역기구(WTO) 협정** : WTO 협정은 모든 WTO 회원국에 법적 구속력을 가지며, 회원국은 자기나라의 법률, 규정 및 행정절차가 협정에 규정된 의무에 합치될 것으로 보장하여야 한다.[4] 즉 WTO체제 하에서 각국의 무역에 대한 규제는 WTO 협정이 직접적인 규범으로 작용한다. 2023년 2월 현재 우리나라를 포함 전세계 164개국이 회원으로 가입하고 있다.[5] 회원국들은 국내법 체계에 WTO 협정내용을 수용하는 것으로 이를 이행하고 있다. WTO 협정은 다음의 표와 같이 WTO 설립협정과 그 부속서로 구성되어 있다. 여기에서 다자간무역협정에 속하는 것은 WTO 설립협정의 일부로서 모든 WTO 회원국에 구속력을 가진다. 이 협정에 규정된 의무를 면제받으려면 회원국 3/4 이상 동의를 받아야 하므로 특별한 사정이 없는 한 사실상 의무면제는 불가

---

4) WTO 설립협정 제2조 제2항 및 제16조 제4항
5) 회원국은 정치적 주권국가와는 별개이다. 중국의 경우 중국과 홍콩, 마카오가 각각 별개의 회원국으로 가입하고 있다. 물론 대만도 별개의 회원국이다.

능하다. 반면 복수국간 무역협정은 이를 수락한 회원국에 대하여만 구속력을 갖는다. 우리나라는 복수국간 무역협정도 모두 수락하고 있다.

② 세관절차의 간소화 및 조화에 관한 국제협약(International Convention on the Simplification and Harmonization of Customs Procedures; 일명 '교토협약') : 이 협약은 국제무역과 기타 국제적 교환을 저해할 수 있는 체약당사국들의 국경 통관절차 및 관행의 간소화와 조화를 통하여 무역확대에 기여함을 목적으로 세계관세기구(WCO)가 다자간조약으로 제정하였다. 우리나라도 가입한 개정교토협약은 2006년 2월 발효되었다.

③ 국제물품매매계약에 관한 유엔협약(United Nations Convention on Contracts for the International Sale of Goods : CISG, 일명 '비엔나 협약') : 국제물품매매에 관한 일반적이고 보편적인 당사자의 의무 및 구제방안을 규정하고 있다. 국제물품매매에 관한 당사자의 의무에 관해서는 국제상업회의소가 제정한 INCOTERMS가 있으나 이는 당사자들이 이를 따른다고 합의하지 않은 경우 구속력이 없다. CISG 또한 거래당사자가 그 적용을 배제하기로 합의한 경우 적용되지 아니한다. 우리나라에서는 2005년 3월 발효되었다.

④ 외국중재판정의 승인 및 강제집행에 관한 UN협약(UN Convention on Recognition and Enforcement of Foreign Arbitral Award, 일명 '뉴욕협약') : 이 협약은 중재판정의 실효성확보에 관한 내용을 담고 있다. 즉 국제적인 거래당사자 간의 분쟁에 대한 중재판정이 이루어졌을 경우 체약국간에는 상호 외국에서 이루어진 중재판정을 승인하고 집행함으로써 중재판정의 실효성을 높여 주기 위한 것이다.

6　무역 관련 주요 국제규범

① 정형거래조건의 해석에 관한 국제규칙(International Rules for the Interpretation of Trade Terms : INCOTERMS) : 국제매매거래에서 매도인과 매수인간 물품인도에 관한 책임, 비용 및 위험부담에 관한 책임, 인도에 따른 대금결제 및 필요한 서류제공 책임 등을 어떻게 나누어 부담할 것인가에 대해 이를 11개 조건으로 나누어 정하고 있다. 국제상업회의소(ICC)가 1923년에 제정하여 수차례 개정을 거쳐 현재 INCOTERMS(2020)이 적용되고 있다. 이 규범은 강제성이 있는 것이 아니므로 거래당사자가 합의하였을 경우에만 규범으로 적용되나[6], 대부분 무역거래에서 적용한다. 무역계약서에 "The

---

6) INCOTERMS, 신용장통일규칙 등의 규범과 해당국의 법령이 다른 경우 당연히 법령이 우선 적용된다. 또한

Seller and the Buyer shall be governed by the provision of INCOTERMS 2020"라는
문언이 명기될 경우 적용된다.

② **개정 미국 외국무역정의**(Revised American Foreign Trade Definitions) : 전 미국무역협회가
육상운송수단을 많이 이용하는 미국의 지리적 특성을 고려하여 매도인과 매수인간
정형거래조건을 규정한 것이다. 1919년 최초로 제정되었는데, 여러 번의 개정을 거쳐
현재 1990년 개정규범이 적용되고 있다. 이 규범에는 INCOTERMS와는 다른 다양한
FOB조건에 관한 규정이 포함되어 있다. 이 규범도 거래당사자가 계약으로 합의하였
을 경우 적용된다.

③ **신용장통일규칙**(The Uniform Customs and Practice for Commercial Documentary Credit) : 국
제상업회의소가 신용장의 형식이나 용어 및 해석에 통일을 기하기 위하여 1933년 제
정하였다. 그 후 수차례 개정을 거쳐 현재 2007년 제6차 개정본(UCP[7] 600)이 2007년
7월 1일부터 규범으로 적용되고 있다. 이 규범도 거래당사자가 합의하였을 경우에만
적용된다. 이 규범을 적용하고자 할 경우에는 신용장에 "Subject to The Uniform
Customs and Practice for Documentary Credit, 2007 Revision, ICC Publication
No.600"이라는 문언을 기재하여야 한다. 신용장통일규칙의 준거문언이 삽입되어 있
는 경우도 거래당사자가 신용장통일규칙의 일부를 배제하거나 이와 다른 내용을 신
용장상에 특약으로 규정한다면 그러한 내용이 신용장통일규칙보다 우선 적용된다.[8]

④ **추심에 관한 통일규칙**(Uniform Rules for the Collections) : 국제상업회의소가 무신용장 인
수인도(D/A) 및 무신용장 지급인도(D/P)조건의 거래에 있어 어음추심에 관하여 규정
한 것이다. 1956년 제정되어 1978년 및 1995년 개정되었다. 거래당사자가 이 규칙 적
용에 합의하였을 경우에만 적용된다. 이 규범을 적용하고자 할 경우에는 추심지시서
에 "Subject to Uniform Rules for Collections, 1995 Revision, ICC Publication No.522"
라는 문언을 기재하여야 한다.

거래당사자가 규범의 일부를 배제하거나 변경하여 적용하는 것도 가능하다.
7) UCP는 국제상업회의소가 제정한 신용장통일규칙(The Uniform Customs and Practice for Commercial
   Documentary Credit)의 약자이다.
8) UCP 600 제1조

(1) 중앙행정기관 등

대외무역관리 즉 대외무역과 통상정책에 관한 최고중앙행정기관은 산업통상자원부이며, 기획재정부·외교부·행정안전부·농림축산식품부·보건복지부·국토교통부·문화체육관광부·환경부·교육부 등의 협조중앙행정기관이 있다.

(2) 산업통상자원부 업무의 주요 위임 및 위탁관리기관

1) 중앙행정기관 등

산업통상자원부장관은 「대외무역법」 제52조 제1항에 따라 다음의 권한을 그 대상 물품 등의 품목에 따라 그 물품 등을 관장하는 중앙행정기관의 장에게 위탁한다. 다만, 산업통상자원부장관이 관장하는 물품 등에 대한 권한은 제외한다(대외무역령 §91 ①).

① 국산원료·기재의 사용촉진을 위한 외화획득용 원료·기재의 수입 제한에 관한 권한

② 외화획득용 원료·기재의 기준 소요량 결정에 관한 권한

③ 외화획득 이행기간의 결정 및 그 연장에 관한 권한

④ 외화획득용 원료·기재 또는 그 원료·기재로 제조된 물품 등(산업통상자원부장관이 정하여 고시하는 품목만 해당한다)에 대한 다음의 권한

  • 외화획득 이행 여부의 사후 관리에 관한 권한

  • 외화획득용 원료·기재 또는 그 원료·기재로 제조된 물품 등의 사용목적 변경승인에 관한 권한

  • 외화획득용 원료·기재 또는 그 원료·기재로 제조된 물품 등의 양도·양수의 승인에 관한 권한

⑤ 무역거래자에 대한 수출입 질서유지를 위한 조정명령에 관한 권한

⑥ 외화획득용 원료·기재 또는 그 원료·기재로 제조된 물품 등의 사용목적 변경승인에 관한 권한 중 특별시장·광역시장·특별자치시장·도지사 또는 특별자치도지사(이하 "시·도지사"라 한다)에게 위임된 사무에 대한 지휘·감독 및 자료의 제출 요청에 관한 권한

2) 국가기술표준원장

산업통상자원부장관은 「대외무역법」 제52조 제1항에 따라 산업통상자원부장관이 관장하는 품목의 물품 등에 대한 다음의 권한을 국가기술표준원장에게 위임한다. 다만, "①"의 권한 중 목재가구에 대한 권한은 국립산림과학원장에게 위탁한다(대외무역령 §91 ②).
  ① 외화획득용 원료·기재의 기준 소요량 결정에 관한 권한
  ② 외화획득의무자의 외화획득 이행 여부의 사후 관리에 관한 권한
  ③ 외화획득용 원료 등의 사용목적변경승인에 관한 사항 중 시·도지사에게 위임된 사무에 대한 지휘·감독 및 자료의 제출요청에 관한 권한
  ④ 산업통상자원부장관이 지정·고시한 관계 행정기관 또는 단체에 위탁된 사무에 대한 지휘·감독 및 자료의 제출 요청에 관한 권한

3) 시·도지사 및 자유무역지역관리원

산업통상자원부장관은 산업통상자원부장관이 관장하는 물품 등에 대한 다음의 권한을 시·도지사에게 위임한다. 다만, 자유무역지역관리원의 관할구역의 입주업체에 대한 권한은 자유무역지역관리원장에게 위임한다(대외무역령 §91 ③).
  ① 외화획득 이행기간의 연장에 관한 권한
  ② 외화획득용 원료·기재 또는 그 원료·기재로 제조된 물품 등의 사용목적 변경승인에 관한 권한

4) 세관장

산업통상자원부장관은 다음의 권한을 세관장에게 위탁한다. 다만, "⑦"의 권한 중 자유무역지역관리원의 관할구역의 입주업체에 대한 권한은 자유무역지역관리원장에게 위임한다(대외무역령 §91 ④).
  ① 수출입 승인 면제의 확인에 관한 권한
  ② 수입물품 통관시 원산지 표시의 확인에 관한 권한
  ③ 원산지표시규정 위반 확인을 위한 수입한 물품 등과 관련 서류의 검사에 관한 권한
  ④ 원산지표시규정 위반 행위에 대한 시정조치 명령
  ⑤ 원산지표시규정 위반 행위에 대한 과징금 부과 및 과징금 납부기한의 연장, 분할납부 및 그 결정의 취소에 관한 권한
  ⑥ 원산지증명서의 제출 명령에 관한 권한

⑦ 원산지증명서 발급 업무 중 관세양허(關稅讓許)를 받기 위한 원산지증명서 발급 업무
  에 관한 권한
⑧ 「대외무역법」 제59조 제2항 제3호(이 항 제3호의 권한에 따른 경우만 해당한다)의 자(원산지
  표시 위반자 등)에 대한 같은 조 제3항에 따른 과태료의 부과·징수에 관한 권한

5) 한국무역협회 등

산업통상자원부장관은 다음의 업무를 한국무역협회, 한국해운협회(⑤ 업무에만 해당), 한국
관광협회중앙회(⑥ 업무에만 해당), 업종별 관광협회(⑥ 업무에만 해당) 및 한국소프트웨어산업
협회(⑦ 업무에만 해당)에 위탁한다(대외무역령 §91 ⑤).
① 전문무역상사의 지정 및 법 제8조의2 제3항에 따른 지정의 취소
② 무역업고유번호의 부여 및 관리 등 수출입통계 데이터베이스를 구축하기 위한 전산관
  리체제의 개발·운영
③ 수출입 거래에 관한 정보의 수집·분석
④ 용역의 수출입 확인
⑤ 해운업의 수출입 확인(한국해운협회)
⑥ 관광사업의 수출입 확인(한국관광협회중앙회, 업종별 관광협회)
⑦ 전자적 형태의 무체물의 수출입 확인(한국소프트웨어산업협회)

6) 관세청장

산업통상자원부장관은 다음의 권한을 관세청장에게 위탁한다(대외무역령 §91 ⑥).
① 산업통상자원부장관이 정하는 원산지 표시방법의 범위에서 그 표시방법에 관한 세부
  적인 사항을 정하는 권한
② 원산지 표시방법의 확인 및 이의제기에 대한 처리 권한
③ 원산지의 판정 및 이의제기의 처리에 관한 권한
④ 세관장에게 위탁된 사무에 대한 지휘·감독 및 자료의 제출 요청에 관한 권한
⑤ HS 제1류부터 제24류까지의 품목(농수축산물 및 식품) 및 소금에 대한 원산지 표시 위반
  자 중 원산지를 국내산으로 거짓 표시하거나 원산지를 국내산으로 오인하게 하는 표
  시를 하는 행위, 또는 원산지 표시를 국내산으로 변경하는 행위를 한 자(합산한 금액이
  5천만원 이상인자에 한함)의 공표에 관한 권한

7) 관계 행정기관 또는 단체의 장

산업통상자원부장관은 「대외무역법」 제52조 제1항에 따라 수출입승인 대상물품 등에 대한 다음의 권한을 산업통상자원부장관이 지정하여 고시하는 관계 행정기관 또는 단체의 장에게 위탁한다(대외무역령 §91 ⑦).
 ① 수출 또는 수입의 승인, 승인의 유효기간 설정 및 연장, 변경승인 및 변경사항 신고의
    수리에 관한 권한
 ② 외화획득용 원료·기재의 수입승인에 관한 권한
 ③ 산업통상자원부장관이 관장하는 외화획득용 원료·기재에 대한 사후 관리에 관한 권한

8) 한국기계산업진흥회

산업통상자원부장관은 「대외무역법」 제52조 제1항에 따라 법 제32조 제1항에 따른 플랜트수출의 승인 및 변경승인(일괄수주방식에 의한 수출로서 국토교통부장관의 동의가 필요한 경우는 제외한다)에 관한 권한을 「산업발전법」 제38조에 따라 산업통상자원부장관의 인가를 받아 설립된 한국기계산업진흥회(이하 "한국기계산업진흥회")에 위탁한다. 다만, 연불금융(延拂金融) 지원의 경우에는 「한국수출입은행법」에 따른 한국수출입은행에 위탁한다(대외무역령 §91 ⑧).

9) 대한상사중재원

산업통상자원부장관은 「대외무역법」 제52조 제1항에 따라 다음의 권한을 대한상사중재원에 위탁한다(대외무역령 §91 ⑨).
 ① 무역분쟁에 대한 조정 또는 알선에 관한 권한
 ② 무역거래 또는 선적 전 검사와 관련된 분쟁조정, 조정비용 부담 등에 관한 권한

10) 대한상공회의소

산업통상자원부장관은 원산지증명서 발급 업무(관세양허를 받기 위한 원산지증명서 발급 업무를 포함한다)를 「상공회의소법」에 따라 설립된 대한상공회의소나 「민법」 제32조에 따라 설립된 법인 중 산업통상자원부장관이 지정하여 고시하는 법인에 위탁한다(대외무역령 §91 ⑩).

11) 외국환은행의 장 및 전자무역기반사업자

산업통상자원부장관은 구매확인서의 발급 및 사후 관리에 관한 권한을 외국환은행의 장 및 「전자무역 촉진에 관한 법률」 제6조에 따라 산업통상자원부장관이 지정한 전자무역기

반사업자(현재는 한국무역통신뿐임, KTNET)에게 위탁한다(대외무역령 §91 ⑪).

12) 전략물자관리원

산업통상자원부장관은 전략물자의 판정 및 통보에 관한 권한을 전략물자관리원에 위탁한다(대외무역령 §91 ⑫).

(3) 무역관련 범칙행위의 단속기관

무역과 관련된 법률을 어긴 경우 행정범으로 처벌대상이 된다. 대외무역법이나 외국환거래법, 관세법 등에는 다수의 벌칙규정을 두고 있는데, 이러한 벌칙적용 대상자들을 조사하고 처분하는 업무를 수행하는 공무원을 사법경찰관리라 한다. 세관의 사법경찰관리는 소속 관서의 장의 제청에 의하여 그 근무지를 관할하는 지방검찰청검사장이 지명한다. 이들의 업무는 대외무역법 등의 위임이나 위탁에 의해서가 아니라 「사법경찰관리의 직무를 수행할 자와 그 직무범위에 관한 법률」(약칭 : 사법경찰직무법)에 따라 수행된다. 사법경찰직무법에는 무역과 관련된 대부분의 범칙혐의자에 대한 조사단속권이 세관공무원인 사법경찰관리에게 부여되어 있다(사법경찰직무법 §6 ⑭). 주요 내용은 다음과 같다.

① 소속 관서 관할 구역에서 발생하는 「관세법」, 「관세사법」, 「수출용 원재료에 대한 관세 등 환급에 관한 특례법」, 「자유무역협정의 이행을 위한 관세법의 특례에 관한 법률」, 「자유무역지역의 지정 및 운영에 관한 법률」, 「대한민국과 아메리카합중국 간의 상호방위조약 제4조에 의한 시설과 구역 및 대한민국에서의 합중국군대의 지위에 관한 협정의 실시에 따른 관세법 등의 임시특례에 관한 법률」, 「대외무역법」에 규정된 범죄, 「불공정무역행위 조사 및 산업피해구제에 관한 법률」 제4조 제1항 제2호를 위반한 범죄, 수출입 물품의 통관 및 환적과 관련된 지식재산권을 침해하는 범죄, 「외국환거래법」에 규정된 지급수단·증권의 수출입에 관한 범죄, 「외국환거래법」에 규정된 수출입거래에 관한 범죄, 수출입거래와 관련되거나 대체송금을 목적으로 「외국환거래법」 제16조 제3호·제4호의 방법으로 지급 또는 수령하는 경우의 용역거래·자본거래에 관하여 「외국환거래법」에 규정된 범죄, 「외국환거래법」 제8조 제3항을 위반한 범죄, 「외국환거래법」 제8조 제3항 제1호의 외국환업무를 한 자와 그 거래 당사자·관계인에 관하여 「외국환거래법」에 규정된 범죄

② 소속 관서 관할 구역에서 발생하는 가목에 규정된 범죄에 대한 「특정경제범죄 가중처벌 등에 관한 법률」 제4조에 규정된 재산국외도피사범

③ 소속 관서 관할 구역에서 발생하는 가목 및 나목에 규정된 범죄에 대한 「범죄수익은
   닉의 규제 및 처벌 등에 관한 법률」 위반사범
④ 소속 관서 관할 구역 중 우리나라와 외국을 왕래하는 항공기 또는 선박이 입·출항하
   는 공항·항만과 보세구역에서 발생하는 마약·향정신성의약품 및 대마사범
⑤ 소속 관서 관할 구역에서 발생하는 가목에 규정된 범죄와 경합범 관계에 있는 「형법」
   제2편 제20장 문서에 관한 죄 및 같은 편 제21장 인장에 관한 죄에 해당하는 범죄
⑥ 소속 관서 관할 구역에서 발생하는 수출입물품 및 그 가공품(「대외무역법」 제33조에 따른
   원산지표시대상물품)과 관련된 「농수산물의 원산지 표시에 관한 법률」, 수입물품에 대한
   「식품 등의 표시·광고에 관한 법률」, 「건강기능식품에 관한 법률」, 「수입식품안전관리
   특별법」, 「약사법」, 「화장품법」, 「의료기기법」을 위반한 범죄

무역거래 절차

1 무역거래 개요

(1) 무역거래의 일반적인 과정

무역은 수출과 수입으로 나누어진다. 수출과정 속에는 원자재의 수입과정도 포함되므로 여기에서는 [그림 1]을 통해 수출상품의 국내조달에 비중을 두고 무역과정을 단계적으로 살펴본 다음, [그림 2]와 [그림 3]으로 수출과 수입의 전 과정을 개관(槪觀)하기로 한다. 이러한 개관은 전체적인 무역의 흐름을 파악하도록 하기 위한 것이다.

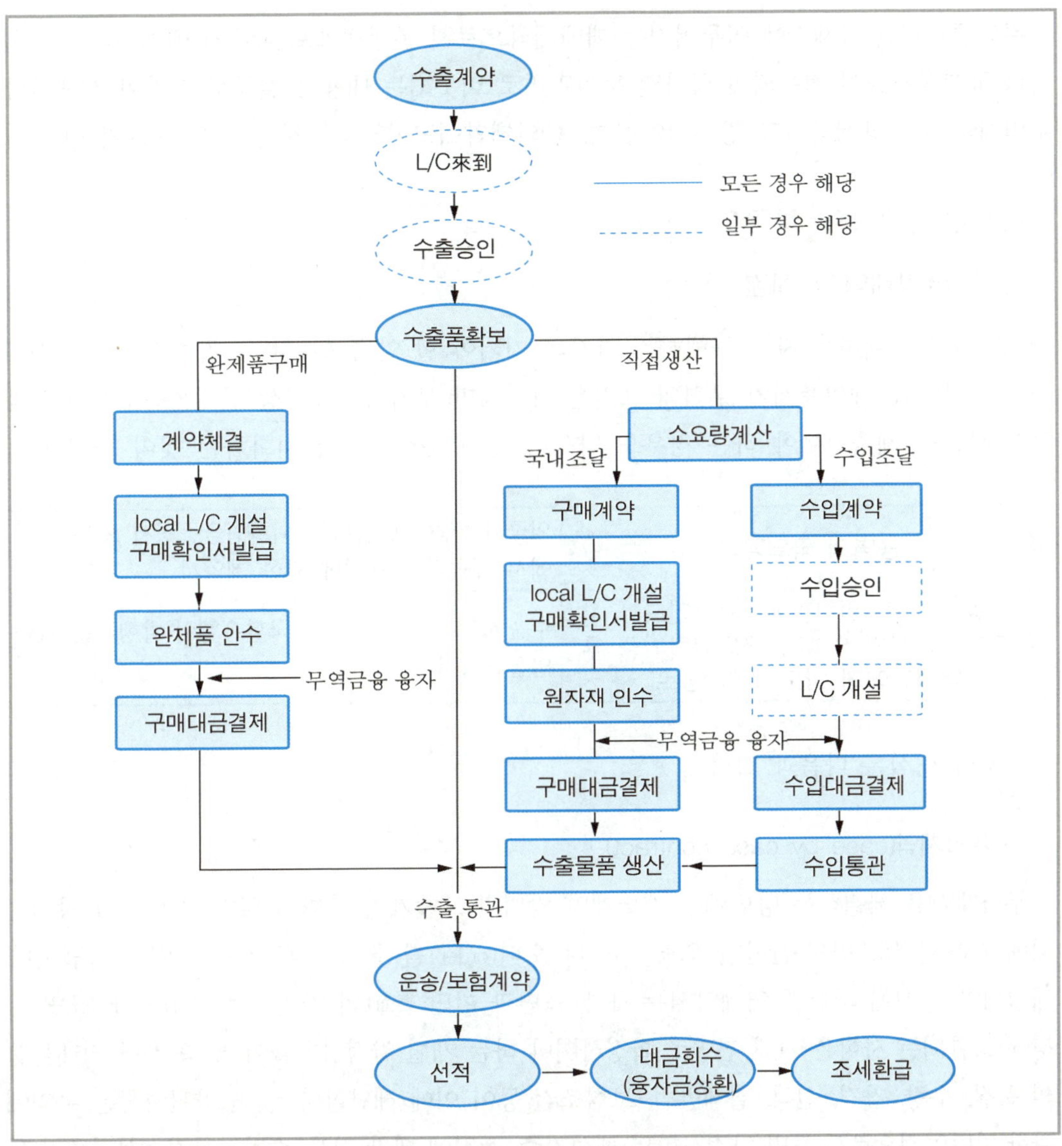

　　[그림 1]은 해상을 통한 일반적인 수출과정을 중심으로 무역의 과정을 보여주고 있다. 이러한 무역과정은 전통적 방식의 무역이나 인터넷을 적극 이용하는 전자상거래 무역이나 별 차이가 없다. 다만, 전자상거래 무역 가운데서 기업과 개인(B2C) 또는 개인간의 거래(C2C)에서는 [그림 1]의 여러 단계가 생략되거나 변형 적용되는 특징이 나타난다. 또한 각 단계에 있어 정보 또는 자료의 교환과정에서 인터넷이 적극적으로 활용된다는 점에서 차이를 보인다.

(2) 무역계약의 의의

무역계약이란 국제간에 이루어지는 매매계약으로서 본질적으로 국내의 매매계약과 동일하나 국제상관습이 적용되며 국가별 무역관리로 비롯되는 내용상 절차상 제약이 가해진다. 무역계약은 유상계약이고 쌍무계약이며, 합의계약이고 불요식 계약의 성격을 가진다.

(3) 무역계약의 종류와 형식

1) 무역계약의 체결

계약서란 판매하는 자와 구매하는 자간의 지켜야 할 약속으로서 그 쌍방의 의사표시가 있는 문서이다. 계약문서가 무역의 요건은 아니지만 부가가치세법상 영세율첨부서류로 계약서 사본을 제출하여야 하는 경우도 다음과 같이 있으므로 문서화하는 것이 좋겠다.

용역의 국외공급	외국환은행이 발급하는 외화입금증명서 또는 국외에서 제공하는 용역에 관한 계약서
중계무역, 위탁판매, 외국인도, 위탁가공방식의 수출과 국외위탁가공 후 내국인에게 양도시 그 원료	수출계약서 사본 또는 외국환은행이 발행하는 외화입금증명서

계약의 형식은 다음과 같다.

① 개별계약(case by case contract)

무역계약을 체결하는 방법에는 개별계약 방법과 포괄계약 방법이 있다. 개별계약 방법은 매매 거래건별로 먼저 간단한 오퍼(offer)나 오더(order)를 확정한 후 계약을 맺는 방법이다. 개별계약 방식에 의한 무역계약서는 대개 표면과 이면(裏面)의 양면으로 구성된다. 표면 약정에 포함되는 사항은 거래 건별로 확정하여야 하는 개별 약정사항들이다. 즉 해당 거래물품의 품질, 수량, 가격, 선적, 결제방법, 보험조건 등이 이에 해당한다. 이면 약관사항은 무역에 관한 일반약정으로서 표면 약정사항의 해석기준, 품질에 대한 검사, 수량·가격·선적조건 등을 정하는 기준, 계약불이행과 관련된 조항, 클레임 조항, 중재조항 등 수출입거래시 일반적으로 적용되는 공통사항이 포함된다. 개별계약은 여러 가지 형태로 이루어진다. 실무에서 흔히 사용되는 개별계약으로는 매도서(Sale Note)와 매입서(Purchase Note), 매도확약서(Confirmation of Sale)와 구매확인서(Confirmation of Purchase), 수출계약서(Export Agreement)와 수입계약서(Import Agreement) 등이 있다.

② 포괄계약(master contract)

　포괄계약('기본계약'이라고도 한다)은 반복하여 행해지는 거래에 대하여 개개 매매의 기본이 되는 사항이나 거래의 공통사항에 대하여 약정한 것을 말한다. 이는 매번 거래할 경우마다 건별로 무역계약을 체결함에 따른 번거로움을 피하는데 적합한 것으로 당사자간 향후 수출입거래준칙에 해당하는 일반거래조건 협정을 체결하는 것이다. 여기에는 개별계약체결시 무역계약서 이면약정사항에 포함되는 무역거래 일반약정과 함께 거래 건별로 오퍼나 오더를 확정하는 방법을 정한다. 이에 따라 개별거래시는 포괄계약에서 정한 바에 의하여 간단한 오퍼나 오더를 교환함으로써 무역계약을 확정한다. 따라서 기본계약이 체결되어도 판매자와 구매자간에 구체적인 권리·의무는 발생하지 않고 해당 계약을 기초로 장래에 개별계약을 체결한다는 권리·의무만 발생한다.

③ 청약(offer)과 승낙(acceptance)

　청약(offer)[9]이란 청약자(offerer)가 피청약자(offeree)와 일정한 조건으로 계약을 체결하고 싶다는 의사표시를 말한다. 이를 '물품매도확약' 또는 '오퍼'라고도 한다. 오퍼는 여러 가지로 분류될 수 있다. 오퍼의 주체를 기준으로 하면 수출상이 물품판매조건을 제시하는 Selling Offer와 수입상이 물품구매조건을 제시하는 Buying Offer로, 오퍼의 발생지를 기준으로 하면 해외에 있는 물품공급자를 대신해서 국내에서 발행하는 국내오퍼와 거래상대국의 물품공급자가 국외에서 발행한 국외오퍼로 구분된다. 또 오퍼의 확정력을 기준으로 확정오퍼(firm offer)[10]와 불확정오퍼(free offer) 등으로 구분하기도 한다.

오퍼에 응하여 그 오퍼내용대로 계약을 성립시키는 피청약자의 의사표시가 승낙(acceptance)이다. 승낙은 원칙적으로 오퍼에 대한 무조건적인 동의를 의미하는 것으로 청약내용에 대해 일정한 단서를 붙이거나 추가 또는 변경을 가하면 승낙이 아니라 반대오퍼가 된다. 승낙은 유효기간 이내에 하여야 하며, 승낙방법이 지정되어 있는 경우 명시된 방법에 따르지 않으면 따로 청약자의 승인이 없는 한 효력을 가지지 못한다. 오퍼는 계약이 이루어지기 이전 단계에서 발행될 수도 있고, 이미 맺어진 포괄계약을 기초로 구체적인 개별 거래를 위해 발행될 수도 있다. 무역계약에서 승낙의 법적 효력발생 시기는 나라마다 차이가 날 수 있는데, 국내법상으로는 면담이나 전화와 같은 대화자간에는 도달주의를, 격지자간 우편을 이용하는 경우에는 발신주의를 원칙으로 한다.

---

9) 무역실무에서 대개 '오퍼'라 부르고 있으므로 이 책에서도 이 용어를 병행하여 사용하기로 한다.
10) 청약자가 승낙기간을 지정하고 그 기간 내에 회답할 것을 조건으로 하는 오퍼를 말한다. 피청약자가 기간 내에 오퍼를 승낙하면 이를 이행하여야 한다.

④ Sales Confirmation 또는 Purchase Order

　Offer Sheet와 비슷한 것으로 Sales Confirmation 또는 Purchase Order가 있다. Sales Confirmation은 수출하고자 하는 자가 먼저 판매조건을 포함한 의사표시를 한다. 그 후 Buyer가 승낙하는 서명을 하면 계약이 성사되는 것이다. 반대의 경우 수입하고자 하는 자가 먼저 Purchase Order를 보내 의사를 표시한다. 그 후 Seller가 승낙하는 서명을 하면 계약이 되는 것이다.

⑤ INVOICE(송장 또는 청구서), COMMERCIAL INVOICE(상업송장)

　COMMERCIAL INVOICE(상업송장)는 무역거래의 일반적 서류이다. 매매 당사자의 이름과 주소, 발행일자, 주문번호, 계약상품의 규격 및 개수, 단가, 거래조건, 거래 총금액 등을 구체적으로 명기한 매매계약서 및 대금청구서로서 송장상의 발행금액은 환어음(Bill of Exchange)을 발행할 경우 발행금액과 일치하여야 한다.
상업송장은 그 작성시기와 용도에 따라 견적송장(Proforma Invoice)과 선적송장(Shipping Invoice)으로 구분한다.

⑥ DEBIT NOTE

대금을 청구하는 청구서이다. 인보이스와 유사하게 사용된다.

⑦ CREDIT NOTE

채무자가 채권자에게 채무액을 확인하는 서류이다.

물품 매매계약서[11]

㈜성공(이하 매수인)과 매도인 ㈜재성(이하 매도인)은 2021년 10월 1일 다음과 같이 계약을 체결한다.

	품목번호	상품 및 명세	수량	단가	금액
◎					
◎					
◎					
◎					
◎					
합 계					

□ 선적시기 :　　　　년　　월　　일
□ 선 적 항 :　　　　　　　　항
□ 도 착 항 :　　　　　　　　항
□ 대금지급

◎	AT SIGHT L/C	일람불취소불능 신용장
◎	USANCE	기한부 취소불능확인 신용장
◎	DP	인수도지급
◎	DA	선적일로부터 [60일] 만기 환어음
◎	DD	요구불어음
◎	TT	선적일로부터 [10일] 이내 전신환
◎	MT	우편환

□ 보험
　매수인이 [CIF]가격의 [110%]부보(ALL risks War an SRCC risks)
□ 포 장 : [Export Standard Packing]
□ Marking : [　　　　　　]

□ 특약사항

---

11) 이 계약서는 국제상업회의소가 권장하는 표준계약서이다. 서식출처 : 트레이드내비(통합무역정보서비스)

□ 기타 본 계약과 관련된 사항은 아래의 일반조건에 따른다.

<table>
<tr><td></td><td>매수인</td><td>매도인</td></tr>
<tr><td>당사자명</td><td></td><td></td></tr>
<tr><td>주   소</td><td></td><td></td></tr>
<tr><td>대표자명</td><td></td><td></td></tr>
<tr><td>서   명</td><td></td><td></td></tr>
</table>

〈일반조건〉

제1조(수량)
본 계약에 정한 수량은 매도인의 선택에 따라 [   ]% 범위 내에서 증감할 수 있다.

제2조(선적)
선하증권에 기재된 일자(B/L date)가 선적일이 된다. 선적에는 [   ]일의 준비기간이 허용되어야 한다. 계약에 별도 규정이 없는 경우 분할선적 및 환적이 허용된다. 매수인이 지정한 선박의 항해가 사전 결정된 선적일보다 늦어진 경우 매도인은 선적지연에 대해 책임이 없다.

제3조(포장)
포장에 관한 사항은 당사자간 합의에 따라 정한다. 만약, 매수인이 특별한 지시를 하는 경우 매수인은 매도인이 동 지시를 따르는데 충분한 시간을 갖도록 적절한 시간을 두고 매도인에게 통보하며 이로 인하여 발생되는 추가 비용은 매수인이 부담한다.

제4조(보험)
CIF와 CIP 조건일 경우 별도 합의가 없는 한 청구서 (계약)금액의 [   ]%를 부보한다. 매수인이 요청하는 추가보험은 매수인의 부담이다. 별도로 정하지 않는 한 보험은 해상보험만 FPA 또는 ICC (c)조항에 따라 커버한다. 매도인은 필요한 경우 매수인의 비용으로 추가보험을 부보할 수 있다.

제5조(비용증가)
매도인의 원가가 본 계약체결일 이후에 운임인상, 세금 기타 정부 부과금 또는 보험료로 상승되거나 환율변동이 매도인의 원가를 상승시키거나 매도인의 수익을 감소시키는 경우 매수인은 매도인의 이러한 원가상승이나 수익감소를 보상하기로 한다. 또한 매수인이 선적연기를 요청하고 매도인이 이에 동의하는 경우 매도인은 생산완료 후 제품을 보관할 수 있으며 이에 따른 모든 비용은 매수인의 부담으로 한다. 상품이 매도인의 시설에 보관되는 경우 적절한 보관료가 추가된다.

제6조(대금지급)
◎ │ AT SIGHT L/C │ 무상환 일람불 취소불능 신용장이 본 계약일로부터 [   ]일 이내에 매도인이 동의하는 일류은행을 통해 개설되고, 동 신용장은 최종선적일로부터 최소한 [   ]일 동안 발효되어야 한다. 신용장금액은 계약금액 및 매수인이 부담할 추가 비용을 커버해야 한다.

◎　　USANCE　　　계약금액을 지급하기 위하여 매수인은 매도인에게 본 계약 체결일로부터 [　　　　　]일 이내에 (어음발행일 또는 선적일기준)[　　　　　]월의 기한부 취소불능확인 신용장을 액면금액 [　　　　　], 수혜자를 매도인으로 하여 매도인과 매수인이 합의한 조건으로 개설한다.

◎　　　DP　　　　선적 후 매도인은 매수인 앞으로 발행한 일람불어음 및 필요(선적)서류를 은행을 통하여 매수인에게 제시한다. 매수인은 동 어음과 필요서류를 제시받은 즉시 대금을 지급하여야 한다.

◎　　　DA　　　　선적 후 매도인은 필요(선적)서류와 함께 매수인 앞으로 발행한 만기가 [　　　　　]로부터 [　　　　　]일인 환어음을 은행을 통하여 매수인에게 인수 제시한다. 매수인은 동 환어음 및 서류의 제시가 있으면 즉시 환어음에 인수서명(날인)하고 어음의 만기에 결제하여야 한다.

◎　　　DD　　　　매수인은 필요(선적)서류를 받은 때로부터 [　　　　　]일 이내에 (또는 B/L 상의 선적일로부터 [　　　　　]일 이내에) 상품대금을 요구불어음(D/D)으로 지급한다.

◎　　　TT　　　　매수인은 필요(선적)서류를 받은 때로부터 [　　　　　]일 이내에 (또는 B/L 상의 선적일로부터 [　　　　　]일 내에) 상품대금을 전신환(T/T)으로(매도인이 지정한 은행의 매도인 구좌로) 송금한다.

◎　　　MT　　　　매수인은 필요(선적)서류를 받은 때로부터 [　　　　　]일 이내에 (또는 B/L 상의 선적일로부터 [　　　　　]일 내에) 상품대금을 우편환(M/T)으로 지급한다.

제7조(상품검사)

상품검사는 대한민국 수출관련규정에 따르거나 제조업자가 하고 동 검사는 최종적이다. 매수인이 특별검사인을 지정하는 경우 이로 인한 추가비용은 매수인의 부담으로 하여 매도인의 청구서에 포함되고 신용장금액도 따라서 변경된다.

제8조(품질보증)

상품은 본 계약에 규정된 명세에 부합해야 하며 선적일로부터 [　　　　　] 개월 간 소재 및 제조공정에 하자 없음을 보장한다. 매도인의 본 보증에 따른 책임한도는 하자상품 또는 그 부품의 수리 또는 교환에 그친다. 본 보증은 (a) 상품이 오용되거나, 허술히 다뤄지거나, 사고가 나거나, 또는 남용된 경우, (b) 매도인 이외의 자가 부적절히 수리, 설치, 운반, 변경한 경우, (c) 매도인의 지시사항을 위반하여 사용된 경우에는 적용되지 아니한다. 본 조항에 규정된 명시적 보증을 제외하고는 매도인은 매수인에 대하여 명시적이든 묵시적이든 다른 어떤 보증도 하지 아니하며 상품성보장 및 특정목적 적합성 보장은 하지 않음을 선언한다. 어떤 경우에도 매도인은 매수인에게 본 계약상 또는 기타 사유로 영업이익 상실, 간접적·우연적·결과적 손해에 대한 책임이 없다.

제9조(클레임)
본 계약 하에서 발생하는 매수인의 모든 클레임은 선하증권에 기재된 도착항에 상품이 도착한 날로부터 [   ]일 이내에 fax나 cable로 제기한다. 클레임의 상세한 내역은 서면으로 작성하여 위 fax나 cable 일자로부터 [   ] 내에 등기우편으로 매도인에게 제출한다. 매수인은 상품의 수량과 품질에 관한 다툼이 있는 경우 위 클레임상세와 함께 매도인이 인정한 검사인이 작성한 검사보고서를 제출한다. 위 기한 내에 위 클레임을 제기하지 못할 경우는 선적품의 인수로 되고 동 선적이 해당 조건을 충족시키고 있음을 매수인이 동의한 것이 된다.

제10조(계약의 해지 등)
매수인이 지급불능, 파산 또는 적시의 신용장개설을 포함하여 매도인에 대한 지급을 하지 않는 경우, 매도인은 매수인에 대한 사전 통보 없이 다음의 권리를 행사할 수 있다.
   ① 본 계약의 해지(해제)
   ② 불이행 부분에 대하여 계약을 해제하고 이를 재매도하여 매수인으로부터는 계약금액과 재매도 가액과의 차액을 징구
   ③ 미선적부분에 대하여 계약을 해제하고 매수인으로부터 미선적 금액의 [   ]%를 손해배상액으로 징구

제11조(불가항력)
당사자 일방은 그 의무불이행이 수출면허의 정지 기타 정부제한, 천재지변, 전쟁, 해상봉쇄, 혁명, 내란, 동원, 파업, 직장폐쇄 또는 기타 노동분규, 민란, 소요, 질병 또는 기타 역병, 화재, 태풍, 홍수의 경우에는 그 의무 불이행에 대하여 책임지지 아니한다.

제12조(지적재산권)
매수인은 매수인이 선정하거나 매수인으로부터 연원한 특허, 상표, 저작권, 디자인, 패턴 등과 관련된 일체의 침해책임으로부터 매도인을 면책시켜야 한다.

제13조(준거법)
본 계약은 한국법에 따른다.

제14조(중재)
본 계약 및 그 불이행과 관련하여 발생되는 모든 분쟁은 대한민국 서울에서 대한상사중재원의 중재규칙에 따라 중재로 해결한다. 중재인이 내린 판정은 최종적인 것으로 관련당사자 쌍방을 구속한다.

제15조(언어)
이 계약서는 영어와 기타의 다른 언어로 작성될 수 있다. 서로 다른 언어로 작성된 계약서 간에 차이 또는 불일치가 있는 경우 영문 계약서가 모든 면에서 우선한다.

제16조(기타)
본 계약의 모든 무역용어는 국제상업회의소의 INCOTERMS 2010에 따라 해석한다.

SALES CONTRACT[12)]

[   ], as Seller, hereby confirms having sold to [   ] as Buyer, the following goods by this sales contract made on the above date and on the terms and conditions hereinafter set forth.

	ITEM NO.	COMMODITY & SPECIFICATION	QUANTITY	UNIT PRICE	AMOUNT
◎					
◎					
◎					
◎					
◎					
	TOTAL AMOUNT				

☐ Time of Shipment : DATE   MONTH   YEAR
☐ Port of Shipment :
☐ Port of Destination :
☐ Payment

◎	AT SIGHT L/C	By an irrevocable letter of credit payable at sight
◎	USANCE	By an irrevocable, confirmed and unconditional letter of credit
◎	DP	By documents against payment
◎	DA	By bill(s) of exchange drawn on Buyer due [60] days from B/L date
◎	DD	By a D/D(Demand Draft) within [10] days after the date of B/L
◎	TT	By a T/T(Telegraph Transfer) within [10] days after the date of B/L
◎	MT	By a M/T(Mail Transfer) within [10] days after the date of B/L

☐ Insurance : Seller to cover the [CIF] price plus [   ]% against Al Risking War and
　　　　　　　SRCC Risks
☐ Packing : [Export standard packing]
☐ Marking : [   ]

---

12) 서식출처 : 트레이드내비(통합무역정보서비스)

☐ Special Terms & Conditions :

☐ This Contract is subject to the general and conditions set forth on back hereof :

         Seller   Buyer

By
Address
Title
Name

〈GENERAL TERMS AND CONDITIONS〉

Article 1. Quantity : Quantity set forth in this Contract is subject to a variation of ten
   [   ] percent more or less at Seller's option.

Article 2. Shipment : Date of bill of lading shall be accepted as a conclusive date of shipment.
   [ ] days grace in shipping shall be allowed. Partial shipment and/or transshipment
   shall be permitted unless otherwise stated in this Contract. Seller shall not be responsible
   for any delay of shipment, should Buyer fail to provide timely letter of credit in conformity
   with this Contract or in case the sailing of the steamer designated by Buyer be deferred
   beyond the prearranged date of shipment.

Article 3. Packing : Packing shall be at Seller's option. In case special instructions are necessary,
   Buyer should notify Seller thereof in time to enable Seller to comply with the same and
   all additional cost thereby incurred shall be borne by Buyer. Shipping Mark shall be made
   as shown in the oblong of the front page of this Contract.

Article 4. Insurance : In case of CIF or CIP basis, [ ]% of the invoice amount shall be
   insured, unless otherwise agreed; any additional insurance required by Buyer to be at his
   own expense; unless otherwise stated, insurance to be covered for marine insurance only
   FPA or ICC (C) Clause. Seller may, if he deems it necessary, insure against additional risks
   at Buyer's expense.

Article 5. Increased costs : If Seller's costs of performance are increased after the date of this
   Contract by reason of increased freight rates, taxes or other governmental charges or
   insurance rates, or if any variation in rates of exchange increases Seller's costs or reduces

Seller's return, Buyer agrees to compensate Seller for such increased cost or loss of income. Further, if at any time Buyer requests shipment later than agreed and Seller agrees thereto, Seller may, upon completion of manufacture, store the Goods and charge all expenses thereby incurred to Buyer, plus reasonable storage charges when Seller stores the Goods in its own facilities.

Article 6. Payment

◎ | AT SIGHT L/C | An irrevocable letter of credit, without recourse, available against Seller's sight drafts shall be established through a prime bank satisfactory to Seller within [15] days after the date of this Contract and be kept valid at least [15] days after the date of last shipment. The amount of such letter of credit shall be sufficient to cover the Contract amount and additional charges and/or expenses to be borne by Buyer.

◎ | USANCE | For the payment of the Contract Price specified hereof the Buyer shall provide the Seller with the irrevocable, confirmed and unconditional letter of credit(hereinafter called "L/C") in the amount of USD [   ] at [   ] months usance basis(after the date of draft issued by the Seller or bill of lading) in favor of the Seller to be opened within [   ] days from the signing date of the Contract under the agreed terms and conditions by the Seller and Buyer.

◎ | DP | After shipment, the Seller shall deliver a sight bill(s) of exchange drawn on the Buyer together with the required documents to the Buyer through a bank. The Buyer shall effect the payment immediately upon the first presentation of the bill(s) of exchange and the required documents, i.e. D/P.

◎ | DA | After shipment, the Seller shall deliver bill(s) of exchange drawn on the Buyer, payable [   ] days after [   ], together with the required documents to the Buyer through a bank for acceptance. The Buyer shall accept the bill(s) of exchange immediately upon the first presentation of the bill of exchange and the required documents and shall effect the payment on the maturity date of the bill(s) of exchange.

◎ | DD | The Buyer shall pay the invoice value of the goods by means of D/D(Demand Draft) within [   ] days after the receipt of the required documents; within [   ] days after the date of the Bill of Lading.

◎ [TT   ] The Buyer shall pay the invoice value of the goods to the Seller's account with the bank designated by the Seller by means of T/T(Telegraph Transfer) within [   ] days after the receipt of the required documents; within [   ] days after the date of the Bill of Lading.

◎ [MT   ] The Buyer shall pay the invoice value of the goods by the Seller by means of M/T(Mail Transfer) within [   ] days after the receipt of the required documents; within [   ] days after the date of the Bill of Lading

Article 7. Inspection : The inspection of the Goods shall be done according to the export regulation of the Republic of Korea and/or by the manufacturer(s) which shall be considered as final. Should any specific inspector be designated by Buyer, all additional charges incurred thereby shall be at Buyer's account and shall be added to the invoice amount, for which the letter of credit shall be amended accordingly.

Article 8. Warranty : The Goods shall conform to the specification set forth in this Contract and free from defects in material and workmanship for [   ] months from the date of shipment. The extent of Seller's liability under this warranty shall be limited to the repair or replacement as herein provided of any defective Goods or parts thereof. Provided, however, this warranty does not extend to any of the said Goods which have been : (a) subjected to misuse, neglect, accident or abuse, (b) improperly repaired, installed, transported, altered or modified in any way by any other party than Seller or (c) used in violation of instructions furnished by Seller. Except for the express limited warranties set forth in this article, seller makes no other warranty to buyer, express or implied, and herby expressly disclaims any warranty of merchantability or fitness for a particular purpose. In no event shall Seller be liable to Buyer under this Contract or otherwise for any lost profits or for indirect, incidental or consequential damages for any reason.

Article 9. Claims : Any claim by Buyer of whatever nature arising under this Contract shall be made by facsimile or cable within [   ] days after arrival of the Goods at the destination specified in the bills of lading. Full particulars of such claim shall be made in writing, and forwarded by registered mail to Seller within [   ] days after such fax or cabling. Buyer must submit with particulars the inspection report sworn by a reputable surveyor acceptable to the Seller when the quality or quantity of the Goods delivered is in dispute. Failure to make such claim within such period shall constitute acceptance of shipment and agreement of Buyer that such shipment fully complies with applicable terms and conditions.

Article 10. Remedy : Buyer shall, without limitation, be in default of this Contract, if Buyer shall become insolvent, bankrupt or fail to make any payment to Seller including the establishment of the letter of credit within the due period. In the event of Buyer's default, Seller may without prior notice thereof to Buyer exercise any of the following remedies among others :

(a) terminate this Contract;

(b) terminate this Contract as to the portion of the Goods in default only and resell them and recover from Buyer the difference between the price set forth in this Contract and the price obtained upon resale, plus any incidental loss or expense; or

(c) terminate the Contract as to any unshipped balance and recover from Buyer as liquidated damages, a sum of five (5) percent of the price of the unshipped balance. Further, it is agreed that the rights and remedies herein reserved to Seller shall be cumulative and in addition to any other or further rights and remedies available at law.

Article 11. Force Majeure : Neither party shall be liable for its failure to perform its obligations hereunder if such failure is the direct result of circumstances beyond that party's reasonable control, including but not limited to, prohibition of exportation, suspension of issuance of export license or other government restriction, act of God, war, blockade, revolution, insurrection, mobilization, strike, lockout or any labor dispute, civil commotion, riot, plague or other epidemic, fire, typhoon, flood.

Article 12. Patents, Trade Marks, Designs, etc. : Buyer is to hold Seller harmless from liability for any infringement with regard to patent, trade mark, copyright, design, pattern, etc., originated or chosen by Buyer.

Article 13. Governing Law : This Contract shall be governed under the laws of Korea.

Article 14. Arbitration : Any dispute arising out of or in connection with this contract shall be finally settled by arbitration in Seoul in accordance with the Arbitration Rules of the Korean Commercial Arbitration Board.

Article 15. Language : This Agreement may be executed in English and in other languages (including Korean). In the event of any difference or inconsistency among different versions of this Agreement, the English version shall prevail over in all respect.

Article 16. Trade Terms : All trade terms provided in the Contract shall be interpreted in accordance with the latest INCOTERMS 2010 of International Chamber of Commerce.

Samdo Information & Communication Co., Ltd.

OFFER SHEET

Offer No. 050742

Messrs : **G T B**

Reg No. 9 4 2 7 3 1 1

Seoul Date : June. 15, 2024

Gentlemen :

In compliance with your esteemed inquiry of ___UHF 8.2kW DTV Transmitter___ , we have the pleasure to offer/quote you as undermentioned, subject to the following terms and conditions.

Shipment : Within 5.5 months after receipt of L/C

Payment : By an irrevocable L/C at sight in favor of ABC

9-5, Shiba 7-Chome, Minato-Ku, Tokyo, 100, Japan.

Advising Bank : SUMITOMO MITSUI BANKING CORPORATION/TOKYO MAIN OFFICE (211)

Branch(Account No. : 3274275)

6-9 MARUNOUCHI 1-CHOME CHIYODA-KU, TOKYO, JAPAN

Destination : Busan Port

Loading Port : Japanese Port

Inspection : Maker's final

Maker : ABC Corporation

Source of origin : Japan

Packing : Standard export packing

Offer Validity : 3 months from this date

Remarks : Partial shipment shall be allowed

Soliciting your valued order, we remain
Your faithfully

Dasol Information & Communication Co.,Ltd.

Authorized Signature

Item No.	Description	Quantity	Unit Price	Amount
HS NO. 8525 10 2000	UHF 8.2 kW DTV Transmitter (Liquid Cooled System)		FOB Japan in Japanese Yen	
		1sys		¥30,000,000

* 이 오퍼시트는 오퍼상 다솔이 일본소재 ABC corporation을 대리하여 한국 GTB에게 발행한 것이다.

Purchase Order *Page 1 of 1*	**SAJA Department Store** N56 W17000 Ridgewood Drive Menomonee Falls, WI 53051 E-mail : purchasing@haou.co.kr

Vendor :

Palja Co Ltd

159-101, Sangdo-dong, Dongjak-gu, Seoul, South Korea

Contact Person : *Mr Gildong Hong*
Tel. No. 765-0945

P.O. No.	Date
SKU-254	*Oct. 15, 2024*

Conditions
- No name, address or marks of factory shall appear on the goods, boxes, cartons and any packages.
- Any claims resulting from delayed shipment and/or inferior quality and/or any other deviations from contract terms shall be borne by Vendor.
- Please see additional terms and conditions overleaf.

Trade terms	Total amount	Payment terms
CIF New York	*USD 350,000*	*By D/A 60 days after B/L date*

Delivery date	Delivery to
Nov. 05, 2021	*New York CY*

Item No.	Description of goods	Quantity	Unit price	Amount
STY-2300	*Lady's T-Shirts*	*50,000 pcs*	*USD 5.00*	*USD 250,000*
STY-3300	*Men's T-Shirts*	*30,000 pcs*	*USD 5.00*	*USD 150,000*
	Total	*80,000 pcs*		*USD 350,000*

Origin : China
x/x/x/x/x/x/x/x/x/x/x/x/x/x/x/x/x/x/x/x/x/x/x/x/x/x/x/x/x/x/x/x/x/x/

SAJA Corporation	Confirmation by Vendor
Authorized signature(s)　　date : *Oct. 23, 2024*	Authorized signature　　date : *Oct. 31, 2024*

당초 견적서가 계약서로 된 경우

Sales Confirmation (Pro Forma Invoice)	**PALJA CO LTD** 88 Wonhyo−ro, Yongsan−ku, Seoul, Korea Tel : 02) 2233−5678 Fax : 02) 2233−8888, E−mail : selling@doum.co.kr

For account and risk of Messrs.	Sales Confirmation No. — Date
SAJA Corporation 75 Prosperity Street East, Suite 707, Frankfurt, Germany	SCKU−265 — Oct. 15, 2024

Trade term — **Others**
- ☐ EXW — CPT
- ☐ FCA — CIP
- ☐ FAS — DAP
- ☐ FOB — DPU
- ☐ CFR — DDP
- ☐ CIF
- ☒ Other : CIP Frankfurt Airport

Contract No. & Date	Mode of transport
SB−24 dated Oct. 05, 2021	☐ Ocean ☒ Air ☐ Rail ☐ Multimodal ☐ Other :

Buyer's Department / Store No.	Shipment From — To
Purchase Department No.24	Incheon Airport — Frankfurt Airport

L/C Advising Bank preferred :	
Korea Commercial Bank, Seoul, Korea	Payment : by confirmed irrevocable LC at sight Packing : Export Standard Packing Shipment : Within 60 days after receipt of LC Remarks : 1. L/C must be available by negotiation in South Korea. 2. All charges outside S. Korea on buyer's account.

Item No.	Description of goods	Quantity	Unit price	Amount
PTY−543	Mobile Phones	5,000 pcs	USD 500.00	USD 2,500,000
PTY−325	MP−3 Players	3,000 pcs	USD 200.00	USD 600,000
	Total	80,000 pcs		USD 3,100,000

Origin : South Korea
x/x/x/x/x/x/x/x/x/x/x/x/x/x/x/x/x/x/x/x/x/x/x/x/x/x/x/x/x/x/x/x/x/

<u>Special Note</u>
In the event of non−payment by the L/C issuing bank due to any reason including discrepant documents presented to the bank, payment shall be effected immediately by buyer on an open account trading basis against delivery of shipping documents based on this underlying contract agreed between seller and buyer.

"Except as otherwise expressly stated herein, this contract is subject to the General Terms and Conditions of Business as set forth on the reverse"

PALJA Corporation	Confirmed by Buyer
Authorized signature(s) Date : Oct. 23, 2024	Authorized signature(s) Date : Oct. 29, 2024

2) 신용장의 내도(來到)

이 단계는 신용장에 의한 수출의 경우만 해당한다. 따라서 D/P(Document against Payment)나 D/A(Document against Acceptance)와 같은 무신용장 추심결제방식이나 COD(Cash on Delivery) 또는 CAD(Cash against Document)와 같은 현금결제방식, 그리고 송금방식에 의한 수출의 경우 해당되지 아니한다.

3) 수출승인(허가)

대외무역은 물품의 수출입이 자유롭게 이루어지는 것을 원칙으로 규정하고 있다.[13] 그러나 산업통상자원부장관이 수출입공고 등으로 따로 정하여 고시한 품목의 경우 수출승인(E/L)을 받아야 한다.[14] 또한 전략물자나 상황허가 대상인 물품 등 전략물자수출입고시에 규정된 물품에 대해서는 허가를 받아야 한다.[15] 대외무역법 이외의 각종 국내법령에 따라 수출입이 제한되는 품목에 대하여는 산업통상자원부장관이 이를 종합하여 고시하는데 이를 통합공고라고 한다.[16] 통합공고에 게기된 물품에 대하여는 수출입승인에 앞서 관련 기관, 단체 등에서 허가 · 승인 · 추천 · 검사 · 신고 등 '요건확인'을 받아야 한다.

4) 수출물품의 확보

계약된 수출물품을 확보하는 방법은 크게 두 가지이다. 하나는 다른 업체가 이미 생산한 완제품을 구매하는 방법이고, 다른 하나는 자신이 직접 생산하는 방법이다. 이를 단계별로 보기로 한다.

① 완제품의 구매를 통한 조달

계약된 수출물품을 국내 생산업체로부터 구매하기 위해서는 먼저 구매계약을 체결하고 계약에 따라 완제품 내국신용장을 개설하거나 외국환은행에서 구매확인서를 발급받아 발급하여야 한다. 내국신용장과 구매확인서는 물품의 공급업체가 해당 물품을 수출용으로 공급하였다는 사실을 입증하는 서류로서 무역금융 등과 밀접한 관련이 있으나, 그 외 수출실적의 인정, 관세환급과 관련한 기초원재료납세증명 및 분할증명, 부가가치세 영세율 적용 등 조세의 환급에 있어 중요한 의미를 갖는다.

---

13) 대외무역법 제10조 제1항
14) 대외무역법 제11조, 대외무역관리규정 제8조~제13조
15) 대외무역법 제23조
16) 대외무역법 제12조. 현재 수출입공고 품목은 불과 몇 개에 불과하나 통합공고 품목은 매우 많다.

내국신용장이나 구매확인서 개설없이 구입한 일반매입도 수출물품을 확보하는 방법 중의 하나이다.

② 수출품의 직접 생산을 통한 조달

수출품을 수출상이 직접 생산하는 경우 생산에 투입되는 원자재를 조달하여야 한다. 조달된 원재료로 수출물품을 생산함에 있어 필요한 자금은 무역금융의 생산자금 또는 수출입은행의 자금을 융자받아 사용할 수 있다. 이 경우 융자된 생산자금은 수출이행 후 회수하게 되는 수출대금에서 차감하는 것으로 상환된다.

㉮ 원자재의 수입조달

수입계약이 체결되면 수출입공고에서 수입승인대상인지 여부를 확인하여 승인대상일 경우 산업통상자원부장관이 지정·고시한 승인기관에서 수입승인을 받아야 한다. 만일 통합공고에 요건확인 대상품목으로 지정되어 있는 품목일 경우 수출입승인에 앞서 '요건확인'을 받아야 한다. 수출물품을 생산하는 데 필요한 원자재·부자재·부품 및 구성품을 대외무역법에서는 외화획득용원료라 한다.[17] 외화획득용원료는 수출입공고 등에서 수입수량이 제한되는 물품일 경우도 이러한 제한을 받지 아니하고 수입이 가능하다. 외화획득용원료로 수입이 승인된 물품은 수입통관일부터 2년 이내에 외화획득을 이행하여야 하며, 그 이행 여부를 수입승인기관이 사후관리한다. 수입승인절차가 종료되면 수입되는 원자재를 신용장에 의해 거래하기로 한 경우에는 거래은행에 신용장 개설을 의뢰한다. 신용장을 개설하고 일정기간이 지나 원자재 수출상에서 거래은행에 선적서류가 도착하면 일람불(at sight) 조건일 경우는 수입대금을 즉시 결제하게 되는데, 이 경우 수입대금은 무역금융 중 원자재금융을 융자받아 결제할 수 있다. 융자금액은 생산자금융자시와 같이 수출이행 후 회수되는 수출대금에서 차감하는 것으로 상환된다. D/A나 Usance L/C의 경우는 성격상 원자재 금융의 대상이 되지 않는다.

대금의 결제가 완료되면 거래은행에서 입수한 선하증권을 운송회사에 제출하고 화물인도지시서(D/O : Delivery Order)를 받아 화물을 인수한다. 수입화물은 도착했으나 선적서류가 아직 도착하지 아니한 경우 선박회사로부터 화물도착통지서(A/N : Arrival Notice)를 입수하여 선적서류의 사본과 함께 은행에 제출, 화물선취보증서(L/G : Letter of Guarantee)를 발급받아 이를 선박회사에 제출하고 화물을 인수하는 것도 가능하다. 화물이 인수되면 물품의 사용에 앞서 수입통관을 한다. 통관은 화물이 도착한 공항 또

---

17) 대외무역법시행령 제2조 제6호. 이를 환급특례법에서는 '수출용 원재료'라 하며, 대개의 과세관련 법령에서도 이와 같이 표현하고 있다. 이하에서는 필요에 의하여 두 용어를 혼용한다.

는 항만의 보세구역에서 할 수도 있으나, 생산공장이 있는 내륙의 보세구역으로 화물을 이송하여 통관하고자 할 경우에는 보세운송절차를 거쳐야 한다.[18] 수입통관절차는 대개 수입신고 → 통관요건 심사 → 물품의 검사 → 수입신고수리 → 관세납부의 과정을 거친다. 물품을 수입신고할 경우에는 관세법의 규정에 따라 가격신고를 하여야 하지만 수출용원재료에 대하여는 가격신고가 생략되고[19] 물품의 검사도 대개 생략된다. 한편, 관세는 원칙적으로 매 수입신고 건별로 수입신고가 수리된 날부터 15일 이내에 각 건별로 납부하여야 한다. 다만, 월별납부승인을 받은 경우 납기가 종료되는 달의 말일에 해당 월의 관세 등을 일괄하여 한 건으로 납부할 수 있고, 수출용원재료로 일괄납부제도를 이용하면 1~4월로 나누어지는 일괄납부기간별로 납부할 수도 있다.[20] 수입신고가 수리된 원자재는 보세구역에서 반출되어 수출물품의 생산에 투입될 수 있다. 만일, 입항전수입신고제도[21]를 이용하면 수입되는 원자재는 보세구역에 반입되지 않고 입항 후 바로 수출물품의 생산 공장으로 이송되어 사용될 수 있다.

㉯ 원자재의 국내조달

수출용원재료를 국내에서 조달하는 방법은 일반매입 외에 내국신용장에 의하는 경우와 구매확인서에 의하는 두 가지가 있다. 내국신용장은 원자재의 공급계약을 체결한 수출상이 수출신용장 또는 수출계약서 등을 근거로 하거나, 과거 수출실적을 근거로 자신의 거래은행에 개설을 의뢰함으로써 원자재공급자를 수익자로 하여 발행된다. 내국신용장을 수취한 원자재공급자는 구매자에게 물품을 공급하고 물품수령증을 발급받아 내국신용장과 물품수령증을 근거로 환어음을 발행하여 자신의 거래은행에 매입을 의뢰한다. 거래은행은 환어음을 매입하면서 거래대금을 지급한 다음 내국신용장 개설은행에 추심을 의뢰한다. 추심의뢰를 받은 개설은행은 즉시 결제를 하는데 이 경우의 결제자금은 원자재금융으로 융자된다.[22] 융자된 원자재금융은 생산자금을 융자하였을 경우와 같이 수출이행 후 회수되는 수출대금에서 상환되는 것으로 처리된다. 구매확인서는 외국환은행 또는 전자무역기반사업자(한국무역정보통신 : KTNET)가 발급한다.

---

18) 관세법 제213조~제220조
19) 관세법 제27조, 동법 시행령 제15조, 동법 시행규칙 제2조
20) 관세법 제9조, 동법 시행령 제1조의2, 환급특례법 제5조
21) 관세법 제244조, 동법 시행령 제249조
22) 내국신용장 가운데도 무역금융 융자대상이 아닌 업체가 개설하거나 자기자금 결제조건으로 개설된 내국신용장은 단순히 지급보증의 기능만 있을 뿐이고 무역금융의 대상이 될 수 없다.

5) 수출통관

수출물품의 생산이 완료되면 상품을 외국으로 반출하기에 앞서 국내의 각종 법률이 정하는 바에 의하여 확인·추천·허가 등의 절차를 이행하여야 한다. 이 가운데 최종적으로 거치는 단계가 수출통관이다. 수출통관이란 수출신고를 받은 세관장이 수출신고된 사항을 확인하여 그 내용이 적법하고 정당하다고 인정되는 경우 수출신고인에게 수출신고필증을 발급하는 일련의 과정을 말한다. 수출신고는 전자자료교환(EDI : Electronic Data Interchange) 방식에 의하거나, 인터넷을 이용하여 수출물품이 있는 구역을 관할하는 세관장에게 하여야 한다. 수출통관과정을 통하여 세관장은 관세법, 대외무역법 등 각종 법령상 수출요건의 이행 여부를 서면 또는 현품확인을 통하여 최종적으로 확인한다. 수출통관은 수출신고 → 형식적 요건심사 → 현품의 검사 → 수출신고 수리의 과정을 거친다. 그러나 현품의 검사는 대부분 생략된다. 수출신고를 위하여 물품을 보세구역에 반입할 필요는 없으나 수출신고가 수리된 물품은 원칙적으로 수출신고수리일로부터 30일 이내에 선(기)적하여야 한다.[23]

6) 무역상품의 운송

수출통관과는 별개의 절차로서 수출물품의 운송을 위한 운송계약과 보험계약이 체결되어야 한다. 무역거래조건이 FOB, FAS, FCA, 그리고 EXW의 경우 운송계약 체결의무는 매수인에게 있으나 보험계약 여부는 매수인의 임의사항이다. CIF, CFR, CPT, CIP, DPU, DAP, DDP 등의 조건에서는 운송계약 체결의무는 매도인에게 있으나 보험은 CIF, CIP의 경우만 매도인에게 부보의무가 있다. CFR, CPT조건의 경우 보험부보 여부는 매수인의 임의사항이고 DPU, DAP, DDP조건의 보험계약 여부는 매도인의 임의사항이다.[24]

운송계약은 선박(항공)회사와 화물의 운송을 의뢰하는 화주사이에 체결되는 것으로 운송계약체결시 화주가 유의하는 사항은 ① 운임이 채산(採算)상 유리할 것, ② 필요한 선복(ship's space)을 충분히 제공할 수 있을 것, ③ 신용장 등에 약정된 선적기일 내에 확실히 선적할 수 있을 것, ④ 계약이나 신용장 조건 등에 저촉되지 않는 선박일 것 등이다. 운송계약은 정기선의 경우 많이 이용되는 개품(個品)운송계약과, 부정기선에 의하는 용선(傭船)운송계약이 있다. 개품운송에 있어서 운송계약은 불요식(不要式)계약이므로 계약서의 작성은 불필요하지만(B/L 발행) 용선계약의 경우는 관례적으로 용선계약서가 작성된다.

---

23) 관세법 제251조
24) INCOTERMS 2010에서 종전의 DES, DEQ, DAF, DDU조건이 삭제되고 대신에 DAT(Delivery at Terminal)와 DAP(Delivery at Place)조건이 신설되었다. 그러나 INCOTERMS 2020에서 다시 DAT조건이 삭제되고 대신 DPU(Delivered at Place Unloaded)조건이 신설되었다.

해상보험계약은 전화 또는 구두로도 할 수 있다. 실무적으로는 보험회사의 적화보험청약서에 필요사항을 기재하여 보험료와 함께 보험사에 제출하고, 보험사는 계약이 성립한 증거로 보험증권 또는 이에 대신하는 계약인수증을 발행한다. 보험료는 원칙적으로 보험증권의 발행 전에 납부되어야 하지만 후급(後給)하는 경우도 많다. 또 정기적으로 보험료를 일괄 납부하는 경우도 있다. 다만, 보험계약의 청약은 반드시 화물운송에 관한 보험책임이 시작되기 이전에 행해져야 한다. 한편, 화물의 운송과 관련한 위험 외에 신용위험이나 비상위험의 우려가 있을 경우 수출상은 별도로 수출보험에도 가입할 필요가 있다.

7) 선적

선적(船積)이란 본래 송하인(수출상)이 수출화물을 본선 선측에서 인도하는 것을 의미하지만 거래조건에 따라 화물의 인도시기와 장소는 달라진다. CIF나 FOB조건일지라도 개품운송의 경우 대개 선박회사의 지정선적업자가 정한 집하장소에서 수출화물은 인도된다. 그러나 특수화물 또는 대량화물은 경우 따라서 송하인이 직접 본선에 인도하기도 한다. 선박회사는 대개 화물의 수량 또는 중량, 손상유무 등을 점검하는 검수(檢數)를 한 다음 화주로부터 화물을 인수하고 화물수취증을 발급한다. 화물수취증은 컨테이너 화물일 경우 D/R(Dock Receipt), 재래선 화물일 경우 M/R(Mate's Receipt)이 된다. 원칙적으로는 이러한 D/R 또는 M/R과 상환하여 선하증권(B/L)이 발행되어야 하지만 대개는 D/R과 M/R은 선박회사 내부에서만 왕래되고 송하인에게는 화물이 선적된 다음 선하증권이 발급된다.

8) 수출대금의 회수

수출대금은 회수시기에 따라 CWO(Cash with Order) 또는 선대(先貸)신용장(red clause L/C)과 같이 대금을 미리 받는 경우, 현금결제와 같이 상품인도와 동시에 받는 경우, 일람출급(at sight)신용장과 같이 선적과 거의 동시에 대금을 받는 경우, 그리고 연지급(延拂)이나 무신용장 추심결제방식(D/A) 또는 Usance신용장과 같이 화물선적 후 일정기간이 경과한 뒤에 대금을 받는 경우 등 다양하다. 이 중 일람출급신용장에 의한 대금의 회수과정은 다음과 같다. 먼저 선적이 끝나면 수출상은 관계서류를 갖추고 환어음을 발행하여 거래은행에 매입(NEGO)을 신청한다.

매입신청을 위해 수출상이 갖추어야 할 서류는 무역계약의 내용에 따라 달라지지만 ① 상업송장(Invoice), ② 선하증권 등 운송서류, ③ 보험증권(I/P : Insurance Policy), ④ 포장명세서(P/L : Packing List), ⑤ 원산지증명서(C/O : Certificate of Origin) 등이 된다. 매입의뢰를 받은 외국환은행은 제반 서류가 신용장상의 조건에 합당한지 여부를 확인하여 합당한 경우 수출 대금을 수출상에게 지급한다. 이 경우 원재료 수입 또는 국내구매, 제품생산단계에서 융자 된 무역금융 금액이 공제된다. 대금이 지급되면 매입은행은 해당 수출대금을 신용장 발행 은행에 추심한다. 신용장 발행은행은 송부된 선적서류와 환어음을 접수한 후 하자(瑕疵) 여 부를 확인하고, 이상이 없으면 신용장 발행의뢰인인 수입상에게 선적서류의 인도와 함께 대금을 회수한 다음 매입은행에 해당 대금을 상환한다.

9) 관세 등의 환급

물품의 수출이 종료되면 수출대금의 회수와는 별개 절차로 수출물품 생산에 사용, 소비 된 원재료에 대하여 이미 부과 징수된 관세 등을 환급받을 수 있다. 현재 조세의 환급은 크게 부가가치세(지방소비세 포함)와 관세 등으로 이원화되어 있어 서로 다른 절차를 통해 환급받아야 한다. 수출에 따른 부가가치세의 환급은 앞서 수출용원재료의 국내 공급시와 같이 관할세무서장에게 조기환급제도를 적용하여 환급받을 수 있다. 관세 등의 환급은 본 사 소재지 또는 공장소재지 관할세관장에게 간이정액환급 또는 개별환급방법을 통하여 가 능하다. 여기에서 관세 등이란 수출물품 생산을 위해 원재료를 수입할 경우 납부한 관세 · 개별소비세 · 주세 · 교통에너지환경세 · 교육세 · 농어촌특별세를 의미한다.[25]

결국, 원재료가 수입될 경우 납부한 조세 중 부가가치세와 지방소비세를 제외한 나머지 조세는 세관장에게서, 그리고 원재료 수입시 납부한 부가가치세와 지방소비세, 국내에서 원재료를 구입할 경우 공급자에게 지불한 부가가치세와 지방소비세는 세무서장에게서 환 급받을 수 있다. 부가가치세 환급에서 가장 중요한 서류가 매입과 매출세액이 기재된 세금 계산서라면, 관세 등의 개별환급에서 가장 중요한 서류는 수출사실을 증명하는 수출신고필 증과 원재료의 수입 및 관세 등의 납부사실을 증명하는 수입신고필증(또는 국내거래시 발급된 기초원재료납세증명서 혹은 분할증명서), 그리고 원재료의 사용하거나 소비하는 양을 입증하는 소요량계산서가 된다. 관세 등의 환급신청은 수출신고가 수리된 날부터 5년 이내에 하여야 하며, 5년을 경과하였을 경우는 환급신청권리가 상실된다.[26]

---

25) 환급특례법 제2조
26) 환급특례법 제14조. 2022년 12월 31일까지는 환급신청기한이 수출신고가 수리된 날부터 2년 이내로 제한되 었으나 법률 개정으로 5년으로 변경되었다. 변경된 법규정은 2023년 1월 1일 시점을 기준으로 종전 규정에 따라 환급을 신청할 수 있는 기간이 경과하지 아니한 환급신청분에 대해 적용되었다.

10) 수출입과정의 종합적 개관

이상에서 살펴본 무역과정을 수출과 수입으로 나누어 종합적으로 개관하면 다음의 [그림 2] 및 [그림 3]과 같다. 그러나 이러한 무역과정은 거래의 조건에 따라 상당히 다르게 이루어질 수 있다는 점을 유념하여야 한다.

| [그림 2] 수출과정의 종합적 개관 |

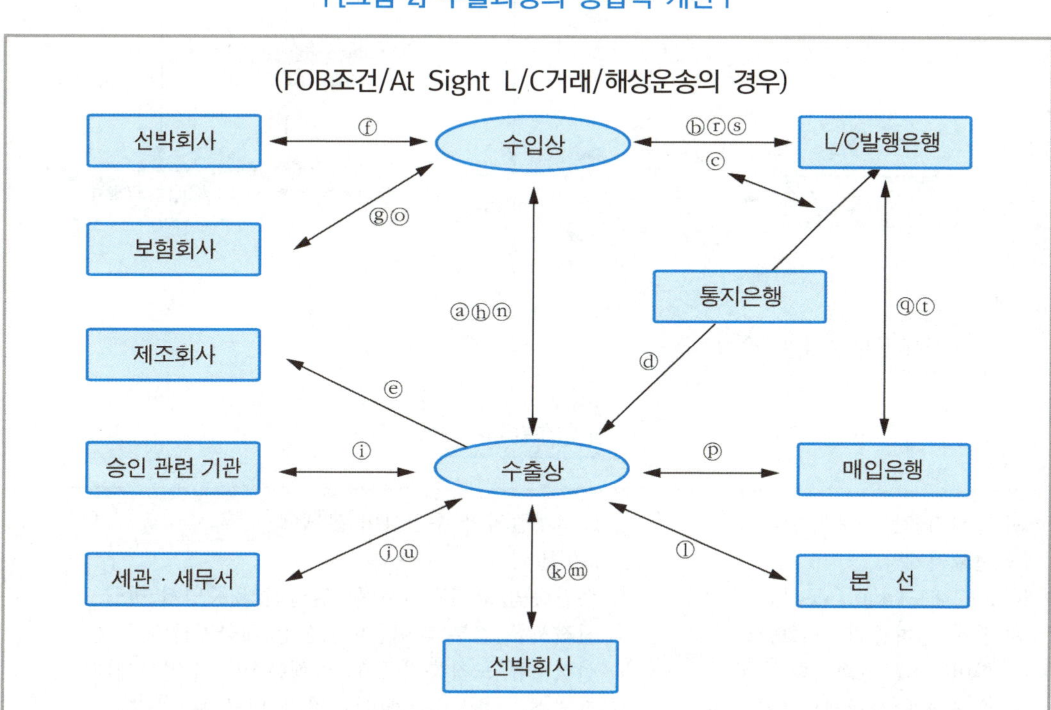

* ⓐ 당사자 간의 무역계약
ⓑ L/C개설의뢰(수입상이 은행에)
ⓒ L/C발행
ⓓ L/C내도(來到) 통지
ⓔ 제품출하의뢰
ⓕ 운송의뢰/계약
ⓖ 예정보험 신청/계약
ⓗ 적재선박 통지(수출상이 수입상에게)
ⓘ 수출승인 등의 신청/승인서 발급
ⓙ 세관에 수출신고/수출신고필증 발급
ⓚ 선적의뢰/선박회사는 S/O(Shipping Order) 발급
ⓛ S/O로 선적/본선은 M/R(Mate's Receipt) 발행
ⓜ M/R제출/선하증권(B/L) 발급
ⓝ 선적사실의 통지(수출상이 수입상에게)
ⓞ 확정통지로 보험확정
ⓟ 선적서류 첨부·환어음 매입신청/대금지급
ⓠ 환어음·선적서류 송부(매입은행이 L/C발행은행에)
ⓡ 선적서류 도착통지(L/C발행은행이 수입상에게)
ⓢ 대금결제/선적서류 인도
ⓣ 코레스(CORRES)계약에 따라 대금청산
ⓤ 세관·세무서에 조세환급신청/환급금지급

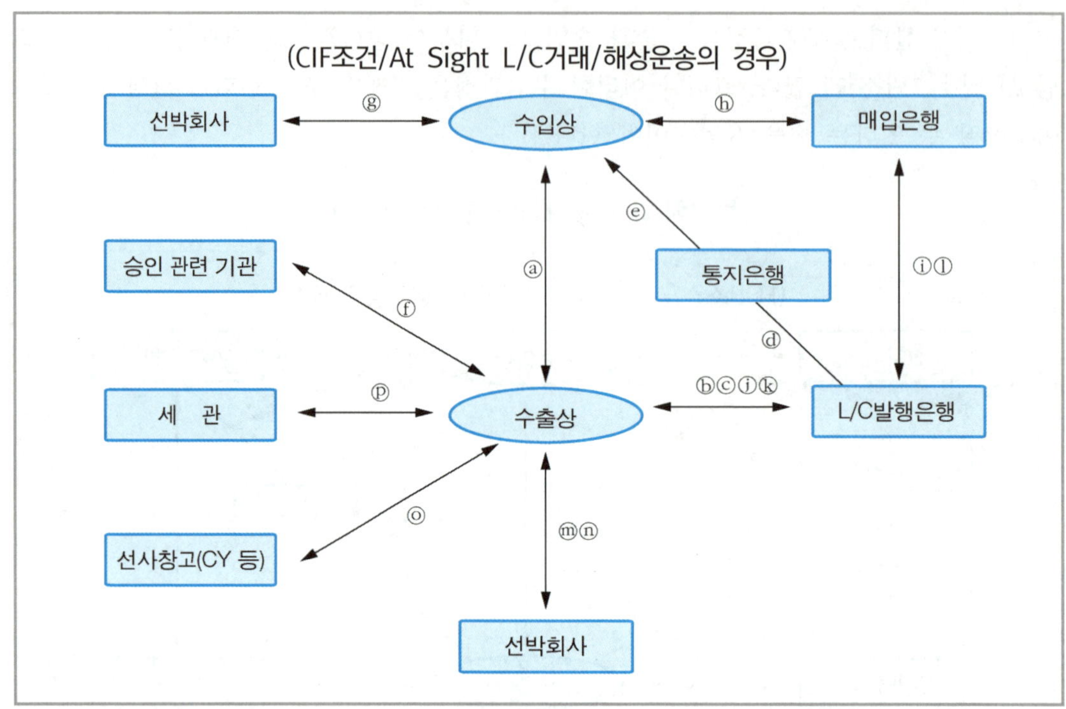

* ⓐ 당사자 간의 무역계약
ⓒ 선물환계약
ⓔ L/C내도(來到) 통지
ⓖ 선적/선하증권(B/L)발급
ⓘ 환어음 및 선적서류 송부
ⓚ 대금결제/선적서류 인도
ⓜ 화물도착통지(선사가 수입상에게)
ⓞ D/O제시/화물인수

ⓑ L/C개설의뢰(수입상이 은행에)
ⓓ L/C발행
ⓕ 수입승인/요건확인서 등 발급신청/증명서 발급
ⓗ 선적서류 첨부 환어음매입신청/대금지급
ⓙ 선적서류 도착통지(L/C 발행은행이 수입상에게)
ⓛ 코레스(CORRES)계약에 따라 대금청산
ⓝ B/L제시/선박회사는 화물인도지시서(D/O : Delivery Order) 발급
ⓟ 수입신고/수입신고필증 발급

* 그림 2, 그림 3은 한국무역협회 홈페이지 참조함.

(1) 의의

무역에서 매도인과 매수인의 책임과 권리는 이 절에서 다루는 무역계약에 의해 발생한다. 특히 운송과 관련된 각종 비용부담을 누가 할 것인가 하는 것은 무역계약에 포함되는 거래조건에 따라 결정된다. 국내 상거래에서는 문제가 되지 아니할 사항도 무역거래에서는 심각한 문제가 될 수 있기 때문에 무역에서 계약이 갖는 의미는 특히 중요하다. 무역계약에는 전문용어가 많이 사용되고 있으므로 이러한 용어에 익숙해질 필요가 있다.

(2) 무역계약에 포함되는 주요조건

무역계약에 명시되는 주요 조건으로는 다음의 표와 같은 것이 있다.

| 무역계약에 명시되는 주요 거래조건 |

① 품질조건(Quality terms)	② 수량조건(Quantity terms)
③ 가격조건(Price terms)	④ 포장 및 화물의 단위화조건(Packing & Unitization terms)
⑤ 선적조건(Shipment terms)과 인도조건	⑥ 보험조건(Insurance terms)
⑦ 대금결제조건(Payment terms)	⑧ 권리구제를 위한 조건

1) 품질조건(Quality terms)

무역계약에 있어 품질조건은 ① 어떻게 품질을 확정할 것인가 하는 품질결정의 방식, ② 이러한 품질을 결정하는 품질결정의 시기, ③ 약정된 품질의 상품임을 확인하고 증명하는 품질증명의 방법 등 세 가지로 구성된다.

품질을 결정하는 방법으로는 점검매매(sale by inspection), 견본매매(sale by sample), 표준품매매(sale by standard), 상표매매(sale by trade mark or brand), 명세서매매(sale by specification or dimensions), 규격매매(sale by grades) 등이 있다. 또한 이상의 방법을 둘 이상 혼합하여 품질결정방법으로 사용하기도 한다. 예를 들면 견본매매가 주(主)가 되면서 명세서가 부대(附帶)되거나, 명세서가 주가 되면서 견본이 부대되는 경우가 그것이다.

품질은 수출지에서 선적할 경우와 수입지에서 양륙될 경우 차이가 날 수 있다. 따라서 무역계약시 인도되는 물품의 품질을 확정하는 시기 및 장소에 대해 약정을 해둘 필요가 있게 된다. 품질의 증명은 매도인이 인도하는 상품이 계약한 품질조건에 일치하는가 여부의 확인 또는 입증방법의 문제다(이것은 수량조건의 경우도 유사하다). 여기에는 ① 품질검사(檢品)의 시기와 장소, ② 검사인(檢査人), ③ 검사방법과 검사기준, ④ 검사비용의 부담 등이 포함된다. 검품의 시기와 장소는 대개 앞서 설명한 품질결정의 시기 및 장소와 일치한다.

2) 수량조건(Quantity terms)

| 수량조건의 종류 |

확정수량	계약당시에 당사자간 의문의 여지없이 정한 수량. 무역거래에서 확립된 통상적인 수량단위를 채택
조건부수량	상품의 선적에서 최종 인도할 경우까지의 과정에서 수량의 차이가 발생할 수 있는 물품에 대해 일정량의 증감을 허용하는 과부족 허용 수량조건. 조건부수량은 계약수량의 확정적 구속을 완화시켜 계약의 성립과 이행을 원활하게 한다.
개산(概算)수량	계약이 성립될 경우는 목적물의 인도수량을 정확하게 할 수 없는 산물(散物 : bulk)의 거래에서 흔히 사용. 수량 앞에 about, approximately 등의 용어를 표시하고, 양륙지에서 수량을 확인한 다음 최종 확정수량을 정하여 정산하는 방법
포괄수량	거래 목적물에 대한 수량의 확정계산을 필요로 하지 않는 경우 사용. 농작물을 재배 전답(田畓) 단위로 계약하는 경우의 수량

수량조건에서 다루어지는 계약요소는 ① 수량의 단위, ② 수량의 결정시기, ③ 수량의 확정방법, ④ 수량의 과부족에 대한 관용조건 등이다. 수량이 계약된 수량과 합치하느냐 여부를 결정하는 시기에는 품질조건의 경우와 마찬가지로 선적수량조건과 도착수량조건이 있다. INCOTERMS를 적용하는 무역계약에서 별도의 약정이 없으면 CIF, FOB 등과 같은 선적지 인도조건에서는 선적수량조건이고, DAP, DPU, DDP와 같이 도착지 인도조건이면 도착수량조건이 적용된다.

3) 가격조건(Price terms)

무역계약에서 거래당사자의 관심이 가장 높은 것이 가격조건(Price terms)이다. 가격조건은 거래를 통한 이윤의 획득과 가장 직접적으로 관련되어 있기 때문이다. 가격조건에 포함되는 사항은 가격을 표시하는 통화(이는 대금결제 통화가 된다)와 거래가격에 포함되는 비용의 범위 등이다. 거래가격을 표시하는 통화는 환위험(exchange risk)과 관련하여 유의의 대상이다. 거래에 적용하는 통화가 자국통화일 경우에는 환위험의 문제가 발생하지 않으나 거래상대방 국가의 통화나 제3국의 통화를 적용할 경우 외국환의 거래로 인한 환위험이 수반되기 때문이다. 통화의 표시에 있어 같은 명칭이라도 통용국가(지역)가 다르면 대외가치도 다른 것이 일반적이므로 반드시 통화명 앞에 그 통화의 통용 국가명을 붙여서 사용한다.[27]
무역상품의 거래가격 결정구조는 다음의 그림과 같다.

| 거래가격의 결정구조 |

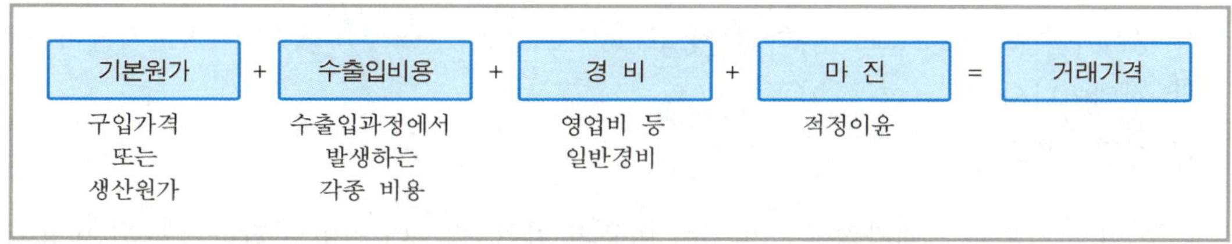

가격조건은 그림에서 주로 수출입 관련 비용을 매도인과 매수인 중에서 누가 부담할 것이냐의 문제이다. 수출입비용은 거래의 형태, 운송방법, 물품의 성상 등에 따라 다양하게 발생한다. 예를 들면 다음과 같다.

① 포장비(packing charge)
② 선적 전 검사비(pre-shipment inspection fee)
③ 검수(檢數) 및 검량(檢量)비(survey report fee)
④ 원산지증명서(certificate of origin) 발급비
⑤ 수출통관비(clearing fee for export)
⑥ 수출국 내륙운송비(inland freight)
⑦ 수출항장치장 사용료·보관료(CY·CFS charge)
⑧ 선적·적재·적부비용(shipping charge·loading charge·stowing charge)
⑨ 주 운송구간의 운임(ocean freight, air freight)
⑩ 할증료·추가요금 기타 운송 관련 비용
⑪ 적하보험료(insurance premium)
⑫ 도착항 양하비(unloading charge)
⑬ 도착항 장치장 사용료·보관료(CY·CFS charge, storage)

---

27) 예를 들어 dollar에는 미국 dollar(USD), Canada dollar(C.$), Australia dollar(A.$), Ethiopia dollar(Eth.$), Malaysia dollar(M.$), Singapore dollar(S.$) 등이 있으며 이들은 각각 대외가치가 다르다. 화폐 단위로 달러 호칭을 쓰는 짐바브웨에서는 2009년 2월 100조달러짜리 화폐를 발행하였다가 17일만에 1조를 1달러로 리디노메이션 한 적이 있다. 100조달러의 출시 당시 공식환율은 미화 300달러였다.

⑭ 수입 관련 제 증명서 발급비(Import Licence fee 등)

⑮ 수입통관비(clearing fee for import)

⑯ 관세·내국소비세(duties)[28]

⑰ 도착항에서 최종 목적지까지의 내륙운송비와 보험료

⑱ L/C개설수수료

⑲ 환거래비용

⑳ 중개수수료(commission), 특허권사용료(royalty), 이자(interest) 등 기타 별도지불비용

㉑ 컨테이너세

㉒ 항만사용료

이들 비용 가운데 거래가격에 포함되는 비용의 범위, 즉 매도인이 부담하여야 할 비용의 범위를 어떻게 정하느냐에 따라 동일한 거래가격일지라도 실질적인 거래단가는 크게 달라진다.[29] 거래가격에 포함되는 비용의 범위는 흔히 정형화된 무역거래조건을 적용하거나 이를 변형시킨 조건을 약정함으로써 해결한다. 정형화된 무역거래조건에는 정형무역거래조건의 해석에 관한 국제규칙(INCOTERMS)과 개정미국무역정의(Revised American Foreign Trade Definitions), CIF계약에 관한 와르소-옥스포드 규칙(Warsaw-Oxford Rules for C.I.F. Contract) 등이 있다. 무역거래에 주로 쓰이는 INCOTERMS(2020)의 무역거래조건은 다음의 그림과 같다. INCOTERMS(2020)의 거래조건에 대해서는 '제4절 2. 정형화된 무역거래조건'에서 살펴본다.

---

28) 조세라는 명칭을 사용하진 않으나 일부 수입물품에 부과되는 것으로 폐기물부담금이 있다. 이것은 폐기물의 발생을 억제하고 자원낭비를 막기 위해 '자원의절약과재활용촉진에관한법률'에 따라 환경부장관이 부과·징수(한국환경공단에 위탁)하는 것이다. 살충제·유독물용기·부동액·껌·1회용기저귀·담배·플라스틱제품 등을 수입할 경우 그 대상이 된다. 그 외에도 각종 법률에 의해 부과되는 수입부담금으로는 석유 및 석유대체 연료의 수입판매부담금, 안전관리부담금, 국민건강증진부담금, 수질개선부담금 등이 있다. 각각 특정한 물품이 수입될 때 부과된다.

29) 예를 들어보자. 미국 CHICAGO에 있는 수입상과 서울에 있는 수출상이 컴퓨터 100대를 USD 100,000에 거래한다고 하자. 이 경우 정형화된 무역거래조건 EXW SEOUL로 할 경우와 DDP CHICAGO로 할 경우를 비교하면 같은 USD 100,000에 거래되더라도 수출상이 궁극적으로 획득하게 되는 실제 판매가격은 매우 큰 차이가 나게 된다. DDP조건의 경우 수출상은 서울에서 시카고까지 과정에서 발생하는 대부분의 수출입 관련 비용을 수입상에서 받은 USD 100,000에서 지출하여야 하기 때문이다.

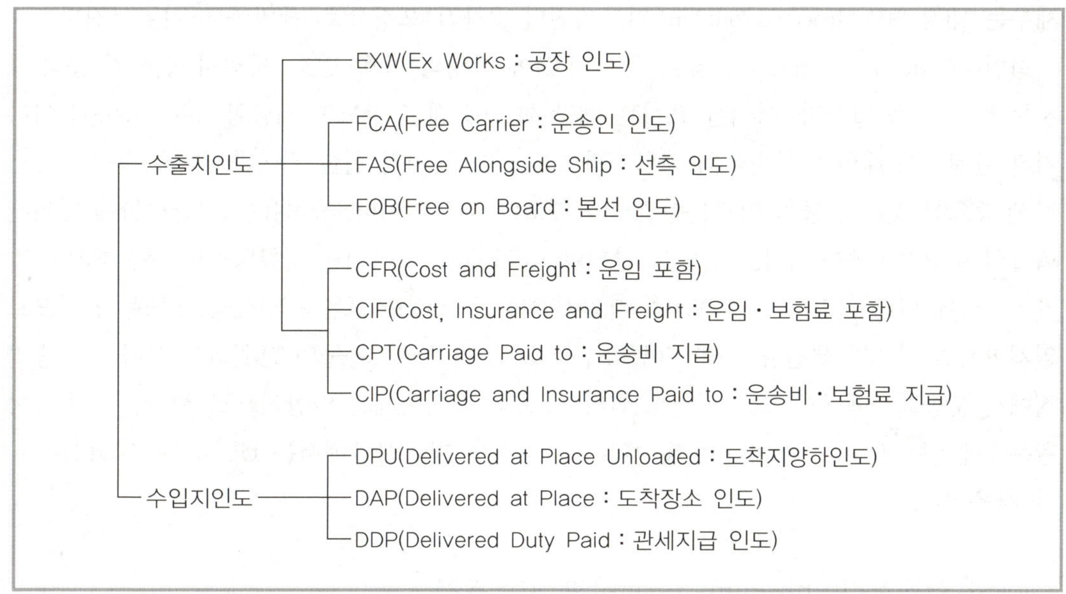

4) 포장 및 화물의 단위화조건(Packing & Unitization terms)

무역거래의 대상이 되는 상품의 운송은 다음과 같은 네 가지 형태로 이루어진다.

① Bulk Cargo(散物) : 농산물, 광산물 등(포장 불필요)[30]

② General Cargo(Break Bulk Cargo : 일반화물) : 통상적인 공산품 등(포장)

③ Neo-Bulk Cargo(산물과 일반화물의 특징을 동시에 가진 화물) : 자동차, 원목 등(포장 불필요)

④ Project Cargo(특수화물) : 공장설비, 특수구조물 등(포장이 생략되거나 특수포장)

이와 같이 네 가지 형태 가운데 포장의 문제가 발생하는 것은 일반화물과 특수화물이다. 특수화물은 해당 화물의 특성 등이 고려되어 포장이 결정될 것이나, 일반화물의 포장은 대개 기초적 포장(primary packing)과 2차적 포장(secondary packing)으로 나누어진다. 기초적 포장은 제품을 바로 감싸고 있는 형태로 소매단위를 이루는 상품 하나하나에 대한 포장을 말한다. 개장(個裝 : unitary packing)이라고도 한다. 보통 상품생산의 마지막 단계에서 이루어지고, 무역을 위한 별도의 포장작업에는 포함되지 않는다. 2차적 포장은 화물운송과정에서 파손, 변질, 도난, 분실 등을 방지하기 위하여 적절한 재료나 용기로 포장하는 것을 말한다. 2차적 포장을 외장(外裝 : Outer Packing)이라고도 한다. 2차적 포장에서는 개장(個裝) 물품이

---

30) 산물(散物)도 bag에 포장되거나 컨테이너에 적재되면 이미 bulk 화물이 아니다.

수분, 증기, 충격, 진동 등에 의해 손상되지 않도록 내부에 판지, 솜, 소형의 볼(ball) 등을 채우는 내장(內裝 : Inner Packing)도 이루어진다. 2차적 포장으로 단위화도 이루어진다.

화인(shipping marks, cargo marks)은 외장(外裝)에 특정의 기호, 번호, 목적지, 원산지 등의 표시를 하는 것을 말한다. 이러한 표시는 해당 화물에 대한 정보를 제공함으로써 운송인이나 기타 관계자에 대한 업무처리의 정확성과 효율성을 높이기 위한 것이다. 물적유통과정에서 가장 중요한 것은 화물의 일관운송관리와 재고(在庫)관리이다. 물적유통을 관리함에 있어서 화물의 형태가 다양하거나 취급하는 단위량, 규격 등이 달라지면 물류방식이 복잡해지고 기계·장비에 의한 처리도 어려워진다. 따라서 화물을 일정한 표준규격의 중량 또는 용적으로 일체화시킬 필요가 생긴다. 이를 단위화(Unitization)라 한다. 화물의 단위화는 화물의 운송과정에서 운송회사에 의해 요구되기도 한다. 화물의 단위화에는 일반적으로 해상운송이나 복합운송에서는 펠릿(pallet)이나 컨테이너(container)가, 항공화물에서는 ULD(Unit Load Device)가 사용된다.

5) 선적조건(Shipment terms)과 인도조건

선적조건(Shipment terms)과 인도조건(Delivery terms)의 개념은 혼용되기도 한다. 그러나 엄밀하게 살펴보면 무역거래에서 선적(shipment)과 인도(delivery)의 시기와 장소는 일치하는 경우도 있고, 일치하지 않는 경우도 있다. INCOTERMS에는 정형무역거래조건별로 거래 물품의 인도시기와 장소, 그리고 방법이 명시되어 있다. 선적은 거래되는 물품의 운송을 위한 적재·인수·수탁·접수 등의 '사실행위'를 의미하는 데 반해, 인도는 거래 '당사자간 소유권의 이전 및 비용·위험 부담의 분기점'과 밀접한 관련이 있는 것이다. 거래되는 물품의 인도에 대하여는 INCOTERMS에서 거래조건별로 자세하게 명시하고 있으므로 정형무역 거래조건을 적용할 경우 자동적으로 인도의 조건도 결정된다. 그러나 선적에 관하여는 필요한 사항을 무역계약시 별도조건으로 약정하여야 한다. 선적조건에 포함될 내용은 선적시기, 분할선적, 환적(換積), 선적사실의 증명방법 등에 대해서이다.

계약된 물품을 약정된 일자에 선적하지 못할 경우 선적지연(delayed shipment)의 문제가 발생한다. 선적지연이 일어나는 이유는 크게 보아 수출상의 고의 또는 과실에 의한 경우와 불가항력(不可抗力)에 의한 경우로 나누어진다. 수출상의 고의 또는 과실로 선적지연 또는 선적불이행이 발생한 경우는 수출상의 귀책에 의한 계약위반이므로 클레임대상이 된다. 따라서 수출상으로서는 사전에 선적기간 연장의 요청 등 계약 자체의 변경을 위한 조치가 필요하다. 불가항력에 의한 선적지연의 경우 수출상은 원칙적으로 면책된다. 이 경우 어느 기간까지 지연이 허용되는지는 계약서에 명시하여야 하나, 관례적으로는 3주~1개월 정도 선적기간이 자동적으로 연장될 수 있다. 만일 불가항력사태가 장기간 또는 반복 계속될 경우 매매계약을 계속 존속시킬지 여부가 문제된다. 이 경우 일반적으로는 계약의 계속 존속 여부에 대한 결정권을 수입상에게 부여한다.

물량이 많거나 금액이 대규모인 경우 하나의 거래계약건에 대한 선적이 여러 번 될 수 있다. 이를 분할선적(partial shipment)이라 한다. 분할선적이 필요할 경우 매매당사자는 무역계약 체결시 분할의 횟수, 각 분할 선적의 수량, 분할선적의 시기 등을 약정해 두어야 한다. 분할선적에서 어느 분할분의 선적이 할부선적기간을 지키지 못한 경우, 신용장에 별도의 명시가 없는 한 해당 할부부분은 물론 그 이후의 할부부분에 대해서도 신용장은 효력을 상실한다.[31]

환적(transshipment)은 선적지에서 목적지까지 운송도중에 일단 선적한 상품을 내려서 다른 운송수단에 적재하는 것을 말한다. 그러나 특수한 사정에 따라 본선에서 일단 가양륙(假揚陸)하여 다시 해당 본선에 재선적한 것은 환적으로 보지 않는다. 환적은 선박에서 선박으로 하는 경우도 있고 선박과 철도, 트럭 또는 항공으로의 환적도 있다. 화물을 환적하게 되면 분실이나 파손의 위험이 높아지고 추가비용도 많이 발생하게 된다. 따라서 계약으로 환적을 금지할 수 있다. 그러나 선적지에서 목적지까지 직항선(direct line)이 없는 경우 환적이 불가피하게 된다. 이런 경우 수입상은 환적을 금지할 수 없으므로 이에 대한 언급을 하지 않거나 환적을 허용하는 조건을 삽입한다.

6) 보험조건(Insurance terms)

거래대상 물품이 운송되는 과정에는 많은 위험 발생의 가능성이 있으므로 이러한 위험을 커버하기 위하여 적하보험(Cargo Insurance)에 부보(附保) 한다. 적하보험은 해상운송의 경우 해상적하보험(Marine Cargo Insurance), 육상운송의 경우 운송보험(Transport Insurance), 항공운송의 경우 항공운송보험(Air Transport Insurance), 그리고 복합운송의 경우 일관운송보험(Through Insurance)으로 나누어진다.

보험조건에 포함되어야 할 내용은 ① 매도인과 매수인 중 누가 보험료를 지불하고 보험계약을 할 것인가 하는 보험계약자, ② 보험사고 발생시 누가 보험금을 지급받을 것인가 하는 피보험자, ③ 언제, 어디에서부터 언제, 어디까지 운송과정에서 발생하는 위험에 대하여 부보할 것인가 하는 보험기간, ④ 보험대상이 될 위험의 종류와 손해보상의 범위에 관한 담보조건 등이다.

---

31) UCP 600 제32조

무역거래에서 INCOTERMS와 같은 정형무역거래조건을 적용할 경우 보험조건 또한 자동적으로 결정되나 추가적인 부보의 필요성이 있을 경우에는 별도로 계약상에 약정해 두어야 한다.

해상적하보험에는 일반적으로 런던보험자협회(The Institute of London Underwriters)가 제정한 협회적하약관(Institute Cargo Clauses : ICC)이 사용된다. 협회적하약관은 구약관과 신약관의 두 가지가 있다. 이들 약관의 담보조건은 그 명칭이 서로 다르나 다음의 그림과 같이 담보의 범위에는 큰 차이가 없다. 현재 이들 신·구약관은 다함께 사용되고 있다.

| 신·구 협회적하약관의 담보조건 |

```
[구 협회적하약관]                                          [신 협회적하약관]
┌ 전위험담보(All Risk : AR) ─────────────────── ICC(A)
├ 분손담보(With Average : WA) ─────────────── ICC(B)
└ 분손부담보(Free from Particular Average : FPA) ──── ICC(C)
```

7) 대금결제조건(Payment terms)

대금결제조건(Payment terms)이란 대금의 결제시기와 결제방법 등에 대하여 약정하는 것을 말한다. 대금의 결제시기는 선지급(payment in advance), 동시지급(concurrent payment), 후지급(deferred payment), 누진 또는 할부지급(progressive · installment payment)의 네 가지로 나눌 수 있다.

한편, 대금결제에는 현금결제방식, 송금방식, 무신용장추심방식, 신용장방식, 유사신용장방식, 연계무역방식, 청산계정방식 등이 활용된다. 그 외에도 거래형태와 금융기법의 발전에 따라 전자결제방식, 국제팩토링방식, 포페이팅방식 등 다양한 변형도 이용되고 있다. 무역대금의 결제방식은 고정되어 있는 것이 아니라 각국의 법률이 허용하는 범위 내에서 수출상과 수입상이 합의하는 데 따라 결정되는 것이므로 기업의 국제경영활동이 활발해지면서 결제의 방식도 상당히 다양한 모습을 보인다.

8) 권리구제를 위한 조건

무역거래에서는 아무리 명확하고 자세한 계약을 해 두었다 하더라도 분쟁이 생길 소지가 많다. 따라서 거래당사자의 일방이 의무를 위반하거나 기타 분쟁이 발생하였을 경우를 대비하여 권리구제를 위한 조항도 약정해 두어야 한다. 여기에 포함될 수 있는 내용은 불가항력조항(Force Majeure clause)과 중재조항(arbitration clause) 등이다. 불가항력조항은 특히 선적시기와 관련하여 의미가 있다. 무역거래에 있어 면책될 수 있는 불가항력의 범위를 어떻게 정할 것인가는 따로 규정된 바가 없으나, 신용장통일규칙에서는 신용장의 유효기간 해석과 관련하여 다음과 같은 규정을 두고 있다.[32]

> 은행은 천재(天災; Act of God), 폭동(riot), 소요(civil commotion), 반란(insurrections), 전쟁(wars), 테러리즘(acts of terrorism), 기타 불가항력(any other cause beyond their control)이나 동맹파업(strike), 직장폐쇄(lockouts) 등으로 인한 은행업무의 중단으로 발생하는 결과에 하등의 책임이나 의무를 지지 않는다. 또한 그 업무를 재개하더라도 업무가 중단된 동안에 유효기간이 경과한 신용장에 대해 지급이행 또는 매입을 하지 아니한다.

중재조항은 클레임의 제기 및 분쟁의 해결과 관련하여 ① 클레임의 제기기한, ② 클레임의 제기방법, ③ 중재기관, ④ 적용할 준거법(準據法), ⑤ 중재비용의 부담주체 등에 대하여 약정하는 것이다.

(3) 무역계약과 인코텀즈

1) 개요

무역거래는 매도인과 매수인의 합의에 따라 이루어지는 물품매매계약에서 시작되기 때문에 거래당사자들의 의무사항이 여러 가지로 구성될 수 있다. 그러나 이러한 의무사항을 계약할 경우마다 일일이 합의한다는 것은 매우 번거롭고 부정확할 우려가 있다. 따라서 무역상인들은 오래 전부터 특히 거래상품의 인도 및 가격과 관련하여 무역거래 조건을 CIF나 FOB와 같이 부호화하여 관습적으로 사용함으로써 이러한 불편을 해결하려 하였다. 이러한 부호에는 물품이 매도인에서 매수인에게 이르는 과정에서 발생하는 비용과 위험부담의 당사자가 누구인지 관습적으로 정해져 있었다.

그렇지만 무역에서는 거래당사자가 속한 국가에 따라 법체계와 상관습이 다름에 따라 이와 같은 부호에 대한 해석상의 오해와 분쟁, 그리고 소송이 적지 않게 야기되어 왔다. 이에 따라 민간 국제기구를 중심으로 무역거래조건을 통일된 국제무역규칙으로서 규범화하려는 노력이 시도되었다. 그 대표적인 것이 국제상업회의소(ICC : International Chamber of Commerce)

---

32) UCP 600 제36조

에 의해 정형화된 INCOTERMS(International Commercial Terms : 무역거래조건의 해석에 관한 국제규칙)이다.

- INCOTERMS는 주로 무역거래 당사자간의 물품 인도, 비용 부담, 위험 이전, 운송 및 보험계약 체결 책임 등에 관한 기준으로서 무역거래 당사자가 이를 채택할 경우 계약 조건으로서 무역계약의 일부가 된다. 다만, 매매계약상 거래당사자가 거래조건과 관련하여 INCOTERMS의 규정과 다른 별도의 조항을 두는 경우 이러한 별도 조항은 INCOTERMS 상의 여러 해석 규정보다 우선하여 적용한다.
- INCOTERMS는 무역조건의 해석에 관한 국제규칙(International Rules for the Interpretation of Trade Terms)을 말하며 민간국제기구인 ICC(국제상업회의소)가 제정하였다. 이는 국가가 다른 당사자 간의 무역거래 시 서로 다른 국가의 법률 및 관습으로 발생할 수 있는 무역분쟁을 예방하기 위하여 무역거래조건에 대한 해석을 통일한 것으로, 1936년 제정되어 Incoterms 2020까지 8차에 걸쳐 개정되었다.

2) INCOTERMS 무역거래조건의 개요

| FOB, CFR, CIF 조건의 비교 |

구 분			FOB	CFR	CIF
인보이스상 표시방법			FOB 수출항명	CFR 수입항명	CIF 수입항명
			FOB INCHON	CFR NEW YORK	CIF HONG KONG
부담 범위	비 용	운 임	매수인부담	매도인부담	
		보험료	매수인부담		매도인부담
	화물위험		선적항에서 화물이 본선의 갑판에 적재가 완료된 때에 매도인에서 매수인에게 위험부담 이전		
B/L상 운임표시			Freight Collect (운임후불)	Freight Prepaid(운임선불)	
서류	운송서류		수출지에서 선박회사가 발행		
	보험증권		수입지의 보험자가 발행		수출지의 보험자가 발행

INCOTERMS에서 인도(delivery)란 용어는 두 가지 의미로 사용되고 있다. 하나는 매도인의 인도의무 완료와 관련하여 사용하는 것이고, 다른 하나는 물품의 인도를 수령 또는 승낙(take of accept)하는 매수인의 의무와 관련하여 사용하는 것이다. 이 경우 매수인의 의무와 관련하여 사용되는 인도의 수령 또는 승낙의 의미는 매수인이 해당 물품이 매매계약과

일치하는 것을 인정한다는 의미가 아니라 단지 매수인이 그 물품을 수령할 의무를 진다는 것을 승낙한다는 의미이다.[33]

INCOTERMS 거래조건별로 인도가 이루어지고 위험부담의 분기점이 되는 장소와 물품 이전과정에서 발생하는 주요 비용의 부담 주체를 개관(槪觀)하면 다음의 표와 같다.

표에서 ○표는 그 비용을 매도인이 부담하는 것이고, 표시가 없는 것은 매수인이 부담하는 것을 의미한다. 또 수출국 내륙운송비는 지정된 인도장소에서부터 선적항까지의 운송비를, 수입국 내륙운송비는 화물이 도착한 항구로부터 수입국내 지정된 목적지까지의 운송비를 의미한다. 한편, 수입국 당국이 요구하는 선적 전 검사(PSI : Pre-Shipment Inspection)에 따른 비용은 어떤 조건 하에서도 매수인의 부담에 속한다.

| 거래조건별 물품 인도 · 위험이전 장소 및 매도인의 부담비용 |

구분	물품의 인도 및 위험의 이전장소	물품이전 과정에서 매도인이 부담하여야 하는 주요 비용									
		포장비 검사비	수출국 내륙 운송비	수출 통관비	수출항 적재비	해상 운송비	보험료	수입항 양하비	수입 통관비	수입국 내륙 운송비	도착지 양하비
EXW	매도인의 영업장 구내 또는 지정장소	○									
FCA	수출국내의 약정장소	○		○							
FAS	지정선적항 본선선측	○	○	○							
FOB	지정선적항 본선갑판	○	○	○	○						
CFR	〃	○	○	○	○	○		○			
CIF	〃	○	○	○	○	○	○	○			
CPT	수출국 내의 약정장소	○	○	○	○	○		○		○	
CIP	수출국 내의 약정장소	○	○	○	○	○	○	○		○	
DPU	수입국 내 약정된 장소	○	○	○	○	○	○	○		○	○
DAP	수입국 내 약정된 장소	○	○	○	○	○	○	○		○	
DDP	수입국 내 약정된 장소	○	○	○	○	○	○	○	○	○	

33) CIF조건의 경우를 예로서 보자. 이 조건 A4조에는 매도인의 의무로서 '매도인은 합의된 일자 또는 기간 내에 선적항에서 선박의 갑판상에 물품을 인도하여야 한다'고 규정하고 있고, B4에는 '매수인은 A4조에 따라 물품이 인도되었을 경우 이를 승낙하여야 하며 지정된 목적항에서 운송인에서 이를 수령하여야 한다'고 규정하고 있다. 그러나 매수인은 목적지에서 물품을 수령할 경우 해당 물품이 매매계약상의 규정과 일치하지 아니한 사실을 발견하면 당연히 매매계약과 그 준거법에 따라 매도인에게 주어진 모든 구제방법을 강구할 수 있다. 또한 매수인이 운송인에서 물품을 수령하지 아니한 경우 매수인은 운송인과 운송계약을 체결한 매도인에게 손해배상 의무를 지게 되거나 인수지연에 따른 배상금을 운송인에게 지급하는 책임도 지게 된다.

3) 구성

INCOTERMS 2020에 규정되어 있는 거래규칙은 모두 11가지이다. 11개의 거래규칙을 2가지 그룹으로 분류하면 다음과 같다.

① 단일 또는 복수의 어떠한 운송방식에서도 사용가능한 규칙(7가지 규칙) EXW(공장인도), FCA(운송인인도), CPT(운송비지급인도), CIP(운송비ㆍ보험료지급인도), DPU(도착지양하인도), DAP(도착장소인도), DDP(관세지급인도) 규칙 등이며, 이들 규칙들은 운송방식이 어떤 방식인지, 운송방식이 단일운송인지 복합운송인지를 불문하고 사용가능하며 해상운송이 전혀 사용되지 않은 경우나 해상운송(선박)이 이용되는 경우에도 사용될 수 있다.

② 해상운송과 내수로운송에서만 사용가능한 규칙(4가지 규칙) FAS(선측인도), FOB(본선인도), CFR(운임포함인도), CIF(운임ㆍ보험료포함인도) 규칙 등이며, 이들 규칙들은 물품의 인도장소와 도착장소가 모두 항구이다. 이에 "해상운송과 내수로운송" 규칙으로 명명되었다. 그 중 FOB, CFR, CIF 규칙에서 "선측난간(Ship's Rail)"이라는 문구가 전부 삭제되고 "본선에 적재(On Board the Vessel)"된 때에 인도되는 것으로 되었다. 이는 실무를 면밀히 반영한 것이며, 가상의 수직선 위에서 위험이 매도인으로부터 매수인으로 이전한다는 구시대의 발상을 폐기하는 것이다.

| INCOTERMS 2020에 의한 11가지 규칙의 요약 |

거래규칙/구분	위 험 이 전	비 용 이 전	비 고
EXW(EX Works) (공장인도)	매도인의 영업장 구내에서 매수인이 임의처분할 수 있도록 물품을 인도하였을 때	매도인은 인도할 때까지 모든 비용 부담	수출입통관ㆍ승인 : 매수인 의무
FCA(Free CArrier) (운송인인도)	매도인이 지정장소에서 매수인이 지정한 운송인에게 수출통관된 물품을 인도하였을 때	〃	수출통관ㆍ승인 : 매도인 의무 수입통관ㆍ승인 : 매수인 의무
CPT(Carriage Paid To) (운임비지급인도)	물품이 지정목적지까지 운송할 운송인의 보관 하에 또는 복합운송의 경우 최초의 운송인에게 인도되었을 때	매도인은 물품이 인도될 때까지 모든 비용과 지정된 목적지까지 운임 부담	〃

거래규칙/구분	위 험 이 전	비 용 이 전	비 고
FAS(Free Alongside Ship) (선측인도)	물품이 지정선적항의 부두 혹은 부선으로 선측에 인도되었을 때	매도인은 인도할 때까지 모든 비용 부담	수출통관·승인 : 매도인 의무 수입통관·승인 : 매수인 의무
FOB(Free On Board) (본선인도)	물품이 지정선적항에서 본선에 적재된 때	〃	〃
CFR(Cost and Freight) (운임포함인도)	〃	매도인은 적재시까지의 모든 비용과 목적항까지의 운임, 정기선의 경우 양하비 부담	〃
CIF(Cost, Insurance and Freight) (운임·보험료포함인도)	〃	매도인은 적재시까지 모든 비용과 목적항까지 운임·보험료, 정기선의 경우 양하비 부담	〃
CIP(Carriage and Insurance Paid to) (운임비·보험료지급인도)	매도인이 지정장소에서 매도인이 지정한 운송인에게 수출 통관된 물품을 인도하였을 때	매도인은 물품이 인도될 때까지 모든 비용과 지정된 목적지까지 운임, 보험료 부담	〃
DPU(Delivered At Place Unloaded) (도착지양하인도)	물품이 수입통관되지 않은 채 지정목적항이나 지정목적지에서 도착운송수단으로부터 양하된 상태로 매수인의 처분 하에 놓이는 때	매도인은 물품이 인도될 때까지 모든 비용, 양하비 부담 • 수입통관비용, 매수인 부담	〃
DAP(Delivered At Place) (도착장소인도)	물품이 수입통관되지 않은 채 수입국내 지정목적지에서 양하하지 않고 매수인의 임의처분 하에 인도되었을 때	수입 통관·양하비 매수인 부담	〃
DDP(Delivered Duty Paid) (관세지급인도)	물품이 수입통관되어 수입 국내 지정목적지에서 양하하지 않은 채 매수인의 임의 처분 하에 인도되었을 때	매도인은 물품이 인도될 때까지 모든 비용, 수입통관 비용, 관세, 조세, 부과금 부담	수출입통관·승인 : 매도인 의무

4) 거래조건별 인도 및 위험 · 비용의 부담내용

☞ 인도는 회계처리시점, 법인세법상(또는 소득세법) 귀속이기도 하다.

가. EXW(Ex Works : 공장 인도)

> **Ex Works(약정된 장소 기재)**
>
> 매도인이 물품을 수출통관하지 아니하고, 수거용 차량에 적재하지 아니한 상태로 자신의 영업장 구내 또는 기타 지정된 장소(예컨대 작업장, 공장, 창고 등)에서 지정된 날짜에 적치(積置)한 경우 인도가 완료되는 조건이며 이 시점에 매출 · 매입으로 회계 처리한다.

매수인은 합의된 시기와 장소에서 물품이 매수인의 임의(任意)처분하에 적치되면[34] 이를 수령할 의무가 있다. 이 경우 운송수단에 대한 적재와 그 위험 · 비용은 매수인의 부담이다. 매도인은 물품이 인도될 경우까지 물품에 관련된 모든 비용을 지급하여야 한다. 반면 매수인은 물품이 인도된 경우부터 물품에 관련된 모든 위험과 비용(관세등)을 부담한다.

만일 물품이 매수인의 임의처분하에 적치되었음에도 물품의 인도를 수령하지 아니하거나, 물품이 매수인의 임의처분하에 적치되어야 할 시기 및 장소에 관하여 매도인에게 충분한 통지를 하지 아니함으로써 발생하는 모든 추가적인 비용은 매수인이 부담하여야 한다.

나. FCA(Free Carrier : 운송인 인도)

> **Free Carrier(수출국내의 약정된 장소 기재)**
>
> 매도인이 물품을 수출통관하고 지정된 날짜에 지정된 장소에서 매수인이 지정한 운송인에게 인도하는 조건이며 이 시점에 매출 · 매입으로 회계 처리한다.

FCA조건에서 물품의 인도장소와 시기는 매도인의 영업장 구내에서 인도하는 경우와 기타 모든 장소에서 인도되는 두 가지가 있다. 먼저 매도인의 영업장 구내에서 인도되는 경우는 매도인이 운송인[35]이나 그 대리인이 제공한 운송수단에 물품을 적재(loading)한 경우 인

---

34) 매수인의 임의처분하에 적치(積置)되었다는 것은 매수인이 그 물품을 이용 가능하게 되었다(goods are made available to the buyer)는 의미이다.

35) 운송인(carrier)이란 철도 · 도로 · 항공 · 해상 · 내수로 또는 복합운송에 있어서 화주(shipper)와 운송계약을 체결하고, 직접 그 운송계약의 이행을 약속하는 본인(principal) 또는 그 이행을 주선(procure)하는 운송대리인(shipping agent)을 의미한다.

도의무가 완료된다. 또 물품이 그 밖의 지정장소에서 인도될 경우는 해당 장소에서 매도인의 운송수단상에서 양하(unloading)되지 않고 운송인이나 그 대리인의 임의처분하에 적치된 경우 인도의무가 완료된다.

FCA조건에서 매도인은 물품이 인도될 경우까지 물품에 관련된 모든 위험·비용과 통관비용, 그리고 수출과 관련되는 모든 관세, 조세 및 기타 부과금을 부담하여야 한다. 매수인은 물품이 인도된 경우부터 물품에 관련된 모든 위험과 비용을 부담한다. 또한 물품의 인도 전일지라도 합의된 일자 또는 지정된 기간 내에 지정된 장소에서 물품이 인도될 수 있도록 운송인을 지정하지 아니함으로써 발생하는 비용과 매수인에 따라 지정된 당사자가 합의된 시기에 물품을 자신의 관리하에 수령하지 아니함으로써 발생한 비용을 부담하여야 한다. 그 외에 운송방식이나 그 당사자에게 물품을 인도할 일자 또는 기간, 물품이 인도되어야 할 장소 내의 지점에 대해 적절한 통지를 하지 아니함으로써 발생된 모든 추가적인 비용도 매수인이 부담하여야 한다. 한편, 물품을 수입할 경우 제3국을 통과하고 이 과정에서 관세, 조세 기타 부과금 또는 통관비용이 발생할 경우 그 부담 또한 매수인에게 속한다.

다. FAS(Free Alongside Ship : 선측 인도)[36]

> **Free Alongside Ship(선적항 명 기재)**
> 물품이 지정된 날짜에 지정된 선적항에서 본선의 선측(船側)에 적치된 경우 매도인이 인도를 완료한 것으로 하는 조건이며 이 시점에 매출·매입으로 회계 처리한다.

FAS조건에서의 물품 인도는 선적항의 선측에서 이루어진다. 선측이란 본선이 부두에 접안(接岸)하고 있든 외항(外港)에 정박하고 있든지를 불문하고 본선이 상용하는 양하기(winch), 양하구(tackle), 그밖의 선적용구가 도달할 수 있는 장소를 말한다.

FAS조건에서 매도인은 물품이 본선의 선측에 적치될 경우까지 그 물품에 대한 모든 위험과 비용을 부담하여야 한다. 즉 비용측면에서는 선적항까지의 내륙운송비, 항구세, 부두사용료(wharfage), 부두인부임(stevedorege), 창고료(storage), 본선의 선측까지의 운반비(portage), 부선료(艀船料 : lighterage) 등의 비용과 수출허가와 수출통관 비용을 매도인이 부담하여야 하는 것이다. 반면 매수인은 물품이 본선의 선측에 적치된 이후의 모든 위험과 비용을 부담

---

36) INCOTEMS(2020)의 11가지 거래조건 중 FAS, FOB, CFR, CIF 4개 조건은 해상 또는 내수로 운송에서만 적용할 수 있다. 나머지 7개 조건은 복합운송을 포함한 모든 형태의 운송에서 적용될 수 있다. 복합운송이란 육상, 항공, 해상운송 중 둘 이상의 운송형태를 연계하여 운송하는 것을 말한다.

한다. 주요 비용으로는 본선 적재비, 창내적부·정돈비(stowage and trimming charges), 해상운
송구간의 운임과 보험료, 목적항에서의 양륙비, 수입통관비, 수입국내에서의 내륙운송비 등
이 매수인의 부담이 된다.

라. FOB(Free on Board : 본선 인도)

Free on Board(선적항 명 기재)
약정된 물품을 지정된 선적항에서 매수인이 지명한 선박의 갑판에서 인도하거나, 그렇
게 인도된 물품을 조달하는 조건이며 이 시점에 매출·매입으로 회계 처리한다.

이 조건에서의 물품의 인도는 지정된 선적항에서 매수인이 지정한 선박에 그 항구의 관
습적인 방법으로 물품을 적재하거나, 적재된 물품을 조달함으로써 이루어진다. 구체적인
인도는 물품의 본선 갑판적재가 완료된 때이다. FOB조건에서 매수인은 선적지에서 물품의
인도를 수령하여야 한다.

한편 매수인은 FOB와 CFR, CIF 조건으로 인도된 물품을 운송 중에도 매도할 수 있다.
이를 INCOTERMS 2020에서는 "그렇게 인도된 물품을 조달(procuring)하는 조건"으로 표현
하고 있으며 실무적으로는 물품이 선하증권의 매매로 거래된 경우를 의미한다. 그리고 인
도·인수의 방법은 현실적으로는 운송계약의 체결에 따라 운송인이 매수인의 수탁자로서
선적지에서 물품의 인도를 수령하는 것이 보통이다. 이 경우 운송인은 매도인에 대한 관계
에서 매수인을 대리하는 것이 된다. FOB조건은 매도인의 인도가 서류가 아닌 물품의 현실
적 인도(actual delivery)이어야 하기 때문에 이는 현물인도 매매계약에 속한다. 따라서 물품
의 인도와 대금의 지급은 동시이행조건(concurrent condition)이다. 그러나 FOB거래에서 동시
이행조건의 실현은 거의 이루어지지 아니한다. 대신 CIF조건에서와 같이 신용장에 따라 선
적서류와 상환으로 매도인이 대금을 회수하는 화환특약부(貨煥特約附) FOB조건을 택하는
것이 일반적이다.

FOB조건 하에서 매도인은 물품이 본선에 적재되기까지 모든 위험과 비용을 부담하여야
한다. 따라서 물품의 수출허가와 수출통관절차의 비용 외에 본선적재비(loading costs) 등을
부담하게 된다. 반면 매수인은 화물이 본선의 갑판에서 인도된 때부터 모든 위험과 비용을
부담하여야 한다. 매수인이 부담하여야 할 주요 비용으로는 본선에서의 창내적부·정돈비
(stowage and trimming charge)를 비롯하여 목적항까지의 운임과 보험료, 수입 관련 비용 일체
등이다. 또한 매수인에 따라 지정한 선박이 정시(定時)에 도착하지 아니하거나, 그 선박이

물품을 수령할 수 없거나, 매수인이 매도인에게 통지한 시기보다 일찍 화물을 마감해버리거나, 또는 매수인이 적절한 통지를 하지 아니함으로써 발생한 모든 추가적인 비용도 매수인이 부담하여야 한다.

마. CFR(Cost and Freight : 본선인도조건에 해상운임 포함)

> **Cost and Freight(목적항 명 기재)**
>
> 약정된 물품을 지정된 선적항 본선 갑판에서 인도하거나, 그렇게 인도된 물품을 조달함으로써 매도인의 인도의무는 완료되나, 지정된 목적항까지 물품을 운반하는 데 필요한 비용 및 운임을 매도인이 지급하는 조건이며 이 시점에 매출·매입으로 회계 처리한다.

CFR[37]조건에서 물품의 인도·인수는 FOB조건의 경우와 동일하다. 다만, CFR조건과 CIF조건에서 물품의 현실적인 인도는 물품이 지정된 선적항 본선 갑판에서 인도하거나, 그렇게 인도된 물품을 조달함으로써 이루어지지만, 대금청구를 위한 매도인의 인도는 서류에 의한 상징적 인도(symbolic delivery) 방식을 취하는 특징이 있다.

따라서 CFR과 CIF조건에서 물품에 대한 권리는 그 물품을 상징하는 서류를 제공함으로써 매수인에게 이전되며, 이 경우 매수인은 대금지급의무를 진다. 그러므로 물품이 정상적으로 인도되었더라도 계약과 일치하지 아니한 선적서류를 제시하였을 경우 매도인은 매수인에서 대금을 지급받을 수 없는 것이다. 즉 CFR과 CIF는 서류의 인도로 이행되는 물품매매조건이라는 특징을 보인다. CFR조건에서 매도인은 물품을 적재하기까지의 일체의 위험과 비용 외에 본선의 창내적부·정돈비와 선적항에서 목적항까지의 운송계약에 따른 비용, 통상의 해상운임(ocean freight), 정기선운송의 경우 함께 부과되는 목적항에서의 양륙비(unloading costs) 등을 부담하여야 한다.

나아가 운송계약에 포함된 경우 제3국 통과과정에서 발생하는 모든 관세, 조세 및 기타 부과금도 매도인의 부담에 속한다. 매수인은 물품이 인도된 경우부터 물품에 관련된 모든 위험과 기타 비용을 부담한다. 이에는 목적항까지 운송하는 동안에 발생하는 물품에 관련된 모든 비용과 부과금 및 목적항에서의 부선료와 부두 사용료를 포함한 양륙비가 해당된다.

---

37) 실무에서 간혹 이 거래조건을 과거에 사용하던 CNF 또는 C&F로 사용하는 경우도 있는데, 이 용어는 INCOTERMS(2000)에서 CFR로 바뀌었다. 매도인과 매수인의 책임과 의무의 내용은 동일하다.

바. CIF(Cost, Insurance and Freight : 본선인도조건에 해상운임·해상보험료 포함)

> **Cost, Insurance and Freight(목적항 명 기재)**
>
> 매도인이 약정된 물품을 지정된 선적항 본선 갑판에서 인도하거나 그렇게 인도된 물품을 조달하고, 지정된 목적항까지 물품을 운반하는데 필요한 운임을 부담하며, 보험계약의 체결 및 보험료도 부담하는 조건이며 이 시점에 매출·매입으로 회계 처리한다.

CIF조건은 목적항까지 보험료를 매도인이 추가하여 부담한다는 것 외에는 CFR조건과 차이가 없다. 즉 CFR조건과 달리 매도인은 자신의 비용부담으로 평판이 좋은 보험자와 목적항까지의 운송에 수반되는 보험계약을 체결하고 보험료를 지급하여야 할 의무를 지는 것이다. 이 경우의 보험계약은 협회적하약관(ICC)이나 이와 유사한 약관의 최소담보조건을 택하되 희망이익을 고려하여 적어도 물품대금의 110%를 계약상의 통화단위로 부보(附保)하여야 한다. 만일 매수인이 최소담보조건 외에 전쟁·동맹파업 등의 위험을 담보하는 특약을 하고자 할 경우에는 매도인과 이에 대한 명시적인 합의를 하고 그에 대한 추가적인 비용을 부담하거나, 매수인 자신의 부담으로 별도의 보험약정을 체결하여야 한다.

사. CPT(Carriage Paid to : 수출지국의 지정장소인도조건에 수입국 지정목적지까지 운임 포함)

> **Carriage Paid to(수입국내 목적지 기재)**
>
> 매도인이 스스로 정한 운송인에게 물품을 인도하되, 다만 지정된 목적지까지 물품을 운반하는 데 필요한 운송비를 추가로 지급하여야 하는 조건이며 이 시점에 매출·매입으로 회계 처리한다.

CPT조건은 기본적으로 둘 이상의 운송수단을 이용하는 복합운송 거래에 적합한 조건이다. 이 조건에서 물품의 인도는 FCA조건에서의 경우와 같이 매도인의 영업장 구내 또는 기타 수출국내 지정장소에서 이루어진다. 다만, 운송인은 매도인이 정한다. CPT조건은 매도인이 목적지까지 운송계약을 체결하고 운송비를 지급한다는 점에서 기본적으로 CFR조건과 유사하다.

그러나 CFR조건에서는 물품을 본선에 적재함으로써 인도의무가 완료되지만, CPT조건에서는 선박이 아닌 운송인, 즉 철도·도로·항공·해상·내수로 또는 이들의 복합방식에 의한 운송을 이행하거나 이행을 주선할 것을 약정하는 자에게 인도한다는 점과, 운송계약과 운송비 지급 목적지가 목적항이 아니라 수입국 내륙의 특정장소가 된다는 점에서 구분된다. 매도인이 체결하여야 하는 운송계약은 통상적인 경로와 통상적인 조건 및 관습적인 방법에 따라 체결하여야 한다.

CPT조건에서 매도인은 물품이 인도될 경우까지 물품에 관련된 모든 위험과 비용을 부담한다. 또한 물품의 적재비 및 운송계약에 따라 목적지에서의 모든 양하비를 포함하여 운임과 기타 모든 비용도 부담하여야 한다. 그 외에 수출에 필요한 통관비용과 운송계약에 포함될 경우 제3국으로의 통과과정에서 발생하는 모든 관세, 조세 및 기타 부과금도 부담하여야 한다. 그러나 운송계약에 따라 매도인의 부담에 속하지 아니하는 운송과정에서의 물품에 관련된 모든 비용과 부과금, 양하비, 제3국으로의 통과를 위하여 지급되는 제 비용 등은 매수인이 부담한다.

매수인은 수출국내 지정장소에서 물품이 인도된 경우부터 물품에 관련된 모든 위험과 비용을 부담한다. 그리고 운송계약에 따라 매도인의 부담에 속하지 아니하는 한 합의된 목적지에 도착할 경우까지 추가되는 모든 비용과 부과금, 운송계약에 따라 매도인의 부담에 속하지 아니하는 양하비를 부담하여야 한다. 그 외에 물품의 수입시 또는 운송계약에 따라 매도인의 부담에 속하지 아니하는 제3국으로의 통과를 위하여 지급되는 모든 관세, 조세 및 그 밖의 부과금과 통관비용도 매수인이 부담하여야 한다.

아. CIP(Carriage and Insurance Paid To : 수출지국 지정장소인도조건에 수입국 지정 목적지까지 운송비 · 보험료 지급)

> **Carriage and Insurance Paid to(수입국내 목적지 기재)**
> 매도인이 스스로 정한 운송인에게 물품을 인도하되, 다만 지정된 목적지까지 물품을 운반하는 데 필요한 운송비를 추가로 지급하고, 보험계약과 보험료도 지급하는 조건이며 이 시점에 매출 · 매입으로 회계 처리한다.

CIP조건도 기본적으로 둘 이상의 운송수단을 이용하는 복합운송 거래에 적합한 조건이다. CIP조건에서 물품의 인도도 FCA조건에서의 경우와 같이 매도인의 영업장 구내 기타 수출국내 지정장소에서 이루어진다. 다만, 운송인은 매도인이 정한다. CIP조건에서의 위험과 비용의 부담은 매도인이 운송계약 및 보험계약을 체결하고 이에 따른 운송비와 보험료를 지급한다는 점에서 기본적으로 CIF조건과 같다.

그러나 물품을 선박이 아닌 운송인에게 인도한다는 점과 운송계약 및 보험계약의 대상이 목적항이 아닌 수입국 내륙의 목적지라는 점에서 구분된다. 보험계약은 CIF조건의 경우와 같이 협회적하약관(ICC)이나 이에 준하는 약관의 최소담보조건이다. 기타 매도인과 매수인의 위험과 비용부담 범위는 CPT의 경우와 차이가 없다.

자. DPU(Delivered at Place Unloaded : 수입국 목적지양하인도)

> **Delivered at Placed Unloaded(수입국내 약정된 장소 기재)**
> 지정 목적항 또는 지정 목적지에 도착된 운송수단으로부터 양하한 물품을 수입통관하지 않고 매수인의 임의처분 상태로 인도하는 조건이며 이 시점에 매출·매입으로 회계처리한다.

INCOTERMS 2020에서 신설된 DPU조건에서 매도인은 자기의 비용으로 합의된 목적항 또는 목적지에 물품을 운송하기 위한 운송계약을 체결해야 하고 또한 지정 목적항 또는 지정 목적지까지 운송하여 양하하는 데 따른 모든 위험을 부담해야 한다. DPU는 매도인이 목적지에서 물품을 양하하도록 하는 유일한 규칙이다. 따라서 매도인은 자신이 그러한 지정장소에서 양하를 할 수 있는 입장에 있는지를 확실히 해야 한다. 당사들은 매도인이 양하의 위험과 비용을 부담하기를 원하지 않는 경우에는 DPU를 피하고 대신 DAP를 사용해야 한다. DPU와 DAP에서는 해당되는 경우에 매도인이 물품의 수출통관을 해야 한다. 그러나 매도인은 물품의 수입을 위한 또는 인도 후 제3국 통과를 위한 통관을 하거나, 수입관세를 납부하거나, 수입통관절차를 수행할 의무가 없다. 따라서 매수인이 수입통관을 못하는 경우에 물품은 목적지 국가의 항구나 내륙터미널에 묶이게 될 것이다. 그렇다면 물품이 목적지 국가의 항구나 내륙터미널에 묶여 있는 동안에 발생하는 어떤 멸실의 위험은 누가 부담하는가? 그 답은 매수인이다. 즉 아직 인도가 일어나지 않았고, 내륙의 지정장소의 통과가 재개될 때까지 물품의 멸실 또는 훼손의 위험을 매수인이 부담하도록 하기 때문이다. 이러한 시나리오를 피하기 위해 물품의 수입신고를 하고, 수입관세나 세금을 납부하고 수입통관절차를 수행하는 것을 매도인이 하도록 하는 경우에 당사자들은 DDP를 사용하는 것을 고려할 수 있다.

차. DAP(Delivered at Place : 수입국 목적지인도)

DAP조건을 사용할 경우 DAP 뒤에 지정목적지를 표시한다. 이 조건의 경우 매도인은 자기의 비용으로 지정목적지 또는 경우에 따라 지정목적지의 합의된 지점까지 물품을 운송하기 위한 운송계약을 체결하여야 하고, 지정지까지 물품을 운송하는 데 따른 모든 위험을 부담한다. 만약 특정 지점이 합의되지 않았거나 관습에 의해 결정되고 있지 않은 경우 매도인은 지정목적지에서 자기의 목적에 가장 적합한 지점을 선택할 수 있다. 이때 매도인이 목적지에서의 양하에 관하여 운송계약하에서 비용을 부담한 경우에도 당사자 사이에 별도의 합의가 없으면 매도인은 이러한 비용을 매수인으로부터 회수할 권리가 없다. 한편 매수인은 지정목적지에서 자기가 임의로 처분할 수 있는 상태가 된 이후의 모든 위험과 비용을 부담한다. 이 조건에서 물품의 수입통관은 매수인이 하여야 하는데 만약 당사자들이 수입통관절차를 매도인이 밟기를 희망하는 경우에는 DDP조건을 사용해야 한다. DDP조건과 DAP조건의 주된 차이점은 인도조건이다.

DAP조건의 경우 매도인은 지정장소에서 도착된 운송수단으로부터 양하하지 않은 상태로 매수인의 임의처분 상태로 물품을 인도하면 되는데, 이때 도착된 운송수단은 선박이 될 수 있고, 또 지정목적지는 항구가 될 수 있다.

카. DDP(Delivered Duty Paid : 수입국 목적지에서 관세지급인도)

DDP조건에서 물품 인도의무의 완료와 매도인과 매수인의 위험부담은 DAP조건의 경우와 차이가 없다. 그러나 비용부담의 측면에서 DDP조건은 매도인이 수입국의 수입통관절차를 이행하고 이때 부과하는 관세, 내국세 및 기타 부과금을 부담하여야 한다. 기타 비용부담의 내용은 DAP와 차이가 없다.

(1) 클레임 의의

클레임은 무역계약 당사자 중 일방의 계약불이행이나 위반, 이행지체로 발생되는 손해에 대하여 계약의 해지, 해제, 인도 또는 인수의 거절, 가격인하나 손해배상을 요구하는 등 구상권을 행사하는 것을 말한다. 통상 기본계약상 상품자체에 대한 약정인 품질조건, 수량조건 또는 포장조건 등의 위반과 계약의 이행에 대한 약정인 선적조건, 보험조건 및 결제조건의 경우는 부수계약인 운송계약, 보험계약 및 환거래계약 조건의 위반 여부 등이 클레임의 기초가 된다.

무역클레임은 쌍무적이고 객관적 타당성을 가져야 하며 세심한 절차 없는 클레임 처리는 법률적 효력을 보장받을 수 없다.

(2) 클레임 제기 절차 및 해결

1) 클레임 당사자의 확정

클레임 사유가 발생되면 우선 누구에게 클레임을 제기해야 할 것인가를 결정하여야 한다. 클레임의 당사자는 보통 계약당사자가 되지만 예외로 계약당사자에게 책임이 없는 사유로 인하여 발생된 손해에 대하여는 제3자에게 청구하는 경우도 있는데 운송인, 창고업자 등이 이에 해당된다.

2) 클레임의 통지

클레임을 제기할 때에는 신속하게 클레임이 발생한 사실을 상대방에게 통지한 후에 서면에 의한 정식 클레임을 제기하여야 한다.

클레임 제기기간은 당사자간 약정이 있는 경우 그에 의하며, 약정이 없는 경우 국가마다 다르나 보통 한국의 경우 즉시 통지 또는 즉시 발견할 수 없는 하자에 대하여는 6개월의 기간 내로 한다.

3) 클레임의 청구

클레임 제기내용은 육하원칙에 따라 작성하되 거래당사자, 거래사실 관계, 분쟁발생 경위, 청구내용 등을 기재한다. 수출입관련 클레임의 경우 계약번호, 일자, 품명, 수량, 선적항, 도착항, B/L 및 L/C번호 등도 기재하여 청구하며, 제기내용 및 사실관계를 입증하는 모든 자료를 첨부하여 제기한다.

4) 클레임의 해결

가. 당사자간의 해결

상대방이 사전 또는 즉시 손해배상 제의를 통해 해결될 경우 피해자가 상대방에게 청구 권을 행사하지 아니하는 청구권의 포기, 당사자간의 자주적인 교섭과 양보로 분쟁을 해결 하는 방법으로서 당사자간 직접적 합의를 통해 분쟁을 종료하는 화해(민법 §731)가 있다.

나. 제3자 개입에 의한 해결(알선, 조정, 중재, 소송)

공정한 제3자(기관)가 당사자의 일방 또는 쌍방의 요청으로 사건에 개입하여 원만하게 타 협이 이루어지도록 협조·조언하는 방법으로서 당사자간에 비밀이 보장되고 거래관계가 지속을 유지할 수 있는 장점이 있으나 강제력이 없는 알선, 양당사자가 공정한 제3자를 조 정자로 선임하여 분쟁해결방안을 제시해 줄 것을 의뢰하고 조정인이 제시하는 조정안 또는 해결방안에 양당사자가 합의함으로써 분쟁을 해결하는 방식인 조정(조정안이 성립되면 조정결 정은 중재판정과 동일한 효력을 갖게 되나 제시된 조정안을 어느 일방이 거절한 경우 클레임 해결을 할 수 없다),

분쟁당사자간의 중재합의에 의거 사법상의 법률관계를 법원 소송절차에 의하지 않고 제 3자를 중재인(Arbitrator)을 선임하여 최종적으로 중재인의 판정에 맡겨 그 판정에 절대 복 종함으로써 분쟁을 해결하는 방법인 중재(중재인의 중재판정에 절대 복종해야 하는 강제성을 가질 뿐 아니라 그 효력이 법원의 확정판결과 동일하며 외국에서도 집행이 보장됨, 대한상사중재원 이용),

마지막으로 개인간의 분쟁을 국가기관인 법원(재판소)의 판결에 의하여 강제적으로 해결 하는 방법인 소송(거래당사국인 외국과의 사법협정이 체결되어 있는 경우에 효과가 있다)이 있다.

다. 해결방법 결정으로 인한 이행

클레임 제기자가 입은 금전적 손해에 대하여 피제기자가 금전으로 배상(손해배상금의 지 급)하는 경우, 클레임 피제기자가 제기자에게 품질 불량, 품질 상이, 포장 불량 등의 사유에 대하여 당초 계약가격 감액을 해주는 경우, 물품의 인수를 거절하고 수출자에게 반송하는 경우, 클레임 제기자가 클레임 피제기자에게 계약상의 온전한 이전을 요구하여 그 요구를 들어주는 경우가 있다.

대외무역법 해설

1 총칙

(1) 대외무역법의 목적

무역이 국민경제에 미치는 영향이 큰 만큼 대외무역법은 대외무역을 진흥하고 공정한 거래 질서를 확립하여 국제 수지의 균형과 통상의 확대를 도모함으로써 국민 경제를 발전시키는 데 이바지함을 목적으로 제정되었다(대외무역법 §1).

(2) 자유롭고 공정한 무역의 원칙

우리나라의 무역은 헌법에 따라 체결·공포된 무역에 관한 조약과 일반적으로 승인된 국제법규에서 정하는 바에 따라 자유롭고 공정한 무역을 조장함을 원칙으로 한다. 정부는 대외무역법이나 다른 법률 또는 헌법에 따라 체결·공포된 무역에 관한 조약과 일반적으로 승인된 국제 법규에 무역을 제한하는 규정이 있는 경우에는 그 제한하는 목적을 달성하기 위하여 필요한 최소한의 범위에서 이를 운영하여야 한다(대외무역법 §3).

(3) 무역의 진흥을 위한 조치

산업통상자원부장관은 무역의 진흥을 위하여 필요하다고 인정되면 물품 등의 수출과 수입을 지속적으로 증대하기 위한 조치를 할 수 있고, 다음의 어느 하나에 해당하는 자에게 필요한 지원을 할 수 있다(대외무역법 §4).

① 무역의 진흥을 위한 자문, 지도, 대외 홍보, 전시, 연수, 상담 알선 등을 업(業)으로 하는 자
② 무역전시장이나 무역연수원 등의 무역 관련 시설을 설치·운영하는 자

③ 과학적인 무역업무 처리기반을 구축·운영하는 자

(4) 무역에 관한 제한 등 특별 조치

산업통상자원부장관은 다음의 어느 하나에 해당하는 경우에는 물품 등의 수출과 수입을 제한하거나 금지할 수 있다(대외무역법 §5).
① 우리나라 또는 우리나라의 무역 상대국(이하 "교역상대국")에 전쟁·사변 또는 천재지변이 있을 경우
② 교역상대국이 조약과 일반적으로 승인된 국제법규에서 정한 우리나라의 권익을 인정하지 아니할 경우
③ 교역상대국이 우리나라의 무역에 대하여 부당하거나 차별적인 부담 또는 제한을 가할 경우
④ 헌법에 따라 체결·공포된 무역에 관한 조약과 일반적으로 승인된 국제법규에서 정한 국제평화와 안전유지 등의 의무를 이행하기 위하여 필요할 경우
⑤ 국제평화와 안전유지를 위한 국제공조에 따른 교역여건의 급변으로 교역상대국과의 무역에 관한 중대한 차질이 생기거나 생길 우려가 있는 경우
⑥ 인간의 생명·건강 및 안전, 동물과 식물의 생명 및 건강, 환경보전 또는 국내 자원보호를 위하여 필요할 경우

(5) 무역에 관한 법령 등의 협의 등

관계 행정기관의 장은 물품 등의 수출 또는 수입을 제한하는 법령이나 훈령·고시 등(이하 "수출·수입요령")을 제정하거나 개정하려면 미리 산업통상자원부장관과 협의하여야 한다. 이 경우 산업통상자원부장관은 관계 행정기관의 장에게 그 수출·수입요령의 조정을 요청할 수 있다(대외무역법 §6).

(6) 그 밖에 산업통상자원부장관의 의무 등

산업통상자원부장관은 무역과 통상을 진흥하기 위하여 매년 다음 연도의 통상진흥시책을 세워야 하며, 무역·통상 관련 기관 또는 단체가 교역상대국의 정부, 지방정부, 기관 또는 단체와 통상, 산업, 기술, 에너지 등에서 협력활동을 추진하는 경우 필요한 지원을 할 수 있다. 또한 산업통상자원부장관은 신시장 개척, 신제품 발굴 및 중소기업·중견기업의 수출확대를 위하여 수출실적 및 중소기업 제품 수출비중 등을 고려하여 무역거래자 중에서

전문무역상사를 지정하고 지원할 수 있으며, 무역에 관한 조약의 이행을 위한 자료제출을
요구할 수 있다(대외무역법 §6, §7, §8, §8의2, §9).

2 수출입 거래

(1) 수출입의 일반원칙

물품 등의 수출입과 이에 따른 대금을 받거나 지급하는 것은 대외무역법 목적의 범위에
서 자유롭게 이루어져야 하며, 무역거래자는 대외신용도 확보 등 자유무역질서를 유지하기
위하여 자기 책임으로 그 거래를 성실히 이행하여야 한다(대외무역법 §10).

(2) 수출입의 제한 등

산업통상자원부장관은 생물자원의 보호, 교역상대국과의 경제협력 증진, 국방상 원활한
물자수급 등을 위하여 필요하다고 인정하여 지정·고시하는 물품 등[수출입공고에서 정한 물
품 등(다만, 중계무역 물품, 외국인수수입 물품, 외국인도수출 물품, 선용품은 제외)]의 수출 또는 수입을
제한하거나 금지할 수 있다. 수출 또는 수입이 제한되는 물품 등을 수출하거나 수입하려는
자는 산업통상자원부장관의 승인을 받아야 한다. 수출 또는 수입 승인의 유효기간은 1년으
로 한다(대외무역법 §11, 대외무역령 §16~§19, 대외무역관리규정 §9~§20).

1) 수출입승인의 의의

수출입의 승인은 허가(license)로서의 성질을 지닌다. 즉, 승인은 법규에 의한 일반적인
금지를 특정한 경우에 해제하여 자유 상태를 회복시켜주는 행정행위다. 이러한 승인은 개
별적 수출 또는 수입을 할 때마다 받아야 함이 원칙이다. 수입승인을 I/L(Import License),
수출승인을 E/L(Export License)이라 한다. 현재 수출입공고에 따라 이러한 승인을 받아
야 무역이 가능한 제한물품은 극소수에 지나지 않는다.

2) 수출입승인 대상물품

수출입승인 대상물품이란 "산업통상자원부장관이 수출 또는 수입 승인 대상물품 등으로
지정·고시한 물품 등"으로 수출입공고에서 정한 제한물품 등을 말한다(대외무역법 §11, 대외
무역령 §16, 대외무역관리규정 §9). 수출입공고에는 수출금지품목으로 고래고기, 자연석, 개의

모피, 개의 모피제품 등이 규정되어 있고, 수입금지품목은 규정되어 있지 않다. I/L을 받아야 하는 제한품목은 항공기용 부분품들이 규정되어 있고, E/L을 받아야 하는 품목은 골재류와 미국이나 유럽연합, 영국으로 수출하는 철강제품 등이 있다.

3) 신청 및 승인, 승인서의 발급

가. 신청

물품 등의 수출 또는 수입의 승인을 신청하려는 자 및 수출 또는 수입 승인의 유효기간 연장을 신청하려는 자는 신청서에 다음의 서류를 첨부하여 산업통상자원부장관에게 제출하여야 한다. 변경승인을 받으려는 경우에도 같다(대외무역관리규정 §10 ①).

① 수출신용장, 수출계약서 또는 주문서(수출의 경우만 해당)
② 수입계약서 또는 물품등매도확약서(수입의 경우만 해당)
③ 수출 또는 수입대행계약서(공급자와 수출자가 다른 경우 및 실수요자와 수입자가 다른 경우만 해당)
④ 수출입공고에서 규정한 요건을 충족하는 서류(다만, 해당 승인기관에서 승인 요건의 충족 여부를 확인할 수 있는 경우를 제외)

나. 승인

수출입승인의 요건에 합당한 경우 수출입 승인기관의 장은 수출입승인서[업체용, 세관용, 승인기관용(산업통상자원부용) 및 사본(신청자가 요청한 경우만 해당)]를 발급하여야 한다. 다만, 수출입 물품 등을 분할하여 발급할 수 있다(대외무역관리규정 §10 ②).

다. 수출입승인의 요건

수출입 승인기관의 장은 수출·수입의 승인을 하려는 경우에는 다음의 요건에 합당한지를 확인하여야 한다(대외무역관리규정 §11).

① 수출·수입하려는 자가 승인을 받을 수 있는 자격이 있는 자일 것
② 수출·수입하려는 물품 등이 수출입공고 및 이 규정에 따른 승인 요건을 충족한 물품 등일 것
③ 수출·수입하려는 물품 등의 품목분류번호(HS)의 적용이 적정할 것

라. 수출입승인 유효기간의 설정

산업통상자원부장관은 다음의 어느 하나에 해당하는 경우에는 해당 물품 등의 수출 또는

수입 승인의 유효기간을 1년 미만으로 하거나 최장 2년의 범위에서 정할 수 있다(대외무역법 §11 ③).

① 국내의 물가안정이나 수급 조정을 위하여 수출 또는 수입 승인의 유효기간을 1년보다 단축할 필요가 있는 경우

② 수출입계약 체결 후 물품 등의 제조·가공 기간이 1년을 초과하는 경우

③ 수출입계약 체결 후 물품 등이 1년 이내에 선적되거나 도착하기 어려운 경우

④ "①"부터 "③"까지의 규정 외에 수출입 물품 등의 인도 조건 및 거래의 특성을 고려하여 수출 또는 수입 승인의 유효기간을 1년보다 단축하거나 늘릴 필요가 있다고 인정되는 경우

다만, 다음의 어느 하나에 해당하는 경우에는 1년 이내 또는 20년의 범위 내에서 유효기간을 단축 또는 초과하여 설정할 수 있다(대외무역관리규정 §12).

① 산업통상자원부장관이 물가 안정 또는 수급 조정을 위하여 1년 이내로 유효기간의 단축이 필요하다고 인정하는 경우

② 물품 등의 제조·가공기간이 1년을 초과하는 경우 등 물품 등의 선적 또는 도착기일을 감안하여 1년 이내에 물품 등의 선적이나 도착이 어려울 것으로 수출입 승인기관의 장이 인정하는 경우

③ 수출·수입이 혼합된 거래로서 수출입 승인기관의 장이 부득이하다고 인정하는 경우

4) 수출입승인 사항의 변경 등

다음의 어느 하나에 해당하는 사항에 대하여는 당초 승인한 기관의 장에게 변경신고를 하여야 한다. 수출입승인 사항의 변경은 당초 승인한 기관의 장이 대외무역관리규정 제18조 제1항의 수출입변경승인 요건에 합당한지를 확인하여 승인한다.

① 원산지

② 도착항(다만, 수출의 경우에만 해당한다)

③ 규격

④ 수출입 물품 등의 용도(다만, 수출입승인 용도가 지정된 경우에만 해당한다)

⑤ 승인 조건

5) 수출입승인의 면제

긴급히 처리하여야 하는 물품 등과 그 밖에 수출 또는 수입 절차를 간소화하기 위한 물품

등으로서 아래의 기준에 해당하는 물품 등의 수출 또는 수입은 수출입승인을 면제할 수 있다(대외무역법 §11 ②, 대외무역령 §19, 대외무역관리규정 §19, §20).

① 산업통상자원부장관이 정하여 고시하는 물품 등으로서 외교관이나 그 밖에 산업통상자원부장관이 정하는 자가 출국하거나 입국하는 경우에 휴대하거나 세관에 신고하고 송부하는 물품 등

② 다음의 어느 하나에 해당하는 물품 등 중 산업통상자원부장관이 관계 행정기관의 장과의 협의를 거쳐 고시하는 물품 등

  가. 긴급히 처리하여야 하는 물품 등으로서 정상적인 수출·수입 절차를 밟아 수출·수입하기에 적합하지 아니한 물품 등

  나. 무역거래를 원활하게 하기 위하여 주된 수출 또는 수입에 부수된 거래로서 수출·수입하는 물품 등

  다. 주된 사업 목적을 달성하기 위하여 부수적으로 수출·수입하는 물품 등

  라. 무상(無償)으로 수출·수입하여 무상으로 수입·수출하거나, 무상으로 수입·수출할 목적으로 수출·수입하는 것으로서 사업 목적을 달성하기 위하여 부득이하다고 인정되는 물품 등

  마. 산업통상자원부장관이 정하여 고시하는 지역에 수출하거나 산업통상자원부장관이 정하여 고시하는 지역으로부터 수입하는 물품 등

  바. 공공성을 가지는 물품 등이거나 이에 준하는 용도로 사용하기 위한 물품 등으로서 따로 수출·수입을 관리할 필요가 없는 물품 등

  사. 그 밖에 상행위 이외의 목적으로 수출·수입하는 물품 등

③ 외국환 거래 없이 수입하는 물품 등으로서 그 반입의 목적, 사유 등에 의하여 세관장이 타당하다고 인정하는 물품 등(이 경우 세관장은 과세가격이 500만원을 초과하는 수입에 대하여 수입승인서의 제출을 요구할 수 있다)

④ 「해외이주법」에 따른 해외이주자가 해외이주를 위하여 반출하는 원자재, 시설재 및 장비로서 외교부장관이나 외교부장관이 지정하는 기관의 장이 인정하는 물품 등

6) 수출입공고

산업통상자원부장관은 위 사항에 따른 제한·금지, 승인, 승인의 유효기간 설정 및 연장, 신고, 한정 및 그 절차 등을 정한 경우에는 이를 공고하여야 한다(대외무역법 §11 ②).

7) 통합공고

통합공고는 대외무역법 이외의 다른 법령에서 수출입에 관한 제한 내용이 있을 경우 이를 취합하여 산업통상자원부장관이 고시한 것이다. 통합공고에는 마약류관리에 관한 법률, 식물방역법, 가축전염병예방법 등 약 70여 개에 이르는 법령의 다양한 규제내용이 포함되어 있는데, 수출입을 하기 위해서는 이 공고에 규정된 각 법령의 허가·추천·신고·검사·검정·인증·확인 등(이를 요건확인이라 한다)을 받아야 한다. 수출입에 관련된 규제가 포함된 법령을 관장하는 관계 행정기관의 장은 수출·수입요령을 제정하거나 개정하는 경우에는 그 수출·수입요령이 그 시행일 전에 수출·수입요령을 통합하여 공고될 수 있도록 이를 산업통상자원부장관에게 제출하여야 한다(대외무역법 §12).

(3) 수출입실적의 인정

1) 개념

"수출실적"이란 산업통상자원부장관이 정하여 고시하는 기준에 해당하는 수출통관액·입금액, 가득액(稼得額)과 수출에 제공되는 외화획득용 원료·기재의 국내공급액을 말하고, "수입실적"이란 산업통상자원부장관이 정하여 고시하는 기준에 해당하는 수입통관액 및 지급액을 말한다.

2) 필요성

수출입실적은 무역업자가 일정기간 법령에서 정하는 바에 따라 수출입 이행의 결과로 나타나는 누적실적으로서 각종 사후관리 기준, 무역금융한도 결정, 외화획득용 원료 자율관리기업 선정, 종합무역상사의 지정유지 및 세제상의 혜택의 결정하는 척도로 사용하고 있다.

3) 수출입실적 산정의 구체적 기준

수출입실적은 이를 집계하는 법률에 따라 그 시점과 포함되는 금액의 내용이 다르다. 대표적인 것이 대외무역법에 의한 수출입실적과 관세법에 의한 수출입실적이다. 무역금융을 융자함에 있어 한국은행이 정한 '수출실적기준' 또한 다르다.[38] 이러한 차이는 수출 또는

---

38) 관세법에 의한 수출입실적은 관세법에 의해 수출 및 수입신고가 수리된 '물품'의 금액으로, 수출은 FOB, 수입은 CIF를 원칙으로 집계된다. 여기에는 대외무역법에 의한 용역, 전자적형태의 무체물이나 외국인도(인수)수출입은 실적에 포함되지 않는다. 또한 대외무역법, 환급특례법에서는 수출로 보는 내국신용장 등에 의한 수출용원재료의 국내공급분도 포함되지 않는다. 정부가 매월 혹은 매년 발표하는 무역통계는 관세법에 의해 집계된 수출입실적이다. 무역금융에서 판단하는 수출실적에 대해서는 제16절 참조한다.

수입에 대한 개념차이 및 정부가 의도하는 정책목적의 차이에서 발생한다. 대외무역법에 의한 수출입실적의 인정시기 및 인정금액은 다음의 표와 같다(대외무역법 §25~§30, 대외무역령 §23, 대외무역관리규정 §25~§27).

| 수출입실적 인정금액[39] 및 인정시기 |

인정항목	인정금액	인정시점	증명발급 기관
신용장방식, 추심결제방식(D/P, D/A), 송금방식, 위(수)탁판매, 위(수)탁가공방식, 연계무역방식, 중장기연불방식, 임대차방식에 의한 수출·수입 중 유상거래(북한에 대한 유상반출 실적 포함)	수출 : 통관액(FOB) 수입 : 통관액(CIF)	수출신고수리일 수입신고수리일	한국무역협회장 및 산통부장관이 인정하는 기관의 장
중계무역	가득액 [수출금액(FOB) －수입금액(CIF)]	입금일	외국환은행
외국인도수출[*]	외국환은행 입금액	입금일	외국환은행
외국인수수입	외국환은행 지급액	지급일	외국환은행
위탁가공무역에 따라 생산된 제품 중 현지에서 외국에 판매하는 물품	가득액(판매액－원자재 수출금액－가공임)	입금일	외국환은행
원양어로에 의한 수출 중 현지 경비사용분	외국환은행 확인액	확인일	외국환은행
내국신용장 및 구매확인서에 의해 국내에서 수출용 원재료로 공급한 물품	외국환은행 결제액 또는 확인액	외국환은행 결제 또는 당사자간 결제일	외국환은행
외국에서 개최되는 박람회, 전람회, 견본시, 영화제 등에 출품된 물품 중 현지에서 매각된 경우	외국환은행 입금액	입금일	외국환은행
산업통상자원부장관이 지정한 생산자의 수출물품포장용 골판지상자의 공급	외국환은행 결제 또는 확인일	외국환은행 결제 또는 당사자간 결제일	외국환은행
외국인으로부터 대금을 영수하고 자유무역지역으로 반입한 물품을 공급한 경우	수출 : 통관액 (FOB기준) 수입 : 통관액 (CIF기준)	수출신고수리일 수입신고수리일	외국환은행

---

[39] 수출입실적 인정금액은 수출신고서 서식 ㊻란이며 실제로 입금받는 금액이 아니므로 세무회계 상 매출처리 금액과는 무관하다.

인정항목	인정금액	인정시점	증명발급 기관
외국인으로부터 대금을 영수하고 그가 지정하는 자가 국내에 있음으로써 물품 등을 외국으로 수출할 수 없는 경우 관세법 제154조에 따른 보세구역(지정장치장, 세관검사장, 보세창고, 보세공장, 보세전시장, 보세건설장, 보세판매장, 종합보세구역)으로 물품 등을 공급하는 경우	외국환은행 입금액	입금일	외국환은행
해외에서 투자 및 건설, 용역, 산업설비 수출 등의 사업에 종사하는 우리나라 업자(현지합작법인 포함)에게 무상으로 반출한 물품 중 해외건설공사에 직접 사용되는 수출분(수출신고필증에 재반입하지 않는다는 조건이 명시된 경우)	수출 : 통관액(FOB 기준)	수출신고수리일	외국환은행
외국인으로부터 대금을 영수하고 외화획득용 시설기재를 외국인과 임대차계약을 맺은 국내업체에 인도하는 경우	외국환은행 입금액	입금일	외국환은행
전자적 형태의 무체물 및 용역의 수출·수입	수출 : 외국환은행 입금액 수입 : 외국환은행 지급액	입금일 지급일	외국환은행

*) 위탁가공의 경우 판매가격에서 원재료수출가액 및 가공임을 차감한 실적

(4) 외화획득용 원료·기재의 수입과 구매 등

1) 개요

산업통상자원부장관은 원료, 시설, 기재(機材) 등 외화획득을 위하여 사용되는 물품 등(이하 "원료·기재"라 한다)의 수입에 대하여는 수입승인을 적용하지 아니할 수 있다. 다만, 국산 원료·기재의 사용을 촉진하기 위하여 필요한 경우에는 그러하지 아니한다(대외무역법 §16, 대외무역령 §24~§26, 대외무역관리규정 §31, §32, §33, §35). 이러한 수입승인제도는 수출을 포함한 광의의 외화획득행위를 대상으로 제반지원을 하기 위한 제도이다. 외화획득용 원료·기재에 대한 지원제도는 수출입공고상 수입제한 품목이 많았을 경우 그 예외를 인정해 수입을 허용했기 때문에 큰 의미를 가졌으나, 오늘날에는 앞서 설명한 바와 같이 수입제한 품목 즉, I/L을 받아야 하는 품목이 거의 없어졌기 때문에 별 의미가 없게 되었다.

2) 구매확인서 발급

산업통상자원부장관은 외화획득용 원료·기재를 구매하려는 자가 「부가가치세법」 제24
조에 따른 영(零)의 세율을 적용받기 위하여 확인을 신청하면 외화획득용 원료·기재를 구
매하는 것임을 확인하는 구매확인서를 발급할 수 있다.

3) 외화획득용 원료·기재의 범위(대외무역령 §2 (5)~(10)).

① "외화획득용 원료·기재"란 외화획득용 원료, 외화획득용 시설기재, 외화획득용 제품,
외화획득용 용역 및 외화획득용 전자적 형태의 무체물을 말한다.
② "외화획득용 원료"란 외화획득에 제공되는 물품과 대외무역령 제3조에 따른 용역 및
제4조에 따른 전자적 형태의 무체물(이하 "물품 등"이라 한다)을 생산하는 데에 필요한
원자재·부자재·부품 및 구성품을 말한다.
③ "외화획득용 시설기재"란 외화획득에 제공되는 물품 등을 생산하는 데에 사용되는 시
설·기계·장치·부품 및 구성품[물품 등의 하자(瑕疵)를 보수하거나 물품 등을 유
지·보수하는 데에 필요한 부품 및 구성품을 포함한다]을 말한다.
④ "외화획득용 제품"이란 수입한 후 생산과정을 거치지 아니한 상태로 외화획득에 제공
되는 물품 등을 말한다.
⑤ "외화획득용 용역"이란 외화획득에 제공되는 물품 등을 생산하는 데에 필요한 대외무
역령 제3조에 따른 용역을 말한다.
⑥ "외화획득용 전자적 형태의 무체물"이란 외화획득에 제공되는 물품 등을 생산하는 데
에 필요한 대외무역령 제4조에 따른 전자적 형태의 무체물을 말한다.

산업통상자원부장관은 외화획득용 원료·기재의 범위, 품목 및 수량을 정하여 공고할 수
있는 바, 외화획득용 원료·기재의 범위는 다음과 같다(대외무역관리규정 §32).
① 수출실적으로 인정되는 수출 물품 등을 생산하는 데에 소요되는 원료(포장재, 1회용 파
렛트를 포함한다)
② 외화가득률(외화획득액에서 외화획득용 원료의 수입금액을 공제한 금액이 외화획득액에서 차지하
는 비율을 말한다)이 30% 이상인 군납용 물품 등을 생산하는 데에 소요되는 원료
③ 해외에서의 건설 및 용역사업용 원료
④ 외화획득용 물품 등을 생산하는 데에 소요되는 원료
⑤ 위 "①"부터 "④"까지의 규정에 따른 원료로 생산되어 외화획득이 완료된 물품 등의

하자 및 유지보수용 원료

4) 외화획득의 범위와 이행기간

외화획득용 원료·기재를 수입한 자와 수입을 위탁한 자는 그 수입에 대응하는 외화획득을 하여야 하며, 외화획득의 범위는 대외무역령 제26조 및 대외무역관리규정 제31조를, 이행기간은 대외무역령 제27조를 참조한다.

가. 외화획득의 범위

외화획득의 범위는 수출, 주한 국제연합군이나 그 밖의 외국군 기관에 대한 물품 등의 매도, 관광, 용역 및 건설의 해외 진출 및 국내에서 물품 등을 매도하는 것으로서 산업통상자원부장관이 정하여 고시하는 아래 기준에 해당하는 것을 말하며, 무역거래자가 외국의 수입업자로부터 수수료를 받고 행한 수출 알선은 외화획득행위에 준하는 행위로 본다(대외무역령 §26).

① 외국인으로부터 외화를 받고 국내의 보세지역에 물품 등을 공급하는 경우
② 외국인으로부터 외화를 받고 공장건설에 필요한 물품 등을 국내에서 공급하는 경우
③ 외국인으로부터 외화를 받고 외화획득용 시설·기재를 외국인과 임대차계약을 맺은 국내업체에 인도하는 경우
④ 정부·지방자치단체 또는 정부투자기관이 외국으로부터 받은 차관자금에 의한 국제경쟁입찰에 의하여 국내에서 유상으로 물품 등을 공급하는 경우(대금 결제통화의 종류를 불문한다)
⑤ 외화를 받고 외항선박(항공기)에 선(기)용품을 공급하거나 급유하는 경우
⑥ 절충교역거래(off set)의 보완거래로서 외국으로부터 외화를 받고 국내에서 제조된 물품 등을 국가기관에 공급하는 경우

나. 외화획득의 이행기간

외화획득의 이행기간은 다음의 구분에 따른 기간의 범위에서 산업통상자원부장관이 정하여 고시하는 기간으로 한다(대외무역령 §27).

① 외화획득용 원료·기재를 수입한 자가 직접 외화획득의 이행을 하는 경우 : 수입통관일 또는 공급일부터 2년
② 다른 사람으로부터 외화획득용 원료·기재 또는 그 원료·기재로 제조된 물품 등을 양수한 자가 외화획득의 이행을 하는 경우 : 양수일부터 1년

③ 외화획득을 위한 물품 등을 생산하거나 비축하는 데에 2년 이상의 기간이 걸리는 경
  우 : 생산하거나 비축하는 데에 걸리는 기간에 상당하는 기간
④ 수출이 완료된 기계류의 하자 및 유지 보수를 위한 외화획득용 원료·기재인 경우 :
  하자 및 유지 보수 완료일부터 2년

> ※ 위 기간의 범위 내에서 산업통상자원부장관이 정하여 고시하는 기간
>
> 외화획득 이행의무자는 외화획득용 원료의 수입신고수리일, 용역 또는 전자적 형태의
> 무체물의 공급일, 수입된 외화획득용 원료 또는 해당 원료로 제조된 물품 등(이하 "원
> 료등"이라 한다)의 구매일 또는 양수일부터 다음의 기간이 경과한 날까지 외화획득의
> 이행을 하여야 한다(대외무역관리규정 §39).
> ① 외화획득 행위의 경우에는 2년
> ② 국내공급(양도를 포함한다)인 경우에는 1년
> ③ 외화획득 물품의 선적기일이 2년 이상인 경우에는 그 기일까지의 기간
> ④ 수출이 완료된 기계류(HS 84류부터 90류까지의 규정에 해당하는 품목)의 하자 및
>   유지보수용 원료 등인 경우에는 10년

농림수산물은 수입승인을 받은 원료 등의 외화획득 이행기간 및 그 연장에 대하여 해당 품
목을 관장하는 중앙행정기관(중앙행정기관이 지정하는 기관)의 장이 정한다(대외무역관리규정 §40).

다. 이행기간의 연장

외화획득 이행의무자가 그 기간 내에 외화획득의 이행을 할 수 없다고 인정되면 산업통
상자원부장관이 정하는 서류를 갖추어 산업통상자원부장관에게 그 기간의 연장을 신청하
여야 하며, 그 신청이 타당한 경우에는 이행기간을 1년의 범위 내에서 연장할 수 있다. 연장
사유는 다음과 같다(대외무역령 §27, 대외무역관리규정 §39).
① 생산에 장기간이 소요되는 경우
② 제품생산을 위탁한 경우 그 공장의 도산 등으로 인하여 제품생산이 지연되는 경우
③ 외화획득 이행의무자의 책임 있는 사유가 없음에도 신용장 또는 수출계약이 취소된
  경우
④ 외화획득이 완료된 물품의 하자보수용 원료 등으로서 장기간 보관이 불가피한 경우
⑤ 그 밖에 부득이한 사유로 외화획득 이행기간 내에 외화획득 이행이 불가능하다고 인
  정되는 경우

시·도지사가 외화획득 이행기간 연장을 승인한 때에는 그 사실을 신청자와 외화획득용 원료 등에 대한 사후관리에 관한 권한을 위임·위탁받은 외화획득용 원료 등의 사후관리기관의 장에게 알려야 한다.

5) 사후관리 및 사후관리의 면제

가. 사후관리

산업통상자원부장관은 위 규정에 따라 승인을 받아 수입한 외화획득용 원료·기재 및 그 원료·기재로 제조된 물품 등에 대하여는 외화획득 이행의무자의 외화획득 이행 여부를 사후 관리하여야 한다.

사후관리는 외화획득 이행의무자별 및 품목별로 매 분기에 수입한 총량을 대상으로 행한다. 원료 등의 사후관리는 다음의 경우를 제외하고는 외화획득 이행의무자별로 원료 등의 품목분류번호(HS 10단위)별로 분기마다 수입 및 구매한 총량을 대상으로 한다(대외무역령 §28 ①, ③, 대외무역관리규정 §44).

① 품목분류번호(HS 10단위)가 다르더라도 원료등의 성질상 같은 품목이거나 유사한 품목은 품명단위별로 분기마다 수입 및 구매한 총량을 대상으로 관리한다.

② 의류 및 가방 등의 부재료로 사용되는 지퍼는 품목분류번호(HS 10단위)별로 분기마다 수입 및 구매한 양의 총길이로 관리한다.

나. 사후관리기관

외화획득용 원료의 사후관리기관은 다음으로 한다(대외무역관리규정 §42).

① 외화획득용 원료 중 대외무역관리규정 제34조에 따라 승인을 받도록 정한 품목에 대한 사후관리는 해당 품목을 관장하는 중앙행정기관의 장 또는 중앙행정기관의 장이 지정하는 기관의 장

② 위 "①"에 따른 원료 등을 제외한 원료 등의 사후 관리는 해당 외화획득 원료의 승인기관의 장

③ 위 "②"에 따른 원료 등 중 아래 "다"의 자율관리기업으로 선정된 자가 수입(국내구매 또는 양수를 포함)한 원료 등의 사후관리는 해당 자율관리기업의 장

다. 자율관리기업

산업통상자원부장관은 아래 선정요건을 갖춘 자율관리기업이 수입승인을 받아 수입한 외화획득용 원료·기재에 대하여는 수입승인을 받은 자가 사후관리하도록 할 수 있으며,

외화획득용 원료·기재를 양수한 자로서 산업통상자원부장관이 정하여 고시한 요건을 갖춘 자의 경우에도 이와 같다(대외무역령 §28 ②, 대외무역관리규정 §43).

① 전년도 수출실적이 미화 50만 달러 상당액 이상인 업체, 수출 유공으로 포상(훈·포장 및 대통령표창을 말한다)을 받은 업체(84년도 이후 포상받은 업체만 해당한다) 또는 중견수출기업(기술표준원장이 수시로 해당업체를 선정)

② 과거 2년간 미화 5천 달러 상당액 이상 외화획득 미이행으로 보고된 사실이 없는 업체

기술표준원장은 자율관리기업으로 선정받은 자가 다음의 어느 하나에 해당하는 경우에는 그 선정을 취소할 수 있다. 이때 취소된 기업은 취소한 날부터 3년 이내에는 재선정될 수 없다.

① 원료 등을 타상사에 공급하고 공급이행내역을 알리지 아니하거나 승인 없이 원료 등을 사용목적 이외의 용도에 사용하거나 양도 또는 양수한 때

② 파산 등으로 사후 관리가 불가능할 때

③ 법 또는 법에 의한 명령이나 처분을 위반한 때

라. 사후관리의 면제

다음의 경우에는 사후관리를 하지 아니할 수 있다(대외무역령 §29).

① 품목별 외화획득 이행의무의 미이행률이 10% 이하인 경우

② 외화획득 이행의무자의 분기별 미이행률이 10% 이하이고, 그 미이행 금액이 미화 2만 달러에 상당하는 금액 이하인 경우

③ 외화획득 이행의무자의 책임이 없는 사유로 외화획득의 이행을 하지 못한 경우로서 산업통상자원부장관이 인정하는 경우

④ 해당 품목이 수입승인 대상에서 제외됨으로써 그 수입에 대응하는 외화획득의 이행을 할 필요가 없는 경우 등 산업통상자원부장관이 사후관리를 할 필요성이 없어진 것으로 인정하는 경우

6) 외화획득용 원료·기재의 목적을 벗어난 사용 등

가. 외화획득용 원료·기재 등의 목적외 사용

원료·기재를 수입한 자는 그 수입한 원료·기재 또는 그 원료·기재로 제조된 물품 등을 다음의 부득이한 사유로 인하여 당초의 목적 외의 용도로 사용하려면 산업통상자원부장관의 변경승인을 받아야 한다(대외무역법 §17, 대외무역령 §30, 대외무역관리규정 §49).

① 우리나라나 교역상대국의 전쟁·사변, 천재지변 또는 제도 변경으로 인하여 외화획득의 이행을 할 수 없게 된 경우

② 외화획득용 원료·기재로 생산된 물품 등으로서 그 물품 등을 생산하는 데에 고도의 기술이 필요하여 외화획득의 이행에 앞서 시험제품을 생산할 필요가 있는 경우

③ 외화획득 이행의무자의 책임이 없는 사유로 외화획득의 이행을 할 수 없게 된 경우

④ 그 밖에 산업통상자원부장관이 불가항력으로 외화획득의 이행을 할 수 없다고 인정한 경우

- 화재나 천재지변으로 인하여 외화획득 이행이 불가능하게 된 경우
- 기술혁신이나 유행의 경과로 새로운 제품이 개발되어 수입된 원료 등으로는 외화획득 이행물품 등의 생산에 사용할 수 없는 경우
- 수입된 원료가 형질이 변화되어 외화획득 이행물품의 생산에 사용할 수 없게 된 경우
- 그 밖에 수입 또는 구매한 자에게 책임을 돌릴 사유가 없이 외화획득을 이행할 수 없는 경우로서 사용목적 변경승인기관의 장이 인정하는 경우

나. 수입승인의 예외

위 "가"에 불구하고 원료·기재 또는 그 원료·기재로 제조된 물품 등이 아래의 어느 하나에 해당하는 물품 등에 대하여는 그러지 아니한다(대외무역령 §30 ③).

① 평균 손모량에 해당하는 외화획득용 원료·기재 또는 그 원료·기재로 생산한 물품 등

② 해당 품목이 수입승인대상에서 제외됨으로써 그 수입에 대응하는 외화획득의 이행을 할 필요가 없는 경우 등 사후관리를 할 필요성이 없어진 것으로 인정되는 대외무역령 제29조 제4호에 해당하는 외화획득용 원료·기재

다. 외화획득용 원료·기재의 사용목적 변경승인신청

외화획득용 원료·기재 또는 그 원료·기재로 제조된 물품 등의 사용 목적 변경승인을 받으려는 자는 신청서에 산업통상자원부장관이 정하는 서류를 첨부하여 산업통상자원부장관에게 제출하여야 한다(대외무역령 §30 ①, 대외무역관리규정 §49).

라. 외화획득용 원료·기재의 양도 및 양수

수입한 외화획득을 위하여 사용되는 원료·기재 또는 그 원료·기재로 제조된 물품 등을 당초의 목적과 같은 용도로 사용하거나 수출하려는 자에게 양도하려는 때에는 양도하려는 자와 양수하려는 자가 함께 산업통상자원부장관의 승인을 받아야 한다. 다만, 앞의 "3)"의

"라"에 해당하는 원료·기재 또는 그 원료·기재로 제조된 물품 등에 대하여는 그러하지 아니한다(대외무역법 §17 ② 대외무역령 §30 ④, ⑤).

　외화획득용 원료·기재 또는 그 원료·기재로 제조된 물품 등의 양도·양수 승인을 받으려는 자는 신청서에 산업통상자원부장관이 정하는 서류를 첨부하여 산업통상자원부장관에게 제출하여야 한다.

　또한 자율관리기업이 다른 자율관리기업에 양도하려는 경우에는 양도인의 외화획득용 원료의 사후관리기관의 장에게 신청하여야 한다.

(5) 플랜트수출

1) 플랜트수출의 정의

　산업설비(플랜트)는 일반적인 물품과 달리 물품 그 자체인 기계, 장치 등과 그것을 작동시키는 기술 및 인력과 시공까지 포함된 것을 의미한다.

2) 플랜트수출의 승인 및 변경

　다음의 어느 하나에 해당하는 "플랜트수출"을 하려는 자가 신청서에 산업통상자원부장관이 정하는 서류를 첨부하여 신청하는 경우 산업통상자원부장관은 그 플랜트수출을 승인할 수 있으며, 그 승인한 사항을 변경할 때에도 이와 같다(대외무역법 §32, 대외무역령 §50~§54, 대외무역관리규정 §70~§72).

① 농업·임업·어업·광업·제조업, 전기·가스·수도사업, 운송·창고업 및 방송·통신업을 경영하기 위하여 설치하는 기재·장치 및 대외무역령 제51조에서 정하는 설비(발전설비, 정유설비, 공해방지설비, 시험연구설비 등) 중 산업통상자원부장관이 정하는 일정 규모 이상(FOB가격으로 미화 50만 달러 상당액 이상)의 산업설비의 수출

② 산업설비·기술용역 및 시공(토목공사, 건축공사, 플랜트 설치공사 등을 포괄적으로 행하는 수출(이하 "일괄수주방식에 의한 수출")

　• 산업통상자원부장관이 일괄수주방식에 의한 수출에 대하여 승인 또는 변경승인하려는 때에는 미리 국토교통부장관의 동의를 받아야 한다.

　• 산업통상자원부장관은 일괄수주방식에 의한 수출로서 건설용역 및 시공부문의 수출에 관하여는 「해외건설 촉진법」에 따른 해외건설사업자에 대하여만 승인 또는 변경승인할 수 있다.

산업통상자원부장관은 위 승인 또는 변경승인을 하기 위하여 필요하면 플랜트수출의 타당성에 관하여 관계 행정기관의 장의 의견을 들어야 하며, 의견을 제시할 것을 요구받은 관계 행정기관의 장은 정당한 사유가 없으면 지체 없이 산업통상자원부장관에게 의견을 제시하여야 한다.

산업통상자원부장관은 플랜트수출의 승인 또는 변경승인을 한 경우에는 이를 관계 행정기관의 장에게 지체없이 알려야 한다.

3) 일괄수주방식의 수출

산업통상자원부장관이 일괄수주방식에 의한 수출에 대하여 승인 또는 변경승인하려는 때에는 미리 국토교통부장관의 동의를 받아야 하며, 일괄수주방식에 의한 수출로서 건설용역 및 시공부문의 수출에 관하여는 「해외건설 촉진법」에 따른 해외건설사업자에 대하여만 승인 또는 변경승인할 수 있다.

4) 플랜트수출 관련 기관 등 지정

산업통상자원부장관은 플랜트수출을 촉진하기 위하여 그에 관한 제도개선, 시장조사, 정보교류, 수주 지원, 수주질서 유지, 전문인력의 양성, 금융지원, 우수기업의 육성 및 협동화사업을 추진할 수 있다. 이 경우 산업통상자원부장관은 플랜트수출 관련 기관 또는 단체(이하 "플랜트수출촉진기관")를 지정하여 이들 사업을 수행하게 할 수 있다. 현재 플랜트수출촉진기관은 한국기계산업진흥회 및 한국플랜트산업협회가 지정되어 있다(대외무역관리규정 §72).

(6) 수출입 물품 등의 원산지의 표시 및 원산지 제도

1) 개요

가. 도입의 필요성

수입물품에 대한 원산지를 표시토록 하여 소비자에게 명확한 상품정보를 제공하고 국내 생산자 및 소비자 보호, 유통거래질서 확립을 위해 수출입 물품에 대한 원산지표시기준을 정하여 불공정 수입행위를 근절하고자 함에 있다.

나. 원산지표시 개요

산업통상자원부장관이 공정한 거래질서의 확립과 생산자 및 소비자 보호를 위하여 원산지를 표시하여야 하는 대상으로 공고한 물품 등(이하 "원산지표시대상물품")을 수출하거나 수입하려는 자는 그 물품 등에 대하여 원산지를 표시하여야 한다. 이 때 산업통상자원부장관이 원산지표시대상물품을 공고하려면 해당 물품을 관장하는 관계 행정기관의 장과 미리 협의하도록 하고 있다(대외무역법 §33 ①, 대외무역령 §55 ①).

수입된 원산지표시대상물품에 대하여 판매목적의 물품포장 활동, 상품성 유지를 위한 단순한 작업 활동 등 물품의 본질적 특성을 부여하기에 부족한 가공활동을 거침으로써 해당 물품 등의 원산지 표시를 손상하거나 변형한 자(아래 "다"의 경우는 제외한다)는 그 단순 가공한 물품 등에 당초의 원산지를 표시하여야 한다. 이 경우 다른 법령에서 단순한 가공활동을 거친 수입 물품 등에 대하여 다른 기준을 규정하고 있으면 그 기준에 따른다(대외무역법 §33 ②, 대외무역령 §55 ②).

다. 원산지 관련 금지행위

무역거래자 또는 물품 등의 판매업자는 다음의 어느 하나에 해당하는 행위를 하여서는 아니 된다. 다만, "③"의 경우에는 무역거래자의 경우만 해당된다.
① 원산지를 거짓으로 표시하거나 원산지를 오인(誤認)하게 하는 표시를 하는 행위
② 원산지의 표시를 손상하거나 변경하는 행위
③ 원산지표시대상물품에 대하여 원산지 표시를 하지 아니하는 행위
④ 위 "①"부터 "③"까지의 규정에 위반되는 원산지표시대상물품을 국내에서 거래하는 행위

2) 수입물품의 원산지 표시

가. 원산지 표시

원산지표시대상물품을 수입하려는 자는 다음의 방법에 따라 해당 물품에 원산지를 표시하여야 한다(대외무역령 §56 ①).
① 한글·한문 또는 영문으로 표시할 것
② 최종 구매자가 쉽게 판독할 수 있는 활자체로 표시할 것
③ 식별하기 쉬운 위치에 표시할 것
④ 표시된 원산지가 쉽게 지워지거나 떨어지지 아니하는 방법으로 표시할 것

다만, 해당 물품에 원산지를 표시하는 것이 곤란하거나 원산지를 표시할 필요가 없다고 인정하여 산업통상자원부장관이 정하여 고시하는 기준에 해당하는 경우에는 산업통상자원부장관이 정하여 고시하는 바에 따라 원산지를 표시하거나 원산지 표시를 생략할 수 있다

(대외무역령 §56 ②).

나. 수입물품의 원산지표시대상물품 등

원산지표시대상물품은 [별표 8]에 게기된 수입 물품이며 원산지표시대상물품은 해당 물품에 원산지를 표시하여야 한다. 다만, 원산지표시대상물품이 다음의 어느 하나에 해당되는 경우에는 대외무역령 제56조 제2항에 따라 해당 물품에 원산지를 표시하지 않고 해당 물품의 최소포장, 용기 등에 수입물품의 원산지를 표시할 수 있다(대외무역관리규정 §75).

① 해당 물품에 원산지를 표시하는 것이 불가능한 경우

② 원산지 표시로 인하여 해당 물품이 크게 훼손되는 경우(예 : 당구공, 콘택트렌즈, 포장하지 않은 집적회로 등)

③ 원산지 표시로 인하여 해당 물품의 가치가 실질적으로 저하되는 경우

④ 원산지 표시의 비용이 해당 물품의 수입을 막을 정도로 과도한 경우(예 : 물품값보다 표시비용이 더 많이 드는 경우 등)

⑤ 상거래 관행상 최종구매자에게 포장, 용기에 봉인되어 판매되는 물품 또는 봉인되지는 않았으나 포장, 용기를 뜯지 않고 판매되는 물품(예 : 비누, 칫솔, VIDEO TAPE 등)

⑥ 실질적 변형을 일으키는 제조공정에 투입되는 부품 및 원재료를 수입 후 실수요자에게 직접 공급하는 경우

⑦ 물품의 외관상 원산지의 오인 가능성이 적은 경우(예 : 두리안, 오렌지, 바나나와 같은 과일·채소 등)

⑧ 관세청장이 산업통상자원부장관과 협의하여 타당하다고 인정하는 물품

다. 수입물품 원산지 표시의 일반원칙

수입 물품의 원산지는 다음의 어느 하나에 해당되는 방식으로 한글, 한자 또는 영문으로 표시할 수 있다(대외무역관리규정 §76).

① "원산지 : 국명" 또는 "국명 산(産)"

② "Made in 국명" 또는 "Product of 국명"

③ "Made by 물품 제조자의 회사명, 주소, 국명"

④ "Country of Origin : 국명"

⑤ 대외무역령 제61조의 원산지와 동일한 경우로서 국제상거래관행상 타당한 것으로 관세청장이 인정하는 방식

수입물품의 원산지는 최종구매자가 해당 물품의 원산지를 용이하게 판독할 수 있는 크기의 활자체로 표시하여야 하며, 최종구매자가 정상적인 물품구매과정에서 원산지표시를 발견할 수 있도록 식별하기 용이한 곳에 표시하여야 한다. 아울러 표시된 원산지는 쉽게 지워지지 않으며 물품(또는 포장·용기)에서 쉽게 떨어지지 않아야 한다.

라. 수입물품의 원산지 판정기준 등

가) 판정기준 일반

산업통상자원부장관은 필요하다고 인정하면 수출 또는 수입물품 등의 원산지 판정을 할 수 있는 바, 원산지 판정의 기준은 산업통상자원부장관이 정하여 공고한다(대외무역법 §34, 대외무역령 §61, 대외무역관리규정 §85~§87).

수입물품의 원산지 판정 기준

① 수입물품에 대한 원산지 판정은 다음의 어느 하나의 기준에 따라야 한다.
   1. 수입 물품의 전부가 하나의 국가에서 채취되거나 생산된 물품(이하 "완전생산물품"이라 한다)인 경우에는 그 국가를 그 물품의 원산지로 할 것
   2. 수입 물품의 생산·제조·가공 과정에 둘 이상의 국가가 관련된 경우에는 최종적으로 실질적 변형을 가하여 그 물품에 본질적 특성을 부여하는 활동(이하 "실질적 변형"이라 한다)을 한 국가를 그 물품의 원산지로 할 것
   3. 수입 물품의 생산·제조·가공 과정에 둘 이상의 국가가 관련된 경우 단순한 가공활동을 하는 국가를 원산지로 하지 아니할 것
② 위 ①에 따른 완전생산물품, 실질적 변형, 단순한 가공활동의 기준 등 원산지 판정 기준에 관한 구체적인 사항은 관계 중앙행정기관의 장과 협의하여 산업통상자원부장관이 정하여 고시한다.
③ 수출물품에 대한 원산지 판정은 위 ① 및 ②에 따른 기준을 준용하여 판정하되, 그 물품에 대한 원산지 판정기준이 수입국의 원산지 판정기준과 다른 경우에는 수입국의 원산지 판정기준에 따라 원산지를 판정할 수 있다.

원산지 판정 기준의 특례

① 기계·기구·장치 또는 차량에 사용되는 부속품·예비부분품 및 공구로서 기계 등과 함께 수입되어 동시에 판매되고 그 종류 및 수량으로 보아 정상적인 부속품, 예비부분품 및 공구라고 인정되는 물품의 원산지는 해당 기계·기구·장치 또는 차량의 원산지와 동일한 것으로 본다.

② 포장용품의 원산지는 해당 포장된 내용품의 원산지와 동일한 것으로 본다. 다만, 법령에 따라 포장용품과 내용품을 각각 별개로 구분하여 수입신고하도록 규정된 경우에는 포장용품의 원산지는 내용품의 원산지와 구분하여 결정한다.
③ 촬영된 영화용 필름은 그 영화제작자가 속하는 나라를 원산지로 한다.
④ 전자적 형태의 무체물은 저작권자가 속하는 나라를 원산지로 한다.

나) 원산지판정 요청 등

① 요청

무역거래자 또는 물품 등의 판매업자 등은 수출 또는 수입물품 등의 원산지 판정을 산업통상자원부장관에게 요청할 수 있다. 원산지 판정을 받으려는 자는 대상 물품의 관세·통계통합품목분류표·관세령 제98조에 따른 관세·통계통합품목분류표를 말한다)상의 품목번호·품목명(모델명을 포함한다), 요청 사유, 요청자가 주장하는 원산지 등을 명시한 요청서에 견본 1개와 그 밖에 원산지 판정에 필요한 자료를 첨부하여 산업통상자원부장관에게 제출하여야 한다(대외무역령 §62). 현재 원산지 판정 및 이에 대한 이의제기 관련 업무는 관세청장에게 위탁되어 있다.

② 결과통지

산업통상자원부장관은 원산지 판정의 요청을 받은 경우에는 60일 이내에 원산지 판정을 하여 그 결과를 요청한 사람에게 문서로 알려야 한다. 다만, 그 판정과 관련된 자료수집 등을 위하여 필요한 기간은 이에 산입하지 아니한다.

③ 이의제기

원산지 판정 통보를 받은 자가 원산지 판정에 불복하는 경우에는 통보를 받은 날부터 30일 이내에 산업통상자원부장관에게 이의를 제기할 수 있다(대외무역령 §63).

마. 수입원료를 사용한 국내생산 물품 등의 원산지 판정기준

산업통상자원부장관은 공정한 거래질서의 확립과 생산자 및 소비자 보호를 위하여 필요하다고 인정하면 수입원료를 사용하여 국내에서 생산되어 국내에서 유통되거나 판매되는 국내생산물품 등에 대한 원산지 판정에 관한 기준을 관계 중앙행정기관의 장과 협의하여 정할 수 있다. 다만, 다른 법령에서 국내생산물품 등에 대하여 다른 기준을 규정하고 있는 경우에는 그러하지 아니한다(대외무역법 §35, 대외무역관리규정 §86).

수입원료를 사용한 국내생산물품 등의 원산지 판정 기준

① 법 제35조에 따른 수입원료를 사용한 국내생산물품 등의 원산지 판정 기준 적용 대상물품은 별표 8에 의한 수입 물품 원산지표시대상물품 중 국내수입 후 제85조 제8항의 단순한 가공활동을 한 물품과 1류~24류(농수산물·식품), 30류(의료용품), 33류(향료·화장품), 48류(지와 판지), 49류(서적·신문·인쇄물), 50류~58류(섬유), 70류(유리), 72류(철강), 87류(8701~8708의 일반차량), 89류(선박)에 해당되지 않는 물품이다.

② 제1항에서 다음 각 호의 어느 하나에 해당하는 경우 우리나라를 원산지로 하는 물품으로 본다.

  1. 우리나라에서 제조·가공과정을 통해 수입원료의 세번과 상이한 세번(HS 6단위 기준)의 물품(세번 HS 4단위에 해당하는 물품의 세번이 HS 6단위에서 전혀 분류되지 아니한 물품을 포함한다)을 생산하고, 해당 물품의 총 제조원가 중 수입원료의 수입가격(CIF가격 기준)을 공제한 금액이 총 제조원가의 51퍼센트 이상인 경우

  2. 우리나라에서 제85조 제8항의 단순한 가공활동이 아닌 제조·가공과정을 통해 제1호의 세번 변경이 안된 물품을 최종적으로 생산하고, 해당 물품의 총 제조원가 중 수입원료의 수입가격(CIF가격 기준)을 공제한 금액이 총 제조원가의 85퍼센트 이상인 경우

③ 제2항에도 불구하고 천일염은 외국산 원재료가 사용되지 않고 제조되어야 우리나라를 원산지로 본다.

④ 제2항 및 제3항에 따라 국내생산물품 등의 원산지를 우리나라로 볼 수 있는 경우에는 제76조 제1항의 규정을 준용하여 표시할 수 있다.

⑤ 법 제35조에 따른 수입원료를 사용한 국내생산물품 중 제2항의 원산지 규정을 충족하지 아니한 물품의 원산지 표시는 다음 각 호의 방법에 따라 표시할 수 있다.

  1. 우리나라를 "가공국" 또는 "조립국" 등으로 표시하되 원료 또는 부품의 원산지를 동일한 크기와 방법으로 병행하여 표시

  2. 제1호의 원료나 부품이 1개국의 생산품인 경우에는 "원료(또는 부품)의 원산지 : 국명"을 표시

  3. 제1호의 원료나 부품이 2개국 이상(우리나라를 포함한다)에서 생산된 경우에는 완성품의 제조원가의 재료비에서 차지하는 구성비율이 높은 순으로 2개 이상의 원산지를 각각의 구성비율과 함께 표시(예 : "원료(또는 부품)의 원산지 : 국명(○%), 국명(○%)")

바. 수입물품 등의 원산지증명서의 제출 및 확인

원산지증명서란 수입통관 또는 수출대금의 결제시 구비서류의 하나로서 해당 물품이 어느 나라에서 생산, 제조 또는 가공되었는지를 증명하는 서류이다.[40]

산업통상자원부장관은 원산지를 확인하기 위하여 필요하다고 인정하면 물품 등을 수입하려는 자에게 그 물품 등의 원산지 국가 또는 물품 등을 선적(船積)한 국가의 정부 등이 발행하는 원산지증명서를 제출하도록 할 수 있다(대외무역법 §36, 대외무역령 §65, §66).

원산지를 확인하여야 할 물품을 수입하는 자는 수입신고 전까지 원산지증명서 등 관계자료를 제출하고 확인을 받아야 하며, 수입시 원산지증명서를 제출하여야 하는 경우는 다음과 같다(대외무역관리규정 §91).

① 통합공고에 의하여 특정지역으로부터 수입이 제한되는 물품

② 원산지 허위표시, 오인·혼동표시 등을 확인하기 위하여 세관장이 필요하다고 인정하는 물품

③ 그 밖에 법령에 따라 원산지 확인이 필요한 물품

사. 원산지증명서 등의 제출면제

다음의 어느 하나에 해당하는 물품은 원산지증명서 등의 제출을 면제한다(대외무역관리규정 §91).

① 과세가격(종량세의 경우에는 이를 「관세법」 제15조에 준하여 산출한 가격)이 15만원 이하인 물품

② 우편물(「관세법」 제258조 제2항에 해당하는 것을 제외한다)

③ 개인에게 무상 송부된 탁송품, 별송품 또는 여행자의 휴대품

④ 재수출조건부 면세 대상 물품 등 일시 수입 물품

⑤ 보세운송, 환적 등에 의하여 우리나라를 단순히 경유하는 통과화물

⑥ 물품의 종류, 성질, 형상 또는 그 상표, 생산국명, 제조자 등에 의하여 원산지가 인정되는 물품

⑦ 그 밖에 관세청장이 산업통상자원부장관과 협의하여 타당하다고 인정하는 물품

---

40) 원산지증명서는 관세특혜를 받기 위해 사용하는 특혜원산지증명서와 관세특혜와 무관한 비특혜원산지증명서가 있다. 관세특혜는 자유무역협정(FTA)이나 최빈개발도상국에서 수입되는 물품에 적용하는 일반특혜관세(GSP), 또는 아시아태평양무역협정(APTA)과 같이 개발도상국간 체결된 특혜무역협정에 의해 관세율을 인하적용하거나 무관세를 적용하는 것이다. 특혜원산지증명서는 관세법과 자유무역협정의 이행을 위한 관세법의 특례에 관한 법률(FTA 관세특례법)에 의해 발행된다. 대외무역법에 의해 발행되는 원산지증명서는 비특혜목적의 원산지증명서인데 실제 무역에서는 특혜원산지증명서는 많이 사용되지만 비특혜원산지증명서는 거의 사용되지 않는다.

아. 그 밖의 사항

수입한 물품 등의 무역거래자 및 판매업자의 정보, 가격, 품질 수량 및 원산지의 표시에 대한 위반 여부 확인을 위한 서류에 대한 검사, 원산지표시 위반물품에 대한 시정조치, 과징금의 부과 및 납부 등, 원산지 표시의무 위반자의 공표, 원산지의 표시 및 그 시정명령 등에 대한 자료의 요청 업무에 대하여는 대외무역령 §57의2, §58, §59, §59의2, §60, §60의2, §60의3를 참조한다.

3) 수출물품

가. 수출물품의 원산지증명서의 발급 및 그 발급기준

헌법에 따라 체결·공포된 조약과 일반적으로 승인된 국제법규를 이행하기 위하여 또는 교역상대국 무역거래자의 요청으로 수출 물품의 원산지증명서를 발급받으려는 자는 산업통상자원부장관에게 원산지증명서의 발급을 신청하여야 한다. 이 경우 수수료를 내야 한다(대외무역법 §37, 대외무역령 §66).

수출 물품의 원산지증명서 발급 기준

① 수출물품의 원산지증명서의 발급기준은 헌법에 따라 체결·공포된 조약이나 협정과 일반적으로 승인된 국제법규 또는 상대 수입국에서 정한 원산지증명서 발급기준으로 한다.

② 수출물품의 원산지증명서를 발급받으려는 자는 수출물품원산지증명서발급신청서에 다음 각 호의 서류를 첨부하여 산업통상자원부장관에게 제출하여야 한다.
  1. 구매자·공급자에 관한 서류
  2. 수출 물품의 가격·수량 등에 관한 서류
  3. 그 밖에 수출물품의 원산지를 증명하는 데에 필요한 서류로서 산업통상자원부장관이 정하여 공고하는 서류

③ 산업통상자원부장관은 제2항에 따른 신청을 받은 경우 제1항에 따른 원산지증명서 발급기준에 적합한지를 조사·확인하여 발급 여부를 결정한 후 수출 물품의 원산지증명서를 발급하여야 한다.

④ 위 ③에 따른 원산지증명서의 유효기간은 1년으로 한다. 다만, 헌법에 따라 체결·공포된 조약이나 협정과 일반적으로 승인된 국제법규에서 그 유효기간을 다르게 정하고 있는 경우에는 그 유효기간으로 한다.

나. 수출물품에 대한 원산지 표시

수출물품에 대하여 원산지를 표시하는 경우에는 위 "2)의 방법에 따라 원산지를 표시하되, 그 물품에 대한 수입국의 원산지 표시규정이 이와 다르게 표시하도록 되어 있으면 그 규정에 따라 원산지를 표시할 수 있다. 다만, 수입한 물품에 대하여 국내에서 단순한 가공활동을 거쳐 수출하는 경우에는 우리나라를 원산지로 표시하여서는 아니된다(대외무역령 §56 ⑤).

4) 원산지 표시방법의 확인 및 이의제기

원산지 표시방법에 따라 원산지를 표시하여야 하는 자는 해당 물품이 수입되기 전에 문서로 그 물품의 적절한 원산지 표시방법에 관한 확인을 산업통상자원부장관에게 요청할 수 있고, 산업통상자원부장관의 원산지 표시방법의 확인에 관하여 이의가 있는 자는 확인결과를 통보받은 날부터 30일 이내에 서면으로 산업통상자원부장관에게 이의를 제기할 수 있다(대외무역령 §57 ①, ②). 이 확인업무도 관세청장에게 위탁되어 있다(대외무역령 §91 ⑥).

5) 금지행위

무역거래자 또는 물품 등의 판매업자는 다음의 어느 하나에 해당하는 행위를 하여서는 아니된다. 다만, "③"의 경우에는 무역거래자의 경우만 해당된다(대외무역법 §33 ④).
① 원산지를 거짓으로 표시하거나 원산지를 오인(誤認)하게 하는 표시를 하는 행위
② 원산지의 표시를 손상하거나 변경하는 행위
③ 원산지표시대상물품에 대하여 원산지 표시를 하지 아니하는 행위
④ 위 "①"부터 "③"까지의 규정에 위반되는 원산지표시대상물품을 국내에서 거래하는 행위

6) 원산지의 표시 위반에 대한 시정명령 등

산업통상자원부장관 또는 시·도지사는 위 「대외무역법」 제33조 제2항 및 위 "5)"의 규정을 위반한 자에게 판매중지, 원상복구, 원산지 표시 등 시정조치를 명할 수 있다(대외무역법 §33의2, 대외무역령 §58).
① 원산지표시의 원상 복구, 정정, 말소 또는 원산지표시명령
② 위반물품의 거래 또는 판매 행위의 중지

산업통상자원부장관 또는 시·도 지사는 위 해당자(위 "5)"의 ④는 제외)에게 3억원 이하의

과징금을 부과할 수 있다. 과징금 통보를 받은 자는 납부 통지일부터 20일 이내에 과징금을 산업통상자원부장관 또는 시·도지사가 정하는 수납기관에 내야 한다(대외무역령 §59, §59의2, §60, §60의2).

7) 외국산 물품 등을 국산 물품 등으로 가장하는 행위의 금지

누구든지 원산지증명서를 위조 또는 변조하거나 거짓된 내용으로 원산지증명서를 발급받거나 물품 등에 원산지를 거짓으로 표시하는 등의 방법으로 외국에서 생산된 물품 등(외국에서 생산되어 국내에서 단순한 가공활동을 거친 물품 등을 포함)의 원산지가 우리나라인 것처럼 가장(假裝)하여 그 물품 등을 수출하거나 외국에서 판매하여서는 아니된다(대외무역법 §38, 대외무역령 §67). 우리나라에서 환적 및 복합환적되는 물품도 원산지가 우리나라로 허위표시된 물품임이 확인되면 세관장이 이를 유치한 다음 시정을 명령하며, 명령을 이행하지 않을 경우 해당 물품을 폐기하거나 매각조치할 수 있다(관세법 §231).

3 수입수량제한조치와 수출입의 질서유지

(1) 수입수량제한조치

1) 개요

산업통상자원부장관은 특정 물품의 수입증가로 인하여 같은 종류의 물품 또는 직접적인 경쟁 관계에 있는 물품을 생산하는 국내산업이 심각한 피해를 입고 있거나 입을 우려(이하 "심각한 피해 등")가 있음이 「불공정무역행위 조사 및 산업피해구제에 관한 법률」 제27조에 따른 무역위원회의 조사를 통하여 확인되고 심각한 피해 등을 구제하기 위한 조치가 건의된 경우로서 그 국내산업을 보호할 필요가 있다고 인정되면 그 물품의 국내산업에 대한 심각한 피해 등을 방지하거나 치유하고 조정을 촉진하기 위하여 필요한 범위에서 물품의 수입수량을 제한하는 조치(이하 "수입수량제한조치")를 시행할 수 있다.

산업통상자원부장관은 무역위원회의 건의, 해당 국내산업 보호의 필요성, 국제통상 관계, 수입수량제한조치의 시행에 따른 보상수준 및 국민경제에 미치는 영향 등을 검토하여 수입수량제한조치의 시행 여부와 내용을 결정한다(대외무역법 §39).

2) 무역보상

정부는 수입수량제한조치를 시행하려면 이해 당사국과 수입수량제한조치의 부정적 효과에 대한 적절한 무역보상에 관하여 협의해야 한다. 이는 WTO 협정에 따른 의무사항이다.

3) 적용시기 및 기한

산업통상자원부장관은 수입수량제한조치의 대상 물품, 수량, 적용기간 등을 공고하여야 하고, 수입수량제한조치는 조치 시행일 이후 수입되는 물품에만 적용하며, 수입수량제한조치의 적용 기간은 4년을 넘어서는 아니된다.

다만, 산업통상자원부장관은 무역위원회의 건의가 있고 필요하다고 인정하면 수입수량제한조치의 내용을 변경하거나 적용기간을 연장할 수 있다. 이 경우 변경되는 조치 내용 및 연장되는 적용기간 이내에 변경되는 조치 내용은 최초의 조치 내용보다 완화되어야 한다(이 때에도 수입수량제한조치의 적용기간과 긴급관세 또는 잠정긴급관세의 부과기간 및 그 연장기간을 전부 합산한 기간이 8년을 넘어서는 아니 된다)(대외무역법 §40).

4) 긴급관세 부과 물품 등에 대한 수입수량제한조치

산업통상자원부장관은 수입수량제한조치의 대상이었거나 「관세법」 제65조에 따른 긴급관세(이하 "긴급관세") 또는 같은 법 제66조에 따른 잠정긴급관세(이하 "잠정긴급관세")의 대상이었던 물품에 대하여는 그 수입수량제한조치의 적용기간, 긴급관세의 부과기간 또는 잠정긴급관세의 부과기간이 끝난 날부터 그 적용기간 또는 부과기간에 해당하는 기간(적용기간 또는 부과기간이 2년 미만인 경우에는 2년)이 지나기 전까지는 다시 수입수량제한조치를 시행할 수 없다. 다만, 다음의 요건을 모두 충족하는 경우에는 180일 이내의 수입수량제한조치를 시행할 수 있다.

① 해당 물품에 대한 수입수량제한조치가 시행되거나 긴급관세 또는 잠정긴급관세가 부과된 후 1년이 지날 것
② 수입수량제한조치를 다시 시행하는 날부터 소급하여 5년 안에 그 물품에 대한 수입수량제한조치의 시행 또는 긴급관세의 부과가 2회 이내일 것

(2) 수출입 물품 등의 가격조작금지

무역거래자는 수출가격을 부당하게 낮게 하거나 수입가격을 부풀려 그 차액을 외국으로 도피시키는 등 외화도피의 목적으로 물품 등의 수출 또는 수입가격을 조작(造作)하여서는

아니된다(대외무역법 §43).

(3) 무역분쟁의 해결

1) 무역거래자간 무역분쟁의 신속한 해결

수출입 거래질서유지를 위하여 무역거래자는 그 상호간이나 교역상대국의 무역거래자와 물품 등의 수출·수입과 관련하여 분쟁이 발생한 경우에는 정당한 사유없이 그 분쟁의 해결을 지연시켜서는 아니되며, 산업통상자원부장관은 이러한 분쟁이 발생한 경우 무역거래자에게 분쟁의 해결에 관한 의견을 진술하게 하거나 그 분쟁과 관련되는 서류의 제출을 요구할 수 있고, 관련 서류를 제출받거나 의견을 들은 후에 필요하다고 인정하면 그 분쟁에 관하여 사실조사를 할 수 있다. 또한 산업통상자원부장관은 분쟁을 신속하고 공정하게 처리하는 것이 필요하다고 인정하거나 무역분쟁 당사자의 신청을 받으면 분쟁을 조정하거나 분쟁의 해결을 위한 중재계약체결을 권고할 수 있다.

아울러 재외공관장, 대한무역투자진흥공사, 수출입조합 등이 무역거래자 등으로부터 무역분쟁사실의 신고를 받거나 알게 된 경우 산업통상자원부장관에게 알려야 하고 통지를 받은 산업통상자원부장관은 필요한 경우 위탁기관인 대한상사중재원을 통해 조정 또는 알선을 할 수 있다(대외무역법 §44, 대외무역령 §75).

2) 선적 전 검사와 관련한 분쟁조정 등

선적 전 검사제도는 자국으로 수입되는 물품에 대하여 수출국에서 선적되기 전에 물품의 수량, 품질, 수출가격 등의 적정성 등에 대한 검사를 받지 않으면 수입을 할 수 없도록 하는 제도로 수입을 억제하려는 개발도상국에서 주로 활용하는 제도이다.

수입국 정부와의 계약 체결 또는 수입국 정부의 위임을 받아 기업이 수출하는 물품 등에 대하여 국내에서 선적 전에 검사를 실시하는 선적 전 검사기관은 「세계무역기구 선적 전 검사에 관한 협정」을 지켜야 한다. 이 경우 선적 전 검사기관은 선적 전 검사가 기업의 수출에 대한 무역장벽으로 작용하도록 하여서는 아니된다. 산업통상자원부장관은 선적 전 검사와 관련하여 수출자와 선적 전 검사기관 간에 분쟁이 발생하였을 경우에는 그 해결을 위하여 필요한 조정(調整)을 할 수 있다(대외무역법 §45, 대외무역령 §76).

3) 조정명령

산업통상자원부장관은 다음의 어느 하나에 해당하는 경우에는 무역거래자에게 수출하는 물품 등의 가격, 수량, 품질, 그 밖에 거래조건 또는 그 대상지역 등에 관하여 필요한 조정 (調整)을 명할 수 있다(대외무역법 §46, 대외무역령 §87, §88).

① 헌법에 따라 체결·공포된 조약과 일반적으로 승인된 국제법규에 따른 의무 이행을 위하여 필요한 경우
② 우리나라 또는 교역상대국의 관련 법령에 위반되는 경우
③ 그 밖에 물품 등의 수출의 공정한 경쟁을 교란할 우려가 있거나 대외 신용을 손상하는 행위를 방지하기 위한 것으로서 다음의 어느 하나에 해당하는 경우
　가. 물품 등의 수출과 관련하여 부당하게 다른 무역거래자를 제외하는 경우
　나. 물품 등의 수출과 관련하여 부당하게 다른 무역거래자의 상대방에 대하여 다른 무역거래자와 거래하지 아니하도록 유인하거나 강제하는 경우
　다. 물품 등의 수출과 관련하여 부당하게 다른 무역거래자의 해외에서의 사업활동을 방해하는 경우

산업통상자원부장관은 위에 따라 조정을 명하는 경우에는 다음의 사항을 고려하여야 한다.
① 수출기반의 안정, 새로운 상품의 개발 또는 새로운 해외시장의 개척에 기여할 것
② 다른 무역거래자의 권익을 부당하게 침해하거나 차별하지 아니할 것
③ 물품 등의 수출·수입의 질서유지를 위한 목적에 필요한 정도를 넘지 아니할 것

산업통상자원부장관은 조정을 명하는 경우에 필요하다고 인정하면 「대외무역법」 제11조 제2항 수출입제한 등에 따른 승인을 하지 아니하거나 관계 기관의 장에게 승인에 관련된 절차를 중지하게 할 수 있다.

(4) 전략물자의 수출입

신업통상자원부장관은 관계 행정기관의 장과 협의하여 국제평화 빛 안전유지와 국가안보를 위하여 필요하다고 인정하는 경우 국제수출통제체제 또는 이에 준하는 다자간 수출통제 공조에 따라 수출허가 등 제한이 필요한 물품등을 지정·고시하고 있다. 지정·고시된 물품을 국내에서 국외로 이전하거나, 국내 또는 국외에서 대한민국 국민(국내법에 따라 설립된 법인을 포함한다)으로부터 외국인(외국의 법률에 따라 설립된 법인을 포함한다)에게로 이전할 때는 산업통상자원부장관이나 관계 행정기관의 장의 허가를 받아야 한다. 지정·고시된 전략물자에는 해당되지 아니하나 대량파괴무기와 그 운반수단인 미사일 및 재래식무기의 제조·개발·사용 또는 보관 등의 용도로 이용 또는 전용될 가능성이 높은 물품등을 수출하려는

자 또는 수출신고하려는 자는 수입자나 최종사용자 등이 이를 대량파괴무기등의 제조·개발·사용 또는 보관 등의 용도로 이용 또는 전용할 의도가 있음을 알았거나 다음의 어느 하나에 해당되어 그러한 의도가 있다고 의심될 때도 산업통상자원부장관이나 관계 행정기관의 장의 허가(이를 "상황허가"라 한다)를 받아야 한다(대외무역법 §19~§30).

① 수입자가 해당 물품등의 최종용도에 관하여 필요한 정보 제공을 기피하는 경우
② 해당 물품등이 최종사용자의 사업 분야에 활용되지 아니하는 경우
③ 해당 물품등이 수입국의 기술수준과 현저한 격차가 있는 경우
④ 최종사용자가 해당 물품등이 활용될 분야의 사업 경력이 없는 경우
⑤ 최종사용자가 해당 물품등에 대한 전문적 지식이 없으면서도 그 물품등의 수출을 요구하는 경우
⑥ 최종사용자가 해당 물품등에 대한 설치·보수 또는 교육훈련 서비스를 거부하는 경우
⑦ 해당 물품등의 최종수하인이 운송업자인 경우
⑧ 해당 물품등에 대한 가격조건이나 지불조건이 통상적인 범위를 벗어나는 경우
⑨ 해당 물품등의 납기일이 통상적인 기간을 벗어난 경우
⑩ 해당 물품등의 수송경로가 통상적인 경로를 벗어난 경우
⑪ 해당 물품등의 수입국 내 사용 또는 재수출 여부가 명백하지 아니한 경우
⑫ 해당 물품등에 대한 정보나 목적지 등에 대하여 통상적인 범위를 벗어나는 보안을 요구하는 경우
⑬ 그 밖에 국제정세의 변화 또는 국가안보를 해치는 사유의 발생 등으로 관계 행정기관의 장과 협의하여 산업통상자원부장관이 상황허가를 받도록 정하여 고시하는 경우

4 무역용어의 정의

(1) 무역과 무역거래자 등

1) 무역

"무역"이란 다음의 어느 하나에 해당하는 물품 등의 수출과 수입을 말한다.
① 물품(「외국환거래법」에서 정하는 지급수단 및 증권, 채권을 화체한 서류를 제외한 동산을 말함)
② 다음의 용역
  • 경영 상담업, 법무 관련 서비스업, 회계 및 세무 관련 서비스업, 엔지니어링 서비스

업, 디자인, 컴퓨터시스템 설계 및 자문업 등 대외무역령 제3조에 해당하는 용역(대
외무역령 §3)

- 국내의 법령 또는 대한민국이 당사자인 조약에 따라 보호되는 특허권·실용신안
권·디자인권·상표권·저작권·저작인접권·프로그램저작권·반도체집적회로
의 배치설계권의 양도(讓渡), 전용실시권(專用實施權)의 설정 또는 통상실시권(通
常實施權)의 허락

③ 전자적 형태의 무체물(대외무역령 §4)

- 「소프트웨어산업 진흥법」 제2조 제1호에 따른 소프트웨어

- 부호·문자·음성·음향·이미지·영상 등을 디지털 방식으로 제작하거나 처리한
자료 또는 정보 등으로서 산업통상자원부장관이 정하여 고시하는 것

- 위 두 집합체와 그 밖에 이와 유사한 전자적 형태의 무체물로서 산업통상자원부장
관이 정하여 고시하는 것

④ "정부간 수출계약"이란 외국 정부의 요청이 있을 경우, 정부간 수출계약 전담기관이
대통령령으로 정하는 절차에 따라 국내 기업을 대신하여 또는 국내 기업과 함께 계약
의 당사자가 되어 외국 정부에 물품 등(「방위산업 발전 및 지원에 관한 법률」 제2조 제1항 제1
호에 따른 방위산업물자 등은 제외)을 유상(有償)으로 수출하기 위하여 외국 정부와 체결하
는 수출계약을 말한다.

2) 무역거래자의 개념

"무역거래자"란 수출 또는 수입을 하는 자, 외국의 수입자 또는 수출자에게 위임을 받은
자 및 수출과 수입을 위임하는 자 등 물품 등의 수출행위와 수입행위의 전부 또는 일부를
위임하거나 행하는 자를 말한다.

3) 국내와 외국

"국내"란 대한민국의 주권(主權)이 미치는 지역을, "외국"이란 국내 이외의 지역을 말한다.

4) 외화

"외화"란 「외국환거래법」령에 따른 대외지급수단을 말한다.

(2) 수출의 개념

1) 수출이란

"수출"이란 다음의 어느 하나에 해당하는 것을 말한다.

① 매매, 교환, 임대차, 사용대차(使用貸借), 증여 등을 원인으로 국내에서 외국으로 물품이 이동하는 것[우리나라의 선박으로 외국에서 채취한 광물(鑛物) 또는 포획한 수산물을 외국에 매도(賣渡)하는 것을 포함한다]

② 「관세법」 제196조에 따른 보세판매장에서 외국인에게 국내에서 생산(제조·가공·조립·수리·재생 또는 개조하는 것을 말한다)된 물품을 매도하는 것

③ 유상(有償)으로 외국에서 외국으로 물품을 인도(引渡)하는 것으로서 산업통상자원부장관이 정하여 고시하는 기준에 해당하는 것

④ 「외국환거래법」 제3조 제1항 제14호에 따른 거주자가 같은 법 제3조 제1항 제15호에 따른 비거주자에게 아래의 방법으로 대외무역령 제3조(위 "(1)"의 "가" ②)에 해당하는 용역을 제공하는 것(대외무역관리규정 §3)

- 용역의 국경을 넘은 이동에 의한 제공
- 비거주자의 국내에서의 소비에 의한 제공
- 거주자의 상업적 해외주재에 의한 제공
- 거주자의 외국으로의 이동에 의한 제공

⑤ 거주자가 비거주자에게 정보통신망을 통한 전송과 컴퓨터 등 정보처리능력을 가진 장치에 저장한 상태로 반출·반입한 후 인도·인수하는 방법으로 전자적 형태의 무체물(無體物)을 인도하는 것(대외무역관리규정 §5)

2) 수출의 형태

① "위탁판매수출"이란 물품 등을 무환으로 수출하여 해당 물품이 판매된 범위 안에서 대금을 결제하는 계약에 의한 수출을 말한다.

② "수탁판매수입"이란 물품 등을 무환으로 수입하여 해당 물품이 판매된 범위 안에서 대금을 결제하는 계약에 의한 수입을 말한다.

③ "위탁가공무역"이란 가공임을 지급하는 조건으로 외국에서 가공(제조, 조립, 재생, 개조를 포함한다)할 원료의 전부 또는 일부를 거래상대방에게 수출하거나 외국에서 조달하여 이를 가공한 후 가공물품 등을 수입하거나 외국으로 인도하는 수출입을 말한다.

④ "수탁가공무역"이란 가득액을 영수(領收)하기 위하여 원자재의 전부 또는 일부를 거

래상대방의 위탁에 의하여 수입하여 이를 가공한 후 위탁자 또는 그가 지정하는 자에게 가공물품 등을 수출하는 수출입을 말한다. 다만, 위탁자가 지정하는 자가 국내에 있음으로써 보세공장 및 자유무역지역에서 가공한 물품 등을 외국으로 수출할 수 없는 경우 「관세법」에 따른 수탁자의 수출·반출과 위탁자가 지정한 자의 수입·반입·사용은 이를 「대외무역법」에 따른 수출·수입으로 본다.

⑤ "임대수출"이란 임대(사용대차를 포함한다) 계약에 의하여 물품 등을 수출하여 일정기간 후 다시 수입하거나 그 기간의 만료 전 또는 만료 후 해당 물품 등의 소유권을 이전하는 수출을 말한다.

⑥ "임차수입"이란 임차(사용대차를 포함한다) 계약에 의하여 물품 등을 수입하여 일정기간 후 다시 수출하거나 그 기간의 만료 전 또는 만료 후 해당 물품의 소유권을 이전받는 수입을 말한다.

⑦ "연계무역"이란 물물교환(Barter Trade), 구상무역(Compensation trade), 대응구매(Counter purchase), 제품환매(Buy Back) 등의 형태에 의하여 수출·수입이 연계되어 이루어지는 수출입을 말한다.

⑧ "중계무역"이란 수출할 것을 목적으로 물품 등을 수입하여 「관세법」 제154조에 따른 보세구역 및 같은 법 제156조에 따라 보세구역 외 장치의 허가를 받은 장소 또는 「자유무역지역의 지정 등에 관한 법률」 제4조에 따른 자유무역지역 이외의 국내에 반입하지 아니하고 수출하는 수출입을 말한다.

⑨ "외국인도수출"이란 수출대금은 국내에서 영수하지만 국내에서 통관되지 아니한 수출 물품 등을 외국으로 인도하거나 제공하는 수출을 말한다.

⑩ "무환수출입"이란 외국환거래가 수반되지 아니하는 물품 등의 수출·수입을 말한다.

⑪ "외국인수수입"이란 수입대금은 국내에서 지급되지만 수입 물품등은 외국에서 인수하거나 제공받는 수입을 말한다.

(3) 수입

"수입"이란 다음의 어느 하나에 해당하는 것을 말한다.

① 매매, 교환, 임대차, 사용대차, 증여 등을 원인으로 외국으로부터 국내로 물품이 이동하는 것

② 유상으로 외국에서 외국으로 물품을 인수하는 것으로서 산업통상자원부장관이 정하여 고시하는 기준에 해당하는 것

③ 비거주자가 거주자에게 아래의 방법으로 위 "(1)"의 "가" ②에 따른 용역을 제공하는
　것(대외무역관리규정 §3)
　　• 용역의 국경을 넘은 이동에 의한 제공
　　• 거주자의 외국에서의 소비에 의한 제공
　　• 비거주자의 상업적 국내주재에 의한 제공
　　• 비거주자의 국내로 이동에 의한 제공
④ 비거주자가 거주자에게 정보통신망을 통한 전송과 그 밖에 산업통상자원부장관이 정하
　여 고시하는 방법으로 위 "(1)"의 "가" ③에 따른 전자적 형태의 무체물을 인도하는 것
⑤ "외국인수수입"이란 수입대금은 국내에서 지급되지만 수입물품 등은 외국에서 인수
　하거나 제공받는 수입을 말한다.

(4) 무역형태

1) 유형무역과 무형무역

유형무역은 거래되는 물품이 있는 경우를 말한 것이고, 무형무역은 거래의 대상이 형체
를 가지지 않는 서비스이거나 전자형태로 배송(配送)되는 경우를 말한 것이다. 유형무역은
통관절차를 거치게 되고 무역통계에도 집계되지만, 무형무역은 통관과는 무관하다. 다만,
국제수지표에 수지로서 반영되어 나타나고, 「대외무역법」에 따라 수출입실적에 집계된다.
넓은 의미의 무형무역에는 생산요소(자본·노동)의 수출입이나 기술의 수출입, 관광과 같은
서비스의 활동과 인터넷을 통한 좁은 의미의 On Line 거래가 포함된다.

2) 전자상거래 무역

전자상거래를 통한 무역에서 B2B(Business to Business)란 기업과 기업간의 거래를, B2C(Business
to Consumer)란 기업과 소비자 개인과의 거래를, C2C(Consumer to Consumer)란 소비자인 개인과
다른 개인간의 직접적인 거래를 각각 의미한다. 또 G2B(Govern-ment to Business)란 정부와
기업간의 거래를, G2C(Government to Consumer)란 정부와 개인간의 거래를 의미한다.

3) 가공무역, 보세가공무역, OEM무역, ODM무역, KD무역, Plant무역

① 가공무역은 계약에 의해 원자재의 일부 또는 전부를 거래상대방에게 공급한 다음 위
　탁자나 그가 지정하는 제3자에게 완제품을 공급하는 형태의 무역이다. 원자재를 공급
　하는 입장에서 보면 위탁가공무역, 원자재를 공급받는 입장에서 보면 수탁가공무역이

된다. 위탁·수탁가공무역의 경우 상품의 생산과 판매에 대한 책임과 그로부터 얻는 이윤은 전적으로 위탁자에게 속한다. 가공을 수행하는 수탁자는 단지 임가공비를 대가로 받으며 용역을 제공할 뿐이다.

② 보세가공무역이란 보세공장이나 자유무역지역과 같이 정부가 정한 특정장소에서 관세의 부담 없이 원자재를 수입하여 가공 후 수출하는 형태의 무역을 말한다.

③ 주문자상표부착방식(OEM : Original Equipment Manufacturing)무역이란 수입상에서 상품의 생산을 의뢰받아 생산된 상품에 수입상이 요구한 상표를 부착하여 인도하는 무역거래를 말한다.

④ 제조업자개발(또는 설계)생산(ODM : Original Design Manufacturing)방식무역이란 개발력을 갖춘 제조업체가 판매망을 갖춘 유통업체에 상품을 제공하는 거래방식이다. 이 방식은 OEM방식에서 진화한 것으로 판매업자(주문자)가 건네준 설계도에 따라 단순히 생산만 하는 OEM방식과는 달리, 판매업자가 요구하는 기술을 자체 개발해서 제품으로 납품하기 때문에 부가가치가 높다는 장점이 있다.

⑤ 현지조립(KD)방식무역이란 완제품 생산에 필요한 부품 또는 반제품을 공급하는 수출상과 최종제품을 조립할 수 있는 설비와 능력을 갖춘 수입상 사이에 이루어지는 무역이다. 물품은 Knock-Down상태로 거래되고 수입국 현지에서 조립된 다음 판매된다.

⑥ 플랜트무역은 공장(plant) 외에 선박, 철도, 교량 등 광범한 의미의 산업설비 수출입을 말한다. 플랜트무역 중에서 특히 수입상이 원하는 플랜트의 설계에서부터 기계·설비의 조달, 시설공사, 시운전에 이르기까지 모든 것을 수출상이 일괄적으로 이행하는 무역거래를 턴키(Turn-Key)방식무역이라 한다. 플랜트무역에서는 기계·설비라는 유형무역과 기술과 인력이라는 무형무역이 혼합되어 일어난다.

제4절

무역대금 결제

 **1 의의**

국제거래에 있어서 물품대금을 결제할 경우 채무자가 은행을 통하여 송금하거나 또는 환을 이용하여 결제하게 된다. 여기에서 환(draft)이란 멀리 떨어져 있는 당사자간에 현금을 직접 수수함이 없이 채권·채무의 결제, 송금이나 추심(推尋)을 금융기관을 매개로 처리하는 수단을 말한다. 환거래 상대방이 국내에 있는 것을 내국환, 외국에 있는 것을 외국환이라 한다. 국제무역에 따른 대금결제는 신용장거래와 무신용장거래로 크게 구분할 수 있다.

신용장은 대금결제의 안전성을 확보하기 위한 수단이다. 무역거래에서 신용장을 사용함으로써 수출상은 대금회수를 확신하고 수출에 임할 수 있다. 그러나 신용장 개설에 따른 부대비용 등으로 해마다 무역에서 신용장을 이용하는 비율은 낮아지고 있다.

 **2 신용장거래 방식**

(1) 신용장의 의의

신용장(Letter of Credit : L/C)이 갖는 기능은 여러 가지다. 그 중 가장 중요하고 본질적 기능은 대금결제기능이다. 무역거래가 발생하면 상품의 이동과 함께 당연히 대금의 결제가 따른다. 이 경우 먼 거리에 떨어져 있는 상품매매 당사자간 대금의 결제는 현금수송에 의하지 않고 금융기관을 매개로 어음을 발행하여 결제하는 환(exchange)거래를 하는 것이 일반적이다. 환거래에는 송금환(送金換)방식과 추심환(推尋煥)방식의 두 가지가 있다. 수입상이 수출상 앞으로 어음을 발행하여 먼저 대금을 송금하는 경우가 송금환, 수출상이 수입상 앞으로 어음을 발행하여 대금을 청구, 결제하는 경우가 추심환이다. 무역거래에서 신용장과 무신용장의 D/P, D/A방법에 의한 거래가 전형적인 추심환에 의한 결제이다. 그런데 D/P, D/A와 같은 거래에서는 상품을 먼저 송부한 다음 어음을 발행하여 대금지급을 요구하게 되므로 수입자가 대금지급을 거부하거나 지급불능상태에 빠지게 되면 수출상으로서는 큰 손실이 불가피해지는 위험이 있다. 또 상품을 송부하기 전이라도 계약에 따라 상품생산을 시작한 뒤 계약이 취소될 경우도 수출상은 많은 손실을 입게 된다. 수입상이 상품거래를 계약한 뒤 주문을 취소하거나 들어온 상품의 인수를 거절하고 대금을 지급하지 아니할 경우 수출상이 수입상의 계약불이행에 대하여 무역클레임을 제기하면 손해의 구제가 어느 정도 가능하겠지만, 여기에는 많은 시간과 경비가 들 수밖에 없다. 이와 같은 위험을 회피할 수 있는 방법이 바로 신용장이다.

신용장통일규칙에는 신용장을 "그 명칭이나 표현에 관계없이 취소불능이며, 일치하는 제시를 지급이행할 발행은행의 확약을 구성하는 모든 약정"이라 규정하고 있다.[41] 간단히 말하면 신용장은 매수인을 대신해서 은행이 대금지급을 약속하는 증서로서 매수인의 거래은행이 수익자(매도인)에 대하여 자신이 제시한 어떤 조건이 성취된다면 지급하기로 약정하고, 그 조건이 성취되지 않는다면 지급하지 않겠다고 하는 취소불능적 '조건부지급확약서'이다. 따라서 신용장을 근거로 하여 수출상이 정당하게 발행한 어음에 대하여는 수입자가 지급거절을 할 수 없음은 물론 비록 수입자가 지급불능상태가 될지라도 신용장 개설은행 자신이 어음지급인이 되거나 또는 지급에 대한 책임을 부담하고 있기 때문에 수출상은 안전하게 대금을 결제받을 수 있다.[42]

신용장에 의한 거래가 수출상과 수입상 모두에게 이점이 있을 수 있으나 주된 이익을 얻는 쪽은 수출상이다. 신용장을 확보하면 수출상은 판매 및 대금의 회수가 확실하게 보장된다는 점 외에 상품을 생산하기 위한 원재료의 조달과정과 상품의 생산과정에서 무역금융 혜택을 받을 수 있고, 상품의 선적 후에도 수출대금의 추심전매입도 가능하다. D/P나 D/A 거래에 비해 보다 많은 금융혜택이 생기는 것이다. 한편, 수입상의 입장에서 보면 신용장이 상품의 입수를 확실하게 한다는 점에서 긍정적인 면이 있다.[43] 신용장 거래에서는 수입상이 상품의 대금을 선급(先給)하지 않고 상품을 화체(化體)한 운송서류를 입수하면서 대금을

---

41) UCP 600 제2조 정의규정
42) 물론 신용장 개설은행 자신이 파산한 경우는 문제가 달라진다. 이 경우 추심 전 매입을 한 매입은행은 어음 발행인인 수출상에게 상환을 요구하게 될 것이며 수출상은 수입상과 대금결제 문제를 별도로 해결하여야 한다.
43) 그러나 이것이 신용장에 의한 거래가 반드시 계약된 상품을 입수시켜 주도록 보장하는 것은 아님에 유의할 필요가 있다. 이는 신용장의 추상성이란 특성의 결과이다.

지급하게 되므로 상품의 입수를 보장받을 수 있기 때문이다.

(2) 신용장 통일규칙

신용장이 무역거래에서 본격적으로 사용되기 시작한 것은 제1차 세계대전 이후이다. 신용장 사용 초기에는 각국의 법과 상관습이 다름에 따라 사용되는 용어의 해석에 있어 혼란이 있었고, 이에 따라 분쟁도 자주 발생하였다. 이러한 문제점을 해소하기 위하여 국제상업회의소(ICC)가 중심이 되어 1933년 제정한 것이 신용장통일규칙(Uniform Customs and Practice for Documentary Credit : UCP)이다.

신용장통일규칙은 그 후 1951, 1962, 1974, 1983, 1993, 그리고 2007년에 각각 개정되었다. 2007. 7. 1.부터 현재 적용되고 있는 것은 2007년 개정판인 UCP 600이다. 신용장통일규칙도 INCOTRERMS와 마찬가지로 민간단체인 국제상업회의소가 제정한 규칙에 불과하다. 그러므로 관계당사자들이 이 규칙을 적용하기로 합의한 경우에만 적용된다. 따라서 신용장에 UCP 600을 적용한다는 문구가 명확하게 표시되어야 한다.

(3) 신용장거래의 시스템과 그 당사자

1) 신용장 거래시스템

신용장이 개설(issuing)되어 그 역할을 다하기까지의 경로는 대개 신용장의 개설, 수익자에 대한 통지, 매입은행의 선적서류 매입과 개설은행에 대한 송부, 그리고 수입상의 대금결제 그리고 개설은행의 매입은행에 대한 대금상환으로 이어진다. 이러한 거래시스템은 신용장의 거래조건에 따라 상당히 달라진다. 일반적인 경우를 예로 보면 다음의 그림과 같다.

| 신용장에 의한 무역거래 |

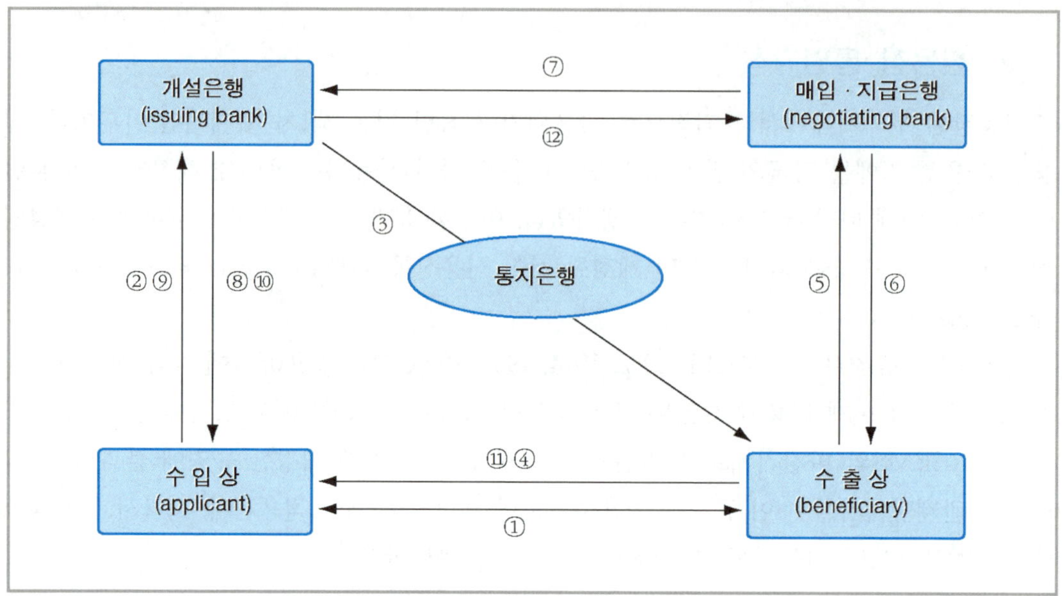

* ① 수출상과 수입상이 계약체결을 체결하면서 신용장으로 거래할 것을 합의한다.
② 수입상은 자신의 거래은행과 외국환거래약정을 체결한 다음 신용장의 개설을 의뢰한다.
③ 신용장 개설은행은 신용장을 개설하고 이를 통지은행을 경유하여 수익자에게 통지한다.
④ 수출상은 상품을 구매하거나 생산하여 선(기)적한다.
⑤ 수출상은 운송회사로부터 선하증권(또는 항공화물운송장 등)을 발급받고 기타 선적서류를 구비한 다음 환어음을 발행하여 거래은행에 매입을 신청한다.
⑥ 거래은행은 선적서류와 신용장을 대조, 확인한 다음 이상이 없을 경우 대금을 지급한다.
⑦ 매입은행은 환어음과 선적서류를 신용장 개설은행으로 송부한다.
⑧ 개설은행은 매입은행이 송부한 선적서류와 신용장을 검토한 다음 이상이 없을 경우 수입상에게 선적서류 도착사실을 통지한다.
⑨ 일람불의 경우 수입상이 대금을 결제한다. 기한부의 경우는 환어음을 인수(acceptance)한 다음 만기일에 대금을 결제한다. 그러나 환어음을 결제하기 전일지라도 운송서류를 인도받을 수 있다.[44]
⑩ 신용장 개설은행은 선적서류를 인도한다. 만일 화물이 먼지 수입지에 도착하였으나 선적서류가 도착하시 않은 경우 수입상은 은행에서 수입화물선취보증서(Letter of Guarantee : L/G)를 발급받아 운송회사로부터 화물을 인수할 수 있다. 이 경우 은행은 L/G발급액에 상당하는 수입보증금을 요구한다.[45]
⑪ 수입상은 선하증권(또는 항공화물운송장 등)을 운송회사에 제출하고 상품을 인수한다.
⑫ 신용장 개설은행은 매입은행에 대금을 상환한다.

---

44) 이러한 방법을 대도(貸渡, Trust Receipt T/R)라 한다. 대도는 기한부조건에서 수입상이 대금결제 전에 선적서류를 인도받거나, 일람불조건에서 수입상의 요청에 의해 은행이 해당 물품을 먼저 처분한 다음 그 판매대금으로 수입대금을 결제하도록 허용하는 제도이다. 은행이 대도를 허용하는 경우 지급보증과 함께 해당 물품의 매도, 인도, 대금의 영수방법 등에 관해 미리 은행의 승인을 받도록 요구하는 경우가 많다.
45) L/G의 발행은 은행이 수입상을 위하여 운송회사에 보증을 하는 여신행위의 일종이라 할 수 있다.

그림은 송금(Remittance)에 의한 대금상환방식을 보여준다. 이 방식은 신용장에 별도의 상환은행(Reimbursing Bank)을 지정하지 않고 매입은행이 개설은행에 선적서류를 송부하면 개설은행이 서류를 검토하여 이상이 없을 경우 매입은행이 요청한 계좌에 송금함으로써 상환하는 것이다. 개설은행의 대금상환방법에는 그 외에도 Reimbursement방식과 Debit방식이 있다. Reimbursement방식은 신용장에서 별도의 상환은행을 지정하고 매입은행이 그 은행에 자금상환을 청구하는 방식이다. 대개 개설은행은 자기의 예치환거래은행(Depositary Correspondent Bank)을 상환은행으로 지정한다.

상환청구방법에는 수익자발행 환어음을 상환은행에 송부하는 방법, 매입은행이 신용장 개설은행을 지급인으로 하는 별도의 환어음을 발행하여 상환은행에 송부하는 방법, 매입은행이 전신으로 상환은행에 자금을 청구하여 상환받는 방법 등이 있다. Debit방식은 개설은행이 자기의 예치환거래은행을 지급은행(Paying Bank)으로 정하여 놓고 동 은행으로 하여금 수출대금을 지급하였을 경우 해당 금액을 지급은행에 예치한 개설은행 명의의 계좌에서 차기(借記)하도록 하는 방식이다.

2) 신용장 거래의 당사자

신용장 거래에 관계되는 자를 신용장의 당사자라 한다. 신용장의 당사자는 그가 신용장 거래와 관련하여 행하는 기능에 따라 구분한다. 예를 들어 수입상과 수출상은 그 기능에 따라 다음의 표와 같이 다양하게 불려진다.

| 수입상과 수출상에 대한 호칭 |

거래관계의 중점	수 입	수 출
매매관계	Buyer(매수인)	Seller(매도인)
무역관계	Importer(수입상)	Exporter(수출상)
신용장관계	Applicant(개설의뢰인)	Beneficiary(수익자)
어음관계	Drawee(지급인)	Drawer(발행인)
계정관계	Accountee(대금결제인)	Accounter(대금수령인)
화물관계	Consignee(수하인)	Shipper 또는 Consigner(송하인)

신용장 당사자라 하여 하나의 신용장 거래에 모두 관여하는 것이 아니고 신용장 거래의 형태에 따라 당사자가 달라진다. 아래 '①~④'를 직접당사자라고 하고 '⑤~⑩'을 기타당사자라고 한다.

① **개설의뢰인**(Applicant) : 무역계약에 따라 매도인에게 신용장을 개설해 주어야 할 의무가 있는 매수인(Buyer)이다. 자기 거래은행에 수출상 앞으로 신용장 개설을 의뢰하기 때문에 개설의뢰인이라 부른다.

② **수익자**(Beneficiary) : 무역계약상의 매도인(Seller)이다. 신용장에 따라 가장 혜택을 많이 보는 당사자라 하여 수익자(Beneficiary)라 한다.

③ **개설은행**(Opening Bank) : 개설의뢰인의 요청과 지시에 따라 매매계약의 당사자인 수출상 앞으로 신용장을 개설하는 은행이다. Opening Bank 또는 Issuing Bank라고도 한다.[46]

④ **확인은행**(Confirming Bank) : 개설은행의 공신력이 미약하거나 수입국의 외환사정 악화 등으로 개설은행이 신용장 대금을 반드시 지급할 수 있다는 확신이 가지 않을 경우 수출상이 제3의 은행으로 하여금 확인을 요구할 경우 등장한다. 확인(Con-firmation)이란 개설은행의 요청을 받은 제3의 은행이 신용장에 의한 인수, 지급, 매입을 틀림없이 하겠다는 추가적인 확약을 말한다. 이러한 확인을 하는 은행이 확인은행이다.

⑤ **통지은행**(Advising Bank) : 개설은행의 요청에 따라 신용장을 수출상에게 통지하는 은행이다. Notifying Bank 또는 Transmitting Bank라고도 한다.

⑥ **지급은행**(Paying Bank) : 지급은행은 지급신용장하에서 수익자가 제시한 선적서류와 상환으로 대금지급을 해 주는 은행이다. 개설은행 또는 개설은행의 환거래은행(통지은행) 등이 지급은행이 될 수 있다. 지급신용장의 경우 대부분이 통지은행을 지급은행으로 지정하고 있다. 이러한 지급은행은 개설은행의 본·지점이거나 예치환거래은행일 경우 이용된다.

⑦ **매입은행**(Negotiating Bank) : 수익자로부터 수출환어음을 매입하는 은행을 말한다. 매입은행은 곧 환어음의 선의의 소지인(bona fide holder)이 되고, 개설은행은 신용장에 확약한 대로 이러한 어음의 소지인에게 신용장 금액을 상환해 주어야 할 의무기 발생한다.

⑧ **인수은행**(Accepting Bank) : 기한부(Usance)신용장에 따라 발행된 어음을 인수하는 은행을 말한다.

⑨ **상환은행**(Reimbursing Bank) : 개설은행의 지시에 따라 매입은행에 신용장 대금을 결제하는 은행을 말한다. 이를 결제은행(Setting Bank)이라고도 한다. 개설은행이 예치금계정을 개설해 놓은 예치환거래은행(Depositary Correspondent Bank)이 이를 담당한다.

---

46) UCP 600에서는 통지은행의 책임을 확대하여 신용장 외관상의 진정성에 관해 상당한 주의를 기울였다 하더라도 하자가 발견되면 통지은행이 책임을 부담하도록 하였다. UCP 600 제9조

⑩ **양도은행**(Transferring Bank) : 양도가능신용장하에서 수익자의 요청에 따라 제3자(제2 수익자)에게 신용장을 양도하는 은행을 말한다.

(4) 신용장의 성격

신용장은 무역거래에 있어 신용장에 기술된 대로 무역서류를 갖추어 은행에 제시할 경우 약속한 대금의 지급을 보장한다. 이것이 실제 수입상에게 전달되는 상품이 계약된 것과 동일하다는 또는 신용장에 기술된 그것과 일치한다고 보장하는 것은 아니다. 신용장의 이러한 한계는 신용장의 독립성과 추상성이라는 특성을 살펴보면 보다 명확해진다.

1) 신용장의 독립성

신용장통일규칙 제4조에는 신용장의 독립성에 관하여 다음과 같이 네 가지를 규정하고 있다.

① 신용장은 본질적으로 그것이 근거를 두고 있는 매매계약이나 그밖의 계약과는 별개의 거래이다.
② 은행은 매매계약 등 계약에 대한 여하한 참조사항이 신용장에 포함되어 있어도 그러한 계약과는 무관하고, 또한 이에 구속되지 않는다.
③ 은행이 지급, 환어음의 인수 또는 매입한다거나 신용장에 따른 기타 모든 의무를 이행한다는 확약은 개설의뢰인이 개설은행 또는 수익자와의 관계를 근거로 주장하는 클레임 또는 항변에 지배받지 않는다.
④ 수익자는 어떠한 경우도 은행 상호간 또는 신용장 개설의뢰인과 개설은행간에 존재하는 계약관계를 원용할 수 없다.

이 조항은 수익자로부터 신용장의 조건과 일치하는 서류가 제시되면 즉각 지급을 해야 하는 개설은행의 의무를 명시하면서 이러한 의무는 수출상과 수입상 사이에 체결된 매매계약과는 무관하며 또한 이에 구속되지 않는다는 점을 규정하고 있다.

무역계약은 통상 매매 당사자가 합의한 각종 조건들을 문서화하여 쌍방이 서명한 후 보관하지만 구두에 의한 합의로도 성립될 수 있다. 신용장은 계약이 성립되고 난 후에 그 계약을 근거로 수입상이 개설은행에 요청함으로써 개설된다. 일단 신용장이 개설되고 나면 개설은행이 수익자 등에게 지급하기로 한 약속의 이행은 신용장에 있는 조건충족에 따라 이루어지는 것일 뿐 그 신용장 개설의 근거가 된 매매계약서의 내용 등은 전혀 고려되지 않는다. 신용장의 독립성이란 바로 이와 같은 특성을 의미한다.

2) 신용장의 추상성

신용장통일규칙 제5조에는 "신용장 거래에 있어서 모든 거래당사자는 서류로 거래하는 것이지 그 서류에 관련될 수 있는 상품(Goods)이나 용역(Service), 이행(Performance)으로 거래하는 것이 아니다"라고 규정하고 있다.

신용장 거래에서는 관계 당사자들이 서류로 거래할 뿐 상품의 실질적인 거래내용과는 상관이 없다는 것이다. 신용장 개설은행은 수출상이 신용장에 기술되어 있는 대로 상품을 실제로 선적하여야 대금을 지급하겠다고 약속하는 것이 아니다. 대신 신용장에 기술되어 있는 대로 상품을 선적하였다는 표시가 있는 서류를 제시하면 대금을 지급하겠다고 약속하는 것이다. 이를 신용장의 추상성이라 한다. 정상적이라면 신용장에 선하증권과 같은 선적서류를 요구하는 경우 수익자는 신용장에 기술된 내용의 상품을 운송인에게 넘겨주어야 선적서류를 발급받을 수 있다. 검사증명서와 같은 서류를 요구한 경우도 상품의 품질이나 수량은 검사증명서에 기재된 바와 일치할 것이므로 신용장이나 계약서에 명시되어 있는 상품이 수입상인 신용장 개설의뢰인에게 전달된다고 생각할 수 있다.

그러나 수출상은 신용장 조건과 상이한 품질의 상품을 선적하고 서류상에는 신용장에 명시된 내용과 동일한 내용으로 서류를 만들 수도 있다. 또 상품이 서류상의 선적일자와 다른 날에 선적될 수도 있다. 이 경우 은행은 문면상 신용장 조건과 일치한 것으로 보이는 서류가 제시되면 대금을 지급하여야 하며, 수입상은 은행의 지급에 대해 보상할 수밖에 없다.

서류로 거래한다는 신용장 거래의 추상성 원칙은 은행이 무역의 원활한 거래를 도와주어 결제를 할 수 있도록 하는 최소한의 요구사항이다. 만일 은행이 거래되는 상품의 실질 상태가 신용장에서 요구하는 내용과 일치하는 경우만 대금을 지급하도록 하고, 이에 대한 확인 없이 대금을 지급하였을 경우는 책임을 지도록 한다면 어느 은행도 신용장을 취급하지 않을 것이다. 신용장 조건과 일치하는 서류가 개설은행에 제시되었으나 상품은 제대로 도착하지 않은 경우 수입상이 취할 수 있는 조치는 클레임 제기를 통해서이다. 즉 상품의 실질 상태와 상관없이 은행을 통한 결제는 먼저 하되 이와는 별도로 매매계약의 조건 위반을 이유로 클레임을 제기하는 방법 등으로 배상받는 방법을 모색하여야 한다.

| SWIFT(전자신용장) 예시 |

FROM ISSUING BANK BMI 4Moorgate, London EC2R6AL, United Kingdom		eLetter of Credit Documentary Letter of Credit	
TO BENEFICIARY HANNAM CORPORATION C.P.O.BOX 1726 SEOUL KOREA			
LETTER OF CREDIT NO ISSUE DATE CREDIT (LDLC). The Letter of Credit's and its terms and conditions for Negotiation. (L)	2119812292		ISSUE DATE 1 – Mar – 2009
Data Source File : TxxLAPLx ···.. Data Save File : TxxLDLCx	LETTER OF APPLICATION NO A – 8601 – 806 – 22250		LAMD NO

ISSUING BANK STATEMENT : We hereby issue an irrevocable Documentary Letter of Credit in the Beneficiary's favor. It is subject to the Uniform Customs and Practice for Documentary Credits (2007 Revision, International Chamber of Commerce, Paris, France, Publication No. 600) and the Supplement to the UCP for Electronic Presentation (eUCP Version 1.0) and engages you in accordance with the terms thereof. Negotiable documents may present by mail, courier or electronically at the bank presentation URL.

		Print Form	Email : Save Form & Data	Clear Form
				www.InternetLC.com

UCP/eUCP Documentary Letter of Credit

LETTER OF CREDIT NO (20) 2119812292	TRANSACTION NO JJK – 00203	COMPLETE(26E)	INCOMPLETE
CREDIT ISSUE DATE (31C) 1 – Mar – 2009	LATEST SHIP DATE (44C) 10 – Mar – 2009	PERIOD FOR PRESENT (48) 10 DAYS	CREDIT EXPIRY DT (31D) 25 – Mar – 2009
FORM OF CREDIT (40A) IRREVOCABLE	PLACE FOR PRESENTATION	TRANSFERABLE NONE TRANSFERABLE	CONFIRMATION (49) WITHOUT
AVAILABLE WITH / BY (41A)	AUTHENTICATION CODE 12 – JAN – 2009	CURRENCY USD	CREDIT AMOUNT (32B) $9,000.00
CREDIT AMOUNT IN WORDS NINE THOUSAND ONLY (5% MORE OR LESS) CFR			METHOD OF PAYMENT LETTER OF CREDIT
SHIP FROM (44) BUSAN	INCOTERM CFR – Cost and FReight	SHIP TO (48) DUBAI	SHIP VIA OCEAN
PARTIAL SHIPMENTS (43P) ALLOWED	TRANSHIPMENTS (43T) NOT ALLOWED	FREIGHT CHARGES PREPAID	INSURANCE COVERED BY SELLER
BASIC ORDERING AGREE NO JJK – 00802	CREDIT TOLERANCE (39A) 5%	BANK REFERENCE KFH3945	BANK CUSTOMER NO KFH008
APPLICANT (CONTACT) AMINMOHD SHAREF ALAWADI	APPL CONT TEL	BENEFICIARY (CONTACT) HANNAM CORPORATION 02)974 – 7317	BEN TEL
APPLICANT CONTACT EMAIL AMIN @mail.com	APPL CONT TEL	BENEFICIARY CONTACT EMAIL HANAM @MAIL.CO.KR 02)997 – 7745	BEN TEL
APPLICANT COMPANY ADDRESS(50) AMINMOHD SHAREF ALAWADI C.P.O. BOX 2628 SAFAT 13001 KUWAIT Goods must be shipped in 20 feet container on FCL basis. E – B/L must indicate that all FCL handling charges/delivery charges and local delivery order charges at the port of destination are prepaid. A separate certificate to this effect issued by the shipping co. must also accompany the original shipping documents.		TO BENEFICIARY COMPANY ADDRESS(59) HANNAM CORPORATION C.P.O.BOX 1726 SEOUL KOREA Container – number must be mentioned on the B/L. Certificate of exporter must attest that the quantity mentioned in the commercial invoice is the actual shipped quantity and packing – lists shows exactly the quantities as per packing – list from factory side.	
APPLICANT WEB URL HTTP : //AMIN. COM		BENEFICIARY WEB URL HTTP : //HANAM.CO.KR	
Buyer Issuing Bank Information		Seller Advising Bank Information	
BUYER APPLICANT ISSUING BANK NAME BMI 4Moorgate,London EC2R6AL, United Kingdom		SELLER ADVISING BANK NAME BKME	

BUYER APPLICANT ISSUING BANK ADDRESS 4Moorgate,London EC2R6AL, United Kingdom		SELLER ADVISING BANK ADDRESS 3RD FLOOR,SAM DO BUILDING 1-170, SOON HWA-DONG, CHUNG-KU , SEOUL KOREA. C.P.O. BOX 1224	
ISSUING BANK ABA/TR NO KKRRS680	ISSUING BANK SWIFT NO UBAFKRSX	ADVISING BANK ABA/ TRANS NO JJKKSS680	ADVISING BANK SWIFT BKMETTFF
ISSUING BK CONTACT NAME BMI	LX	ADVISING BANK CONT	LX
ISSUING BANK TEL NO 802000	ISSUING BANK FAX NO 2461430C.R.429	ADVISING BANK TEL NO 02)754-6848	ADVISING BANK FAX 02)774-6794
ISSUING BANK E-DOCUMENTS URL HTTP : //BMI.COM		ADVISING BANK E-DOCUMENTS URL HTTP : //BKE.COM	
ISSUING BANK E-DOCUMENTS EMAIL BMI @NAVER.COM		ADVISING BANK E-DOCUMENTS EMAIL BKME @ HANMAIL.CO.KR	

Settlement Information

DESCRIPTION OF GOODS AND/OR SERVICES (45A) ABOUT 10,000 YARDS PLAIN DYED 100% POLYESTER KING CHIRIMAN JACQUARD QUALITY NO. FJC4166-02. 44' ABOUT 25 YARDS PIECES
ADDITIONAL CONDITIONS OF THE CREDIT 01.Electronically signed commercial invoice must be made out in the name of ABDEL-LATIF ABU ZEID ALEPPO FREE ZONE . 02.Certificate from shipping named on the Bill of Lading or its Agents confirming that(a) the goods have been shipped on vessel covered under institute classification clause(b) the carrying vessel is not banned from entering the Arab Ports for any reason according to their laws and regulations(c) vessel is below 15 years of age. This certification must indicate name of carrying vessel. 03.Shipment must be effected through USC/APL/NUIGLORY Line vessels only E-B/L must be issued by them or its Agents. 04.E-Certificate of Origin must be issued by the Local Chamber of Commerce. This must indicate(a) the name of Country from where the goods are exported(b)name of exporting Co.(C)Country of origin(d)name and address of the manufacture
REF : INCOTERMS   CFR : Cost&FReight (...named port of destination) (Ship)
METHOD OF PAYMENT   AT SIGHT OR NO DAYS AFTER BILL OF LADING OR INVOICE DATE

LETTER OF CREDIT AT SIGHT AFTER BILL OF LADING (SHIPPING) DATE	
Documents Required for eUCP and/or UCP Negotiation (46A)	

E-BILL OF LADING E-BILL OF LADING	LX	LX	LX
B29 : E-INVOICE E-INVOICE	B30 : E-PACKING LIST E-PACKING LIST	B31 : E-BILL OF EXCHANGE E-BILL OF EXCHANGE	1. OTHER E-DOCUMENT Beneficiary Certificate
2. OTHER DOCUMENT Certificate of Origin eQuality Certificate	3. OTHER DOCUMENT eShip Registration Certificate eWeight List	4. OTHER DOCUMENT eWeight List	5. OTHER DOCUMENT eQuality Certificate
CONSIGNED TO TO ORDER		NOTIFY APPLICANT	

ADDITIONAL CONDITIONS OF THE CREDIT 01.All documents required except insurance and invoice must not show any value or price. E-B/L show "TEXTILE PIECE GOODS" ONLY without mentioning number of yards nor net weight : to mention gross weight and measurement in CUBIC METERS.	02.Inurance covered by the applicant. Details of shipments under this credit must be advised by the beneficiary by fax within 24 hours after the shipment to applicant. Packing List must show the carton no., colo no., length of each piece, number of pieces and yards packed in each carton.
ADDITIONAL CONDITIONS OF THE CREDIT (47A) 03.All documents required should not bear any mention showing that they have been issued under a documentary credit and should not bear the credit number nor the name of our bank.	ADDITIONAL CONDITIONS TO BE COMPLIED WITH (47B) 04.All document required except insurance policy and bill o lading must be issued in the name of ABDEL-LATIF ABUZEID,ALEPPO FREEZONE,SYRIA
BANK CHARGES TO BE BORN BY THE BENEFICIARY LX1	ISSUING BANK AUTHENTICAION

① 정의

SWIFT란 "Society for Worldwide Interbank Financial Telecommunication"의 약자로서 금융회사 간에 교환되는 각종 통신문을 업무별로 표준화하여 이를 전 세계적으로 구성된 자체 통신망을 이용 송수신함으로써 고객송금, 은행간 자금이체, 외환매매거래, 수출입신용장 등 은행 간 국제금융 업무를 저렴한 비용으로 신속, 정확하게 처리하기 위하여 조직된 금융정보통신망이다. 1973년 5월 유럽은행들이 중심이 되어 벨기에에서 설립되었는데 우리나라는 1991. 3. 13. 가입하였다.

② SWIFT 사용자

정회원(Member) : 각국 은행들의 본점

준회원(Sub-member) : 정회원의 지점 또는 90% 이상 지분을 소유한 자회사

참가자(Participants) : 비은행 금융회사(증권거래소, 결재기관, 신탁회사 등)

③ 은행식별 번호 BIC의 구성

예를 들어 Bank Identifier Code, 'HVBKKRSEXXX'는 다음과 같이 해석한다.

HVBK : 은행코드(우리은행)

KR : 국가코드(대한민국)

SE : 지역코드(서울)

(A) : LT(Logical Terminal-단말기)

XXX : 지점코드(모점 및 지역본부), 공란인 경우에도 모점을 가리킨다.

④ 기타 용어

MIR(Message Input Reference)＝발신통신문 번호

MOR(Message Output Reference)＝수신통신문 번호

PDM(Possible Duplicate Message)＝중복 통신문일 가능성

PDE(Possible Duplicate Emission)＝중복 통신문일 가능성

⑤ MT, Message Type, 통신문 종류

MT 0XX	System Message
MT 1XX	당발, 타발 송금 및 송금수표
MT 2XX	은행간 자금이체
MT 3XX	Dealing, SWAP 등 외환거래
MT 4XX	서류 및 수표추심(D/A, D/P 등)
MT 5XX	유가증권
MT 6XX	귀금속 및 차관(Syndicate loans)
MT 7XX	화환신용장 및 지급보증
MT 8XX	여행자수표 관련 통신문
MT 9XX	특별통신문(입·출금 통보, 대사자료 및 필요 통신문 요구, 각종 보고서 등)

(MT 4XX의 종류)

MT 400	Advice of payment
MT 410	Acknowledgement
MT 412	Advice of acceptance
MT 420	Tracer
MT 422	Fate advice and request for instruction
MT 430	Amendment of instructions
MT 456	Advice of dishonour
MT 491	Request for payment of charge and interest
MT 492	Request for cancellation
MT 495	Queries
MT 496	Answers(to MT 495)
MT 499	Free format messages

(MT 7XX의 종류)

MT 700	Issue of a Documentary Credit
MT 701	Additional pages to MT 700
MT 705	Pre-advice of a DC
MT 707	Amendment to a DC
MT 710	Advice of third bank's credit
MT 711	Additional pages to MT 710
MT 720	Transfer of a DC
MT 721	Additional pages to MT 720

MT 730	Acknowledgement
MT 732	Advice of discharge
MT 734	Advice of refusal
MT 740	Authorization of reimbursement
MT 742	Reimbursement claim
MT 747	Amendment to an authorization to reimbursement
MT 750	Advice of discrepancy
MT 752	Authorization to pay/accept of negotiation
MT 754	Advice of payment/acceptance/negotiation
MT 756	Advice of reimbursement of payment
MT 760	Issue of guarantee
MT 767	Amendment to a guarantee
MT 768	Acknowledgement of guarantee
MT 769	Advice of reduction or release
MT 791	Request for payment of charges, interest and other expenses
MT 792	Request for cancellation (of message sent out)
MT 795	Queries
MT 796	Answers (to MT 795)
MT 799	Free format message

(MT 700 해설) Issue of a Documentary Credit

27 : Sequence of Total

전문의 총 쪽수 중에서 몇 번째 쪽인지를 표시한다.
예) 1/4 : 총 4쪽으로 구성된 전신문의 1쪽이다.

40A : Form of Documentary Credit

신용장의 종류를 표시한다.
예) IRREVOCABLE : 취소불능신용장
　　 REVOCABLE : 취소가능신용장
　　 IRREVOCABLE TRANSFERABLE : 취소불능 및 양도
　　 가능신용장

20 : Documentary Credit Number

개설은행이 부여하는 신용장 번호를 표시한다.

23 : Reference to Pre-Advice

사전통지를 보냈던 신용장인 경우 'PREADV'라고 표시하고 '/'
를 한 다음 그 사전통지와 관련된 참조사항을 표시한다.
예) PREADV/060610 : 2006. 6. 10.자로 보냈던 사전통지문의
　　 원본 신용장이다.

31C : Date of issue

개설은행이 개설일자로 간주하는 일자를 표시한다. 아무런 표시

	가 없는 경우 이 전문이 발송된 일자를 개설일자로 간주한다.

40E : Applicable Rules
신용장의 적용규칙을 표시한다.
예) UCP LATEST VERSION : 현행 UCP를 적용함
　　EUCP LATEST VERSION : 현행 eUCP를 적용함.
　　UCPURR LATEST VERSION : 현행 UCP와 URR적용
　　EUCPURR LATEST VERSION : eUCP와 URR적용
　　ISP LATEST VERSION : 현행 ISP를 적용함.
　　OTHR : 기타 규칙을 적용함.

31D : Date and Place of Expiry
서류가 제시되어야 하는 마지막 일자와 장소를 표시한다.

51a : Applicant Bank
신용장의 개설을 의뢰하는 개설의뢰인의 거래은행이 별도로 있는 경우 개설의뢰인의 은행을 표시한다.

50 : Applicant
개설의뢰인을 표시한다.

59 : Beneficiary
수익자를 표시한다.

32B : Currency Code, Amount
신용장의 통화 및 금액을 표시한다.

39A : Percentage Credit Amount Tolerance
신용장 금액의 과부족 편차를 표시한다.
예) 10/5 : 표시된 금액을 기준으로 (＋)상한은 10% (－)하한은 5%까지 허용한다.

39B : Maximum Credit Amount
'UP TO', 'MAXIMUM' 또는 'NOT EXCEEDING' 중에서 한 문구를 사용하여 신용장 금액을 표시한다.

39C : Additional Amounts Covered
수익자가 사용할 수 있는 추가의 금액 예를 들어, 보험료, 운임, 이자 등을 표시한다.

41D : Available With...By...
'With' 다음에는 신용장을 사용할 수 있는 은행명을 'By' 다음에는 신용장의 사용방법을 표시한다.
예) AVAILABLE WITH HSBC KRSE BY NEGOTIATION : HSBC은행 서울지점에서 매입으로 사용이 가능하다.

42C : Drafts at
화환어음의 기간을 표시한다.

42D : Drawee
화환어음의 지급인을 표시한다.

42M : Mixed Payment Details
혼합지급으로 사용이 가능한 경우 그것들의 결정에 필요한 지급일자, 금액 그리고/또는 방법을 표시한다.

42P : Deferred Payment Details
연지급으로 사용이 가능한 경우 만기일의 결정에 필요한 지급일자 또는 결정방법을 표시한다.

43P : Partial Shipments
분할선적이 허용되는지 여부를 표시한다.

43T : Transshipment   환적이 허용되는지 여부를 표시한다.

44A : Place of Taking in Charge/ 운송서류에 표시되어야 하는 (복합운송서류의 경우) 수탁지,
   Dispatch from.../Place of (도로, 철도, 내륙수로 운송서류, 또는 택배, 속배서비스서류의
   Receipt   경우) 수취지, 발송지 또는 선적지를 표시함.

44E : Port of Loading/ Airport of 운송서류에 표시되어야 하는 선적항 또는 출발공항명을 표시함.
   Departure

44F : Port of Discharge/ Airport of 운송서류에 표시되어야 하는 선적항 또는 목적지공항명을 표
   Destination   시함.

44B : Place of Final Destination/ 운송서류에 표시되어야 하는 최종목적지 또는 인도장소를 표시
   For Transportation to.../ 한다.
   Place of Delivery

44C : Latest Date of Shipment 최종선적일자를 표시한다.

44D : Shipment Period   선적이 가능한 기간을 표시한다.

45A : Description of Goods and/or 선적되는 상품 그리고/또는 제공되는 용역의 명세를 표시한다.
   Services

46A : Documents Required   제시되어야 하는 요구서류들을 표시한다.

47A : Additional Conditions   추가조건을 표시한다.

71B : Charges   수수료를 수익자가 부담하는 경우에 한하여 표시한다. 명시가
              없는 경우 매입수수료와 양도수수료를 제외한 모든 수수료는 개
              설의뢰인의 부담으로 간주한다.

48 : Period for Presentation   선적 후 서류가 지급, 인수 또는 매입을 위하여 제시되어야 하는
              제한기간을 표시한다.

              언급이 없으면 21일 이내에 제시하여야 한다.

49 : Confirmation Instruction   수신은행 앞 확인에 대한 지시사항이다.
              CONFIRM : 수신은행에게 신용장의 확인을 요청한다.
              MAY ADD : 수신은행에게 신용장의 확인을 허용한다.
              WITHOUT : 수신은행에게 신용장의 확인을 요청하지 않는다.

53A : Reimbursing Bank   개설은행에 의하여 상환을 이행하도록 수권 받은 상환은행명을
              표시한다.

78 : Instructions to the Paying/ 지급/인수 또는 매입은행에 대한 지시사항을 기술한다.
   Accepting/Negotiating bank

57A : 'Advise Through' Bank	수익자에게 통지하는 제2통지은행명을 표시한다.
72 : Sender to Receiver Information	필요한 경우 발신은행이 수신은행에게 제공하는 정보사항을 기술한다.

(MT 710 보충해설)	Advice of a Third Bank's or a Non-Bank's Documentary Credit
51A : Issuing Bank	신용장 개설은행명을 표시한다.
50B : Non-Bank Issuer	신용장 비은행 개설자명을 표시한다.

(MT 720 보충설명)	Transfer a Documentary Credit
40B : Form of Documentary Credit	신용장의 종류와 송신자가 확인을 추가했는지 여부를 표시한다. 예) IRREVOCABLE ADDING OUR CONFIRMATION : 취소불능신용장이며 당행의 확인을 추가함.
52A : Issuing Bank of the Original Documentary Credit	원 신용장의 개설은행명을 표시한다. 이 Field가 없으면, 송신자가 원 신용장의 개설은행이다.
50B : Non-Bank Issuer of the Original Documentary Credit	원 신용장의 비은행 개설자명을 표시한다.
50 : First Beneficiary	제1수익자명을 기재한다.
59 : Second Beneficiary	제2수익자명을 기재한다.

(5) 신용장의 종류

신용장의 종류는 상당히 다양하다. 신용장의 기능이 여러 가지가 있기 때문이기도 하지만 동일한 신용장도 다양하게 호칭되기 때문이다.

1) 취소불능신용장과 취소가능신용장

신용장이 개설된 후 수익자에게 사전통지 없이 변경 또는 취소될 수 있는지 여부에 따라 구분한 것이다. 종전 신용장통일규칙에서는 취소불능신용장(Irrevocable Credit)은 신용장이 수익자에게 통지된 뒤에는 개설은행, 확인은행(확인은행이 있는 경우), 수익자 모두의 합의 없이는 이를 취소하거나 조건을 임의로 변경할 수 없으나 취소가능신용장(Revocable Credit)은 개설은행이 언제든지, 그리고 수익자에게 사전통지 없이도 신용장 내용을 변경하거나 취소가능하다고 규정하였다.[47]

그러나 2007년 개정된 신용장통일규칙에서는 취소가능신용장 자체를 인정하지 않는다. 신용장에 취소불능이라 표시하지 않더라도 당연히 취소불능인 것으로 간주하며, 만일 취소가능하다는 문언이 있는 신용장이라면 아예 신용장으로서 효력을 인정하지 않는 것이다.[48]

2) 확인신용장과 미확인신용장

신용장에 의한 보증을 개설은행 이외의 다른 은행이 추가적으로 확약하였는지 여부에 따라 구분한 것이다. 확인(confirmation)이란 신용장 개설은행의 수권(授權)과 요청에 따라 제3의 은행이 행하는 추가적 확약(definite undertaking)이다. 이 확약은 신용장 조건과 일치하는 서류가 확인은행 또는 다른 지정은행에 제시되었을 경우 발행은행의 확약에 부가(附加)하여 일람출급이나 연지급(延支給) 또는 환어음의 인수 및 만기일 지급을 확실히 이행하겠다는 약속이다. 확인신용장(Confirmed Credit)은 이러한 확약이 추가되어 있는 신용장을 말한다.

3) 화환신용장과 무화환신용장

신용장에 따라 발행되는 환어음에 선하증권 등 선적서류의 첨부가 필요한지 여부에 따라 구분한 것이다. 화환신용장(Documentary Credit)은 신용장 개설은행이 신용장에 명기된 조건과 일치하는 서류상환을 조건으로 수익자가 발행한 환어음의 인수, 지급 또는 매입을 확약하는 신용장이다.

무화환신용장(Documentary Clean Credit. '무담보신용장'이라고도 한다)이란 선하증권 등의 선적서류를 첨부하지 않고 발행되는 환어음을 인수, 지급 또는 매입할 것을 확약하는 신용장이다. 무화환신용장은 무역 외 거래인 운임, 보험료, 수수료의 결제 또는 차입금의 반환 등과 관련하여 사용되는 Clean Credit과 엄밀한 의미에서 구별된다. 무화환신용장은 선적서류가 있으나 이를 첨부하지 않는 것이고, Clean Credit는 선적서류 자체가 발급되지 않는 것이기 때문이다. 그러나 대금결제에서 선적서류가 직접 관련되지 않는다는 점에서는 같다.

4) 상환청구가능신용장과 상환청구불능신용장

신용장에 의해 환어음을 매입한 은행이 어음발행인에게 소구권(遡求權)을 행사할 수 있는

---

47) UCP 500 제9조 d
48) UCP 600 제2조

지 여부에 따라 구분한 것이다. 취소불능신용장은 환어음이 신용장 조건에 합치되게 발행된 이상 개설은행이 그 어음의 지급, 인수 또는 매입을 확약하고 있으므로 수입상이 파산하여 대금지급이 불가능하더라도 개설은행이 지급, 인수의 책임을 진다. 따라서 신용장 조건대로 환어음이 발행되었다면 환어음의 발행인인 수익자는 소구, 즉 상환청구를 받지 않는다. 그러나 개설은행의 파산 등으로 어음의 인수 및 지급이 불가능하게 되었을 경우나, 어음이 신용장 조건대로 발행되지 않아 어음지급인이 지급을 거절하였을 경우는 이미 지급한 어음매입대금의 상환 여부가 문제가 된다. 이 경우 매입은행이 어음발행인에게 상환을 청구할 수 있는 것이 상환청구가능신용장(With Recourse Credit)이고, 없는 것이 상환청구불능신용장(Without Recourse Credit)이다.[49]

5) 양도가능신용장과 양도불능신용장

신용장의 수익자가 신용장을 제3자에게 양도할 수 있는지 여부에 따라 구분한 것이다. 신용장에는 수익자가 지정되어 있어 특별히 수권(授權)되어 있지 않는 한 신용장 자체를 양도할 수 없는 것이 원칙이다. 양도가능신용장(Transferable Credit)이란 'transferable'이란 문언이 있어서 제1수익자가 신용장 금액의 일부 또는 전부를 제2수익자에게 양도할 수 있도록 권한이 부여되어 있는 신용장을 말한다. 양도불능신용장(Non-transferable Credit)은 이러한 문언이 없는 신용장을 말한다. 양도된 신용장의 조건은 원신용장의 조건과 동일하여야 한다. 다만, 신용장의 금액, 단가, 유효기일, 서류의 제출기한, 선적기간 등은 감액하거나 축소가 가능하다. 양도와 관련한 수수료, 요금, 경비 등 모든 비용은 별도로 합의되지 않는 한 제1수익자가 지급하여야 한다.[50]

6) 일람불(또는 일람출급)신용장과 기한부신용장

① 개념

일람불신용장이란 신용장개설은행이 수출상측(매입은행)으로부터 적격서류를 받는 즉시 신용장 대금을 지급하여 주는 형식의 현금거래 신용장을 말한다. 한편 신용장조건에 따른

---

49) 상환청구가능 여부는 어음의 효력과 관련이 있는 것으로 어음 관련 법률의 규정에 따라 그 효과가 달라진다. 우리나라 어음법은 상환청구 불능어음은 인정하지 않는다. 어음법 제43조에는 어음이 만기에 지급되지 아니한 경우에는 소지인은 배서인, 발행인, 그 밖의 어음채무자에 대하여 소구권을 행사할 수 있도록 명시하고 있다. 그러나 영미법에서는 상환청구불능을 인정하고 있으므로 상환청구불능신용장에 의한 경우 어음상에 without recourse라는 문언을 기재하면 그대로 유효하게 된다.
50) UCP 600 제38조

환어음이 발행되는 경우에는 일람출급신용장과 기한부신용장으로 구분한다.[51] 일람출급신용장(Sight Credit)은 신용장에 따라 발행되는 어음이 지급인(drawee)에게 제시되었을 경우 즉시 대금이 지급되는 일람출급환어음(sight draft)인 경우이고 기한부신용장(Usance Credit 또는 Acceptance Credit)은 어음이 지급인에게 제시된 후 일정기간이 경과한 후에 대금이 지급되는 기한부어음(usance draft, time draft, term draft)인 경우이다. 기한부신용장은 30days after sight, 60days after date, 60days after date of B/L 등과 같이 표시된다. 이러한 표시가 있으면 수입상은 각각 환어음 일람일로부터 30일, 환어음 발행일로부터 60일, 그리고 B/L 발급일로부터 60일 뒤에 대금을 지급하게 된다. 따라서 수입물품을 판매하거나 다른 상품을 생산하여 판매한 자금으로 수입대금 지급이 가능하게 된다.

② 기한부신용장(Usance Credit) 중 Banker's Usance

Banker's Usance 어음기간 동안의 신용공여를 은행이 하는 경우이다. Banker's Usance는 다시 해외은행이 신용공여를 하느냐, 국내은행이 신용공여를 하느냐에 따라 Overseas Banker's Usance와 Domestic Banker's Usance로 구분된다. Overseas Banker's Usance는 Banker's Usance라는 표현을, Domestic Banker's Usance는 Domestic Usance라는 표현을 많이 사용하고 있다. 기한부신용장에 따라 발행된 어음을 매입한 은행은 이를 다시 금융시장에서 재할인함으로써 자금부담을 전가시키는 것이 가능하다.

수출자입장에서는 일람불 수출과 Banker's Usance 수출에 대한 회계처리가 같다.

일람불 수출신용장(At Sight L/C)방식의 수출

● 수출자입장

① ×××2. 11. 5. : FOB USD 20,000상당의 물품을 선적하였다. 선적당시 기준환율은 1USD = ₩1,350이다.

   (차) 외화외상매출금　　27,000,000　　　(대) 수출매출　　　　　27,000,000

② ×××2. 11. 10. : 외국환은행에 선적서류와 환어음을 매입의뢰하여 다음과 같이 Nego하였다. USD 20,000에 대한 환가액 26,200,000원에서 환가료 52,000원과 전신료 15,000원을 차감 후 26,133,000원을 보통예금하였다.

---

51) 우리나라 어음법에는 환어음 만기의 종류를 일람출급, 일람후정기출급, 발행일자후정기출급, 확정일출급의 네 가지 중 하나로 하도록 명시하고 있다(어음법 제33조). 이와 다른 만기 또는 분할출급의 환어음은 무효이다.

		(차) 보통예금	26,133,000	(대) 외화외상매출금	27,000,000
		환가료	52,000		
		수수료	15,000		
		외환차손	800,000		

③ 부가가치세신고 과세표준 : 선적일자의 기준환율로 환산한 금액이므로 27,000,000원이다.

● 수입자입장

Banker's Usance 수입은 은행으로부터 차입하여 수입대금 결제하는 것이므로 단기차입금계정으로 처리한다.

    (차) 미착상품   27,000,000   (대) 외화단기차입금   27,000,000

③ 기한부신용장(Usance Credit) 중 Shipper's Usance

Shipper's Usance는 어음기간 동안의 신용공여를 수출상이 하는 경우이다.

  • 회계처리사례 : 외환차손익은 생략하였으나 회수 또는 결제시 발생한다.

구분		수출자				수입자			
일람 출급		(차)외화외상매출금	×××	(대)수출매출	×××	(차)미착상품 등	×××	(대)외화외상매입금	×××
		(차)예금	×××	(대)외화외상매출금	×××	(차)외화외상매입금	×××	(대)예금	×××
기한부 (B-U)		(차)외화외상매출금	×××	(대)수출매출	×××	(차)미착상품 등	×××	(대)외화단기차입금	×××
		(차)예금	×××	(대)외화외상매출금	×××	(차)외화단기차입금 이자비용	××× ×××	(대)예금	×××
기한부 (S-U)		(차)외화외상매출금	×××	(대)수출매출	×××				
	일반 기준	(차)예금 매출채권처분손실[52]	××× ×××	(대)외화외상매출금	×××	(차)미착상품 등	×××	(대)외화외상매입금	×××
	K - IFRS	(차)예금 이자비용[51]	××× ×××	(대)단기차입금	×××	(차)외화외상매입금	×××	(대)예금	×××

▶ 외화차손익은 고려하지 않음
  ① 수출자의 차입거래로 보는 경우 이자비용은 법인세법상 지급이자 손금불산입 대상 이자이다.
  ② 수입자의 B-U 이자는 법인세법상 원가이며 선택적 이자비용이므로 지급이자 손금불산입 대상 이자에 해당하지 않는다.

---

52) 수출환어음 할인의 경우이다. 이때 이자를 일반기업회계기준에서는 대체적으로 매각거래로 보아 매출채권 처분손실로 처리하며(일반기준 6장 부록 실6.9) K-IFRS 적용하는 기업은 대체적으로 차입거래로 보아 대변에 차입금계정과 차변 이자비용의 회계처리를 한다(기준서 제1039호 문단 20).

7) 매입신용장과 지급·인수신용장

　신용장에 따라 발행된 환어음의 대금회수방법에 따른 구분이다. 수익자가 서류를 구비하여 외국환은행에 제시하고 대금을 회수하는 방법은 대체로 매입(negotiation), 지급(payment), 그리고 인수(acceptance) 또는 연지급 확약(deferred payment undertaking) 후 지급의 세 가지로 대별된다. 신용장통일규칙에 의하면 모든 신용장에는 지급, 연지급의 확약, 환어음의 인수, 매입을 할 수 있는 은행을 지정하고 그러한 권한을 부여하여야 한다.[53]

　만일 신용장이 개설은행에서만 사용 가능한 것으로 규정하고 있거나, 어느 은행에서나 자유롭게 매입을 허용하고 있으면 따로 은행을 지정하지 않아도 된다. 즉 자유 매입신용장에서는 모든 은행이 지정은행이 된다. 여기에서 매입이란 지정된 매입은행이 환어음/서류에 대하여 이를 검토하고 이와 상환으로 대금을 지급하는 것을 말한다. 즉 수익자가 발행한 일람불 또는 기한부환어음을 매입하고 그 대가로 수출대금을 수익자에게 지급하는 행위이다. 이 경우 은행은 환가료(換價料)[54] 및 우편료에 해당하는 금액을 차감한다. 기한부어음의 경우 Usance 이자까지 추가적으로 차감한다. 대금을 지급하지 않는 단순한 서류의 검토는 매입으로 보지 아니한다.

　매입신용장(Negotiation Credit)이란 신용장에 의해서 발행되는 어음이 매입될 것을 예상하고 수익자 또는 그 어음의 배서인, 선의의 소지인(bona fide holder)에게 공히 지급을 확약하고 있는 신용장을 말한다. 그러나 환어음의 매입 여부에 대하여는 언급하지 않고, 신용장 개설은행 또는 그가 지정하는 은행에 환어음을 제시하면 지급하겠다고 확약하고 있는 신용장은 지급신용장(Straight Credit)이다.

　여기에서 지급이란 대금결제은행이 개설은행에서 예치받은 금액이나 개설은행의 계정에서 신용장 대금을 대금결제서류와 상환으로 직접 수익자에게 지급하는 행위를 말한다. 지급행위는 수익자가 발행한 환어음의 금액을 할인 없이, 또는 환어음 없이 선적서류만을 상대로 이루어진다. 지급에는 일람불지급(sight payment)과 연지급(deferred payment)으로 나누어진다. 지급은행이 신용장 개설은행일 경우 수익자는 자신의 거래은행을 통하여 개설은행에 어음의 추심을 의뢰한다. 지급신용장의 경우도 어음의 매입자체가 금지되는 것은 아니므로 수출상의 거래은행은 은행 자신의 위험부담으로 어음을 매입할 수 있다.

---

53) UCP 600 제7조
54) 환어음 우송기간에 대한 이자성격의 비용을 말한다. 은행이 수출환어음을 매입하는 경우 고객에게는 즉시 원화를 지급하지만 동 환어음을 결제은행에 보내어 our a/c에 자금화되기까지는 우편기일만큼의 기간이 필요하므로 이에 대해 이자 성격의 금액을 환가료로 징수한다. 환가료는 외국환은행이 자율적으로 정한다. 환어음의 우송기간(mail date)은 10일을 표준(동남아지역은 9일)으로 적용한다.

연지급신용장(Deferred Payment Credit)은 앞서 설명한 기한부신용장(Usance Credit)과는 다르다. 기한부신용장은 신용장조건에 의해 발행된 환어음이 신용장에 정해진 서류와 동시에 제시되고, 지급인이 동 어음을 인수(acceptance)한 후 만기에 대금을 지급한다. 여기서 인수란 신용장의 조건에 따라 수익자가 발행한 기한부환어음을 대금결제은행이 만기일에 지급할 것을 확약하는 행위이다.

연지급신용장은 연지급의 확약(deferred payment undertaking) 시점에서는 전체 대금에 대한 환어음을 제시하지 않고 연지급기간 동안 자금을 청구할 경우마다 환어음을 발행한다. 여기서 연지급의 확약이란 수익자가 환어음 또는 선적서류를 제시할 경우 개설은행(또는 확인은행)의 지시에 따라 수익자에게 만기일을 적은 연지급확약서를 발급해 주는 행위이다. 한편, 개설은행이 어음의 매입을 특정은행에 제한하는 신용장을 제한신용장(Restricted Credit) 또는 특정신용장(Special Credit)이라 한다. 이러한 제한없이 어느 은행에서나 매입할 수 있도록 한 신용장을 보통신용장(General Credit) 또는 개방신용장(Open Credit)이라 한다.[55]

8) 보증신용장

보증신용장(Stand by Credit)은 수출입대금의 결제를 목적으로 개설되는 신용장[56]이 아니다. 금융이나 보증을 위해 발행되는 특수한 조건의 신용장(Clean Credit)이다.

보증신용장은 외국에서의 공사나 물품구매 등과 관련한 입찰보증(bid bond), 계약이행보증(performance bond), 선수금환급보증(advance payment bond), 유보금환급보증(retention bond), 하자보증(maintenance bond) 등을 위해 해외현지법인이나 지사가 보증서를 대신하여 사용한다. 해외지사가 현지의 외국은행에서 자금을 융자받기 위한 지급보증서로서 또는 다른 신용장을 개설할 경우 그 담보로서 사용하기도 한다. 지사에 자금을 융자한 후 지정된 기간 내에 융자금을 회수하지 못한 현지은행은 보증신용장 발행은행 앞으로 무담보어음(clean draft)을 발행하여 융자금 또는 신용장 대금을 회수힌다.

9) 회전신용장

회전신용장(Revolving Credit)이란 같은 거래처와 동일물품을 반복 거래할 경우 사용된다. 이와 같은 거래관계에서 매번 신용장을 개설하려면 많은 시간과 비용이 필요하게 되고, 거

---

55) Straight Credit과 Restricted Credit은 다음과 같이 구분한다. ① 신용장에서 매입을 허용하면 Negotiation Credit이고, 허용하고 있지 아니하면 Straight Credit이다. ② Negotiation Credit 중 매입은행을 제한하고 있으면 Restricted Credit이고, 제한하고 있지 아니하면 Open Credit이다.
56) 이를 보증신용장과 대비하여 무역신용장(Trade Credit)이라고도 한다.

래예상액 전액을 한꺼번에 개설하려면 일시에 과중한 자금부담도 생긴다. 이 경우 사용가능한 것이 회전신용장이다. 이것은 일정기간 동안 일정범위 내 신용장 금액이 자동적으로 갱신되도록 하므로 자동갱신 신용장(self-continuing credit)이라고도 한다. 회전신용장이 갱신되는 방법에는 다음과 같은 세 가지가 있다.

① 회전신용장에 따라 발행된 환어음에 대하여 개설은행에서 지급이 완료되었다는 통지가 있을 경우 그 금액만큼 자동 갱신되는 방법
② 회전신용장에 따라 발행된 환어음이 매입되어 개설은행으로 일건 서류가 송부된 후 일정기간 내에 지급거절(unpaid) 통지가 없으면 그 금액이 자동 갱신되는 방법
③ 일정기간(예를 들면 1개월)마다 그 금액이 자동 갱신되는 방법

신용장 금액이 갱신될 경우는 갱신되기 전의 미사용 잔액을 다음 갱신금액에 합산하여 사용할 수 있는 누적적 방법(cumulative method)과 미사용 잔액이 있을지라도 다음 갱신금액에 합산되지 않는 비누적적 방법(non cumulative method) 중 한 가지가 사용된다.

10) 선대(先貸)신용장과 연장신용장

선대(또는 前貸)신용장(Advanced Payment Credit 또는 Red Clause Credit)[57]은 수입상의 입장에서 본 것이고, 같은 신용장을 수출상 입장에서는 선수(先收)신용장이라 한다. 선대신용장은 수출상이 계약상품을 생산·가공하거나 구매하는 데 필요한 자금을 수입상이 미리 공여해줄 경우 사용한다. 개설은행은 수입상의 의뢰에 따라 매입은행이 일정한 조건하에 신용장 금액의 일부를 수익자 앞으로 선대하여 줄 것을 허용하고, 그러한 선대금에 대한 상환을 개설은행이 보증한다. 선대신용장하에서 은행은 영수증과 물품송부 후 선적서류를 은행에 제출하겠다는 각서를 받고 수익자에게 대금을 지급한다. 수출상은 물품송부 후 선대금을 공제한 금액에 대해 환어음을 발행하여 해당 은행에 매입을 의뢰하는 형태로 선대금을 상환한다.

11) 구상무역 관련 신용장

구상무역과 관련하여 사용되는 신용장에는 동시개설신용장(Back to Back Credit), 기탁신용장(Escrow Credit), 토마스신용장(Tomas Credit)이 있다. 동시개설신용장은 어느 한 국가에서

---

57) 선대신용장은 선대받은 대금으로 수출상품을 제조·가공 또는 구매하여 포장한다는 의미에서 Packing Credit라고도 한다. Red Clause란 선불허용 약관이 붉은색으로 표시되어 있는 데서 유래했다.

수입신용장을 개설하는 경우 수출국에서도 동액의 수입신용장을 개설하는 경우만 그 신용장이 유효하도록 제한하는 것이다. 이 신용장은 수입과 수출을 연계시킴으로써 궁극적으로 교역국간에 무역수지를 균형시키고자 하는 목적으로 사용된다. 기탁신용장 역시 수출입의 균형을 위해 사용된다. 이는 그 신용장에 따라 발행되는 환어음의 매입대금을 수출상에게 직접 지급하지 않고 수출상 명의의 기탁계정(escrow account)에 넣어 두었다가 그 수출상이 원 신용장개설국에서 수입하는 상품의 대금결제에만 사용하도록 제한을 둔다.

기탁신용장은 동시개설신용장과 달리 똑같은 금액의 신용장이 동시에 서로 개설되어야 하는 것은 아니므로 물품의 선택과 수입시기가 보다 자유롭다. Tomas신용장은 수출상과 수입상 양측이 상호 동액의 신용장을 개설하기는 하나, 일방이 먼저 신용장을 개설하는 경우 상대방은 일정한 기간 후에 동액의 신용장을 개설하겠다는 보증서(Letter of Guarantee)를 발행하여야 먼저 개설된 신용장이 유효하게 되는 신용장을 말한다. 이것은 동시개설신용장과 유사하지만 그 발효조건이 신용장의 개설이 아니라 보증서의 발행이라는 점에서 차이가 있다.[58]

12) 내국신용장과 Baby Credit

신용장을 받은 수출상이 수출상품을 국내에서 구매하거나 생산에 사용되는 원재료를 국내에서 매입할 경우 그 대금지급을 보증하기 위해 원(原)신용장(이를 Original Credit, Prime Credit, Master Credit, First Credit 등으로 부른다)을 견질 담보로 자기의 거래은행에 의뢰하여 개설하는 제2의 신용장이 내국신용장(Local Credit)이다. 무역금융과 관련하여 원신용장 없이도 수출계약서 등을 기초로 내국신용장이 개설될 수 있고, 수출입업자가 원자재 및 완제품을 임가공계약에 따라 위탁생산하고자 하는 경우도 해당 수탁가공업자에 대한 가공임을 지급하기 위해 내국신용장을 개설할 수 있다.[59]

Baby Credit이란 수출물품 생산에 필요한 원재료를 외국에서 수입하여 조달하는 경우 수출상이 원신용장을 견질로 원자재의 해외공급자를 위하여 자기의 거래은행에 의뢰하여 개설하는 신용장을 말한다.

13) 현금신용장과 영수증지급신용장

현금신용장(Cash Credit)이란 수입상의 의뢰에 따라 수입상의 거래은행이 수출상 소재지

---

58) 선(先)수출하고 후(後)수입하는 경우를 Tomas Credit, 선수입하고 후수출하는 경우를 Reverse Tomas Credit라고 구분하기도 한다. Tomas란 명칭은 중국과의 거래에서 이 방식을 처음 사용한 일본무역회사의 전신약호에서 유래한 것으로 알려져 있다.
59) 한국은행 총액한도대출 관련 무역금융취급절차 제17조

에 있는 자기은행의 본·지점이나 환거래계약 체결은행(correspondent bank)에 일정한 결제 자금을 미리 송금하여 예치해 두고, 수출상이 어음에 선적서류를 첨부하여 해당 은행에 제 시하면 대금을 지급하도록 하고 있는 신용장이다. 수출상은 일정한 조건의 선적서류와 상 환으로 수출대금을 지급받으며, 지급은행인 수출상 소재지 은행은 예치금으로 결제한 다음 수리한 선적서류는 개설은행으로 송부한다.

영수증지급신용장(Payment on Receipt Credit)은 신용장 개설은행이 수입상의 의뢰에 따라 수입자소재지 매입은행에 결제자금을 미리 송금하여 예치해 두고 수출상이 일정한 조건의 선적서류와 영수증(receipt)을 제시하면 그 대금을 지급토록 하고 있는 신용장이다. 이 신용 장은 어음이 사용되지 않고 영수증이 사용된다는 점에서 현금신용장과 차이가 있다.

14) Transit Credit과 Omnibus Credit

Transit Credit은 거래상대국에 환거래은행이 없고, 통화가 서로 직접 태환되지 않는 국 가간의 거래에 있어 사용된다. 양국이 모두 거래하고 있는 제3국의 은행에서 제3국의 통화 로 표시된 신용장을 개설하여 사용할 수 있다. 이와 같이 신용장을 개설하는 은행이나 국가 가 실제 상품의 교역과는 아무런 관계가 없는 신용장을 Transit Credit라 한다. Omnibus Credit은 수익자가 수출화물을 선적하기 전에 화물 또는 창고증권(warrant)을 담보로 환어 음을 발행하여 수출대금을 지급받을 수 있도록 허용하고 있는 신용장을 말한다. 수익자가 선적준비는 완료하였으나 선하증권 등 관련 서류가 확보되지 아니한 상태에서 미리 대금을 입수할 수 있도록 혜택을 부여하는 것이다. 본·지사간의 거래 등 신용상의 문제점이 없는 당사자간에 제한적으로 이용된다.

15) Blank Credit과 할부선적신용장

Blank Credit은 금액만 확정되어 있고 상품의 명세를 생략한 채로 개설된 신용장을 말한 다. 선적될 물품의 명세가 없기 때문에 선적물품에 대하여는 백지 위임하는 것이 된다. 플 랜트 등의 거래에서 활용된다. 할부선적신용장(Installment Shipment Credit)은 일정한 기한 내 에 주기적으로 일정한 양의 상품을 선적하도록 제한을 두고 있는 신용장이다. 만일 어느 한 할부선적분을 명시된 기간 내에 선적하지 않거나, 지정된 수량을 위반하여 선적하거나 또는 어음을 발행한 경우 해당 할부선적뿐 아니라 그 이후의 모든 할부부분에 대해서도 신 용장은 무효가 된다.[60]

---

60) UCP 600 제32조

(6) 신용장의 개설

1) 외국환거래의 약정

무역상이 외국환은행과 외국환과 관련되는 거래를 처음 하고자 할 경우 외국환은행은 거래에 앞서 먼저 '외국환거래약정' 체결을 요구한다. 즉 신용장 개설이나, 수출환어음의 매입 등은 은행이 수입상 또는 수출상에 대한 일종의 여신행위에 속하기 때문에 이러한 여신업무와 관련하여 적용될 은행 자체의 약관에 대하여 무역상에게서 동의를 받는 것이다.

2) 신용장 개설의뢰

신용장 개설의뢰시 사용하는 신용장의 형식은 국제상업회의소에서 제정한 표준양식을 각국의 은행들이 채택하는 형태를 취하고 있으나, 발행은행과 신용장의 종류에 따라 그 형식이 다소 달라진다. 그러나 신용장통일규칙을 준수한다는 점은 공통적이다.

일반적으로 신용장은 ① 신용장 자체에 관한 사항, ② 환어음에 관한 사항, ③ 상품 및 선적에 관한 사항, ④ 선적서류에 관한 사항, ⑤ 그밖의 기재사항으로 구성된다. 이들 내용은 신용장 개설의뢰시 필수적으로 작성하여야 한다.

(7) 신용장의 양도

1) 신용장 양도의 의의

신용장의 양도란 신용장상 수익자의 권리 전부 또는 일부를 수익자가 지시하는 제3자에게 이전시키는 것을 말한다. 이 경우 양도하는 수익자를 원수익자 또는 제1수익자(First Beneficiary)라고 하고, 양도받는 제3자를 제2수익자(Second Beneficiary)라 한다.

신용장을 양도하는 이유는 대개 다음 두 가지이다. 먼저, 수출지에 수입상의 지사 또는 대리점이 있을 경우이다. 이 경우 수입상은 지사 또는 대리점 앞으로 신용장을 개설하고, 이를 받은 지사 등이 실(實)공급자에게 일부씩 양도하는 것이다. 두 번째는 신용장의 수익자가 계약상품을 생산업자 등에서 구입하여 선적하는 대신 신용장 자체를 양도하는 것이다. 이 경우는 생산업자 등이 직접 선적하고 당초의 신용장 수익자는 중간차액을 취득한다.

2) 양도의 종류

① **전액양도**(Total Transfer) : 신용장 금액 전액을 제2수익자에게 양도하는 것을 말한다.

② **분할양도**(Partial Transfer) : 신용장 금액을 분할하여 양도하는 것을 말한다. 분할양도

는 신용장에서 분할선적을 허용하는 경우만 가능하고, 분할선적을 금지하는 경우 불
가능하다.[61]

③ **국내양도** : 신용장이 제1수익자로부터 동일국가 내의 제2수익자에게 양도되는 것을
말한다.

④ **국외양도** : 신용장이 다른 국가에 있는 제2수익자에게 양도되는 것을 말한다. 제1수익
자의 요청에 의해 양도은행으로 수권된 은행이 신용장에 의한 권리의 일부 또는 전부
를 국외의 제2수익자에게 양도한다. 신용장통일규칙에는 신용장에 별도의 명시가 없
는 한 제1수익자가 국내외를 막론하고 제2수익자에게 신용장을 양도할 수 있도록 명
시하고 있다.

⑤ **감액양도** : 제1수익자가 신용장 금액을 자기의 중간차액만큼 감액하여 양도하는 것을
말한다. 예를 들어 신용장 금액이 USD 100,000이고 단가가 USD 1,000일 경우 신용장
금액을 USD 90,000, 단가를 USD 900으로 감액하는 것이다. 원수익자가 중간차익을
취득할 목적으로 신용장을 양도할 경우 중간차익을 획득할 수 있도록 원수익자는 제2
수익자의 상업송장과 어음을 대체할 권리가 있다.[62]

즉 위의 예에서 제2수익자가 작성한 USD 90,000의 송품장과 어음을 교체하여 제1수
익자 명의로 된 USD 10,000의 송품장과 어음을 기타 선적서류에 첨부하여 송부하는
것이 가능하다. 원수익자는 중간차액을 취득하기 위해서 상업송장과 어음을 대체하는
등 시간적 여유를 갖도록 신용장의 유효기일, 서류제시기일, 선적기일 등도 단축할 수
있다. 또한 감액 양도의 경우 부보비율(송품장 금액의 110%)을 그대로 적용할 경우 보험
금이 작아져 원신용장 조건과 일치하지 않게 되므로 원신용장의 금액을 부보하도록
그 부보비율을 변경할 수 있다. 신용장을 양수받은 자가 원신용장 개설의뢰인과 직접
거래하는 위험을 피할 수 있도록 양도신용장의 개설의뢰인 란에 양도인의 성명을 기
재하는 것도 가능하다. 다만, 원신용장에서 상업송장 이외의 서류에 원신용장 개설의
뢰인의 성명을 표시하도록 명시하고 있는 경우 이 요구에 따라야 한다.[63]

원수익자가 송품장과 어음을 대체하기 위해서는 제2수익자가 제시한 서류를 개설은
행으로 직접 송부하지 않고 양도를 취급한 은행에 제시하여야 한다. 제1수익자에게는
양도은행에서 지급 또는 매입하도록 요구하여야 한다. 따라서 양도를 할 경우 원수익
자는 양도통지서에 "Please forward us(transferring bank) all drafts and documents in

---

61) UCP 600 제38조 d
62) UCP 600 제38조 h
63) UCP 600 제38조 g

two consecutive airmail."과 같은 문구를 명시해 둘 필요가 있다.

3) 양도의 요건

신용장의 양도는 양도가능신용장만 가능하다. 양도가능신용장이란 신용장상에 양도 가능하다는 의미의 'Transferable'이란 문구가 기재되어 있는 신용장이다. 이러한 문구가 없는 것은 양도가 불가능하다. 신용장통일규칙에는 'Transferable'과 유사한 용어인 'Divisible', 'Fractionable', 'Assignable' 또는 'Transmissible'이라는 용어는 'Transferable'이라는 용어의 의미 외에는 아무 뜻도 부가하는 것이 아니며, 이러한 용어는 사용할 수 없도록 규정하고 있다.[64]

신용장의 양도는 지급, 인수 또는 매입이 수권된 은행에서 취급한다. 자유매입신용장(Freely Negotiable Credit)의 경우도 신용장에 특별히 수권된 은행이 취급하여야 한다. 양도가능신용장은 1회에 한해서 양도가 가능하며, 분할선적이 금지되지 않는 한 여러 차례의 분할양도가 가능하다.[65] 신용장의 양도가 1회에 한한다는 의미는, 예를 들어 원수익자 A가 신용장을 제2수익자인 B에게 양도하고, 다시 B가 C에게 양도할 수 없다는 의미이다. 만일, 분할선적이 허용되어 있어 A가 B, C, D 등에게 각각 신용장 금액이 소진될 경우까지 분할하여 양도하는 것은 1회의 양도로 간주된다. 양도신용장에서 일부 또는 전부가 감액 또는 감축될 수 있는 것은 ① 신용장의 금액, ② 신용장에 명기된 단가, ③ 유효기일, ④ 제시를 위한 기간, ⑤ 최종선적일 또는 정해진 선적기간 등이다.[66]

4) 신용장 양도의 취소 및 재양도

신용장 양도의 취소란 신용장을 양도한 후 양도사실이 개설은행 앞으로 통보되기 이전에 제1수익자와 제2수익자의 합의로 이미 약정되었던 신용장의 양도를 취소하는 것을 말한다. 양도사실이 개설은행 앞으로 통보된 이후에는 재양도로 치리된다. 신용장의 재양도(Retransfer)란 양수인인 제2수익자가 양도인인 제1수익자에게 다시 양도하는 것을 말한다. 이는 양도의 환원이라고도 한다.

---

64) UCP 600 제38조 b
65) UCP 600 제38조 d
66) UCP 600 제38조 g

(8) 신용장의 사용방법

현행 신용장통일규칙(UCP 600) 제6조 b항은 다음과 같다.

> A credit must state whether it is available by sight payment, deferred payment, acceptance or negotiation.(모든 신용장은 일람지급, 연지급, 인수 또는 매입 중에서 어느 방법으로 사용이 가능한 것인지를 명시하여야 한다.)

이러한 UCP규칙에 따라 개설은행은 SWIFT MT700 필드번호 41A(Available With…By…)에 지정은행과 사용방법을 명시한다.

```
MT 700 : Issue of a Documentary Credit
From : (개설은행)
To : (통지은행)
41D (Available With… By…) : WITH (지정은행)
                            BY (사용방법)
```

실무자들의 이해를 돕기 위하여 다음과 같은 은행명을 임의로 정하여 설명하기로 한다.
- 중국의 개설은행 : China Issuing Bank
- 한국의 통지은행 : Korea Advising Bank
- 한국에 소재하는 개설은행의 예치환거래은행 : Korea Depository Correspondent Bank
- 한국에 소재하는 개설은행의 무예치환거래은행 : Korea Non-depository Correspondent Bank
- 한국에 소재하는 지정은행 : Korea Nominated Bank
- 한국에 소재하는 확인은행 : Korea Confirming Bank
- 미국에 소재하는 상환은행 : US Reimbursing Bank, New York

1) 일람지급신용장(Sight Payment L/C)

일람지급으로 사용될 수 있는 신용장(Credit available by sight payment)은 적격서류(Complying documents) 또는 적격서류가 첨부된 환어음(Draft)이 지정은행에 제시되면 즉시 지급하여 사용될 수 있는 신용장이다. 일람지급신용장은 다음과 같은 방법으로 개설할 수 있다.

일람지급신용장에서는 일람지급환어음을 요구할 수도 있고 요구하지 않을 수도 있다.

① 환어음을 요구하지 않는 일람지급신용장

㉮ 개설은행에서 사용될 수 있는 일람지급신용장 – 환어음을 요구하지 않는 경우

MT 700 : Issue of a Documentary Credit

From : China Issuing Bank, China
To : Korea Advising Bank, Kore

41D (Available With⋯ By⋯) : WITH CHINA ISSUING BANK
                                    BY PAYMENT
46A (Documents Required) : (상업송장, 운송서류 등 요구서류)
78 (Instructions to Paying/Accepting/Negotiating Bank) : UPON RECEIPT OF THE COMPLYING DOCUMENTS BY US, WE WILL PAY AS PER YOUR INSTRUCTIONS.

상기 신용장에서는 수익자 또는 수익자의 거래은행이 적격서류를 개설은행으로 송부하면 개설은행은 제시인의 지시에 따라 대금을 즉시 송금하여 지급한다.

㉯ 개설은행의 예치 환거래은행에서 사용될 수 있는 일람지급신용장 – 환어음을 요구하지 않는 경우

MT 700 : Issue of a Documentary Credit

From : China Issuing Bank, China
To : Korea Advising Bank, Korea

41D (Available With⋯ By⋯) : WITH KOREA DEPOSITORY CORRESPONDENT
                                    BANK
                                    BY PAYMENT
46A (Documents Required) : (상업송장, 운송서류 등 요구서류)
78 (Instructions to Paying/Accepting/Negotiating Bank) : UPON RECEIPT OF THE COMPLYING DOCUMENTS, PLEASE DEBIT OUR ACCOUNT WITH YOU.

상기 신용장에서는 수익자 또는 수익자의 거래은행이 적격서류를 지정은행인 "Korea Depository Correspondent Bank"로 제시하면 지정은행은 자행이 보유하고 있는 개설은행 계정을 차기하여 즉시 지급한다.

㉰ 개설은행의 무예치 환거래은행에서 사용될 수 있는 일람지급신용장 – 환어음을 요구하지 않는 경우

```
MT 700 : Issue of a Documentary Credit

From : China Issuing Bank, China
To : Korea Advising Bank, Korea

41D (Available With… By…) : WITH KOREA NON–DEPOSITORY
                            CORRESPONDENT BANK
                            BY PAYMENT

46A (Documents Required) : (상업송장, 운송서류 등 요구서류)
78 (Instructions to Paying/Accepting/Negotiating Bank) : THE PAYING BANK IS
AUTHORIZED TO EFFECT PAYMENT AGAINST THE COMPLYING
PRESENTA–TION AND DEBIT OUR ACCOUNT WITH US REIMBURSING
BANK NEW YORK FOR REIMBURSEMENT. T/T REIMBURSEMENT IS
ALLOWED.
```

상기 신용장에서는 수익자 또는 수익자의 거래은행이 적격서류를 지정은행인 "Korea Non–Depository Correspondent Bank"로 제시하면 지정은행은 대금을 지급함과 동시에 SWIFT통신을 이용하여 상환은행으로 상환대금을 청구한다.

② 환어음을 요구하는 일람지급신용장

㉮ 개설은행에서 사용될 수 있는 일람지급신용장 – 환어음을 요구하는 경우

```
MT 700 : Issue of a Documentary Credit

From : China Issuing Bank, China
To : Korea Advising Bank, Korea

41D (Available With… By…) : WITH CHINA ISSUING BANK
                            BY PAYMENT
42C (Drafts at…) : AT SIGHT
42A (Drawee) : CHINA ISSUING BANK
46A (Documents Required) : (상업송장, 운송서류 등 요구서류)
```

78 (Instructions to Paying/Accepting/Negotiating Bank) : UPON RECEIPT OF THE
COMPLYING DOCUMENTS BY US, WE WILL PAY AS PER YOUR INSTRUCTIONS.

상기 신용장에서는 수익자 또는 수익자의 거래은행이 (개설은행 앞으로 발행된 일람지급)
환어음과 적격서류를 개설은행으로 송부하면 개설은행은 제시인의 지시에 따라 대금
을 즉시 송금하여 지급한다.

㉯ 개설은행의 예치 환거래은행에서 사용될 수 있는 일람지급신용장 – 환어음을 요구하
는 경우

MT 700 : Issue of a Documentary Credit

From : China Issuing Bank, China
To : Korea Advising Bank, Korea
41D (Available With… By…) : WITH KOREA DEPOSITORY CORRESPONDENT
                              BANK
                              BY PAYMENT
42C (Drafts at…) : AT SIGHT
42A (Drawee) : KOREA DEPOSITORY CORRESPONDENT BANK
46A (Documents Required) : (상업송장, 운송서류 등 요구서류)
78 (Instructions to Paying/Accepting/Negotiating Bank) : UPON RECEIPT OF THE
COMPLYING DOCUMENTS, PLEASE DEBIT OUR ACCOUNT WITH YOU.

상기 신용장에서는 수익자 또는 수익자의 거래은행이 (지정은행 앞으로 발행된 일람지급)
환어음과 적격서류를 지정은행인 "Korea Depository Correspondent Bank"로 제시하
면 지정은행은 자행이 보유하고 있는 개설은행 계정을 차기하여 즉시 지급한다.

㉰ 개설은행의 무예치 환거래은행에서 사용될 수 있는 일람지급신용장 – 환어음을 요구
하는 경우

MT 700 : Issue of a Documentary Credit

From : China Issuing Bank, China
To : Korea Advising Bank, Korea

41D (Available With… By…) : WITH KOREA NON–DEPOSITORY

CORRESPONDENT BANK
BY PAYMENT

42C (Drafts at…) : AT SIGHT
42A (Drawee) : KOREA NON-DEPOSITORY CORRESPONDENT BANK
46A (Documents Required) : (상업송장, 운송서류 등 요구서류)
78 (Instructions to Paying/Accepting/Negotiating Bank) : THE PAYING BANK IS AUTHORIZED TO EFFECT PAYMENT AGAINST THE COMPLYING PRESENTA-TION AND DEBIT OUR ACCOUNT WITH US REIMBURSING BANK NEW YORK FOR REIMBURSEMENT. T/T REIMBURSEMENT IS ALLOWED.

상기 신용장에서는 수익자 또는 수익자의 거래은행이 (지정은행 앞으로 발행된 일람지급) 환어음과 적격서류를 지정은행인 "Korea Depository Correspondent Bank"로 제시하면 지정은행은 자행이 보유하고 있는 개설은행 계정을 차기하여 즉시 지급한다.

2) 연지급신용장(Deferred Payment L/C)

연지급으로 사용될 수 있는 신용장(Credit available by deferred payment)은 적격서류가 지정은행에 제시되면 지정은행이 연지급확약(Deferred payment undertaking; DPU)을 기채(incur)하였다가 만기일에 지급하여 사용할 수 있는 신용장이다. 연지급신용장은 다음과 같은 3가지 방법으로 개설할 수 있다.

연지급신용장에서는 환어음을 요구할 수 없다.

① 개설은행에서 사용될 수 있는 연지급신용장 - 연지급기간 : 선적일자로부터 90일

MT 700 : Issue of a Documentary Credit

From : China Issuing Bank, China
To : Korea Advising Bank, Korea

41D (Available With… By…) : WITH CHINA ISSUING BANK
                             BY DEF PAYMENT
42P (Deferred Payment Details) : AT 90 DAYS AFTER B/L DATE
46A (Documents Required) : (상업송장, 운송서류 등 요구서류)
78 (Instructions to Paying/Accepting/Negotiating Bank) : UPON RECEIPT OF THE

> COMPLYING DOCUMENTS BY US, WE WILL PAY YOU AT MATURITY AS
> PER YOUR INSTRUCTIONS.

상기 신용장에서는 수익자 또는 수익자의 거래은행이 적격서류를 개설은행으로 송부
하면 개설은행은 제시인의 지시에 따라 대금을 만기일에 송금하여 지급한다.

② 특정한 지정은행에서 사용될 수 있는 연지급신용장 – 연지급기간 : 선적일자로부터 90일

> MT 700 : Issue of a Documentary Credit
>
> From : China Issuing Bank, China
> To : Korea Advising Bank, Korea
>
> 41D (Available With… By…) : WITH KOREA NOMINATED BANK
>   BY DEF PAYMENT
> 42P (Deferred Payment Details) : AT 90 DAYS AFTER B/L DATE
> 46A (Documents Required) : (상업송장, 운송서류 등 요구서류)
> 78 (Instructions to Paying/Accepting/Negotiating Bank) : UPON RECEIPT OF THE
> COMPLYING DOCUMENTS BY US, WE WILL REIMBURSE THE NOMINATED
> BANK AT MATURITY AS INSTRUCTED.

상기 신용장에서는 수익자는 적격서류를 지정은행으로 제시하면 지정은행은 서류를
개설은행으로 송부하면서 연지급약정채무를 기채하고 만기일에 지급한다.

③ 드문 경우이지만, 연지급신용장을 개설하면서 모든 은행을 지정은행으로 명시하는 신용장
도 있다.

> MT 700 : Issue of a Documentary Credit
>
> From : China Issuing Bank, China
> To : Korea Advising Bank, Korea
>
> 41D (Available With… By…) : WITH ANY BANK
>   BY DEF PAYMENT
> 42P (Deferred Payment Details) : AT 90 DAYS AFTER B/L DATE
> 46A (Documents Required) : (상업송장, 운송서류 등 요구서류)

78 (Instructions to Paying/Accepting/Negotiating Bank) : UPON RECEIPT OF THE COMPLYING DOCUMENTS BY US, WE WILL REIMBURSE THE NOMINATED BANK WHO INCURRED ITS DEFERRED PAYMENT UNDERTAKING AT MATURITY AS INSTRUCTED.

상기 신용장에서는 수익자가 적격서류를 자신이 선택한 거래은행에 제시하면 거래은행은 지정은행이 되고, 지정은행은 연지급약정채무를 기채하고 만기일에 지급한다.

3) 인수신용장(Acceptance L/C)

인수로 사용될 수 있는 신용장(Credit available by acceptance)은 적격서류가 지정은행에 제시되면 지정은행이 환어음을 인수(Acceptance)하였다가 만기일에 지급하여 사용할 수 있는 신용장이다. 인수신용장은 다음과 같은 3가지 방법으로 개설할 수 있다.
인수신용장에서는 기한부환어음(Usance draft)을 요구한다.

① 개설은행에서 사용될 수 있는 인수신용장 - 연지급기간 : 선적일자로부터 90일

MT 700 : Issue of a Documentary Credit

From : China Issuing Bank, China
To : Korea Advising Bank, Korea

41D (Available With… By…) : WITH CHINA ISSUING BANK
                              BY ACCEPTANCE
42C (Drafts at…) : AT 90 DAYS AFTER B/L DATE
42A (Drawee) : CHINA ISSUING BANK
46A (Documents Required) : (상업송장, 운송서류 등 요구서류)
78 (Instructions to Paying/Accepting/Negotiating Bank) : UPON RECEIPT OF THE COMPLYING DOCUMENTS BY US, WE WILL PAY YOU AT MATURITY AS PER YOUR INSTRUCTIONS.

상기 신용장에서는 수익자 또는 수익자의 거래은행이 적격서류를 개설은행으로 송부하면 개설은행은 인수채무를 기채하고 제시인의 지시에 따라 대금을 만기일에 송금하여 지급한다.

② 특정한 지정은행에서 사용될 수 있는 인수신용장 – 연지급기간 : 선적일자로부터 90일

MT 700 : Issue of a Documentary Credit

From : China Issuing Bank, China
To : Korea Advising Bank, Korea

41D (Available With… By…) : WITH KOREA NOMINATED BANK
                       BY ACCEPTANCE
42C (Drafts at…) : AT 90 DAYS AFTER B/L DATE
42A (Drawee) : KOREA NOMINATED BANK
46A (Documents Required) : (상업송장, 운송서류 등 요구서류)
78 (Instructions to Paying/Accepting/Negotiating Bank) : UPON RECEIPT OF THE
COMPLYING DOCUMENTS BY US, WE WILL REIMBURSE THE ACCEPTING
BANK AT MATURITY AS INSTRUCTED.

상기 신용장에서는 수익자가 적격서류를 지정은행으로 제시하면 지정은행은 서류를
개설은행으로 송부하면서 인수채무를 기채하고 만기일에 지급한다.

③ 모든 은행에서 사용될 수 있는 인수신용장 – 연지급기간 : 선적일자로부터 90일

MT 700 : Issue of a Documentary Credit

From : China Issuing Bank, China
To : Korea Advising Bank, Korea

41D (Available With… By…) : WITH ANY BANK
                       BY ACCEPTANCE
42C (Drafts at…) : AT 90 DAYS AFTER B/L DATE
42A (Drawee) : THE NOMINATED BANK
46A (Documents Required) : (상업송장, 운송서류 등 요구서류)
78 (Instructions to Paying/Accepting/Negotiating Bank) : UPON RECEIPT OF THE
COMPLYING DOCUMENTS BY US, WE WILL REIMBURSE THE ACCEPTING
BANK AT MATURITY AS INSTRUCTED.

상기 신용장에서 수익자는 적격서류를 자신이 선택한 거래은행을 지급은행(Drawee
bank)으로 작성한 환어음과 서류를 그러한 지급은행에 제시하면 거래은행은 지정은
행이 되고, 지정은행은 서류를 개설은행으로 송부하면서 인수채무를 기채하고 만기
일에 지급한다.

4) 매입신용장(Negotiation L/C)

매입으로 사용될 수 있는 신용장(Credit available by negotiation)은 적격서류가 지정은행에 제시되면 지정은행이 서류 및/또는 환어음을 매입하여 사용할 수 있는 신용장이다. UCP 600 제2조에 규정된 매입의 정의는 다음과 같다.

> Negotiation means the purchase by the nominated bank of drafts (drawn on a bank other than the nominated bank) and/or documents under a complying presentation, by advancing or agreeing to advance funds to the beneficiary on or before the banking day on which reimbursement is due to the nominated bank.(매입이란 적격 제시를 받은 지정은행이 상환금의 입금은행일 또는 그 이전에 자금을 선급하거나 선급 하기로 동의함으로서 환어음 및/또는 서류를 구매하는 것을 의미한다.)

첫째, 지정은행만 매입할 수 있다. 지정되지 아니한 은행의 매입은 신용장 및 UCP의 보호대상이 아니다.

둘째, 매입신용장에서는 일람지급 또는 기한부환어음을 요구할 수도 있고 환어음을 요구하지 않을 수도 있다. 환어음을 요구하는 경우, 지정은행 앞으로 발행하지 않아야 한다.

셋째, 매입은행은 상환대금이 입금되기 전에 매입대금을 선급하여야 한다. 매입은행이 상환대금의 입금 전에 매입대금을 선급하기로 약정하는 행위도 매입의 범주에 속한다.

① 특정한 지정은행에서 사용될 수 있는 일람지급 매입신용장 - 환어음을 요구하는 경우

MT 700 : Issue of a Documentary Credit

From : China Issuing Bank, China
To : Korea Advising Bank, Korea

41D (Available With… By…) : WITH KOREA NOMINATED BANK
BY NEGOTIATION
42C (Drafts at…) : AT SIGHT
42A (Drawee) : CHINA ISSUING BANK
46A (Documents Required) : (상업송장, 운송서류 등 요구서류)
78 (Instructions to Paying/Accepting/Negotiating Bank) : UPON RECEIPT OF THE COMPLYING DOCUMENTS BY US, WE WILL REIMBURSE THE NEGOTIATING BANK AS INSTRUCTED.

상기 신용장에서는 수익자는 적격서류를 지정은행으로 제시하면, 지정은행은 환어음을 매입하면서(일람불수출환어음매입률을 적용하여) 환가료를 징수하고 서류를 개설은행으로 송부하면서 상환을 청구한다. 서류를 접수한 개설은행은 매입은행의 지시에 따라 상환대금을 지급한다.

② 모든 은행에서 사용될 수 있는 일람지급 매입신용장 - 환어음을 요구하는 경우

MT 700 : Issue of a Documentary Credit

From : China Issuing Bank, China

To : Korea Advising Bank, Korea

41D (Available With… By…) : WITH ANY BANK
              BY NEGOTIATION

42C (Drafts at…) : AT SIGHT

42A (Drawee) : CHINA ISSUING BANK

46A (Documents Required) : (상업송장, 운송서류 등 요구서류)

78 (Instructions to Paying/Accepting/Negotiating Bank) : UPON RECEIPT OF THE COMPLYING DOCUMENTS BY US, WE WILL REIMBURSE THE NEGOTIATING BANK AS INSTRUCTED.

상기 신용장에서는 수익자는 적격서류를 자신의 거래은행에 제시하면, 거래은행은 지정은행이 되고, 지정은행은 환어음을 매입하면서(일람불수출환어음매입률을 적용하여) 환가료를 징수하고 서류를 개설은행으로 송부하면서 상환을 청구한다. 서류를 접수한 개설은행은 매입은행의 지시에 따라 상환대금을 지급한다.

③ 특정한 지정은행에서 사용될 수 있는 연지급 매입신용장 - 환어음을 요구하는 경우

MT 700 : Issue of a Documentary Credit

From : China Issuing Bank, China

To : Korea Advising Bank, Korea

41D (Available With… By…) : WITH KOREA NOMINATED BANK
              BY NEGOTIATION

42C (Drafts at…) : AT 90 DAYS AFTER B/L DATE

42A (Drawee) : CHINA ISSUING BANK

46A (Documents Required) : (상업송장, 운송서류 등 요구서류)
78 (Instructions to Paying/Accepting/Negotiating Bank) : UPON RECEIPT OF THE
COMPLYING DOCUMENTS BY US, WE WILL REIMBURSE THE NEGOTIATING
BANK AT MATURITY AS INSTRUCTED.

상기 신용장에서 수익자는 적격서류를 지정은행으로 제시하면, 지정은행은 환어음을
매입하면서(연지급수출환어음매입률을 적용하여) 환가료를 징수하고 서류를 개설은행으
로 송부하면서 상환을 청구한다. 서류를 접수한 개설은행은 매입은행의 지시에 따라
만기일에 상환대금을 지급한다.

④ 모든 은행에서 사용할 수 있는 혼합지급방식 매입신용장 – 환어음을 요구하는 경우

MT 700 : Issue of a Documentary Credit

From : China Issuing Bank, China
To : Korea Advising Bank, Korea

31D (Date and Place of Expiry) : 020331
41D (Available With… By…) : WITH ANY BANK
                              BY NEGOTIATION
42C (Drafts at…) : Sight
42A (Drawee) : CHINA ISSUING BANK
46A (Documents Required) : (상업송장, 운송서류 등 요구서류)
47A (Additional Conditions)
+90 PERCENT OF INVOICE VALUE SHALL BE PAID AGAINST DRAFT
WITH ALL DOCUMENTS REQUIRED UNDER THIS CREDET.
+10 PERCENT OF INVOICE VALUE SHALL BE PAID AGAINST DRAFT,
INVOICE AND ACCEPTANCE TEST CERTIFICATE ISSUED BY THE
APPLICANT. HOWEVER PAYMENT SHALL BE EFFECTED AGAINST
INVOICE AND DRAFT ONLY AFTER 7 MONTHS FROM THE B/L DATE
WITHOUT ACCEPTANCE TEST CERTIFICATE.
78 (Instructions to Paying/Accepting/Negotiating Bank) : UPON RECEIPT OF THE
COMPLYING DOCUMENTS BY US, WE WILL REIMBURSE THE NEGOTIATING
BANK AT MATURITY AS INSTRUCTED.

상기 신용장에서 수익자는 적격서류를 거래은행으로 제시하면, 거래은행은 지정은행

이 된다. 지정은행은 90%의 환어음을 매입하면서 환가료를 징수하고 서류를 개설은행으로 송부하면서 상환을 청구한다. 그리고 선적일로부터 7개월 후에 나머지 10%의 대금도 같은 방법으로 청구한다. 서류를 접수한 개설은행은 매입은행의 지시에 따라 만기일에 각각의 상환대금을 지급한다.

(9) 신용장거래에서 운송서류의 양도과정과 취급실무

현행 신용장통일규칙(UCP 600)에서는 각 조항별로 다음과 같은 10가지의 운송서류에 관한 규칙을 정하고 있다.

① 복합운송서류(제19조. Transport Document covering at least two different modes of transport)

② 선하증권(제20조. Bill of Lading)

③ 비양도성해상운송장(제21조. Non-negotiable Sea Waybill)

④ 용선계약선하증권(제22조. Charter Party Bill of Lading)

⑤ 항공운송서류(제23조. Air Transport Document)

⑥ 도로운송서류(제24조. Road Transport Document)

⑦ 철도운송서류(제24조. Rail Transport Document)

⑧ 내륙수로운송서류(제24조. Rail Transport Document)

⑨ 택배수령증(제25조. Courier Receipt)

⑩ 우편수령증 또는 증명서(제25조. Post Receipt 또는 Certificate of Posting)

1) 운송서류의 일반적인 개념

모든 운송서류들은 다음과 같은 2가지의 공통적인 기능을 가지고 있다.

① **화물수령증**(Acknowledgement of Receipt of the Goods)

② **운송계약서**(Contract of Carriage)

상기의 공통적인 2가지 기능과 함께, 전통적인 운송서류인 선하증권에는 권리증서(Document of Title)의 성격을 부여하여 소유권의 양도를 통한 매매와 유통이 가능한 양도성 기능을 가지고 있다. 따라서 이러한 운송서류에는 다음의 3번째 기능을 보유하고 있다.

③ **양도성권리증서**(Negotiable document of title)

해상운송이 포함된 복합운송서류 및 용선계약에 따라 용선계약선하증권도 양도성 권리증서의 성격을 가질 수 있다.

비양도성해상운송장, 항공운송서류, 도로운송서류, 철도운송서류, 내륙수로운송서류, 택배수령증, 우편수령증 또는 증명서는 권리증서가 아니므로 비양도성 운송서류이다.

2) 양도성권리증서인 선하증권과 비양도성 운송서류의 취급절차

권리증서인 선하증권을 발행한 운송인은 자신이 발행한 원본 선하증권을 제시하여 반납 (Surrender)하는 자에게 한하여 화물을 인도한다. 또한 양도가 가능하도록 지시식(Order B/L)으로 발행한 경우 수하인의 적법한 배서(Endorsement)를 받아 소유권(Title)을 양도받은 자가 원본 선하증권을 제시하여야 화물을 인도한다.

3) UCP 600의 보충해설인 ISBP 745의 실무기준

ISBP 745 E12번에서는 선하증권의 수하인을 신용장의 요구조건에 따라 기명식과 지시식을 엄격히 구분하여 발행하여야 한다고 다음과 같이 설명하고 있다.

When a credit requires a bill of lading to evidence that goods are consigned to a named entity, for example, "consigned to (named entity)" (i.e., a "straight" bill of lading or consignment) rather than "to order" or "to order of (named entity)", it is not to contain the expressions "to order" or "to order of" preceding the named entity, or the expression "or order" following the named entity, whether typed or pre-printed.(신용장이 물품을 기명인에게 탁송하는 것, 예를 들어 "to order" 또는 "to order of (기명인)"이 아닌 "consigned to (기명인)"을 (즉, "기명식 선하증권 또는 탁송을) 증빙하는 선하증권을 요구하는 경우 "to order" 또는 "to order of"의 표현들이 타자되었건 또는 미리 인쇄되었건 기명인 앞에 포함되지 않아야 한다.)

또한 ISBP 745 E13번에서는 다음과 같이 설명하고 있다.

a. When a bill of lading is issued "to order" or "to order of the shipper", it is to be endorsed by the shipper. An endorsement may be made by a named entity other than the shipper, provided the endorsement is made for [or on behalf of] the shipper.(선하증권이 "to order" 또는 "to order of shipper"로 발행되었으면 선적인에 의하여 배서되어야 한다. 배서는 그 배서가 선적인을 대리[또는 대신]하여 된다면 선적인을 대리[또는 대신]하여 선적인이 아닌 기명인이 배서할 수도 있다.)

b. When a credit requires a bill of lading to evidence that goods are consigned "to order of (named entity)", it is not to indicate that the goods are straight consigned to that named entity.(신용장에서 물품이 "to order of (기명인)"에게 탁송되었음을 증빙하는 선하증권을 요구하는 경우 선하증권은 물품이 기명인에게 곧장 탁송되는 것으로 표시하지 않아야 한다.)

4) 신용장의 요구조건에 따른 수하인과 배서

① 신용장에서 선하증권의 수하인을 개설의뢰인으로 요구하는 경우

● 신용장의 해당문구

MT 700 : Issue of a Documentary Credit

From : China Issuing Bank, China
To : Korea Advising Bank, Korea

50 (Applicant) : CHINA APPLICANT LTD, SHANGHAI
59 (Beneficiary) : KOREA BENEFICIARY LTD, SEOUL
44E (Port of Loading/Airport of Departure) : BUSAN, KOREA
44F (Port of Discharge/Airport of Destination) : SHANGHAI, CHINA
46A (Documents Required) : …BILL OF LADING MADE OUT TO THE APPLICANT….

● 발행된 선하증권

Shipper (Consignor)
  Korea Beneficiary Ltd, Seoul

Consignee
  China Applicant Ltd, Shanghai

상기 선하증권에는 배서하지 않아야 한다.

② 신용장에서 선하증권의 수하인을 개설은행으로 요구하는 경우

● 신용장의 해당문구

MT 700 : Issue of a Documentary Credit

From : China Issuing Bank, China
To : Korea Advising Bank, Korea

50 (Applicant) : CHINA APPLICANT LTD, SHANGHAI
59 (Beneficiary) : KOREA BENEFICIARY LTD, SEOUL
44E (Port of Loading/Airport of Departure) : BUSAN, KOREA
44F (Port of Discharge/Airport of Destination) : SHANGHAI, CHINA
46A (Documents Required) : …BILL OF LADING MADE OUT TO US…

● 발행된 선하증권

Shipper (Consignor)
　Korea Beneficiary Ltd, Seoul

Consignee
　China Issuing Bank

수출자 및 매입은행은 상기 선하증권에 배서하지 않아야 한다.

* 발행된 선하증권은 선하증권 서식(첫째 줄과 둘째 줄)을 참조 바란다.

③ 신용장에서 선하증권의 수하인을 지시식으로 요구하는 경우

● 신용장의 해당문구

MT 700 : Issue of a Documentary Credit

From : China Issuing Bank, China
To : Korea Advising Bank, Korea

50 (Applicant) : CHINA APPLICANT LTD, SHANGHAI
59 (Beneficiary) : KOREA BENEFICIARY LTD, SEOUL
44E (Port of Loading/Airport of Departure) : BUSAN, KOREA
44F (Port of Discharge/Airport of Destination) : SHANGHAI, CHINA

46A (Documents Required) : ···BILL OF LADING MADE OUT TO ORDER AND ENDORSED IN BLANK···.

● 발행된 선하증권

Shipper (Consignor)
  Korea Beneficiary Ltd, Seoul

Consignee
  To order

상기 선하증권의 뒷면에 다음과 같이 선적인(송하인)이 무기명으로 배서하여야 한다.

Deliver to :

Authorized Signature
For Korea Beneficiary Ltd, Seoul

④ 신용장에서 선하증권의 수하인을 선적인의 지시식으로 요구하는 경우

● 신용장의 해당문구

MT 700 : Issue of a Documentary Credit

From : China Issuing Bank, China
To : Korea Advising Bank, Korea

50 (Applicant) : CHINA APPLICANT LTD, SHANGHAI
59 (Beneficiary) : KOREA BENEFICIARY LTD, SEOUL
44E (Port of Loading/Airport of Departure) : BUSAN, KOREA
44F (Port of Discharge/Airport of Destination) : SHANGHAI, CHINA
46A (Documents Required) : ···BILL OF LADING MADE OUT TO ORDER OF SHIPPER AND ENDORSED IN BLANK···.

● 발행된 선하증권

Shipper (Consignor)
　Korea Beneficiary Ltd, Seoul

Consignee
　To order of shipper

상기 선하증권의 뒷면에 다음과 같이 선적인(송하인)이 무기명으로 배서하여야 한다.

Deliver to :

Authorized Signature
For Korea Beneficiary Ltd, Seoul

⑤ 신용장에서 선하증권의 수하인을 개설은행의 지시식으로 요구하는 경우

● 신용장의 해당문구

MT 700 : Issue of a Documentary Credit

From : China Issuing Bank, China
To : Korea Advising Bank, Korea

50 (Applicant) : CHINA APPLICANT LTD, SHANGHAI
59 (Beneficiary) : KOREA BENEFICIARY LTD, SEOUL
44E (Port of Loading/Airport of Departure) : BUSAN, KOREA
44F (Port of Discharge/Airport of Destination) : SHANGHAI, CHINA
46A (Documents Required) : …BILL OF LADING MADE OUT TO OUR ORDER….

● 발행된 선하증권

Shipper (Consignor)
　Korea Beneficiary Ltd, Seoul

Consignee
To order of China Issuing Bank

수출자와 매입은행은 상기 선하증권의 뒷면에 배서하지 않아야 한다.

⑥ 신용장에서 선하증권의 매입은행의 지시식으로 요구하면서 개설은행의 지시식으로 배서를 요구하는 경우

● 신용장의 해당문구

MT 700 : Issue of a Documentary Credit

From : China Issuing Bank, China
To : Korea Advising Bank, Korea

50 (Applicant) : CHINA APPLICANT LTD, SHANGHAI
59 (Beneficiary) : KOREA BENEFICIARY LTD, SEOUL
44E (Port of Loading/Airport of Departure) : BUSAN, KOREA
44F (Port of Discharge/Airport of Destination) : SHANGHAI, CHINA
46A (Documents Required) : ···BILL OF LADING MADE OUT TO ORDER OF THE NEGOTIATING BANK AND ENDORSED TO OUR ORDER IN BLANK···.

● 발행된 선하증권

Shipper (Consignor)
Korea Beneficiary Ltd, Seoul
Consignee
To order of Korea Negotiating Bank

수출자는 배서하지 않고 매입은행은 상기 선하증권의 뒷면에 다음과 같이 개설은행 앞으로 배서하여야 한다.

Deliver to : Order of China Issuing Bank

- -

Authorized Signature
For Korea Negotiating Bank

서류를 접수한 개설은행은 개설의뢰인이 결제를 마치면, 다음과 같이 연속으로 배서하여 서류를 인도한다.

Deliver to : Order of China Issuing Bank

- -

Authorized Signature
For Korea Negotiating Bank

Deliver to : China Applicant Ltd, Shanghai

- -

Authorized Signature
For China Issuing Bank

5) 신용장거래에서의 선하증권 등, 운송서류에 관한 기타 유의사항

① 선적인/송하인(Shipper/Consignor)

신용장의 수익자와 운송서류의 선적인(또는 송하인)이 달라도 하자가 아니다.

그러나 이를 특별히 허용하는 문구를 수입신용장에 포함시키려면 "Shipper or consignor of the goods a party other than the beneficiary of the credit acceptable."이라는 문구를 사용한다.

일부 개설은행은 개설의뢰인의 이러한 요구사항을 반영하기 위하여 신용장조건에 "Third party documents acceptable"이라는 문구를 사용하는 경우가 있는데 이 조건은 "모든 서류의 발행인이 수익자가 아니어도 수락하겠다"라는 엉뚱한 의미로 해석되므로 사용하지 않아야 한다(ISBP 745 A19번 c항).

② 통지처(Notify party)

신용장에서 특별히 요구하지 않는 한, 개설의뢰인 및 수익자의 이름과 주소가 명기되어 있어도 서류에 완전한 주소를 기재할 필요는 없다.

또한 운송서류가 아닌 기타 서류들에는 수익자 또는 개설의뢰인의 주소 또는 연락처가 신용장의 그것들과 달라도 하자가 아니다. 그러나 국가명은 같아야 한다.

예를 들어, 신용장에 명기된 개설의뢰인의 이름, 주소 및 연락처가 "SAJUJA CORPORA-TION, 524 HUAI HAI MIDDLE ROAD, PU XI DISTRICT, SHANGHAI 2000041 CHINA. PHONE : 21-5306-1357. E-MAIL : WWW.SACHUA.COM. FAX : 21-5306-2468."와 같이 복잡하게 기술되어 있는 경우 제시되는 서류들에는 "SAJUJA CORPORATION, CHINA."와 같이 국가명만 표시하고 상세한 주소를 생략하여도 상관없다.

그러나 신용장에서 요구하는지 여부를 떠나 운송서류의 수하인 또는 통지처를 주소 및 연락처와 함께 개설의뢰인으로 표시하는 경우 신용장에 명기된 개설의뢰인의 상호와 주소 및 연락처를 빠트리지 말고 조금도 틀리지 않게 기재하여야 한다.

③ 운송서류의 발행인과 서명인

운송서류는 소위 포워드라고 하는 운송주선인을 포함하여 누가 발행하여도 상관없다. 다만, UCP 600 제19-24조에서 규정하고 있는 자격을 표시하고 서명하면서 발행하여야 한다.

예를 들어, 제20조에 규정된 선하증권을 발행하면서 "Midura Logistics Co Ltd"라는 회사가 자신의 이름을 기재하고 그 아래에 서명한 다음 "As carrier"라고 자신이 서명하는 자격을 운송인이라고 밝히면 된다.

운송주선인(運送周旋人: Freight forwarder)이란 화주를 대신하여 운송수단을 보유하고 있는 운송인과 운송계약을 체결하여 운송을 알선해 주는 업을 영위하는 사람이다. 운송주선인은 여러 화주의 화물을 모아서 운송수단을 보유하고 있는 운송인에게 운송을 위탁하고 자신이 Consignor가 되어 Master B/L을 발급받는다.

신용장에서 달리 허용하고 있지 않는 한, 운송주선인이 서명한 운송서류는 거절된다. 그러나 운송주선인이 발행하였더라도 신용장에서 요구하는 운송서류가 제19조에서 제24조까지의 각 조의 규정을 준수하여 서명을 하고 자신의 자격을 "As Carrier" 또는 "As agent for the Carrier, Hyunjin Shipping Line"과 같이 표시하면 하자가 되지 않는다.

신용장에 "Freight forwarder's B/L is acceptable" 또는 "House B/L is acceptable"의 조건이 포함되어 있으면, 운송주선인의 자격으로 서명한 선하증권도 수리한다는 의미이다. 따라서 "Midura Logistics Co Ltd"라는 운송주선회사가 자신의 이름을 기재하고 그 아래에 서명한 다음 "As Forwarder"라고 자신의 자격을 운송주선이라고 표시하여도 하자가 되지 않는다. 또한 이러한 경우 "운송인(Carrier)"이 누구인지를 선하증권에 표시하지 않아도 하자가 되지 않는다.

6) 신용장에서 요구하는 기타 운송서류들의 수하인 표시실무

① 해상운송장(Sea Waybill)

UCP 600 제21조에서 규정하고 있는 운송서류로서 신용장에서 다음과 같이 요구한다.

㉮ 신용장에서 해상운송장의 수하인을 개설은행으로 요구하는 경우

MT 700 : Issue of a Documentary Credit

From : China Issuing Bank, China
To : Korea Advising Bank, Korea

50 (Applicant) : CHINA APPLICANT LTD, SHANGHAI
59 (Beneficiary) : KOREA BENEFICIARY LTD, SEOUL
44E (Port of Loading/Airport of Departure) : BUSAN, KOREA
44F (Port of Discharge/Airport of Destination) : SHANGHAI, CHINA
46A (Documents Required) : …SEA WAYBILL CONSIGNED TO US….

● 발행된 해상운송장

Shipper (Consignor)
　Korea Beneficiary Ltd, Seoul

Consignee
　China Issuing Bank

해상운송장에는 배서를 하지 않는다.

㉯ 신용장에서 해상운송장의 수하인을 개설의뢰인으로 요구하는 경우

> MT 700 : Issue of a Documentary Credit
>
> From : China Issuing Bank, China
> To : Korea Advising Bank, Korea
>
> 50 (Applicant) : CHINA APPLICANT LTD, SHANGHAI
> 59 (Beneficiary) : KOREA BENEFICIARY LTD, SEOUL
> 44E (Port of Loading/Airport of Departure) : BUSAN, KOREA
> 44F (Port of Discharge/Airport of Destination) : SHANGHAI, CHINA
> 46A (Documents Required) : ···SEA WAYBILL CONSIGNED TO THE APPLICANT···.

● 발행된 해상운송장

> Shipper (Consignor)
>   Korea Beneficiary Ltd, Seoul
>
> Consignee
>   China Applicant Ltd, Shanghai

해상운송장의 기능은 (1) 화물수령증, (2) 운송계약서이다. 해상운송장은 양도성권리증서가 아니므로 지시식으로 발행할 수 없다. 만일 신용장에서 지시식의 해상운송장을 요구한다면 이를 무시하고 기명식으로 발행하여도 하자가 아니다(ISBP 681 162번).

> Transport documents which are not documents of title should not be issued "to order" or "to order of" a named party. Even if a credit calls for a transport document which is not a document of title to be made out "to order" or "to order of" a named party, such a document, showing goods consigned to that party, without mention of "to order" or "to order of", is acceptable.(권리증권이아닌 운송서류들은 지시식 또는 기명 당사자의 지시식으로 발행되지 않아야 한다. 비록 신용장이 "to order" 또는 기명된 당사자에 대한 "to order of"식으로 발행된 권리증권이 아닌 운송서류를 요구하더라도, "to order" 또는 "to order of"의 언급 없이 화물이 그 당사자에게 탁송되는 것을 보이는 그러한 서류는 수리될 수 있다.)

② 용선계약선하증권(Charter Party Bill of Lading)

UCP 600 제22조에서 규정하고 있는 운송서류로서 신용장에서 다음과 같이 요구한다.

㉮ 신용장에서 용선계약선하증권의 수하인을 개설은행으로 요구하는 경우

MT 700 : Issue of a Documentary Credit

From : China Issuing Bank, China
To : Korea Advising Bank, Korea

50 (Applicant) : CHINA APPLICANT LTD, SHANGHAI
59 (Beneficiary) : KOREA BENEFICIARY LTD, SEOUL
44E (Port of Loading/Airport of Departure) : BUSAN, KOREA
44F (Port of Discharge/Airport of Destination) : SHANGHAI, CHINA
46A (Documents Required) : ···SEA WAYBILL CONSIGNED TO US···.

● 발행된 용선계약선하증권

Shipper (Consignor)
  Korea Beneficiary Ltd, Seoul

Consignee
  China Issuing Bank

㉯ 신용장에서 용선계약선하증권을 지시식으로 요구하는 경우

MT 700 : Issue of a Documentary Credit

From : China Issuing Bank, China
To : Korea Advising Bank, Korea

50 (Applicant) : CHINA APPLICANT LTD, SHANGHAI
59 (Beneficiary) : KOREA BENEFICIARY LTD, SEOUL
44E (Port of Loading/Airport of Departure) : BUSAN, KOREA
44F (Port of Discharge/Airport of Destination) : SHANGHAI, CHINA
46A (Documents Required) : ···BILL OF LADING MADE OUT TO ORDER OF SHIPPER AND ENDORSED IN BLANK···.

● 발행된 용선계약선하증권의 수하인

Shipper (Consignor)
  Korea Beneficiary Ltd, Seoul

Consignee
  To order

    Deliver to :

    -
    Authorized Signature
    For Korea Beneficiary Ltd, Seoul

용선계약선하증권은 선주와 용선인 간에 체결된 용선계약의 적용을 받는 선하증권이다. 용선계약선하증권의 기능은 (1) 화물수령증, (2) 운송계약서, 그리고 (용선계약에서 금지하지 않으면) 양도성권리증권이 될 수 있다.

③ 항공운송서류(Air Transport Document)

UCP 600 제23조에서 규정하고 있는 운송서류로서 신용장에서 다음과 같이 요구한다. 항공운송서류는 대부분의 경우, IATA에서 채택한 표준서식인 "Non-negotiable Air Waybill"을 사용하여 발행된다.

㉮ 신용장에서 항공운송장의 수하인을 개설은행으로 요구하는 경우

MT 700 : Issue of a Documentary Credit

From : China Issuing Bank, China
To : Korea Advising Bank, Korea

50 (Applicant) : CHINA APPLICANT LTD, SHANGHAI
59 (Beneficiary) : KOREA BENEFICIARY LTD, SEOUL
44E (Port of Loading/Airport of Departure) : INCHEON AIRPORT
44F (Port of Discharge/Airport of Destination) : SHANGHAI AIRPORT
46A (Documents Required) : …AIR WAYBILL CONSIGNED TO US….

● 발행된 항공운송장의 수하인

<table>
<tr><td>Shipper (Consignor)
  Korea Beneficiary Ltd, Seoul</td></tr>
<tr><td>Consignee
  China Issuing Bank</td></tr>
</table>

㉯ 신용장에서 항공운송장의 수하인을 개설의뢰인으로 요구하는 경우

MT 700 : Issue of a Documentary Credit

From : China Issuing Bank, China
To : Korea Advising Bank, Korea

50 (Applicant) : CHINA APPLICANT LTD, SHANGHAI
59 (Beneficiary) : KOREA BENEFICIARY LTD, SEOUL
44E (Port of Loading/Airport of Departure) : INCHEON AIRPORT
44F (Port of Discharge/Airport of Destination) : SHANGHAI AIRPORT
46A (Documents Required) : …AIR WAYBILL CONSIGNED TO THE APPLICANT….

● 발행된 항공운송장의 수하인

<table>
<tr><td>Shipper (Consignor)
  Korea Beneficiary Ltd, Seoul</td></tr>
<tr><td>Consignee
  China Applicant Ltd, Shanghai</td></tr>
</table>

항공운송서류의 기능은 (1) 화물수령증이며 (2) 운송계약서이다. 항공운송장은 비양도성운송장이므로 지시식으로 발행할 수 없다. 만일 신용장에서 지시식의 항공운송장을 요구한다면 이를 무시하고 기명식으로 발행하여도 하자가 아니다(ISBP 745 H13번).

a. When a credit requires an air transport document to evidence that goods are consigned "to order of (named entity)", it may indicate that the goods are consigned to that entity, without mentioning "to order of".(신용장이 물품을 "기명인의 지시로" 탁송하는 것을 증빙하는 항공운송서류를 요구하는 경우 "to order" 또는 "to order of"를 언급하지 않고 그러한 자에게 탁송되는 물품이라는 것을 표시할 수 있다.)

b. When a credit requires an air transport document to evidence that goods are consigned "to order" without naming the entity to whose order the goods are to be consigned, it is to indicate that the goods are consigned to either the issuing bank or the applicant, without the need to mention the words "to order".(신용장에서 누구의 지시로 물품이 탁송되어져야 하는지를 기명하지 않고 "지시로" 탁송되는 항공운송서류를 요구하는 경우 "지시로"라는 용어를 언급할 필요 없이 물품이 개설은행 또는 개설의뢰인에 탁송된다는 것을 표시하여야 한다.)

④ 복합운송서류(Transport Document covering at least two different modes of transport)

UCP 600 제22조에서 규정하고 있는 운송서류로서 실무현장에서는 "Multimodal Transport Document" 또는 "Combined Transport Document" 등으로 불리고 있으면, 신용장에서 다음과 같이 요구한다.

㉮ 신용장에서 복합운송서류의 수하인을 개설은행의 지시식으로 요구하는 경우

MT 700 : Issue of a Documentary Credit

From : China Issuing Bank, China
To : Korea Advising Bank, Korea

50 (Applicant) : CHINA APPLICANT LTD, SHANGHAI
59 (Beneficiary) : KOREA BENEFICIARY LTD, SEOUL
44A (Place of Taking in Charge/Dispatch from···/Place of Receipt) : GUMI
44E (Port of Loading/Airport of Departure) : BUSAN, KOREA
44F (Port of Discharge/Airport of Destination) : SHANGHAI, CHINA
44B (Place of Final Destination/For Transportation to···/Place of Delivery) : DONGGUAN, CHINA
46A (Documents Required) : ···MULTIMODAL TRANSPORT DOCUMENTS MADE OUT TO OUR ORDER···.

● 발행된 복합운송서류

Shipper (Consignor)
　Korea Beneficiary Ltd, Seoul

Consignee
　To order of China Issuing Bank

㉯ 신용장에서 복합운송서류의 수하인을 개설의뢰인으로 요구하는 경우

MT 700 : Issue of a Documentary Credit

From : China Issuing Bank, China
To : Korea Advising Bank, Korea

50 (Applicant) : CHINA APPLICANT LTD, SHANGHAI
59 (Beneficiary) : KOREA BENEFICIARY LTD, SEOUL
44A (Place of Taking in Charge/Dispatch from···/Place of Receipt) : GUMI
44E (Port of Loading/Airport of Departure) : BUSAN, KOREA
44F (Port of Discharge/Airport of Destination) : SHANGHAI, CHINA
44B (Place of Final Destination/For Transportation to···/Place of Delivery) : DONGGUAN, CHINA
46A (Documents Required) : ···MULTIMODAL TRANSPORT DOCUMENTS MADE OUT TO THE APPLICANT···.

● 발행된 복합운송서류의 수하인

Shipper (Consignor)
　Korea Beneficiary Ltd, Seoul

Consignee
　China Applicant Ltd, Shanghai

복합운송서류는 두 가지 이상의 운송형태가 복합되어 전 운송과정을 취급하면서 발행된 한 세트의 운송서류이다. 복합운송서류의 기능은 (1) 화물수령증, (2) 운송계약서, 그리고 (경로의 일부에 해상운송이 포함되어 있으면) 양도성권리증서가 될 수 있다.

(10) 신용장 관련 수수료

1) 환거래수수료(Correspondent Charge)

환거래수수료는 개설은행이 해외에 있는 여러 은행(통지, 매입, 지급, 상환, 인수, 확인은행 등)에서 각종 서비스를 받을 경우 그 대가로 지급하는 수수료를 말한다.

① **통지수수료**(Advising Charge) : 통지수수료는 신용장통지료(Advising Charge), 조건변경료(Amendment Charge), 전신사용료(Cable Charge)로 구분된다. 이들 수수료는 은행별로 다소간의 차이가 있다.

② **매입수수료**(Negotiating Commission) : 매입신용장에서 발생하는 수수료이다.

③ **지급수수료**(Payment Commission) : 지급신용장에서 발생하는 수수료이다.

④ **인수수수료**(Acceptance Commission, Discount Charge) : 해외은행이 연지급환어음을 인수·할인할 경우 발생하는 수수료이다. 인수수수료와 기한부환어음할인료이다.

⑤ **상환수수료**(Reimbursing Charge) : 결제은행이 신용장대금을 지급할 경우 발생하는 수수료이다.

⑥ **확인수수료**(Confirming Charge) : 확인은행에게 지급하는 수수료를 말한다.

2) 이자 성격의 수수료

① **환가료**(Exchange Commission)

매입신용장, 제한신용장, 개설은행부담 기한부신용장 등인 경우 매입은행은 먼저 수출상에게 자기자금을 선지급하고 개설은행에서 나중에 지급받게 되는데 그 기간 동안의 이자를 수출상에게 받는다. 이것을 환가료라고 한다.

> **참고**
>
> 수입자가 환가료를 부담하는 것은 개설은행이 수입자에게 신용장대금을 결제받기 이전에 해외은행에 예치된 개설은행의 계좌에서 수출자의 Nego금액이 먼저 인출되는 경우 동기간만큼 개설은행의 자금부담이 일어나기 때문이다.

우리나라에서는 환가료 적용기간을 보통 기준 10일(아시아지역 화폐인 경우 9일, 재매입인 경우 12일)로 운영하도록 정하고 있다.

② 지연이자(Delay Charge)

신용장발행은행은 수입자로부터 수입대금을 결제받지 못한 경우도 서류도착 후 8일째 되는 날 우선 대납처리하여야 하는데 그 대납처리액에 대한 이자를 수입자에게 부과하게 된다.

③ 미입금수수료(Less Charge)

㉮ 매입은행이 수출자에게 10일(또는 9일, 12일)치의 환가료를 받았으나 개설은행에서 이 기간을 초과하여 신용장대금을 지연입금시킨 경우(매입은행의 환가료 차손)

㉯ Nego 당시에 발견치 못한 은행수수료가 해외은행에서 추가 청구된 경우 등이다.

3) 신용장 개설 수수료 등

① 수입자가 신용장개설의뢰를 할 경우 개설은행이 지급보증수수료 성격으로 보증기간 (Term charge)에 따라 받는다. 징수요율은 수입물품의 용도, 수입자의 신용도에 따라 다르다.

$$\text{신용장금액} \times \text{징수요율} \times \text{환율}$$

② 신용장 증액시 개설수수료와 같은 방법으로 증액수수료가 있다.

③ 신용장 유효기일이 연장되는 경우 기한연장수수료가 있다.

④ 신용장 조건이 변경되는 조건변경수수료가 있다.

⑤ 대체료(In Lieu of Exchange Commission)는 신용장발행은행에서 입금된 외화를 수출자의 외화계좌로 입금시키는 이체작업의 수수료이다.

⑥ 우편료 · 전신료는 발행은행이 신용장을 통지은행에 전달하는 경우에 있어서 우편신

용장은 우편료, 전신신용장은 전신료의 수수료가 있다.

4) 수출제비용의 회계처리

① 신용장 개설 관련 비용이 수입과 관련된 경우 수입품원가로 처리한다.
② 신용장 개설 관련 비용이 완성품 수출 및 위탁판매와 관련된 경우 판매비와 관리비에 해당하는 수출제비용으로 처리한다.
③ 신용장 개설 관련 비용이 위탁가공용 원자재 수·출입과 관련된 경우 제조경비 또는 그 위탁가공제품으로 처리한다.
④ 앞 ①과 ③은 일정기간 동안 비용이 발생하므로 미착계정을 사용한다(제7장 참조).

3 무신용장거래 방식

(1) 현금방식

현금방식(또는 대금교환도방식)은 교환방법에 따라 현물상환지급(COD)과 서류상환지급(CAD)의 두 가지로 나누어진다. COD방식은 수출상이 인도하는 계약물품을 목적지에서 수입상이 검사한 후 품질이나 수량이 계약내용과 부합하면 그 물품과 상환으로 직접 대금을 지급하는 방식이다. 통상 수입국에 수출상의 지사나 대리인이 있을 경우 수출상이 이 지사나 대리인에게 물품을 송부하여 수입상으로 하여금 검사하도록 한 다음 인도한다.

CAD방식은 수출상이 계약물품을 발송하고 이를 증명하는 선하증권 등 운송서류를 갖추어 수입상이나 수입상의 대리인으로 지정된 거래은행에 제시하면 해당 서류와 상환으로 대금을 지급하는 방식이다. 통상 수입상의 지사나 대리인 등이 수출국내에서 물품제조과정을 점검하고, 선적 전에 검사를 한 후 대금을 지급한다.

COD방식은 무역거래의 특성에 비추어 불편한 점이 많기 때문에 수입상이 직접적인 확인을 할 필요가 있는 물품, 예컨대 물품의 색상·가공방법·순도 등에 따라 품질과 가격이 크게 달라지는 상품의 거래나 신용위험이 높은 경우의 거래, 여행자에 의한 직접 거래 등에 일부 이용된다. CAD방식은 COD방식에 비해 보다 발전된 대금결제방식이다. 대금교환도방식에서 지급수단은 현금, 수표, 약속어음 등 여러 가지이다.

(2) 송금방식

송금방식이란 수입상이 직접 또는 간접적으로 대금의 전액을 수출상에게 송금으로 결제하는 것을 말한다. 송금하는 방법에 따라 수표방식, 우편환방식, 전신환방식, 전자화폐방식 등으로 구분되고, 송금시기에 따라 계약물품의 선적(발송) 전에 송금하는 선송금(先送金)과 선적(발송) 후에 송금하는 후송금(後送金)방식으로도 구분된다.

수표는 은행수표(banker's check, demand draft)와 개인수표(personal check, firm check), 그리고 우체국의 지급지시서(Postal Money Order)로 대별된다. 은행수표는 수입상이 거래대금에 상당하는 현금을 거래은행에 불입하고 요구불의 은행수표를 발급받아 이를 수출상에게 발급(송부)하는 방식으로 사용된다. 개인수표는 수입상이 주문단계에서 자기가 발행한 개인수표를 직접 수출상에게 발급(송부)하는 방식으로 사용될 수 있다. 그러나 사후의 지급거절이나 부도 등의 위험성이 있으므로 잘 활용되지 않고 있다.

우체국의 지급지시서는 은행 대신 우체국이 지급지시서를 발행한 것을 수출상에게 송부하는 방식이다. 우편환(M/T : Mail Transfer)은 송금은행이 수입상에게 은행수표를 발급하는 대신 상품 수출지에 있는 지급은행에 대하여 일정한 금액을 지급해 줄 것을 위탁하는 지급지시서를 송부하는 것이다. 따라서 수입상이 수출상에게 직접 은행수표를 우송하는 절차가 생략된다.

전신환(T/T : Telegraphic Transfer)은 송금은행이 지급지시를 전신수단을 이용하여 지급은행 앞으로 전송하는 경우를 말한다.

전자화폐는 인터넷을 통한 전자상거래에서 전자적 기술을 이용하여 대금을 결제하는 것으로 일반적으로 전자현금, 전자지갑, 디지털머니 등의 용어로도 불린다. 전자화폐는 기존의 결제수단을 대체하는 방법에 따라서 선불카드형 전자화폐, 신용카드형 전자화폐, 수표형 전자화폐, 현금형 전자화폐 등이 있다.

국제간 전자상거래가 늘어나면서 전자화폐에 의한 대금결제도 급속히 증가하는 추세에 있다. 전자화폐를 이용하는 대금의 결제방식은 현재 활발하게 개발되고 있는 과정에 있기 때문에 상당히 다양한 형태로 이루어지고 있다. 선송금의 경우를 예로써 우편환 및 전신환에 의한 대금결제과정을 보면 다음의 그림과 같다.

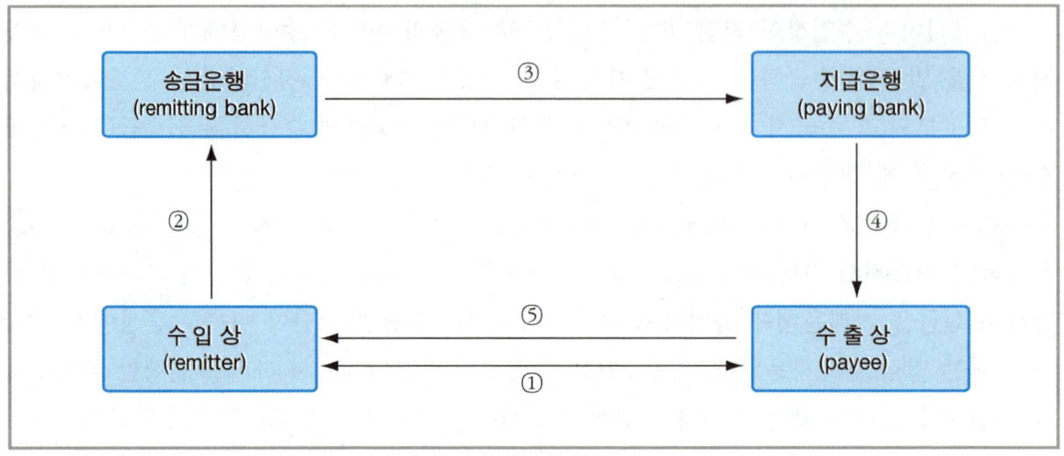

* ① 무역계약체결(M/T, T/T방식 명시)
② 대금불입
③ 지급지시서 송부(전신환은 전송)
④ 대금지급
⑤ 상품송부와 인수

(3) 추심방식

추심(collection)방식은 추심에관한통일규칙(Uniform Rules for Collections, 1995 Revision ICC Publication No522 : URC 522)에 따라 수출업자가 발행한 환어음(bill of exchange)으로 수입지의 거래은행을 통하여 무역대금을 추심방법으로 결제하는 방식이다.

추심방식은 환어음의 지급기한에 따라 어음지급서류 인도조건(Documents against Payment : D/P)과 어음인수서류 인도조건(Documents against Acceptance : D/A)으로 구분할 수 있다. 그리고 환어음에 선적서류가 첨부되느냐 아니냐에 따라 화환어음과 무화환어음으로 구분한다.

1) 어음지급서류인도조건(Documents against Payment : D/P)

D/P는 수출업자가 일람출급환어음(sight draft)을 추심의뢰할 경우 추심은행이 수입업자에게 환어음금액을 지급받고 선적서류를 인도하는 결제방식이다. 일명 '지급도'라고 한다.

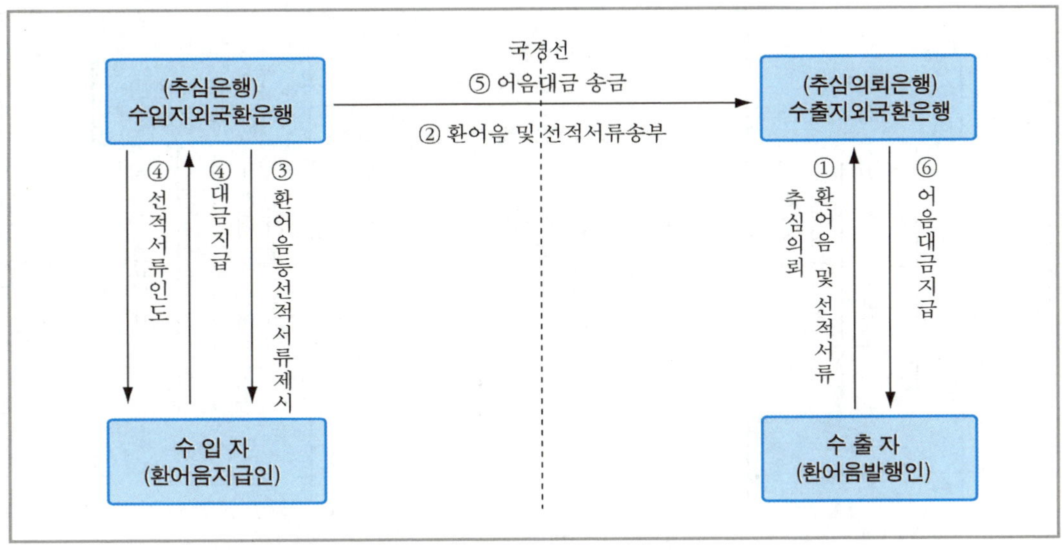

* ① 선적을 마친 수출자는 선적서류(환어음, 보험증권, 선하증권, 상업송장, 포장명세서 등)를 갖추어 외국환은행에 추심의뢰한다.
② 수출국의 추심의뢰은행(Remitting Bank)은 기록된 서류와 제출된 서류목록이 일치하는지를 확인하여 서류를 수입지의 추심은행(Collecting Bank)으로 송부한다.
③ 수입지의 추심은행은 선적서류 도착 즉시 수입상에게 선적서류의 인수 여부를 의논한다.
④ 수입자가 선적서류 인수의 의사를 밝히면 대금의 수령과 동시에 선적서류를 넘겨준다.
⑤ · ⑥ 추심은행은 수입자에게 받은 대금을 추심의뢰은행에 송금하고 추심의뢰은행은 송금받은 돈을 수출자에게 지급한다.

2) 어음인수서류인도조건(Documents against Acceptance : D/A)

D/A는 수출상이 발행하는 화환어음의 인수만으로 선적서류를 내주는 제도이다. 수입상이 은행에서 화환어음의 제시를 받았을 때 대금을 지불하지 않아도 단지 인수하는 것만으로 화물인환증이나 선적서류의 인도를 받을 수가 있으며 만기에 어음대금을 지불하는 것이다.

| D/A조건에 의한 대금결제도(선적 후 절차) |

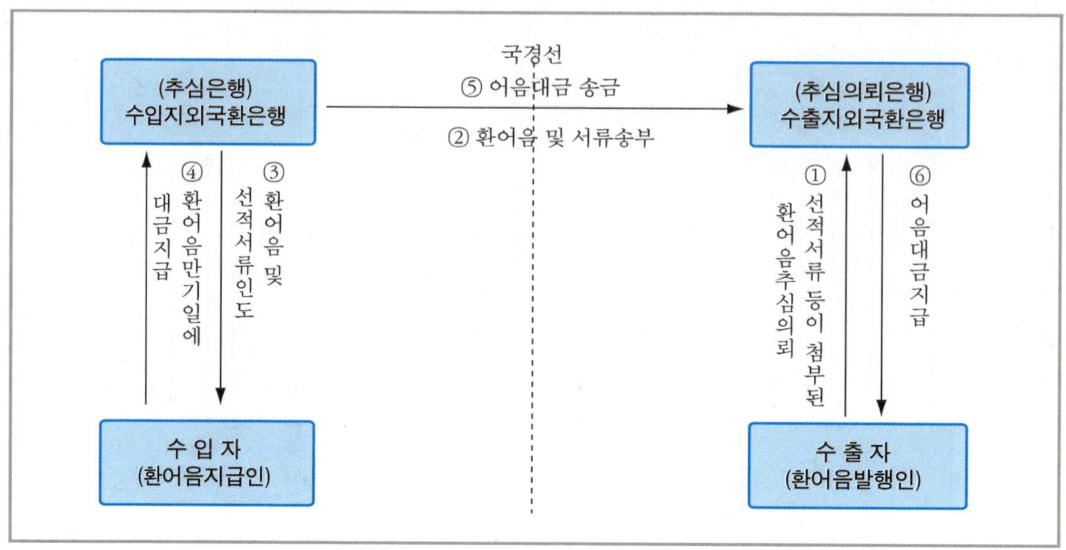

수출대금(또는 무역어음)의 회수는 환어음의 추심을 통하여 이루어지므로 이를 추심환(推尋換, Collection)이라고 한다.

수출자의 거래외국환은행(추심의뢰은행)에서 보면 당발추심환(매입환)이 되고 수입자의 거래외국환은행(추심은행) 입장에서 보면 타발추심환(매도환)이 된다.

① 선적을 마친 수출자는 선적서류(환어음, 보험증권, 선하증권, 상업송장, 포장명세서 등)를 갖추어 외국환은행에 추심의뢰한다.

② 수출국의 추심의뢰은행(Remitting Bank)은 기록된 서류와 제출된 서류목록이 일치하는지를 확인하여 서류를 수입지의 추심은행(Collecting Bank)으로 송부한다.

③ 추심은행은 수입자에게 선적서류를 인도한다. 물론 서류를 인도하면서 수입대금 결제가 되도록 환어음의 만기일을 알려준다.

④·⑤·⑥ 추심은행은 환어음의 만기일에 수입자에게 통보하여 수입대금을 결제받고 이 돈을 수출자의 추심의뢰은행을 통하여 수출자에게 지급한다.

내국법인 A는 해외자회사가 인수한 환어음을 '추심전 매입방식'[67]에 의하여 수출지은행과 거래를 하고 있으며 해외자회사의 요청이 있는 경우 환어음의 만기를 연장함. 이 경우 내국법인 A는 수출지은행에 만기연장 신청공문을 보내고 수출지은행은 여신거래약정에 정한 차입한도 이내의 금액이면 만기를 자동으로 연장해줌. 이때 연장에 따른 이자부담을 수출자가 먼저하고 나중에 이자를 청구한다. 이자부담은 손금인가? 그리고 수입자에게 받는 이자는 원천징수 대상인가?

해외현지법인이 부담해야 할 이자비용을 내국법인이 대신 부담한 것이므로 법인세법 제19조에 따른 내국법인의 손금에 해당하지 아니하며, 내국법인이 해외현지법인으로부터 변제받은 동 지연이자에 상당하는 금액은 내국법인의 국외원천소득에 포함되지 아니하여 법인세법 제57조에 따른 외국납부세액공제를 적용받을 수 없다(재국조-67, 2011. 2. 25.).

(4) 결제방식의 차이

1) 신용장거래와 추심방식의 차이점

은행을 통하여 서류의 송부 및 대금추심결제를 받는 등 외관상 신용장거래와 추심결제방식이 비슷하여 보이지만 다음과 같은 차이점이 있다.

구 분	신용장방식	추심결제방식
① 수입대금의 지급책임자	개설은행	수입자
② 환어음의 지급인	개설은행	수입자
③ 국제규범	신용장통일규칙	화환어음추심에 관한 통일규칙
④ 화물의 소유권	신용장개설은행	수출자
⑤ 수수료	종류가 다양	소액
⑥ 서류심사의무	내용심사	목록심사
⑦ 수출대금 지급의무	매입은행 자금으로 선지급	추심의뢰은행이 추심하여 지급

---

67) 추심 전 매입방식 : 수출자의 신용이 양호하고 담보를 제공하는 경우 수출지은행이 수입자 등이 인수한 환어음을 만기 전 매입하고 수출대금을 지급하는 거래

2) 결제방식에 따른 당사자간 장·단점[68]

① 단순송금결제방식(Advance Payment before shipment)

선지급의 경우 수출자는 선수금이므로 위험이 없으나 수입자는 상품인수가 불가능할 수도 있다. 후지급의 경우 수입자는 상품인수가 확실하나, 수출자는 대금회수가 불가능할 수 있다.

② 서류인도결제방식(Cash Against Documents)

이 방법은 추심결제방식인 D/P와 유사하다. 즉 선적 후 선적서류와 교환으로 대금이 지급되므로 선적서류만 인도하면 수출자는 안심할 수 있다.

그러나 서류인수를 거절할 경우의 문제점이 있고, 수입자의 입장에서 보면 상품의 품질을 결제 전에 확인할 수 없다.

③ 상품인도결제방식(Cash On Delivery)

수출자가 선적한 후 상품이 목적지에 도착하면 수입업자가 품질 등을 확인한 후 현금으로 결제하는 방식이다. 수입업자가 검사를 마친 후 송금해 주기 때문에 대금지급에 장기간이 걸릴 수도 있고, 더 큰 문제는 수입자가 품질 등에 하자를 제기할 경우 대금회수가 불가능해질 수도 있는 점이다. 이에 비하여 수입업자는 어려움이 없다.

④ 지급인도조건결제방식(Documents against Payment)

위의 서류인도결제방식(CAD)과 같다.

⑤ 인수인도조건결제방식(Documents against Acceptance)

위의 상품인도결제방식(COD)과 같다.

⑥ 신용장결제방식(Documentary Credit Basis)

수출자는 대금의 영수가 확실하고, 수입자는 화물의 인도를 보장받을 수 있다. 그러나 수입의 경우 품질까지 계약대로 보장되는 것은 아니다.

---

68) 참고로 2019년 수출물품에 적용된 결제방식을 보면 58.9%가 송금방식(M/T, T/T), 9.2%가 신용장방식(At Sight, Usance), 9.8%가 현금방식(COD, CAD), 9.0%가 추심방식(D/A, D/P), 13.1%가 기타 임가공비 지급방식, 계좌이체 방식 등이었다. 연차적으로 보면 최근 20여년간 송금방식은 지속적으로 증가했으나 신용장방식과 추심방식은 줄어드는 경향을 보인다.

(5) 그 밖의 수출입 형태

1) 팩토링방식에 의한 수출입

수출상은 대금회수의 안전문제 때문에 신용장거래를 원하지만 수입상이 상품의 품질보장을 이유로 신용장거래를 기피하는 경우 수출상은 일람지급거래를 원하나 수입상이 외상거래를 희망하는 경우 양자의 요구사항을 모두 수용할 수 있도록 신용장거래와 무신용장거래를 혼합하여 만들어낸 신종 무역거래방식이다.

팩토링(Factoring)이란 기업의 외상매출채권을 매매대상으로 하는 업무를 의미하며, 여러 나라에 많은 팩터(Factor)들이 상호간에 긴밀한 관계가 유지되어야 활성화될 수 있다. 네덜란드에 본부를 두고 있는 FCI가 가장 활발한 활동을 하고 있다.

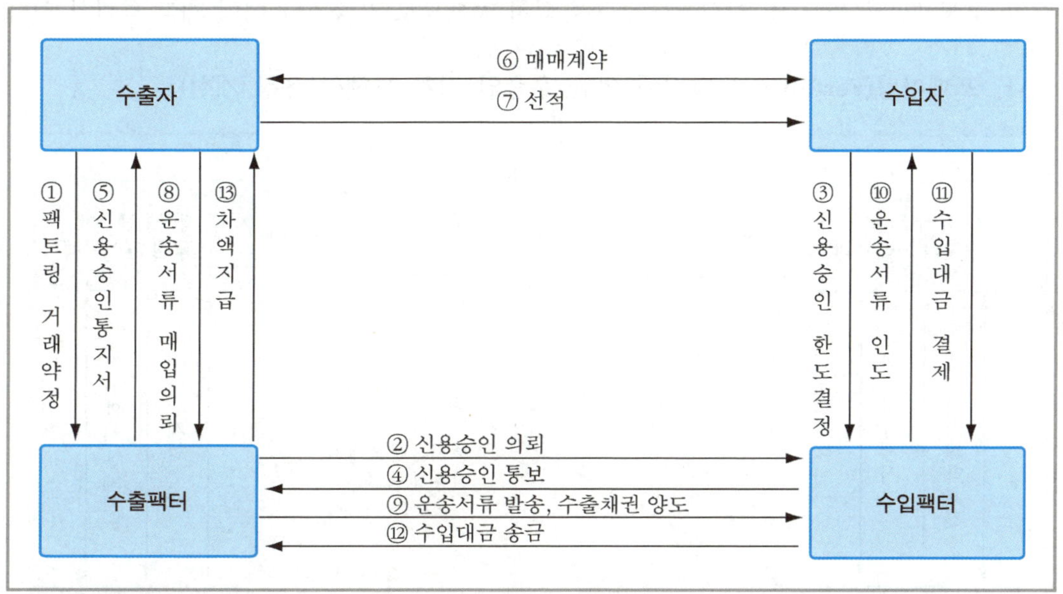

※ 출처 : 한국무역협회 홈페이지

2) 포페이팅방식에 의한 수출입

가. 개요

Forfaiting은 수출상이 현금을 대가로 미리 받고 Forfaiter에게 외상채권을 양도한다는 의미이며 상환청구권 없는 조건으로 수출환어음을 매입하는 금융기법으로서 수출입 거래방식이라기보다는 대금결제를 원활하게 하기 위한 국제금융기법의 일종이다.

수출시점으로부터 수출대금의 회수기간까지의 기간이 장기인 경우, 수입국가의 위험도가 높은 새로운 시장을 개척하려는 경우, 신용도가 낮은 업체와 거래할 때 적합한 중장기 무역금융기법이다.

수입업자는 보증은행의 지급보증으로 거액의 물품을 연불조건으로 수입하게 되고, 수출업자는 연불조건의 외상수출을 포페이터로부터 수출대금을 수령하여 자금활용을 할 수 있는 장점이 있다.

구체적 과정을 설명하면, 수출상이 수입상에게 받을 장기외상채권(1년 이상 10년까지)을 Forfaitor에게 소구권을 행사하지 않는 조건으로 고정금리부로 할인판매하고, Forfaitor는 수입상 거래은행이 발행한 지급보증서나 지급확약을 믿고 수출외상채권을 매입한 후 채권만기에 원리금을 받는 방식이다. 포페이팅방식은 수입상 또는 개설은행의 지급불능위험의 회피, 담보제공 불필요 및 여신한도에 포함되지 않으므로 자금조달 여력 제고 효과가 있다.

나. 포페이팅(Forfaiting) 방식에 의한 수출입 절차 도해(신용장 개설)

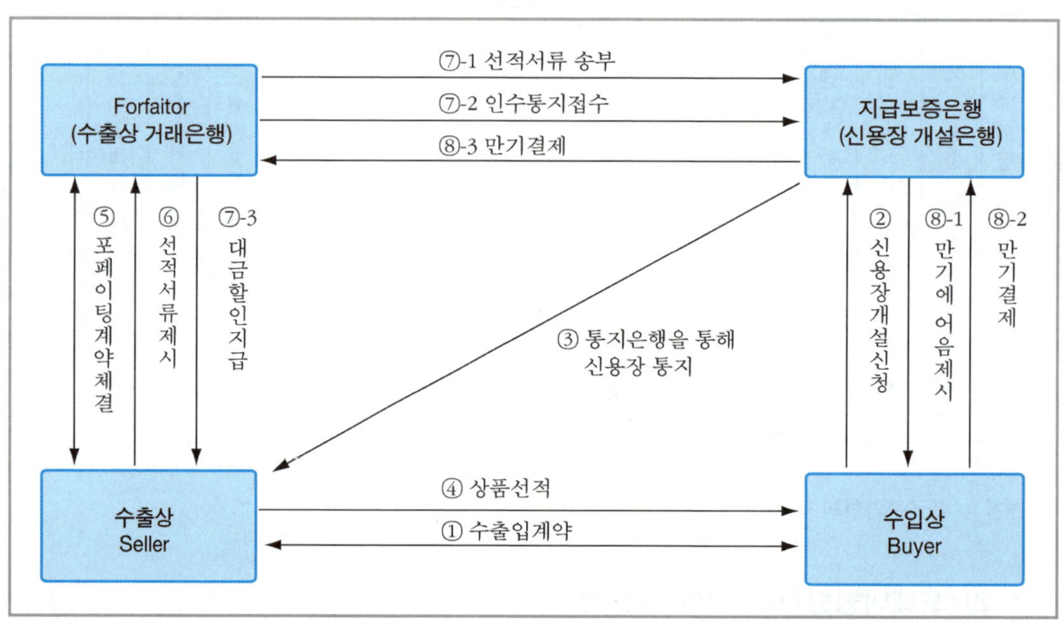

① 수출상과 수입상이 Forfaiting 거래 내용에 합의하고 수출입계약을 체결. 수입상이 Usance L/ C로 결제를 원하는 경우에 수출자는 포페이팅 금융이 가능한 국가와 은행에 해당하는지 확인한다.

② 위 "③" 수입상의 요청으로 개설은행은 기한부신용장을 개설, 통지은행을 통해 수출자에게 통지한다.

④ 수출상은 신용장에서 요구하는 조건대로 수출물품을 선적한다.

⑤ 수출상은 Forfaiter와 Forfaiting 계약을 체결한다.

⑥ 수출상은 환어음, B/L, Invoice 등 선적서류를 작성하여 Forfaiter에게 제시한다.

⑦ 선적서류를 제출받은 Forfaiter는 수입국 및 개설은행의 위험도, 신용도 등을 감안하고 신용장 개설은행으로부터 인수의사를 통보받으면 수출대금의 결제를 결정한다.

⑧ 신용장 개설은행으로부터 선적서류의 인수가 이루어지면 수출상은 대금회수 위험으로부터 벗어나며 Forfaiter는 만기일에 개설은행으로부터 대금을 회수하는 책임을 지게 된다.

| 보증에 의한 포페이팅 거래 절차 도해 |

① 수출상과 수입상이 Forfaiting 거래 내용에 합의하고 수출입계약을 체결한다.

② 계약조건에 따라 수출상이 수입상 앞으로 선적한다.

③ 수입상은 수출상이 자기 앞으로 발행한 환어음 또는 자신이 발행한 약속어음을 거래은행인 지급보증은행에 제출하며 보증을 요구한다.

④ 지급보증은행은 어음의 뒷면에 "AVAL"을 하거나 별도의 지급보증서를 발급하여 수

출자에게 송부한다.

⑤ 수출상은 Forfaiter와 Forfaiting 계약을 체결한다.

⑥ 포페이팅 계약체결 시 수출상은 보증은행에서 받은 지급보증서 또는 "AVAL"을 추가한 어음을 Forfaiter에게 인도한다.

⑦ Forfaiter는 환어음을 인수한 후 할인대금을 수출상에게 지급한다.

⑧ 어음의 만기에 Forfaiter는 "AVAL" 또는 지급보증서를 보증은행에 제시한다.

⑨ 지급보증은행은 Forfaiter에게 대금을 결제한다.

⑩–⑪ 지급보증은행은 수입자에게 어음 등을 제시하고 대금을 수취하여 거래를 종료한다.

※ 이상 출처 : 한국무역협회 홈페이지

4 환어음발행과 대금의 결제

(1) 환어음의 개념

무역대금의 결제에서 많이 활용되고 있는 것은 환어음(bill of exchange)이다.[69] 환어음은 채권자가 채무자에게 어음에 기재된 금액을, 지정된 지급일에, 지정된 장소에서 지명인 또는 해당 환어음 소지자에게 지급하도록 위탁하는 지급위탁증권이다. 환어음은 국내외를 막론하고 격지간 자금을 이동하는 데 사용할 수 있다.

그러나 우리나라는 전국이 일일생활권인데다 은행의 지로 등 간편한 송금방식이 개발되어 있어 국내에서 이용되는 경우는 드물다. 신용장에 의한 거래와 무신용장 추심거래(D/P, D/A)에서 사용되는 환어음의 당사자는 다음의 표와 같다.

---

[69] 엉미법에서는 환어음·약속어음·수표의 세 가지를 일괄하여 어음이라 하지만, 우리나라와 같은 대륙법계 국가에서는 환어음과 약속어음만을 어음이라 하여 어음법에서 다루고, 수표는 수표법에서 다룬다.

| 환어음의 당사자 |

발행인(Drawer)	환어음을 발행하고 서명하는 자. 즉 수출상인 채권자
지불인(Drawee)	환어음의 지급을 위탁받은 자. 신용장에 의한 거래의 경우 지급인은 신용장 개설은행이 된다.[70]
수취인(Payee)	환어음 금액을 지급받는 자. 수취인은 환어음에 표시되는 바에 의하여 달라진다. 특정인이 기명되어 있을 경우는 그 특정인, 지시형식으로 되어 있을 경우는 그 지시를 받은 자, 무기명식으로 되어 있을 경우는 그 소지인 등
배서인(Endorser)과 피배서인(Endorsee)	수취인이 배서(背書)[71]에 따라 환어음의 채권을 양도할 경우 양도인(Transferer)이 배서인, 양수인(Transferee)이 피배서인

(2) 환어음의 종류

① **은행어음과 개인어음** : 환어음에 기재된 지급인이 누구냐에 따라 구분한 것이다. 은행어음(bank bill)은 지급인이 은행이고, 개인어음(private bill)은 지급인이 수입상이다. 어음의 부도(不渡) 여부는 지급인에게 달려 있으므로 일반적으로 은행어음이 안전성이 높고 어음할인에 있어서도 우대를 받는다.

② **화환어음과 무화환어음** : 환어음에 선적서류가 첨부되었는지 여부로서 구분한 것이다. 화환어음(documentary bill)은 상품을 대표하는 선하증권 등 선적서류가 첨부된 것이고, 무화환어음(clean bill)은 이와 같은 선적서류가 첨부되지 아니한 것이다. 무화환어음은 주로 수수료, 보험료, 운임 등의 지급에 사용된다.

③ **일람불어음과 기한부어음** : 어음에 기재된 만기일(tenor)에 따라 구분한 것이다. 일람불어음(sight bill)은 어음이 제시되는 즉시 대금이 지급되는 것이고, 기한부어음(usance bill)은 어음이 발행된 뒤 또는 제시된 뒤 일정기간이 지난 다음에 대금이 지급되는 것이다.

④ **지급도(支給渡)어음과 인수도(引受渡)어음** : 무신용장 추심거래에서 대금지급시기에 따른 구분이다. 지급도어음(documentary payment bill)은 수입상이 어음대금을 지급하여야 선적서류를 인도받을 수 있는 것이다. 인수도어음(documentary acceptance bill)은 어

---

70) 신용장통일규칙(UCP 600 제6조)에는 신용장은 그것이 일람지급, 연지급, 인수, 매입 중 어느 것에 의해 사용될 수 있는지를 명기하도록 하면서, 신용장 발행의뢰인을 지급인으로 하여 발행된 환어음에 의해 사용될 수 있는 신용장은 발행될 수 없다고 규정하였다.

71) 배서란 어음, 수표, 화물상환증 등의 지시증권을 남에게 양도·입질(入質) 등을 할 경우 그 증권의 뒤에 소지인(배서인)이 일정한 법정사항을 적고 기명(記名)날인하여 상대방(피배서인)에게 발급하는 행위를 말한다.

음이 제시되었을 경우 수입상이 이를 인수함으로써 선적서류를 인도받을 수 있는 것
이다.

(3) 환어음의 준거법

외국환어음의 유통에는 적어도 2개국 이상의 당사자가 개입한다. 이 경우 환어음의 효력
은 원칙적으로 행위지 법률에 의해 처리된다. 외국환어음의 추심과 관련하여 널리 적용되
고 있는 국제규칙은 국제상공회의소가 1956년 제정(현행은 1995년 개정판)한 추심에 관한 통
일규칙(Uniform Rules for Collections)이 있다.[72] 이 규칙에는 동 규칙이 당사자간 별도로 명백
한 합의가 없거나, 국가·주·지방의 법률 또는 규정에 위배되지 않는 범위 내에서 적용되
는 것임을 명시하고 있다.[73]

(4) 환어음의 작성

환어음은 요식(要式)증권이므로 일정한 형식을 갖추어야 유가증권으로서의 기능을 한다.
추심에 사용되는 환어음의 양식은 다음과 같다.

| 환어음의 양식 |

```
                              ①BILL OF EXCHANGE

NO. ⑧****                      DATE : ②*** ** ****        SEOUL, KOREA
FOR ③US$ 10,000
AT ④30days after SIGHT OF THIS ⑨FIRST BILL OF EXCHANGE(SECOND OF THE SAME
TENOR AND DATE BEING UNPAID) PAY TO ⑤order or ****BANK OR THE SUM OF ③
U.S. DOLLARS TEN THOUSAND ONLY
VALUE RECEIVED AND CHARGE THE SAME TO ACCOUNT OF ⑩______________
DRAWN UNDER THE ⑪__________ L/C NO. ⑫____________ DATED ⑬__________


TO ⑥**** BANK                                  ⑦ ________________
   NEW YORK, USA                                   VENTURE DIGITAL CO.
```

※ 진한 표시는 인쇄된 양식. 이탤릭 및 밑줄친 부분은 발행인이 작성

환어음을 작성할 경우는 어음법(제1조)에서 규정하고 있는 법정기재사항을 반드시 기재
하여야 한다.

만일 법정기재사항이 누락되면 환어음으로서 법적 효력을 갖지 못한다. 그 외 임의기재

---

72) 우리나라는 전국은행협회의 결의에 따라 1979. 7. 2.부터 이 규칙을 채택하여 적용하고 있다.
73) 추심에 관한 통일규칙 총칙

사항은 어음 효력에는 영향을 미치지 않는 것으로 필요에 따라 적는다.

1) 법정기재사항

① **환어음의 표시** : 환어음임을 표시하는 문구가 어음작성에 사용되는 언어로 표시된다.

② **발행일 및 발행지** : 발행일은 어음이 발행된 날로서 어음상에 기재된 날짜를 말한다. 발행일은 선적서류의 매입일자로 신용장의 유효기일 이내로 표시되어야 한다. 발행지는 환어음이 발행된 장소이다. 일반적으로 도시명과 국가로 표시된다. 이에 관한 표시가 없는 경우 발행인의 주소지에서 발행한 것으로 간주한다. 우리나라는 국내에서 발행되었음이 표시된 경우 우리나라 어음법을 따르게 된다는 의미를 갖는다.

③ **무조건 위탁문언** : 일정한 금액을 지급하는 위탁문언이다. pay to …… the sum of ……로 표시되는데, the sum of 뒤에는 지급금액을 통화의 종류와 함께 적는다. 지급방법을 한정시키거나 기타 조건을 기재하면 무조건 지급지시가 될 수 없다.[74] 환어음 금액은 문자나 숫자 가운데 어느 것으로도 기재될 수 있으나, 착오를 방지하기 위해 두 가지를 병기한다. 통상 환어음의 상단에 있는 FOR 다음에 숫자로, the sum of 다음에 문자로 환어음 금액을 적는다. 양자간 금액에 차이가 있을 경우 문자금액이 숫자금액에 우선하여 인정된다. 만일 금액을 두 가지로 적은 경우 적은 금액을 어음금액으로 본다.[75]

④ **만기일(Tenor)의 표시** : 어음의 만기를 표시하는 방법에는 다음 네 가지가 있다.

- 일람불(at sight) : 어음의 지급인에게 제시되는 날이 어음의 만기일이다. 환어음에 일람불 또는 기한부에 관한 표시가 없는 경우는 일람불로 간주된다.[76]
- 일람 후 정기출급(at ……days or months after sight) : 어음의 지급인에게 제시된 날의 익일부터 어음에 기재된 일정한 기간이 경과한 날이 어음의 만기일이다.
- 발행일자 후 정기출급(at ……days or months after date) : B/L 또는 어음의 발행일 익일로부터 어음에 기재된 일정한 기간이 경과한 날이 어음의 만기일이 된다.
- 확정일 출급(on a fixed date) : 어음만기일로 적은 특정일이 어음의 만기일이다.

⑤ **수취인 또는 지급받을 자를 지시할 자의 명칭** : 수취인은 pay to라는 문구 다음에 기재된다. 수취인의 표시에는 다음 네 가지 방법에 있다.

---

74) 예를 들어, 'on arrival of' 또는 'after clearance'와 같은 문구가 표시되면 어음의 무조건성을 저해하는 것이 된다.
75) 어음법 제6조
76) 어음법 제2조

- 기명식 : 수취인을 명기하는 것이다. 예컨대 (pay) to ○○○Bank와 같이 기재된다.
- 지시식 : 지시할 수 있는 자를 명기하는 것이다. 예컨대 to order of ○○○Bank or order과 같이 기재된다.
- 소지인식(또는 무기명식) : 소지인에게 지급됨을 명기한다. 예컨대 'payable to bearer'와 같이 기재된다.
- 이상의 세 가지 방법 중 둘 이상을 병기하는 방법이다.

⑥ **지급인의 명칭과 지급지** : 환어음 좌측하단의 To 다음에 기재된다. 신용장의 환어음 조항 중 'value on' 또는 'drawn on' 문구 다음에 US라 기재되어 있으면 개설은행이 지급인이므로 개설은행명을 적는다. 계약서에 의한 거래에서는 항상 수입상이 기재된다. 지급지는 지급인과 함께 그 주소로 표시된다. 만약 지급지가 기재되어 있지 않을 경우는 지급인의 명칭에 부기한 곳이 지급지이다.

⑦ **발행인의 서명** : 발행인의 서명은 환어음의 우측하단에 발행인인 수출상의 회사명, 대표자 또는 대리인의 자격을 명기하고 기명날인한다. 이 서명은 은행에 수출거래약정(화환어음거래약정)시 제출한 서명감(署名鑑)과 일치하여야 한다.

2) 임의기재사항

⑧ **환어음 번호** : 환어음의 발행인이 임의로 적는다. 후일의 참조를 위한 것이다.

⑨ **어음발행수의 표시** : 환어음은 유통과정상 분실에 대비하여 통상 두 통의 복본(set bill)으로 발행된다. 복본으로 발행된 환어음은 각각 동일한 효력을 가지는데, 이 중 어느 하나에 의해 지급이 이루어지면 나머지 것은 자동으로 무효가 된다. 환어음에는 이러한 취지를 담은 문언이 'SECOND(제2원본에는 FIRST로 표시) of the same tenor and date being unpaid'로 표시된다.

⑩ **수입상의 표시** : account of …… 문구 나음에는 수입상이 표시된다. 그러나 수입상이 표시되는 경우는 환어음의 지급인이 은행일 경우이고, 지급인이 수입상인 경우 이곳은 공백으로 남겨둔다.

⑪ **신용장 개설은행의 표시** : drawn down …… 문구 다음에 신용장 개설은행명을 적는다.

⑫ **신용장 번호** : L/C NO 다음에 해당 신용장의 번호를 적는다.

⑬ **신용장 개설일자** : dated 다음에 신용장 개설일자를 적는다. 만일 계약서에 의한 거래의 경우 '⑪~⑬'부분은 공백으로 남겨둔다.

(5) 환어음의 매입 등과 추심

1) 환어음의 매입신청

신용장에 의한 거래에서는 수출상이 환어음을 발행하고, 구비된 각종 선적서류를 이에
첨부한 다음 외국환은행에 매입신청을 한다. 이 경우 환어음매입신청서를 작성하여야 한다.
환어음매입신청서는 신용장 및 선적서류에 관한 각종 사항을 기재하는 난과 매입대금의 처
리방법을 기재하는 난으로 구분되어 있다.

2) 매입서류의 심사

신용장제도의 핵심은 신용장에 명시되어 있는 서류가 정확하게 갖추어지면 그러한 서류
와 상환으로 개설은행이 대금의 지급을 보장한다는 데 있다. 만일 매입이나 지급, 인수를
하는 은행이 신용장에 명시된 서류와 내용이 다른 서류를 상환으로 매입, 지급, 또는 지급
인수를 하였다면 그것은 그런 행위를 한 은행의 책임이다. 따라서 매입은행은 매입신청시
제출된 서류가 신용장의 제조건, 신용장통일규칙, 그리고 국제표준은행관행과 일치하는가
를 확인하게 된다.[77] 매입심사시 은행은 선적서류에 하자를 발견하면 사소한 것은 즉석에
서 정정하고 처리한다. 그러나 신용장 개설은행의 지급거절 우려가 있는 경우 다음 방법
중 한 가지를 선택하여 처리한다.

① 환어음을 먼저 추심하여 대금이 입금되었을 경우 지급하는 방법(Collection Basis)
② L/C 개설은행 앞으로 하자내용을 통보하여 매입 여부를 전신을 조회한 다음 개설
   은행의 승인하에 매입하는 방법(Cable Nego)
③ L/C를 먼저 선적서류에 맞도록 변경(Amend)한 후 매입하는 방법(Amend 후
   Nego)
④ 수출상에서 대금지급 거절시 상환(Recourse)하겠다는 각서를 받은 후 매입하는 방
   법(L/G Nego)

매입은행뿐 아니라 신용장 개설은행, 확인은행(있는 경우) 또는 이들을 대행하는 지정은행

---

77) UCP 600 제2조. 국제은행표준관행(ISBP : International standard banking practice for the examination
   of documents under documentary credits)은 국제상업회의소가 2002년 제정한, UCP를 보충하는 성격의 규
   칙이다. 그러나 ISBP는 UCP를 변경하는 것이 아니라 UCP 규칙이 어떻게 적용되어야 하는가를 명시적으
   로 자세히 설명하는 것이다. UCP에는 ISBP에 관한 규정이 있기 때문에 신용장의 관련서류에 따로 명시하
   지 않더라도 ISBP는 UCP 600과 함께 신용장거래의 일상업무에 널리 사용된다.

도 각각 서류를 검토하고 그 서류를 수리 또는 거절할 것인지 여부를 판단한다. 신용장 개설은행이 서류검토에 소요되는 기간은 서류접수 익일부터 7일 이내를 합리적인 기간으로 간주한다. 서류의 심사는 신용장에 의한 거래에서 매입은행, 지급·인수은행, 개설은행, 확인은행 등에서 필요하고, 계약서에 의한 거래(D/P, D/A)에서는 수입상이 무역계약서와 송부된 서류의 일치 여부를 확인할 뿐 은행에서는 심사하지 아니한다.

3) 매입대금의 지급

외국환은행은 환어음과 선적서류를 검토하고, 하자가 없을 경우 이를 매입한다. 매입시 적용되는 환율은 통상 대금을 지급받는 날의 전신환 매입환율(T/T Buying rate)이 적용된다. 매입금액에서 환가료(換價料)와 환어음 등을 수입지에 있는 지급은행에 송부하기 위한 우편료(mail charge) 등과 수출상이 융자받은 무역금융이 있으면 이를 공제한 잔액이 지급된다. 계약서에 의한 거래에서 발행되는 D/P나 D/A 환어음의 경우 환어음면에 D/P 또는 D/A라 표시하고 여기에 선적서류를 첨부하여 외국환은행에 제출한다. 이 경우 외국환은행은 환어음을 매입하는 대신 이를 추심(collection)한다. 그러나 경우 따라서는 추심 전 매입(bill purchased)도 가능하다.

> **사례**
>
> D/A이자(할인료)에 대한 원천징수
>
> ---
>
> 내국법인이 국내사업장 있는 일본법인으로부터 수출용 원자재를 D/A조건으로 수입하고 지급하는 D/A이자(할인료)는 '이자소득'으로서 12% 제한세율로 원천징수한다(국일 46017-318, 1998. 5. 28.).

4) 대금결제서류의 발송

외국환은행이 환어음을 매입하면 관련 신용장 이면에 매입사실을 적는다. 환어음을 매입한 외국환은행은 이를 개설은행이나 상환은행에 송부하게 된다. 이를 위해 매입은행은 발송통지서(covering letter)를 작성한다.

발송통지서는 송부되는 서류에 대한 표지이다. 이에는 매입은행이 신용장 조건에 일치하게 매입하였다는 사실, 첨부된 선적서류의 종류와 수량, 신용장 조건대로 상환은행에 대금의 상환을 청구하였다는 사실, 기타 특기사항이 기재된다. 선적서류가 신용장 조건과 일치하지 않는 점이 있을 경우 그 사실도 특기사항란에 기재된다.

발송통지서가 작성되면 매입은행은 화환어음의 권리를 이전한다는 취지로 그 이면에 'pay to …… Bank'라 배서한 후 일건 서류를 송부한다. 우편을 이용한 송부는 도난 또는 분실에 대비하여 정본(original)과 부본(duplicate)서류로 나누어 최소 1일의 시차를 두고 별도 송부한다. 이 경우 전통(full set)은 신용장 개설은행에 송부되고, 환어음만 지급은행에 송부하는 방식도 있고, 선적서류를 2조로 나누어 한 조에는 환어음을 첨부하여 지급은행으로 보내고 다른 한 조는 신용장 개설은행으로 송부하는 방식도 있다.

5) 선적서류의 인도와 수입상의 대금결제

일람불어음의 경우 수입상은 수입대금을 지급해야 선적서류를 인도받을 수 있다. 들어온 서류의 심사가 종료되면 개설은행은 수입상에서 대금을 결제받기 위해 먼저 수입상에게 선적서류도착통지(arrival notice of document : A/N)를 한다. 수입상은 통지 접수일부터 7일 이내에 대금을 직접 지급하거나 신용장 개설시 예치한 보증금 또는 수입금융으로 대금을 결제하고 선적서류를 인도받는다. 이 경우 수입상이 지급하는 대금은 원화로서, 적용환율은 지급일의 수입어음 결제율이다.

선적서류 인도시 수입상은 개설은행에 선적서류 수령증(receipt of shipping documents)을 제출한다. 지급은행이 별도로 있을 경우 지급은행이 환어음의 제시를 받으면 서류심사 후 환어음의 대금을 매입은행계정에 입금시키고, 그 금액을 신용장 개설은행의 계정에서 인출한 다음 신용장 개설은행에 차변표(Debit Note)를 송부한다. 차변표를 받은 개설은행은 즉시 수입상에게 환어음의 대금지급을 요청하게 된다.

6) 환어음의 인수

신용장에 의한 거래에서의 기한부어음(usance L/C)이나 인수인도조건어음(D/A)에서는 지급인의 환어음인수(acceptance)에 의해 먼저 선적서류가 인도되고 만기일에 대금이 결제된다. 인수란 환어음의 지급인이 어음금액의 지급채무를 부담하는 것을 목적으로 하는 어음행위이다.

인수의 방법에는 정식인수와 약식인수의 두 가지가 있다. 정식인수란 어음에 인수의 뜻을 기재하고 지급인이 기명(記名)날인하는 것을 말하며, 약식인수란 지급인이 어음의 표면에 단순히 기명날인하는 것을 말한다. 인수의 표시사례는 다음과 같다.

7) 대금결제와 관련되는 서류

무역대금의 결제에 있어 가장 일반적으로 사용되는 방법은 화환어음에 의한 대금결제이다. 화환어음에 의한 대금결제에서는 수출상이 환어음을 발행하고 여기에 거래물품의 선적 사실을 증명하는 운송서류와 기타 무역거래계약에 따라 추가되어야 할 서류, 즉 선적서류를 첨부하여 매입신청 또는 추심의뢰를 함으로써 대금결제가 이루어지게 된다.

대금결제에 사용되는 서류는 다음의 그림과 같이 필수적인 서류로 분류되는 주요 서류와 당사자 간의 무역거래계약에 따라 추가되는 부속서류로 구성된다. 일반적으로 주요 서류는 모든 무역거래에 기본적으로 필요한 서류이나 부속서류는 거래대상국가에 따라, 그리고 거래물품에 따라 달라진다.

그림에서 운송서류(transport document)라는 용어는 선적서류(shipping document)란 용어와 혼용된다. 분류자에 따라서는 선적·발송 또는 수령 등을 표시하는 서류를 운송서류로, 여기에 대금결제와 관련하여 상업송장과 보험서류, 기타 임의적 서류를 더한 것을 선적서류라 부른다. 또 이와는 달리 선적·발송 또는 수령 등을 표시하는 서류를 선적서류로, 여기에 상업송장, 보험서류, 기타 임의적 서류를 더한 것을 운송서류로 부르기도 한다. 신용장통일규칙을 보면 상업송장, 복합운송서류, 선하증권, 비유통성 해상화물운송장, 용선계약선하증권, 항송운송서류, 도로나 철도 또는 내륙수로 운송서류, 특송화물수령증, 우편수령증, 또는 우송증명서 등을 총칭하여 서류(document)라 표시하고 있다.[78]

이 경우의 서류란 '무역서류' 또는 '대금결제서류'로서의 의미를 갖는다 하겠다. 무역실무에서는 관습적으로 이러한 무역서류를 '선적서류'라 부른다.[79]

그림의 부속서류 중 원산지증명서와 포장명세서, 위생명세서, 세관송장 등은 모두 해당 물품이 수입 통관될 경우 필요한 서류들이다. 원산지증명서는 덤핑방지관세가 부과되는 물품이 우회 수입되지 않았다는 것을 입증하거나, 자유무역협정(FTA) 등에 의한 특혜관세 혜

---

78) UCP 600 제14조~제25조
79) 여기에서도 선적·발송·수령 등을 증명하는 서류는 '운송서류'로, 여기에 기타 서류를 포함한 서류의 총칭에는 '신직서류'라는 용어를 사용하고 있다. 그러나 이러한 용어의 사용은 편의상 선택한 것일 뿐 고정적인 것이 아님을 유의할 필요가 있다.

택을 받을 경우 필요하다. 포장명세서는 물품을 세관당국이 검사할 경우 사용하기 위해 검
사대상으로 지정되었을 경우 제출을 요구한다. 세관송장은 수입신고를 할 경우 필수적으로
제출해야 하는 서류로, 해당 물품의 거래가격과 거래조건, 수량, 거래당사자 등을 확인하여
관세를 부과하는 데 사용된다. 위생증명서는 검역이 필요한 식품류 등을 수입할 경우 필요
하다. 물론 거래되는 물품에 따라 대금결제에서 요구되는 부속서류가 달라질 수 있다.

| 대금결제에 사용되는 서류의 종류 |

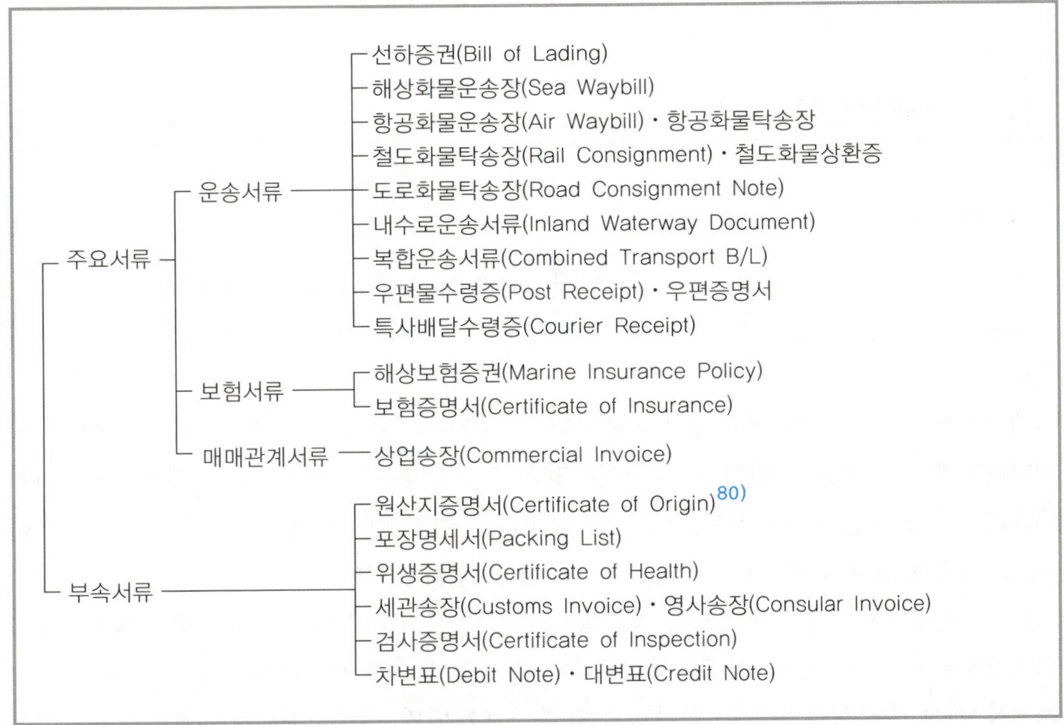

　　정상적인 무역대금 결제와 관련해 법령상 규제는 따르지 않는다. 2017년 7월 이전에는
외국환거래법상 1건당 미화 50만달러를 초과하는 해외미수 채권은 반드시 그 채권의 만기
일로부터 1년 6개월 이내에 회수하도록 규정하고 있었으나 이때의 법 개정으로 현재 이러
한 의무도 없어지게 되었다. 외국환거래법상 규율내용에 대해서는 제4장(외국환의 거래와
환위험)에서 자세하게 다루도록 한다.

---

80) 원산지증명서는 자유무역협정(FTA)이 확대되면서 중요한 무역서류로 자리잡고 있다. 원산지증명서가 있
　　어야 수입물품에 일반적인 관세율보다 낮거나 무관세인 FTA 협정관세 적용의 특혜를 받을 수 있기 때문이
　　다. 원산지증명서는 FTA에 따라 정부 또는 정부로부터 위탁받은 기관에서 발급하는 경우(기관발급)도 있
　　고, 수출자나 생산자가 직접 작성하여 사용하는 경우(자율발급)도 있다.

내국신용장 및 구매확인서 실무

1 내국신용장 실무

(1) 내국신용장의 의의

내국신용장은 수출업자가 수출물품을 제조·가공하는데 소요되는 수출용 원자재 또는 완제품을 국내에서 원활하게 조달하기 위하여 은행이 지급·보증한 국내용 무역금융을 말한다.

내국신용장제도는 국제거래에서 이용되는 신용장제도를 수출용원재료 또는 완제품의 국내거래단계에서 적용한 것이다. 내국신용장은 일반신용장과 마찬가지로 물품구매업자의 대금지급을 신용장 개설은행이 보증하는 것이지만 여기에는 무역금융이라는 지원이 뒤따르고, 그에 따라 사용에 여러 가지 제약이 있는 특징이 있다.

내국신용장으로 물품구매업체와 공급업체는 각각 여러 이점을 누릴 수 있다. 물품공급자 (신용장의 수혜자)는 은행의 지급보증으로 물품대금을 신속하고도 확실하게 회수할 수 있고 조세상 혜택, 수출실적인정 등 편익도 누릴 수 있다. 반면, 물품구매업자(신용장개설의뢰인)는 구매물품의 대금을 사전에 지급하지 않고도 무역금융의 융자를 통해 물품을 조달하여 수출할 수 있고, 내국신용장에 물품의 납품기일이 명시됨으로써 납품의 확실성을 기할 수 있는 등 보다 유리한 구매계약 체결이 가능할 수도 있다.

(2) 개설 목적

내국신용장의 개설목적은 수출자(내국신용장 개설의뢰인)가 수출품의 구매나 수출품의 생산에 소요되는 원재료 등의 조달과정에서 필요한 자금과 신용(은행의 지급보증, 무역금융의 융자)을 은행으로부터 제공빋고, 물품공급자(내국신용장의 수혜자)는 세제상 부가가치세 영세율의 적용, 수출실적인정, 관세환급을 위한 양도세액의 증명, 납품대금의 회수 등을 보장받기 위함이다.

(3) 내국신용장의 종류

1) 거래대상 물품에 따른 분류(무역금융 운용세칙 §13, 운용절차 §17, §19)

완제품 내국신용장 : 수출용완제품의 구매를 목적으로 개설되는 내국신용장

원자재 내국신용장 : 수출용원자재의 구매를 목적으로 개설되는 내국신용장

수입원자재 내국신용장 : 수출용수입원자재의 수입을 목적으로 개설되는 내국신용장

임가공 내국신용장 : 수출용원자재 또는 수출용완제품 위탁가공을 목적으로 개설되는 내국신용장

2) 신용장 표시통화에 따른 분류(무역금융 운용세칙 §14)

원화표시 내국신용장 : 신용장상 표시통화가 원화이고 대금결제도 원화로 이루어지는 내국신용장

외화표시 내국신용장 : 신용장상 표시통화가 외화이고 대금결제도 외화로 이루어지는 내국신용장

외화부기(附記) 내국신용장 : 신용장상 표시통화를 원화로 하되 신용장 개설일 현재 매매기준율로 환산한 외화금액을 부기하는 내국신용장. 대금의 결제는 부기된 외화금액을 내국신용장 어음매입일(추심시는 추심의뢰일) 현재의 매매기준율로 환산

3) 결제자금에 따른 분류

일람불 내국신용장 : 개설의뢰인이 자체 자금으로 내국신용장 어음의 대금을 결제하는 내국신용장

기한부 내국신용장 : 개설은행이 무역금융을 융자하여 내국신용장 어음의 대금을 결제하는 내국신용장

(4) 내국신용장 개설과 대금결제 과정

1) 거래과정의 개관

내국신용장에 의한 수출용원재료의 국내거래과정은 수출신용장에 의한 무역거래의 경우와는 달리 많은 제약이 따른다. 거래의 과정을 개관하면 다음의 그림과 같다.

| 내국신용장에 의한 물품의 거래 |

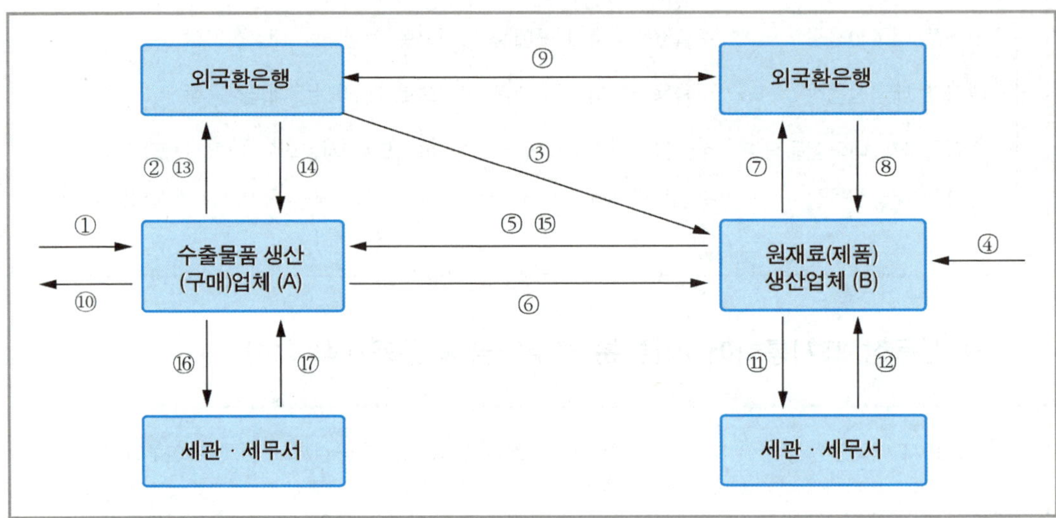

* ① Master L/C[81] 수취 또는 수출계약   ② 내국신용장 개설신청
③ 내국신용장개설통지(발급)   ④ 원재료 수입(국내매입)
⑤ 물품공급(B가 부가가치세 세금계산서 발행)   ⑥ 물품수령증 발급
⑦ 내국신용장어음 발행, 매입(Nego)신청   ⑧ 물품대금 지급(무역금융 융자)
⑨ 추심(Renego)과 결제   ⑩ 수 출
⑪ ┌ 영세율적용 부가가치세 조기환급신청(세무서)
   └ 기초원재료납세증명서 또는 분할증명서 발급신청(세관)
⑫ ┌ 부가가치세 환급
   └ 기초원재료납세증명서 또는 분할증명서 발급
⑬ 수출환어음 매입(Nego)신청
⑭ 수출대금결제(무역금융 융자금액 공제)
⑮ 기초원재료납세증명서 또는 분할증명서 인도
⑯ ┌ 영세율적용 부가가치세 조기환급신청(세무서)   ⑰ ┌부가가치세 환급
   └ 환급신청(세관)   └관세 등의 환급

---

81) 이를 Original L/C, Prime L/C라고 부르기도 한다. 이에 대하여 내국신용장은 Local L/C라 하는데, 이는 또한 Domestic L/C, Secondary L/C, Subsidiary L/C라고도 부른다.

2) 개설대상(한국은행금융중개지원대출관련무역금융지원프로그램운용세칙과 한국은행금융중개지원대출관련무역금융지원프로그램운용절차, 이하 "무역금융운용세칙"과 "무역금융운영절차"라 한다)

① 외국환은행은 수출용 수입원자재와 국내에서 생산된 수출용원자재 또는 완제품을 구매(임가공위탁 포함)하고자 하는 업체의 신청을 받아 내국신용장을 개설할 수 있다. 이 개설은 전자무역기반시설을 이용한 전자무역문서로 하여야 한다(무역금융운용세칙 §12 ①).

② 내국신용장의 개설신청과 내국신용장 개설은 전자무역촉진에관한법률에서 정하는 바에 따라 전자무역기반시설을 이용한 전자무역문서교환방식으로 하여야 한다(무역금융운용세칙 §12 ②).

③ 내국신용장 수혜자는 해당 내국신용장을 근거로 수출용 원자재 및 완제품을 구매하기 위하여 또다른 내국신용장의 개설을 의뢰할 수 있다(무역금융운용세칙 §12 ③).

④ 내국신용장 개설 이전에 이미 물품공급이 완료된 분에 대하여는 해당 물품대금결제를 위한 내국신용장을 개설할 수 없다(무역금융운용절차 §17 ①).

⑤ 국내업자 간의 매매계약에 따라 국외에서 어획물을 수집하여 직접 수출하는 경우라도 동 거래의 특수성에 비추어 내국신용장을 개설할 수 있다(무역금융운용절차 §17 ②).

⑥ 출입업자가 원자재 및 완제품을 임가공계약에 따라 위탁생산하고자 하는 경우 해당 수탁가공업자에 대한 가공임을 지급하기 위하여 내국신용장(이하 "원자재임가공 내국신용장" 및 "완제품임가공 내국신용장"이라 한다)을 개설할 수 있다(무역금융운용절차 §17 ③).

⑦ 제8조 제2항의 선수금영수조건 수출신용장 등의 경우 동 수출신용장 등을 근거로 해당 원자재 및 완제품 조달을 위하여 내국신용장을 개설할 수 있다. 다만, 원자재자금 및 완제품구매자금의 융자금액은 동 선수금을 제외한 금액범위 내로 한다(무역금융운용절차 §17 ④).

3) 개설한도

원자재 구매를 위한 내국신용장과 완제품 구매를 위한 내국신용장은 수출신용장 등의 금액 또는 제8조에 의해서 외국환은행이 정하는 원자재자금 및 완제품구매자금의 융자 범위에서 개설할 수 있다(무역금융운용세칙 §13).

4) 내국신용장의 조건

① 외국환은행은 개설의뢰인의 내국신용장 개설신청 내용이 다음 각 호의 조건에 일치하는 경우에만 이를 개설할 수 있다(무역금융운용세칙 §14). 내국신용장에 의한 구매자금은 무역금융으로 결제되는데, 무역금융은 중소기업기본법 제2조 및 같은 법 시행령 제3조에 따른 중소기업에 대한 대출로만 가능하므로 내국신용장도 중소기업에 대해서만 개설될 수 있다.

1. 양도가 불가능한 취소불능신용장일 것
2. 표시통화는 다음 각목의 하나로 하는 것일 것

    가. 원화

    나. 외화

    다. 원화로 하되 개설일 현재 매매기준율로 환산한 외화금액을 부기

3. 내국신용장의 금액은 물품대금 전액으로 하고, 제2호 다목에 의한 내국신용장의 경우 금액은 부기외화금액을 내국신용장어음 등의 매입일(추심시는 추심의뢰일) 현재의 매매기준율로 환산한 금액으로 하는 것일 것
4. 물품의 인도기일은 대응수출 또는 물품공급이 원활히 이행되는 데 지장이 없도록 책정된 것일 것
5. 유효기일은 물품의 인도기일에 최장 10일을 더한 기일 이내일 것. 다만, 원수출신용장 등을 근거로 하여 개설되는 내국신용장의 유효기일은 대응되는 원수출신용장 등의 선적 또는 인도기일 이전이어야 한다.
6. 서류제시기간은 물품수령증명서 발급일로부터 최장 5영업일 범위 내에서 책정된 것일 것
7. 내국신용장어음 등의 형식은 개설의뢰인을 지급인으로 하고, 개설은행을 지급장소로 하며 일람출급식일 것
8. 내국신용장어음 등의 대금은 개설의뢰인이 자체자금으로 결제(이하 "일람불 내국신용장"이라 한다)하거나 개설은행이 융자하여 결제(이하 "기한부 내국신용장"이라 한다)하는 방식일 것
9. 내국신용장어음 등의 발행조건은 원수출신용장 매입조건부 결제 등 수혜자에게 불리한 조건이 아닐 것. 다만, 선박 또는 대외무역법에서 정하는 산업설비의 수출을 위하여 개설되는 완제품내국신용장의 경우 원수출신용장 등의 대금결제조건에 따른 제소공성별 분할지급조건으로 할 수 있다.

10. '1.~9.'에서 정하는 사항 외의 조건에 관하여는 국제상공회의소(ICC) 제정 화환신
용장에 관한 통일규칙 및 관례를 준용한다는 문언이 기재된 것일 것
② '①'에 따라 개설된 내국신용장의 조건은 '①' 각 호에 위배되지 않는 범위 내에서 해당 내국
신용장 관계당사자(개설의뢰인, 수혜자 및 개설은행) 전원의 합의에 의해서만 변경할 수 있다.

5) 통지

내국신용장을 개설한 외국환은행은 내국신용장을 전자문서로 개설하였다는 사실을 내국
신용장 수혜자에게 통지하고, 개설된 내국신용장을 수혜자에게 전자문서교환방식으로 전
달하여야 한다(무역금융운용세칙 §15).

6) 개설은행의 내국신용장 대금 결제[82]

① 전자문서교환방식 내국신용장을 개설한 은행은 다음의 어느 하나에 해당하는 지급거
절사유가 있는 경우를 제외하고는 지급제시를 받은 날부터 3영업일 이내에 판매대금
추심의뢰서에 따라 결제하여야 한다(무역금융운용세칙 §16, 무역금융운용절차 §22).
1. 판매대금추심의뢰서의 추심의뢰일이 전자문서교환방식 내국신용장의 유효기일을
경과한 경우
2. 전자문서교환방식 물품수령증명서상의 물품명세가 전자문서교환방식 내국신용장
상의 대표물품명세와 불일치한 경우
3. 판매대금추심의뢰서와 전자문서교환방식 물품수령증명서가 전자문서교환방식 내
국신용장상의 기타 조건 등과 불일치한 경우
② 개설은행은 제1항 각 호의 어느 하나에 해당하는 지급거절사유가 있는 경우라도 그
내국신용장의 관계당사자 전원이 동의하는 경우에는 그 판매대금추심의뢰서에 따라
결제할 수 있다.
③ 외국환은행이 전자문서교환방식 내국신용장에 따라 전자적 형태로 작성·전송된 판
매대금추심의뢰서의 추심 또는 결제 시 전송받아야 할 전자문서는 다음 각 호와 같다.
1. 판매대금추심의뢰서
2. 물품수령증명서. 다만, 물품수령증명서는 공급자발행 세금계산서 건별로 발급되어
야 한다.

---

82) 2014. 2. 14.부터 환어음추심제도가 폐지되고 내국신용장결제가 전자적으로 작성·전송된 판매대금추심의뢰
서를 통하여 처리한다.

3. 부가가치세법 상 전송가능한 공급자발행 세금계산서. 다만, 세금계산서의 교부대상
   과 내국신용장의 개설의뢰인은 일치하여야 하며, 완제품내국신용장의 수혜자가 수
   출대행위탁자인 경우 등 부가가치세법에서 정한 세금계산서 발급대상이 아닌 경
   우에는 물품명세가 기재된 송장으로 갈음할 수 있다.

④ 제3항 제2호 단서에도 불구하고 내국신용장에 명시된 조건에 따라 수출용원자재 또는
   완제품을 분할 공급받는 경우에는 매 반월 또는 월을 단위로 하는 경우에 한정하여
   동 기간 중 분할 공급 시마다 교부된 세금계산서상의 공급가액을 일괄하여 하나의 물
   품수령증명서를 발급할 수 있다.

⑤ 제3항에도 불구하고 세칙 제14조 제1항 제9호 단서에 따라 개설된 완제품내국신용장
   인 경우에는 다음 각 호의 전자문서 또는 서류를 전송받거나 징구하여야 한다. 다만,
   계약체결시 수령하는 금액에 대하여는 제3호 및 제4호에 따른 서류 징구를 아니할 수
   있으며, 물품인도시 수령하는 금액에 대하여는 제1항의 전자문서 또는 서류를 전송받
   거나 징구하여야 한다.

   1. 판매대금추심의뢰서
   2. 개설은행이 발급한 원수출신용장 등의 대금입금증명서
   3. 개설의뢰인이 발급한 공정 또는 제조확인서
   4. 공급자발행 세금계산서

7) 내국신용장 개설시의 징구서류

외국환은행이 내국신용장의 개설시 개설의뢰인에서 징구하여야 할 서류는 다음 각 호와
같다(무역금융운용절차 §18).

   1. 공급자발행 물품매도(수탁가공 포함, 이하 같다) 확약서. 다만, 실적기준금융 이용업체의
      신청으로 전자문서교환방식 내국신용장을 개설하는 경우 예외로 한다.
   2. 해당 내국신용장의 개설근거가 되는 원수출신용장 등. 다만, 개설의뢰인이 실적기준금
      융 이용업체(실적기준 포괄금융 이용업체 포함, 이하 같다)인 경우 예외로 한다.

8) 내국신용장 개설금액

수출용 원자재를 구매하기 위한 내국신용장의 개설금액에는 해당 공급물품의 제조·가
공에 투입된 수입원자재 및 수입원자재와 관련된 관세 등 제공과금 부담액을 포함할 수 있
다(무역금융운용절차 §19).

9) 내국신용장의 개설근거 및 징구서류

내국신용장을 개설한 외국환은행은 해당 내국신용장의 앞면에 [별표]에서 정하는 바에 의하여 동 내국신용장 개설근거가 된 원수출신용장 등의 내용과 동 내국신용장의 용도를 나타내는 문언을 표시하여야 한다(무역금융운용절차 §20).

10) 내국신용장어음 매입시 징구서류

① 외국환은행이 내국신용장에 따라 발행된 어음의 매입(추심 포함) 또는 결제시 징구하여야 할 서류는 다음 각 호와 같다(무역금융운용절차 §21).

　1. 환어음[별지 제4-1호 서식]

　2. 물품수령증명서[별지 제4-3호 서식]. 다만, 물품수령증명서는 공급자발행 세금계산서 건별로 대응하여 발급되어야 한다.

　3. 공급자발행 세금계산서 사본. 다만, 세금계산서의 발급대상과 내국신용장의 개설의뢰인은 일치하여야 하며, 완제품내국신용장의 수혜자가 수출대행위탁자인 경우 등 부가가치세법에 의한 세금계산서 발급대상이 아닌 경우 물품명세가 기재된 송장으로 갈음할 수 있다.

② 제1항 제2호 단서의 규정에 불구하고 내국신용장에 명시된 조건에 따라 수출용원자재 또는 완제품을 분할공급받는 경우 매 반월 또는 동일 역월을 단위로 하는 경우에만 동 기간 중 분할공급시마다 발급된 세금계산서상의 공급가액을 일괄하여 하나의 물품수령증명서를 발급할 수 있다.

③ 제1항의 규정에 불구하고 세칙 제14조 제1항 제9호 단서에 따라 개설된 완제품내국신용장인 경우 다음 각 호의 서류를 징구하여야 한다. 다만, 계약체결시에 수령하는 금액에 대하여는 제3호 및 제4호의 서류제시를 면제하며, 물품인도시에 수령하는 금액에 대하여는 제1항의 서류를 징구하여야 한다.

　1. 환어음[별지 제4-1호 서식]

　2. 개설은행이 발급한 원수출신용장 등의 대금입금증명서

　3. 개설의뢰인이 발급한 공정 또는 제조확인서

　4. 공급자발행 세금계산서 사본

④ 전자문서교환방식 내국신용장인 경우 제1항 및 제3항에 규정된 징구서류 외에 다음 각 호의 서류를 추가로 징구하여야 한다.

　1. 내국신용장 사본

　2. 공급자발행 물품매도확약서 사본. 다만, 실적기준금융 이용업체의 신청으로 해당

내국신용장이 개설된 경우 한한다.

11) 판매대금추심의뢰서의 결제시 전송 전자문서

외국환은행이 전자문서교환방식 내국신용장에 따라 전자적 형태로 작성·전송된 판매대
금추심의뢰서의 추심 또는 결제시 전송받아야 할 전자문서는 다음 각 호와 같다(무역금융운
용절차 §22).

1. 판매대금추심의뢰서[별지 제4-2호 서식]
2. 전자문서교환방식 물품수령증명서[별지 제4-4호 서식]. 다만, 동 물품수령증명서는 공급
   자발행 세금계산서 건별로 대응하여 발급되어야 하되, 전자문서교환방식 내국신용장
   에 명시된 조건에 따라 수출용원자재 또는 완제품을 분할공급받는 경우 매 반월 또는
   동일 역월을 단위로 하는 경우에만 동 기간 중 분할공급시마다 발급된 세금계산서상
   의 공급가액을 일괄하여 하나의 전자문서교환방식 물품수령증명서를 발급할 수 있다.
3. 부가가치세법상 전송가능한 공급자발행 세금계산서

12) 서식

내국신용장 개설신청서의 양식은 각 외국환은행의 소정 양식에 의하며, 내국신용장의 양
식은 [별지 제4-5호 서식(전자문서교환방식 내국신용장의 양식은 별지 제4-3호 서식)]에 의한다
(무역금융운용절차 §23).

13) 전자발급 내국신용장

구매확인서에 이어 내국신용장도 2013년 2월부터 전자발급만 한다(무역금융운용절차 §12
②). 2013. 1. 31.까지는 내국신용장 발급에 대하여 전자·수동 병행하였으나 2013년 2월부
터는 전자발급만 된다. 영세율 첨부서류가 전자발급은 전자발급명세서이고 수동발급은 내
국신용장사본이다.

구매확인서는 2011년 7월부터 전자발급을 시행하였다.

취소불능 내국신용장

전자문서 번호 :   통지일자 :

―――――――――――――――――〈개 설 내 역〉――――――――――――――――

개설은행   :
개설일자   :
신용장번호   :
개설의뢰인(상호, 주소, 대표자, 전화번호, 사업자등록번호) :
수혜자(상호, 주소, 대표자, 전화번호, 사업자등록번호) :
내국신용장 종류   :
개설외화금액   :
개설원화금액   :
매매기준율   :
물품매도확약서 번호 :
물품인도기일   :
유효기일   :
제출서류   :물품수령증명서   통
                       공급자발행 세금계산서 사본   통
                       공급자발행 물품매도확약서 사본 통
                       본 내국신용장 사본   통

기타 구비서류

> 당행은 귀하(사)가 위 금액의 범위에서 상기의 서류를 첨부하여 물품대금 전액의 일람출급식 판매대금 추심의뢰서를 발행할 수 있는 취소불능내국신용장을 개설합니다. 당행은 이 신용장에 의하여 발행된 판매대금추심의뢰서가 당행에 제시된 때에는 이를 이의없이 지급할 것을 판매대금추심의뢰서의 발행인에게 확약합니다.

대표공급물품명   :   (HS부호 :   )
분할인도 허용여부 :
서류제시기간   :물품수령증명서 발급일로부터 영업일 이내
개설근거별 용도 :
기타   :

―――――――――――――――〈원수출신용장 등 내역〉――――――――――――――

개설근거서류 종류 :
신용장(계약서) 번호 :

――――――――――――――――〈발신기관 전자서명〉――――――――――――――

발신기관 전자서명 :

> 1. 이 전자문서는 「전자무역 촉진에 관한 법률」에 따라 발행된 내국신용장으로서 이 문서를 전송받은 개설의뢰인 또는 수혜자는 같은 법률 시행규정 제12조 제3항의 별표 4에 따라 신용장 여백에 정당발급문서임을 표시하는 적색 고무인을 날인하여야 합니다.
> 2. 이 신용장에 관한 사항은 다른 특별한 규정이 없는 한 국제상공회의소 제정 화환신용장 통일규칙 및 관례에 따릅니다.

[별지 제4-2호 서식]

내국신용장 물품수령증명서(전자문서교환방식)

전자문서 번호	:	통지일자	:
발급번호	:	인수일자	:
발급일자	:	인수금액	:
공 급 자	:		

──────── 〈인수물품 내역〉 ────────

대표공급물품의 HS부호 :

| 물품/규격 | 수량 | 단가 | 금액 |

TOTAL

──────── 〈관련 내국신용장 내역〉 ────────

개설은행	:	인도기일	:
개설은행 전자서명	:	유효기일	:
신용장 번호	:	참조사항	:
신용장 금액	:		

──────── 〈물 품 수 령 인〉 ────────

기 관 명	:
대표자명	:
전자서명	:

──────── 〈세금계산서 내역〉 ────────

| 승인번호 | : | 작성일 | : |
| 공급가액 | : | 세액 | : |

──────── 〈세칙 제16조 제2항 동의사항〉 ────────

* 동내용은 나머지 관계당사자(수혜자 및 개설은행) 전원동의 시에만 유효함

* 유의사항
1. 이 물품수령증명서는 관련 세금계산서 건별로 발급하여야 함
   다만, 내국신용장 조건에 따라 수출용원자재 또는 완제품을 분할공급받는 경우에는 매 반월 또는 월을
   단위로 하는 경우에 한정하여 동 기간 중 분할공급시마다 교부된 세금계산서상의 공급가액을 일괄하
   여 물품수령증명서를 발급할 수 있음
2. 이 물품수령증명서는 공급자의 세금계산서 발행일로부터 10일 이내에 발급하여야 함
   다만, 중소기업이 대기업으로부터 물품을 인수하는 경우에는 예외로 함
3. 이 물품수령증명서의 물품명세는 관련 내국신용장상의 대표물품명세와 일치하여야 함
   다만, 일치 여부 확인은 HS부호를 기준으로 함
4. 이 물품수령증명서의 물품 인수일자는 관련 세금계산서상의 공급일자를 모두 기재하여야 함

이 전자문서는 「전자무역촉진에 관한 법률」에 따라 발행된 전자문서교환방식 물품수령증명서로서 이 문
서를 전송받은 수혜자는 같은 법률 시행규정 제12조 제3항의 별표 4에 따라 물품수령증명서 여백에 정당
발급문서임을 표시하는 적색 고무인을 날인하여야 합니다.

(1) 대외무역법에 따른 구매확인서

「대외무역법」에서 정하는 "구매확인서"란 외화획득용 원료·기재를 구매하려는 경우 또는 구매한 경우 외국환은행의 장 또는 「전자무역 촉진에 관한 법률」 제6조에 따라 산업통상자원부장관이 지정한 전자무역기반사업자가 내국신용장에 준하여 발급하는 증서(구매한 경우에는 구매확인서 신청인이 세금계산서를 발급받아 부가칙 제9조의2에서 정한 기한 내에 신청하여 발급받은 증서에 한한다)를 말한다(대외무역령 §31, 대외무역관리규정 §2 18).

구매확인서의 발급근거 서류는 다음과 같다.
㉮ 외화획득용 원료(물품 등)구매(공급)확인(신청)서 3부
㉯ 수출신용장, 수출계약서, 외화매입(예치)증명서(외화획득이행관련 대금임이 관계서류에 의해 확인되는 경우에 한함), 내국신용장 또는 구매확인서, 그 밖의 외화획득에 제공되는 물품 등을 생산하기 위한 경우임을 입증할 수 있는 서류 1부
㉰ 외화획득용 원료(물품 등)공급계약서 또는 물품매도확약서 1부
㉱ 세금계산서 사본(사후발급의 경우)

(2) 개설 목적

수출업자가 무역금융 융자한도가 부족하거나 단순송금방식에 의하여 수출하는 경우 내국신용장 개설이 어려운 상황하에 수출용원자재 및 완제품의 구매를 원활히 하고, 부가가치세법상 영세율의 적용이나 관세환급특례법상 양도세액 증명을 위한 입증자료로 사용하고자 하는 데 있다.

(3) 구매확인서 발급대상

구매확인서 발급대상 재화 또는 용역은 다음과 같다.

① "외화획득용 원료"란 외화획득에 제공되는 물품과 용역(경영상담업, 법무 관련 서비스업, 회계 및 세무 관련 서비스업, 엔지니어링 서비스업, 디자인, 컴퓨터시스템 설계 및 자문업, 문화산업진흥기본법 제2조 제1호에 따른 문화산업에 해당하는 업종, 운수업과 관광산업에 해당하는 업종, 그밖에 지식기반용역 등 수출유망산업으로서 산업통상자원부장관이 정하여 고시하는 업종의 용역), 그리고 외화획득용 전자적 형태의 무체물을 생산(제조·가공·조립·수리·재생 또는 개조하는 것을 말한다)하는 데 필요한 원자재·부자재·부품 및 구성품을 말한다.

② "외화획득용 시설기재"란 외화획득에 제공되는 물품 등을 생산하는 데 사용되는 시설·기계·장치·부품 및 구성품(하자 및 유지보수에 필요한 부품 및 구성품을 포함)을 말한다.

③ "외화획득용 제품"이란 수입한 후 생산과정을 거치지 아니한 상태로 외화획득에 제공되는 물품 등을 말한다.

④ "외화획득용 용역"이란 외화획득에 제공되는 물품 등을 생산하는 데 필요한 경영상담업, 법무관련 서비스업, 회계 및 세무 관련 서비스업, 엔지니어링 서비스업, 디자인, 컴퓨터시스템 설계 및 자문업, 「문화산업진흥기본법」 제2조 제1호에 따른 문화산업에 해당하는 업종, 운수업과 관광산업에 해당하는 업종, 그밖에 지식기반용역 등 수출유망산업으로서 산업통상자원부장관이 정하여 고시하는 업종의 용역을 말한다.

⑤ "외화획득용 전자적 형태의 무체물"이란

㉮ 「소프트웨어산업진흥법」 제2조 제1호에 따른 소프트웨어

㉯ 부호·문자·음성·음향·이미지·영상 등을 디지털방식으로 제작하거나 처리한 자료 또는 정보 등으로서 산업통상자원부장관이 정한 다음의 어느 하나와 '㉮' 또는 '㉯'의 집합체 기타 이와 유사한 전자적 형태의 무체물을 말한다.

㉠ 영상물(영화, 게임, 애니메이션, 만화, 캐릭터를 포함)

㉡ 음향·음성물

㉢ 전자서적

㉣ 데이터베이스

(4) 구매확인서 발급 및 발급절차

구매확인서는 외국환은행의 장 또는 전자무역기반사업자(현재 ㈜한국무역정보통신 KTNET 뿐이다)가 전자적으로만 발급한다. 구매확인서는 수출용원재료의 국내거래와 관련하여 관세 등의 환급 또는 부가가치세의 영세율 적용을 위해 구매자가 발급받아 물품의 공급자에게 제공하는 것이다. 외화획득용 원료 또는 물품 등을 구매하고자 하는 자로서 구매확인서를 발급받고자 하는 자는 외화획득용 원료(물품 등)구매(공급)확인신청서 3부에 다음 각 호의 서류를 첨부하여 외국환은행의 장 또는 KTNET에 제출하여야 한다.[83]

> **대외무역관리규정 제36조**
> ① 구매자·공급자 및 외화획득용 원료·기재의 가격·수량 등에 관한 서류
> ② 거래물품이 외화획득용 원료·기재임을 입증하는 다음 각 호의 어느 하나에 해당하는 서류
> 　가. 수출신용장
> 　나. 수출계약서(품목·수량·가격 등에 합의하여 서명한 수출계약 입증서류)
> 　다. 외화매입(예치)증명서(외화획득이행 관련 대금임이 관계서류에 의해 확인된 경우)
> 　라. 내국신용장
> 　마. 구매확인서
> 　바. 수출신고필증(국내에서 외화획득용 원료 또는 물품 등을 구매한 자가 재화 또는 용역의 거래시기가 속하는 부가가치세 과세기간 끝난 후 25일 이내에 세금계산서 사본을 제출하고 구매확인서 발급을 신청한 경우에 한한다)
> 　사. 대외무역법령에 의한 외화획득[84]에 제공되는 물품 등을 생산하기 위한 경우임을 입증할 수 있는 서류
> 　　㉠ 수출
> 　　㉡ 주한 국제연합군이나 그 밖의 외국군 기관에 대한 물품 등의 매도
> 　　㉢ 관광
> 　　㉣ 용역 및 건설의 해외 진출
> 　　㉤ 국내에서 물품 등을 매도하는 것으로서 산업통상자원부장관이 정하여 고시하는 다음의 기준에 해당하는 것
> 　　　ⓐ 외국인으로부터 외화를 받고 국내의 보세지역에 물품 등을 공급하는 경우
> 　　　ⓑ 외국인으로부터 외화를 받고 공장건설에 필요한 물품 등을 국내에서 공급하는 경우
> 　　　ⓒ 외국인으로부터 외화를 받고 외화획득용 시설·기재를 외국인과 임대차

---

83) 대외무역법시행령 제31조, 대외무역관리규정 제37조

계약을 맺은 국내업체에 인도하는 경우
ⓓ 정부·지방자치단체 또는 정부투자기관이 외국으로부터 받은 차관자금에 의하여 국제경쟁입찰에 의하여 국내에서 유상으로 물품 등을 공급하는 경우 (대금 결제통화의 종류를 불문한다) 외화를 받고 외항선박(항공기)에 선(기)용품을 공급하거나 급유하는 경우
ⓔ 절충교역거래(off set)의 보완거래로서 외국으로부터 외화를 받고 국내에서 제조된 물품 등을 국가기관에 공급하는 경우

외국환은행의 장 또는 해당 사업자(KTNET)가 구매확인서 발급신청을 받은 경우 신청인이 구매하고자 하는 원료·기재가 대외무역법령에 의한 외화획득의 범위에 해당하는지 여부를 확인한 후 구매확인서를 발급한다. 외화획득용 원료 또는 물품 등을 구매한 자도 부가가치세법시행규칙 제9조의2에서 정한 기한 내에 전자세금계산서 또는 세금계산서 사본(전자세금계산서를 발행하지 않는 경우에만 해당)을 전자무역촉진에관한법률 제12조 및 제19조에서 정하는 바에 따라 제출하는 경우에는 구매확인서를 발급받을 수 있다.

외국환은행의 장 또는 해당 사업자(KTNET)는 발급된 구매확인서에 따라 제2차 구매확인서를 발급할 수 있으며, 외화획득용 원료 또는 물품의 제조·가공·유통과정이 여러 단계인 경우 각 단계별로 순차로 발급할 수 있다. 발급받은 구매확인서는 물품의 공급자에게 발급한다. 이상의 절차를 그림으로 표시하면 다음의 그림과 같다.

---

84) 대외무역법령에는 다음 각 호의 어느 하나에 따라 외화를 획득하는 것으로 규정하고 있다(대외무역법시행령 제26조, 대외무역관리규정 제31조). ① 수출, ② 주한국제연합군이나 그 밖의 외국군 기관에 대한 물품의 매도, ③ 관광, ④ 용역 및 건설의 해외진출, ⑤ 외국인에서 외화를 받고 국내의 보세지역에 물품 등을 공급하는 경우, ⑥ 외국인에서 외화를 받고 공장건설에 필요한 물품 등을 국내에서 공급하는 경우, ⑦ 외국인에서 외화를 받고 외화획득용 시설·기재를 외국인과 임대차계약을 맺은 국내업체에 인도하는 경우, ⑧ 정부·지방자치단체 또는 정부투자기관이 외국에서 받은 차관자금에 의한 국제경쟁입찰에 따라 국내에서 유상으로 물품 등을 공급하는 경우(대금결제통화의 종류를 불문), ⑨ 외화를 받고 외항선박(항공기)에 선(기)용품을 공급하거나 급유하는 경우, ⑩ 절충교역거래(off set)의 보완거래로서 외국에서 외화를 받고 국내에서 제조된 물품 등을 국가기관에 공급하는 경우

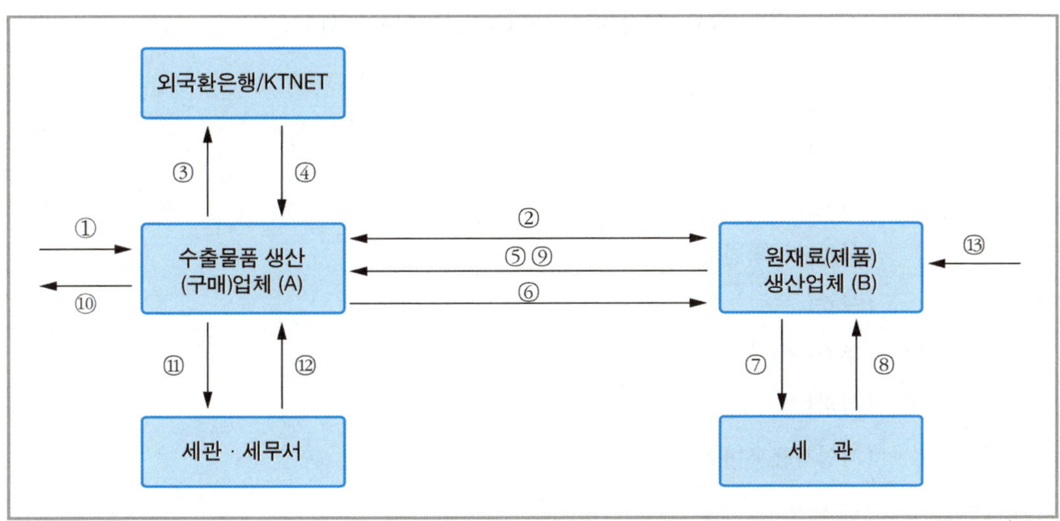

* ① Master L/C[85] 수취 또는 수출계약　　② 수출용원재료 공급계약
　③ 구매확인서 발급신청　　　　　　　④ 구매확인서 발급
　⑤ 물품공급　　　　　　　　　　　　⑥ 구매확인서 발급
　⑦ 구매확인서 첨부 기초원재료납세증명서 발급신청　　⑧ 기초원재료납세증명서 발급[86]
　⑨ 기초원재료납세증명서 인계　　　⑩ 물품생산 후 수출
　⑪ 관세환급신청　　　　　　　　　　⑫ 환급금 지급
　⑬ 전단계 구매시 (A)업체와 같은 입장에서 구매확인서 발급 및 발급절차 진행

　구매확인서를 발급한 후 발급근거 서류의 외화획득용 원료 또는 물품 등의 내용변경 등으로 이미 발급받은 구매확인서와 내용이 상이하여 재발급을 요청하는 경우 이미 발급된 구매확인서를 회수하고 새로운 구매확인서를 발급할 수 있다. 다만, 변경내용이 경미한 경우 변경사항만 정정하여 발급할 수 있다. 구매확인서의 서식은 다음의 [별표]와 같다.

☞ 북한으로의 물품 이동은 동 지역의 특성상 수출이 아닌 반출로 보고 있으므로 외화를 획득하였다 하더라도 구매확인서 발급대상은 되지 않는다(산자부 2007. 2. 14. 등록).

---

85) 이를 Original L/C, Prime L/C라고 부르기도 한다. 이에 대하여 내국신용장은 Local L/C라 하는데 이는 또한 Domestic L/C, Secondary L/C, Subsidiary L/C라고도 부른다.
86) 원재료공급업체(B)가 해당 원재료(제품)를 추가 가공하여 공급한 경우는 기초원재료납세증명서(약칭하여 '기납증')가 발급되나, 수입 또는 국내에서 구매한 원상태 그대로 공급하는 경우에는 분할증명서(약칭하여 '분증')가 발급된다.

[별지 제13호 서식]

외화획득용원료 · 기재구매확인신청서

① 구매자　　　（상호）

　　　　　　　（주소）

　　　　　　　（성명）

　　　　　　　（사업자등록번호）

② 공급자　　　（상호）

　　　　　　　（주소）

　　　　　　　（성명）

　　　　　　　（사업자등록번호）

1. 구매원료 · 기재의 내용

③ HS부호	④ 품명 및 규격	⑤ 단위 및 수량	⑥ 구매일	⑦ 단가	⑧ 금액	⑨ 비고

2. 외화획득용 원료 · 기재라는 사실을 증명하는 서류

⑩ 서류명 및 번호	⑪ HS부호	⑫ 품명 및 규격	⑬ 금액	⑭ 선적기일	⑮ 발급기관명

3. 세금계산서(외화획득용 원료 · 기재를 구매한 자가 신청하는 경우에만 해당)

⑯ 세금계산서 번호	⑰ 작성일자	⑱ 공급가액	⑲ 세액	⑳ 품목	㉑ 규격	㉒ 수량

㉓ 구매원료 · 기재의 용도명세 : 원자재구매, 원자재 임가공위탁, 완제품 임가공위탁, 완제품구매, 수출대행 등 해당 용도를 표시하되, 위탁가공무역에 소요되는 국산원자재를 구입하는 경우는 "(위탁가공)" 문구를 추가표시
　* 한국은행 총액한도대출관련 무역금융 취급절차상의 용도표시 준용

위의 사항을 대외무역법 제18조에 따라 신청합니다.

신청일자　　　　　년　　월　　일
신 청 자
전자서명

※ * ⑳ 내지 ㉒은 1. 구매원료 · 기재의 내용과 금액이 다른 경우에는 반드시 기재하여야 합니다.

210mm×297mm 일반용지 60g/㎡

[별지 제13-1호 서식]

외화획득용원료 · 기재구매확인서

※ 구매확인서번호 :

① 구매자   (상호)

              (주소)

              (성명)

              (사업자등록번호)

② 공급자   (상호)

              (주소)

              (성명)

              (사업자등록번호)

1. 구매원료 · 기재의 내용

③ HS부호	④ 품명 및 규격	⑤ 단위 및 수량	⑥ 구매일	⑦ 단가	⑧ 금액	⑨ 비고

2. 세금계산서(외화획득용 원료 · 기재를 구매한 자가 신청하는 경우에만 해당)

⑩ 세금계산서 번호	⑪ 작성일자	⑫ 공급가액	⑬ 세액	⑭ 품목	⑮ 규격	⑯ 수량

⑰ 구매원료 · 기재의 용도명세 : 원자재구매, 원자재 임가공위탁, 완제품 임가공위탁, 완제품구매, 수출대행 등 해당 용도를 표시하되, 위탁가공무역에 소요되는 국산원자재를 구입하는 경우는 "(위탁가공)" 문구를 추가표시

  * 한국은행 총액한도대출관련 무역금융 취급절차상의 용도표시 준용

위의 사항을 대외무역법 제18조에 따라 확인합니다.

                            확인일자   년   월   일

                            확인기관

                            전자서명

> 이 전자무역문서는 「전자무역 촉진에 관한 법률」에 따라 전자문서교환방식으로 발행된 것으로서 출력하여 세관 또는 무역유관기관 등 제3자에게 제출하려는 경우 업체는 동 법률 시행규정 제12조 제3항에 따라 적색고무인을 날인하여야 합니다.

210mm×297mm 일반용지 60g/㎡

(5) 내국신용장과 구매확인서 비교

내국신용장과 비교하여 볼 경우 은행의 대금지급보증이 없으며 무역금융의 융자대상이 되지 못한다는 점이 내국신용장과 다르며 수출실적인정, 외화획득용 원료의 사후관리·수출용 원자재 및 완제품의 구매·부가가치세 영세율 적용 및 관세환급 등의 용도에 사용되는 점은 내국신용장과 동일하다.

| 내국신용장 및 구매확인서 제도 비교 |

구 분	내 국 신 용 장	구 매 확 인 서
관련 규정	한국은행 금융중개지원대출관련 무역금융지원 프로그램 운용세칙	대외무역법(대외무역관리규정)
개설기관	외국환은행	외국환은행 또는 KTNET
개설조건	해당업체 원자재금융 융자한도 내에서 개설	제한없이 발급(개설근거 확인)
수출실적 인정	대외무역법상 수출실적으로 인정(관세법상으로는 수출실적 불인정)	좌동
영세율 적용 여부	영세율 적용	좌동
지급보증 여부	개설은행이 지급보증	발급은행의 지급보증 없음.
발급근거	세칙 제5조 1. 수출신용장 2. 수출계약서 3. 건설 및 용역을 수출하거나 국내 공급 4. 내국신용장에 의한 공급자(수탁가공 포함) 5. 구매확인서에 의한 공급자(수탁가공 포함) 6. 위 1~5에 의한 수출 또는 공급실적이 있는 자로서 동 수출실적을 기준으로 융자를 받고자 하는 자	대외무역관리규정 제36조 1. 수출신용장 2. 수출계약서 3. 외화매입(예치)증명서(외화획득 이행확인) 4. 내국신용장 5. 구매확인서 6. 수출신고필증(외화획득용 원료·기재를 구매한 자 신청) 7. 외화획득에 제공되는 물품 등을 생산하기 위한 입증 서류
개설(발급) 제한	차수 제한없이 순차적으로 발급 가능(업체의 무역금융 융자한도 내에서 개설 가능)	차수 제한없이 순차적으로 발급 가능(거래증빙서류 금액 범위 내 발급 가능)
사후발급규정	대금결제를 위한 사후발급금지	가능

구 분	내 국 신 용 장	구 매 확 인 서
공급실적에 의한 무역금융 수혜가능 여부	무역금융 수혜 가능	무역금융 수혜 대상이 아님.
관세환급	관세환급 가능	좌동
거래대상 물품	수출용 원자재 및 수출용완제품 등	외화획득용 원료·기재를 구매하려는 자

무역상품의 국제운송

1 의의

무역거래를 성공적으로 마무리하기 위해서는 제품의 품질, 마케팅능력, 무역계약 및 대금결제 외에 적절한 운송수단의 선정을 통한 제품의 적기인도가 매우 중요하다.

2 무역화물의 운송형태

(1) 해상운송

해상운송은 화물운송선 즉 선박에 의하여 바다를 통해 화물을 운송하는 방식으로서 대량화물이 운송이 급박하지 아니한 화물 또는 저렴한 운임으로 운송하고자 하는 경우에 주로 이용된다.

1) 정기선 운송

가. 정의

무역화물을 운송할 때에 정기선을 이용하는 것으로 정기선에 의한 운송은 화물의 집화량에 관계없이 해상의 특정항로에서 정해진 운항계획(schedule)에 따라 예정된 항구 사이를 규칙적으로 반복 운항하며, 운항화물에는 사전에 공시된 운임률표(freight tariff)상의 운임이 적용된다. 정기선에는 개별 포장된 일반적인 상품을 운송하는 일반잡화선(General Cargo Ship 또는 "재래선"이라 한다)과 컨테이너 전용선(Container Ship)이 있다. 개중에는 일반잡화와 컨테이너가 섞여 있는 선박도 있다.

불특정 다수의 화주를 대상으로 한 선화증권에 의한 개품운송계약에 의해 운송되며 화물운임은 사전에 공시된 운임표(tariff) 상의 운임률이 적용된다. 특정의 항로(구간)가 정해져 정기적으로 발착하고 일정한 동형선이 배선되므로, 화물이 많은 적든 적하품이 있든 없든 반드시 취항한다.

나. 정기선의 운임

정기선운임은 기본운임과 화물의 형상, 항만사정, 화물의 특수성, 항해 여건상의 사유 등에 따라 부과되는 할증료 및 기타 추가요금으로 구성된다.

부정기선은 화주가 선박회사로부터 화물을 적재할 수 있는 선박의 지정장소인 선복(船腹 : Ship's space)의 일부 또는 전부를 빌리는 용선형태로 운항된다. 그러나 특정산업의 생산활동을 하는 기업이 직접 선박을 소유하고(private fleets) 자신들의 화물을 운송하는 경우도 있다. 정유, 철강, 시멘트, 자동차 산업 등에서 이와 같은 사례를 찾아볼 수 있다.[87] 부정기선 가운데는 특수화물만을 운송하도록 설계된 선박이 많다. 이를 전용선이라 한다. 이에는 유조선, 자동차 수송전용선, 광석전용선, 석탄전용선, 곡물전용선, 목재전용선, 냉동전용선, 가스전용선 등이 있다.

다. 정기선에 의한 해상운송 절차

수출의 경우를 예로써 재래선인 정기선에 의한 일반적인 형태의 해상운송과정을 다음의 그림을 통해 보기로 한다. 물론 이와 같은 절차는 상황에 따라 일부가 생략되거나 다른 절차가 추가될 수 있다. 또한 컨테이너를 이용한 운송의 경우 수출자는 선사가 제공한 컨테이너에 화물을 적입한 다음(FCL화물의 경우) 선사가 정한 CY에서 선사에 인도하거나, 선사가 정한 CFS에서(LCL화물의 경우) 화물을 인도하는 것으로 선적 관련 절차가 종료되며 선사가 해당 컨테이너를 선적한 다음 선하증권 등 운송서류를 발급받는 것으로 진행된다.

---

87) 관세법상 수입물품에 대한 과세가격의 결정에 있어 운임의 산정은 정기선에 의한 운송의 경우는 B/L 등에 따라 확인된 운임을, 용선에 의한 운송의 경우는 해당 용선계약에 의해 실제로 지급하는 일체의 비용으로 한다. 그러나 다음 각 호의 어느 하나에 해당하는 물품의 운임이 통상의 운임과 현저하게 다른 때에는 선박회사 또는 항공사(그 업무를 대행하는 자를 포함한다. 이하 "선박회사 등"이라 한다)가 통상적으로 적용하는 운임을 해당 물품의 운임으로 할 수 있다. ① 수입자 또는 수입자와 특수관계에 있는 선박회사 등의 운송수단으로 운송되는 물품, ② 운임과 적재수량을 특약한 항해용선계약에 따라 운송되는 물품(실제 적재수량이 특약수량에 미치지 아니하는 경우를 포함한다) 관세법시행령 제20조.

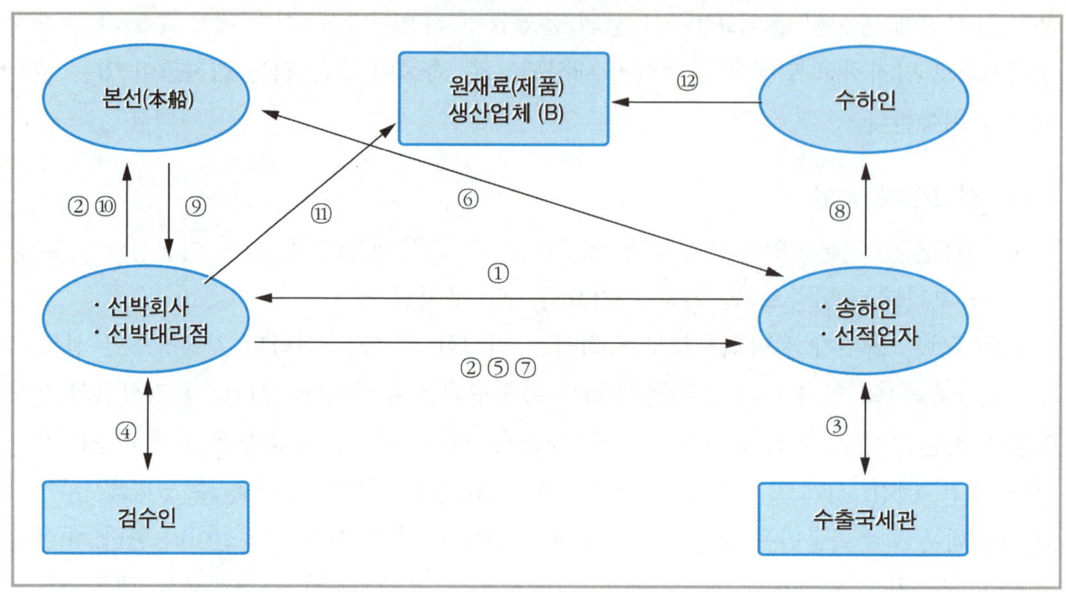

① 화주(또는 선적업자. 이하 같다)는 각 선박의 운항스케줄에서 항로별 운항선박과 입항예정일(ETA : Expected Time of Arrival) 및 출항예정일(ETD : Expected Time of Departure)을 보고 적당한 선박을 선택하여 선박회사와 협의를 한 다음 선복신청서(S/R : Shipping Request)를 제출한다. 이 절차는 재래선이나 컨테이너선 모두가 마찬가지이다.

② 선박회사(또는 선박대리점. 이하 같다)는 화주의 선복(船腹)신청을 승인하고 선복원부(space book)에 기입한다. 이것을 booking이라 한다. booking이 이루어지면 선박회사는 화주에게 운송확약서(FBN : Freight Booking Note) 또는 적하예약목록(Booking List)을 발급하고, 이를 본선에 통지한다. 이러한 선복의 신청과 그 승낙으로 확약서를 발급하면 운송계약이 성립한다. 개품(個品)운송에서는 통상 개별운송계약서가 작성되지 않으며, 선하증권이 발행되면 이것이 운송계약 성립의 추정적 증빙(prima facie proof)이 된다.

③ 송하인은 세관에 수출신고를 하여 수출신고필증을 획득한 후에 선박회사와 약정한 장소에 화물을 반입한다.

④ 선사와 화주측의 입회하에 검수인(tally man)이 검수하고 검수표(tally sheet)를 작성한다.

⑤ 송하인에 대해 선박회사는 선적지시서(S/O : Shipping Order)를 발급한다.[88]

---

88) 선적지시서는 화주의 선적신청에 따라 선박회사가 현품을 확인한 후 운송할 선박의 선적책임자(일등항해사) 앞으로 발행하는 화물적재지시서다. 직접 선적의 경우 통상 화주에게 발급된다. 장치장집화인 경우 화주 또는 선박대리업자에게 선적지시서가 발급되면 이를 본선에 제출하여 일등항해사의 서명을 받은 후 선적을 실시한다.

⑥ 선내로의 적재는 이것을 전업(專業)으로 하는 선내하역인부(stevedore)에 따라 행해진다. 본선에서는 검수표와 선적지시서를 대조하면서 적재한 다음 선적이 완료되면 일등항해사가 송하인에게 본선수취증(M/R : Mate's Receipt)을 발급한다.[89]

⑦ 선박회사는 본선수취증과 교환으로 선하증권(B/L : Bill of Lading)을 발행한다.

⑧ 송하인은 선하증권 기타 선적서류를 수하인에게 송부한다.

⑨ 본선은 선적완료 후 창구(艙口)별 화물명세서(Hatch List)[90], 적부도(Stowage Plan)[91], 선복(船腹)보고서, 적하감정보고서, 선적사고화물목록(Condition Report Exception List)[92] 등을 선박회사에 제출한다.

⑩ 선박회사는 적재화물목록(M/F : Manifest)을 작성하여 본선에 인도한다. 적재화물목록은 수입국도착항에서 선장이 제출하는 입항보고서와 함께 세관당국에 제출되어 세관의 화물관리에 활용된다.

⑪ 선박회사는 적재화물목록과 운임표, 선적사고화물목록 등을 양륙지 대리점(또는 선박회사)에 송부한다.

⑫ 수하인은 송하인에서 송부받은 선하증권을 양륙지의 선박대리점(또는 선박회사)에 제시하고 화물인도지시서(D/O : Delivery Order)를 발급받아 화물을 인수하여 수입통관절차를 시작한다.

정기선에 의한 해상운송은 선박회사와 송하인 사이에 개개의 화물을 대상으로 화물의 성질 및 수량에 따라 운임을 결정하는 체결하는 개품운송(個品運送)방식에 의한다. 정기선에 의한 화물운송은 선적항에서 목적항까지 본선이 직행하는 단일운송이 대부분이다. 그러나 단일운송 중에는 목적항까지 직항로가 없어 운송 도중에 다른 선박에 환적(換積)하여 목적항까지 운송하는 경우가 있다. 이를 전통운송(Through Transport)이라 한다. 이 경우 최초에 선적한 선박회사, 즉 제1의 운송인이 발급하는 전통선하증권(Through B/L)[93]으로 최종 목

---

89) 이 경우 외장(外裝)이 파손되거나 수량이 부족한 것과 같은 이상이 있으면 그 내용이 M/R의 적요(remark)란에 기재된다. 이러한 M/R을 Foul Receipt 또는 Dirty Receipt라 하고, remark란에 기재사항이 없는 M/R을 Clean Receipt라 한다.

90) 창구별화물명세서는 각 선창(船艙)마다 그곳에 적재한 화물의 종류, 수량을 적은 일람표로서 선적지시서와 검수표를 기초로 작성된다.

91) 적부도는 선적할 화물의 목록을 두고 작업에 앞서 적부(積付)계획을 수립하고, 양하시 선창 내 화물의 상황을 파악함과 동시에 현재 사용 가능한 공간을 파악할 수 있도록 하기 위해 본선에서 작성되는 설계도이다. 적부도는 양하항별로 화물의 품명, 수량 등을 기입하고 구별이 용이하도록 색깔로 표시한다.

92) 선적사고화물목록은 선적화물이 본선에 인도될 경우 본선 수취증의 remark란에 기록된 내용을 검수인이 집계하여 작성한 표이다.

93) 이를 전항(全航)선하증권 또는 통(通)선하증권이라고도 한다.

적항까지 운송될 수 있다.

오늘날 일반화물의 운송에서 많이 사용되는 컨테이너운송의 경우는 단순히 해상운송뿐 아니라 목적항에서 양륙된 컨테이너를 열차, 트럭 등 내륙운송수단 또는 항공운송에 한차례 이상 환적하여 최종 목적지까지 일관운송하는 경우가 대부분이다. 서로 다른 운송수단에 의해 운송되는 것을 단일운송에 대비하여 복합운송이라 한다.

라. 용선(傭船)에 의한 해상운송

용선운송은 대량화물이나 특수화물의 운송에 주로 이용되는 것으로 부정기선에 의하는 것이 보통이다. 그러나 드물게는 정기선의 경우도 선박의 일부를 용선(일부용선)하여 일반화물과 함께 적재하기도 한다. 용선운송계약의 종류는 다음의 그림과 같다.

| 용선계약의 종류 |

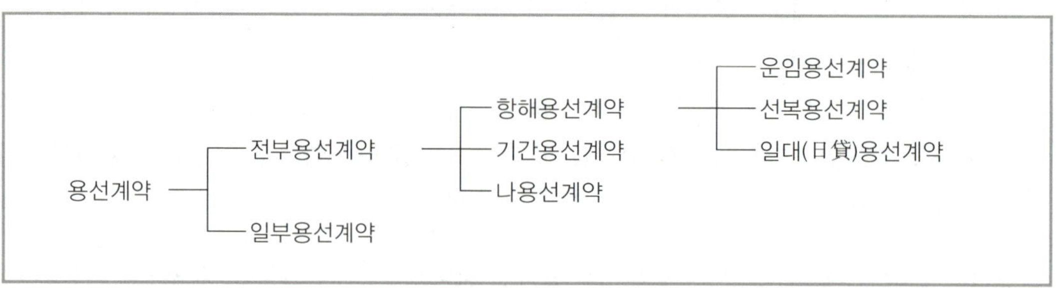

항해용선계약(voyage charter, trip charter)은 그 내용이 한번 또는 여러 번의 '항해'를 기초로 한다. 이를 운임계산방법에 따라 분류하면 선적되는 화물의 중량에 따라 계산하는 운임용선계약(freight charter)과 선적화물의 중량과는 관계없이 한 항해당 얼마로 계산하는 선복운송계약(lump sum charter), 그리고 본선이 계약상에 지정된 선적항에서 화물을 적재한 날부터 기산하여 지정된 양륙항까지 운송하여 화물을 인도할 경우까지 일(日)당 얼마로 운임을 정하는 일대(日貸)용선계약(daily charter) 등으로 나누어진다.

기간용선계약(time charter)은 선박을 1년 또는 3년과 같이 일정기간 동안 용선하는 계약이다. 선박회사는 선박운행에 필요한 일체의 용구(用具)와 선원까지 승선시킨 선박을 제공하고 선박의 감가상각비, 보험료, 금리 등의 간접비와 선원의 임금, 선박에 대한 제세(諸稅), 수리비, 식료품비 등의 직접비를 부담한다. 용선자는 용선료(charterage)를 선박회사에 지불하고 직접운항에 따른 연료비, 입항비 등을 부담하여야 한다. 용선자가 선박 외에 선원의 수배는 물론 선박운행에 필요한 선용품 등에 대한 일체의 책임을 지는 용선계약을 나용선

(裸傭船 : bare boat charter)계약이라 한다. 기간용선은 용선자 자신의 화물을 운송하기 위해 정기용선하는 경우도 있으나, 용선자가 해운업자로서 선박을 정기선 또는 부정기선으로 운영함으로써 타인의 화물운송에서 얻는 운임과 용선비의 차액을 수익으로 하는 전문용선업자도 있다. 또 나용선을 계약하여 선원과 장비를 갖춘 다음 재용선하는 경우도 있다.

마. 해상화물운임

① 일반운임

해상운임은 정기선과 부정기선으로 대별되는 해상운송형태에 따라 다르게 결정된다. 정기선은 고정된 운임률표(freight tariff)가 적용되나, 부정기선은 운송계약당시의 수요와 공급에 따라 화주와 선주간 협의로 결정된다. 정기선의 해상운임은 기본운임(Basic Rates)에 할증료(Surcharges), 추가요금(Additional Charges) 등으로 구성된다. 기본운임은 품목별로 상이한 요율을 정해두고 이를 적용한다.

② 할증료(Surcharges)

할증료[또는 부가운임(additional rate)이라고도 한다]는 기본요율에 의한 운임 외에 다른 사정을 고려하여 운임에 추가로 부과하는 비용을 말한다. 할증료에는 다음과 같은 것들이 있다.

㉮ 유류할증료(Bunker Adjustment Factor : BAF) : 선박의 주 연료인 벙커유의 가격인상에 따른 선사의 추가적인 비용을 보전하기 위해 부과하는 할증료이다.

㉯ 통화할증료(Currency Adjustment Factor : CAF) : 운임률표가 적용되는 통화가 환율변동으로 약세가 될 경우 선사의 손실을 보전하기 위해 부과하는 할증료이다.

㉰ 체항료(Congestion Surcharge) : 항만의 처리능력 부족으로 인해 항구에서 선박이 장기간 대기할 경우 부과하는 할증료이다.

㉱ 수에즈운하 할증료(Suez Canal Surcharge) : 유럽행 선박이 전쟁 등으로 수에즈운하가 막힐 경우 아프리카 남단의 희망봉을 경유하게 됨에 따라 추가로 발생하는 비용을 보전하기 위해 부과하는 할증료이다.

㉲ 전쟁위험할증료(War Risk Surcharge) : 전쟁 중인 국가 또는 지역으로 운송되는 화물에 대하여 추가되는 할증료이다.

③ 추가요금(Additional Charges)

㉮ 외항추가운임(Outport Arbitrary) : 선박이 정상적으로 기항하는 항구(Base Port) 이외의 지역에서 적재 또는 양하되는 화물에 부과하는 요금을 말한다.

㉯ 환적료(Transhipment Charges) : 선박이 최종 목적항에 직접 기항하지 않기 때문에 화물의 환적으로 인해 추가로 발생하는 비용을 보전하기 위해 부과하는 요금을 말한다.

㉰ 선택항료(Optional Charges) : 화주가 선적당시 최종 목적항을 둘 이상 정하여 최초항 도착 전에 화주가 양화항을 지정하는 경우 부과하는 요금을 말한다.

㉱ 항구변경료(Diversion Charges) : 화주가 선적시에 지정했던 항구를 본선 선적완료 후 변경할 경우 부과하는 요금을 말한다.

㉲ 초과중량/용적료(Heavy/Bulky Cargo Charges) : 화물의 단위당 중량 또는 용적과다로 특수장비를 이용할 경우 부과하는 요금을 말한다. 대개 단위당 화물의 중량이 3,000kg 또는 3CBM(CBM은 1m×1m×1m 크기를 의미한다)을 초과하는 화물이 그 대상이 된다.

㉳ 장척화물료(Long Length Charges) : 화물의 단위당 길이가 너무 길거나 커서 특수장비를 이용할 경우 부과하는 요금을 말한다.

㉴ 위험물할증료(Dangerous Cargo Premium) : 화물에 내재한 위험성으로 선적시 특별한 주의를 요하는 화물에 부과하는 요금을 말한다.

㉵ 특별운항료(Special Operating Service Charges) : 항만 내 쟁의(strike) 발생으로 선박이 예정된 항구에 기항하지 못하고 인접항에서 화물을 양하할 경우 추가로 소요되는 육상운송료 등을 보전하기 위하여 부과하는 요금을 말한다.

㉶ 터미널화물처리비(Terminal Handling Charges : THC) : 수출시는 컨테이너 화물이 CY(또는 CFS)에 입고된 순간부터 선측까지, 수입시는 본선의 선측에서 CY(또는 CFS)의 게이트를 통과하기까지 화물의 이동에 따르는 비용으로 부과하는 요금을 말한다. 종전에는 해상운임에 포함하여 징수하였으나 1990년대 들어 대부분의 항로에서 운임과 분리하여 징수하고 있다.
터미널화물처리비는 나라에 따라 THC 외에도 컨테이너 화물처리비(Container Handling Charges : CHC) 또는 도착지인도료(Destination Delivery Charges : DDC) 등으로 불리고, 그 개념과 원가구성에 있어 다소 차이가 있다.

㉷ 서류발급비(Documentation Fee) : 선사가 일반관리비 보전을 목적으로 수출시는 선하증권을 발급할 경우, 수입시는 화물인도지시서(D/O)를 발급할 경우 징수하는 비용이다.

㉸ CFS비용(CFS Charges 또는 container charges) : 소량화물(LCL) 취급시 발생하는 비용과 수수료로서 부과되는 요금을 말한다.

㉹ 부두사용료(Wharfage) : 안벽, 잔교, 부두를 통과하는 화물톤수를 근거로 부과되는 항만사용료를 말한다.

㉽ 일수초과료(Demurrage) : 무료기간(free time) 이내에 화물을 CY에서 반출하지 않을 경우 부과되는 요금을 말한다.

㉻ 지체료(Detention) : 무료기간 이내에 반출해 간 컨테이너를 지정된 선박회사의 CY에 반송하지 않을 경우 부과하는 요금을 말한다.

2) 부정기선 운송

가. 개요

부정기선(tramper)은 정기선과 같이 일정한 항로를 규칙적으로 운항을 하지 아니하며, 일정한 항로나 화주를 한정하지 아니하고 화물이 있을 때마다 또는 선복의 수요가 있을 때, 화주가 요구하는 시기와 항로에 따라 화물을 운송하는 것을 말한다. 항로와 화물, 배선에 구애없이 수송수요에 따라 수시로 배선, 운항하며 주로 유조선, 살화물선, 전용선, 겸용선 등으로 세분화할 수 있다.

나. 부정기선 운임

부정기선 운임은 운송시기·기간에 따라 spot rate, 선물운임, 장기계약 운임 등이 있고, 부과기준에 따라 톤당운임 및 부적운임, 선복운임 및 일대용선운임이 있다.

(2) 항공운송

항공운송은 해상운송에 비해 운송기간이 현저히 짧고 정기운송에 따른 화물의 적기 인도가 가능하므로 재고비용 및 자본비용을 절감할 수 있고 충격에 의한 화물의 손상 및 장기운송에 의한 변질 가능성이 적어 화물을 안전하게 상대 화주에게 인도할 수 있다. 종합물류원가개념 도입으로 기업물류관리의 중요성이 부각되면서 항공운송 수요가 증가하고 있는 추세이다.

1) 항공화물운송의 의의

항공운송은 항공기의 항복(plane's space)에 화물을 탑재하고 국내외의 공항에서 다른 공항까지 운항하는 운송을 말한다. 항공화물 운송은 신속, 안정, 확실성을 가지고 있어 급송을 요구하는 품목의 수출에 많이 쓰이나 중량에 비해 고액의 운임부담이 들 수 있다.

2) 항공화물 대상품목

① 긴급수요 품목 : 납품기일이 임박한 화물, 계절 유행상품, 투기상품 등
② 장기간 운송을 할 경우 가치가 상실되는 품목 : 생화(生花), 생선, 동물, 신문, 잡지, 뉴스, 필름, 원고, 긴급서류 등
③ 부가가치가 높은 품목 : 전자기기, 정밀과학기기, 컴퓨터기기, 통신기기 등
④ 여객과 함께 이동되는 품목 : 휴대품, 상품의 견본, 애완동물 등
⑤ 고가품목이나 화폐 등 : 귀금속, 미술품, 골동품, 화폐, 증권 등
⑥ 다른 운송수단의 대체 : 항만 또는 해운, 육상운송에 있어서의 파업, 벽지운송 등
⑦ 물류관리나 마케팅의 전략적 대상품목 : 경쟁상품보다 신속한 서비스체제 확립의 필요성이 있는 품목, 재고 최소화를 통한 물류시스템의 합리화 등

3) 항공화물의 적재방식

초기 항공화물의 운송은 인력에 의한 bulk 탑재였다. 오늘날에는 화물의 보호, 신속한 작업 및 취급, 항공사간의 연계운송, 지상하역작업의 기계화를 통한 합리화, 조업시간 단축에 따른 항공기 가동률 제고 등을 위해 단위적재용기(ULD : Unit Load Device)가 널리 사용된다. 단위적재용기에는 항공화물용 컨테이너와 팔레트(pallet), 이글루(igloo)가 있다.

① Bulk Loading

화물전용기를 제외한 대부분의 항공기는 객실 아래쪽이 화물실로 되어 있다. 화물실에 대한 적재는 대개 개별화물을 인력에 의해 직접 적재한다. Bulk Loading은 원시적인 방법이기는 하지만 제한된 공간에 보다 효율적으로 적재할 수 있는 측면도 있다.

② ULD Loading

㉮ 항공화물용 컨테이너(container) : 별도의 보조장치 없이 항공기 내의 화물실에 적재 및 고정이 가능하도록 제작된 용기이다. 재질은 주로 알루미늄을 이용하여 컨테이너 자체의 중량은 최소화하되 화물의 무게를 견딜 수 있는 강도로 제작되어 있다.
㉯ 팔레트(pallet) : 1인치 이하의 알루미늄 합금으로 만들어진 평판으로, 화물을 항공기의 내부모양과 일치하도록 적재한 후 망(net)이나 띠(strap)로 묶을 수 있도록 고안된 장비이다. 대부분의 팔레트는 국제항공운수협회가 제정한 표준규격에 따라 제작된다. 표준규격은 88″×108″와 88″×125″이다.

㉰ 이글루(igloo) : 유리섬유 또는 알루미늄 등의 재질로 비행기의 동체 모양에 따라 만들
어진 항공화물을 넣는 특수한 덮개로서 공간을 최대한 활용하도록 고안되었다. 이글
루의 규격은 팔레트와 유사하다.

4) 항공화물운임

항공화물운임은 항공사가 독자적으로 결정하는 것이 아니라 대개 국제항공운송협회
(IATA : International Air Transport Association)에서 결정된 운임을 각 항공사들이 자국의 국내
법에 따라 정부의 허가를 받아 적용하고 있다. 항공화물운임의 계산은 해상운송에서와 유
사하게 중량에 의한 방법과 용적에 의한 방법, 그리고 화물가격에 의한 방법이 사용된다.
중량에 의한 방법은 화물 전체 중량에 해당구간 kg당 요율을 적용하는 것이다. 용적에 의한
방법은 총이륙중량과 항공기 space측면을 고려하여 항공사가 유리한 쪽을 선택하는데,
6,000㎤를 1kg으로 환산한다. 그 밖에 고가품의 경우 종가요율(valuation charge)이 추가로 적
용되며, 각 운항 구간별로 최저운임이 설정되어 있다. 항공운임률의 종류에는 다음과 같은
것이 있다.

① 일반화물요율(General Commodity Rate : GCR)

② 특정품목할인요율(Specific Commodity Rate : SCR)

③ 품목분류요율(Class Rate, Commodity Classification Rate)

④ 단위탑재운임(Bulk Unitization Charge : BUC)

⑤ 최저운임(Minimum Rate)

⑥ 종합구간운임(Through Rate)

⑦ 종가운임(Valuation Charges)

5) 항공화물혼재업자(항공운송주선업자)

항공운송주선업(air freight forwarder, consolidator)은 항공기를 운송수단으로 보유하지 않으
나 타인(송하인)의 수요에 응하여 유상으로 송하인과 운송계약을 체결하여 집하한 수하물을
하나의 화물로 모아 스스로 송하인(즉 자기의 명의)이 되어 운송책임을 부담하면서 집하한
화물을 하나의 화물로 모아 스스로 송하인이 되어 항공회사에 운송을 위탁하는 업이다. 항
공운송주선업자는 자체적으로 설정한 요율과 운송약관을 적용하고 House Air Waybill을
발행한다. 이들이 행하는 혼재운송 부분을 강조하여 혼재업자라고 부르기도 한다. 혼재업
은 항공법에서 항공화물운송주선업이라 칭한다.

6) 항공화물운송장

항공화물운송장은 항공화물운송을 위한 기본적 서류로서 항공사가 화물을 항공으로 운송하는 경우에 발행하는 화물수취증으로서 항공운송장 또는 항공화물수취증이라고 부르기도 한다.

항공화물운송장은 유가증권이 아닌 단순한 화물운송장(영수증)으로서 수취식이고 기명식이며 비유통성을 가진다.

항공화물운송장은 항공사가 혼재화물을 커버하기 위해 발행하는 Master Air Waybill과 혼재업자가 혼재화물을 구성하는 개별 송하인의 화물에 대하여 발행하는 House Air Waybill로 구분한다.

| AWB와 B/L의 차이점 |

구 분	항공화물운송장(AWB)	선하증권(B/L)
성격	단순 화물운송증(화물수취증)	유가증권
유통	비유통성	유통성
발행시기	항공사가 창고에서 화물 수취 후 발행(수취식)받음	선사가 본선 선적 후 발행(선적식)
발행방법	기명식(수하인란에 실제 수하인 기재)	지시식(또는 무기명식)
작성자	송하인(화주) 작성 원칙 (실제는 운송사(항공사) 대리 작성)	운송사(선사)가 작성

(3) 수출입화물의 내륙운송

화주가 수출품을 생산하고 선적하기 위하여 선적지 항구까지의 내륙운송절차를 거치게 되는데, 그 경로에는 철도수송, 도로수송, 해상수송 등이 있다.

반면 수입화물이 양하지에 도착하면 선사는 해당 화주에게 화물도착통지를 하고 화주는 은행으로부터 선적서류를 인수받아 수입통관절차를 밟게 된다.

(4) 복합운송

1) 의의

복합운송(multimodal transport or combined transport)이란 복합운송인(MTO : multimodal transport operator)이 화물을 지기 책임 하에 인수하여 어느 국가의 한 지점에서 다른 국가에

위치해 있는 지정 인도지점까지 복합운송계약에 의거 해상, 내륙, 항공, 철도나 도로운송 등 여러 운송방식 중 2종류 이상의 운송수단을 사용하여 운송하는 것을 의미한다. 어느 한 운송방식에 의한 계약의 이행을 위해 부수적으로 행해지는 집화나 인도에 이용되는 운송방식은 복합운송으로 간주되지 않는다.

2) 구체적 개념과 요건

복합운송이란 출발지에서부터 최종 목적지까지 해상과 육상, 항공운송 중 두 가지 이상의 방식에 따라 이루어지는 물품운송을 말한다. 복합운송은 운송방법이 서로 다른 운송형태의 결합을 의미하므로 운송을 위한 용기가 무엇인가 하는 것과는 직접 관련이 없다. 그러나 출발지에서 최종 목적지까지 수송에 동일 용기를 사용하면 그 효율성이 높아지므로 컨테이너와 팔레트(pallet) 등이 많이 사용된다. 실무적으로 복합운송은 컨테이너운송을 의미하는 것으로 받아들여진다. 복합운송은 이른바 문전(門前)에서 문전(門前)까지(Door to Door) 서비스를 목적으로 하며, 복합운송인이 전체 운송구간에 대하여 책임을 진다.

유효한 복합운송이 되기 위해서는 ① 국제간의 운송 및 운송수단이 복수인 복합운송계약의 체결, ② 복합운송인에 의한 전 운송구간에 대한 일관책임의 인수, ③ 일관운임의 제시, ④ 복합운송서류의 발행이라는 기본요건이 포함되어야 한다.

3) 복합운송인

복합운송인은 동종 또는 이종(異種)의 운송수단을 조합하여 일관된 운송시스템을 조직, 화주에 대해 운송계약의 당사자로 행동하는 사람이다. 복합운송인은 화주에 대해 단일 책임을 지고 복합운송증권을 발행하는 한 선사, 항공사, 철도회사, 트럭회사, 창고업자, 운송주선인(freight forwarder), 무선박운송인(NVOCC) 등[94] 누구라도 가능하다. 일반적으로 국제복합운송 서비스를 주관하는 복합운송인은 실제운송인(actual carrier)형과 계약운송인(contractual carrier)형의 두 가지로 구별된다.

TCM 조약안에서는 복합운송인을 ① 복합운송증권을 발행하며, ② 화물의 수령으로부터 인도까지 전구간에 걸쳐 자기의 이름으로 운송을 이행하고, ③ 그 운송에 대하여 조약에 규정된 책임을 부담하며, ④ 복합운송증권에 기명된 자 또는 정당하게 배서된 증권의 소지인에게 화물의 인도를 확실히 하기 위하여 필요한 모든 조치를 다하는 자로 규정하고 있다.

---

94) Non Vessel Operating Common Carrier by Water의 약자로 무선박운송인을 말한다. 이 개념은 1963년 미국의 General Order 4(510-21(b))에 따라 최초로 법제화되었다.

복합운송에 있어 다수의 구간운송행위자가 결합되어 있더라도 복합운송인은 전 운송구간에 걸쳐 화주에 대하여 단일책임을 부담하게 된다.

일반적으로 국제복합운송 서비스를 주관하는 복합운송인은 실제운송인(actual carrier)형과 계약운송인(contractual carrier)형의 두 가지로 구별된다.

① 실제운송인형 복합운송인

실제운송인형 복합운송인은 선사, 항공사, 철도회사, 트럭회사 등의 운송실행에 관여하면서 아울러 복합운송인이 되는 운송인이다. 현실적으로 국제 화물운송에서 해상운송 부문이 가장 큰 비중을 차지하고 있으므로 선박회사들이 주도적 역할을 수행하고 있다. 컨테이너선이 늘어나면서 선사의 운송책임도 종래의 tackle to tackle(선측에서 선측)에서 terminal to terminal로 확대되고, 더 나아가 내륙운송까지 확대하여 국제간의 Door to Door 운송을 일관하여 인수하는 복합운송업자로 바뀌고 있다.

② 계약운송인형 복합운송인(Forwarder)

계약운송인형 복합운송인은 자기 스스로 선박, 항공기, 철도, 트럭 등의 운송수단을 보유하고 있지 않지만 실제 운송인처럼 운송의 주체(principal)가 되는 운송인이다. 계약운송인은 화물의 인수에서 인도까지 각 단계를 유기적으로 조직함으로써 복합운송인의 기능과 책임을 다한다. 따라서 실제 운송인에 대해서는 화주의 입장에서, 화주에게는 운송인의 입장에서 업무를 수행한다. 이런 유형의 복합운송인으로는 해상운송주선인(ocean freight forwarder), 항공운송주선인(air freight forwarder), 통관업자 등이 있다. 대표적인 것은 해상 및 항공운송주선인이다.

계약운송인형 복합운송인의 하나가 되기도 하는 운송주선인(Freight Forwarder : 흔히 '포워더'라 부른다)은 Forwarding Agent, Shipping Agent, Shipping & Forwarding Agent, Air Freight Agent를 총칭하는 개념이다. 이들은 두 가지 기능을 수행한다. 하나는 전통적인 운송주선인의 기능이고, 다른 하나는 운송주체자로서 기능이다. 전통적인 운송주선인 기능은 운송을 위탁한 고객의 대리인으로서 송하인의 화물을 인수하여 수하인에게 인도할 경우까지의 집화(集貨), 입출고, 선적, 운송, 보험, 보관, 배달 또는 통관 등 일체의 업무를 부분적으로 또는 전체적으로 '주선'하는 것이다. 운송주체자로서 기능은 스스로가 운송계약의 주체자인 복합운송인으로서 운송의 전과정을 주선할 뿐 아니라 복합운송증권을 발행하여 전 구간에 대한 운송의 책임을 '부담'하는 것이다.

③ 운송주선인과 혼재서비스(Consolidation Service)

컨테이너 규격과는 관계없이, 그리고 화물이 컨테이너에 가득 채워졌는지에 관계없이 한 컨테이너에 단일 화주의 화물이 실리는 것을 FCL(Full Container Load)화물이라 한다. 반면 여러 화주의 화물이 하나의 컨테이너에 혼적(混積)되는 경우를 LCL(Less than Container Load) 화물이라 한다. LCL화물은 대개 목적항이 같은 다른 LCL화물과 합해져서(consolidation) 운송된다. 이와 같이 외국으로 운송해 갈 LCL화물을 조작하여 컨테이너에 적입(積入)하거나 외국에서 운송되어온 LCL화물을 화주에 따라 분류하는 장소를 CFS(Container Freight Station)라 한다. CFS는 대개 항구 내, 항구에 인접한 지역 또는 ICD의 CY와 함께 있으며 보세구역이다.[95]

FCL화물은 매도인에 의해 자신의 공장 또는 창고 등에서 직접 적입이 이루어진다. 혼재서비스는 운송주선인들이 가장 많이 행하는 업무이다. 혼재(consolidation)란 소량 컨테이너 화물(LCL화물)을 집화하여 컨테이너 단위화물, 즉 FCL화물로 단위화하는 것을 말한다. 혼재에는 다음 세 가지가 있다.

㉮ Buyer's Consolidation : 운송주선인이 한 사람의 수입상에서 위탁을 받아 다수의 수출상에서 화물을 집화하여 컨테이너에 혼재한 후 그대로 수입상에게 운송하는 형태이다.

㉯ Forwarder's Consolidation : 운송주선인이 여러 화주의 소량 컨테이너화물을 CFS에서 혼재한다. 혼재된 화물은 목적항의 CFS에서 화주별로 분류되어 해당 수입상에

---

95) ICD는 Inland Clearance Depot, Inland Container Depot 또는 Inland Dry Depot를 의미한다. ICD는 항만 또는 공항이 아닌 공용의 내륙시설로 이곳에서는 미통관된 상태의 화물과 컨테이너의 일시저장과 취급서비스, 통관절차의 이행, 연계수송을 위한 일시장치·보관·양륙·재수출 등이 행해진다.

게 인도된다. 운송주선인이 행하는 업무 중 가장 보편적인 형태이다. 이 경우 운송주
선인의 수입은 LCL을 혼재하여 FCL로 단위화함에 따른 운임차액과 창고료 등이다.
ⓑ Shipper's Consolidation : 수출상이 여러 수입상에게 송부될 화물을 혼재하는 것이
다. 수출상은 한사람이고 수입상은 다수일 경우 운송되는 방법이다. 현실적으로는 각
화물의 행선지와 인도시기 등 여러 가지 복잡한 문제 때문에 거의 이루어지지 아니한다.

한편, 운송주선인이 자체적으로 집화한 소량화물을 FCL로 단위화하기에 부족한 경우 또
는 소량 초과하는 경우 동일 목적지의 LCL을 많이 확보하고 있는 타 운송주선인에게 공동
혼재(Joint Consolidation)를 의뢰하여 FCL로 만들어 선적하기도 한다. 이는 소량화물의 신속,
경제적인 선적을 도모하기 위한 것으로 혼재업자 간의 업무협조라 할 수 있다.

4) 복합운송과 컨테이너

① 컨테이너에 의한 화물운송의 의의

국제화물운송에 컨테이너를 널리 사용하게 된 것은 화물운송에 있어 경제성과 안전성,
그리고 신속성이 재래적인 운송방법에 비해 매우 뛰어나 화주(貨主), 선박운송업자, 도로(철
도)운송업자, 항공운송업자 등 여러 부문 이용자에게 유익하였기 때문이다. 컨테이너 화물
운송이 경제성을 갖게 되는 것은 상품의 포장비용, 하역(荷役)비용, 보관비용, 인건비용, 운
임 등이 절감되기 때문이다. 안전성은 컨테이너 용기 자체가 온·습도 등 자연현상에 의한
손실을 방지하기 때문이다.

② 컨테이너 화물의 인도와 선적

일반적인 컨테이너 화물의 적재·인도·선적과정은 다음과 같다.

먼저 선박회사와의 합의하에 화주가 공(쇼)컨테이너를 컨테이너의 인도, 인수 또는 보관
이 이루어지는 장소인 CY(Container Yard)에서 자신의 공장이나 창고까지 운반한 다음, 수출
통관이 종료된 화물을 자신의 책임하에 컨테이너에 적입한다. 화물을 적입할 경우 화주는
컨테이너 적치표(Container Load Plan : CLP)를 컨테이너별로 작성하여야 한다. 적입이 완료되
면 선사가 지정한 CY까지 운반하여 CY Operator에게 인도한다. 이 경우 화주는 CLP와
수출신고필증, 그리고 자신이 서명한 기기인수도증(Equipment Inter-change Receipt : EIR)을
함께 제출하여야 한다. 화주가 적재된 컨테이너를 CY에서 CY Operator에게 인도하면 선박
회사의 대리인인 CY Operator가 부두수취증(Dock Receipt : D/R)을 발행하여 화주에게 발급
한다. 화주는 이 D/R과 상환으로 선박회사로부터 수취선하증권인 컨테이너 선하증권

(Container B/L)을 발급받는다. 선박회사는 화주에 따라 봉인된 컨테이너를 CY에서 인수, 보관하였다가 자신의 책임하에 본선에 적재한다.

　LCL화물은 화주가 자신의 공장이나 창고에서 수출통관 한 다음 자신의 책임과 비용으로 화물을 CFS까지 운송하여 수출신고필증과 함께 CFS Operator에게 인도한다. 물품을 인수하는 CFS Operator는 화주에게 D/R을 발급하여야 하나 통상 D/R은 화주에게 발급되지 않고 선박회사의 본사로 이송되어 이에 따라 선하증권이 발행된다. 화주는 선하증권을 발급받기 전에 Container Service Charge를 선박회사에 지급하여야 한다. 화물을 집화한 CFS Operator는 여러 화주의 화물을 운송목적지, 화물의 종류 등을 고려하여 혼재한 다음 이 컨테이너를 CY Operator에게 인도한다. 이 경우 CFS Operator는 CLP를 작성하여 컨테이너와 함께 인도하여야 한다. CY Operator에게 인도된 컨테이너는 FCL화물의 경우와 마찬가지 과정을 거쳐 본선에 적재된다.[96]

③ 컨테이너 화물의 운송형태

㉮ 수출국 CY / 수입국 CY(FCL/FCL) 운송

　이 운송은 매도인의 공장 또는 창고에서 컨테이너에 화물이 적입되어 매수인에게 전달될 경우까지 동일한 상태로 일관수송되는 운송형태다. FCL화물의 경우만 가능하며 대개 다량의 상품이 거래될 경우 이용된다. FCL화물은 매도인이 자신의 비용과 책임으로 화물을 적입(Shipper's pack)하여 선적항 및 양륙항을 통과하여 최종 목적지의 수하주 창고 또는 공장까지 컨테이너의 개폐없이 운송이 이루어진다. 따라서 컨테이너 화물운송의 장점인 경제성, 안전성, 신속성을 최대한 달성할 수 있고, Door to Door서비스가 가능하게 된다.

㉯ 수출국 CY / 수입국 CFS(FCL/LCL) 운송

　이 운송은 매도인은 한 사람이지만 매수인이 다수인일 경우 이용되는 운송형태이다. 매도인이 자신의 비용과 책임으로 화물을 적입한 컨테이너는 선적항을 통과하여 양륙항의 CFS에서 각각의 매수인들에게 인도된다. 이 운송형태는 단일 수출업자가 수입국의 여러 수입업자에게 일시에 화물을 운송하고자 할 경우 이용된다.

㉰ 수출국 CFS / 수입국 CY(LCL/FCL) 운송

---

96) 컨테이너에 의한 화물운송과 관련하여 일반적인 해상보험과는 다른 컨테이너 보험제도가 활용된다. 컨테이너 보험에는 ① 컨테이너 자체의 보험(container itself insurance 또는 basic container insurance), ② 컨테이너 소유자 또는 임차인의 제3자에 대한 배상책임보험(container owner's third party liability insurance), ③ 컨테이너 운영자의 화물손해배상책임보험(container operator's cargo indemnity 또는 insurance indemnity)의 세 가지가 있다. 이들 세 가지 보험은 대개 일괄하여 1개의 증권으로 인수된다.

이 운송은 매도인은 여러 명이지만 매수인이 단일한 경우 이용되는 운송형태이다. 운송인 또는 운송주선업자가 CFS에서 여러 송하주들로부터 화물을 집하하여 컨테이너에 적입한 다음 최종 목적지의 매수인의 창고 또는 공장까지 화물을 운송한다. 이 운송형태는 일반적으로 대규모 수입상이 여러 사람의 매도인들로부터 각각의 LCL화물을 매입하여 일시에 자신의 지정창고까지 운송하고자 하는 경우 이용된다.

㉭ 수출국 CFS / 수입국 CFS(LCL/LCL) 운송

이 운송은 선적항의 CFS로부터 목적항의 CFS까지를 컨테이너에 의하는 화물운송형태이다. 재래선에 의한 화물의 해상운송구간을 컨테이너에 의해 수송한다는 의미를 가진다. 여러 명의 송하주들로부터 모은 LCL화물을 CFS에서 혼재하여 역시 여러 명의 수하주에게 인도하는 방법으로 주로 운송주선인들에 의해 이용된다.

5) 복합운송의 기본요건

① 운송책임의 단일성

복합운송인은 자기의 명의와 계산으로 송하인을 상대로 복합운송계약을 체결한 계약 당사자일 뿐만 아니라 전체 운송을 계획하고 여러 운송구간을 적절히 연결하고 통괄하여 운송이 원활하게 이루어지도록 조정하고 감독할 지위에 있으므로 전구간에 걸쳐 화주에 대해 단일책임을 진다.

② 복합운송증권의 발행

복합운송이 되기 위해서는 복합운송이 화주에 대하여 전운송 구간에 대한 유가증권으로서의 복합운송증권이 발행되어야 한다.

③ 단일운임의 설정

복합운송인은 그 서비스의 대가로서 각 운송구간마다 분할된 것이 아닌 전 구간에 대한 단일운임(Through Rate)을 설정, 화주에게 제시한다.

④ 운송방식의 다양성

복합운송은 반드시 2가지 이상 서로 다른 운송방식에 의하여 이행되어야 한다. 이때 운송방식은 운송인의 다수가 중심이 되는 것이 아니라 운송수단의 종류가 문제가 되며 이러한 운송방식은 각각 다른 법적 규제를 받는 것이라야 된다.

6) 복합운송증권(MTD 또는 CTD)

복합운송증권은 선박, 철도, 항공기, 자동차에 의한 운송방식 중 적어도 두 가지 이상의 운송수단에 의한 운송방식에 의하여 운송물품의 수탁자와 인도자가 상이한 국가의 영역 간에 이루어지는 복합운송계약을 증명하기 위하여 복합운송인이 발행한 증권을 말한다.

복합운송증권은 화주에게 통운송의 전체적인 책임을 지고 어느 구간에서 발생하였든 화물의 멸실이나 손상에 대하여 복합운송인이 책임을 진다.

| 복합운송증권과 통선하증권의 비교 |

구 분	복합운송증권	통선하증권
운송수단의 조합	이종운송수단과의 조합만 가능	동종수단과 또는 이종운송수단과의 조합
운송계약형태	복합운송계약(하청형태)	형태불문, 최종목적지까지 일괄운송만으로 가능
운송인의 책임 형태	전구간 단일책임	각 운송인 분할책임
1차 운송인과 2차 운송인의 관계	1차 운송인 : 원청운송인 2차 운송인 : 하청운송인	2차 운송인에 대한 1차 운송인의 지위는 화주의 단순한 운송대리인에 불과
증권의 발행일	발행인의 특별한 제한이 없이 운송주선업자도 가능(FIATA B/L에 한함)	선박회사와 그 대리인
증권의 형식	B/L 이외 형식도 존재	B/L형식
On board motation	Taking in charge란 증명	선적선하증권(Shipped B/L)으로서 특정 선박에의 적재 증명

7) 장점

국제복합운송의 장점은 다음과 같다.

① 비용 절감 : 환적작업 검사, 사무수속 등 수송기관의 접점에서 발생하는 작업 코스트를 절감할 수 있으며, 작업흐름의 원활화 및 하역생산성 향상 가능

② 서류 단순화 : 컨테이너화에 의해 수송수속의 간소화로 화물과 서류의 체크, 서류의 단순화가 가능

③ 운송책임 일원화 : 복합운송업자에 의한 일괄 운송업무 수행으로 운송책임의 일원화가 가능케 됨으로써 그에 따라 클레임처리도 일원화 가능

④ 화물추적 용이 : 단일의 운송인에 의해 취급되므로 화물의 추적 시스템화(Cargo Tracing System)가 용이

8) 국제물류주선업의 의의

국제물류주선업은 운수업의 하나로서 외국항행용역을 주선하는 경우 영의 세율을 적용한다. 국제물류주선업[97]이란 타인의 수요에 따라 자기의 명의와 계산으로 타인의 물류시설·장비 등을 이용하여 수출입화물의 물류를 주선하는 사업을 말한다.

국제복합운송용역주선업은 타인의 수요에 응하여 자기의 명의와 계산으로 타인의 선박·항공기·철도차량·자동차 등 2가지 이상의 운송수단을 이용하여 화물의 운송을 주선하는 사업으로「화물유통촉진법」에서「물류정책기본법」으로 법명이 변경되면서 '국제물류주선업'으로 명칭이 바뀌었으며, 그 의미도 '타인의 수요에 따라 자기의 명의와 계산으로 타인의 물류시설·장비 등을 이용하여 수출입화물의 물류를 주선하는 사업'으로 정의하고 있다(물류정책기본법 §2 11).

복합운송주선업(국제물류주선업)을 경영하려는 자는 국토교통부령으로 정하는 바에 따라 국토교통부장관에게 등록하여야 하며 국제물류주선업을 등록한 자가 등록한 사항 중 국토교통부령으로 정하는 중요한 사항을 변경하려는 경우에는 국토교통부령으로 정하는 바에 따라 변경등록을 하여야 한다.

등록요건은 3억원 이상의 자본금(법인이 아닌 경우에는 6억원 이상의 자산평가액을 말한다)을 보유하여야 하고, 다음의 어느 하나에 해당하는 경우를 제외하고는 1억원 이상의 보증보험에 가입하여야 한다(물류정책기본법 §43, 물류정책기본법 시행령 §30의2).

① 자본금 또는 자산평가액이 10억원 이상인 경우
② 컨테이너장치장을 소유하고 있는 경우
③「은행법」제2조 제1항 제2호에 따른 은행으로부터 1억원 이상의 지급보증을 받은 경우
④ 1억원 이상의 화물배상책임보험에 가입한 경우

(5) 운임 등의 회계처리

① 통관 관련 비용이 수입과 관련된 경우 수입품원가로 처리한다.
② 통관 관련 비용이 완성품 수출 및 위탁판매와 관련된 경우 판매비와 관리비에 해당하는 수출제비용으로 처리한다.
③ 통관 관련 비용이 위탁가공용 원자재 수·출입과 관련된 경우 제조경비 또는 그 위탁가공제품으로 처리한다.

---

97) 물류정책기본법 제2조 제1항 제11호

④ 앞 ①과 ③은 일정기간 동안 비용이 발생하므로 미착계정을 사용한다(제7장 참조).

 ## 3 선하증권 등 운송서류

(1) 선하증권

1) 운송서류의 의의

운송서류(transport documents)는 무역거래에 따라 운송되는 화물과 관련되는 여러 가지 사실을 증명하는 서류이다. 운송서류에 관하여 신용장통일규칙(UCP 600)에는 운송방식에 따라 해상운송서류(선하증권, 비유통성 해상화물운송장, 용선계약선하증권), 항공운송서류, 도로·철도 또는 내륙수로운송서류, 특송화물수령증·우편수령증 또는 우송증명서 등으로 운송서류로 구분하고 그 각각의 경우에 대해 수리의 요건을 자세하게 규정하고 있다.[98]

현실적으로 운송과 관련되는 서류는 그 종류가 상당히 다양하다. 격지간에 이루어지는 무역거래에서는 그 동안 운송서류의 인도를 계약상품의 인도로 간주하는 간접인도계약이 발달해 왔다. CIF계약이 그 대표적인 예이다. 무역거래에서 수입상은 운송인에서 상품을 수령할 경우 해당 운송서류를 필요로 한다. 또한 운송서류는 수입통관시 세관제출용으로도 필요하다. 전통적으로 선적(shipment)이란 해상운송에서 본선적재(loading on board)를 의미하였으나, 오늘날 항공운송이나 복합운송에서는 운송수단에 화물을 적재하기 전에 운송인에게 인도하기 때문에 선적이라는 개념은 다양화되었다.

따라서 신용장통일규칙에서는 운송형태에 따라서 선적(해상운송), 수취(항공운송), 수령(도로나 철도운송, 내수로 운송, 특송화물, 우편) 등의 용어로 사용하고 있다. 그러므로 운송서류는 무역화물의 운송수단과 그 방법에 관계없이 선적, 발송, 또는 수령 등을 표시하는 서류라 할 수 있을 것이다. 운송서류는 운송수단에 따라 그 명칭이 다르다. 우선 해상운송과 관련해서는 선하증권과 해상화물운송장, 용선계약부선하증권 등이 있고, 항공운송과 관련해서는 항공화물운송장, 항공화물탁송장 등이 있다. 육상운송과 관련해서는 철도화물탁송장, 도로화물탁송장 등이 있으며, 기타 복합운송서류와 우편물수령증, 특송화물수령증 등이 있다.

---

98) UCP 600 제20조~제25조

2) 선하증권의 정의

선하증권[99]은 선박회사가 화주로부터 화물을 수령 또는 선적하였음을 확인하고 그 화물을 도착지까지 운송하여 일정한 조건하에 그 증권의 정당한 소지인에게 화물을 인도할 것을 약속하는 유가증권이다. "선하증권"은 송하인 등이 물품을 운송하기 위하여 해상운송인에게 인도한 경우에 선박회사가 발행하는 증권으로서 운송물을 인도하였다는 증거가 되고, 또 목적지에서 이것과 상환으로 운송물을 인도받는 권리를 표창한다(상법 §820, §129 ; 국심 99중 1116, 2000. 2. 5.).

3) 선하증권의 법적 성질

선하증권의 법률상의 성질·효력 등은 육상운송에 있어서의 화물상환증의 경우와 동일하므로 채권적효력과 물권적효력이 있으며, 선하증권을 인도한 때에는 운송물 위에 행사하는 권리의 취득에 관하여 운송물을 인도한 것과 동일한 효력이 있다(부가 46015-4037, 2000. 12. 14. ; 상법 §820, §133).

4) 선하증권의 종류

선하증권상의 적혀 있는 적재문언에 따라 선적선하증권과 수취선하증권으로, 증권상 remark(포장 또는 수량 등에 대한 특정단서, 부가조항, 유보사항 등) 기재 여부에 따라 무고장선하증권과 사고부선하증권으로, 화물수령인의 표시 여부에 따라 기명식선하증권과 지시식선하증권(유통가능)으로 구분된다.

① 선적선하증권과 수취선하증권

이는 선하증권상 기재된 적재 문언에 따라 구분한 것이다. 선적선하증권(Shipped B/L)은 'shipped on board vessel' 또는 'loaded on board vessel'과 같이 화물이 특정선박에 적재되었음이 기재된 것으로 'on board B/L'이라고도 한다. 비록 시간적으로 적재 전에 발행되어도 선적 후 적재 완료되었다는 문언과 일자를 기재하고 서명하면 선적선하증권이 된다.[100]

---

99) 선하증권의 영문명칭은 maritime B/L, ocean B/L, through B/L, multimodal(combined, intermodal) transport B/L, port to port B/L, RIATA combined transport B/L 등 다양하다. UCP 600에서는 그 명칭에 관계없이 ① 운송인의 명칭을 표시하고 운송인이나 그 대리인 또는 선장이나 그 대리인에 의해 서명되어 있을 것, ② 물품이 신용장에 명기된 적재항에서 지정선박에 본선 적재되었음을 표시하고 있을 것, ③ 신용장에 명기된 적재항에서 양륙항까지의 선적을 표시하고 있을 것, ④ 용선계약에 따른다는 어떠한 표시도 포함하고 있지 아니할 것 등을 요건으로 규정하였다(UCP 600 제20조).

100) 선하증권의 발행일(B/L date)은 선적완료일로 하는 것이 원칙이다. 그러나 화주가 신용장상의 선적기한을

수취선하증권(Recived B/L)은 'received……for shipment'와 같이 선적을 위하여 물품을 수령하였다는 취지가 기재되어 있는 선하증권이다.[101] 이것은 일종의 부두수령증(dock receipt)으로 우리나라 상법(제852조)에서도 이의 발급을 인정하는데, 운송인은 운송물을 선적한 후 이미 발행한 선하증권에 선적의 뜻을 표시하여야 한다.

② 무고장선하증권과 고장부선하증권

이는 증권상 remarks란의 기재 여부에 따른 구분이다. 무고장선하증권(Clean B/L)은 B/L상에 포장이나 수량 등에 대하여 특정단서, 부가조항 또는 유보사항 등에 관한 remark가 기재되지 않은 B/L을 말한다. 신용장통일규칙에는 무고장운송서류를 '물품 및 또는 포장상태에 결함이 있다는 내용을 명시적으로 표시하는 조항이나 단서의 기재가 없는 운송서류'로 규정하고 있다.[102] 그러나 무고장(clean)이란 단어가 운송서류상에 표시되어야 하는 것은 아니다. 고장부선하증권(foul B/L 또는 dirty B/L. '사고선하증권' 또는 '유보선하증권'이라고도 한다)은 포장상태의 불완전이나 수량부족 등이 증권의 remarks란에 기재된 선하증권이다. 통상 신용장에서는 clean B/L을 요구하고 있기 때문에 이와 같은 고장부선하증권으로는 수출대금의 회수가 불가능하다.

따라서 고장화물을 대체하거나 재포장하여야 하며, 그것이 시간적으로 불가능할 경우는 수출상이 선박회사에 파손화물보상장(L/I : Letter of Indemnity)을 제공하고 무고장선하증권을 발급받을 수 있다. 이 경우 수출상은 차후에 파손화물에 대해 문제가 제기되었을 경우 L/I에 근거하여 선박회사에 보상책임을 져야 한다. L/I는 선박회사와 송하인간의 보상약속이므로 선박회사는 수출상에서 받은 L/I로 수하인 또는 B/L소지인에게 대항할 수 없다. 실무적으로 수출상이 수출대금 회수를 위하여 L/I를 제출하고 clean B/L을 발급받았다면 이를 수입상에게 통보하고 파손화물에 대해서는 추가선적이나 가격조정 등의 양해를 구해야 한다.

③ 기명식선하증권과 지시식선하증권

이는 화물수령인의 표시방법에 따른 구분이다. 기명식선하증권(straight B/L)은 증권의 수

지키기 위해 '선적완료일 이전의 일부(日附)'로 선하증권의 발급을 요청하는 경우가 있다. 이에 따라 선박회사가 해당 선적항의 하역개시일(the first day of the loading commenced in that port) 또는 그 이후의 날짜로 B/L을 발행할 경우 이러한 선하증권을 Back dated B/L 또는 Back dating B/L이라 한다.

101) 미국에서 원면 수출시 사용하는 port B/L과 custody B/L도 일종의 수취선하증권이다. port B/L은 화물이 부두에서 운송인의 보관하에 있고 선박도 입항하였으나 적재되기 전에 발행되는 것이고, 아직 선박이 입항하지 않아 운송인이 화물을 보관하고 있는 상태에서 발행되는 것이 custody B/L이다.

102) UCP 600 제27조

하인(consignee)란에 특정인이 기입된 것을 말한다. 이 경우 선적된 화물이 목적지에 도착했어도 선하증권상에 기명된 특정인만이 그 화물을 인수할 수 있기 때문에 운송 중 화물의 전매나 유통이 제한된다. 지시식선하증권(order B/L)은 수하인란에 특정인을 기입하지 않고 'order of ○○○', 'order' 또는 'order of ○○ bank' 등으로 기입된다. 지시식으로 발행된 선하증권은 화환취결시 백지배서(blank endorsement)로 은행에 인도되며, 이 증권의 정당한 소지자는 화물에 대한 청구권을 갖게 된다.

| 선하증권 요약 |

구 분	수하인(consignee)의 배서양도	
기명식 (straight B/L)	수하인이 지정되어 기명식이라고 해도 선하증권상에 배서금지(non-negotiable) 언급이 없는 경우	배서에 의하여 계속 양도(상법 제130조)
	기명식이면서 선하증권상에 배서금지(non-negotiable) 표시된 경우	배서양도 금지
무기명식 (지시식) (order B/L) order B/L은 대부분 신용장거래의 경우임	① To Order	shipper가 배서(백지, 기명, 지시)
	② To Order of Shipper	shipper가 배서
	③ To the Order of 개설은행	개설은행 배서

④ House B/L과 Groupage B/L

이는 컨테이너 화물운송에서 혼재화물(LCL화물)의 경우 사용된다. House B/L('Forwarder B/L' 또는 'Forwarding agent B/L'이라고도 한다)은 각기 다른 화주의 화물을 혼재하는 운송주선인(freight forwarder)이 개별화주 앞으로 발행하는 것을 말한다. 운송인이 전체 화물에 대하여 운송주선인 앞으로 발행히는 운송서류는 Groupage B/L이라 한다. 운송주선인이 발행하는 운송서류가 대금결제를 위해 은행에 수리되기 위해서는 신용장상에 특별히 수권되지 않는 한 운송주선인이 운송인을 대리하는 지정대리인이거나, 선장을 대리하는 지정대리인 자격으로 서명하고 발행한 것이어야 한다.[103]

---

103) UCP 600 제19조

House B/L

각기 다른 화주의 화물을 혼재하는 운송주선인이 개별화주 앞으로 발행하는 선하증권

통선하증권

화물을 목적지까지 운송함에 있어 운송 도중 환적하거나 육상운송과 연계될 경우 최초의 운송업자가 전구간에 대하여 책임을 지고 서명하여 발행한 선하증권

⑤ 기타 특수선하증권

㉮ 통(通)선하증권(through B/L) : 화물을 목적지까지 운송하는 데 있어 도중에 다른 선박에 환적하거나 육상운송과 연결하여 운송할 경우 최초의 운송업자가 전구간에 대하여 책임을 지고 서명하여 발행한 선하증권을 말한다. 이를 연락(통과)선하증권, 전통(전항)선하증권 또는 overland B/L이라고도 한다.

㉯ 약식(간이)선하증권(short form B/L) : 선하증권으로서 필요기재 사항은 갖추고 있지만 보통 선하증권의 이면 약관이 생략된 것을 말한다. 그러나 분쟁이 발생하면 long form B/L상의 약관을 따르도록 명기하고 있다. 용선계약선하증권(charter party B/L)은 보통 약식선하증권이지만 정기선에 의한 개품운송의 경우도 약식선하증권이 많이 사용되고 있다.

㉰ 적색선하증권(Red B/L) : 보통의 선하증권과 보험증권을 결합시킨 선하증권이다. Red B/L에 기재된 화물이 항해 중에 사고가 발생하면 선박회사가 피해금액을 보상해 주게 된다. 선박회사는 보험회사에 모든 Red B/L발행분에 대하여 일괄부보하게 되며, 선박회사는 보험료를 운임에 추가하여 화주에게 부담시킨다.

㉱ 기간경과 선하증권(stale B/L) : 화물의 선적 후 일정한 기간이 경과한 뒤에 은행에 제시된 선하증권을 말한다. 신용장통일규칙에는 서류의 제시는 선적일 이후 21일보다 늦지 않게 이행되어야 하며, 어떤 경우도 신용장의 유효기간보다 늦지 않아야 한다고 규정하고 있다.[104]

㉲ 환적선하증권(tran shipment B/L) : 운송경로의 표시에 있어 운송 도중에 환적이 되었음을 증권상에 기재하고 있는 선하증권을 말한다.

㉳ 부서부(副書附)선하증권(counter-sign B/L) : 운임이 도착지지급(freight collect)으로 되어 있거나 그밖의 다른 채무가 부수되어 있는 경우 수하인은 운임과 채무액을 선박회사

---

104) UCP 600 제14조 c

에 지급하고 화물을 인수한다. 이 경우 선박회사는 결제가 완료되었음을 증명하기 위해 선하증권에 부서하게 되는데, 이와 같이 부서되어 있는 선하증권을 부서부 선하증권이라 한다.

㉔ 용선계약부 선하증권(Charter party B/L) : 용선계약은 송하주가 선박회사로부터 선복(ship's space)의 전부 또는 일부를 빌려 화물을 운송하는 경우 체결하는 계약이다. 용선계약은 직접 B/L이 발행되는 개품운송계약과는 달리 계약서의 형식을 취하고 이에 의해 용선계약부선하증권이 발행된다. 신용장통일규칙에는 용선계약에 따른다는 표시를 포함하고 있는 선하증권은 그 명칭에 관계없이 ① 선장이나 그 대리인, 선주나 그 대리인, 또는 용선자나 그 대리인에 의해 서명되어 있을 것, ② 물품이 신용장에 명기된 적재항에서 지정선박에 본선적재되었음을 표시하고 있을 것, ③ 신용장에 명기된 적재항에서 양륙항까지의 선적을 표시하고 있을 것 등을 유효요건으로 규정하고 있다.[105]

5) 선하증권의 유통

① 일반적인 선하증권

선하증권을 유통성을 기준으로 구분하면 유통가능 선하증권(Negotiable B/L)과 유통불능 선하증권(Non-Negotiable B/L)으로 구분될 수 있다. 유통가능 선하증권은 지시식 선하증권과 지참인식 선하증권을 말하고, 유통불능 선하증권은 기명식 선하증권을 말한다. 기명식 선하증권의 경우 선박회사는 화물을 목적지에서 수하인란에 기재된 특정인에게 인도하는 의무를 부담하고 있으므로 원칙적으로 선하증권의 제시와는 관계가 없는 것이다.[106] 우리나라 상법은 기명식 선하증권도 배서양도를 금지하고 있지 않는 한 배서에 따라 양도할 수 있도록 규정하고 있다.[107]

선하증권의 유통은 두 가지 형태로 이루어진다. 하나는 선하증권의 인도에 의하는 경우이다. 선하증권이 소지인(所持人)식으로 발행되거나 특정인의 지시식으로 발행되어도 그가 백지배서(白紙背書) 또는 소지인식의 배서를 한 경우 인도만으로 유통될 수 있다. 다른 하나는 배서(背書)에 의하는 경우이다.

---

105) UCP 600 제22조
106) 나라에 따라서는 기명식 선하증권의 경우 수하인란에 기재된 특정인이란 신분이 확인되면 선하증권을 제시하지 않아도 화물을 인도하도록 하고 있다. 우리나라 상법은 선하증권은 당연히 법률상 지시식 선하증권이라고 규정하고 있으므로 기명식이라도 수하인은 선하증권을 제시하여야 한다.
107) 상법 제861조

선하증권이 지시식으로 발행된 경우 그의 배서에 따라 유통되는데 배서는 ① 백지배서, ② 소지인식 배서, ③ 특정인에의 배서 등 세 가지가 가능하다. 백지배서(blank endorsement)는 실무상 가장 많이 쓰이는 것으로 인도문언 및 피배서인에 대하여 아무것도 기재하지 않고 배서인만이 서명하는 것이다.

'①' 또는 '②'와 같이 배서된 선하증권은 증권의 인도로 유통되지만 '③'은 배서를 받은 특정인이 다시 배서함으로써 유통될 수 있다. 선하증권이 배서인도에 따라 유통되면 당사자간에 화물인도 청구권, 화물의 소유권, 화물의 담보권 등이 이전(移轉)된다.

선하증권의 유통 사례는 '제1장 제4절 무역대금결제'에서 자세히 설명하고 있다. 또한 국내에서 실물거래와 함께 선하증권이 유통되는 경우와 실물거래 없이 선하증권만 유통되는 경우 사례를 '제2장 제1절 7. 수입재화의 선하증권 양도'에서 각각 검토바란다.

② Surrendered B/L

Surrendered B/L이란 송하인이 선박회사로부터 발급받은 원본 B/L을 그 송하인이 배서하여 다시 선박회사에게 반환(Surrendered)하여 B/L의 유통성이 소멸된 B/L을 말한다.

Surrendered B/L이 쓰이는 경우는 다음과 같다.

화물이 먼저 도착한 경우이면서 수출자와 수입자가 본·지점관계 등 사고우려가 없는 경우에 사용될 수 있다. 즉, 도착지의 수하인은 원본 B/L 없이 FAX 등으로 받은 Surrendered B/L로 화물을 찾을 수 있도록 하는 제도이다.

③ switch B/L

수출자와 수입자를 변경하는(switch B/L) 경우에 당초 발행된 B/L을 반납하는 경우이다.

Shipper : See Section 6.2.9.1

Consignee : See Section 6.2.9.1

B/L No :
Bkg Reference :
Shipper's Ref :
F/Agent's Ref :

CIB SHIPPING CORPORATION LTD

Notify address See Section 6.2.9.2

Place of Acceptance :

Pre-Carriage by :

Place of Receipt by Pre-Carrier :

Vessel :
"MV CIB"

Port of Loading :
HONG KONG

Port of Discharge :
SOUTHAMPTON

Place of Delivery by on Carrier :

Marks and Nos : Container No.	Number and Kind of Packages. Description of Goods :	Gross Weight	Measurement

Key criteria
Credit calls for shipment from port to port, ie Hong Kong to Southampton.
1. However named–credit does not prohibit freight forwarder issued transport
   documents; the title includes usage as combined transport as well as port to port. Title
   not the criterion.
2. Name of carrier.
2. Signed–Brian Moore, Brian & Philip Ltd as agent for the carrier.
3. Loading on board a named vessel–preprinted words.
4. Date of shipment–issued 27 July XX which is taken as date of shipment

Freight/Charges

Shipped on board in apparent good order and condition
except as otherwise noted the total number of containers
or other packages or units enumerated below for
transportation from the place of receipt to the place of
delivery subject to the terms hereof.

In accepting this Bill of Lading the Owners of the goods or
the holder of this Bill of Lading expressly accept and agree
to all its stipulations and conditions whether written,
typed, stamped or printed or otherwise incorporated on
the front or back hereof as if signed by such person.

In witness whereof the number of original Bills of Lading
stated above all of same date, and tenor have been signed
if not otherwise stated below one of which being
accomplished, the others stand void.

Status :

Freight Payable at :

Place and Date of issue : CANTERBURY*
HONG KONG 27 JULY ×××1

Number of Original
B's/L :

Rate of Exchange :

Signature :   * Alteration authorised B
                             Moore as agent for Carrier.
                             See Section 6.2.9.3

Brian Moore

Brian and Philip Ltd, as Agents
for the Carrier, CIB Shipping Corporation Ltd.

수취선하증권 Marine/ocean port-to-port bill of lading II

Shipper :		B/L No : Bkg Reference : Shipper's Ref : F/Agent's Ref :
Congignee :		Full terms and conditions of carriage are available on request and are displayed at our head office. Carrier reserves the right to tranship goods at our own discretion and without prior notification. CIB SHIPPING CORPORATION LTD
Notify address :		Place of Acceptance :

Pre-Carriage by :	Place of Receipt by Pre-Carrier :
Vessel : MV CIB INTENDED	Port of Loading : HONG KONG
Port of Discharge : SOUTHAMPTION	Place of Delivery by on Carrier :

Marks and Nos : Container No.	Number and Kind of Packages. Description of Goods :	Gross Weight	Measurement

See Section 6.2.9.5

Key criteria

4. Loading on board – a notation – see notation in (4) of this document.
4. Intended vessel – 'MV CIB' – see on board notation with same vessel.
5. Date of shipment – date of on board notation, ie 30 July XX.
6. If place of receipt was shown as Hong Kong and Dubai as port of loading, on board notation is required as shown.
7. Full set – number of original bills of lading issued – see number of originals (7) on this document.
8. Terms and conditions of carriage – short form bill of lading.
9. Charter party – there is no indication on its face that this bill of lading is subjcet to a charter party.
10. Transhipment – although carrier reserves the right, there is no evidence on the face of the document that goods will, or have been, transhipped.

Freight/Charges :

Shipped on board at Hong Kong
on vessel "MV CIB"
2 Jan ×××2

Received in apparent good order and condition except as Otherwise noted the total number of containers or other packages or units enumerated below for transportation from the place of receipt to the place of delivery subject to the terms hereof.

In accepting this Bill of Lading the Owners of the goods or the holder of this Bill of Lading expressly accept and agree to all its stipulations and conditions whether written, typed, stamped or printed or otherwise incorporated on the front or back hereof as if signed by such person.

In witness whereof the number of original Bills of Lading stated above all of same date, and tenor have been signed if not otherwise stated below one of which being accomplished, the others stand void.

Status :	
Freight Payable at :	Place and Date of issue : HONG KONG, 27 Dec ×××1
Number of Original B's/L : THREE	Signature : Brian Moore Tory Brothers Shipping Ltd, as Agents
Rate of Exchange :	for the Carrier, CIB Shipping Corporation Ltd.

선하증권

<table>
<tr><td colspan="2">Consignor/Shipper</td><td colspan="2">BILL OF LADING
OR MULTIMODAL TRANSPORT DOCUMENT</td></tr>
<tr><td colspan="2"></td><td colspan="2">Bill of Lading No.
CLCCBHKG0907086</td></tr>
<tr><td colspan="2">Consignee(Complete Name and Address/Non-Negotiable Unless Consigned to Order)
TO ORDER
  DESUNG CO., LTD
  NO 101 DESUNG BLDG
  17ga Yeongdeungpo−dong
  Yeongdeungpo−gu Seoul Korea</td><td colspan="2">JEASUNG LOGISTICS CO., LTD.</td></tr>
<tr><td colspan="2">Notify Party</td><td colspan="2">FIRST ORIGINAL

For Delivery of Goods Please Apply to:
A−101 Sungdo BLDG 3ga Yangpyeong−dong
Yeongdeungpo−gu Seoul　Korea 100−011
Tel：82−2−2632−4588 FAX：82−2−2632−3316</td></tr>
<tr><td>Pre-Carriage by</td><td>Place of Receipt
BUSAN, KOREA</td><td colspan="2"></td></tr>
<tr><td colspan="2">Vessel / Voyage No.
ISLANDIA 004S</td><td colspan="2">Port of Loading
BUSAN, KOREA</td></tr>
<tr><td>Port of Discharge
HONG KONG</td><td>Place of Delivery
HONG KONG</td><td colspan="2">Final Destination(For the Merchant's Ref. Only)</td></tr>
</table>

Particulars Furnished by Consignor/Shipper

Container No. & Seal No. Marks & No.	No. & Kinds of Containers or Packages	Description of Goods	Gross Weight (KGS)	Measurement (CBM)
	90 CTNS	SAID TO CONTAIN: 90 CARTONS OF	1,234,567KGS	
Colormix Cosmetics Hong Kong Product Name : Cosmetics Gross Weight :　　kgs C/No :　　　/ Made in Korea		FOB BUSAN, KOREA COSMETICS GOODS AS PER PROFORMA INVOICE DATED JUL 08,2009. L/C NO. & DATE: DC TST**123456** & **120911**		

ON BOARD DATE:*
SEP. 15, 2012

CFS/CFS
Excess Value Declaration(Refer to §II- 4.3) :　　　　"FREIGHT COLLECT"

Total Number of Containers or Packages(In Words)	SAY : NINETY (90) CARTONS ONLY.	Freight Payable at DESTINATION

Freight & Charges	Prepaid	Collect	
FREIGHT COLLECT AS ARRANGED			Received by the Carrier, the Goods specified herein in apparent good order and condition unless otherwise stated, to be transported to such place as agreed, authorized or permitted herein and subject to all the terms and conditions appearing on the front and reverse of this Bill of Lading or Multimodal Transport Document(hereinafter called the 'B/L') to which the Merchant agrees by accepting this B/L, notwithstanding any local privileges, customs or any other agreements between the parties. The particulars of the Goods provided herein were stated by the shipper and the weight, measurements, quantity, condition, contents and value of the Goods are unknown to the Carrier. In witness whereof three(3) original B/L(s) have been signed unless otherwise stated herein. If two(2) or more original B/L(s) have been issued and either one(1)has been surrendered, all the other(s) shall be null and void. If required by the Carrier one(1) duly endorsed original B/L must be surrendered in exchange for the Goods or delivery order.

Place and Date of Issue	No. of Original B/L	Signature
SEOUL, KOREA　SEP. 15, 2012	THREE (3)	JEASUNG LOGISTICS CO., LTD.
Bill of Lading No. CLCCBHKG**120921**		As a Carrier

* 선적일은 (ON BOARD DATE) 부가가치세법상 공급시기이다.

Shipper's Name and Address	Shipper's Account Number	Not negotiable **Air Waybill** *issued by* **KOREAN AIR**
		Copies 1, 2 and 3 of this Air Waybil are originals and have the same validity.
Consignee's Name and Address Telephone :	Consignee's Account Number	It is agreed that the goods described herein are accepted in apparent good order and condition(except as noted) for carriage SUBJECT TO THE CONDITIONS OF CONTRACT ON THE REVERSE HEREOF. THE SHIPPER'S ATTENTION IS DRAWN TO THE NOTICE CONCERNING CARRIER'S LIMITATION OF LIABILITY. Shipper may increase such limitation of liability by declaring a higher value for carriage and paying a supplemental charge if required.
Issuing Carrier's Agent Name and City		Accounting Information
Agent's IATA Code	Account No.	

Airport of Departure(Addr. of First Carrier) and Requested Routing

TO	By First Carrier	Routing and Destination	to	by	to	by	Currency	CHGS Code	WT/VAL PPD	COLL	Other PPD	COLL	Declared Value for Carriage	Declared Value for Customs

Airport of Destination	Flight/Date	For Carrier Use Only	Flight/Date	Amount of Insurance	INSURANCE-If Carrier offers Insurance, and such insurance is requested in accordance with conditions on reverse hereof, indicate amount to be insured in figures in box marked 'amount of Insurance'.

Handling Information

No. of Pieces RCP	Gross Weight	kg lb	Rate Class / Commodity item No.	Chargeable Weight	Rate / Charge	Total	Nature and Quantity of Goods (incl. Dimensions or Volume)

Prepaid	Weight Charge	Collect	Other Charges
	Valuation Charge		
	Tax		
	Total Other Charges Due Agent		Shipper certifies that the particulars on the face hereof are correct and that insofar as any part of the consignment contains dangerous goods, such part is properly described by name and is in proper condition for carriage by air according to the applicable Dangerous Goods Regulations.
	Total Other Charges Due Carrier		

Signature of Shipper or his Agent

Total Prepaid	Total Collect	
Currency Conversion Rates	CC Charges In Dest. Currency	Executed on(date)* at(place) Signature of 30－May－×××1 Issuing Carrier or its Agent
For Carrier's Use Only at Destination	Charges at Destination	Total Collect Charges

* 기적일은 (Executed on(date)) 부가가치세법상 공급시기이다.

6) 선하증권의 발행 및 작성

가. 선하증권의 발행

선하증권 원본의 발행은 1통으로도 가능하나 분실 등에 대비하여 그 이상을 한 세트로 발행할 수도 있다. 일반적으로 3통을 한 세트(One Full Set)로 발행하는데 각 통은 내용이 동일하고, 동등한 효력을 가지기 때문에 화물인도시 한 통을 제시하면 타 B/L은 무효가 된다. B/L의 발행 절차는 다음과 같다.

① 송하인은 운송인에게 Invoice, Packing List, Shipping Request 등을 각각 1부씩 작성하여 제출하고 각 사본을 소지하고 있다가 선하증권 발행시 대조한다.

② 운송인은 등록 검량회사에 검량한 후 검량회사 측의 증명서를 받는다.

③ 운송인은 적하 예약목록을 작성하여 본선과 선적업자에게 통지한다.

④ 운송인은 선적업자 또는 송하인에게 선적지시서(Shipping Order)를 교부한다.

⑤ 송하인은 선적이 완료되면 본선수취증(M/R : Mate's Receipt)을 본선에서 수취하여 운송인에게 제출한다.

⑥ 운송인은 M/R에 의하여 선하증권을 송하인에게 교부한다.

⑦ 송하인은 거래은행을 통해 신용장 개설은행에 선하증권 및 선적서류를 송부하고 상품대금을 회수한다.

⑧ 신용장 개설은행은 수하인에게 선하증권을 교부하고 대금을 회수한다.

⑨ 수하인은 교부받은 선하증권을 운송인에게 제출하고 화물인도지시서를 교부받아 화물을 인도받는다.

나. 선하증권의 작성

① Shipper(송하인) : 성명 또는 상호를 기재하며 혼동이 예상될 때는 주소를 명기한다.

② Consignee(수하인) : T/T방식이나 D/P, D/A 빙식에서는 수입상의 상호 및 수소가 기재되나 신용장 방식에는 신용장상에 표시된 문구에 따라 'to order', 'to order of shipper', 'to order of 개설은행명' 등이 된다(상업송장상의 consignee와 일치시켜야 함).

③ Notify Party(통지처) : 대개 신용장에 Notify Accountee라 기재되며 신용장 개설의뢰인 즉 수입업자 또는 수입업자가 지정하는 대리인이 기재한다.

④ Ocean Vessel : 화물을 수송하는 해상운송 선박명이 기재한다.

⑤ Port of Loading : 화물을 선적하는 항구명 및 국명을 표시한다.

⑥ Place of Receipt : 송하인으로부터 운송인이 화물을 수취하는 장소로 "Busan CY",

"Busan CFS" 등으로 표기한다.

⑦ Voyage No(항차번호) : 운송선박의 운송회사나 선박회사가 임의로 정한 일련번호가 기재되는데 1항차는 출발항에서 목적항을 거쳐 출발항에 회항하는 것으로 한다. 수출, 수입의 구별을 위해 East, West, South, North 등을 표기한다.

⑧ Port of Discharge : 화물의 양륙항 및 국명이 기재한다.

⑨ Place of Delivery : 운송인이 책임지고 운송하여 수하인에게 인도하여 주는 장소를 명기한다.

⑩ Final Destination : 화물의 최종 목적지를 표시하나 선하증권에 운임이 계상되어 있지 않는 경우는 단지 참조사항이다. 그리고 복합운송이 아닌 경우에는 기재되지 않는 경우가 많다.

⑪ B/L No. : 선사가 임의로 규정한 표시번호를 기재한다. 통상 선적항과 양륙항의 알파벳 두문자를 이용하고 번호를 일련번호로 쓴다.
"BO-5001": Busan-Osaka, "HMBU-9001": HamburgBusan 등으로 표시

⑫ Flag : 선박의 등록국적. 해상 사고시는 국제적 관계인 기국주의에 의한다.

⑬ Container No. : 화물이 적재되는 컨테이너 번호를 표기한다.

⑭ Seal No. : 화물이 적재된 컨테이너에 봉인을 하고 Seal No.를 표기한다.

⑮ No of CONT or other PKGS : 컨테이너 숫자나 기타 포장 개수를 기재한다.

⑯ Description of Packages and Goods : Packing List 및 Invoice에 기재된 상품의 내용을 열거 기재한다.

⑰ Cross Weight, Measurement : 등록 검량회사에서 검측된 중량 및 용적을 명기한다. Packing List, Invoice와 일치되지 않는 경우 Remark를 부기하여야 한다. 화물에 이상이 있으면 송하인에게 파손화물보상장(L/I : Letter of Indemnity)을 요구하여 첨부시킨다. 수출입의 경우 Packing List와 B/L이 상이한 경우 통관되지 않으므로 세심히 작성되어야 한다.

⑱ Freight and Charges : 상품의 운송에 따른 제반비용의 명세로 Freight, CAF, BAF, CFS Charge, Wharfage 등이 통상 표기되며 Through B/L인 경우는 Inland Charge가 표시한다.

⑲ Revenue Tons : 중량과 용적 중에서 운임이 높게 계산되는 편을 택하여 표시한다. 즉 총중량과 총용적에 각각의 운임단가를 곱하여 총중량의 운임이 총용적보다 클 경우는 "K/T", 총용적이 클 경우는 "CBM"을 표시한다.

⑳ Rate : Revenue ton 당의 운임단가 및 CFS Charte, Wharfage, BAF, CAF의 Percent 등이 표시된다. Wharfage의 경우, 국내에서는 1톤 이하는 무조건 올림으로 산정하고 있어, 만일 7.001 CBM이라면 8 CBM으로 계산된다.

㉑ Per : 용적단위 or 중량단위로 표시하고 Full Container는 Van 단위로 표시한다. Prepaid Collect : CIF조건의 수출일 경우는 Prepaid란에 운임을 계산하여 표시한다. FOB 조건의 수출일 경우는 Collect란에 계산 표시한다.

(2) 해상화물운송장

해상화물운송장(Sea Waybill)은 운송계약의 증빙서류이며 화물에 대한 선박회사의 수령증이라는 점에서 B/L과 공통점이 있다. 그러나 해상화물운송장은 B/L과는 달리 화물에 대한 청구권이 없어 유가증권이 아니다. 해상화물운송장은 기명식선하증권(straight B/L)의 일종으로 제3자에게 양도가 불가능하다. 수하인이 도착지에서 화물을 수령할 경우 운송인에게 원본을 반드시 제출하여야만 하는 것도 아니다. 그 결과 B/L의 입수가 화물의 도착보다 지연되더라도 수하인은 화물을 조속히 인수할 수 있으며, 유가증권이 아니기 때문에 분실하더라도 B/L과 같은 위험은 존재하지 않는다.

해상화물운송장이 사용되기 시작한 것은 1977년 1월 영국의 11개 선사들이 영국선주협회의 권고를 받아들여 이를 사용하기 시작하면서부터이다. 해상화물운송장은 운송기술의 발달로 화물이 운송서류보다 먼저 목적지에 도착하는 경우가 빈번해지면서 필요하게 되었고 점차 그 사용빈도가 늘어나고 있다. 전통적 상관습에 의하면 화물이 운송서류보다 먼저 도착할 경우 B/L 대신 화물선취보증장(L/G : Letter of Guarantee)을 이용할 수 있으나, 이 경우 L/G발급에 따른 까다로운 절차와 비용, L/G의 위조문제 등 여러 가지 문제가 제기될 수 있다. 이러한 문제점을 해결하기 위해 유통성선하증권인 B/L 대신 도착지에서 서류의 제시가 필요없는 비유통성인 해상화물운송징의 사용이 증가하고 있는 것이다. 이러한 상관습의 변화를 반영하여 Incoterms(2020)에는 매도인의 물품인도 증빙서류로 해상화물운송장을 명시하고 있고[108], 신용장통일규칙(UCP 600)도 비유통 해상화물운송장을 수리할 수 있는 근거조항을 두고 있다.[109] 또한 국제해사법위원회(CMI)에서도 1990년 해상화물운송장에 관한 CMI통일규칙(CMI Uniform Rules for the Sea Waybill, 1990)을 제정한 바 있다.

---

108) EXW, FCA조건을 제외한 나머지 9개 거래조건 매도인의 의무 제8항에는 운송서류의 하나로 비유통의 해상화물운송장을 명시하고 있다.
109) UCP 600 제21조

(3) 항공운송서류

해상운송의 B/L에 해당하는 항공운송의 기본적인 서류가 항공화물운송장(Air Waybill) 또는 항공화물탁송장(Air Consignment Note)이다. 항공운송의 경우 무역거래조건이 FCA일 지라도 매도인이 운송계약을 체결하는 것이 일반적이다. 이 경우 운송계약의 내용은 항공 화물운송장의 이면약관에 나타난다. 국제항공운송에 관한 바르샤바조약(Warsaw Convention. 정식명칭은 국제항공운송규칙의 통일에 관한 조약 : The Convention for the Unification of Certain Rules Relating to International Carriage of Air, 1929) 및 이의 개정인 1955년의 헤이그 의정서(Hague protocol), 1975년의 몬트리얼 의정서(Montereal protocol)에는 항공화물운송장의 법률적 성격, 운송인의 책임범위, 배상책임의 한도, 송하인·수하인·운송인의 권리 및 의무가 규정되어 있다.[110] 이러한 조약이 항공운송계약의 준거법이 된다. 항공사들이 사용하는 AWB[111]에 는 국제항공운송협회(IATA : International Air Transport Association)가 제정한 IATA 표준약관 이 그대로 적용되거나 약간 수정된 채로 이면에 인쇄되어 있다.[112]

AWB는 B/L과 유사한 성격도 있지만 다른 점도 많다. 즉 AWB는 B/L과 같이 송하인과 운송인 사이에 운송계약이 체결되었다는 증거서류이긴 하나, non-negotiable이라 표시되 는 비유통서류로 발행되어 유가증권의 성격을 갖지 아니한다. 또한 선하증권이 통상 선적 식인 데 비해 AWB는 화물이 창고에 반입되면 발행되는 수취식이다. 한편, AWB는 송하인 이 작성하여 항공사에 발급하도록 법률적으로 규정되어 있다. 항공운송은 송하인이 직접 항공회사와 거래하지 않고 항공운송대리업체인 항공화물대리점(cargo agent)이나 혼재업자 (consolidator or freight forwarder)에 의해 적재, 운송 및 AWB의 발급이 이루어진다. 혼재업자 를 이용할 경우 집화(集貨)한 화물을 항공사에 위탁할 경우 항공사로부터 혼재업자가 발급 받는 것을 Master Air Waybill이라 하고, 혼재업자가 개별 송하인에게 발급하는 것을 Air Bill(House Air Waybill 또는 House Waybill)이라 부르기도 한다.

---

110) 헤이그 의정서에는 당사국간에 있어 1929년의 Warsaw Convention과 헤이그 의정서를 합하여 단일조약으 로 간주하고, 이를 합하여 Warsaw Convention으로 부르도록 규정하고 있다(의정서 제19조). 우리나라에 서는 1967년부터 이 조약의 효력이 발생되었다.
111) Warsaw Convention에서 인정하는 항공운송서류는 항공화물탁송장(ACN : Air Consignment Note)이고, Hague protocol에서 정한 항공운송서류는 항공화물운송장(AWB : Air Waybill)이다. 여기에서는 ACN과 AWB를 통칭하는 것으로 AWB란 용어를 사용하였다.
112) IATA는 각국 국제항공회사에 의해 1945년 설립되었는데 우리나라 항공사들을 포함하여 세계 각국의 항 공사가 거의 모두 가맹하고 있다. IATA는 Warsaw Convention 범위 내에서 항공운송에 관한 조건, 즉 운임·운송규칙 등의 협정, 항공화물운송장의 양식, 발행방법 등을 규정하고 있다.

선하증권(B/L)	항공화물운송장(AWB)	해상화물운송장(Sea Waybill)
유가증권, 운송물인도	화물수취증	화물수취증
유통성(negotiable)	비유통성(non-negotiable)	비유통성(non-negotiable)
지시식(무기명식)	기명식	기명식
선적식(본선 선적 후 선사가 발행)[113]	수취식(창고에서 수취하고 송하인이 발행)	선적식(본선 선적 후 선사가 발행)

(4) 육상운송서류

육상운송은 철도운송과 자동차운송, 그리고 내수로(內水路)운송 등으로 나눌 수 있다. 각각의 경우 운송서류의 명칭은 달라진다.

① **철도화물탁송장**(Rail Consignment Note) : 대륙 내에서의 장거리 대량운송에는 아직도 철도운송이 상당한 경쟁력을 지니고 있다. 철도운송의 준거법은 CIM협약(Convention Internationale Concernant le Transport de Marchandise par Chemin de Fer)이다. 이 협약에는 운송계약의 체결, 계약이행, 운송인의 책임, 당사자 간의 법률관계와 재판관할 법원 등에 대하여 규정하고 있다. 화물의 철도운송과 관련하여 발행되는 철도화물탁송장('철도화물수탁증'이라고도 한다)은 일종의 화물위탁서이다. 즉 송하인의 운송을 위탁받은 운송인이 그것을 수탁하였다는 취지를 표시하고 있는 서류이다. 이에 반해 철도화물상환증(Railway B/L)은 형식상의 요건이 선하증권과 유사하고 선하증권이 갖는 채권적 효력, 처분증권성, 물권적 효력을 갖는다.

② **도로화물탁송장**(Road Consignment Note) : 도로화물탁송장('도로화물수탁증'이라고도 한다)은 자동차를 이용한 화물운송에서 운송인이 화물을 수탁하였다는 취지를 표시하여 발행하는 것이다. 국제 도로운송에서 직용되는 준거법은 CMR협약(Convention Relative au Contract de Transport International de Merchandise par Route)이다. 국제도로운송이란 일정국가의 어느 지점에서 다른 국가의 어느 지점까지 육로로 운송되는 경우를 말한다. 거래의 양당사자 중 어느 한 당사자가 이 협약의 당사자인 경우 조약을 적용하도록 규정하고 있다. 도로화물탁송장의 성격은 철도화물탁송장의 그것과 유사하다.

③ **내수로운송서류**(Inland Waterway Document) : 화물이 내수로를 통하여 운송될 경우 발급되는 운송서류이다. 철도화물탁송장 또는 도로화물탁송장과 유사한 성격을 갖는다.

---

113) 선적 전에 발행한 경우에는 선적일을 부기하여야 한다.

(5) 복합운송서류

복합운송이란 '물품이 어느 한 국가의 지점에서 수탁되어 다른 국가의 인도지점까지 적어도 두 가지 이상의 운송방식에 따라 이루어지는 물품운송'을 의미한다.[114]

복합운송에 관하여는 1971년 국제해사기구(IMO : Inter-Governmental Maritime Consulate Organization)에 의해 TCM(Project de Convention sur le Transport International Combiné de Marchandise) 조약의 제정이 시도되었으나 백지화된 뒤 이를 대신하여 민간차원에서 1973 ICC가 제정한 복합운송증권에 관한 통일규칙(Uniform Rules for a Combined Transport Document, 1975 Revision)이 있고, UN에서 1980년 제정한 UN 국제물품복합운송조약(UN Convention on International Multi-model Transport of Goods)이 있다.[115] 복합운송증권을 발행하는 자를 복합운송인(이를 CTO, MTO 또는 ITO로도 부른다)[116]이라 한다.

복합운송인은 운송수단의 보유와는 직접적인 관계가 없다. 복합운송증권에는 유통성(negotiable)인 것도 있고 비유통성(non negotiable)인 것도 있다. 또한 선하증권의 명칭을 지니고 있는 것(Combined transport B/L 또는 Multimodal transport B/L)도 있다. 신용장통일규칙에서는 신용장에 별도의 명시가 없는 한 다른 요건이 충족된다면 복합운송증권이라는 명칭에 구애되지 않고 서류를 수리하도록 규정하고 있다.[117]

(6) 수입화물선취보증서

수입화물 선취보증서(L/G : Letter of Guarantee)는 수입화물은 수입지에 도착하였으나 선적 서류가 도착하지 않아 수입업자가 화물을 인수할 수 없을 때 선적서류(운송서류) 원본을 제시하지 않고서도 수입화물을 인수할 수 있도록 하기 위하여 은행이 수입자와 연서형식으로 발급하는 보증서이다. 수입자는 선하증권 대신 동 보증서를 운송회사에 제시하고 수입화물을 인수할 수 있다.

---

114) 복합운송증권에 관한 통일규칙 제2조 a. 복합운송에 복수의 운송인이 참여한다는 점에서는 통운송과 유사하나 통운송은 한 가지 운송방식에 다수의 운송인이 참여하지만, 복합운송은 적어도 두 가지 이상의 운송방식이 이용된다는 점에서 차이가 있다. 또한 통운송에서의 통선하증권(through B/L)은 운송인의 책임이 운송구간별로 분할되고 2차운송인에 대한 1차운송인의 지위는 화주의 단순한 운송대리인에 불과하나 복합운송증권은 운송인이 전구간 단일책임을 지고 1차운송인이 원청운송인, 2차운송인이 하청운송인이 된다.

115) UN 국제물품복합운송조약은 참여국간 이해의 대립으로 아직까지 발효되지 않고 있다. ICC의 복합운송증권에 관한 통일규칙을 적용하고자 할 경우는 그 취지가 증권에 명시되어야 한다. TCM 조약안은 아직도 유럽컨테이너 B/L의 준거법이 되고 있다.

116) CTO(Combined Transport Operator)는 ICC의 복합운송증권에 관한 통일규칙에서, MTO(Multimodal Transport Operator)는 UN 국제물품복합운송조약에서, 그리고 ITO(Intermodal Transport Operator)는 미국에서 각각 사용하는 용어이다.

117) UCP 600 제19조

(7) 기타 특수운송서류

이상에서 설명한 각종 서류 외에도 운송서류에는 우편물수령증(post receipt) 또는 우편증명서(certificate of posting)와 특송화물수령증(courier receipt)이 있다. 우편물수령증 또는 우편증명서란 유료견본 또는 소화물을 소포우편으로 발송하는 경우 우체국에서 발급하는 우편물의 수령증이다. 특송화물이란 우편배달과 유사한 형태이지만 체신관서가 아니라 민간 배달회사에 의해 배달이 행해진다는 점에서 차이가 있다. 즉 특송화물수령증은 민간 특송업체가 발행하는 배달물품의 수령증이다. 우편수령증과 특송화물수령증이 운송서류로 유효하기 위해서는 ① 특송업자의 명칭을 표시하고, 신용장에서 물품이 선적되어야 한다고 명기하고 있는 장소에서 지정된 특송업자에 의해 스탬프 또는 서명된 것일 것, ② 접수일 또는 수령일 또는 이러한 취지의 문언을 표시하고 있을 것이란 요건을 충족하여야 한다.[118]

4 적하보험과 클레임

(1) 적하보험

적하보험은 보험목적물을 화물로 하여 운송 중 화물이 멸실 또는 훼손될 경우를 대비하거나 화물을 보존하기 위하여 보험료를 지출함으로써 화물의 소유권자가 입은 손해를 보상하는 금융상품이다. 적하보험은 해상위험뿐만 아니라 해상운송에 수반되는 육상위험 등도 보상대상으로 한다.

1) 정의

적하보험은 선박이나 항공기로 운송되는 화물이 운송도중에 발생한 사고로 손해를 입었을 경우 그 손해를 보상하는 보험이며, 보험계약 성립을 증명하는 서류인 보험증권은 선적서류. 즉, 선하증권, 상업송장 등과 함께 환어음에 첨부되어 무역대금 결제의 수단으로 이용됨으로써 국제 무역 거래의 중요한 역할을 담당하고 있다.

적하보험은 무역거래 조건상 CIF나 CIP인 경우 수출상이 자기부담으로써 의무적으로 부보를 하여야 한다. 반면 무역거래조건이 EXW, FOB, FCA, CFR인 경우 수입상이, DPU, DAP, DDP의 경우 매도인이 스스로의 필요에 따라 적하보험 계약 여부를 결정한다.

---

118) UCP 600 제25조

2) 적하보험 가입대상

항공기나 선박을 이용하여 운송되는 수출, 입 화물 및 국내 연안 운송화물 일체가 적하보험의 가입대상이 되며, 삼국간 운송화물과 컨테이너 보험을 포함한다. 단, 방위산업관련 화물에 대한 적하 보험 계약은 현행 해상 및 보세보험 공동인수 협정에 의거 대한 손해보험협회에서 이를 일괄 인수토록 되어 있으므로, 일반 보험 회사에서는 인수할 수 없다.

3) 보험금 청구

보험사고가 발생하였을 때 보험계약자, 피보험자 및 그 대리인은 사고사실을 인지하게 되면 지체없이 보험회사 또는 그 대리점에 사고발생 사실을 구두나 서면으로 통보하여야 한다.

(2) 운송클레임

화물의 수하인이나 운송서류 소지인은 운송화물의 전부 또는 일부가 멸실되었거나 손상(훼손)되었을 경우는 화물을 인수할 경우 또는 인수한 후 통지기한 내에 멸실 또는 손상의 개요를 책임있는 운송인에게 서면으로 통지하여야 한다. 사고 발생 통지를 한 다음 확인을 통해 손해의 원인이 규명되고 손해의 수량과 금액이 산출되면 이를 근거로 화주는 보험자에게 보험금 지급을 청구한다. 그러나 해당 화물이 보험에 부보되어 있지 아니할 경우 운송인에게 정식으로 클레임을 제기한다. 정식 클레임의 제기에 필요한 서류는 일반적으로 다음과 같다.

① 클레임제기서(Claim Letter) 또는 대금청구서(Debit Note)
② 운송서류 사본
③ 상업송장(Commercial Invoice)
④ 포장명세서(Packing List)
⑤ 인도지시서(Delivery Order) 또는 화물수도증(受渡證)(Cargo Boat Note)
⑥ 검정보고서(Survey Report)
⑦ 대위확인서(Letter of Subrogation : 화주를 대리하는 경우)

제출된 서류가 정당하다고 인정되면 운송인은 클레임 청구권자에게 접수확인을 발송한다. 만일 사고의 원인이 해난(海難)이고, 선장의 해난보고서(Sea Protest)가 제출되어 있으면 운송인은 이를 첨부하여 일단 클레임 거절장을 보내게 된다. 클레임에 관한 제반 서류가 제출되고 운송인의 내부심사가 종료되면 배상금 지급 여부가 결정된다. 즉 해당 사고가 운송인의 관리하에서 발생한 것인지, 사고의 원인이 운송인의 면책사유에 해당하는지 여부를 판단하게 되는 것이다. 그 결과에 따라 클레임에 대한 배상금 지불 여부를 결정하게 된다. 손해의 원인이 규명되지 않는 경우라 하더라도 Clean B/L이 발급되었고, 화물을 수하인에게 인도할 경우 손상이 있었다면 해당 손해를 배상할 책임이 있다.

운송인에게 배상책임이 있다고 확인되는 경우 운송인은 상품의 CIF가격과 운송서류의 이면약관에서 규정하고 있는 선적단위나 포장단위 또는 중량당 책임한도액 중 자신에게 유리한 쪽을 적용하여 배상하게 된다. 화주가 상품가액을 신고하여 그 가액이 운송서류에 기재되고, 종가(從價)운임이 지불된 경우를 제외하고는 이면 약관상의 책임한도액 내에서 배상을 한다. 즉 화주가 화물인도 시 별도로 화물가액을 신고하지 않은 상황에서 화물의 멸실이나 훼손이 발생한 경우 운송인의 책임한도는 포장당 또는 단위당 666.67 SDR[119]이나 중량 매 kg당 2SDR 범위 내에서 배상이 되며, 어떠한 경우도 배상액은 상품가액을 넘지 아니한다.

---

119) 국제통화기금(IMF)의 특별인출권(Special Drawing Rights)을 말한다. 1968년 4월 IMF이사회가 채택하여 1970년부터 발동시킨 일종의 국제준비통화로, 금이나 달러, 유로 등의 뒤를 잇는 제3의 통화로 간주되었으나 실제 외국환시장에서 기준통화의 역할을 하지는 못하였다.

무역금융과 무역보험제도

1 무역금융제도

금융이란 신용을 기초로 하여 돈을 대차(貸借)하는 것을 말한다. 따라서 넓은 의미로 이해한다면 무역과 관련하여 무역을 유도하고 촉진하는 기능을 하는 모든 금융을 무역금융이라 할 수 있다. 부언하면 무역금융은 유형의 물품 및 무형의 용역 수출활동을 대상으로 지원하는 선적 전 금융으로서 상품수출입이 대외거래의 주종을 이루고 있으며, 외국환은행이 물품을 직접 해외로 수출하는 직수출업자 또는 국내의 수출품 원자재 등의 제조업자를 대상으로 수출품의 제조, 원자재 또는 완제품 구매에 필요한 대출금을 선적 전에 소요시기에 맞추어 지원하는 제도이다.

여기에서는 수출지원을 목적으로 한국은행이 저리로 제공하는 총액한도대출을 기초로 외국환은행에서 제공하는 협의의 무역금융에 대해[120] 살펴보기로 한다.

(1) 무역금융의 특징

무역금융은 금융통화운영위원회가 제정한 무역금융규정과 한국은행총재가 제정한 한국은행금융중개지원대출관련무역금융지원프로그램운용세칙(이하 약칭하여 "무역금융운용세칙"이라 한다) 및 한국은행금융중개지원대출관련무역금융지원프로그램운용절차(이하 약칭하여 "무역금융운용절차"라 한다) 근거하여 외국환은행이 제공하는 금융제도이다. 무역금융은 일반금융과 달리 수출계약에서부터 해당 수출물품 생산에 필요한 원재료의 구입, 제품의 생산, 선적 및 수출대금회수에 이르기까지 각 단계별로 자금 소요시기에 맞추어 여러 종류의 자금

---

120) 금융정책의 주요 수단은 공개시장조작, 재할인제도, 법정지불준비율제도, 대출통제정책, 이자율제한정책 등이다. 무역금융에는 이러한 제 수단들이 필요에 따라 복합적으로 동원되고 있다.

을 제공하고, 그 자금은 최종적으로 수출대금으로서 상환하도록 제도화되어 있다. 무역금융은 다음과 몇 가지 측면에서 일반금융과는 다른 특징이 있다.[121]

① 수혜대상과 융자방법의 제한 : 무역금융운용세칙을 보면 무역금융은 공여되는 자금의 종류에 따라 무역금융 융자를 받을 수 있는 대상이 엄격하게 제한되고, 융자방법도 세부적인 사항까지 제한을 하고 있다. 이러한 대출통제의 내용을 살펴보면 한국은행의 무역금융 정책목적이 어디에 있는가를 가늠할 수 있다.

② 대출한도에 있어서의 우대 : 무역금융은 국내여신한도에 관계없이 금융통화위원회가 정하는 총액한도의 범위 내에서 융자가 가능하도록 하고 있다. 이것은 중앙은행이 은행으로 하여금 예금의 일정비율에 해당하는 액수를 현금으로 보유하도록 법적 의무를 부여함으로써 여신에 제한을 가하는 법정지불준비율제도의 예외를 이루는 것이다.

③ 수출이행 의무의 부여 : 무역금융을 융자받은 자에게는 예정된 융자대상 수출액의 일정비율 이상을 반드시 수출하도록 의무가 부여된다. 만일 수출을 이행하지 못하였을 경우는 합당한 제재조치를 받는다.

(2) 무역금융의 융자대상

무역금융운용세칙에 따라 금융기관이 대출하는 무역금융을 수혜할 수 있는 대상은 다음과 같다.

① 수출신용장 또는 지급인도(D/P)와 인수인도(D/A)조건 및 기타 수출 관련 계약서에 따라 물품(대외무역법에서 정하는 전자적 형태의 무체물 포함. 이하 무역금융과 관련된 설명에서 같다)이나 건설·용역을 수출하거나 국내 공급하고자 하는 자

② 내국신용장에 따라 수출용완제품 또는 원자재를 공급(이 경우 수탁가공을 포함한다)하고자 하는 자

③ 수출 또는 내국신용장에 따라 공급한 실적이 있는 자로서 동 수출실적을 기준으로 융자를 받고자 하는 자

④ 다음 각목의 하나에 해당하는 외화 또는 원화표시 물품공급계약서에 의해 물품, 건설 및 용역을 수출하거나 국내 공급하고자 하는 자[122]

　　가. 외국정부, 외국공공기관 또는 국제기구와 체결된 물품, 건설 및 용역공급계약서

---

121) 1980년대까지 무역금융은 대표적인 정책금융으로서 융자시 적용금리는 당시의 국제금리와 비슷한 낮은 수준의 금리를 별도로 적용하였다. 1979년의 경우를 예로 보면 금융기관의 일반대출금리는 18.5%였으나 무역금융의 금리는 9%로 9.5%의 괴리를 보여 강한 특혜성이 있었다. 그러나 1988년에 이와 같이 과도한 특혜성 금리의 적용을 폐지하였다.

나. 선박건조공급(개조공급 포함) 및 대외무역법이 정한 산업설비의 수출을 위한
　　계약서

다. 정부나 지방자치단체 또는 정부투자기관이 외국에서 받은 차관자금에 의한 국
　　제경쟁입찰에 따라 국내에서 유상으로 물품, 건설 및 용역을 공급하기 위하여
　　체결된 계약서

⑤ 관세법에 따라 설치된 보세판매장에서 자가생산품을 외국인에게 외화로 판매한 실
　적이 있거나 외항항공, 외항해상운송 또는 선박수리업체로서 과거 외화입금실적이
　있는 경우 동 외화판매실적 및 외화입금실적을 기준으로 융자를 받고자 하는 자

그러나 이러한 대상에 해당되는 경우일지라도 중계무역방식에 의한 수출은 융자대상에
서 제외된다.[123] 한편 '은행감독규정'이 정하는 계열기업군 중 상위 30대 계열기업군 소속
기업체[124]에 대한 무역 관련 대출과 '신용정보관리규약'에 의해 최종부도거래처로 분류된
기업체에 대한 무역 관련 대출은 한국은행이 정한 무역금융운용세칙이 적용되는 무역금융
에 포함되지 아니한다.[125]

(3) 무역금융의 종류

무역금융에는 두 가지 종류가 있다. 융자되는 자금의 사용 용도를 구분하고 그에 따라
융자되는 용도별금융과 자금의 용도를 구분하지 않고 기업단위로 일괄하여 융자되는 포괄
금융이 그것이다. 용도별금융은 그 용도에 따라 그림과 같이 생산자금, 원자재자금, 완제품
구매자금으로 구분된다.[126] 포괄금융은 전년도(회계연도 기준) 또는 과거 1년간의 수출실적
이 미화 5천만 달러 미만인 업체만이 이용할 수 있다.

---

122) 무역금융운용절차 제6조
123) 무역금융운용세칙 제5조
124) 무역금융운용절차에서는 계열기업군 소속기업체는 중소기업으로 보지 아니하도록 규정하고 있다(무역금
　　융운용절차 제4조).
125) 무역금융운용세칙 제2조
126) 무역금융운용세칙 제6조

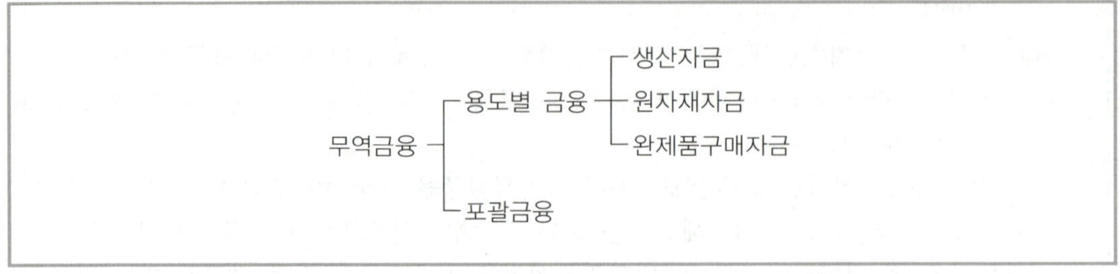

용도별 금융에서 생산자금이란 국내에서 수출용완제품 또는 원자재를 제조, 가공하거나 개발하는 데 소요되는 자금을 말하고, 원자재자금이란 수출용원자재를 해외로부터 수입하거나 내국신용장에 따라 구매하는 데 소요되는 자금을 말한다. 또 완제품구매자금이란 국내에서 생산된 수출용완제품을 내국신용장에 따라 구매하는 데 소요되는 자금을 말한다.

(4) 무역금융의 융자방법

1) 실적기준금융시의 수출실적의 판정

무역금융의 융자금액은 해당 업체가 보유한 수출신용장, 수출계약서 및 내국신용장 등을 기준으로 취급하거나(이를 "신용장기준금융"이라 한다), 해당 업체의 과거 수출실적을 기준으로 취급한다(이를 "실적기준금융"이라 한다). 실적기준금융에서 수출실적은 다음과 같은 기준으로 판정한다.[127]

① 수출실적은 본선인도(FOB) 가격을 기준으로 한다. 다만, 전자적 형태의 무체물 수출실적은 대외무역관리규정에서 정하는 수출실적 인정금액을 기준으로 한다.

② 무역어음이 인수취급된 수출신용장 등에 의한 수출실적은 해당 인수취급분을 제외한 부분만을 융자대상 수출실적에 포함한다.

③ 대외무역관리규정에서 정하는 위탁가공무역의 경우 융자대상 수출실적은 위탁가공무역에 소요되는 국산원자재를 무상으로 수출한 실적으로 한다. 다만, 가공물품을 현지 또는 제3국으로 수출하는 경우 한하며, 국산원자재를 구매하여 가공하지 않고 수출한 실적은 생산자금 및 포괄금융 융자한도의 산정대상이 되는 수출실적에서 제외한다.

수출실적의 인정시점은 수출신용장 및 내국신용장은 해당 수출환어음 또는 내국신용장 어음 등이 매입(추심의뢰 포함)된 경우이다.[128] 수출계약서 및 외화표시 물품공급계약서는

---

127) 무역금융취급절차 제7조

해당 수출 또는 공급대금이 입금된 경우이다. 다만, 선수금영수방식 수출의 경우는 동 수출이 이행된 경우이다. 외국환은행은 거래업체별로 매년 1월 수출실적관리카드를 다시 작성하는 것으로 수출실적을 관리한다. 업체간 영업의 양수도, 기업합병 등의 사유가 있을 경우는 외국환은행의 승인을 받아 그 실적의 승계가 인정될 수 있다.[129]

2) 융자금액의 결정

무역금융의 융자금액에는 일정한 한도가 있다. 신용장기준금융의 경우 신용장 등의 수출계약금액이, 실적기준금융의 경우 외국환은행이 해당 업체에 대해 따로 산정한 금액이 한도액이 된다. 각각의 경우 융자금액 결정방법은 다음과 같다.

① 신용장기준금융의 융자대상 금액

신용장기준금융 이용업체에 대해서는 해당 업체가 보유한 수출신용장 등의 외화금액에 외국환거래규정에서 정하는 매매기준율(이하 "매매기준율"이라 한다)의 융자취급일 전월 평균환율(이하 "평균매매기준율"이라 한다)을 곱한 금액 범위 내에서 무역금융이 융자될 수 있다.[130] 원화로 표시된 수출신용장 등의 경우 융자대상금액은 해당 원화금액을 융자취급당일의 매매기준율로 환산한 미국 달러금액을 기준으로 한다. 동 수출신용장 등에 미국 달러화가 명시되어 있을 경우 이를 기준으로 한다. 달러화가 아닌 외국통화로 표시된 수출신용장 등의 경우 융자대상금액은 융자취급 당일의 해당 통화의 매매기준율 및 미국 달러화의 매매기준율로 환산한 금액으로 한다. 융자대상금액은 다음과 같은 기준으로 결정된다.[131]

  ㉠ 수출신용장 등의 융자대상금액은 해당 수출신용장 등의 금액 중에서 본선인도가격(FOB)을 기준으로 한다. 다만, 전자적 형태의 무체물 수출의 경우 신용장 등의 금액을 기준으로 한다.

  ㉡ 선수금영수조건 수출신용장 등의 융자대상금액은 해당 수출신용장 등의 금액에서 이미 영수한 선수금을 차감한 금액을 기준으로 한다.

  ㉢ 무역어음이 인수취급된 수출신용장 등의 경우 융자대상금액은 해당 인수취급액을 차감한 금액을 기준으로 한다.

---

128) 수출환어음 또는 내국신용장어음 등의 매입금액 중 소정 기일 내에 미회수되어 부도처리한 분은 부도발생 월의 매입실적에서 이를 차감하고, 부도처리 후 입금된 분은 해당 입금 월의 매입실적에 이를 재산입하여야 한다(무역금융운용절차 제10조).
129) 무역금융운용절차 제12조
130) 무역금융운용세칙 제9조 제1항
131) 무역금융운용절차 제8조

ㄹ 회전신용장의 경우 융자대상금액은 해당 신용장의 액면금액을 초과할 수 없다.

ㅁ 위탁가공무역방식 수출신용장 등의 경우 융자대상금액은 위탁가공무역에 소요되는 국산원자재를 무상으로 수출하는 금액범위 내로 한다. 다만, 가공물품을 현지 또는 제3국으로 수출하는 경우에 한하며, 국산원자재를 구매하여 가공하지 않고 수출하는 경우 생산자금 및 포괄금융 융자대상에서 제외한다.

ㅂ 수출대금을 수입대금과 상계처리하는 경우 동 수출대금은 융자대상 수출실적에서 차감한다.

외국환은행이 융자한도를 관리함에 있어 수입대행업체가 실수요자를 위하여 수출용 원자재 수입신용장 개설을 의뢰하는 경우 해당 수입신용장의 개설액과 동 수입대금의 결제를 위한 원자재자금의 융자취급액은 실수요자의 원자재자금 한도관리대상에 포함하여야 한다.

② 실적기준금융의 융자대상금액

실적기준금융 이용업체에 대한 융자금액은 다음 범위 내이다.[132]

> ㄱ 생산자금 및 포괄금융은 융자한도에 평균매매기준율을 곱한 금액
> ㄴ 원자재자금 및 완제품구매자금은 내국신용장에 따라 발행된 환어음 또는 판매대금추심의뢰서, 수입어음 및 수입대금(수입화물운임 포함)의 외화금액에 평균매매기준율을 곱한 금액. 다만, 내국신용장에 의해 발행된 환어음 또는 판매대금추심의뢰서의 금액이 원화로만 표시되어 있는 경우 동 금액

실적기준금융을 위해 외국환은행이 융자한도를 산정할 경우는 과거 수출실적 등을 감안하여 산정한다. 이 경우 융자한도에는 해당 원자재의 일람불 수입신용장 개설분[지급인도조건 및 대금교환도조건(CAD 및 COD)에 의한 수입의 경우 수입승인분, 수입계약서 또는 물품매도확약서상의 수입금액]과 내국신용장 개설분을 포함한다.[133] 용도별 금융방법으로 융자하는 경우 각 자금별로 그 한도를 산정하고, 포괄금융방법으로 융자하는 경우 각 업체별로 그 한도액을 산정한다. 포괄금융을 이용하고자 하는 업체는 해당 업체의 수출실적관리 등을 담당할 외국환은행을 '주거래외국환은행'으로 지정하여야 한다. 포괄금융 이용업체의 자격은 매년 1월 중에 전년도 수출실적을 기준으로 외국환은행이 재심사하여 선정한다.[134]

---

132) 무역금융운용세칙 제9조 제2항
133) 무역금융운용세칙 제8조 및 무역금융운용절차 제14조

③ 기타 융자취급 기준

원자재자금 및 완제품구매자금의 경우 해당 수입신용장 또는 내국신용장이 융자한도 범위 내에서 개설된 경우 해당 어음 등의 결제시점에서 융자한도가 부족하더라도 융자가 이루어질 수 있다. 외국환은행은 업체가 융자방법을 변경하는 경우 융자방법의 변경시점에서 이미 취급된 대출금 및 지급보증잔액이 융자방법 변경 대상자금의 융자한도를 이미 초과한 경우 소정 융자한도 내로 축소될 경우까지 신규금융을 취급할 수 없도록 되어 있다.[135] 한편, 중고품, 농수산물 및 자가생산한 원자재 등과 같이 상거래 관례상 내국신용장에 따라 조달하기 곤란한 수출용원자재 및 완제품을 구매하는 데 소요되는 자금은 생산자금으로 융자될 수 있다. 이 경우의 생산자금에는 수출용 중고품의 수리 및 수출용 농수산물의 비축에 필요한 자금이 포함될 수 있다.[136] 선수출 후수입을 위하여 개설된 수입신용장은 원자재자금의 융자대상이 되지 아니한다. 다만, 수출대금이 입금되지 아니한 경우 해당 수출대금의 입금시까지 이미 개설된 수입신용장에 대하여 원자재자금을 취급할 수 있다. 수입화물운임에 대하여 원자재자금을 별도로 취급하는 경우의 융자대상금액은 해당 선박회사 또는 대리점이 발급한 운임증명서의 운임금액을 기준으로 한다.

3) 융자시기

무역금융 자금이 융자되는 구체적 시기는 다음과 같다.

① 생산자금 및 포괄금융은 필요할 경우마다 규정된 한도 내에서 융자
② 원자재자금은 선적서류나 물품의 인수와 동시에 수입어음을 결제하거나 수입대금을 지급할 경우 또는 내국신용장어음을 결제할 경우 융자. 만일 수입화물운임을 따로 지급하는 경우 동 운임은 이를 지급할 경우 융자
③ 완제품구매자금은 내국신용장어음을 결제할 경우 융자

그러나 무역금융운용세칙에는 이러한 규정에도 불구하고 내국신용장 및 수출용원자재에 대한 일람불수입신용장과 관련된 지급보증대지급금을 상환하기 위하여 원자재자금 및 완제품 자금을 융자할 수 있도록 규정하고 있다.[137] 무역금융의 융자기간은 자금의 소요기간

---

134) 무역금융운용절차 제5조
135) 무역금융운용절차 제14조
136) 무역금융운용절차 제14조
137) 무역금융운용세칙 제10조

등을 감안하여 외국환은행이 정한다.

4) 중복금융 등을 방지하기 위한 조치

무역금융의 종류가 다양하고, 수출입은행의 자금지원 등도 있으므로 외국환은행은 이러한 지원이 중복되지 않도록 여러 가지 조치를 취하고 있다. 먼저 외국환은행은 무역금융 융자신청업체가 무역어음을 할인받거나 한국수출입은행의 수출자금대출(인도전금융) 등을 융자받는 경우 적정수준의 무역금융을 융자함으로써 중복금융을 방지한다. 외국환은행은 중복금융의 취급을 방지하기 위하여 무역금융의 융자대상 증빙서류의 뒷면에 수출신용장 등에 대한 융자내용, 무역어음의 인수 및 취급내용, 관련 수입신용장 및 내국신용장 등의 개설 및 결제내용을 기재하고 있다. 과거 수출실적을 기준으로 무역어음을 이용하는 업체가 무역금융을 이용하고자 하는 경우 실적기준금융으로만 이용하도록 제한한다.[138] 또한 중소기업협동조합법에서 정하는 중소기업협동조합 또는 사업협동조합은 중소기업협동조합 공동사업자금을 융자받는 경우 무역금융 융자대상에서 제외한다.[139] 아울러 하나의 수출신용장 등과 관련된 무역금융의 취급 및 수출대금의 영수는 동일 외국환은행을 통하여 이루어지도록 제한하고 있다.[140] 실적기준금융 이용업체 및 포괄금융 이용업체가 발행한 수출환어음 또는 내국신용장 등의 매입과 추심은 동 업체에 대한 융자취급은행을 통하여야 한다. 이러한 제한을 위반하여 수출 또는 공급대금을 영수한 실적은 해당 업체 수출실적에서 제외된다.

5) 융자금의 회수 등

무역금융 융자금은 수출 관련 대금이 입금되는 시점에 회수하게 된다. 회수가 되기까지 융자를 취급한 은행은 무역금융이 지정된 용도 외의 다른 목에 사용되지 아니하도록 관리한다. 무역금융은 융자기간이 만료되기 이전이라 하더라도 해당 융자대상 수출 관련 대금이 입금된 경우 동 대금으로 이를 회수한다. 실적기준금융의 경우 융자기간이 만료된 경우 회수할 수 있다. 실적기준 생산자금, 실적기준 포괄금융의 경우 융자기간이 만료되었을 경우 우 새로이 산정된 융자한도 범위 내에서 회전대출을 할 수 있다.

---

138) 무역금융운용절차 제16조
139) 무역금융운용절차 제2조
140) 무역금융운용절차 제15조

(1) 의의

무역어음이란 수출신용장, 수출계약서, 외화표시 물품공급계약서, 내국신용장 및 수출신용장 결제조건부 수출계약서 또는 과거수출실적을 근거로 발행된 어음으로서 은행, 증권사 등 금융기관이 동 어음을 인수, 할인 및 매출함으로써 수출업체가 수출품 생산에 필요한 자금을 조달할 수 있도록 한 제도이다(금융기관여신운용세칙 §10).

(2) 무역어음의 발행 및 유통체계

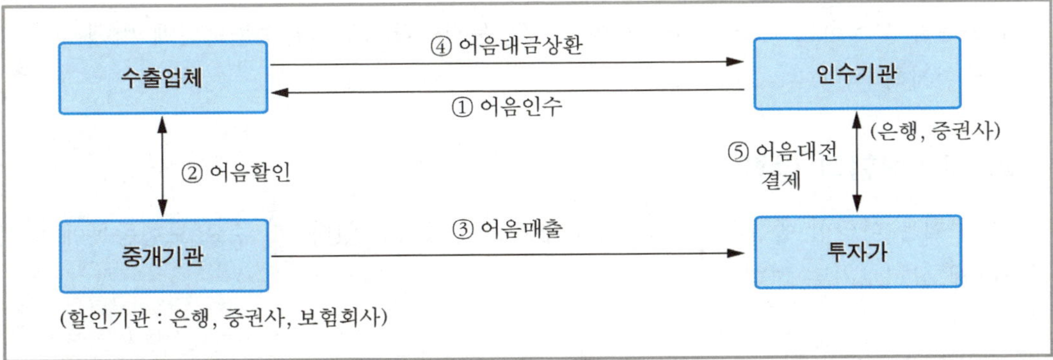

※ 한국무역협회 홈페이지

③ 무역보험제도

(1) 무역보험제도의 의의

무역보험은 무역거래에서 발생하는 여러 위험 가운데 해상보험과 같은 통상의 보험으로는 구제될 수 없는 위험, 즉 비상위험(political risk)이나 신용위험(commercial risk) 또는 기업위험(management risk)으로 인한 손실을 보상함으로써 무역, 특히 수출을 지원하기 위한 비영리(非營利)의 정책보험이다. 비상위험이란 전쟁, 수입국의 환거래 중지 등 무역계약 당사자의 책임이 아닌 사유로 인해 발생하는 위험을 말하고, 신용위험이란 수입상의 파산, 대금지급 지체 등 무역계약 당사자의 귀책으로 발생하는 위험을 말한다. 또한 기업위험이란 기업의 활동과정에서 경영자의 판매예상, 경영예측이 어긋남으로 인하여 발생하는 위험을 말한다.[141]

오늘날 대부분 나라들의 운영형태는 다소 상이하지만 최종적인 보상책임을 정부가 지는 비영리의 정책사업으로서 무역보험제도를 운영함으로써 무역, 특히 수출을 지원하고 있다. 우리나라의 경우도 정부예산을 통하여 무역보험기금을 출연하고, 무역보험계약의 체결한도를 국회 의결을 거쳐 결정하며, 산업통상자원부장관이 한국무역보험공사의 예산과 업무 전반에 대한 감독권을 행사하는 등 국가가 직접 개입하는 정책사업으로서 운영하고 있다.[142] 무역보험은 보험 또는 보증의 형태로 이루어진다. 한국무역보험공사가 운영하는 보험이 수출보험만 있는 것은 아니다. 국내 수입업자의 자금조달을 지원하는 것은 물론 해외 수출자의 계약불이행으로 적기에 화물을 인도받지 못하거나 선불금을 회수하지 못하는 경우의 손실을 보상하는 제도로 수입보험제도도 운영한다. 그러나 수출보험에 비해서는 그 종류가 현저히 적다.

(2) 무역보험의 종류

무역보험은 다양한 종류의 보험과 보증제도로 운영되고 있다.[143] 주요 보험종목에 대해 간략하게 살펴보기로 한다.

1) 단기수출보험

단기수출보험은 수출상품의 대금결제기간이 2년 이내인 수출거래를 대상으로 한다. 단기수출보험의 대상이 되는 수출거래는 일반수출, 위탁가공무역, 중계무역, 재판매 거래이다.[144] 취급내용을 요약정리하면 다음과 같다.

---

141) 비상위험에는 ① 수입국 또는 대금의 지급국에서 실시하는 환거래 또는 수입의 금지, ② 외국에서의 전쟁·혁명·내란·천재지변 등으로 인한 환거래의 불능이나 수출의 불능, ③ 정부간 합의에 따른 채무상환연기 협정 등에 의한 외화의 송금지연, ④ 대한민국 밖에서 발생한 사유로 인한 수입국으로의 수송불능 등이 포함된다. 신용위험에는 수입자(또는 L/C 개설은행)에 의한 수출물품의 인수거절 또는 인수불능, 수입자(또는 L/C 개설은행)의 지급거절 또는 지급불능, 수입자(또는 L/C 개설은행)의 지급지체 등이 포함된다.
142) 수출보험은 1990년대 초만 하더라도 이용률이 전체 수출의 3%에도 미치지 못하였고 보험인수 규모도 2조 원 이하였다. 그러나 1997년 외환위기 이후부터 그 이용도가 급격히 증가하여 2020년의 경우 총 보험인수 실적이 165.1조원에 달하였다.
143) 각 제도의 자세한 내용은 한국무역보험공사 홈페이지(http://www.keic.or.kr) 참조
144) 단기수출보험은 개별수출 건별로 보험계약이 체결되는데, 수출기업의 전체 수출거래를 대상으로 위험별 책임금액을 설정하여 운영하는 것으로 '중소기업 Plus+보험' 제도가 별도로 마련되어 있다. 재판매거래란 수출자가 해외지사(현지법인 포함)에 물품을 수출하고, 동 해외지사가 당해 물품을 현지 또는 제3국에 재

| 단기수출보험(선적 후) 부보대상 거래유형별 개요 |

구　분	일반수출거래	중계무역거래	위탁가공무역거래
개별보험 부보율	중소기업 : 100%, 중견기업 : 97.5%, 대기업 : 95% 이내	95% 이내	중소기업 : 100%, 중견기업 : 97.5%, 대기업 : 95% 이내
보험가액	수출대금	좌동	좌동
보험금액	보험가액×부보율	좌동	좌동
보험료	보험금액×보험요율[145]	좌동	좌동

보험사고가 발생하였을 경우 지급되는 금액은 (① 손실액－② 면책대상 손실)×부보율－③ 다른 보험계약 및 금융계약 등에서 지급받았거나 지급받게 될 것이 확실한 금액으로 계산한다.

2) 수출신용보증(선적 전)

선적 전 수출신용보증은 수출기업이 수출계약에 따라 수출물품을 제조, 가공하거나 조달할 수 있도록 외국환은행 또는 수출유관기관 등이 수출신용보증서를 담보로 대출 또는 지급보증(수출용원자재 수입신용장개설 포함)을 실행함에 따라 기업이 은행에 대하여 부담하게 되는 상환채무를 무역보험공사가 연대보증하는 제도다. 이 보증은 다음의 각 호의 어느 하나에 해당하는 신용보증부대출 또는 신용보증부 지급보증을 할 경우 적용한다.

① 한국은행의 한국은행총액한도대출관련무역금융운용세칙에 의한 무역금융 및 관련 지급보증, 완제품내국신용장 개설. 다만, 건설 공급계약관련 금융은 제외한다.

② 한국수출입은행에서 취급하는 수출자금으로서 수출보험공사가 인정하는 자금대출

③ 한국은행의 금융기관여신운용세칙에서 정한 무역어음 인수

④ 수출용원자재 수입신용장 개설(내국수입유산스 신용장 개설 포함). 다만, 중계무역방식에 의한 수출용원자재 수입신용장 개설은 제외

⑤ '①~④' 이외에 수출의 진흥을 위하여 지원되는 것으로서 공사가 인정하는 자금대출 (무역협회 무역기금, 기업은행 해외마케팅자금 등)

판매하는 거래를 말한다.
145) 보험요율은 수입자의 신용등급, 결제기간 등에 따라 결정된다.

3) 수출신용보증(선적 후)

선적 후 수출신용보증은 수출거래와 관련하여 외국환은행이 중소기업 수출자에게 수출신용보증서를 담보로 대출함에 따라 발생하는 수출자의 채무에 대해 무역보험공사가 그 지급을 연대보증하는 제도다. 외국환은행이 수출자에게 일으킨 신용보증부 대출금이 대출만기일에 수입자(신용장 개설은행 포함)로부터 수출대금을 회수할 수 없게 됨에 따라 수출자가 외국환은행에 상환하지 못하게 된 금액을 무역보험공사가 보상한다. 대상이 되는 거래는 결제기간 2년 이내의 일반수출, 위탁가공무역 거래이다.

4) 중장기수출보험

중장기수출보험은 선적 전 보험과 선적 후 보험의 두 가지가 있다. 선적 전 보험은 수출자가 수출대금의 결제기간이 2년을 초과하는 중장기수출계약을 체결한 후 수출불능에 따른 손실을 보상받기 위해 무역보험공사에 부보 요청한 거래가 대상이다. 선적 후 보험은 공급자 신용으로 수출자가 결제기간 2년을 초과하는 중장기 연불조건으로 중장기수출계약을 체결하고 선적한 후 수출대금을 받을 수 없게 됨으로써 입게 되는 손실을 보상하는 제도다. 보험계약자는 수출자로서 수입자에 대한 신용공여 주체가 수출자가 된다. 중장기수출보험 내용을 요약정리하면 다음과 같다.

| 중장기수출보험의 개요 |

구 분	선적 전	선적 후(구매자신용/공급자신용)
보험가액	수출계약금에서 선수금을 뺀 잔액	연불원리금(단, 2회 이상 분할 결제시 각 결제기별 연불원리금의 합계)
보험금액	보험가액×부보율	보험가액×부보율
부보율	90% 이내에서 공사가 정한 비율(중소기업은 95% 이내)	100% 이내에서 공사가 정한 비율
지급보험금	손실액×90/100≤보험금액(중소기업은 95/100 적용)	손실액×부보율
보험료	보험금액에 수입국 등급 및 보험료 기간에 따른 보험요율을 적용하여 결정	

5) 해외공사보험

해외공사보험은 해외공사계약 상대방의 신용위험 발생, 해외공사 발주국 또는 지급국에서의 비상위험발생에 따라 손실을 입게 된 경우 그 손실을 보상하는 제도다. 보험대상은 해외

건설촉진법의 규정에 의한 해외건설공사 및 해외건설 엔지니어링 활동과, 해외공사에 직접적으로 소요되는 것으로써 건설기계 및 기타 기계장치, 차량운반구 등의 유형고정자산 및 이에 대한 권리이다. 담보하는 위험은 건설 및 기술용역은 수출불능(비상위험 및 계약상대방의 파산 등), 공사대기의 회수불능(비상위험 및 신용위험), 공사비용의 회수불능(비상위험 및 신용위험)이고, 건설장비는 장비에 대한 권리박탈(수용위험), 권리의 상실로 취득한 금액의 국내 송금 불능(송금위험), 전쟁, 혁명 등의 사유로 인한 장비에 관한 권리의 손해(전쟁위험)이다.

6) 해외투자보험

해외투자보험은 대한민국 국민이 해외투자를 한 후 투자대상국에서의 수용, 전쟁, 송금위험 등으로 원리금, 배당금 등을 회수할 수 없게 되거나 보증채무이행 등으로 입게 되는 손실을 보상하는 것과, 국내기업에게 해외자원개발, 해외 M&A 등에 필요한 소요자금을 대출하는 경우나 비상위험 또는 신용위험으로 인한 금융기관의 대출금 미회수위험을 담보하는 제도의 두 가지가 있다. 주식, 대출금, 보증채무에 대한 해외투자보험의 내용은 다음과 같다. 투자금융의 경우는 해외사업 소유자금의 100%까지 가능하다.

| 해외투자보험의 개요 |

구 분	내 용
보험가액	해외투자금액
보험금액	보험가액×부보율
지급보험금	손실액×부보율

7) 환변동보험

수출 또는 수입을 통해 외화를 획득 또는 지급하는 과정에서 발생할 수 있는 환차손익을 제거, 사전에 외화금액을 원화로 확정시킴으로써 환율변동에 따른 위험을 헤지(Hedge)[146] 하는 상품이다. 환변동보험(선물환방식)은 환위험 관리여건이 취약한 중소기업이 환위험을 손쉽게 헤지할 수 있도록 제도와 비용면에서 지원하여 적극적인 무역활동을 할 수 있게 하고자 하는 것이다. 수출거래를 예로 들면, 환율 하락시에는 손실을 보상하지만 환율 상승시에는 이익금을 환수하는 시스템으로 운영한다. 보험대상 통화는 일반형은 미국 달러화

---

146) 환헷지(Hedge)란 환율변동에 따른 위험을 없애기 위하여 현재 수준의 환율로 수출이나 수입, 해외투자에 따른 거래금액을 고정시키는 것을 말한다.

(USD), 일본 엔화(JPY), 유럽 유로화(EUR), 중국 위안화(CNY) 등 4개이고, 범위선물환 및 옵션형은 중국 위안화가 제외된 3가지 통화만 가능하다. 이 보험은 신용불량기업, 환변동 보험료를 납부하지 않아 보험계약이 해제된 경험이 있거나 이익금을 연체 중인 기업, 그리고 국민연금·고용보험·산재보험의 보험료가 연체 중인 기업은 이용할 수 없다.

8) 수입보험

이 보험은 수입 지원사업으로서 행해지며, 국내 기업이 선급금 지급조건 수입거래에서 비상위험 또는 신용위험으로 인해 선급금을 회수할 수 없게 된 경우에 발생하는 손실을 보상하는 제도이다. 보험가액은 선급금 지급금액이고 부보율은 중소기업은 100%, 대기업은 95%다. 보험 적용대상은 철, 동, 아연, 석탄, 원유 등의 원자재나 관세법에 의한 감면대상인 시설재, 산업발전법 제5조에 규정된 첨단제품, 대외무역법에 의한 외화획득용 원료 등을 선급금지급 후 2년 이내에 선적하여야 하는 수입거래(단, 중계무역은 제외)이다.

4 수출입기업 지원제도

제 도 별	개 요	취급기관
선적 전 수출 신용보증수탁보증	수출기업이 수출계약에 따라 수출물품을 제조·가공하거나 조달할 수 있도록 외국환은행이 신용보증서를 담보로 대출 또는 지급보증을 실행함에 따라 기업이 은행에 대하여 부담하게 되는 상환채무를 무역보험공사가 연대보증하는 제도	외국환은행
선적 후 수출 신용보증수탁보증	수출을 영위하는 중소기업에게 수출신용보증서(선적 후)를 담보로 하여 환어음 또는 선적서류를 매입하여 자금 지원한 후 해외 수입상이나 개설은행으로부터 수출대금을 지급받지 못하게 될 경우 수출자가 부담하게 되는 매입은행의 상환채무를 무역보험공사가 연대보증하는 제도	외국환은행
수출촉진자금	내수에서 수출로 전환하거나 수출확대를 추진하는 기업을 대상으로 시설투자, 기술개발 및 해외시장개척활동자금 등을 지원	한국수출입은행
수출성장자금	물품 등의 수출에 필요한 자금을 과거 수출실적 범위 내에서 일괄 지원	한국수출입은행

제 도 별	개 요	취급기관
수출이행자금	수출계약별로 수출목적물의 제작이행 및 대금회수시까지 필요한 자금을 지원	한국수출입은행
수출기반자금	국내기업으로부터 물품 등을 구매하는 외국인 등 수출 관련 거래에 기여하는 자를 대상으로 수입결제자금, 시설·운영자금 등을 지원	한국수출입은행
수입자금	국민 생활의 안정, 고용증대 및 수출촉진 등에 기여하는 물품 등의 수입자금 지원	한국수출입은행
수입기반자금	수입자금 지원대상자의 수입거래에 기여하는 자를 대상으로 시설·운영자금 등을 지원	한국수출입은행
해외투자자금	국내기업이 외국법인에 자본금을 출자하거나 국내기업이 출자한 외국법인에 대여금을 주는데 필요한 자금을 지원	한국수출입은행
해외사업자금	국내기업이 해외에 현지법인의 설립 없이 외국에서 사업을 영위할 경우에 필요한 설비의 신설·확충 또는 운영에 필요한 자금을 지원	한국수출입은행
현지법인사업자금	국내모기업의 해외자회사가 해외에서 사업을 영위하는 데 필요한 시설·투자 또는 운영자금 등을 지원	한국수출입은행
해외사업 활성화자금	국내기업, 해외자회사 등이 추진하는 해외사업 관련 거래 상대방 등 해외사업활성화에 기여하는 자를 대상으로 시설·운영자금 등을 지원	한국수출입은행
채무보증	수출금융보증, 수입금융보증, 해외사업금융보증 등 수출입은행의 지원 대상거래에 대해 자금을 대출한 국내외 금융기관에게 차주의 채무 불이행시 수출입은행이 해당 금융기관의 대출금을 대신 상환 보증	한국수출입은행
이행성보증	수출이행성보증, 수입이행성보증, 해외사업이행성보증 등 수출거래의 수주, 국민경제의 중요한 수입 또는 해외사업 이행 등에 필요한 제반 이행성보증을 입찰보증, 선수금환급보증, 계약이행보증, 유보금 보증 및 하자보수보증 등으로 지원	한국수출입은행
이자율지지	수출입은행의 채무보증을 받아 수출입은행과 공동으로 OECD 수출신용협약에 따른 공적수출금융을 고정금리인 상업참고금리로 국내외금융기관이 지원하는 경우, 수출입은행은 이자율 변동에 따른 금리차(상업참고금리와 변동대출금리간 금리차)로 발생하는 대출금융 기관의 손실을 보전하고 이익을 환수	한국수출입은행

제 도 별	개 요	취급기관
대출보증	기업이 은행으로부터 각종 운전 및 시설자금을 대출받는 데 따른 금전채무를 보증(일반운전자금, 무역금융, 구매자금융, 할인어음, 설비 자금, 각종 기술개발자금 등)	신용보증기금
이행보증	중소, 중견기업, 대기업이 건설공사계약, 납품계약, 용역계약을 위한 계약(입찰 포함)에 수반하여 부담하는 보증금의 지급채무에 대한 보증	신용보증기금
무역어음 인수보증	중소기업이 수출신용장(내국신용장을 포함)을 근거로 발행한 무역어음을 인수한 자에 대하여 부담하는 채무에 대한 보증	신용보증기금
지식재산 보증	우수 지식재산 창출기업에 대한 연구개발(R&D), 기술거래, 사업화 및 활용촉진에 필요한 소요 자금을 지원하는 보증	신용보증기금
수출입자금 보증	중소기업의 수출경쟁력 증대와 수출촉진을 위해 수출물품의 제조 또는 조달과 관련된 금융지원을 위한 보증제도	신용보증기금
단기수출보험 (일반)	결제기간 2년 이내의 수출거래를 대상으로 하며, 선적(수출) 후 수출대금을 회수하지 못하여 수출기업의 손실을 보상하는 제도	무역보험공사
단기수출보험 (전자무역)	수출보험공사가 인정한 전자무역 사이트를 통해 체결된 결제기간 1년 이내에 수출계약의 대금회수 불능 손실을 보상하는 제도	무역보험공사
수출신용보증 (선적 전)	수출기업이 수출물품을 제조·가공하거나 조달할 수 있도록 외국환은행, 수출유관기관 등이 대출 또는 지급보증하는 경우(Local L/C, 수출용 원자재 수입 L/C 개설 등), 기업의 상환채무를 보증	무역보험공사
수출신용보증 (선적 후)	수출기업이 수출계약에 따라 물품을 수출한 후 외국환은행이 운송서류 및 수출신용보증서를 근거로 수출자에게 대출(매입)하는 경우(Negotiation), 기업의 상환채무를 보증하는 제도	무역보험공사
수출보증보험	수출 또는 해외공사계약과 관련하여 수출보증서를 발급한 금융기관이 보증수익자(수입자 또는 발주자)로부터 보증채무 이행청구(BondCalling)를 받아 대지급하는 경우에 입게 되는 손실을 보상함으로써 수출자가 수출보증서를 용이하게 발급받을 수 있는 수출지원제도(금융기관용 수출보증보험 및 수출자용 수출보증보험)	무역보험공사
중장기 수출보험 (선적 전)	수출자가 수출대금의 결제기간이 2년을 초과하는 중장기 수출계약을 체결한 후 수출(선적) 불능에 따른 손실을 보상	무역보험공사

제 도 별	개 요	취급기관
중장기 수출보험 (공급자신용)	수출자가 결제기간 2년을 초과하는 중장기 연불조건으로 중장기 수출 계약을 체결하고 선적한 후 수출대금을 받을 수 없게 됨으로써 입게 되는 손실을 보상	무역보험공사
중장기 수출보험 (구매자신용)	국내외의 금융기관 등이 중장기수출계약에 의한 수출대금의 지급에 필요한 자금을 외국인에게 공여하는 수출대금 금융계약을 체결한 후 대출원리금을 받을 수 없게 되는 손실을 보상	무역보험공사
잠재 수출기업 보증	중소기업의 수출잠재력 확충을 위하여 수출실적이 없거나 미미한 경우에도 우대하여 지원 보증	기술보증기금
정책자금 One-stop 보증	정책자금 지원신청을 접수하여 기술성·사업성평가를 통한 1회의 심사만으로 지원 대상기업의 선정 및 보증가능금액을 결정하고 위탁 관리기관에서는 기술보증기금의 평가결과를 토대로 별도 심사없이 정책자금을 지원	기술보증기금
지급보증의 보증	금융기관 및 농수·축협으로부터 각종 대내외 지급보증을 받기 위한 담보로 이용되는 보증제도(무역어음인수를 포함한 금융기관의 각종 대내외 지급보증과 농·수·축협의 수입신용장 발행)	기술보증기금
무역금융	수출기업의 원재료 구입을 위한 금융기관의 무역금융에 대하여 보증하는 제도	기술보증기금
무역기금	한국무역협회가 수출중소업체의 수출지원을 위해 조성한 자금을 전시회 참가, 수출상담회 참가, 바이어 초청·방문, 특허·규격인증 획득, 해외홍보, 시장조사 등 중소기업의 수출마케팅에 필요한 자금을 저리 융자	한국무역협회

자료 : 한국무역협회 홈페이지

제2장

수출입통관 실무

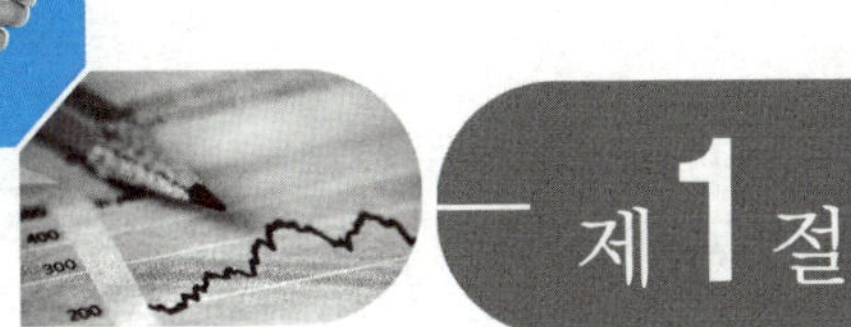

제1절

수출신고 및 수출(반송)통관

1 수출신고

(1) 수출신고의 의의

물품을 수출하고자 할 때 물품의 품명·규격·수량 및 가격, 포장의 종류·번호 및 개수, 목적지·원산지·선적지, 사업자등록번호, 통관고유번호, 기타 참고사항 등 수출물품의 내역과 기타 관련사항을 세관장에게 신고하는 것을 수출신고라 한다(관세법 §137 ①).

수출신고는 수입에 비해 매우 간단하게 이루어진다. 신고의 시기는 수출물품의 생산이 완료되어 일정한 장소에 장치되면 언제든지 가능하다. 다만, 세관의 근무시간 이외의 시간에 수출통관절차를 이행하고자 할 경우는 근무시간 중에 임시개청에 의해 통관하고자 한다는 의사를 표시하여야 한다.

수출신고는 화주, 관세사, 관세법인, 통관취급법인, 또는 화주에게 해당 수출물품을 제조하여 공급한 자의 명의로 할 수 있다(관세법 §242, 수출통관고시 §5).

2 수출통관

(1) 수출통관의 의미

수출통관이란 수출신고를 받은 세관장이 수출신고사항을 확인하여 그 요건을 갖추었을 때 수출신고인에게 수출신고필증을 교부하는 일련의 절차를 말한다. 수출통관의 완료로 내국물품이 외국물품이 된다.

(2) 정식 수출통관 절차

관세법상 수출이라 함은 수출하고자 하는 물품을 세관에 수출신고한 후 신고수리받아 물품을 국제무역선[147](기)에 적재하기까지의 절차를 말한다.

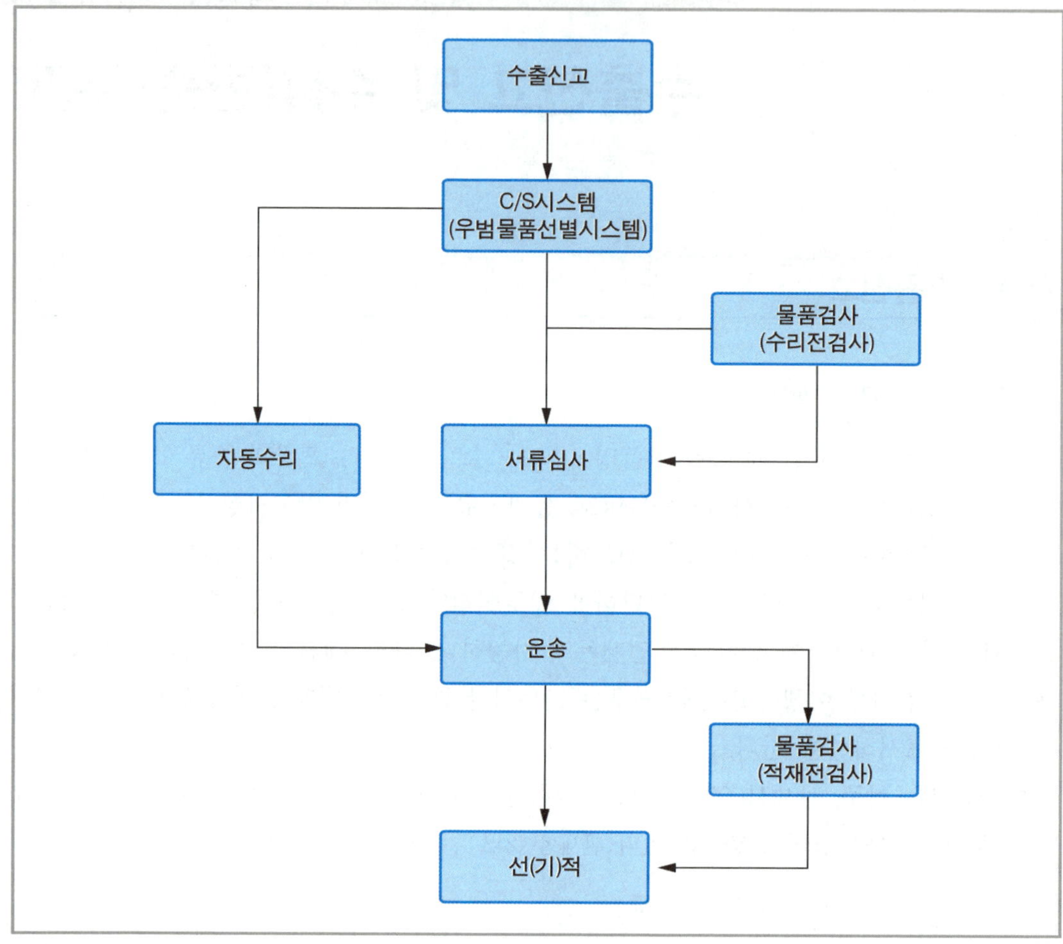

※ 관세청 홈페이지 인용

---

147) 국제무역선 또는 국제무역기는 종전 관세법상 외국무역선 또는 외국무역기라 불렸던 것을 2021. 1. 1.부터 개정된 관세법에서 그 명칭이 변경된 것이다.

1) 수출신고

가. 일반

수출하려는 자는 해당 물품이 장치된 물품소재지를 관할하는 세관장에게 수출신고를 하여야 한다. 수출신고는 원칙적으로 해당 물품을 외국으로 반출하고자 하는 선박 또는 항공기의 적재단위(S/R 또는 S/O, B/L 또는 AWB) 별로 하여야 한다(수출통관고시 §4, 6).

수출신고를 하고자 하는 자는 전자문서로 작성된 신고자료와 함께 송품장 등 관련서류를 전자제출하거나 전자이미지로 통관시스템에 전송하여야 한다. 다만, 다음의 어느 하나에 해당하는 물품에 대하여는 신고자료(신고구분은 서류제출로 기재)를 통관시스템에 전송한 후 수출신고서 및 해당 구비서류(구비서류는 사본제출 가능)를 세관장에게 제출하여야 한다(수출통관고시 §7).

① 「관세법」 제226조와 「관세법 제226조의 규정에 의한 세관장확인물품 및 확인방법 지정고시」 제7조 제1항에 따른 수출물품 : 각 개별법령별 요건확인 서류(단, 수출요건내역을 전산망으로 확인할 수 없는 경우에 한함)

② 계약내용과 상이하여 재수출하는 물품 또는 재수출조건부로 수입통관되어 수출하는 물품 : 계약상이 및 재수출조건부 수출 심사에 필요한 서류(다만, 재수출조건부 수출의 경우 단순반복 사용을 위한 포장용기는 제외)

③ 수출자가 재수입시 관세 등의 감면, 환급 또는 사후관리 등을 위하여 서류제출로 신고하거나 세관검사를 요청하는 물품 : 각 사실관계 확인 서류(다만, 단순반복 사용을 위한 포장용기는 제외)

④ 수출통관시스템에서 서류제출대상으로 통보된 물품 : 수출신고 심사에 필요한 서류 등

신고인은 전송한 신고자료에 대하여 오류사항을 전산통보받은 경우에는 오류를 수정하여 당초 제출번호에 의하여 다시 전송하여야 한다. 수출신고의 효력발생 시점은 통관시스템에서 신고번호가 부여된 시점으로 한다(수출통관고시 §8).

☞ 수출신고시 구비서류
　① 수출신고서(EDI 신고)
　② 수출승인서(해당되는 경우)
　③ 상업송장 및 포장명세서
　④ 기타 수출통관에 필요한 서류

나. 보세구역 등 반입 후 수출신고

일반적인 물품의 경우 수출신고를 위해 해당 물품을 보세구역에 장치할 필요는 없다. 물품이 장치된 장소제한을 하지 않는 것이다. 그러나 밀수출 등 불법행위가 발생할 우려가 높거나 감시단속상 필요하다고 인정하여 관세청장이 따로 정한 중고자동차, 플라스틱폐기물, 생활폐기물은 관세청장이 정하는 보세구역 등(보세창고, 종합보세구역, 지정보세구역, 자유무역지역 입주기업체 중 세관장으로부터 장치장소부호를 부여받은 곳)에 반입한 후 수출 신고를 하여야 한다(관세법 §243, 수출통관고시 §7의3).

다. 전자상거래물품 등의 간이수출신고

수출하려는 물품 가격이 200만원(FOB 기준) 이하이고, 수출신고서상 신고구분을 전자상거래 간이수출신고로 신고하거나 전자상거래 간이신고 시스템으로 신고하는 수출물품은 수출신고서의 일부 항목의 기재를 생략하는 간이수출신고서를 이용하여 간단하게 신고할 수 있다. 단, 세관장확인이 필요한 물품과 계약상이를 이유로 재수출하는 물품은 간이수출신고 대상이 될 수 없다(수출통관고시 §35의2).

라. 수출신고의 효력발생시점

수출신고의 효력발생시점은 전송된 신고자료가 통관시스템에 접수된 시점으로 한다(수출통관고시 §8).

2) 통관심사 및 물품검사

수출신고물품에 대한 검사는 원칙적으로 생략하나, 세관장이 물품을 확인할 필요가 있다고 인정하는 경우에는 물품검사를 할 수 있다. 수출물품의 검사는 신고수리 후 적재 전에 검사하는 것을 원칙으로 한다. 다만, 적재 전 검사가 부적절하다고 판단되는 물품이나 반송물품, 계약상이물품 및 재수출물품 등은 신고지 세관에서 물품검사를 실시할 수 있다.

3) 수출신고의 수리

수출신고된 물품에 따른 신고서의 처리방법은 자동수리, 즉시수리, 검사 후 수리로 나뉜다. 수출신고의 수리는 다음의 구분에 의한 신고서 처리방법에 따른다(수출통관고시 §21).

① 자동수리

전산에 의하여 자동으로 수리되는 것을 말하며, 검사대상 또는 서류제출대상이 아닌 물품은 수출통관시스템에서 자동수리된다.

② 심사 후 수리

자동수리대상이 아닌 물품 중 검사가 생략되는 물품으로 세관직원이 신고내용을 심사하고 수리를 하는 방법이다.

③ 검사 후 수리

수출물품에 대하여는 검사생략이 원칙이나 수출시 현품의 확인이 필요한 경우와 우범물품으로 선별된 물품 중 세관장이 검사가 필요하다고 판단한 물품에 대하여 수출물품을 실제로 검사하고 수출신고를 수리하는 방법이다. 다만, 적재 전 검사대상은 수출물품을 적재하기 전에 검사를 받는 조건으로 신고를 수리할 수 있다.

4) 수출신고필증 교부

세관장은 수출신고를 수리한 때에는 세관특수청인에 관한 규정(재정경제부 훈령)에 따른 세관특수청인을 전자적으로 날인한 수출신고필증을 교부한다. 수출신고서를 정정하는 때에도 신고필증을 다시 교부한다(수출신고필증 교부에 관하여는 수출통관고시 §22, §25를 참조한다).

5) 수출물품의 적재 이행관리

가. 수출물품의 적재

수출자는 수출신고가 수리된 물품을 수출신고가 수리된 날부터 30일 이내에 우리나라와 외국간을 왕래하는 운송수단에 적재하여야 한다. 출항 또는 적재 일정변경 등 부득이한 사유로 인하여 적재기간을 연장하고자 하는 자는 변경 전 적재기간 내에 통관지 세관장에게 적재기간 연장승인을 신청하여야 한다(관세법 §251, 수출통관고시 §45).

나. 휴대탁송물품의 적재 관리

수출신고수리된 물품을 출국시 휴대하여 반출하고자 하는 때에는 출국심사 세관공무원[외국선원(어선 포함), 관광객 등이 부두초소를 통하여 출국하는 경우에는 부두초소 근무 세관공무원]에게 수출신고필증 사본을 제출하고 적재 확인을 받아야 한다(수출통관고시 §46).

다. 우편물품의 적재

수출신고수리된 물품을 우편발송하려는 자는 통관우체국의 세관공무원 또는 관세청장이 인정하는 바에 따라 수출우편물 발송확인업무를 취급하는 우체국장(이하 "우체국장"이라 한다)에게 현품 및 수출신고필증을 제출하여 발송확인을 받아야 한다(수출통관고시 §47).

라. 보세운송절차

수출신고가 수리된 물품을 그 물품이 장치된 장소에서 선적지까지 운송함에 있어 다음의 경우를 제외하고는 보세운송절차가 생략된다. 따라서 운송수단 선택과 운송시기는 화주가 임의로 할 수 있다.

① 반송절차에 따라 외국으로 반출하는 물품
② 보세전시장에서 전시 후 반송되는 물품
③ 보세판매장에서 판매 후 반송되는 물품
④ 여행자휴대품 중 반송되는 물품
⑤ 보세공장 및 자유무역지역에서 제조·가공하여 수출하는 물품

6) 서류보관 등

신고인이 서류없는 수출신고를 하고 세관장으로부터 신고수리의 사실을 전산통보받은 경우에는 관세법상 수출신고서와 송품장 및 첨부서류를 신고번호 순으로 3년간 보관하여야 한다(수출통관고시 §23). 그러나 자유무역협정(FTA)에 의해 원산지증명서가 발급된 서류는 FTA 관세특례법의 규정에 따라 5년간 보관하여야 한다(FTA 관세특례법 §15).

(3) 수출신고의 정정, 취하 및 각하

1) 수출신고의 정정

수출신고를 정정하고자 하는 자는 정정신청내역을 기재한 수출신고정정신청서를 전자문서로 통관지 세관장 또는 신청인 소재지 관할 세관장에게 전송하고 그 표준증빙자료를 제출하여야 한다. 다만, 자율정정대상이거나 세관장이 수출신고정정신청서만으로 정정내역의 확인이 가능하다고 인정하는 경우에는 그 증빙자료의 제출을 생략할 수 있다.

심사대상이나 검사대상을 제외한 수출신고건은 출항 전까지 자율정정을 허용할 수 있다. 다만, 자율정정제외대상은 그러하지 아니한다(수출통관고시 §26).

2) 수출신고의 취하

수출신고를 취하하고자 하는 자는 "수출신고취하승인(신청)서"에 신고취하신청내역을 기재하여 통관지세관장에게 전송하여야 한다. 수출신고취하신청(승인)서를 접수한 세관장은 정당한 이유가 있는 경우에 한하여 수출신고취하를 승인하여야 한다. 수출신고취하승인으로 수출신고 또는 수출신고수리의 효력은 상실한다(수출통관고시 §27~29).

3) 수출신고 각하

세관장은 다음의 어느 하나에 해당하는 경우에는 수출신고를 각하 할 수 있다. 이 경우 세관장은 즉시 통관시스템에 등록하고 그 사실을 신고인에게 통보하여야 한다(수출통관고시 §30).

① 거짓 또는 그 밖의 부정한 방법으로 신고한 경우
② 그 밖에 수출신고의 형식적 요건을 갖추지 못한 경우

(4) 수출신고수리의 취소·관리

통관지 세관장은 매주 월요일(월요일이 휴일인 경우에는 그 다음 날)마다 통관시스템을 조회하여 수출신고수리물품의 적재기간이 경과한 물품에 대하여 신고인 등에게 적재기간 내에 적재 확인이 되지 아니하는 경우 수출신고수리를 취소한다는 수출신고수리 취소예정통보를 하여야 한다. 이 경우 수출신고지원센터를 통한 직접 신고물품에 대하여는 해당 수출신고지원센터로 예정통보서를 송부할 수 있다.

수출신고수리 취소예정통보를 받은 신고인은 취소예정통보일로부터 14일 내에 적재된 화물이 있는지 여부에 대하여 원인규명을 하여야 하며 원인규명의 결과 이미 적재된 물품이 있는 경우에는 정정 등의 조치를 취하여야 한다.

원인규명의 결과 적재되지 아니하였거나 원인을 규명할 수 없는 물품에 대하여 세관장은 적재관리시스템에서 미적재 여부를 확인한 후 수출신고의 수리를 취소하여야 한다. 수출신고의 수리를 취소한 세관장은 즉시 신고인에게 그 사실을 서면통지하여야 한다(수출통관고시 §52).

(1) 반송이란

외국으로부터 우리나라에 반입된 물품을 수입신고를 하지 아니하고 외국으로 되돌려 보내는 것을 반송이라 하고, 반송에 관련된 절차를 반송통관이라 한다(관세법 §2, 관세법 §241, 반송절차에 관한 고시 §2). 예외적으로 보세공장에서 외국물품인 원재료 또는 외국물품인 원재료와 국산원재료를 혼합하여 생산한 물품은 관세법상 외국물품에 해당되지만 반송통관절차가 아니라 수출통관절차를 거쳐 수출된다.

(2) 반송의 유형(반송절차에 관한 고시 §2)

1) 단순반송물품의 반송

"단순반송물품"이란 외국으로부터 보세구역에 반입된 물품으로서 다음의 어느 하나의 사유로 수입신고를 하지 아니한 상태에서 다시 외국으로 반출되는 물품을 말한다.

- 주문이 취소되었거나 잘못 반입된 물품
- 수입신고 전에 계약상이가 확인된 물품
- 수입신고 전에 수입요건을 갖추지 않은 것이 확인된 물품
- 선사(항공사)가 외국으로 반출하는 선(기)용품 또는 선(기)내 판매용품
- 그 밖의 사유로 반출하는 물품

2) 통관보류물품 반송

"통관보류물품"이란 외국으로부터 보세구역에 반입된 물품으로서 수입신고를 하였으나 수입신고수리요건 등을 갖추지 못하여 통관이 보류된 물품을 말한다.

3) 위탁가공물품 반송

"위탁가공물품"이란 해외에서 위탁가공 후 보세구역에 반입된 물품으로서 외국으로 반출될 물품을 말한다.

4) 중계무역물품 반송

"중계무역물품"이라 함은 대외무역법령에 의하여 수출할 것을 목적으로 보세구역 또는

「관세법」 제156조에 따라 세관장으로부터 보세구역 외 장치허가를 받은 장소에 반입하여 외국으로 반출하는 물품을 말한다.

5) 보세창고 반입물품 반송

"보세창고 반입물품"이란 외국으로부터 보세창고에 반입된 물품으로서 국내 수입화주의 결정지연 등으로 수입하지 아니한 상태에서 다시 외국으로 반출될 물품을 말한다.

6) 장기비축 수출용원재료 및 수출물품 사후 보수용품 반송

"장기비축 수출용원재료 및 수출물품 사후 보수용품"이란 「관세법」 제177조 제1항 제1호 다 목 및 「수출용원재료에 대한 관세 등 환급에 관한 특례법」 제4조 제3호에 따라 보세창고에 반입된 해외조립용 수출용원재료 또는 이미 수출한 물품의 사후 보수, 수리를 위한 물품(관세법 제159조 제1항에 따라 해체·절단 등의 작업을 한 구성품을 포함한다)을 말한다.

7) 보세전시장 반출물품 반송

"보세전시장 반출물품"이란 우리나라에서 개최하는 박람회 등을 위하여 보세전시장에 반입된 후 전시종료 후 외국으로 반출될 물품을 말한다.

8) 보세판매장 반출물품 반송

"보세판매장 반출물품"이란 보세판매장에 반입되어 판매 중인 외국물품이 변질, 고장, 그 밖에 유행의 변화 등의 사유로 판매하지 못하여 운영인이 외국으로 반출하려는 물품을 말한다.

9) 수출조건부 미군불하물품 반송

"수출조건부 미군불하물품"이란 미군교역처에서 수출조건부로 불하한 보세물품을 말한다.

(3) 반송신고 및 절차

반송을 하고자 하는 물품은 지정장치장 또는 보세창고에 반입한 다음 그 반입일 또는 장치일부터 30일 이내에 세관에 반송신고를 하여야 한다. 반송신고는 적하목록, 선하증권(B/L), 항공화물상환증(AWB) 상의 수하인 또는 해당 물품의 화주(해당 물품의 처분권리를 취득한 자를 포함한다)가 할 수 있다(반송절차에 관한 고시 §4). 반송대상물품은 일반수출물품과 달리 반드시 보세구역에 반입한 후 반송신고를 해야 한다. 반송신고를 할 경우는 EDI 또는 인터넷을 이용하여 다음 서류를 첨부한 반송신고서(수출신고서를 사용한다)를 제출하여야 한다(반송절차에 관한 고시 §5).

반송물품에 대하여는 보세운송에 의하여 물품을 운송하여야 하고 반송물품의 경우 반드시 적재확인을 받아야 한다(반송절차에 관한 고시 §10, 11). 일반 수출물품은 수출신고가 수리된 후 선적을 위한 운송에서 보세운송이 요구되지 않는 것과 다른 점이다. 반송유형별 신고절차는 「반송절차에 관한 고시」를 참고한다.

① 해당 물품의 선하증권(항공화물인 경우 항공화물상환증) 사본
② 수출송품장 및 포장명세서(필요한 경우에 한한다)
③ 수입신고취하승인서(통관보류물품에 한한다)
④ 대외무역법령에 따라 승인·추천·인증 등이 필요한 경우 관련 서류

- 보세운송 : 보세운송기간은 7일로서 간이보세운송업자 명의로 하여야 한다.
- 선적확인 : 선적완료 후 7일 이내에 선장수령증(M/R)이나 적재화물목록 사본 등으로 세관에서 선적확인실시

(4) 반송심사 및 수리

반송신고물품에 대해서는 심사와 현품검사를 한 다음 그 신고를 수리한다. 반송신고가 수리된 물품이 내륙지 보세구역에 장치되어 있을 경우 보세운송을 통해 개항지로 운송하여야 한다. 신고를 수리한 세관장은 전산시스템조회를 통해 해당 물품의 선적사실 여부를 확인한다.

세관장은 반송신고 물품에 대하여 신고사항 및 신고서류에 이상이 없는 때와 물품검사를 하는 경우 신고사항과 현품이 일치하는 등 이상이 없는 때에 검사결과 이상 유무를 수출통관시스템에 등록하고 신고를 수리하여야 한다.

반송신고가 수리된 물품이 내륙지 보세구역에 장치되어 있을 경우 보세운송을 통해 개항지로 운송하여야 한다. 신고를 수리한 세관장은 전산시스템조회를 통해 해당 물품의 선적사실 여부를 확인한다(반송절차에 관한 고시 §8).

4. 간이수출통관

(1) 정의

적하목록 또는 송품장 제출로 수출신고를 갈음하는 통관을 말한다. 「수출통관사무처리
에관한고시」 제36조에서 규정한 물품 중 어느 하나에 해당하는 경우에는 송품장, 간이통관
목록, 또는 우편물목록제출만으로 수출신고에 갈음하여 수출통관을 할 수 있다. 다만 관세
법에서 정하는 바에 따라 허가·승인·표시 또는 그 밖의 조건을 갖출 필요가 있는 물품은
제외한다.

(2) 간이수출신고 대상

다음 어느 하나에 해당하는 물품은 송품장, 간이통관목록 등 또는 우편물목록을 제출하
는 것으로 수출신고를 대신할 수 있다(수출통관고시 §36).
① 유해 및 유골
② 외교행낭으로 반출되는 물품
③ 외교통상부에서 재외공관으로 발송되는 자료
④ 외국원수 등이 반출하는 물품
⑤ 신문, 뉴스취재 필름, 녹음테이프 등 언론기관 보도용품
⑥ 카탈로그, 기록문서와 서류
⑦ 「외국인관광객 등에 대한 부가가치세 및 개별소비세 특례 규정」에 따라 외국인 관광
  객이 구입한 물품
⑧ 환급대상이 아닌 물품가격 FOB 200만원 이하의 물품. 다만 아래의 물품은 제외.
  ㉠ 「관세법」 제226조와 「관세법 제226조의 규정에 의한 세관장확인물품 및 확인방법
    지정고시」 제7조 제1항에 따른 수출물품 : 각 개별법령별 요건확인 서류(단, 수출요
    건내역을 전산망으로 확인할 수 없는 경우에 한함)
  ㉡ 계약내용과 상이하여 재수출하는 물품 또는 재수출조건부로 수입 통관되어 수출
    하는 물품 : 계약상이 및 재수출조건부 수출 심사에 필요한 서류(다만, 재수출조건부
    수출의 경우 단순반복 사용을 위한 포장용기는 제외)
  ㉢ 수출자가 재수입시 관세 등의 감면, 환급 또는 사후관리 등을 위하여 서류제출로
    신고하거나 세관검사를 요청하는 물품 : 각 사실관계 확인 서류(다만, 단순반복 사용

을 위한 포장용기는 제외)

⑨ 수입신고가 수리된 개인의 자가사용물품이 수입한 상태 그대로 수입신고 수리일부터 6개월 이내에 관세청장이 정하는 바에 따라 세관장의 확인을 받고 다시 수출되는 경우로서 수입시 납부한 관세 등이 환급대상이 되는 물품

(3) 처리담당자의 지정 및 검사대상 선별

세관장은 간이수출신고물품에 대한 통관 업무를 원활하게 하기 위하여 특송업체별, 주기별(예, 주·월별)로 처리담당자를 지정하여 운영할 수 있다. 세관장은 간이통관목록 등이 서류로 제출된 경우 신고서류를 확인하여 간이수출신고 요건, 반출사유 및 가격 등을 참고하여 검사대상물품을 선별할 수 있다.

간이통관목록자료로 신고하는 물품에 대한 검사대상선별은 통관시스템에서 무작위선별 방식으로 선별하며 선별된 물품에 대하여 세관장은 검사비율을 지정한다. 이 경우 검사결과 등 특송업체별 성실도를 감안하여 검사비율을 5% 이내에서 차등 적용할 수 있다(수출통관고시 §38).

(4) 간이수출신고물품의 심사

심사자는 간이수출신고물품에 대하여 간이통관목록 등 신고내용의 적정성을 심사하여야 하며, 간이통관목록자료에 의한 신고 물품은 검사대상으로 선별된 경우를 제외하고는 별도의 심사를 생략하고 자동수리할 수 있다(수출통관고시 §39).

(5) 간이수출신고물품의 검사

검사자는 검사대상물품으로 선별된 물품에 대하여는 간이통관목록 등 서류에 의하여 현품검사를 하여야 한다. 다만, 간이통관목록자료에 의한 신고물품은 검사대상 간이수출통관목록(별지 제6호 서식)을 전산출력하여 현품검사를 하여야 한다(수출통관고시 §40).

(6) 간이수출신고물품의 심사 및 검사결과 등록 등

세관장은 간이통관목록 등 또는 전자문서 신고물품에 대한 심사·검사 결과 간이수출신고대상물품에 해당하지 아니하거나 이상이 있는 경우 간이통관목록 등 서류에 신고취하표시를 하거나 전산등록하여 직권 신고취소 등 조치를 하여야 한다. 신고취하 또는 직권 신고취소 등의 조치를 한 세관장은 이를 즉시 특송업체 등에게 서면 또는 전산에 의한 방식으로

통지하여야 하며, 신고물품을 심사·검사한 결과 이상이 없는 물품에 대하여는 간이통관목록 등에 고무인을 날인하거나 전산등록하여 신고수리할 수 있다(수출통관고시 §41).

(7) 그 밖의 통관특례

간이통관절차 특례 중 우편물목록의 특례와 휴대반출 견본품의 특례도 있다.

1) 우편수출물품 특례

세관장은 간이수출신고대상 우편물에 대하여 우편물목록의 제출, 심사 및 검사를 생략할 수 있다. 다만 검사가 필요하다고 인정되는 경우에는 우편물목록을 제출받아 검사를 할 수 있다(수출통관고시 §42).

2) 휴대반출 견본품의 특례

해외 수출상담·전시 등을 위하여 여행자가 휴대반출하는 견본품으로서 세관장이 타당하다고 인정하는 물품(환급대상물품, 귀금속류, 지급수단 및 법 제226조에 따른 세관장 확인대상물품은 제외)에 대하여는 구두 신고를 수출신고에 갈음하여 즉시 이를 수리할 수 있다.

휴대반출물품을 해외 수출상담·전시 후 재수입하려는 경우에는 송품장 등 품명·규격, 수량이 기재된 서류 또는 휴대물품반출신고서에 출국심사 세관공무원의 반출확인을 받아 이를 재수입 면세통관시 증빙자료로 사용할 수 있다(수출통관고시 §43).

5 수출입 통관 관련 각종 요금

(1) 파출검사수수료

파출검사수수료란 수입물품이나 수출물품을 지정장치장 또는 세관검사장이 아닌 장소에 장치해 둔 상태에서 이를 세관공무원이 검사할 경우 세관이 징수하던 수수료다. 이는 세관공무원의 출장업무와 관련해 수익자 부담원칙을 적용해 부과한 교통비 성격을 지닌 것이었다. 그러나 2024년 1월 관세법 개정에서 무역업체의 부담을 경감시키기 위해 이 검사수수료는 폐지되었다. 따라서 수입물품이나 수출물품이 지정장치장이나 세관검사장이 아닌 보세창고 또는 보세구역외장치장소에 장치된 상태에서 세관공무원이 검사를 실시하더라도 검사에 따른 수수료는 징수하지 않게 되었다.

(2) 보세구역외장치허가 수수료

보세구역외장치허가 수수료란 수입되는 보세화물을 보세구역이 아닌 장소(이를 종전에는 '타소장치장'이라 하였다)에 장치허가를 받고자 할 경우 세관에 납부해야 하는 요금이다. 현재 18,000원이다(관세칙 §65).

(3) 임시개청허가수수료

임시개청허가수수료란 공무원의 근무시간(09 : 00~18 : 00) 이외의 시간에 통관을 하고자 할 경우 수익자부담 원칙에 따라 세관에 납부해야 하는 요금이다(관세칙 §81). 기본수수료 4천원(휴일은 1만2천원)에 개청 시간대에 따라 1시간당 3천원 내지 7천원이 추가된다. 수출물품에 대해서는 수입물품요금의 4분의 1을 적용한다.

(4) 특허수수료

보세창고·보세건설장·보세공장·보세전시장 등 특허보세구역을 설치·운영하고자 특허를 받은 경우 납부하는 수수료다. 최초 특허신청할 경우의 수수료는 4만5천원이고, 이후 분기마다 특허면적에 따라 분기당 7만2천원에서 51만원까지 부과된다(관세칙 §68). 그러나 보세판매장의 경우 특허신청 수수료는 4만5천원이지만 이후 매 연단위로 부과되는 설치·운영에 관한 수수료는 보세판매장의 연간 매출액 규모에 따라 달라진다. 한편, 「재난 및 안전관리 기본법」에서 정한 재난발생으로 인해 보세판매장의 영업에 현저한 피해를 입은 경우 보세판매장 특허수수료가 감경될 수 있다(관세법 §176의2).

(5) 세관설비사용료

물품의 장치 또는 통관을 위한 세관설비를 사용하는 경우 세관에 납부하는 수수료이다(관세칙 §83). 일반적인 통관에서는 적용하지 않는다.

(6) 통관수수료

통관업무를 관세사에게 위탁하여야 할 경우 그 관세사 등에게 지불하는 수수료이다. 위탁받는 관세사와 화주간 개별적인 협의에 의해 요율이 결정된다.

(7) 항만하역료

선박에 화물을 적재하거나 양하할 경우 작업을 위한 비용이다.

(8) 보세창고 또는 지정장치장 화물보관료

영업용 보세창고나 지정장치장에 통관을 위해 화물을 보관할 경우 창고업주 또는 화물관리인에게 지불하여야 하는 비용이다. 보관료는 창고마다 다를 수 있으며, 같은 창고라도 FCL(Full Container Load)화물과 LCL(Less than Container Load)화물이 다르다.

(9) 관세 및 기타 세금

수입과 관련한 관세·개별소비세·부가가치세·지방소비세·교통에너지환경세·교육세·농어촌특별세 등 제세금을 말한다. 수출에서는 어떠한 세금도 부과되지 않는다.

(10) 회계처리

① 통관 관련 비용이 수입과 관련된 경우 수입품원가로 처리한다.
② 통관 관련 비용이 완성품 수출 및 위탁판매와 관련된 경우 판매비와 관리비에 해당하는 수출제비용으로 처리한다.
③ 통관 관련 비용이 위탁가공용 원자재 수·출입과 관련된 경우 제조경비 또는 그 위탁가공제품으로 처리한다.
④ 앞 ①과 ③은 일정기간 동안 비용이 발생하므로 미착계정을 사용한다(제7장 참조).

6 수출입의 의제와 금지

(1) 수출입의 의제

수출입물품은 소정의 통관절차를 거쳐 수출입이 된다. 그러나 수출입되는 물품의 특수성과 관세행정상 목적달성에 지장이 없는 다음의 경우에는 통관절차를 거치지 아니하여도 수출입신고가 수리된 것으로 간주한다.

1) 수입의 의제

① 체신관서가 수취인에게 교부한 우편물
② 「관세법」에 의하여 매각된 물품
③ 「관세법」에 의하여 몰수된 물품
④ 「관세법」 제269조(밀수출입죄), 제272조(밀수전용 운반기구 몰수), 제273조(범죄에 사용된 물품의 몰수), 제274조(밀수품의 취득죄 등) 제1항 제1호에 해당하여 관세법에 의한 통고처분으로 납부된 물품
⑤ 법령에 의하여 국고에 귀속된 물품
⑥ 「관세법」 제282조(몰수·추징) 제3항의 규정에 의하여 몰수에 갈음하여 추징된 물품

2) 수출 또는 반송의 의제

체신관서가 외국으로 발송한 우편물

(2) 수출입의 금지

다음에 해당하는 물품은 이를 수출 또는 수입할 수 없으며, 이를 위반하였을 때에는 수출입금지품 밀수출입죄로 7년 이하의 징역 또는 7천만원 이하의 벌금처벌을 받게 된다.
① 헌법질서를 문란하게 하거나 공공의 안녕질서 또는 풍속을 해치는 서적·간행물·도화·영화·음반·비디오물·조각물 기타 이에 준하는 물품
② 정부의 기밀을 누설하거나 첩보활동에 사용되는 물품
③ 화폐·채권 기타 유가증권의 위조품·변조품 또는 모조품

또한 마약류, 「마약류 관리에 관한 법률」에 따른 원료물질 및 같은 법 제5조의2에 따라 지정된 임시마약류는 같은 법에 따라 허가 또는 승인받은 경우를 제외하고 수출하거나 수입할 수 없다(관세법 §234의2).

(1) 서식

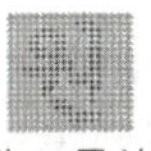

수출신고필증(수출이행, 갑지)

※ 처리기간 : 즉시

①신고자 신동관세사	⑤신고번호 010-17-05-99999999	⑥세관.과	⑦신고일자 ×××3/05/20	⑧신고구분 H	⑨C/S구분 V

②수 출 대 행 자 신일통상		
(통관고유부호) 99999-9-99-9-99-9 수출자구분 C		
수 출 화 주 동해산업		
(통관고유부호) 999999-9-99-9-99-9		
(주소) 서울 서초구 양재동 489번지		
(대표자) 김동해 (소재지) 137		
(사업자등록번호) 999-99-99999		

⑩거래구분 11	⑪종류 A	⑫결제방법 TT
⑬목적국 United Kingdom	⑭적재항 BUSAN	⑮선박회사 Brian Moore (항공사)
⑯선박명(항공편명)	⑰출항예정일자 ×××30521	⑱적재예정보세구역 03012202
⑲운송형태 10-FC		⑳검사희망일 ×××30520
㉑물품소재지 서울 서초 양재 137		

③제 조 자 서울테크		
(통관고유부호) 99999-9-99-9-99-9		
제조장소 137 산업단지부호 999		
④구 매 자 River Road Co		
(구매자부호) UKEEC0002H		

㉒L/C번호 F 4503	㉓물품상태 N
㉔사전임시개청통보여부 A	㉕반송 사유
㉖환급신청인 1 (1:수출대행자/수출화주, 2:제조자)	
자동간이정액환급 NO	

품명 · 규격 (란번호/총란수: 1/1)

㉗품   명 SPARE PARTS(FOR TV TRANSMITTER)   ㉙상표명 NO
㉘거래품명

㉚모델 · 규격	㉛성분	㉜수량	㉝단가(XXX)	㉞금액(XXX)
HPB-4730 EXCITER S/N : G1202		200(EA)	25	5,000

㉟세번부호 8525.10-2000	㊱순중량 435(KG)	㊲수량 1(U)	㊳신고가격(FOB) $5,000 ₩5,500,000
㊴송품장번호 BIC-20220204	㊵수입신고번호	㊶원산지 KR	㊷포장갯수(종류) 2(CT)
㊸수출요건확인 (발급서류명)			
㊹총중량 600(KG)	㊺총포장갯수 2(CT)	㊻총신고가격 (FOB) $5,000 ₩5,500,000	
㊼운임(₩)	㊽보험료(₩)	㊾결제금액 CPT-USD-5,700	
㊿수입화물관리번호		51컨테이너번호	N

※신고인기재란	52세관기재란
	본 신고필증은 수출통관 사무처리에 관한 고시에 따라 P/L신고를 하여 세관장으로 부터 신고 수리된 것을 확인하여 발행·발급됨.

53운송(신고)인 수출자와 동일 54기간 ×××3/05/20부터 ×××3/06/10까지	55적재의무기한 ×××3/06/20	56담당자 홍길동(100525)	57신고수리일자 ×××3/05/20

발 행 번 호 : 9999999999999(YYYY.MM.DD)   Page : 999/999

(1) 수출신고수리일로부터 30일내에 적재하지 아니한 때에는 수출신고수리가 취소됨과 아울러 과태료가 부과될 수 있으므로 적재사실을 확인하시기 바랍니다.(관세법 제251조, 제277조) 또한 휴대탁송 반출시에는 반드시 출국심사(부두,초소,공항) 세관공무원에게 제시하여 확인을 받으시기 바랍니다.
(2) 수출신고필증의 진위여부는 관세청 인터넷통관포탈에 조회하여 확인하시기 바랍니다.(http://portal.customs.go.kr)

수출신고필증(수출이행, 을지)

※ 처리기간 : 즉시

①신고자	⑤신고번호	⑥세관.과	⑦신고일자	⑧신고구분	⑨C/S구분

품명 · 규격 (란번호/총란수: 999/999)

㉗품 명 ㉘거래품명		㉙상표명			
㉚모델 · 규격		㉛성분	㉜수량	㉝단가(XXX)	㉞금액(XXX)
㉟세번부호	㊱순중량		㊲수량	㊳신고가격(FOB)	
㊴송품장번호	㊵수입신고번호		㊶원산지	㊷포장갯수(종류)	
㊸수출요건확인 (발급서류명)					

품명 · 규격 (란번호/총란수: 999/999)

㉗품 명 ㉘거래품명		㉙상표명			
㉚모델 · 규격		㉛성분	㉜수량	㉝단가(XXX)	㉞금액(XXX)
㉟세번부호	㊱순중량		㊲수량	㊳신고가격(FOB)	
㊴송품장번호	㊵수입신고번호		㊶원산지	㊷포장갯수(종류)	
㊸수출요건확인 (발급서류명)					

품명 · 규격 (란번호/총란수: 999/999)

㉗품 명 ㉘거래품명		㉙상표명			
㉚모델 · 규격		㉛성분	㉜수량	㉝단가(XXX)	㉞금액(XXX)
㉟세번부호	㊱순중량		㊲수량	㊳신고가격(FOB)	
㊴송품장번호	㊵수입신고번호		㊶원산지	㊷포장갯수(종류)	
㊸수출요건확인 (발급서류명)					

발 행 번 호 : 9999999999999(YYYY.MM.DD)

Page : 999/999

(1) 수출신고수리일로부터 30일내에 적재하지 아니한 때에는 수출신고수리가 취소됨과 아울러 과태료가 부과될 수 있으므로 적재사실을 확인하시기 바랍니다.(관세법 제251조, 제277조) 또한 휴대탁송 반출시에는 반드시 출국심사(부두,초소,공항) 세관공무원에게 제시하여 확인을 받으시기 바랍니다.

(2) 수출신고필증의 진위여부는 관세청 인터넷통관포탈에 조회하여 확인하시기 바랍니다.(http://portal.customs.go.kr)

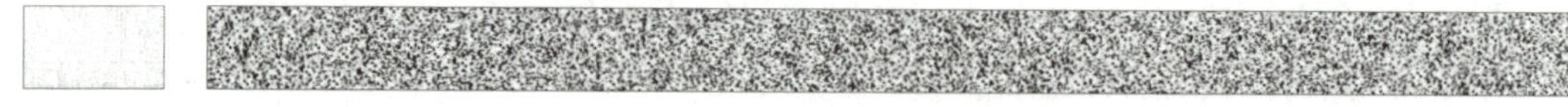

(2) 수출신고서 세부작성 요령

1) 일반사항

가. 보세공장 또는 자유무역지역으로부터 외국으로 반출(반송·수출)신고시는 수출신고서를 사용한다[관세청장이 정한 남북교역물품통관관리에관한고시 및 반송절차에관한고시에 따라 반출(반송)하는 물품의 신고시에도 동일하다].

나. 수출신고서는 상업송품장(Commercial Invoice) 또는 포장명세서(packing list) 등을 근거로 작성하되 신고시점에 제시된 현품과 동일해야 한다.

다. 품목번호 또는 품목별로 별도의 『란』으로 구분하여 기재하고, 동일『란』안에는 모델·규격별로 "모델·규격, 성분, 상표명, 수량, 단가, 금액"을 최대 50행까지 상세히 기재하여야 한다. 모델·규격이 최대 50행을 초과하는 경우에는 수출신고서의 '송품장번호'란에 반드시 해당 송품장번호를 기재하여야 한다.

라. 다수의 품목으로 신고서 1매를 초과할 경우에는 "을지"를 사용할 수 있으며 이때 신고서의 우측 상단에 "을지"라 표시한다.

마. 자동차, 전자제품, 기계류, 섬유류 등 주요품목에 부수하여 수출되는 품목으로서 금액이 적고 종류가 다양하며 관세환급 또는 무역통계 작성에 지장이 없는 것으로서 품목별로 각각 별도의 『란』을 구분하여 기재하는 것이 비능률적이라고 판단되는 경우에는 여러 가지 부수되는 품목 중에서 무역통계상 별 의미가 없는 품목은 일괄하여 한 『란』에 기재할 수 있다. 이 경우에는 수출신고서의 '송품장번호'란에 반드시 해당 송품장번호를 기재하여야 한다.

바. 원·부자재와 자동차·전자제품 등의 주요 부품(A/S 목적 등) 및 해외 현지조립 방식(Knock Down 방식) 수출 물품으로 종류가 다양하며 관세환급 또는 무역통계 작성에 지장이 없는 경우 일괄하여 한 『란』에 기재할 수 있다. 이 경우에는 수출신고서의 '송품장번호'란에 반드시 해당 송품장번호를 기재하여야 한다.

사. 비환급대상 물품의 경우에는 품목별로 『란』을 구분하여 기재하되 모델·규격 구분없이 일괄하여 기재할 수 있다. 이 경우에는 수출신고서의 '송품장번호'란에 반드시 해당 송품장번호를 기재하여야 한다.

아. 이사물품의 경우 그 종류와 금액이 다양하여 품목별로 각각 별도의 란을 구분하여 기재하는 것이 비능률적일 때에는 제1란 품명 및 거래품명에 대표적으로 이사물품임을 『Household goods』으로 영문표기하고 그에 대한 세번은 2424.00-0000으로 기재하며, 품목별 수량, 중량, 포장개수, 금액 등은 일괄하여 해당란에 기재하고, 품목별

세부내용은 신고서에 첨부된 포장명세서 기타 물품목록 등에 기재된 내용으로 갈음할 수 있다.

다만, 이사물품 중 재수출조건 이행 또는 재수입면세와 관련된 물품이 포함된 경우에는 이를 분리하여 제2란부터 당해 물품의 HS세번별로 각각의 품명·규격란을 설정하여 일반 수출물품의 경우와 같이 품명, 거래품명, 모델·규격, 성분, 상표명, 원산지, 세번, 수량, 중량, 포장개수, 금액 등을 각 해당란에 기재하거나 별도의 신고서에 의거 수출신고를 하여야 한다.

자. 결제금액에 운임·보험료 등이 포함된 경우에는 그 운임·보험료 등을 수출자(제조자)가 구분하여야 하며 관세사 등 신고인은 그 적정성을 심사하여 신고하여야 한다.

차. 수출신고서 용도별 구분
- 수출신고서(보관용) : 세관/신고인 보관용 수출신고서
- 수출신고필증 : 신고필증 발급용

카. 수출신고서의 형식
- 전산기에 의하여 출력되는 데이터의 길이에 따라 신고항목의 상하 출력위치가 가변적인 FREE FORM 형태의 서식을 사용
- 수출신고서의 좌우 출력위치는 고정적임

타. 수출신고서 출력시 출력내용이 첫 페이지를 초과할 경우 다음 페이지에 이어서 계속하여 출력하되, 신고서의 제출번호, ①과 ⑤~⑧ 항목은 매 페이지별로 동일한 위치에 반복하여 출력한다.

파. 통계부호의 추가, 삭제, 변경사항이 시달되었을 때에는 이를 전직원 및 관세사에게 숙지시키고 관계자료를 보완하여 활용함으로써 오류가 발생하지 않도록 유의한다.

하. 전자상거래업체가 전자상거래로 수출하려는 물품은 수출신고서 기재항목 중 다음 항목의 기재를 생략할 수 있다.
 - 「③제조자」 기재항목 중 「산업단지부호」 항목
 - 「④구매자」 기재항목 중 「구매자부호」 항목
 - 「⑨C/S구분」 기재항목
 - 「⑪종류」 기재항목
 - 「⑮선박회사(또는 항공사)」 기재항목
 - 「⑯선박명(또는 항공편명)」 기재항목
 - 「⑰출항예정일자」 기재항목

- 「⑱적재예정보세구역」 기재항목
- 「⑲운송형태」 기재항목
- 「⑳검사희망일」 기재항목
- 「㉑물품소재지」 기재항목 중 「장치장부호」, 「반입번호」 항목
- 「㉒L/C번호」 기재항목
- 「㉓물품상태」 기재항목
- 「㉔사전임시개청통보여부」 기재항목
- 「㉕반송 사유」 기재항목
- 「㊴송품장번호」 기재항목
- 「㊵수입신고번호」 기재항목
- 「㊶원산지」 기재항목 중 「결정기준」, 「표시여부」 항목
- 「㊷포장개수」 기재항목
- 「㊸수출요건확인(발급서류명)」 기재항목
- 「㊿수입화물관리번호」 기재항목
- 「51컨테이너번호」 기재항목
- 「53운송(신고)인」 기재항목
- 「54기간」 기재항목
- 비환급대상건의 경우 「③제조자」 기재항목 중 제조자 통관고유부호, 제조자 일련
  번호 항목, 「㉛성분」 기재항목

갸. 보세판매장에서 국내에서 생산된 물품을 판매함에 따라 수출하려는 물품은 수출신고
서 기재항목 중 다음 항목의 기재를 생략할 수 있다.
- 「③제조자」 기재항목 중 「산업단지부호」 항목
- 「⑨C/S구분」 기재항목
- 「⑫결제방법」 기재항목
- 「⑭적재항」 기재항목
- 「⑮선박회사(또는 항공사)」 기재항목
- 「⑯선박명(또는 항공편명)」 기재항목
- 「⑲운송형태」 기재항목
- 「㉑물품소재지」 기재항목 중 「장치장부호」, 「반입번호」 항목
- 「㉒L/C번호」 기재항목

- 「㉓물품상태」 기재항목
- 「㉔사전임시개청통보여부」 기재항목
- 「㉕반송 사유」 기재항목
- 「㉖환급신청인」 기재항목
- 「㉛성분」 기재항목
- 「㊱순중량」 기재항목
- 「㊴송품장번호」 기재항목
- 「㊵수입신고번호」 기재항목
- 「㊷포장개수」 기재항목
- 「㊸수출요건확인(발급서류명)」 기재항목
- 「㊹총중량」 기재항목
- 「㊺총포장개수」 기재항목
- 「㊻총신고가격」 기재항목
- 「㊼운임」 기재항목
- 「㊽보험료」 기재항목
- 「㊾결제금액」 기재항목
- 「㊿수입화물관리번호」 기재항목
- 「51컨테이너번호」 기재항목
- 「52세관기재란」 기재항목
- 「53운송(신고)인」 기재항목
- 「54기간」 기재항목
- 「55적재의무기한」 기재항목
- 「56담당자」 기재항목
- 「57신고수리일자」 기재항목

2) 품명·규격 기재에 관한 사항

가. 용어의 정의

- "품명·규격"이라 함은 품명, 거래품명, 상표명, 모델·규격, 성분 등 수출신고서상의 5개 항목을 총칭하여 말한다.
- "품명"이라 힘은 딩해 물품을 나타내는 관세율표상의 품명을 말한다. 다만 관세율표상

에 당해 물품을 나타내는 품명이 없는 경우에는 이를 나타낼 수 있는 일반적인 상품명을 말한다.

- "거래품명"이라 함은 실제 상거래시 송품장 등 무역서류에 기재되는 품명을 말한다.
- "상표명"이라 함은 상품을 생산, 가공 또는 판매하는 것을 업으로 영위하는 자가 자기의 업무에 관련된 상품을 타인의 상품과 식별되도록 하기 위하여 사용하는 기호·문자·도형 또는 이들을 결합한 것과 기호·문자·도형에 색채를 결합한 것을 지칭하는 이름을 말한다.
- "모델"이라 함은 생산방식·방법·타입 등으로서 관세법 별표 관세율표(이하 "관세율표"라 한다)상의 품목분류·관세법 제226조의 규정에 의한 세관장 확인물품 등의 심사에 영향을 미치는 사항을 말한다.
- "규격"이라 함은 재질·가공상태·용도·조립 여부·사이즈·정격전압·처리능력·생산연도 등으로서 관세율표상의 품목분류·관세법 제226조의 규정에 의한 세관장 확인물품·환급 등의 심사에 영향을 미치는 사항을 말한다.
- "성분"이라 함은 당해 물품 구성성분의 종류 및 그 함량을 나타내는 것으로 관세율표상의 품목분류·관세법 제226조의 규정에 의한 세관장확인물품·환급 등의 심사에 영향을 미치는 사항을 말한다.

나. 품명·규격의 표기 원칙

- 품명·규격의 표기는 선량한 신고인의 의무로서 다음 사항을 구체적으로 성실하게 기재하여야 한다.
  - 품목분류(HS10단위)에 필요한 사항
  - 관세법 제226조의 규정에 의한 세관장확인에 필요한 사항
  - 환급심사에 필요한 사항
  - 수출하고자 하는 물품을 정확히 나타내기 위하여 필요한 사항
- 품명·규격은 영어와 아라비아 숫자로 표기하여야 하며, 영어가 아닌 경우에는 영어로 번역하여 기재하여야 한다.
- 품명·규격의 표기는 수출신고서상의 양식순서에 따라 표기한다.
- 다수의 품목을 신고하는 경우로서 품목번호, 품명 또는 상표명이 다르면 각각 란을 달리하여 기재하여야 한다. 다만, 동일한 품목번호로 분류되는 부분품, 부속품 등은 대표되는 품명을 기재하고 그 외 물품의 품명·규격은 모델·규격 및 성분 항목에 차례대로 기재한다.

• 품명·규격을 기재함에 있어 원·부자재의 단위실량(Raw Material) 등 환급심사에 필요한 사항을 기재하고자 하는 경우에는 「규격」 항목에 이를 기재하되, 그 앞에 'RM'이라고 표기한 후 기재한다.
• 관세청장이 정하는 품명·용도 표준화 코드에 따라 기재하여야 한다.

다. 신고인의 권한과 책임

• 신고인은 송품장 등에 기재한 품명·규격이 관세청장이 정한 수출신고서 작성요령에서 정하는 표기원칙과 다르게 작성된 때에는 수출신고서 작성요령에서 정하는 바에 따라 수정하여 수출신고서에 표기하여야 한다.
• 관세사 등은 통관을 의뢰하는 수출업자에게 수출요건 확인서류, 송품장 등을 작성하는 때에는 수출신고서 작성요령에 정하는 바에 따라 품명·규격을 작성하도록 전문지식을 제공하여야 한다.

3) 항목별 세부 작성요령[148]

항 목	작 성 요 령
① 신고자	• 신고자 상호와 대표자(또는 관세사) 성명을 기재 　-관세사의 경우 : 신고자 상호, 관세사 성명 기재 　-자가통관업체의 경우 : 신고자 상호, 대표자 성명 기재 　-기타 개인의 경우 : 성명 기재 　※ 다만, 화주(당해 수출물품의 소유자) 또는 완제품공급자 직접신고로서 관세사 　　명의로 수출신고하는 경우에는 ○○회사(주) 관세사○○○으로 기재
-제출번호	• 신고자 부호, 연도 및 신고서 작성 일련번호를 기재 　-신고자 부호는 통계부호표 참조 　　※ 상호가 없는 기타(개인)의 경우 제출번호 기재 생략
② 수출대행자	• 수출대행자 상호 또는 성명을 기재 　※ 수출대행자가 다수인 경우 ○○○ 외 ○명으로 신고할 수 없으므로 수출대행자 　　별로 분리하여 신고
-부호	• 수출대행자의 통관고유부호를 기재 　-관세청장(세관장)이 지정한 통관고유부호를 기재 　-일련번호 : 사업자단위 과세 적용사업자의 경우 국세청에서 부여하는 　　해당 사업장 일련번호

---

148) [별표] 수출신고서 서식의 칸 번호와 일치하는 번호로 설명하였다.

항 목	작 성 요 령
-수출자 구분	• 아래 해당 코드를 기재 　-수출대행자가 제조자와 동일한 경우 : A 　-수출대행자가 수출대행만을 한 경우 : B 　-수출대행자가 완제품공급(원상태 공급을 포함한다)을 받아 수출한 경우 : C 　-수출화주와 제조자가 본·지사 관계인 경우 : D
-수출화주	• 수출화주의 상호를 기재
-(주소)	• 수출화주의 주소를 기재
-(대표자)	• 수출화주의 대표자 성명을 기재
-(통관고유부호)	• 수출화주의 통관고유부호를 기재 ※수출대행자 또는 화주의 사업자등록번호가 부여되어 있는 경우 통관고유부호를 반드시 기재하여야 하며, 사업자등록번호가 없는 개인·외국인은 기재 생략 　-일련번호 : 사업자단위 과세 적용사업자의 경우 국세청에서 부여하는 해당 사업장 일련번호
-(사업자등록번호)	• 수출화주의 사업자등록번호를 기재 　-국세청장이 지정한 사업자등록번호 기재 ※ 사업자등록번호가 없는 개인의 경우 주민등록번호 또는 여권번호(외국인의 경우)를 기재, 외국인의 경우 반드시 여권번호 앞자리에 'F'를 기재하고 13자('F' 포함) 이내로 기재
-(소재지)	• 수출화주 소재지의 우편번호 앞 3자리 번호를 기재
③ 제조자 　-(통관고유부호)	• 수출물품을 제조 가공한 자의 상호를 기재 • 관세청장(세관장)이 지정한 통관고유부호를 기재 　-국내제조자가 없는 수입물품, 반송물품, 제조자를 알 수 없는 시중구매물품, 제조자 다수 등으로 제조자 기재가 불가능한 경우 제조자 상호를 '미상'으로 하고 통관고유부호는 '제조미상 9999000'으로 기재 　-일련번호 : 사업자단위 과세 적용사업자의 경우 국세청에서 부여하는 해당사업장 일련번호
-제조장소	• 수출물품 제조장소(공장)의 우편번호 앞 3자리 번호를 기재. 다만, 제조자가 미상인 경우 수출자/위탁자 소재지 우편번호 앞 3자리 기재
-산업단지부호	• 수출물품 제조장소의 산업단지부호 기재(통계부호표 참조) 　-산업단지부호가 아닌 경우 '999' 기재
④ 구매자	• 상업송품장(Invoice)상에 명시된 외국의 구매회사 이름을 영문으로 기재

항　　목	작 성 요 령
－(구매자부호)	• 관세청에서 부여하는 해외거래처 부호를 기재 　－등록된 해외거래처 부호가 없는 경우 관세청(세관장)에서 부여받아 　　기재
⑤ 신고번호	• 신고자 부호, 연도 및 신고서 작성 일련번호를 기재 　－신고인부호 : 수출신고인 부호 기재 　－연도 : 신고연도 기재 　－일련번호 : 신고인이 관리하는 연도별 일련번호로서 중복될 수 없음(일 　　련번호(6)＋'X')
⑥ 세관, 과	• 통관지 세관부호 및 과부호를 기재
⑦ 신고일자	• 신고자가 신고서를 접수하고자 하는 날짜를 YYYYMMDD(연월일)로 기재

⑧ 신고구분

구　　분	부　　호
Paperless 수출신고	H
제조 후 Paperless 수출신고	I
세관장확인대상물품(관세법 제226조)(일반수출신고)	J
제조 후 일반수출신고	K
출항 후 수출신고	L
반송신고(중계무역 포함)	M
기　타	O
송품장에 의한 간이통관수출신고	S

⑨ 검사구분

구　　분	부　　호
C/S에 의한 검사생략	
일반검사생략	A
서류제출대상	P
서류제출선별대상	S
화면심사대상	V
C/S에 의한 검사대상	
일반검사대상(Central C/S)	B
일반검사대상(Local C/S)	T
정보에 의한 검사대상(Central C/S)	I
정보에 의한 검사대상(Local C/S)	U

구　　　　　　분	부　　호
Random에 의한 검사대상	R
최초수출에 의한 검사대상	Y
신고취하에 의한 검사대상	G
표준중량에 의한 검사대상	W
검사대상 변경	
검사생략 → 검사대상(특별법에 의한 수출제한 물품)	C
검사생략 → 검사대상(기타)	D
검사대상 → 검사생략	E

⑩ 수출거래구분 및 부호

- 일반형태의 수출　　11
- 전자상거래에 의한 수출　　15

코드	부가가치세법상 공급시기와 금액	회계처리일과 금액
11, 15	선하증권상 on board일에 총액으로	인도일에 총액으로

- 전자상거래 풀필먼트 수출물품　　17

코드	부가가치세법상 공급시기와 금액	회계처리일과 금액
17	국외에서 아마존 등에 의해 판매한 재화의 공급가액이 확정되는 때	• 무환수출시 (차) 적송품　×××　　(대) 상품·제품　××× • 국외에서 판매시 (차) 외화외상매출금 ×××　　(대) 위탁수출매출　×××

1) 풀필먼트(fulfillment) : 판매자로부터 위탁받은 물류 전문업체가 상품의 보관·포장·배송·반품·재고관리 등 전 과정을 대행하는 일. 2022. 3. 9. 이후 공급분부터 적용

2) 기존에는 BWT, 위탁판매수출로 인지하였다. 위 세무회계처리는 저자의 견해로 위탁판매와 동일하게 처리하는 것으로 보았으나, 아직 국세청의 유권해석은 없다.

- 국내 외국인투자업체가 외국에서 수탁받아 가공 후 수출　　21
- 기타 일반업체가 수탁받아 가공 후 수출　　22

'수탁가공무역'이란 가득액을 영수하기 위하여 원자재의 전부 또는 일부를 거래상대방의 위탁에 따라 수입하여 이를 가공한 후 위탁자 또는 그가 지정하는 자에게 가공물품 등을 수출하는 수출입을 말한다(대외무역관리규정 §2 7호).

코드	부가가치세법상 공급시기와 금액	회계처리일과 금액
21, 22	선하증권상 on board일에 총액으로	인도일에 총거래금액으로 서면3팀-2155, 2005. 11. 25.

• 위탁가공(국외가공)을 위한 원자재 수출　　　　　　　　　　　　　　　　　　　　29

'위탁가공무역'이란 가공임을 지급하는 조건으로 외국에서 가공(제조, 조립, 재생, 개조를 포함한다. 이와 같다)할 원료의 전부 또는 일부를 거래상대방에게 수출하거나 외국에서 조달하여 이를 가공한 후 가공물품 등을 수입하거나 외국으로 인도하는 수출입을 말한다(대외무역관리규정 §2 6호).

코드	부가가치세법상 공급시기와 금액	회계처리일과 금액
29	신고의무 없음	선적일에 적송원재료로 대체분개 또는 비망기록만 함 (차) 적송원재료　×××　　　(대) 원 재 료　××× (차) 제 조 경 비　×××　　　(대) 현금·예금　××× (수출제비용)

• 위탁판매를 위한 물품의 수출　　　　　　　　　　　　　　　　　　　　　　　　　31

'위탁판매수출'이란 물품 등을 무환으로 수출하여 해당 물품이 판매된 범위 안에서 대금을 결제하는 계약에 의한 수출을 말한다(대외무역관리규정 §2 4호).

코드	부가가치세법상 공급시기와 금액	회계처리일과 금액
31	국외에서 위탁판매한 재화의 공급가액이 확정되는 때	무환수출시 (차) 적송품　　　　×××　(대) 상품·제품　××× 국외에서 판매시 (차) 외화외상매출금 ×××　(대) 위탁수출매출 ×××

• 연계무역에 의한 물품의 수출(구상무역 포함)　　　　　　　　　　　　　　　　　32

'연계무역'이란 물물교환(Barter Trade), 구상무역(Compensation Trade), 대응구매(Counter Purchase), 제품환매(Buy Back) 등의 형태에 따라 수출·수입이 연계되어 이루어지는 수출입을 말한다(대외무역관리규정 §2 10호).

• 임대방식에 의한 수출(소유권이전조건)　　　　　　　　　　　　　　　　　　　　33

'임대수출'이란 임대(사용임대를 포함한다. 이하 같다) 계약에 따라 물품 등을 수출하여 일정기간 후 다시 수입하거나 그 기간의 만료 전 또는 만료 후 해당 물품 등의 소유권을 이전하는 수출을 말한다(대외무역관리규정 §2 8호).

코드	부가가치세법상 공급시기와 금액	회계처리일과 금액
32, 33	선하증권상 on board일에 총액으로	계약조건에 따라 검토하여야 함

• 임대방식에 의한 수출(소유권불이전조건)　　　　　　　　　　　　　　　　　　　39

코드	부가가치세법상 공급시기와 금액	회계처리일과 금액
39	국외제공용역으로서 임차료를 받기로 한 때	국외제공용역으로서 임차료를 받기로 한 때

- 임차방식에 의한 수입 후 다시 수출되는 물품   40

  '임차수입'이란 임차(사용대차를 포함한다. 이하 같다) 계약에 따라 물품 등을 수입하여 일정기간
  후 다시 수출하거나 그 기간의 만료 전 또는 만료 후 해당 물품의 소유권을 이전받는 수입을
  말한다(대외무역관리규정 §2 9호).

코드	부가가치세법상 공급시기와 금액	회계처리일과 금액
40	선하증권상 on board일에 총액으로	수입금액 아님 회계처리 없음

- 대외원조수출(정부원조)   41
- 대외원조수출(민간원조)   49

코드	부가가치세법상 공급시기와 금액	회계처리일과 금액
41, 49	선하증권상 on board일에 총액으로	대외원조이므로 수입금액 아님 회계처리 없음

예규 : 공익을 목적으로 하는 단체가 그 고유의 사업목적을 위하여 무상으로 반출되는 재화에 대
하여 부가가치세법 제12조 제4항 및 동법 시행령 제47조의 규정에 의하여 면세포기신고를
하고 부가가치세 영의 세율을 적용받는 경우에는 부가가치세신고를 통하여 당해 무상 반
출하는 재화와 관련된 매입세액은 공제받을 수 있는 것임(부가 46015-1901, 2000. 8. 5.).

- 현물차관수출   51

코드	부가가치세법상 공급시기와 금액	회계처리일과 금액
51	선하증권상 on board일에 총액으로	인도일에 총액으로

- 현물상환수출   59

코드	부가가치세법상 공급시기와 금액	회계처리일과 금액
59	선하증권상 on board일에 총액으로	인도일에 총액으로

- 해외투자수출(해외투자신고를 하고 현물출자하는 경우)   61

코드	부가가치세법상 공급시기와 금액	회계처리일과 금액

61	선하증권상 on board일자에 총액으로	인도일에 총액으로 처리
		1. 사용하던 기계를 현물투자하는 경우
		  (차) 지분법적용투자주식　1억원　(대) 기계장치　1억3천만원
		  (차) 감가상각누계액　6천만원　(대) 유형자산처분이익　3천만원
		2. 기계를 구입하여 현물투자하는 경우
		  (차) 기계장치　9천만원　(대) 현금·예금　9천9백만원
		      부가세대급금　9백만원
		  (차) 지분법적용투자주식　1억원　(대) 기계장치　9천만원
		      유형자산처분이익　1천만원

코드	부가가치세법상 공급시기와 금액	회계처리일과 금액
		개인의 해외투자 1. 소득세법상 유형자산처분손익은 원칙적으로 소득금액에 영향을 미치지 않는다. 그러나 위 사례와 같이 기계를 새로 구입하여 해외에 투자한 경우 그 차액에 대하여 소득세 부담이 있다. 2. 또한 해외투자를 위한 차입금 이자는 원칙적으로 필요경비로 인정하지 아니한다.

• 산업설비(승인을 받아 수출하는 경우)   69

코드	부가가치세법상 공급시기와 금액		매출회계처리일과 금액
69	재화	선하증권상 on board일에 총액으로	인도일에 총액으로
	용역	건설용역인 경우 국내거래와 동일하게 적용	진행율 다만 단기공사는 인도기준도 가능

• 국내보세공장에서 건조된 국적취득조건부 나용선의 수출   70
• 주한미군 불하물품 수출   71

코드	부가가치세법상 공급시기와 금액	매출회계처리일과 금액
70, 71	선하증권상 on board일에 총액으로	인도일에 총액으로

• 외국물품을 수입통관 후 원상태로 수출(유상판매하는 경우)   72

코드	부가가치세법상 공급시기와 금액	매출회계처리일과 금액
72	선하증권상 on board일에 총액으로	인도일에 총액으로

• 수출조건부 공매물품의 수출   73
• 외국에서 보세구역에 반입된 물품으로서 다시 반송신고되는 물품   78
  (단, 중계무역수출 제외)

코드	부가가치세법상 공급시기와 금액	매출회계처리일과 금액
73, 78	선하증권상 on board일에 총액으로 신고 다만 외국물품이면 신고 안함	인도일에 총액으로 다만 외국물품이면 회계처리 없음

• 중계무역수출(intermediary trade)   79
'중계무역'이란 수출할 것을 목적으로 물품 등을 수입하여 관세법 제154조에 따른 보세구역 및 동법 제156조에 따라 보세구역의 장치의 허가를 받은 장소 또는 자유무역지역의지정등에관한법률 제4조에 따른 자유무역지역 이외의 국내에 반입하지 아니하고 수출하는 수출입을 말한다.

코드	부가가치세법상 공급시기와 금액	매출회계처리일과 금액
79	선하증권상 on board일에 총액으로	인도일에 총액으로 A국수입 : 　(차) 상　품　　　　×××　(대) 외화외상매입금　××× B국수출 : 　(차) 외화외상매출금　×××　(대) 수출매출　　　××× 　(차) 상품매출원가　×××　(대) 상　품　　　××× 중계무역은 보통 판매처를 결정하고 구매하기 때문에 매출과 매입회계를 동시에 한다. 그러나 판매의 인도기준(예 DDP)과 구매의 인도기준(예, EXW)이 다르다면 매입회계처리일자와 매출회계일자가 다를 수밖에 없다.

- 선박, 항공기를 국내수리 후 수출   81
- 선박, 항공기를 외국에서 수리 또는 검사받을 목적으로 수출   82
- 외국에서 수리 또는 검사를 받을 목적으로 반출하는 물품(선, 기 제외)   83
  재수입 조건부 수출임.

코드	부가가치세법상 공급시기와 금액	매출회계처리일과 금액
81~83	선하증권상 on board일에 총액으로[149]	회계처리 안함

- 외국물품을 국내에서 수리, 검사(가공 제외) 등을 행한 후 다시 반출하는   84
  물품(선, 기 제외)

코드	부가가치세법상 공급시기와 금액	매출회계처리일과 금액
84	선하증권상 on board일에 총액으로[150]	회계처리 안함

- 외국에서 개최되는 국제행사, 체육대회, 전시회, 박람회, 문화예술공연 등에   85
  참가하기 위하여 무상으로 반출하는 물품

코드	부가가치세법상 공급시기와 금액	매출회계처리일과 금액
85	선하증권상 on board일에 총액으로[151]	회계처리 안함

- 국내에서 개최된 국제행사, 체육대회, 전시회, 박람회, 문화예술공연 등에   86
  참가한 후 재반출하는 물품(수입당시 재수출조건부수입이었음)

---

149) 이론적으로 재화를 사용·소비할 권한이 이전되지 않은 거래로서 과세대상이 아니다. 그러나 과세관청과 마찰이 있을 수 있어 예규로 해석된 것 외에는 신고대상으로 저술하였다.
150) 상동
151) 상동

코드	부가가치세법상 공급시기와 금액	매출회계처리일과 금액
86	신고의무 없음.[152] 서면3팀 - 3425, 2007. 12. 27.	회계처리 안함

• 우리나라에서 수출되었던 물품이 수리, 검사 또는 크레임, 기타사유로   89
반입되어 국내에서 수리, 검사 또는 보수작업 후 다시 반출되는 물품(하자보수)

코드	부가가치세법상 공급시기와 금액	매출회계처리일과 금액
89	신고의무 없음. 부가 46015 - 2284, 1999. 8. 3.	회계처리 안함

• 수출된 물품이 계약조건과 상이하거나 하자보증이행 또는 용도변경 등의 부득이한   90
사유로 인한 대체품 또는 수출된 물품의 누락이나 부족품에 대한 보충물품

코드	부가가치세법상 공급시기와 금액	매출회계처리일과 금액
90	신고의무 없음. 부가 46015 - 2148, 1998. 9. 22.	회계처리 안함

• 해외이주법에 의한 해외이주자가 반출하는 원자재, 시설재 및 장비 등의   91
물품의 수출
• 무상으로 반출하는 상품의 견품 및 광고용품   92

코드	부가가치세법상 공급시기와 금액	매출회계처리일과 금액
92	신고의무 없음. 부통 11 - 24 - 4	인도일에 회계처리 (차) 견본품비××× (대) 상품·제품×××

• 수입된 물품이 계약내용과 상이하여 반출하는 물품   93

코드	부가가치세법상 공급시기와 금액		매출회계 처리일과 금액
93	① 신고의무 없는 경우	사업자가 수입한 재화가 관세법 제106조에 따른 위약물품에 해당되어 세관장에서 수정수입세금계산서를 발급받고 당해 재화의 반출에 따른 수출신고를 필한 후 외국의 수출자에게 반출하는 경우(서삼 46015 - 10282, 2001. 9. 21.)	회계처리 안함
	② 위 ① 외	선하증권상 on board일에 총액으로	

• 기타 수출승인 면제물품
  - 무환수탁가공무역에 따라 수입된 원료의 잔량분 또는 수탁판매방식에   94
    의하여 수입된 물품 중 판매되지 않은 잔량분으로서 무상으로 반출되는 물품
  - 외자도입방식에 의거 기술대가를 현물로 지급하기 위하여 반출하는 물품   94
  - 수산업법에 의거 외국 영해에 있는 아국적 원양어선에 무상송부하는 물품   94

---

152) 상동

코드	부가가치세법상 공급시기와 금액	매출회계처리일과 금액
94	선하증권상 on board일에 총액으로	인도일에 내용에 따른 회계처리

코드	부가가치세법상 공급시기와 금액	매출회계처리일과 금액
95, 96	선하증권상 on board일에 총액으로[153]	회계처리 안함

코드	부가가치세법상 공급시기와 금액	매출회계처리일과 금액
101	선(기)적일에 총액으로	인도일에 총액으로

코드	부가가치세법상 공급시기와 금액	매출회계처리일과 금액
102	보세판매장 인도일	인도일에 총액으로

• 대북반출

⑪ **수출종류 및 부호**

---

153) 이론적으로 재화를 사용·소비할 권한이 이전되지 않은 거래로서 과세대상이 아니다. 그러나 과세관청과
　　마찰이 있을 수 있어 예규로 해석된 것 외에는 신고대상으로 저술하였다.

- 공해상에서 채포한 수산물의 현지수출(원양어업협회 통보분)　　　　　　　　　　　F
- 우편수출(국제우체국 면허분)　　　　　　　　　　　　　　　　　　　　　　　　P L
- 선상신고　　　　　　　　　　　　　　　　　　　　　　　　　　　　　　　　　　L

⑫ 결제방법

구분	기호	세무회계를 위한 검토
• COD, CAD(현금방식, Cash On Delivery, Cash Against Documents)	CD	송금	현금수출(다만 수입자가 도착한 수입품을 인수할 때까지는 외상수출임)
• D/A(선적서류인수도, Documents against Acceptance)	DA	추심	외상수출
• D/P(선적서류지급도, Documents against Payment)	DP	추심	현금수출(다만 수입자가 도착한 선하증권과 환어음을 인수할 때까지는 외상수출임)
• 임가공료 지급방식의 위(수)탁 가공무역	PT	기타	가공료 등 회계처리
• 무상거래	GN	기타	무환거래로 견본품비 등 적당한 회계처리
• 기타유상(임대방식, FACTORING 방식 등 유상거래)	GO	기타	거래구분란 '9'를 분석 후 적당한 회계처리
• 분할영수(지급)방식	LH	기타	외상수출(대금분할 회수)
• 일람출급 L/C	LS	신용장	현금수출(다만 수입자가 도착한 환어음 또는 선하증권 인수대금을 지급할 때까지는 외상수출임)
• 기한부 L/C	LU	신용장	① 수출자가 기한을 준 경우(Shipper's Usance)는 외상수출임. 다만 수출자가 환어음을 발행하여 금융기관에 할인매입시킬 경우 ㉠ K-IFRS 적용회사는 차입거래로써 여전히 외상수출이고 ㉡ K-IFRS 적용을 안 받는 회사는 매각거래로써(할인료를 매출채권처분손실로 처리) 외상수출회수분개함 ② 은행이 수입자에게 기한을 준 경우(Banker's Usance)는 수출자 입장에선 현금수출이다. 다만 수입자가 도착한 환어음 또는 선하증권 인수대금을 지급할 때까지는 외상수출이다.

구분	기호		세무회계를 위한 검토
• 단순송금방식(T/T, M/T)	TT	송금	송금으로 대금결제를 완료하는 방식으로 선수금도 있고 후불도 있다.
• 계좌이체(상호계산방식)	WK	기타	

⑬ 목적국

　　수출물품의 최종 도착국가에 대한 약어(7가지)와 ISO국가코드(2자리)를 기재(통계부호표 참조)

　　• 통계부호표상의 등재되어 있지 않은 국가인 경우 기타로 기재

　　• 목적국이 일본인 경우(JAPAN) (JP)

⑬-1. 회사명 약어 사용 예

회 사 명	약 어	회 사 명	약 어
International	INTL	Limited	LTE
Trading	TRAD	Enterprise	ENTE
Corporation	CORP	Inc	INC
Company	CO	Engineer	ENGR

⑭ 적재항

　　• 수출물품이 적재되는 항구, 공항명과 해당 코드를 기재(통계부호표 참조)

　　　– 적재항이 제주공항인 경우 : 제주공항 CHH

⑮ 선박회사(또는 항공사)

　　• 당해 항차의 선박운항을 책임지는 선박회사의 상호 또는 당해 항행의 항공기 운항을 책임지는 항공사 상호 및 관세청에 등록된 선박회사 또는 항공사의 코드 기재

⑯ 선박명(또는 항공편명)

　　• 선박의 고유명칭(선박명을 23자리 이내의 영문으로 기재). 국외로 출항하는 항공기의 운항 항공편명

⑰ 출항예정일자

　　• 당해 선박 또는 항공기의 출항예정일을 기재

⑱ 적재예정보세구역

　　• 적재를 위한 장치장소의 보세구역 코드를 기재. 보세구역이 아닌 장소에 장치하거나 미정인 경우 "세관부호+99999"를 기재

⑲ 운송형태

- 운송수단과 운송용기에 따른 코드를 기재(통계부호표 참조)

| 운송수단별 |

종　　류	부　　호
Maritime(선박에 의한 운송)	10
Rail(철도에 의한 운송)	20
Road(차량에 의한 운송)	30
Air(항공기에 의한 운송)	40
Mail(우편물 운송)	50
Multimodal(복합운송)	60
Fixed transport installations(고정운송설비에 의한 운송)	70
Inland waterway(내륙수로에 의한 운송)	80
기타	90

⑲-1. 운송용기별 부호

- FCL Container(컨테이너)　　　　　　FC
- LCL Container(컨테이너)　　　　　　LC
- Pallet(깔판)　　　　　　PA
- Rope(줄)　　　　　　RO
- Movable panel(이동식 판)　　　　　　MPA
- ULD(Unit Load Device)　　　　　　UL
- Bulk(벌크)　　　　　　BU
- Etc(기타)　　　　　　ETC

　　－선박에 의한 컨테이너 수출 : 10FC

　　－항공기에 의한 컨테이너 수출 : 40LC

항　　목	작 성 요 령
⑳ 검사희망일	희망하는 세관검사 방법을 선택하여 기재 －수출신고시 검사 : A, 적재전 검사 : B 세관검사 희망일을 YYYYMMDD로 기재 ※ 수출신고시점에는 수출물품이 신고한 장소에 장치되어 있어야 함.

항 목	작 성 요 령
㉑ 물품소재지 － 장치장소	• 수출물품이 장치되어 있는 소재지의 우편번호 앞 3자리를 기재 • 수출물품이 장치되어 있는 소재지 명칭(업체 상호)을 먼저 기재하고 그 다음에 주소를 기재하되, '시, 군, 구, 동, 면, 리' 용어는 생략하고 기재 　－물품소재지가 보세구역일 경우 주소(구, 군단위까지) 및 보세구역명 기재(통계부호표 참조) 　－보세구역이 아닐 경우 회사명과 주소순으로 기재 ※ 동일세관, 출장소관할지 내 물품이 2곳 이상 있을 경우 1건으로 신고 가능(대표소재지 기재) ※ 물품이 보세구역에 있을 경우에는 보세구역명을 반드시 기재
－ 장치장부호	• 보세구역 반입 후 수출신고, 계약상이수출, 반송 등 수출물품이 보세구역에 있을 때에는 해당 보세구역부호를 반드시 기재
－ 반입번호	• 적재지 보세구역에 장치한 후 수출신고하는 수출물품의 경우에는 반드시 보세구역 반입번호를 기재
㉒ L/C번호	• 신용장거래방식에 의한 수출인 경우 L/C번호를 기재하고, 그 외의 경우 은행참조번호 또는 계약서번호를 기재
㉓ 물품상태	• 수출물품이 신품인지 중고품인지 기재 　－수출물품이 신품인 경우 : N 　－수출물품이 중고품인 경우 : O 　－신품과 중고품 혼재인 경우 : M
㉔ 사전임시개청 　통보 여부	• 야간 또는 공휴일에 신고서를 전송하는 경우 사전에 임시개청을 통보한 신고서인지 아닌지 여부를 기재 　－임시개청 미통보(임시개청대상 아님) : A 　－임시개청 기통보(임시개청대상임) : B
㉕ 반송사유	• 반송절차에관한고시에 따른 반송물품의 경우 반송사유부호를 기재(통계부호표 참조)
㉖ 환급신청인	• 수출물품이 환급대상인 경우 환급신청인을 수출자와 제조자 중 해당하는 번호를 기재 　－수출대행자/수출화주 : 1 　－제조자 : 2

항 목	작 성 요 령
- 간이환급	• 수출신고에 의한 자동 간이정액환급 신청 여부를 기재 　- 자동 간이정액환급신청 : AD 　- 미신청 : NO ※ 자동 간이정액환급을 신청하고자 하는 경우는 다음의 3가지 요건을 충족하여야 함. 　　① 환급신청인이 수출물품의 제조자이어야 함. 　　② 거래구분은 일반형태 수출인 '11'이어야 함. 　　③ 수출물품의 제조자 통관고유부호는 관세환급시스템에 등록된 자동환급대상 업체의 통관고유부호와 일치
◎ 서류첨부 여부	• 각 란마다 모든 신고내역을 모델·규격별로 기재하지 않아 서류첨부가 필요한 건인지 여부를 기재
㉗ 품명	• 해당 물품을 나타내는 관세율표상의 품명을 영문으로 기재 　- 관세율표상 품목번호 10단위에 해당 품명이 특게되어 있는 경우 이를 기재 　- 10단위에 특게되어 있는 품명이 없는 경우 9단위부터 4단위까지 순차적으로 특게된 품명을 찾아 기재 • 품목번호 중 최종 4단위에도 관세율표상에 품명이 특게되지 않은 경우 일반적인 품명을 기재 • 관세율표상에 특게된 품명이 해당 물품의 성질을 정확하게 표현하지 못하는 경우 일반적인 품명 기재 • 부분품 및 부속품의 경우 '~PART' 또는 'PART FOR~'로 일괄 기재하고 구체적인 품명은 모델·규격란에 기재 • 해외현지조립방식(Knock Down) 물품의 경우 'CKD' 또는 'SKD'라는 단어를 적은 후 품명을 기재 ※ 중고물품인 경우 품명 맨 앞에 'USED' 표기. 반복수출입포장용기의 경우 품명 맨 앞에 "Returnable" 표기
㉘ 거래품명	• 실제 상거래시 상업송품장 등 무역서류에 기재하는 품명을 기재 • 영어 이외의 외국어는 단순히 발음을 영자로 표기 • 학명은 CITES 해당 여부 등을 위해 확인이 필요한 경우 기재
㉙ 상표명	• 상표가 있는 경우 실제 사용하는 하나의 상표명을 기재 　- 상표에 포함되어 있는 공백을 제거하고 연결하여 기재 ※ 상표가 다른 경우 난을 달리하여 신고 ※ 'BRAND'라는 단어는 기재하지 않음. • 상표가 없는 경우 'NO'를 기재

항　목	작 성 요 령
㉚ 모델·규격 －규격번호 －모델·규격	• 해당 품목의 세부 모델 및 규격을 기재 　－모델·규격별 일련번호를 기재 　－세관 심사에 필요한 모델 및 규격을 상세히 기재 ※ 하나의 모델에 규격이 여러 개인 경우 각 규격별로 규격 앞에 모델명을 기재 • 모델명 기재방법 　－생산방식, 생산방법, 타입 등을 나타내는 부호임. 　－모델이 있는 경우 규격 앞에 'MODEL'이라는 단어를 적은 후 영어 대문자로 모델명 기재 • 규격 기재방법 　－재질, 가공상태, 용도, 조립 여부, 사이즈, 정격전압, 처리능력, 생산연도, 두께 등을 나타냄. 　－여러 규격을 기재하는 경우 ' ; '로 구분하여 기재 • 원·부자재의 단위실량(Raw Material) 등 환급심사에 필요한 사항을 기재하고자 하는 경우 그 앞에 '〈RM〉'라고 적은 후 영어 대문자로 내역을 기재
㉛ 성분	• 품목분류, 관세법 제226조에 따른 세관장확인대상물품, 관세환급심사에 영향을 미치는 성분 및 함량을 기재 　－농산물 혼합물 및 실, 직물의 경우는 성분 및 함량을 모두 기재
㉜ 수량 　－단위	• 해당 품목의 모델·규격별 수량을 기재 　－소수점 이하 다섯째 자리에서 반올림하여 기재 　－실제 수량단위를 기재
㉝ 단가	• 해당 품목의 모델·규격별 단가를 기재 　－소수점 이하 일곱째 자리에서 반올림하여 기재
㉞ 금액	• 해당 품목의 모델·규격별 금액을 기재 　－소수점 이하 다섯째 자리에서 반올림하여 기재 ※ 결제금액란의 통화종류 부호를 단가 및 금액항목 우측 (　)안에 출력
㉟ 세번부호	• 관세율표에 기재된 세번을 10단위까지 기재
㊱ 순중량 　－단위	• 물품의 포장용기를 제외한 순중량을 기재 　－소수점 이하 둘째 자리에서 반올림하여 기재 • 단위는 'KG'으로 기재

항 목	작 성 요 령
㊲ 수량 -단위	• HS별 표준수량 · 중량단위표에 게기된 단위로 환산하여 기재 -HS별 표준수량 · 중량단위표에 중량단위만 있고 수량단위 부호가 특게되어 있지 않은 것은 기재하지 않음(중량만 기재). -소수점 이하는 반올림하여 기재
㊳ 신고가격	• FOB 기준의 원화가격을 원단위까지 기재 -송품장상 결제조건이 FOB가 아닌 경우 FOB가격으로 산정하여 기재(결제조건이 CIF인 경우 운임, 보험료를 공제한 금액) -외국에서 수리 · 개조하기 위하여 반입된 선박 · 항공기를 수리 후 수출하는 경우 수리 · 개조로 인한 가득액을 기재 -우리나라 선박 · 항공기를 외국에서 수리 후 반입하기 위하여 수출하는 경우 '0'을 기재 -선박 · 항공기가 아닌 그밖의 경우 '물품가격+가득액'을 기재
◎ 차대번호 -차대관리번호 (일련번호)	• 중고차량(임시운행차량 포함)을 수출하는 경우 해당 차대번호를 기재 -차대번호의 일련번호를 기재
㊴ 송품장 부호	• 상업송품장 부호를 기재 -수출물품에 원상태수출물품이 일부 포함되어 수출되는 경우 맨 앞에 '72-'를 적은 후 송품장 부호를 기재
㊵ 수입신고번호 -란번호	• 수출신고 거래구분 '84', '86', '89', '72', '93' 등 재수출의 경우 수입신고번호를 반드시 기재 -해당 수입신고건의 란번호 기재
㊶ 원산지 -국가부호 -결정기준	• 수출물품의 원산지를 기재 • 원산지 결정방법 코드를 기재 -A : 완전생산기준 -B : 부가가치기준(직접생산비기준) -C : 부가가치기준(타국원재료비공제기준) -D : 가공공정기준 -2 : 세번변경기준(HS 2단위) -4 : 세번변경기준(HS 4단위) -6 : 세번변경기준(HS 6단위) -8 : 세번변경기준(HS 6단위에서 세분)

항　목	작 성 요 령
－표시 여부	• 원산지 표시 여부를 기재 　－N : 원산지 미표시 　－Y : 현품 및 포장에 원산지 표시 　－B : 포장에만 원산지 표시 　－G : 현품에만 원산지 표시
－FTA 원산지 　증명서 발급 여부	• FTA 원산지증명서 자율발급 여부 표시 　－Y : 원산지증명서 발급 　－N : 원산지증명서 미발급 　－B : 상대국 보세구역 반입으로 불필요 ※ 수출 이후 원산지증명서 발급 예정인 경우에도 기재
㊷ 포장개수 　－종류	• 해당 물품의 외포장 개수를 기재 • 수출물품의 해당 포장종류 코드를 기재

| 포장종류 부호 |

코 드	내 용	비 고
BA	Barrel(통)	
BC	Bottlecrate(맥주박스모양의 상자)	
BE	Bundle(해산품, 연필 등과 같이 묶음포장 단위)	
BG	Bag(자루, 부대)	
BJ	Bucket(양동이)	
BL	Bale(광목, 원단 등 두루마리를 감아 놓은 상태의 포장단위)	
BR	Bar(막대)	
BV	Bottle, bulbous(전구모양의 병)	
CA	Can(캔)	
CH	Chest(나무상자 괘)	
CJ	Coffin(관)	
CL	Coil(코일, 나선형으로 똘똘 감은 것)	
CR	Crate(Wooden box, Wooden case 대체용기)	
CS	Case(그릇, 상자, 케이스)	
CT	Carton(판지로 만든 상자)	
DR	Drum(드럼통)	
HH	휴대품	
IZ	Ingots(주철괴)	
NT	Net(그물)	
OU	외포장이 없는 개, 두, 필, 대, 기, 척, 착 등	
PG	Plate(판)	

코 드	내 용	비 고
PI	Pipe(파이프)	
PU	Traypack(뚜껑없는 칸막이 상자)	
RL	Reel(줄 감는 틀)	
RO	Roll(두루마리)	
SK	Skeletoncase(골조상자)	
GT	기타 개수를 헤아릴 수 있는 물품	
VG	Bulk, gas(at 1031 mbar 15 oC)(기체상태의 벌크)	
VL	Bulk, liquid(at nomal temperature/pressure)(액체상태의 벌크)	
VO	Bulk, soild, large particles("nodules")(덩어리상태의 벌크)	
VQ	Bulk, gas(liquefied at abnomal temperature/pressure)(액화가스상태의 벌크)	
VR	Bulk, soild, granular particles("grains")(곡물벌크)	
VY	Bulk, fine particles("powder")(분말벌크)	
VT	기타 벌크물품	

항 목	작 성 요 령
㊸ 수출요건확인 －일련번호 －구분 －요건승인번호	• 수출요건확인 일련번호를 기재 • 수출요건별 구분코드를 기재 　－A : 수출승인서 　－B : 수출추천서 　－C : 검사증 　－D : 검역증 　－E : 전략물자수출허가서 • 타 법령에 의한 수출요건확인서의 허가 및 승인번호 • 수출승인서 기재 　가. 수출에 제한이 있는 경우 반드시 기재 　　　－수출입구분 1자리 　　　－기관고유코드 3자리 　　　－산하기관코드 2자리 　　　－연도 2자리 　　　－일련번호 7자리 　　　－체크디지트 1자리 　나. 대외무역법령상 수출승인면제물품인 경우 대외무역관리규정의 해당 사유항목을 기재 • 전략물자수출허가서 기재 　가. 허가구분자리(1자리) 　　　－A : 개별수출허가

항　　목	작 성 요 령
	－B : 일반포괄수출허가 －C : 특정포괄수출허가 －D : 수탁가공포괄수출허가 －E : 전략물자비 해당 판정 나. 허가번호 및 판정번호(6자리)
－발급서류명	• 수출요건확인서류명 ※ 신고서 출력시 20자리까지 ( )로 표시
－발급일자 －법령부호	• 수출요건확인서류 발급일자 • 수출요건확인 관련 법령부호(통계부호표 참조) ※ 최대 8개까지 기재 가능하며, 수출신고서에는 최초 입력한 4개만 출력
㊹ 총중량 －단위	• 수출신고 물품의 총중량(용기 포함)을 기재 －소수점 이하 둘째자리에서 반올림하여 기재 • 단위는 'KG'으로 기재
㊺ 총포장개수	• 포장명세서상의 총외포장개수를 기재 ※ 운송용기(예 : Pallet) 수량으로 기재하지 않음. ※ 수출신고서상 총포장개수의 단위는 1란의 포장종류 부호가 기재됨.
㊻ 총신고가격	• 원화 : 수출신고가격의 합계를 원단위까지 기재(원단위 이하는 절사) • 미화 : 총신고가격을 미화(USD)로 환산하여 기재(USD 이하는 반올림) ※ 환산율은 관세청고시 수출환율을 적용
㊼ 운임	• 결제금액에 운임이 포함된 경우 운임을 원화로 기재
㊽ 보험료	• 결제금액에 보험료가 포함된 경우 보험료를 원화로 기재
㊾ 결제금액	• 송품장의 내용을 근거로 하여 인도조건, 통화종류, 금액(실제 결제금액) 순으로 기재
－인도조건	• (INCOTERMS 2020 코드 이외에는 환산하여 기재) EXW, FAS, FCA, FOB, CFR, CIF, CPT, CIP, DPU, DAP, DDP (11개)
－통화종류	• 통화종류는 통계부호표상의 통화종류를 기재(다만, 관세청 고시환율에 해당 통화종류가 없는 경우에는 "USD"로 기재)
－결제금액	• 금액은 통화종류에 따른 금액 실제 결제금액을 기재(관세청 고시환율에 해당 통화코드가 없는 경우 수입물품과세가격결정에관한고시 제1－4조 제2항을 준용하여 환산 기재) ※ 결제금액에 운임, 보험료가 포함된 경우 그 금액을 각각 구분하여 원화로 기재
◎ 환율	• 해당 일자에 해당하는 관세청 고시환율을 기재
㊿ 수입화물관리 　번　　호	• 반송절차에관한고시에 따른 반송물품의 경우 해당 수입화물관리번호 를 기재

항　목	작 성 요 령
－구분	－무적화물은 'NO'를 기재 －화물관리번호는 1개만 기재 • 전량, 분할, 여러 건 반송 등의 구분 기재 －A : 화물 전량을 반송 －B : 화물을 분할하여 반송 －C : 여러 건의 화물을 동시에 반송
(51) 컨테이너번호 －적입 여부 －컨테이너 번호	• 컨테이너 적입 및 컨테이너번호 확인 여부 －'Y' 또는 'N'으로 기재 • 수출신고시점에서 컨테이너에 적입되어 있고 컨테이너번호가 확인된 경우 해당 컨테이너번호를 기재 －최대 10개까지 기재 가능하며, 수출신고서에는 최초 입력한 번호만 출력 ※ 해상으로 수출예정인 컨테이너화물에 한함.
◎ 신고인기재란	• 관세사 등 신고인이 수출신고시 세관에 제공하는 정보 기재
(52) 세관기재란	• 세관에서 사용하는 특기사항(예 : 선적확인사항 등) 기재란으로 신고시 기재할 필요 없음.
(53) 운송(신고)인	• 보세운송대상물품(보세공장물품, 자유무역지역 등)인 경우 해당 보세운송신고인의 상호와 성명을 한글로 기재 • 일반 수출물품인 경우 복합운송주선업자 등 해당 수출물품의 운송인의 상호와 성명을 한글로 기재 ※ 기재방법 －운송(신고)인이 신고자인 경우 : 신고자와 동일 －운송(신고)인이 수출자인 경우 : 수출자와 동일 －운송(신고)인이 제조자인 경우 : 제조자와 동일 －운송(신고)인이 일반업체인 경우 : 상호와 성명을 기재
(54) 기간	• 보세운송대상물품인 경우 보세운송 신고수리일자 및 만료일자를 YYYY/ MM/DD로 기재 • 일반 수출물품인 경우 운송 예정기간을 YYYY/MM/DD로 기재
(55) 적재의무기간	• 신고수리일로부터 기산된 최초 적재의무기한이 시스템에서 자동으로 기재되므로 신고인이 기재할 필요 없음.
(56) 담당자	• 세관의 접수담당자
(57) 신고수리일자	• 세관에서 신고수리한 일자가 기재되므로 신고시 기재할 필요 없음.

수입 및 수입통관

1 용어의 정의

(1) 수입의 정의

각 법률에서 정하는 수입의 개념은 아래와 같다.

1) 대외무역법

대외무역법상 "수입"이란 다음의 어느 하나에 해당하는 것을 말한다(대외무역령 §2 4).

① 매매, 교환, 임대차, 사용대차, 증여 등을 원인으로 외국으로부터 국내로 물품이 이동하는 것

② 유상으로 외국에서 외국으로 물품을 인수하는 것으로서 산업통상자원부장관이 정하여 고시하는 기준에 해당하는 것

③ 비거주자가 거주자에게 산업통상자원부장관이 정하여 고시하는 방법으로 「대외무역법 시행령」 제3조에 따른 용역을 제공하는 것

④ 비거주자가 거주자에게 정보통신망을 통한 전송과 그 밖에 산업통상자원부장관이 정하여 고시하는 방법으로 「대외무역법 시행령」 제4조에 따른 전자적 형태의 무체물을 인도하는 것

2) 관세법

"수입"이라 함은 외국물품을 우리나라에 반입(보세구역을 경유하는 것은 보세구역으로부터 반입하는 것을 말한다)하거나 우리나라에서 소비 또는 사용하는 것(우리나라의 운송수단안에서의 소비 또는 사용을 포함하며, 「관세법」 제239조의 각 호의 1에 해당하는 소비 또는 사용을 제외한다)을 말한다(관세법 §2).

3) 「부가가치세법」상 재화의 수입

부가법 제13조에서 재화의 수입이란 다음의 어느 하나에 해당하는 물품을 국내에 반입하는 것[보세구역을 거치는 것은 보세구역에서 반입하는 것을 말한다]으로 한다.
① 외국으로부터 국내에 도착한 물품[외국 선박에 의하여 공해(公海)에서 채집되거나 잡힌 수산물을 포함한다]으로서 수입신고가 수리(受理)되기 전의 것
② 수출신고가 수리된 물품[다만, 수출신고가 수리된 물품으로서 선적(船積)되거나 기적(機積)되지 아니한 물품을 보세구역에서 반입하는 경우에는 제외한다]

여기서 부가법상 재화의 수입과 「관세법」상 외국물품 수입의 개념 자체는 동일하다. 다만, 수출신고가 수리된 물품 중 선적 또는 항공기에 적재되지 아니한 물품을 보세구역으로부터 다시 반입하는 경우 「관세법」상 외국물품에 해당되지만, 재화의 수입으로 보지 아니하는 것은 「부가가치세법」상 수출재화의 공급시기를 수출신고가 수리된 날이 아니고 선적일 또는 기적일로 보기 때문에 내국물품에 해당하므로 「관세법」의 경우와 달리 수입재화에서 제외하고 있다. 수출신고가 수리된 물품이 선적 또는 항공기에 적재되지 않고 보세구역으로부터 다시 반입될 경우 관세법상 수출물품 적재 이행기간이 경과하면 세관장이 해당 수출신고 수리를 취소하게 되고, 이 경우 해당 물품은 관세법상으로도 내국물품이 된다.

(2) 용어의 정의

1) 물품

물품을 부가법 제2조 및 제4조에서 규정하고 있는 재화와 동일한 개념으로 볼 것인지의 여부에 대하여는 분명하지 아니하다. 관세법상 "수입물품"이라 함에 있어서 "물품"이란 가치가 있는 유체물만을 의미하고 무형재산은 원칙적으로 과세대상이 되지 아니하나 「관세법」 제30조 제1항 제4호에 따르면 수입물품에 관련되는 특허권, 실용신안권, 의장권, 상표권 및 이와 유사한 권리를 사용하는 대가(특정한 고안이나 창안이 구현되어 있는 수입물품을 이용하여 우리나라에서 그 고안이나 창안을 다른 물품에 재현하는 권리를 사용하는 대가를 제외한다)로서 해당 물품의 거래조건으로 직접 또는 간접으로 지급하는 금액에 대하여는 그 수입물품의 과세가격을 산출함에 있어 합산하게 되며, 재화의 수입에 대한 부가가치세의 과세표준은 부가법 제29조 제2항에 따라 그 재화에 대한 관세의 과세가격과 관세, 개별소비세 및 주세의 합계액으로 하므로 결국 일부의 권리를 사용하는 대가도 재화의 수입으로서 과세대상이 된다(관세령 §19 ②).

2) 우리나라

우리나라라 함은 국내법에 의하여 과세권이 미치는 지역적 범위를 말하는 것으로 우리나라의 영토 및 우리나라가 행사할 수 있는 권리가 미치는 곳, 국제법에 따라 우리나라가 영해 밖에서 주권을 행사하는 지역 즉 '배타적 경제수역'으로서 우리나라의 연안에 인접한 해저지역의 해상과 하층토에 있는 해저천연자원 그 밖의 천연자원의 탐사 및 채취장소를 포함한다. 관세법에서는 우리나라와 외국, 그리고 공해를 별개로 구분하므로 법적 개념이 다르다. 영해는 육지로부터 12해리(1해리는 1,852m이므로 약 22.2km 정도다)까지를 의미하고, 배타적 경제수역은 육지로부터 200해리(약 370km) 선까지 이르는 수역 중 우리나라 영해를 제외한 수역이다(배타적경제수역법 제2조). 관세법상 배타적경제수역은 관세의 과세권이 미치는 우리나라로 보지 않는 것이다.

외국으로부터 우리나라에 도착된 물품이 보세구역을 경유하는 경우 보세구역으로부터 인취하는 것을 과세대상인 재화의 수입으로 하고 있으므로 외국에서 보세구역으로 재화를 수입하는 그 자체는 재화의 수입에 해당하지 아니하며 따라서 이 때의 보세구역은 우리나라에서 제외되는 결과가 된다.

3) 인취(반입)

인취라 함은 관세법상의 구속으로부터 벗어나 자유로운 유통상태에 이르는 법률상의 변동을 뜻한다는 견해도 있으나 밀수품 또는 보세구역에서 수입신고수리 전에 도난당한 물품 등에 대하여는 이러한 견해를 적용할 수 없다는 점에서 인취란 어떤 법적 효과를 발생하게 하는 행위라기보다는 단순히 물품을 운반하거나 반입하는 사실행위로 해석된다.

4) 수입물품

일반적으로 수입물품이라 함은 수입신고수리 여부와는 관계없이 외국으로부터 우리나라에 반입된 물품을 말한다.[154]

5) 반송

국내에 도착한 외국물품이 수입통관절차를 거치지 아니하고 다시 외국으로 반출되는 것을 말한다.

---

154) 이에 반해 후술하는 내국물품을 외국으로 반출하는 것을 관세법상 수출이라 한다.

6) 외국물품

「관세법」에서는 수입의 대상이 되는 물품(외국물품)의 범위를 다음과 같이 규정하고 있다 (관세법 §2).
① 외국으로부터 우리나라에 도착한 물품[외국의 선박 등이 공해(公海, 외국의 영해가 아닌 경제수역을 포함한다)에서 채집하거나 포획한 수산물 등을 포함한다]으로서 「관세법」 제241조 제1항에 따른 수입의 신고(이하 "수입신고"라 한다)가 수리(受理)되기 전의 것
② 「관세법」 제241조 제1항에 따른 수출신고수리된 물품

7) 내국물품

다음의 어느 하나에 해당하는 물품을 말한다.
- 우리나라에 있는 물품으로서 외국물품이 아닌 것
- 우리나라의 선박 등이 공해에서 채집하거나 포획한 수산물 등
- 「관세법」 제244조 제1항에 따른 입항전수입신고가 수리된 물품
- 「관세법」 제252조에 따른 수입신고수리 전 반출승인을 받아 반출된 물품
- 「관세법」 제253조 제1항에 따른 수입신고 전 즉시반출신고를 하고 반출된 물품

8) 통관

관세법에 따른 절차를 이행하여 물품을 수출·수입 또는 반송하는 것을 말한다.

9) 환적

동일한 세관의 관할구역에서 입국 또는 입항하는 운송수단에서 출국 또는 출항하는 운송수단으로 물품을 옮겨 싣는 것을 말한다. 전국에는 34개의 세관이 각각의 관할구역을 두고 있다.

10) 복합환적

입국 또는 입항하는 운송수단의 물품을 다른 세관의 관할구역으로 운송하여 출국 또는 출항하는 운송수단으로 옮겨 싣는 것을 말한다. 예를 들어 부산항으로 입항한 화물을 광양항으로 옮겨 선적할 경우가 복합환적이다. 부산항은 부산세관 관할이고 광양항은 광양세관 관할이기 때문이다.

2 무역계약을 통한 수입절차

수입절차 및 구비서류 등에 대하여는 다음과 같다.

(1) 일반적 수입절차 개요

1) 수입계약 체결

2) 수입승인(필요시)

① 수출입공고상 승인대상으로 지정된 물품은 승인을 받아야 한다. 수입승인의 유효기간
은 승인일로부터 원칙적으로 1년이다.

② 수입승인신청시 구비서류

수입승인신청서, 수입계약서 또는 물품매도확약서, 수입대행계약서(수입대행시), 그 밖
의 수출입공고 등에서 규정한 요건을 충족하는 서류

③ 신용장 개설

신용장개설 시 구비서류는 수입신용장 개설신청서, 외국환거래 약정서, 수입승인서
(필요시), 물품매도확약서, 그 밖의 필요한 서류(담보제공 증서 등)이다.

④ 선적서류내도 및 대금결제

⑤ 수입통관 및 물품 반출

⑥ 사후관리

3 수입거래의 형태

(1) 수입대행

수입대행은 수입대행자가 대행의뢰자와의 수입대행계약에 따라 대행의뢰자가 수입하려
는 물품을 자기 이름으로 수입하는 것을 말한다. 대외무역법에서는 수입대행위탁자의 자격
에 아무런 제한이 없으나 해당 물품이 약사법, 주세법 등과 같이 통합공고에 규정된 법률에
의하여 수입주체가 제한되고 있는 경우에는 해당 규정에서 정하는 요건을 충족하여야 한
다. 대행자와 대행의뢰자 간에 수입대행계약서 작성을 통해 이루어지는 것이 보통이다.

1) 수출용원자재 수입대행

주로 내국신용장을 받았거나 무역에 익숙하지 않은 자가 원자재를 수입할 때 활용되나 해외 물품공급자와의 특정거래관계(독점계약 등)에 따라 이용되기도 한다. 수출입공고 등 적용배제, 관세환급, 무역금융 등 수출용원자재 수입에 따른 여러 가지 혜택은 대행위탁자도 수혜할 수 있다.

2) 내수용 물품의 수입대행

대행위탁자의 수입목적에 따라 자가 수요용, 단순판매용으로 구분되며, 관세 등 수입통관시 제세의 납세의무자가 누구인가에 따라 대행위탁자가 납세의무자인 단순대행과 대행자가 납세의무자인 실수대행(직수입대행)이 있는데, 납세의무자가 누구인가에 따라 수입대행수수료가 결정된다.

3) 수입대행 유사거래

가. Offer Sale

외국의 물품공급자로부터 독점적인 계약대리권을 부여받은 자가 국내의 수입자에게 Offer를 발행한 대가로 일정한 수수료를 영수하는 거래이다.

나. Stock Sale

자기명의, 자기책임 하에 물품을 수입한 후 실수요자와의 국내거래로 원상태로 수입물품을 매각하는 거래이다.

(2) 특수거래 수입

1) 특수거래 수입 개요

대외무역관리규정 제2조에서 정하는 특수거래 수입은 다음과 같다.
① "수탁판매수입"이란 물품 등을 무환으로 수입하여 해당 물품이 판매된 범위 안에서 대금을 결제하는 계약에 의한 수입을 말한다.
② "임차수입"이란 임차(사용대차를 포함한다. 이하 같다) 계약에 의하여 물품 등을 수입하여 일정기간 후 다시 수출하거나 그 기간의 만료 전 또는 만료 후 해당 물품의 소유권을 이전받는 수입을 말한다.
③ "연계무역"이란 물물교환(Barter Trade), 구상무역(Compensation trade), 대응구매(Counter

purchase), 제품환매(Buy Back) 등의 형태에 의하여 수출·수입이 연계되어 이루어지는 수출입을 말한다.

④ "외국인수수입"이란 수입대금은 국내에서 지급되지만 수입물품 등은 외국에서 인수하거나 제공받는 수입을 말한다.

2) 수탁판매수입

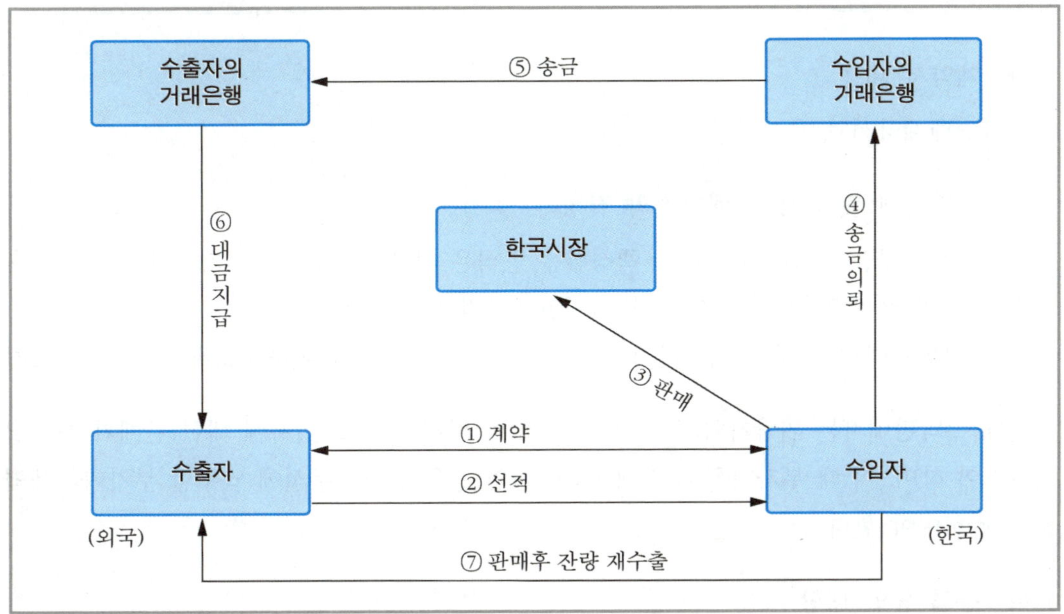

가. 개요

"수탁판매수입"이란 물품 등을 무환으로 수입하여 해당 물품이 판매된 범위 안에서 대금을 결제하는 계약에 의한 수입을 말한다.

국내 수입자(수탁자)가 외국 수출자(위탁자)로부터 위탁받아 소유권이 이전되지 않은 상태로 물품을 무환으로 수입하여 국내에서 판매한 후 판매된 범위 안에서 위탁자(수출자)에게 대금을 송금하고, 판매 기간이 끝난 후에 미판매 물품을 위탁자(수출자)에게 다시 수출하는 거래방식이다.

이러한 거래방식은 물품의 소유권을 가진 수출자가 자금과 위험을 부담하고 수입자는 수출자가 지정한 조건에 따라 상품을 판매한 후 판매경비와 수수료 등을 뺀 나머지를 수출자에게 송금하므로, 수입자는 아무런 재고위험부담이나 자금부담없이 손쉽게 수입할 수 있다.

반면, "위탁판매수출"이란 물품 등을 무환으로 수출하여 해당 물품이 판매된 범위 안에서 대금을 결제하는 계약에 의한 수출을 말한다.

나 절차

수탁판매계약 체결 → 수입승인(해당되는 경우) → 수입통관 → 판매 → 판매대금지급 → 미판매물품 재수출

다. 계약서 내용

위탁판매계약서와 유사하다.

라. 가격정책 및 국내 판매가격의 결정

수·위탁판매방식 거래시 가격을 책정하는 방식은 지가위탁방식과 시가위탁방식이 있다.
① 지가위탁(指價委託) : 위탁자가 최저판매가격을 지정하여 위탁하는 조건
② 시가위탁(時價委託) : 위탁자가 수탁자에게 시세에 따라 판매하도록 위탁하는 조건

국내 수탁판매자는 위탁자와의 사전약정방식에 따라 국내 소비자에 대한 판매가격을 결정하여야 하며, 이 때 부가가치세 과세대상물품인 경우 관할세무서에 납부할 부가가치세액도 고려하여야 한다.

마. 수입 승인 대상

국내 수탁판매방식의 수입자는 수출입공고, 통합공고에 의해 수입이 제한되는 물품 등 수입승인대상이 되는 물품인지에 대하여도 사전확인이 필요하다.

바. 수입승인시 구비서류

수탁판매수입자가 통신판매중개업자 또는 수입자로서 의료기기법, 약사법, 화장품법, 식품위생법 등의 규제대상인지에 대한 사전확인이 필요하다.
① 수입승인 신청서
② 수탁판매 계약서
③ 기타 허가서 등

사. 수입신고 시 구비서류

① 수입신고서

② 수입승인서

③ 가격 신고서(상업송장 포함)

④ B/L사본

⑤ 기타 수입통관에 필요한 서류

아. 재수출 통관 구비서류 시

① 수출신고서

② 수입신고필증

③ 사유서

④ 상업송장, 포장명세서

⑤ 기타 수출통관에 필요한 서류

자. 수탁판매수입자에 대한 관세의 납세의무

○ 사실관계

수입자(수탁자)가 해외 수출자 겸 위탁자와 수탁판매계약을 체결하고 수입물품(시즌상품으로 의류로 가정한다)을 무상으로 수입(물품의 소유권은 판매된 물품 대금의 지급이 완료될 때까지 수출자에게 있음)하여 국내에서 판매한 후 판매금액 중 일부를 수출자에게 지급하는 경우로서 수입자는 수출자와 상호합의한 재판매가격으로 국내에 판매(수입자는 별도의 가격표와 품질표시를 부착하여, 수출자와 상호 합의된 수준으로 국내 재판매가격을 결정하여 판매)하면서 매월 국매 판매액(부가가치세 제외)의 60%를 수출자에게 지급한다. 아울러 시즌 종료 후 미판매 물품은 수출자에게 무상으로 송부(미판매 물품은 DDU 조건으로 수출자에게 반환)한다.

○ 쟁점

수탁판매계약에 따라 무상수입된 물품에 대해 국내 판매가격의 일부를 수출자에게 지급하고 미판매된 물품은 무상으로 반환하는 경우 수입물품의 과세가격 결정방법

○ 수탁판매를 위한 수입물품의 관세의 과세가격 산출방법

관세의 납세의무자는 화주로서 실제 소유자이고, 이는 수입신고 단계에서의 법률상 소유자를 의미하는 것으로 해석된다(대법원 2002두8442, 2003. 4. 11.). 즉 실질 소유자가 아닌 DDP 조건의 경우에도 수입통관 및 관세 등 제비용을 수출자가 부담하지만 수입신고서상의 납세의무자 및 수입자는 당연히 수입사 명의로 하여야 하고 관세나 부가가치세 환급대상도 수

입자가 되는 것이어서 수출자가 수입자를 겸할 수는 없다. 그러므로 단순히 수출자에게 소유권이 유보되어 있다는 사유만으로 국내 수입자를 납세의무자로 신고하는 것이 위법하다고 볼 수 없다.

이러한 이유에서 수탁판매방식의 수입에 있어서 국내의 수탁자 겸 수입자가 수탁판매 물품을 수입하는 경우에는 아래와 같은 방식에 따라 관세의 과세가격을 산출하고 그에 따른 관세나 수입부가가치세를 납부하여야 한다.

① 국내 재판매 수입재화에 대한 과세가격 산출

수입물품의 과세가격은 원칙적으로 「관세법」 제30조에 따라 해당 물품의 거래가격으로 결정되어야 하나, 해당 수입물품은 수탁자와 위탁자(수출자) 사이에 체결된 수탁판매계약 (Consignment Account Agreement)에 의해 수입된 것으로 물품의 소유권이 국내 재판매 후 대금지급이 완료될 때까지 위탁자에게 있으며, 계약기간 내에 재판매되지 아니할 경우 수출자에게 반환되는 점으로 볼 때 우리나라에 수출하기 위하여 판매된 물품으로 볼 수 없다. 따라서 본 건 수입물품에 대해서는 제1방법을 적용할 수 없고 제2방법부터 제6방법까지를 순차적으로 검토하여야 한다(관세법 §31~§35).

만약 해당 물품이 국외에서 제조한 것으로 국내 수입된 적이 없으므로 동종·동질 또는 유사물품의 거래가격을 찾을 수 없다면 제2, 3방법은 적용할 수 없고, 또한, 해외 수출자의 수입물품 생산원가와 수출국의 이윤 및 일반경비 등 관련 자료가 제출될 수 없다면 제5방법도 적용할 수 없다.

아울러 수입물품이 수입된 것과 동일한 상태로 국내에서 판매되는 경우, 국내판매가격에서 통상적인 "수수료" 또는 "이윤 및 일반경비" 등을 공제하여 제4방법으로 과세가격을 결정할 수 있다. 이 때 수탁판매계약에 기초한 것으로 소유권이 수입자에게 완전히 이전되지 않고 재판매가격 또한 수출자와의 합의에 따라 결정되는 등 수입자 자신의 계산과 책임으로 판매된다고 볼 수 없으므로 통상적인 이윤 및 일반경비가 아니라 수수료를 공제하는 것이 타당하다(관세평가-1169, 2011. 6. 8. ; 관세평가-2145, 2012. 8. 30.).

② 위탁자에게 반환되는 수입재화의 과세가격 결정

외국에서 판매되지 않고 당해 물품의 국내소재 수출자에게 반환되는 품목의 경우 제1방법부터 제5방법까지를 적용할 수 없으므로 「관세법」 제35조에 따라 합리적인 기준에 따라 과세가격을 결정하여야 한다(관세법 §35, 관세령 §29).

이 경우 제1방법부터 제5방법까지의 직용요건을 신축적으로 석용하여, 잠정 송품장 가격이 일반적인 가격결정 방법에 따라 합리적인 수준에서 결정된 것으로 인정된다면 송품장 가격을(6-1방법), 국내에서 판매되지 않은 품목과 유사물품으로 인정할 수 있는 국내 판매된 품목이 있을 경우 해당 물품의 제4방법에 의한 과세가격을(6-3방법), 또는 기 책정되었던 국내판매 단가를 기초로 한 역산가격(6-4방법) 등을 수입자와 세관이 합리적으로 검토하여 과세가격을 결정할 수 있다(관세평가-1169, 2011. 6. 8. ; 관세평가-2145, 2012. 8. 30.).

○ 미판매 재화의 재수출 시 관세의 환급

수탁판매방식의 재화를 무상으로 수입한 후 재고(미판매) 물품의 원상태 해외 재수출 시 유상으로 수입신고 수리일로부터 2년 이내에 재수출 시에는 원상태 관세환급(수출거래구분 72)이 가능하지만 해당 재화가 국내에서 판매되지 아니하여 단순히 원수출자(국외 위탁자)에게 재고(미판매) 물품 원상태의 무상으로 재수출하는 경우에는 「관세법」 제106조에 해당하지 아니하고, 관세환급특례법 제4조 및 동 시행규칙 제2조에서 인정하는 관세 등의 환급대상 수출 등('수탁판매 잔존물의 반환을 위한 무상 수출'은 환급대상 수출로 규정하고 있지 아니함)에 해당하지 아니하여 당초 수입 시에 부담한 관세를 환급받을 수 없다. 관세가 소비지국 과세원칙에 따르고 있다는 관점에서 볼 때 제도적 보완이 명확히 되어야 할 필요가 있다.

다만, 수탁판매방식에 의하여 수입된 물품 중 판매되지 아니한 잔량분을 다시 반출하는 경우로서 「외국환거래법」 제16조에 따라 수출자(수탁자를 말함)가 상계처리형태의 대금결제 방법으로 한국은행에 지급 등의 방법 신고를 한 경우에는 유상수출로 간주할 수 있으므로, 이를 원용 가능하다면 관세환급특례법 제4조 제1호에 따른 환급대상수출에 해당될 것으로 판단된다. 관세청도 수입품 원상태 무상수출의 경우 유상수출로 인정할 만한 정당한 근거가 있다면 관세환급이 가능하다고 하고 있는바, 수탁판매 방식으로 수입한 물품이 미판매 재고 물품이 있을 경우 사전에 환급지 세관 환급담당부서와 원상태 재수출 관련하여 협의하는 것이 바람직하다. 즉, 환급지 세관과 회사(수탁자)의 상계처리에 따른 지급 등 증빙서류를 구비해 사전 협의를 함으로써 추가 보완되어야 할 서류 내지 수출신고 방식을 확정하는 것으로 진행할 경우 관세환급이 가능할 수 있는 것이다.

이 때 수탁판매 후 잔량분을 무상으로 수출하는 경우의 거래구분 코드는 '94'이며, 대금결제방식 코드는 현행 통계부호표상 상계방식에 의한 별도의 코드가 없으므로 '기타유상(GO)'로 신고한다. 수출신고 시 별도의 증빙은 필요치 않으며, 환급신청 시 관세환급특례법령 및 관련 고시에서 정한 환급신청서·수출신고필증·수입신고필증 등 외에 상계처리형태의 대금결제방법으로 한국은행에 지급 등의 방법 신고를 한 증빙을 구비하여야 한다(기타 추가 구비서류 등 구체적인 내용은 환급신청세관과 상의할 것). 유상수출로 인정하는 상계처리방식에 있어서 상계의 대상이 되는 채권·채무는 수입물량에 대한 채무와 판매수수료에 대한 채권도 그 대상이 될 수 있다(관세청 세원심사과, 2011. 8. 25. 인터넷 답변 참조).

참고로 수입자가 하자 등을 이유로 수입물품을 반품하는 방법으로 「관세법」 제106조에 따른 환급방법과 관세환급특례법에 따른 원상태로의 수출방법 중에서 납세의무자가 선택할 수 있으며, 동 국외 반품거래에 대하여는 영세율이 적용되고 당초 수입과 관련된 매입세액에는 영향을 미치지 아니한다(관세제도과-561, 2009. 6. 10. ; 조심 2010서0067, 2010. 10. 28.).

○ 수입세금계산서의 발급

국내의 수탁자와 국외의 위탁자(수출자) 사이에 체결된 수탁판매방식의 수입계약에 따라 수입된 물품의 소유권이 위탁자에게 대금 정산하기 전까지는 위탁자에게 있음에도 위에서 언급한 바와 같이 국내 수탁자가 재화의 수입에 따른 관세 및 부가가치세 등의 납세의무를 지게 되므로 세관장은 수탁자에게 수입세금계산서를 발급하여야 하고, 관세 등의 납세의무자인 수탁자가 부담한 수입부가가치세에 대하여는 당연히 매입세액이 공제되어야 한다.

1) 국내 리스이용자인 과세사업자가 자신의 과세사업에 사용하기 위하여 국외의 리스회사로부터 리스자산을 수입하면서 부담한 수입부가가치세를 공제받을 수 있는 것과 동일한 취지이다.
2) 대외무역관리규정 제2조 제5호에 따라 수탁판매를 위한 물품의 수입시에는 수입신고서 상의 '거래구분(17번 거래구분)'에 [51: 수탁판매를 위한 물품의 수입]으로 기재
3) 미판매분 수출시 수출거래구분은 [수출거래구분: 94]로 기재한다. 대외무역관리규정 별표3 수출승인의 면제 제2항 바호(수탁판매수입에 의하여 수입된 물품의 판매되지 아니한 잔량분으로서 무상으로 반출하는 물품)

○ 내국세의 세무처리 방법

① 수입세금계산서에 대한 매입세액 공제

ㄱ. 수입대행자의 매입세액공제

사업자가 재화의 수입을 위탁하는 경우에는 수입위탁자의 명의로 수입세금계산서를 교부받는 것이며, 수입대행자는 수입대행에 따른 수수료를 과세표준으로 하여 수입위탁자에게 세금계산서를 발급한다. 다만, 수입대행자가 실질적으로 자기의 책임과 계산하에 재화를 수입하는 경우에는 수입대행자가 수입세금계산서를 발급받는 것이며, 해당 수입대행자가 수입새화를 위탁자에게 판매하는 경우 재화

의 가액을 과세표준으로 하여 세금계산서를 발급하여야 한다.

ㄴ. 수탁판매방식 수입자의 매입세액 공제

사업자가 국내사업장이 없는 외국법인과의 직접 계약에 의하여 해당 외국법인(위탁자)으로부터 과세되는 재화를 일정가격에 수입하여 동일한 가액으로 국내의 다른 사업자에게 판매대행하고 송금할 판매대금 중에서 일정금액을 수수료로 차감하는 경우, 해당 사업자는 앞서 살펴본 바와 같이 관세법상의 관세 및 수입부가가치세의 납세의무자로서 해당 재화의 수입 시 세관장으로부터 교부받은 수입세금계산서상의 매입세액은 자기의 매출세액에서 공제가능하다(제도 46015-11331, 2001. 6. 4. ; 기획재정부 부가가치세제과-862, 2007. 12. 18.).

만약 수탁물품에 해당하는 수입재화의 매입세액공제를 허용하지 아니하면서 수탁판매자가 국내에 공급한 수입재화에 대한 부가가치세를 납부한다면 누적효과가 발생하고 수탁판매자의 국제경쟁력을 약화시킨다. 또한 수탁자 소유의 재화가 아니라는 이유로 매입세액을 공제해 주지 않는다면 국내 판매시에도 수탁자에게 부가가치세를 과세할 명분이 없게 되고, 국외 위탁자의 고정사업장 성립에 따른 부가가치세 과세문제가 남게 되어 국가적으로도 세수일실을 초래할 수 있다. 위탁판매수출에 있어서도 국내 사업자가 국외 위탁자에게 수출한 재화를 수탁자가 국외에서 수입할 때 수입부가가치세를 공제받고 국외에서 판매하면서 부담한 부가가치세 등 간접세는 국내 위탁자의 과세표준에서 제외하도록 한다는 점(기획재정부 부가가치세제과-388, 2010. 6. 10.)에서 수탁판매 수입 시 수입부가가치세액의 불공제는 타당하지 않다.

② 국내 판매분에 대한 부가가치세 세무처리

ㄱ. 수탁물품의 판매

수탁판매방식의 수입재화의 국내판매분에 대하여는 해당 수탁사업자 명의로 구매고객으로부터 수령한 대금총액을 공급대가로 인식하여야 한다. 따라서 해당 재화판매와 관련한 대가(수수료)에 대하여도 부가가치세 신고 시 과세표준에 포함하여야 한다.

ㄴ. 위탁판매수수료에 대한 처리

국내 수탁판매사업자가 외국 수출자(위탁자)와의 위수탁판매계약에 따라 수입한 재화를 국내 사업자에게 판매하고 그 대가를 수출자로부터 위탁판매에 따른 수수

료를 외화로 송금받는 경우 또는 상계의 방법으로 대가를 수수하는 경우 동 수수
료에 대하여는 부가령 제33조 제2항 제1호에 따라 영의 세율이 적용된다.

ㄷ. 세금계산서의 발급

국내 수탁판매사업자가 외국 수출자(위탁자)와의 위수탁판매계약에 따라 수입한
재화를 국내 사업자에게 판매하는 경우 수탁판매자를 공급자, 국내 사업자를 공
급받는 자로 기재한 세금계산서를 발급하여야 한다(제도 46015-11331, 2001. 6. 4.).

ㄹ. 미판매 수탁물품의 재수출

사업자가 국외로부터 수입한 재화에 하자가 발생하여 반송하는 경우 동 재화가
「관세법」 제106조에 규정하는 위약물품에 해당하는 경우에는 관할세관장은 수정
수입세금계산서를 수입자에게 발급하고 부가가치세를 지체없이 환급하도록 규정
하고 있으며, 이를 관할세무서장에게 제출하여야 한다. 이 경우 반송되는 재화는
수출하는 재화에 해당하지 아니한다(제도 46015-12407, 2001. 7. 26.).

다만, 미판매 수탁물품의 반송과 같이 위약물품이 아닌 경우에는 반품 시 수출재
화로 보아 영세율로 신고하여야 한다. 이 때 당초 수탁재화 수입 시 공제받은 매
입세액은 소급하여 추징하지 않는다.

③ 수탁판매방식 수탁자의 선하증권 양도에 따른 (세금)계산서 발급

국외의 법인(수출자 또는 위탁자)으로부터 부가가치세가 과세되지 아니하는 재화를 위
탁받아 수입·판매하는 내국법인(수탁자)이 보세구역 내에서 선하증권을 국내의 다른
사업자에게 양도하는 경우 면세재화의 공급으로 보아 「법인세법」 제121조 제2항에
따라 계산서를 발급하여야 한다. 다만 세관장이 선하증권을 양수한 사업자에게 발급
한 수입계산서 부분에 대하여는 계산서 발급의무가 없다(서면-2020-법인-3413, 2020.
11. 6.).

위 해석에 따르면 수입·수탁판매하는 물품이 부가가치세 과세대상인 경우에도 다른
국내 사업자에게 그 선하증권을 양도하는 경우 세금계산서를 발급하여야 하고 선하
증권을 양수한 사업자에게 세관장이 수입세금계산서를 발급한 부분에 대하여는 세금
계산서 발급의무가 없다 할 것이다.

④ 수탁재화에 대한 세무·회계처리

수탁판매방식의 수입재화에 대하여는 자신의 재고재화가 아니므로 법인결산 또는 장부에 반영 시에는 회사(수탁자)의 재고자산으로 계상하지 아니하고 해당 재화의 국내 판매분에 대하여도 회사의 수입금액에서 제외하여야 한다(수탁판매수수료 상당액이 회사의 수입금액이 됨).

3) 임차방식에 의한 수입

가. 개요

임차(사용대차를 포함한다) 계약에 의하여 물품 등을 수입하여 일정기간 후 다시 수출하거나 그 기간의 만료 전 또는 만료 후 해당 물품의 소유권을 이전받는 수입을 말한다. 주로 영세한 중소기업이 설비투자를 하거나 외자도입업체가 추가 생산시설을 도입할 때 활용하며, 임차한 시설을 사용하여 생산한 제품을 임대인에게 수출하는 조건으로 거래하는 경우가 많다.

나. 절차

> 임차계약체결 → 계약허가(신고) → 수입승인(해당되는 경우) → 수입통관 → 임차료지급 → 재수출통관 또는 소유권 이전

다. 신고기관(외국환거래규정)

① 외국환은행(계약건당 3천만불 이하 임차계약), 한국은행(계약건당 3천만불 초과 임차계약)
- 부동산 외의 물품임대차계약(소유권 이전하는 경우 포함)을 체결하는 경우
- 소유권 이전의 경우를 제외하고 국내의 외항운송업자와 비거주자간의 선박이나 항공기(항 공기엔진 및 관련 주요부품 포함)를 임대차 기간이 1년 이상인 조건으로 외화표시 임대차계약을 체결하는 경우

② 거주자가 비거주자로부터 무상으로 임차하는 경우에는 신고를 요하지 않는다.

라. 임대차계약 인증신청 시 구비서류

① 임대차계약신고서
② 임대차계약서 원본 및 동 사본
③ 임대차물품 증빙서류
④ 임대차사유 증빙서류(원본은 확인 후 반환)

• 임대차계약 목적물의 현재가격과 이자율 및 이자부담액이 있는 경우 별도 명시되
  어야 한다.

마. 수입승인 시 구비서류

① 수입승인신청서
② 임차계약서
③ 채권발생 등의 당사자 허가서 또는 인증서
④ 다른 법령에 의한 허가, 승인 또는 추천서(필요한 경우)
⑤ 기타 필요한 서류

바. 수입통관 시 구비서류

① 수입신고서
② 수입승인서
③ 기타 수입통관에 필요한 서류

사. 재수출통관 시 구비서류

① 수출신고서
② 기타 수출통관에 필요한 서류

4) 연계무역방식에 의한 수출입

가. 개요

동일한 거래당사자간에 수출과 수입이 연계된 무역거래로서 대응구매기간, 대금청산의
형태, 교환되는 상품과의 관계 등에 따라 물물교환, 구상무역, 대응구매, 산업협력 등으로
나누어진다. 수출 및 수입의무가 제3국으로 전가된 경우에는 연계무역에 해당되지 않으며,
대응수출입 의무가 기술 등 용역대가인 경우에도 연계무역에서 제외된다.

나. 물물교환(Barter Trade)

환거래가 발생하지 않고 상품을 1대 1로 교환하는 무역

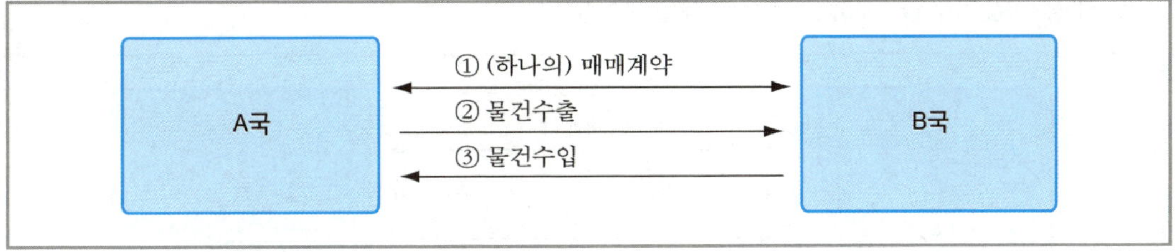

다. 구상무역(Compensation Trade)

환거래가 발생하고 대응수입의무를 제3국에 전가할 수 있는 거래

① 원칙적으로 수출, 수입거래를 하나의 계약서로 작성

② 통상 Back to Back L/C, Escrow L/C, Thomas L/C 등 특수신용장 이용

③ 환거래가 발생하여 상호간에 합의된 통화로 대금결제

④ 대응수입 이행기간은 통상 3년 이내

⑤ 대응수입비율은 통상 20~100%

⑥ 대응수입의무를 제3국으로 전가하는 3각 구상무역도 있다.

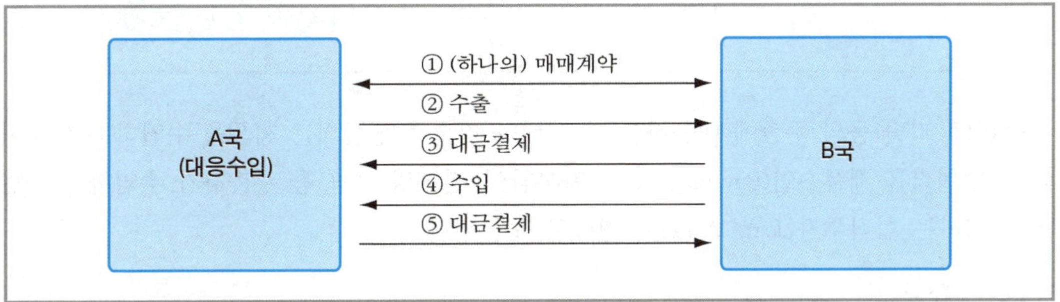

라. 대응구매(Counter Purchase)

대응수입계약조건에 따라 수출액의 일정비율에 상당하는 상품을 대응 수입해야 한다는 점에서 구상무역과 비슷하나, 수출과 수입이 별도의 계약서나 신용장에 의해 이행된다는 점이 다르다. 대응구매는 동구권과 거래 시 많이 이용된다.

① 수출, 수입거래를 각각 별도 계약서에 의해 거래

② 두 개의 일반신용장 개설

③ 형식상 완전히 분리된 두 개의 별도 일반 무역거래 형태

④ 대응 수입이행기간은 통상 5년 이내

⑤ 환거래가 발생하며 상호간에 합의된 통화로 결제

⑥ 대응수입의무를 제3국으로 전가할 수 있다.

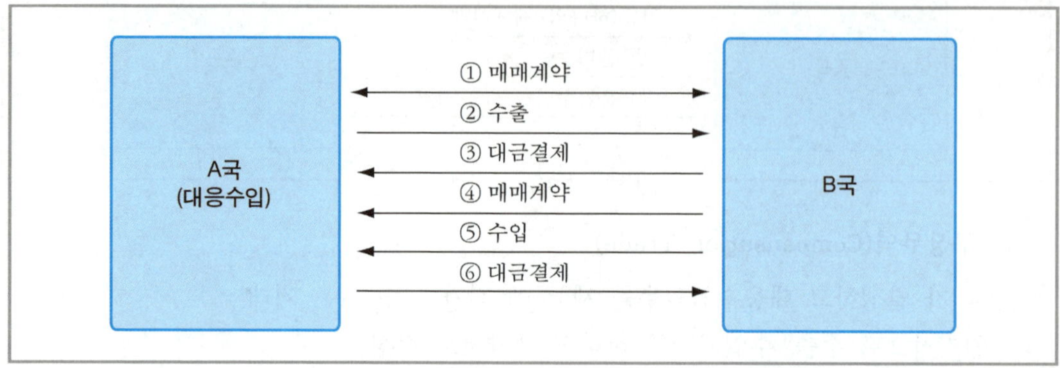

마. 산업협력(Industrial Cooperation)→제품 환매(Buy-Back)

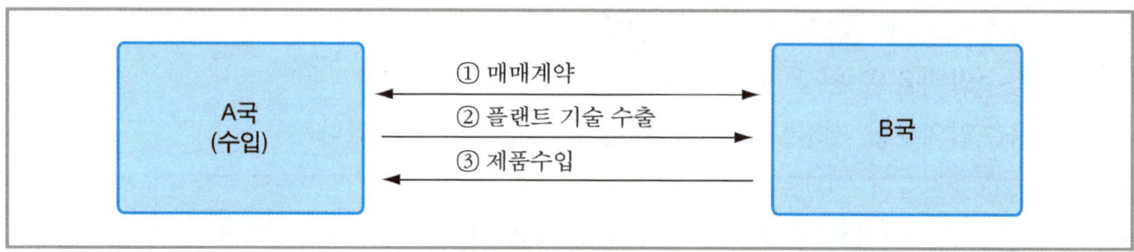

플랜트, 기술 등의 수출에 대응하여 그 설비나 기술로 생산되는 제품을 수입하는 형태이다. 산업협력은 제품수입(Buy Back Deal), 자본참여, 판매망 제공 등 수출자가 수입자의 사업에 참여하는 합작투자(Joint Venture) 형태로 구분된다.

바. 구비서류

ㄱ. 수입신용장개설 시 구비서류

① 신용장개설신청시
② 기타 신용장개설에 필요한 서류

ㄴ. 수입통관 시 구비서류

① 수입신고서
② B/L사본
③ 기타 수입통관에 필요한 서류

ㄷ. 수출통관 시 구비서류

① 수출신고서
② 기타 수출통관에 필요한 서류

5) 외국인수수입

가. 의의

물품을 외국(제3국) 또는 현지에서 조달하고 그 대금을 국내에서 지급하는 수입을 말한다. 선적서류는 국내 외국환은행을 통하여 영수한 후 수입대금을 지급하고, 이를 외국으로 송부하여 수입물품을 외국에서 인수하도록 하는 거래방식으로 산업설비수출, 해외건설, 해외투자, 위탁가공무역 등에 필요한 기자재 또는 원자재를 외국에서 수입하여야 할 경우 운송시간과 경비를 절감하기 위하여 수입대금은 국내에서 지급하고 물품은 곧바로 해외 현장에 인도하고자 하는 경우에 이용되는 거래방식이다.

동 무역거래는 외국인도수출, 중계무역, 위탁가공무역 거래과정에서 발생하는 거래형태로서 이들 수출형태를 이해하는 데 필요한 무역거래조건이다.

나. 절차

수입계약체결 → 신용장 개설 → 선적서류 인수 대금지급 → 선적서류 송부 → 물품인수

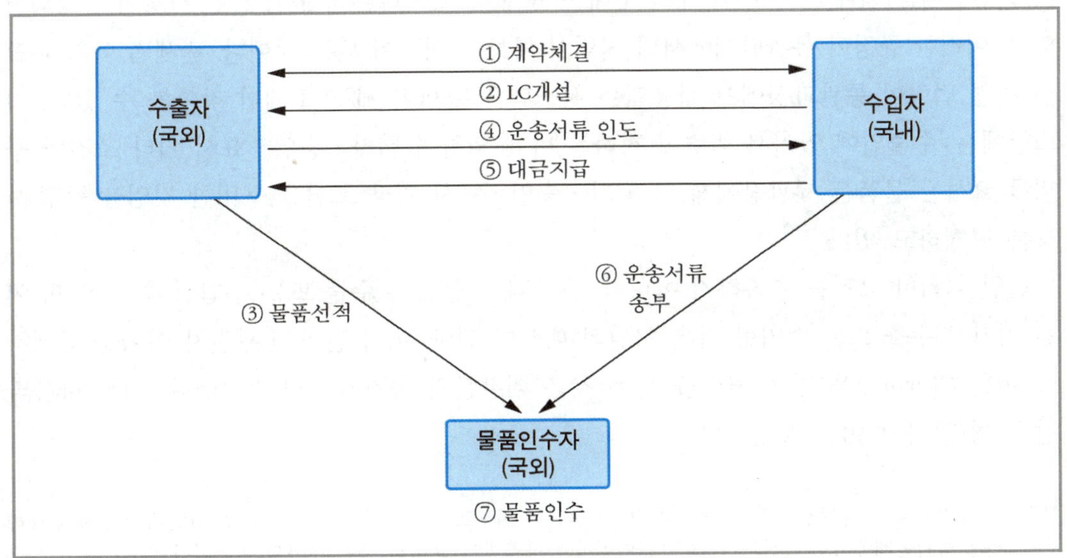

다. 부가가치세 과세 여부

물품의 이동이 국외에서 이루어지는 국외거래로서 재화의 공급 또는 재화의 수입으로 보지 아니한다.

 4 통관제도

(1) 통관의 의의

상품이 국가와 국가 간을 이동할 경우에는 반드시 두 번에 걸쳐 통관과정을 거친다. 물품을 수출하는 국가에서의 수출통관과 그 물품을 수입하는 국가에서의 수입통관이 그것이다.

각국이 관세법 등으로 수출입물품에 대해 통제를 하고, 통관절차의 이행을 강제하며, 이를 일탈(逸脫)하는 행위에 대해 처벌을 하는 가장 큰 이유는 결국 '수출입과 관련한 적법성의 확보'를 위해서이다. 통관과정에서 달성하고자 하는 이러한 적법성 확보에서 가장 중요한 것은 물론 수입물품에 부과되는 관세 및 내국소비세의 적정한 징수이다. 그러나 그 외에도 수출입 관련 법령에 규정된 허가·승인·추천·표시·증명 기타 조건의 구비 여부 확인도 중요한 목표가 된다. 적법성에서의 '법'이란 관세법을 비롯한 수출입과 관련되는 모든 법령이 이에 해당된다. 우리나라에서는 흔히 무역3법이라 하여 대외무역법과 외국환거래법 그리고 관세법을 든다.

그러나 이들 외에도 약 70여 개의 국내 법률에는 크고 작은 수출입 관련 사항이 규정되어 있고, 이러한 규정이 통관단계에서의 적법성 확보의 대상이 되는 것이다. 관세법 이외 수출입 관련 법령이 통관과정에서 적용되는 시스템은 관세법 제226조에서 찾아볼 수 있다. 이 조항에는 '수출입에 있어서 법령이 정하는 바에 의하여 허가·승인·표시 기타 조건의 구비를 요하는 물품은 세관장에게 그 허가·승인·표시 기타 조건을 구비한 것임을 증명'하도록 규정하고 있다.[155]

만일 이러한 요건을 충족하지 아니한 경우 해당 물품은 수출 또는 수입될 수 없으며, 이를 어기고 수출 또는 수입할 경우 처벌의 대상이 된다. 이와 같이 통관절차 이행을 강제하고 이를 위반하였을 경우 처벌을 하는 것은 대부분의 국가가 마찬가지이다. 이는 다음과 같은 여러 가지 이유 때문이다.

---

155) 이 규정에 따라 관세청장은 세관장 확인대상 물품을 별도로 지정하여 고시하고 있다. 확인대상 물품에 대해서는 통관단계에서 세관장이 관련 요건확인서를 제출받아 요건의 충족 여부를 확인한다.

① 재정수입의 효과적 확보 : 관세 및 내국소비세 부과 징수를 통한 재정수입
② 국내산업의 보호 : 덤핑방지관세, 상계관세, 긴급관세, 특별긴급관세, 보복관세 등을
　통한 수입억제로 산업을 보호
③ 소비자보호 : 원산지 표시, 품명과 규격, 성분·함량 등의 한글표시 의무화로 소비자
　의 알권리 보호
④ 국민의 건강과 동·식물의 생명보호, 환경보호 등 : 각종 검사·검역, 신고, 추천, 승
　인, 확인 등을 통해 위해(危害) 물품의 수입차단
⑤ 국가의 안전보장·선량한 풍속의 보호 등
⑥ 통상정책 집행의 효율성 확보

이러한 목적 달성을 위해 정부가 통관을 엄격하게 할 경우 수출입이 불가능하게 되는 경우가 발생하거나, 수출입은 된다 하더라도 예상치 아니한 비용의 발생으로 무역으로 인해 오히려 손해가 발생할 수 있다. 무역의 장벽으로 기능할 수 있는 것이다. 따라서 WTO 협정도 통관절차가 무역장벽화하지 않도록 여러 규범을 마련해 두고 있다.

무역업체의 입장에서 요약하자면, 통관은 결국 무역의 완성 여부, 무역비용의 추가 발생 여부, 그리고 정확하고 신속한 수출입물류의 이행 여부 등과 밀접한 관련이 있는 무역실무의 특수분야라 정리된다.

1) 관세법상의 의미

수입하고자 하는 자가 우리나라에 수입될 물품을 선적한 선박(항공기) (① 출항하기 전, ② 입항하기 전, ③ 입항 후 물품이 보세구역에 도착하기 전, ④ 보세구역에 장치한 후) 중에 선택하여 세관장에게 수입신고하고, 세관장은 수입신고가 관세법 및 기타 법령에 따라 적법하고 정당하게 이루어진 경우에 이를 신고수리하고 신고인에게 수입신고필증을 교부하여 수입물품이 반출될 수 있도록 하는 일련의 과정을 말한다.

통관(通關)이란 관세법의 규정에 의한 절차를 이행하여 물품을 수출·수입 또는 반송하는 것을 말한다.

세관에서는 적정한 과세가격을 포착하여 관세 등 제세만 징수하는 것뿐만 아니라 법령에 의하여 수출입이 금지되거나 제한되는 물품에 대하여는 해당 물품에 대한 수출입요건을 확인한 후 통관을 허용한다.

한편 수출입요건 확인 외에 상표권 침해 여부, CITES 대상물품인지 여부, 원산지표시

여부도 확인한 후 통관을 허용하게 되며 여행자휴대품, 이사화물 및 우편물, 특급탁송화물에 대하여는 별도의 통관절차를 규정하고 있다.

2) 수출입과 통관의 관계

수출입통관은 무역과정의 일부로서 이루어진다. 따라서 통관은 여타 무역과정과 밀접한 연관관계가 있다. 무역흐름과 통관(환급)의 연계과정은 다음의 그림과 같다.

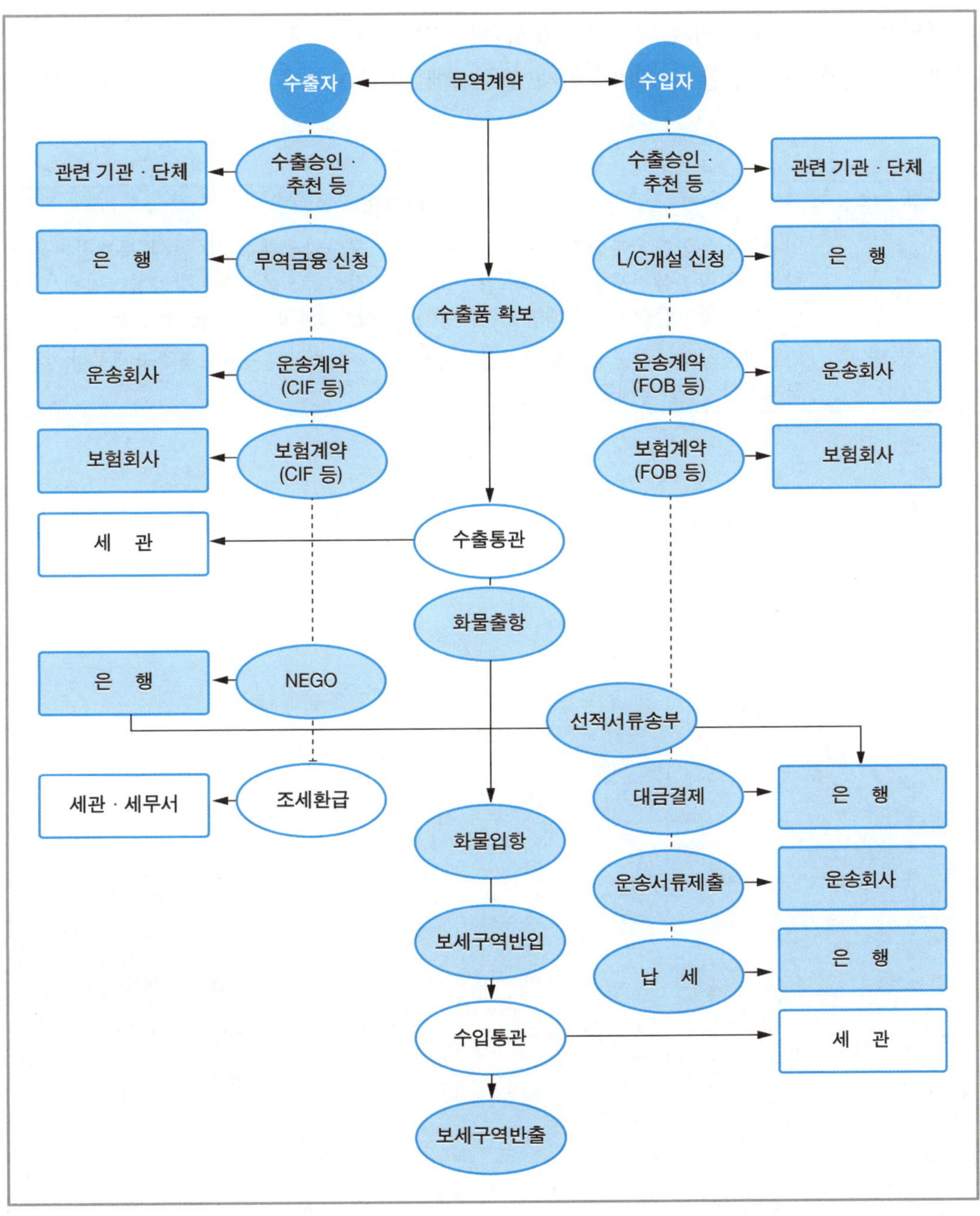

무역계약
수출자
수입자
수출승인 · 추천 등
관련 기관 · 단체
수출승인 · 추천 등
관련 기관 · 단체
무역금융 신청
은 행
L/C개설 신청
은 행
수출품 확보
운송계약 (CIF 등)
운송회사
운송계약 (FOB 등)
운송회사
보험계약 (CIF 등)
보험회사
보험계약 (FOB 등)
보험회사
수출통관
세 관
화물출항
NEGO
은 행
선적서류송부
조세환급
세관 · 세무서
화물입항
대금결제
은 행
운송서류제출
운송회사
보세구역반입
납 세
은 행
수입통관
세 관
보세구역반출

3) 국제무역선의 입출항 장소

 무역을 위하여 우리나라와 외국간을 운항하는 선박(국제무역선)과 항공기(국제무역기)는 국제항[156]에 한하여 출입할 수 있다. 현재 관세법에 의해 지정된 국제항은 다음과 같다.

| 우리나라의 국제항 |

구 분	국제항명
항 구 (25)	인천항 · 부산항 · 마산항 · 여수항 · 목포항 · 군산항 · 제주항 · 동해/묵호항 · 울산항 · 통영항 · 삼천포항 · 장승포항 · 포항항 · 장항항 · 옥포항 · 광양항 · 평택/당진항 · 대산항 · 삼척항 · 진해항 · 완도항, 속초항, 고현항, 경인항, 보령항
공 항 (8)	인천국제공항 · 김포국제공항 · 김해국제공항 · 제주국제공항 · 청주국제공항, 대구국제공항, 무안국제공항, 양양공항

---

156) 국제항은 종전 관세법에서 개항이라 부르던 것을 법 개정으로 2021. 1. 1.부터 변경한 것이다.

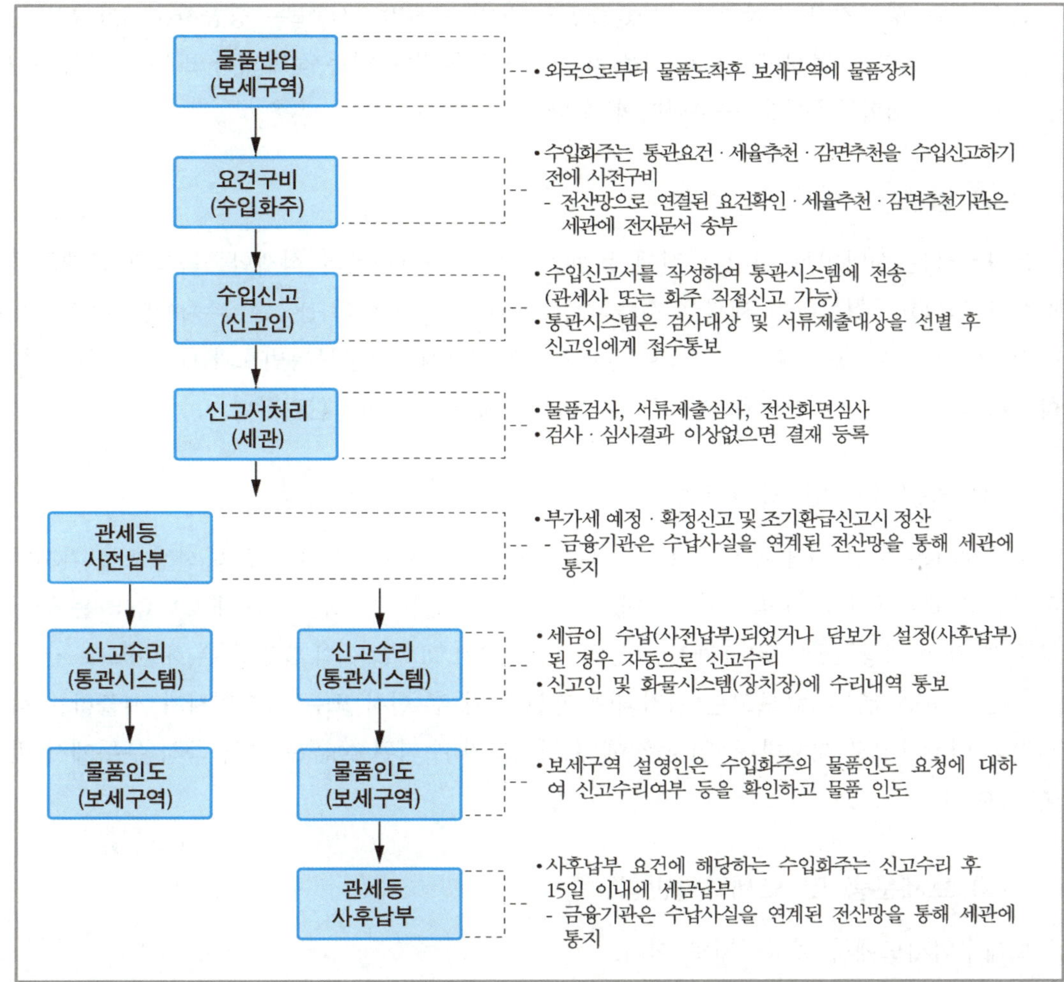

(1) 수입의 일반통관 절차

통관은 이를 넓은 의미로 파악하는 경우도 있고, 좁은 의미로 파악하는 경우도 있다. 수입의 경우를 예로 들면, 물품을 적재한 국제무역선(기)이 입항한 다음 하역 → 보세운송 → 물품의 보세구역반입 → 개별 법령에 의한 요건확인 → 수입신고 → 검사 및 심사 → 수입신고 수리 및 납세 → 보세구역반출 등의 일련의 절차를 모두 통관으로 보는 것이 넓은 의미의 통관이고, 여기에서 수입신고에서 신고수리까지의 과정이 좁은 의미의 통관이 된다.

1) 출항

선박 또는 항공기가 출항하기 전에 출항지에 있는 선박회사 또는 항공사(대리점 포함)는 출항지 세관장에게 적재화물목록[157]을 제출하고 입항지에 있는 선박회사 또는 항공사(대리점 포함)에 적재화물목록을 송부하여야 한다.

2) 입항

운항선사는 선박입항 24시간 전에 용선선사와 포워더로부터 적재화물목록과 혼재화물 적재화물목록을 취합하여 세관에 제출한다(House B/L단위 적재화물목록 입수지연을 방지하기 위하여 적재화물목록 제공 주체별로 분리하여야 한다). 세관은 적재화물목록번호와 B/L번호를 조합한 화물관리번호가 자동으로 부여되어 화물의 재고를 추적·관리한다.

3) 하선신고 및 하선작업

운항선사는 하선 전에 Master B/L단위의 적재화물목록을 기준으로 하선장소를 기재한 하선신고서를 세관에 전산으로 제출하고, 하선할 수 있는 장소는 부두 내 CY(CFS)는 물론 부두 밖의 보세장치장(ODCY)까지 가능하다(부두에서 ODCY까지의 화물이동은 하선신고로 갈음).

종래의 하선작업 완료보고는 폐지되어 본선 하역 후 선사 또는 검수회사가 제출하는 하선결과 이상보고로 대체하며, 입항 전에 수입신고가 수리된 물품은 하역 즉시 부두에서 반출할 수 있다.

4) 보세운송 및 보세구역반입

보세구역제도에서 설명하기로 한다.

5) 수입신고

물품을 수출·수입 또는 반송하고자 하는 경우에는 세관장에게 신고를 하여야 한다[158]. 신고인은 수입자 자신이거나 그로부터 위탁을 받은 관세사(관세법인[159], 통관취급법인 포함)이

---

157) 적재화물목록은 종전 관세법에서 적하목록이라 부르던 것을 법 개정으로 2021. 1. 1.부터 변경한 것이다.
158) 관세법 제241조.
159) 관세사법 제17조. 종전의 관세사법인 명칭이 관세법인으로 변경되었다.

다. 수입과 관련하여 신고하여야 하는 내용은 해당 물품의 품명·규격·수량·가격·포장의 종류와 번호 및 개수·목적지·원산지 및 선적지·원산지 표시대상물품인 경우는 표시유무와 방법 및 형태·상표·사업자등록번호·통관고유부호·해외공급자 부호 등 약 70여 개 항목이 정해져 있다(수입통관고시 §12).

가. 수입신고 시기

수입신고는 원칙적으로 보세구역 반입 후 30일 이내에 수입신고를 하여야 하며 이 기간이 경과되면 최고 2%(500만원 이내)의 가산세가 부과된다. 예외적으로 물품의 신속한 통관이 필요한 경우는 해당 물품을 적재한 선박 또는 항공기가 입항하기 전에 수입신고를 할 수 있다. 이를 '입항전수입신고제도' 또는 '사전수입신고제도'라 한다. 입항전수입신고는 수입신고를 할 수 있는 시기에 따라 다음 세 가지로 세분되어 운영되고 있다(관세법 §243, §244).

구 분		출항전 신고	입항전 신고	보세구역 도착전 신고	보세구역 장치후 신고
신고시기		우리나라 입항 5일 전(항공기는 1일 전)으로 물품을 적재한 선박(항공기)이 적재항 출항전	우리나라 입항 5일 전(항공기의 경우 1일 전)으로 선박(항공기) 출항 후 입항(하선[기]신고) 전	입항 후 당해 물품이 반입될 보세구역 도착 전	당해 물품의 보세구역 장치 후
신고대상 물품		항공기로 수입되는 물품과 일본·중국·대만·홍콩으로부터 선박으로 수입되는 물품	제한 없음	제한 없음	제한 없음
신고세관		입항예정지 세관	입항예정지세관	도착예정보세구역 관할세관	장치물품보세구역 관할세관
검사대상 여부 통보시기		선박(항공기)이 출항하였음을 입증하는 자료제출(출항신고서 및 적재화물목록)하는 시점	수입신고일	수입신고일	수입신고일
신고 수리 시기	검사 생략	적재화물목록 제출 후	적재화물목록 제출 후	보세구역 도착보고 후	수입신고 후
	검사 대상	물품검사 종료 후	물품검사 종료 후	물품검사 종료 후	물품검사 종료 후

나. 신고세관

보세구역 장치 후 신고는 해당 물품이 장치된 보세구역을 관할하는 세관장에게 신고하여야 하고, 출항전신고나 입항전신고는 수입물품을 적재한 선박 등의 입항예정지를 관할하는 세관장에게 하여야 하며, 보세구역 도착전신고는 해당 물품이 도착할 보세구역을 관할하는 세관장에게 신고하여야 한다(수입통관고시 §8).

다. 신고인

수입신고나 반출신고는 관세사, 「관세사법」 제17조에 따른 관세법인, 「관세사법」 제19조에 따른 통관취급법인 등(이하 "관세사"라 한다)이나 수입화주의 명의로 하여야 한다(관세법 §242, 수입통관고시 §9).

관세법상 수입화주는 다음에 해당하는 사람을 포함한다.

- 물품의 수입을 위탁받아 수입업자가 대행 수입한 물품인 때에는 그 물품의 수입을 위탁한 자
- 수입을 위탁받아 수입업체가 대행수입한 물품이 아닌 때에는 송품장(송품장이 없을 때에는 선하증권 또는 항공화물운송장)에 기재된 수하인
- 수입신고 전에 양도한 때에는 그 양수인
- 조달물품은 실수요부처의 장 또는 실수요자
- 송품장상의 수하인이 부도 등으로 직접 통관하기 곤란한 경우에는 적법절차를 거쳐 수입물품의 양수인이 된 은행
- 법원의 임의경매절차에 의하여 경락받은 물품은 그 물품의 경락자

라. 수입신고 방법

수입신고를 하려는 자는 「국가관세종합정보망의 이용 및 운영 등에 관한 고시」에 따라 인터넷통관포탈서비스 이용신청을 하고 세관장의 승인을 받아야 한다(수입통관고시 §10).

마. 신고의 효력 발생 시점

수입신고의 효력 발생 시점은 전송된 신고자료가 통관시스템에 접수된 시점으로 한다. 다만, 수작업에 의하여 신고하는 때에는 신고서가 통관지세관에 접수된 시점으로 한다(수입통관고시 §11).

바. 분할신고 및 수리

수입신고는 B/L 1건에 대하여 수입신고서 1건으로 한다. 다만, 다음의 어느 하나에 해당하는 경우에는 B/L분할신고 및 수리를 할 수 있으며, 보세창고에 입고된 물품으로서 세관장이 「보세화물관리에 관한 고시」에 따른 보세화물관리에 지장이 없다고 인정하는 경우에는 여러 건의 B/L에 관련되는 물품을 1건으로 수입신고할 수 있다(수입통관고시 §16).

① B/L을 분할하여도 물품검사와 과세가격 산출에 어려움이 없는 경우

② 신고물품 중 일부만 통관이 허용되고 일부는 통관이 보류되는 경우

③ 검사·검역결과 일부는 합격되고 일부는 불합격된 경우이거나 일부만 검사·검역 신청하여 통관하려는 경우

④ 일괄사후납부 적용·비적용 물품을 구분하여 신고하려는 경우

다만, 분할된 물품의 납부세액이 관세령 제37조 제1항에 따른 징수금액 최저한인 1만원 미만이 되는 경우에는 B/L을 분할하여 신고할 수 없다.

사. 수입신고시 구비서류

수입신고를 하고자 하는 자는 전자문서로 작성된 신고자료를 관세청 전자통관시스템 (UNI-PASS, http://unipass.customs.go.kr)에 전송하여야 하며, 서류제출대상으로 선별된 수입신고 건에 대하여는 수입신고서에 다음의 서류를 스캔 등의 방법으로 전자 이미지화하거나 무역서류의 전자제출을 이용하여 통관시스템에 전송하는 것을 원칙으로 한다(관세법 §245, 관세령 §250, 수입통관 고시 §10, §15).

① 송품장. 다만, 잠정가격으로 수입신고할 때 송품장이 해외에서 도착하지 아니한 경우에는 계약서(송품장은 확정가격신고시 제출)

② 가격신고서(해당 물품에 한하며, 전산으로 확인가능한 경우에는 서류제출대상에서 제외한다)

③ 선하증권(B/L)부본이나 항공화물운송장(AWB)부본

④ 포장명세서(포장박스별로 품명(규격)·수량을 기재해야 하며, 세관장이 필요 없다고 인정하는 경우는 제외한다)

⑤ 원산지증명서(해당 물품에 한한다)

⑥ 「관세법 제226조에 따른 세관장 확인물품 및 확인방법 지정고시」 제3조에 따른 수입요건 구비서류(해당 물품에 한한다)

⑦ 관세감면(분납)/용도세율적용신청서(해당 물품에 한한다)

⑧ 합의에 의한 세율적용 승인(신청)서

⑨ 「지방세법 시행령」 제71조에 따른 담배소비세 납세담보확인서(해당 물품에 한한다)

⑩ 할당·양허관세 및 세율추천 증명서류 및 종축·치어의 번식·양식용 해당세율 증명서류(동 내용을 전산으로 확인할 수 없는 경우에 한한다)

⑪ 「지방세법 시행령」 제134조의2에 따른 자동차세 납세담보확인서(해당 물품에 한한다)

6) 수입신고의 처리

수입신고인이 제출한 수입신고서를 세관이 오류없이 접수하면 세관은 사전에 등록된 기준에 의해 C/S(Cargo Selectivity)[160]를 수행한다. C/S수행결과로 검사대상 여부와 사전세액 심사대상 여부, 검사 및 심사담당자가 자동으로 결정된다. 세관장이 필요하다고 인정할 경우에는 검사대상을 변경할 수 있다. 휴대품, 우편물, 이사화물, 수입신고 생략물품, 특송물품 등은 세관장이 정하는 바에 의하여 자체검사 원칙을 적용한다. 수출입물품에 대한 검사는 세관검사장이나 지정장치장에 있는 물품이 아닌 경우 해당 보세구역에 세관공무원이 출장하는 파출검사를 한다. 파출검사를 실시하더라도 별도의 수수료는 징수하지 않는다.

한편, 신고물품이 물리적·화학적 실험에 따라 그 성분이나 특성이 파악될 수 있는 경우 세관의 분석실에 분석을 의뢰하거나, 해당 물품에 관한 전문가의 의견을 들어 처리한다. 물품을 확인하는 검사와는 별개로 신고내용의 적정 여부 등을 세부적으로 확인하는 절차가 심사이다. 심사는 통관 이전에 하는 것과 통관 후 개별 수입신고건별로 하는 경우, 그리고 기업별로 하는 경우 등 여러 가지가 있다.[161] 정리하면 다음의 그림과 같다.[162]

---

160) 수입신고되는 모든 물품의 우범성(High Risk)에 대한 사전분석 및 평가를 통해 검사의 효율성을 높이고자 하는 검사대상 선별기법이다. 우리나라는 1996년 7월부터 전국세관에 EDI C/S시스템을 적용하고 있다.
161) 심사절차, 심사방법 등에 대해서는 관세청고시인 '납세심사사무처리에 관한 고시'에 자세하게 규정되어 있다.
162) 세관당국에 의해 행해지는 심사가운데 기획심사와 종합심사를 관세법 제110조에서는 '관세조사'라 정의하고 있다. 이는 세관의 소사부서에 의한 관세법 제290조의 '범칙조사'와는 그 성격이 다르다. 국세청의 세무조사는 관세당국의 범칙조사와 관세조사, 심사 등이 망라된 성격을 갖는다.

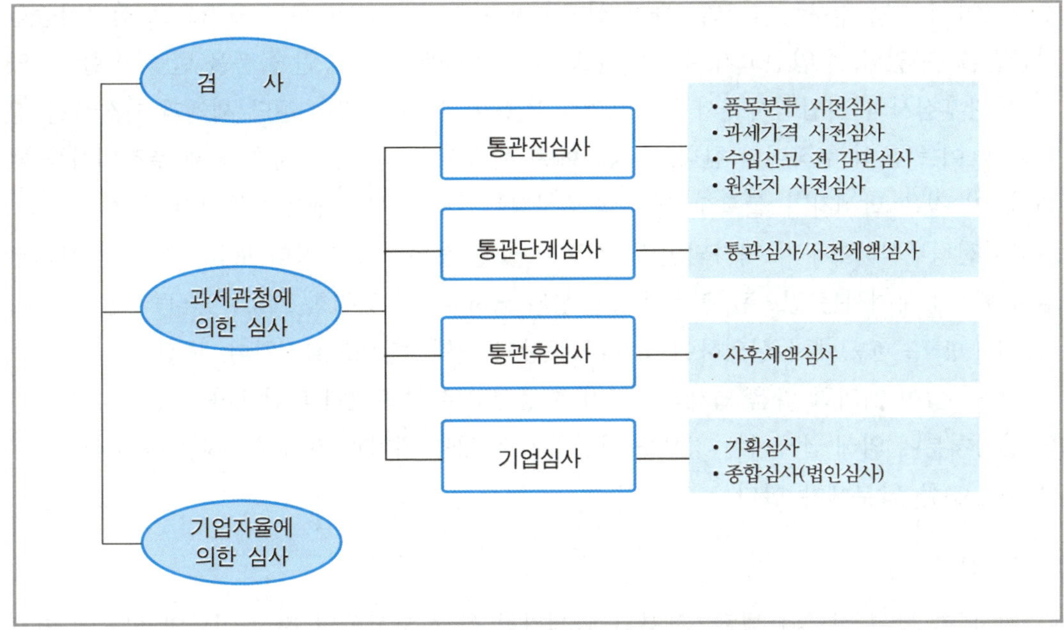

위 그림에서 통관전심사는 납세의무자의 신청에 의해서 행해지는 것이다. 기업자율에 의한 심사는 세관장에서 공인경제인인증(AEO)을 받은 업체에 한하여 적용되며, 이 업체는 세관이 제공한 정보를 토대로 자율적으로 심사업무를 진행한다.

검사와 통관단계의 심사가 종료되면 수입신고가 수리된다. 그 절차는 다음과 같다.

① 수입신고가 수리되기 전에 관세를 납부한 경우 : 국고수납기관이 관세를 수납하면 영수필통지를 세관에 전송하고 세관 전산시스템이 이를 자동 검증한 다음 신고를 수리한다.

② 세관결제 후 일정기한(신고일로부터 10일)이 경과하도록 관세를 미납한 경우 : 세관에서 15일간의 납기를 부여한 납부고지(통보)서를 신고인에게 발급한다.

③ 수입신고가 수리된 후 관세를 납부하는 경우 : 신용이 우수하다고 인정된 업체를 제외하고는 신고가 수리되기 전에 담보를 제공하여야 한다.

④ 입항전신고 물품 : 출항전신고와 입항전신고물품은 해당 선박(항공기)이 입항한 후 적재화물목록이 제출된 경우, 보세구역도착 전 신고물품은 보세운송 도착보고를 하는 경우 그 신고를 수리한다. 다만, 검사대상 또는 관리대상화물은 해당 물품에 대한 검사가 종료된 다음 신고를 수리한다.

세관장이 수입신고를 수리한 경우에는 수입신고필증을 발급한다. 전자자료에 의한 수입 신고건이 수리된 경우는 신고인 등이 신고수리 여부를 조회한 후 자율적으로 신고필증을 발급받을 수 있다. 수입신고가 수리되면 보세구역 등에 장치 중인 물품을 반출[163]할 수 있다. 통관후심사와 기업심사에서 부족세액이 있음이 확인된 경우 해당 세액과 가산세를 징수한다. 이를 흔히 추징이라 한다. 추징시에는 세관장은 과세전통지를 통해 추징의사를 밝히며, 이 경우 납세자가 불복할 경우 과세전적부심사청구를 제기할 수 있다.[164]

과세전적부심사청구가 제기되면 그 결정이 있을 경우까지 추징이 보류된다. 과세전적부심사청구에 대해서는 민·관 전문가로 구성된 납세자보호위원회(2023. 7. 1.부터 종전 관세심사위원회의 명칭을 변경)에서 심의하여 납세자 주장의 채택 여부를 결정한다. 보정기간(납세신고일로부터 6월)이 경과한 다음 납세의무자가 수정신고로 부족세액을 납세하는 경우나 세관장의 경정처분에 의해 납세하는 경우도 마찬가지로 해당 세액과 가산세(불성실납세가산세＋납부지연가산세)를 납부해야 한다.

가. 심사

"심사"라 함은 신고된 세번·세율과 과세가격 등 신고사항의 적정 여부와 법령에 따른 수입요건의 충족 여부 등을 확인하기 위하여 관련 서류나 분석결과를 검토하는 것을 말한다. 수입신고서는 심사를 하여 수입신고가 적정하게 이루어진 때에는 즉시 신고를 수리한다. 다만, 후술하는 경우에 해당하면 수입신고서의 보완을 요구할 수 있다(수입통관고시 §25).

> **보완요구**
> - 신고서 항목의 기재사항이 미비된 경우(정정보완 요구)
> - 신고서 심사결과 첨부서류가 누락되었거나 증빙자료의 보완이 필요한 경우(서류보완 요구)
> - P/L신고를 서류제출신고로 변경하고자 하는 경우(서류제출 변경요구)

(ㄱ) 신고서 처리방법

① 심사자는 통관시스템의 검사정보 등 통관심사 및 검사에 특별히 주의를 요하는 사항

---

163) 심사나 분석에 장기간이 소요될 경우는 신고수리전반출제도를 이용하여 수입신고가 수리되기 전에도 해당 물품을 보세구역에서 반출하여 사용하거나 소비할 수 있다.

164) 과세전적부심사 등 관세행정처분 등에 대한 불복처리절차와 방법에 대해서는 관세청고시 '관세불복청구 및 처리에 관한 고시'에 자세하게 규정하고 있다.

이 있는지를 확인하여 이를 과장(주무)에게 보고하여야 하며, 과장(주무)은 다음의 어느 하나의 신고서 처리방법을 결정한다.

- 물품검사 및 심사
- 심사

② 수입과장 또는 심사과장은 결정된 처리방법을 수작업 변경할 수 있으며, 이 경우 변경된 사항을 시스템에 정정 등록한다.

③ 세관장은 P/L신고물품의 신고사항을 검토한 결과 신고서에 의한 심사 또는 물품검사가 필요하다고 판단되는 경우에는 서류의 제출을 요구할 수 있다. 이 경우 서류제출대상으로 변경된 사실을 신고인에게 통보한다.

(ㄴ) 심사방법

① 제출서류의 구비 및 신고서의 기재사항과 일치하는지 여부
② 신고서를 수입신고서 작성요령에 따라 정확하게 작성하였는지 여부
③ 분석의뢰 필요성 유무
④ 사전세액심사 대상물품의 품목분류, 세율, 과세가격, 세액, 감면·분납신청의 적정 여부
⑤ 품목분류 및 관세율 적용의 적정 여부
⑥ 용도세율 적용신청물품의 품목분류 및 용도세율 적용신청의 적정 여부
⑦ 세관장이 수입요건을 확인하는 물품의 품목분류의 적정 여부, 용도의 신고 여부 및 수입요건의 구비 여부
⑧ 원산지표시 및 관세법 제235조의 규정에 의한 지적재산권 침해 여부
⑨ 법령의 규정에 의한 감면신청서 및 세율적용추천서의 구비 여부
⑩ 전산에서 제공하는 화물정보 및 C/S정보와 수입신고내역의 비교·확인
⑪ 검사대상물품의 품목분류 및 세율의 적정 여부
⑬ 자유무역협정에 따른 협정세율 적용신청의 적정 여부
⑭ 기타 수입신고수리 여부를 결정하기 위하여 필요한 사항

(ㄷ) 통관의 보류

세관장은 심사결과 수입물품이 다음의 어느 하나에 해당하는 경우에는 해당 물품의 통관을 보류할 수 있으며 통관을 보류한 경우 이를 통관시스템에 입력한다(관세법 §237, 관세령 §239~§244).

① 「관세법」 제241조 또는 제244조에 따른 수출·수입 또는 반송에 관한 신고서의 기재

사항에 보완이 필요한 경우

② 「관세법」 제245조에 따른 제출서류 등이 갖추어지지 아니하여 보완이 필요한 경우
③ 「관세법」에 따른 의무사항(대한민국이 체결한 조약 및 일반적으로 승인된 국제법규에 따른 의무를 포함한다)을 위반하거나 국민보건 등을 해칠 우려가 있는 경우
④ 「관세법」 제246조의3 제1항에 따른 안전성 검사가 필요한 경우
⑤ 「관세법」 제246조의3 제1항에 따른 안전성 검사 결과 불법·불량·유해 물품으로 확인된 경우
⑥ 「국세징수법」 제30조 및 「지방세징수법」 제39조의2에 따라 세관장에게 강제징수 또는 체납처분이 위탁된 해당 체납자가 수입하는 경우
⑦ 관세 관계 법령을 위반한 혐의로 고발되거나 조사를 받는 경우

⑴ 각하 및 취하

다음의 경우에는 세관장은 수입신고를 각하한다(관세법 §250, 수입통관 고시 §19).

- 사위 기타 부정한 방법으로 신고한 경우
- 멸각, 폐기, 공매·경매낙찰, 몰수확정, 국고귀속이 결정될 경우
- 출항전신고 또는 입항전신고의 요건을 갖추지 아니한 경우
- 출항전신고 또는 입항전신고한 화물이 도착하지 아니한 경우
- 기타 수입신고의 형식적 요건을 갖추지 못한 경우

다음의 경우 신고인은 세관장의 승인을 얻어 신고를 취하할 수 있다.

㉠ 수입계약 내용과 상이한 물품, 변질·손상물품 등을 해외공급자 등에게 반송하기로 한 경우
㉡ 재해 기타 부득이한 사유로 수입물품이 멸실되거나 세관의 승인을 얻어 폐기하고자 하는 경우
㉢ 통관보류, 통관요건 불합격, 수입금지물품 등의 사유로 반송 또는 폐기하고자 하는 경우
㉣ 기타 위의 사항에 준하는 정당한 이유가 있다고 인정되는 경우
　　－세관, 과부호 변경 : 위험물, 검역, 관리대상화물, 통관지제한, 하선장소변경
　　－입력오류 : 세관부호, 징수형태, 납세의무자, 이중신고, 선용품, 보세공장, 보세운

> 송물품 신고방법
> ─기타의 경우에는 본청 사전승인 후 처리

그러나 수입신고한 물품을 운송수단·관세통로·하역통로 또는 장치장소에서 반출한 후에는 취하할 수 없다.

(ㅁ) 사전세액 심사대상

세관장은 납세신고를 받으면 수입신고서에 기재된 사항과 관세법에 따른 확인사항 등을 심사하되, 신고한 세액에 대하여는 수입신고를 수리한 후에 심사한다. 다만, 신고한 세액에 대하여 관세채권을 확보하기가 곤란하거나, 수입신고를 수리한 후 세액심사를 하는 것이 적당하지 아니하다고 인정하여 정한 다음의 물품의 경우에는 수입신고를 수리하기 전에 이를 심사한다(관세칙 §8).

① 법률 또는 조약에 의하여 관세 또는 내국세를 감면받고자 하는 물품
② 관세를 분할납부하고자 하는 물품
③ 관세를 체납하고 있는 자가 신고하는 물품(체납액이 10만원 미만이거나 체납기간 7일 이내에 수입신고하는 경우를 제외한다)
④ 납세자의 성실성 등을 참작하여 관세청장이 정하는 기준에 해당하는 불성실신고인이 신고하는 물품
⑤ 물품의 가격변동이 큰 물품 기타 수입신고 수리 후에 세액을 심사하는 것이 적합하지 아니하다고 인정하여 관세청장이 정하는 물품

나. 물품검사

수입신고된 물품 외에 은닉된 물품이 있는지, 수입신고된 물품이 수입신고사항과 일치하는지 여부 및 관련 법규에서 정한 규정에 위반하는지 여부 등을 현품검사를 통해 확인하는 것을 말한다. 검사비율은 수입업체별 법규준수도, 검사적발실적, 원산지 등을 고려하여 차등적으로 적용할 수 있다. 화주는 수입신고를 하려는 물품에 대하여 수입신고 전에 관세청장이 정하는 바에 따라 확인을 할 수 있다.

수입물품검사와 관련한 검사수수료는 별도로 부과되지 않으며, 세관공무원의 물품검사 과정에서 물품에 손실이 발생한 경우 그 손실을 입은 자에게 보상 한다(관세법 §246의2).

(ㄱ) 검사대상

① 수입신고물품 중 검사대상은 수입신고자료 접수 시 통관시스템에 의해 선별하거나, 신고서 처리방법 결정 시 세관공무원에 의해 선별한다. 다만, 수입신고 전 물품반출신 고하는 물품은 반출신고 시 검사대상을 선별한다.

② 다음의 어느 하나에 해당하는 경우에는 검사비율을 낮게 운영할 수 있다.
- 관세청장이 따로 정하는 기준에 의하여 법규준수도가 높다고 인정된 업체가 수입 하는 물품
- 수입업체 평가등급이 A 또는 B등급인 업체 중 검사적발실적이 없는 업체가 수입 하는 물품
- 최근 2년간 관세법 위반사실 및 체납사실이 없는 외국인투자촉진법의 규정에 의한 외국인투자기업이 수입하는 물품

(ㄴ) 선상검사

출항전신고ㆍ입항전신고 또는 보세구역 도착전신고물품으로서 정부에서 직접 수입하는 군수품 및 물자수급계획상 긴급도입 물품과 선상에서의 검사가 가능하다고 세관장이 인정 하는 물품은 선상에 적재한 상태로 검사할 수 있다.

(ㄷ) 검사방법

① 검사대상물품은 전량검사, 발췌검사 또는 분석검사에 의한 방법으로 검사를 실시한다.
② 다음의 어느 하나에 해당하는 물품에 대하여는 2인 이상의 검사자를 지정하여 검사를 실시할 수 있다.
- 우범성 정보가 있는 물품
- 전량검사대상물품 또는 기타 수량과다 등으로 과장이 복수검사를 지시한 경우

7) 수입신고수리

가. 신고수리

세관장은 수입신고서 및 적재화물목록이 제출된 이후 즉시수리물품은 형식요건을 확인 한 후 즉시수리하고, 심사대상물품은 심사 후, 검사대상물품은 검사 후에 수리한다.

① 세관장은 출항전 또는 입항전 신고물품에 대하여 적재화물목록이 제출된 때, 보세구 역 도착전신고물품에 대하여는 보세운송 도착보고된 때(하역절차에 의하여 하역장소로 반

입되는 경우에는 반입보고된 때) 신고수리한다.

② 세관장이 검사대상으로 선별하거나 「보세화물입출항하선하기및적재에관한고시」의 규정에 의하여 관리대상화물로 선별한 경우에는 해당 물품검사가 종료된 후에 수리한다.

나. 신고서 처리기간

① 출항전신고 및 입항전신고 물품으로서 검사가 생략되는 물품은 적재화물목록 심사완료일. 다만, 수입신고 전에 적재화물목록 심사가 완료된 때에는 수입신고일

② 출항전신고, 입항전신고, 보세구역 도착전신고물품으로서 검사대상으로 선별된 물품 : 당해 물품의 검사장소 반입일

③ 보세구역 도착전신고물품으로서 검사생략물품 : 반입하고자 하는 보세구역 도착일

④ 보세구역 장치후신고물품 : 수입신고일

⑤ 선상에 적재한 상태로 검사할 물품 : 수입신고일

다. 신고수리의 효력발생

신고수리의 효력발생시점은 통관시스템을 통하여 신고인에게 신고수리가 되었음을 통보한 시점으로 한다. 다만, 수작업에 의하여 신고수리하는 때에는 신고인에게 신고필증을 교부한 시점으로 한다.

라. 의무이행의 요구

수입신고 수리후 특정한 용도에만 사용하여야 하는 물품 등에 대해서는 세관장이 신고를 수리할 때 의무이행을 요구한다.

① 세관장은 다른 법령에 따라 수입 후 특정한 용도로 사용하여야 하는 등의 의무가 부가되어 있는 물품에 대하여는 문서로써 해당 의무를 이행할 것을 요구할 수 있으며, 의무의 이행을 요구받은 자는 특별한 사유가 없으면 해당 물품에 대하여 부가된 의무를 이행하여야 한다.

② 신고수리시 의무이행을 요구하는 경우에는 의무의 내용을 신고필증의 세관기재란에 기재하거나 별도의 문서를 작성하여 교부하고 의무이행요구내역을 통관시스템에 등록하여야 한다.

③ 수입신고수리시에 부과된 의무를 면제받고자 하는 자는 다음의 어느 하나에 해당하는 경우에 한하여 당해 의무이행을 요구한 세관장의 승인을 얻어야 한다.

- 법령이 정하는 허가·승인·추천 기타 조건을 구비하여 의무이행이 필요하지 아니하게 된 경우
- 법령의 개정 등으로 인하여 의무이행이 해제된 경우
- 관계행정기관의 장의 요청 등으로 부과된 의무를 이행할 수 없는 사유가 있다고 인정된 경우

8) 수입신고필증의 교부

세관장은 수입신고를 수리한 때에는 세관특수청인을 전자적으로 날인한 신고필증을 신고인(관세사 등)에게 교부한다. 다만, 아래의 사유가 있을 때에는 각각의 방법으로 교부할 수 있다.

- 부득이한 사정으로 신고필증을 전자적으로 교부할 수 없는 경우 : 수입신고서에 세관특수청인을 직접 날인하여 교부
- 신고물품의 규격수가 99개를 초과하여 전산으로 입력하지 않고 신고서 및 신고필증에 상세내역사항을 별도의 붙임서류로 첨부하여 신고하는 경우 : 세관특수청인을 전자적으로 날인한 신고필증과 붙임서류의 경계면에 신고서 처리담당자 인장을 날인하여 교부
- 수입신고필증에는 위변조 방지를 위하여 세관특수청인, 워터마크(관세청 로고), 발행일련번호, 2차원 바코드, 복사본표시마크 등 다양한 장치가 마련되어 있다.

국가관세종합정보시스템의 전산처리설비를 이용하여 신고를 수리하는 경우에는 관세청장이 정하는 바에 따라 신고인(신고 명의인이 화주가 아닌 경우에는 화주를 포함한다)이 직접 전산처리설비를 이용하여 신고필증을 발급받을 수도 있다(관세법 §248).

9) 관세 등의 제세납부

통관시스템에 신고수리를 등록한 때에 징수결정된 것으로 보며, 납세의무자는 수입신고한 물품의 수입화주가 된다. 수입신고와 동시에 납세신고를 한 자는 원칙적으로 신고 건별로 수입신고가 수리된 날로부터 15일 이내에 국고수납은행 또는 우체국에 납부하여야 한다. 수입신고시에 신고인은 신고납부(담보면제, 개별담보), 부과고지(담보면제, 개별담보), 과세보류 중 하나의 징수형태를 선택하여 신고하여야 한다. 물론 통관시스템에 신고자료가 접수된 이후에도 신고납부, 부과고지, 과세보류 상호 간 징수형태를 변경할 수 있지만 변경하고

자 할 때는 신고취하 후 다시 신고하여야 한다.

※ 수입물품에 대한 관세 등의 과세는 후술하는 수입물품에 대한 과세편 참고

6 통관절차의 특례

(1) 수입신고수리 전 반출

수입신고를 한 물품을 관세법 제248조에 따른 세관장의 수리 전에 해당 물품이 장치된 장소로부터 반출하려는 자는 납부하여야 할 관세에 상당하는 담보를 제공하고 세관장의 승인을 받아야 한다. 다만, 정부 또는 지방자치단체가 수입하거나 세관장이 담보를 제공하지 아니하여도 관세의 납부에 지장이 없다고 인정하는 물품에 대하여는 담보의 제공을 생략할 수 있다(관세법 §252).

(2) 수입신고 전의 물품 반출

수입하려는 물품을 수입신고 전에 운송수단, 관세통로, 하역통로 또는 관세에 따른 장치 장소로부터 즉시 반출하려는 자는 세관장에게 즉시반출신고를 하여야 한다. 이 경우 세관장은 납부하여야 하는 관세에 상당하는 담보를 제공하게 할 수 있다.

즉시반출신고를 하고 반출을 하는 자는 즉시반출신고를 한 날부터 10일 이내에 관세법 제241조에 따른 수입신고를 하여야 하고, 세관장은 제1항에 따라 반출을 한 자가 기간 내에 수입신고를 하지 아니하는 경우에는 관세를 부과·징수한다. 이 경우 해당 물품에 대한 관세의 100분의 20에 상당하는 금액을 가산세로 징수하고, 그 지정을 취소할 수 있다(관세법 §253).

(3) 전자상거래물품 등의 특별통관

관세청장은 전자문서로 거래되는 수출입물품에 대하여 수출입신고·물품검사 등 통관에 필요한 사항을 따로 정할 수 있다(관세법 §254).

1) 해당 물품

수출하려는 물품 가격이 200만원(FOB 기준) 이하이고 다음의 어느 하나에 해당하는 경우에는 별표의 "수출신고서 작성요령"(1)하항에 따라 수출신고서 기재항목 중 일부 항목을 기재하지 아니할 수 있다(수출통관고시 §35의2).

① 수출신고서상 신고구분을 전자상거래 간이수출신고로 신고하거나 전자상거래 간이신고 시스템으로 신고하는 수출물품

② 수출목록 변환신고 시스템을 통해 신고하는 수출물품

2) 전자상거래 물품의 국외반출신고에 관한 특례

외국에서 자유무역지역으로 물품을 반입한 후 사용소비신고 등 절차를 거쳐 국내로 수입하지 아니하고 해외 개인 구매자의 주문에 따라 국외로 물품을 반출신고하는 경우에는 별표의 수출신고서 작성요령 (1)나항에 따라 국외반출신고서 기재항목 중 일부 항목을 생략할 수 있다(수출통관고시 §35의5).

3) 탁송품의 특별통관

상업서류, 견본품, 자가사용물품, 그 밖에 이와 유사한 물품으로서 국제무역선·국제무역기 또는 국경출입차량을 이용한 물품의 송달을 업으로 하는 자(물품을 휴대하여 반출입하는 것을 업으로 하는 자는 제외)에게 위탁하여 우리나라에 반입하거나 외국으로 반출하는 물품을 탁송품(託送品)이라 한다.[165] 탁송품으로서 기획재정부령으로 정하는 물품은 운송업자가 다음에 해당하는 사항이 적힌 "통관목록"을 세관장에게 제출함으로써 수입신고를 생략할 수 있다(관세법 §254의2).

① 물품의 송하인 및 수하인의 성명, 주소, 국가

② 물품의 품명, 수량, 중량 및 가격

③ 탁송품의 통관목록에 관한 것으로 기획재정부령으로 정하는 사항

탁송품 운송업자는 통관목록에 적힌 수하인의 주소지가 아닌 곳에 탁송품을 배송하거나 배송하게 한 경우에는 배송한 날이 속하는 달의 다음 달 15일까지 실제 배송한 주소지를 세관장에게 제출하여야 한다.

---

165) 탁송품을 운송하는 업체로서 세관장에게 등록한 특급탁송업체를 '특송업체'라 하고, 특송업체가 반입하여 통관하는 물품을 '특송물품'이라 한다. 흔히 해외직구라 불리는 구매형태로 수입되는 물품은 이와 같이 특송물품으로 반입되거나 우편물로 반입된다. 특송물품은 자가사용물품 또는 면세되는 상업용 견본품 중 물품가격이 미화 150달러(한-미 FTA 적용을 받는 물품은 미화 200달러) 이하의 물품은 목록통관으로 면세조치되면서 통관되고, 물품가격이 미화 150달러(한-미 FTA 적용을 받는 물품은 미화 200달러)를 초과하고 미화 2000달러 이하인 물품은 간이신고로써 통관하되 과세하며, 물품가격이 미화 2000달러를 초과하는 물품은 일반적인 수입신고절차를 통해 통관하면서 과세된다.

(4) 지식재산권보호를 위한 통관제한

다음의 어느 하나에 해당하는 지식재산권 등을 침해하는 물품은 수출하거나 수입할 수 없다(관세법 §235).

① 「상표법」에 따라 설정등록된 상표권
② 「저작권법」에 따른 저작권과 저작인접권("저작권등"이라 함)
③ 「식물신품종 보호법」에 따라 설정등록된 품종보호권
④ 「농수산물 품질관리법」에 따라 등록되거나 조약·협정 등에 따라 보호대상으로 지정된 지리적표시권 또는 지리적표시("지리적표시권등"이라 함)
⑤ 「특허법」에 따라 설정등록된 특허권
⑥ 「디자인보호법」에 따라 설정등록된 디자인권
⑦ 「방위산업기술 보호법」에 따른 방위산업기술

세관장은 수출입신고된 물품, 환적 또는 복합환적 신고된 물품, 보세구역에 반입신고된 물품, 보세운송신고된 물품, 일시양륙이 신고된 물품, 통관우체국에 도착한 물품이 지식재산권 등을 침해하였다고 인정될 때에는 그 지식재산권 등을 신고한 자 또는 통관우체국에 그 사실을 통보하여야 한다. 이 경우 통보를 받은 자는 세관장에게 담보를 제공하고 해당 물품의 통관 보류나 유치를 요청할 수 있다. 요청을 받은 세관장은 특별한 사유가 없으면 해당 물품의 통관을 보류하거나 유치하여야 한다. 다만, 수출입신고등을 한 자 등이 담보를 제공하고 통관 또는 유치 해제를 요청하는 경우에는 다음의 물품을 제외하고는 해당 물품의 통관을 허용하거나 유치를 해제할 수 있다. 그러나 지식재산권침해가 명백한 경우 세관장은 직권으로 해당 물품의 통관을 보류하거나 해당 물품을 유치할 수 있다.

① 위조하거나 유사한 상표를 붙여 상표권을 침해하는 물품
② 불법복제된 물품으로서 저작권등을 침해하는 물품
③ 같거나 유사한 품종명칭을 사용하여 품종보호권을 침해하는 물품
④ 위조하거나 유사한 지리적표시를 사용하여 지리적표시권등을 침해하는 물품
⑤ 특허로 설정등록된 발명을 사용하여 특허권을 침해하는 물품
⑥ 같거나 유사한 디자인을 사용하여 디자인권을 침해하는 물품
⑦ 부정한 방법으로 취득한 방위산업기술이나 이에 해당하는 방위산업기술임을 알고 취득한 방위산업기술이 사용된 물품

보세운송제도 및 보세구역 반입

(1) 보세운송제도

1) 보세운송제도의 정의

보세운송이란 수입화물의 화주에게 경비의 절감, 절차의 간소화, 자금부담의 완화 등 편의를 주는 목적으로 외국물품을 보세상태로 국제항, 보세구역, 보세구역 외 장치 허가를 받은 장소, 세관관서, 통관역, 통관장 등의 장소간에 국내에서 운송하는 제도를 말한다.

보세운송은 세관장에게 신고하거나 승인을 얻어서 할 수 있다. 이러한 보세운송은 수입화물에 대한 관세가 유보된 상태에서 운송되는 것이므로 운송에 제약이 따르게 된다.

무역실무상 보세운송이 가능한 시기는 수입화주가 선하증권(B/L) 등을 운송회사에 제출하고, FOB조건 등의 경우 운임을 지불한 다음 화물인도지시서(D/O)를 인수한 경우이다. 보세운송은 수입통관절차를 종료하지 아니한 외국물품을 국내에서 운송하는 것이므로 세관장은 관세채권의 확보 등을 위해 여러 가지 통제를 행하고 있다.

2) 보세운송 신고 및 승인

가. 개요

국내에서 운송되는 모든 외국물품은 보세운송에 의해서만 운송이 가능한 것이 원칙이다. 다만, 우편법에 의거 체신관서의 관리하에 운송되는 물품, 검역법 등에 의거 검역관서가 인수하여 검역소 구내계류장 또는 검역시행장으로 운송하는 검역대상 물품, 국가기관에 의하여 운송되는 압수물품은 보세운송절차를 필요로 하지 않는다. 또한, 관세법 제248조에 따라 수출신고가 수리된 물품도 관세청장이 따로 정한 것을 제외하고는 보세운송 절차 없이 해당 물품이 장치된 장소에서 개항, 보세구역, 관세법 제156조에 따라 허가된 장소, 세관관서, 통관역, 통관장, 통관우체국의 장소로 운송할 수 있다. 보세운송을 하려는 자는 관세청장이 정하는 바에 따라 세관장에게 보세운송의 신고를 하여야 한다. 다만, 물품의 감시 등을 위하여 필요하다고 인정하여 대통령령으로 정하는 경우에는 세관장의 승인을 받아야 한다.

보세운송신고인 · 승인신청인	화주, 관세사, 보세운송업자. 단, 반송물품은 보세운송업자만 가능
보세운송 신고(원칙)	보세운송을 하고자 하는 자는 관세청장이 정하는 바에 의하여 세관장에게 보세운송의 신고를 하여야 한다.
보세운송 승인	물품의 감시 등을 위하여 필요하다고 인정되는 다음의 경우에는 세관장의 승인을 얻어야 한다(보세운송고시 §31). 1) 보세운송된 물품 중 다른 보세구역 등으로 재보세운송하고자 하는 물품 2) 「검역법」·「식물방역법」·「가축전염병예방법」 등의 규정에 의하여 검역을 요하는 물품 3) 「위험물안전관리법」에 따른 위험물과 「유해화학물질관리법」에 따른 유해화학물질 4) 비금속설 5) 화물이 국내에 도착된 후 최초로 보세구역에 반입된 날부터 30일이 경과한 물품 6) 통관이 보류되거나 수입신고수리가 불가능한 물품(반송을 위하여 선적지 하선장소로 보세운송하는 경우에만 가능) 7) 귀석·반귀석·귀금속·한약재·의약품·향료 등과 같이 부피가 작고 고가인 물품(수출물품 제조용 원재료 또는 세관장이 지정한 보세구역으로 운송하는 물품에만 가능) 8) 「관세법」 제236조의 규정에 의하여 통관지가 제한되는 물품(통관지 세관으로 운송하는 경우에만 가능) 9) 불법 수출입의 방지 등을 위하여 세관장이 「관리대상화물 관리에 관한 고시」에 따라 검사대상 화물로 선별한 물품 중 검사하지 아니한 물품(운송목적지가 세관장이 지정한 보세구역인 경우에만 가능)

나. 신고시기

보세운송신고 또는 승인신청 시점은 수입물품의 적재화물목록을 제출하고 하선(기)장소에 물품이 반입된 이후에 보세운송신고(승인신청)하는 것이 원칙이나 선박이나 항공기가 입항하기 전이라도 할 수 있다.

다. 승인

외국물품을 보세운송하는 경우 세관에 보세운송신고 또는 보세운송승인을 받은 후에 보세운송을 할 수 있다. 대부분의 보세운송은 신고만으로 가능하나 검역대상물품, 수입금지품, 위험물, 유해물, 유해물품, 귀금속 등 일부 물품은 승인을 받아 운송하여야 한다(관세법 §213, 관세령 §226).

3) 보세운송수단

수입화물을 보세운송하고자 하는 경우 보세운송업자는 자기보유 운송수단이나 다른 보세운송업자의 운송수단을 이용할 수 있다. 수입화주도 자기화물을 직접 보세운송하는 경우에는 자기차량은 물론 다른 운송수단도 제한없이 이용할 수 있으며, 이 경우 화주는 관세에 상당하는 담보를 제공한 후 자신의 책임하에 목적지보세구역까지 보세운송을 할 수 있다.

(2) 보세구역제도

부가법에서의 보세구역이라 함은 「관세법」상에 따른 보세구역과 「자유무역지역의 지정 및 운영에 관한 법률」에 따른 자유무역지역을 말하는 것으로 그 범위는 부가령 제27조에서 규정하는 것으로 한다(보세구역은 관세법상은 외국과 같이 물품의 보세상태가 허용되나 대외무역법이나 다른 법에서는 내국으로 간주한다).

관세법상 보세구역은 지정보세구역·특허보세구역 및 종합보세구역으로 구분하고, 지정보세구역은 지정장치장 및 세관검사장으로 구분하며, 특허보세구역은 보세창고·보세공장·보세전시장·보세건설장 및 보세판매장으로 구분한다(관세법 §154).

1) 의의

보세구역은 외국물품이 반입될 수 있는 구역이다. 물론 내국물품도 반입될 수 있으나 주로 외국물품을 반입하여 장치하거나, 사용하거나 소비하는 곳으로 세관에 의한 수출입물품 관리의 중심이 되는 장소다. 국제무역선(기)으로 우리나라에 도착한 외국화물은 일단 보세구역에 반입된다. 보세구역은 국제항지역에 많이 설치되어 있지만 내륙지의 공단 등에도 상당수가 있다. 국제항지역에 있는 보세구역에는 국제무역선이나 외국무역기로부터 하역작업을 통해 외국물품이 반입될 수 있으나, 내륙지의 보세구역으로 외국물품을 반입하고자 할 경우는 보세운송절차를 거쳐야 한다.

보세구역은 여러 가지 목적으로 설치되므로 그 종류도 다양하다. 우선 지정보세구역으로 지정장치장과 세관검사장이 있다. 특허보세구역으로는 보세창고, 보세공장, 보세전시장, 보세건설장, 보세판매장이 있다. 그 외 여러 보세구역의 특성이 인정되는 종합보세구역이 있다. 관세법상의 보세구역은 아니나 외국물품이 반입될 수 있는 곳이라는 점에서 보세구역과 유사한 성격이 있는 자유무역지역과 보세구역외장치장도 있다.[166]

---

166) 경제자유구역, 외국인기업전용단지, 외국인투자지역, 제주국제도시 등은 일정한 반입물품에 대해 관세 등의 감면세와 같은 혜택이 부여되기는 하지만 보세구역으로서의 성격은 가지고 있지 않다.

2) 보세구역 종류별 특성

가. 지정장치장

지정장치장은 통관하고자 하는 물품을 일시적으로 장치할 수 있는 장소이다.[167] 지정장치장은 대개 부두, 공항 또는 세관청사 내에 특정지역을 지정하고 있고, 세관의 특별한 관리가 필요한 물품 등이 수입신고가 수리될 경우까지 장치되고 있다. 지정장치장을 흔히 세관구내창고라고도 한다. 지정장치장에 반입한 물품은 일정기간 이내에 통관절차를 거쳐 반출하여야 한다. 만일 지정된 기간 내에 통관하지 아니할 경우 세관장이 공매(公賣)를 통해 처분할 수 있다. 지정장치장에 반입한 물품에 대한 보관책임은 원칙적으로 화주(貨主) 또는 반입자에게 있다. 그러나 세관장은 대개 지정장치장의 질서유지와 화물의 안전관리를 위하여 화주에 갈음하여 보관의 책임을 지는 화물관리인을 지정한다. 화물관리인은 화주로부터 관리에 필요한 비용을 징수한다.

나. 세관검사장

수입 또는 수출통관하고자 하는 물품의 검사를 할 수 있는 장소이다.[168] 공항입국장의 세관검사장이 대표적이다. 수출입물품 중 세관검사가 필요한 물품이 모두 세관검사장에 반입되어야 하는 것은 아니며 대개 여행객의 휴대품이나 이사물품, 기타 탁송물품의 검사에 세관검사장이 이용된다. 보세창고 등에 반입된 물품이나 수출물품에 대한 검사는 세관공무원이 해당 물품이 장치되어 있는 장소에 출장하여 검사[169]하는 것이 일반적이다.

다. 보세창고

수출입통관을 하고자 하는 물품을 장치할 수 있는 장소로 보세구역의 대부분을 차지한다.[170] 그러나 수출의 경우 통관을 위해 보세창고에 물품을 장치하는 경우는 드물다. 신고의 요건으로 보세구역장치를 원칙으로 하는 수입의 경우와는 달리 수출자의 공장이나 일반창고에 물품을 장치한 상태에서도 수출신고를 할 수 있도록 허용하고 있기 때문이다. 보세창고에는 외국물품 또는 수출입통관을 하고자 하는 물품만을 장치할 수 있는 것이 아니다. 운영인이 미리 세관장에게 신고를 하면 외국물품 또는 통관을 하고자 하는 물품의 장치에

---

167) 관세법 제169조~제172조
168) 관세법 제173조~제182조
169) 이를 파출검사라 한다. 파출검사를 하더라도 2024년부터 파출검사수수료는 부과되지 않는다.
170) 종전 관세법에서는 외국물품 또는 수출입통관을 하고자 하는 물품을 장치하는 장소를 보세창고와 보세장치장으로 구분하였으나, 2001년의 개정 관세법에서 교토협약을 참조하여 이를 통합, 보세창고로 일원화하였다. 2024년 현재 약 1,400개의 보세구역 중 1,000개 정도가 보세창고다.

방해되지 않는 범위 내에서 내국물품을 장치할 수 있다. 보세창고는 물류비의 절감과 관련하여 상당한 의미가 있다.

라. 보세공장

외국물품 또는 외국물품과 내국물품을 사용하여 제조·가공 기타 이와 비슷한 작업을 하기 위한 장소이다. 보세공장에는 외국물품인 원재료가 입항 즉시 보세운송되어 반입될 수 있고, 해당 공장에서 물품을 제조·가공하는 동안은 관세 등이 부과되지 아니하며, 제조·가공된 물품을 수출(반송)한 경우 환급절차 등도 불필요하다. 그러나 해당 보세공장에서 사용하는 기계·장비 등의 설비나 소모품은 보세공장에 반입하여 수입통관이 완료된 다음 사용할 수 있다. 보세공장은 일정한 제조공장 자체를 보세구역을 특허받아 운영하는 제도로 금융비용과 물류비 절감측면에서 상당히 유용한 제도라 할 수 있다. 보세공장에서 제조·가공된 물품은 관세법상 '반송절차'를 거쳐 수출할 수도 있고, '수입통관절차'를 거쳐 수입할 수도 있다. 수입통관시에는 일반적인 수입과 마찬가지로 관세 및 내국소비세가 부과된다.

마. 보세전시장

보세전시장은 박람회·전시회·견품시 등[171]을 위하여 외국물품을 장치하거나 사용할 수 있는 장소이다.[172] 보세전시장제도는 일시적으로 국내에 반입되어 전시 등을 한 다음 다시 외국으로 반출되는 물품에 대해 수출입통관절차가 생략되고, 전시와 간접적으로 관련되는 각종 물품도 보세상태로 반입하여 사용하거나 소비할 수도 있기 때문에 박람회 등을 주최하는 측이나 이에 참가하는 측 모두에게 유용한 점이 많이 있다.

보세전시장은 대개 해당 박람회 등의 기간 동안 특허되고, 외국물품의 장치기간도 보세전시기간 동안이다. 보세전시장에 반입될 수 있는 물품은 전시장 건설을 위한 용품, 전시장 내 업무용품, 해당 보세전시장 내에서 불특정다수의 관람자에게 오락용으로 관람시키거나 사용하게 할 오락용품, 전시용품, 판매용품, 그리고 불특정다수의 관람자에게 기증할 것을 목적으로 하는 증여용품 등이다.

바. 보세건설장

외국물품인 기계류·설비품 또는 공사용 장비를 장치, 사용하여 산업시설의 건설공사를 할 수 있는 장소이다.[173] 보세건설장제도는 대규모 산업설비 등의 건설에서 자금부담 완화

---

171) 여기에는 무역, 공업, 농업, 공예, 학술, 예술, 스포츠분야 또는 과학적·교육적·문화적 활동의 촉진 또는 종교·예배 등의 장려 목적으로 이루어진 박람회, 전시회, 견본시 등이 포함된다.
172) 관세법 제190조

에 큰 도움이 될 수 있다. 보세건설장은 해당 건설공사기간을 고려하여 일정기간 동안 특허되며, 외국물품의 장치·사용기간은 해당 특허기간과 같다. 보세건설장에 외국물품을 반입한 경우는 사용하기 전에 해당 물품에 대하여 수입신고를 하고(사용전수입신고), 세관공무원의 검사를 받아야 한다. 또한 건설공사가 완료되더라도 수입신고가 수리된 다음 가동하여야 한다.

사. 보세판매장

외국물품을 보세상태에서 판매할 수 있는 장소이다. 공항 출국장과 입국장의 면세점이 대표적이고, 시내 주요 백화점이나 호텔 등에도 일부 설치되어 있다.[174] 보세판매장을 이용할 수 있는 자는 외교관 면세권자나 내·외국인 중 출국예정자(입국장면세점은 입국자)로 국한된다. 출국예정자가 보세판매장에서 구입한 물품은 공항 출국장에서 인도되며, 반드시 국외로 반출하여야 한다. 일단 국외로 반출된 물품을 여행자 휴대품이나 이사물품 또는 탁송의 방법으로 국내로 반입하는 경우 일반적인 외국물품의 경우와 같이 취급되므로 각각의 사안에 따라 면세 또는 과세 여부가 결정된다.

보세판매장에서는 외국으로 반출하거나 관세의 면제를 받을 수 있는 자가 사용하는 것을 조건으로 물품을 판매할 수 있다. 다만, 공항 및 항만 등의 입국경로에 설치된 보세판매장에서는 외국에서 국내로 입국하는 자에게 물품을 판매할 수 있다(관세법 §196, 관세령 §213).

아. 종합보세구역

종합보세구역은 보세창고, 보세공장, 보세전시장, 보세건설장, 보세판매장의 기능 중 둘 이상의 기능을 종합적으로 수행할 수 있는 장소이다.[175] 종합보세구역은 관세청장이 지정한다. 물품의 장치기간에는 제한이 없다.

3) 물품의 장치

외국물품과 내국운송의 신고를 하려는 내국물품은 보세구역이 아닌 장소에 장치할 수 없다. 다만, 다음의 어느 하나에 해당하는 물품은 그러하지 아니하다(관세법 §155).

---

173) 관세법 제191조~제195조
174) 보세판매장은 출국장면세점, 입국장면세점 또는 시내면세점으로 불리기도 한다. 보세판매장은 사전면세점으로 관세 및 내국소비세(부가가치세, 개별소비세, 교육세, 교통·에너지·환경세, 주세, 농어촌특별세)와 지방소비세·지방교육세가 면제된 물품이 판매된다. 반면, 조세특례제한법에 의한 사후면세점에서는 내국소비세와 지방소비세·지방교육세는 면제되지만 관세가 면제되지 않은 물품이 판매된다.
175) 관세법 제197조~제205조

① 관세법 제241조 제1항에 따른 수출신고가 수리된 물품

② 크기 또는 무게의 과다나 그 밖의 사유로 보세구역에 장치하기 곤란하거나 부적당한
물품(보세구역이 아닌 장소에 장치하려는 자는 세관장의 허가를 받아야 한다)

③ 재해나 그 밖의 부득이한 사유로 임시로 장치한 물품

④ 검역물품

⑤ 압수물품

⑥ 우편물품

4) 보세구역의 지정과 특허

지정장치장이나 세관검사장인 지정보세구역은 세관장이 국가나 지방자치단체, 공항시설
또는 항만시설을 관리하는 법인이 소유 또는 관리하는 토지·건물 그 밖의 시설 가운데서
지정한다. 세관장 자신이 관리하지 아니하는 토지 등을 지정보세구역으로 지정할 경우는
해당 토지 등의 소유자 또는 관리자의 동의를 얻어 지정한다. 지정보세구역으로 지정된 토
지 등은 양도·교환·임대 기타 처분이나 토지에 대한 공사, 건물의 신축이나 개축·이
전·철거 등이 제한을 받는다.[176] 보세창고, 보세공장, 보세전시장, 보세건설장, 보세판매
장 등의 특허보세구역은 민간사업자가 세관장에게 특허를 받아 설치·운영될 수 있다.

5) 자유무역지역

자유무역지역은 「자유무역지역의지정및운영에관한법률」에 의해 지정되는 특수지역이
다. 이 지역은 중앙행정기관의 장이나 지방자치단체장의 요청을 받아 산업통상자원부장관
이 지정한다.[177] 자유무역지역에 입주할 수 있는 자는 제조업, 물류업, 무역업자 등이다.
입주업체는 외국물품을 보세상태로 사용하여 물품을 제조·가공 등을 할 수 있다. 또한 이
들 입주업체에 대하여는 법인세, 재산세 등의 조세감면혜택도 부여된다. 자유무역지역과
보세공장의 가장 큰 차이점은 자유무역지역에는 시설기자재도 보세상태로 반입되어 사용
될 수 있다는 점에 있다. 자유무역지역에서 제조·가공된 물품을 국내로 반입하고자 할 경
우는 수입통관절차를 필하고 관세 및 내국세를 납부하여야 한다.

자유무역지역은 외국인투자자의 유치, 국제무역의 진흥 및 지역개발 등을 촉진하기 위해
대외무역법, 관세법 등 관계 법률에 의한 규제를 완화하여 자유로운 제조·유통·무역활동

---

176) 관세법 제168조
177) 자유무역지역은 종전의 수출자유지역설치법을 폐지하고 자유무역지역의지정등에관한법률을 1999년 12월
제정하면서 종전의 수출자유지역의 명칭을 변경한 것이다.

등이 보장되는 지역으로 산업통상자원부장관이 지정한 지역을 말한다(자유무역지역의 지정 및 운영에 관한 법률 §2 1호, §4).

> ### ※ 보세구역과 자유무역지역의 비교
>
> 보세구역과 유사한 제도로서 수출자유지역, 자유무역지역 및 자유항 등과 같은 자유지역제도가 있다. 보세구역과 자유지역은 외국물품이 보세상태로 그 역내에 반입될 수 있다는 점에서는 서로 같으나 다른 점도 많다. 보세구역 내에서는 세관의 엄격한 통제를 받고 역내에 반입되는 물품의 종류도 제한을 받으며, 보세구역의 설치목적은 보세화물의 가공수출인 경우(수출용 보세공장) 이외에 수출입 통관을 할 물품의 장치, 외국물품의 건설, 전시, 판매 등으로 그 목적이 다양하다는 점에 있는 데 반하여 자유무역지역은 「관세법」의 적용이 원칙적으로 배제되고 따라서 세관의 통제도 외곽 관리와 물품의 반출·입만을 감시하는 데 그친다. 자유무역지역 설치목적은 주로 수출입물품의 가공에 있는데, 역내에는 원재료뿐만 아니라 시설재도 외국물품 상태로 반입하여 사용할 수 있다.

6) 보세구역외 장치장

외국물품과 내국운송(국제무역선이나 국제무역기로 국내 항구 간 또는 국내 공항 간 관세법상의 내국물품을 운송하는 것을 말함)의 신고를 하고자 하는 내국물품은 원칙적으로 보세구역이 아닌 장소에 장치할 수 없으나 세관장의 허가를 받으면 보세구역 외의 일정한 장소에도 장치가 가능하다. 이 경우 허가받은 장소를 보세구역 외 장치장이라 한다. 보세구역 외 장치장은 통상 선하증권(B/L)건별로 통관에 필요한 기간 동안 허가되고 있다.

보세구역 외 장치허가를 받기 위해서는 담보를 제공하여야 하며, 일정한 허가수수료를 납부하여야 한다. 그러나 외국물품을 입항지로부터 즉시 보세운송하여 이 장치장에 반입한 다음 적정시기에 통관할 수 있으므로 물류측면에서 상당한 도움이 될 수 있다. 특히 이 제도는 보세창고를 특허할 만큼 무역규모가 크지 아니한 중소기업이 유용하게 활용할 수 있는 제도이다. 다음의 경우 보세구역 외에 장치가 가능하다. 이 경우 수수료(18,000원의 허가수수료)를 납부하여야 한다.

① 거대중량 기타 사유로 인하여 보세구역에 장치하기 곤란한 물품
② 재해 기타 부득이한 사유로 임시로 장치한 물품
③ 검역물품, 압수물품, 우편물품
④ 수출신고가 수리된 물품

7) 보세구역 장치

보세구역에 물품을 반입하거나 반출하려는 자는 세관장에게 신고하여야 한다. 이 경우 세관장은 세관공무원을 참여시킬 수 있으며, 세관공무원은 해당 물품을 검사할 수 있다(관세법 §157).

가. 지정보세구역 중 지정장치장

지정장치장의 물품의 장치기간은 6월의 범위 내에서 관세청장이 정한다. 다만, 관세청장이 정하는 기준에 의하여 세관장은 3월의 범위 내에서 그 기간을 연장할 수 있다.

지정장치장에 반입되어 수입신고수리된 물품의 화주 또는 반입자는 수입신고수리일로부터 15일 이내에 지정장치장으로부터 반출하여야 한다.

나. 특허보세구역

보세상태에서 외국물품을 장치, 전시, 판매하거나 제조, 가공, 건설 등의 경제활동을 할 수 있도록 특허된 보세구역으로 주로 개인의 신청에 의하여 설치, 운영하며 특허보세구역의 종류로는 보세창고, 보세공장, 보세전시장, 보세건설장, 보세판매장이 있다.

다. 종합보세구역

장치기간을 제한하지 않는다. 다만, 보세창고의 기능을 수행하는 장소 중에서 관세청장이 수출입물품의 원활한 유통을 촉진하기 위하여 필요하다고 인정하는 지정한 장소에 반입되는 물품의 장치기간은 1년의 범위에서 관세청장이 정하는 기간으로 한다.

8) 장치확인

컨테이너 수입물품이 하선장소에 반입된 경우 내장된 상태로 10일이 경과되면 수입물품을 컨테이너로부터 적출하여 수출입화물 집화소 또는 다른 보세구역에 반입하여야 한다. 그러나 고지, 고철, 원피, 원면, 살물 등 컨테이너에서 적출하여 수출입화물 집화소나 다른 보세구역에 반입하기 곤란한 물품, 검역 등에 장시간이 소요되는 물품, 기타 부득이한 사유가 있는 경우는 20일 범위내에서 기간을 연장할 수 있다.

수입물품을 컨테이너에 내장한 상태로 수입신고할 수 있는 물품은 FCL화물에 한한다.

(3) 수출입화물 관리

1) 수입화물 관리 목적 및 절차

세관은 국가조세수입 확보, 밀수출입 방지, 국민생활 안전 등을 보호하기 위하여 외국으로부터 우리나라로 수입되는 물품과 우리나라에서 외국으로 수출되는 물품을 관세국경에서 통제하는 기능을 수행하기 위해 보세화물을 관리하고 있다. 또한, 수입화물관리는 아래와 같이 화물의 흐름에 따라 5단계로 처리된다.

① 입항단계로서 국제무역선이 입항하면 선장이나 선박회사대리점이 세관장에게 입항보고와 함께 그 선박에 적재된 화물목록 즉 적재화물목록을 제출하게 되며,

② 선박회사는 물품을 하역하기 전에 세관장에게 하선신고를 하고 하역작업을 한다.

③ 하역이 완료된 물품은 부두 내 또는 부두 밖에 있는 하선장소로 지정된 장소에 화물을 반입하여 각 화물의 목적지로 운송될 때까지 일시 대기하거나 수입통관을 하게 된다.

④ 최초 반입된 보세구역 이외에서 통관을 하고자 하는 물품은 각 화물의 목적지 보세구역까지 보세운송절차에 의해 운송하는 단계가 된다.

⑤ 운송이 완료되면 내륙지 보세구역에 반입하여 수입통관절차가 완료될 때까지 보관한다.

2) 화물적재목록 제출

가. 화물적재목록이란

화물적재목록은 화물을 운송하는 수단(선박, 항공기 등)에 적재된 화물의 총괄목록으로서 적하목록이라고도 한다(보세화물 입출항 하선 하기 및 적재에 관한 고시 §2). 세관은 화물적재목록을 제출받아 우리나라 국경을 통과하는 물품에 대한 화물정보의 정확성 및 우범성 심사를 하고, 우범화물로 선별된 물품에 대해서는 하역장소 제한, 검사 등의 조치를 취한다. 또한, 선박이나 항공기 도착 후 물품의 하역, 창고배정, 보세운송, 보세구역에 반입하기까지 세관뿐만 아니라 물류관련업체, 화주 등에게 화물에 대한 정보를 제공하게 되는 기본적인 서류이다. 「관세법」 제135조에서는 국제무역선(기)이 입항할 때 또는 입항하기 전에 세관장에게 제출하도록 규정하고 있다.

나. 화물적재목록 사전제출제도 시행

① 도입의 의의

주요 교역국들은 화물적재목록 사전제출제도를 확대 시행하고 있다. 따라서 수출물품의 적재차질을 방지하기 위해 무역 계약, 운송, 통관 등의 국내 무역관행을 국제규범에 적합하

게 변화시킬 필요가 있다. 화물적재목록 사전제출을 확대하는 것은 세관이 수출물품의 적재정보를 선박·항공기에 적재하기 전에 입수하여 수출국에서는 실제 적재되는 수출물품에 대한 검사를 수행함으로써 원산지세탁·위조상품 등의 불법수출을 차단할 수 있고, 수입국에서도 안보를 위협하는 물품이나 밀수의 방지 등 불법적인 물품의 수입을 효과적으로 차단할 수 있기 때문이다.

② 화물적재목록 제출시기

구 분		제출시기
해상 화물	수입	• (원칙) 적재항에서 선박에 적재하기 24시간 전 • (근거리지역) 적재항에서 선박이 출항하기 전 • (벌크화물) 선박이 입항하기 4시간 전
	수출	• (원칙) 선박에 적재하기 24시간 전 • (근거리지역) 선박에 적재하기 전, 출항 30분 전 최종 마감 • (벌크·환적화물) 선박이 출항하기 전까지 • (선상수출신고물품) 선박이 출항한 후 익일 24시까지
항공 화물	수입	• (원칙) 항공기가 입항하기 4시간 전 • (근거리지역) 적재항에서 항공기가 출항하기 전 • (특송화물) 항공기가 입항하기 1시간 전
	수출	• 항공기에 적재하기 전, 출항 30분 전 최종 마감

다. 물품의 하역

「관세법」 제140조 제1항에 따르면 국제무역선(기)이 입항하여 입항절차를 완료한 후가 아니면 물품을 하역할 수 없도록 규정되어 있는데 이는 입항수속을 할 때에 화물적재목록 등에 의하여 필요한 확인을 한 후에 하역을 허용함으로써 화물감시와 입항절차의 원활을 도모하기 위한 것이다. 그러나 물품의 하역이 시급하고 하역을 하더라도 화물관리에 지장이 없는 경우에는 입항절차 종료 전이라도 세관장의 허가를 받아 하역을 할 수 있다.

국제무역선에서 물품을 하역하고자 할 때에는 세관장에게 하역신고를 하여야 하며, 이때 세관장은 감시단속을 위해 필요한 때에는 물품의 하역장소, 하역통로 및 기간을 제한할 수 있다. 운항선사(공동배선의 경우에는 용선선사를 포함한다) 또는 그 위임을 받은 하역업체가 화물을 하선하고자 하는 때에는 MASTER B/L 단위의 화물적재목록을 기준으로 하선장소를 기재한 하선신고서를 세관장에게 전자문서로 제출하여야 한다.

라. 물품의 장치

수입화물은 보세구역 장치가 원칙이며, 보세구역 외 장치가능 물품은 아래와 같다.

보세구역 장치 원칙	외국물품과 내국운송의 신고를 하고자 하는 내국물품은 반드시 보세구역에 장치하여야 한다.
보세구역 외 장치 가능 물품	보세구역 장치 원칙에도 불구하고 다음의 물품은 보세구역이 아닌 장소에 장치할 수 있다. • 수출신고가 수리된 물품 • 크기나 무게의 과다 기타의 사유로 보세구역에 장치하기 곤란하거나 부적당한 물품 • 재해 기타 부득이한 사유로 임시로 장치한 물품 • 검역물품 • 압수물품 • 우편물품
보세구역 외 장치 허가	• 대상 : 크기나 무게의 과다 기타의 사유로 보세구역에 장치하기 곤란하거나 부적당한 물품을 보세구역 외 장소에 장치하고자 하는 자는 세관장의 허가를 받아야 함. • 담보 제공 : 세관장은 외국물품에 대하여 보세구역 외 장치의 허가를 하고자 하는 때에는 그 물품의 관세에 상당하는 담보의 제공, 필요한 시설의 설치를 명할 수 있음 • 수수료 납부 : 보세구역 외 장치 허가를 받고자 하는 자는 수수료를 납부하여야 함

3) 장치기간 경과물품의 처분

가. 장치기간 경과물품이란?

외국으로부터 국내의 보세구역에 반입하여 수입통관되지 아니하고 보세구역에 장치할 수 있는 기간(여행자휴대품 중 유치품은 1월, 지정장치장은 6개월, 보세창고 반입물품은 1년, 보세공장, 보세건설장, 보세판매장 및 보세전시장은 특허기간 등)을 초과하여 장치된 수입물품을 장치기간이 경과한 물품(이하 "체화")이라고 한다. 그러나 화물물동량이 많은 주요 공항만 보세구역에 반입된 화물의 장치기간은 예외적으로 다음 각 호의 구분에 따르며, 이 경우 세관장이 필요하다고 인정할 때에는 2개월의 범위에서 그 기간을 연장할 수 있다(보세화물장치기간 및 체화관리에 관한 고시 §4).

① 인천공항 및 김해공항 항역 내 보세창고(다만, 자가용보세창고는 제외한다) : 2개월

② 부산항 부두 내 보세창고와 부두 밖 컨테이너전용보세창고(CFS를 포함한다) : 2개월

③ 인천항 부두 내 보세창고와 부두 밖 컨테이너전용보세창고(CFS를 포함한다) : 2개월

나. 보세구역별 장치기간(인천공항, 김해공항, 부산항, 인천항을 제외한 지역)

보세구역의 종류	장치기간	비고
세관검사장	–	
지정장치장	6월의 범위 내에서 관세청장 지정(3월 범위 내 세관장 연장 가능)	
보세창고	비축물품이 아닌 외국물품	1년의 범위 내 관세청장 지정 (1년 범위 내 세관장 연장 가능)
	비축물품이 아닌 내국물품	1년의 범위 내 관세청장 지정 (1년 범위 내 세관장 연장 가능)
	① 비축물품 ② 국제물류촉진을 위한 관세청장 지정물품	비축에 필요한 기간
기타 특허보세구역	당해 특허보세구역의 특허기간	
종합보세구역	제한하지 않음(단, 보세창고기능 수행장소 중 관세청장이 지정한 장소 반입물품에 대하여는 1년의 범위 안에서 관세청장이 지정)	

다. 보세구역별 장치기간경과 물품의 매각

세관장은 보세구역에 반입한 외국물품의 장치기간이 경과된 때에는 공고한 후 당해 물품을 매각할 수 있다. 보세구역 장치물품, 보세구역 외 장치물품, 유치·예치품으로서 장치기간이 경과한 물품은 매각 대상이 된다(관세법 §208, §209, 관세령 §219~§225).

라. 매각절차

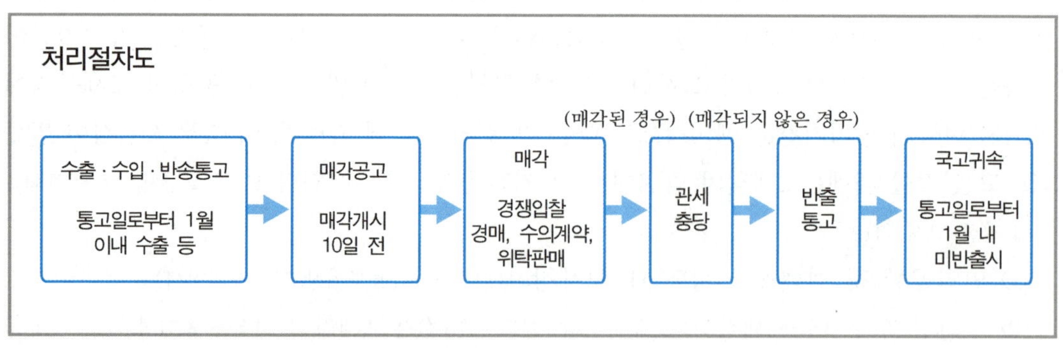

마. 체화처분 절차

보세구역 운영인은 보세구역에 반입된 당해 물품의 장치기간 만료 30일 전에 체화 반출 통고서를 작성하여 반출통고서 발송일로부터 1월 이내에 수출, 수입 또는 반송할 것을 수입 화주에게 등기우편으로 통고한다.

바. 체화의 공매절차

반출통고를 받은 수입화주가 수출, 수입 또는 반송을 이행하지 않을 경우 장치기간이 경과한 물품이 되어 다음과 같은 공매절차에 들어간다.

① 공매공고에는 매각물품의 표시 및 매각수량, 매각방법, 입찰일시 및 장소, 매각물품의 공람일시 및 장소 등이 포함
② 예정가격의 체감은 제2회 입찰때부터 하되 그 체감한도액은 최초예정가격의 100분의 50으로 하며, 최초예정가격을 기초로 산출한 세액 이하의 금액으로 체감할 수 없음
③ 수의계약은 1회 공매 후부터 가능하며 차회 체감금액 이상으로만 가능하고 공매물품의 낙찰은 예정가격보다 높은 응찰자 중 최고가격응찰자로 결정
④ 동일가격 응찰자가 2인 이상 있을 때에는 즉시 추첨으로 낙찰자를 결정하며 낙찰대금으로 제세를 충당하고 비용을 공제한 후 잔금이 있을 경우 공매잔금 교부 보류기간을 거쳐 화주에게 잔금을 교부

세관장은 매각대금을 그 매각비용, 관세, 각종 세금의 순으로 충당하고, 잔금이 있을 때에는 이를 화주에게 교부한다. 매각하는 물품의 질권자나 유치권자는 해당 물품을 매각한 날부터 1개월 이내에 그 권리를 증명하는 서류를 세관장에게 제출하여야 하고, 매각된 물품의 질권자나 유치권자는 그 잔금을 화주에게 교부하기 전에 그 질권이나 유치권에 의하여 담보된 채권의 금액을 질권자나 유치권자에게 교부한다(관세법 §211).

사. 국고 귀속절차

공매에서 유찰된 물품은 화주에게 국고귀속 예정통보를 하게 되며 국고귀속 예정통고일로부터 1개월 내에 보세구역으로부터 반출하지 않을 경우 국고귀속 및 폐기 심사위원회에 회부된다. 국고귀속 및 폐기심사위원회에서 국고귀속처리를 한 경우에는 위탁판매를 하고 국고귀속 및 폐기심사위원회에서 폐기결정을 한 경우에는 폐기명령을 거쳐 폐기한다(관세법 §212).

아. 폐기대상 물품의 재활용 절차

공매에서 유찰된 물품은 화주에게 국고귀속 예정통보를 하게 되며 국고귀속 예정통고일로부터 폐기명령을 받은 물품이 원형을 변경하여 다른 물품의 제조원료(예컨대 제지 원료, 고철, PVC소재, 사료원료, 퇴비원료 등)로 사용이 가능한지 확인한 후에 사용이 가능하다면 실제 사용 시 문제의 소지가 없는지 검증절차를 사전에 거치는 절차를 밟아야 한다.

특정용도에 사용하더라도 문제가 없는 것으로 판명되면 세관장에게 폐기신청서를 제출하여 승인을 받고 폐기승인이 난 후에는 세관공무원의 입회하에 재활용을 하고 그 결과를 서면으로 관할 세관장에게 제출하여야 하며, 이때 폐기 후에 발생한 물품이 상품가치가 있는 것이라면 폐기 후의 성질과 수량에 따라 관세를 납부하여야 한다.

4) 환적화물

가. 환적화물의 정의

"환적"이란 동일한 세관관할구역 안에서 입항하는 운송수단에서 출항하는 운송수단으로 물품을 옮겨 싣는 것을 말하고, "복합환적"이란 입항하는 운송수단의 물품을 다른 세관의 관할구역으로 운송하여 출항하는 운송수단으로 옮겨 싣는 것을 말한다.

나. 하선신고

환적화물의 일시 양륙신고는 선사 또는 항공사의 하선신고로 갈음한다.

다. 반출입신고

보세구역 운영인은 환적화물을 반출입할 때 반입예정정보 또는 반출승인정보와 물품의 상이 여부를 확인한 후 반입 즉시 또는 반출 전에 세관장에게 반출입신고를 하여야 한다.

라. 환적신고

컨테이너 적출입작업(환적화물에 수출물품 또는 다른 환적화물을 추가로 적입하는 것을 포함한다)을 하여 환적하는 경우와 비가공증명서를 발급받으려는 물품을 환적하는 경우에는 세관장에게 신고하여야 한다.

마. 보세운송

환적화물을 보세운송하려는 자는 입항 선박 또는 항공기의 House B/L 단위로 세관장에게 보세운송 신고를 하여야 한다. 다만, 선박을 통해 입항지에 반입된 화물을 공항으로 운

송한 후 외국으로 반출하려는 환적화물(보세운송목적지가 공항항역 내 1개 이상인 경우를 포함한다)
은 모선단위 1건으로 일괄하여 신고할 수 있고, 단일화주의 FCL화물이나 컨테이너에서 적
출하지 아니하고 동일한 목적지로 보세운송하는 LCL화물은 Master B/L 단위로 신고할
수 있다.

바. 비가공증명서 발급

보세구역(자유무역지역을 포함한다)에 일시장치된 환적화물이 하역, 재선적, 운송을 위하여
필요한 작업 또는 그 밖에 정상상태를 유지하기 위한 작업 등을 제외한 추가적인 가공을
하지 않고 국외로 반출될 경우 세관장에게 비가공증명서 발급을 신청할 수 있다.

8 외국물품 등에 대한 세관의 통제

외국에서 반입되는 물품은 수입통관절차가 완료될 때까지, 수출하는 물품의 경우 수출신
고가 수리된 시점부터 선(기)적이 완료될 때까지 세관의 엄격한 관리와 감시를 받는다. 이
와 같은 통제와 관련하여 부여된 각종 의무를 위반하면 징역, 벌금, 과태료 등의 처벌대상
이 된다.

9 간이통관절차

(1) 의의

간이통관절차란 면세대상물품, 우편물 중 수입승인 면제물품 및 특송물품을 수입통관함
에 있어 간이한 관세감면신청 및 간이한 통관절차를 통하여 통관의 신속을 기하고자 함에
목적이 있다.

(2) 수입신고가 생략되는 경우

아래에 기재된 물품 중 관세가 면제되거나 무세인 것에 대하여는 수입신고를 생략하고
B/L(선하증권) 1부를 제출하면 수입신고를 갈음하며, 장치장에서 세관직원이 물품인수자의
신원을 확인하고 간이검사한 후 물품을 인도한다(수입통관고시 §70).

㉠ 외교행낭으로 반입되는 면세대상물품

㉡ 우리나라에 내방하는 외국의 원수와 그 가족 및 수행원에 속하는 면세대상물품

㉢ 장례를 위한 유해(유골)와 유체

㉣ 신문, 뉴스를 취재한 필름·녹음테이프로서 문화체육관광부에 등록된 언론기관의 보도용품

㉤ 재외공관 등에서 외교통상부로 발송되는 자료

㉥ 기록문서와 서류

㉦ 외국에 주둔하는 국군으로부터 반환되는 공용품[군함·군용기(전세기를 포함한다)에 적재되어 우리나라에 도착된 경우에 한함]

(3) 신고서에 의한 간이신고

아래에 기재된 물품에 대하여는 첨부서류 없이 수입신고서에 신고사항을 기재하여 신고하면 된다. 가격기준과 용도가 중요한 요건이다(수입통관고시 §71).

㉠ 국내거주자가 수취하는 해당 물품의 총 가격이 미화 150달러(한-미 FTA 적용물품은 미화 200달러) 이하의 물품으로서 자가사용물품으로 인정되는 면세대상물품

㉡ 해당 물품의 총 과세가격이 미화 250달러 이하의 면세되는 상용견품

㉢ 설계도중 수입승인이 면제되는 것

㉣ 「외국환거래법」에 따라 금융기관이 외환업무를 영위하기 위하여 수입하는 지급수단

품명과 규격이 각기 다른 소액물품으로서 물품의 관세 등이 면제되거나 합의세율을 적용하는 경우에는 주요물품명 ○○ 등이라고 표기할 수 있다.

(4) 면세신청서 제출생략

관세법 제241조 제2항에 따라 수입신고가 생략되거나 간이한 신고절차가 적용되는 물품으로서 다음의 어느 하나에 해당하는 경우로서 면세부호를 기재한 신고서와 물품의 확인만으로 면세대상물품임이 확인되는 경우에는 면세신청서를 제출하지 아니하여도 관세를 감면할 수 있다(수입통관고시 §72).

㉠ 외교관 면세대상물품(관세법 §88)

㉡ 국제평화 봉사활동 등 용품(관세법 §91 3호)

㉢ 신체장애인용품(관세법 §91 4호)

㉣ 정부용품 등 면세대상물품(관세법 §92)

ⓜ 소액물품 등의 면세(관세법 §94)

ⓗ 여행자휴대품·이사물품 등의 면세(관세법 §96)

ⓢ 재수입면세대상물품(관세법 §99)

(5) 소액면세 범위 내로 여러 건을 수입하는 경우 업무처리기준

국내거주자가 특급탁송 또는 국제우편 등을 통하여 수입한 물품이 동일 날짜에 여러 개의 화물로 도착한 경우 아래와 같은 경우에는 합산과세된다(수입통관고시 §68).

ⓐ 하나의 선하증권(B/L)이나 항공화물운송장(AWB)으로 반입된 과세대상물품을 면세 범위 내로 분할하여 수입통관하는 경우

ⓑ 같은 해외공급자로부터 같은 날짜에 구매한 과세대상물품을 면세범위 내로 분할 반입하여 수입통관하는 경우

세관장이 합산과세할 때에는 합산금액에 따라 다음 어느 하나와 같이 처리한다.

ⓐ 특송물품으로 반입된 경우 미화 150달러(한－미 FTA 적용물품은 미화 200달러) 초과의 물품은 목록통관을 배제하고 일반수입신고

ⓑ 우편물로 반입된 경우

  • 미화 1,000달러 이하 물품은 우편물목록 등으로 면세 또는 과세처리

  • 미화 1,000달러 초과 물품은 일반수입신고

10 수입신고수리 후 확인

(1) 보세구역 반입명령

1) 의의

수입물품의 통관절차가 간소화됨에 따라 불가피하게 발생할 수 있는 불법물품의 반입 가능성을 억제하기 위한 제도로서 수입신고수리를 받은 물품이라 하더라도 국내반입 후에 불법 수입물품으로 파악된 경우에는 당해 물품을 보세구역에 반입시켜 위법사실을 치유한 후 반출허가하거나 통관이 허용될 수 없는 경우에는 반송 또는 폐기하도록 한다(관세법 §238, 관세령 §245, 수입통관고시 §107).

2) 반입명령대상(수입통관고시 §107)

① 세관장의 의무이행요구에 대해 의무를 이행하지 아니한 경우
② 원산지표시가 적법하게 표시되지 아니하였거나 수출입신고수리 당시와 다르게 표시되어 있는 경우
③ 상표권 및 저작권 등을 침해한 경우

3) 반입명령서의 송달

반입명령인이 반입명령을 하는 경우에는 반입명령서(별지 제12호 서식)를 해당 물품의 화주나 수출입신고자(이하 "반입명령수령인"이라 한다)에게 송달하여야 한다(수입통관고시 §107).

4) 물품의 반입

반입명령서를 받은 자는 관세청장 또는 세관장이 정한 기한 내에 명령서에 기재된 물품을 지정받은 보세구역에 반입하여야 한다. 다만, 반입기한 내에 반입하기 곤란한 사유가 있는 경우에는 관세청장 또는 세관장의 승인을 얻어 반입기한을 연장할 수 있다(수입통관고시 §110).

5) 반입물품의 처리

세관장은 반입된 물품에 대하여 명령을 받은 자에게 그 물품을 반송 또는 폐기할 것을 명령하거나 보완 또는 정정 후 반출하게 할 수 있다. 이 경우 반송 또는 폐기에 소요되는 비용은 명령을 받은 자가 부담하며, 반송 또는 폐기된 경우 당초의 수출입신고수리는 취소된 것으로 본다. 반송 또는 폐기된 물품에 대하여는 과오납금의 환급규정을 준용한다(수입통관고시 §113).

(1) 서식

〔별표〕 수입신고서 서식

수 입 신 고 필 증

(갑지)

※ 처리기간 : 3일

①신고번호 40168 - 12 - 100433U	②신고일 ×××3/04/16	③세관과 020 - 12		⑥입항일 ×××3/04/12	⑦전자인보이스 제출번호	
④B/L(AWB)번호 TMSKH313E0003		⑤화물관리번호 08JCSC313E9 - 5002			⑧반입일 ×××3/04/12	⑨징수형태 11

⑩신 고 자 관세사법인 ⑪수 입 자 (주)홍일 (홍일-1-01-1-01-9 A) ⑫납세의무자 (홍일-1-01-1-01-9/000-81-00000) (주소) 동구 남촌동 621-3 14B-13L (상호) (주)홍일 (성명) 강 표 ⑬운송주선인 ⑭공급자 SHANXI INDUSTRY CO LTD	⑮통관계획 F 도착후부두직반출	⑲원산지증명서 유무 Y	㉑총중량 66,660.0KG
	⑯신고구분 B 일반서류신고	⑳가격신고서 유무 Y	㉒총포장갯수 1BG
	⑰거래구분 11 일반형태수입	㉓국내도착항 KRINC 인천항	㉔운송형태 40-ETC
	⑱종류 K 일반수입(내수용)	㉕적출국 italy	
		㉖선기명 AIR9099	
	㉗MASTER B/L 번호		㉘운수기관부호

㉙검사(반입)장소 02077154 - 080012780A (4부두(한진CY) 관세자유)

● 품명·규격 (란번호/총란수 : 001/001)

㉚품 명 GUCCI PLAP HANDBAGS ㉛거래품명 GUCCI PLAP HANDBAGS	㉜상 표 NO

㉝모델·규격	㉞성분 을지 참조	㉟수량	㊱단가	㊲금액

㊳세번 부호	4202 - 11 - 0000	㊵순중량		90G	㊸C/S 검사	S 청CS검사생략	㊺사후기관
㊴과세가격(CIF)	$ 50,000	㊶수 량			㊹검사변경		
	₩50,000,000	㊷환급물량		90G	㊻원산지	CN-A-S_	㊼특수세액

㊽수입요건확인 (발급서류명)	

㊾세종	㊿세율(구분)	(51)감면율	(52)세액	(53)감면분납부호	감면액	*내국세종부호
관	8.0(E1 아가)		4,000,000			
개소	20.00		10,800,000			
부	10.00(A)		6,804,000			

(54)결제금액(인도조건-통화종류-금액-결제방법)				FOB-USD-40,401-LU		(56)환 율	1,000
(55)총과세가격	$ 50,000	(57)운 임	US$ 7,300	(59)가산금액		(64)납부서번호	0127-020-17-12-1-098172-9
	₩ 50,000,000	(58)보험료	US$2,299	(60)공제금액		(65)부가가치세과표	68,040,000

(61)세 종	(62)세 액	※관세사기재란	(66)세관기재란
관 세	4,000,000		이 물품은 사후심사결과에 따라 적용세율이 변경될 수 있습니다.
개별소비세	10,800,000		
교 통 세			
주 세			
교 육 세	3,240,000		
농 특 세			
부 가 세	6,804,000		
신고지연가산세			
미신고가산세			

(63)총세액합계	24,844,000	(67)담당자	홍길동 000012	(68)접수일시	×××3/04/16, 16 : 50	(69)수리일자	×××3/04/16

(2) 수입신고서 세부작성요령

1. 신고번호

신고번호의 구성은 신고자의 부호, 연도, 일련번호 및 구분으로 조합되어 다음과 같이 표시된다.

12345(신고자부호) − 10(연도) − 0000001(6개의 일련번호와 체크 디지트) − X

2. 신고일자

수입신고하는 날짜를 적는다(2021/10/08).

3. 세관 − 과

4. B/L(AWB)번호

House 단위의 B/L번호를 20자 이내로 적는다. 국내로 반입되는 물품이 B/L번호가 없는 경우 공란으로 둔다.

5. 화물관리번호

적재화물목록상의 화물관리번호 기재

6. 입항일

수입물품을 적재한 선박 및 항공기의 국내최초 입항일을 기재

7. 전자인보이스 제출번호

전자인보이스의 제출번호를 기재

8. 반입일

수입물품의 장치장소 반입일자를 기재

9. 징수형태

내　용	부　호	비　고
과세보류	00	
신고, 수리전납부	11	
신고, 사후납부(개별담보)	12	
신고, 사후납부(신용담보)	13	
신고, 사후납부(무담보)	14	
부과, 수리전납부	21	
부과, 사후납부(개별담보)	22	
부과, 사후납부(신용담보)	23	
부과, 사후납부(무담보)	24	
신고, 사후정산(환특법에 의한 일괄고지)	33	

10. 신고자 상호

신고자 상호와 대표자 성명을 기재

관세사인 경우 : 신고자 상호와 대표자 성명 기재

자가통관업체인 경우 : ○○회사㈜ 관세사 ○○○으로 기재

기타 개인의 경우 : 성명만 기재

11. 수입자

① 수입자 상호 : 수입자 상호 또는 성명 기재

② 수입자 부호 : 통관고유번호 기재(통계부호표 참조)[178]

③ 수입자 구분 : 아래 해당 코드를 기재(통관고유번호가 36928887일 경우)

－수입자와 납세의무자가 동일한 경우 : A → 36928887A

－수입자와 납세의무자가 상이한 경우 : B → 36928887B

12. 납세의무자

① 소재지 부호 : 납세의무자의 주소지 우편번호 앞 3자리 기재

② 주소와 상호 : 납세의무자의 주소와 상호를 기재

---

178) 수입신고서나 수출신고서 등 통관에 필요한 각종 서식 작성에 사용하는 통계부호는 관세청이 운영하는 통관포탈(http://portal.customs.go.kr)의 정보제공/통계부호에서 확인 가능하다.

③ 전화번호 : 연락 가능한 납세의무자의 전화번호를 기재

④ 이메일 주소와 성명 : 납세의무자의 이메일 주소와 성명 기재

⑤ 통관고유번호 : 관세청장이 지정한 통관고유번호 기재

⑥ 사업자등록번호 : 납세의무자의 사업자등록번호(사업자등록번호가 없는 개인의 경우는 개인통관고유부호 또는 주민등록번호를 기재하며, 외국인인 경우는 개인통관고유부호 또는 외국인등록번호(외국인등록번호가 없을 경우 여권번호) 기재

13. 운송주선인

운송주선인(포워더) 상호와 세관에 등록된 화물운송 주선업자 부호 기재

14. 해외거래처

해외거래처(송품장상의 매도자 상호), 해외거래처 국가부호(ISO 코드), 관세청장이 부여한 해외거래처 부호 기재

※약어사용 사례 : Corporation(CORP), International(INTL), Trading(TRAD), Limited(LTD), Company (CO), Enterprise (ENTE), Engineer(ENGR)

15. 통관계획

통계부호표상의 통관계획부호를 기재하되, 특급탁송화물 및 간이통관대상은 기재하지 아니함.

① 출항전신고 A　　② 보세구역 도착전신고 C

③ 입항전신고 B　　④ 보세구역 장치후신고 D

16. 신고구분

내　용	부　호
일반 P/L신고	A
일반서류신고	B
간이 P/L신고	C
간이서류신고	D
간이신고특송물품	E

17. 거래구분

> 회계기준상 무상으로 취득한 자산의 취득가격은 공정가액이다. 법인세법 또는 소득세법에서는 익금에 산입할 금액으로 관세 과세가격으로 해석하고 있다.

반입하는 물품(타보세공장과 자유무역지역에서 반입 제외)

② 외국에서 수입을 목적으로 보세공장에 반입하는 물품 　　　　　　　U

③ 보세공장에서 제조가공된 물품수입통관 　　　　　　　C

④ 외국에서 자유무역지역 반입물품(원재료) 　　　　　　　D

(보세공장과 타자유무역지역에서 반입물품 제외)

⑤ 자유무역지역에서 제조가공된 물품을 수입통관 　　　　　　　E

⑥ 보세공장 및 자유무역지역의 잉여품 수입통관 　　　　　　　R

(3) 보세건설장에서의 수입신고 　　　　　　　G

(4) 보세건설장에서의 수입신고(분할신고) 　　　　　　　J

(5) 신고수리 전 반출승인 수입

① 외화획득용 　　　　　　　L

② 내수용 　　　　　　　M

(6) 해외진출기업에서 제작된 물품의 수입

① 외화획득용 　　　　　　　F

② 내수용 　　　　　　　I

(7) 우편물품(국제우편세관 수리분) 　　　　　　　P

(8) 보세판매장 수입

① 보세판매장 반입물품(외국에서 직수입) 　　　　　　　T

② 보세판매장(보세공장, 수출자유지역에서 반입) 　　　　　　　H

③ 보세판매장(기타 환급대상물품 반입) 　　　　　　　W

19. 원산지증명서[179]

원산지증명서를 구비한 경우 : Y, 원산지증명서 제출면제 대상인 경우 : X, 세관장 확인대상이 아니거나 원산지증명서를 구비하지 못한 경우 : N

20. 가격신고서 유/무를 Y/N으로 표시

21. 총중량

신고된 물품의 총중량(용기포함)을 기재, 단위는 KG으로 기재

---

179) FTA에 의한 특혜관세를 적용받을 경우 원산지증명서와 관련된 사항을 정확하게 신고하여야 한다. 신고가 정확하지 아니할 경우 사후심사과정에서 해당 특혜관세의 적용이 배제될 수 있다.

22. 총포장개수

신고된 물품의 총 포장개수 및 신고물품의 포장종류 부호(UN/EDIFACT 기준 138종)를 기재(통계부호표 참조)

23. 국내도착항

수입품을 적재한 선박 및 항공기의 도착항(공항 및 항구) 부호와 공항 및 항구명 기재

24. 운송형태

운송수단 및 운송용기의 부호기재(통계부호표 참조)

25. 적출국

수입물품을 수출한 국가명을 ISO국가코드 및 약어로 기재. 보세공장, 자유무역지역의 경우 한국(KR)으로 기재

26. 선·기명

수입물품을 적재한 선(기)명을 기재. 국적은 선(기)명 후에 ISO국가코드 기재

27. Master B/L번호

선사 또는 항공사가 발행한 Master B/L번호를 20자 이내로 기재

28. 운수기관부호

세관에 신고된 운항선사 또는 항공사의 부호를 기재

29. 검사(반입)장소

수입물품의 검사 또는 반입장소의 보세구역부호와 화물의 장치위치를 18자리 이내로 기재(예 : 13011013 - 가1 - A - 123456)

30. 품명

해당 물품을 나타내는 관세율표상의 품명을 영문으로 기재. 관세율표상 품목번호 10단위에 해당 품명이 특게되어 있는 경우 이를 기재. 관세율표상 특게된 품명이 해당 물품의 성질을 정확하게 표현하지 못하는 경우는 일반적인 품명기재. 표준품명이 제정된 물품은 표준품명을 영문으로 기재. 품명 또는 용도 표준화 코드에 따라 기재

31. 거래품명

실제 상거래시 송품장 등 무역서류에 기재되는 품명을 기재. 학명을 병기하여 기재할 수 있다. 영어 이외의 외국어는 단순히 발음을 영자로 표기

32. 상표

① 상표코드 : 상표가 관세청에 등록된 경우는 대표 상표코드를 기재. 미등록의 경우는 'ZZZZ'로 기재하고 상표가 없는 경우는 '××××'로 기재
② 상표명 : 상표가 있는 경우 실제 사용하는 상표명(한글 또는 영문)을 기재하고 상표가 없는 경우 'NO'로 기재. 단, 'BRAND'라는 단어는 기재할 수 없음. 상표가 둘 이상인 경우 란을 달리하여 기재하고, 도형상표는 관세청 홈페이지에서 조회하여 해당 상표명(도형)을 기재. 상표는 지적재산권 확인, 원산지 확인, 가격심사 등에 필수적 기재요소로서 상표가 있는 물품을 '없음'으로 기재하는 것은 불가

33. 모델·규격

① 모델·규격별 일련번호 : 세관 심사에 필요한 모델 및 규격을 기재
② 모델명 기재방법 : 모델은 생산방식, 생산방법, 타입 등을 나타내는 부호로서 관세율표상의 품목분류, 세관장확인대상 물품의 확인, 관세환급, 관세감면, 과세가격 등의 심사에 영향을 미치는 사항을 기재

34. 성분

세관심사에 필요한 성분 및 함량 기재

35. 수량

해당 품목의 모델·규격별 수량

36. 단가

해당 품목의 모델·규격별 단가를 결제통화 단위로 기재

37. 금액

해당 품목의 모델, 규격별 금액을 표기[통화종류 부호를 금액항목 우측 (   ) 안에 표시]

38. 세번부호

세번부호란에는 관세율표에 기재된 세번을 HS 10단위로 기재

39. 과세가격(CIF)

해당 품목의 과세가격을 원화 및 미화로 기재(CIF기준 USD)

40. 순중량

물품의 포장용기를 제외한 순중량을 기재

41. 수량

전체 신고품목의 총수량. 관세율표에 게기되어 있는 수량단위를 기재(소수점을 반올림).
관세율표상 중량단위만 있고 수량단위 부호가 특게되어 있지 않은 것은 기재하지 않음.

42. 환급물량

HS별 표준수량과 관계없이 소요량 계산시 실제 사용하는 단위로 환급사용 물량을
기재. 환급물량이 없는 경우 '0.000'으로 기재

43. C/S검사구분

세관에서 전자문서로 통보한 C/S검사결과 부호를 기재(통계부호표 참조)

44. 검사방법 변경

세관직원에 의해 C/S검사방법이 변경되었을 경우 변경된 검사방법 변경부호(통계부
호표 참조)를 기재(신고시는 기재 생략)

45. 사후확인기관

수입물품이 사후확인대상인 경우 수입요건확인기관의 부호를 3개까지 기재

46. 원산지

원산지 결정 및 표시 관련사항 기재

47. 특수세액

특수세액 계산근거를 기재
- 주정인 경우 알콜 도수를 기재
- 비디오 테이프 등 분당으로 계산되는 종량세인 경우 란별 총분수 기재
- 내국세4종 물품(귀금속, 모피, 양탄자, 고급가구 등)인 경우 기준가격 초과분 개수 또는 조 기재

48. 수입요건확인

식품검역 등 관세법 이외의 다른 법령의 해당 승인 등에 관한 번호를 기재

49. 세종

관세와 각종 내국세의 종류를 적는다.
- 관세의 경우 : 관
- 교통·에너지·환경세의 경우 : 통
- 교육세인 경우 : 육
- 부가가치세인 경우 : 부
- 개별소비세의 경우 : 개
- 주세인 경우 : 주
- 농어촌특별세인 경우 : 농

50. 세율(구분)

- 세종에 해당하는 세율구분과 세율을 기재
- 관세 세율란에는 해당 품목에 대하여 ( )에 관세율 종류를 약어로 기재하고 아래에 세율을 기재
- 내국세 세율란에는 ( )에 내국세 구분부호를 기재하고 아래에 세율을 기재
- 종량세인 경우 세율 대신에 단위당 세액을 기재

51. 감면율

해당 세목의 감면율을 기재

52. 세액

- 각 품목별 해당 세액을 기재(관세의 면세가 있을 경우 면세액을 관세액 아래에 기재)
- 원 미만을 절사하고 기재
- 신고수리 또는 반출승인된 물품은 확정되지 않은 경우라도 계산액을 기재

- 보세공장 및 수출자유지역에서의 사용신고 또는 반입신고시 산출된 세액을 기재

53. 감면분납부호

감면세, 분할납부 등의 부호를 통계부호표를 참조 기재

54. 결제금액

송품장의 내용에 근거하여 인도조건, 통화종류, 결제금액, 결재방법순으로 기재
- 인도조건은 INCOTERMS 2020 거래조건을 기재(INCOTERMS 2020 거래조건 이외에는
  환산하여 기재 : 통계부호표 참조)
- 통화종류는 통계부호표상의 통화코드를 기재
  (단, 관세청 고시환율에 해당 통화코드가 없거나 또는 결제금액이 없는 경우 'USD'로 통일)
- 금액은 통화종류에 따른 금액 기재

55. 총 과세가격

신고서 총 과세금액을 원화와 미화로 기재

56. 환율

54번 항목의 통화종류에 대한 관세청 고시환율을 기재

57. 운임

운임에 대한 통화종류 및 금액을 기재
- 통화종류는 'KRW' 기재
- 운임은 실제 지급한 운임을 원화로 환산하여 기재

58. 보험료

보험료에 대한 통화종류 및 금액을 기재
- 통화종류는 'KRW' 기재
- 보험료는 실제 지급한 보험료를 원화로 환산하여 기재

59. 가산금액

품목 전체에 영향을 미친 가산금액을 원화로 환산하여 기재

60. 공제금액

품목 전체에 영향을 미친 공제금액을 원화로 환산하여 기재

61. 세종(합계)

제7절 (6)의 2) 납부세액의 계산에서 상세하게 설명하고 있다.

62. 세액(합계)

세종별 세액합계를 기재

63. 총세액합계

64. 납부(고지)서 번호

세관에서 접수통보시 부여한 납부(고지)서번호 : 세관(3)＋과(2)＋연도(2)＋고지유형(1)＋일련번호(6)＋체크 디지트(1)

65. 총부가가치세 과표

재화의 수입에 대한 부가가치세의 과세표준은 그 재화에 대한 관세의 과세가격과 관세, 개별소비세, 주세, 교육세, 농어촌특별세 및 교통·에너지·환경세를 합한 금액으로 한다(부법 §29 ②).

66. 세관기재란

의무이행요구사항 등 세관에서 필요한 사항 기재

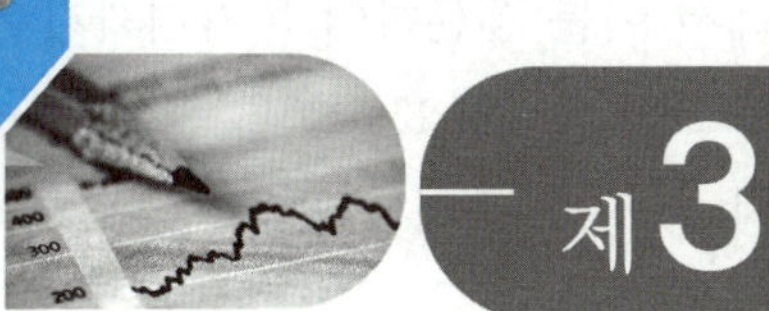

수입물품에 대한 과세

1 HS에 의한 품목분류

(1) 품목분류란?

전 세계에서 거래되는 각종 물품을 세계관세기구(WCO)가 정한 국제통일상품분류체계(HS)에 따라 하나의 품목번호(Heading)에 분류하는 것으로서 국제통상상품분류체계에 관한 국제협약(The International Convention on the Harmonized Commodity Description and Coding System : HS 협약)에 의해 체약국은 HS체계에서 정한 원칙에 따라 품목분류업무를 수행한다.

국제통일상품분류체계(HS)는 관세·무역통계·운송·보험 등과 같은 다양한 목적에 사용될 수 있도록 만든 다목적 상품분류제도로서 이러한 HS제정의 목적은 상품분류 체계의 통일을 기하여 국제무역을 원활히 하고 관세율 적용의 일관성을 유지하기 위한 것이다.

(2) 품목분류의 중요성

품목분류는 수출입물품에 대한 통관 및 승인요건뿐만 아니라 물품의 원산지 및 FTA 양허대상 여부 등을 결정하는 핵심적인 요소이다. 품목분류의 기본 구성요소는 HS해석에 관한 통칙, 부·류·소호의 주, 호와 소호의 용어이며, 이에 따라 품목분류가 결정된다.

(3) 품목분류표 기본 구조

1) HS코드의 구조

HS(Harmonized Commodity Description and Coding System) 부호란 수출입물품에 대해 HS협약에 의해 부여되는 상품분류 코드로서 6자리까지는 국제적으로 공통으로 사용하는 코드이며, 7자리부터는 각 나라에서 6단위 소호의 범위 내에서 이를 세분하여 10자리까지 사용할 수 있다. 우리나라에서는 10자리까지 사용하며 이를 HSK(HS of Korea)라 한다.

HS의 분류는 다음과 같은 10단위의 아라비아숫자 코드로 표시된다.

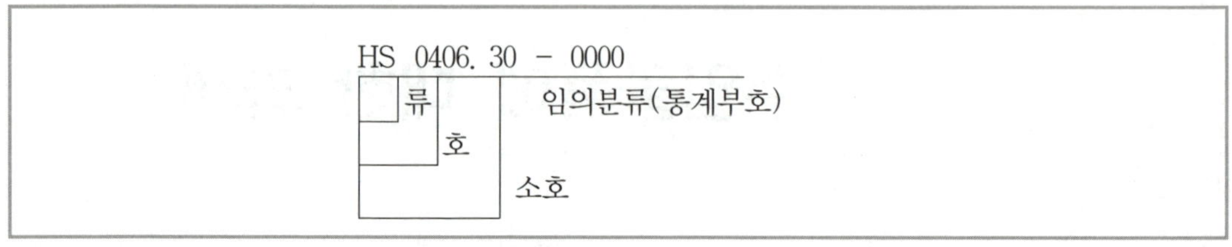

여기에서 류(Chapter)는 중분류로서 10단위 중 앞쪽 2단위의 숫자인 04이다. 류와 그 뒤의 2단위 숫자를 더한 4단위인 0406은 소분류인 호(Heading)이다. 호와 그 뒤의 2단위 숫자를 더한 6단위인 0406.30은 세분류인 소호(Sub-heading)이다. HS협약상 법적 효력이 있는 것은 이들 6단위까지의 분류이다.

따라서 송품장에 기재하는 품목분류는 통상 소호인 6단위 숫자이다. 소호 아래의 나머지 7단위에서 10단위까지는 각국이 통계 또는 관세부과 목적으로 자체 필요에 맞게 추가적으로 분류하여 사용하는 것이다. 2022년 1월 1일 개정된 HSK를 우리나라의 HS의 분류구조를 정리하면 다음과 같다.

| HS 분류구조(2022년 개정 HSK 기준) |

구 분	분류단위	명 칭	분류의 기준	개 수
대분류	–	부(部 : section)	산업별, 기술제품순으로 수평배열	21
중분류	2	류(類 : chapter)	상품의 군별 구분	96
소분류	4	호(號 : heading)	동일류 내 품목의 종류별, 가공도별	1,228
세분류	6	소호(小號 : sub-heading)	동일호 내 품목의 용도, 기능 등	5,612
세세분류	10	HSK(관세통계통합분류)	통계, 관세 목적상 필요	11,293

* 중분류인 류는 01류부터 99류까지 99개가 있으나 77류와 98류, 99류는 신제품이 개발되었을 경우 사용하기 위해 남겨두고 있다. 따라서 현재 실제로 적용되는 류는 96개이다.

2) 품목분류 사전심사제도

신제품이나 복잡한 구성요소를 가진 상품, 가공도에 따라 관세율이 크게 달라지거나 수출입에 규제가 따르는 상품 등으로 HS 분류에 논란의 소지 가능성이 있는 물품은 관세 당국에서 유권해석을 받을 수 있다.

관세법은 수출입신고를 하기 전에 수출입자가 스스로 품목을 분류하는 데 어려움이 있는 경우 관세청 관세평가분류원장에게 신청하면 법적인 효력이 있는 품목번호를 결정하여 회신하도록 한 민원회신 제도를 규정하고 있다(관세법 §86, 관세령 §106).

신청인은 품목분류사전심사 신청서(품목분류사전심사제도 운영에 관한 고시 별지 제1호 서식 갑지 및 을지), 견본 및 증빙서류를 첨부하여 인터넷, 우편 또는 방문으로 신청한다(인터넷 접수 : UNI-PASS → 전자신고 → 신고서작성 → 품목분류 → 품목분류사전심사신청).

〈첨부서류〉

가. 품목분류 사전심사 신청서(품목분류사전심사제도 운영에 관한 고시 별지 제1호 서식)
  - (서식 갑지) 품목분류사전심사신청서
  - (서식 을지) 물품설명서
나. 신청물품의 견본 제출
  - 벌크상 : (분말)300~1kg/(액상)200㎖ 이상
  - 소매포장(식품) : 2점 이상/의류 및 공산품 : 1점 이상
    예외) 물품의 성질상 견본을 제출하기 곤란한 경우에만 아래의 자료로 대체하여 제출
  - 견본미제출사유서/대체사진 3매(컬러)

② 관세법 개요

(1) 관세법의 목적과 성격

1) 목적

관세법은 관세의 부과·징수 및 수출입물품의 통관을 적정하게 하고 관세수입을 확보함으로써 국민경제의 발전에 이바지함을 목적으로 한다.

2) 성격

관세법은 관세의 과세요건, 감면요건, 징수와 감면의 절차를 규정하는 조세법적 성격과 수출입물품의 적정한 통관을 집행하는 통관법적 성격을 가지며, 관세징수와 통관의 적정성

확보를 위하여 벌칙과 관세범의 조사, 처분에 관한 절차규정을 두는 형사법적 성격, 대외경제활동과 관련된 대외경제법적 성격을 가진다.

(2) 수입관세의 과세물건

수입물품에는 관세를 부과한다(관세법 §14).[180] 물론 부가가치세, 개별소비세, 주세, 교통·에너지·환경세, 교육세, 농어촌특별세, 지방소비세도 해당 세법에 의해 부과된다. 여기에서 말하는 물품에는 디지털 재화나 용역은 포함되지 않으며 오직 Off Line에 의해 '물품'이 수입될 경우만 과세대상이 된다.

(3) 과세표준

관세의 과세표준은 수입물품의 가격 또는 수량으로 한다(관세법 §15).

관세 과세가격의 결정(이를 흔히 "관세평가"라 한다) 방법은 WTO의 협정(GATT 제7조의 이행에 관한 협정 : 일명 '평가협정')에 따른다. 즉 다른 WTO 회원국들도 모두 동일한 방법으로 관세의 과세가격을 결정하고 있다. 이와 같이 결정된 관세의 과세가격은 관세부과뿐 아니라 부가가치세, 개별소비세 등 수입물품에 부과되는 모든 내국소비세의 과세표준에 반영된다. 관세의 과세가격 결정방법은 후술하기로 한다.

(4) 과세물건 확정의 시기와 관세의 적용법령

관세는 수입신고(입항전수입신고 포함)를 하는 때의 물품의 성질과 그 수량에 따라 부과한다. 그러나 예외적으로 다음의 어느 하나에 해당하는 물품에 대하여는 각 해당 호에 규정된 때의 물품의 성질과 그 수량에 따라 부과한다(관세법 §16).

① 관세법 제143조 제6항(제151조 제2항에 따라 준용되는 경우 포함)에 따라 관세를 징수하는 물품 : 하역을 허가받은 때
② 관세법 제158조 제7항에 따라 관세를 징수하는 물품 : 보세구역 밖에서 하는 보수작업을 승인받은 때
③ 관세법 제160조 제2항에 따라 관세를 징수하는 물품 : 해당 물품이 멸실되거나 폐기된 때
④ 관세법 제187조 제7항(제195조 제2항과 제202조 제3항에 따라 준용되는 경우를 포함한다)에 따

---

180) 관세법 제14조. 유체물에 대한 과세라는 입장은 현행 관세법 조문에 따를 경우 그러하다. On Line으로 국제간 거래되는 디지털화된 재화에 대해 과세할 것인가 여부, 그리고 과세한다면 어떠한 조세를 그 대상으로 할 것인가 하는 문제는 WTO, OECD 등에서 논의 중에 있고 국제적으로 아직 최종입장이 정리되어 있지 않다.

라 관세를 징수하는 물품 : 보세공장 외 작업, 보세건설장 외 작업 또는 종합보세구역 외 작업을 허가받거나 신고한 때

⑤ 관세법 제217조에 따라 관세를 징수하는 물품 : 보세운송을 신고하거나 승인받은 때

⑥ 수입신고가 수리되기 전에 소비하거나 사용하는 물품(제239조에 따라 소비 또는 사용을 수입으로 보지 아니하는 물품은 제외한다) : 해당 물품을 소비하거나 사용한 때

⑦ 관세법 제253조 제1항에 따른 수입신고 전 즉시반출신고를 하고 반출한 물품 : 수입신고 전 즉시반출신고를 한 때

⑧ 우편으로 수입되는 물품(일반적인 수입신고 대상에 해당하는 우편물은 제외한다) : 제256조에 따른 통관우체국(이하 "통관우체국"이라 한다)에 도착한 때

⑨ 도난물품 또는 분실물품 : 해당 물품이 도난되거나 분실된 때

⑩ 관세법에 따라 매각되는 물품 : 해당 물품이 매각된 때

⑪ 수입신고를 하지 아니하고 수입된 물품("①"부터 "⑩"까지에 규정된 것은 제외한다) : 수입된 때

관세는 수입신고 당시의 법령에 따라 부과한다. 그러나 예외적으로 과세물건이 확정되는 물품의 경우는 그 예외적 사실이 발생한 날의 법령에, 보세건설장에 반입된 물품의 경우는 사용전수입신고가 수리된 날의 법령에 따라 부과한다(관세법 §17)

(5) 과세환율

과세가격을 결정하는 경우 외국통화로 표시된 가격을 내국통화로 환산할 때에는 아래에서 정한 날(보세건설장에 반입된 물품의 경우에는 수입신고를 한 날을 말한다)이 속하는 주의 전주(前週)의 기준환율 또는 재정환율을 평균하여 관세청장이 그 율을 정한다(관세법 §18).

① 과세물건 확정시기가 수입신고를 한 날이 아닌 물품 : 과세물건이 확정된 날

② 관세법 제192조에 따라 보세건설장에 반입된 외국물품 : 사용 전 수입신고가 수리된 날

무역거래에서 대금의 결제는 대부분 외국통화로 이루어진다. 따라서 납부하여야 할 관세를 산출할 경우 외국통화로 표시된 거래가격은 이를 내국통화인 원화로 환산하여야 한다. 이 경우 적용되는 환율이 과세환율이다. 과세환율은 수입물품의 거래대금이 언제 지불되었는지, 그 경우 적용된 환율은 얼마였는지와 무관하다[181]. 관세의 과세가격은 송품장에 기

---

181) 과세가격을 결정할 경우 가산요소에 해당하는 금액이 실제로 지불하였거나, 지불하여야 할 금액과 별도로 외화에 의해 지불된다 하더라도 과세환율은 해당 수입물품에 대하여 수입신고를 하는 시점의 과세환율을 적용한다(관세법통칙 18-0-1).

재된 통화를 기초로 하여 결정한다. 다만, 송품장에 기재된 통화와 실제로 결제되는 통화가 상이한 것이 관계자료 등에 의하여 확인된 경우에는 실제로 결제되는 통화를 기초로 하여 결정한다.

과세환율은 관세청장(이 업무는 관세청 소속기관인 관세평가분류원장에게 위임되어 있다)이 일주일 단위로 매주 토요일 고시하여 일요일부터 다음 주 토요일(일요일 00시부터 토요일 24시까지로 적용)한다.

(6) 납세의무자

관세의 납세의무자는 관세를 납부할 법률상의 의무를 부담하는 자로서 관세는 소비세적 성질과 간접세적 성질을 갖고 있어 관세의 납세의무자 실질적인 담세자가 아니라 물품의 가격에 포함되어 그 물품을 구매하는 최종소비자가 실질적 담세자가 된다.

1) 일반적 납세의무자

수입신고를 한 물품인 경우에는 그 물품을 수입신고하는 때의 화주(화주가 불분명할 때에는 다음의 어느 하나에 해당하는 자를 말한다)가 납세의무자가 된다(관세법 §19 ① 1).
① 수입을 위탁받아 수입업체가 대행수입한 물품인 경우 : 그 물품의 수입을 위탁한 자
② 수입을 위탁받아 수입업체가 대행수입한 물품이 아닌 경우 : 송품장, 선하증권, 항공화물운송장의 상업서류에 적힌 물품수신인
③ 수입물품을 수입신고 전에 양도한 경우 : 그 양수인

2) 특별납세의무자

① 관세법 제143조 제6항(제151조 제2항에 따라 준용되는 경우를 포함한다)에 따라 관세를 징수하는 물품인 경우에는 하역허가를 받은 자
② 관세법 제158조 제7항에 따라 관세를 징수하는 물품인 경우에는 보세구역 밖에서 하는 보수작업을 승인받은 자
③ 관세법 제160조 제2항에 따라 관세를 징수하는 물품인 경우에는 운영인 또는 보관인
④ 관세법 제187조 제7항(제195조 제2항 또는 제202조 제3항에 따라 준용되는 경우를 포함)에 따라 관세를 징수하는 물품인 경우에는 보세공장 외 작업, 보세건설장 외 작업 또는 종합보세구역 외 작업을 허가받거나 신고한 자
⑤ 관세법 제217조에 따라 관세를 징수하는 물품인 경우에는 보세운송을 신고하였거나

승인을 받은 자

⑥ 수입신고가 수리되기 전에 소비하거나 사용하는 물품(제239조에 따라 소비 또는 사용을 수입으로 보지 아니하는 물품은 제외한다)인 경우에는 그 소비자 또는 사용자

⑦ 관세법 제253조 제4항에 따라 관세를 징수하는 물품인 경우에는 해당 물품을 즉시 반출한 자

⑧ 우편으로 수입되는 물품인 경우에는 그 수취인

⑨ 도난물품이나 분실물품인 경우에는 다음에 규정된 자
- 보세구역의 장치물품(藏置物品) : 그 운영인 또는 제172조 제2항에 따른 화물관리인 (이하 "화물관리인"이라 한다)
- 보세운송물품 : 보세운송을 신고하거나 승인을 받은 자
- 그 밖의 물품 : 그 보관인 또는 취급인

⑩ 관세법 또는 다른 법률에 따라 따로 납세의무자로 규정된 자

⑪ 위 "1)" 및 "①"부터 "⑩"까지 외의 물품인 경우에는 그 소유자 또는 점유자

3) 경합시의 납세의무자

위 "1)"의 화주 또는 신고인과 "2)"의 "①"부터 "⑩"까지에 규정된 자가 경합되는 경우에는 "②"부터 "⑩"에 규정된 자(특별납세의무자)를 납세의무자로 한다(관세법 §19 ②).

4) 확장된 납세의무자

가. 연대납세의무자

수입신고가 수리된 물품 또는 관세법 제252조에 따른 수입신고수리 전 반출승인을 받아 반출된 물품에 대하여 납부하였거나 납부하여야 할 관세액이 부족한 경우 해당 물품을 수입신고하는 때의 화주의 주소 및 거소가 분명하지 아니하거나 수입신고인이 화주를 명백히 하지 못하는 경우에는 그 신고인이 해당 물품을 수입신고하는 때의 화주와 연대하여 해당 관세를 납부하여야 한다(관세법 §19 ① 단서).

① 위 "1)"에 따른 수입신고물품의 경우 다음에 규정된 자가 수입물품에 관계되는 관세·가산세 및 강제징수비에 대해서는 다음에 규정된 자가 연대하여 납부할 의무를 진다(관세법 §19 ⑤).

가. 수입신고물품이 공유물이거나 공동사업에 속하는 물품인 경우 : 그 공유자 또는 공동사업자인 납세의무자

나. 수입신고인이 수입신고를 하면서 수입신고하는 때의 화주가 아닌 자를 납세의무
자로 신고한 경우 : 수입신고인 또는 납세의무자로 신고된 자가 관세법 제270조
제1항 또는 제4항에 따른 관세포탈 또는 부정감면의 범죄를 범하거나 관세법 제
271조 제1항(제270조 제1항 또는 제4항에 따른 행위를 교사하거나 방조한 경우에 한정한다)에
따른 범죄를 범하여 유죄의 확정판결을 받은 경우 그 수입신고인 및 납세의무자
로 신고된 자와 해당 물품을 수입신고하는 때의 화주. 다만, 관세포탈 또는 부정감
면으로 얻은 이득이 없는 수입신고인 또는 납세의무자로 신고된 자는 제외한다.

다. 다음 중 어느 하나를 업으로 하는 자(이하 "구매대행업자"라 한다)가 화주로부터 수입물
품에 대하여 납부할 관세 등에 상당하는 금액을 수령하고, 수입신고인 등에게 과세
가격 등의 정보를 거짓으로 제공한 경우 : 구매대행업자와 수입신고하는 때의 화주

1) 자가사용물품을 수입하려는 화주의 위임에 따라 해외 판매자로부터 해당 수입
물품의 구매를 대행하는 것

2) 사이버몰 등을 통하여 해외로부터 구매 가능한 물품의 정보를 제공하고 해당
물품을 자가사용물품으로 수입하려는 화주의 요청에 따라 그 물품을 구매해서
판매하는 것

② 위 "2)"의 "①"부터 "⑪"까지의 규정에 따른 물품에 대한 납세의무자가 2인 이상인
경우 그 2인 이상의 납세의무자가 수입물품에 관계되는 관세ㆍ가산세 및 강제징수비
에 대하여 연대하여 납부할 의무를 진다.

나. 납세보증자

관세법 또는 다른 법령, 조약, 협약 등에 따라 관세의 납부를 보증한 자는 보증액의 범위
에서 납세의무를 진다(관세법 §19 ③).

다. 합병 및 상속 시 2차 납세의무자

법인이 합병하거나 상속이 개시된 경우에는 「국세기본법」 제23조 및 제24조를 준용하여
관세ㆍ가산세 및 강제징수비의 납세의무를 승계한다. 관세법에 따라 관세ㆍ가산세 및 강제
징수비를 연대하여 납부할 의무에 관하여는 「민법」 제413조부터 제416조까지, 제419조, 제
421조, 제423조 및 제425조부터 제427조까지의 규정을 준용한다(관세법 §19 ④, ⑦).

(7) 양도담보재산에 의한 체납징수

납세의무자(관세의 납부를 보증한 자와 제2차 납세의무자를 포함)가 관세ㆍ가산세 및 강제징수비를 체납한 경우 그 납세의무자에게 「국세기본법」 제42조 제2항에 따른 양도담보재산이 있을 때에는 그 납세의무자의 다른 재산에 대하여 강제징수를 집행하여도 징수하여야 하는 금액에 미치지 못한 경우에만 「국세징수법」 제13조를 준용하여 그 양도담보재산으로써 납세의무자의 관세ㆍ가산세 및 강제징수비를 징수할 수 있다. 다만, 그 관세의 납세신고일(관세법 제39조에 따라 부과고지하는 경우에는 그 납부고지서의 발송일을 말한다) 전에 담보의 목적이 된 양도담보재산에 대하여는 그러하지 아니한다(관세법 §19 ⑩).

(8) 관세부과의 제척기간

관세는 해당 관세를 부과할 수 있는 날(수입신고한 날의 다음 날을 관세를 부과할 수 있는 날을 원칙으로 하되 그 외는 관세령 제6조를 참조한다)부터 5년이 지나면 부과할 수 없다. 다만, 수입신고를 하지 아니하고 수입한 경우(관세법 제16조 제1호부터 제10호까지에 규정된 예외적으로 과세물건이 확정되는 물품은 제외한다)는 7년, 부정한 방법으로 관세를 포탈하였거나 환급 또는 감면받은 경우에는 관세를 부과할 수 있는 날부터 10년이 지나면 부과할 수 없다.

다음의 어느 하나에 해당하는 경우에는 "①"부터 "⑤"까지의 결정ㆍ판결이 확정되거나 회신을 받은 날부터 1년, "⑥"에 따른 경정청구일 및 "⑦"에 따른 결정통지일로부터 2개월이 지나기 전까지는 해당 결정ㆍ판결ㆍ회신 또는 경정청구에 따라 경정이나 그 밖에 필요한 처분을 할 수 있다(관세법 §21).
① 제5장 제2절(제119조부터 제132조까지)에 따른 이의신청, 심사청구 또는 심판청구에 대한 결정이 있은 경우
② 「감사원법」에 따른 심사청구에 대한 결정이 있은 경우
③ 「행정소송법」에 따른 소송에 대한 판결이 있은 경우
④ 관세법 제313조에 따른 압수물품의 반환결정이 있은 경우
⑤ 관세법과 「자유무역협정의 이행을 위한 관세법의 특례에 관한 법률」 및 조약ㆍ협정 등에서 정하는 바에 따라 양허세율의 적용 여부 및 세액 등을 확정하기 위하여 원산지증명서를 발급한 국가의 세관이나 그 밖에 발급권한이 있는 기관에게 원산지증명서 및 원산지증명서 확인자료의 진위 여부, 정확성 등의 확인을 요청한 경우 : 다음의 날 중 먼저 도래하는 날부터 1년

가. 해당 요청에 따라 회신을 받은 날

나. 관세법과 「자유무역협정의 이행을 위한 관세법의 특례에 관한 법률」 및 조약·협정 등에서 정한 회신기간이 종료된 날

⑥ 관세법 제38조의3 제2항·제3항 또는 제38조의4 제1항에 따른 경정청구가 있는 경우

⑦ 관세법 제38조의4 제4항에 따른 조정신청에 대한 결정통지가 있는 경우

(9) 관세징수권 등의 소멸시효

관세의 징수권은 이를 행사할 수 있는 날부터 다음의 구분에 따른 기간 동안 행사하지 아니하면 소멸시효가 완성된다. 납세자의 과오납금 또는 그 밖의 관세의 환급청구권은 그 권리를 행사할 수 있는 날부터 5년간 행사하지 아니하면 소멸시효가 완성된다(관세법 §22).

① 5억원 이상의 관세(내국세를 포함) : 10년

② 위 "①" 외의 관세 : 5년

납세자의 과오납금 또는 그 밖의 관세의 환급청구권은 그 권리를 행사할 수 있는 날부터 5년간 행사하지 아니하면 소멸시효가 완성된다.

신고·납부하는 관세에 있어서는 수입신고가 수리된 날부터 15일이 경과한 날의 다음 날. 월별납부의 경우에는 그 납부기한이 경과한 날의 다음 날이 관세징수권을 행사할 수 있는 날로서 관세징수권 소멸시효의 기산일이 된다(관세령 §7).

(10) 가격신고

1) 가격신고

관세의 납세의무자는 수입신고를 할 때 아래 서류와 함께 세관장에게 해당 물품의 가격에 대한 신고(이하 "가격신고"라 한다)를 하여야 한다. 다만, 통관의 능률을 높이기 위하여 필요하다고 인정되는 경우에는 물품의 수입신고를 하기 전에 가격신고를 할 수 있다(관세법 §27, 관세령 §15).

① 수입관련거래에 관한 사항

② 과세가격산출내용에 관한 사항

가격신고를 할 때에는 과세가격결정자료(송품장, 계약서, 각종 비용의 금액 및 산출근거를 나타내는 증빙자료, 기타 가격신고의 내용을 입증하는 데에 필요한 자료)를 제출하여야 한다.

2) 과세자료 제출

가격신고를 할 때에 제출하여야 하는 과세자료는 다음과 같다. 다만, 당해 물품의 거래의
내용, 과세가격결정방법 등에 비추어 과세가격결정에 곤란이 없다고 세관장이 인정하는 경
우에는 자료의 일부를 제출하지 아니할 수 있다.

① 송품장
② 계약서
③ 각종 비용의 금액 및 산출근거를 나타내는 증빙자료
④ 기타 가격신고의 내용을 입증하는 데에 필요한 자료

3) 서류제출의 면제

세관장은 다음의 어느 하나에 해당하는 경우로서 관세청장이 정하여 고시하는 경우에는
해당하는 서류의 전부 또는 일부를 제출하지 아니하게 할 수 있다.

① 같은 물품을 같은 조건으로 반복적으로 수입하는 경우(세관장은 가격신고를 일정기간 일괄
하여 신고하게 할 수 있다)
② 수입항까지의 운임 및 보험료 외에 우리나라에 수출하기 위하여 판매되는 물품에 대
하여 구매자가 실제로 지급하였거나 지급하여야 할 가격에 가산할 금액이 없는 경우
③ 그 밖에 과세가격결정에 곤란이 없다고 인정하여 관세청장이 정하는 경우

(11) 잠정가격의 신고 등

납세의무자는 가격신고를 할 때 신고하여야 할 가격이 확정되지 아니한 경우로서 다음에
해당하는 경우에는 잠정가격으로 가격신고를 할 수 있다. 이 때 관세령 제16조 제2항의 서
류를 첨부하여야 한다.

① 거래관행상 거래가 성립된 때부터 일정기간이 지난 후에 가격이 정하여지는 물품(기
획재정부령으로 정하는 것으로 한정한다)으로서 수입신고일 현재 그 가격이 정하여지지 아
니한 경우
② 관세법 제30조 제1항 각 호에 따라 조정하여야 할 금액이 수입신고일부터 일정기간이
지난 후에 정하여질 수 있음이 서류 등으로 확인되는 경우
③ 관세법 제37조 제1항 제3호에 따라 과세가격 결정방법의 사전심사를 신청한 경우
④ 관세법 제23조 제1항 각 호의 어느 하나에 해당하는 특수관계가 있는 구매자와 판매
자 사이의 거래 중 법 제30조 제1항 본문에 따른 수입물품의 거래가격이 수입신고 수

리 이후에 「국제조세조정에 관한 법률」 제5조에 따른 정상가격으로 조정될 것으로 예
상되는 거래로서 기획재정부령으로 정하는 요건을 갖춘 경우
⑤ 계약의 내용이나 거래의 특성상 잠정가격으로 가격신고를 하는 것이 불가피하다고 세
관장이 인정하는 경우

잠정가격으로 가격신고를 한 자는 2년의 범위 안에서 구매자와 판매자 간의 거래계약의
내용 등을 고려하여 세관장이 지정하는 기간 내에 확정된 가격(이하 "확정가격")을 세관장에
게 신고하여야 한다. 납세의무자가 이 기간 내에 확정된 가격을 신고하지 아니하는 경우에
는 해당 물품에 적용될 가격을 확정할 수 있다(불가피한 사유 발생시 납세의무자 요청에 의해 지정
한 신고기간 연장 가능). 다만, 납세의무자가 폐업, 파산신고, 법인해산 등의 사유로 확정된 가
격을 신고하지 못할 것으로 인정되는 경우에는 이 기간 중에도 해당 물품에 적용될 가격을
확정할 수 있다.

세관장은 확정된 가격을 신고받거나 가격을 확정하였을 때에는 잠정가격을 기초로 신고
납부한 세액과 확정된 가격에 따른 세액의 차액을 징수하거나 환급하여야 한다(관세법 §28,
관세령 §16).

(12) 가격조사보고 등

기획재정부장관 또는 관세청장은 과세가격을 결정하기 위하여 필요하다고 인정되는 경
우에는 수출입업자, 경제단체 또는 그 밖의 관계인에게 과세가격 결정에 필요한 자료를 제
출할 것을 요청할 수 있다. 이 경우 그 요청을 받은 자는 정당한 사유가 없으면 이에 따라야
한다. 또한 관세청장은 다음의 어느 하나에 해당하는 경우 국민 생활에 긴요한 물품으로서
국내물품과 비교 가능한 수입물품의 평균 신고가격이나 반입 수량에 관한 자료를 집계하여
공표할 수 있다.
① 원활한 물자수급을 위하여 특정물품의 수입을 촉진시킬 필요가 있는 경우
② 수입물품의 국내가격을 안정시킬 필요가 있는 경우

3 과세가격 결정의 방법 등

(1) 원칙

과세가격의 결정방법에는 다음과 같은 6가지가 있다.[182] 이들 6가지 과세가격 결정방법은 제1방법부터 제6방법까지 순차적으로 적용하여야 한다. 다만, 제4방법과 제5방법은 납세의무자가 그 순위를 선택하여 적용할 수 있다.[183]

① 해당 물품의 거래가격을 기초로 한 과세가격의 결정(제1방법)
② 동종·동질물품의 거래가격을 기초로 한 과세가격의 결정(제2방법)
③ 유사물품의 거래가격을 기초로 한 과세가격의 결정(제3방법)
④ 국내판매가격을 기초로 한 과세가격의 결정(제4방법)
⑤ 산정가격을 기초로 한 과세가격의 결정(제5방법)
⑥ 합리적인 가격을 기초로 한 과세가격의 결정(제6방법)

제1방법은 해당 물품의 거래가격을 과세가격으로 하는 것이지만, 제2방법 이하는 해당 물품의 거래가격 대신 다른 대체가격을 적정하게 파악하여 이를 과세가격으로 하는 것이다.

(2) 과세가격 결정방법

1) 제1방법

해당 물품의 거래가격을 기초로 한 과세가격의 결정(관세법 §30)

가. 개요

해당 물품의 거래가격을 기초로 하는 과세가격 결정방법으로서 가장 기본적이고 원칙적인 방법이다.

---

182) 관세법 제30조~제35조
183) 이들 과세가격 결정방법은 국제조세조정에관한법률 제5조에 규정된 정상가격의 산출방법과 일치하지 않는다. 다만, 제2방법과 제3방법은 국조법의 비교가능제3자가격방법과, 제4방법은 재판매가격방법과 제5방법은 원가가산방법과 각각 유사성이 있다. 그러나 국조법의 이익분할방법이나 거래순이익률방법은 관세평가에서는 인정되지 않는다.

가) 과세가격 산정

수입물품의 과세가격은 우리나라에 수출하기 위하여 판매되는 물품[*1]에 대하여 구매자가 실제로 지급하였거나 지급하여야 할 가격(채무를 상계하는 금액, 구매자가 판매자의 채무를 변제하는 금액 및 그 밖의 간접적인 지급액이 포함)에 아래의 금액을 더하여 조정한 거래가격으로 한다. 다만, 아래의 금액을 더할 때에는 객관적이고 수량화할 수 있는 자료에 근거하여야 하며, 이러한 자료가 없는 경우에는 제2방법부터 제6방법으로 과세가격을 결정한다.

나) 가산요소 금액

① 구매자가 부담하는 수수료와 중개료. 다만, 구매수수료(구매자를 대리하여 행하는 용역의 대가로서 구매자가 구매대리인에게 지급하는 비용으로 관세령 제17조의2에서 정한다)는 제외한다.

② 해당 수입물품과 동일체로 취급되는 용기의 비용과 해당 수입물품의 포장에 드는 노무비와 자재비로서 구매자가 부담하는 비용

③ 구매자가 해당 수입물품의 생산 및 수출거래를 위하여 대통령령으로 정하는 물품 및 용역[*2]을 무료 또는 인하된 가격으로 직접 또는 간접으로 공급한 경우에는 그 물품 및 용역의 가격 또는 인하차액을 해당 수입물품의 총생산량 등 대통령령으로 정하는 요소[*3]를 고려하여 적절히 배분한 금액

④ 특허권, 실용신안권, 디자인권, 상표권 및 이와 유사한 권리[*4]를 사용하는 대가로 지급하는 것으로서 당해 물품에 관련되고 당해 물품의 거래조건으로 구매자가 직접 또는 간접으로 지급하는 금액

⑤ 해당 수입물품을 수입한 후 전매 · 처분 또는 사용하여 생긴 수익금액 중 판매자에게 직접 또는 간접으로 귀속되는 금액

⑥ 수입항(輸入港)까지의 운임 · 보험료(운임 및 보험료는 당해 사업자가 발급한 운임명세서 · 보험료명세서 또는 이에 갈음할 수 있는 서류에 의하여 산출)와 그 밖에 운송과 관련되는 비용으로서 대통령령으로 정하는 바에 따라 결정된 금액(해당 수입물품이 수입항에 도착하여 본선하역준비가 완료될 때까지 발생하는 비용). 다만, 기획재정부령으로 정하는 수입물품의 경우에는 이의 전부 또는 일부를 제외할 수 있다(관세법 §30, 관세령 §20).

다) 구매자가 실제로 지급하였거나 지급하여야 할 가격

"구매자가 실제로 지급하였거나 지급하여야 할 가격"이란 해당 수입물품의 대가로서 구매자가 지급하였거나 지급하여야 할 총금액을 말하며, 구매자가 해당 수입물품의 대가와

판매자의 채무를 상계(相計)하는 금액, 구매자가 판매자의 채무를 변제하는 금액, 그 밖의 간접적인 지급액[*5]을 포함한다.

라) 조정비용

구매자가 지급하였거나 지급하여야 할 총금액에서 다음의 어느 하나에 해당하는 금액을 명백히 구분할 수 있을 때에는 그 금액을 뺀 금액을 말한다. 이러한 금액이 과세가격에서 공제될 수 있기 위해서는 송품장 등 무역서류에 의하여 해당 금액이 명백히 구분되어야 한다.

① 수입 후에 하는 해당 수입물품의 건설, 설치, 조립, 정비, 유지 또는 해당 수입물품에 관한 기술지원에 필요한 비용
② 수입항에 도착한 후 해당 수입물품을 운송하는 데에 필요한 운임·보험료와 그 밖에 운송과 관련되는 비용
③ 우리나라에서 해당 수입물품에 부과된 관세 등의 세금과 그 밖의 공과금
④ 연불조건(延拂條件)의 수입인 경우에는 해당 수입물품에 대한 연불이자[*6]

(*1) 우리나라에 수출하기 위하여 판매되는 물품에는 다음의 물품은 포함되지 아니하는 것으로 한다.
  1. 무상으로 수입하는 물품
  2. 수입 후 경매 등을 통하여 판매가격이 결정되는 위탁판매수입물품
  3. 수출자의 책임으로 국내에서 판매하기 위하여 수입하는 물품
  4. 별개의 독립된 법적 사업체가 아닌 지점 등에서 수입하는 물품
  5. 임대차계약에 따라 수입하는 물품
  6. 무상으로 임차하는 수입물품
  7. 산업쓰레기 등 수출자의 부담으로 국내에서 폐기하기 위하여 수입하는 물품

(*2) 구매자가 직접 또는 간접으로 공급하는 것으로서 다음의 어느 하나에 해당하는 것을 말한다(관세령 §18).
  1. 수입물품에 결합되는 재료·구성요소·부분품 및 그 밖에 이와 비슷한 물품
  2. 수입물품의 생산에 사용되는 공구·금형·다이스 및 그 밖에 이와 비슷한 물품으로서 기획재정부령으로 정하는 것
  3. 수입물품의 생산과정에 소비되는 물품
  4. 수입물품의 생산에 필요한 기술·설계·고안·공예 및 디자인. 다만, 우리나라에서 개발된 것은 제외한다.

(*3) 무료 또는 인하된 가격으로 공급하는 물품 및 용역의 금액(실제 거래가격을 기준

으로 산정한 금액을 말하며 국내에서 생산된 물품 및 용역을 공급하는 경우에는 부가가치세를 제외하고 산정한다)을 더하는 경우 다음의 요소를 고려하여 배분한다(관세령 §18의2).

1. 해당 수산 물품별 거래가격입물품의 총생산량 대비 실제 수입된 물품의 비율
2. 공급하는 물품 및 용역이 해당 수입물품 외의 물품 생산과 함께 관련되어 있는 경우 각 생(해당 수입물품 외의 물품이 국내에서 생산되는 경우에는 거래가격에서 부가가치세를 제외한다) 합계액 대비 해당 수입물품 거래가격의 비율

(*4) "이와 유사한 권리"라 함은 다음의 어느 하나에 해당하는 것을 말한다(관세령 §19).

1. 저작권 등의 법적 권리
2. 법적 권리에는 속하지 아니하지만 경제적 가치를 가지는 것으로서 상당한 노력에 의하여 비밀로 유지된 생산방법·판매방법 기타 사업활동에 유용한 기술상 또는 경영상의 정보 등(이하 "영업비밀"이라 한다)

(*5) "그 밖의 간접적인 지급액"에는 다음 각 호의 금액이 포함되는 것으로 한다(관세령 §20).

1. 판매자의 요청으로 수입물품의 대가 중 전부 또는 일부를 제3자에게 지급하는 경우 그 지급금액
2. 구매자가 해당 수입물품의 거래조건으로 판매자 또는 제3자가 수행하여야 하는 하자보증을 대신하고 그에 해당하는 금액을 할인받았거나 하자보증비 중 전부 또는 일부를 별도로 지급하는 경우 해당 금액
3. 수입물품의 거래조건으로 구매자가 지급하는 외국훈련비 또는 외국교육비
4. 그 밖에 일반적으로 판매자가 부담하는 금융비용 등을 구매자가 지급하는 경우 그 지급금액

(*6) 구매자가 지급하였거나 지급하여야 할 총금액에서 수입물품에 대한 연불이자를 빼고자 할 때에는 당해 연불이자가 다음 각호의 요건을 갖춘 것이어야 한다(관세령 §20).

1. 연불이자가 수입물품의 대가로 실제로 지급하였거나 지급하여야 할 금액과 구분될 것
2. 서면에 의한 계약서로 확인될 것
3. 당해 물품이 수입신고된 가격으로 판매되고, 이자율이 금융이 제공된 국가에서 당시 그러한 거래에서 통용되는 수준을 초과하지 아니할 것

나. 제1방법을 적용할 수 없는 경우(처분, 사용에 제한이 있는 경우 등)

다음의 어느 하나에 해당하는 경우에는 위 거래가격을 해당 물품의 과세가격으로 하지 아니하고 제2방법부터 제6방법으로 과세가격을 결정한다. 이 경우 세관장은 아래의 어느 하나에 해당하는 것으로 판단하는 근거를 납세의무자에게 미리 서면으로 통보하여 의견을 제시할 기회를 주어야 한다(관세법 §30 ③).

① 해당 물품의 처분 또는 사용에 제한이 있는 아래의 경우(관세령 §21, §22).
- 전시용·자선용·교육용 등 당해 물품을 특정용도로 사용하도록 하는 제한
- 당해 물품을 특정인에게만 판매 또는 임대하도록 하는 제한
- 기타 당해 물품의 가격에 실질적으로 영향을 미치는 제한

다만, 세관장이 우리나라의 법령이나 법령에 의한 처분에 의하여 부과되거나 요구되는 제한, 수입물품이 판매될 수 있는 지역의 제한, 그 밖에 수입가격에 실질적으로 영향을 미치지 아니한다고 세관장이 인정하는 제한이 있는 경우 거래가격에 실질적으로 영향을 미치지 아니한다고 인정하는 제한이 있는 경우로 보아 제외한다.

② 해당 물품에 대한 거래의 성립 또는 가격의 결정이 금액으로 계산할 수 없는 아래 조건 또는 사정에 따라 영향을 받은 경우
- 구매자가 판매자로부터 특정수량의 다른 물품을 구매하는 조건으로 당해 물품의 가격이 결정되는 경우
- 구매자가 판매자에게 판매하는 다른 물품의 가격에 따라 당해 물품의 가격이 결정되는 경우
- 판매자가 반제품을 구매자에게 공급하고 그 대가로 그 완제품의 일정수량을 받는 조건으로 당해 물품의 가격이 결정되는 경우

③ 해당 물품을 수입한 후에 전매·처분 또는 사용하여 생긴 수익의 일부가 판매자에게 직접 또는 간접으로 귀속되는 경우. 다만, 제1방법에 따라 적절히 조정할 수 있는 경우는 제외한다.

④ 구매자와 판매자 간에 특수관계(특수관계의 범위는 관세령 제23조에 따른다)가 있어 그 특수관계가 해당 물품의 가격에 영향을 미친 경우. 다만, 해당 산업부문의 정상적인 가격결정 관행에 부합하는 방법으로 결정된 경우 등 아래의 경우는 제외한다.
- 특수관계가 없는 구매자와 판매자간에 통상적으로 이루어지는 가격결정방법으로 결정된 경우
- 당해 산업부문의 정상적인 가격결정 관행에 부합하는 방법으로 결정된 경우

- 해당 물품의 가격이 다음 각 목의 어느 하나의 가격에 근접하는 가격으로서 기획재정부령으로 정하는 가격에 해당함을 구매자가 입증한 경우
  - 가. 특수관계가 없는 우리나라의 구매자에게 수출되는 동종·동질물품 또는 유사물품의 거래가격
  - 나. 법 제33조 및 법 제34조의 규정에 의하여 결정되는 동종·동질물품 또는 유사물품의 과세가격

다. 제1방법을 적용할 수 없는 경우(현저한 가격차이가 있는 경우 등)

세관장은 납세의무자가 제1방법에 따른 거래가격으로 가격신고를 한 경우 해당 신고가격이 동종·동질물품 또는 유사물품의 거래가격과 현저한 차이가 있는 등 이를 과세가격으로 인정하기 곤란한 경우로서 대통령령으로 정하는 경우[184]에는 납세의무자에게 신고가격이 사실과 같음을 증명할 수 있는 자료를 제출할 것을 요구할 수 있다(관세법 §30 ④).

라. 제1방법을 적용할 수 없는 경우(자료제출을 하지 아니한 경우 등)

세관장은 납세의무자가 다음의 어느 하나에 해당하면 제2방법부터 제6방법으로 과세가격을 결정한다. 이 경우 세관장은 빠른 시일 내에 과세가격 결정을 하기 위하여 납세의무자와 정보교환 등 적절한 협조가 이루어지도록 노력하여야 하고, 신고가격을 과세가격으로 인정하기 곤란한 사유와 과세가격 결정 내용을 해당 납세의무자에게 통보하여야 한다.

① "다"에 따라 요구받은 자료를 제출하지 아니한 경우

② "다"의 요구에 따라 제출한 자료가 일반적으로 인정된 회계원칙에 부합하지 아니하게 작성된 경우

③ 납세의무자가 제출한 자료가 수입물품의 거래관계를 구체적으로 나타내지 못하는 경우

④ 그밖에 납세의무자가 제출한 자료에 대한 사실관계를 확인할 수 없는 등 신고가격의

---

184) "대통령령으로 정하는 경우"란 다음의 어느 하나에 해당하는 경우를 말한다(관세령 §24).
  1. 납세의무자가 신고한 가격이 동종·동질물품 또는 유사물품의 가격과 현저한 차이가 있는 경우
  2. 납세의무자가 동일한 공급자로부터 계속하여 수입하고 있음에도 불구하고 신고한 가격에 현저한 변동이 있는 경우
  3. 신고한 물품이 원유·광석·곡물 등 국제거래시세가 공표되는 물품인 경우 신고한 가격이 그 국제거래시세와 현저한 차이가 있는 경우
  4. 신고한 물품이 원유·광석·곡물 등으로서 국제거래시세가 공표되지 않는 물품인 경우 관세청장 또는 관세청장이 지정하는 자가 조사한 수입물품의 산지 조사가격이 있는 때에는 신고한 가격이 그 조사가격과 현저한 차이가 있는 경우
  5. 납세의무자가 거래처를 변경한 경우로서 신고한 가격이 종전의 가격과 현저한 차이가 있는 경우
  6. 위 1부터 5까지의 사유에 준하는 사유로서 기획재정부령으로 정하는 경우

정확성이나 진실성을 의심할만한 합리적인 사유가 있는 경우

2) 제2방법

동종·동질물품의 거래가격을 기초로 한 과세가격의 결정

가. 개요

위의 제1방법에 의해 과세가격을 결정할 수 없을 경우에는 과세가격으로 인정된 사실이 있는 동종·동질물품[185]의 거래가격으로서 다음의 요건을 갖춘 가격을 기초로 하여 과세가격을 결정한다(관세법 §31).

① 과세가격을 결정하려는 해당 물품의 생산국에서 생산된 것으로서 해당 물품의 선적일(船積日)에 선적되거나 해당 물품의 선적일을 전후하여 가격에 영향을 미치는 시장조건이나 상관행(商慣行)에 변동이 없는 기간 중에 선적되어 우리나라에 수입된 것일 것

② 거래 단계, 거래 수량, 운송 거리, 운송 형태 등이 해당 물품과 같아야 하며, 두 물품 간에 차이가 있는 경우에는 그에 따른 가격차이를 조정한 가격일 것

위 동종·동질물품의 거래가격을 기초로 한 과세가격으로 인정된 사실이 있는 동종·동질물품의 거래가격이라 하더라도 그 가격의 정확성과 진실성을 의심할만한 합리적인 사유가 있는 경우 그 가격은 과세가격 결정의 기초자료에서 제외한다. 이하 제3방법 및 제4방법에서도 동일하게 적용된다.

나. 동종·동질물품의 거래가격이 둘 이상 있는 경우

동종·동질물품의 거래가격이 둘 이상 있는 경우에는 생산자, 거래 시기, 거래 단계, 거래 수량 등(이하 "거래내용 등")이 해당 물품과 가장 유사한 것에 해당하는 물품의 가격을 기초로 하고, 거래내용 등이 같은 물품이 둘 이상이 있고 그 가격도 둘 이상이 있는 경우에는 가장 낮은 가격을 기초로 하여 과세가격을 결정한다.

3) 제3방법 : 유사물품의 거래가격을 기초로 한 과세가격의 결정

제1방법과 제2방법에 의해 과세가격을 결정할 수 없을 때에는 과세가격으로 인정된 사실이 있는 유사물품[186]의 거래가격으로서 제2방법의 ①, ②의 요건을 갖춘 가격을 기초로 하

---

185) 당해 수입물품의 생산국에서 생산된 것으로서 물리적 특성, 품질 및 소비자 등의 평판을 포함한 모든 면에서 동일한 물품(외양에 경미한 차이가 있을 뿐 그 밖의 모든 면에서 동일한 물품을 포함한다)을 말한다(관세령 §25).

여 과세가격을 결정한다.

또한 동 규정을 적용할 때 유사물품의 거래가격이 둘 이상이 있는 경우에는 거래내용 등이 해당 물품과 가장 유사한 것에 해당하는 물품의 가격을 기초로 하고, 거래내용 등이 같은 물품이 둘 이상이 있고 그 가격도 둘 이상이 있는 경우에는 가장 낮은 가격을 기초로 하여 과세가격을 결정한다(관세법 §32).

4) 제4방법 : 국내판매가격을 기초로 한 과세가격의 결정

가. 개요

제1방법 내지 제3방법에 의해 과세가격을 결정할 수 없을 때에는 ①의 금액에서 ②부터 ④까지의 금액을 뺀 가격을 과세가격으로 한다. 다만, 납세의무자가 요청하면 제5방법을 우선 적용하여 과세가격을 결정하되 제5방법에 따라 결정할 수 없는 경우에는 동 규정, 제6방법의 순서에 따라 과세가격을 결정한다(관세법 §33).

① 해당 물품, 동종·동질물품 또는 유사물품이 수입된 것과 동일한 상태로 해당 물품의 수입신고일 또는 수입신고일과 거의 동시에 특수관계가 없는 자에게 가장 많은 수량으로 국내에서 판매되는 단위가격[187]을 기초로 하여 산출한 금액(수입신고일과 거의 동시에 판매되는 단위가격은 당해 물품의 종류와 특성에 따라 수입신고일의 가격과 가격변동이 거의 없다고 인정되는 기간 중의 판매가격으로 한다. 다만, 수입신고일부터 90일이 경과된 후에 판매되는 가격을 제외한다).

② 국내판매와 관련하여 통상적으로 지급하였거나 지급하여야 할 것으로 합의된 수수료 또는 동종·동류의 수입물품이 국내에서 판매되는 때에 통상적으로 부가되는 이윤 및 일반경비에 해당하는 금액. 여기서 이윤 및 일반경비는 일체로서 취급하며, 일반적으로 인정된 회계원칙에 따라 작성된 회계보고서를 근거로 계산한다(관세령 §27 ④).

③ 수입항에 도착한 후 국내에서 발생한 통상의 운임·보험료와 그 밖의 관련 비용

---

186) "유사물품"이라 함은 당해 수입물품의 생산국에서 생산된 것으로서 모든 면에서 동일하지는 아니하지만 동일한 기능을 수행하고 대체사용이 가능할 수 있을 만큼 비슷한 특성과 비슷한 구성요소를 가지고 있는 물품을 말한다(관세령 §26).

187) "국내에서 판매되는 단위가격"이란 수입 후 최초의 거래에서 판매되는 단위가격을 말한다. 다만, 다음 각 호의 어느 하나에 해당하는 경우의 가격은 이를 국내에서 판매되는 단위가격으로 보지 아니한다(관세령 §27).
  • 최초거래의 구매자가 판매자 또는 수출자와 제23조 제1항에 따른 특수관계에 있는 경우
  • 최초거래의 구매자가 판매자 또는 수출자에게 제18조 각호의 물품 및 용역을 수입물품의 생산 또는 거래에 관련하여 사용하도록 무료 또는 인하된 가격으로 공급하는 경우

④ 해당 물품의 수입 및 국내판매와 관련하여 납부하였거나 납부하여야 하는 조세와 그 밖의 공과금

해당 물품, 동종·동질물품 또는 유사물품이 수입된 것과 동일한 상태로 국내에서 판매되는 사례가 없는 경우 납세의무자가 요청할 때에는 해당 물품이 국내에서 가공된 후 특수관계가 없는 자에게 가장 많은 수량으로 판매되는 단위가격을 기초로 하여 산출된 금액에서 다음의 금액을 뺀 가격을 과세가격으로 한다.

① 위 "②"부터 "④"까지의 금액
② 국내 가공에 따른 부가가치

나. 이의제기

납세의무자는 세관장이 동종·동류비율 및 그 산출근거를 서면통보를 받고 세관장이 산출한 동종·동류비율이 불합리하다고 판단될 때에는 세관장의 서면통보를 받은 날부터 30일 이내에 해당 납세의무자의 수입물품을 통관하였거나 통관할 세관장을 거쳐 관세청장에게 이의를 제기할 수 있다. 이 경우 관세청장은 해당 납세의무자가 제출하는 자료와 관련 업계 또는 단체의 자료를 검토하여 동종·동류비율을 다시 산출할 수 있다(관세령 §27 ⑦).

5) 제5방법 : 산정가격을 기초로 한 과세가격의 결정

제1방법 내지 제4방법에 의해 과세가격을 결정할 수 없을 때에는 다음의 금액을 합한 가격을 기초로 하여 과세가격을 결정한다(관세법 §34, 관세령 §28).

① 해당 물품의 생산에 사용된 원자재 비용 및 조립이나 그 밖의 가공에 드는 비용 또는 그 가격(해당 수입물품과 동일체로 취급되는 용기의 비용과 해당 수입물품의 포장에 드는 노무비와 자재비로서 구매자가 부담하는 비용이 포함되며, 우리나라에서 개발된 기술·설계·고안·디자인 또는 공예에 소요되는 비용을 생산자가 부담하는 경우에는 당해 비용이 포함되는 것으로 한다)
② 수출국 내에서 해당 물품과 동종·동류의 물품의 생산자가 우리나라에 수출하기 위하여 판매할 때 통상적으로 반영하는 이윤 및 일반 경비에 해당하는 금액
③ 해당 물품의 수입항까지의 운임·보험료와 그 밖에 운송과 관련된 비용으로서 관세법 제30조 제1항 제6호에 따라 결정된 금액

6) 제6방법 : 합리적 기준에 따른 과세가격의 결정

가. 개요

제1방법 내지 제5방법에 의해 과세가격을 결정할 수 없을 때에는 아래에 따라 제1방법 내지 제5방법까지에 규정된 원칙과 부합되는 합리적인 기준에 따라 과세가격을 결정한다. 이 방법으로 과세가격을 결정할 수 없을 때에는 국제거래시세·산지조사가격을 조정한 가격을 적용하는 방법 등 거래의 실질 및 관행에 비추어 합리적으로 인정되는 방법에 따라 과세가격을 결정한다(관세법 §35, 관세령 §29).

① 관세법 제31조 또는 법 제32조의 규정을 적용함에 있어서 법 제31조 제1항 제1호의 요건을 신축적으로 해석·적용하는 방법

② 관세법 제33조의 규정을 적용함에 있어서 수입된 것과 동일한 상태로 판매되어야 한다는 요건을 신축적으로 해석·적용하는 방법

③ 관세법 제33조 또는 법 제34조의 규정에 의하여 과세가격으로 인정된 바 있는 동종·동질물품 또는 유사물품의 과세가격을 기초로 과세가격을 결정하는 방법

④ 관세령 제27조 제2항 단서의 규정을 적용하지 아니하는 방법

⑤ 그 밖에 거래의 실질 및 관행에 비추어 합리적이라고 인정되는 방법

나. 합리적 과세가격으로 볼 수 없는 경우

제6방법인 합리적인 기준을 적용하더라도 과세가격을 결정함에 있어 다음에 해당하는 가격을 기준으로 하여서는 아니된다. 이는 WTO관세평가협정에 금지하고 있다.

① 우리나라에서 생산된 물품의 국내판매가격

② 선택가능한 가격 중 반드시 높은 가격을 과세가격으로 하여야 한다는 기준에 따라 결정하는 가격

③ 수출국의 국내판매가격

④ 동종·동질물품 또는 유사물품에 대하여 관세법 제34조의 규정에 의한 방법 외의 방법으로 생산비용을 기초로 하여 결정된 가격

⑤ 우리나라 외의 국가에 수출하는 물품의 가격

⑥ 특정수입물품에 대하여 미리 설정하여 둔 최저과세기준가격

⑦ 자의적 또는 가공적인 가격

7) 그 밖의 과세가격결정방법 사례

가. 수입신고 전 변질 또는 손상물품의 과세가격의 결정

수입신고를 하기 전에 변질 또는 손상된 물품의 과세가격은 다음 각 호의 가격을 기초로 하여 결정할 수 있다(관세칙 §7의2).

① 변질 또는 손상으로 인해 구매자와 판매자 간에 다시 결정된 가격

② 변질 또는 손상되지 않은 물품의 가격에서 다음 각 목 중 어느 하나의 금액을 공제한 가격

　가. 관련 법령에 따른 감정기관의 손해평가액

　나. 수리 또는 개체(改替)비용

　다. 보험회사의 손해보상액

나. 여행자휴대품, 우편물 등의 과세가격 결정

여행자휴대품, 우편물, 탁송품, 이사물품 등의 과세가격을 결정하는 때에는 다음 각 호의 가격을 기초로 하여 결정할 수 있다(관세칙 §7의3).

① 신고인의 제출 서류에 명시된 신고인의 결제금액(명칭 및 형식에 관계없이 모든 성격의 지급 수단으로 결제한 금액을 말한다)

② 외국에서 통상적으로 거래되는 가격으로 객관적으로 조사된 가격

③ 해당 물품과 동종·동질물품 또는 유사물품의 국내도매가격에 관세청장이 정하는 시 가역산율을 적용하여 산출한 가격

④ 관련 법령에 따른 감정기관의 감정가격

⑤ 중고승용차(화물자동차를 포함) 및 이륜자동차에 대하여 1호 및 2호를 적용하는 경우, 최초 등록일(또는 사용일)로부터 수입신고일까지의 사용으로 인한 가치감소에 대하여 관세청장이 정하는 기준을 적용하여 산출한 가격

⑥ 그 밖에 신고인이 제시하는 가격. 다만, 세관장이 타당하다고 인정하는 경우에 한한다.

다. 임차수입물품의 과세가격 결정

임차사용 후 반환하는 경우 임차수입물품의 과세가격은 해당 수입물품의 전체가치가 과세대상가격이 되는 것이며, 제6방법을 적용하는 경우 다음 가격을 순차적으로 적용하여 과세가격을 결정한다(관세칙 §7의4).

① 임차료 산출의 기초가 되는 해당 임차수입물품의 가격

② 해당 임차수입물품, 동종·동질 또는 유사물품을 우리나라에 수출할 때 공개된 가격

자료에 기재된 가격(중고물품의 경우에는 제7조의5에 따라 결정된 가격을 말한다)

③ 해당 임차수입물품의 경제적 내구연한 동안 지불된 총예상임차료를 기초로 계산한 가격. 다만, 세관장이 일률적인 내구연한의 적용이 불합리하다고 판단하는 경우는 제외한다.

④ 임차하여 수입하는 물품에 대하여 수입자가 구매선택권을 가지는 경우에는 임차계약상 구매선택권을 행사할 수 있을 때까지 지급할 총 예상임차료와 구매선택권을 행사하는 때에 지급하여야 할 금액의 현재가격의 합계액을 기초로 하여 과세가격을 결정한다. 이 경우 제2항 제2호 및 제3호를 적용하여 산정한 가격을 말한다.

라. 중고물품의 과세가격 결정

중고물품의 수입 시 제6방법을 적용하는 때에는 다음 가격을 순차적으로 적용하여 과세가격을 결정한다(관세칙 §7의5).

① 관련 법령에 따른 감정기관의 감정가격

② 국내도매가격에 관세청장이 정한 시가역산율을 적용하여 산출한 가격

③ 해외로부터 수입되어 국내에서 거래되는 신품 또는 중고물품의 수입당시의 과세가격을 기초로 가치 감소분을 공제한 가격. 다만, 내용연수가 경과된 물품의 경우는 제외한다.

④ 그 밖에 세관장이 타당하다고 인정하는 합리적인 가격

마. 보세공장에서 내국물품과 외국물품을 혼용하여 제조한 물품의 과세가격의 결정

내국물품과 외국물품의 혼용에 관한 승인을 받아 제조된 물품의 과세가격은 다음의 산식에 따른다.

$$제품가격 \times [외국물품\ 가격\ /\ (외국물품\ 가격\ +\ 내국물품\ 가격)]$$

위의 제품가격, 외국물품가격 및 내국물품 가격은 다음 각 호의 방법으로 결정한다.

① 제품가격은 보세공장에서 외국물품과 내국물품을 혼용하여 제조된 물품의 가격으로 하며, 관세법의 과세가격 결정방법에 따른다.

② 제조에 사용된 외국물품의 가격은 관세법의 과세가격 결정방법에 따른다.

③ 제조에 사용된 내국물품의 가격은 해당 보세공장에서 구매한 가격으로 한다.

④ 제3호에도 불구하고 다음 각 목의 어느 하나에 해당하는 경우에는 해당 물품과 동일

하거나 유사한 물품의 국내판매가격을 구매가격으로 한다. 이 경우 거래 단계 등이 같아야 하며, 두 물품 간 거래 단계 등에 차이가 있는 경우에는 그에 따른 가격 차이를 조정해야 한다.

가. 구매자와 판매자가 관세법에서 정한 특수관계가 있는 경우

나. 물품 및 용역을 무료 또는 인하된 가격으로 직접 또는 간접으로 공급한 사실이 있는 경우

⑤ ②부터 ④까지의 가격은 관세법 규정에 따라 보세공장에서 사용신고를 하는 때에 이를 확인해야 하며, 각각 사용신고 하는 때의 원화가격으로 결정한다.

바. 범칙물품의 과세가격 결정

범칙물품의 과세가격은 위에서 열거한 수입신고 전 변질 또는 손상물품, 여행자휴대품 등과 임차수입물품, 중고물품, 보세공장에서 내국물품과 외국물품을 혼용한 물품의 과세가격 결정방법을 준용하여 결정한다.

사. 수리 또는 가공한 후 재수입하는 물품의 과세가격 결정

수리 또는 가공하기 위하여 수출된 물품의 과세가격 결정방법은 법령에 따로 정하지 않고 있으나 제1방법을 적용하여 다음과 같은 금액을 합산하는 것으로 결정한다.

① 수리 또는 가공하는 국가(지역을 포함한다. 이하 같다)까지의 해당 물품 운임 및 보험료

② 수리 또는 가공하는 국가에서의 양하비와 수리업자(가공업자)에게 인도하는 데 소요된 기타 제비용

③ 수리 또는 가공에 소요된 비용

④ 수리 또는 가공 후의 수리국 내에서의 운송비, 선적비 등 수리 또는 가공 후 선적시까지 소요된 비용

⑤ 수리 또는 가공한 국가의 수출항으로부터 최초 수입항까지의 해당 물품의 운임, 보험료 및 기타의 비용

(3) 과세가격 결정방법 등의 통보

세관장은 납세의무자가 서면으로 요청하면 과세가격을 결정하는 데에 사용한 방법과 과세가격 및 그 산출근거를 그 납세의무자에게 서면으로 통보하여야 한다(관세법 §36).

(4) 과세가격 결정방법의 사전심사

납세의 납세신고를 하여야 하는 자는 과세가격 결정과 관련하여 다음의 사항에 관하여 의문이 있을 때에는 가격신고를 하기 전에 관세청장에게 미리 심사하여 줄 것을 신청할 수 있다(관세법 §37, 관세령 §31).

① 제1방법에 규정된 사항

② 제1방법으로 과세가격을 결정할 수 없는 경우에 적용되는 과세가격 결정방법

③ 특수관계가 있는 자들 간에 거래되는 물품의 과세가격 결정방법

신청을 받은 관세청장은 아래 기간 이내에 과세가격의 결정방법을 심사한 후 그 결과를 신청인에게 통보하여야 한다.

① 위 "①" 및 "②"에 해당하는 경우 : 1개월

② 위 "③"에 해당하는 경우 : 1년

결과를 통보받은 자가 그 결과에 이의가 있는 경우에는 그 결과를 통보받은 날부터 30일 이내에 관세청장에게 재심사를 신청할 수 있다.

(5) 관세의 과세가격 결정방법과 국세의 정상가격 산출방법의 사전조정

위 "(4)"의 "③"에 관하여 의문이 있어 사전심사를 신청하는 자는 관세의 과세가격과 국세의 정상가격을 사전에 조정(이하 "사전조정"이라 한다)받기 위하여 「국제조세조정에 관한 법률」 제14조 제1항에 따른 정상가격 산출방법의 사전승인(같은 조 제2항 단서에 따른 일방적 사전승인의 대상인 경우에 한정한다)을 관세청장에게 동시에 신청할 수 있다.

관세청장은 위 신청을 받은 경우에는 국세청장에게 정상가격 산출방법의 사전승인 신청 서류를 첨부하여 신청을 받은 사실을 통보하고, 국세청장과 과세가격 결정방법, 정상가격 산출방법 및 사전조정 가격의 범위에 대하여 대통령령으로 정하는 바에 따라 협의하여야 한다. 관세청장은 협의가 이루어진 경우에는 사전조정을 하여야 한다. 신청의 처리결과를 사전조정을 신청한 자와 기획재정부장관에게 통보하여야 한다(관세법 §37의2).

(6) 특수관계자 수입물품 과세가격결정자료 제출

세관장은 세액심사시 특수관계에 있는 자가 수입하는 물품의 과세가격의 적정성을 심사 하기 위하여 해당 특수관계자에게 과세가격결정자료를 제출할 것을 요구할 수 있고, 제출 받은 과세가격결정자료에서 위 "(4)"의 "①"부터 "③"의 어느 하나에 해당하는 금액이 이

에 해당하지 아니하는 금액과 합산되어 있는지 불분명한 경우에는 이를 구분하여 계산할 수 있는 객관적인 증명자료의 제출을 요구할 수 있다.

자료제출을 요구받은 자는 자료제출을 요구받은 날부터 60일 이내에 해당 자료를 제출하여야 한다. 다만, 부득이한 사유로 제출기한의 연장을 신청하는 경우에는 세관장은 한 차례만 60일까지 연장할 수 있다.

세관장은 특수관계에 있는 자가 요구받은 자료를 기한까지 제출하지 아니하는 경우에는 해당 과세가격결정자료에 따른 금액을 제2방법부터 제6방법으로 과세가격을 결정할 수 있다. 이 경우 세관장은 과세가격을 결정하기 전에 특수관계에 있는 자와 협의를 하여야 하며 10일 이상의 기간 동안 의견을 제시할 기회를 주어야 한다(관세법 §37의4, 관세령 §31의5).

4 신고납부와 경정 등

(1) 납부세액의 신고납부확정방식

물품을 수입할 경우 수입물품에 대해 납부해야 할 관세와 내국세는 수입신고 건별로 납부함을 원칙으로 한다. 이 경우 납부하여야 할 세액을 확정하는 방식에는 두 가지가 있다.[188] 신고납부방식과 부과고지방식이다. 신고납부방식은 납세의무자가 스스로 납부하여야 할 과세가격·관세율·납부세액을 산출하여 이를 신고함으로써(납세신고[189]) 관세를 확정하는 것이다. 이에 반해 부과고지방식은 납세의무자가 납부하여야 할 세액을 세관장이 산출하여 확정하고 이를 납부하도록 고지하는 방식이다. 현재 부과고지방식은 여행자휴대품 등 예외적인 경우 국한하여 적용한다.

(2) 관세의 신고납부(관세법 §38)

가. 신고

물품(세관장이 부과고지하는 물품은 제외)을 수입하려는 자는 수입신고를 할 때에 세관장에게 관세의 납부에 관한 신고(이하 "납세신고")를 하여야 한다. 납세신고를 하고자 하는 자는 관세령 제246조의 규정에 의한 수입신고서에 동조 각호의 사항 외에 다음의 사항을 기재하여

---

188) 관세법 제38조·제39조
189) 현재 납세신고는 수입신고와 동시에, 수입신고서에 통합되어 이루어지도록 되어 있다.

세관장에게 제출하여야 한다(관세령 §32).

① 당해 물품의 관세율표상의 품목분류·세율과 품목분류마다 납부하여야 할 세액 및 그 합계액

② 법 기타 관세에 관한 법률 또는 조약에 의하여 관세의 감면을 받는 경우에는 그 감면액과 법적 근거

③ 관세법 제23조 제1항의 규정에 의한 특수관계에 해당하는지 여부와 그 내용

④ 기타 과세가격결정에 참고가 되는 사항

관세청장이 정해 둔 수입신고서의 양식은 형식상 관세법 제246조에 의한 수입신고와 같은 법 제38조에 의한 납세신고를 하나의 신고서로 동시에 하도록 하고 있다. 세관장은 납세신고를 받으면 수입신고서에 기재된 사항과 이 법에 따른 확인사항 등을 심사하되, 신고한 세액에 대하여는 수입신고를 수리한 후에 심사한다. 다만, 신고한 세액에 대하여 관세채권을 확보하기가 곤란하거나, 수입신고를 수리한 후 세액심사를 하는 것이 적당하지 아니하다고 인정하여 기획재정부령으로 정하는 물품의 경우에는 수입신고를 수리하기 전에 이를 심사한다.

나. 징수결정

신고납부대상물품에 대하여는 통관시스템에 심사결재를 등록하는 때에 징수 결정된 것으로 본다. 다만, 납세의무자가 신고수리 전에 관세 등을 납부한 경우에는 수납은행에서 전송한 영수필통지가 통관시스템에 등록된 때 징수 결정된 것으로 본다(수입통관고시 §44).

다. 징수형태

신고인은 수입신고 시 신고납부(담보면제, 신용·포괄담보, 개별담보신고수리전 납부), 부과고지(담보면제, 신용·포괄담보, 개별담보, 신고수리전 납부), 과세보류, 일괄납부(사후정산), 월별납부, 수리전반출 일괄고지의 징수형태 중에서 하나를 선택하여 수입신고를 하여야 한다(수입통관고시 §46).

라. 납부

관세는 신고납부의 경우 납부기한은 납세신고수리일, 즉 수입신고수리일부터 15일 이내에 관세 등을 국고수납은행이나 우체국에 납부하여야 한다. 부과고지의 경우 납부고지를 받은 날부터 15일 이내이다.[190] 그러나 관세청장이 정한 요건을 갖춘 업체가 신청하는 경

---

190) 관세법 제9조

우 세관장은 납부기한이 동일한 달에 속하는 세액에 대하여 동 기한이 속하는 달의 말일까지 일괄하여 납부하도록 하고 있다. 이를 월별납부제도[191]라 한다(수입통관고시 §45).

마. 통합납부(수입통관고시 §58~§62)

납세의무자는 납부하여야 할 관세 등의 납부기한과 세입징수관서가 동일한 여러 건의 수입신고물품에 대한 납부세액을 합산하여 1건의 납부서에 의하여 납부(이하 "통합납부"라 한다)할 수 있다.

(3) 자율심사

세관장은 납세실적과 수입규모 등을 고려하여 관세청장이 정하는 요건을 갖춘 자(자율심사업체로 승인받은 업체)가 신청할 때에는 납세신고한 세액을 자체적으로 심사(이하 "자율심사"라 한다)하게 할 수 있다. 세관장은 자율심사업체에게 수출입업무의 처리방법 및 체계 등에 관한 관세청장이 정한 자료를 제공하여야 하며, 해당 납세의무자는 자율심사한 결과 및 조치내용을 세관장에게 제출하여야 한다(관세령 §32의2). 이 경우 자율심사업체는 당해 결과를 제출하기 전에 납부세액의 과부족분에 대하여는 보정신청하거나 수정신고 또는 경정청구하여야 하며, 과다환급금이 있는 경우에는 세관장에게 통지하여야 한다.

(4) 세액의 정정

납세의무자는 납세신고한 세액을 납부하기 전에 그 세액이 과부족(過不足)하다는 것을 알게 되었을 때에는 납세신고한 세액을 정정할 수 있으며, 세액을 정정하고자 하는 자는 당해 납세신고와 관련된 서류를 세관장으로부터 교부받아 과세표준 및 세액 등을 정정하고, 그 정정한 부분에 서명 또는 날인하여 세관장에게 제출하여야 한다. 이 경우 납부기한은 당초의 납부기한으로 한다(관세법 §38).

(5) 보정(관세법 §38의2, 관세령 §32의4)

1) 납세의무자의 보정 신청

납세의무자는 신고납부한 세액이 부족하다는 것을 알게 되거나 세액산출의 기초가 되는

---

191) 월별납부제도를 이용하게 되면 실질적인 납기 연장효과와 함께 여러 통관건의 세액을 일괄납부함에 따른 행정비용 절감효과를 얻을 수 있다. 월별납부제도에 대한 자세한 내용은 관세청고시 '월별납부제도운영에 관한 고시' 참조

과세가격 또는 품목분류 등에 오류가 있는 것을 알게 되었을 때에는 신고납부한 날부터 6개월 이내(이하 "보정기간"이라 한다)에 해당 세액을 보정(補正)하여 줄 것을 세관장에게 신청할 수 있다. 납세의무자가 부족한 세액에 대한 세액의 보정을 신청한 경우에는 해당 보정신청을 한 날의 다음 날까지 해당 관세를 납부하여야 한다(관세법 §38의2 ①, ④).

2) 세관장의 보정신청 통지 등

세관장은 위 신청에 따라 세액을 보정한 결과 부족한 세액이 있을 때에는 관세법 제42조에도 불구하고 납부기한(관세법 제9조에 따른 납부기한을 말한다) 다음 날부터 보정신청을 한 날까지의 기간과 금융회사의 정기예금에 대하여 적용하는 이자율을 고려하여 대통령령으로 정하는 이율에 따라 계산한 금액을 더하여 해당 부족세액을 징수하여야 한다. 다만, 다음의 어느 하나에 해당하는 경우에는 그러하지 아니하다(관세법 §38의2 ⑤).

① 국가 또는 지방자치단체가 직접 수입하는 물품 등 대통령령으로 정하는 물품의 경우
② 신고납부한 세액의 부족 등에 대하여 납세의무자에게 대통령령으로 정하는 정당한 사유가 있는 경우

이에 불구하고 납세의무자가 관세법 제42조 제2항에 따른 부당한 방법으로 과소신고한 후 위 신청을 한 경우에는 세관장은 부당과소신고가산세(부족세액의 100분의 40)를 징수하여야 한다(관세법 §38의2 ⑥).

(6) 수정 및 경정(관세법 §38의3, 관세령 §33, §34, 수입통관고시 §47, §48, §49)

1) 수정신고

납세의무자는 신고납부한 세액이 부족한 경우에는 수정신고(보정기간이 지난 날부터 관세법 제21조 제1항에 따른 제척기간이 끝나기 전까지로 한정한다)를 할 수 있다. 이 경우 납세의무자는 수정신고한 날의 다음 날까지 해당 관세를 납부하여야 한다.

2) 경정청구(관세령 §34)

납세의무자는 신고납부한 세액이 과다한 것을 알게 되었을 때에는 최초로 납세신고를 한 날부터 5년 이내에 대통령령으로 정하는 바에 따라 신고한 세액의 경정을 세관장에게 청구할 수 있다.

3) 경정(관세령 §34)

납세의무자는 최초의 신고 또는 경정에서 과세표준 및 세액의 계산근거가 된 거래 또는 행위 등이 그에 관한 소송에 대한 판결(판결과 같은 효력을 가지는 화해나 그 밖의 행위를 포함)에 의하여 다른 것으로 확정되는 등 아래의 사유가 발생하여 납부한 세액이 과다한 것을 알게 되었을 때에는 그 사유가 발생한 것을 안 날부터 2개월 이내에 납부한 세액의 경정을 세관장에게 청구할 수 있다.

① 최초의 신고 또는 경정에서 과세표준 및 세액의 계산근거가 된 거래 또는 행위 등이 그에 관한 소송에 대한 판결(판결과 같은 효력을 가지는 화해나 그 밖의 행위를 포함한다)에 의하여 다른 것으로 확정된 경우
② 최초의 신고 또는 경정을 할 때 장부 및 증거서류의 압수, 그 밖의 부득이한 사유로 과세표준 및 세액을 계산할 수 없었으나 그 후 해당 사유가 소멸한 경우
③ 관세법 제233조 제1항 후단에 따라 원산지증명서 등의 진위 여부 등을 회신받은 세관장으로부터 그 회신 내용을 통보받은 경우

경정을 하는 경우 이미 납부한 세액에 부족이 있거나 납부할 세액에 부족이 있는 경우에는 그 부족세액에 대하여 관세령 제36조의 규정에 의한 납부고지를 하여야 한다. 이 경우 동일한 납세의무자에게 경정에 따른 납부고지를 여러 건 하여야 할 경우 통합하여 하나의 납부고지를 할 수 있으며, 경정을 한 후 그 세액에 과부족이 있는 것을 발견한 때에는 그 경정한 세액을 다시 경정한다.

(7) 통지 및 세액경정

세관장은 위 경정의 청구를 받은 날부터 2개월 이내에 세액을 경정하거나 경정하여야 할 이유가 없다는 뜻을 그 청구를 한 자에게 통지하여야 하며, 2개월 이내에 통지를 받지 못한 경우에는 그 2개월이 되는 날의 다음 날부터 이의신청, 심사청구, 심판청구 또는 「감사원법」에 따른 심사청구를 할 수 있다.

세관장은 납세의무자가 신고납부한 세액, 납세신고한 세액 또는 경정청구한 세액을 심사한 결과 과부족하다는 것을 알게 되었을 때에는 그 세액을 경정하여야 한다.

(8) 수입물품의 과세가격 조정에 따른 경정

납세의무자는 「국제조세조정에 관한 법률」 제4조 제1항에 따라 관할 지방국세청장 또는

세무서장이 해당 수입물품의 거래가격을 조정하여 과세표준 및 세액을 결정·경정 처분하거나 같은 법 제6조 제3항 단서에 따라 국세청장이 해당 수입물품의 거래가격과 관련하여 소급하여 적용하도록 사전승인을 함에 따라 그 거래가격과 관세법에 따라 신고납부·경정한 세액의 산정기준이 된 과세가격 간 차이가 발생한 경우에는 그 결정·경정 처분 또는 사전승인이 있음을 안 날(처분 또는 사전승인의 통지를 받은 경우에는 그 받은 날)부터 3개월 또는 최초로 납세신고를 한 날부터 5년 내에 세관장에게 세액의 경정을 청구할 수 있다(관세법 §38의4, 관세령 §35).

경정청구를 받은 세관장은 대통령령으로 정하는 바에 따라 해당 수입물품의 거래가격 조정방법과 계산근거 등이 관세법 제30조부터 제35조까지의 규정에 적합하다고 인정하는 아래의 경우에는 세액을 경정할 수 있다.

① 지방국세청장 또는 세무서장의 결정·경정 처분에 따라 조정된 사항이 수입물품의 지급가격, 권리사용료 등 관세법 제30조 제1항의 과세가격으로 인정되는 경우
② 지방국세청장 또는 세무서장이 「국제조세조정에 관한 법률」 제5조에 따른 정상가격의 산출방법에 따라 조정하는 경우로서 그 비교대상거래, 통상이윤의 적용 등 조정방법과 계산근거가 관세법 제31조부터 제35조까지의 규정에 적합하다고 인정되는 경우

세관장은 위 경정청구를 받은 날부터 2개월 내에 세액을 경정하거나 경정하여야 할 이유가 없다는 뜻을 청구인에게 통지하여야 하며, 세관장의 통지에 이의가 있는 청구인은 그 통지를 받은 날(2개월 내에 통지를 받지 못한 경우에는 2개월이 경과한 날)부터 30일 내에 기획재정부장관에게 국세의 정상가격과 관세의 과세가격 간의 조정을 신청할 수 있다. 이 경우 「국제조세조정에 관한 법률」 제10조의3을 준용한다.

청구인이 2개월 이내에 통지를 받지 못한 경우에는 그 2개월이 되는 날의 다음 날부터 이의신청, 심사청구, 심판청구 또는 「감사원법」에 따른 심사청구를 할 수 있다.

(9) 부과고지

다음의 어느 하나에 해당하는 경우에는 관세법 제38조에도 불구하고 세관장이 관세를 부과·징수한다(관세법 §39, 관세령 §36).

① 관세법 제16조 제1호부터 제6호까지 및 제8호부터 제11호까지에 해당되어 관세를 징수하는 경우
② 보세건설장에서 건설된 시설로서 제248조에 따라 수입신고가 수리되기 전에 가동된

경우

③ 보세구역(제156조 제1항에 따라 보세구역 외 장치를 허가받은 장소를 포함한다)에 반입된 물품
　이 제248조 제3항을 위반하여 수입신고가 수리되기 전에 반출된 경우

④ 납세의무자가 관세청장이 정하는 사유로 과세가격이나 관세율 등을 결정하기 곤란하
　여 부과고지를 요청하는 경우

⑤ 관세법 제253조에 따라 즉시 반출한 물품을 같은 조 제3항의 기간 내에 수입신고를
　하지 아니하여 관세를 징수하는 경우

⑥ 그 밖에 관세법 제38조에 따른 납세신고가 부적당한 것으로서 기획재정부령으로 정하
　는 경우

세관장이 관세법 제39조 제1항에 따라 부과고지하는 물품과 부과고지대상물품의 심사에
관한 사항은 「납세업무 처리에 관한 고시」에서 정하는 바에 따른다(수입통관고시 §53~54).

(10) 납세신고사항의 변경과 가산세 제도

1) 정정, 보정, 수정신고 등과 가산세 개요

신고납부한 관세액이 과다 혹은 부족 납부되었을 경우 이를 정정하는 방법은 그 시기와
방법에 따라 명칭이 다르고, 가산세율(또는 환급가산금액)도 달리 적용된다. 과세와 관련한 가
산세는 납기경과 일수에 따라 일정률을 더하는 이자 성격의 불성실납부가산세와 납세의무
를 해태한 데 대한 과태료 성격의 납부지연가산세의 두 가지가 있다. 보정의 경우를 제외하
고 이 두 가지는 병과(並科)된다. 관세법에 규정된 납세사항의 정정방법과 가산세제도를 정
리하면 다음의 표와 같다.

관세법상 가산세는 그 외에도 보세창고 반입물품의 30일 이내 수입신고 의무 불이행과
여행자 및 승무원의 휴대품이나 이사화물의 불성실신고[192], 재수출면세물품의 지정기간 내
재수출 불이행시[193] 등에도 부과된다.

| 납세사항의 정정과 가산세 |

	변경시기	변경주체	가산세	납세(환급)기한
정 정	관세납부 전	납세의무자	없음	당초 납기

192) 관세법 제241조 제4항
193) 관세법 제95조 제4항
194) 수정신고를 한 경우 보정기간이 지난 날부터 6개월 이내에 수정신고한 경우 30%를, 보정기간이 지난 날부

		변경시기	변경주체	가산세	납세(환급)기한
보 정		신고납부한 날부터 6월 이내 (보정기간)	납세의무자	당초 납기 다음 날부터 보정일까지 납부지연가산세(1일당 10만분의 22)	보정신청한 날의 다음 날
수정신고		보정기간 경과 ~제척기간 도래시까지	납세의무자	기본가산세 10%[194] +납기 다음날부터 수정신고일까지 납부지연가산세(1일당 10만분의 22) + 법정납부기한까지 미납한 세액×100분의 3. 다만, 부당한 방법으로 과소신고하여 추징할 경우 기본가산세를 40% 적용	수정신고를 한 날의 다음 날
경정	청구경정	최초로 납세신고를 한 날부터 5년 이내	납세의무자가 신청, 세관장이 경정	과오납부한 날부터 환급결정을 하는 날까지 이자성격 환급가산금	즉시환급
	직권경정	보정기간 경과 ~제척기간 도래시까지	세관장	기본가산세 10%+납기 다음 날부터 경정일까지 납부지연가산세. 다만, 부당한 방법으로 과소신고하여 추징할 경우 기본가산세 40%+납기 다음 날부터 경정일까지 납부지연가산세	납부고지일부터 15일 이내

2) 관세법상 가산세

세관장은 관세법 제38조의3 제1항 또는 제6항에 따라 부족한 관세액을 징수할 때에는 다음의 금액을 합한 금액을 가산세로 징수한다. 다만, 잠정가격신고를 기초로 납세신고를 하고 이에 해당하는 세액을 납부한 경우 등 관세령 제39조 제2항에서 정하는 경우에는 그 전부 또는 일부를 징수하지 아니한다(관세법 §42, 관세령 §39).

① 해당 부족세액의 100분의 10

② 아래 "가"와 "나"를 합한 금액

터 6개월 초과 1년 이내에 수정신고한 경우 20%를, 보정기간이 지난 날부터 1년 초과 1년 6개월 이내에 수정신고한 경우 10%를 경감한다. 다만, 해당 관세에 대하여 과세표준과 세액을 경정할 것을 미리 알고 수정신고를 한 경우는 제외한다(관세법 §42의2).

납세자가 부당한 방법(납세자가 관세의 과세표준 또는 세액계산의 기초가 되는 사실의 전부 또는 일부를 은폐하거나 가장하는 것에 기초하여 관세의 과세표준 또는 세액의 신고의무를 위반하는 것을 말함)으로 과소신고한 경우에는 세관장은 해당 부족세액의 100분의 60에 상당하는 금액과 위 "②"의 금액을 합한 금액을 가산세로 징수한다.

부당한 방법이란 다음과 같다.
① 이중송품장·이중계약서 등 허위증명 또는 허위문서의 작성이나 수취
② 세액심사에 필요한 자료의 파기
③ 관세부과의 근거가 되는 행위나 거래의 조작·은폐
④ 그 밖에 관세를 포탈하거나 환급 또는 감면을 받기 위한 부정한 행위

세관장은 관세법 제16조 제11호(밀수입물품)에 따른 물품에 대하여 관세를 부과·징수할 때에는 다음의 금액을 합한 금액을 가산세로 징수한다. 다만, 관세법 제241조 제5항에 따라 가산세를 징수하는 경우와 천재지변 등 수입신고를 하지 아니하고 수입한 데에 정당한 사유가 있는 것으로 세관장이 인정하는 경우는 제외한다.
① 해당 관세액의 100분의 20(제269조의 죄에 해당하여 처벌받거나 통고처분을 받은 경우에는 100분의 60)
② 아래 "가"와 "나"를 합한 금액

그 밖에 납부고지서에 따른 납부기한의 다음 날부터 납부일까지의 기간이 5년을 초과하는 경우에는 그 기간은 5년으로 하며, 체납된 관세(세관장이 징수하는 내국세가 있을 때에는 그 금액을 포함한다)가 150만원 미만인 경우에는 위 납부지연가산세를 적용하지 아니한다(관세법 §42 ④, ⑤).

관세를 확정하기 위해서는 과세가격결정(평가) 방법에 의해 과세가격을 확정하고, 이 가격이 외국통화로 표시되어 있을 경우는 과세환율을 적용하여 원화로 환산한 다음, 품목분류 결과 결정된 세번에 따라 관세율을 적용하여 관세액을 산출한다. 그 다음 수입물품에 부과될 수 있는 개별소비세, 주세, 교육세, 교통・에너지・환경세, 농어촌특별세, 부가가치세, 지방소비세를 계산한다. 세액산출결과 납세의무자가 납부하여야 하는 총세액이 1만원 미만인 경우는 '징수금액 최저한'에 해당하여 납세대상에서 제외된다.[195] 제세(諸稅)를 산출하는 방법은 다음과 같다.[196]

① 관세의 산출[197]

관세의 부과대상은 관세법 별표 관세율표상 유세품으로서 관세법이나 다른 법률 또는 조약에 의해 따로 면세품으로 규정되지 아니한 모든 수입물품이다. 관세를 산출하는 방법은 다음과 같다.

> • 종가세
> 　관세＝과세가격(외국통화표시 가격×과세환율)×관세율
> • 종량세
> 　관세＝수입물품의 수량×단위당 세액

② 개별소비세의 산출[198]

개별소비세의 부과대상은 개별소비세법상 과세대상으로 규정된 물품으로서 개별소비세법이나 다른 법률 또는 조약에 의해 따로 면세품으로 규정되지 아니한 모든 수입물품이다. 수입되는 물품에 대한 개별소비세 과세표준은 관세의 과세가격에 관세를 더한 금액으로 한다.[199] 개별소비세 산출방법은 다음과 같다.

---

195) 관세법 제40조 및 동법 시행령 제37조
196) 수입물품에 과세되는 내국세의 과세물건, 세율, 감면, 납세의무자 등 과세요건은 각 세법에 규정되어 있다. 이러한 요건을 고려하여 세관장은 관세와 함께 내국세를 부과・징수한다. 수입물품에 대한 내국세의 부과・징수・환급・결손처분 등에 관한 개별세법의 규정과 관세법의 규정이 상충될 경우는 관세법의 규정이 우선 적용된다(관세법 §4).
197) 관세법 제15조
198) 개별소비세법 제8조, 동법 시행령 제11조 제1항

> - 개별소비세법 제1조 제2항 제1호, 제3호 물품(화장품, 승용차 등)
>   개별소비세＝(관세의 과세가격＋관세)×개별소비세율
> - 개별소비세법 제1조 제2항 제2호 물품(보석, 고급시계, 고급가방, 고급모피 등)
>   개별소비세＝{(관세의 과세가격＋관세)−기준가격}×개별소비세율
> - 개별소비세법 제1조 제4호 물품(휘발유, 경유 등)
>   개별소비세＝수입물품의 수량×단위당 세액

③ 주세의 산출[200]

주세의 부과대상은 주정(酒精) 또는 주류로서 주세법이나 다른 법률 또는 조약에 의해 따로 면세품으로 규정되지 아니한 수입물품이다. 주세의 산출방법은 다음과 같다.

> - 주정
>   주세＝수입물량×주세율
> - 주정을 제외한 주류
>   주세＝(관세의 과세가격＋관세)×주세율

④ 교육세의 산출[201]

교육세의 부과대상은 개별소비세, 교통·에너지·환경세, 또는 주세가 부과되는 물품으로서 교육세법 기타 다른 법률 또는 조약에 의해 따로 면세품으로 규정되지 아니한 수입물품이다. 교육세와 다음의 교통·에너지·환경세, 농어촌특별세는 특정목적을 위한 재정수입을 확보하기 위해 한시적으로 부과되는 목적세의 일종이다. 교육세의 산출방법은 다음과 같다.

> - 개별소비세에 부가(附加)되는 교육세
>   교육세＝개별소비세액×교육세율(30%, 단, 등유·중유·부탄 등은 15%)
> - 교통·에너지·환경세에 부가되는 교육세
>   교육세＝교통·에너지·환경세액×교육세율(15%)
> - 주세에 부가되는 교육세
>   교육세＝주세액×교육세율(10%. 단, 주세율이 70%를 초과하는 주류는 30%)

---

199) 이러한 형태의 과세를 tax on tax라 한다.
200) 주세법 제22조, 동법 시행령 제20조 제1항 제2호
201) 교육세법 제5조

⑤ 교통·에너지·환경세의 산출[202]

수입 교통·에너지·환경세의 부과대상은 휘발유, 휘발유의 대체유류, 경유이다. 교통·에너지·환경세의 산출방법은 다음과 같다.

> • 휘발유·경유와 이와 유사한 대체유류
> 교통·에너지·환경세＝휘발유 및 유사 대체유류의 수입물량×교통·에너지·환경세율
> (ℓ당 정액)

⑥ 농어촌특별세의 산출[203]

농어촌특별세의 부과대상은 관세법이나 조세특례제한법에 의한 관세의 감면물품과 개별소비세 부과대상 물품으로서 조세특례제한법에서 따로 그 부과를 면제하지 아니한 수입물품이다. 수입물품에 대한 농어촌특별세의 산출방법은 다음과 같다.

> • 조세특례제한법 및 관세법에 따라 관세의 감면물품
> 농어촌특별세＝관세의 감면세액×농어촌특별세율(20%)
> • 개별소비세를 납부하는 물품
> 농어촌특별세＝개별소비세액×농어촌특별세율(10~30%)

⑦ 부가가치세의 산출[204]

부가가치세의 부과대상은 수입물품으로서 부가가치세법 기타 법률 또는 조약에 의해 따로 면세대상으로 규정되지 아니한 모든 수입물품이다. 부가가치세는 관세의 과세가격에 수입물품에 부과되는 모든 조세를 합산하여 과세가격으로 하고 있기 때문에 tax on tax의 특성이 가장 뚜렷하게 나타난다. 부가가치세의 산출방법은 다음과 같다.

> 부가가치세＝(관세의 과세가격＋관세＋개별소비세＋주세＋교육세＋교통·에너지·환경세＋농어촌특별세)×부가가치세율(0 또는 10%)

---

202) 교통·에너지·환경세법 제6조
203) 농어촌특별세법 제5조
204) 부가가치세법 제13조 제4항

⑧ 지방소비세의 산출[205)]

> 지방소비세＝(부가가치세의 납부세액－부가가치세법 및 다른 법률에 따른 부가가치세의
> 감면세액 및 공제세액＋가산세)×11%

6 관세환급금의 환급과 징수

세관장은 납세의무자가 관세·가산세 또는 강제징수비[206)]의 과오납금 또는 관세법에 따라 환급하여야 할 환급세액의 환급을 청구할 때에는 지체 없이 이를 관세환급금(1천분의 31로 계산한 관세환급가산금 포함)으로 결정하고 30일 이내에 환급하여야 한다. 즉 세관장은 관세환급 사유를 확인한 때에는 권리자에게 그 금액과 이유 등을 통지하여야 한다. 그 밖에 세관장이 확인한 관세환급금은 납세의무자가 환급을 청구하지 아니하더라도 환급하여야 한다.

관세환급금을 환급하는 경우에 환급받을 자가 세관에 납부하여야 하는 관세와 그 밖의 세금, 가산세 또는 강제징수비가 있을 때에는 환급하여야 하는 금액에서 이를 충당할 수 있으며, 납세의무자의 관세환급금에 관한 권리는 제3자에게 양도할 수 있다[207)](관세법 §46, §48, 관세령 §50~§53).

반면 관세환급금의 환급에 있어서 그 환급액이 과다한 것을 세관장이 알게 되었을 때에는 해당 관세환급금을 지급받은 자로부터 과다지급된 금액을 징수하여야 한다(관세법 §47, 관세령 §56).

---

205) 지방세법 제69조 제1항 및 제2항.
206) 강제징수비는 종전 관세법에서 체납처분비라 하던 것으로 2021. 1. 1. 관세법 개정에서 그 명칭이 변경되었다.
207) 관세법상 환급금에 대해서는 관세법의 규정에 따라 그 권리를 제3자에게 양도할 수 있으나, 환급특례법에 의한 환급금에 대한 권리는 제3자에게 양도하는 것이 인정되지 않는다.

(1) 간이세율 적용

다음의 어느 하나에 해당하는 물품 중 대통령령으로 정하는 물품(별표 2)에 대하여는 다른 법령에도 불구하고 정식수입신고절차와 달리 간이한 통관절차와 간이세율을 적용할 수 있다(관세법 §81 ①).

① 여행자 또는 외국을 오가는 운송수단의 승무원이 휴대하여 수입하는 물품
② 우편물(다만, 정식 수입신고를 하여야 하는 우편물은 제외한다)
③ 탁송품 또는 별송품

여행자휴대품 또는 별송품	여행자가 개인용품이나 선물을 휴대하여 반입하는 경우 여행자 개인용품을 화물로 탁송하여 반입하는 경우
우편물	외국의 친지나 친구로부터 우편을 통해 송부된 선물 국내거주자가 대금을 송부하고 자가사용으로 구입하여 반입한 우편물 (이 경우 일반수입에 제한사항이 있거나 미화 1,000불을 초과하는 경우 정식수입신고절차에 따라야 함)
탁송품 또는 특급탁송품	외국의 친지, 친구 및 관계회사에서 기증된 선물 또는 샘플이나 하자보수용 물품 등 국내거주자가 개인용으로 사용하기 위하여 인터넷 등 통신을 통하여 대금을 지불하고 구입하여 반입한 화물

간이세율은 수입물품에 대한 관세, 임시수입부가세 및 내국세의 세율을 기초로 하여 정하며, 위 "①"에 해당하는 물품으로서 그 총액이 대통령령으로 정하는 금액 이하인 물품에 대하여는 일반적으로 휴대하여 수입하는 물품의 관세, 임시수입부가세 및 내국세의 세율을 고려하여 세율을 단일한 세율로 할 수 있다(관세법 §81 ③, ④).

(2) 간이세율 적용의 예외

다만, 다음에 정하는 물품에 대하여는 간이세율을 적용하지 아니한다(관세령 §96 ②, 수입통관고시 §55).

① 관세율이 무세인 물품과 관세가 감면되는 물품
② 수출용원재료

③ 관세법 제11장의 범칙행위에 관련된 물품

④ 종량세가 적용되는 물품

⑤ 다음 각목의 1에 해당하는 물품으로서 관세청장이 정하는 물품

　　가. 상업용으로 인정되는 수량의 물품

　　나. 부과고지 대상으로서 1개나 1조의 과세가격이 1,000만원을 초과하는 물품

　　다. 당해 물품의 수입이 국내산업을 저해할 우려가 있는 물품

　　라. 단일한 간이세율의 적용이 과세형평을 현저히 저해할 우려가 있는 물품

⑥ 화주가 수입신고를 할 때에 과세대상물품의 전부에 대하여 간이세율의 적용을 받지
　아니할 것을 요청한 경우의 당해 물품

⑦ 관세법에 따른 관세율 중 기본세율보다 높은 관세율을 적용받는 물품

8 관세율과 감면제도

(1) 관세율

관세율에는 관세법 별표인 관세율표에 표시된, 즉 국회가 법률로서 제정한 기본관세율과
잠정관세율 외에도 대통령 또는 기획재정부장관 등 행정부에 의해 결정되어 부과되는 다음
과 같은 여러 종류의 관세율이 있다. 행정부에 의해 결정되어 부과되는 관세를 탄력관세라
하기도 한다.

| 관세율의 종류와 공포형태 |

구 분	근 거 법 령	비 고
기본관세 및 잠정관세	관세법 제50조 별표 관세율표	관세법
편익관세	관세법시행령 제95조 별표	관세법시행령
조정관세	관세법 제70조에 따른 조정관세의 적용에 관한 규정	별도의 대통령령
할당관세	관세법 제71조에 따른 할당관세의 적용에 관한 규정	별도의 대통령령
국제협력관세[208]	세계무역기구 등에 의한 양허관세 규정	별도의 대통령령
협정관세[209]	자유무역협정의 이행을 위한 관세법의 특례에 관한 법률	FTA 등 개별조약

구 분	근 거 법 령	비 고
일반특혜관세	최빈개발도상국에 대한 특혜관세 공여 규정	별도의 대통령령
덤핑방지관세	관세법 제51조에 따른 ○○산○○○에 대한 덤핑방지관세부과에 관한 규칙	별도의 기획재정부령
긴급관세	현재 운용되지 아니함.	별도의 기획재정부령
특정국물품긴급관세	현재 운용되지 아니함.	별도의 기획재정부령
특별긴급관세	관세법 제68조에 따른 특별긴급관세 부과에 관한 규칙	별도의 기획재정부령
계절관세	현재 따로 운용되지는 않으나 일부 FTA에서 협정관세의 일부로 적용	별도의 기획재정부령
보복관세	현재 운용되지 아니함.	별도의 대통령령
상계관세	현재 운용되지 아니함.	별도의 기획재정부령

　관세율의 종류가 다양함에 따라 실제 물품이 수입될 경우 어떤 관세율을 적용할 것인가에 대하여 혼란이 생길 수 있다. 따라서 관세법에서는 관세율이 적용되는 순서를 다음의 표와 같이 정해두고 이에 따라 구체적으로 적용할 관세율을 결정하도록 하고 있다.[210] 이러한 원칙에 따라 실제 수입물품에 적용되는 관세율을 '실행세율'이라 한다.

　다음 표의 국제협력관세 가운데는 '⑥, ⑦'의 관세율보다 높더라도 해당 국제협력관세를 우선 적용하도록 한 관세율이 있다. 국제기구와의 협상에서 국내외 가격차에 상당하는 율로 양허하거나, 국내시장 개방과 함께 기본세율보다 높은 세율로 양허한 농림축산물 중 대통령령으로 정하는 물품에 대하여 양허한 세율(시장접근물량에 대한 양허세율 포함)이다(⑤순위).

---

208) 국제협력관세로는 WTO 양허관세, TNDC(WTO 개발도상국간 양허관세), GSTP(UNCTAD 개발도상국간 양허관세), APTA(한국, 중국, 인도, 스리랑카, 라오스, 방글라데시 간 양허관세)가 있다. WTO 양허관세는 WTO 협정에 따라 WTO 회원국에게 모든 품목에 대해 관세를 양허하고 있으나 TNDC, GSTP, APTA는 우리나라가 개발도상국입장에서 다른 일부 개발도상국들과 일부 품목에 대해 관세를 양허하는 협정을 체결한 것이다.

209) FTA협정에 따라 관세를 철폐하거나 세율을 연차적으로 인하하여 부과하는 관세도 국제협력관세 혹은 양허관세라 하나 2005년 12월 제정·공포된 자유무역협정의이행을위한관세법의특례에관한법률(제4조)에서는 이를 협정관세라 규정하고 있다. 특정품목의 원산지규정과 수출하는 물품에 적용될 FTA 협정상대국의 관세율은 http://fta.customs.go.kr/kor__portal.html에서 확인할 수 있다.

210) 관세법 제50조. 개별 품목에 대한 품목분류 및 분류된 물품의 관세율을 알고자 할 경우는 관세청 홈페이지(www.customs.go.kr) 품목분류(HS)정보를 접속하면 가능하다. 여기에서 화면이 지시하는 바에 의하여 기초적인 품목분류를 할 수 있으며, 세번과 품명이 확정되면 해당 품목에 설정되어 있는 각종 관세율을 확인할 수 있다.

(2) 관세율의 적용순위

| 관세율의 적용순위 |

순위	적용 관세율	비 고
①	덤핑방지관세, 보복관세, 긴급관세, 농림축산물에 관한 특별긴급관세, 상계관세, 특정국물품긴급관세, 조정관세 중 공중도덕 보호, 인간·동물·식물의 생명 및 건강 보호, 환경보전, 유한(有限) 천연자원 보존 및 국제평화와 안전보장 등을 위해 필요하다고 보아 부과한 경우	
②	편익관세, 국제협력관세	'③, ④, ⑥, ⑦'의 관세율보다 낮은 경우에만 우선 적용
③	조정관세(1순위 해당분 제외), 계절관세, 할당관세	단, 할당관세는 '④'의 관세율보다 낮은 경우에만 우선 적용
④	일반특혜관세	
⑤	농림축산물에 대한 양허관세	WTO협정 등에 의한 양허관세규정 [별표 1의 나] 및 [별표 1의 다]
⑥	잠정관세	
⑦	기본관세	

(3) 관세의 감면제도

1) 개요

관세의 감면은 현재 관세법, 조세특례제한법, 각종 조약 등에 의해 가능하다. 관세감면에는 조건부 감면과 무조건 감면의 두 가지가 있다. 세관장이 감면처분을 함에 있어 일정한 조건, 예를 들어 '6월 이내 재수출이행'과 같은 조건을 전제로 하는 것이 조건부(條件附) 감면이고, 아무런 조건이 따르지 않는 감면이 무조건(無條件) 감면이다. 조건부감면을 하였을 경우는 일정기간 동안 조건이행 여부에 대한 사후관리가 따른다. 사후관리 기간 중 감면조건을 위반하였을 경우는 감면된 세액을 징수(추징)한다.

① 조건부 감면세

㉮ 세율불균형물품의 감면세(관세법 §89)

㉯ 학술연구용품의 감면세(관세법 §90)

㉰ 종교용품·장애인용품 등의 면세(관세법 §91)

㉔ 특정물품의 면세(관세법 §93)

㉕ 환경오염방지물품 등에 대한 감면세(관세법 §95)

㉖ 재수출면세(관세법 §97)

㉗ 조세특례제한법에 의한 관세감면(조특법 §118 · §121의3 · §121의10 · §121의11 · §140)

㉘ 재수출감면세(관세법 §98)

② 무조건 감면세

㉮ 외교관용품 등의 면세(관세법 §88)

㉯ 정부용품 등의 면세(관세법 §92)

㉰ 소액물품 등의 면세(관세법 §94)

㉱ 여행자휴대품 · 이사물품 등의 면세(관세법 §96)

㉲ 재수입면세(관세법 §99)

㉳ 손상감세(관세법 §100)

㉴ 해외임가공물품 등의 감세(관세법 §101)

㉵ 조약에 의한 면세(SOFA, 항공협정 등)

㉶ 제주도여행객이 반출하는 휴대품에 대한 면세(조특법 §121의13)

2) 면세 및 감면 사례

가. 소액물품 등의 면세

다음의 어느 하나에 해당하는 물품이 수입될 때는 그 관세를 면제할 수 있다(관세법 §94).

① 우리나라의 거주자에게 수여된 훈장 · 기장(紀章) 또는 이에 준하는 표창장 및 상패

② 기록문서 또는 그 밖의 서류

③ 상용견품(商用見品) 또는 광고용품으로서 아래에서 정하는 물품

  - 물품이 천공(穿孔 : 구멍을 뚫음) 또는 절단되었거나 통상적인 조건으로 판매할 수 없
    는 상태로 처리되어 견본품으로 사용될 것으로 인정되는 물품

  - 판매 또는 임대를 위한 물품의 상품목록 · 가격표 및 교역안내서 등

  - 과세가격이 미화 250달러 이하인 물품으로서 견본품으로 사용될 것으로 인정되는
    물품

  - 물품의 형상 · 성질 및 성능으로 보아 견본품으로 사용될 것으로 인정되는 물품

④ 우리나라 거주자가 받는 소액물품으로서 다음에 정하는 물품

- 물품가격이 미화 150달러(단, 미국에서 수입하는 물품은 한 – 미 FTA에 따라 미화 200달러)
  이하의 물품으로서 자가사용 물품으로 인정되는 것. 다만, 반복 또는 분할하여 수입
  되는 물품으로서 관세청장이 정하는 기준에 해당하는 것을 제외한다.
- 박람회 기타 이에 준하는 행사에 참가하는 자가 행사장안에서 관람자에게 무상으로
  제공하기 위하여 수입하는 물품(전시할 기계의 성능을 보여주기 위한 원료를 포함한다). 다
  만, 관람자 1인당 제공량의 정상도착가격이 미화 5달러 상당액 이하의 것으로서 세
  관장이 타당하다고 인정하는 것에 한한다.

나. 재수출면세

수입신고수리일부터 다음의 어느 하나의 기간에 다시 수출하는 물품에 대하여는 그 관세
를 면제할 수 있다. 관세를 면제받은 물품은 그 기간에 정해진 용도 외의 다른 용도로 사용
되거나 양도될 수 없다. 다만, 미리 세관장의 승인을 받았을 때에는 그러하지 아니한다.

① 기획재정부령으로 정하는 물품 : 1년의 범위에서 대통령령으로 정하는 기준에 따라
  세관장이 정하는 기간. 다만, 세관장은 부득이한 사유가 있다고 인정될 때에는 1년의
  범위에서 그 기간을 연장할 수 있다. 수출기간을 연장받고자 하는 자는 당해 물품의
  수입신고수리 연월일·신고번호·품명·규격 및 수량, 연장기간과 연장사유를 기재
  한 신청서를 당해 물품의 수입지세관장에게 제출하여야 한다. 다만, 관세청장이 정한
  물품에 대하여는 수입지세관 외의 세관에서도 재수출기간의 연장승인을 할 수 있다.
② 1년을 초과하여 수출하여야 할 부득이한 사유가 있는 물품으로서 기획재정부령으로
  정하는 물품 : 세관장이 정하는 기간

다음의 어느 하나에 해당하는 경우에는 수출하지 아니한 자, 용도 외로 사용한 자 또는
양도를 한 자로부터 면제된 관세를 즉시 징수하며, 양도인으로부터 해당 관세를 징수할 수
없을 때에는 양수인으로부터 면제된 관세를 즉시 징수한다. 다만, 재해나 그 밖의 부득이한
사유로 멸실되었거나 미리 세관장의 승인을 받아 폐기하였을 때에는 그러하지 아니하다.

① 위 "①", "②"에 따라 관세를 면제받은 물품을 규정된 기간 내에 수출하지 아니한 경우
② 위 "①", "②"에서 정한 용도 외의 다른 용도로 사용하거나 해당 용도 외의 다른 용도
  로 사용하려는 자에게 양도한 경우

세관장은 동 규정에 따라 관세를 면제받은 물품 중 기획재정부령으로 정하는 물품이 규
정된 기간 내에 수출되지 아니한 경우에는 500만원을 넘지 아니하는 범위에서 해당 물품에

부과될 관세의 100분의 20에 상당하는 금액을 가산세로 징수한다(관세법 §97, 관세령 §114, §115).

다. 재수출감면세

장기간에 걸쳐 사용할 수 있는 물품으로서 그 수입이 임대차계약에 의하거나 도급계약의 이행과 관련하여 국내에서 일시적으로 사용하기 위하여 수입하는 물품 중 기획재정부령으로 정하는 물품이 그 수입신고수리일부터 2년(장기간의 사용이 부득이한 물품으로서 기획재정부령으로 정하는 것 중 수입하기 전에 세관장의 승인을 받은 것은 4년의 범위에서 대통령령으로 정하는 기준에 따라 세관장이 정하는 기간을 말한다) 이내에 재수출되는 것에 대하여는 다음의 구분에 따라 그 관세를 경감할 수 있다. 다만, 외국과 체결한 조약·협정 등에 따라 수입되는 것에 대하여는 상호 조건에 따라 그 관세를 면제한다(관세법 §98, 관세령 §116).

① 재수출기간이 6개월 이내인 경우 : 해당 물품에 대한 관세액의 100분의 85
② 재수출기간이 6개월 초과 1년 이내인 경우 : 해당 물품에 대한 관세액의 100분의 70
③ 재수출기간이 1년 초과 2년 이내인 경우 : 해당 물품에 대한 관세액의 100분의 55
④ 재수출기간이 2년 초과 3년 이내인 경우 : 해당 물품에 대한 관세액의 100분의 40
⑤ 재수출기간이 3년 초과 4년 이내인 경우 : 해당 물품에 대한 관세액의 100분의 30

라. 재수입면세

다음의 어느 하나에 해당하는 물품이 수입될 때는 그 관세를 면제할 수 있다(관세법 §99).
① 우리나라에서 수출(보세가공수출을 포함)된 물품으로서 해외에서 제조·가공·수리 또는 사용(장기간에 걸쳐 사용할 수 있는 물품으로서 임대차계약 또는 도급계약 등에 따라 해외에서 일시적으로 사용하기 위하여 수출된 물품 중 기획재정부령으로 정하는 물품이 사용된 경우와 박람회, 전시회, 품평회, 그 밖에 이에 준하는 행사에 출품 또는 사용된 경우는 제외한다)되지 아니하고 수출신고 수리일부터 2년 내에 다시 수입(이하 "재수입"이라 한다)되는 물품. 다만, 다음의 어느 하나에 해당하는 경우에는 관세를 면제하지 아니한다.
가. 해당 물품 또는 원자재에 대하여 관세를 감면받은 경우
나. 관세법 또는 「수출용원재료에 대한 관세 등 환급에 관한 특례법」에 따른 환급을 받은 경우
다. 관세법 또는 「수출용 원재료에 대한 관세 등 환급에 관한 특례법」에 따른 환급을 받을 수 있는 자 외의 자가 해당 물품을 재수입하는 경우. 다만, 재수입하는 물품에 대하여 환급을 받을 수 있는 자가 환급받을 권리를 포기하였음을 증명하는 서

류를 재수입하는 자가 세관장에게 제출하는 경우는 제외한다.

　라. 보세가공 또는 장치기간경과물품을 재수출조건으로 매각함에 따라 관세가 부과
　　　되지 아니한 경우
② 수출물품의 용기로서 다시 수입하는 물품
③ 해외시험 및 연구를 목적으로 수출된 후 재수입되는 물품

마. 해외임가공물품 등의 감세

다음의 어느 하나에 해당하는 물품이 수입될 때는 그 관세를 경감할 수 있다(관세법 §101).

① 원재료 또는 부분품을 수출하여 관세율표 제85류(전자기기) 및 제90류의 제9006호(카메
　　라)에 해당하는 물품으로 제조하거나 가공한 물품
② 가공 또는 수리할 목적으로 수출한 물품으로서 기획재정부령으로 정하는 기준에 적합
　　한 물품

경감하는 관세액은 다음과 같다(관세령 §119).

① 위 "①"(관세법 §101 ① 1)의 물품 : 수입물품의 제조·가공에 사용된 원재료 또는 부분
　　품의 수출신고가격에 당해 수입물품에 적용되는 관세율을 곱한 금액
② 위 "②"(관세법 §101 ① 2)의 물품 : 가공·수리물품의 수출신고가격에 해당 수입물품에
　　적용되는 관세율을 곱한 금액. 다만, 수입물품이 매매계약상의 하자보수보증 기간(수
　　입신고수리 후 1년으로 한정한다) 중에 하자가 발견되거나 고장이 발생하여 외국의 매도인
　　부담으로 가공 또는 수리하기 위하여 수출된 물품에 대하여는 다음 각 목의 금액을
　　합한 금액에 해당 수입물품에 적용되는 관세율을 곱한 금액으로 한다.
　　가. 수출물품의 수출신고가격
　　나. 수출물품의 양륙항까지의 운임·보험료
　　다. 가공 또는 수리 후 물품의 선적항에서 국내 수입항까지의 운임·보험료
　　라. 가공 또는 수리의 비용에 상당하는 금액

다만 위 물품이 다음의 어느 하나에 해당하는 경우에는 그 관세를 경감하지 아니한다.

① 해당 물품 또는 원자재에 대하여 관세를 감면받은 경우. 다만, 위 ②의 경우는 제외한다.
② 관세법 또는 「수출용원재료에 대한 관세 등 환급에 관한 특례법」에 따른 환급을 받은
　　경우
③ 보세가공 또는 장치기간경과물품을 재수출조건으로 매각함에 따라 관세가 부과되지
　　아니한 경우

관세환급 실무

1 관세법에 의한 환급

환급이란 관세 등의 납세의무자 등이 세관에 납부한 관세를 어떠한 사유로 되돌려 받는 것을 말한다. 환급 사유에 따라 그 종류는 여러 가지가 있으나 일반적으로 「수출용원재료에 대한 관세등 환급에 관한 특례법」(이하 "관세환급특례법"이라 한다)에 의한 환급을 지칭한다. 관세법상 환급으로는 과오납 환급, 계약내용과 다른 물품 등에 대한 환급, 원상태로 수출되는 자가사용물품 등에 대한 환급, 종합보세구역판매물품에 대한 환급, 재해로 인한 멸실, 손상 등에 따른 관세환급, 보세구역반입명령 후 폐기 등에 따른 환급 등이 있다. 관세법에 의한 환급에서는 수입통관시 징수한 관세 외에 내국소비세와 지방세도 함께 환급한다.

(1) 과오납에 따른 관세환급

세관장은 납세의무자가 관세·가산세 또는 강제징수비의 과오납금 또는 이 법에 따라 환급하여야 할 환급세액의 환급을 청구할 때에는 지체 없이 이를 관세환급금으로 결정하고 30일 이내에 환급하여야 하며, 세관장이 확인한 관세환급금은 납세의무자가 환급을 청구하지 아니하더라도 환급하여야 한다(관세법 §46).

(2) 계약 내용과 다른 물품 등에 대한 관세 환급

1) 수입신고수리일로부터 1년 이내 보세구역반입

수입신고가 수리된 물품이 무역계약 내용과 다르고 수입신고 당시의 성질이나 형태가 변경되지 아니한 경우로서 다음의 어느 하나에 해당하는 경우에는 그 관세를 환급한다(관세법 §106 ①).

① 외국으로부터 수입된 물품 : 다음의 어느 하나에 해당하는 장소에 해당 물품을 반입
(수입신고 수리일부터 1년 이내에 반입한 경우로 한정한다)하였다가 다시 수출한 경우
　가. 보세구역 또는 보세구역외장치 허가를 받았을 때에는 그 허가받은 장소
　나. 「자유무역지역의 지정 및 운영에 관한 법률」에 따른 자유무역지역 중 관세청장이
　　　수출물품을 일정기간 보관하기 위하여 필요하다고 인정하여 고시하는 장소
　다. 통관우체국
② 보세공장에서 생산된 물품 : 수입신고 수리일부터 1년 이내에 보세공장에 해당 물품
을 다시 반입한 경우

2) 환급세액 산출에 지장이 없다고 승인한 경우 등

세관장이 환급세액을 산출하는 데에 지장이 없다고 인정하여 승인한 경우에는 그 수입물품
의 일부를 수출하였을 때에도 그 관세를 환급할 수 있으며, 수입물품의 수출을 갈음하여 이를
폐기하는 것이 부득이하다고 인정하여 그 물품을 수입신고수리일부터 1년 내에 보세구역(또는
자유무역지역)에 반입하여 미리 세관장의 승인을 받아 폐기하였을 때에도 그 관세를 환급한다(관
세법 §106 ②, ③).

(3) 원상태로 수출되는 자가사용물품에 대한 환급

수입신고가 수리된 개인의 자가(自家)사용물품이 수입한 상태 그대로 수출되는 경우로서
다음의 어느 하나에 해당하는 경우에는 수입할 때 납부한 관세를 환급한다. 대표적인 경우
가 해외직구로 구매한 물품을 반품하는 것이다. 여기서 자가사용물품이란 해당 물품이 수
입신고 당시의 성질 또는 형태가 변경되지 아니한 상태로 수출될 것과 해당 물품이 국내에
서 사용된 사실이 없다고 세관장이 인정할 것이란 요건을 모두 갖춘 물품을 말한다(관세법
§106의2 ①, 관세령 §124의2).
① 수입신고수리일부터 6개월 이내에 보세구역에 반입하였다가 다시 수출하는 경우
② 수입신고수리일부터 6개월 이내에 관세청장이 정하는 바에 따라 세관장의 확인을 받
고 다시 수출하는 경우
③ 관세법 제241조 제2항에 따라 수출신고가 생략되는 탁송품 또는 우편물로서 기획재정
부령으로 정하는 금액 이하인 물품을 수입신고 수리일부터 6개월 이내에 수출한 후
관세청장이 정하는 바에 따라 세관장의 확인을 받은 경우

이와는 약간 다른 경우로 여행자가 보세판매장에서 구입한 물품으로서 제96조 제2항에 따라 자진신고한 물품이 다음의 어느 하나에 해당하게 된 경우에는 자진신고할 때 납부한 관세를 환급한다(관세법 §106의2 ②).

① 국제무역선 또는 국제무역기 안에서 구입한 물품이 환불된 경우
② 보세판매장에서 구입한 물품이 환불된 경우

(4) 종합보세구역판매물품에 대한 관세 등의 환급

외국인관광객 등이 종합보세구역에서 구입한 물품을 국외로 반출하는 경우에는 당해 물품을 구입할 때 납부한 관세 및 내국세 등을 환급받을 수 있다.

(5) 재해로 인한 멸실, 손상 등에 따른 관세 등의 환급

수입신고가 수리된 물품이 수입신고 수리 후에도 지정보세구역에 계속 장치되어 있는 중에 재해로 멸실되거나 변질 또는 손상되어 그 가치가 떨어졌을 때에는 그 관세의 전부 또는 일부를 환급할 수 있다(관세법 §106 ④).

(6) 보세구역반입명령 후 폐기 등에 따른 환급

수입신고가 수리된 물품으로서 관세법에 따른 의무사항을 위반하거나 국민보건 등을 해칠 우려가 있는 물품에 대해서는 관세청장이나 세관장이 화주(화주의 위임을 받은 자를 포함한다) 또는 수입 신고인에게 보세구역으로 반입할 것을 명할 수 있다. 명령을 받고 보세구역에 반입된 물품에 대해 관세청장이나 세관장은 반입의무자에게 해당 물품을 국외로 반출 또는 폐기할 것을 명하거나 반입의무자가 위반사항 등을 보완 또는 정정한 이후 국내로 반입하게 할 수 있다. 이 경우 반출 또는 폐기에 드는 비용은 반입의무자가 부담한다. 만일 국외로 반출 또는 폐기되었을 때에는 당초의 수입신고 수리는 취소된 것으로 보고, 해당 물품을 수입할 때 납부한 관세 및 제세를 과오납금 환급규정에 따라 환급한다.

(7) 관세부과의 취소

해당 수입물품에 대한 관세의 납부기한이 종료되기 전이거나 징수유예 중 또는 분할납부 기간이 끝나지 아니하여 해당 물품에 대한 관세가 징수되지 아니한 경우에는 세관장은 해당 관세의 부과를 취소할 수 있다(관세법 §106 ⑤).

(1) 정의

관세 등의 환급이란 수출용원재료를 수입하는 때에 납부하였거나 납부할 관세 등을 「관세법」 등의 규정에도 불구하고 수출자나 수출물품의 생산자에게 되돌려 주는 것을 말한다.

수출용 원재료에 대한 관세환급특례법은 수출용 원재료에 대한 관세, 임시수입부가세, 개별소비세, 주세, 교통·에너지·환경세, 농어촌특별세 및 교육세의 환급을 적정하게 함으로써 능률적인 수출 지원과 균형 있는 산업발전에 이바지하기 위하여 「관세법」, 「임시수입부가세법」, 「개별소비세법」, 「주세법」, 「교통·에너지·환경세법」, 「농어촌특별세법」, 「교육세법」, 「국세기본법」 및 「국세징수법」에 대한 특례를 규정함을 목적으로 한다. 따라서 환급특례법에 의한 환급대상 조세는 관세, 임시수입부가세, 개별소비세, 주세, 교통·에너지·환경세, 농어촌특별세 및 교육세가 된다.

(2) 기본 개념

1) 환급대상 원재료

수입하는 때에 관세 등을 납부한 물품으로써, 관세 등을 환급받을 수 있는 수출용원재료는 다음의 어느 하나에 해당하는 것으로 한다(관세환급특례법 §3).

1. 수출물품을 생산한 경우 : 다음의 어느 하나에 해당하는 것으로서 소요량을 객관적으로 계산할 수 있는 것

   가. 해당 수출물품에 물리적 또는 화학적으로 결합되는 물품

   나. 해당 수출물품을 생산하는 공정에 투입되어 소모되는 물품. 다만, 수출물품 생산용 기계·기구 등의 작동 및 유지를 위한 물품 등 수출물품의 생산에 간접적으로 투입되어 소모되는 물품은 제외한다.

   다. 해당 수출물품의 포장용품

2. 수입한 상태 그대로 수출한 경우 : 해당 수출물품

※ 국내에서 생산된 원재료와 수입된 원재료가 동일한 질(質)과 특성을 갖고 있어 상호 대체 사용이 가능하여 수출물품의 생산과정에서 이를 구분하지 아니하고 사용되는 경우에는 수출용원재료가 사용된 것으로 본다.

2) 관세 등의 환급대상 수출 등

물품의 수출 또는 외화를 대가로 한 국내에서의 물품판매나 공사 또는 특정지역 등에 대한 물품의 공급으로서 관세 등의 환급의 대상이 되는 것을 통칭하여 '환급대상 수출 등'이라한다. 물품의 수출 또는 판매, 공사, 공급 등을 원인으로 관세가 환급되는 것은 관세환급특례법, 남북교류협력에관한법률 등에 의해서이다. 다양한 수출 중에서 관세환급특례법에 따라환급이 가능한 것은 제한되어 있다. 환급의 대상이 되는 수출 등의 범위를 어디까지로 할것인가 하는 것은 수출에 대한 지원의 범위를 어디까지로 할 것인가 하는 정부의 정책에 따라 달라질 수 있다. 현행법상 관세 등의 환급이 가능한 수출(또는 내국수출)은 다음과 같다.[204]

① 관세법상 수출신고가 수리된 물품 중 유상수출[205] 전체

② 관세법상 수출신고가 수리된 물품 중 무상수출로서 기획재정부장관이 정한 다음의 것

  ㉠ 외국에서 개최되는 박람회·전시회·견본시장·영화제 등에 출품하기 위하여 무상으로 반출한 것으로서 수출 후 외국에서 외화를 받고 판매된 것

  ㉡ 해외에서 투자·건설·용역·산업설비수출 기타 이에 준하는 사업에 종사하고 있는 우리나라의 국민[206]에게 무상으로 송부하기 위하여 반출하는 기계·시설자재 및 근로자용 생활필수품, 기타 그 사업과 관련하여 사용하는 물품으로서 주무부장관이 지정한 기관의 장이 확인한 물품

  ㉢ 수출된 물품이 계약조건과 서로 달라서 반품된 물품에 대체하기 위한 물품의 수출

  ㉣ 해외구매자와의 수출계약을 위하여 무상으로 송부하는 견본용 물품의 수출

  ㉤ 외국에서 가공임 또는 수리비를 받고 국내에서 가공 또는 수리를 할 목적으로 수입된 원재료로 가공하거나 수리한 물품의 수출 또는 해당 원재료 중 가공하거나 수리하는 데 사용되지 아니한 물품의 반환을 위한 수출

  ㉥ 외국에서 위탁가공할 목적으로 반출하는 물품의 수출

  ㉦ 위탁판매를 위하여 무상으로 반출하는 물품의 수출(외국에서 외화를 받고 판매된 경우에 한한다)

③ 관세환급특례법에서 따로 규정하고 있는 다음과 같은 국내에서 외화 판매·공사 또는

---

204) 관세환급특례법 제4조, 동법 시행규칙 제2조, 관세환급사무처리고시 제3조, 남북교류협력에관한법률 제26조, 동법 시행령 제41조
205) 유상이어야 한다는 것에는 대가의 영수시기가 선지급, 동시지급, 후지급, 분할지급 중 어느 경우인지, 영수방법이 신용장방식, 송금방식, 무신용장 추심방식, 상호계산 등 여러 가지 가운데 어떠한 것인지, 그 대가가 적정한 것인지 여부 등은 고려대상이 아니다. 따라서 소위 원가 이하로 수출하는 적자수출일지라도 환급이 가능하다. 관세 등의 환급과 외국환거래법 위반 여부는 별개 문제이다.
206) 여기에서의 국민의 범위에는 법인기업을 포함한다.

물품의 공급

㉮ 주한미군에 대한 물품의 판매 중 대가를 외화로 받는 판매

㉯ 주한미군 또는 관세법 제88조의 규정에 의해 인정되는 주한외교기관이 시행하는 공사 중 대가를 외화로 받는 공사

㉰ 관세법과 SOFA협정에 따라 수입하는 승용자동차에 대하여 관세 등의 면제를 받을 수 있는 자에 대한 국산승용자동차의 판매 중 대가를 외화로 받는 판매

㉱ 외국인투자촉진법에 따라 외국인투자 또는 출자의 신고를 한 자에 대한 자본재의 판매 중 대가를 외화로 받는 판매

㉲ 국제금융기구로부터 제공되는 차관자금에 의한 국제경쟁입찰에서 낙찰(落札)된 물품[207]의 판매 중 대가를 외화로 받는 판매

㉳ 관세법에 따른 보세창고에 물품을 반입할 경우. 다만, 수출한 물품에 대한 수리·보수 또는 해외조립생산을 위하여 부품 등을 반입하는 경우만 그 대상이 된다.

㉴ 보세공장에 대한 물품의 공급. 다만, 수출용 원재료로 사용될 목적으로 공급되는 경우 한한다.

㉵ 관세법에 따른 보세판매장에 대한 물품의 공급

㉶ 관세법에 따른 종합보세구역에 대한 물품의 공급

㉷ 자유무역지역 입주기업체에 대한 물품의 공급

④ 기타 기획재정부장관이 정한 다음의 어느 하나에 해당하는 수출

㉮ 우리나라와 외국간을 왕래하는 선박 또는 항공기에 선용품 또는 기용품으로 사용되는 물품의 공급

㉯ 원양어선에 무상으로 송부하기 위하여 반출하는 물품으로 주무부장관 또는 주무부장관이 지정한 기관의 장이 확인한 물품의 수출

⑤ 북한으로의 물품 반출

3) 수출용원재료에 대한 관세 등의 징수

세관장은 수입하는 수출용원재료에 대하여는 「관세법」 등의 규정에도 불구하고 수입하는 때에 해당 관세 등을 징수하며, 수출용원재료가 내국신용장에 의하여 거래되는 것으로서 관세청장이 관세 등의 일괄납부 및 정산이 가능하다고 인정하는 경우에는 「관세법」 등의 규정에도 불구하고 내국신용장 등에 의하여 수출용원재료를 공급하는 것을 수출로, 공

---

207) 이 경우의 낙찰에는 낙찰받은 자로부터 도급(都給)을 받는 경우를 포함한다.

급받는 것을 수입으로 볼 수 있다(관세환급특례법 §5).

4) 수출 등의 사실확인

수출 등에 제공된 물품에 대하여 관세 등의 환급을 받으려는 자는 다음의 어느 하나에 해당하는 때에 세관장으로부터 수출 등의 사실을 확인받아야 한다. 다만, ②의 경우에는 해당 판매 또는 공사를 완료한 때 주무부장관 등으로부터 발급받은 납품완료증명서 또는 공사완료증명서 등의 서류를 환급신청할 때 세관장에게 제출하여 수출 등의 사실을 확인받아야 한다. 환급을 신청하려는 자는 "수출유형별 수출사실 확인방법 등"에 따른 수출사실 확인서류를 세관장에게 제출하여야 한다(관세환급고시 §3의2).

① 관세환급특례 규칙 제2조 제1항 각 호 및 규칙 제2조 제4항 제2호에 해당하는 수출 : 수출신고하는 때

② 관세환급특례 규칙 제2조 제2항 각 호에 해당하는 판매 또는 공사 : 해당 물품을 판매하는 때 또는 해당 공사를 완료한 때

③ 관세환급특례 규칙 제2조 제3항 각 호에 해당하는 반입 또는 공급 : 해당 보세구역 등에 공급하는 때

④ 관세환급특례 규칙 제2조 제4항 제1호에 해당하는 공급 : 해당 선용품 또는 기용품을 국제무역선(기)에 공급하는 때

5) 환급 등 신청인(환급청구권자)

관세 등의 환급신청 등은 다음의 어느 하나에 해당하는 자가 하여야 한다. 다만, 간이정액환급률표를 적용한 환급신청 등의 경우에는 제조자[우리나라 안(「남북교류협력에 관한 법률」 제2조에 따른 "북한"지역을 포함한다)에서 임가공을 위탁하는 경우에는 임가공 위탁자]가 신청하여야 한다(관세환급사무처리고시 §4).

① 관세환급특례법 제4조 제1호의 수출인 경우에는 수출자(수출위탁의 경우에는 수출화주(수출위탁자)를 말한다) 또는 제조자 중 수출신고필증에 환급신청인으로 기재된 자

② 관세환급특례법 제4조 제2호의 경우에는 해당 판매 또는 공사를 한 자

③ 관세환급특례법 제4조 제3호부터 제4호까지의 경우에는 공급자 또는 제조자 중 별지 제1호 서식의 환급대상수출물품 반입(적재) 확인(신청)서에 환급신청인으로 기재된 자

④ 내국신용장 등에 의해 수출용원재료를 국내 거래한 경우 양도자

⑤ 위 ①부터 ④까지에 해당하는 법인이 합병한 경우 합병 후 존속하는 법인 또는 합병으

로 설립된 법인

⑥ 위 ①부터 ④까지에 해당하는 자로부터 상속을 받은 경우 그 상속인[「민법」 제1000조, 제1001조, 제1003조 및 제1004조에 따른 상속인을 말하고, 「상속세 및 증여세법」 제3조의2 제1항에 따른 수유자(受遺者)를 포함한다] 또는 「민법」 제1053조에 규정된 상속재산관리인

6) 환급 등의 신청원칙

환급 등을 신청하려는 자는 전자문서로 작성한 환급 등 신청서를 법 제15조 제1항에 따라 전송하고, 전자송달내역에 따라 관계서류를 제출(전자첨부를 포함한다)하는 것을 원칙으로 한다(관세환급사무처리고시 §5).

이 경우 다음의 [별표]와 같은 환급신청서 (갑)지와 신청내역에 따라 (을)지, (병)지, (정)지가 추가된다.

[별표]

환급신청서(갑)

①환급신청인 　주　소 서울시 종로구 서린동 99 　상　호 SK에너지㈜ 울산CLX 　성　명 구자영	신청인부호 에스케이-1-07-2-02-2 사업자등록번호 610-85-35244	⑤※접수번호　처리기간 : 3일		
		기관부호	연도	일련번호
		010	×3	0026079

②신청관세사		⑥※접 수 일 자　×××3-03-24
③제출번호　　000409		⑦환 급 구 분　　　3 (1.연산품정액, 2.간이(₩), 3.개별 4.간이($))

④제조자 　주　소 서울시 종로구 서린동 99 　상　호 SK에너지㈜ 울산CLX 　성　명 구자영	통관고유부호 에스케이-1-07-2-02-2 사업자등록번호 610-85-35244	⑧※결정일자 ⑨추 가 환 급

⑩수출품명규격			세　종	금　액
HIGH DENSITY POLYETHYLENE			⑰관　　　세	137,200
			⑱소 비 세	
			⑲교 통 세	
⑪H　S	⑫연산품부호	⑬형　태	⑳주　　　세	
3901-20-9000	05	20	㉑교 육 세	
⑭수출금액	⑮수출물량	⑯단　위	㉒농 특 세	
475,158,551	304,000,000	KG		

㉔ 지급 은행	은 행 명	신한은행 대기업영업부	㉓　계	137,200
	코 드 번 호	265450	조사1　　　조사2	
	온라인구좌번호	150000001187		총 (3)행

ⓐ행번호	수출신고번호				ⓕ수리일자	ⓖ수출물량	ⓗ수출금액
	ⓑ세 관	ⓒ과	ⓓ신고번호	ⓔ란			
1	110	10	17-00179438	1	2017/02/10	114,000,000	178,405,416
2	110	10	17-00205357	1	2017/02/17	95,000,000	149,329,040
3	110	10	17-00243357	1	2017/02/24	95,000,000	147,424,095
합계						304,000,000	475,158,551

결 재	담당	주무	과장	장

　환급신청은 EDI를 이용할 수도 있고, 인터넷을 이용할 수도 있다. 다만, 위법 부당한 환급가능성이 있다고 보아 관세환급전산시스템에서 서류제출대상으로 지정하거나, 관세 등의 체납이 있는 업체가 환급을 신청하는 경우 등에는 관련 서류를 별도로 제출하여야 한다.

　환급신청서 (갑)지는 환급신청인과 수출물품의 총환급액의 기재 및 환급을 신청하는 수출신고건(수출신고필증 또는 수출에 갈음하는 서류)이 10건 이하일 경우 그 내역까지 기재할 수 있는 서식이다. (을)지는 환급을 신청하는 수출신고건이 10건을 초과할 경우 환급신청서 (갑)지에 이어서 추가로 기재하는 서식이다. 병지는 환급을 신청하는 수출신고건의 갑, 을 지의 수출물품에 대한 소요원자재별로 환급금의 계산근거와 잔량을 기재하는 서식이고, (정)지는 수출물품 제조과정에서 부산물이 발생되는 경우 발생된 부산물의 내역과 환급신 청서(병)지의 계산근거 내역에서 부산물에 대하여 공제된 금액을 기재하는 서식이다. 환

환급신청이 있은 경우 세관장은 원칙적으로 신청한 대로 환급금을 즉시 지급하고, 환급 후에 환급대상물품의 특성, 업체의 성실도 등을 감안하여 선별적으로 환급의 정확성 여부 를 심사하게 된다. 간이정액환급대상업체로서 관할세관장에서 '자동환급업체'로 지정을 받 으면 별도의 환급신청이 없더라도 지정된 계좌로 자동입금된다. 이 경우 지급 시기는 수출 즉시, 월별, 분기별 가운데 신청인이 자동환급업체 지정신청시에 선택한 것으로 한다.[208]

자동환급업체는 수출신고시 수출신고서 간이환급 ( )란에 'AD'라 기재하여 신고하여야 한다. 환급신청인은 환급신청을 하기에 앞서 법인 또는 대표자 명의의 계좌를 개설하고 그 계좌번호를 관할지세관장에게 통보하여야 한다. 환급금계좌를 통보받은 세관장은 이를 관 세환급시스템에 등록한다. 환급금계좌를 개설하고 이를 신고하도록 한 것은 전산을 통해 환급금을 지급하기 위함이다. 세관장은 환급금이 결정되면 한국은행에 해당 환급금의 지급 을 요구하고, 한국은행총재는 해당 금액을 환급신청인의 계좌로 입금한다.

7) 환급 등 신청기관

환급 등의 신청은 관할지세관장에게 하여야 하나, 환급 등의 신청인이 관할지세관장이 아닌 세관장에게 환급 등의 신청을 하려는 때에는 별지 제2호 서식의 환급신청기관 변경신 청서를 변경 전 세관장 또는 변경하려는 세관장에게 제출하여 승인을 받아야 한다.

김포공항세관장, 인천공항국제우편세관장, 김해공항세관장, 도라산세관비즈니스센터장, 부산국제우편세관비즈니스센터장, 고성세관비즈니스센터장에게는 환급 등을 신청할 수 없 다(관세환급사무처리고시 §6).

8) 원재료의 일괄환급신청 원칙

환급신청하려는 수출물품에 대한 관세 등의 환급신청은 해당 수출물품의 생산에 소요된 모든 원재료를 일괄하여 신청하여야 한다. 다만, 제22조에서 정한 사유에 해당하는 경우에 는 추가환급신청을 할 수 있다(관세환급사무처리고시 §6).

---

208) 자동환급제도에 대해서는 수출용원재료에대한관세등환급사무처리에관한고시 제3장 제3절 참조

9) 소요량 사전심사의 신청 등

관세 등을 환급받으려는 자는 환급신청을 하기 전에 산정한 소요량 및 소요량 계산방법의 적정 여부를 세관장에게 미리 소요량 사전심사하여 줄 것을 신청할 수 있다.

세관장은 산정한 소요량 및 소요량 계산방법의 적정 여부를 심사한 후 그 결과를 신청인에게 통지하여야 한다(관세환급특례법 §10의2).

10) 환급금의 지급, 환급금의 결정통지 및 지급보류통지

관세 등의 환급금은 한국은행이 환급금의 지급을 결정한 세관장의 소관 세입금계정에서 지급한다(관세환급특례법 §16).

세관장이 환급금을 결정하거나 결정된 환급금의 지급을 보류하려는 때에는 환급신청인에게 환급금 결정(지급보류) 통지서를 전자문서로 통지하여야 한다(관세환급사무처리고시 §8).

11) 추가환급신청 대상

추가환급을 신청할 수 있는 경우는 다음과 같으며, 추가환급을 신청하려는 자는 환급신청서와 관련 서류를 관할지세관장에게 제출하여야 한다(관세환급특례령 §18, 관세환급사무처리고시 §22, 23)

① 일괄하여 환급신청 하였으나 세관장의 착오로 일부 환급금이 부족하게 지급된 경우
② 원재료를 수입할 때 세율적용착오 등(관세율이 무세인 경우로서 환급신청하지 아니한 원재료와 과세가격 변경으로 인한 관세 등의 세액이 경정된 경우를 포함한다)의 사유로 추징된 관세 등이 환급신청 시에 누락되었거나 환급이 결정된 후에 추징된 경우
③ 환급신청 또는 수출신고할 때 착오로 수출가격을 과소하게 기재 또는 신고하거나 품목번호를 잘못 신고하여 간이정액환급을 과소하게 받은 경우
④ 환급신청인의 착오로 소요원재료와 규격이 상이한 원재료로 환급받는 등의 사유로 해당 원재료에 대한 관세 등이 추징되고 정당한 원재료로 추가환급신청하는 경우
⑤ 관세 등의 환급을 받은 물품에 대한 기납증 및 분증의 세액이 정정된 경우 또는 기납증과 분증이 취하 후 새로 발급된 경우
⑥ 환급신청한 소요원재료의 소요량 산정 시 단위실량을 과소산정하거나 소요원재료의 수량단위를 착오로 기재하여 과소환급된 경우
⑦ 품목분류나 세율결정에 오랜 시간이 걸려 수입통관고시 제38조에 따라 신고수리전반출승인을 받은 경우로서 환급이 결정된 후에 품목분류나 세율결정이 된 경우

⑧ 그 밖에 일괄환급신청의 의사표시가 확인[예 : 환급신청서에 누락된 원재료의 수입신
고필증이 첨부되어 있거나 제11조 제1항에 따라 제출된 소요량 계산서류, 조견표, 자
재명세서(BOM) 등에 누락된 원재료가 표시되어 있는 경우 등]되었고 환급신청인의
착오 또는 부득이한 사유로 인해 과소환급된 경우로서, 세관장이 추가환급하는 것이
타당하다고 인정하는 경우

12) 반입확인 신청 및 제출서류

보세구역 등과 자유무역지역에 환급대상 수출물품을 반입하고 반입확인서를 발급받으려
는 자는 물품을 해당 보세구역 등과 자유무역지역에 반입하는 즉시 환급대상 수출물품 반
입(적재)확인(신청)서 작성요령에 따라 전자문서로 작성한 신청자료를 관세청 전자통관시스
템 내 공항만시스템에 전송하여야 하며, 접수통보를 받은 날부터 3일 이내에 환급대상수출
물품 반입(적재) 확인(신청)서에 관련 서류를 첨부하여 반입장소를 관할하는 세관장에게 발
급신청을 하여야 한다(관세환급사무처리고시 §61).

(3) 환급신청, 처리기간 및 서류제출대상 선별 건의 처리

1) 환급신청

관세 등을 환급받으려는 자는 물품이 수출 등에 제공된 날부터 5년 이내에 관세청장이
지정한 세관에 환급신청을 하여야 한다. 다만, 수출 등에 제공된 수출용원재료에 대한 관세
등의 세액에 대하여 다음의 어느 하나에 해당하는 사유가 있는 때에는 그 사유가 있은 날부
터 5년 이내에 환급신청을 할 수 있다(관세환급특례법 §14, 관세환급특례령 §18).
① 「관세법」 제38조의2에 따른 보정(補正)
② 「관세법」 제38조의3에 따른 수정 또는 경정
③ 관세환급특례법 제21조에 따른 환급금액이나 과다환급금액의 징수 또는 자진신고ㆍ
납부

환급신청기간의 기산점은 다음과 같다.
① 관세환급특례법 제4조 제1호의 수출은 수출신고수리일
② 관세환급특례법 제4조 제2호 내지 제4호의 수출은 당해 수출, 판매, 공사 또는 공급을
완료한 날. 다만, 공사의 경우 당해 공사 중 단위공사가 완료된 날

개별환급방법으로 환급을 받을 때는 물품이 수출 등에 제공되었다 하더라도 해당 물품의

수출용원재료가 수출 또는 내국수출 등에 공한 날이 속하는 달의 말일을 기준으로 2년 이내(단, 플랜트 수출에 제공되는 물품으로 무역 상대국의 전쟁·사변, 천재지변 또는 중대한 정치적·경제적 위기로 인하여 불가피하게 수출등이 지연되었다고 관세청장이 인정하는 경우에는 3년 이내)에 수입된 경우에만 환급이 가능하다. 이를 수출이행기간이라 한다.[209] 통상 환급신청을 할 때 수출이행기간 이내에 수입된 원재료 수입신고필증 중 납부세액이 많은 신고필증을 우선하여 환급에 사용한다.[210] 동일한 원재료일지라도 수입가격이 다를 수 있고, 특히 과세환율이 동일하지 않기 때문에 수입신고필증에 따라 납부세액에 차이가 나는 경우가 많다.

수출이행기간 산정에는 예외가 있다. 해당 수출용원재료가 내국신용장이나 구매확인서 등에 의해 수출용원재료로 거래된 경우 해당 원재료가 수입(또는 국내매입)된 경우부터 1년 이내의 기간(관할지세관장의 승인을 받은 경우는 1년 6개월 이내의 기간) 내에 추가가공을 하여 거래한 경우에는 그 추가가공기간 동안은 수출이행기간에 포함하지 아니하는 것이다. 따라서 국내에서 여러 단계 추가가공을 거치면서 수출용원재료로 거래된 경우 수출이행기간이 수 년으로 늘어날 수 있게 된다.

환급신청 대상은 다음과 같다.

> 1. 「관세법」에 따라 수출신고가 수리(受理)된 수출. 다만, 무상으로 수출하는 것에 대하여는 기획재정부령으로 정하는 수출로 한정한다.
> 2. 우리나라 안에서 외화를 획득하는 판매 또는 공사 중 기획재정부령으로 정하는 것
> 3. 「관세법」에 따른 보세구역 중 기획재정부령으로 정하는 구역 또는 「자유무역지역의 지정 및 운영에 관한 법률」에 따른 자유무역지역의 입주기업체에 대한 공급
> 4. 그 밖에 수출로 인정되어 기획재정부령으로 정하는 것

---

209) 관세환급특례법 제9조, 동법 시행령 제9조. 구체적으로, 수출이행기간은 다음 어느 하나에 해당하는 날이 속하는 달의 말일부터 소급하여 2년이다. ① 수출신고가 수리된 날 ② 우리나라에서 외화를 획득하는 판매 또는 공사 중 기획재정부령으로 정한 것이나 보세구역 중 기획재정부령으로 정하는 구역 또는 자유무역지역 입주기업체에 대한 공급 등 관세법에 따른 수출신고가 수리되지 않는 물품의 경우는 해당 판매, 공사 또는 공급을 완료한 날. 수출이행기간 계산에서 해당 수출용원재료가 내국신용장 등에 의해 국내에서 거래된 경우 매 거래단계별로 거래가 1년 이내에 이루어졌다면 그 기간은 수출이행기간에 산입하지 않는다. 따라서 전체 수출이행기간은 그만큼 늘어나게 된다.

210) 여러 수입신고필증 중 납세세액이 많은 신고필증을 선별해 사용할 수 있는 것은 대개 동일한 원재료로 내수용 제품도 생산할 경우이다. 이 경우 내수용 분만큼 여분의 수입신고필증이 있기 때문이다.

2) 처리기간

관세 등의 환급을 신청하려는 자는 별표 2의 "환급신청서 작성요령"에 따라 작성된 별지 제3호 서식의 환급신청서를 전자문서로 관세환급시스템에 전송하여야 하고, 세관장은 전송된 환급신청서가 관세환급시스템에 등록되어 접수번호가 부여된 때로부터 3일 이내에 해당 환급신청서를 처리하여야 한다(관세환급사무처리고시 §8).

3) 서류제출대상 건의 처리

세관장은 서류제출대상 선별 후 서류제출대상인 경우 다음의 사항을 확인한 후 환급금 지급을 결정한다(관세환급사무처리고시 §10의2, §11, §12).
① 전송된 전자문서와 환급신청서의 기재내용 일치 여부
② 구비서류 완비 여부
③ "수출유형별 수출사실 확인방법 등"에 따라 환급대상수출에 해당하는지 여부
④ 제출된 서류만으로 신청한 환급금이 정확한지 여부

(4) 관세 등의 환급
1) 환급금의 산출 등

환급신청자는 수출물품에 대한 원재료의 소요량을 계산한 소요량계산서를 작성하고 그 소요량계산서에 따라 환급금을 산출(算出)한다. 그러나 관세청장은 이에 불구하고 소요량 계산업무의 간소화 등을 위하여 필요하다고 인정하는 경우에는 수출물품별 평균 소요량 등을 기준으로 한 표준 소요량을 정하여 고시하고, 환급신청자로 하여금 이를 선택적으로 적용하게 할 수 있다.

수출용원재료를 사용하여 생산되는 물품이 둘 이상인 경우를 연산품이라 하는데 이 때는 생산되는 물품의 가격을 기준으로 관세청장이 정하는 바에 따라 관세 등을 환급한다(관세환급특례법 §10).

2) 관세 등의 환급
가. 물품이 수출 등에 제공된 경우

세관장은 물품이 수출 등에 제공된 경우에는 아래에서 정하는 날부터 소급하여 원칙적으로 2년 이내에 수입된 해당 물품의 수출용원재료에 대한 관세 등을 환급한다(관세환급특례법 §9, 관세환급특례령 §9).

① 앞 "환급대상 수출 등"의 "①"의 수출의 경우에는 수출신고를 수리한 날
② 앞 "환급대상 수출 등"의 ②부터 ④까지의 수출 등의 경우에는 수출·판매·공사 또
　는 공급을 완료한 날

관세 등을 환급하는 수출용원재료는 수출이행기간 기준일부터 소급하여 2년 이내에 다음의 어느 하나에 해당하는 수입신고수리·반출승인·즉시반출신고·거래 등이 행하여진 것이어야 한다.
① 「관세법」 제248조에 따른 수입신고수리
② 「관세법」 제252조에 따른 수입신고수리 전 반출승인
③ 「관세법」 제253조에 따른 수입신고 전 즉시반출신고
④ 수출용원재료가 법 제5조 제3항에 따른 내국신용장 등(이하 "내국신용장 등"이라 한다)에
　의하여 거래된 경우에는 최후의 거래

나. 수출용원재료가 내국신용장 등에 의하여 거래되는 경우

수출용원재료가 내국신용장 등에 의하여 거래되고, 그 거래가 직전의 내국신용장 등에 의한 거래(직전의 내국신용장 등에 의한 거래가 없는 경우에는 수입을 말한다)가 있은 날부터 대통령령으로 정하는 기간에 이루어진 경우에는 해당 수출용원재료가 수입된 날부터 내국신용장 등에 의한 최후의 거래가 있은 날까지의 기간은 위 "가"에 따른 기간에 산입(算入)하지 아니한다. 다만, 수출용원재료가 수입된 상태 그대로 거래된 경우에는 그러하지 아니한다.

(5) 관세 등의 환급세액 계산방법

관세 등의 환급액을 계산하는 방법에는 간이정액환급과 개별환급의 두 가지가 있다. 환급액환급세액을 정확하게 산출하기 위하여는 개별환급방법에 의하는 것이 합리적이다. 비록 환급업무가 복잡하다는 단점이 있기는 하지만 관세환급의 본래 개념에 충실하게 정확한 환급액을 산출할 수 있다는 점이 개별환급방법의 장점이다.

그러나 관세환급은 수출을 지원한다는 측면이 강조되는 제도이므로 원재료를 수입할 경우 납부한 세액을 정확하게 환급하여야 한다는 측면뿐 아니라 환급으로 인해 발생하는 이른바 환급비용도 최소화될 수 있도록 가급적 간편하게 환급제도가 운영될 필요성도 있다. 이러한 두 가지 다소 상반되는 목표 가운데 정확한 환급에 치중하다 보면 수출을 지원한다는 제도 본래의 목표에 지장을 초래하게 되므로 간편한 환급을 위하여 평균개념을 채택하여 정부가 고시하는 금액을 환급함으로써 절차를 간소화할 수 있는 간이정액환급제도를 운

영하고 있다.

1) 개별환급

가. 의의

간이정액환급률표가 적용될 수 없는 수출물품, 간이정액률표에 게기되지 아니한 수출물품, 대기업 및 간이정액환급비적용승인업체의 수출물품에 대하여 적용된다. 개별환급이란 용어는 정부가 환급금액을 책정하여 고시하는 정액환급에 대비하여 환급을 신청하는 자가 원재료별로 납부세액을 계산하여 환급액을 산출한다는 의미에서 불리는 것이다. 현행 수출에 따른 관세환급은 90% 이상이 이러한 개별환급에 의하고 있다.

개별환급방법은 수출물품 생산에 어떤 원재료가 얼마만큼 소요되었는지를 먼저 파악한 다음, 이들 중 수입된 원재료에 대해 그 원재료가 수입될 경우 납부한 관세가 얼마인가를 계산하는 방법으로 환급액을 산출하는 것이다. 그런데 물품의 생산에는 대개 수많은 종류의 원재료가 사용되고, 기업마다 그리고 같은 기업일지라도 생산시기마다 원재료의 소요량과 수입된 원재료에 대하여 납부한 관세액도 달라진다. 기업마다, 그리고 생산시기마다 소요량이 달라지는 것은 제조공법과 기술수준 기타 여러 가지 환경적 요인의 차이에서 비롯되는 것이다. 수입원재료에 대한 납부세액이 달라지는 것은 관세액 결정의 3요소, 즉 수입물품의 단가, 과세환율, 그리고 관세율의 전부 또는 일부가 변동되는 데서 기인한다.

따라서 개별환급방법에 의해 환급액을 산출하는 데는 소요량의 파악과 수출물품과 소요원재료의 동일성 확인에 정확성을 기하여야 하며, 그렇지 못할 경우 과다환급 또는 과소환급이 발생하게 된다. 개별환급방법에 의한 환급액의 산출은 정액환급방법에 의한 경우와 마찬가지로 물품수출에 따른 환급 또는 국내거래물품에 대한 기초원재료납세증명서의 발급에 적용된다.

나. 소요량의 계산

개별환급방법에 의해 환급액을 계산하기 위해서는 먼저 소요량이 계산되어야 한다. 소요량(所要量)이란 수출물품을 생산하는 데 소요되는 원재료의 양으로서 생산과정에서 정상적으로 발생되는 손모량을 포함한 것을 말한다.[211] 생산의 개념에는 수출물품의 가공·조립·수리·재생 또는 개조하는 것을 포함한다. 여기에서 손모량(損耗量)이란 수출물품을 정

---

211) 환급특례법 제3조. 소요량 계산과 관련한 자세한 내용은 관세청고시 '소요량의 산정 및 관리와 환급금심사에 관한 고시'에 규정되어 있다. 해당 고시는 관세청 홈페이지의 법령정보란을 참조.

상적으로 생산하는 과정에서 발생하는 원재료의 손실량이다. 이 경우의 원재료의 양에는 불량품 생산에 소요된 원재료의 양은 제외된다.

즉 소요량이란 수출물품을 구성하고 있는 원자재의 실량(實量)에 해당 수출물품의 정상적인 생산과정에서 허비되는 손모량을 더하여 파악하는 것으로 수출물품 생산과정에서 소비된 원재료의 총량을 의미하게 된다. 소요량은 기업에 따라, 그리고 생산시기에 따라 차이가 날 수 있다. 제조공법과 기술수준 등의 차이가 있으면 소요량 특히 손모량이 달라지기 때문이다. 관세환급은 수출물품에 소요된 원재료를 파악하여 그 원재료가 수입될 경우 납부한 관세를 되돌려 주는 것이므로 '소요된 원재료'의 파악이 관건이 된다. 특히 개별환급방법에 의할 경우 품목과 수량으로 표시되는 원재료의 소요량이 확정되어야 수출품과 원재료의 동일성 인정 여부가 결정되고 환급금액도 계산될 수 있다.

소요량의 적정 여부는 환급의 적정 여부와 직결되는 것이므로 소요량제도는 개별환급에서 큰 의미를 갖는 것이다. 현재 소요량을 산정하는 방법으로는 단위실량, 단위설계소요량, 수출건별 등 총 소요량, 일정기간별 단위소요량, 1회계연도 단위소요량, 위탁건별소요량의 6가지가 있다. 여기에서 단위실량은 손모량 부분을 제외한 실량만을 소요량으로 파악하여 관세 등의 환급에 사용하는 것이다. 단위설계소요량은 제조사양서 등에 '계획'된 소요량을 의미한다. 물론 여기에는 실량과 손모량이 합해진 개념이 적용된다. 수출건별 등 총 소요량은 수출건별로, 위탁건별 소요량은 위탁생산의 경우 그 위탁건별로 소요량을 파악하는 것이다. 일정기간별 단위소요량과 1회계연도 단위소요량은 정해진 기간 동안 수출물품 생산에 총 소요된 원재료의 양을 파악하여 이를 소요량으로 보는 것이다. 이들 여섯 가지 중 가장 일반적으로 사용하는 소요량계산방법은 단위실량과 단위설계소요량, 그리고 1회계연도 단위소요량이다. 관세환급을 위해서는 먼저 물품의 생산(수출)자가 관할세관에 소요량 산정방법을 신고해 두고, 개별환급을 받을 경우마다 신고된 산정방법을 적용하여 소요량계산서를 생산자가 직접 작성·사용한다.

다. 개별환급방법에 의한 환급액의 산출

개별환급방법에 의해 환급액을 산출하기 위해서는 다음의 그림과 같은 세 가지 기본적인 사실의 대조 확인을 통하여 원재료의 동일성과 납부세액을 확인하여야 한다. 그림은 세단계가 서로 연결되어 있다. 그림에서 A는 환급대상이 되는 물품과 그 수량을 확인하는 것이다. A에서 확인되는 수출물품의 품명·규격·수량이 개별 수출신고필증 등과 반드시 일치하는 것은 아니다. 그 이유는 관세환급이 선박 또는 항공기의 물품 적재단위나, 수출신고건 단위로 이루어지는 것이 아니기 때문이다.

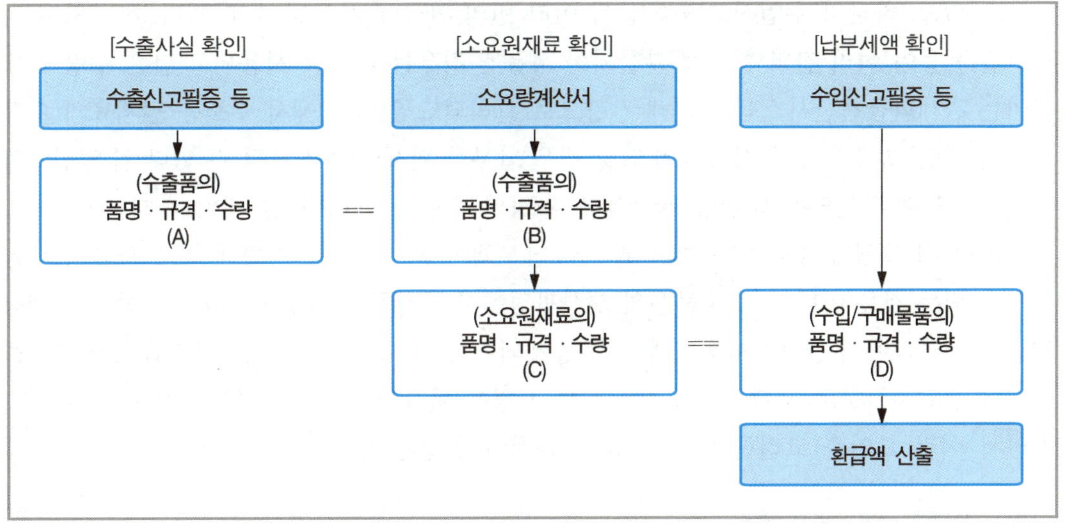

환급신청은 ㉠ 환급신청인별, ㉡ 환급방법별, ㉢ 수출형태별, ㉣ 수출신고수리월별, ㉤ 그리고 HS 10단위별로 하여야 한다. 그러므로 같은 달에 수출신고가 수리된 동일 품목이라면 여러 건의 수출신고필증을 묶어서 하나의 건으로 환급신청을 할 수가 있다. 결국 그림의 A에서 수량은 환급신청 건별 수량을 의미하는 것이 된다. 그림에서 B와 C는 수출물품 생산에 소요된 원재료의 종류와 그 양을 확인하는 것이다. B는 소요량계산서류에 나타나는 품명 · 규격 · 수량으로 이는 A의 그것과 일치하여야 한다. 소요량계산은 일괄환급신청의 원칙[212]에 따라 환급신청 건별로 1건으로 작성될 것이기 때문이다. C는 환급대상인 수출물품생산에 소요된 원재료의 품명 · 규격 · 수량이다. 따라서 C는 B 상품에 따라 그 품목이 수 개에서 수만 개까지 될 수 있다. 이는 소요량산정 결과에 따라 결정될 문제이다.

그림에서 D는 소요량계산서에 나타난 수출용원재료의 품명 · 규격에 일치하는 원재료를 수입하였다는 사실과 관세를 납부하였다는 사실을 확인하기 위한 것이다. D의 품명 · 규격과 C의 품명 · 규격은 동일성의 인정 원칙에 합당하도록 상호 일치하여야 한다. 그러나 그 수량은 소요량계산서의 수량과 같거나 그보다 적게 된다. 왜냐하면, 소요량계산서에 나타난 원재료 가운데는 유효한 수입신고필증 등을 제시할 수 없는 것도 포함되는 경우가 있기

---

212) HS 10단위가 같은 수출물품에 대한 관세 등의 환급신청은 해당 수출물품의 생산에 소요된 모든 원재료에 대해 일괄하여 신청하여야 한다는 원칙을 말한다(수출용원재료에대한 관세등환급사무처리에관한고시 제2 -1-1조). 이 원칙으로 만일 일부 원재료에 대하여 수입신고필증이나 기초원재료납세증명서 등이 구비되지 못하여 환급신청에서 일단 누락되면 이에 대하여는 추가환급이 불가능하게 된다.

때문이다. 또한 C에 나타나는 수량이 될 수 있도록 여러 건의 수입신고필증 등이 사용될 경우도 있고, 하나의 수입신고필증 등이 여러 번의 환급에 사용될 수도 있다. 하나의 수입신고필증 등이 여러 건의 환급에 분할되어 사용될 경우는 환급에 사용되고 남은 수량에 대하여는 관세환급전산시스템에 의해 잔량으로 관리되고 있다. D에서 수출용 원재료의 수량이 확정되면 그 수출용 원재료를 수입할 경우 납부한 관세액이 계산될 수 있다. 수입신고필증 등에 의해 확인되는 단위당 관세액을 확정된 수량에 곱하면 될 것이기 때문이다.

그러나 위 그림과 같이 하여 계산된 관세납부액이 곧 개별환급방법에 의해 산출되는 환급액이 되는 것은 아니다. 수출물품의 생산과정에서 부산물이 발생하였다면 부산물에 해당되는 세액만큼이 부산물공제제도에 의해 공제되어야 하고, 그 외에 환급금지급제한 대상물품이나 농림축산물로서 환급제한 대상품목의 경우 환급 자체가 제한될 수 있기 때문이다. 따라서 이런 요인을 고려한 다음 최종 환급액이 결정된다.

라. 개별환급의 보완제도

① 평균세액증명제도

해당 수출업체에서 그 달에 외국으로부터 수입하거나 국내에서 매입한 수출용원재료를 HSK10단위별로 통합함으로써 규격 확인을 생략하고 전체 물량의 평균세액을 산출해서 환급절차를 간소화하는 제도이다.

평균세액증명서를 발급받고자 하는 자는 관할지 세관장으로부터 평균세액증명대상물품 지정을 받아야 한다. 자세한 것은 후술하기로 한다(관세법 §11).

② 자율소요량관리제도

소요량을 계산할 때 정해 놓은 '기준소요량'에 따라 증명하는 제도에서 업체 자율적으로 소요량을 계산하는 방식인 '자율소요량'제도로 개선한 것이다. 기존의 소요량 증명제도 하에서는 정부에서 기준소요량을 고시하여 인력과 비용이 많이 소요되었고, 실제 기업에서 사용한 소요량과 차이가 많아 과다·과소 환급이 되는 경우가 많았었다. 그러나 자율소요량관리제도를 통해 보다 정확하고, 시간과 비용을 절감하는 소요량 계산이 가능해졌다.

소요량계산서를 작성하고자 하는 자는 소요량산정방법 등에 대한 사항을 관할지 세관장에게 신고하고 그 신고된 바에 따라 소요량을 계산하여야 한다(관세법 §10의2).

마. 개별환급 시 필요서류

확인할 것	① 수출 등에 제공한 물품 확인	② 소요원재료 확인	③ 수입시 납부세액 확인
의의	물품이 수출에 제공되었는 지의 여부 확인	개별환급금 산출을 위해 소요량계산서를 작성하여 수출품 제조에 소요된 원재료의 품명, 규격, 수량을 확인하여야 한다.	수출용원재료 수입때 관세를 납부한 사실과 납부 금액이 확인되어야 한다. (납부한 세액이 없으면 개별환급 대상이 되는 금액도 없다)
필요서류	수출신고필증 or 갈음서류	소요량계산서	수입신고필증 or 기납증·분증·평세증
확인사항	수출물품의 품명·규격·수량 확인	수출물품의 품명·규격·수량 일치	수출물품의 품명·규격·수량 및 납부세액 확인
		수출물품 생산에 소요된 원재료의 품명·규격·수량 확인	수입원료의 품명, 규격, 수량 및 납부세액 확인

2) 간이정액환급

가. 의의

간이정액환급제도는 환급업무에 대한 전문인력의 부족 등으로 개별환급방법에 의한 환급에 애로가 많은 중소기업을 지원하기 위하여 운영하는 제도로서 중소기업의 수출 지원 및 환급절차 간소화를 위해 간이정액환급 대상 중소기업이 생산하여 수출한 물품에 대하여는 수출물품 생산에 소요된 원재료의 납부세액 확인을 생략하고 수출사실만을 확인하여 간단하게 환급하게 된다.

관세청장이 매년 초 간이정액환급률표를 고시하고, 중소제조업체가 물품을 수출한 다음 희망할 경우 간이정액환급률표에 고시된 금액을 환급액으로 지급하게 되므로 소요량의 계산이나 관세납부와 관련한 복잡한 서류의 구비 없이 수출을 하면 즉시 환급액이 확정되므로 중소기업에게는 상당히 편리한 제도이다.

관세청장은 수출용원재료에 대한 평균환급액 또는 평균납부세액 등을 기초로 정액환급률표를 작성한다.

나. 간이정액환급률표 적용대상

간이정액환급제도는 중소기업기본법 제2조에 따른 중소기업자로서 환급신청일이 속하는 연도의 직전 2년간 매년도 환급실적(해당 환급신청일에 기초원재료납세증명서의 발급을 신청한 금액과 환급을 신청한 금액을 포함하되 원상태수출 실적은 제외한다)이 8억원 이하[213]이고, 환급신청일이 속하는 연도의 1월 1일부터 환급신청일까지의 환급실적 또한 8억원 이하라는 두 가지 요건을 갖춘 자가 제조·가공한 물품에 대한 관세 등의 환급과 내국신용장 등에 따라 공급된 수출용원재료에 대한 기초원재료납세증명서 발급시에 적용한다. 수출물품의 생산자와 수출자가 다를 경우는 수출물품의 생산자가 직접 환급을 신청하는 경우에만 적용이 가능하다. 간이정액환급률표는 표와 같은 형태로 고시되고 있다(관세환급사무처리고시 §31, 관세환급특례법 §13, 동 규칙 §12).

| 간이정액환급률표 예시(남자 또는 소년용 셔츠의 경우) |

세　번	품　명	수출금액 (FOB) 1만원당 환급액	세　번	품　명	수출금액 (FOB) 1만원당 환급액
6205.20 – 0000	면으로 만든 것	90	6205.30 – 2000	재생 또는 반합성 섬유로 만든 것	10
6205.30 – 1000	합성섬유로 만든 것	10	6205.90 – 0000	그 밖의 방직용섬유로 만든 것	10

다. 적용물품

수출물품을 환급신청하는 경우에는 수출신고수리일, 기납증 발급을 신청하는 경우에는 물품의 실제거래일에 시행되는 간이정액환급률표에 게기된 HS 10단위 수출물품으로서 HS 10단위만 동일하면 품명, 규격이 달라도 적용이 가능하다.

라. 간이정액환급률표에 의한 환급액의 산출

간이정액환급률표는 환급의 경우는 수출신고수리일, 기초원재료납세증명서 발급의 경우 국내거래일이 적용기준일이다. 환급신청일이나 기초원재료납세증명서 발급신청일을 적용기준일로 하지 않는 것은 간이정액환급률표가 개정되었을 경우 신청일에 따라 환급액이 달라질 수 있는 문제점을 고려한 것이다. 간이정액환급률표의 환급액은 수출금액(또는 수출용

---

213) 동일업체로서 제조장별로 환급을 신청하는 경우 제조장별 환급금액을 모두 합한 실적이다.

원재료로 국내공급 금액) 1만원당 환급액이다. 따라서 간이정액환급률표에 의한 환급액 또는 양도세액의 계산은 다음 계산방식에 따라 결정한다.

$$환급액(양도세액) = \frac{FOB\ 원화금액 \times 간이정액환급률표의\ 해당\ 금액}{10,000}$$

이 경우 수출신고필증 등의 금액은 수출금액을 기준으로 하고, 기초원재료납세증명서를 발급할 경우는 양도세액이 포함되지 아니한 물품대금만을 기준으로 한다. 만일 수출신고필증 등의 수출금액 또는 내국신용장 등의 공급금액이 FOB조건이 아니거나, 내국신용장 등에 양도세액과 물품대금이 구분하여 기재되어 있지 않아 물품대금을 확인할 수 없는 경우에는 다음 산식(算式)에 따라 산출된 금액을 FOB 기준금액(물품대금)으로 결정한다.

$$FOB\ 기준금액 = 원화표시\ 거래금액 \div \left\{ 1 + \frac{적용할\ 간이정액금액}{10,000} \right\}$$

(6) 수출용원재료의 국내거래(양도세액증명제도)

1) 개요

수출용원재료의 수입자와 해당 수출용원재료를 사용하여 생산한 물품 또는 수입한 상태 그대로 수출하는 자가 반드시 동일한 것은 아니다. 수입자와 수출자가 달라지는 것은 수출용원재료가 국내에서 거래되기 때문이다. 수출용원재료가 국내에서 거래되는 이유로 가장 일반적인 것은 국내에서 추가적인 가공을 거친 다음 수출물품이 생산되는 경우이다.

예로서, 원면(raw cotton)이 수입되어 면직물이 생산되고, 면직물은 다시 의류생산에 사용되어 최종적으로 의류가 수출되는 경우, 원면을 수입하여 면직물을 생산하는 방직업체와 이러한 면직물을 공급받아 의류를 생산하여 수출하는 봉제업체는 대개 다른 업체이기 마련이다. 국내에서 여러 단계의 가공을 거치게 되면 원재료를 단순가공하여 수출하는 것에 비해 더욱 높은 부가가치를 창출하게 되므로 우리나라는 금융, 세제 등 여러 면에서 지원을 하고 있다. 내국신용장에 의한 무역금융의 제공, 부가가치세의 영세율 적용과 조기환급, 관세 등의 환급을 위한 양도세액증명제도 등이 이와 같은 지원에 속한다. 이러한 지원이 가능하기 위해서는 '수출용원재료'로서 거래되었다는 사실이 서류로서 입증되어야 한다. 부가가치세의 경우와는 달리 관세 등의 환급은 수출용원재료가 최종 수출이 되었을 경우만 그 수출자(또는 최종 수출자에게 완제품을 공급한 자)가 국가로부터 환급받을 수 있다. 따라서 해당 물품이 국내에서 거래될 경우 원재료의 수입자로부터 최종 물품생산자까지의 실거래 가격에는 궁극적으로 환급받을 관세가 가산(加算)되어 있고, 그 사실이 매 거래단계마다 서류로 입증되어야 한다.

이와 같이 수출용원재료를 공급받는 자가 물품을 수출하였을 경우 궁극적으로 환급받을 수 있는 세액을 양도세액(讓渡稅額) 또는 전가세액(轉嫁稅額)이라 하며, 이를 입증하는 서류를 양도세액증명서라 한다. 양도세액증명서의 발급과 발급은 부가가치세의 세금계산서 발급의 경우와 같이 법적 의무사항은 아니다. 또한 양도세액을 수출용원재료의 공급자와 매입자간에 어떻게 결제할 것인가에 대해서도 법령이 따로 정하고 있는 바는 없다. 따라서 물품대금에 포함하여 지급하거나, 별도로 지급하거나 이는 양자간 협의하여 결정할 사항이다. 지급시기 또한 마찬가지이다.

2) 양도세액의 증명방법

수출용원재료를 국내에서 거래하는 형태에는 추가적인 제조·가공을 거쳐 거래하는 추가가공 국내거래와 수입상태 또는 직전 단계에서 공급받은 상태 그대로 거래하는 원상태 국내거래의 두 가지 형태가 있다. 추가가공을 거치는 경우의 거래는 공급받는 물품과 공급하는 물품의 형태가 달라지지만 원상태 거래의 경우 물품의 형태가 동일하다. 양도세액의 증명은 거래단계별로 이루어진다. 그러므로 동일업체 내에서 몇 단계의 가공이 이루어지거나, 원재료를 하청업체에 위탁가공하는 임가공거래의 경우 양도세액 증명이 불필요하다.[214] 그러나 동일업체 내일지라도 제조장간에 물품이 공급될 경우는 양도세액증명이 필요한 경우가 있다.

한편, 전문무역상사가 원재료를 수입하여 수입상태 그대로 여러 생산업체에 분할공급하는 원상태 거래의 경우에도 양도세액증명이 필요하다. 양도세액을 증명하는 증명서에는 국내거래 형태에 따라 기초원재료납세증명서(약칭하여 기납증), 수입신고필증분할증명서(약칭하여 수입분증), 기초원재료납세증명분할증명서(약칭하여 기납분증), 그리고 평균세액증명 분할증명서(약칭하여 평세분증) 등이 있다. 거래의 형태는 다양하게 이루어질 수 있으나 기본적인 거래관계의 판단은 원재료의 추가가공 여부에 있으며, 그에 따른 양도세액증명서는 기초원

---

214) 원재료를 무상으로 공급하고 가공임을 대가로서 위탁가공하는 것을 임가공거래라 한다. 임가공거래는 소유권 자체가 이전되는 것은 아니므로 관세환급에서는 국내거래로 보지 아니하고 임가공을 위탁하는 업체가 생산한 것으로 간주한다.

재료납세증명서와 분할증명서로 대별된다.

3) 양도세액증명을 위한 국내거래사실의 확인

수입되는 원재료는 수출물품 생산에만 사용되는 것이 아니라 내수용 물품의 생산에 사용될 수도 있기 때문에 수출용원재료가 수출물품 생산자에게 공급되었음을 인정받기 위해서는 수출용원재료가 내국신용장, 구매확인서, 기타 관세청장이 인정하는 매매계약서 등의 서류에 의해 거래되어야 한다. 거래형태에 따라 관세청장이 정한 수출용원재료의 국내거래의 인정서류는 차이가 있다. 국내거래 인정서류를 통해 국내거래관계가 파악되면 물품수령증, 세금계산서 등을 통해 국내거래일자, 즉 양도일자를 확인함으로써 국내거래사실이 확인된다. 내국신용장과 구매확인서는 부가가치세의 영세율적용을 위한 수출용원재료 거래의 입증서류로도 사용되는 것이다.

4) 양도세액증명서의 발급

가. 기초원재료납세증명

세관장은 수출용원재료가 내국신용장 등에 의하여 거래된 경우 관세 등의 환급업무를 효율적으로 수행하기 위하여 제조·가공 후 거래된 수출용원재료에 대한 납부세액을 증명하는 기초원재료납세증명서를 발급하거나 수입된 상태 그대로 거래된 수출용원재료에 대한 납부세액을 증명하는 수입세액분할증명서를 발급할 수 있다(관세환급특례법 §12, 관세환급사무처리고시 §46, 48).

이 중 기납증을 발급할 수 있는 경우는 다음의 어느 하나와 같다.

① 수입원재료를 사용하여 생산한 물품을 해당 수입원재료의 수입신고수리일부터 1년 이내에 수출물품을 생산하는 자에게 양도하거나 수출물품의 중간원재료를 생산하는 자에게 양도하는 경우

② 수입원재료와 중간원재료를 사용하여 생산한 물품을 수입신고수리일(중간원재료의 경우에는 구매일)부터 1년 이내에 수출물품을 생산하는 자에게 양도하거나 수출물품의 중간원재료를 생산하는 자에게 양도하는 경우

③ 수출물품의 중간원재료를 사용하여 생산한 물품을 그 중간원재료의 구매일부터 1년 이내에 수출물품을 생산하는 자에게 양도하거나 수출물품의 중간원재료를 생산하는 자에게 양도하는 경우

④ 수입원재료 또는 중간원재료(수입원재료와 중간원재료 포함)를 사용하여 생산한 물품을

수입신고수리일(중간원재료의 경우에는 구매일)로부터 1년 이내에 수출하는 자에게 양도하는 것으로서 수출자가 환급받고자 하는 경우

수출물품의 생산에 사용할 원재료의 국내거래과정이 여러 단계일 경우 세관장은 거래단계별로 기납증을 발급할 수 있다. 물품에 대한 국내거래 인정서류는 다음과 같다.
① 내국신용장
② 구매확인서(제1호의 내국신용장에 준하여 외국환은행장이 발급한 것)
③ 수출신용장 또는 수출계약서(물품대금 또는 용역수수료는 「외국환거래법」 제3조 제15호에 따른 비거주자로부터 받고 물품은 해외구매자가 지정한 국내업체에 인도하는 경우로서 신용장 또는 수출계약서와 물품을 인도받는 자가 기재된 것. 다만, 수출계약서의 경우에는 거래명세표 등에 의하여 물품 인도사실이 확인되고 인도물품이 수출 등에 제공할 것으로 인정되는 경우로 한정한다)
④ 세관장이 수출물품의 생산 또는 수출 등에 제공하기 위하여 거래된 것임을 인정할 수 있는 서류로서 매매계약서 또는 이와 유사한 소유권 이전을 목적으로 하는 계약서

기초원재료납세증명서는 다음의 [별표]와 같은 형태로 되어 있는데, 이는 수입된 원재료로 생산된 물품을 다음 단계의 중간원재료 생산업체 또는 수출물품 생산업체에 공급하는 경우, 해당 물품을 수입할 때 납부한 관세 등을 증명하는 서류이다.[215]

---

215) 엄밀한 용어는 아니지만 관세환급에서는 흔히 최초 수입된 원재료를 기초원재료, 이러한 기초원재료를 추가 가공한 것을 중간원재료, 그리고 수출되는 물품을 완제품으로 부른다. 기초원재료납세증명이란 수입시점에 납부한 세액을 증명하는 서류라는 의미이다.

기초원재료납세증명서(갑)

①양도자		통관고유부호		⑤※접수번호	처리기간	1일
주 소 서울시 서초구 서초동 1355-21		강남화성-1-71-1-01-0		기관부호	연도	일련번호
상 호 강남화성주식회사		사업자등록번호		010	×3	0009320
성 명 정하용		214-81-10843				

②신청관세사			⑥접 수 일 자	×××3-03-25
③제출번호	206091		⑦증 명 구 분	3

(1 : 연산품정액, 2 : 간이정액, 3 : 개별)

④양수자		통관고유부호	⑧※증 명 일 자	×××3. 3. 25.
주 소 경남 양산시 유산동 30		넥센타이-1-58-1-01-6		
상 호 넥센타이어㈜		사업자등록번호	⑨근거서류번호	
성 명 홍종만		621-81-10769	P451800100035	

ⓐHS 10단위		ⓑ부 호	ⓒ양도(매입)일자	ⓓ물량합계	ⓔ단 위
3909.40-0000		02	×××3-01-29	10,000	KG

ⓕ일련번호	ⓖ품명 및 규격(기재 여부 : 전부)		ⓗ물 량	ⓘ물량단위	ⓙ금액(KRW)	ⓚ세 액
	ⓛ관세	ⓜ내국세( )	ⓝ교육세		ⓞ농특세	
1	PHENOLITE KC-7800		10,000	KG	22,551,750	166,155
	155,155	0	0			0

ⓟ양도세액	관 세	166,155	내 국 세( )	0
	교 육 세	0	농 특 세	0
			합 계	166,155

ⓠ공급가격(FOBW)	22,551,750

결재	담 당	주 무	과 장	장	ⓡ증명인

1. ※표시는 세관기재란임.
2. 제출부수는 1부(신청인용, 세관보관용)임.

　기초원재료납세증명서가 발급되기 위해서는 공급업체가 수입된 원재료로 생산한 물품을 수출용원재료로 공급하여야 한다. 즉 기초원재료납세증명서는 다음과 같은 요건이 구비되었을 경우 발급될 수 있다.

① 물품의 공급업체가 원재료가 수입된 날 또는 내국신용장 등에 따라 물품을 공급받은 날(국내 매입일)부터 1년 이내(단, 관할지세관장의 승인을 받은 경우에는 1년 6개월 이내)에 국내에서 생산한 물품이어야 한다.
② 거래대상 원재료가 당초 수입을 할 경우 관세를 납부한 사실이 있어야 한다.
③ 수출물품을 생산하거나, 수출물품의 중간원재료를 생산하는 자, 또는 공급받은 물품을 직접 수출하고 수출자가 환급받고자 하는 자(완제품공급 수출자)에게 공급하여야 한다.

통상 수출용원재료로 국내거래되는 물품의 가격에 포함되어 있는 양도세액을 계산하는 방법은 물품을 수출하였을 경우의 환급액 산출방법과 동일하다. 즉 양도세액의 계산은 정액환급방법을 적용하여 산출할 수도 있고, 개별환급방법을 적용하여 산출할 수도 있는 것이다. 그러나 수출이행기간의 적용은 수출의 경우 수출신고를 수리한 날이 속하는 달의 말일 또는 우리나라 안에서 물품의 판매 · 공급 · 공사로서 수출로 인정되는 것은 해당 판매 · 공급 또는 공사를 완료한 날이 속하는 달의 말일부터 소급하여 2년 이내에 수입된 원재료가 환급의 대상이 되나, 기초원재료납세증명서의 경우 수출용원재료로 공급한 날부터 소급하여 1년 이내(단, 관할지세관장의 승인을 받은 경우에는 1년 6개월 이내)에 수입 또는 공급받은 원재료에 한하여 양도세액산출의 대상이 된다.

나. 해외임가공 후 수입물품의 국내거래 시 기납증 발급

「관세법」 제101조 제1항에 따라 해외임가공물품 등의 수입 시 감세처리한 물품이 내국신용장 등에 의하여 국내 거래된 경우에는 당초 위탁가공을 위하여 수출한 물품의 생산에 소요된 수출용원재료에 대한 관세 등과 당해 물품의 재수입시 납부한 관세 등(가공임에 대한 과세액)에 대하여 기납증을 발급할 수 있다(관세환급사무처리고시 §52).

다. 분할증명

수출용원재료의 국내거래에서 수입된 상태 또는 매입된 상태 그대로 거래된 물품에 대하여 세관장이 관세 납부액을 증명하는 서류로 발급하는 것이 분할증명서이다. 분할증명은 하나의 수입신고필증 또는 기초원재료납세증명서로 둘 이상의 환급기관에서 동시에 환급을 받거나 기초원재료납세증명서를 발급받기 위한 경우와, 수입 또는 국내거래로 공급받은 원재료의 전부 또는 일부를 추가적인 가공없이 원상태 그대로 수출용원재료로 공급하는 경우 필요하다. 분할증명에는 수입신고필증을 분할하였음을 증명하는 수입신고필증분할증명서와 기초원재료납세증명서를 분할하였음을 증명하는 기초원재료납세증명분할증명서 및 평균세액증명분할증명서의 세 가지가 있다. 분할증명에서 양도세액의 계산방법은 다음과 같다.

$$양도세액 = \frac{분할되는\ 서류상의\ 납부세액}{분할되는\ 서류상의\ 수량} \times 공급수량$$

분할증명서는 원상태 그대로 국내거래하는 경우 발급되는 것이므로 기초원재료납세증명을 위한 양도세액의 산출과는 다음 두 가지 면에서 다르다.

첫째, 간이정액환급률표가 적용될 수 없다. 간이정액환급률표는 제조·가공한 물품을 수출용원재료로 공급하거나 수출한 경우 적용되는 것이기 때문에 성격상 제조·가공이 없이 공급된 사실을 확인하는 분할증명서에는 적용될 수 없는 것이다.

둘째, 소요량계산서가 불필요하다. 소요량계산서는 수출물품을 생산하거나 국내거래 수출용원재료가 추가적으로 제조·가공된 경우 이에 소요된 원재료를 확인하기 위한 서류이므로 분할증명서의 발급에서는 사용될 필요가 없는 것이다. 분할증명서 서식은 다음의 [별표]와 같다.

[별표]

분 할 증 명 서

①양도자	통관고유부호	⑤※접수번호	처리기간 : 즉시		
주 소 서울특별시 마포구 합정동 358-6 유니타워 9층	엠****-1-96-1-01-6	기관부호	연도	일련번호	
상 호 ㈜엠	사업자등록번호				
성 명 이 강 훈	107-81-58156	010	×××3	0017439	

②신청관세사 관세법인 청솔	41657	⑥※접 수 일 자	×××3-03-29
③제출번호	20048U	⑦증 명 구 분	3

(1 : 기납증 2 : 평세증 3 : 수입필증 4 : 분할증명서)

④양수자	통관고유부호	⑧※증 명 일 자	×××3. 3. 29.
주 소 서울 영등포구 문래동3가 77-9 메가벤처타워 307	지산씨엔-1-08-1-01-5		
상 호 지산씨앤아이㈜	사업자등록번호	⑨근거서류번호	
성 명 이 상 열	107-87-06631	매매계약서	

ⓐHS 10단위	ⓑ신고(증명)번호-란번호		ⓒ수입(증명)일자		
2915.39-9000	4050509700009U	001	×××3-01-05		
ⓓ양도일자	ⓔ물량합계		ⓕ단 위		
×××3-01-31	7,200		KG		

ⓕ일련번호	ⓗ품명 및 규격(기재 여부 : 전부)	ⓘ물 량	ⓙ물량단위	ⓚ금액(KRW)	ⓛ세 액
	ⓜ관세	ⓝ내국세( )	ⓞ교육세		ⓟ농특세
001	METHYL ACETATE PROXITOL FOR INDUSTRIAL	7,200	KG	14,760,000	903,395
	903,395	0	0		0

ⓠ양도세액	관 세	903,395	내 국 세( )	0
	교 육 세	0	농 특 세	0
			합 계	903,395

ⓡ공급가격(₩)	14,760,000

결재	담 당	주 무	과 장	장	ⓢ증명인

1. ※표시는 세관기재란임.
2. 제출부주는 1부(신청인용, 세관보관용)임.

① 수입신고필증분할증명서

외국으로부터 수입한 원재료를 제조·가공하지 않고 수입한 원상태대로 수출용원재료로 국내 공급하는 경우 공급자의 신청에 따라 세관장이 증명하는 서류이다. 원상태 국내거래는 수출물품의 외화가득 제고에 전혀 도움이 되지 아니하므로 수출이행기간의 연장 등 각종 지원조치의 대상이 되지 아니하는 것을 원칙으로 한다.

② 기초원재료납세증명분할증명서

내국신용장 등으로 구매하여 기납증이 발급된 물품을 제조, 가공하지 않고 매입한 상태대로 수출용 원재료로 공급하는 경우에 공급자의 신청에 의거 세관장이 증명하는 서류이다.

5) 평균세액증명서

평균세액증명제도는 기초원재료납세증명서나 분할증명서와 같이 국내 거래된 수출용원자재에 대한 관세 등의 납세를 증명하는 서류가 아니라 당해 수출업체에서 그 달에 외국으로부터 수입하거나 국내에서 매입한 수출용원재료를 HS10단위별로 통합함으로써 규격확인을 생략하고, 전체 물량의 단위당 평균세액을 산출하여 환급함으로써 개별환급절차를 간소화하는 제도이다. 이는 개별환급방법에 의한 환급액산출에 있어서 규격확인이기 때문에 구비서류와 환급절차가 복잡해짐을 개선하기 위한 것이다.

세관장은 수출용원재료를 수입(내국신용장 등에 의한 매입을 포함)하는 자의 신청에 의하여 그가 매월 수입한 수출용원재료의 품목별 물량과 단위당 평균세액을 증명하는 평균세액증명서를 발행할 수 있고, 이 경우 해당 수출용원재료에 대하여는 수입한 날이 속하는 달의 1일에 수입된 것으로 본다(관세환급특례법 §11).

3 환급금에 대한 심사

1) 환급 후 심사

가. 의의

"환급 후 심사"라 함은 관세환급금 등을 지급(기납증 및 분증의 경우 발급)한 후에 세관장이 사후심사시스템에 의하여 선별된 환급신청 등에 대하여 환급금이 정확한지 여부를 심사하는 것을 말한다.

나. 심사대상

환급 후 심사대상은 다음의 방법에 의하여 선별하여 심사한다.
① 사후심사시스템에 의해 지정된 환급신청 건
② 환급심사과장이 신청인·신청대리인 또는 물품별 특성 등을 감안하여 심사대상으로
  자체 선별한 건

다. 심사 생략 대상

다음에 해당하는 경우에는 환급후심사를 생략할 수 있다(환급사무에관한훈령 §9).
① 종합인증우수업체로 공인된 업체가 환급신청한 경우
② 업체별·환급신청대리인별 법규준수도 측정결과 성실업체 및 성실신청대리인이 환급
  신청한 건
③ 당해 업체에 대한 소요량심사 및 사후심사를 한 결과 과다환급 우려가 없다고 인정되
  는 경우
④ 기타 세관장이 환급업체, 수출물품 또는 환급대상원재료별 특성 등을 감안하여 환급
  후 심사의 실익이 없다고 판단하는 경우

라. 심사사항

환급 후 심사사항은 다음과 같다.
① 환급대상수출에 해당하는지 여부
② 소요원재료가 환급대상원재료에 해당하는지 여부
③ 수출물품을 생산할 때 소요된 원재료와 동일 규격의 원재료에 대하여 환급신청하였는
  지 여부
④ 소요량 산정 및 계산이 정확한지 여부
  −단위실량의 적정 여부
  −손모량의 적정 여부
⑤ 수출물품 생산과정에서 부산물 발생 여부 및 동 부산물에 대한 환급액 공제비율 산출
  의 적정 여부
⑥ 연산품의 생산비율 및 가치비율 산정의 적정 여부(원유제품 등에 한함)
⑦ 환급금 지급제한(덤핑·보복·상계관세 부과 원재료)대상에 해당되는지 여부
⑧ 수입신고필증 등 원재료 납부세액 확인서류의 분할사용기록이 정확하게 기재되었는
  지 여부

⑨ 수출이행기간단축 등 환급제한 원재료에 해당되는지 여부
⑩ 간이정액환급
　－규칙 제12조의 규정에서 정한 간이정액환급대상업체에 해당하는지 여부
　－수출물품의 품목분류가 적정한지 여부
　－수출금액에 수출물품대가 이외의 권리사용료 등이 포함되어 있는지 여부
　－수출물품 생산자가 환급신청하였는지 여부. 국내위탁가공 후 수출한 경우에는 위
　　탁가공계약서·위탁가공료지급 세금계산서·원재료 공급 등에 대한 자료를 제출
　　받아 심사할 수 있다.
⑪ 제출된 서류에 의해 환급관련 서류의 정리 및 보관관리상태
⑫ 과다환급금의 징수이력이 있는 업체인 경우 과다환급 적출사항을 반영하여 환급신청
　하는지 여부
⑬ 기타 환급금 산출과 관련된 사항의 적정 여부

2) 환급 전 심사

가. 의의

"환급 전 심사"라 함은 환급금 등을 지급(기납증 및 분증의 경우 발급)하기 전에 환급금 등이
정확한지 여부를 제출된 서류 등에 의하여 심사하는 것을 말하며, 환급 전 심사대상에 대하
여는 규정에서 정한 사항을 정밀심사한 후 환급금을 결정·지급하여야 한다. 다만, 동일 업
체의 동일 수출물품에 대하여 환급신청일로부터 소급하여 6월 이상 동안의 환급신청건을
환급 전 심사한 결과 과다·부정환급 우려가 없다고 인정되는 경우에는 서류제출심사건에
준하여 심사할 수 있다.

나. 심사대상

다음에 해당하는 경우에는 환급금을 지급하기 전에 심사하여야 한다.
① 관세환급시스템에서 환급 전 심사대상으로 지정한 것
② 소요량 계산서 신고 및 변경신고를 하지 아니하고 관세 등의 환급 등을 신청한 것으로
　확인된 경우
③ 세관장이 환급 또는 기납증의 발급 후에 심사하는 것이 적합하지 아니하다고 인정하
　여 환급 전 심사대상으로 지정한 것

개별환급의 제한

(1) 개별환급 지급제한제도

수출품생산에 국산원재료 사용을 촉진하기 위하여 기획재정부장관이 정하는 일정한 물품(덤핑방지관세, 상계관세, 보복관세 적용물품)에 대하여 일정한 비율로 환급금의 지급을 제한하는 제도로서 국내산업보호를 목적으로 한다.

(2) 부산물 공제제도

수출품제조과정에서 경제적 가치가 있는 부산물이 발생한 경우 원재료 수입시 납부한 관세 등의 금액에서 부산물 가치에 해당하는 관세 등의 금액을 공제한 후 잔액을 환급해주는 제도로서 사실상 수출되지 아니한 부산물에 대하여 환급하는 것은 부당하기 때문이다.

제3장

무역과 부가가치세

부가가치세 기본개념

 1 부가가치세의 의의

부가가치세(VAT : Value Added Tax)란 재화나 용역이 생산되거나 유통되는 모든 거래단계에서 창출된 부가가치를 과세대상으로 하여 과세하는 간접세이다.

"부가가치"라 함은 생산 및 유통 각 단계에서 발생하는 매출액에서 기업이 부담한 외부구입가액(매입액)을 차감한 금액을 말한다. 다음의 표를 통하여 거래단계별 부가가치를 살펴본다.

| 부가가치세 납부 단계 검토표 |

(단위 : 원, 부가가치세율 : 10%)

구 분	제조업자	도매업자	소매업자	소비자
판 매 가 격 (부가가치세)	100,000 (10,000)	130,000 (13,000)	200,000 (20,000)	
매 입 가 격 (부가가치세)	0 0	100,000 (10,000)	130,000 (13,000)	200,000 부담 (20,000)
부 가 가 치	100,000	30,000	70,000	0
부가가치세(10%)	납부 10,000	납부 3,000	납부 7,000	0
비 용 ① 인 건 비 ② 세 금 공 과 ③ 감 가 상 각 비 ④ 임 차 료 ⑤ 이 자	110,000 20,000 10,000 30,000 20,000 30,000	25,000 10,000 5,000 10,000	40,000 10,000 10,000 10,000 5,000 5,000	
이 윤	△10,000	5,000	30,000	

* 옷을 만드는 제조업자가 옷감을 직접 짜서 옷을 만들어 도매업자에게 100,000원에 판매한다. 도매업자는 30,000원의 마진을 붙여 130,000원에 소매업자에게 판매한다. 소매업자는 소비자에게 200,000원에 판매한다. 이 거래액에는 각각 10%의 부가가치세를 별도로 징수한다. 소비자는 부가가치세를 포함하여 220,000원에 구입하였다. 위 표에서 알 수 있듯이 국가에 납부된 부가가치세는 20,000원으로 전액 소비자가 부담하였다. 이와 같이 세금의 납부행위는 각 사업자가 하고, 부담은 소비자가 하는 조세를 간접세라고 한다.

② 전단계세액공제법과 전단계거래액공제법

부가가치세액을 계산하는 방법에는 가산법과 공제법이 있고, 공제법에는 전단계까지의 거래액 또는 부담세액을 공제하여 과세표준과 세액을 계산하는 방법이며, 공제대상이 거래액이냐 또는 세액이냐에 따라 전단계거래액공제법과 전단계세액공제법으로 나뉜다. 현행 우리나라가 채택하고 있는 방법은 공제법 중 전단계세액공제방법이다.

(1) 전단계거래액공제법

전단계거래액공제법은 특정거래단계의 부가가치세 과세표준과 세액을 계산하는 경우 매출액에서 매입액을 차감한 금액을 과세표준으로 하여 부가가치세액을 산출하는 방법이다. 이러한 공제방법은 성실한 기장을 전제로 하지 아니하면 조세회피의 가능성이 높으며, 복수세율이나 면세제도를 두는 경우 중간단계에서는 그 효과가 상쇄되어 세부담의 전가가 불확실하게 되는 단점을 가지고 있다.

부가가치세 납부세액 = (매출액 − 매입액) × 세율

(2) 전단계세액공제법

매출액에서 부가가치세율을 곱하여 산출한 매출세액에서 전단계에서 거래징수당한 매입세액을 공제하여 납부세액을 계산하는 방법이다.

개별거래의 부가가치세 과세표준과 세액을 계산하는 경우 매출시점의 매출세액에서 매입시점의 매입세액을 차감하여 부가가치세액을 간접적으로 산출하는 방법으로 거래별로 세액을 계산하기 때문에 개별재화 등이 부담하는 세액을 정확하게 산정할 수 있어 국경세 조정이 편리하며, 거래시 세액이 구분표시되므로 부가가치세액의 전가가 명확해지며 품목별로 부가가치세를 면제하거나 경감세율을 적용하는 데 편리한 장점이 있다.

부가가치세 납부세액 = 매출액 × 세율 − 매입세액

<가산법과 공제법 사례>

① 가산법

납부세액 = 부가가치의 구성요소합계(급료＋지급이자＋세금공과＋감가상각비＋이윤 등)×세율

예 앞의 표에서 제조업 :

$(20,000 + 10,000 + 30,000 + 20,000 + 30,000 − 10,000 = 100,000) × 10\% = 10,000$

예 앞의 표에서 소매업 :

$(10,000 + 10,000 + 10,000 + 5,000 + 5,000 + 30,000 = 70,000) × 10\% = 7,000$

② 공제법

㉠ 전단계거래액공제방법

납부세액＝(매출액－매입액)×세율

예 앞의 표에서 소매업 : $(200,000 − 130,000) × 10\% = 7,000$

㉡ 전단계세액공제방법

납부세액＝매출액×세율－매입액×세율

＝매출세액－매입세액

예 앞의 표에서 소매업 : $20,000 − 13,000 = 7,000$

3 부가가치율 계산

부가가치율은 부가가치를 매출액으로 나눈 비율을 말한다. 부가가치가 높으면 국가의 세수입은 당연히 높다. 그렇다고 기업의 이익도 많은 것은 아니다. 앞 표의 부가가치세 납부단계검토표에서 보듯이 부가가치는 제조업이 제일 높았으나, 이자나 인건비 등 다른 요인으로 회사소득은 마이너스상태이다.

$$\text{부가가치율} = \frac{\text{매출액} - \text{매입액}}{\text{매출액}}$$

① 위 소매업자의 부가가치율은?
② 매입가격이 150,000원인 경우에 20%의 부가가치율을 계획하고 매출가격을 결정하고자 한다. 매출액은?

① $\dfrac{200,000 - 130,000}{200,000} = 35\%$

② 　매출(100%)
　$-$ 매입(80%) 150,000
　$=$ 부가가치(20%)

　$\therefore \dfrac{150,000}{80\%} = 187,500$

4 우리나라 부가가치세의 주요 특징

(1) 소비형 부가가치세

사업자가 납부하여야 할 부가가치세 납부세액은 매출세액에서 자기의 사업을 위하여 사용되었거나 사용될 재화나 용역의 구입시 부담한 매입세액을 공제함으로써 자본재에 대하여 과세하지 아니하고 소비지출에 대하여 과세하는 소비형 부가가치세제를 채택하고 있다. 따라서 자본재에 대한 완전공제가 허용되어 투자를 촉진하게 된다.

이는 최종소비과세원칙 및 중립성원칙의 근간으로 사업자가 사업을 영위하기 위하여 취득한 재화 또는 용역에 부가가치를 창출하여 다음 공급자에게 차례로 이전됨으로써 종국에는 최종소비자가 이를 구입하여 사용·소비하는 경우 각 공급자의 부가가치를 누적합산하면 최종소비자의 구입가격과 일치하게 된다. 따라서 최종소비과세원칙 및 중립성의 원칙 하에서 최종소비자의 구입가격이 동일하다면 국가가 징수할 부가가치세의 총액은 생산 및 판매 등 유통단계의 수에 관계없이 동일한 부가가치세가 부과되어야 하며 결과적으로 최종

소비자가 실제로 지급한 대가에 부가가치세율을 곱한 금액과 일치하게 된다.

(2) 전단계세액공제법의 채택

사업자가 납부하여야 할 부가가치세 납부세액은 매출세액에서 재화 또는 용역의 구입시 수취한 세금계산서상의 매입세액을 공제하여 주고 있으므로 전단계세액공제법을 채택하고 있다.

(3) 다단계거래세

부가가치세는 제조, 도매, 소매 등 모든 유통단계에 대하여 각각 부과하는 다단계거래세이다.

(4) 물세

납세의무자의 부양가족, 기초생계비 등 인적사항의 고려없이 재화 또는 용역의 소비사실에 대하여 과세하는 물세이다.

(5) 일반소비세

우리나라의 부가가치세는 개별소비세, 주세, 인지세 등과 같이 특정물품에 대하여 특정 거래단계에서 과세하는 개인소비가 아니라, 모든 거래단계에서 재화 또는 용역의 공급과 재화의 수입에 대하여 포괄적·일반적으로 과세대상으로 하고 있다.

다만, 예외적·제한적으로「부가가치세법」또는「조세특례제한법」에서 면세대상을 열거하고 있다.

(6) 국세이며, 간접세

부가가치세는 국세에 속하며, 부가법 제15조에서 공급받는 자로부터 부가가치세를 거래 징수하도록 규정함으로써 세금을 납부하는 납세의무자와 세금을 부담하는 담세자가 다른 간접세이다.

(7) 소비지국과세원칙의 채택

부가가치세제에 있어서 일반적으로 채택되고 있는 소비지국 과세원칙은 일반적으로 재화나 용역이 국내에서 소비되기 위하여 제공되는 경우에는 국내에서 일정한 세율로 과세되고, 국외로 제공되는 경우에는 영세율을 적용하여 소비지에서 부가가치세가 과세되는 제도로서 이는 소비자가 부가가치세를 최종적으로 부담한다는 점에서나 국제무역의 측면에서 국내에서 생산된 상품이나 수입된 상품이 모두 동일한 조세부담을 가지기 때문에 무역의 왜곡이 발생하지 않는다는 점에서 그 정당성이 인정된다. 이러한 소비지국 과세원칙의 부가가치세 체계에서 재화와 용역의 거래에 대한 납세의무가 어디에서 발생하는지를 결정하기 위한 개념으로 사용되는 것이 공급장소이며, 부가가치세 과세권의 핵심은 부가가치세 납세의무가 발생하는 장소를 의미하는 이 공급장소를 어디로 볼 것인가에 있는 것이다.

우리나라도 부가가치세에 있어서 소비지국 과세원칙을 채택하여 제도적으로 반영하고 있는데, 대표적으로 수출품에 대한 영세율 적용과 수입품에 대한 부가가치세 부과(수입자가 사업자인지를 불문한다), 그리고 대리납부제도가 이에 해당된다(서울고등법원 2003누9369, 2003누9376(병합), 2004. 6. 10.).

(8) 소기업에 대한 과세특례

소규모 영세사업자의 경우 기장능력, 세금계산서의 작성·교부, 신고서의 작성 및 납부 등에 있어 납세순응력 부족 및 조세부담을 덜어주기 위하여 업종별 부가가치율에 세율을 적용하여 간편하게 납부세액을 계산하도록 하는 간이과세제도를 두고 있다.

(9) 종가세

과세표준을 화폐 외의 단위인 개수, 중량, 부피 등으로 측정하는 종량세와는 달리 부가가치세는 과세표준을 화폐단위로 측정하는 종가세이다.

5 우리나라 부가가치세법 개요

(1) 부가가치세 납세의무자

사업목적이 영리이든 비영리이든 관계없이 사업상 독립적으로 재화 또는 용역을 공급하는 사업자 및 재화를 수입하는 자에 해당하는 자로서 개인, 법인(국가·지방자치단체와 지방자치단체조합을 포함한다), 법인격이 없는 사단·재단 또는 그 밖의 단체는 부가가치세를 납부할 의무가 있다(부가법 §3).

(2) 납세지

1) 개념

납세지는 사업자가 세법에 의하여 계산된 세액을 어느 세무서에 신고·납부하고 어느 세무서에서 과세할 수 있는가의 과세관청을 정하는 기준을 규정한 것이며, 부가가치세법에서는 "사업자의 부가가치세 납세지는 각 사업장의 소재지로 한다"고 규정함으로써 사업장마다 부가가치세를 납부하여야 한다. 따라서 사업장은 부가가치세의 납세지를 결정하는 기준이 된다(부가법 §6 ①).

2) 사업장의 개념

사업장은 일반적으로 사업자가 사업을 하기 위하여 거래의 전부 또는 일부를 하는 고정된 장소를 말한다(부가법 §6 ②).

3) 재화를 수입하는 자의 납세지

재화를 수입하는 자의 부가가치세 납세지는 「관세법」에 따라 수입을 신고하는 세관의 소재지로 한다(부가법 §6 ⑥). 관세법에 따르면 재화를 수입할 때에는 세관장에게 수입신고를 하여야 하고 세관장이 그 신고를 수리한다. 따라서 재화가 수입되는 시점이 바로 신고의 수리시점이 되므로 수입신고를 하는 세관의 소재지가 납세지가 된다.

4) 납세의무의 장소적 범위

부가가치세의 납세의무는 부가법 제4조에 따른 과세대상인 재화 또는 용역의 공급에 대하여 발생하고 그 과세대상은 공급장소가 국내인 것에 한한다(부가통칙 3-0-3). 따라서, 사업자가 우리나라의 주권이 미치지 아니하는 국외에서 재화를 공급하는 경우(이 경우 우리나라 국적의 항공기 또는 선박에서 이루어지는 거래는 국내거래로 봄)와 국외에서 용역을 공급하는 경우에는 부가가치세 과세대상이 아니므로 납세의무가 없는 것이 원칙이다.

(3) 과세대상 및 과세사업 등

1) 재화의 공급

가. 재화의 개념

"재화"란 재산 가치가 있는 물건 및 권리를 말한다.

구 분		구체적 범위
물건	유체물	상품, 제품, 원료, 기계, 건축물 등 모든 유형적 물건
	무체물	전기, 가스, 열 등 관리할 수 있는 자연력
권 리		광업권, 특허권, 저작권 등 유체물과 무체물 외에 재산적 가치가 있는 모든 것
기 타		선하증권, 창고증권, 화물상환증 등

나. 재화의 공급

부가가치세의 과세대상인 재화의 공급은 계약상 또는 법률상의 모든 원인에 따라 재화를 인도(引渡)하거나 양도(讓渡)하는 것으로 한다(부가법 §9 ①). 재화의 공급은 매매계약, 가공계약, 교환계약 그 밖의 계약상 또는 법률상의 모든 원인에 의하여 재화를 인도 또는 양도하는 것으로 해당 재화를 종국적으로 사용·소비할 수 있도록 그 권한(소유권)을 이전하는 것을 전제로 하는 행위이다(부가법 §9 ①).

다. 간주공급

일반적인 재화의 공급은 대가를 받고 타인에게 재화를 사용 또는 소비할 수 있는 권리를 이전하는 것이나, 대가의 수수가 없거나 재화에 대한 권리의 이전이 없음에도 불구하고 재화의 공급으로 간주하게 되는 경우가 있는데 이를 "재화 공급의 특례"라 한다.

> 재화 공급의 특례로 재화의 공급범위를 확장한 것으로 자가공급(면세사업 전용재화, 비영업용 승용자동차와 그 유지를 위한 재화, 판매목적으로 반출하는 재화), 개인적 공급, 사업상증여, 폐업시 잔존재화로서 열거된 것에 한하여 과세한다.

2) 용역의 공급

가. 용역의 개념

"용역"이란 재화 외에 재산 가치가 있는 모든 역무(役務)와 그 밖의 행위를 말한다(부가법 §4, 부가령 §3).

나. 용역의 공급

용역의 공급은 계약상 또는 법률상의 모든 원인에 의하여 역무를 제공하거나 시설물, 권리 등 재화를 사용하게 하는 것으로 한다(부가법 §11 ①).

다. 용역의 자가공급과 무상공급

사업자가 자신의 용역을 자기의 사업을 위하여 대가를 받지 아니하고 공급함으로써 다른 사업자와의 과세형평이 침해되는 경우에는 자기에게 용역을 공급하는 것으로 본다. 그러나 사업자가 자기의 사업을 위하여 자기에게 용역을 공급하는 경우에는 용역의 자가공급으로서 과세대상으로 규정하고 있는 것은 없으므로 용역의 자가공급은 부가가치세의 과세대상에 해당되지 아니한다(부가법 §12, 부가통칙 12-0-1).

대가를 받지 아니하고 타인에게 용역을 공급하는 것은 용역의 공급으로 보지 아니한다. 재화의 무상공급과는 달리 용역의 무상공급에 대하여 과세대상으로 보지 아니하는 이유는 재화의 무상공급은 해당 재화가 시장성이 있으므로 그에 대한 과세표준을 어느 정도 쉽게 계산할 수 있으나, 용역의 무상공급은 시장성이 없거나 시장가격이 형성되지 않기 때문에 그 가액을 평가하여 부가가치세 과세표준을 쉽게 계산할 수 없다는 현실적인 이유와, 용역은 주로 인적 역무로 이루어지기 때문에 무상으로 공급하는 용역까지 과세거래로 하는 것은 바람직하지 않다는 조세정책상의 이유에 따른 것이다.

3) 재화의 수입

재화의 수입에 대한 납세의무자는 해당 재화를 수입하는 자이며, 재화를 수입하는 자는 사업자인지의 여부에 관계없이 또한 어떠한 용도나 목적으로 수입하는지에 관계없이 모두 납세의무자에 해당된다. 다만, 이 경우에서도 부가법 제27조(재화의 수입에 대한 면세) 또는 그 밖의 법률의 규정에 의하여 재화의 수입에 대하여 부가가치세가 면제되는 때에는 납세의무 그 자체는 없게 된다.

4) 과세·면세사업 및 비과세 사업

가. 과세사업자

부가법 제26조 또는 「조세특례제한법」 제106조 제1항에 따라 부가가치세가 면제되는 재화 또는 용역을 공급하는 사업 외의 재화 또는 용역을 공급하는 사업자를 말한다. 이러한 과세사업자에 대하여는 일반세율 또는 영세율(법령에 열거된 재화 또는 용역에 한함)이 적용된다.

나. 면세사업자

부가법 제26조 또는 「조세특례제한법」 제106조에 따라 재화 또는 용역의 공급에 대하여 부가가치세가 면제되는 사업을 영위하는 사업자로서 법체계상 이러한 면세사업자도 납세의무자에 포함되나 법에서 규정하고 있는 납세의무의 이행에 관련된 제반의무, 즉 사업자등록, 거래징수, 세금계산서의 교부, 예정신고·납부 및 확정신고·납부 등의 의무가 배제되므로 실질적으로는 납세자에서 제외된다.

다. 비과세 대상 및 비과세사업

부가법은 '재화 또는 용역의 공급'을 과세대상으로 규정하여 사업자가 재화나 용역을 공급하는 경우 부가가치세를 과세하는 한편 재화나 용역의 공급에는 해당하지만 부가법에서 면세로 정하고 있는 것에 대하여는 부가가치세를 면제하고 있다. 한편 부가법에서 비과세사업에 대하여 직접 규정하고 있지는 않지만, 부가법상 비과세사업이란 그 문언상 부가가치세가 과세되지 않는 사업, 즉 부가법에서 규정한 재화나 용역의 공급에 해당하지 않는 사업이라 할 것이다. 따라서 비과세사업에 해당하는 것은 부가법에서 재화나 용역의 공급에 해당하지 않는다고 명시적으로 규정하고 있는 것(사업자가 대가를 받지 아니하고 타인에게 용역을 공급하는 것은 용역의 공급으로 보지 아니한다고 규정하고 있는 바, 사업자가 제공하는 용역의 무상공급), 부가가치세의 개념상 부가가치를 창출하는 것이 아니어서 부가가치세 과세대상에 해당하지 아니함이 명백한 도박수입(카지노시설물에 입장한 고객이 도박하기 위해 건 돈에서 고객이 받아간 돈을 제외한 도박수입) 외에 한국방송공사의 일반방송용역(용역의 무상공급), 한국교육방송공사의 방송용역 중 수신료 등에 의하여 이루어지는 방송용역 제공분 등이 이에 해당한다(대법원 2004두13288, 2006. 10. 27. ; 대법원 98다47184, 2000. 2. 25. ; 대법원 2009두16268, 2011. 9. 8.).

※ 비과세 또는 면세대상 재화 또는 용역을 공급하고 그 대가를 받는 경우 영수증발급대상인 경우를 제외하고는 계산서를 발급하여야 한다.

(4) 사업자등록

사업자는 사업장마다 사업 개시일부터 20일 이내에 사업장 관할 세무서장에게 사업자등록을 신청하여야 한다(다만, 신규로 사업을 시작하려는 자는 사업 개시일 이전이라도 사업자등록을 신청할 수 있다). 또한 둘 이상의 사업장이 있는 사업자는 사업자단위로 해당 사업자의 본점 또는 주사무소 관할 세무서장에게 등록할 수 있다(부가법 §8 ①, ③).

(5) 신고와 납부

1) 예정신고와 납부

사업자는 각 과세기간 중 예정신고기간이 끝난 후 25일 이내에 각 예정신고기간에 대한 과세표준과 납부환급세액을 신고하여야 한다. 다만, 개인사업자와 직전 과세기간 공급가액의 합계액이 1억 5천만원 미만인 법인사업자는 각 예정신고기간마다 직전 과세기간에 대한 납부세액의 50%로 결정하여 해당 예정신고기간이 끝난 후 25일까지 징수한다(이를 '예정고지'라 한다). 예정고지대상자라 하더라도 휴업이나 사업부진으로 인하여 직전 과세기간의 공급가액이나 납부세액의 1/3에 미달하는 경우, 조기환급을 받으려는 경우에는 예정신고를 할 수 있다(부가법 §48).

2) 확정신고와 납부

사업자는 각 과세기간에 대한 과세표준과 납부세액 또는 환급세액을 그 과세기간이 끝난 후 25일(폐업하는 경우 폐업일이 속한 달의 다음 달 25일) 이내에 납세지 관할 세무서장에게 신고·납부하여야 한다. 다만, 위 "1)"에 따라 예정신고를 한 사업자 또는 조기에 환급을 받기 위하여 신고한 사업자는 이미 신고한 과세표준과 납부한 납부세액 또는 환급받은 환급세액은 신고하지 아니한다(부가법 §49).

3) 재화의 수입에 대한 납부

재화의 수입에 대하여 관세법에 따라 관세를 세관장에게 신고하고 납부하는 경우에는 재화의 수입에 대한 부가가치세를 함께 신고·납부하여야 한다(부가법 §50).

6 영세율 제도

(1) 수출과 영세율

1) 국내거래

사업자가 재화 또는 용역을 공급하는 경우 과세표준에 10%의 세율을 적용하여 계산한 부가가치세를 그 공급을 받는 자로부터 징수하여야 한다. 소득세 또는 법인세율은 초과누진세율인 반면 부가가치세율은 단순비례세율이다.

2) 수출거래

수출하는 재화 또는 국외에서 제공되는 용역 등에 대하여는 부가가치세율을 영의 세율(0%)을 적용하고 그 전 단계에서 부담한 부가가치세를 공제 또는 환급함으로써 부가가치세

부담을 완전히 면제하는 제도를 말한다. 일반부가가치세율이 10%인 데 비하여 수출하는 거래에는 영의 세율을 적용하는 이유는 국제적 이중과세 방지와 조세정책적 목적에 있다.

(2) 영세율의 효과

영세율을 적용하여 공급하는 재화 또는 용역의 부가가치총액(공급 전 모든 단계에서 사업자가 창출한 부가가치 포함)에 대한 세부담의 전가없이 공급받는 자(최종소비자)에게 이전되어 사용·소비되게 된다. 즉, 부가법 제26조에서 규정하는 면세제도가 면세사업자가 공급하는 재화 또는 용역 중에서 동 면세사업자가 창출한 부가가치에 대해서만 부가가치세를 면제하는 부분면세제도인 것에 비하여 영세율제도는 완전면세제도인 것이다.

1) 국제적 이중과세 방지

1947년 제정된 GATT(General Agreement on Tariffs and trade : 관세와무역에관한일반협정 제3조 2호와 GATT부속서 제16조)에서는 소비세[216]의 소비지국 과세주의를 명시하였다. 재화의 국제간 이동에 대하여 각 나라가 세금을 부과하면 이중과세문제가 발생하므로 소비하는 지역(수입국)에서만 과세하도록 정한 것이다. GATT는 관세장벽과 수출입 제한을 제거하고 국제무역과 물자교류를 증진시키기 위하여 1947년 제네바에서 조인한 국제적인 무역협정이다. 한국은 1967. 4. 1.에 가입하였다. GATT는 1995년 1월 WTO(세계무역기구)가 출범하면서 WTO협정의 하나(1994년 GATT)로 수용되어 운영되고 있다.

2) 수출촉진의 효과

수출에 대하여는 아무런 세금을 매기지 아니하므로 그만큼 가격경쟁력을 유리하게 할 수 있기 때문이다.

3) 조세정책적 효과

국내에서 소비되는 거래 중에서도 정책적으로 영세율을 적용하는 경우가 있다. 방위산업물자나 국군부대의 석유류, 농어민의 농어업용 기자재 등에 대한 공급은 영세율을 적용하여 공급하는 자와 공급받는 자의 직접적인 세금 부담을 줄이고 있다.

---

216) 소비세(또는 간접세)는 소비하면서 내는 세금이고 직접세는 소득이 생겼거나 수입을 얻은 경우에 내는 세금이다. 소비세에는 부가가치세, 주세, 개별소비세, 관세 등이 있다.

(3) 면세거래와 비교

　사업자는 부가가치세를 납부하는 과세사업자와 부가가치세가 면제되는 재화 또는 용역을 공급하는 면세사업자가 있다. 부가가치세를 납부한다고 해서 자기 돈으로 납부하는 것은 아니고 구매하는 자로부터 거래징수한 돈을 납부하는 것이라서 사업자의 부담은 단 1원도 없다. 그리고 과세사업자가 재화 또는 용역을 구입하면서 부가가치세를 부담한 것은 환급 또는 납부할 세금에서 공제한다. 반면에 면세사업자는 판매하면서 부가가치세를 별도로 받지 않는 것이다. 그런데 면세사업자가 구매할 때 부담한 부가가치세는 과세사업자와는 달리 공제받지 못함으로써 매입부가가치세가 면세사업자의 부담이다. 면세거래는 국민의 기초생활과 관련한 것으로 부가법 제26조와 제27조에서 열거하고 있다.

| 면세 대상 거래 |

> ① 가공되지 아니한 식료품, ② 수돗물, ③ 연탄과 무연탄, ④ 여성용 생리 처리 위생용품, ⑤ 의료보건 용역(수의사의 용역 포함), ⑥ 교육 용역, ⑦ 대중교통여객운송 용역, ⑧ 도서·신문, ⑨ 잡지·관보(官報) 등, ⑩ 금융·보험 용역, ⑪ 주택과 이에 부수되는 토지의 임대 용역 등

| 부가가치세가 영세율인 경우 – 납부 단계 검토표 |

(단위 : 원)

구 분	국내(부가가치세율 10%)			외국(부가가치세율 17%)	
	제조업자A	도매업자B	수출업자C	외국세관장D	외국소비자E
판 매 가 격 (부가가치세)	100,000 (10,000)	130,000 (13,000)	200,000 (영세율)	200,000 (34,000)	
매 입 가 격 (부가가치세)	0 0	100,000 (10,000)	130,000 (13,000)	0	200,000 (34,000)
부 가 가 치	100,000	30,000	70,000	0	0
부가가치세(10%)	납부 10,000	납부 3,000	환급 13,000	0	납부 34,000

※ 수출한 C는 A와 B가 납부한 세금 13,000원 전부를 환급받음으로써 국내소비세 부담은 없다. 외국의 E가 소비자이므로 외국정부가 과세한다.

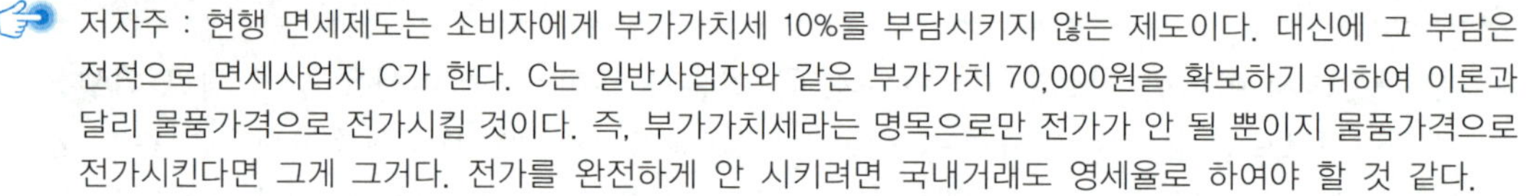

| 부가가치세가 면세인 경우 – 납부 단계 검토표 |

구 분	제조업자A	도매업자B	면세업자C	면세품소비자D
판 매 가 격 (부가가치세)	100,000 (10,000)	130,000 (13,000)	200,000 (면제)	
매 입 가 격 (부가가치세)	0 0	100,000 (10,000)	130,000 (13,000)	200,000 (면제)
부 가 가 치	100,000	30,000	57,000	0
부가가치세(10%)	납부 10,000	납부 3,000	납부 또는 환급 없음	0

※ 면세사업자C는 부가가치세 전가를 시키지 못한다. C가 부담한 매입부가가치세는 원가처리를 함으로써 C의 부가가치가 57,000원으로 줄어든다.

저자주 : 현행 면세제도는 소비자에게 부가가치세 10%를 부담시키지 않는 제도이다. 대신에 그 부담은 전적으로 면세사업자 C가 한다. C는 일반사업자와 같은 부가가치 70,000원을 확보하기 위하여 이론과 달리 물품가격으로 전가시킬 것이다. 즉, 부가가치세라는 명목으로만 전가가 안 될 뿐이지 물품가격으로 전가시킨다면 그게 그거다. 전가를 완전하게 안 시키려면 국내거래도 영세율로 하여야 할 것 같다.

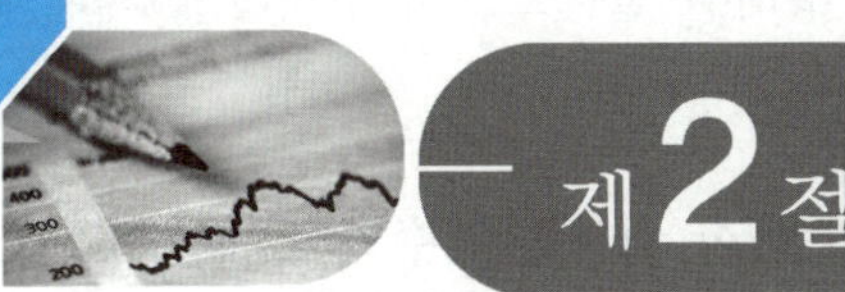

재화와 용역의 수입

I 재화의 수입

1 재화의 수입 개요

(1) 개요

일반적으로 "수입"이라 함은 외국에서 생산되거나 가공된 물품이 자국의 세관을 통과하여 이동되는 상태를 말하는 것이나 세법에서는 최종적으로 반입하는 것을 재화의 수입으로 정의하고 있다. 동일한 재화가 국내에서 생산되어 소비되는 경우와 과세형평을 도모하기 위한 정책적 목적과 국제적인 소비세 과세원칙인 "소비지국과세원칙"에 따라 국내에서 소비되거나 사용될 것으로 예상되는 이러한 재화의 수입을 과세대상의 하나로 열거하여 부가가치세를 과세하기 위함이다.

공급과 용역의 공급에서 공급자가 사업자인 경우에 한하여 과세되는 것과 달리 재화의 수입은 수입자의 사업자 여부에 관계없이 수입하는 모든 자가 부가가치세의 납세의무를 지게 된다.

(2) 「부가가치세법」상 재화의 수입

부가법 제13조에서 재화의 수입이란 다음의 어느 하나에 해당하는 물품을 국내에 반입하는 것(보세구역을 거치는 것은 보세구역에서 반입하는 것을 말한다)으로 한다.

① 외국으로부터 국내에 도착한 물품[외국 선박에 의하여 공해(公海)에서 채집되거나 잡힌 수산물을 포함]으로서 수입신고가 수리(受理)되기 전의 것

② 수출신고가 수리된 물품[다만, 수출신고가 수리된 물품으로서 선적(船積)되거나 기적(機積)되지 아니한 물품을 보세구역에서 반입하는 경우에는 제외]

여기서 「부가가치세법」상 재화의 수입과 「관세법」상 외국물품 수입의 개념 자체는 동일하다. 다만, 수출신고가 수리된 물품 중 선적 또는 기적되지 아니한 물품을 보세구역으로부터 다시 반입하는 경우 「관세법」상 외국물품에 해당되지만, 재화의 수입으로 보지 아니하는 것은 「부가가치세법」상 수출재화의 공급시기를 수출신고가 수리된 날이 아니고 선적일 또는 기적일로 보기 때문에 내국물품에 해당하므로 「관세법」의 경우와 달리 수입재화에서 제외하고 있다.

(3) 수입통관

세관에서는 적정한 과세가격을 포착하여 관세 등 제세만 징수하는 것뿐만 아니라 법령에 의하여 수출입이 금지되는 물품은 통관을 거부하고, 제한되는 물품에 대하여는 해당 물품에 대한 수출입요건을 확인한 후 통관을 허용한다.

수출입요건 확인에는 상표권을 비롯한 지식재산권 침해 여부, CITES 대상물품인지 여부, 원산지표시의 적정 여부도 포함되며 여행자휴대품, 이사화물 및 우편물, 특급탁송화물에 대하여는 별도의 통관절차를 규정하고 있다. 자세한 것은 수입통관편을 참조한다.

〈통관절차〉

입항 ⇒ 하역 ⇒ 보세운송 ⇒ 보세구역반입 ⇒ 수입신고 ⇒ 검사 및 심사 ⇒ 수입신고 수리 및 관세 등 납부 ⇒ 보세구역 외 반출

※ 통관은 화주가 직접 할 수 있으나 비용절감, 위험회피 등을 위해 대개 관세법인, 개인관세사 등에게 수출입통관을 위탁하고 있다. 관세 등의 납부는 원칙적으로 매 수입신고건별로 이루어지나 월별납부대상의 경우에는 월별로 통합납부가 이루어진다.

2 수입에 대한 부가가치세 처리

(1) 부가가치세 과세대상 수입

외국으로부터 국내에 도착한 물품(외국 선박에 의하여 공해에서 채취되거나 잡힌 수산물을 포함)

및 수출신고가 수리된 물품의 수입에 대하여는 원칙적으로 부가가치세가 과세된다(부가법 §4 2, §13).

재화의 수입으로 부가가치세 과세대상이 되는 물품에 대하여는 「관세법」제2조에서 정하는 수입의 대상이 되는 물품과 동일하게 규정하고 있다. 다만, 수출신고가 수리된 재화로서 선(기)적되지 아니한 것을 보세구역에서 반입하는 것은 재화의 수입으로 보지 아니한다고 규정하고 있다.

원칙적으로 부가가치세는 유환수입이든 무환수입이든 구분하지 아니하고 일체의 수입재화를 과세대상으로 하고 있다. 다만, 현재 「관세법」의 규정에 따라 무상으로 소규모 수입되는 물품에 대하여는 그 성질에 비추어 대부분 관세가 면제되고 관세가 면제되는 물품에 대하여는 부가법 제27조에 따라 부가가치세도 면제된다.

(2) 면세대상 수입거래

재화의 수입에 대하여는 원칙적으로 부가가치세가 과세되는 것이나 부가법 제27조 및 부가령 제49조부터 제56조에 열거된 것과 조특법 제106조 제2항에 열거하는 것에 한하여 부가가치세를 면제한다.

구체적 면세대상에 대하여는 후술하는 '면세' 편에서 설명하기로 한다.

(3) 수입시기와 공급시기 등

1) 개요

재화의 수입시기는 「관세법」에 따른 수입신고가 수리된 때로 하고, 사업자가 보세구역 안에서 보세구역 밖의 국내에 재화를 공급하는 경우가 재화의 수입에 해당할 때에는 수입신고수리일을 재화의 공급시기로 본다(부가법 §18, 부가령 §28 ⑦).

2) INCOTERMS와 공급시기 및 공급장소 판정

국제상업회의소에 의해 정형화된 국제무역규칙인 INCOTERMS(International Rules for the Interpretation of Trade Terms : 무역거래조건의 해석에 관한 국제규칙)는 주로 무역거래 당사자간의 물품 인도, 비용 부담, 위험 이전, 운송 및 보험계약 체결 책임 등에 관한 기준으로서 무역거래 당사자가 이를 채택할 경우 계약 조건으로서 무역계약의 일부가 된다. 다만, 매매계약상 거래당사자가 거래조건과 관련하여 INCOTERMS의 규정과 다른 별도의 조항을 두는 경우 이러한 별도 조항은 INCOTERMS상의 여러 해석 규정보다 우선하여 적용한다. INCOTERMS는 거래조건별 물품인도, 위험이전, 매도인의 부담비용 등 운송에 있어서 비용과 위험 부담에 관한 책임 한계를 정해 놓은 기준에 불과하여 부가법령상의 재화의 공급 여부 또는 물품의 소유권 이전을 판단하는 기준이 될 수 없다(서울중앙지방법원 2014가합2360, 2015. 6. 18.).

즉 국내 구매자(수입물품을 최종 공급받는 자)와의 계약에서 FOB조건에 따라 '선적 시' 소유권이 이전된다고 하더라도 그와 함께 국내 구매자가 해당 물품의 품질요건 미달, 검수조건 등의 사유로 거래를 거절할 수 있는 등 반환·동의조건부, 검수조건부 또는 그 밖의 조건부 거래에 해당한다면 선적시점이 아닌 해당 조건의 성취되는 재화의 공급이 확정되는 때가 공급시기가 된다(부가령 §28 ②). 따라서 FOB 등 선적조건이 선하증권의 거래당사자들의 별도 계약에서 정한 공급조건과 내용 등에 우선하여 재화의 공급시기나 공급장소를 판단하는 기준이 될 수 없다.

(4) 수입 시 과세표준 산정

1) 부가가치세 과세표준

재화의 수입에 대한 부가가치세의 과세표준은 그 재화에 대한 관세의 과세가격과 관세, 개별소비세, 주세, 교육세, 농어촌특별세 및 교통·에너지·환경세를 합한 금액으로 한다(부가법 §29 ②). 이 경우 재화의 수입에 대한 과세표준 및 부가가치세액은 다음 계산식에 의하여 계산한다(부가통칙 27-51-1).

가. 관세의 경감이 없는 경우

① 과세표준
〔관세의 과세가격 + 관세 + 개별소비세 + 주세 + 교육세·농어촌특별세 및 교통·에너지·환경세〕
② 부가가치세액 = "①"의 과세표준 × 부가가치세 세율

나. 관세의 경감이 있는 경우

부가법 제27조 및 부가령 제51조 등에 따라 관세가 경감되어 경감되는 부분에만 부가가치세를 면세하는 경우 다음 계산식에 의한다.

① 과세표준
〔관세의 과세가격 + 경감 전 관세액 + 개별소비세 + 주세 + 교육세·농어촌특별세 및 교통·
에너지·환경세〕× (1 − 관세경감률)
② 부가가치세액＝"①"의 과세표준 × 부가가치세 세율

2) 관세의 과세가격

"관세의 과세가격"이란 「관세법」 제15조에 따라 관세의 과세표준으로 하는 수입물품의 가격을 말하는 것으로, 이러한 수입물품의 가격은 원칙적으로 수입자가 해당 물품을 수입하기 위하여 실제로 지급하였거나 지급하여야 할 실제적 가격, 즉 거래가격을 기초로 한다. 또한 거래가격을 과세가액으로 한다 하더라도 그 가격은 수입항까지의 운임·보험료 등 비용을 포함하도록 하고 있으므로 이는 도착가격(CIF)이다. 국내에서 발생한 운임이나 창고료 등은 포함되지 않는다. 관세의 과세표준을 가격으로 하는 경우를 종가세, 수량을 과세표준으로 하는 경우를 종량세라고 하며 종가세의 과세표준인 가격을 과세가격이라 하고 수입물품의 과세가격 결정은 원칙적으로 거래가격을 기초로 한다. 즉 과세가격의 제1차적인 기초는 거래가격(transaction value)이다. 여기서 거래가격이란 단순히 수출자와 수입자간에 실제로 거래된 가격이란 개념이 아니고 외국에서 우리나라에 수출 판매되는 물품에 대하여 구매자가 판매자에게, 또는 판매자를 위해 제3자에게 실제 지불했거나 지불하여야 할 가격에 가산요소의 금액과 공제요소의 금액을 가감하여 조정한 가격을 말한다(관세법 §30 ①).

거래가격 = 실제 지급금액(송품장 금액) + 가산요소 금액 − 공제요소 금액

3) 취득원가의 산정 및 계상시기

수입물품을 미착상품(재고자산)으로 계상하는 시점은 수출상의 선적일, 선적서류 인수일, 수입통관일, 창고입고일 등으로 구분하여 파악할 수 있으며, 수입물품의 법률적 소유권의 이전 여부에 따라 그 시점을 판정함이 타당할 것이다. 취득원가에는 매입가격에 운임, 하역비 등의 부대비용과 관세 등이 포함된 가격으로 산정하는 것이므로 수입세금계산서상의 공급가액을 취득원가로 보아서는 아니된다.

(5) 수입세금계산서 발급

1) 개요

수입세금계산서는 세관장이 재화의 수입에 대하여 부가가치세를 징수하고 이를 증명하기 위하여 발급하는 세금계산서를 말하며, 세관장은 수입되는 재화에 대하여 부가가치세를 징수할 때에는 수입된 재화에 대한 수입세금계산서를 수입하는 자에게 부가법 제32조 제1항에 따른 세금계산서 발급에 관한 규정을 준용하여 발급한다. 이 경우 수입되는 재화에 대하여 부가법 제50조의2 제1항에 따라 부가가치세 납부가 유예되는 때에는 수입세금계산서에 부가가치세 납부유예 표시를 하여 발급한다(부가법 §35 ①, 부가령 §72 ①).

또한 수입하는 재화가 부가가치세의 면세대상인 경우 세관장이 소득령 제211조 제1항의 규정을 준용하여 관세청장이 고시하는 바에 따라 수입계산서를 발급할 수 있으며 계산서를 발급받은 수입자는 해당 수입계산서의 매입처별계산서합계표를 제출하지 아니할 수 있다(소법 §163 ③, ⑤).

2) 발급의무자

수입세금계산서를 발급할 수 있는 자는 관할세관장이다.

3) 발급대상

수입세금계산서의 발급대상은 부가가치세의 과세대상 중 재화의 수입이다.

4) 수입세금계산서를 발급받아야 할 수입자

부가법 제35조 제1항 및 부가령 제72조 제1항에 따르면 세관장은 수입되는 재화에 대하여 부가가치세를 징수할 때에는 수입된 재화에 대한 수입세금계산서를 부가법 제32조 제1항에 따른 세금계산서 발급에 관한 규정을 준용하여 수입하는 자에게 발급하여야 한다.

이 때 수입되는 재화에 대하여 세금계산서를 발급받아야 할 '수입자'라 함은 그 수입의 효과가 실질적으로 귀속되는 자를 의미한다고 할 것이므로 단지 형식상의 수입신고 명의인에 불과할 뿐 그 수입의 효과가 실질적으로 귀속되지 아니하는 자를 수입자로 하여 발급받은 수입세금계산서는 사실과 다른 세금계산서에 해당한다(대법원 2009두11546, 2011. 4. 28.).

5) 발급시기

수입세금계산서는 세관장이 관세징수의 예에 따라 부가가치세를 징수하는 때에 발급한다. 따라서 수입신고가 수리된 날부터 15일 이내(예외적으로 월별납부대상의 경우에는 납부기한이 속하는 달의 말일 이내)에 부가가치세를 징수하고 수입세금계산서를 발급하는 것이므로 수입세금계산서는 부가가치세를 실제로 징수한 때에 발급하게 되고, 사업자가 재화의 수입에 따른 수입세금계산서를 수입일이 속하는 과세기간 경과 후에 발급받은 때에는 수입세금계산서를 발급받은 날이 속하는 과세기간의 매출세액에서 공제받을 수 있는 것이다(부가통칙 38-0-7). 관세청 고시(제2017-51호, 2017. 7. 28.) 제2조에서도 세관장이 실제로 부가가치세를 징수·환급·충당된 때에 세금계산서를 발급하고, 부가가치세가 면제되는 재화의 경우 수입신고수리일에 계산서를 발급하도록 하고 있으므로 세관장이 부가가치세를 징수한 때에 발급받은 세금계산서는 정당한 세금계산서에 해당한다.

6) 수입세금계산서 발급방법(관세청 고시 제2021-9호, 2021. 1. 14. 참조)

가. 일반적인 수입세금계산서 발급방법

국내에서 공급되는 재화·용역과 달리 수입재화는 세관장이 부가가치세를 징수, 환급, 충당하는 때에 수입세금계산서를 발급하여야 하고, 부가가치세의 징수를 유예하는 경우에는 실제로 부가가치세를 징수하는 때에 발급하도록 하고, 세관장이 「관세법」 제46조 및 제106조에 따라 부가가치세 환급금을 결정한 후 환급금을 지급하거나 충당하는 때에는 과세표준 및 세액 앞에 부(-)표시한 수입세금계산서를 교부하도록 있어 부가법 제15조에서 정하는 시기에 관계없이 수입하는 자가 부가가치세를 부담하는 때를 기준으로 하고 있다.

또한, 공급되는 재화·용역의 경우와 같이 세관장을 전자세금계산서 발급 대상 법인사업자로 보므로 전자수입세금계산서를 발급하여야 하고 이를 국세청장에게 전송하여야 한다.

나. 수입세금계산서의 일괄 발급

세관장은 수입자별로 전월의 공급가액을 합계하여 해당 월의 말일을 발행일자로 하여 그 다음 달 10일까지 수입세금계산서를 일괄하여 교부(이하 "일괄교부")할 수 있다. 수입세금계산서의 일괄교부를 받으려는 수입자는 일괄교부를 받으려는 달의 전월 25일까지 수입세금계산서 일괄교부신청서를 부가가치세를 납부한 세관장에게 제출하여야 하고 세관장은 일괄교부신청이 있는 경우 그 타당성을 심사한 후 이를 수리하고 관세청 전산시스템에 등록하여야 한다.

다. 월별납부서단위의 수입세금계산서 발급

세관장은 「관세법」 제9조 제3항에 따른 월별납부 승인을 받은 자가 월별납부서단위로 수입세금계산서의 발급을 신청하는 경우에는 월별납부서단위의 수입세금계산서를 발급할 수 있다. 이 경우 월별납부서단위의 수입세금계산서는 일괄발급대상에 포함하지 아니하며, 월별납부 세액을 납부하기 전날까지 월별납부를 승인한 세관장에게 월별납부서단위의 세금계산서 교부신청서를 제출하여야 한다.

7) 수입세금계산서의 발급특례

가. 시설대여업자로부터 임차한 시설을 수입하는 경우

납세의무가 있는 사업자가 「여신전문금융업법」 제3조에 따라 등록한 시설대여업자로부터 시설 등을 임차하고, 그 시설 등을 공급자 또는 세관장으로부터 직접 인도받는 경우에는 부가법 제32조 제6항에 따라 공급자 또는 세관장이 그 사업자(시설 등을 임차한 해당 사업자)를 수입자로 하여 직접 세금계산서를 발급할 수 있다(부가령 §69 ⑧).

이 때, 시설대여업자가 외국에서 시설을 대여받아 국내의 사업자에게 재리스하는 경우에도 마찬가지고, 지입차주가 지입회사를 통하여 리스회사로부터 임차한 시설 등을 수입함에 있어 세관장이 지입회사를 수입자로 하여 수입세금계산서를 발급한 경우에는 지입회사가 지입차주를 공급받는 자로 하여 세금계산서를 발급할 수 있다(간세 1235－3048, 1977. 9. 12. ; 부가 22601－853, 1985. 5. 10.).

나. 「조달사업에 관한 법률」에 따라 물자가 공급되는 경우

「조달사업에 관한 법률」에 따라 물자가 공급되는 경우에는 공급자 또는 세관장이 해당 실수요자에게 직접 수입세금계산서를 발급하여야 한다. 다만, 물자를 조달할 때에 그 물자의 실수요자를 알 수 없는 경우에는 조달청장에게 세금계산서를 발급하고, 조달청장이 실제로 실수요자에게 그 물자를 인도할 때에는 그 실수요자에게 세금계산서를 발급할 수 있다(부가령 §69 ⑥).

다. 2개 이상의 사업장이 있는 경우

수개의 사업장이 있는 경우 수입신고필증상에 적혀 있는 사업장과 재화를 실지로 사용·소비할 사업장이 상이한 때에는 수입재화를 실지로 사용·소비할 사업장명의로 세금계산서를 발급받을 수 있다. 즉, 세금계산서의 공급받는 자에 관한 일반원칙이 그대로 적용된다(부가통칙 35－72－1).

라. 수입재화의 경제적 소유자가 2인 이상인 경우

국내 "갑"이 국내 "을"에게 의류가공을 의뢰함에 있어 주요 원자재를 "갑"이 부담하고 "을"은 임가공용역과 부자재를 부담하되 임가공은 "을"이 해외 임가공업체에 의뢰하여 이루어지고 완제품을 "갑" 또는 "을"이 화주가 되어 수입하는 경우 세관장은 수입신고서상에 적혀 있는 완성품 가격을 기준으로 실제 관세 및 부가가치세 등을 납부한 화주인 "갑" 또는 "을"에게 수입세금계산서를 발급하는 것이지 각자가 부담한 원가비율만큼 "갑"과 "을"에게 2개의 수입세금계산서를 발급하는 것은 아니다.

마. 사업양도의 경우

사업양도자가 수입재화에 대한 수입세금계산서를 사업양도시까지 발급받지 못하고 사업양도 후 사업양수자가 사업양도자 명의로 발급받은 경우에는 해당 수입세금계산서를 발급받은 과세기간에 매입세액으로 공제받을 수 있다(부가통칙 38-0-3).

바. 수입대행에 의한 수입의 경우

수입대행업자의 명의로 수출용 원자재를 수입하는 경우에는 수입신고필증상의 실수요자를 수입자로 하는 수입세금계산서를 발급하여야 한다. 이 경우 이미 세관장이 수입대행자를 수입자로 하여 수입세금계산서를 발급한 때 또는 해당 수입이 공동매입에 해당되는 때에는 부가령 제69조에 따라 수입대행자는 수입신고필증상의 실수요자를 공급받는 자로 하는 세금계산서를 발급할 수 있다(부가 1265-1446, 1982. 6. 4.).

즉, 대행수입하는 경우에는 수입위탁자의 명의로 수입세금계산서를 발급받아야 수입위탁자의 매입세액으로 공제받는 것이므로 수입대행업자가 발급받은 수입세금계산서는 원칙적으로 부가령 제75조에 따라 그 내용이 사실과 다른 세금계산서에 해당된다(부가 1265-1740, 1982. 6. 30.).

8) 수입재화와 그 설치용역에 따른 (수입)세금계산서 수수방법

가. 수입 시 설치용역 등이 수반되는 계약을 체결한 경우

사업자가 국내사업장이 있는 외국법인의 본사와 직접 기자재수입에 관한 계약을 체결하면서 동 기자재 대금과 기자재 설치에 필수적으로 부수되는 용역대가(조립, 설치, 시운전 등 기술용역과 감리, 국외 훈련용역 대가를 말하며, 국내사업장 또는 국내의 다른 사업자를 통하여 공급하는 경우 그 대금을 말하며, 이하 '설치용역대금'이라 한다)를 합한 금액으로 신용장을 개설하여 기자재를 수입하는 경우 세관장이 총액(기자재대금 + 설치용역대금)으로 수입세금계산서를 발급한 때에는 외국법인의 국내사업장에서 동 기자재 설치용역부분에 대하여 다시 세금계산서를 발급하지 아니한다. 다만, 기자재의 대가와 동 기자재 설치용역의 대가가 명백히 구분되어 기자재의 수입 시 세관장이 기자재대금에 대하여만 수입세금계산서를 발급한 때에는 기자재 설치용역에 대하여 국내사업장에서 사업자에게 세금계산서를 발급하여야 한다(부가 46015-2099, 1994. 10. 18. ; 부가 22601-60, 1991. 1. 14. ; 부가 46015-158, 1996. 1. 25.).

국세청이 이와 같이 해석한 이유는 외국에서 생산된 재화를 국내사업자에게 공급함에 있어 수입재화에 해당되는 경우 세관장이 공급자가 되어 부가가치세를 징수하고 수입세금계산서를 발급하기 때문이다. 따라서 기자재가액은 국내사업장의 수입과세표준에 포함되지 아니하고 국내에서 제공되는 용역만 부가가치세의 납세의무를 지게 되어 외국법인의 국내사업장은 동 거래와 관련한 부가가치세 과세표준 유무에 불구하고 부가가치세 납세의무가 있으며, 수입재화의 판매나 설치용역 등과 관련된 매입세액도 공제 가능하다(부가 22601-1393, 1985. 7. 24.).

나. 수입세금계산서 발급 명의자 적정 여부

수입재화에 대하여 세금계산서를 교부받아야 할 '수입자'라 함은 그 수입의 효과가 실질적으로 귀속되는 자를 의미한다고 할 것이므로 단지 형식상의 수입신고 명의인에 불과할 뿐 그 수입의 효과가 실질적으로 귀속되지 아니하는 자를 수입자로 하여 교부받은 세금계산서는 사실과 다른 세금계산서에 해당되나, 위 "가" 거래에 있어 수입재화의 온전한 소유권을 이전받은 시점과 수입세금계산서를 받은 시점이 차이가 있더라도 수입계약에 따라 수입의 효과가 실질적으로 귀속되는 자가 외국법인의 국내사업장이 아닌 국내사업자이므로 이를 사실과 다른 세금계산서에 해당한다고 볼 수 없다.

다. 외국법인의 국내지점 역할에 따른 세금계산서 발급방법

외국법인의 국내지점이 또는 외국법인의 본점이 직접 국내의 사업자와 계약에 의하여 부가가치세가 과세되는 재화를 국외의 외국법인 본점에서 수입하여 공급하는 경우 국내 사업자가 자기명의로 직접 해당 재화의 수입·통관 등 제반 수입절차를 이행하고 세관장으로부터 동 재화의 수입에 따른 수입세금계산서를 교부받은 때에는 외국법인의 국내지점은 국내사업자에게 동 재화의 공급에 대하여 별도의 세금계산서를 교부할 의무가 없다(서삼 46015-10310, 2003. 2. 20. ; 법인-600, 2009. 5. 21. ; 법규과-2793, 2007. 6. 4. 외).

다만, 외국법인의 국내지점이 또는 외국법인의 본점이 직접 국내의 사업자와 계약에 의하여 부가가치세가 과세되는 재화를 국외의 외국법인 본점으로부터 국내지점이 수입하여 공급하는 경우, 국내지점이 수입재화에 대한 소유자로서 자기명의로 직접 해당 재화의 수입ㆍ통관 등 제반 수입절차를 이행하고 세관장으로부터 동 재화의 수입에 따른 수입세금계산서를 발급받은 경우에는 관련 매입세액은 공제되고 국내사업자에게 재화를 인도하는 때에 세금계산서를 발급하여야 한다.

9) 수입세금계산서에 갈음되는 영수증

다음에 해당하는 물품에 대하여는 그 수입자에게 발급하는 제세의 납부영수증서로서 수입세금계산서에 갈음한다.

① 승무원 및 여행자의 휴대품과 별송품

② 우편물(무역거래법 제6조에 따른 수입의 허가 또는 승인을 받은 우편물은 제외한다)

③ 탁송품(수입자가 사업자등록증을 제시하고 수입세금계산서의 발급요청이 있는 탁송품은 제외한다)

또한 상기의 서식은 관세청장이 정하는 바에 따라 종래의 관세징수에 관한 서식을 그대로 사용하거나 별도의 간소화된 서식을 사용하여도 무방하다(간세 1235–1551, 1977. 6. 21.).

10) 일반세금계산서와 수입세금계산서의 차이

수입세금계산서도 국내거래의 세금계산서에 관한 규정과 대부분 같다. 큰 차이가 있다면 두 개 정도인데 그 중 하나는 수입세금계산서는 현금주의이다. 관세 및 부가가치세 등을 징수유예받고 재화를 먼저 통관하는 경우, 수입세금계산서는 실제로 납부할 때 발급한다. 다른 하나는 수입세금계산서의 공급가액은 납세자가 신고하는 금액에 의존하므로 그 신고금액에 고의가 있는 경우에는 추후에 추징하는 경우에도 수입세금계산서는 수정 발급하지 못하는 경우가 있다. 따라서 부가가치세와 그 가산세 등은 징수하지만 매입세액공제는 받지 못한다.

(6) 수정 수입세금계산서 발급

1) 개요

수정수입세금계산서 발급가능 사유를 예외적으로 규정하는 Positive방식에서 발급제한 사유를 구체적으로 규정하는 Negative방식으로 전환하여 2023. 1. 1. 이후 수정신고하거나 결정ㆍ결정하는 분부터 적용하도록 개정하였다.

세관장은 「관세법」에 따라 과세표준 또는 세액을 결정 또는 경정하기 전에 같은 법 제28

조 제2항, 제38조의2 제1항·제2항, 제38조의3 제1항부터 제3항까지, 제38조의4 제1항, 제 46조, <u>제47조, 제106조, 제106조의2 및 제199조의2</u>에 따라 부가가치세를 납부받거나 징수 또는 환급하는 경우에는 법 제35조 제2항에 따라 수입자에게 수정한 수입세금계산서를 발 급하여야 한다(부가령 §72 ②).

2) 수정수입세금계산서 발급

세관장은 다음의 어느 하나에 해당하는 경우에는 수입하는 자에게 수정수입세금계산서 를 발급하여야 한다(부가법 §35 ②).

① 「관세법」에 따라 세관장이 과세표준 또는 세액을 결정 또는 경정하기 전에 수입하는 자가 수정신고 등을 하는 경우(아래 "③"에 따라 수정신고하는 경우는 제외한다)

② 「관세법」에 따라 세관장이 과세표준 또는 세액을 결정 또는 경정하는 경우(수입하는 자가 해당 재화의 수입과 관련하여 다음의 어느 하나에 해당하지 아니하는 경우로 한정한다)

ⅰ. 「관세법」 제270조(제271조 제2항에 따른 미수범의 경우를 포함), 제270조의2 또는 제276 조를 위반하여 고발되거나 같은 법 제311조에 따라 통고처분을 받은 경우

ⅱ. 「관세법」 제42조 제2항에 따른 부정한 행위 또는 「자유무역협정의 이행을 위한 관 세법의 특례에 관한 법률」 제36조 제1항 제1호 단서에 따른 부당한 방법으로 관세 의 과세표준 또는 세액을 과소신고한 경우

ⅲ. 수입자가 과세표준 또는 세액을 신고하면서 관세조사 등을 통하여 이미 통지받은 오 류를 다음 신고 시에도 반복하는 등 아래 표에서 정하는 중대한 잘못이 있는 경우

○ 「관세법」 제38조 제2항, 같은 법 제255조의2에 따른 심사 및 같은 법 제110조 제2항 제1호·제2호, 「자유무역협정의 이행을 위한 관세법의 특례에 관한 법률」 제17조에 따른 조사의 결과를 통지받았음에도 불구하고 이미 통지받은 오류를 다음 신고 시 에도 반복하는 경우
○ 「관세법」 제37조의4 제1항·제2항·제6항에 따라 과세가격결정자료등을 제출할 것 을 요구하였으나 같은 조에서 정한 기한까지 제출하지 아니하거나 거짓자료를 제출 한 경우
○ 세관장이 수입자에게 신고한 세액이 부족하다는 것을 안내하였으나 정당한 사유 없 이 「관세법」 제38조의2 제1항에 따른 보정신청 또는 같은 법 제38조의3 제1항에 따 른 수정신고를 하지 아니한 경우
○ 세관장에게 「관세법 시행령」 제15조 제1항 제1호에 따라 제출한 수입관련거래에 관

한 사항을 적은 서류 및 같은 조 제5항에 따른 과세자료의 내용이 객관적인 사실과 명백히 다른 경우 등 그 신고에 중대한 잘못이 있는 경우

③ 수입하는 자가 세관공무원의 관세조사 등 아래 행위가 발생하여 과세표준 또는 세액이 결정 또는 경정될 것을 미리 알고 그 결정·경정 전에 「관세법」에 따라 수정신고하는 경우(해당 재화의 수입과 관련하여 위 "②"의 어느 하나에 해당하지 아니하는 경우로 한정한다)

○ 관세조사 또는 관세범칙사건에 대한 조사를 통지하는 행위
○ 세관공무원이 과세자료의 수집 또는 민원 등을 처리하기 위하여 현지출장이나 확인 업무에 착수하는 행위
○ 그 밖에 위 두 가지와 유사한 행위

3) 관세포탈죄 등에 해당 시 수입수정세금계산서의 재발급

세관장은 위 "2)"의 "②" 또는 "③"의 결정·경정 또는 수정신고에 따라 수정수입세금계산서를 발급한 후 수입하는 자가 위 "2)"의 "②" 각 항목의 어느 하나에 해당하는 사실을 알게 된 경우에는 이미 발급한 수정수입세금계산서를 그 수정 전으로 되돌리는 내용의 수정수입세금계산서를 발급하여야 한다(부가법 §35 ③).

4) 무죄나 불기소 처분시 수정수입세금계산서 발급

세관장은 위 "2)"의 "②" " ⅰ"에 해당하여 수정수입세금계산서를 발급하지 아니하였거나 위 "3)"에 따라 수정수입세금계산서를 다시 발급한 이후에 수입하는 자가 무죄 취지의 불기소 처분이나 무죄 확정판결을 받은 경우에는 당초 세관장이 결정 또는 경정한 내용이나 수입하는 자가 수정신고한 내용으로 수정수입세금계산서를 발급하여야 한다(부가법 §35 ④).

이하는 2023. 1. 1. 전에 세관장이 결정 또는 경정하거나 수입하는 자가 수정신고한 경우에 수정수입세금계산서 발급에 대한 규정임.

1) 개요

세관장이 세액을 결정 또는 경정하거나 관세조사 통지 등 이후 수입자가 수정신고하는 경우로서 수입자의 착오 또는 경미한 과실로 확인되거나 수입자가 자신의 귀책사유

가 없음을 증명하는 등 아래와 같은 사유가 있는 경우에만 수정수입세금계산서를 발급한다. 이는 성실신고를 유도하고자 부가법 제35조 및 부가령 제72조를 개정하여 2013. 7. 26.부터 시행하고 있다.

2) 수정수입세금계산서 기본발급 대상

「관세법」에 따라 세관장이 과세표준 또는 세액을 결정 또는 경정하기 전에 아래와 같은 사유로 수입자가 수정신고 등을 하는 경우에는 수입자의 귀책사유와 관계없이 수정수입세금계산서를 발급한다. 이때 수입세금계산서는 부가법 제32조 제1항에 따른 세금계산서 발급에 관한 규정을 준용하여 발급한다(부가법 §35 ② 1, 부가령 §72 ②).

㉠ 잠정가격신고 후 확정가격으로 신고하는 경우(관세법 §28 ②)

> ① 「관세법」 제33조에 따라 국내판매가격을 기초로 과세가격을 산정하여 잠정가격신고하는 경우
> ② 수입물품의 운임, 보험료가 수입신고 시 확정되지 않는 경우
> ③ 수입물품의 권리사용료, 사후귀속이익 등 가산금액이 수입신고 이후 확정되는 경우
> ④ 수입물품의 구매수수료, 수입 후 발생비용 등 공제금액이 수입신고 이후 확정되는 경우
> ⑤ 수입물품 특별할인분 과세 여부에 대한 과세가격사전심사(관세법 §37)를 받아 신고하는 경우
> ⑥ 특수관계자 간의 과세가격 결정방법(ACVA)에 대해 과세가격사전심사를 신청하여 결과에 따라 신고하는 경우

㉡ 「관세법」상 보정(관세법 §38의2 ① · ②), 수정(관세법 §38의3 ①), 경정청구(관세법 §38의3 ②)하는 경우

> 보정통지를 받아 보정신청하는 경우 및 기업상담전문관(AM)의 정보제공에 따라 수정신고하는 경우 수정수입세금계산서 발급대상이며, 사전세액심사기간(관세조사부서 조사 포함) 중 세관장이 과세표준 또는 세액을 결정 또는 경정하기 전에 보정신청하는 경우에도 발급 대상임.

㉢ 후발적 경정청구의 경우(관세법 §38의3 ③)
㉣ 수입물품의 과세가격 조정에 따른 경정의 경우(관세법 §38의4 ①)
㉤ 관세를 환급(관세법 §46)하거나, 과다환급금을 다시 징수(관세법 §47)하는 경우
㉥ 계약내용과 다른 물품 등에 대한 관세환급의 경우(관세법 §106)

3) 수정수입세금계산서 발급의 제한

가. 발급제한

다음의 어느 하나에 해당하는 행위가 발생하여 과세표준 또는 세액을 결정 또는 경정할 것을 미리 알고 「관세법」 제38조의3 제1항에 따른 수정신고를 하는 경우에는 원칙적으로 수정한 수입세금계산서를 발급할 수 없다(부가령 §72 ② 단서, ③).

① 관세조사 또는 관세범칙사건에 대한 조사를 통지하는 행위

> ○ 관세조사는 심사부서에서 실시하는 '정기 법인심사', '수시 기획심사' 의미
> ○ 관세조사 통지시점은 「관세법」에 따른 '사전통지서' 도달시점
>   - 관세조사 시작 7일 전 통지에 따른 도달시점(관세법 §114)
> ○ 사전통지 대상에 해당하지 않는 '관세범칙조사'의 경우, 관세조사 착수 후 수입자가 최초로 범칙조사 사실을 알게 된 때*를 통지시점으로 간주
>   * 임의 현장방문, 압수수색 개시, 출석요구 경우 등 중 빠른 때

② 세관공무원이 과세자료의 수집 또는 민원 등을 처리하기 위하여 현지출장이나 확인업무에 착수하는 행위

> 〈'현지출장 또는 확인업무에 착수' 해당 예시〉
> ○ 납세심사부서에서 보정기간 경과 후 실시하는 '건별 세액심사'에 따라 수입자에게 '자료제출 요구'하는 경우
> ○ AEO기업에 대해 '종합심사'는 현장심사 개시하는 경우
> ○ 관세조사·범칙조사 의뢰(예 사전세액심사건)에 따라 세액탈루를 확인하기 위하여 수입자에게 '자료제출 요구'하는 경우

③ 그 밖에 "①" 또는 "②"와 유사한 행위

> ○ 조사부서에서 「외국환거래법」에 따른 '외환검사' 착수를 위해 사전검사통지를 한 경우
> ○ FTA부서에서 실시하는 수입물품에 대한 '원산지조사(검증)' 착수를 위해 통지를 한 경우

※ 이 법 시행일 이전 관세조사 등의 통지·확인업무 착수 후 미종결되어 이 법 시행 후 수정신고·경정 시 원칙적으로 수정수입세금계산서 발급제한

나. 발급제한의 예외

위 "가"의 ①부터 ③까지의 어느 하나에 해당하는 행위가 발생하여 과세표준 또는 세액을 결정 또는 경정할 것을 미리 알고 「관세법」 제38조의3 제1항에 따른 수정신고

를 하는 경우에는 다음의 어느 하나에 해당할 때에만 수정한 수입세금계산서를 발급할 수 있다(부가법 §35 ② 2, 부가령 §72 ② 단서, ④).

㉠ 「통일상품명 및 부호체계에 관한 국제협약」에 따른 관세협력이사회나 「관세법」에 따른 관세품목분류위원회에서 품목분류를 변경하는 경우

㉡ 합병에 따른 납세의무 승계 등으로 당초 수입자와 실제 수입자가 다른 경우

㉢ "수입자의 착오 또는 '경미한 과실'[양 계약 당사자의 계약 내용 등을 고려하여 볼 때 수입자로서의 **통상의 주의의무를 태만히 하거나 해태한 경우**(주의의무의 태만·해태한 정도가 중대하지 아니한 경우로 한정한다), **통상의 주의의무만으로는 정확한 과세가격 신고를 기대하기 어려운 경우를 말함**(기획재정부 부가가치세제과-482, 2020. 11. 10.)로 확인되거나 수입자가 자신의 귀책사유가 없음을 증명하는 등 대통령령으로 정하는 경우"란 다음의 어느 하나에 해당하는 경우를 말한다(부가령 §72 ④ 본문).

ⅰ. 「관세법」 제9조 제2항에 따라 수입신고가 수리되기 전에 수입자가 세액을 납부한 경우로서 같은 항에 따른 수입신고가 수리되기 전에 해당 세액에 대하여 수입자가 수정신고하거나 세관장이 경정하는 경우

ⅱ. 수입자의 귀책사유 없이 「관세법」 등에 따른 원산지증명서 등 원산지를 확인하기 위하여 필요한 서류가 사실과 다르게 작성·제출되었음이 확인된 경우

> ○ 협정 및 법령에 따라, 수입자가 체약상대국의 수출자 등으로부터 제출된 원산지 증빙서류를 갖추고, 제출된 사실과 일치하게 특혜관세를 적용받았음을 수입자가 증명하는 경우
> ○ 허위 기타 부정한 방법(허위의 원산지증명서 등)으로 특혜관세를 적용받은 경우 또는 다음의 수입자 귀책사유에 해당하는 경우는 제외

ⅲ. 「자유무역협정의 이행을 위한 관세법의 특례에 관한 법률」 제36조 제2항에 따라 가산세의 전부를 징수하지 아니하는 경우

ⅳ. 「관세법」 제37조에 따른 사전심사에 따라 통보된 과세가격 결정방법을 적용하여 수입자가 수정신고하거나 세관장이 경정하는 경우

ⅴ. 「관세법」 제38조 제2항 단서에 따라 수입신고를 수리하기 전에 세액을 심사하는 물품에 대하여 감면대상 및 감면율을 잘못 적용한 경우

ⅵ. 수입자가 수입물품의 거래조건 또는 해당 거래와 관련된 회계처리기준 및 방법 등이 변경된 것을 반영하지 못하여 일부 수입신고에 오류가 발생한 경우로서 수입자가 그 밖의 수입신고에 대해서는 과세표준 및 세액을 적정하게 신고한 것이 「관세법」 제110조 제2항 제2호에 따른 관세조사 결과 확인되는 경우

ⅶ. 수입자가 거래가격에 「관세법」 제30조 제1항 각 호의 금액(이하 "가산요소"라

한다)을 포함하지 않은 경우로서 해당 가산요소를 거래가격에 포함하려면 상당
한 지식과 주의가 요구되어 수입자의 정확한 신고를 기대하기 어려운 경우
viii. 수입자가 「관세법」 제30조 제3항 각 호의 사유가 있어 같은 법 제31조부터 제35
조까지의 규정에 따른 방법으로 과세가격을 신고해야 하는 경우로서 수입자가
해당 사유를 인식하는 데에 상당한 지식과 주의가 요구되어 수입자의 정확한 신
고를 기대하기 어려운 경우
ix. 위 ⅰ.부터 viii.까지에서 규정한 사항 외에 수입자의 착오 또는 경미한 과실로 확
인되거나 수입자가 자신의 귀책사유가 없음을 증명하는 경우

4) 수정수입세금계산서의 작성

세관장이 수정한 수입세금계산서를 발급하는 경우에는 부가가치세를 납부받거나 징수
또는 환급한 날을 작성일로 적고 비고란에 최초 수입세금계산서 발급일 등을 덧붙여
적은 후 추가되는 금액은 검은색 글씨로 쓰고, 차감되는 금액은 붉은색 글씨로 쓰거나
음(陰)의 표시를 하여 발급한다(부가령 §72 ⑤).

5) 수정수입세금계산서 발급신청

수입하는 자는 위 "2)" 또는 "4)"에도 불구하고 세관장이 수정수입세금계산서를 발급하
지 아니하는 경우 국기법 제26조의2 제1항이나 제6항 제1호에 따른 기간 내에 아래와 같이
세관장에게 수정수입세금계산서의 발급을 신청할 수 있다(부가법 §35 ⑤, 부가령 §72 ⑥, ⑦, ⑧).

㉮ 부가법 제35조 제3항에 따라 수정수입세금계산서를 발급받으려는 자는 기획재정부령
으로 정하는 수정수입세금계산서 발급신청서를 해당 부가가치세를 징수한 세관장에
게 제출하여야 한다.
㉯ 위 "㉮"에 따라 신청을 받은 세관장은 신청을 받은 날부터 2개월 이내에 수정수입세
금계산서를 발급하거나 발급할 이유가 없다는 뜻을 신청인에게 통지하여야 한다.
㉰ 세관장이 위 "㉯"에 따라 수정한 수입세금계산서를 발급하는 경우에는 그 작성일은
발급결정일로 적고 비고란에는 최초 수입세금계산서 발급일 등을 덧붙여 적은 후 추
가되는 금액은 검은색 글씨로 쓰며, 차감되는 금액은 붉은색 글씨로 쓰거나 음(陰)의
표시를 하여 발급한다.

6) 분할·합병에 따른 수정수입세금계산서 발급특례

법인의 합병, 분할 또는 분할합병에 따른 수입세금계산서의 발급에 관하여는 후술하는
부가령 제69조 제20항 및 제21항을 준용한다. 이 경우 "세금계산서"는 "수입세금계산서"로

본다. 즉 권리의무를 승계하는 법인이 (수정)수입세금계산서를 발급하거나 발급받을 수 있다(부가령 §72 ⑨).

7) 매출처별세금계산서합계표 제출

세관장은 위의 사유에 해당하여 수입하는 자에게 수정수입세금계산서를 발급한 경우 수정된 매출처별세금계산서합계표를 해당 세관 소재지를 관할하는 세무서장에게 이를 제출하여야 한다(부가법 §35 ④).

8) 수정수입세금계산서의 적정 발급여부의 판정 기관

2023. 1. 1. 이후 세관장은 위 "1)"부터 "5)"에 따라 수정한 수입세금계산서를 발급하여야 하고 수정발급의 범위가 넓어졌다. 그러나 2023. 1. 1. 전에는 수입자의 **수입과세표준을 누락 또는 과소신고하게 된 것이 수입자의 단순착오인지 여부 및 수입자의 귀책사유가 없어야 수정수입세금계산서 발급이 가능하였고 단순착오나 귀책사유 유무는 해당 세관장이 판단할 사항이며,** 수출용원재료를 적입한 수입물품의 용기에 대하여 재수출기간이 경과하여 용도외 사용신청을 한 경우 수입자의 단순착오 또는 귀책사유가 없는 것에 해당하는지 여부도 해당 세관장이 사실판단하여 수정수입세금계산서를 발급하는 것이므로 관할세무서장이 수정발급한 수입세금계산서의 적정 여부를 재판단하여 수정수입세금계산서의 효력을 부인하고 과세할 수는 없다고 본다(서면-2015-부가-1393, 2015. 9. 30. ; 서면-2017-부가-2418, 2017. 9. 29. ; 부가가치세과-691, 2014. 8. 4.).

> **사례**
>
> ×××3. 8. 1. Y법인은 실제수입대금 100억원이었으나 관세를 덜 내기 위하여 고의로 70억원으로 신고하였다. 올해 세관의 조사로 과소신고한 30억원에 대한 세금경정고지액은 다음과 같다.
> - 관세(8%) 2억4천만원
> - 관세신고·납부가산세 1억3천만원
> - 부가가치세 3억2천4백만원[(30억원+2억4천만원)×10%]
> - 부가가치세신고·납부가산세로 1억7천만원
> - 총 8억6천4백만원
>
> 세관장은 수정수입세금계산서 발급사유에 해당하지 아니하여 세금계산서 발급없이 부가

가치세를 추징하게 되고 Y사는 부가가치세 매입세액공제를 받을 수 없다. Y사의 손금인
정액은 세금추징액 8억6천4백만원 중 가산세를 제외한 관세 2억4천만원만 해당한다.
부가가치세매입세액은 법인세법시행령 제22조에 의한 경우에만 손금산입가능하다.

사례　　관세추징 및 손금산입연도

관세율 적용착오 등으로 추징당한 관세는 세관장으로부터 고지된 날이 속하는 사업연도
의 손금에 산입하는 것이며, 추징세액에 대한 불복결과 환급세액이 발생하는 경우에는
해당 관세환급금의 결정통지일 또는 환급일 중 빠른 날이 속하는 사업연도의 익금에 산
입하는 것이다(법규법인 2011-489, 2011. 12. 8.).

(7) 재화의 수입에 대한 매입세액의 공제

1) 일반 원칙

사업자가 자기의 사업을 위하여 사용하였거나 사용할 목적으로 수입하는 재화의 수입에
대한 부가가치세액은 공제하는 매입세액으로 하며, 해당 매입세액은 재화의 수입시기가 속하
는 예정신고기간 또는 확정신고기간에 자기의 매출세액에서 공제받을 수 있다(부가법 §38 ③).

2) 수입물품이 자신의 과세사업에 직접 사용 또는 소비되는 경우

'서비스의 제공을 위한 무상 수입'의 경우에도 매입세액공제가 허용되고, 아울러 수입재
화의 소유권이 누구에게 귀속되는지 여부와 무관하게 수입세금계산서 명의상 수입자가 비
록 소유자가 아니더라도 사업 관련성만 기준으로 매입세액공제를 허용하여야 한다(재소비
46015-149, 1997. 5. 12. ; 부가가치세제과-862, 2007. 12. 18. ; 부가가치세과-823, 2014. 10. 6. 외 다수).

가. 유지보수 및 수리용역, 임상시험용역, 재임대용 등

물품의 무환수입이 자신의 과세사업을 위하여 사용할 목적으로 수입하는 아래와 같은 경
우에는 해당 수입세금계산서상의 매입세액은 공제되어야 한다.

① 외국법인이 국내 고객에게 판매한 장비에 대한 유지보수 서비스를 지원하는 사업을
　영위하는 내국법인이 유지보수 서비스를 위한 수리용 부품을 무환으로 수입하면서
　수입 부가가치세를 부담하는 경우, 무환수입된 부품은 실제 자기자산이 아니더라도
　매입세액공제 가능함(재소비 46015-149, 1997. 5. 12. ; 서면3팀-2915, 2007. 10. 26. ; 부가가치세

과-1370, 2010. 10. 14. ; 재부가-467, 2010. 7. 12. ; 부가가치세과-1674, 2009. 11. 20.).

② 외국계그룹의 국내 유지보수 및 수리를 위하여 국내 세운 자회사가 외국본사로부터 수리용 부품을 무환수입하는 경우 관련 매입세액은 공제되며, 사후수리용역의 공급에 부수되어 무상으로 제공된 재화(부품)는 재화의 공급에 해당하지 아니함(부가 46015-293, 2000. 2. 12. ; 부가 46015-4247, 1999. 10. 20.).

③ 내국법인이 외국법인과 임상시험지원계약을 체결하고 임상시험용 의약품을 무환으로 수입하여 병원에 무상으로 공급하는 거래에서 수입 부가가치세를 부담하는 경우 매입세액공제 가능함(서면-2019-법령해석부가-3610, 2020. 1. 31. ; 서면3팀-84, 2008. 1. 10.).

④ 외국계 제약사의 국내 자회사 또는 CRO(임상시험수탁기관)가 임상시험용역(지원) 계약에 따라 임상시험용 의약품을 무환수입하는 경우 매입세액공제 가능함(서면-2020-법령해석부가-2714, 2021. 11. 29.).

⑤ 내국법인이 국내사업장이 없는 국외관계사와의 계약에 따라 국외관계사가 그 국내파트너사에게 제공하는 유지보수서비스를 지원하기로 하고 국외로부터 수리용부품을 무환으로 수입하면서 부담한 부가가치세액은 유지보수서비스의 주체가 무환으로 부품을 수입 통관한 내국법인이 아닌 경우에는 내국법인의 매출세액에서 공제할 수 없는 것이나, 해당 수입된 수리용부품이 내국법인의 사업을 위하여 사용되었거나 사용될 재화에 해당하는 경우에는 매입세액공제 가능함(기획재정부 부가가치세제과-467, 2010. 7. 12. ; 서면3팀-2915, 2007. 10. 26.).

⑥ 사업자가 외국법인으로부터 골프공 추적장치를 무환으로 수입하여 자기 책임과 계산 하에 골프연습장에 대여(재리스 형태임)하고 골프연습장으로부터 받은 대여료의 70%를 외국법인에게 해당 장치에 대한 대여료로 지급하는 경우 사업자는 단순 수입대행자가 아니므로 해당 사업자가 동 골프공 추적장치 구입 시 부담한 수입세금계산서상의 매입세액은 공제대상임(조심 2020부0363, 2020. 11. 24.).

나. 단순 수입대행 및 운송용역 제공자의 경우

사업자(위탁자)가 재화의 수입을 위탁하는 경우에는 수입위탁자의 명의로 수입세금계산서를 발급받아야 하는 것이므로 수입대행자가 수입세금계산서를 자기명의로 발급받은 경우 원칙적으로 해당 매입세액은 수입대행자의 매입세액으로 공제받을 수 없으나(물품의 수입대행이나 운반대행용역을 제공하는데 그치고 그 물품의 사용 또는 소비의 주체가 되지 아니하는 경우), 수입대행자가 실질적으로 자기의 책임과 계산 하에 재화를 수입하고 자기명의로 수입세금계산서를 발급받아 위탁자에게 해당 수입재화를 공급하는 경우에는 그러하지 아니한다(부가 46015-2830, 1998. 12. 22. ; 부가 46015-4611, 1999. 11. 17. ; 서면3팀-1122, 2007. 4. 13.).

① 수입세금계산서를 교부받아야 할 '수입자'라 함은 그 수입의 효과가 실질적으로 귀속되는 자를 의미한다고 할 것이므로 단지 형식상의 수입신고 명의인에 불과할 뿐 그 수입의 효과가 실질적으로 귀속되지 아니하는 자인 단순히 외국의 수출자와 운반용역대행계약을 체결한 자를 수입자로 하여 교부받은 세금계산서는 사실과 다른 세금계산서에 해당함(대법원 2009두11539, 2011. 4. 28.).

② 사업자가 재화의 수입을 위탁하는 경우에는 수입위탁자의 명의로 수입세금계산서를 교부받아야 하는 것이므로 수입대행자가 수입세금계산서를 자기명의로 교부받은 경우 당해 매입세액은 공제받을 수 없으나, 수입대행자가 실질적으로 자기의 책임과 계산하에 재화를 수입하고 자기명의로 수입세금계산서를 교부받아 위탁자에게 당해 수입재화를 공급하는 경우에는 그러하지 아니하는 것임(조심 2010서0509, 2010. 7. 20. ; 서면3팀-1122, 2007. 4. 13. ; 부가 1265.2-1740, 1982. 6. 30.).

③ 사업자가 단순히 제품 판매를 중개 내지 대리하고 그 대가로 수수료를 받는 경우에는 당해 수수료에 해당하는 금액이 부가가치세 과세표준이 되는 것임(서면3팀-707, 2008. 4. 3.).

국세청은 수입대행 등과 관련하여 납세자의 세금계산서 수수방식에 따라 조세의 탈루가 없다는 주장에 대하여 세금계산서 거래흐름과 실제 거래 흐름이 왜곡되었다는 이유로 매입세액공제를 부인하려 하고 있으나, 이에 불구하고 아래 사례와 같이 수입세금계산서가 수정발급되어 거래의 실질과 일치되게 된 경우 등에 해당할 경우라면 관련 매입세액은 공제되어야 한다.

① 사업자가 수입대행사를 통하여 과세물품을 수입하면서 세관장으로부터 당초 수입대행사 명의로 수입세금계산서를 발급받은 후 「수입세금계산서 교부에 관한 고시」에 따라 수입세금계산서 수정교부신청에 의하여 해당 사업자 명의로 수정수입세금계산서를 발급받은 경우 해당 수정수입세금계산서 관련 매입세액은 매출세액에서 공제되며 부가법 제60조에 따른 가산세는 적용하지 아니하는 것임(서면-2020-부가-1166, 2021. 1. 8.).

② 수입대행업자의 명의로 수출용 원자재를 수입하는 경우에 세관장은 수입면장상의 실수요자에게 세금계산서를 교부하여야 하는 것이나 세관장이 수입대행자에게 세금계산서를 교부한 경우에는 부가령 제69조 제15항에 따라 수입대행자는 수입면장상의 실수요자에게 세금계산서를 교부한 경우 매입세액공제가 허용됨(부가 1265-1446, 1982. 6. 4.).

부가령 제75조 제9호에 따라 (수입)세금계산서가 "세관장 → 수입대행자 → 실수요자"로 일반매매거래와 같이 순차 발급된 경우에도 매입세액공제가 허용되어야 한다고 본다.

수입대행 여부 판정 사례 예시

일반적으로 수입대행이라 함은 무역업고유번호를 부여받은 자가 국내구매자와 수입대행계약(약관계약)을 체결하고 해외판매자를 물색하여 동 판매자로부터 물품을 수입하면서 수입대행에 따른 책임과 수수료 수입 외에 수입거래로 인한 다른 형태의 손익이나 거래책임은 부담하지 않은 거래를 말한다(통상 수출대행수수료는 0.4~1.8% 정도이며, 수입대행수수료는 1~4% 정도임).

사업자가 자기의 책임과 계산하에 부가가치세가 과세되는 재화 또는 용역을 공급하고 그 대가를 받는 경우에는 그 대가의 합계액이 과세표준인 것이나, 단순히 제품 판매를 중개 내지 대리하는 경우에는 그 대가로 받은 수수료가 과세표준이 된다(서면3팀-1923, 2006. 8. 28.).

단순한 상품의 중개행위인지에 대하여는 계약의 형식에 불구하고 실질과세의 원칙에 따라 경제적·실질적 내용에 따르는 것으로 소유재화에 대한 위험과 효익의 부담 정도에 따라 사실판단하여야 한다. 따라서 본인의 계산과 책임으로 재화를 수입(매입)하여 일정이윤을 가산하여 판매한 것이라면 재화의 공급으로 부가가치세 과세대상이며(국심 2005전1312, 2005. 9. 8.), 판매대금 및 위탁수수료에 관한 서면약정이 없다 하더라도 실제로 판매대행용역을 제공하고 대행수수료를 수수하였다면 이는 실질과세의 원칙에 의하여 대행업(용역제공)으로 보아야 할 것이다(국심 2001서506, 2001. 7. 21.).

일례로 위탁자겸 공급받는자인 "을"이 수입에 따른 유산스한도를 부담(여신부담)하고 수입물품에 대한 물품가액과 운송비, 그 밖의 수입관련 비용(L/C개설 비용, 인수수수료 등)과 그에 따른 커미션을 부담하고 있으며, 수입통관에 있어서도 "을"이 화주의 지위에서 수입세금계산서를 발급받았으며 수탁자 "갑"의 경우 "을"과 수입대행에 대한 계약서를 작성하지는 않았으나, 대금결제 Flow를 보면 "갑"은 수입재화에 대하여 이익을 가산하여 판매하거나, 시장상황변동으로 가격이 하락한 경우 이에 대한 손실을 부담하는 것이 아니라 단순히 커미션만(약 3%로 통상의 수입대행의 수수료 범위 내에서 지급받고 있음)을 가득하였다면 "갑"사는 수입대행수수료 및 수입대행에 수반되는 서비스(예) 운송주선, 반품대행)의 대가로서 상거래에 따른 귀책사유가 없는 단순한 수입거래상 손익의 위험과 거래책임을 수입위탁자가 부담하는 수입대행거래로 판단하여야 하고 따라서 "갑"사가 "을"로부터 수취하는 커미션(FOB결제 및 FRT결제 관련 일정률의 수수료)은 부가법 제10조에 따른 용역의 공급(수입대행용역)에 해당한다.

다. 수출자의 관세 등 부담(DDP 조건 등)에 따른 매입세액공제 여부

수입물품에 대한 관세를 국외의 수출업자가 부담하더라도 관세법상 납세의무자는 국내 수입자가 되므로 국내 수입자가 관세의 납세의무자가 된다.

부가가치세액은 재화·용역을 공급받는 자 또는 재화를 수입하는 자가 부담하는 것이 원칙이지만 부가가치세액을 누가 부담하느냐 하는 것은 사적자치가 허용되는 영역이므로 거래당사자 간 약정에 따라 그 부담을 결정할 수 있는 것이고 그러한 부담약정으로 인하여 매입세액공제 여부에 영향을 미치지 아니한다(헌재 98헌바7, 2000. 3. 30. ; 법규과-1172, 2011. 9. 1.). 따라서 수입자가 수입대행한 것이 아니라 실질적인 수입의 주체(수입재화의 판매 및 사용·소비의 주체)로서의 역할을 수행한 경우라면 수출자가 비록 관세, 부가가치세 등을 부담하는 DDP 조건하에서 세관장으로부터 수취한 수입세금계산서라 하더라도 해당 세금계산서상의 매입세액은 매출세액에서 공제받을 수 있다(법규과-1172, 2011. 9. 1. ; 심사부가 2011-0046, 2011. 6. 30. ; 서면3팀-2234, 2005. 12. 8. ; 서면3팀-3214, 2007. 11. 28. ; 조심 2010서0509, 2010. 7. 20.).

예를 들어 부품을 무환으로 수입하여 외국법인(부품의 수출자 겸 유지보수서비스용역을 제공받는 자)을 위한 무상보증수리 용역제공(과세사업)을 위한 부품으로 사용하면서 수입 시의 관세 및 부가가치세를 외국법인이 부담하는 경우[DDP 조건 : 수입재화가 국내 수입업체가 지정하는 목적지에 도달하기까지 소요되는 통관비용(관세 및 부가가치세 등) 및 제 비용을 외국의 수출업체가 부담하는 조건], 수입의 실질적인 주체가 국내사업자이고 수입한 재화가 국내사업자의 과세사업을 위하여 사용되었거나 사용될 재화인 경우 외국법인이 구매계약 당시 장래에 A/S용 부품을 수입할 때 DDP 조건으로 수입하면 부가가치세 환급 부분만큼의 추가 수수료가 발생할 것이라는 것을 미리 반영하여 당초 의료장비 가격 또는 수수료가 결정된 것인바 동 수입부가가치세액은 해당 사업자의 매입세액으로 공제할 수 있고 해당 세액은 법인결산 시 영업외수익으로 계상한다.

다만, 이러한 해석과 달리 사실과 다른 세금계산서에 해당하여 매입세액이 공제되지 아니한다는 대법원 판례 및 해석(대법원 2009두11546, 2011. 4. 28. ; 법규과-3530, 2007. 7. 23.)은 외국법인이 국내에 지점을 두고 있는 경우로서 수입한 재화가 운송업자(수입대행업자) 자기의 과세사업에 사용되는 것이 아니라 해당 수입재화가 국내 다른 사업자의 소유로서 수입세금계산서를 발급받은 운송업자의 사업에 사용될 것이 아니기 때문에 매입세액불공제 대상으로 판단한 것이다. 따라서 자기의 사업에 사용할 부품을 수입하는 경우라면 외국법인이 부가가치세액을 부담한 경우 매입세액을 공제하지 아니한다는 사례(부가 46015-1097, 1997. 5. 17. ; 부가 46015-1119, 1998. 5. 26.)에 대하여는 조속히 정비(삭제)되어야 할 것이다.

라. DAP 또는 DPU 거래조건과 매입세액공제

DAP 또는 DPU 거래조건은 FOB, CIF, DDP 조건 등과 더불어 INCOTERMS2020에 의한 무역거래조건으로 쓰이고 있어 어떠한 조세회피목적으로 만들어진 거래조건이 아니며, 매도인이 수입통관하지 아니하고(매수인이 수입통관) 수입국의 지정된 목적지까지 물품을 운반하는 데 따른 비용과 책임을 부담하는 무역계약으로 수입통관하는 매수자는 선하증권을 인수받아 정당한 화주로서 관세 및 부가가치세 등을 부담하고 수입세금계산서를 세관장으로부터 발급받고 해당 재화를 부가가치세 과세사업에 사용할 것이라면 부가가치세법이 정하는 매입세액공제요건을 모두 갖추었고, 납세의무자가 경제활동을 함에 있어서는 동일한 경제적 목적을 달성하기 위하여서도 여러 가지의 법률관계 중 하나를 선택할 수 있는 것이고, 과세관청으로서는 특별한 사정이 없는 한 당사자들이 선택한 법률관계를 존중하여야 할 것인바(대법원 92누1155, 1992. 12. 8.), 이러한 법률관계의 형성이 탈세를 위한 것이거나 그 밖에 위법 부당한 목적을 위한 것이 아닌 이상 당사자들이 선택한 법률관계를 존중하여야 한다.

이러한 이유에서 DDU 거래조건의 수입거래에서 수입자가 수입 시에는 과세, 국내 유통 시에는 면세되는 재화(예 목재 펠릿)를 수입함에 있어 최종 매수인(수입재화를 과세사업에 직접 사용하는 사업자)에게 선하증권을 양도하고 최종 매수인이 수입통관하면서 세관장에게 납부한 부가가치세는 최종 매수인의 매출세액에서 공제 가능하다(서면법규과-1326, 2014. 12. 16.).

마. 폐업 이후 발급받은 수입세금계산서의 공제

사업자가 수입재화에 대한 매출세액을 신고·납부하고 폐업한 후에 해당 수입재화에 대한 수입세금계산서를 발급받은 경우 그 매입세액은 부가령 제28조 제9항에 따라 폐업일이 속하는 과세기간에 대한 매출세액에서 공제한다(부가 46015-1135, 1994. 6. 2.).

바. 견본품 등의 무환수입

① 매입세액의 공제

내국법인이 재화를 무환으로 수입하면서 수입세금계산서를 발급받은 경우 그 수입세금계산서의 재화가 자기의 사업을 위하여 사용되었거나 사용될 재화인 경우 해당 수입세금계산서의 매입세액을 자기의 매출세액에서 공제할 수 있다(부가-1674, 2009. 11. 20.).

② 그 밖의 세무·회계처리

해외시장 개척을 위하여 해외에 견본품을 무상으로 송부하는 경우에는 그 견본품에 상당하는 가액은 이를 송부일이 속하는 사업연도의 소득금액 계산상 손금에 산입하며, 사업자가 사업과 관련하여 해외에서 무상으로 수입한 물품을 사업용으로 공한 때에는 다음과 같이 처리한다(법인통칙 19-19-21, 소득통칙 24-13).

- ㉠ 그 물품이 재산적 가치가 있는 경우 소득금액계산상 총수입금액에 산입한다. 이 경우 총수입금액에 산입할 금액은 해당 물품의 관세 과세표준금액으로 하며 관세 및 부수비용은 취득가액에 합산한다.
- ㉡ 그 물품이 필요경비에 산입할 성질인 경우 관세 및 부수비용은 견본비, 소모품비 등 그 성질에 따라 필요경비에 산입한다.

법인이 해외에서 물품을 무환으로 수입하는 경우에는 이를 각 사업연도의 소득금액계산상 익금으로 한다. 이 경우에 익금에 산입할 금액은 해당 물품의 통관 시 관세 과세표준금액이 되는 감정가액으로 하며 관세 및 부수비용은 취득가액에 합산한다(법인통칙 15-11-3).

사. Invoice가액과 수입신고필증 신고가액이 다른 경우

외국본사에서 부품을 수입하여 이를 국내 판매 또는 국외에 수출하는 사업자가 본사와의 거래이다 보니 할인율이 크고 청구서 발행금액(invoice)과 수입신고서상 금액이 차이가 나는 경우가 많다. 즉, 청구서 발행금액은 본사에서 할인해주는 discount가액이고(지불가액), 수입신고필증상 금액은 세관에서 등록되어 있는 가액, 즉 original가액(수입신고가액)으로 신고하게 되어 차이가 발생한 것이다.

「관세법」은 물품에 부과하는 대물세로서 원칙적으로 「관세법」 제30조에 따라 '구매자가 실제로 지급하였거나 지급하여야 할 가격'이 관세의 과세가격이 되지만 비정상적인 상거래 할인 및 특수관계자 간 거래에 의하여 일정 수준 이상의 할인에 대해서는 실제로 지급되는 금액이 아닌 할인된 금액을 가산하여 신고하므로 위와 같은 특수관계자 간 거래로서 수입신고서상에 할인금액을 가산금액으로 포함하여 수입신고가격을 산정하여 수입신고 시 세관장이 징수한 부가가치세는 위와 같은 차이에 불구하고 정당한 수입세금계산서로서 매입세액공제가 가능하다.

아. 수입가보다 저가에 내수공급 후 수입가격을 조정받는 경우 매입세액공제

① 사실관계

홍콩 소재 외국법인의 국내영업소(국내 사업장에 해당, 이하 "고정사업장"이라 한다)가 해당 외국법인으로부터 반도체 장비를 수입하면서 세관장으로부터 수입세금계산서(100)를 발급받고 매입세액공제를 받았으며, 해당 반도체 장비를 수입가격보다 저가(80)에 국내 거래처에 공급하면서 세금계산서를 발급하였다. 외국법인과 고정사업장 간에는 반도체 장비의 수입과 관련하여 회계연도 종료 후 영업이익이 영업비용의 1.4배가 될 수 있도록 하는 가격보상 약정이 있었다. 가격보상을 받은 경우 고정사업장은 세관장으로부터 가격보상액에 해당하는 감액수정수입세금계산서를 발급받지 아니하였으며, 장부상에는 가격보상액을 매입원가를 감액하는 회계처리를 하였다.

② 쟁점

외국법인의 국내 고정사업장이 외국법인으로부터 재화를 수입하며 수입세금계산서를 발급받고 수입가격보다 저가에 국내 공급한 후 외국법인으로부터 수입가격을 조정(감액)받는 경우 세관장으로부터 수정수입세금계산서를 발급받아 기 공제받은 매입세액을 감액(불공제)하여야 하는지 여부

③ 검토

수입업체가 수입신고 수리 후 판매자(수출자)에게 송금하거나 영수하는 금액의 성격은 영업손익(소득조정), 수입대가, 기타 등으로 구분할 수 있는바, '수입물품의 거래가격과는 아무런 관련이 없이 정상가격 범위 영업이익과 실제 영업이익의 차이'에 따라 발생한 손익을 영수 또는 지급하는 것은 수입대가 조정이 아닌 소득의 조정(이전가격 조정)에 해당하여 '수입물품에 대한 실제 지급가격', 즉 개별 수입가격의 직접적인 조정금액으로 볼 수 없으므로 과세가격에 포함되지 않는다(관세청 법인심사과-418, 2012. 3. 9. ; 법인심사과-2051, 2011. 11. 29.).

아울러 특정물품을 수입할 당시 지급한 DP(표준공급가격)를 기준으로 부가가치세 과세표준을 산정함이 타당하다는 판례도 있고, 그 조정금액이 부가법상 '에누리액'에 해당한다고 하더라도 재화의 수입에 있어서는 이를 과세표준에서 제외하여야 할 법 규정이 없어 해당 물품에 대한 부가가치세 과세표준은 수입 당시 지급한 DP를 기준으로 보아야 할 것이지 QP(견적가격)를 기준으로 할 수는 없다(서울행정법원 2011구합32553, 2012. 5. 11. ; 조심 2011서5115, 2012. 8. 23. ; 조심 2012관0061, 2012. 5. 25.).

위 사실관계에서 당초 수입가격은 임의가격에 불과하므로 실제 수입가격으로 볼 수 없고 「관세법」상 '잠정가격신고 후 확정가격신고' 대상이라고 볼 수도 있으나, '잠정가격 신고제도'는 수입 시 가격이 확정되지 아니한 경우로서 관세령 제16조에서 열거하고 있는 사유에 해당하는 경우에 한하여 납세의무자가 신고할 수 있는 것인바, 반도체 장비공급계약상 물품가격이 정가의 80%로 확정되어 해당 가격으로 수입하였으므로 수입 시 물품가격이 확정

되지 아니한 것으로 볼 수 없고, 관세령 제16조에서 열거한 사유에도 해당하지 아니하므로 당초 수입가격은 임의가격이나 잠정가격이 아닌 수입 시 실제 가격으로서 관세의 과세가격에 해당한다.

또한 관세 과세가격의 변경 여부는 「관세법」에 따라 세관장이 결정할 사항으로 쟁점조정금액에 대하여 국세청장이 아닌 세관장은 관세 과세가격을 결정할 사안이고 수정수입세금계산서의 발급권한 또한 세관장에 있으며 그 발급 사유 역시 일반적인 수정세금계산서 발급 규정과 달리 「관세법」상 과세가격이 변경되어 세관장으로부터 부가가치세를 납부 또는 환급받는 경우로 규정하고 있다.

따라서 외국법인의 국내 고정사업장이 외국법인으로부터 재화를 수입하여 국내에 저가 판매하고 영업이익이 일정비율 이상 되도록 외국법인으로부터 가격을 조정받는 경우 해당 조정가격이 관세의 과세가격에 포함되는 때에는 당초 수입세금계산서상 매입세액을 공제할 수 있다(기준-2020-법령해석부가-0057, 2020. 5. 22.).

자. 그 밖의 예외적인 사례

아래와 같이 특별한 사유에 해당하는 경우에도 매입세액공제를 허용하거나 불허한 사례가 있다.

① 일본국 법인인 A사가 A사에서 사용하던 중고 기계장비를 국내 법인인 C사와 무상 임대계약(본 기계장비를 사용하여 생산하는 생산품 전량을 일본국 A사에 수출(납품)하는 조건임)에 의거 중고 기계장비를 국내 법인인 C사에 인도함에 있어, 국내 법인인 B사가 일본국 법인인 A사와 무역대행 계약(용역계약)을 체결하고 계약내용에 상기 기계장비의 국내 세관통과 및 기계설치 장소까지 운반대행 업무를 완료하고 완료 시 일정액의 수수료를 일본국 법인인 A사가 국내 법인인 B사에 지급하기로 약정하였고 이에 B사는 상기 중고 기계장비를 무환 수입통관(임대물품으로 세관장이 가격결정함) 시 수입신고필증에 수입자 및 납세의무자로 하여 통관 시 부담하는 관세 및 부가가치세 등을 납부하고 수입세금계산서를 발급받은 경우, 통관 시 세관장이 화주로 되어 있는 B무역대행업자(운송업자)에게 발부한 수입세금계산서에 따라 부가가치세액을 납부한 무역대행업자(운송업자)는 동 세금계산서에 의하여 매입세액을 공제받을 수 있음(기재부 부가가치세제과-862, 2007. 12. 18.).

② 사업자가 국내사업장이 없는 외국법인으로부터 장비를 임차하여 수입함에 있어, 수입에 관련된 통관비용을 외국법인이 부담하기로 하고, 동 사업자가 수입세금계산서를 교부받은 경우, 당해 수입계산서상의 매입세액은 공제되지 아니하는 것임(서삼 46015-

11211, 2002. 7. 23. ; 부가 46015 - 1119, 1998. 5. 26.).

③ 을법인의 수입쿼터 초과로 인하여 갑법인과 수입쿼터 초과분을 수입하기로 약정하고 갑이 해당 수입세금계산서를 수취한 것은 갑의 계열사 사업지원 업무 범위에 포함되고, 을과의 상품매매계약을 체결하여 갑 명의로 국외에서 가공을 거친 원재료를 수입하는 것에 가장행위라고 보여지지 않고, 원재료의 소유권이 을에게 유보되어 있기는 하나, 원재료를 포함한 해당 물품의 수입은 갑이 을과 체결한 상품매매계약에 따른 인도의무 이행 내지 임가공 용역 제공을 위한 것이고, 단순한 수입대행계약으로 보이지는 아니하는 바, 관련 매입세액은 공제되어야 함(조심 2022서1430, 2022. 9. 29.).

위 "①"의 기재부 해석은 납세자에게 유리한 해석이기는 하지만 자기의 사업과 관련하여 수입재화를 사용 또는 소비(판매하거나 용역공급에 부수하여 공급하는 경우를 포함)하는 경우에 해당 물품에 대한 수입세금계산서가 공제된다는 원칙에서 좀 더 확장된 해석으로 보여 일반화할 수 있느냐에 대한 의문이 들고 국세법령정보시스템에는 등재되어 있지도 않다(부가가치세제과 - 467, 2010. 7. 12. 및 대법원 2009두11539, 2011. 4. 28. 사례와도 배치).

또한 "②"의 국세청 회신은 임차수입 시 국내 임차자가 과세사업용으로 무환수입하고 수취한 수입세금계산서로서 비록 국외 수출자가 관세나 부가가치세를 부담하였더라도 부가가치세액을 누가 부담하느냐 하는 것은 거래당사자 간 약정에 따라 그 부담자를 결정할 수 있는 것이고 그러한 부담약정으로 인하여 매입세액공제 여부에 영향을 미치지 아니한다는 원칙에서 벗어난 잘못된 해석으로 판단된다.

3) 수입신고일과 수입세금계산서의 발행일이 상이한 경우의 매입세액 공제 여부 등

외국으로부터 재화를 수입하는 수입업자가 재화를 수입하고 세관장으로부터 수입세금계산서를 교부받은 후 당초 관세 및 부가가치세 경감 규정을 적용하는 과정에 착오가 있었다 하여 추가로 부가가치세를 세관장에게 납부하고 수입세금계산서를 추가로 교부받은 경우에 해당 (수정)수입세금계산서상의 매입세액은 그 (수정)수입금액세금계산서를 교부받은 날이 속하는 과세기간에 자기의 매출세액에서 공제하거나 환급할 세액에 가산한다.

아울러 사업자가 자기의 사업과 관련된 재화의 수입에 따른 수입세금계산서를 수입일이 속하는 과세기간 경과 후에 교부받은 때에는 수입세금계산서를 교부받은 날이 속하는 과세기간의 매출세액에서 공제받을 수 있다(부가 22601 - 432, 1992. 4. 2. ; 부가 46015 - 4733, 1999. 11. 27.).

관세청장의 수입세금계산서 교부에 관한 고시는 수입재화의 공급시기를 부가가치세법상의 공급시기와 달리 규정한 것이 아니라 세관장이 관세와 부가가치세 징수의 편의 목적상 수입세금계산서를 지연교부할 수 있도록 교부특례를 규정한 것에 불과다. 또한, 관세청 수입세금계산서 교부에 관한 고시상의 수입세금계산서를 보면 부가규칙 별지서식의 세금계산서가 작성일자를 기재하도록 되어 있는 것과는 달리 납부일자를 기재하도록 되어 있는 바, 세금계산서는 공급시기에 교부하는 것이므로 세금계산서 작성일자를 해당 재화의 공급시기로 보는 것이나, 수입재화의 경우 수입세금계산서상의 납부일자를 공급시기로 보는 것은 타당하지 아니한 것으로 판단된다(동지 : 국심 2003중493, 2003. 6. 20.). 따라서 부가가치세법상 수입재화의 공급시기는 수입신고수리일로 보는 것이고(부가령 §28 ⑦), 사업자가 재화나 용역을 제공하는 때에는 공급받는 자에게 세금계산서를 교부하여야 하는 것인 바(부가법 §32 ①), 사업자가 수입신고수리일이 속하는 과세기간이 경과한 후에 세관장으로부터 수입세금계산서를 교부받은 경우에는 교부받은 날이 속하는 과세기간의 매출세액에서 공제받을 수 있도록 한 것은 세관장이 수입재화에 대하여 부가가치세 등의 납부일에 수입세금계산서가 발행되는 현실을 고려하여 수입신고수리일과 수입세금계산서의 발행일이 다른 경우 수입세금계산서에 의한 매입세액을 수입신고수리일이 속하는 과세기간은 물론 그 수입세금계산서 발행일이 속하는 과세기간에도 공제받을 수 있도록 허용한 것으로 보아야 한다(부가통칙 17-0-8 ; 국심 2005부4405, 2006. 11. 9. ; 국심 2004광1579, 2005. 8. 22.).

4) 수탁판매수입자의 수입분 부가가치세 매입세액 공제와 세금계산서 발급

사업자가 국내사업장이 없는 외국법인과의 직접 계약에 의하여 당해 외국법인으로부터 과세되는 재화를 일정가격에 수입하여 동일한 가액으로 국내의 다른 사업자에게 판매대행하고 송금할 판매대금 중에서 일정금액을 수수료로 차감하는 경우 당해 재화수입시 세관장으로부터 교부받은 수입세금계산서상의 매입세액은 자기의 매출세액에서 공제가능하며, 당해 재화의 국내판매분에 대하여는 당해 사업자 명의로 세금계산서 교부가능하다. 또한 이 경우 당해 재화판매와 관련한 대가(수수료)에 대하여도 부가가치세 신고시 과세표준에 포함하여야 한다(제도 46015-11331, 2001. 6. 4.).

(1) 의의

　수출 중소기업의 자금부담 완화를 위하여 일정 요건을 갖춘 중소·중견사업자에 대해서는 원재료 등 재화를 수입할 때 세관장에게 납부하던 부가가치세의 납부를 유예하고, 이후 세무서장에게 납부세액 등을 신고할 때 납부가 유예된 부가가치세를 납부할 수 있도록 하였다. 이 규정은 2016. 1. 1. 이후 납부유예를 신청한 중소·중견사업자가 2016. 7. 1. 이후 재화를 수입신고하는 분부터 적용한다.

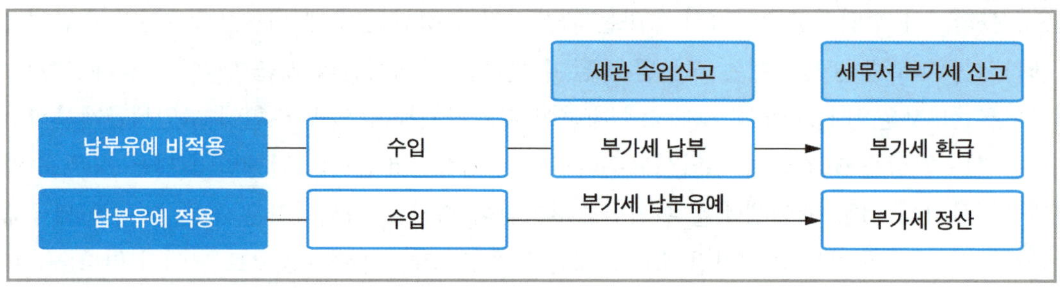

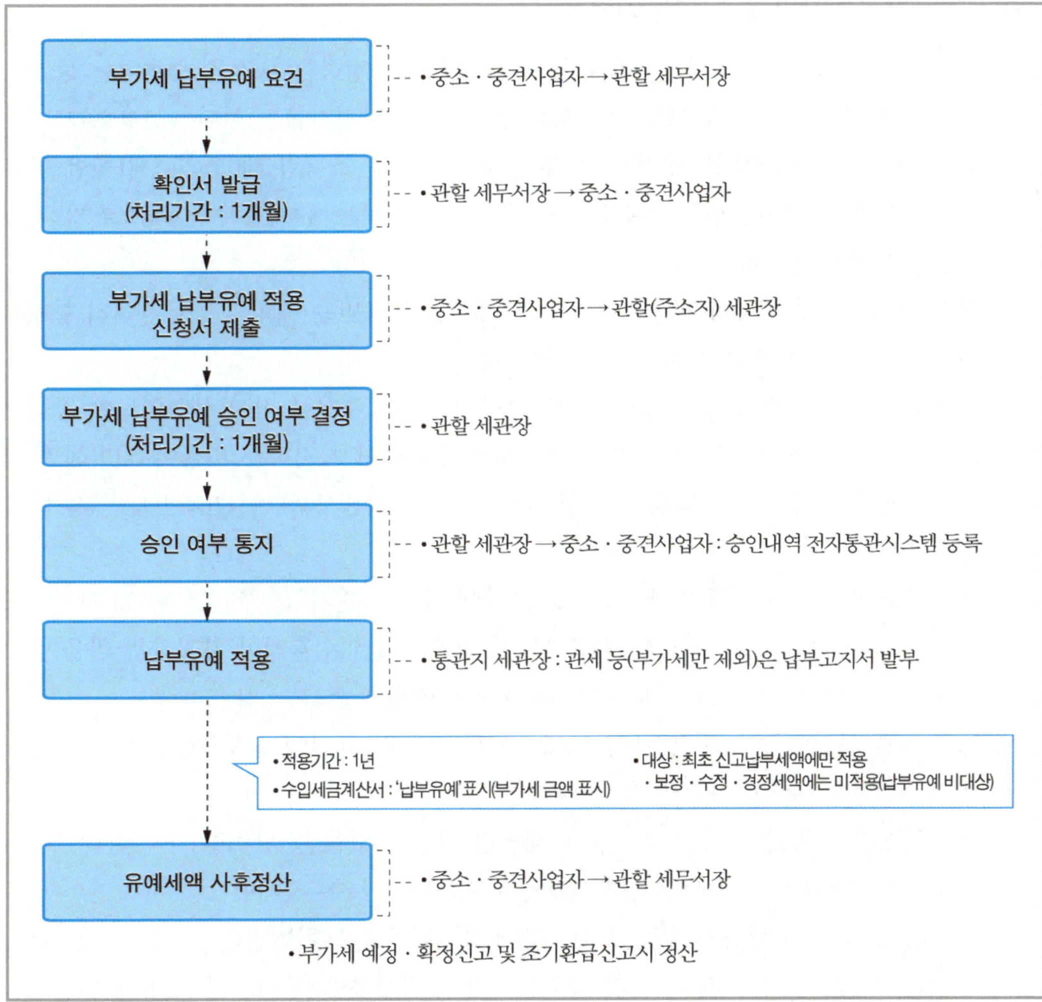

(2) 요건 및 절차

1) 납부유예의 신청

세관장은 "매출액에서 수출액이 차지하는 비율 등 대통령령으로 정하는 요건을 충족하는 중소 · 중견사업자(이하 납부유예 신청대상 중소 · 중견사업자)"가 물품을 제조 · 가공하기 위한 원재료 등 "대통령령으로 정하는 재화의 수입(납부유예 신청대상 재화의 수입)"에 대하여 부가가치세의 납부유예를 미리 신청하는 경우에는 부가법 제50조에 불구하고 해당 재화를 수입할 때 부가가치세의 납부를 유예할 수 있다(부가법 §50의2 ①).

① 납부유예 신청대상 중소·중견사업자

"매출액에서 수출액이 차지하는 비율 등 대통령령으로 정하는 요건을 충족하는 중소·중견사업자"란 다음의 요건을 모두 충족하는 중소·중견사업자를 말한다(부가령 §91의2 ①).

㉠ 직전 사업연도에 조특령 제2조에 따른 중소기업 또는 조특령 제6조의4 제1항에 따른 중견기업에 해당하는 법인(조특법 제6조 제3항 제2호에 따른 제조업을 주된 사업으로 경영하는 기업에 한정한다)일 것

㉡ 직전 사업연도에 부가법 제21조에 따라 영세율을 적용받은 재화의 공급가액의 합계액(이하 "수출액"이라 한다)이 다음에 해당할 것

   • 직전 사업연도에 조특령 제2조에 따른 중소기업인 경우 : 직전 사업연도에 공급한 재화 또는 용역의 공급가액의 합계액에서 수출액이 차지하는 비율이 30퍼센트 이상이거나 수출액이 50억원 이상일 것(2021. 2. 16. 이전 납부유예요건확인서 발급분까지는 100억원)

   • 직전 사업연도에 조특령 제6조의4 제1항에 따른 중견기업인 경우 : 직전 사업연도에 공급한 재화 또는 용역의 공급가액의 합계액에서 수출액이 차지하는 비율이 30퍼센트 이상일 것(2021. 2. 16. 이전 납부유예요건확인서 발급분까지는 50퍼센트)

㉢ 납부유예 신청대상자 요건 확인요청일 현재 다음의 요건에 모두 해당할 것

   • 최근 3년간 계속하여 사업을 경영하였을 것

   • 최근 2년간 국세(관세를 포함한다)를 체납한 사실이 없을 것(납부고지서에 따른 납부기한의 다음 날부터 15일 이내에 체납된 국세를 모두 납부한 경우는 제외한다)

   • 최근 2년간 「조세범처벌법」 또는 「관세법」 위반으로 처벌받은 사실이 없을 것

   • 최근 2년간 부가법 제50조의2 제3항에 따라 납부유예가 취소된 사실이 없을 것

② 납부유예 신청대상 재화의 수입

납부유예 신청대상 재화의 수입인 "대통령령으로 정하는 재화의 수입"이란 중소·중견사업자가 자기의 과세사업에 사용하기 위한 재화를 말한다. 다만, 부가법 제39조 제1항에 따라 매출세액에서 공제되지 아니하는 매입세액과 관련된 재화는 제외한다(부가령 §91의2 ②).

2) 납부유예 요건의 확인요청 및 확인서 발급

중소·중견사업자는 다음의 신고기한의 만료일 중 늦은 날부터 3개월 이내에 관할 세무서장에게 위 "①" 요건의 충족 여부의 확인(부가가치세 납부유예 요건 확인 요청서 제출)을 요청

할 수 있다(부가령 §91의2 ③).

- 직전 사업연도에 대한 「법인세법」 제60조 또는 제76조의17에 따른 신고기한
- 직전 사업연도에 대한 부가법 제49조에 따른 신고기한

관할 세무서장은 중소·중견사업자가 이러한 확인을 요청한 경우에는 해당 중소·중견사업자가 납부유예 신청대상 중소·중견사업자에 해당하는지 여부를 확인한 후 요청일부터 1개월 이내에 기획재정부령으로 정하는 확인서를 해당 중소·중견사업자에게 발급하여야 한다(부가령 §91의2 ④).

3) 수입 부가가치세 납부유예 적용 신청서 제출 및 통지

중소·중견사업자가 부가가치세의 납부를 유예받으려는 경우 위 "2)"에 따라 발급받은 확인서를 첨부하여 기획재정부령으로 정하는 수입 부가가치세 납부유예적용 신청서를 세관장에게 제출하여야 한다(부가령 §91의2 ⑤). 해당 신청을 받은 세관장은 1개월 이내에 납부유예의 승인 여부를 결정하여 해당 중소·중견사업자에게 통지하여야 하며, 납부유예를 승인하는 경우 그 승인기간은 1년으로 한다(부가령 §91의2 ⑥, ⑦, ⑧).

(3) 납부유예의 정산 및 수입부가가치세 납부의제

위 "3)"에 따라 납부를 유예받은 중소·중견사업자는 납세지 관할 세무서장에게 예정신고 또는 확정신고 등을 할 때 해당 재화에 대하여 부가법 제38조 제1항 제2호에 따라 공제하는 매입세액과 납부가 유예된 세액을 정산하여 납부하여야 한다. 이 경우 납세지 관할 세무서장에게 납부한 세액은 세관장에게 납부한 것으로 본다(부가법 §50의2 ②, 부가령 §91의2 ⑨).

또한 세관장은 납부유예가 된 때에도 수입하는 자에게 수입세금계산서에 납부유예 표시를 하여 발급하여야 한다(부가법 §35 ①, 부가령 §72 ① 후단).

(4) 납부유예의 취소

세관장은 위 "2)"에 따라 부가가치세의 납부가 유예된 중소·중견사업자가 납부유예 승인을 받은 이후 국세를 체납하는 등 다음의 사유에 해당하는 경우에는 그 납부의 유예를 취소할 수 있으며, 이 경우 세관장은 해당 중소·중견사업자에게 그 취소 사실을 통지하여야 한다(부가법 §50의2 ③, 부가령 §91의2 ⑩).

다만, 납부유예 취소는 중소·중견사업자가 부가가치세 납부를 유예받고 수입한 재화에

대해서는 영향을 미치지 아니한다(부가령 §91의2 ⑫).

납부유예 취소사유(부가령 §91의2 ⑩)
① 해당 중소ㆍ중견사업자가 국세를 체납한 경우
② 해당 중소ㆍ중견사업자가 「조세범처벌법」 또는 「관세법」 위반으로 국세청장ㆍ지방
  국세청장ㆍ세무서장 또는 관세청장ㆍ세관장으로부터 고발된 경우
③ 위 "(2)" 납부유예 신청대상 중소ㆍ중견사업자 요건을 충족하지 아니한 중소ㆍ중견
  사업자에게 납부유예를 승인한 사실을 세관장이 알게 된 경우

또한 국세청장, 지방국세청장, 관할 세무서장은 해당 중소ㆍ중견사업자가 납부유예 취소
사유 중 어느 하나에 해당하는 것을 알게 되었을 때에는 지체 없이 그 사실을 관세청장에게
통보하여야 한다(부가령 §91의2 ⑪).

(5) 그 밖의 사항

수입 시 부가가치세의 납부가 유예된 후 세액을 정정하기 위한 수정신고 등에 관하여는
「관세법」에서 정하는 바에 따른다(부가령 §91의2 ⑬).

4 재화의 수입에 대한 신고ㆍ납부 및 징수

(1) 신고 및 납부

부가법 제3조 제2호(재화를 수입하는 자)에 따른 납세의무자가 재화의 수입에 대하여 「관세
법」에 따라 관세를 세관장에게 신고하고 납부하는 경우에는 재화의 수입에 대한 부가가치
세를 함께 신고하고 납부하여야 한다(부가법 §50).

다만, 재화를 수입하는 자는 사업자인지의 여부에 관계없이 또한 어떠한 용도나 목적으
로 수입하는지에 관계없이 모두 납세의무자에 해당된다. 다만 이 경우에서도 부가법 제26
조 또는 그 밖의 법률에 따라 재화의 수입에 대하여 부가가치세가 면제되는 때에는 납세의
무 그 자체는 없게 된다.

이 규정은 수입분에 대한 신고ㆍ납부 규정을 두지 않아 신고불성실가산세가 부당하다는
대법원의 판례가 있어 부가가치세 신고ㆍ납부 규정을 명확히 두어 신고불성실가산세 부과

근거를 마련한 것이다(대법원 2005두10125, 2006. 3. 9.).

(2) 재화의 수입에 대한 징수

세관장이 부가법 제58조 제2항에 따라 부가가치세를 징수할 때(납부받거나 환급할 때를 포함한다)에는 「관세법」 제11조, 제16조부터 제19조까지, 제38조, 제38조의2부터 제38조의4까지, 제39조, 제41조, 제43조, 제46조, 제47조, 제106조 및 제106조의2에 따른다(부가령 §105).

(3) 수입세금계산서 과다기재분에 대한 세금계산서불성실가산세 적용 여부

수입하는 자가 사실과 다른 회계처리를 하는 과정에서 수입물품의 수입가격을 실제보다 과다하게 신고함으로써 세관장으로부터 공급가액과 세액이 과다하게 기재된 수입세금계산서를 발급받은 경우 부가법 제60조 제3항 제2호의 '재화 또는 용역을 공급받지 아니하고 세금계산서 등을 발급받은 경우'에 해당하지 아니한다(기재부 부가-478, 2017. 9. 19.).
※ 수입자에게 공급가액 과다기재가산세를 부과할 수 있는지에 대하여는 아직 유권해석은 없다.

5 보세구역에 대한 부가가치세 적용

(1) 개념

1) 보세(保稅, Bond) 및 보세구역, 보세운송의 개념

보세란 수입화물에 대한 관세를 유보하는 것이며, 보세구역이란 외국물품에 대한 통관 및 관세부과가 일반적으로 유보되는 장소를 말한다. 보세운송이란 세관의 승인을 얻은 외국물품을 보세상태 그대로 국내에서 운송하는 것이며, 보세작업이란 외국물품의 가공, 외국물품을 원료로 하는 제조, 외국물품의 개장(改裝), 화물의 분류 등을 하는 작업을 말한다.

2) 보세구역의 종류

보세구역은 지정보세구역·특허보세구역 및 종합보세구역으로 구분하고, 지정보세구역은 지정장치장 및 세관검사장으로 구분하며, 특허보세구역은 보세창고·보세공장·보세전시장·보세건설장 및 보세판매장으로 구분한다(관세법 §154).

(2) 보세구역 내의 물품 공급에 대한 부가가치세 적용

보세구역(「관세법」에 따른 보세구역 및 「자유무역지역의 지정 및 운영에 관한 법률」에 따른 자유무역지역)에 관련된 부가가치세법 적용은 다음과 같이 한다(부가통칙 9-18-7).

ⓐ 외국에서 보세구역으로 재화를 반입하는 것은 재화의 수입에 해당하지 아니한다.

ⓑ 동일한 보세구역 내에서 재화를 공급하거나 용역을 제공하는 것은 재화의 공급 또는 용역의 제공에 해당한다.

ⓒ 보세구역 외의 장소에서 보세구역으로 재화 또는 용역을 공급하는 것은 재화 또는 용역의 공급에 해당한다.

ⓓ 사업자가 보세구역 내에서 보세구역 외의 국내에 재화를 공급하는 경우에 공급가액 중 관세가 과세되는 부분에 대하여는 세관장이 부가가치세를 거래징수하고 수입세금계산서를 발급하며, 공급가액 중 관세의 과세가격과 관세·개별소비세·주세·교육세·교통·에너지·환경세 및 농어촌특별세의 합계액을 뺀 잔액에 대하여는 재화를 공급하는 사업자가 부가가치세를 거래징수하고 세금계산서를 발급하여야 한다. 다만, 부가령 제61조 제1항 제5호 단서에 해당하는 때에는 그 선하증권의 공급가액 전체에 대하여 부가가치세를 거래징수하고 세금계산서를 발급할 수 있다.

ⓔ 사업자가 보세구역 내에서 보세구역 외의 국내로 내국신용장에 의하여 재화를 공급하는 경우에 공급가액 중 관세가 과세되는 부분에 대하여는 세관장이 부가가치세를 거래징수하고 수입세금계산서를 발급하며 공급가액 중 관세의 과세가격과 관세·개별소비세·주세·교육세·교통·에너지·환경세 및 농어촌특별세의 합계액을 뺀 잔액에 대하여는 재화를 공급하는 사업자가 영의 세율이 적용되는 세금계산서를 발급하여야 한다. <u>다만, 부가령 제61조 제1항 제5호 단서에 해당하는 때에는 그 선하증권의 공급가액 전체에 대하여 부가가치세를 거래징수하고 세금계산서를 발급할 수 있다.</u> [밑줄친 단서 규정은 2011년이나 2012년 중에 개정된 것으로 보이고 ⓓ의 단서규정을 추가하면서 해당 단서 문구를 그대로 이기한 것으로 보인다. 해당 조문대로 일반세금계산서를 발급했다고 하여 거래당사자가 부가법상 불이익은 없을 것이다(영세율 적용을 포기하고 일반세율을 적용할 수 있음). 또한 ⓔ 밑줄의 내용과 달리 구매확인서나 내국신용장을 발급받아 총액을 기재한 영세율세금계산서를 발급한 경우에도 부가법 제21조 제1항 제3호 및 부가령 제31조 제2항 제1호에 따라 영세율 적용이 가능하므로 해당 영세율세금계산서는 정당한 세금계산서로 판단된다(동지 : 기재부 부가-829, 2010. 12. 16.)].

ⓕ 「자유무역지역의 지정 및 운영에 관한 법률」에서 "ⓐ"부터 "ⓔ"까지의 규정과 달리

규정하고 있는 경우에는 그 법률에 따른다.

ⓐ 내국법인이 외국적 선박에 선적된 재화(국내에서 수출 통관된 재화)를 외국법인으로부터 공급받아 이를 국내에 반입하지 아니하고 다른 내국법인에 공급하는 때에는 국외거래에 해당하여 부가가치세를 과세하지 아니한다(서면3팀 - 1671, 2005. 9. 30.).

ⓞ 세관장이 보세구역에서 장치기간이 경과한 물품(이하 "체화"라 한다)을 「관세법」 제210조의 규정에 따른 매각방법으로 매각하는 경우, 동 체화의 매각은 부가가치세 과세대상 재화의 공급에 해당되며, 「관세법」 제32조 제1항에 따라 세금계산서를 발급하여야 한다(서면3팀 - 1308, 2008. 6. 26.).

ⓩ 세법에서 정하는 재화의 수입은 외국으로부터 우리나라에 들어온 물품, 수출신고가 수리된 물품(수출신고 수리된 물품으로서 선적되지 아니한 물품 제외)을 우리나라에 반입하는 것으로 한다. 이 경우 보세구역을 거치는 것은 보세구역에서 반입하는 것을 말하는 것으로 외국에서 보세구역으로 재화를 반입하는 그 자체는 재화의 수입에 해당하지 아니한다(부가법 §13).

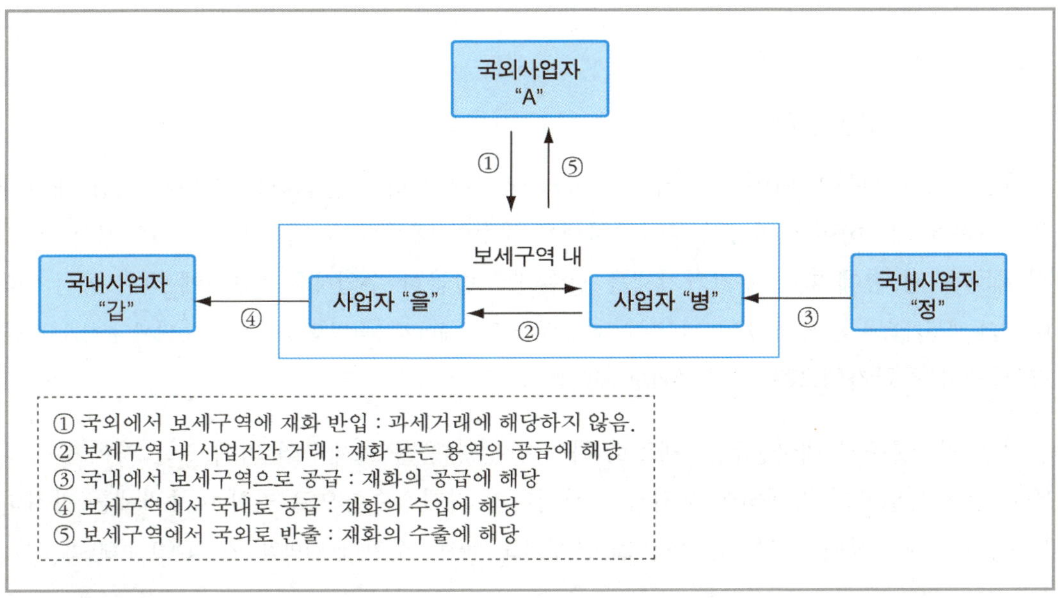

(3) 보세구역과 공급장소

공급장소가 '국내'라 함은 우리나라의 과세권이 미치는 지역적 범위를 말하는 것으로서 보세구역(관세법에 따른 보세구역 및 자유무역지역 포함)은 국제법에 따라 우리나라 영해 밖에서 주권을 행사하는 지역으로서 보세구역 내에서 이루어지는 거래는 국내거래로 본다(부가통칙 9-18-7).

(4) 보세구역과 용역의 제공

용역의 공급은 납세의무자인 사업자에 의하여 공급되는 것으로서 그 공급되는 장소가 국내인 것에 한한다. 「관세법」에 따른 보세구역(자유무역지역 포함)은 부가가치세법상으로는 국내이므로 ① 동일한 보세구역 내에서 용역을 공급하거나 ② 보세구역 외의 장소에서 보세구역으로 또는 ③ 보세구역 내에서 보세구역 외의 장소로 용역을 공급하는 것은 모두 과세대상인 용역의 공급에 해당한다(부가통칙 9-18-7).

(5) 공급시기

사업자가 보세구역 안에서 보세구역 밖의 국내에 재화를 공급하는 경우가 재화의 수입에 해당할 때에는 수입신고수리일을 재화의 공급시기로 본다(부가령 §28 ⑦).

(6) 공급가액의 계산

1) 일반적인 경우

사업자가 보세구역 안에서 보세구역 밖의 국내에 재화를 공급하는 경우에 해당 재화가 수입재화에 해당하여 세관장이 부가가치세를 징수한 때에는 그 재화의 공급가액에서 부가법 제58조 제2항에 따라 부가가치세를 징수하고 발급한 수입세금계산서에 적힌 공급가액(관세의 과세가액과 관세, 개별소비세, 주세, 교육세, 교통·에너지·환경세 및 농어촌특별세의 합계액)을 뺀 금액을 공급가액으로 한다(부가령 §61 ① 5).

이는 외국물품과 내국물품을 재료로 하여 만든 제품을 보세구역 외에 있는 자에게 공급하는 경우 동일재화에 대하여 세관장과 사업자가 거래징수함으로 인한 이중과세를 방지하기 위하여 세관장이 과세하는 부분을 공제하도록 한 것이다(대법원 97다51490, 1999. 8. 29.).

> ① 세관장
> 수입세금계산서(㉮) = 관세의 과세가격+관세+개별소비세+주세+교육세+교통·에너지·환경세+농어촌특별세
> ② 사업자
> 세금계산서 = 총공급가액 － ㉮

* 사업자가 보세구역 내에서 그 외의 지역으로 재화를 공급하고 그 공급받은 자가 수입통관하면서 수입부가세
  를 세관장으로부터 징수당한 경우, 사업자의 공급가액은 수입 과세표준을 차감한 순액으로 하여야 하는 것
  이므로 차감 전 금액을 기재한 세금계산서를 발급하였다면 세금계산서(합계표)불성실가산세 대상이 된다
  (대법원 2009두10901, 2011. 8. 25.).

2) 발급대상 금액이 음수인 경우

사업자가 보세구역 내에서 보세구역 외의 국내에 재화를 공급하는 경우에 해당 재화가 수입재화에 해당되어 세관장이 부가가치세를 징수한 때에는 공급가액 중 부가법 제29조 제2항(수입 시 과세표준)에 규정하는 금액을 제외한 잔액을 과세표준으로 하여 세금계산서를 발급하여야 하는 것이나, 해당 재화의 공급가액 중 재화의 수입에 대한 부가가치세 과세표준을 제외한 잔액이 없거나 음수인 때에는 세금계산서 발급의무가 없으며, 세금계산서 발급의무가 없는 부분에 대하여는 계산서 발급의무도 면제된다고 보아야 한다(서삼 46015-10204, 2003. 2. 6.).
※ 환율차이나 관세과세가액 등보다 공급가액이 적어 음수(-)가 발생하는 경우가 있다.

3) 선하증권의 양도가 있는 경우

세관장이 부가법 제58조 제2항(재화의 수입에 대한 부가가치세를 세관장이 「관세법」에 따라 징수)에 따라 부가가치세를 징수하기 전에, 같은 재화에 대한 선하증권이 양도되는 경우에는 위 "1)" 및 "2)"에도 불구하고 선하증권의 양수인으로부터 받은 대가를 공급가액으로 할 수 있다(총액주의 인정).
※ 그 밖에 선하증권 양도 등과 관련된 세무처리는 이 장 제3절 수출하는 재화편의 "18. 선하증권 양도와
  세무처리"를 참조한다.

(7) 매입세액 공제

수입자의 책임과 계산 하에 수입이 이루어지거나 보세구역 내 또는 보세구역과 보세구역 밖의 사업자간 거래로 인하여 관세 및 부가가치세를 부담하는 경우 해당 (수입)재화가 과세사업에 사용 또는 소비되는 경우 거래 시 부담한 매입세액은 자기의 매출세액에서 공제 가능하다.

보세구역 내 사업장이 있는 "갑"사는 당사 보세창고에 보관 중인 해외 공급사로부터 직수입 후 미통관된 물품 중 일부에 대해 국내업체("을" 선기용품 공급업체 및 판매업체)와 B/L분할을 통해 양수도 거래를 하고자 함.
- 국내업체(을)는 양수받은 물품을 국내업체(을)의 보세구역 내 창고로 반입시킨 후 중국 노선의 페리호 선내 면세품 판매업체에 물품을 공급하는 등 수출목적으로만 판매할 것임.

검토

① 관세법

갑이 "보세창고에 보관중인 해외 공급사로부터 직수입 후 미통관된 물품 중 일부에 대해 국내업체(을)(선기용품 공급업체 및 판매업체)와 B/L분할을 통해 양수도거래"를 한 것은 보세구역 내에서 거래된 것이기 때문에 관세법상 과세대상이 되지 않는다. 갑에서 공급받은 을의 선기용품공급업체 및 판매업체가 갑에게서 받은 물품을 외항선에 공급할 경우도 물론 과세대상이 아니다.

따라서 갑이 을에게 공급할 경우는 세관에 신고조차 할 필요가 없다. 을이 외항선에 공급할 경우는 보세구역에서 반출되어 선박에 적재되어야 하므로 이 경우는 을이 세관장에서 선용품적재허가를 받는다. 이 허가는 단지 화물이 반출되어 선박에 실린다는 사실을 허가하는 것일 뿐 관세 과세 여부와는 관련이 없다. 허가시 을은 당초 보세구역에 화물을 반입한 당사자가 아니므로 처음 보세구역에 반입한 외국공급업자가 갑에게 판매한 사실이 나오는 서류, 갑이 을에게 판매한 사실이 나오는 서류 등을 첨부하여 자신이 화주임을 입증하여야 한다.

② 부가가치세법

㉠ 갑은 을에게 공급한 것이고 을은 다시 외국선박에 공급한 것이다. 을은 세관장에서 선적완료증명서를 발급받는 경우 영세율이 적용된다. 갑의 경우는 일반공급이다. 다만, 을로부터 적법한 내국신용장 또는 구매확인서를 받아 공급한 경우라면 갑도 영세율 적용대상이다.

㉡ 사업자가 보세구역 내에서 보세구역 이외의 장소로 내국신용장에 의하여 재화 또는 용역을 공급하는 경우 공급가액 중 관세가 과세되는 부분에 대하여는 세관장이 부가가치세를 거래징수하고 수입세금계산서를 발급하며 공급가액 중 관세의 과세가격과 관세·개별소비세·주세·교육세·교통·에너지·환경세 및 농어촌특별세의 합계액을 공제한 잔액에 대하여는 재화 또는 용역을 공급하는 사업자가 영의 세율이 적용되는 세금계산서를 발급하여야 하는 것임(서면3팀-1250, 2008. 6. 30. ; 서면3팀-48, 2007. 1. 5.).

내국세와 관세 규정이 상충되는 경우 국기법 제3조 제2항 및 「관세법」 제4조 제1항에 따라 관세법 규정을 우선 적용한다.

예를 들어 수입재화에 대한 수입자의 수정신고(보정기간이 지난 날부터 1년 6개월이 지나기 전에 한 수정신고로 한정)가 있는 경우 「관세법」 제42조의2 【가산세의 감면】 제1항 제5호 가목(보정기간이 지난 날부터 6개월 이내에 수정신고하는 경우)에 따라 20%의 가산세 감면율이 적용된다(서면 − 2020 − 징세 − 5422, 2021. 4. 21.).

Ⅱ 재화의 수입에 대한 면세

1 "재화의 수입" 면세 의의

재화의 수입의 경우에 있어서의 과세대상은 재화 또는 용역의 공급의 경우와는 달리 재화의 수입에 대한 부가가치세는 세관장이 관세징수의 예에 의하여 징수하도록 함으로써 사업자뿐만 아니라 비사업자인 경우에도 부가가치세를 징수하게 된다.

또한 그 수입용도가 무엇인지의 여부에 관계없이 부가가치세를 징수하게 되므로 결국 모든 수입자는 사업자인지의 여부 및 그 수입용도에 불구하고 모두 납세의무자에 해당된다.

그러나, 이러한 수입재화에 대하여 여러 가지 정책적 목적 등의 이유에서 「부가가치세법」이나 「조세특례제한법」에 특별히 열거한 재화의 수입에 대하여는 면세하고 이러한 재화의 수입에 대하여는 세관장이 부가가치세를 징수하지 않는다(부가법 §27).

수입면세에는 특정재화를 국내로 들여와 이를 국내로 직접 인취하도록 하는 것뿐만 아니라 해당 물품을 국내로 도착하도록 하는 결과를 일으키는 것도 포함하는데 선하증권 형태로 수입해도 동 특정재화가 면세품목에 해당되면 부가가치세가 면제된다(부가 1265.1 − 3074, 1982. 12. 7.).

(1) 수입 미가공식료품

1) 수입 시 부가가치세의 면제

가공되지 않은 원생산물 그대로이거나 원생산물의 본래의 성질이 변하지 아니하는 정도의 1차 가공을 거쳐 식용으로 제공되는 제1차 산업생산물인 미가공식료품(미가공식료품의 범위는 국내 공급 시 면세 범위와 같다. [별표 1] 참조)을 수입하는 경우 그 재화의 수입에 대해서는 부가가치세를 면제한다(부가법 §27, 부가령 §49).

2) 수입면세의 요건

다음의 요건을 모두 충족하여야 부가가치세가 면제된다.

① 농산물·축산물·수산물과 임산물 등의 제1차 산업 생산물이어야 한다. 또는 단순가공식료품, 원생산물 자체 혹은 탈각·정미·정육·제분·정맥·건조·냉동·염장·포장 그 밖의 원생산물의 본래의 성질이 변하지 아니하는 정도의 일차적 단순가공단계까지만 거친 것, 1차 가공과정에서 필수적으로 발생하는 부산물, 미가공식료품을 단순히 혼합한 것이어야 한다.

② 식용으로 제공될 수 있어야 한다.

"식용으로 제공될 수 있어야 한다"의 의미는 국내에서 식용의 개념과 해외에서 수입되는 것의 식용의 개념에는 차이가 있을 수 있으므로 식용으로 제공된다는 별도의 언급이 없어도 농산물·축산물·수산물·임산물의 수입은 면세되는 미가공식료품의 범위[별표 1]에 속하면 식용으로 제공된다고 보면 된다(부가통칙 27-49-2).

미가공식료품을 수입하는 경우 대부분 관세가 감면되나, 사치성이거나 고가의 미가공식료품을 수입하는 경우에는 관세가 부과되기도 하는데 이들의 수입에 대하여는 부가가치세도 면제하지 아니하므로 관세가 감면되지 아니하는 식료품으로서 [별표 2]에 열거한 다음의 것은 수입시에 부가가치세가 과세(세관장이 부가가치세 거래징수)되고, 국내 공급에 대하여는 부가가치세가 면제된다(부가법 §27, 부가령 §49, 부가칙 §37, [별표 2]).

ⓐ 커피두, 커피두의 각·피와 웨이스트

ⓑ 코코아두(원상 또는 분쇄한 것으로서 볶은 것을 포함)

ⓒ 코코아두의 각·피와 웨이스트

다만, 위 [별표2]에 열거된 ⓐ, ⓑ, ⓒ는 2022. 6. 28. 이후 수입신고하는 분부터 2023. 12. 31.까지 서민생활물가의 안정을 위해 한시적으로 과세적용을 배제하고 면세한다.

반대로 수입시 면세되었더라도 국내공급 시 그 대상이 면세대상으로 규정되어 있지 않다면 국내 유통단계에서는 부가가치세가 과세됨에 유의하여야 한다(부가 1265.1-2470, 1981. 9. 16.).

3) 북한에서 수입되는 농·축·수·임산물

북한지역에서 생산된 농산물·축산물·수산물·임산물로서 원생산물 또는 원생산물의 본래의 성상이 변하지 아니하는 정도의 원시가공을 거친 것은 부가가치세 면제된다(부가 46015-2827, 1998. 12. 22.).

4) [별표 1]에 열거된 관세율표번호에 해당하는 재화 수입 시 면세 판정기준

부가가치세가 면제되는 미가공식료품이란 ㉠ 가공되지 아니하거나, ㉡-ⓐ 탈곡·정미·정맥·제분·정육·건조·냉동·염장·포장이나, ㉡-ⓑ 그 밖에 원생산물 본래의 성질이 변하지 아니하는 정도의 1차 가공을 거쳐, ㉢ 식용으로 제공하는 것으로 하고 '식용에 공한다'라는 의미는 추상적·관념적 규정으로 식용에 적합하거나 부가칙 미가공식료품분류표(별표 1)에 열거된 것으로 한다.

이 때 원생산물 본래의 성질이 변하지 않는 정도의 가공이란 1차적 가공단계에서 약간의 화학변화가 발생한 정도에 따라 면세 여부를 달리할 것이 아니라 본래의 성질을 유지하느냐에 관점을 두고 판단함이 타당하고, 그 구체적 기준으로 「관세법」 별표의 관세율표를 기준으로 하는 것이 타당하다.

(2) 도서·신문·잡지

국내에서 공급되는 도서·신문·잡지에 대하여 면세하는 것과 같이 이의 수입도 면세되는 바 그 정의 및 범위에 대하여는 국내생산물과 같다. 도서·신문·잡지의 범위 및 종류는 관세율표의 규정을 준용하도록 하고, 관세율표에 규정된 것 외에 전자적 기록매체에 도서 및 간행물의 내용을 수록한 전자출판물을 도서의 범위에 포함시켜 이의 수입에 대해서도 부가가치세를 면제한다(부가법 §27 2, 부가령 §50, 부가칙 §38).

(3) 과학·교육·문화용 재화

학술연구단체·교육기관 및 「한국교육방송공사법」에 따른 한국교육방송공사 또는 문화단체가 과학·교육·문화용으로 수입하는 다음의 재화로서 관세가 감면되는 재화의 수입에 대하여 면세하는 바, 관세가 경감되는 경우에는 경감되는 분에 한하여 이를 적용한다(부가법 §27 3, 부가령 §51). 이러한 재화는 과학, 교육, 문화 등 사회일반의 공익목적으로 사용 또는 소비되고 있기 때문이다.

① 학교(「서울대학교병원 설치법」에 따라 설립된 서울대학교병원, 「국립대학병원 설치법」에 따라 설립된 국립대학병원, 「서울대학교치과병원 설치법」에 따라 설립된 서울대학교치과병원 및 「국립대학치과병원 설치법」에 따라 설립된 국립대학치과병원을 포함한다), 박물관 또는 그 밖에 기획재정부령으로 정하는 시설에서 진열하는 표본 및 참고품·교육용의 촬영된 필름, 슬라이드, 레코드, 테이프 또는 그 밖에 이와 유사한 매개체와 이러한 시설에서 사용되는 물품

② 연구원·연구기관 등 기획재정부령으로 정하는 과학기술연구개발시설(부가칙 §40에 열거)에서 과학기술의 연구개발에 제공하기 위하여 수입하는 물품

③ 과학기술연구개발지원단체에서 수입하는 과학기술의 연구개발에 사용되는 시약류

④ 「정부출연연구기관 등의 설립·운영 및 육성에 관한 법률」 제8조에 따라 설립된 한국교육개발원이 학술연구를 위하여 수입하는 물품

⑤ 「한국교육방송공사법」에 따른 한국교육방송공사가 교육방송을 위하여 수입하는 물품

⑥ 외국으로부터 기획재정부령이 정하는 영상관련 공익단체(부가칙 §41에 열거)에 기증되는 재화로서 동 단체가 직접 사용하는 것

(4) 종교·자선·구호단체에의 기증재화

종교의식·자선·구호·기타 공익과 같이 사회일반의 이익을 위하는 목적으로 외국으로부터 종교단체·자선단체 또는 구호단체에 기증되는 다음의 재화로서 관세가 면제되는 물품 및 급여품에 대하여 부가가치세를 면제한다(부가법 §27 4, 부가령 §52).

① 사원(寺院)이나 그 밖의 종교단체에 기증되는 물품으로서 관세가 면제되는 것

② 자선 또는 구호의 목적으로 기증되는 급여품으로서 관세가 면제되는 것

③ 구호시설 및 사회복리시설에 기증되는 구호 또는 사회복리용에 직접 제공하는 물품으로서 관세가 면제되는 것

이들이 외국으로부터 해당 단체에 직접 기증되고 해당 용도에만 직접 사용·소비되는 경우에만 면세되므로 종교·자선·구호단체에 직접적으로 기증되지 않거나, 특정대가로 수

입되거나 종교의식·자선·구호 등의 목적에 사용되지 않는 경우에는 면세되지 않는다.

(5) 국가조직 등에의 기증재화

국가·지방자치단체·지방자치단체조합의 국가조직 등에 외국으로부터 직접 기증되는 재화도 부가가치세를 면제하는데 이들은 국가 및 국민 등과 같이 사회일반의 이익을 위한 조직이며 해당 재화의 최종소비자이므로 면세의 이유가 있다(부가법 §27 5).

(6) 관세가 면제되는 소액물품

거주자가 받는 소액물품으로서 관세가 면제되는 재화의 수입에 대하여 부가가치세를 면제한다(부가법 §27 6). 관세법상 관세가 면제되는 소액물품 관련 규정은 「관세법」 제94조 제4호, 「관세법 시행규칙」 제45조 제2항의 내용과 같다.

(7) 이사·이민·상속으로 인한 수입재화

이사·이민 또는 상속으로 인하여 수입하는 재화로서 관세가 면제되거나 「관세법」 제81조 제1항에 따라 간이세율이 적용되는 수입재화에 대하여 부가가치세를 면제한다(부가법 §27 7).

따라서, 이사·이민 등으로 수입하더라도 이사물품으로 인정하기 곤란한 것 등 「관세법」 제81조, 제96조 및 「관세법 시행규칙」 제48조에 따라 관세가 면제되는 물품 이외에 관세가 부과되는 것에 대하여는 부가가치세가 과세된다.

(8) 여행자휴대품·별송품·우송품

여행자의 휴대품, 별송(別送) 물품 및 우송(郵送) 물품으로서 관세가 면제되거나 「관세법」 제81조 제1항에 따른 간이세율이 적용되는 재화에 대하여 부가가치세를 면제한다(부가법 §27 8).

여행자휴대품이란 입국 시에 여행자와 같은 기·선편으로 함께 수입하는 여행자의 물품을 말하고, 별송품이란 여행자와는 별도의 기·선편으로 일정 기간 내에 수입하는 여행자의 물품을 말한다.

(9) 상품견본 · 광고용 물품

수입하는 상품견본과 광고용 물품으로서 관세가 면제되는 재화에 대하여 부가가치세를 면제한다(부가법 §27 9).

재화의 공급을 위한 전단계로서 판촉이나 광고 등을 위해 수입되는 샘플(상품견본) · 카탈로그 · 리프릿(광고용 물품) 등은 부가가치가 창출된 상태가 아니라 그 이전단계로서 이들에 대해 대가를 지불하고 수입하였다 하더라도 이는 재화의 공급으로 볼 수는 없어 면세할 이유가 있는 것이다. 다만, 관세가 면제되는 것을 조건으로 달고 있는데 관세가 면제되지 않았다면 상품견본이나 광고용 물품으로 보지 않으므로 과세된다.

(10) 박람회 · 전시회 · 품평회 · 영화제 등의 행사출품용 재화

국내에서 열리는 박람회, 전시회, 품평회, 영화제 또는 이와 유사한 행사에 출품하기 위하여 무상으로 수입하는 물품으로서 관세가 면제되는 재화는 부가가치세가 면제되며(부가법 §27 10), 이러한 행사에 출품된 뒤에 1년(부득이 연장되면 2년)의 범위 안에서 다시 수출하는 경우가 대부분이고 이렇게 재수출되는 경우에 한해 관세를 면제하는 바, 재수출되지 않고 국내에서 공급된다면 부가가치세가 과세된다.

(11) 국제 관례상 관세 면제 재화

국제간의 교류를 촉진하고 친선을 도모하기 위해 조약 · 국제법규 또는 국제관습 등은 쌍방간의 수입에 대하여 관세를 면제하도록 규정하고 있는 바, 이러한 국제관행에 의거 관세법 제88조에 따라 관세가 면제되는 다음 재화의 수입에 한해 부가가치세를 면제하도록 하고 있다(부가법 §27 11).

① 대한민국을 방문하는 외국의 원수와 그 가족 및 수행원이 사용하는 물품
② 국내에 있는 외국의 대사관 · 공사관 그 밖에 이에 준하는 기관의 업무용품
③ 국내에 주재하는 외국의 대사 · 공사, 그 밖에 이에 준하는 사절 및 그 가족이 사용하는 물품
④ 국내에 있는 외국의 영사관, 그 밖에 이에 준하는 기관의 업무용품
⑤ 국내에 있는 외국의 대사관 · 공사관 · 영사관, 그 밖에 이에 준하는 기관의 직원과 그 가족이 사용하는 물품
⑥ 정부와의 사업계약을 수행하기 위하여 외국계약자가 계약조건에 따라 수입하는 업무

용품

⑦ 국제기구 또는 외국정부로부터 정부에 파견된 고문관·기술단원 그 밖에 이에 준하는
  자가 직접 사용할 물품

(12) 재수입 재화

수출되었으나 여러 가지 사유로 다시 수입되는 재화는 부가가치를 창출하는 국외로부터
의 재화의 공급이라고 볼 수 없어 면세할 필요가 있다. 이를 재수입이라 하는데 수출된 후
다시 수입하는 재화로서 관세가 감면되는 것 중 "대통령령으로 정하는 것"으로서 관세가
경감(輕減)되는 비율만큼만 부가가치세를 면제한다. 이는 해당 재화의 특성상 재수입이 불
가피한 점을 감안하여 재수입 시 부가가치세를 면제하는 것이다(부가법 §27 12, 부가령 §54).

이 때 "대통령령으로 정하는 것"이라 함은 사업자가 재화를 사용하거나 소비할 권한을
이전하지 아니하고 외국으로 반출하였다가 다시 수입하는 재화로서 「관세법」 제99조에 따
라 관세가 면제되거나 「관세법」 제101조에 따라 관세가 경감되는 재화를 말한다. 다만 수출
자와 수입자가 일치하지 않는 경우(사업자 기준임) 해당 물품에 대해 세부담을 하지 않는 문
제가 있어 수출자와 수입자가 동일한 경우에만 면세된다.

따라서 수출 후 크레임 등으로 수출재화가 반품되는 경우 당초 소비할 권한이 이전된 것
이므로 동 재수입 면세 규정이 적용될 수 없어 관세는 면제될 수 있어도 수입 시 부가가치
세는 부담하여야 한다.

(13) 일시 수입재화

다시 수출하는 조건으로 일시 수입하는 재화로서 관세가 감면되는 것 중 「관세법」 제97
조에 해당하는 재화에 대하여 부가가치세를 면제한다. 다만, 경감의 경우에는 경감되는 부
분만 해당한다(부가법 §27 13, 부가령 §55).

이는 대부분의 수입이 해외로부터의 재화의 공급이 목적이지만, 일시 수입재화는 국내에
서 해외로 재화의 공급을 위한 목적에 부수되는 행위에 불과하므로 일시 수입자체로는 부
가가치가 창출되었다고 볼 수 없기 때문에 부가가치세를 면제하는 것이다.

(14) 제조담배

면세로 규정된 담배의 국내공급은 어떤 공급단계이든 면세되며, 해당 담배의 경우에는

수입의 경우에도 면세되도록 하여 그 일관성을 유지하도록 하였다. 다만 관세가 경감되는 부분만 해당한다(부가법 §27 14).

(15) 그 밖에 관세 감면재화

"(1)"부터 "(14)"까지 면세로 열거한 것 외에도 관세가 무세이거나 감면되는 재화는 부가가치세도 면제되도록 하고 있다(부가법 §27 15).

면세되는 범위에 대하여는 부가령 제56조에 열거된 것으로 이에 한정하는데 설혹 관세법상 착오로 감면되었다 하더라도 본 시행령의 열거 범위에 포함되지 않으면 부가가치세 과세하여야 한다.

(16) FTA에 따라 관세 감면(면제) 시 해당 수입재화의 면세 여부

위 "(15)"의 규정 중 부가령 제56조 제16호에 따르면 관세가 무세이거나 감면되는 재화로서 「관세법」 외의 법령(「조세특례제한법」 제외)에 따라 관세가 감면되는 재화의 수입에 대하여는 부가가치세를 면제하고 있다. FTA는 조약의 일종으로 국제법의 규율을 받는 국제협정이며 우리나라의 경우 국회의 동의를 요하는 조약은 국회의 동의를 얻은 후 대통령이 비준하면 국내법적 효력이 인정되므로 FTA 및 FTA에 따라 제정된 「자유무역협정의 이행을 위한 관세법의 특례에 관한 법률」(이하 "자유무역협정 이행법률")은 '「관세법」 외의 법령'에 해당한다. 따라서 FTA의 발효로 우리나라에서 해당국으로 수리 또는 가공하기 위하여 일시적으로 수출되었다가 다시 수입되는 물품으로서 자유무역협정 이행법률에 따라 관세가 면제되는 경우 부가령 제56조 제16호에 따라 부가가치세가 면제된다. 다만, FTA에 따라 협정관세 "0%"가 적용되는 것(한-아세안 FTA에 따라 협정관세가 "0%"인 귀금속, 의류, 전자기기 등)은 관세의 면제·감면과는 의미가 다른 것으로[217] 이 경우에는 「관세법」 외의 법령에 따라 관세가 면제되는 물품에 해당하지 아니하여 부가가치세가 면제되지 아니한다(서면-2016-법령해석부가-3243, 2016. 4. 22. ; 부가가치세과-560, 2012. 5. 18.).

---

217) FTA에 의한 협정세율은 관세법에 의한 기본세율을 일시에 또는 단계적으로 인하하거나 무관세를 적용하는 것으로 규정된다. FTA 또는 개발도상국간 특혜무역협정, 또는 GSP 규정에 따라 기본세율이 인하되거나 무관세화되는 것은 관세의 감면과는 그 성격이 전혀 다르다.

(1) 무연탄

수입시 면세되는 무연탄은 부가법상의 '연탄 및 무연탄'의 면세와 동일하다(조특법 §106 ② 1).

(2) 과세사업에 사용할 선박

부가가치세가 과세되는 사업에 사용(제3자에게 판매하기 위하여 선박을 수입하는 경우는 제외한다)하기 위하여 수입하는 선박은 부가가치세를 면제한다(조특법 §106 ② 3).

과세사업에 사용하기 위한 선박은 부가가치세가 과세되는 사업에 사용하기 위하여 수입하는 선박으로써 「선박법」 제1조의2에서 정의하는 모든 선박을 말한다(부가 46015-579, 2000. 3. 16.).

다만, 선박건조(판매) 사업자가 판매용 선박을 수입하는 경우 선박 수입 시 부가가치세가 과세된다. 이는 판매용으로 사용하기 위한 선박 수입을 면제하는 경우 국내 선박제조업체와 과세불형평성이 발생하고 부가가치세가 면제되는 과세사업에 사용하기 위한 선박이라 함은 선박운항사업용(사업용고정자산)으로 사용하기 위한 선박의 수입으로 한정함이 타당하기 때문이다(재부가-278, 2013. 4. 24.).

(3) 과세사업에 사용할 「관세법」에 따른 보세건설물품

「관세법」 제191조에 따른 보세건설장에서 보세건설에 사용되는 부가가치세가 과세되는 사업에 사용하기 위한 시설의 시설재 및 설비재는 부가가치세를 면제한다(조특법 §106 ② 4).

보세건설장에 반입되는 측정·분석기가 해당 산업시설의 보세건설을 위해 사용되는 것일 때에는 공사용 장비로 보아 해당 측정·분석기의 수입시에 부가가치세가 과세되는 것이나, 해당 측정·분석기가 산업시설 내에 고정설치되어 보세건설 종료 후의 제품생산에 공하여지는 것일 때에는 기계류 설비품인 「관세법」에 따른 보세건설물품에 해당되어 부가가치세가 면제된다(부가 46015-2511, 1994. 12. 9.).

관세법상 보세건설장이란 산업시설의 건설에 소요될 외국물품인 기계류설비품인 보세건설물품과 보세건설공사용 장비를 장치·사용하여 건설공사를 하는 구역으로서, 보세건설장에 반입되는 측정용기기 및 분석용기기가 해당 산업시설의 보세건설을 위해 사용되는 것일 때에는 공사용 장비로 보아야 할 것이나, 산업시설 내에 고정설치되어 보세건설 종료 후의 제품생산에 공해지는 것일 때에는 기계류설비품인 보세건설물품으로 보아야 한다.

(4) 농민 및 어민이 직접 수입하는 농·축산업용 기자재 및 어업용 기자재

농민이 국내에서 기자재를 구입하면 부가가치세 영세율이 적용되나, 영세율이 적용되는 기자재를 외국에서 수입하면 부가가치세를 부담해야 하므로 이러한 불형평성을 해소하기 위하여 1997. 1. 1. 수입신고분부터는 외국 수입기자재에 대하여 부가가치세를 면세하며, 2025. 12. 31.까지 수입신고한 분에 한하여 적용한다(조특법 §106 ② 9).

여기서 외국수입기자재란 「농·축산·임·어업용 기자재 및 석유류에 대한 부가가치세 영세율 및 면세적용 등에 관한 특례규정」 제3조 제3항부터 제6항에 규정된 농업용 기자재, 축산업용 기자재, 임업용 기자재 및 친환경농업용 기자재로서 「농업협동조합법」에 의하여 설립된 각 조합으로부터 기획재정부령이 정하는 바에 의하여 농민임을 확인받은 자가 수입하는 것과 동 규정 제3조 제7항의 규정에 의한 어업용 기자재로서 「수산업협동조합법」에 의하여 설립된 각 조합으로부터 기획재정부령이 정하는 바에 따라 어민임을 확인받은 자가 수입하는 것을 말한다(조특령 §106 ⑰).

동 규정이 적용되는 농민은 「조세특례제한법」 제105조 제1항 제5호에 규정되어 있으며 통계청장이 고시하는 한국표준산업분류상의 농업 중 작물생산 및 축산업과 복합농업에 종사하는 자(법인은 제외한다)를 말하고, 동조의 규정을 적용받는 농어민의 확인은 「조세특례제한법 시행규칙」 제61조 제1항 제68호에 규정된 농어민확인서에 의한다.

(5) 강원동계청소년올림픽대회를 위한 국제제작이 곤란한 수입물품

「국제경기대회 지원법」 제9조에 따라 설립된 2024강원동계청소년올림픽대회조직위원회 또는 지방자치단체가 2024강원동계청소년올림픽대회의 경기시설 제작·건설 및 경기운영에 사용하기 위한 물품으로서 국내제작이 곤란한 것으로서 2022. 1. 1. 이후 2024. 12. 31.까지 수입신고하는 분에만 수입면세를 적용한다(조특법 §102 ② 22).

 용역의 수입

(1) 개요

과거 용역등은 공급되는 곳에서 즉시 소비되는 것이 주류를 이루어 용역의 공급장소가 곧 소비장소여서 소비지국 과세원칙에도 부합하였으나, 전자상거래등(전자적 용역 포함) 새로운 공급방식의 출현으로 국외사업자가 공급하는 용역등의 공급장소와 소비장소가 달라 현행 대리납부제도로는 국내 비사업자에게 제공한 용역등에 대하여 과세가 불가하여 공급자인 국내사업자(국내 개발자등)와 국외사업자(국외 개발자등) 간에 과세불균형이 발생하게 되었다.

이에 대한 해결방안으로 위탁매매인등과 간편사업자등록을 통한 용역등과 전자적 용역에 대한 부가가치세를 징수하게 되고 아울러 납세협력비용과 과세행정비용을 감소시키며, 소비지국과세원칙을 실현할 수 있는 방향으로 운영상 미비점을 보완(부가법 §53 및 §53의2 규정)하게 되었다.

부가법 제52조 제1항은 고정사업장이 없는 외국법인 등으로부터 과세되는 용역등을 공급받는 면세사업자 및 비과세사업자는 부가세 대리납부를 이행하여야 함과, 부가법 제53조 제1항은 외국법인등이 위탁매매인등을 통하여 용역등을 공급한 경우에는 위탁매매인등이 외국법인등을 대리하여 부가가치세를 납부하여야 하고, 부가법 제53조의2는 고정사업장이 없는 외국법인등이 국내에 전자적 용역을 직접 또는 오픈마켓 운영자 등을 통하여 비사업자에게 공급하는 경우에는 간편사업자 등록하여 전자적 용역 공급에 대한 부가가치세를 납부하여야 한다.

① 부가법 제52조 제1항은 고정사업장이 없는 외국법인이 (직접) 공급한 용역등에 대한 대리납부요건을 규정한다. 그리고 공급받는 자가 과세용역을 면세사업 또는 비과세사업에 사용하거나 매입세액 불공제 용역을 공급받은 경우에 대리납부를 지며, 일반 개인들(이하 비사업자)도 법리상 대리납부의무를 지나 비사업자에 대한 대리납부를 강제할 수 없어 현실적으로 대리납부가 이루어지지 않고 있다.

② 부가법 제53조 제1항은 고정사업장이 없는 외국법인이 사업자등록대상인 위탁매매인

등을 통하여 국내에 용역을 (간접) 공급하는 경우 위탁매매인등이 용역등을 공급한 것으로 보아 부가가치세 납세의무를 진다. 이는 위탁매매인등을 공급자를 대신하여 공급받는 자로부터 부가가치세를 징수하여 납부하는 또 다른 대리납부제도가 된다. 부가법 제53조 제1항이 적용되면 제52조는 적용되지 아니하고 공급받는 자가 사업자이든 비사업자이든, 부가세 과세사업이든 그 외의 사업이든 관계없이 위탁매매인등이 외국법인의 용역등 공급에 대한 납세의무를 진다. 그러면서도 위탁매매인의 본래의 납세의무인 위탁 및 중개용역대가에 대한 납세의무는 그대로 부담한다.

③ 부가법 제53조의2 제1항은 용역등 중에서 전자적 용역을 별도로 발라내어 고정사업장이 없는 외국법인이 비사업자(등록사업자 외의 사업자)에게 직접 공급하는 전자적 용역을 국내 공급으로 의제하여 그 외국법인으로 하여금 간편사업자 등록하여 부가가치세를 신고납부하도록 규정하고 있다. 이 규정으로 인하여 부가법 제52조 제1항의 현실적 문제점인 비사업자에 대한 부가가치세 부담을 전자적 용역공급자가 간편사업자 등록을 통하여 부가가치세를 납부하도록 개선하였다. 용역유형이 전자적 용역, 공급받는 자가 비사업자인 경우 대리납부의무가 간편사업자 등록을 통한 부가세 납세의무로 전환된 것이다. 이로써 비사업자에 대한 부가법 제52조의 대리납부의무는 면제된다.

④ 아울러 부가법 제53조의2 제2항은 고정사업장이 없는 외국법인이 오픈마켓이나 중개인 등(고정사업장이 없는 외국법인과 국내에 사업자등록되지 아니한 외국법인 포함) 제3자를 통하여 (간접) 공급하면 제3자가 국내에서 전자적 용역을 공급하는 것으로 본다. 다만, 국외사업자의 용역등 공급특례에 관한 부가법 제53조의 규정이 적용되는 경우를 제외한다. 사업자로 등록된 위탁매매인등을 통해 전자적 용역이 간접 공급된 경우에는 부가법 제53조의2 제2항을 다시 적용해 과세할 필요가 없으므로 제외한 것이다.

(2) 대외무역법상 용역의 수입

비거주자가 거주자에게 아래 네 가지 방법으로 대외무역령 제3조(용역의 범위)에 따른 용역을 제공하는 것과 비거주자가 거주자에게 정보통신망을 통한 전송과 그 밖에 컴퓨터 등 정보처리능력을 가진 장치에 저장한 상태로 반출·반입한 후 인도·인수하는 방법으로 전자적 형태의 무체물을 인도하는 것은 용역의 수입에 포함된다. 여기서 수입실적의 인정범위는 유상으로 거래되는 수입으로서 수입통관액(CIF가격 기준)으로 하는 것이나, 위 용역 또는 전자적 형태의 무체물의 수입의 경우에는 외국환은행의 지급액으로 하며, 수입실적의 인정시점은 지급일로 한다(대외무역령 §2 (4), 대외무역관리규정 §3, §5, §26, §27).

① 용역의 국경을 넘은 이동에 의한 제공
② 거주자의 외국에서의 소비에 의한 제공
③ 비거주자의 상업적 국내주재에 의한 제공
④ 비거주자의 국내로 이동에 의한 제공

2 용역의 수입에 대한 대리납부

재화를 수입하는 경우에는 세관장이 부가가치세를 거래징수하게 되므로 수입재화와 국내에서 생산된 재화 간에 과세형평이 유지되나, 용역을 수입하는 경우에는 세관장이 부가가치세를 과세하기가 현실적으로 불가능하다. 따라서, 부가가치세가 과세되지 아니하는 용역의 수입은 부가가치세가 과세되는 국내사업자가 공급하는 용역보다도 가격측면에서 부가가치세만큼 유리한 위치에 서게 되므로 상대적으로 국내사업자는 국외의 용역 제공자보다도 가격 경쟁력이 뒤떨어지게 된다.

이러한 과세의 불형평을 제거하고 조세의 중립성을 유지하기 위하여 국내사업장이 없는 비거주자·외국법인으로부터 용역을 공급받는 경우에 수입시점에서 세관장이 부가가치세를 과세하지 아니하고 제공받는 용역의 대가를 지급하는 시점에서 그 대가를 지급하는 자가 국외의 공급자를 대리하여 부가가치세를 납부할 의무를 부여한 것이 대리납부제도의 취지이다.

3 대리납부 의무자

(1) 요건

다음의 "용역 등의 공급하는 자"로부터 국내에서 용역 또는 권리(이하 "용역 등"이라 한다)를 공급(국내에 반입하는 것으로서 부가법 제50조에 따라 관세와 함께 부가가치세를 신고·납부하여야 하는 재화의 수입에 해당하지 아니하는 경우를 포함한다)받는 자(공급받은 그 용역 등을 과세사업에 제공하는 경우는 제외하되, 부가법 제39조에 따라 매입세액이 공제되지 아니하는 용역 등을 공급받는 경우는 포함한다)는 그 대가를 지급하는 때에 그 대가를 받은 자로부터 부가가치세를 징수하여야 하며, 부가가치세 대리납부신고서를 제출하면서 부가법 제48조 제2항 및 제49조 제2항을 준용하여 부가가치세를 납부하여야 한다(부가법 §52 ①, 부가령 §95 ①).

대리납부가 성립하기 위한 요건

① 용역제공자가 국내사업장이 없는 비거주자 또는 외국법인이거나, 국내사업장이 있더라도 국내사업장에 귀속되지 아니하는 용역을 공급할 것(공급자 조건)

② 제공받는 용역등이 부가가치세가 과세되는 용역일 것(공급대상 용역의 요건)

③ 용역등이 소비되거나 사용되는 장소가 국내일 것(판례는 제공되는 역무의 보다 더 중요하고도 본질적인 부분이 수행된 장소가 국외인 경우 대리납부가 없다고 판시)
  – 용역결과물이 사용되는 장소가 국내인 경우까지 대리납부범위를 확대하는 경향(공급장소 요건)

④ 제공받은 용역등을 면세사업등(비과세사업 포함, 불공제대상 용역)에 사용할 것(용역의 사용조건)

1) 용역 등을 공급하는 자

대리납부의무가 성립하려면 국내에서 다음의 어느 하나에 해당하는 자로부터 용역 등을 공급받아야 한다.

- 「소득세법」 제120조 또는 「법인세법」 제94조에 따른 국내사업장이 없는 비거주자 또는 외국법인
- 국내사업장이 있는 비거주자 또는 외국법인으로부터 용역 등을 제공받는 경우는 다음에 해당하는 경우만 해당한다(부가령 §95 ④).
  - ㉠ 「소득세법」 제156조 제1항 각 호 외의 부분 또는 「법인세법」 제98조 제1항 각 호 외의 부분의 규정에 해당하여 국내원천소득에 대하여 원천징수하는 경우
  - ㉡ 위 "㉠" 외의 경우로서 해당 용역 등의 제공이 국내사업장에 귀속되지 아니하는 경우

가. 사업장

부가법 제6조 제2항에 규정된 "사업장은 사업자가 사업을 하기 위하여 거래의 전부 또는 일부를 하는 고정된 장소로"를 말한다. 대리납부 규정에 있어 사업장이란 비거주자나 외국법인의 경우에는 「소득세법」 제120조 또는 「법인세법」 제94조에 규정하는 장소(국내사업장)를 사업장으로 한다.

① 비거주자의 사업장

비거주자가 국내에 사업의 전부 또는 일부를 수행하는 고정된 장소를 가지고 있는 경우에 국내사업장이 있는 것으로 한다.

② 외국법인의 사업장

외국법인이 국내에 사업의 전부 또는 일부를 수행하는 고정된 장소를 가지고 있는 경우에는 국내사업장이 있는 것으로 한다.

③ 대리납부와 사업장

비거주자 또는 외국법인이 국내사업장이 없는 경우에는 해당 비거주자 또는 외국법인으로부터 제공받는 용역 등이 대리납부의 대상이 되며, 비거주자 또는 외국법인이 상기 국내사업장이 있는 경우에는 국내사업장과 실질적으로 관련되지 아니하거나 그 국내사업장에 귀속되지 아니하는 용역에 해당되어야 한다.

나. 비거주자 및 외국법인

비거주자 및 외국법인은 「소득세법」 제1조의2에 규정하는 비거주자와 「법인세법」 제1조에 규정하는 외국법인을 말한다.

① 비거주자

「소득세법」 제1조의2에 따른 비거주자는 거주자가 아닌 자로서 국내원천소득이 있는 개인을 말한다(소법 §1의2 1호, 2호).

② 외국법인

「법인세법」 제1조 제3호에 의한 외국법인은 외국에 본점 또는 주사무소를 둔 법인(국내에 사업의 실질적 관리장소가 소재하지 아니하는 경우에 한함)이다(법법 §1 3호, 법령 §1 ②).

다. '국내사업장에 귀속되지 아니하는'의 의미

외국법인이 국내사업장과 관련없이 국내사업자에게 제공하는 용역이 외국법인의 국내사업장이 신고·납부하여야 할 대상인지 또는 동 용역(이하 "쟁점용역")을 공급받는 국내사업자가 대리납부하여야 할 대상인지 여부를 살펴보면,

첫째, 부가가치세제는 사업장 단위로 거래징수의무 및 신고납부의무를 부여하고 있으므로 해당 사업장과 관련성이 있는 거래에 대해서만 거래징수의무를 부여한 것으로 보는 것이 타당하다. 따라서 형식 또는 외견상 국외에서 직접 제공하는 용역의 경우라도 국내사업장이 실질적으로 관련성이 있는 경우, 즉 판매의 주요행위 수행, 주 용역과 관련된 부수 용역의 제공 등을 국내사업장에서 하는 경우에는 국내사업장이 부가가치세를 거래징수하여 신고·납부하여야 하나, 국내사업장과 전혀 관련이 없는 용역에 대하여 거래당사자가 아닌 국내사업장에 부가가치세 거래징수 및 신고·납부 의무를 지우는 것은 부가법상 사업장단위과세원칙에 위배된다.

둘째, 부가법 제34조에 따라 국내에서 용역 등을 공급받는 자가 부가가치세를 대리납부하여야 하는 거래는 법인법 제59조 제1항에 따라 사용료 등 국내원천소득을 지급하는 자가 법인세 등을 원천징수하여야 하는 거래와 일치(국내 공급받는 자가 부가가치세 대리납부와 법인세 원천징수를 함께 하여야 함)하는 것이 조세징수납부 체계상 타당하다. 법인법 제59조에서는 국내사업장이 있는 경우에도 해당 국내사업장과 실질적으로 관련되지 아니하거나 그 국내사업장에 귀속되지 아니하는 소득의 금액을 지급하는 자는 법인세를 원천징수하여 납부하도록 규정되어 있으나, 부가법상 대리납부 대상 여부를 판단하면서 국내사업장과의 관련성을 고려하지 아니하고 국내에 고정사업장이 있다는 이유로 부가가치세 신고·납부대상으로 인식하게 되면 동일 거래에 대하여 법인법상 사용료를 지급하는 자의 법인세 원천징수(국내사업장과 관련되지 아니하는 사용료 소득 지급 시)와 용역제공자의 국내사업장의 부가가치세 거래징수가 서로 다르게 되어 용역을 공급하는 자의 국내사업장이 부가가치세를 거래징수·납부하고 용역을 공급받는 자가 법인세를 징수 납부하게 되는 문제가 발생하므로 국내사업장과 실질적인 관련성이 없는 경우에는 대리납부 대상으로 보는 것이 거래당사자 중 일방이 부가가치세 또는 법인세를 징수하여 납부하도록 하고 있는 현행 과세체계상 합리적인 것으로 보인다.

셋째, 2000. 1. 1.부터 시행되는 현행 부가법 제34조에 의하면 쟁점용역과 같이 외국법인이 자기의 국내사업장이 있더라도 그 국내사업장과 관련 없이 직접 다른 국내사업자에게 용역을 공급하고 대가를 수취하는 경우는 대리납부대상으로 규정하여 사업장단위 과세원칙에 부합되도록 해당 국내사업장과 관련성이 있는 거래에 대해서만 신고·납부토록 하고 국내사업장과 실질적인 관련성이 없는 경우에는 대리납부대상으로 보도록 개정된 점이나 넷째, 영국 등 E.C.의 부가가치세제에서도 그 용역공급에 가장 직접 관련이 있는(most directly concerned with the supply) 사업장이 공급한 것으로 보아 "관련성"을 기준으로 하여 대리납부대상(관련성이 없는 경우)과 신고납부대상(관련성이 있는 경우)으로 구분하고 있다는 점 등을 감안하여 보면 비록 이 건 거래 당시의 부가법상에는 분명하게 규정되어 있지는 아니하지만 위 개정세법의 취지와 같이 국내사업장과 실질적인 관련성이 없는 거래에 대하여는 부가가치세 대리납부대상으로 보는 것이 합당하다.

다섯째, 영세율 적용대상을 규정하고 있는 부가령 제33조 제2항 제2호에서 국내사업자가 국내에서 국내사업장이 있는 비거주자 또는 외국법인과 직접 계약에 의하여 공급되는 재화 또는 용역으로서 그 대금을 해당 비거주자 또는 외국법인으로부터 받는 경우에도 해당 계약이 외국법인의 국내사업장과 관련 없이 외국법인과 직접 계약에 의해 이루어지는 한 국내사업장이 없는 외국법인에 대한 재화 또는 용역의 공급과 동일하게 영세율을 적용하고 있는 점에서 국내사업장 유무에 불구하고 재화 또는 용역의 거래당사자를 판단하는데 귀속주의 입장 또는 사업장 단위로 관련성 유무를 기준으로 판단하고 있음을 알 수 있는 바, 쟁점용역은 영세율이 적용되는 수출거래와는 달리 수입거래이나 거래당사자가 동일하다는 점에서 같은 기준으로 부가가치세 신고·납부 대상 여부를 따져보면 외국법인의 국내사업장과 관련이 없는 한 신고·납부대상이 아닌 대리납부 대상으로 보는 것이 부가법의 적용·해석상 일관된 것으로 판단된다.

여섯째, OECD모델, UN모델협약 제24조 및 조세조약에서 무차별조항은 모든 조세에 적용하도록 규정하고 있어 부가가치세에도 적용되어야 한다. 내국법인의 경우에는 본점과 지점이 각각 사업장단위로 모든 과세거래를 신고하는 바, 외국법인의 본점이 직접 국내에 공급한 과세거래를 국내사업장에서 신고·납부하지 아니하면 오히려 내국법인이 과세상 불이익을 받는 역차별이 발생하므로 외국법인의 국내사업장에 본점의 국내 공급 분까지 신고·납부의무를 부여함으로써 결과적으로 내국법인에 대한 과세와 동일하게 되므로 위 조세조약 등에서 규정한 무차별 규정을 위배한 것인바, 외국법인의 국내사업장에게 외국의 본점이 공급한 무관(無關)용역에 관한 부가가치세의 신고·납부 의무를 부여하는 것은 당연히 무차별원칙에 위배된다.

위와 같은 사실을 종합해 보면, 외국법인의 다른 국내 고정사업장과 실질적으로 관련없는 사용료 대가임에 다툼이 없는 쟁점용역에 대하여는 현행 부가법 개정 취지에 부합되고 법인법상 법인세 원천징수대상과도 일치하도록 사업장단위 과세원칙과 국내 고정사업장과의 관련성을 고려하여 부가가치세 거래징수 신고·납부의무 여부를 판단하여야 할 것이므로 쟁점용역을 공급받는 자가 부가가치세를 대리납부하는 것이 타당한 것으로 판단된다.

아울러 '국내사업장에 귀속되지 않는다'는 의미는 곧 '국내사업장에 관련되지 않는다'는 의미와 동일하다(부가 46015-595, 2000. 3. 16. ; 국심 1999서2566, 2000. 7. 22.).

| 99년 재정부 개정세법 해설 책자 |

종 전	개 정
○ 국내사업장이 없는 비거주자 또는 외국법인으로부터 용역의 공급을 받는 경우에는 　- 대리납부(면세사업에 공하는 경우에 한하여 적용) ○ 국내사업장이 있는 비거주자 또는 외국법인으로부터 용역의 공급을 받는 경우는 　- 국내사업장에서 신고납부(대리납부 대상 아님) 〈신 설〉	 ○ 국내사업장이 있는 비거주자 또는 외국법인이 국내사업장과 관련없이 용역을 제공하는 다음의 경우에는 대리납부 허용 　- 소득세법(제156조 제1항 본문)이나 법인세법(제98조 제1항 본문)에서 규정하는 경우 　- 위의 경우외의 경우로서 당해 용역의 제공이 국내사업장에 귀속되지 아니하는 경우

○ 부가가치세는 본사와 지점이 있는 경우 각각 별개의 사업장으로 취급하여 부가가치세를 신고·납부하도록 하는 사업장별 과세원칙이다.
　- 외국법인의 경우에도 본사가 국내사업장과 관련없이 국내사업자에게 제공하는 거래분에 대하여 대리납부하는 것이 동 원칙에 부합
　- 2000. 1. 1. 이후 최초로 공급하거나 공급받는 분부터 적용

2) 용역 등을 공급받는 자

가. 일반원칙

위 "1) 용역 등의 공급하는 자"가 아래 "3)"에서 정하는 대리납부대상 용역을 제공하고 해당 용역 등을 공급받은 자가 이를 해당 용역을 과세사업에 공하지 아니하여야 대리납부 의무가 있다. 과세사업에 공하지 아니한다는 의미는 면세사업에 사용하는 경우뿐만 아니라 비과세사업에 사용되는 것까지 포괄하는 개념이다.

과세사업에 사용하는 용역을 대리납부대상에서 배제하는 이유는 이를 과세사업에 사용하는 경우 매입세액을 공제받게 되므로 과세실익이 없기 때문이다. 따라서 과세사업자가 아닌 면세사업자, 비영리법인, 그 밖의 단체나 사업자등록이 없는 개인도 대리납부자가 될 수 있다.

※ 비사업자인 개인은 사실상 대리납부가 불가하다.

나. 예외

대리납부의 요건 중에는 아래 "3)"의 용역 등을 공급받아 면세사업 등에 사용하는 사업자뿐만 아니라 부가법 제39조에 따라 매입세액이 공제되지 아니하는 용역 등을 공급받은 사업자도 포함된다.

기획재정부에서는 국내사업장이 없는 외국법인 등으로부터 골프장 코스조성 설계용역을 공급받는 경우로서 해당 용역의 매입이 토지의 조성 등을 위한 자본적지출에 해당하는 경우 대리납부가 있는 것으로 회신하였다(재부가-588, 2011. 9. 22.).

이는 국내사업장이 없는 외국법인이라는 이유로 부가가치세 부담을 없애 주어 부가가치세 납세의무를 지는 국내사업자와 비교할 때 조세부담의 형평성과 조세의 시장중립성 원칙을 훼손하는 결과를 초래한다. 또한 해당 용역이 토지의 취득원가를 구성하고 추후 토지의 매각을 통해 부가가치세가 면제되어 결과적으로 토지의 공급에 영세율이 적용되는 효과가 발생한다.

조세형평성 차원에서 볼 때 당연한 유권해석임에는 틀림없으나, 해당 설계용역이 과세사업을 위해 쓰여질 것을 전제로 제공받았고 토지의 매각 그 자체가 면세사업 또는 비과세사업은 아니므로 이에 대한 입법적 보완이 요구되어 2011. 12. 31. 세법 개정 시 부가법 제39조에 따라 매입세액이 공제되지 아니하는 용역 등을 공급받는 경우에도 대리납부대상에 포함시켰다.

3) 공급받는 용역

가. 대리납부대상 용역 등

대리납부대상인 용역 등 중 용역은 계약상·법률상의 모든 원인에 의하여 역무를 제공하거나 재화·시설물 또는 권리를 사용하게 하는 것이며, 이 경우 재화, 시설물 또는 권리란 부동산, 부동산상의 권리, 광업권, 조광권, 채석권, 선박, 항공기, 자동차, 중기, 기계, 설비, 장치, 운반구, 공구, 학술 또는 예술상의 저작물(영화필름을 포함)의 저작권, 특허권, 상표권,

의장, 모형, 도면, 비밀의 공식 또는 공정, 라디오·텔레비전·방송용 필름 및 테이프, 산업상·상업상 또는 과학상의 지식·경험 또는 숙련에 관한 정보, 우리나라 법에 의한 면허·허가 또는 이와 유사한 처분에 의하여 설정된 권리, 그 밖의 이와 유사한 재화 시설물 또는 권리를 말한다(부가통칙 52-95-1).

또한 국내·외 사업자 간 과세형평의 제고를 위하여 2013. 1. 1. 이후 공급 분부터는 부가법 제50조에 따라 관세와 함께 부가가치세를 신고·납부하여야 하는 재화의 수입에 해당하지 아니하는 권리(종전 무체물)인 재화의 수입도 대리납부대상 용역 등에 포함하였다(부가법 §52 ①).

나. 외국사업자가 해당 국가의 인허가를 받은 경우 대리납부 해당 여부

부가령 제36조 제1항 제1호에 따른 교육용역의 면세 취지는 교육기관으로서 우리나라 주무관청의 지도 및 감독을 받고 있는 경우에 한하여 부가가치세를 면제하겠다는 것이며, 감사원(2014년 감심 제347호, 2014. 7. 25.)도 면세대상 교육용역을 국내 교육시설 관련법에 따라 주무관청의 허가나 인가를 받은 경우에 한하여 면세하는 것으로 하고 있어 주무관청에의 신고·등록 및 인허가를 면세요건으로 하는 교육용역 등은 우리나라의 주권 및 과세권이 미치지 아니하는 외국 현지 법률에 따라 현지정부의 주무관청의 지도 및 감독을 받고 있는 경우까지 확대하여 국내법인 부가가치세법을 적용할 수 없다고 보고, 현지 법률에 따라 인허가를 받은 외국법인 등이 우리나라의 면세사업자에게 해당 용역을 제공하고 그 대가를 받는 경우 해당 대가를 지급하는 국내 사업자에게 대리납부의무가 있다고 해석하고 있다(기획재정부 부가가치세제과-313, 2015. 4. 14.).

다. 대리납부의 대상이 되지 아니하는 용역

비거주자 또는 외국법인으로부터 제공받는 용역이 다음에 해당하는 경우에는 대리납부의무가 없다.
　㉠ 부가가치세 면세대상 용역인 경우
　　비거주자 등으로부터 공급받는 용역이 부가법 제26조, 제27조 또는 「조세특례제한법」 제106조 등에 따라 부가가치세가 면제되는 경우에는 해당 면세용역을 제공하는 국내 사업자와의 관계에 있어 조세부담의 형평성이나 조세의 시장중립성을 해하지 아니하므로 대리납부대상이 되지 아니한다.
　㉡ 부가가치세 영세율 적용대상 용역인 경우
　　비거주자 등으로부터 공급받는 용역이 부가법 제23조, 제24조 또는 「조세특례제한법」

제105조 등에 따라 부가가치세 영세율이 적용되는 경우 해당 영세율 적용대상 용역을 제공하는 국내사업자와의 관계에 있어 조세부담의 형평성이나 조세의 시장중립성을 해하지 아니하므로 대리납부대상이 되지 아니한다(부가통칙 52-95-2).

아울러 부가법 제25조에서 영세율에 대한 상호주의 적용을 규정하고 있는 바, 위 영세율 적용대상 용역의 제공자가 속한 국가가 우리나라 거주자 또는 내국법인에 동일한 면세를 적용하지 아니하더라도 대리납부 적용대상이 되지 아니한다고 보아야 한다. 대리납부 취지가 거래가격 면에서 국내기업의 보호에 있는 바, 용역제공자의 소속 국가가 상호면세국이냐에 따라 대리납부를 달리한다면 상호면세국임을 국내기업이 일일이 파악해야 하는 불편과 해당 용역을 수입하려는 국내기업의 원가부담(대리납부세액만큼 수입가격 인상)이 증가하고, 해당 외국기업은 가격면에서 불리하고 국제적 이중과세가 발생할 여지도 있기 때문이다.

ⓒ 용역의 국외공급에 해당하는 경우

국내사업장이 없는 외국법인 등으로부터 국외에서 용역을 제공받아 그 결과물을 국외에서 종국적으로 사용·소비한 경우에는 대리납부대상이 되지 아니한다(부가 1265-2506, 1982. 9. 23. 외 다수).

4) 공급장소와 대리납부

가. 소비지과세원칙의 채택

재화나 용역의 사용 및 소비행위에 대하여 과세되는 부가가치세는 해당 재화 및 용역이 국내에서 공급되건 국외에서 공급되었는지 여부를 막론하고 소비지에서 과세됨이 원칙이며, 1977년에 입법된 우리나라 부가가치세법이 소비지 과세원칙을 채택하고 있다는 점에는 학계와 실무의 공통된 의견이다.

현재 우리 부가법은 수출하는 재화·용역에 대하여는 영세율을 적용하고, 수입하는 재화에 대하여 세관에서 부가가치세를 거래징수하고 있으며, 용역의 수입에 대하여는 대리납부 제도를 두어 용역을 공급받는 자가 그 대가를 지급하는 시점에 해당 용역을 공급하는 비거주자 또는 외국법인을 대신하여 부가가치세를 징수·납부하도록 명확하게 규정하고 있다.

나. 역무의 제공에 있어 공급장소의 의미

부가법 제20조는 역무의 공급장소를 역무가 제공 "되는" 장소라 규정하였지, 역무를 제공 "하는" 장소라고 규정하지 않았다. 우리나라 부가법에서 말하는 "역무가 제공된 장소"라고

할 경우 이는 사전적으로 "역무가 주어져 도움이 된 장소" 즉 소비자가 용역을 공급받은 장소의 의미로 해석하여야 한다. 즉 부가법은 과세권 여부의 판단기준이 되는 공급장소를 공급자를 기준으로 "용역을 공급한 장소" 내지 "역무를 제공한 장소"라고 규정하는 것이 아니라, 소비지 과세원칙에 충실하게 용역을 공급받는 자를 중심으로 "용역이 공급되는 장소" 내지 "역무가 제공된 장소"라고 규정함으로써 소비자가 용역을 공급받은 장소를 공급장소로 보고 있음을 분명히 하고 있다. 따라서 '역무가 제공되는 장소'의 의미를 용역이 현실적으로 수행된 장소뿐만 아니라 그러한 용역이 사용되는 장소까지 포함하는 것으로 봄이 타당하다.

아울러 부가법 제52조 제1항에서 '국내에서 용역 또는 권리를 공급받는 자'의 의미는 비거주자 또는 외국법인이 제공하는 용역 등을 국내에서 제공받는 경우를 의미한다기보다는 제공받은 용역 또는 그 결과물을 국내에서 사용 또는 소비하는 경우까지를 의미한다.

다만, 국외 지점 등의 해외매출(이 경우 우리나라에 과세권이 없음)에 사용·소비된 경우 또는 해외에서 인도받아 해외에서 소비되는 경우에는 대리납부가 없는 것으로 소비지 과세원칙이 대리납부에 적용된다 하여 외국법인 등으로부터 용역 등을 제공받은 경우 예외없이 대리납부대상이 되는 것은 아니다.

다. 법원의 입장

대법원은 '용역을 공급받는 자(소비자) 입장에서 볼 때 용역의 중요하고도 본질적인 부분이 소비자가 위치하는 국내에서 이루어졌다면 용역의 일부가 외국에서 제공되었다고 하더라도 그 공급장소는 국내로 봄이 타당하고, 역무가 제공되는 장소는 용역이 현실적으로 수행된 장소뿐만 아니라 그러한 용역이 사용되는 장소까지 포함되는 개념으로 볼 수 있고, 용역공급을 받는 소비자의 입장에서 용역의 중요하고도 본질적인 부분이 국내에서 이루어졌다면 비록 용역의 일부가 외국에서 제공되었다고 하더라도 그 공급장소는 국내로 인정함이 실질과세의 원칙에 부합하는 해석'이라고 판시하고 있다.

(2) 대가의 지급

대가를 받지 않고 타인에게 용역을 공급하는 것은 용역의 공급으로 보지 않으므로 무상으로 용역을 공급받는 자는 대리납부의 의무가 없으나, 어음 또는 수표로 결제하거나 외상매출금과 상계, 금전지급 외의 현물 등에 의한 지급은 유상으로 그 대가를 지급하는 것이므로 대리납부의무가 있다. 또한 사업자가 국내에 사업장이 없는 비거주자 또는 외국법인으로부터 용역을 유상으로 공급받고 그 대가를 지급할 채무가 확정된 후에는 채무면제 또는 상계 등에 의해 그 대가를 지급하지 않게 되더라도 부가가치세를 대리납부하여야 한다(부가 22601-1874, 1985. 9. 23.).

(3) 사용료의 원천징수와 대리납부가 중복되는 경우

내국법인이 비거주자에게 용역제공을 의뢰하고 그 대가를 지급하는 경우로서 동 지급대가는 「소득세법」 제119조 제11호의 사용료소득에 해당되어 소득세로 원천징수하는 경우에도 부가가치세 과세사업을 영위하지 아니하는 자가 국내에 사업장이 없는 비거주자 또는 외국법인으로부터 부가가치세가 과세되는 용역을 공급받고 그 대가를 지급함에 있어 국내에서 과세사업에 사용하는 경우를 제외하고는 부가가치세 대리납부의무도 지는 것이다(서면2팀-289, 2006. 2. 6.).

4 대리납부세액 계산

대리납부세액의 기준이 되는 금액(이하 "과세표준"이라 한다)인 용역 등의 대가(이하 '용역대가'라 한다)는 다음과 같이 계산한다(부가령 §95, 부가통칙 52-95-3, 52-95-4).

1) 거래당사자간에 부가가치세액의 징수 및 부담에 대하여 별도의 계약이 있는 경우에는 해당 계약에 의한다.

계약의 내용에 의하여 용역대가에서 부가가치세를 차감하지 않을 경우에는 그 용역대가가 공급가액이 되므로 동 용역대가의 10/100이 대리납부세액이 된다. 한편, 계약금액에서 부가가치세를 차감하고 지급하기로 한 경우에는 동 계약금액의 10/110을 차감하여 대리납부하고 잔액을 지급한다.

2) 부가가치세액의 징수 및 부담에 대하여 별도의 계약이 없이 용역대가의 전액을 지급하는 때에는 해당 용역대가에 부가가치세가 제외되어 있는 것으로 하여 계산한다.

부가가치세의 징수·부담에 대하여 별도의 계약이 없이 용역대가의 전액을 지급하는 때에는 해당 용역의 대가가 용역의 공급가액이 되는 것이므로 동 용역가액의 10/100에 상당하는 부가가치세액을 용역을 공급을 받는 자가 부담하며 대리납부하여야 한다.

3) 부가가치세액의 징수 및 부담에 대하여 별도의 계약이 없이 용역대가에서 부가가치세액을 공제하여 지급하는 때에는 해당 용역대가에 부가가치세가 포함되어 있는 것으로 하여 계산한다. 해당 용역대가에 부가가치세가 포함되어 있으므로 동 용역대가의 10/110을 대리납부한다.

4) 과세사업과 면세사업 겸영사업자

가. 일반적인 경우

비거주자 또는 외국법인으로부터 공급받은 용역 등이 과세사업과 면세사업 등에 공통으로 사용되어 그 실지귀속을 구분할 수 없는 경우 그 면세사업 등에 사용된 용역 등의 과세표준은 다음 계산식에 따라 계산한 금액으로 한다(부가법 §52 ③, 부가령 §95 ②).

$$\text{과세표준} = \text{해당 용역 등의 총공급가액} \times \frac{\text{대가의 지급일이 속하는 과세기간의 면세공급가액}}{\text{대가의 지급일이 속하는 과세기간의 총공급가액}}$$

나. 과세 또는 면세 공급가액이 없는 경우

비거주자 또는 외국법인으로부터 공급받은 용역 등이 과세사업과 면세사업 등에 공통으로 사용되어 그 실지귀속을 구분할 수 없는 경우로서 해당 과세기간 중 과세사업과 면세사업 등의 공급가액이 모두 없거나 어느 하나의 사업에 공급가액이 없으면 그 과세기간에 있어서의 안분계산은 부가령 제81조 제4항(매입가액, 예정공급가액, 사용면적비율에 따른 안분계산)과 제82조(공통매입세액의 정산) 규정을 준용한다(부가령 §95 ② 단서).

5) 국내체재 경비

국내에 사업장이 없는 외국법인과 기술도입계약을 체결하여 동 법인소속의 기술자로부터 계약에 따른 기술용역을 공급받고 기술자의 체재경비를 지급하는 경우에 해당 체재경비가 용역의 대가에 포함되는 때에는 그 대가를 지급하는 때에 부가가치세를 징수하여 대리납부하여야 한다.

6) 외화 용역대가의 환산

대리납부대상이 되는 과세표준을 계산함에 있어서 대가를 외화로 지급하는 때에는 다음
에 규정하는 금액을 그 대가로 한다(부가령 §95 ③).

    ㉠ 원화를 외화로 매입하여 지급하는 경우 : 지급일 현재의 대고객외국환매도율에 따라
       계산한 금액

    ㉡ 보유 중인 외화로 지급하는 경우 : 지급일 현재의 「외국환거래법」에 따른 기준환율
       또는 재정환율에 따라 계산한 금액

7) 비거주자 등이 부담한 원천징수세액

비거주자 등이 부담하여야 할 국내원천소득에 대한 법인세 및 주민세 상당액은 용역의
과세표준에 포함한다(부가 22601 - 1862, 1987. 9. 8.).

계산례 1

문의

면세사업을 영위하는 사업자가 국내사업장이 없는 외국법인으로부터 산업정보를 제공받고 사
용료 ₩100,000을 송금하였으며, 조세협약에 의한 법인세 제한 세율은 15%이고 소득할주민세
율 7.5%이다. 이 경우의 대리납부세액은?

답변

① 용역의 공급가액

   ₩100,000 / [1 - 0.15(법인세율) - 0.15 × 0.075(지방소득세율)] = ₩119,225

② 대리납부세액

   ₩119,225 × 0.1 = ₩11,922

③ 세무 및 회계처리

   <지급시> (차) 사용료   119,225   (대) 현금   100,000

                                       원천징수예수금   19,225

   ₩119,225원 × (15% + 15% × 7.5%) = ₩19,225

④ 부가가치세 신고시(대리납부시)

   (차) 대리납부세액(손금산입) 11,922   (대) 현 금   11,922

문의

면세사업인 도서 출판업과 과세사업인 광고업을 영위하는 사업자가 2022. 2. 1. 국내사업장이 없는 비거주자로부터 부가가치세 과세대상인 용역을 제공받고 6천만원(공급가액)을 지급하였다. 해당 과세기간의 과세·면세 공급가액이 아래와 같을 때 대리납부세액을 계산하라.

구 분	×××3. 1기 예정	×××3. 1기 확정	×××3. 1기 계
과세매출	4억	6억	10억
면세매출	–	30억	30억

* 2022. 1기 예정신고시 예정 면세공급가액 비율은 70%였다.

답변

예정신고시에는 면세분 수입금액이 없으므로 부가령 제61조 제4항 제2호의 규정을 준용하여 계산하고, 확정신고시에 부가령 제61조의2의 규정을 준용하여 정산한다.

㉠ 예정신고시 대리납부세액 계산
  • 6천만원 × 70%(예정 면세공급가액비율) × 10%(세율) = **4,200,000**
㉡ 확정신고시 대리납부세액 정산
  • 6천만원 × 30억 / (10억 + 30억) × 10% − 4,200,000 = **300,000(추가납부)**

5 대리납부할 세액의 징수시기 및 납부

(1) 대리납부 시기

일반적으로 재화와 용역의 공급 또는 재화의 수입의 경우에는 대가를 언제 지급하는가 여부에 관계없이 공급시기에 세금계산서를 수수하여 해당 예정신고기한 또는 확정신고기한 내에 신고납부한다. 그러나, 국내사업장이 없는 비거주자 또는 외국법인과 국내사업장이 있는 비거주자 또는 외국법인으로부터 용역을 공급받는 자는 부가가치세법상 공급시기에 불구하고 그 대가를 지급하는 때에 대리납부할 세액을 징수한다.

예를 들면 용역의 제공을 받기 전에 용역공급계약에 따라 착수금 또는 계약금을 지급하는 경우 그 착수금이 용역의 대가에 해당하면 대리납부의 대상이 되고 그 착수금 또는 계약금을 지급하는 때에 대리납부세액을 징수하며(부가 1265.2 – 2720, 1980. 12. 18. : 부가 22601 – 2589,

1986. 12. 22.), 용역의 공급을 받기 전에 그 대가의 일부를 수회에 걸쳐 지급하는 경우에는 그 지급을 하는 때마다 대리납부세액을 징수한다(부가 22601-2509, 1986. 12. 13.).

또한 용역대가를 미지급하여 미지급계상을 하였다 하더라도 동 미지급비용을 송금하는 시점에 송금액에 대한 대리납부세액을 징수한다(부가 1265-1111, 1984. 6. 8.).

(2) 대리납부 방법

대리납부의무자는 대리납부대상이 되는 용역대가를 지급하는 때에 부가가치세를 징수하여 부가가치세 예정신고 또는 확정신고의 규정을 준용하여 다음 사항을 기재한 부가가치세 대리납부신고서와 함께 이를 징수한 사업장 또는 주소지 관할 세무서장에게 납부하거나 「국세징수법」에 따른 납부서에 의하여 한국은행 또는 체신관서에 납부하여야 한다(부가법 §52 ②, 부가령 §95 ①).

　㉠ 용역 등 공급자의 상호·주소·성명
　㉡ 대리납부하는 사업자의 인적사항
　㉢ 공급가액 및 부가가치세액
　㉣ 그 밖의 참고사항

6 대리납부 불성실가산세

대리납부규정에 따라 용역 등을 공급받는 자가 징수하여야 할 부가가치세액을 아래 "1)"의 납부기한까지 납부하지 아니하거나 과소납부한 경우에는 납부하지 아니한 세액 또는 과소납부분 세액의 100분의 10에 상당하는 금액을 한도로 하여 아래 "2)"의 ①과 ②의 금액을 합한 금액을 가산세로 한다. 이 규정은 2012. 1. 1. 이후 최초로 국세를 징수하여 납부할 의무가 발생하는 분부터 적용한다(국기법 §47의5).

1) 대리납부세액의 납부기한

용역대가를 지급하였을 때 그 지급한 날이 속하는 날이 속하는 날을 기준으로 한다.
　㉮ 예정신고기간분 대리납부세액을 예정신고기한 내에 납부하지 않은 경우
　㉯ 예정신고기간분 대리납부세액을 확정신고기한 내에 납부하지 않은 경우

㉓ 확정신고기간분 대리납부세액을 확정신고기한 내에 납부하지 않는 경우

2) 대리납부불이행에 따른 가산세

대리납부의무자가 위 "1)"이 기한까지 납부하지 아니하거나 과소납부한 경우 그 무과소납부세액의 10%를 한도로 다음 ①과 ②를 합한 금액을 가산세로 한다(국기법 §47의5).

① 납부하지 아니한 세액 또는 과소납부분 세액의 100분의 3에 상당하는 금액

② 납부하지 아니한 세액 또는 과소납부분 세액 × 납부기한의 다음 날부터 자진납부일 또는 납부고지일까지의 기간 × 금융회사 등이 연체대출금에 대하여 적용하는 이자율 등을 고려하여 대통령령으로 정하는 이자율$(1일 \frac{25}{100,000}, 2022. 2. 15.부터 1일 \frac{22}{100,000})$

수출과 영세율

I 영세율제도 개요

세법 등(「부가가치세법」, 「조세특례제한법」, 「남북교류협력에 관한 법률」 등)에 규정된 특정 재화 또는 용역의 공급에 대하여 "0"의 세율을 적용함으로써 부가가치세액(매출세액)이 "0"이 되게 하는 제도를 말한다.

일반세율 10%를 적용하는 재화 또는 용역을 공급하는 경우에는 거래단계별로 전가되어 온 부가가치세를 재화 또는 용역의 최종소비자가 부담하게 되나, "0"인 세율이 적용되는 경우에는 중간단계의 사업자가 매입세액을 전액 공제받게 되어 각 거래단계별로 전가되는 부가가치세가 없게 되므로 최종소비자는 부가가치세가 완전 면제된 재화 또는 용역을 사용·소비하게 된다.

이러한 영세율 제도는 영세율 적용대상 재화 또는 용역을 공급하는 사업자의 세부담을 경감하기 위한 제도가 아니라 국제간 무역거래에 있어 소비지국과세원칙에 따라 관세장벽과 수출입제한을 제거하고 국제무역과 물자교류의 증진을 촉진하기 위한 일반소비세에 대한 국경세 조정방법으로 도입되었으며, 수출품목에 대하여 부가가치세를 면제함으로써 가격경쟁력을 확보하여 수출촉진 효과를 기대하기 위한 제도이다.

부가가치세법은 과세거래를 기준으로 영세율이 적용되는 것이므로 사업자가 영의 영세율을 적용받기 위해서는 부가가치세법상 납세의무를 지는 사업자(간이과세자 포함)이어야 하며, 부가가치세법에 규정하는 납세의무자로서 동법에 의한 모든 권리와 의무를 이행하여야 한다.

1 부가가치세법상 영세율 적용대상

(1) 수출하는 재화

국가 간 재화의 이동인 수출·수입의 경우에 수출국과 수입국에서의 부가가치세 이중과세문제를 해소하기 위하여 생산지국에서는 부가가치세를 과세하지 않고 수입국에서 수입재화에 대한 수입부가가치세를 과세하는 소비지국과세방식을 채택하고 있다. 또한 수출촉진을 위한 취지로 수출물품의 가격경쟁력을 향상시키기 위하여 외국으로 반출되는 재화, 중계무역방식 수출 등 특정무역수출 및 수출을 위한 일부 국내거래(내국신용장, 구매확인서에 의한 공급 등)에 대하여 완전면세제도인 영세율제도를 시행하고 있다.

(2) 용역의 국외공급

부가가치세법상의 납세의무자가 국외에서 제공하는 용역에 대하여도 영세율제도를 적용하고 있는 바, 국외에서 제공되는 용역에 대하여 영세율을 적용하는 것은 결국 동 용역공급의 전단계에 해당하는 국내에서의 재화·용역공급에 대하여 영세율 적용의 혜택을 주기 위한 것이며, 재화의 수출에 대하여 영세율을 적용함으로써 얻게 되는 수출가격 경쟁력 제고의 효과를 용역의 국외공급에 포함되는 부수재화·용역에도 허용하는 것이다.

(3) 외국항행용역

선박·항공기의 외국항행용역은 용역의 제공장소가 국내외에 걸쳐 있는 것이 일반적이며 국내에서 제공된 부분과 국외에서 제공되는 부분이 엄격히 구분될 수 없는 것이어서 전체 외국항행용역에 대하여 영세율을 적용하도록 하고 있다.

국외에서 제공되는 항행부분에 대하여는 용역의 국외공급에 대하여 영의 세율을 적용하고 있는 경우와 같은 취지로 영세율을 적용하는 것으로 이해되며, 국내에서 제공되는 항행용역부분에 대하여는 국외제공항행용역의 부수되는 용역인 점, 항행의 국내외 구분이 어려운 점 등을 들어 역시 영세율을 적용하고 있다.

(4) 그밖의 외화획득 재화 또는 용역의 공급 등

수출, 용역의 국외공급, 외국항행사업 외에도 외화를 획득하는 재화·용역의 공급에 대하여 영세율을 적용함으로써 외화획득사업을 촉진하는 규정을 두고 있다.

2 「조세특례제한법」상의 영세율 적용

「조세특례제한법」 제105조에 따라 방위산업물자, 군용석유류, 도시철도건설용역, 농업용 기자재, 어업용 기자재 및 장애인용 보장구 등도 영세율 적용대상이 된다.

3 그 밖의 법률에 따른 영세율 적용

「자유무역지역지정 및 운영에 관한 법률」, 「남북교류협력에 관한 법률」, SOFA협정, 조세조약 등에서도 부가가치세 영세율적용대상을 규정하고 있다.

III 수출하는 재화

1 수출하는 재화의 범위

수출이라 함은 일반적으로 국내에서 국외로 재화를 판매하는 것을 의미한다. 각종 법령에서 규정하는 수출의 정의 및 범위는 필요에 의해 각각 달리 규정하고 있다. 「부가가치세법」에서 규정하는 수출(재화의 수출)은 다음과 같다.

(1) 외국으로 반출하는 재화

① 내국물품(대한민국 선박에 의하여 채집되거나 잡힌 수산물을 포함한다)을 외국으로 반출하는 것(직수출, 대행수출)

② 전자통신망을 통한 전송
③ 국내 사업장에서 계약과 대가 수령 등 거래가 이루어지는 특정무역거래방식에 의한
   수출로서 다음에 해당하는 것
   ㉠ 중계무역방식의 수출
   ㉡ 위탁판매수출
   ㉢ 외국인도수출
   ㉣ 위탁가공무역방식의 수출

(2) 국내에서 공급하는 재화로서 수출하는 재화로 보는 경우

① 사업자가 내국신용장 또는 구매확인서에 의하여 공급하는 재화(금지금은 제외)
② 사업자가 「한국국제협력단법」에 따른 한국국제협력단에 공급하는 재화(한국국제협력단
   이 「한국국제협력단법」 제7조에 따른 사업을 위하여 해당 재화를 외국에 무상으로 반출하는 경우에
   한함)
③ 사업자가 「한국국제보건의료재단법」에 따른 한국국제보건의료재단에 공급하는 재화
   (한국국제보건의료재단이 「한국국제보건의료재단법」 제7조에 따른 사업을 위하여 해당 재화를 외국
   에 무상으로 반출하는 경우)
④ 사업자가 다음의 요건을 모두 갖추어 공급하는 재화
   ㉠ 국외의 비거주자 또는 외국법인과 직접 계약에 의하여 공급할 것
   ㉡ 대금을 외국환은행에서 원화로 받을 것
   ㉢ 비거주자 등이 지정하는 국내의 다른 사업자에게 인도할 것
   ㉣ 국내의 다른 사업자가 비거주자 등과 계약에 의하여 인도받은 재화를 그대로 반출
     하거나 제조·가공 후 반출할 것

2 직수출

(1) 개요

직수출이란 일반적으로 사업자가 외국의 수입업자와 직접 계약에 의하여 자기의 계산과
책임하에 외국으로 내국물품을 반출하는 수출의 형태로서 해당 사업자는 외국으로 반출하
는 재화에 대하여 부가가치세 영세율이 적용된다. 이 때 유상으로 반출하든 무상(증여)으로

반출하든 대가의 유무에 관계없이 영의 세율이 적용된다.

(2) 수출절차

1) 무역계약 확정

수출마케팅 활동(해외 수주, 시장조사, 신용조사)을 통하여 수입처를 발굴하여 무역계약의 체결한다.

2) 수출신용장(Export L/C)의 내도

수출자는 수출계약을 체결한 후 신용장거래인 경우 수출신용장을 접수한다(Export L/C란 외국의 수입자가 우리나라 수출자로부터 상품의 수입을 위해 외국의 수입자의 요청으로 외국의 외국환은행이 개설한 신용장이 우리나라 수출자에게 내도한 신용장을 말한다).

3) 수출이행단계

① 수출제한품목인 경우 수출승인을 받아야 한다.

〈구비서류〉

㉠ 수출승인신청서 2부
㉡ 수출신용장 또는 계약서 사본 1통
㉢ 그 밖의 수출승인기관에서 요구하는 서류

② 수출물품의 확보

해외수입, 국내구매, 생산관리, 납기관리, 물품대금 결제

③ 수출통관

수출자는 수출물품의 생산이 완료되면 수출물품을 제조공장이나 수출자의 창고 등 수출검사를 받고자 하는 장소에 장치한 후 세관장에서 수출신고를 한다. 수출신고필증을 받게 되면 수출물품은 내국물품에서 외국물품화되어 보세운송 후 지정된 선박에 선적할 수 있게 된다. 또한 수출신고가 수리된 물품은 수출신고수리일로부터 30일 이내에 선적하여야 한다.

〈구비서류〉

㉠ 수출신고서
㉡ 수출승인서(해당되는 경우)
㉢ 상업송장 및 포장명세서
㉣ 그 밖의 수출통관에 필요한 서류

4) 해상보험 및 운송계약 체결

수출물품의 해외운송을 위한 운송계약 및 보험계약을 체결한다.

5) 물품선적

선적이란 본래 수출상이 수출화물을 본선 선측에서 인도하는 것을 의미하나, 거래조건에 따라 화물의 인도시기와 장소가 달라진다.

6) 수출대금의 회수

수출물품의 선적을 완료한 수출자는 수출대금을 회수하기 위하여 B/L, I/P, C/I 등으로 구성된 선적서류(Shipping Documents)를 신용장에 첨부하고 화환어음을 발행하여 외국환은행에 매입을 의뢰한다.

외국환은행(매입은행)은 제출된 서류들이 수출신용장의 조건과 일치하는가 여부를 확인하고 수출이 이행되었는지를 확인하기 위하여 대금결제용 수출면장을 접수한 다음 환어음의 대금(수출대금)을 수출자에게 지급한다.

수출대금을 지급한 외국환은행은 수입자 거래은행인 신용장 개설은행에 환어음과 선적서류를 송부한 후 동 대금을 추심하게 된다.

〈수출대금 회수시 구비서류〉

• 수출환어음 매입신청서
• 수출신용장(Export L/C)
• 환어음(Bill of Exchange – B/E)
• 선하증권(Bill of Lading – B/L)
• 상업송장(Commercial Invoice – C/I)

- 보험증권(Insurance Policy – I/P), 포장명세서, 원산지증명서 등(Packing List – P/L, Certificate of Origin – C/O)
- 그 밖의 신용장이나 수출계약서에서 요구하는 서류

7) 관세 등의 환급

수출용원재료 또는 내수용으로 수입하였는지에 관계없이 수입신고수리일로부터 2년 이내에 수출된 경우(만일 수출용원재료로 국내에서 거래될 경우 거래단계별로 1년 범위 안에서 해당 기간만큼 수출이행기간이 연장된다) 수출신고일로부터 5년 이내에 수출신고필증과 원재료의 수입 및 관세 등의 납부사실을 증명하는 수입신고필증, 기초원재료납세증명서, 분할증명서, 원재료의 사용 및 소비량을 증명하는 소요량계산서를 첨부하여 수입 시 부담한 관세를 환급받는다. 다만, 이와 같은 서류첨부는 개별환급 방법으로 관세환급을 받을 경우이고, 중소기업으로 간이정액환급 방법으로 관세환급을 받을 때는 수출신고필증만으로 환급이 가능하다. 또한 간이정액환급을 받을 때는 해당 수출물품에 사용된 원재료가 언제 수입되었는지를 따지지도 아니한다.

(3) 수출재화의 일반적 공급시기

1) 수출재화의 공급시기 판단

내국물품을 외국으로 반출하는 경우 수출재화의 선(기)적일이 원칙적인 공급시기이고, 원양어업의 경우에는 수출재화의 공급가액이 확정되는 때가 공급시기이다(부가령 §28 ⑥). 수출재화에 대한 공급시기를 선(기)적일로 하고 있으므로 수출대금의 회수조건 등은 공급시기에 영향을 미치지 아니한다.

㉮ 내국물품을 외국으로 반출하는 수출거래에 대하여 수출대금의 회수방법이 중간지급조건부 또는 장부할부판매조건인 경우에도 수출재화의 선(기)적일이 공급시기이다.

㉯ 수출한 재화가 당초 국외도착지에서 다른 국외현지로 이동하더라도 해당 수출재화의 당초 선적일이 공급시기이다(제도 46013 – 10062, 2001. 3. 16.).

이 때 선적일은 선하증권(B/L) 또는 상업송장상의 선적일을 확인하면 된다. 다만, 선하증권상의 선적일과 실제 선적일이 다른 경우에는 실제 선적일을 기준으로 공급시기를 판정한다.

2) 무역거래조건별 공급시기 및 귀속시기 판단

거래조건	수입자의 취득시기	손익의 귀속시기	부가가치세 공급시기
EXW (공장 인도)	수출자의 공장, 창고 등에서 인수하는 때	좌동	선적일 (직수출)
FCA (운송인 인도)	매수인이 지정한 운송인에게 수출통관된 물품을 인도하는 때	좌동	선적일
FAS (선측 인도)	수출자가 선측에 적치하는 때	좌동	선적일
FOB (본선 인도)	수출자가 본선 갑판에 적재하는 때	선적일	선적일
CFR (운임 포함)	수출자가 본선 갑판에 적재하는 때	선적일	선적일
CIF (운임·보험료 포함)	수출자가 본선 갑판에 적재하는 때	선적일	선적일
CPT (운송비 지급)	수출자가 지정한 운송인에게 수출국의 약정 장소에서 인도하는 때	선적일	선적일
CIP (운송비·보험료 지급)	수출자가 지정한 운송인에게 수출국의 약정 장소에서 인도하는 때	선적일	선적일
DAP (도착지 인도)	물품이 수입국내 약정장소에 도착하여 운송수단에서 내리지 않은 상태에서 수출자가 인도하는 때	좌동	선적일
DPU (도착지 양하인도)	물품이 수입국내 약정장소에 도착하여 양하가 완료된 다음 수출자가 인도하는 때	좌동	선적일
DDP (관세지급 인도)	물품이 수입국에 도착하여 수입통관된 다음 약정된 장소에서 수출자가 인도하는 때	좌동	선적일

※ 공급시기와 손익귀속시기 차이는 수입금액조정명세서에 서술한다.

3) 수출물품의 단계별 소요기간

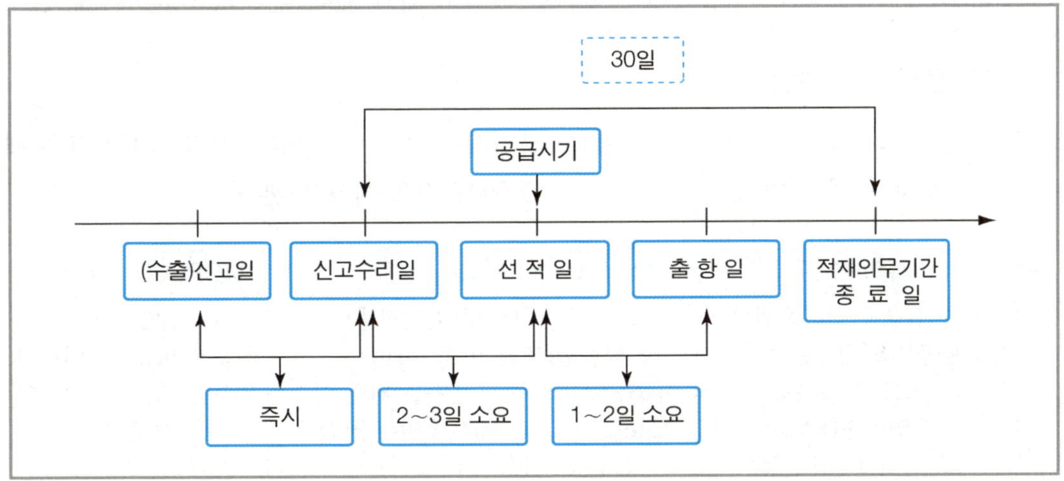

※ 국세청이 관세청에서 수집하는 통관자료는 출항일 자료로서 선적일과 일치하지 않을 수 있다.

4) 수출재화의 손익귀속시기 등

① 수출물품의 매출시점(손익인식시기)은 내국법인의 각 사업연도의 익금과 손금의 귀속 사업연도는 그 익금과 손금이 확정된 날이 속하는 사업연도로 한다.
구체적 내용은 제5장 참조바란다.

② 물품을 수출하는 경우에는 수출물품을 계약상 인도하여야 할 장소에 보관한 날을 인도한 날로 보아 수출매출의 수익인식시점이 되며, "수출물품을 계약상 인도하여야 할 장소에 보관한 날"이라 함은 계약상 별단의 명시가 없는 한 선적을 완료한 날을 말한다. 다만, 선적완료일이 분명하지 아니한 경우로서 수출할 물품을 「관세법」 제155조 제1항 단서에 따라 보세구역이 아닌 다른 장소에 장치하고 통관절차를 완료하여 수출신고필증을 발급받은 경우에는 그 때를 손익귀속시기로 한다(법인규칙 §33 2 ; 법인통칙 40-68-2).

③ 법인이 수출재화를 도착지 물류창고에서 출고한 후에 소유권이 이전되는 경우에는 「법인세법 시행령」 제68조 제1항 제1호 및 같은 법 시행규칙 제33조 제2호에 따라 수출물품을 계약상 인도하여야 할 장소에 보관한 날에 손익을 인식한다(서면2팀-2574, 2006. 12. 13.).

④ 수출재화의 공급시기(FOB, CIF, CFR 등)는 실제 선적이 완료된 사실을 입증할 수 있는 서류에 의하는 것으로, 선하증권(B/L)상과 실제 선적일이 다른 경우에는 실제 선적일을 기준으로 한다.

⑤ 수출하는 재화에 대한 부가가치세법상 공급시기, 법인세법상 손익귀속시기와의 차이
는 조정 후 수입금액명세서에 거래시기 차이로 인한 감액(증액)으로 표시하게 된다.

5) 선적일의 개념

내국물품을 외국으로 반출하는 경우의 공급시기는 선(기)적일이다. 선적일의 개념은 세
법에서 별도로 정의한 바 없어서 신용장 UCP600규정을 차용해 본다.

구분	운송수단	내 용	UCP600 19~25
1	해상운송(선하증권)	loading on board(본선적재)	선박회사
2	항공운송(항공운송장)	발행일(또는 flight date)	운송인 또는 그 대리인
3	철도, 도로운송	accepted for carriage(운송을 위한 인수)	운송인 또는 그 대리인
4	우편발송(EMS)	date of post receipt(우편수령일)	우체국
5	특사배달(DHL 등)	date of pick-up(접수일)	택배회사

그러나 그 수출이 권리인 경우에는 선적되지 아니하고 전자적으로도 인도될 수도 있는바
재화의 이동이 필요하지 아니한 경우에는 재화가 이용가능하게 되는 때로 보아야 할 것이
다(부가법 §15).

(4) 영세율 매출에 대한 공급가액의 산정기준

1) 일반원칙

① 영세율 적용대상 공급가액은 공급한 재화·용역의 대가관계에 있는 모든 금전적 가치
있는 것으로 수출대금으로 받기로 한 전체 금액의 원화환산액이 되며 원화환산방법
은 다음에 따른다(부가령 §59).

㉠ 부가법 제15조부터 제17조까지의 규정에 따른 공급시기가 되기 전에 원화로 환가
(換價)한 경우에는 환가한 금액

㉡ 부가법 제15조부터 제17조까지의 규정에 따른 공급시기 이후에 외국통화나 그 밖
의 외국환 상태로 보유하거나 지급받는 경우에는 부가법 제15조부터 제17조까지
의 규정에 따른 공급시기의 「외국환거래법」에 따른 기준환율 또는 재정환율에 따
라 계산한 금액으로 한다.

㉢ 내국물품을 수출하는 사업자가 당해 물품의 공급시기 도래 전에 수출대금을 외국
통화 기타 외국환으로 미리 받아 원화로 환가하지 아니하고 외화차입금의 상환 또
는 외화물품대금의 결제에 사용한 경우, 부가가치세과세표준은 「부가가치세법 시

행령」 제51조에 따라 상환 또는 결제한 때의 「외국환거래법」에 따른 기준환율 또는 재정환율에 의하여 계산한 금액으로 하는 것임(부가가치세과-1122, 2009. 8. 11.).

② 공급시기와 대금결제일 사이의 환율 차이에 의한 환차익 및 환차손은 부가가치세 공급가액에 영향을 미치지 아니하고, 각 사업연도의 소득금액 계산 시 영업외손익에 반영한다.

③ 직수출 또는 대행수출의 경우 수출신고서상의 결제금액에 선(기)적일 현재 기준환율(재정환율[218])을 곱하여 공급가액을 산정하지만, 「관세법」 또는 「대외무역법」 등의 규정에 따라 수출실적 통계 목적으로 사용되는 수출신고서상의 총신고가격(FOB금액)이 아님에 유의하여야 한다.

④ 법인세법에서는 계약서상 인도하였을 때 그 인도일의 기준환율 또는 재정환율에 따라 계산한 금액을 수입금액으로 하는 것이므로 부가가치세 공급가액과 반드시 일치하는 것이 아니다.

이하는 수출하는 재화에 대한 공급가액 산정기준에 대한 사례이다.

사례 1

① 선수금 입금시점 ×××1. 5. 2. : USD 10,000의 원화매각액 10,000,000원
② 선적시점 ×××1. 7. 20. : FOB조건이며 기준환율 1,050원일 때

● 회계처리
 − ×××1. 5. 2.
　(차) 현금·예금　　　　　10,000,000　　　(대) 수출선수금　　　　10,000,000
 − ×××1. 7. 20.
　(차) 수출선수금　　　　10,000,000　　　(대) 수출매출　　　　10,500,000
　　　외환차손　　　　　　500,000

● 부가가치세법상 처리
 − 공급시기 : ×××1. 7. 20.
 − 공급가액 : 10,000,000

---

218) 재정환율이란 기준환율을 통해서 간접적으로 계산한 1국 통화와 제3국 통화 사이의 환율을 말한다. 우리나라는 금융결제원이 최근 주요 국제금융시장에서 형성된 미국 달러화와 미국 달러화 이외 통화와의 크로스 환율(CROSS RATE)을 기준환율로 재정하여 산출한다. 크로스 환율은 자국통화가 개입되지 않은 상태에서 다른 통화간의 교환비율이다.

① ×××1. 9. 12. 수출물품 선수금 USD 10,000 - 즉시 환가함. 12,100,000원
② ×××1. 11. 9. 수출물품 선적 CFR조건 USD 10,000 선적일의 기준환율은 1USD＝₩1,200

● 회계처리
  - ×××1. 9. 12.
    (차) 현금예금   12,100,000   (대) 수출선수금   12,100,000
  - ×××1. 11. 9.
    (차) 수출선수금   12,100,000   (대) 수출매출   12,000,000
                                                  외환차익   100,000

● 부가가치세법상 처리
  - 공급시기 : ×××1. 11. 9.
  - 공급가액 : 선적일(거래시기) 전에 환가하였으므로 12,100,000원

① ×××1. 8. 5. 수출물품 선수금 USD 20,000 - 외화로 보유함. 기준환율은 1USD＝₩1,250
② ×××1. 12. 1. 외화 USD 20,000 중 USD 10,000 환가함 - 13,000,000원
③ ×××1. 12. 4. 수출물품 선적 CIF조건 USD 20,000 선적일의 기준환율은 1USD＝₩1,360임.

● 회계처리
  - ×××1. 8. 5.
    (차) 외화현금   25,000,000   (대) 수출선수금   25,000,000
  - ×××1. 12. 1.
    (차) 현금·예금   13,000,000   (대) 외화현금   12,500,000
                                                  외환차익   500,000
  - ×××1. 12. 4.
    (차) 수출선수금   25,000,000   (대) 수출매출   27,200,000
        외환차손   2,200,000

● 부가가치세법상 처리
  - 공급시기 : ×××1. 12. 4.
  - 공급가액 : 거래시기 전 환가금액 13,000,000(USD 10,000)과 거래시기 후에 환가하였

으므로 거래시기의 기준환율에 따라 환산한 금액 13,600,000원(USD 10,000)과의 합
계액 26,600,000원이 공급가액

① ×××1. 3. 7. 수출물품 선수금 USD10,000 외화예금(기준환율 1,050원)
② ×××1. 4. 9. 외화예금 USD10,000 전액 인출하여 수입물품대금 결제(채무 장부가격은
   11,000,000원이며 4월 9일 기준환율은 1,090원임)
③ ×××1. 4. 17. FOB조건 USD10,000 선적(기준환율 1,030원)

① 선수금 수령시
   (차) 외화예금   10,500,000   (대) 선수금   10,500,000
② 수입대금 결제시
   (차) 외화외상매입금   11,000,000   (대) 외화예금   10,500,000
                                                    외환차익   500,000
③ 선적시
   (차) 선수금   10,500,000   (대) 수출매출   10,300,000
                                                    외환차익   200,000
④ 부가가치세 공급가액
   USD 10,000×1,090＝10,900,000

2) 구체적 공급가액 산정

① 신용장 등에 불포함된 공급가액

일부 수입국의 경우 고율의 수입관세를 회피하기 위하여 신용장상의 수출단가를 축소하
고 실제 수출단가와의 차액을 별도로 송금하는 경우가 있다. 이 경우 재화를 수출하고 실제
수출금액과 수출신용장상의 금액과의 차액으로 별도 지급받는 금액에 대하여도 영세율을
적용한다(부가통칙 21-31-7, 21-31-8).

② 사전약정에 의하여 고정된 환율을 적용하기로 한 경우

사업자가 수출계약시 사전약정에 의하여 고정된 환율을 적용한 원화가액으로 그 대가를
확정하고 해당 공급에 대한 대가를 당초 확정된 원화가액에 상당하는 외국통화로 지급받는

경우 당초 확정된 원화가액을 공급가액으로 한다(서면3팀-1031, 2004. 5. 31. ; 부가 46015-962, 2000. 4. 29.).

③ 수출한 이후 계약금액을 변경하는 경우

내국물품을 외국으로 직접 반출(수출)하는 사업자가 국외의 외국법인과 수출계약에 의하여 재화를 수출한 후에 계약내용 변경사유가 발생하여 거래당사자간에 합의에 의하여 당초계약내용이 변경됨으로써 당초 거래금액에 증가 또는 감소되는 금액이 발생한 경우 그 변경사유가 발생한 날이 속하는 예정신고 또는 확정신고시에 신고할 공급가액에서 계약변경으로 인하여 증가 또는 감소되는 금액을 가감하여 신고하여야 한다(서면3팀-237, 2006. 2. 6. ; 서삼 46015-11619, 2003. 10. 15.).

④ 공급시기가 토요일 또는 일요일인 경우 외화환산 방법

부가령 제59조를 적용함에 있어서 그 공급시기가 토요일인 경우에는 「외국환거래법」에 따른 외국환중개회사(서울외국환중개주식회사)가 토요일에 고시한 기준환율 또는 재정환율에 의하여 계산한 금액을 공급가액으로 하며, 그 시기가 공휴일인 경우에는 그 전날의 기준환율 또는 재정환율에 의하여 계산한 금액을 공급가액으로 한다(서삼 46015-11986, 2002. 11. 19.).

⑤ 환차보상액

사업자가 재화를 수출한 후 외국구매자와의 약정에 의거 수출가액에 대한 환차보상액을 별도로 지급받는 경우 동 환차보상액은 공급가액에 포함된다. 이 때 수출가액에 대한 환차보상액에 대한 공급시기는 거래 당사자와의 약정에 따라 그 환차보상액을 확정하는 때로서 이 때의 기준환율 또는 재정환율로 환산한 가액이 공급가액이며, 동 수익에 대하여는 해당 대가를 확정한 날이 속하는 사업연도의 수입으로 계상한다(부가 22601-844, 1988. 5. 21. ; 부가가치세과-1020, 2009. 7. 20.).

⑥ 실제 수출가액보다 높게 신용장을 개설받은 경우

사업자가 수입자와 실제 수출가액을 확정하고 국제간 거래의 특수한 요인으로 인하여 당초 약정한 실제 수출가액보다 높게 수출신용장을 개설받아 재화를 수출한 후 실제수출가액과 수출신용장상 수출가액의 차액에 상당하는 재화를 별도의 대가를 받지 아니하고 추가로 수출반출한 경우에는 당초 수출신용장상의 금액을 수출하는 재화의 부가가치세 공급가액으로 한다(부가 46015-1386, 1999. 5. 15.).

⑦ 수출업자가 기한부 수출환어음을 인수시킴에 따라 지급하는 환가료

법인이 D/A 또는 기한부신용장에 의한 조건으로 상품을 수출함에 있어 수출가액에는 상품대금에 부가하여 신용매출기간에 대한 이자상당액이 포함된 경우에도 동 상품의 인도일에 수출가액 전체를 부가가치세 공급가액으로 하고 외상매출금으로 계상하는 것이며, 이 경우 수출업자가 신용매출기간의 종료일 전에 수출대전을 회수하기 위하여 기한부 수출환어음을 외국환은행에 매입의뢰하여 대금을 결제받는 경우에 지급하는 환가료는 할인료에 해당하는 영업외비용으로 해당 사업연도의 기간경과분에 한하여 손금에 산입할 수 있다(법인 22601-2638, 1985. 9. 2.).

⑧ 외화로 지급받는 대가에 대한 차감사유 발생 시 적용하는 환율

사업자가 용역대가를 외화로 지급받기로 약정하고 용역공급을 완료한 후 당초 용역대가의 차감사유가 발생하여 공급받은 자에게 외화로 차액을 지급한 경우 해당 차감되는 외화금액에 대하여는 당초 세금계산서 발급 시(공급시기) 적용한 환율로 계산한 금액을 차감되는 공급가액으로 기재한 수정세금계산서를 발급하여야 한다(부가 46015-1388, 1999. 5. 15.).

⑨ 수출재화의 선적일 이후 잠정가액이 확정되는 경우 공급가액 계산방법

사업자가 국외수입업체와 사전합의한 단가에 따라 수출가액을 잠정하여 수출재화를 선적한 후, 국외수입업체가 해당 재화의 특정성분의 함유량에 따라 공급가액을 확정하는 약정을 한 경우 추가 또는 차감되는 외화의 환산은 공급가액이 확정되는 때의 「외국환거래법」에 따른 기준환율 또는 재정환율로 계산한 금액을 해당 과세기간의 공급가액에서 차가감하여 신고하여야 한다(부가-1020, 2009. 7. 20.).

⑩ 무역거래조건별 공급가액 산정 사례

거래조건	물품가격	운송비		보험료	관세 등[3]	공급가액
		내륙[1]	해상[2]			
FOB	10,000,000	200,000				10,200,000
CPT	10,000,000	200,000	800,000			11,000,000
DDP	10,000,000	200,000	800,000	100,000	100,000	11,200,000

1) 무역거래조건은 후술한다.
2) [1]내륙운송비는 본선 선측을 통과할 때까지 수출자가 부담한 운송비용이다.
3) [2]해상운송비는 선적 후 수입항까지 발생한 비용이다.

4) [3]관세 등은 수입항 양하비, 수입통관비, 수입관세, 수입국 내륙운송비가 포함됨.
5) 해상운송비, 보험료, 수입관세는 무역거래조건에 따라 수출자 또는 수입자가 부담한 비용이다.

| 수출선수금 등의 공급가액 계산 |

구 분	환가 시기	공급가액	수입금액(익금)
수출선수금	선적일 전 환가	그 환가한 금액	계약상 인도조건에 따라 조건 성취일의 기준(재정)환율에 따라 환산한 가액
	선적일 (선적일 이후 환가)	선적일의 기준(재정)환율에 따라 환산한 가액	
수출외상매출금	–	선적일의 기준(재정)환율에 따라 환산한 가액	
사전약정에 따른 고정환율에 의한 수출대금	선적일 전 또는 후	사전에 정해진 환율에 따라 환가한 금액	그 환가한 금액
선적일(조건성취일)이 토요일인 경우	토요일	외국환중개회사가 선적일(토요일)에 고시한 기준·재정환율	외국환중개회사가 조건성취일(토요일)에 고시한 기준·재정환율
선적일(조건성취일)이 일요일인 경우	일요일	선적일(일요일) 전일의 기준·재정환율	조건성취일(일요일) 전일의 기준·재정환율

(5) 영세율을 적용받는 사업장

1) 원칙

사업자가 본사와 제조장 등 2개 이상의 사업장이 있는 경우에 자기가 제조한 수출재화에 대한 영세율 적용 사업장은 최종 제품을 완성하여 외국으로 반출하는 제조장으로 하고, 영세율 첨부서류는 본사명의의 수출신고필증이나 수출대금입금증명서를 토대로 작성된 수출실적명세서(전자계산조직을 이용하여 처리된 테이프 또는 디스켓을 포함한다)이다(부가통칙 21 – 31 – 3).

2) 예외

한 사업자에게 본사와 공장 등 2개 이상의 사업장이 있는 경우, 수출을 증명하는 제증빙서류의 명의는 본사로 되어 있다 하더라도 최종제품을 완성하여 인도하는 공장에서 영세율을 적용받는 것이며, 신용장상의 명의로 되어 있는 본사가 영세율을 적용받는 경우에는 공장은 본사로 거래징수하는 세금계산서(총괄납부사업자의 경우 거래명세표)를 먼저 발급하여야 한다(간세 1235-2021, 1978. 7. 10. ; 서면3팀-1588, 2006. 7. 26.).

(6) 대금의 결제 방법

외국으로 반출하는 수출재화에 대하여는 대금의 결제방법에 관계없이 영세율이 적용된다. 즉 수출대금을 원화로 받거나 수입자의 국내사업장에서 받거나 국내사업자로부터 받는 경우 모두 영세율이 적용된다.

(7) 세금계산서 발급의무

세금계산서 발급의무가 면제된다(부가령 §71 ① 4).

(8) 영세율 첨부서류

① 수출실적명세서(전자계산조직에 의하여 처리된 테이프 또는 디스켓을 포함). 다만, 소포우편에 의하여 수출한 경우에는 해당 우체국장이 발행하는 소포수령증으로 한다(부가령 §101 ① 1).
② 「개별소비세법」에 의한 수출면세의 적용을 받기 위하여 영세율첨부서류를 관할세무서장에게 이미 제출한 경우에는 영세율첨부서류제출명세서로 부가령 제101조 제1항 각호의 서류를 갈음할 수 있다(부가령 §101 ③).
③ 사업자가 소포수령증 등의 서류를 복사하여 저장한 테이프 또는 디스켓을 영세율첨부서류제출명세서(전자계산조직에 의하여 처리된 테이프 또는 디스켓을 포함)와 함께 제출하는 경우에는 부가령 제101조 제1항 각 호의 서류를 제출한 것으로 본다.
④ 부득이한 사유로 영세율첨부서류를 제출할 수 없는 경우에는 외화획득명세서에 영세율이 확인되는 증명자료를 첨부하여 제출하여야 한다(부가 46015-4457, 1999. 11. 5.).

(9) 영세율매출명세서 작성 · 제출

부가법 제21조부터 제24조까지 또는 「조세특례제한법」 제105조 제1항, 제107조 및 「조세특례제한법」 제121조의13에 따라 영세율을 적용하여 재화 또는 용역을 공급한 경우 기획재정부령이 정하는 영세율매출명세서를 2013년 제2기 과세기간에 대해 신고하는 분부터 예정 · 확정 신고 시 영세율매출명세서를 작성 · 제출하여야 한다. 종전에는 수출실적명세서, 수출계약서, 내국신용장사본 등의 첨부서류만 제출하면 되었으나, 영세율 첨부서류의 확인 · 검토 및 관련 조세지출실적에 대한 통계파악 등을 위해 명세서 제출이 필요하게 되어 신설되었다(부가령 §90 ③, §91 ②).

(1) 개요

대행수출이란 무역업자가 위탁자와의 수출대행계약에 따라 일정한 수수료를 받고 자기명의로 수출을 행하는 것으로, 수출대행업자는 자기명의로 거래함에 따른 책임을 지며 대행자와 위탁자의 관계는 대행계약에 의하여 정해진다.

수출대행업자는 무역업고유번호를 부여받은 자이어야 하며, 대행계약에는 수출절차의 이행범위, 대행수수료, 클레임 처리, 관세환급권 등을 주요내용으로 명시한다.

참고로 대행수출의 사유는 다음과 같다.

① 수출신용장을 받았거나 받을 수출품생산업자가 직접 수출업무를 수행하기가 불편한 경우

② 수출지역·품목별 수출한도(쿼터)가 적용되는 경우 쿼터가 없는 자가 쿼터가 있는 수출업자의 명의로 수출하고자 하는 경우

③ 전문무역상사나 그룹 관련 기업의 주된 무역업체에 수출창구를 일원화하는 경우

④ 실제 수출업자가 무역경험부족으로 대행시키고자 하는 경우

(2) 수출대행의 형태

수출대행의 유형은 수출신용장의 최초 수취인이 누구이냐, 또는 수출물품의 공급자 또는 수출절차의 사무상의 이행자가 누구이냐 등에 따라 다음과 같은 네 가지 형태로 나누어 볼 수 있다(부가통칙 21-31-2 외).

가. 단순수출대행(대행자 명의만 사용)

대행위탁자가 수출신용장을 자기명의로 받고 동 신용장을 대행계약에 따라 대행자에게 양도한 후에 대행위탁자의 모든 책임하에 수출물품을 제조가공하여 신용장 양수자인 대행자의 명의로 수출하는 방식이다. 이 경우에는 수출 및 선적에 따른 모든 절차도 사실상은 대행위탁자가 맡아서 하게 되며 대행자는 단순히 제반서류상의 명의자로만 되므로 일종의 창구역할만 하는 것이다. 그러므로 이 경우에 대행자는 거래상대방에 대하여 아무런 책임도 없는 것으로 생각하기 쉬우나 신용장 양수자로서 신용장조건에 따른 책임은 면하지 못한다는 점에 특히 주의를 하여야 한다.

나. 대행자 직접 위험부담방식의 수출대행

대행자가 제반서류상의 명의자가 되는 것은 물론 한걸음 더 나아가 대행위탁자를 위하여 자기명의로 수출금융의 융자를 받아 주는 등 여러 가지 수출지원을 수혜하는데도 명의를 빌려주는 동시에 선적절차도 맡아서 이행하고 대행위탁자는 수출품만을 제조·가공하여 공급하는 방식이 있다. 이 방식에 따르면 수출자가 여러 가지 위험부담을 지게 되며, 특히 금융융자시에는 자본이 빈약한 위탁자를 위하여 대행자소유의 담보를 제공하여야 하는 경우가 있으므로 수탁자간에 긴밀한 관계가 없으면 대행자가 이러한 방식에 응하지 않는 경우가 많다. 이 경우 대행수수료도 가장 비싸고 금융융자에 따른 이자는 대행위탁자가 부담하게 되는 것이 일반이다.

다. 내국신용장 등 개설방식의 수출대행

대행위탁자가 수취한 수출신용장을 대행자에게 양도하고 다시 대행자로부터 완제품 내국신용장을 발급받고 동 내국신용장에 의하여 수출물품을 제조·가공하여 대행자에게 공급하는 방식이다. 이 경우 수출 및 선적절차는 양자간의 계약에 따라 대행자가 이행하게 된다. 그리고 이러한 방식의 대행에서 대행위탁자는 내국신용장을 근거로 하여 자기명의로 수출금융을 융자받을 수 있고 수출용원자재를 수입할 수 있다.

라. 대행자 신용장 직접 수취방식의 수출대행

대행위탁자가 자기명의로 신용장을 받아 대행자에게 양도하는 것이 아니라 해외거래상대방과 수출계약만 체결하고 신용장은 직접 대행자 앞으로 개설하게 하는 방식이 있다. 이 경우 대행위탁자가 수출물품을 제조공급하면 양자간의 계약체결로서 대행관계가 성립된다. 위탁자가 단순히 신용장발행의 중개인 역할만 하고 물품공급책임을 지지 않으면 양자간의 관계를 수출대행이라고 보기는 어렵다.

마. 위탁자 명의의 수출이행

수출대행이란 일반적으로 대행자의 명의로 수출을 이행하지만 무역전담 인력부족 및 무역업무 이행능력이 부족한 업체의 경우 선적, 운송, 물류, 결제 및 영문서식 작성 등 모든 절차를 위탁자의 명의로 하되 대행자가 이행하는 방식이다.

(3) 수출알선업과의 차이

외국의 수입업자를 위하여 수출알선용역을 제공하고 수출업자로부터 알선수수료를 지급받는 경우에는 국내사업자인 수출업자에게 용역을 제공한 대가인 수수료는 부가가치세의 과세대상(10%)이 된다(부가 22601-1687, 1988. 9. 21.).

그러나 수출알선용역을 제공하고 그 대가를 비거주자 또는 외국법인으로부터 외국환은행을 통하여 원화로 받는 경우에는 그 밖의 외화획득용역에 해당하여 영세율을 적용받는다(부가통칙 24-33-1).

(4) 영세율의 적용범위

영세율 적용대상사업자는 수출이 누구의 계산으로 누구의 책임하에 이루어졌는가에 따라 수출업자 또는 수출품 생산업자 중 어느 하나에 해당하며, 다음의 경우에는 수출품 생산업자가 영세율 적용대상자가 된다(부가통칙 21-31-1, 21-31-2).

㉮ 수출품 생산업자가 직접 수출신용장을 받아 수출업자에게 양도하고 수출대행계약을 체결한 경우(수출업자로부터 완제품 내국신용장을 개설받는 경우 포함)

㉯ 수출업자가 수출신용장을 받고 수출품 생산업자와 수출대행계약을 체결한 경우(수출업자로부터 수출품 생산업자가 완제품 내국신용장을 개설받는 경우 포함)

또한 수출신고필증상 수출자는 명의뿐이고 수출신용장, 수출계약서, 선적서류, 송장, 수출대금의 수취 등의 사실에 비추어 수출한 사업자가 따로 있는 때에는 사실상 귀속되는 사업자에게 영세율이 적용된다(부가 46015-3468, 2000. 10. 12.).

구 분	국내유통흐름 제조자 → 수출자		수 출 신고서상 부 호	영세율 적 용 대상자	수 출 신고서상 제 조 자
1. 을이 수출대행시	갑	을	B	갑	갑
2. 을이 갑에게 내국신용장 등 개설 완제품 구입	갑	을	C	갑, 을	갑 또는 을
3. 을이 갑에게 일반매입하여 수출	갑	을	A	을	갑 또는 을

(5) 공급시기 및 공급가액

대행수출에 있어 수출위탁자는 수출업자(수출대행자)가 수출위탁자를 위하여 수출신고, 선적 등을 대행한다는 것을 제외하고는 직수출의 경우와 다른 것이 없으므로 수출하는 재화에 대한 공급시기 판단 및 공급가액 산정방법은 동일하다. 즉 수출재화의 선(기)적일이 공급시기가 되고 수출재화에 대한 수출대금 전액(원신용장 금액)이 공급가액이 된다.

다만, 수출대행자의 공급가액은 수출위탁자로부터 받는 대행수수료가 되는 것이나 영세율이 적용되지 아니하여 일반세율(10%)을 적용한 세금계산서를 수출위탁자에게 발급하여야 한다.

갑은 을의 수출 대행을 200,000원(부가가치세 별도)에 하였다. 을의 수출 금액은 USD 100,000이며 FOB조건이다. 선적일의 기준환율은 1,370원이다.

● 갑은 수출대행 완료시 분개

  (차) 현금예금   220,000   (대) 수출대행수수료   200,000

                                           부가가치세예수금   20,000

* 갑은 수출대행을 했을 뿐 자기의 수출이 아니므로 수수료만 매출이며 영세율은 당연히 아니다.

● 을은 선적시 분개

  (차) 외화외상매출금   137,000,000   (대) 수출매출   137,000,000

* 을은 수출대행을 시켜 자기의 수출을 했으므로 당연히 영세율 대상이다.

(6) 영세율 첨부서류

수출위탁자의 영세율 첨부서류는 수출대행계약서 사본 제출 외에는 직수출의 경우와 동일하다(부가통칙 21 – 101 – 1).

(7) 영세율 적용사업자에 대한 국세청의 통관자료분석

1) 수출통관자료 분석

가. 수출실적명세서와 관세청 통관자료의 원화금액 또는 외화금액 불일치

국세청이 관세청으로부터 매월 수보하는 통관자료와 사업자가 제출한 수출실적명세서상의 수출금액이 불일치하는 경우로 그 원인과 업무처리방법은 아래와 같다.

① 원화환산 불일치

수출실적명세서와 수출통관자료 원화금액의 불일치가 있는 경우에는 수출재화의 선적일 이전에 수출대금(선수금, 사전송금방식 등)을 영수하여 선적일 전에 환가한 것인지 여부, 선적일의 기준환율에 의하여 환산하여야 하나 수출신고일로 환산하는 등 그 내용을 확인하여 다음과 같이 처리한다.

- 선적일 착오자료 및 선적일 전 환가자료인 경우 : 정상처리
- 원화환산 과소자료 : 과세표준 경정
- 원화환산 과다자료 : 과세표준 감액(수정신고 또는 경정청구 요구)

② 외화금액 불일치

수출실적명세서와 수출통관자료 외화금액은 대부분 일치하는 것이 원칙이나 외화금액의
불일치가 있는 경우 다음과 같이 처리한다.

- 과세기간을 달리한 분할선적으로 외화금액에 차이가 발생한 경우나 수출신고서상의
  결제금액 외에 추가로 수출대금을 받기로 약정된 경우 : 정상처리
- 외화금액 과소기재로 확인된 경우 : 과세표준 경정
- 외화금액 과다기재로 확인된 경우 : 신고오류자료로 과세표준 감액

나. 신고누락 및 가공수출

제출한 수출실적명세서상의 수출관리번호로 통관자료와 상호대사하여 수출신고서를 누
락한 경우가 발생하거나, 수출통관자료 없이 직수출 또는 단순대행수출을 영세율과세표준
으로 신고한 경우가 있다.

| 수출신고번호 형식 | | | | |

000	00	00	0000000	0
세관부호 (03)	과부호 (02)	신고연도 (02)	일련번호 (07)	검증번호 (01)

① 신고누락

수출통관자료는 있으나 수출실적명세서상에는 기재누락된 자료가 발생한 경우 면세재화
의 수출인지, 수출관리부호의 단순 착오기재인지, 위탁가공을 위한 원재료 반출 등 부가가
치세 과세대상이 아닌 통관자료인 경우라면 정상적인 신고로 활용한다.

수출신고서상의 수출자구분코드, 수출관리부호 오류기재분은 실제 수출자, 실제 수출형
태에 따라 객관적 증빙자료를 요구하여 실제 사실내용대로 처리한다.

- 수출신고서상 수출자구분코드를 대행수출 "B"임에도 완제품 구매수출 "C"로 기재하
  였다면 수출신고자는 신고누락, 제조자는 가공수출자료가 발생하게 된다.

- 기타 과소신고 자료로 확인된 경우 영세율과세표준누락에 따른 부가가치세 경정과 함께 영세율과세표준신고불성실가산세를 부과한다.
- 관세청에서 수보된 자료상의 선적일은 출항일이므로 실제 선적일과는 수 일상의 차이가 발생함에 유의한다.
- 수출계약 및 수출통관은 본사에서 수행하고 최종 수출품을 지점에서 완성하여 본사 명의의 수출면장으로 수출하는 경우에는 지점에서 영세율이 적용되는 것이어서 본점은 영세율 과세표준신고 누락자료가 발생하고 지점은 가공수출자료가 발생하게 됨에 유의하도록 한다(정상신고 활용대상임).

② 가공수출자료

관세청에서 수보된 수출통관자료가 없음에도 수출실적명세서에 수출실적을 기재한 경우 일정비율 또는 일정금액 이상자는 가공수출혐의자(부정환급혐의)이므로 납세자에게 해명자료를 요구하여 소명이 없거나 소명자료가 미흡하다면 현지확인대상으로 선정할 수 있다. 다만, 다음의 경우는 정상 신고자료(착오신고자료)로 처리한다.

ⓐ 북한에 재화를 반출한 경우(남북교류협력법에 따른 대북 반출자료는 현재 관세청에서 자료수집이 되고 있지 않고 있음)

| 국세청 통보 배제되는 자료(수출입 통계에서 배제) |

구 분	수출통관신고	수입통관신고
남북한 물품여부/목적국	북한(KP)	북한물품
수입/수출입거래구분	39, 40, 70, 78, 79, 81~86, 89, 92, 95	54, 55, 70, 81~88, 90, 95, 97, 99
수입종류구분	–	C, E, R, O, H, T, W, S

ⓑ 통관자료가 발생하지 않는 외국인도수출, 중계무역방식, 소포우편(DHL)방식의 수출을 수출실적명세서에 착오기재한 경우(수출신고번호의 임의기재)
ⓒ 위탁가공무역방식의 수출을 위하여 원재료 등을 외국의 위탁가공업체에 무환반출한 경우로서 수출로 오인하여 FOB금액을 영세율 과세표준으로 신고한 경우(과세대상 아님)
ⓓ 국내기업 "갑"이 국내기업 "을"에게 자기의 해외지점에 재화를 납품받기로 하는 계약을 체결하고 "을"이 자기명의로 통관한 후 해외지점까지 운송하는 조건으로 수출하고, "갑"으로부터 그 대금을 지급받기로 한 경우 영세율 적용은 "갑"에게 적용되나 수출면장은 "을"에게 발급되므로 "갑"은 가공매출이 발생하고 "을"은 신고누락자료가 발생하게 된다.

다. 중복 제출이 있는 경우

대행수출자가 영세율을 적용하여 환급받게 되면 동일 수출신고번호로 둘 이상(위탁자 및 수출대행자)의 사업자가 수출실적명세서를 제출하게 된다.

지점에서 수출품을 완성하여 국외 반출하고 본사 및 지점에서 각각 영세율과세표준으로 신고한 경우 과다계상한 본점 또는 지점은 과세표준을 감액결정한다.

부호	부 호 내 역	비 고
A	수출자가 직접 제조, 가공(구입)하여 수출 (A : 수출자와 제조자가 동일한 경우(제조자를 수출통관한 사업자로 수록))	제조자 수출
B	수출자가 제조자로부터 위탁을 받아 수출대행만을 한 경우 (B : 대행수출한 경우(제조자를 수출통관한 사업자로 수록))	위탁수출
C	수출자가 제조자로부터 완제품을 공급받아 수출한 경우 (C : 수출자가 완제품을 공급받아 수출한 경우(수출자를 수출통관한 사업자로 무역업 고유를 사업자등록번호로 변환하여 수록))	완제품 공급
D	수출자와 제조자가 본·지사 관계인 경우	−

4 중계무역방식에 의한 수출

(1) 「중계무역방식의 수출」의 정의

가. 중계무역의 일반 개념

중계무역(中繼貿易)은 사업자가 수입액과 수출액과의 차액수취를 목적으로 하는 거래이다. 이때 사업자는 자기 책임하에 수입과 수출을 하므로 수입품과 수출품에 대한 소유권을 갖는다. 소유권은 갖지 않고 단순히 거래상대방을 중개하는 중개무역(仲介貿易)과 다르고 관세법상으로는 수입통관 절차가 이루어지지 않아 수입된 것으로 간주되지 않지만 대외무역법상으로는 수입된 것으로 간주되는 물품에 추가적인 가공을 하지 않고 수입한 그대로 수출한다는 점이 위탁가공무역(加工貿易)과 다르다. 국내 업체는 각각의 수출 및 수입을 통해 차익을 실현시킨다.

☞ 외국에서 구매하여 우리나라에 도착한 즉시 보세구역에서 외국으로 수출(輸出)하는 것임.

나. 대외무역법 및 부가법상 중계무역방식수출의 의미

「대외무역법」상 "중계무역"이라 함은 수출할 것을 목적으로 물품 등을 수입하여 「관세법」 제154조에 따른 보세구역 및 「관세법」 제156조에 따라 보세구역 외 장치의 허가를 받은 장소 또는 「자유무역지역의 지정 등에 관한 법률」 제4조에 따른 자유무역지역 외의 국내에 반입하지 아니하고 수출하는 것(수입물품의 성질을 변경시키지 않고 원상태로 수출하여 수입대금지급액과 수출대금영수액과의 차액을 가득액으로 취하는 수출형태)을 말한다. 「부가가치세법」도 「대외무역법」상 중계무역방식의 수출 개념을 그대로 차용하여 영세율적용대상으로 삼고 있다(부가령 §31 ① 1, 대외무역관리규정 §2 11).

법원도 부가법상의 중계무역방식의 수출의 개념은 대외무역법령에 정한 그것과 같은 의미로 해석하는 것이 타당하다고 판시하였다(대법원 2021두51331, 2022. 1. 14. ; 창원지법 2019구합52322, 2020. 10. 15. ; 부산고법 2020누11902, 2021. 8. 18.).

> **보세구역 외의 국내에 반입하지 아니하고 수출한다는 의미**
>
> "보세구역 및 보세구역 외 장치의 허가를 받은 장소 또는 자유무역지역 외의 국내에 반입하지 아니하고 수출"이라는 조문의 의미는 중계무역 물품이 이동할 수 있는 최대한의 경로를 말한다. 예를 들어 일본에서 물품을 수입하여 중국으로 수출하는 중계무역의 경우 공해상으로 물품이 이동하는 것은 물론 중계무역에 해당하며, 물품이 국내를 거치는 경우에도 보세구역 또는 세관장으로부터 보세구역 외 장치장소 허가를 받은 장소까지의 물품이동은 중계무역으로서 허용을 하지만 보세구역 · 보세구역 외 장치장소를 벗어나 국내로 들어오려면 수입통관절차를 거쳐야 하며, 이 경우는 해당 물품이 다시 수출되더라도 중계무역이 아니라는 것을 의미한다.

이러한 형태의 수출은 자국상품의 공급능력에 한계가 있을 경우 제3국에서 상품을 수입하여 이를 제3국에 수출함으로써 지속적으로 해외시장을 관리하고자 할 때 많이 활용된다. 하지만, 최종 수입국이 최초 수출국으로부터의 수입을 제한하고 있는 경우 최종 수입국의 무역정책에 혼란을 가져와 수입제한 등 보복조치가 중계무역방식에 의한 수출자에게 취해질 수 있음에 유의하여야 한다. 또한 북한과 제3국간의 중계무역의 경우에는 「남북교류협력에 관한 법률」에 따라 반출입승인을 받아야 한다.

(2) 중계무역 절차

① 수출계약의 체결(최종 수입자와 중계자간 무역계약)
② 신용장 수취
③ 수입계약 체결(중계자와 최초 수출자간 무역계약)
④ 신용장 개설
⑤ 물품선적, 환어음 매각
  - 통상 중계무역에서는 물품이 최초 수출국에서 최종 수입국으로 직접 운송된다.
⑥ 수출입대금 결제(수출대금을 영수하여 수입대금결제 또는 수입대금결제 후 수출대금 영수)

(3) 주요 판단 요소

중계(中繼)무역 방식은 중계자의 책임하에 수입하여 수출하고 그 대금의 결제도 중계자의 책임과 계산하에 이루어지는 수출행위와 수입행위가 복합적으로 이루어지는 이원적 거래로서 중개(仲介)무역이 수출입에 따른 별다른 요식행위없이 최종수입자나 최초수출자의 대리인으로서 수수료만을 취하는 것과 구별된다. 중계무역의 경우 운송서류가 '최초 수출국 → 중계국 → 최종 수입국'으로 유통됨으로써 중계무역업자가 최종 수입자로부터 수출대금을 영수하고, 최초 수출자에게 중계무역업자가 수입대금을 지급하게 되어 수출금액과 수입금액의 차액을 가득액으로 취하는 것이다. 다만, 대외무역법에서는 수입대금과 수출대금의 결제는 동일 은행에서 이루어져야 중계무역 및 수출실적을 인정해 준다.

(4) 영세율 적용

중계무역방식에 따른 수출에 해당하는 경우 재화의 이동이 국외에서 이루어짐에도 불구하고, 2002. 1. 1. 이후 거래분부터 수출하는 재화로 영세율을 적용하며 해당 사업과 관련된 매입세액도 자기의 매출세액에서 공제한다.

(5) 공급시기

수출재화의 선(기)적일이 공급시기이며 동 선(기)적일이 속하는 예정신고기간 또는 확정신고기간에 영세율과세표준을 신고하여야 한다(부가령 §28 ⑥).

(6) 세금계산서 발급의무 면제

공급받는 자가 국외의 외국법인 또는 비거주자이므로 세금계산서 발급의무가 면제된다
(부가령 §71 ① 4).

(7) 대가의 영수방법

중계무역방식에 의한 수출의 대가를 원화로 받든 외화로 받든 또는 국내에서 받든 국외
에서 송금을 받았는지 여부에 관계없이 영세율이 적용된다.

(8) 공급가액

중계무역은 자기의 책임과 계산하에 수입과 수출계약을 성사시키고 수출입에 대한 위험
을 부담하므로 총액주의로 수입과 수출대금 상당액을 인식하게 된다. 따라서 수출물품의
결제금액이 공급가액이 된다.

수출물품에 대한 공급시기가 도래하기 전에 수출대금을 원화로 환가한 경우에는 그 환가
한 금액이 과세표준이며, 수출물품 공급시까지 수출대금을 원화로 환가하지 아니하거나 선
적일(공급시기) 이후에 지급받은 경우에는 공급시기의 외국환거래법에 의한 기준환율 또는
재정환율로 환산한 금액이 공급가액이다(부가령 §59).

다만, 중계무역방식으로 수출하는 사업자의 대외무역법상의 수출실적은 수출금액(FOB가
격 기준)에서 수입금액(CIF)을 공제한 가득액으로 한다.

(9) 영세율 첨부서류

수출계약서 사본 또는 외국환은행이 발행하는 외화입금증명서 사본이며, 해당 서류를 제
출할 수 없는 경우에는 외화획득명세서에 영세율이 확인되는 증명자료를 첨부하여 제출할
수 있다.

사업자가 해당 영세율 첨부서류를 복사하여 저장한 테이프 또는 디스켓을 영세율첨부서
류제출명세서(전자계산조직에 의하여 처리된 테이프 또는 디스켓을 포함)와 함께 제출하는 경우에
는 해당 서류를 제출한 것으로 본다.

다만, 중계무역 및 위탁가공무역 방식으로 수출하는 사업자가 상업송장을 영세율 첨부서류로
제출한 경우 조세심판원에서는 이를 영세율 첨부서류로 인정한 바, 가산세 부과는 어려울 것으
로 판단된다(서면3팀-993, 2006. 5. 30. ; 국심 2007부 816, 2007. 5. 10. ; 국심 2006중 2974, 2006. 12. 22.).

(10) 중계무역의 형태

1) 일반적인 중계무역방식의 수출 형태

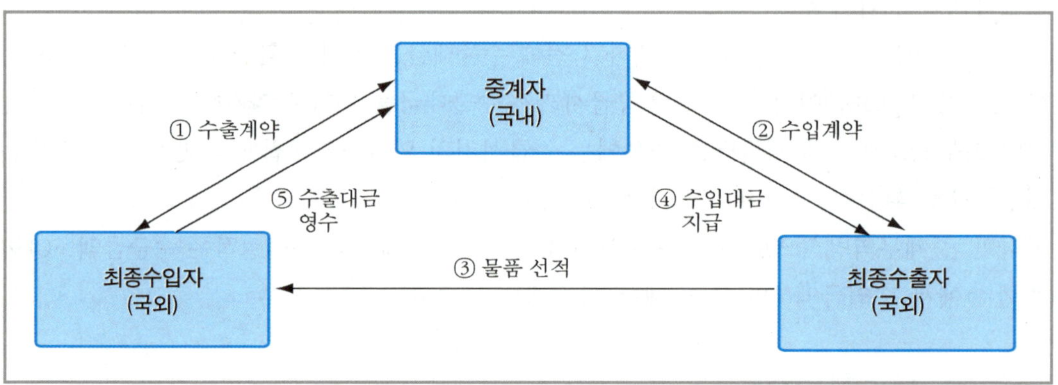

2) 보세구역 내 외국물품을 구입 후 국외 반출시 중계무역 해당 여부

① 질의내용

ⅰ. 국외로부터 수입되어 국내 보세구역 내에 보관중인 물품을 공급자로부터 매입하여 자사(이하 A라 함)소유 형태로 해외 선적 후 해외에 소재한 현지창고에 보관하면서 거래처로부터 물품 구입 요청이 있을 시마다 판매하는 경우 중계무역에 해당하는지 여부

ⅱ. A가 중계무역수출에 공하고자 외국에서 구매하여 국내 보세구역에 반입한 물품을 국내에 있는 B가 구매하여 수출한 경우

ⅲ. A가 국내에 수입할 목적으로 반입한 물품을 내국인 B가 구매하여 수출한 경우

ⅳ. A가 국내에 수입할 목적으로 반입하여 수입신고 하였으나, 수입요건 미비로 수입신

고 취하하고 제3국에 수출한 경우

v. A가 국내에 수입할 목적으로 반입한 물품을, 국내에 수입하기 어려운 상황이 생기자 수입신고하지 않은 상태에서 그대로 제3국에 수출한 경우

vi. BWT(Bonded Warehouse Transaction) 물품을 내국인이 국내에서 구매하여 수출한 경우

② 답변

ⅰ. 외국에서 구매하여 국내 보세구역에 반입한 물품을 보세구역에서 제3자가 재구매하여 수출하는 경우는 수입 및 수출자가 별도로 있는 것이므로 중계무역에 해당되지 않는다.

   - 보세구역에 반입된 물품으로서 수입신고를 하지 아니한 상태의 물품은 외국물품이므로 수출신고 대상이 아니며 외국물품을 외국으로 반출하는 반송신고 대상이다. 다만, 동 거래가 중계무역에 해당되는 경우는 중계무역수출(거래구분 79) 신고를 하여야 하며, 중계무역에 해당되지 않는 경우는 외국으로부터 보세구역에 반입된 물품으로서 다시 반송신고되는 물품(거래구분 78)으로 신고하여야 한다.

ⅱ. 동 질의의 경우 수입 및 수출자가 별도로 존재하므로 중계무역에 해당되지 않는다.

ⅲ. 동 질의의 경우 역시 수입 및 수출자가 별도로 존재하므로 중계무역에 해당되지 않는다.

ⅳ. 국내 A가 당초 수출할 목적으로 물품을 수입하지 않았다 하더라도 변화된 수입여건 등 국내 상황에 따라 동 물품을 국내에 반입하지 않고 외국으로 수출하여 각각의 수입 및 수출을 통해 외화를 획득하는 경우에는 대외무역법상 중계무역에 해당된다.

ⅴ. 위 4번 질의와 마찬가지로 국내로 반입 없이 제3국으로 수출한 경우 중계무역으로 인정함이 타당할 것이며 또한, 보세구역 및 자유무역지역 외의 국내에 반입하지 않았다면 해당 물품에 대한 수입신고 여부는 고려대상이 아니다.

   - 동 사례의 경우처럼 당초 수출할 목적이 아니었으나 사정변경으로 수입한 물품을 가공과정 없이 그대로 다시 수출하는 경우에도 전형적인 중계무역의 물품이동 경로와 동일하므로 중계무역으로 볼 수 있는 것이다.

ⅵ. 내국인이 국내 보세구역에 장치된 해당 물품을 외국업체와 수입계약을 체결하고 제3국과의 수출계약에 따라 직접 물품을 이동시키는 경우 중계무역에 해당한다.

(11) 중계무역방식수출의 회계처리

개나리무역㈜는 일본에서 FOB USD 50,000에 수입한 상품을 미국으로 FOB USD 70,000에 수출하고자 한다. 이 경우 개나리무역㈜는 물류비용 등 절감을 위하여 우리나라에 수입통관하지 아니하고 직접 일본에서 미국으로 ×××1년 10월 1일 선적하게 하였다(×××1. 10. 1. 기준환율 1USD=₩1,280). 우리은행에서 수출과 수입에 관련한 업무를 동시에 종결하였다. ×××1. 10. 5. USD 70,000 외화입금 받은 즉시 USD 50,000 송금하였다(10월 5일 기준환율 1,300원).

① 수입과 수출계약을 각각 하였으므로 매입회계처리와 매출회계처리를 각각 하고 또한 미국과 계약된 수출금액 총액으로 부가가치세신고를 하여야 한다.
  • 상품수입거래(증빙은 수입계약서 및 선하증권 등 USD 50,000×1,280)
  (차) 상 품   64,000,000   (대) 외화외상매입금   64,000,000
  • 상품수출거래(증빙은 수출계약서 및 선하증권 등 USD 70,000×1280)
  (차) 외화외상매출금   89,600,000   (대) 수출매출   89,600,000
  (차) 상품매출원가   64,000,000   (대) 상 품   64,000,000
  • 수출대금 및 수입대금 결제(USD 70,000×1,300/USD 50,000×1,300)
  (차) 외화예금   91,000,000   (대) 외화외상매출금   89,600,000
  (차) 외화외상매입금   64,000,000   (대) 외화예금   65,000,000
                                        (대) 외환차익   400,000
② 법인세법[219] 통칙 42-76-2 3호에 따르면 사업연도 중에 보유외환으로 다른 외화자산을 취득하거나 기존의 외화부채를 상환하는 경우에는 보유외환의 장부상 원화금액으로 회계처리한다. 법인세법대로 분개한다면 앞 세 번째의 결제하는 분개는 다음과 같으며 외환차손익은 발생하지 않는다.
  (차) 외화예금   89,600,000   (대) 외화외상매출금   89,600,000
  (차) 외화외상매입금   64,000,000   (대) 외화예금   64,000,000

---

219) 소득세법도 법인세법과 같다.

위탁판매방식에 의한 수출

(1) 「위탁판매방식의 수출」의 정의

"위탁판매수출"이란 물품 등을 무환으로 수출하여 해당 물품이 판매된 범위 안에서 대금을 결제하는 계약에 의한 수출을 말한다(부가령 §31 ① 2, 대외무역관리규정 §2 4).

국내 수출자(위탁자)가 외국수입자(수탁자)에게 물품을 무환방식으로 수출한 후 판매된 분에 한하여 대금을 영수하고, 판매기간이 종료된 후에 판매되지 않은 물품은 재수입하는 방식의 거래로서 위탁자는 자신의 계산과 위험하에 물품을 수출하므로 물품이 이동되더라도 소유권은 위탁자(수출자)에게 있으며, 수탁자(수입자)는 계약에 따라 물품을 판매하고 판매대금에서 경비와 수수료를 제외하고 위탁자에게 송금한다. 이러한 수출거래는 수탁자 입장에서 보면 물품관리에 대한 책임만 있고 자금부담과 위험부담 없이 수탁자가 전적인 부담을 지기 때문에 위탁자가 자금여유가 있는 상태에서 적극적으로 해외시장(수출시장) 개척을 하고자 할 때 주로 이용되며, 대금결제는 일반적으로 사후송금방식이 이용된다.

(2) 위탁판매방식수출 절차

① 수탁자와 위탁판매계약의 체결
② 수출통관
③ 수탁자의 판매
④ 판매대금 영수
  - 외국환거래법상 위탁판매방식에 대하여 결제방법을 규정하고 있지 아니하나 통상 COD, CAD방법 등 사후송금방식이 많이 이용됨.
⑤ 미판매 물품의 재수입
  - 우리나라에서 수출된 물품으로서 수출신고수리일로부터 2년 이내에 다시 수입되는 경우 재수입 면세됨(관세법 §99).

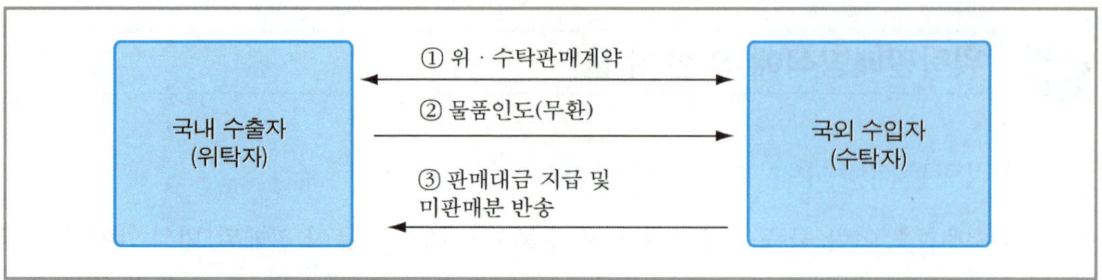

(3) 주요 판단 요소

수출신고서상 수출관리부호가 "31"로 표시된 위탁판매수출로서 수출계약서, 위·수탁판
매계약서 등에 의해 위탁판매수출이 확인되는 경우 위탁판매수출로서 영세율이 적용된다
(수출관리부호가 "31"로 기재되지 않았더라도 위탁판매수출임이 관련 증빙자료에 의해 객관적으로 확인되
는 경우 위탁판매수출로 보아 영세율 적용이 가능하다).

(4) 영세율 적용

국내의 사업장에서 계약과 대가수령 등 거래가 이루어지는 것으로서 「대외무역법」에 따
른 위탁판매방식의 수출(「부가가치세법」에서도 그 개념을 그대로 인용)에 해당하는 경우 영세율
을 적용한다(부가법 §21 ② 2, 부가령 §31 ① 2).

(5) 공급시기

수출재화의 공급가액이 확정되는 때가 공급시기이며 동 시기가 속하는 예정신고기간 또
는 확정신고기간에 영세율과세표준을 신고하여야 한다(부가령 §28 ⑥).

(6) 세금계산서 발급의무 면제

공급받는 자가 국외의 외국법인 또는 비거주자이므로 세금계산서 발급의무가 면제된다
(부가령 §71 ① 4).

(7) 대가의 영수방법

「외국환거래법」이나 「부가가치세법」에 대금결제방법에 대한 규정이 없으므로 수출의 대
가를 원화로 받든 외화로 받든 또는 국내에서 받든 국외에서 송금을 받았는지 여부에 관계
없이 영세율이 적용된다.

(8) 공급가액

수출물품의 결제금액(수수료 공제 전 금액)이 부가가치세의 공급가액이 된다. 수출물품에 대한 공급시기가 도래하기 전에 수출대금을 원화로 환가한 경우에는 그 환가한 금액이 공급가액이며, 통상 약정에 따른 정산시 「외국환거래법」에 따른 기준환율 또는 재정환율로 환산한 금액을 공급가액으로 하고 있다(부가령 §59).

(9) 영세율 적용 첨부서류

수출계약서 사본 또는 외국환은행이 발행하는 외화입금증명서 사본이며, 해당 서류를 제출할 수 없는 경우에는 외화획득명세서에 영세율이 확인되는 증명자료를 첨부하여 제출할 수 있다.

사업자가 해당 영세율 첨부서류를 복사하여 저장한 테이프 또는 디스켓을 영세율첨부서류제출명세서(전자계산조직에 의하여 처리된 테이프 또는 디스켓을 포함)와 함께 제출하는 경우에는 해당 서류를 제출한 것으로 본다(부가령 §101 ③).

관세청 수출통관자료(수출관리부호 "31")가 발생되는 수출이므로 직수출이나 대행수출과 같이 수출실적명세서에 기재하여 제출하는 일이 없도록 주의한다.

(10) 위탁판매방식수출의 회계처리

위탁판매의 경우에 있어서는 국내에서의 위·수탁판매와 같이 수탁자가 제3자에게 판매한 시점에 수익을 인식하는 것이다.

🔵 기초자료

- 상품원가 : 3천만원
- 위탁판매를 위한 위탁품 반출시 제비용(통관, 운송비) : 1,000,000원
- 현지 판매가격 : 35,000US $(정산시 환율 : 1,200US $)
- 위탁판매수수료 : 200,000US $(정산시 환율 : 1,200US $)
- 환전수수료 : 100,000원

① 위탁판매를 위한 상품의 반출

(차) 적　송　품	30,000,000	(대) 상품 또는 제품	30,000,000
(차) 적　송　품	1,000,000	(대) 현　　　금	1,000,000
		(통관비, 운송비 등)	

② 위탁자 현지 판매시

- 분개 없음.

③ 판매보고서 송부시(정산시)

(차) 현 금 과 예 금	39,500,000	(대) 수　출　매　출	42,000,000
판 매 수 수 료	2,400,000		
환 전 수 수 료	100,000		
(차) 수 출 매 출 원 가	31,000,000	(대) 적　송　품	31,000,000

6 위탁가공무역방식에 의한 수출

(1) 「위탁가공무역방식의 수출」의 정의

가. 위탁가공의 개념 및 업종

자기가 특정제품을 직접 제조하지 않고, 다른 제조업체에 의뢰하여 그 제품을 제조하게 하여, 이를 인수하여 판매하는 경우를 말한다. 그런데 이 위탁을 국내에 하면 위탁자도 제조업이나 해외에 하면 위탁자는 다음 통계청 해석 및 국세청 해석과 같이 도매 무역업이 된다.

나. 해외 위탁제조의 업종 구분

① 국내사업체와 외국사업체와의 관계는 국내사업체간의 관계와 동일하게 보지 않고, 국제거래관계(수출입관계)로 보아야 하므로 동 사업체의 산업은 국내에서 수행되는 주된 활동의 성질에 따라 분류된다(통계청 기준 10811-260, 1997. 7. 13.).

② 해외 위탁가공 생산의 제조업 해당 여부에 대하여, 한국표준산업분류상 "자기가 기획한 상품을 다른 제조업체에 의뢰하여 생산할 때 위탁업체가 제조업으로 분류될 수 있는 기준"은 수탁업체가 국내업체인 경우에 한하는 것으로 국내사업체와 외국사업체와의 관계는 국내사업체간의 관계와 동일하게 보지 아니하고, 국제거래관계(수출입관계)로 보아 국내에서 수행되는 주된 활동의 성질에 따라 무역업(도매업)으로 분류된다고 유권해석하고 있다(서면2팀 – 374, 2006. 2. 20. ; 조세 46109 – 167, 1993. 5. 29. 등).

③ 제품을 직접 제조하지 아니하고 국외에 소재(개성공업지구 제외)하는 제조업체에 의뢰하여 제조하는 경우에는 중소기업의 업종을 판단함에 있어서 제조업이 아닌 도매업으로 보는 것이며, 도매업으로서 중소기업에 해당하는 경우에는 조세특례제한법 제7조 제1항 제1호 (어)목의 규정에 의해 주문자상표부착방식에 의한 수탁생산업에 해당하여 중소기업에 대한 특별세액감면을 적용받을 수 있다(서면법인 – 4209, 2016. 10. 27.).

다. 대외무역법 및 부가법상 개념

"위탁가공무역방식의 수출"이란 가공임을 지급하는 조건으로 외국에서 가공(제조, 조립, 재생, 개조를 포함)할 원료의 전부 또는 일부를 거래상대방에게 수출하거나 외국에서 조달하여 이를 가공한 후 가공물품 등을 외국으로 인도하는 수출을 말한다(부가령 §31 ① 4, 대외무역관리규정 §2 6).

이러한 형태의 수출은 외국의 저렴한 노동력을 활용하거나 외국의 고도기술을 이용하고자 하는 경우에 주로 이용되는 거래(무역)로서 국내 인건비가 상승함에 따라 중국, 베트남 등에서 현지생산을 하기 위하여 활용되고 있다.

부가가치세법에서 영세율이 적용되는 위탁가공무역방식 수출은 국내의 사업장에서 계약과 대가수령 등 거래가 이루어지는 것으로서 위탁가공무역 방식의 수출[가공임을 지급하는 조건으로 외국에서 가공(제조, 조립, 재성, 개조를 포함한다)할 원료의 전부 또는 일부를 거래상대방에게 수출하거나 외국에서 조달하여 이를 가공한 후 가공물품 등을 외국으로 인도하는 방식의 수출을 말한다]을 규정하고 있다(부가령 §31 ① 4).

(2) 위탁가공무역 절차

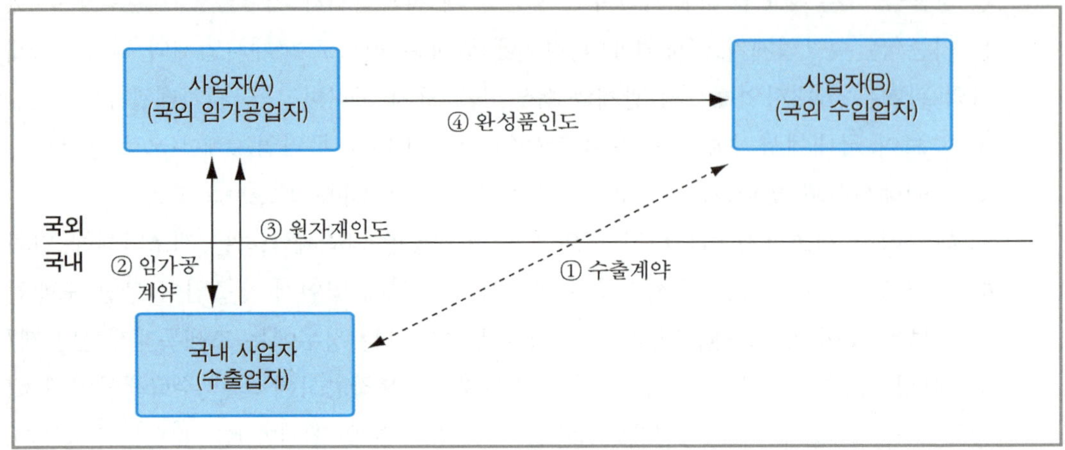

① 위탁가공계약 체결

- 원자재 및 가공물품의 수량, 인도방법, 가공임 지급방법, 계약기간, 분쟁처리법 등 명시
- 가공무역계약은 Consignment Processing Contract 또는 CMT(cutting, making, trimming) Contract라고 하며 통상 가공임을 CMT charge라 함.

② 원자재 반출 및 원자재의 외국인수수입

- 원자재 조달시 일부 가공한 경우나 완제품 상태로 조달한 경우에도 내국신용장에 의한 구매허용(1993. 4. 1. 이후) ⇒ 무역금융 수혜대상
- 원자재 통관시 구비서류
   - 수출신고서, 상업송장 등
- 위탁가공무역방식에 의한 수출입을 하려는 자는 현지 또는 제3국으로부터 직접 수입하여 사용할 수 있음.

③ 해외임가공업체에서 제조 및 가공

④ 가공물품 선적

⑤ 가공임지급 및 선적서류 인수

⑥ 가공물품을 수입하거나 현지판매 또는 제3국 수출

⑦ 재수입 임가공물품의 관세감면

㉠ 재료 또는 부분품을 수출하여 관세율표 제85류 및 제90류 중 제9006호 물품으로 제조하거나 가공한 물품, ㉡ 가공 또는 수리할 목적으로 수출한 물품으로서 가공 또는 수리하기 위하여 수출된 물품과 가공 또는 수리 후 재수입된 물품의 HSK 10단위의 품목코드가 일치하는 물품(다만, 수율·성능 등이 저하되어 폐기된 물품을 수출하여 응용과정 등을 거쳐 재생한 후 다시 수입하는 경우와 제품의 제작일련번호 또는 제품의 특성으로 보아 수입물품이 우리나라에서 수출된 물품임을 세관장이 확인할 수 있는 물품인 경우에는 HSK 10단위의 품목번호가 일치하지 아니하더라도 관세를 경감할 수 있다)에 대해서는 해외 진출 국내기업의 경쟁력을 강화하고자 수입시 관세를 감면한다(관세법 §101). "㉠"의 물품은 수입물품의 제조 및 가공에 사용된 재료 또는 부분품의 수출신고가격에 해당 수입물품에 적용하는 관세율을 곱한 금액, "㉡"의 물품은 가공·수리물품의 수출신고가격에 해당 수입물품에 적용되는 관세율을 곱한 금액을 감면한다.

(3) 주요 판단 요소

대외무역법상 위탁가공무역방식의 수출에 해당하기 위해서는 다음 요건이 모두 충족되어야 한다.
① 가공임을 지급하는 조건으로 외국에서 가공이 이루어질 것
② 국내에서 반출하거나 외국에서 외국인수수입 방식으로 조달하여 외국의 수탁가공업자에게 원재료의 전부 또는 일부를 제공할 것
③ 가공물품을 외국으로 인도할 것[외국으로 인도란 가공국(외국)에서 제3국으로 인도하는 것과 가공국내에서 제3자에게 인도하는 것을 포함]

(4) 영세율 적용

국내의 사업장에서 계약과 대가수령 등 거래가 이루어지는 것으로서 「대외무역법」에 따른 '위탁가공무역방식의 수출'에 해당하는 경우 그 수출자에게 영세율을 적용한다(부가법 §21 ② 2, §31 ① 4).

국내사업장에서 대가수령이 이루어지는 경우에는 그 수출대금을 외국에서 외화로 수령한 후 이를 국내로 반입하여 외국환은행에서 원화로 환전하는 등 실질적으로 국내 사업장에서 대가를 수령하는 것으로 볼 수 있는 경우를 포함한다(기획재정부 조세법령운용과-468, 2021. 5. 27.).

다만, 다음의 사례에 주의하여 부가가치세신고를 하도록 한다.

가. 국내반입조건의 위탁가공무역

가공된 후에 해외에서 판매(또는 수출)되어야만 영세율 적용대상이다. 따라서 사업자가 위탁가공을 위하여 원자재를 국내반입조건부로 국외의 수탁가공사업자에게 무환으로 반출하는 경우 원자재의 공급과 완성품 수입 두 거래 다 부가가치세법상 특별히 신고할 것은 없다(부가통칙 6-15-3, 서삼-1034, 2004. 5. 31.).

나. 원재료를 지점에서 반출한 경우에도 본점 사업장에서 영세율 적용

총괄납부승인을 받은 2 이상의 사업장을 가진 사업자가 원재료를 지점 사업장에서 국외로 반출하여 대외무역법에 의한 위탁가공무역방식으로 수출하는 경우 수출계약의 체결, 대가의 수령 및 지점에서 거래내역 통보 등이 이루어지는 본점 사업장에서 부가가치세법 제11조 제1항 제1호 및 같은 법 시행령 제24조 제1항 제2호에 따라 부가가치세 영세율을 적용받을 수 있는 것이다(서삼-1588, 2006. 7. 26.).

(5) 공급시기

외국(가공국)에서 해당 재화(위탁가공물품)가 인도되는 때가 속하는 예정신고기간 또는 확정신고기간에 영세율과세표준을 신고하여야 한다(부가령 §28 ⑥ 3). 따라서 위탁가공을 위하여 원자재 등 내국물품이 외국으로 반출하는 경우에는 궁극적으로 재화를 사용·소비할 수 있도록 경제적 또는 실질적인 소유권을 이전하는 행위가 전제되지 아니한 것이므로 재화의 공급(영세율)으로 볼 수 없다.

실무적으로는 위탁가공을 위하여 원재료 등을 반출하는 사업자가 낮은 부가가치율을 만회하기 위하여 해당 원재료 반출시 수출로 인식하여 영세율과세표준을 과다하게 신고하는 경우가 있다.

(6) 세금계산서 발급의무 면제

공급받는 자가 국외의 외국법인 또는 비거주자이므로 세금계산서 발급의무가 면제된다(부가령 §71 ① 4).

부가가치세법		부가가치세법시행령 제71조	세금계산서 발급의무
21조	2항 1호	내국물품 국외반출	면제
	2항 3호	– 내국신용장 또는 구매확인서에 의한 공급 – 한국국제협력단에 해외협력용 물품공급 – 한국국제보건의료재단에 의료용 물품공급 – 대한적십자사에 해외협력용 물품공급	발급
	2항 2호	중계무역방식의 수출	면제
		위탁판매수출	면제
		외국인도수출	면제
		위탁가공무역방식의 수출	면제
		국내원료를 국외수탁가공하여 양도시 반출 원료	발급
22조		국외에서 제공하는 용역	발급*
		국외에서 제공하는 용역으로서 공급받는 자가 국내에 사업장이 없는 비거주자 또는 외국법인인 경우	면제
23조		선박의 외국항행 용역	발급
		선박의 외국항행 용역으로서 공급받는 자가 국내에 사업장이 없는 비거주자 또는 외국법인인 경우	면제
		항공기의 외국항행 용역(항공사업법의 상업서류송달용역 포함)	면제

* 공급받는 자가 외국법인 또는 비거주자인 경우에는 면제

(7) 대가의 영수방법

위탁가공무역방식에 의한 수출의 대가를 원화로 받든 외화로 받든 또는 국내에서 받든 국외에서 송금을 받았는지 여부에 관계없이 영세율이 적용된다.

(8) 공급가액

1) 완성품 수출시 공급가액

완성된 제품의 인도가액이 부가가치세의 공급가액이 된다. 즉 해당 완성품에 대한 공급시기가 도래하기 전에 수출대금을 원화로 환가한 경우에는 그 환가한 금액이 공급가액이며, 수출물품 공급시까지 수출대금을 원화로 환가하지 아니하거나 공급시기 이후에 지급받은 경우에는 공급시기의 「외국환거래법」에 따른 기준환율 또는 재정환율로 환산한 금액이 공급가액이다(부가령 §59).

2) 가공물품 재수입시의 공급가액

가공임에 원자재 가액을 더한 가공물품대금 전액에 대하여 관세가 부과(생산지원비용 포함)되고 부가법 제29조 제2항에 따라 공급가액을 계산한다. 그러나 원자재와 가공물품의 HS 코드가 일치하면 「관세법」에 따라 해외임가공품 등의 감세 대상에 해당하므로 가공임에 대하여만 과세한다.

(9) 위탁가공무역방식수출의 회계처리

① "갑"은 미국 "을"에게 의류를 수출하기로 계약하고 중국위탁가공공장("병")에게 국내에서 구입한 의류원부자재 1억원(취득원가)을 반출하였다(반출을 위한 제비용 1,000,000원 발생).

(차)	원 재 료	100,000,000	(대)	현 금	110,000,000
	부가가치세대급금	10,000,000			

② 중국 반출시

(차)	적 송 원 재 료	100,000,000	(대)	원 재 료	100,000,000
	위탁가공제비용(원가)	1,000,000		현 금	1,000,000

③ 외주가공이 완료됨에 따라 중국 "병"에게 위탁가공임 3천만원을 송금하였다.

(차)	외 주 가 공 비	30,000,000	(대)	현 금	30,000,000

④ "갑"은 "병"에게 외주가공품을 미국 "을"에게 직접 선적하도록 지시하였고, 선적일의 환율은 1USD= ₩1,200이며, 외주가공품의 가격은 120,000USD이다.

(차)	수출외상매출금	144,000,000	(대)	수 출 매 출	144,000,000
(차)	매 출 원 가	131,000,000	(대)	적 송 원 재 료	100,000,000
				외 주 가 공 비	30,000,000
				위탁가공제비용	1,000,000

⑤ 수출외상매출금을 1USD= ₩1,250에 Nego하면서 환가료 등 20만원이 소요되고, 그 밖의 수출관련 부수비용 1.8백만원을 지출하였다.

(차)	현 금	148,000,000	(대)	수출외상매출금	144,000,000
	지 급 수 수 료	200,000		외 환 차 익	6,000,000
	그 밖의 수출부수비용	1,800,000			

⑥ 만약 동 외주가공품을 수입한 경우(관세 5백만원, 통관 및 운임 3백만원, 부가가치세 12백만원 발생)

(차) 관 세 등	5,000,000	(대) 현 금	18,000,000
운 임	3,000,000		
부가가치세대급금	10,000,000		

(차) 제 품	139,000,000	(대) 적 송 원 재 료	100,000,000
		외 주 가 공 비	30,000,000
		반 출 제 비 용	1,000,000
		수입통관 제비용	8,000,000

※ 수입세금계산서상의 공급가액과 수입제품에 대한 원가는 무관하므로 원재료, 외주가공비 등의 대체분개만 하면 된다.

(10) 영세율 적용 첨부서류

수출계약서 사본 또는 외국환은행이 발행하는 외화입금증명서 사본이며, 해당 서류를 제출할 수 없는 경우에는 외화획득명세서에 영세율임이 확인되는 증명자료를 첨부하여 제출할 수 있다(부가령 §101 ① 2 ; 부가 46015-4457, 1999. 11. 5.).

또한, 사업자가 해당 영세율 첨부서류를 복사하여 저장한 테이프 또는 디스켓을 영세율 첨부서류제출명세서(전자계산조직에 의하여 처리된 테이프 또는 디스켓을 포함)와 함께 제출하는 경우에는 해당 서류를 제출한 것으로 본다.

| 수출유형별 공급시기와 첨부서류 비교 |

구분	직접수출 유형	부가세 공급시기	영세율 첨부서류	회계 또는 법인세법상 귀속
1	반출하는 수출	선(기)적일	수출실적명세서	
2	중계무역수출(보세구역에서 반송, 외국에서 인도하는 중계무역)	선(기)적일	수출계약서 사본 또는 외국환은행이 발행하는 외화입금증명서	인도
3	위탁판매수출	판매되어 공급가액이 확정되는 때		
4	위탁가공무역수출	인도일		
5	외국인도수출	인도일		

(1) 「외국인도수출」의 정의

"외국인도수출"이라 함은 수출대금은 국내에서 영수하지만 국내에서 통관되지 아니한 수출물품 등을 외국으로 인도하는 수출을 말한다(부가령 §31 ① 3, 대외무역관리규정 §2 13).

이러한 수출은 산업설비 수출, 해외건설, 해외투자 등 해외사업현장에서 필요한 기자재를 외국도착 수입형태로 구입하여 사용 또는 제조·건설한 후 국내반입없이 다시 매각할 때 또는 항해중이거나 어로작업중인 선박을 현지에서 매각하는 경우 등에 사용된다.

또한 사업자가 위탁가공을 위하여 국외의 임가공업자에게 무환으로 반출한 원부자재 중 일부를 그 임가공업자에게 공급하는 경우 해당 원부자재의 공급은 부가령 제31조 제1항 제3호에 따라 영세율이 적용된다(부가-1248, 2009. 9. 3.).

(2) 외국인도수출 절차

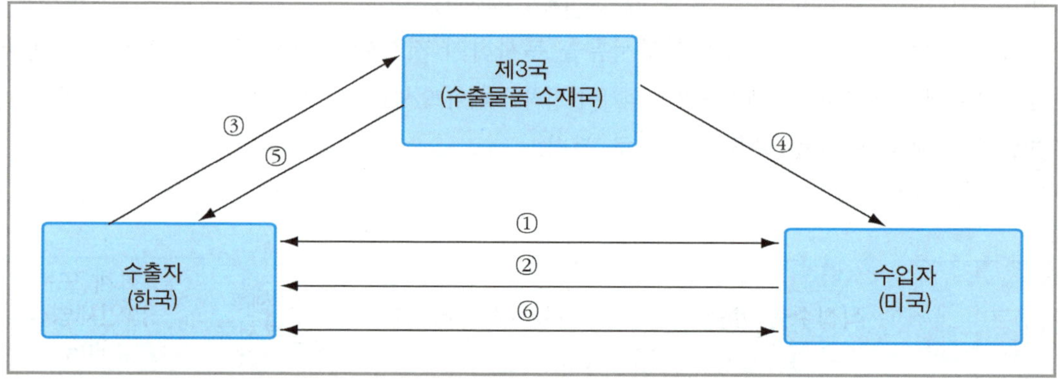

① 수출계약 체결

② 수출신용장 개설

③ 물품 선적지시

④ 물품의 현지인도 또는 제3국으로의 선적

⑤ 선적서류 송부

⑥ 운송서류 인수 및 수출대금 영수

(3) 주요 판단 요소

외국인도수출로서 영세율 적용대상인지 여부는 재화가 국외에서 인도된 경우로서 그것이 부가가치세 영세율 적용대상으로서의 외국인도수출인지, 공급장소가 국외여서 부가가치세 과세대상거래로 볼 수 없는지의 문제이다. 그 주요 판단기준은

① 국내의 사업장에서 계약과 대가수령 등 거래가 이루어지고

② 재화의 이동이 국외에서 이루어지며

③ 수출대금을 국외에서 국내로 송금받는 경우여야 한다.

즉 수출대금을 국내에서 국내의 다른 사업자에게 받는 경우에는 외국인도수출로 보지 아니한다. 또한 국외의 사업장에서 계약과 대가수령 등이 이루어지는 경우에는 영세율이 적용되는 외국인도수출로 보지 않는다.

아울러 선박 등 국내외 입출항이 자유로운 재화의 경우 그 인도가 이루어진 공급장소가 국외임을 전제로 국외거래로 국내에서 부가가치세 과세권이 없고 외국인도수출에 해당하지 않으려면 다음을 살펴야 한다.

'외국인도수출'은 관세법상 수출의 개념에 해당하는 '내국물품을 외국으로 반출하는 것'에 더하여 영세율 적용의 혜택을 추가로 부여하려는 목적으로 수출의 범위를 예외적으로 확대한 것이므로 이를 제한적으로 해석함이 타당하다는 것이 대법원 판결이다. 선박의 양도의 경우였는데

① 선박 등 재화가 국내에서 이미 수출통관절차를 밟아 수출이 정상적으로 이루어진 선박을 국외에서 사용하다가 외국법인에게 다시 매각하는 것인지(특히 선박 등을 외국 도착 수입형태로 구입하여 사용하다가 국내반입 없이 다시 매각하는 경우 또는 단순 항해 중인 경우 등에 해당하지 않는 점),

② 위 선박들의 당초 공급자들이 선박 수출에 대하여 이미 영세율을 적용받은 경우

③ 선박의 매각대금을 외국에서 개설된 자신들의 은행계좌로 수령하였다거나 수출대금을 국내에서 영수한 것이라고 볼 수는 없는 경우

위 3가지 중 어느 하나에 해당하지 않는다면 외국인도수출에 해당하지 아니하고 그 공급장소가 국외이므로 국내에 과세권이 없다고 할 수 있다(서울행정법원 2019구합57558, 2020. 2. 6. ; 대법원 2021두43613, 2021. 10. 14.).

(4) 영세율 적용

국내의 사업장에서 계약과 대가수령 등 거래가 이루어지는 것으로서 「외국인도수출」에 해당하는 경우 영세율을 적용한다(부가법 §21 ②, 부가령 §31 ① 3).

(5) 공급시기

외국에서 수출재화가 인도되는 때(수입국으로 수출재화가 외국에서 선·기적되는 때 등)가 공급시기이며 동 수출재화의 인도시기가 속하는 예정신고기간 또는 확정신고기간에 영세율과 세표준을 신고하여야 한다(부가령 §28 ⑥ 3).

(6) 세금계산서 발급의무 면제

공급받는 자가 국외의 외국법인 또는 비거주자이므로 세금계산서 발급의무가 면제된다(부가령 §71 ① 4).

(7) 대가의 영수방법

외국인도수출방식에 의한 수출의 대가를 국외의 수입자로부터 원화로 받든 외화로 받든지 여부에 관계없이 영세율이 적용된다. 또한 수출대가로 외국법인(수입자)의 출자지분(주식)을 취득하는 경우에도 외국인도수출로 보아 영세율이 적용된다.

다만, 대외무역법상 외국인도수출 판정에 있어 외국에 대금을 지급하는 무역업체와 영수하는 무역업체가 다른 경우 외국환거래에 투명성을 담보할 수 없어 외국인수수입에 해당할 뿐 외국인도수출에 해당하지 아니한다(산자부 무역정책과-308, 2004. 2. 27.).

(8) 공급가액

수출물품의 결제금액이 부가가치세의 공급가액이 된다. 수출물품에 대한 공급시기가 도래하기 전에 수출대금을 원화로 환가한 경우에는 그 환가한 금액이 공급가액이며, 수출물품 공급시까지 수출대금을 원화로 환가하지 아니하거나 선적일(공급시기) 이후에 지급받은 경우에는 공급시기의 「외국환거래법」에 따른 기준환율 또는 재정환율로 환산한 금액이 공급가액이다(부가령 §59).

(9) 영세율 적용 첨부서류

수출계약서 사본 또는 외국환은행이 발행하는 외화입금증명서 사본이며, 부가령 제31조 제1항 제3호(외국인도수출)를 적용받는 사업자가 같은 항 제4호(위탁가공무역방식의 수출)를 적용받는 사업자로부터 매입하는 경우는 매입계약서를 추가로 첨부한다. 또한 해당 서류를 제출할 수 없는 경우에는 외화획득명세서에 영세율이 확인되는 증명자료를 첨부하여 제출할 수 있다(부가령 §101 ① 2).

사업자가 해당 영세율 첨부서류를 복사하여 저장한 테이프 또는 디스켓을 영세율 첨부서류제출명세서(전자계산조직에 의하여 처리된 테이프 또는 디스켓을 포함)와 함께 제출하는 경우에는 해당 서류를 제출한 것으로 본다(부가령 §101 ③).

(10) 통관된 재화를 국외에서 양도하는 경우 외국인도수출 및 수출실적 인정 여부

국세청은 국내사업자(갑)가 국외임가공업자(A)에 원재료를 무환반출하여 임가공용역을 공급받는 과정에서 발생한 부산물을 국외 소재 외국법인(B)에게 공급하고 판매대금을 국내에서 지급받는 경우(외화로 송금받는 경우 포함) 해당 부산물의 공급은 수출에 해당하여 영세율을 적용한다고 회신하였고(사전-2023-법규부가-0313, 2023. 6. 21.), 해외건설현장에 건설장비를 반출하여 국외 건설현장에서 이를 사용하다가 건설활동이 종료된 이후에 해당 건설장비를 국내에 반입하지 아니하고 국외에 다른 외국법인에게 매각하고 그 대가를 외화로 송금받는 경우 해당 건설장비의 매각을 수출(외국인도수출)로 보아 영세율 적용이 가능하다고 회신하였다.

그런데 대외무역관리규정에서 "외국인도수출"이란 수출대금은 국내에서 영수하지만 국내에서 통관되지 아니한 수출 물품등을 외국으로 인도하거나 제공하는 수출을 말한다고 규정하고 있다. 첫 번째 회신에서 국내사업자(갑)이 국외임가공을 위한 원재료를 무환반출할 때에는 국내에서 수출통관을 하였으므로, 임가공물품 제조과정에서 발생된 부산물은 이미 국내에서 통관을 거친 것이므로 부산물을 국외에서 양도하는 경우는 대외무역관리규정상의 외국인도수출의 개념과는 일치하지 아니하는 것으로 볼 수 있고, 두 번째 회신에서도 건설장비가 해외로 반출될 때 통관이 이루어졌을 것인데 건설현장을 철수하면서 건설장비를 매각하는 것이 대외무역법상 외국인도수출의 범주에 포함되는지와 두 사례에서 부산물 및 건설장비 매각액을 대외무역법상 수출실적으로 인정받을 수 있는지 의문을 가질 수 있다.

위와 같은 국세청 회신과 대외무역법 규정과의 관계에 대하여 저자가 직접 산업통상자원부에 문의한 바 이에 대한 답변은 다음과 같은데 결국 통상적인 소유권 이전을 수반한 수출통관이 아닌 재화가 나중에 국외에서 인도되고 외화로 그 대가를 국내사업장에서 획득하였다면 외국인도수출로서 영세율 적용이 가능하고 수출실적도 인정된다는 취지로 이해된다.

「대외무역관리규정」 제2조 제13호는 외국인도수출을 수출대금은 국내에서 영수하지만 국내에서 통관되지 아니한 수출물품 등을 외국으로 인도하거나 제공하는 수출로 정의하고 있으므로 위탁가공무역의 과정에서 발생한 부산물을 외국으로 인도하는 경우 외국인도수출에 해당할 수 있으며, 대외무역관리규정 제25조 제1항 제2호 나목은 "별표3의 제2호 아목에 해당하는 물품 등의 수출 중 해외건설공사에 직접 공하여 지는 원료·기재, 공사용 장비 또는 기계류의 수출(수출신고필증에 재반입하지 않는다는 조건이 명시된 분만 해당된다)"을 수출실적의 인정범위로 하고 있다.

그러므로 수출신고필증에 해당 건설장비를 재반입하지 않는다는 조건이 명시된 경우에는 국내에서 수출신고가 수리되는 시점에 수출실적이 인정된다. 만약, 해당 건설장비를 재반입하지 않는다는 조건없이 수출하여, 건설현장을 철수하면서 외국으로 인도한 후 수출대금을 국내에서 영수한다면 외국인도수출에 해당될 수 있다(2AA-2308-0345871, 2023. 8. 29.).

(11) 외국인도수출의 회계처리

국외 건설현장에서 사용하던 지게차(취득가액 1억, 감가상각충당금 6천만원)를 현지에서 제3국(외국법인)으로 USD 50,000에 매각하였으며, 선적일의 환율은 1USD=₩1,200이다.

(차) 외 화 미 수 금	60,000,000	(대) 차 량 운 반 구	100,000,000
감가상각충당금	60,000,000	고정자산처분익	20,000,000

제3국으로부터 USD 50,000을 송금받아 은행수수료 등 100,000원을 제외하고 현금인출하였다(원화출금시 환율은 1,180원이다).

(차) 현　　　　　금	58,900,000	(대) 외 화 미 수 금	60,000,000
지 급 수 수 료	100,000		
외 환 차 손	1,000,000		

※ 부가가치세과세표준(영세율)은 6천만원이다.

(12) 외국인도수출 형태

1) 4자간 무역 거래시 외국인도수출 해당 여부 등

가. 거래사실

① 매수인 "갑"과 매도인 "을"은 국내에서 기계장치매매계약을 체결하였는 바, "갑"은 기계장치대금을 원화로 지급하기로 하고, 기계장치를 중국의 "A"사업자에게 인도하는 조건으로 계약함.

② 매도인 "을"은 일본에 소재하는 사업자 "B"로부터 기계장치를 구입하여 "B"로 하여금 중국의 "A"사업자에게 인도해 주도록 함(FOB조건, 운송책임은 중국의 "A"사업자에게 있음).

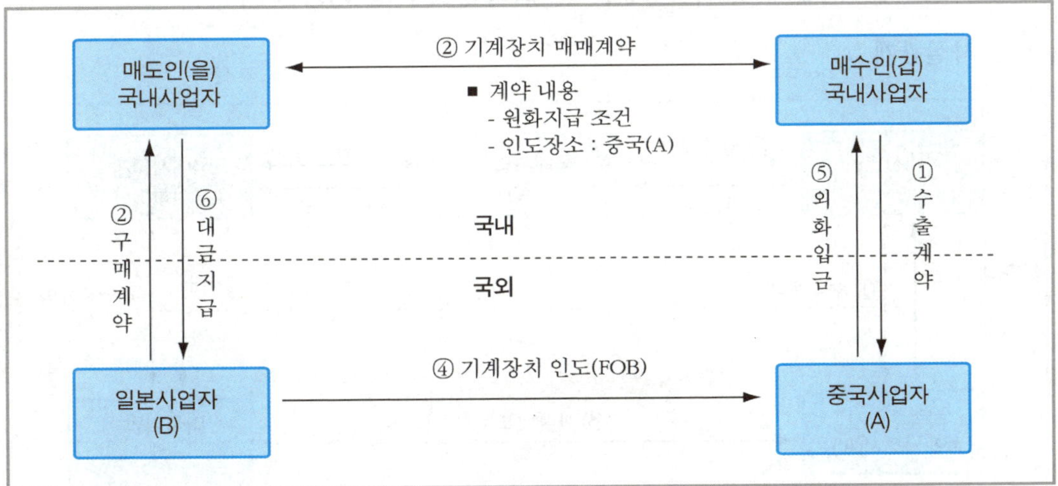

나. 부가가치세 신고방법

① 국내 "갑"이 중국 소재 외국법인(A)와 수출계약을 체결하고 국내 "을"과 기계장치를
공급받는 계약을 체결하였으며, "을"은 기계장치를 일본국 소재 "B"로부터 구매하여
최종 도착지 업체인 "을"의 수출처 "A"에게 직접 인도하는 경우 국내 "을"과 "A"는
직접적인 수출계약이 없고 납품대금도 직접 영수하지 않으므로 중계무역에 해당되지
않으며, 수입계약과 대금지급만 있고 수출행위는 없으므로 "을"의 입장에선 외국인도
수출이 아닌 "외국인수수입"에 해당된다(외국인수수입이 되기 위해서는 수입대금을 국내에서
국외로 송금하여야 함).

② 국내 "갑"의 경우는 수출계약만 있고 수입계약과 대금지급이 없으므로 중계무역에 해
당되지 않으며, 수출계약과 수출대금 영수만이 있고 수입행위는 없는 "외국인도수출"
에 해당되어 영의 세율이 적용된다.

③ 「대외무역법」 제20조의2에 따른 구매확인서는 외화획득용으로 사용될 물품(수출물품
이나 원자재)을 국내에서 구매하려고 할 때에 발급하는 제도이므로 국내 법인간("갑"과
"을") 구매계약을 체결하여 국내에서 물품을 구매한 사실이 없고 단지 물품이 국외에
서 이동하는 거래형태는 구매확인서 발급대상이 아니며, 또한 국내사업자간의 거래형
태는 대외무역법령상의 수출로 볼 수 없다.

2) 다자간 거래에 있어 중계무역, 외국인도수출 해당 여부

가. 사실관계

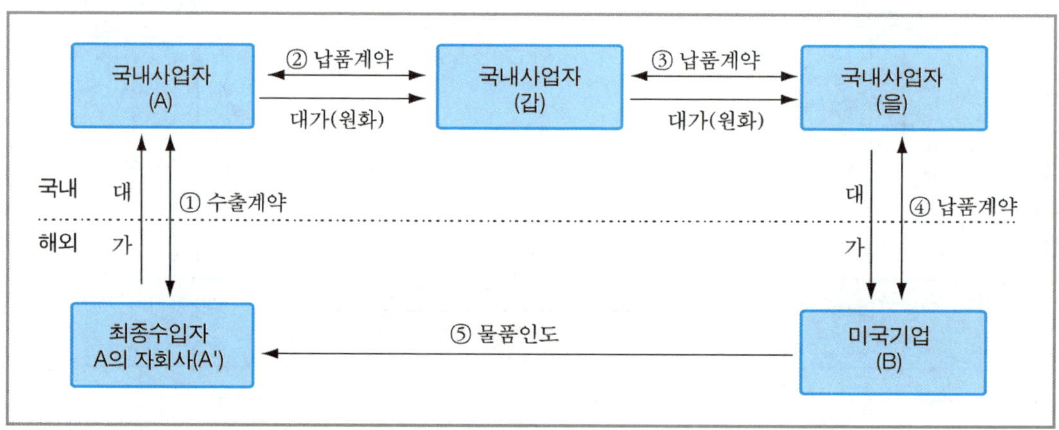

나. 부가가치세 신고방법

① 전체 거래에 관련된 국내업체가 3곳이므로 각각의 거래형태를 따로 규정하여 검토할 필요가 있으며 지식경제부에서 각각의 거래형태를 다음과 같이 해석하였다(산자부 무역정책과-308, 2004. 2. 27.).

- 국내사업자 "A"는 외국에서 직접적인 수입행위가 없어 거래형태를 중계무역으로 볼 수 없고 '외국인도수출'로 보는 것이 타당함.
- 국내사업자 "갑"의 경우에는 물품의 이동없이 국내사업자 "을"로부터 국내사업자 "A"로 외국에 있는 물품의 소유권을 이전하는 거래이므로 대외무역법에 의한 무역거래에 해당하지 아니함(부가가치세법상 과세거래 아님).
- 국내사업자 "을"의 경우에 외국 "B"로부터 물품을 수입하는 목적이 A가 A'에게 수출하는 것으로서 외국환 관리 목적상 "을"이 외국 "B"로부터 수입하는 행위를 외국인수수입으로 파악하여 왔으며, 외국의 수입자가 아닌 국내사업자로부터 대가를 수령하는 경우 외국인도수출로 보지 아니함.

② 따라서 국세청에서는 '사업자가 국내에서 다른 국내사업자로부터 또 다른 국내사업자에게로 외국에 있는 재화의 소유권을 이전하는 거래를 매개하는 경우 부가령 제31조 제1항 제1호 중계무역방식의 수출에 해당하지 아니하여 영세율이 적용되지 아니하는 것'으로 회신하였다.

3) 해외에서 유전개발 후 생산원유 판매사례

내국법인이 해외 유전개발사업에 지분참여하여 유전을 개발한 후 생산된 원유량에서 지분참여자의 지분율만큼의 원유를 확보(개발비용을 부담하고 원유를 배당형식으로 분배받음)하고 이를 해외현지에서 매각한 후 대금을 국내로 송금받을 경우 외국인도수출이다(산자부 등록일 2007. 1. 23.).

4) 중계무역권(Switch B/L) 양도 거래방식에 따른 부가가치세 적용 방법

① 사실관계

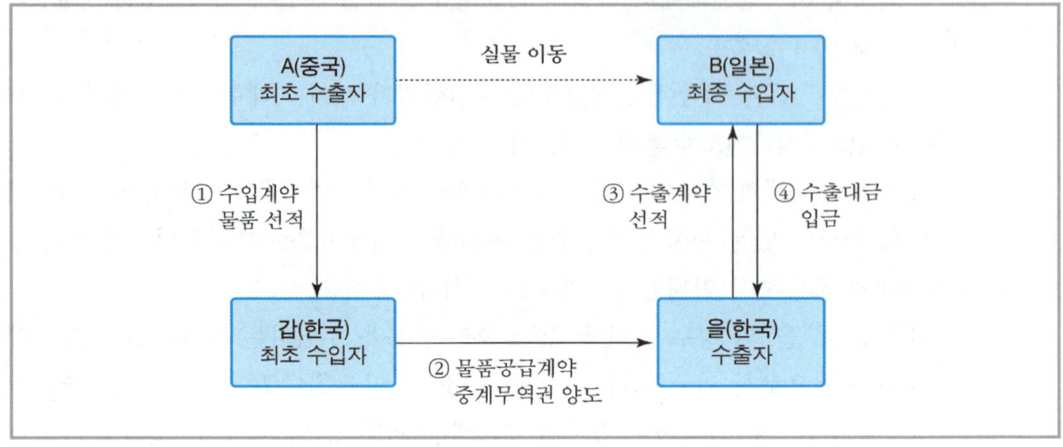

ⓐ 최초 수출자 포워더에서 B/L 발행 및 한국포워더 입수

　－ Shipper : A, Consignee : 갑, Notify party : 갑

　　※ Consignee : 물품 인수자

ⓑ 한국에서 계약된 포워더를 통하여 Switch B/L을 발행하여 최종 수입자 포워더 및 수입자에게 송부

　－ Shipper : 을, Consignee : B, Notify party : 갑

　　※ 갑 또는 을의 입장에서는 B가 A를 몰라야 하는 상황임.

ⓒ 한국 갑은 한국에 계약된 포워더에게 Switch B/L 발행동의서 또는 선하증권 양도계약서에 의하여 한국의 을사 명의로만 Switch B/L이 발행됨.

② 질의내용

ⓐ "갑"과 "을" 간에 구매확인서 또는 내국신용장 발급이 가능한지?

ⓑ "갑"과 "을" 간 물품공급과 관련하여 (영세율)세금계산서 또는 계산서 발급대상인지 아니면 계산서 등 발급의무 면제대상인지 여부

ⓒ "을"이 중계무역에 해당하여 영세율 적용이 가능한지 여부

③ 검토의견

Switch B/L은 중계무역(삼각무역, 삼국간무역)에 주로 사용되는 선하증권(B/L)으로서 중계

업자가 원수출자를 노출시키지 않기 위하여 화물을 실제 수출한 지역에 속한 선사, 포워더가 발행한 B/L을 근거로 제3의 장소에서 Shipper(원수출자)를 중계업자로 교체하여 발급받는 B/L을 말하므로 그 발행목적은 중계무역 시 중계업자가 선정한 원수출자(A)가 B/L상에 공개되면 수입상이 중계업자를 배제하고 B/L상의 실공급자와 거래하게 되는 것을 방지하기 위한 목적과 수출가격(Invoice Value) 노출을 방지하기 위한 목적으로 발행된다.

"을"의 경우 수출계약을 체결한 B로부터 수출대금을 영수하는 주체이기 때문에 외국인도수출에 해당하여 부가가치세 영세율이 적용되고 세금계산서 발급의무는 면제된다. 중계무역이란 수출할 것을 목적으로 수입하여 수입자에게 바로 수출형태로서 대부분 국내를 경유하지 아니하고 해외에서 해외로 이동하는 것이 보통인데 보세구역까지만 반입하여 수입통관하지 아니하고 그대로 또는 포장 등 보완작업만을 거쳐 바로 수입자에게 수출하는 경우를 포함하며 중계무역업자가 수입하는 대상도 외국사업자이고 수출하는 대상도 외국사업자이어야 한다. 따라서 "을"은 수입계약은 없고 수출계약만 있는 거래형태로서 수출대금을 B로부터 수령하고 있으므로 외국인도수출에 해당한다.

"갑"의 경우 국내사업자간 계약에 따라 국외에서 재화를 구입하여 국외에서 국내사업자에게 재화를 인도하는 국외거래에 해당하여 부가가치세 과세대상거래에 해당하지 아니하며, 재화의 국외거래에 대하여 계산서 발급의무면제규정을 소득세법 및 법인세법에 규정하고 있는 바가 없어 "갑"은 "을"에게 계산서를 발급하여야 한다.

구매확인서 등은 수출물품을 국내에서 구매하는 경우에 발급되는 서류로 물품이 해외에서 해외로 이동(국내 보세구역을 거쳐 이동하는 경우를 포함)하는 거래에서는 발급대상이 아니다. 국외에서 국외로 이동을 전제로 한 재화에 대하여 구매확인서나 내국신용장 개설이 불가하므로 구매확인서 등이 설령 발급되었다 하더라도 영세율 적용이 불가하다(국외거래임).

따라서 위 거래에서 "갑"은 국외거래에 해당되어 세금계산서 수수의무가 없으며, "을"은 "갑"으로부터 재화를 공급받아(무역거래 아님, 국외거래) "B"에게 외국인도수출하므로 영세율이 적용되며, 국내 "갑"과 "을"간의 거래는 국외거래에 해당하여 구매확인서나 내국신용장 발급대상이 아니며, 물품공급가액을 기재한 계산서를 발급하는 것이다. 또한 중계무역을 목적으로 하는 선하증권의 양도로서 물품의 국외이동을 전제로 하는 경우 부가가치세 과세대상으로 삼을 수 없다(조심 2016부1068, 2016. 8. 17.).

8 위탁가공을 위한 원료 반출 시 영세율 적용 특례

사업자가 원료를 대가 없이 국외의 수탁가공 사업자에게 반출하여 가공한 재화를 양도하는 경우에 그 원료의 반출에 대하여 영세율을 적용한다(부가령 §31 ① 5).

사업자가 국내의 다른 사업자와의 계약에 따라 원자재를 구입하여 국외의 수탁가공업자에게 무환반출하여 가공한 재화를 국내에 반입하지 않고 다른 국내사업자가 지정하는 가공국 또는 제3국 소재 외국법인 등에 인도하고 국내에서 대가를 받는 경우 국세청은 대외무역법에서 정하는 위탁가공무역방식의 수출에는 해당하지 아니하나 해당 사업자의 매입세액이 불공제(국외거래에 대응되는 매입세액에 해당)되는 문제점이 있어 수출에 범주에 포함시켜 영세율 적용이 되는 것으로 해석하였다.

이후 기획재정부는 지식경제부의 유권해석과 대외무역법 규정을 엄격히 적용하여 영세율 적용이 되는 수출의 범위에 포함하지 아니하는 것으로 해석하여 해당 사업자는 매입세액이 불공제되는 문제점이 발생하였다(재부가 – 366, 2010. 6. 4.).

이에 2012. 2. 2. 시행령 개정 시 사업자가 원자재를 국외의 수탁가공 사업자에게 대가없이 반출하여 가공한 재화를 국내로 반입하지 아니하고 다른 사업자에게 양도하는 경우로서 양수한 사업자가 해당 재화를 외국인도수출방식으로 수출하는 경우에 한하여 대외무역법상 위탁가공무역방식의 수출에 해당하지 아니함에도 해당 사업자의 거래를 위탁가공무역의 범위에 포함시켜 2012. 2. 2. 이후 최초로 신고하거나 결정·경정하는 분부터 영세율을 적용받을 수 있도록 하였다[이 경우 외국인도방식으로 수출한 국내사업자(위탁자 겸 수출자)에 대하여는 시행령 개정 이전부터도 지식경제부에서 외국인도방식수출로 보아 왔다].

2013. 2. 15. 시행령 개정 시에는 국내의 사업장에서 계약과 대가수령 등 거래가 이루어지는 것으로서 국외의 수탁가공 사업자에게 원료를 대가없이 반출하여 가공한 재화를 양도하는 경우에 그 원료의 반출은 수출의 범위에 포함하여 영세율 적용대상 범위를 확대하였다. 「대외무역법」상 위탁가공무역방식의 수출에는 국내사업자 간 계약에 따라 국외 가공물품을 해외 또는 국내로 인도하는 거래가 포함되지 않는 것이나 종전 위탁가공무역방식의 수출조건인 "국내로 반입하지 않고", "외국인도수출방식으로 수출" 요건을 삭제하여 2013. 2. 15. 이후 공급·결정·경정하는 분부터 영세율 적용대상 범위에 포함하여 납세자의 세부담을 완화하였다.

1) 국내사업자에게 해외에서 임가공한 재화를 인도하는 경우

가. 거래내용

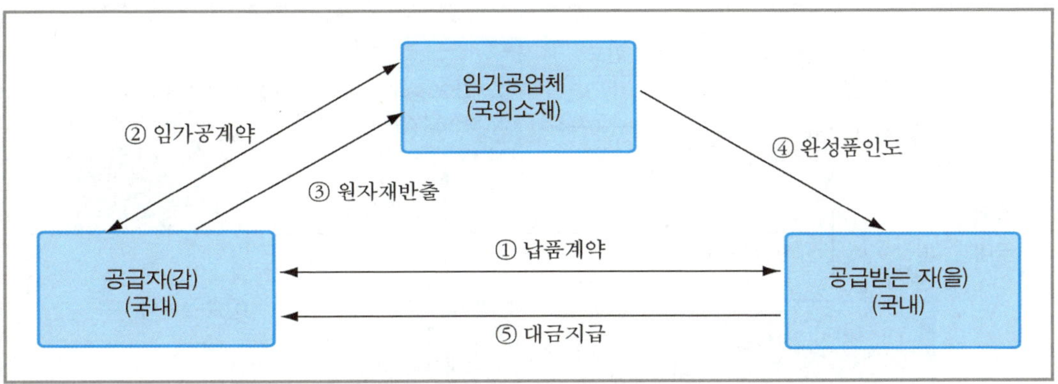

나. 부가가치세 신고방법

위 거래와 같이 국내업체간 물품공급계약에 따라 공급자가 해외 임가공업체에 반출한 원자재를 가공하게 하여 이를 국내사업자(을)에게 인도하고 을의 명의로 수입통관하면서 수입세금계산서를 받는 경우 "갑"은 위탁가공무역방식에 의한 수출에 해당하지 아니한다. 다만, "갑"의 경우 시행령 개정으로 2013. 2. 15. 이후 공급·결정·경정하는 분부터는 원자재 반출분에 대하여 영세율이 적용된다.

다. 구체적 세무처리방안

① 원자재 반출에 대하여 갑은 을에게 외국에서 재화가 인도되는 때(완성품 인도 시)에 원자재 시가에 대하여 영세율세금계산서를 발급하여야 한다(부가령 §31 ① 5 ; 부가령 §28 ⑥ 3 ; 부가령 §71 ① 4 ; 서면2015법령해석부가-1372, 2015. 12. 15.).

② 위 그림 "④"의 완성품 인도에 대해서는 국외거래로서 을에게 완성품가액 전액을 공급가액으로 기재한 계산서를 발급하여야 한다. 을이 갑에게 선하증권을 양도한 경우는 그러지 아니한다.

③ 위 그림 "④"에서 계산서 대신 영세율세금계산서를 발급한 경우에도 계산서미교부가산세를 적용할 수는 없다(동지 : 재법인-1279, 2019. 9. 18. ; 재법인-893, 2018. 7. 23.).

④ 위 그림 "④"에서 계산서를 미수취하였거나 계산서 대신 영세율세금계산서를 수취한 을에 대하여 증빙불비가산세를 부과할 수는 없다(기재부 법인세제과-894, 2013. 9. 12.).

2) 국내사업자가 다른 국내사업자와 체결한 임가공계약에 의하여 외국에서 임가공 후 수출하는 경우로서 국내사업자가 현지법인을 통하여 원재료를 인도하는 경우

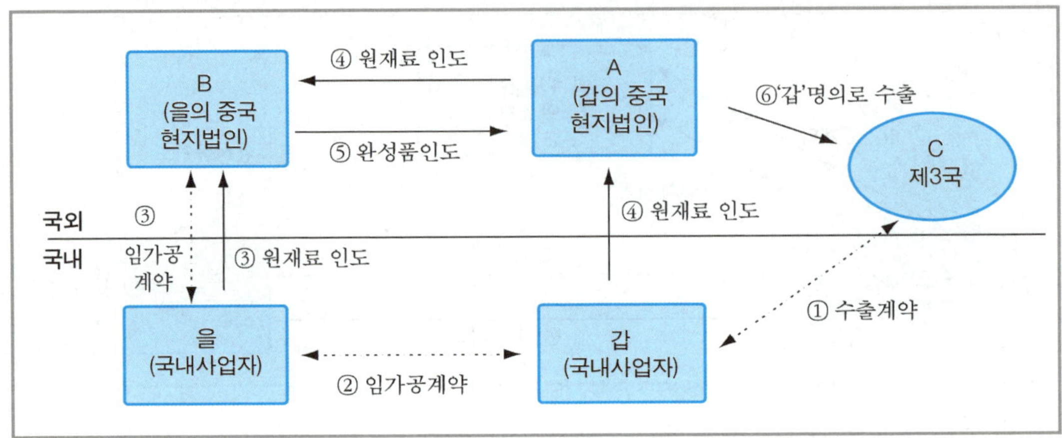

가. 거래내용

① 국내사업자(갑)가 제3국사업자(C)와 수출계약 체결
② "갑"은 국내사업자(을)와 임가공계약 체결
③ "을"은 을의 중국현지법인(B)과 임가공계약을 체결하고 원재료 일부(도금재료)를 제공
④ "갑"은 "갑"의 중국현지법인(A)을 경유하여 "B"에게 원재료(악세서리)를 제공
⑤ "B"는 "A"와 "을"에게 인도받은 원자재를 가공하여 완성품을 "A"에게 인도
⑥ "A"는 "갑"의 명의로 완성품을 제3국에 수출

나. 부가가치세 신고방법

① "갑"은 원자재를 제공하여 외국에서 가공한 후 외국에서 인도하므로 위탁가공무역방식의 수출에 해당한다(영세율적용, 세금계산서 발급의무 없음).
② "을"도 원자재를 제공하여 외국에서 가공한 후 외국에서 인도하나, "A" 또는 "C"와 수출계약이 체결하지 않았으므로 「대외무역법」상 위탁가공무역방식에 의한 수출에 해당하지 않으나, 부가가치세법은 위 "8"의 규정에 따라 원재료 반출에 대하여 영세율을 적용한다.

3) 국내사업자(갑)가 다른 국내사업자(을)와 체결한 임가공계약에 의하여 외국에서 임가공 후 수출하는 경우로서 다른 국내사업자(을)가 원자재의 일부를 제공하는 경우

가. 거래내용

① 국내사업자(갑)가 외국수입업자(B)와 수출계약 체결

② "갑"은 다른 국내사업자(을)와 임가공계약 체결

③ "을"은 "을"의 외국 현지법인(A)과 임가공계약 체결

④ "갑"과 "을"이 각각 원자재의 일부를 "A"에게 제공

⑤ "A"는 "갑"과 "을"이 제공한 원자재에 대하여 가공하여 완성된 제품을 "갑"이 지정한 외국사업자(B)에게 인도

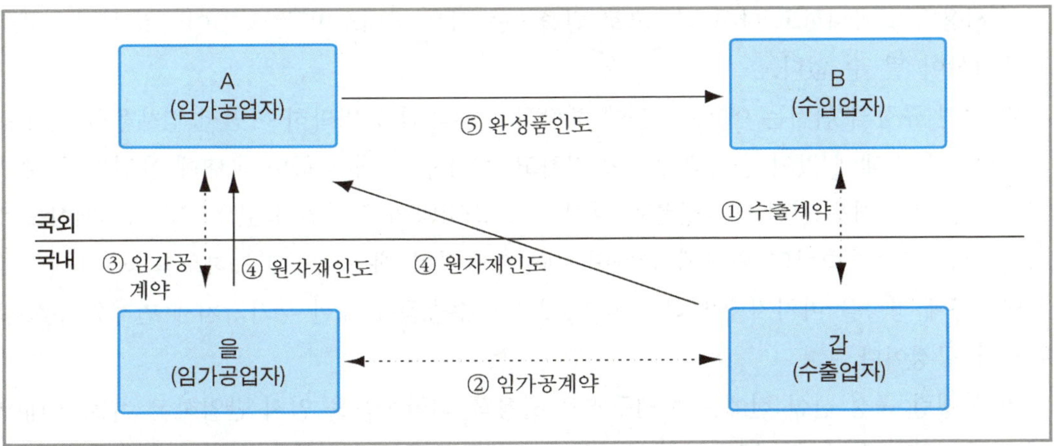

나. 부가가치세 신고방법

① "갑"은 원자재를 제공하여 외국에서 가공한 후 외국에서 인도하므로 위탁가공무역방식의 수출에 해당한다(영세율 적용, 세금계산서 발급의무 없음).

② "을"도 원자재를 제공하여 외국에서 가공한 후 외국에서 인도하나, "B"와 수출계약이 체결하지 않았으므로 「대외무역법」상 위탁가공무역방식에 의한 수출에 해당하지 않으나 부가가치세법은 ④의 원자재 반출에 대하여 영세율을 적용한다.

9 외국물품을 외국으로 반출하는 경우

「관세법」상 수입의 신고가 수리되기 전의 물품으로서 보세구역에 보관하는 물품을 외국으로 반출하는 것에 대하여는 2019. 2. 12. 이후 반출하는 분부터 영세율을 적용한다(부가령 §31 ① 6).

2019년 2월 위 부가령 제31조 제1항 제6호를 신설하였는데, "관세법에 따라 수입신고 수리전의 물품으로서 보세구역에 보관 중인 물품을 외국으로 반출하는 경우 영세율을 적용한다"는 내용을 담고 있으며 기획재정부 개정세법 해설서에서는 "수출의 범위 관련 규정의 명확화"라고 개정취지를 설명하고 있다. 보세구역에 보관된 수입신고 수리 전의 물품은 아직 국내에 수입된 것이 아니어서 외국물품으로 간주되는데 이 외국물품을 국내에서 소비하거나 사용하지 아니하고 다시 외국으로 반출하는 경우 국내소비로 보기 어려워 부가가치세 과세대상이 될 수 없다.

위 신설 규정의 취지는 이 때 수출에 해당하는 거래임을 명확히 하면서 영세율을 적용함으로써 국제거래에 있어 중복과세를 방지하고, 보세구역 내 물품이 국내에 유입되지 않고 바로 수출되는 경우 일반 내국물품과 달리 국내 소비와의 관련성이 없으므로 과세대상으로 삼는 것은 조세중립성의 원칙에 반하며, 세금부담없이 재수출이 가능하도록 하여 세금이 무역흐름에 영향을 미치지 않도록 설계한 것으로 수출품에 대한 부가가치세 면제원칙을 재확인한 규정이다.

위 시행령 규정 신설 전에는 보세구역을 활용해 외국물품을 일시 반입하고 이를 국내에서 가공, 포장, 수리 후 다시 수출하는 등의 국제물류와 무역활동을 장려하기 위한 제도적 장치로 국세청 및 기재부는 영세율을 적용하는 것으로 유권해석을 하여 왔다. 즉 이러한 거래에서 발생하는 부가가치세 부담을 줄이고 무역기업의 비용부담을 경감하여 수출유인을 강화하기 위하여 보세구역이나 보세공장 내에서 무환수탁가공무역방식 수출에 대하여 유권해석으로 운영하던 것을 수출하는 재화로서 영세율을 적용함이 명확화되었다.

기존 유권해석을 보면 국외에서 원자재를 무상으로 수입하여 보세공장(보세구역)에서 가공 후 완제품을 제3국으로 수출하는 경우가 대표적이다.

① 외국법인으로부터 무상 수입한 완성차를 자유무역지역내에서 분해 후 부분품을 수출하고 그 대가를 받는 경우 재화의 수출로서 영세율이 적용된다(법규부가2012-455, 2012. 11. 30.).

② 보세공장 운영자가 외국법인으로부터 항공기 엔진을 무환으로 수입하여 해체 후 재조립(수리/정비업)하여 반출하는 경우 재화의 수출로서 영세율이 적용된다(서면-2019-법령해석부가-2942, 2019. 11. 20.).

③ 사업자가 외국인 거래자로부터 인도받은 원재료를 사용하여 가공한 재화를 수출하고 가공비만을 대금결제하는 경우 원재료가액은 과세표준에 포함하지 아니한다(부가46015-1224, 1995. 7. 5.).

10 내국신용장 등에 의한 재화의 공급

(1) 개요

영세율 적용대상 수출에는 아래 내국신용장 또는 구매확인서에 의하여 공급하는 재화를 포함한다. 다만, 수출거래를 가장하여 내국신용장을 허위로 발급받아 부당하게 영세율을 적용받고 국내에 금지금을 불법유통시키는 문제점이 발생함에 따라 금세공용 금지금과 금융상품용 금지금은 내국신용장 또는 구매확인서에 의하여 공급하더라도 영세율을 적용하지 아니한다(부가법 §21 ② 3).

1) 부가가치세법상의 내국신용장의 정의

「부가가치세법」은 사업자가 국내에서 수출용 원자재, 수출용 완제품 또는 수출재화임가공용역을 공급받으려는 경우에 해당 사업자의 신청에 따라 외국환은행의 장이 재화나 용역의 공급시기가 속하는 과세기간이 끝난 후 25일(그 날이 공휴일 또는 토요일인 경우에는 바로 다음 영업일, 2014. 10. 30. 이전 개설분은 20일. 이하 같다) 이내에 개설하는 신용장으로 정의하고 있다(부가칙 §21).

2) 부가가치세법상 구매확인서의 의의

「부가가치세법」은 「대외무역법 시행령」 제31조 및 제91조 제11항에 따라 외국환은행의 장이나 전자무역기반사업자가 제1호의 내국신용장에 준하여 재화나 용역의 공급시기가 속하는 과세기간이 끝난 후 25일(그 날이 공휴일 또는 토요일인 경우에는 바로 다음 영업일, 2014. 10. 30. 이전 개설분은 20일) 이내에 발급하는 확인서로 정의하고 있다(부가칙 §21).

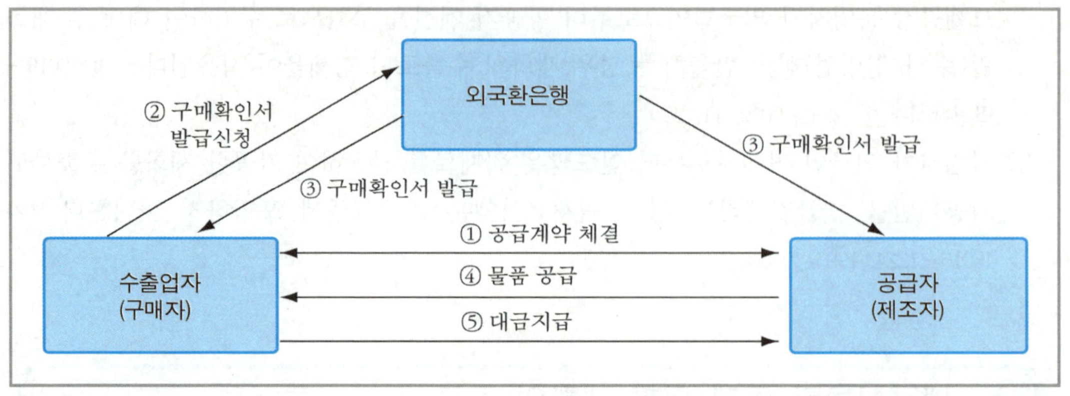

(2) 영세율의 적용

1) 법령 규정

내국신용장 등에 의한 재화의 공급은 수출인 국외반출을 위한 공급인 경우에만 영세율 적용대상이 되므로 국내에서 외국으로 반출되지 아니하는 다음의 재화공급과 관련하여 개설된 내국신용장에 의한 재화·용역의 공급은 영의 세율을 적용하지 않는다.

- 주한미군군납계약서 또는 국제공공차관사업계약서 등을 근거로 개설된 내국신용장에 의한 공급
- 국내사업자간에 국내에서 물품계약을 체결하고 재화는 국외사업자를 통하여 국외에서 국외로 재화가 인도되는 거래(거래장소가 국외로서 과세대상거래에 해당하지 아니하는 경우)에 대하여 구매확인서를 개설받은 때에는 구매확인서에 의한 공급으로 영세율이 적용되지 않는다.

다만, 수출에 관련된 재화·용역의 공급으로서 내국신용장에 의하여 정상적으로 공급된 재화·용역이 실제로 수출용도에 사용되었는지에 관계없이 영세율을 적용한다(부가 1265-1073, 1982. 4. 29. ; 부가통칙 21-31-12).

2) 내국신용장 등의 개설·발급시기

가. 내국신용장 등의 개설·발급기한

내국신용장, 구매확인서에 의한 재화·용역(임가공용역 등)의 공급이 영세율의 적용을 받기 위해서 내국신용장 등은 재화·용역의 공급시기가 속하는 과세기간 종료 후 25일 이내에 개설·발급되어야 한다.

2001. 12. 31. 시행령 개정시 영세율이 적용되는 수출용 재화 또는 용역에 대한 구매승인서가 구매확인서로 명칭이 변경되었고 2002. 4. 12. 시행규칙 개정시 동 확인서에 수출용 재화 또는 용역에 대한 근거서류 및 번호, 유효기일, 선적기일 등이 기재되도록 하였으며, 2005. 3. 11. 시행규칙 개정시에는 구매확인서에 기재할 사항 중에 유효기일을 삭제하였다(구 부가칙 §9의2).

나. '과세기간 종료 후 25일 이내 개설'의 의미

내국신용장에 의하여 구매자금 융자 등을 받으려면 재화 또는 용역의 공급 이전에 개설받아야 한다. 그러나 부가가치세 영세율 적용을 위한 내국신용장은 과세기간 종료 후 25일 이내에 개설되는 경우도 가능하다.

구매확인서의 경우에는 개설받는 시점이 재화·용역의 공급시기가 속하는 과세기간 종료 후 25일 이내에 개설되는 경우 영세율 적용이 가능하다(대외무역관리규정 §36). [2014. 10. 30. 이전에는 구매확인서 또는 내국신용장 발급의 경우 「국세기본법」 제5조 제1항에 규정하는 기한의 특례규정이 적용되지 아니하므로 과세기간 종료 후 구매확인서를 발급받는 경우로서 과세기간 종료 후 20일이 되는 날이 공휴일이어서 그 익일에 발급받는 경우에는 영세율 적용대상 구매확인서로 보지 않으므로 영세율이 적용되지 않았다(서삼 46015-11326, 2002. 8. 16. ; 조심 2010구0179, 2010. 6. 21.)].

(3) 공급시기

내국신용장 및 구매확인서에 의한 재화의 공급시기는 국내거래이므로 해당 재화를 인도하는 때를 공급시기로 한다(부가법 §15 ① 1 ; 부가통칙 15-28-5).

(4) 세금계산서의 발급

내국신용장 등에 의한 재화의 공급에 대하여는 공급자가 공급받는 자에게 영세율세금계산서를 발급하여야 한다. 다만, 내국신용장 등의 개설시기와 재화 또는 용역의 공급시기가 상이함에 따라 세금계산서(일반세금계산서, 영세율세금계산서, 수정세금계산서) 발급에 문제가 발생한다. 이에 대한 처리요령은 다음과 같다.

1) 내국신용장 등이 개설된 이후에 재화의 공급이 이루어진 경우

재화의 공급시기에 이미 내국신용장 등이 개설되어 영세율 적용요건이 성립되었으므로 영세율 세금계산서를 공급받는 자에게 발급하여야 한다. 이 경우 제1기 과세기간 중에 발급받은 내국신용장 등에 의하여 제2기 과세기간 중에 재화를 공급하는 경우에도 이와 같다(제도 46013-617, 2000. 12. 22. ; 부가 46015-4100, 1999. 10. 9.).

또한 유효기간이 경과된 내국신용장에 의하여 재화를 공급하는 경우로서 해당 신용장의 효력이 소멸되지 아니한 때(추후 그 대가를 외국환은행에서 원화로 받음)에는 영세율 세금계산서를 발급한다.

2) 반품이 발생된 경우

사업자가 내국신용장 등에 의하여 재화를 수출업자에게 공급(영세율세금계산서 발급)하였으나 재화가 반품된 경우에는 동 재화를 반품받은 사업자는 수정세금계산서(△영세율 수정세금계산서)를 발급하여야 한다. 이 경우 수정세금계산서상의 공급가액은 당초 공급가액을 기준으로 하는 것이며, 내국신용장에 의하여 공급한 재화의 반품시에는 영세율 첨부서류를 첨부하지 아니하는 것이다(부가 22601-90, 1989. 1. 21. ; 부가 46015-1573, 1998. 7. 13.).

3) 내국신용장 등의 사후개설에 대한 세금계산서 발급방법

가. 재화의 공급이 속하는 달의 다음 달 10일까지 개설된 경우

재화의 공급이 속하는 달의 다음 달 10일까지 개설된 경우 재화의 공급일을 작성일자로 하여 영세율세금계산서를 바로 발급할 수 있다(서면3팀-3001, 2006. 12. 5.).

또한 이 경우 (영세율)월합계세금계산서 발급도 가능하며, 재화의 공급이 속하는 달의 다음 달 10일까지 개설된 경우로서 일반세율 적용분과 영세율 적용분을 해당 월에 함께 공급한 경우 일반세율 적용 월합계세금계산서와 영세율 적용분 월합계세금계산서를 각각 발급할 수 있다.

나. 재화의 공급시기가 속하는 달의 다음 달 10일 후에 개설된 경우

㉠ 재화를 인도하는 때(공급시기)에 일반세금계산서를 발급한다.

㉡ 내국신용장 등이 사후개설된 경우 그 작성일자는 당초 세금계산서 작성일자를 기재하고 비고란에 구매확인서 개설일 등을 부기하여 영세율 적용분은 검은색 글씨로 세금계산서를 작성하여 발급하고, 추가하여 당초에 발급한 세금계산서의 내용대로 세금계산서를 붉은색 글씨로 또는 부(負)의 표시를 하여 작성하고 발급한다.

㉢ 1월부터 3월까지의 기간 중에 재화를 공급하고 구매확인서가 4월 25일 이전에 개설된 경우에는 1기분 예정신고시 영세율 적용분으로 신고할 수 있다. 마찬가지로 4. 1.부터 6. 30.까지 기간 중에 재화를 공급하고 구매확인서가 7월 25일 이전에 개설된 경우에

는 확정신고시 영세율 적용분으로 신고할 수 있다. 즉 일반세율로 납부 후 예정신고나 확정신고 후에 경정청구하는 절차가 생략된다.

㉣ 예정신고기간 중에 재화를 공급하고 예정신고기한 경과 후 과세기간 종료 후 25일 이내 구매확인서가 개설된 경우 예정신고시에는 일반세율로 신고·납부하고 예정신고분에 대한 경정청구를 하거나 확정신고 시 영세율 적용분으로 신고할 수 있다(부가 46015 -5048, 1999. 12. 27.).

다. 과세기간 종료 25일이 경과되어 개설된 경우

재화의 공급시기가 속하는 과세기간 종료 후 25일이 경과되어 내국신용장 등이 개설된 경우 영세율 적용이 배제되므로 당초 발급한 일반 세금계산서로 부가가치세를 신고·납부하여야 한다(기 신고납부가 이루어졌다면 추가적인 세무처리 없음).

라. 단가조정이 있는 경우 수정세금계산서 발급

사업자가 해당 재화의 공급분에 대하여 내국신용장에 의하여 영세율이 적용되는 세금계산서를 수정발급한 후 상호합의에 의하여 단가를 조정함으로써 해당 재화의 공급가액이 변경된 경우 그 변경된 내용에 따라 해당 변경사유 발생시 재차 수정세금계산서를 발급할 수 있다(제도 46015-11871, 2001. 7. 4.).

마. 구매확인서 개설 전 선발행세금계산서 발급

2020. 6. 10. 수출업자에게 수출용 원자재를 공급하기로 약정하고 계약금 1억원을 수령하여 선발행세금계산서(10% 세율 적용분)를 발급하였으며, 실제 납품은 2020. 7. 31.에 이루어졌고 구매확인서는 2020. 7. 26.에 개설되어 2016. 7. 25.에 부가가치세 확정신고를 하려고 하는 경우 2020. 6. 10. 선발행세금계산서에 대하여 수정세금계산서와 영세율세금계산서를 발급하여 영세율을 적용받을 수 있는지를 살펴보면, 공급시기 이전에 선수금을 받고 선수금 범위 내에서 발급한 세금계산서는 정당한 세금계산서이고, 그 받은 대가에 부가가치세가 포함된 것으로 보아야 할 것이므로 부가령 제70조 제1항 제4호에 따라 "공급시기가 속하는 과세기간 종료 후 25일 이내에 구매확인서가 발급"될 것을 전제 조건으로 수정세금계산서 발급을 규정하고 있기 때문에 영세율 적용이 불가하다.

특히 2020년 1기 확정신고 후에 구매확인서가 개설되어 매출자는 이미 부가가치세를 납부하고 상대방은 매입세액 공제를 받았을 것이므로 이를 허용한다면 구매확인서 개설된 과세기간에 다시 경정청구(매출자)나 수정신고(매입자)를 하게 되어 납세자들에게 오히려 더 큰 불편을 초래한다.

따라서 공급시기 도래 전에 구매확인서 개설이 예정된 거래를 함에 있어 계약금 등 선수금에 대하여 영세율 적용을 받고자 하는 경우에는 구매확인서가 개설된 이후에 선발행세금계산서(영세율 적용분)를 발급하거나, 선발행세금계산서를 발급한 과세기간 경과 후 25일 이내에 구매확인서가 개설될 수 있도록 서둘러야 한다.

바. 세금계산서 발급이 부적정하게 이루어진 경우

세금계산서 발급을 부적정하게 한 경우에도 내국신용장 등이 정당하게 개설 및 발급된 경우 영세율 적용에 장애가 되지 않는다.

사. 내국신용장 등이 사후발급에 따른 수정전자세금계산서 전송

내국신용장 등이 재화의 공급일이 속하는 과세기간 종료 25일 내 개설된 경우 전자세금계산서(수정분)는 당초 작성일자가 속하는 과세표준 신고기한까지 전송해야 한다.

4) 내국신용장 등 사후 개설로 인한 수정신고 또는 경정청구시 가산세 적용

① 「부가가치세법」 및 「대외무역법」에서 정하는 적법한 구매확인서의 발급으로 인하여 수정세금계산서가 발급되어 수정신고 또는 경정청구를 하는 경우에는 「부가가치세법」 및 「국세기본법」에서 정하는 세금계산서합계표 관련 가산세와 영세율과세표준신고불성실가산세 등을 적용되지 않는다(서삼 46015-10401, 2003. 3. 8.).

② 내국신용장 등 개설 전 재화의 공급시 영세율세금계산서를 발급하고 세금계산서 발급기한이 경과하여 영세율이 적용될 수 있는 기한 내에 내국신용장이 개설된 경우 영세율은 적용되는 것이며, 세금계산서불성실가산세 대상이 아니다(조심 2013중2318, 2013. 8. 19.).

③ 내국신용장 등이 개설된 때에 영세율세금계산서만을 발급한 경우
재화의 공급시기에 세금계산서를 발급하여야 하므로 일반세금계산서를 발급하지 아니하고 영세율이 적용될 수 있는 구매확인서가 개설된 때에 비로소 영세율세금계산서만을 발급한 경우 세금계산서 미발급에 따른 가산세(공급가액의 2%)를 적용하여야 한다는 회신이 있었으나(서면3팀-2379, 2005. 12. 28.), 이후 국세청은 공급시기 이후라도 세금계산서를 발급한 경우 세금계산서기재불성실가산세(1%)를 부과하여야 한다고 해석하였다(법규과-1551, 2010. 10. 14.).

④ 예정신고기간 중에 재화를 공급하고 확정신고기간에 구매확인서가 발급된 경우로서 예정신고시에는 일반세금계산서를 제출하지 아니하고 확정신고시 영세율세금계산서

와 함께 제출한 때에는 예정신고분에 대하여 세금계산서지연제출가산세, (과소신고)초
과환급신고가산세, 납부·환급불성실가산세가 경정시 적용된다.

⑤ 과세기간 종료 후 25일 이내에 구매확인서가 개설되었으나, 공급자가 수정세금계산서
및 영세율세금계산서를 발급하지 아니한 경우 세금계산서 미발급가산세 및 영세율과
세표준신고불성실가산세가 적용되고, 공급받는 자는 당초 공제받은 세액의 추징과 함
께 과소신고초과환급가산세, 납부·환급불성실가산세가 적용된다(다만 수정세금계산서
미발급이 영세율의 혜택을 포기한 것으로 거래당사자간 합의된 경우에는 일반세율을 적용한 세금계산
서 발급이 인정된다).

⑥ 회수·서손하고 영세율세금계산서 발급한 경우
사업자가 구매확인서 사후개설에 따라 당초 매월 발급한 월합계세금계산서(10% 세율
적용)를 회수·서손하고 월합계영세율세금계산서를 다시 발급하여 부가가치세를 신고
하고 세금계산서합계표를 제출한 경우 적법한 구매확인서에 근거하여 발급한 월합계
영세율세금계산서는 사실과 부합하는 바, 원칙적으로는 당초 발급한 월합계세금계산
서에 대하여는 이를 없었던 것으로 하는 세금계산서를 발급하고 다시 월합계영세율세
금계산서를 발급하여 부가가치세를 신고하고 세금계산서합계표를 제출하여야 하나,
월합계영세율세금계산서만을 발급하고 이에 근거하여 부가가치세를 신고하고 세금계
산서합계표를 제출한 것은 일부 절차를 생략한 것에 불과하고, 동 영세율세금계산서가
수정세금계산서의 역할을 한 것으로 볼 수 있으므로 이는 발급한 세금계산서의 필요적
기재사항 중 일부가 착오로 기재되었으나 당해 세금계산서의 그 밖의 필요적 기재사항
또는 임의적 기재사항으로 보아 거래사실이 확인되는 경우에 해당하여 동 세금계산서
를 사실과 다른 세금계산서로 보아 세금계산서기재불성실가산세를 부과할 수 없다(조
심 2009중4136, 2010. 6. 29. ; 조심 2011중138, 2011. 2. 15. ; 조심 2010중3262, 2012. 3. 1.).

5) 내국신용장에 의한 중간지급조건부 거래의 공급시기

내국신용장에 의하여 재화를 공급하고 그 대가를 중간지급조건부로 받기로 한 경우의 공
급시기는 부가령 제28조 제3항 제3호에 따라 대가의 각 부분을 받기로 한 때가 되는 것이므
로 각 공급시기마다 세금계산서(영세율세금계산서 또는 일반세금계산서)를 발급하여야 한다(부가
22601 - 832, 1990. 7. 3.).

> local L/C개설을 조건으로 다음과 같이 중간지급조건부 공급계약을 체결한 경우 영세율 적용
> 여부
>
> [사례1]
> 계약일 : 2020. 3. 8.   1차 중도금 지급일 : 2020. 6. 20.
> L/C Open일 : 2020. 9. 15.   2차 중도금 지급일 : 2020. 9. 20.
> 재화의 인도일 및 잔금 지급일 : 2020. 12. 20.
>
> [사례2]
> 위와 조건이 동일하나 L/C Open 날짜가 2020. 6. 20.인 경우
>
> [답변]
> 공급시기 판정에 있어 내국신용장 개설 여부에 관계없이 일반적인 재화의 공급시기가
> 적용되는 것이므로 사례1에서 계약일, 1차 중도금에 대하여는 일반세금계산서를 발급
> 하고 신용장개설일 이후 공급시기 도래분인 2차 중도금 및 잔금에 대하여는 영세율세
> 금계산서를 발급하며(계약금 및 1차 중도금에 대하여는 영세율 적용불가), 사례2의 경
> 우 계약금에 대하여는 일반세금계산서 발급 후 이에 대한 수정세금계산서 및 영세율세
> 금계산서를 발급하고 2차 중도금부터는 그 공급시기에 영세율세금계산서를 발급한다.

(5) 공급가액

① 내국신용장 등에 의하여 받기로 한 금액을 그 공급가액으로 한다. 그 대가를 외국통
   화, 그 밖의 외국환으로 받은 때에는 다음의 방법으로 환가한 금액으로 한다.
   ⅰ. 공급시기 도래 전에 원화로 환가한 경우에는 그 환가한 금액
   ⅱ. 공급시기 이후에 외국통화 또는 그 밖의 외국환의 상태로 보유하거나 지급받은
       때에는 공급시기의 외국환거래법에 의한 기준환율 또는 재정환율에 의하여 환가
       한 금액
② 내국신용장에 의하여 재화를 공급하고 그 대가의 일부(관세환급금 등)를 내국신용장에
   포함하지 아니하고 별도로 받는 경우로서 해당 금액의 대가의 일부로 확인되는 때에
   는 상기 ①의 방법에 따른 금액을 공급가액에 포함한다(부가통칙 21-31-8).

이 때 영세율이 적용되는 관세환급금에 대한 수정세금계산서 발급은 세관으로부터 관세
환급금이 통지되었을 때 발급한다(서면3팀-3401, 2007. 12. 24. ; 부가 22601-2259, 1987. 10. 30.).

(6) 영세율 첨부서류

내국신용장 또는 구매확인서가 「전자무역촉진에 관한 법률」 제12조 제1항 제3호 및 제5호에 따라 전자무역기반시설을 통하여 개설되거나 발급된 경우에는 기획재정부령으로 정하는 내국신용장·구매확인서 전자발급명세서를 제출하고 그 외의 경우에는 내국신용장 등 사본을 제출한다(부가령 §101 ① 3).

또한 사업자가 국세청장이 정하는 바에 따라 해당 영세율 첨부서류를 복사하여 저장한 테이프 또는 디스켓을 부가령 제101조 제4항의 영세율첨부서류제출명세서(전자계산조직에 의하여 처리된 테이프 또는 디스켓을 포함한다)와 함께 제출할 수 있으며, 내국신용장 등에 포함되지 않은 관세환급금 등이 대가의 일부로서 영세율 적용대상인 경우 관세환급금명세서를 제출한다(부가통칙 21-101-2).

(7) 내국신용장 등과 관련된 사례

① 허위의 구매확인서라는 것을 안 경우 영세율 적용 안됨

허위의 구매확인서를 발급받았거나 그 발급에 하자가 있음을 알면서도 영세율을 적용한 경우, 구매자가 조세를 포탈할 의도 하에 하자 있는 구매승확서를 이용하는 사정을 알면서도 이를 묵인하는 경우 등의 경우 영세율 적용을 받지 못한다. 반대로 발급절차상의 하자가 있었더라도 공급자가 그러한 하자를 알고 있었다는 등의 특별한 사정이 없는 한 구매확인서에 따른 공급은 영세율 적용대상이 된다(대법원 2010두12903, 2011. 10. 13.).

② 외국으로 반출되지 아니하는 재화의 내국신용장 등

외국으로 반출되지 아니하는 재화의 공급과 관련하여 개설된 내국신용장(주한미국군군납계약서 등)에 의한 재화 또는 용역의 공급은 영의 세율을 적용하지 아니한다(부가통칙 21-31-12).

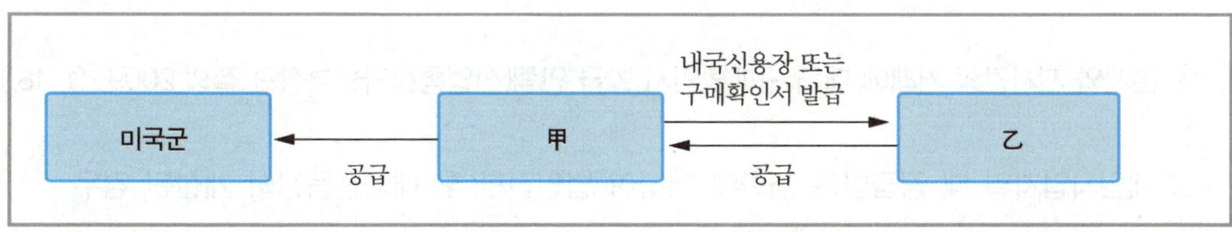

이 경우 甲은 「부가가치세법 시행령」 제24조에 따른 영세율 적용대상이나 乙은 영의 세율을 적용하지 아니한다.

③ 내국신용장 등에 의하여 공급 후 반출되지 아니하는 재화

내국신용장 또는 대외무역법에서 정하는 구매확인서에 의하여 공급하는 재화는 공급된
이후 당해 재화를 수출용도에 사용하였는지의 여부에 불구하고 영의 세율을 적용한다(부가
집행기준 21-31-8 ⑧).

참고 **수출하지도 않는 재화구입에 대하여 구매확인서 발급 소홀로 인한 손해배상책임**

국가에게 피고은행은 GGGG통상에게 발급한 구매확인서에 의한 거래금액의 10%에 해당하는
부가가치세 상당의 손해액, 피고 BB은행은 FF코퍼레이션에게 발급한 구매승인서에 의한 거래
금액의 10%에 해당하는 부가가치세 상당의 손해액 및 이에 대하여 불법행위일 이후로서 국가가
구하는 이 사건 소장 부본 송달일 다음 날부터 피고 은행들이 그 이행의무의 존부 및 범위에
관하여 항쟁함이 상당한 대법원의 환송판결 선고일까지는 민법이 정한 연 5%의, 그 다음 날부터
다 갚는 날까지는 소송촉진등에관한특례법이 정한 연 20%의 각 비율로 계산한 지연손해금을
지급할 의무가 있다(서울고법 2012나72119, 2013. 1. 16.).

④ 본사명의의 내국신용장으로 지점명의로 세금계산서 수취 가능

본사와 공장 등 2 이상의 사업장이 있는 법인사업자가 재화수출을 위한 원자재 매입거래
를 함에 있어서 계약, 발주, 대금결제 등 거래가 본사에서 이루어지고 본사명의로 내국신용
장이 개설된 후 재화는 운송편의를 위해 실질적으로 사용 또는 소비하는 공장으로 인도받
은 경우 내국신용장에 의한 영세율 세금계산서는 본사 또는 지점에서 발급받을 수 있다(서
면3팀-2956, 2006. 11. 30.).

⑤ 본사와 지사간의 거래에 대해 구매확인서 발급 안됨(산업통상자원부장관 질의 2009. 11. 18.)

⑥ 개인사업자일 때 공급받은 재화에 대하여 법인전환 후 내국신용장이 개설된 경우

사업자가 다른 개인사업자에게 과세재화를 공급한 대가에 대하여 영세율이 적용되지 않
는 세금계산서를 발급하고 당해 공급받는 자가 부가가치세법 제10조 제9항 제2호에 따른
포괄적인 사업양도방식으로 법인전환된 후 당해 거래의 거래시기가 속하는 과세기간 끝난

후 25일(현재) 이내에 법인전환되기 전의 개인사업자 및 법인사업자 명의로 각각 내국신용장이 개설된 경우 영세율이 적용되는 수정세금계산서로 발급가능하다(서삼 46015-11215, 2002. 7. 24.).

⑦ 사업자가 북한으로 반출한 물품을 국내의 다른 사업자에게 공급하는 경우 내국신용장 또는 구매확인서에 의하여 공급되는 재화에 해당되어야 영세율이 적용됨(서면인터넷방문상담3팀-1083, 2007. 4. 10.)

⑧ 내국신용장에 의하여 공급하는 위탁판매재화

수탁자가 자기명의로 내국신용장을 개설받아 위탁자의 재화를 공급하는 경우 위탁자가 영의 세율을 적용받으며, 이 경우 영세율 첨부서류는 수탁자명의의 내국신용장사본과 위수탁매매임을 입증할 수 있는 서류로 한다(부가통칙 21-31-10).

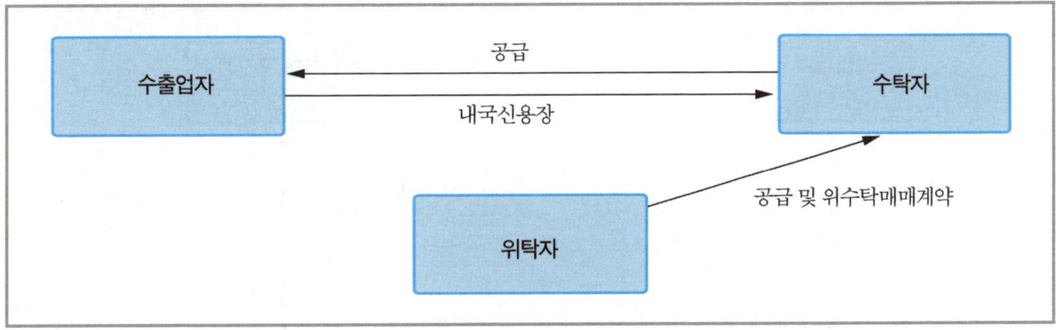

⑨ 내국신용장 유효기간 경과 후 재화공급시 영세율 적용

사업자가 내국신용장의 유효기간 경과 후에 재화를 공급한 것으로서 해당 신용장의 효력이 소멸되지 아니하여 그 대가를 외국환은행에서 원화로 받는 경우에는 영의 세율을 적용한다(부가통칙 21-31-13).

⑩ 수출품제조용 수입원자재의 전용

사업자가 수출품제조용 수입원자재의 사후관리를 관장하는 은행장에서 전용승인을 받아 다른 수출품생산업자에게 공급하는 경우 영의 세율을 적용하지 아니한다. 다만, 내국신용장 또는 대외무역법에서 정하는 구매확인서에 의하여 전용하는 경우 그러하지 아니하다(부가통칙 11-31-14).

⑪ 자유무역지역에 입주한 국내사업자 '갑'이 다른 국내사업자 '을'과 원자재 납품계약을 체결하고 해당 원자재를 '을'이 지정하는 해외업체로 인도(선적)한 후 '을'로부터 원자재 대금을 받는 경우 '갑'은 '을'에게 「부가가치세법」 제32조에 따라 세금계산서를 발급하는 것이다(서면-2016-부가-3291, 2016. 4. 20.).

⑫ 공급자(수출품생산업자)를 "갑"으로 구매확인 신청자(수출업자)를 "을"로 하는 대외무역법시행령 제38조의2에 따른 구매확인서를 발급받아 "갑"이 "을"에게 재화를 공급하면서 동 구매확인서상의 공급물품 중 일부를 "을"의 지점("병")에게 공급하고, 동 물품이 수출된 것이 확인되는 경우 "병"에게 공급한 재화에 대하여 「부가가치세법 시행령」 제24조 제2항 제1호에 의거 영세율이 적용된다(법규과-1644, 2006. 5. 1.).

⑬ 1차 구매확인서 개설이 없는 2차 구매확인서 발급 가능 여부

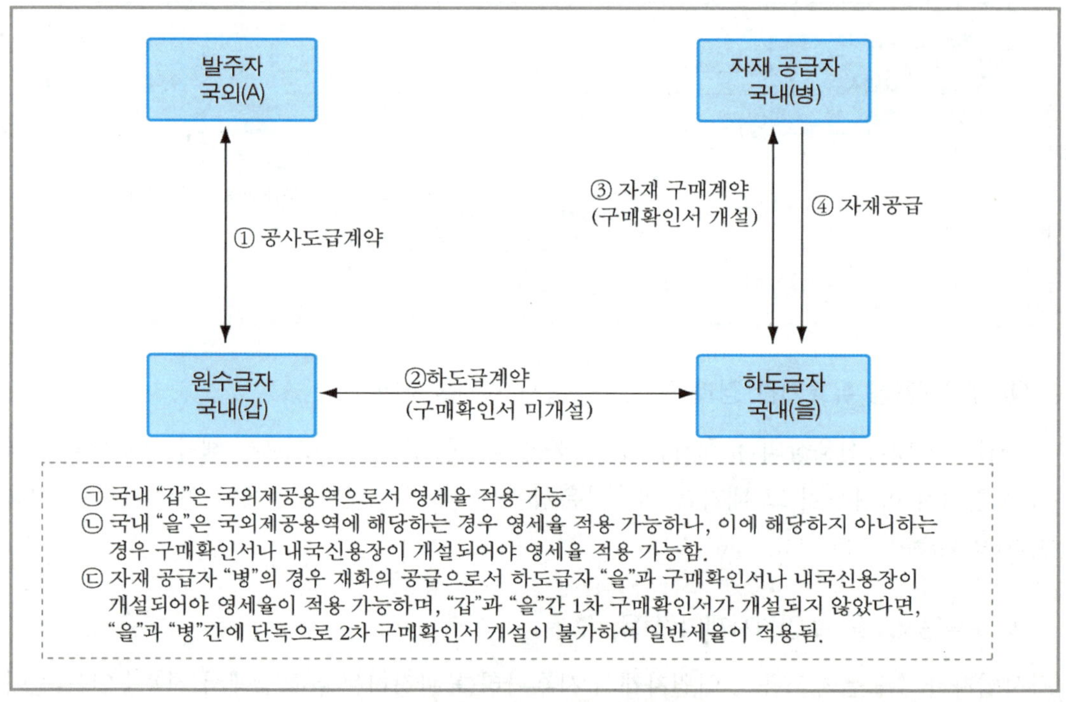

※ "을"의 경우 구매확인서의 신청·발급을 위하여는 신청인이 구매하려는 원료·기재가 외화획득의 범위에 해당하는지는 확인하여 발급 여부를 결정하도록 규정되어 있어 외화획득용 원료·기재임을 입증할 수 있는 서류(수출신용장, 수출계약서, 구매확인서 등)가 없다면 구매확인서 발급대상이 될 수 없음.

⑭ 중계무역 등을 위한 구매확인서 발급 여부

구매확인서는 물품 등을 외화획득용으로 사용하기 위하여 국내에서 구매하고자 하는 경우 외국환은행의 장이 내국신용장에 준하여 발급하는 증서이므로 중계무역, 외국인도수출을 근거로 구매확인서 발급은 불가하다.

⑮ 북한으로 반출하는 재화에 대한 구매확인서 발급

북한으로의 물품이동에 대하여는 수출이 아닌 반출로 보고 있으므로 외화획득 목적이 있다고 하더라도 구매확인서의 발급대상이 되지 아니하는 것으로 보았으나, 2008년 특별법인 「남북교류협력에 관한 법률」이 「대외무역법」에 우선하는 것이므로 특별법에서 대북 반출을 수출로 규정하고 있어 구매확인서 발급이 가능한 것으로 기존 해석을 변경하였다(서면3팀-774, 2008. 4. 17.).

다만, 외화획득(수출실적)이 수반되지 아니하는 대북 무상지원 등을 위한 국내 물품조달과 관련해서는 구매확인서를 발급이 불가하다는 것이 산업통상자원부 의견이므로 구매 시 매입세액을 부담하여야 한다.

⑯ 임가공을 위한 국외반출 원재료에 대한 구매확인서 발급 여부

위탁가공무역방식의 수출을 위하여 국내에서 조달하는 원재료(임가공을 위한 국외 반출용)에 구매와 관련한 구매확인서의 개설이 가능하다.

⑰ 구매확인서 사후발급 인정

납품한 원재료 등이 추후에 외화획득용으로 사용·소비되어지는 등 구매확인서 발급요건을 추후에 충족하는 경우가 많으며, 개설대상이 되는지를 인지하지 못하여 구매확인서를 개설하지 못하는 사례가 있어 2003. 2. 6. 대외무역관리규정 개정시 국내에서 외화획득용 원료 또는 물품 등을 구매한 자도 부가칙 제21조에서 정한 기한 내에 세금계산서 사본(종전에는 물품수령확인서를 함께 제출하였으나 2005년부터 세금계산서 사본 제출만으로 가능하다)을 제출하는 경우 구매확인서의 발급을 신청할 수 있다(대외무역관리규정 §36).

⑱ 구매확인서 발급 및 재발급

외국환은행의 장은 발급된 구매확인서에 의하여 2차 구매확인서를 발급할 수 있으며, 물품의 제조 및 가공과정이 여러 단계인 경우 각 단계별로 순차적으로 차수의 제한없이 차순위의 구매확인서를 발급할 수 있다. 구매확인서 발급신청시 반드시 발급근거 서류가 있어

야 하는 것이므로 비축용으로 구매확인서 발급을 신청할 수 없다.

구매확인서를 발급한 후 발급근거 서류의 외화획득용 원료 또는 물품 등의 내용변경 등
으로 이미 발급한 구매확인서의 내용이 상이하여 재발급을 요청하는 경우 이미 발급한 구
매확인서를 반납하고 새로운 구매확인서를 발급받을 수 있다. 다만, 변경내용이 경미한 경
우에는 변경사항만을 정정하여 발급받을 수 있다.

(8) 내국신용장과 구매확인서 서식

관련서식은 제1장 제5절을 참조바란다.

11 수탁가공무역방식에 의한 수출

(1) 외국의 위탁자에게 반출하는 경우

1) 「수탁가공무역에 의한 수출」 등의 정의

「대외무역법」상 "수탁가공무역"이란 가득액을 영수(領收)하기 위하여 원자재의 전부 또
는 일부를 거래상대방의 위탁에 의하여 수입하여 이를 가공한 후 위탁자 또는 그가 지정하
는 자에게 가공물품 등을 수출하는 것을 말한다. 다만, 위탁자가 지정하는 자가 국내에 있
음으로써 보세공장 및 자유무역지역에서 가공한 물품 등을 외국으로 수출할 수 없는 경우
「관세법」에 따른 수탁자의 수출·반출과 위탁자가 지정한 자의 수입·반입·사용은 이를
「대외무역법」에 따른 수출·수입으로 본다(대외무역관리규정 §2 7).

이는 외국의 무역업자가 우리나라의 숙련된 노동력 또는 고도의 기술을 이용하고자 하는
거래형태로서 수출과 수입이 하나의 계약으로 이루어진다.

또한 국내에서 수탁가공을 위하여 공급하는 재화(원재료)에 대하여 부가가치세를 과세할
경우 국내사업장이 없는 비거주자나 외국법인은 매입세액공제를 받을 수 없게 되어 공제받
지 못한 매입세액만큼 수출가격을 인상시키는 효과가 발생하므로 영세율을 적용하고 있는
것으로 판단된다.

가. 유환수탁가공무역

가공을 위하여 위탁자로부터 원자재 수입시 유상·무상 여부에 따라 유환수탁가공무역과 무환수탁가공무역이 있으며 일반적으로 무환수탁가공무역방식을 택하고 있다. 유환수탁가공무역은 대상 원재료를 수입하여 가공 후 수출하는 거래로서 수출용 원자재를 수입하여 가공 후 수출하는 경우와 유사하며, 원자재 수입대금과 가공제품의 수출대금이 직접 수수되는 거래로 가공제품의 수출대금 전액이 영세율 과세표준이 된다.

나. 무환수탁가공무역

무환수탁가공무역은 대상 원재료를 무환으로 수입하여 가공임만을 받고 수출하는 경우로서 부가가치세법 기본통칙에서는 보세공장의 설영특허를 받아 무환수탁가공무역을 하는 사업자가 수탁보세가공한 물품을 국외로 반출하는 경우 용역의 수출이 아닌 재화의 수출 즉 수출하는 재화로 보아 영세율을 적용하는 것으로 규정하고 있다(부가통칙 21-31-6).

2) 수탁가공무역방식 수출절차

① 수탁가공계약의 체결
- 원자재 대금의 결제방법(유상, 무상 여부), 원자재 수량 및 관리방법, 제조공정 관리방법, 가공임 결정 및 결제방법, 분쟁발생시 처리방법 등

② 원료의 수입통관

③ 제조 및 가공

④ 완제품의 수출통관

⑤ 가공임 영수
- 가공임은 통상 사전송금방식이나 신용장 등에 의하여 영수된다.
- 환어음, 환어음매입신청서, 수출신고필증, 수출신용장 또는 수출계약서(원·사본),

선하증권(B/L), 그 밖의 수출신용장 또는 수출계약서에서 요구하는 서류

3) 주요 판단 요소

국외의 수입상과의 수탁가공계약에 따라 제조·가공된 완성품을 수출하는 경우가 이에 해당되며, 자기명의로 재화를 수출(직수출)하는 경우와 동일하게 처리된다. 즉 유환수탁가공무역방식에 의한 수출의 경우 재화의 공급으로서 국외로 반출되는 재화(수출하는 재화)로써 영세율이 적용된다. 다만, 무환수탁가공무역방식에 따라 가공물품을 국외로 반출하는 경우 용역의 공급에 해당됨에도 예외적으로 수출하는 재화로 본다.

또한 위탁자가 지정하는 국내의 다른 사업자에게 인도하는 경우로서 일정 요건을 갖춘 경우 영의 세율을 적용한다(일정 요건 등은 후술하기로 한다).

4) 영세율 적용

가. 유환수탁가공무역

유환수탁가공무역이란 대상 원재료를 유환으로 수입하여 가공 후 수출하는 거래로 원자재의 수입대금과 가공제품의 수출대금이 직접 지급되고 수취되는 것을 말한다.

① 공급시기

공급시기는 완성된 수탁가공물품의 선적일이다(부가령 §28 ⑥).

② 공급가액

부가가치세과세표준 가공제품의 수출대금 전액이 영세율이 적용되는 공급가액이 되며, 외화의 환산방법은 수출하는 재화에 대한 원화환산방법과 같다(부가령 §59).

③ 세금계산서 발급

공급받는 자가 국외의 비거주자 또는 외국법인이므로 세금계산서 발급부의무가 없다(부가령 §71 ① 4).

④ 영세율 첨부서류

수출하는 재화로서 수출신고서를 토대로 작성된 기획재정부령이 정하는 수출실적명세서 (전자계산조직에 의하여 처리된 테이프 또는 디스켓을 포함함)를 제출한다(부가령 §64 ③ 1). 또한 「개별소비세법」에 따른 수출면세의 적용을 받기 위하여 영세율 첨부서류를 관할세무서장에게

이미 제출한 경우에는 영세율첨부서류제출명세서로 수출실적명세서 및 소포수령증을 갈음할 수 있다(부가령 §101 ① 1). 이 경우 동 규정에서 정하는 서류를 제출할 수 없는 경우에는 외화획득명세서에 영세율이 확인되는 증명자료를 첨부하여 제출하여야 한다(부가 46015-4457, 1999. 11. 5.).

나. 무환수탁가공무역

대상 원재료를 무환으로 수입하여 가공 후 가공료만을 받고 수출하는 것으로서 보세임가공으로 「부가가치세법」상 용역의 공급에 해당하나 기획재정부장관의 유권해석에 따라 자기의 명의 및 자기의 책임과 계산하에 재화를 수출(직수출)하는 경우와 같이 동일하게 처리하고 있다(부가통칙 21-31-6).

또한 무환수탁가공무역업자가 다른 사업자에게 임가공용역을 하도급준 경우 구매확인서나 내국신용장이 개설된 경우 거래상대방으로부터 영세율을 적용한 세금계산서를 수취할 수 있다(부가가치세과-1291, 2010. 9. 30.).

① 공급시기

공급시기는 수출재화(완성된 수탁가공물품) 선적일이다(부가령 §28 ⑥).

② 공급가액

대가(가공임)를 외국통화 또는 외국환으로 받은 경우 환가방법은 수출하는 재화의 환산방법과 동일하다(부가령 §59).

③ 세금계산서 발급

공급받는 자가 국외의 비거주자 또는 외국법인이므로 세금계산서 발급의무가 없다(부가령 §71 ① 4).

④ 영세율 첨부서류

수출하는 재화로서 수출신고서를 토대로 작성된 기획재정부령이 정하는 수출실적명세서(전자계산조직에 의하여 처리된 테이프 또는 디스켓을 포함함)를 제출한다(부가령 §64 ③ 1). 또한 「개별소비세법」에 따른 수출면세의 적용을 받기 위하여 영세율 첨부서류를 관할세무서장에게 이미 제출한 경우에는 영세율첨부서류제출명세서로 수출실적명세서 및 소포수령증을 갈음할 수 있다(부가령 §101 ④). 이 경우 동 규정에서 정하는 서류를 제출할 수 없는 경우에는 외화획득명세서에 영세율이 확인되는 증명자료를 첨부하여 제출하여야 한다(부가 46015-4457, 1999. 11. 5.).

⑤ 무환으로 수입시의 세무처리

수탁가공을 위하여 국외의 위탁자로부터 원부자재를 무환수입하는 경우 관세법상 감면 규정이 없기 때문에 세관장으로부터 수입세금계산서를 발급받게 된다. 이 경우 동 수입세금계산서상의 매입세액은 자기의 매출세액에서 공제가능하며 수출시 영세율과세표준에 수입세금계산서상의 공급가액(무환으로 수입한 원재료가액을 말한다)이 포함되지 않는다. 이 때 수출시 기 납부한 관세 등은 세관장에게 환급신청을 한다.

※ 부가가치율의 저조로 부당한 세무간섭을 받을 여지가 있으므로 세무관서에 관세의 감면규정이 없어 부가가치율이 저조할 수 밖에 없다는 점을 충분히 설명하도록 한다.

⑥ 대가의 영수방법

「외국환거래법」이나 「부가가치세법」에 대금결제방법에 대한 규정이 없으므로 수출대가(수출대금 또는 가공임)를 원화로 받든 외화로 받든 또는 국내에서 받든 국외에서 송금을 받았는지 여부에 관계없이 영세율이 적용된다.

(2) 위탁자가 지정하는 국내사업자에게 인도하는 경우

1) 완성품이 국내에서 공급되는 경우 영세율 적용요건

수탁가공한 재화가 국내사업자에게 인도되는 경우 해당 거래가 영세율이 적용되기 위해서는 다음의 4가지 요건을 모두 충족하여야 한다(부가령 §31 ② 5).

① 국외의 비거주자 또는 외국법인(이하 "비거주자 등"이라 한다)과 직접 계약에 의하여 공급할 것
② 대금을 외국환은행에서 원화로 받을 것
③ 비거주자 등이 지정하는 국내의 다른 사업자에게 인도할 것
④ 국내의 다른 사업자가 비거주자 등과 계약에 의하여 인도받은 재화를 그대로 반출하거나 제조·가공 후 반출할 것

따라서 비거주자 등과의 직접 계약이 아니거나, 대금결제조건, 국내의 다른 사업자가 인도받은 재화를 국외로 반출하지 아니한 때에는 영세율 적용이 배제된다.

아울러 위 4가지 요건이 충족되어 영세율이 적용되더라도 대외무역법상 국내거래로 보

아 수출실적은 인정되지 아니한다.

참고로 동 규정은, 외국법인과의 수탁가공무역 형태의 계약에 의하여 국내에서 수출용 재화 또는 수탁가공한 재화를 생산하여 외국법인 등이 지정하는 국내의 업체에서 그대로 또는 제조·가공을 거쳐 외국으로 수출(현행 반출의 의미는 수출을 의미하였음)하는 거래의 경우에도 영세율 적용이 되는 수출의 범위에 포함시켜 2002. 1. 1.부터 공급하는 분부터 적용하도록 신설한 것이다(재정경제부 2001년 간추린 개정세법 p.320~p.322 참조).

2) 공급시기

가공된 재화를 인도(입고)하는 때가 공급시기이다(부가법 §15 ① 1 ; 재경부 소비 46015-212, 2001. 8. 20.).

3) 세금계산서 발급의무 면제

거래의 당사자가 수탁자와 재화를 인도받은 국내의 사업자가 아닌 수탁자와 국외의 비거주자 또는 외국법인이므로 재화를 인도받은 국내사업자에게 세금계산서를 발급하지 아니하며, 국외의 위탁자에 대한 세금계산서발급의무가 면제된다.

4) 대가의 영수방법

수출대금(수출대금 또는 가공임)은 반드시 대금을 외국환은행에서 원화로 받은 경우에 영세율이 적용된다.

5) 공급가액

공급시기에 원화로 환가한 수출대금(총거래가액)이 공급가액이 되며, 이 때 대가를 외국통화 또는 외국환으로 받은 경우 환가방법은 수출하는 재화의 환산방법과 동일하다(부가령 §59).

6) 영세율 적용 첨부서류

위탁자가 지정하는 국내의 다른 사업자에게 인도하는 재화에 대한 영세율 적용을 위해서는 다음의 서류를 제출하여야 한다(부가령 §101 ① 7).
① 국내의 다른 사업자가 비거주자 등과 계약에 의하여 인도받은 재화를 그대로 반출하거나 제조·가공 후 반출할 것 사실을 입증할 수 있는 관계증빙서류
② 외국환은행이 발행하는 외화입금증명서

이 경우 동 규정에서 정하는 서류를 제출할 수 없는 경우에는 외화획득명세서에 영세율이 확인되는 증명자료를 첨부하여 제출할 수 있다.

(3) 가공을 위한 무환수입물품에 대한 매입세액공제

1) 자기책임과 계산 하에 매입한 경우

수입업자(무환수탁가공업자)가 위탁자로부터 인도받은 원재료에 대하여 세관장으로부터 수입세금계산서를 발급받은 경우에 재화의 수입이 실질적으로 수입자(국내사업자로서 수탁자)의 책임과 계산하의 수입이라면 해당 세금계산서의 매입세액은 수입업자의 매출세액에서 공제·환급받을 수 있다(부가 22601-1229, 1990. 9. 18. ; 부가 1265-1827, 1983. 8. 31.).

2) 위탁자가 관세·부가가치세액 등을 부담한 경우

수입자인 국내사업자가 외국법인과 계약에 의거 원자재를 무환조건으로 수입통관하여 제조가공 후 외국법인에게 수출하는 경우로서 원자재를 무환으로 수입하면서 부가가치세를 외국법인이 부담하더라도 동 원자재 수입의 실질적인 주체가 해당 사업자이고 수입한 부품이 해당 사업자의 사업을 위하여 사용되었거나 사용될 경우 해당 매입세액은 매출세액에서 공제할 수 있다(부가가치세과-823, 2014. 10. 6.).

(4) 수탁가공형태의 수출에 대한 영세율 적용

□ 수탁가공형태의 수출 흐름도

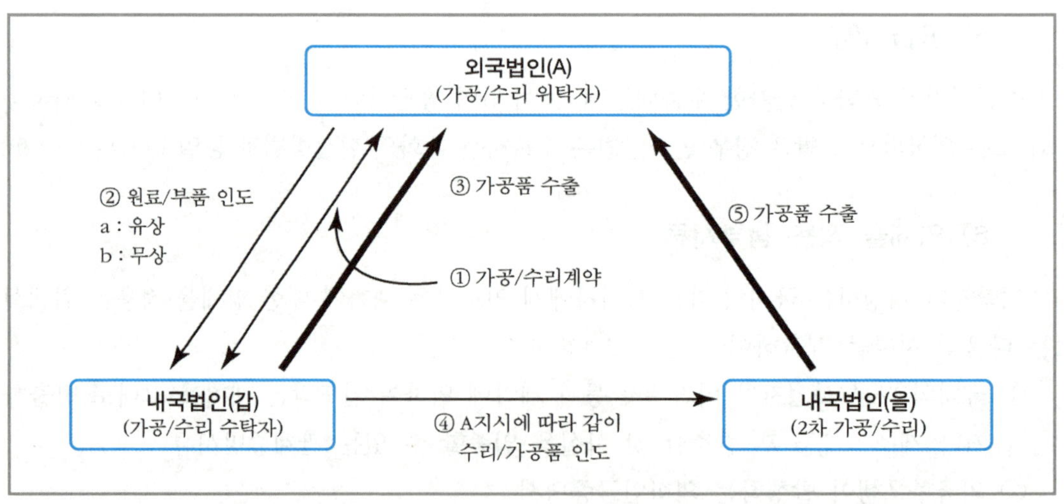

□ 수탁가공형태에 따른 영세율 적용

구분	거래흐름	거래형태	관세법	부가세법 적용
1	①⇒②/a⇒③	유환수탁가공무역 방식 수출	재화의 수출 (관세법 §2 1호)	수출하는 재화(영세율) 부가법 §21 ② 1호
2	①⇒②/b⇒③	무환수탁가공무역 방식 수출	재화의 수출 (관세법 §2 1호)	수출하는 재화(영세율) 부가법 §21 ② 1호[220], 부가령 §31 ① 6
3	①⇒②/a⇒④⇒⑤	갑은 국내거래[221] 을은 수출재화	갑은 국내거래 을은 수출재화	갑은 영세율(부가령 §31 ② 5호)[222] 을도 영세율(부가법 §21 ② 1호)
4	①⇒②/b⇒④⇒⑤	갑은 국내거래[221] 을은 수출재화	갑은 국내거래 을은 수출재화	갑은 영세율(부가령 §31 ② 5호)[223] 을도 영세율(부가법 §21 ② 1호)

□ 거래유형 분석

용역결과물의 인도인 "2"와 "4" 거래를 부가세법 및 관세법은 '수출하는 재화' 또는 '내외국물품의 국외반출'로 보고 영세율을 적용한다(부가법 §21 ② 1호 ; 부가령 §31 ①).

12 신용장 양도에 따른 영세율 적용

(1) 신용장의 국내양도

1) 신용장의 의미

신용장(letter of credit : L/C)이란 무역거래시 대금지급 및 상품수출을 원활하게 하기 위하여 수입상을 신용장개설의뢰인으로 하고 수출상을 수익자로 하여 수입상의 거래은행인 신용장개설은행이 수입상의 요청과 지시에 따라 수출상 또는 그의 지시를 받은 은행이 신용장에 명기된 조건과 일치하는 서류를 제시하면 신용장대금을 지급하겠다고 확약하는 증서이다.

---

220) 용역의 공급이나 수출하는 재화로 규정/유권해석함(부가령 §31 ① 6호 ; 부가통칙 21-31-6 ; 부가가치세과-1291, 2010. 9. 30. ; 서면인터넷방문상담3팀-2135, 2005. 11. 25. ; 간세 1235-871, 1979. 3. 23.).
221) 대외무역관리규정 제2조 제7호 단서에 따라 보세공장등에서 가공물품을 A의 지시에 따라 국내의 다른 자에게 반출하는 경우 대외무역법상 수출로 본다.
222) 갑은 부가령 제33조 제2항 제1호 가목에 따라 영세율이 적용될 수도 있다.
223) 갑은 을에게 용역결과물을 인도한 것이지만 현실적으로 "인도되는 재화"에 해당되어 부가령 제33조 제2항 제1호 가목에 따라 영세율이 적용된다(조심 2019부0209, 2020. 7. 28.).

2) 신용장양도의 의의

신용장의 양도는 신용장상의 수익자가 신용장 금액의 전부 또는 일부를 제3자(제2수익자)에게 양도하는 것으로서 수익자가 제조업체가 아닌 경우 또는 개설의뢰인의 Agent 역할을 하는 경우 등으로 수익자가 직접 수출을 이행할 수 없을 경우에 동 신용장을 양도하게 된다.

3) 신용장 양도목적

신용장의 양도목적은 수출자가 수출쿼터를 보유하지 않거나 상품의 제조업자가 아니어서 생산자로 하여금 직접 선적과 매입을 하게 하는 경우, 수출지에 있는 수입상의 대리점 또는 지사가 먼저 신용장을 일괄적으로 받아 놓고 실수출자에게 신용장을 1부씩 양도하는 경우, L/C를 타사에 양도함으로써 중간차익을 목적으로 하는 경우 신용장양도거래가 발생하게 된다.

4) 신용장 양도조건

신용장의 양도는 신용장상에 「Transferable」이란 문구가 표시되어 있는 경우 1회에 한하여 양도가 허용되며 분할양도는 분할선적이 허용되는 경우에만 가능하다.

원칙적으로 원신용장 조건에 따라 양도되어야 하지만 원신용장의 조건 중 신용장금액, 단가의 감액, 유효기간·선적기간·서류제시기간 단축은 그 조건을 변경하여 양도할 수 있다.

5) 신용장의 양도방법 및 종류

신용장의 양도방법은 제1수익자가 원신용장의 권리를 포기하여 별도 조건변경없이 신용장을 제2수익자에게 양도하는 단순양도방법과 제1수익자가 신용장양도에 따른 중계차익 확보 등의 목적으로 원신용장금액, 단가, 유효기일 등을 감액 또는 단축하여 제2수익자에게 양도하는 조건변경부 양도방법이 있다. 후자의 이 방법은 전형적인 중계무역거래, 해외현지 공장 등이 위탁 생산한 물품을 외국에 판매하는 거래, 국내완제품 Local거래, 국내에서 중계수수료를 수취할 목적으로 사용된다.

또한 제2수익자가 국내외에 소재하는지에 따라 원수익자가 소재하는 국가의 제2수익자에게 양도하는 국내양도, 타국에 소재하는 제2수익자에 양도하는 경우를 국외양도로 구분한다.

6) 절차

① 신용장 양도계약의 체결
② 양도신청(수출신용장 원본, 양도신청서, 양도인과 양수인의 인감 구비)
③ 양도 여부 검토
④ 양도통지
⑤ 수출이행

7) 신용장 국내 양도 시 영세율 적용 여부

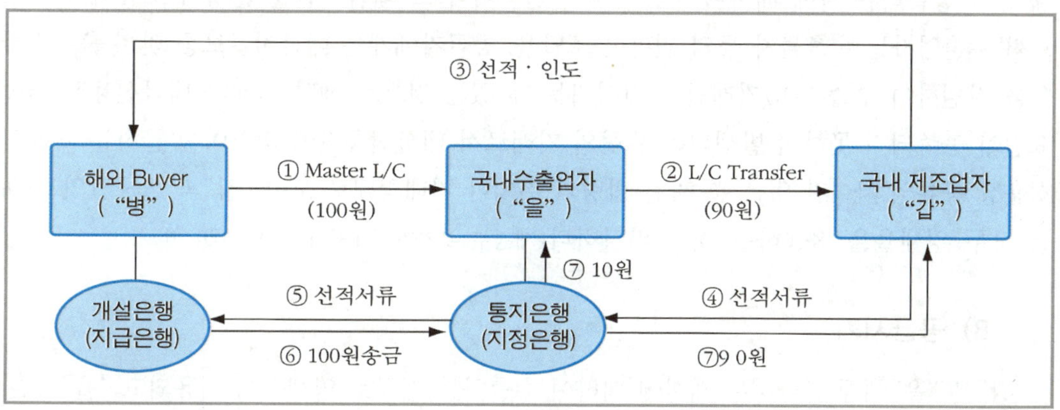

조건변경부 신용장양도는 수출실적을 국내 제조업자와 수출자 모두 계상해야 하고, 제조업자에 거래의 안정성의 확보가 필요한 경우로서 수출자가 신용장상의 금액이 고액이거나 신용부족 등을 이유로 내국신용장을 개설하여 개설은행이 대금지급을 보증하고 무역금융 융자대상이 되는 등의 혜택을 받을 수 없거나, 구매확인서를 발급받아 영세율 적용은 가능하지만 내국신용장과 달리 구매확인서는 무역금융 융자대상자로서 혜택을 받을 수 없기 때문에 수출상의 (영세율)매출 계상이 가능하면서 은행에 담보제공 여부나 신용상태에 관계없이 거래가 가능하고, 양도차익이 확실히 보장되면서 은행수수료 등을 절감할 수 있어 중소 수출업체가 많이 사용하고 있다.

조건변경부 신용장의 국내양도에 있어 국내제조자 "갑"이 제품을 생산하여 국외 수입업자인 "병"에게 선적하였더라도 이는 수출자인 "을"과 "병" 그리고, "을"과 "갑"과의 별개의 계약에 의한 것으로 신용장의 국외양도거래와 동일하게 각각 별개의 거래로 파악하여 국내 제조자 "갑"과 수출자 "을"간의 거래는 "을"이 국내에서 "갑"으로부터 매입하여 국외

수입업자인 "병"에게 수출한 거래로 파악된다.

이 때 생산된 제품의 선적은 "갑"이 이행하지만, 동 수출계약 이행에 따른 모든 책임은 "을"이 수행하게 되므로 "을"이 신용장에 의하여 공급하는 재화에 대하여 수출하는 재화로써 영세율이 적용되어야 할 것이다. 다만, "갑"의 경우 국내에서 "을"에게 재화를 공급한 것으로 파악되어 조건변경부 양도가능 신용장에 의하여 국내에서 공급하는 재화가 영세율이 적용되는 것으로 하는 명문규정이 없어 영세율 적용이 어려운 점이 있으나, 내국신용장의 영세율 적용 취지가 수출업자가 수출용재화를 구입하거나 수출용재화의 제조에 소요되는 원자재 등을 구입하는 경우에 필요한 자금부담을 덜어주고, 한편으로 그 제품이나 원자재 등을 공급하는 자에 대하여 수출업자의 신용이나 그 대금지급을 은행이 보증하여 줌으로써 수출업자는 수출물자 등의 원활한 조달을, 공급자에게는 대금지급보증 및 수출지원금융을 지원하여 수출(무역)거래를 촉진시키는 데 있는 것으로 해당 거래가 내국신용장 개설요건이 충족되지 못하여 발생되는 유형의 거래로서 내국신용장에 의하여 공급하는 거래와 신용장 종류의 차이만 있을 뿐 관련 법령의 취지나 거래형태로 보아 "갑"과 "을"간의 거래는 모두 영세율을 적용하는 것이 타당하다(재경부 부가가치세제과-479, 2007. 6. 21.).

8) 공급시기

"갑"은 "을"에게 공급하는 재화에 대하여 수출하는 재화로 영세율이 적용되고 "을" 또한 수출에 대한 전반적인 책임을 부담하고 있으므로 재화는 수출하는 재화로서 영세율이 적용되며 그 공급시기는 수출재화의 선(기)적일이 된다.

9) 세금계산서의 발급

수출하는 재화에 해당되어 "을"은 세금계산서 발급의무가 면제되며, "갑"은 국내거래로서 영세율세금계산서를 발급하여야 할 것으로 판단된다(부가-765, 2009. 6. 5.).

10) 공급가액

"갑"의 과세표준은 내국신용장에 의하여 공급하는 거래와 유사한 것으로 보아 원신용장의 양도가액을 공급가액으로 하고, "을"의 경우 수출자로서 실질적으로 자기책임하에 수출이 이루어지는 경우에는 수출금액이 공급가액이 된다(재경부 부가가치세제과-479, 2007. 6. 21. ; 법인 22601-2082, 1991. 11. 4.).

11) 영세율 첨부서류

부가가치세법상 조건변경부 신용장 양도거래에 대한 영세율첨부서류 제출에 관한 규정
이 없으므로 해당 사실을 증명할 수 있는 수출신용장 및 신용장양도 서류 사본, 신용장 양
도자가 자기 책임하에 수출이 이루어진 경우에는 수출실적명세서를 제출하면 된다.

(2) 신용장의 국외양도

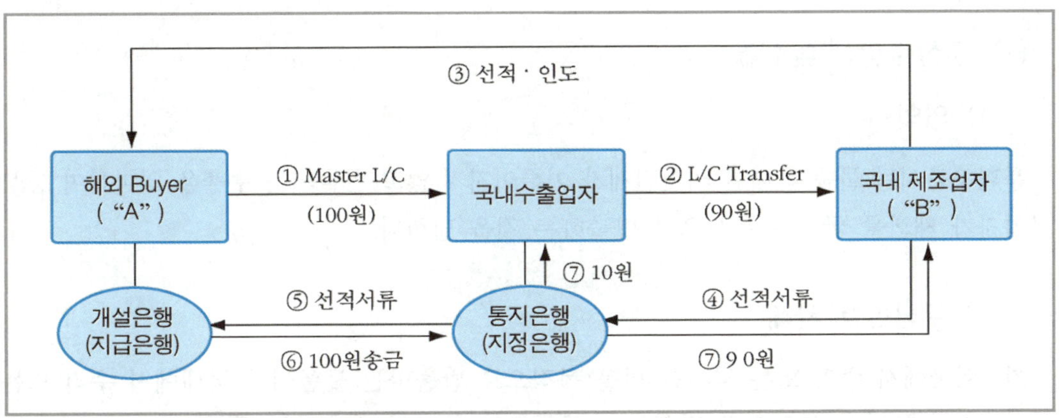

수출신용장의 국외양도가 중계무역인지 또는 중개무역으로서 알선용역을 제공한 것인지
여부의 판단사항으로 국내수출업자가 해외 'A'로부터 개설된 신용장(Master L/C)을 지정은
행에서 국외의 사업자(B)에게 양도하고 'B'가 양도통지서(Transfer Advice)를 교부받아 'A'에
게 직접 재화를 인도하는 경우 국내사업자는 원신용장보다 단가를 인하 양도함으로써 원신
용장과의 차액을 가득액으로 획득한 것이며, 수출계약 이행에 따른 책임(클레임 등)이 국내
사업자에게 있는 등 국내사업자의 계산과 책임하에 수출거래가 이루어지는 것으로 신용장
국외양도거래는 국내사업자가 수출계약의 당사자로서 거래에 개입하여 수출대금과 수입대
금 지급액과의 차액을 취한 것으로 중계무역에 해당하는 하나의 거래형태로 보고 있다. 다
만, 신용장의 전액 양도시에는 중개무역의 일종으로 보아야 한다.

따라서 국세청에서는 국내사업자를 수익자로 하여 국외구매자로부터 개설된 신용장
(Master L/C)을 국내사업자가 수취한 후 동 신용장을 국내 지정은행에서 제3국의 국외사업
자에게 양도하여 제3국의 국외사업자가 수출재화를 국외구매자에게 직접 인도하는 경우로
서 국내사업자의 계산과 책임하에 수출계약에 따른 거래가 이루어지고 국내사업자가 원신
용장의 금액보다 낮은 금액으로 원신용장의 조건을 변경하여 양도함으로써 원신용장 금액

과 양도통지서 금액과의 차액을 가득액으로 획득하는 경우 국내사업자의 신용장 국외양도에 의한 거래는 중계무역방식에 따른 수출로 보아 영세율이 적용된다(부가가치세과-1026, 2012. 10. 9.).

13 그 밖의 재화의 수출로 보는 경우

(1) 무상수출(무환수출)

1) 의의

무환수출이란 물품에 대한 외환결제가 이루어지지 않고 반출되는 수출을 의미하며 통상 사업자가 재화를 국외로 무상으로 반출하는 것을 말한다.

2) 무상반출 사례

가. 외국에서 수리 또는 검사를 받을 목적으로 반출하는 물품이나 국내에서 수리 또는 검사를 받을 목적으로 반입하는 물품으로서 다시 반출하는 물품

① 선박, 항공기를 국내 수리 후 수출

② 선박, 항공기를 외국에서 수리·검사를 받을 목적으로 수출

③ 선박, 항공기 외에 외국에서 수리·검사를 받을 목적으로 수출

④ 외국물품을 국내에서 수리, 검사(가공 제외) 등을 행한 후 다시 반출하는 물품(선박, 항공기를 제외한다)

⑤ 우리나라에서 수출되었던 물품이 수리, 검사 또는 클레임, 그 밖의 사유로 보수작업 후 다시 반출하는 물품(수출관리부호 : 89)

나. 무상으로 반입하여 다시 무상으로 반출하는 물품으로서 다음에 열거하는 물품

① 금속제실린더, 컨테이너, 권사구 등 물품의 운송을 위하여 반복 사용될 용기 또는 기구

② 우리나라에서 영화를 촬영하기 위하여 입국하는 영화제작자가 반입하는 영화촬영용 기계 및 기구

③ 우리나라에 입국한 순회 흥행업자의 흥행용 물품

④ 텔레비전 방송국이 텔레비전 방송을 목적으로 반입한 영화필름

⑤ 공사용(수리용을 포함한다)이나 시험용의 기계 또는 기구

⑥ 우리나라에서 개최된 박람회 등의 종료 후 반출되는 물품

⑦ 항공기(부분품을 포함한다) 또는 선박

⑧ 산업설비수출의 이행에 필요하여 반입한 기계 및 장치

⑨ 대학 및 연구기관이 외국으로부터 품질이나 성능검사 등을 위탁받아 반입한 검사의뢰 물품 및 검사장비

다. 무상으로 반입할 예정으로 무상으로 반출하는 물품으로서 다음에 열거하는 물품

① 금속제 실린더, 컨테이너, 권사구 등 물품의 운송을 위하여 반복 사용될 용기 또는 기구

② 항공기(부분품을 포함한다) 또는 선박

③ 외국에서 영화(뉴스 포함)를 촬영하기 위하여 제작자가 반출하는 영화촬영에 사용되는 기계·기구로서, 해당 영화촬영을 위하여 필요하다고 세관장이 인정하는 물품

라. 외국에서 개최되는 국제행사, 체육대회, 전시회, 박람회, 문화예술공연 등에 참가하기 위하여 무상으로 반출하는 물품(수출관리부호 : 85)

마. 국내에서 개최되는 국제행사, 체육대회, 전시회, 박람회, 문화예술공연 등에 참가한 후 재반출하는 물품(수출관리부호 : 86)

바. 수출된 물품이나 수입된 물품이 계약조건과 상이하거나, 하자보증이행 또는 용도변경 등의 부득이한 사유로 대체 또는 반송을 위하여 반출하는 물품 또는 수출된 물품의 누락이나 부족품에 대하여 보충을 위하여 반출하는 물품(수출관리부호 : 90, 93)

사. 반출하는 상품의 견품 및 광고용 물품으로서 세관장이 타당하다고 인정하는 물품. 다만, 유상으로 반출하는 경우 미화 5만 달러 상당액(신고가격 기준) 이하의 물품(수출관리부호 : 92)

아. 수출물품의 성능보장기간 내에 해당 물품의 수리 또는 검사를 위하여 반출하는 물품 (수출관리부호 : 96)

자. 그 밖의 수출승인 면제물품(수출관리부호 : 94)

① 무환수탁가공무역에 의하여 수입된 원료의 잔량분 또는 수탁판매수입에 의하여 수입된 물품의 판매되지 아니한 잔량분으로서 무상으로 반출하는 물품

② 「외국인투자촉진법」 및 「외국환거래법」에 따라 기술도입계약신고를 한 자가 신고된 내용에 따라 기술대가를 현물로 지급하기 위하여 반출하는 물품

③ 「수산업법」 제41조 및 제42조에 따라 농림축산식품부장관 또는 농림축산식품부장관

이 지정한 기관의 장의 허가를 받은 자가 원양어선에 무상으로 송부하기 위하여 반출하는 물품으로서 농림축산식품부장관 또는 농림축산식품부장관이 지정한 기관의 장이 확인한 물품

④ 외국정부와의 사업계약을 수행하기 위하여 계약자가 계약조건에 따라 반출하는 업무용품으로서 주무부장관이 확인한 물품

⑤ 그 밖의 대외무역관리규정 별표 3 수출승인 면제물품 중 위에 분류되지 아니한 그 밖의 형태의 물품

3) 영세율이 적용되는 무상수출

가. 일반원칙

일반적으로 사업자가 재화를 무상으로 반출하는 경우에는 영의 세율을 적용하는 것이며, 무상으로 반출된 재화의 구입과 관련된 매입세액은 자기의 매출세액에서 공제된다(부가 46015-4530, 1999. 11. 10.).

나. 영세율 적용 사례

① 외국물품을 국내에서 수리, 검사 등을 행한 후 다시 반출하는 물품은 과세대상에 해당하지 아니하나 외국법인으로부터 수리, 검사용역대가를 지급받는 경우 동 대가에 대하여는 영의 세율이 적용되며, 용역계약서 또는 외화입금증명서를 영세율 첨부서류로 제출한다.

② 「외국인투자촉진법」 및 「외국환거래법」에 따라 기술도입계약신고를 한 사업자가 신고된 내용에 따라 기술대가를 현물로 지급하기 위하여 반출하는 물품은 영의 세율이 적용되며, 수출실적명세서를 영세율 첨부서류로 제출한다.

③ 사업자가 부가가치세가 과세되는 재화를 공급한 후 해당 재화의 하자로 인하여 당초 공급한 재화의 반품없이 동일한 재화를 다시 공급하는 경우에는 부가가치세가 과세되는 것이며, 이 때 다시 공급하는 재화가 국외로 반출되는 경우에는 영세율이 적용되며, 수출실적명세서를 영세율 첨부서류로 제출한다.

4) 무상수출이 과세대상에 해당하지 아니하는 경우

가. 수리 관련

① 선박 및 항공기 그 밖의 물품을 외국에서 수리, 검사를 받을 목적으로 수출하는 경우

해당 물품의 소유권이 국외로 이전된 것이 아니므로 부가가치세 과세대상에 해당하지 아니한다. 또한 외국물품을 국내에서 수리, 검사(가공 제외) 등을 행한 후 다시 반출하는 물품의 경우 그 물품의 소유권이 수리용역 등을 제공한 사업자에게 이전되었던 것을 재수출하는 것이 아니므로 수출하는 재화로 볼 수 없다. 다만, 해당 외국물품의 수리 또는 검사용역을 제공하고 그 대가를 외화로 받는 경우 영의 세율을 적용받을 수 있다.

② 외국회사(을)의 관계회사인 외국인투자법인이 그 외국회사(을)가 국내의 고객회사에게 판매한 반도체 생산장비를 고객회사에 설치하고 불량부품 교체 등의 A/S용역을 제공함에 있어, A/S용역 제공시 수거한 불량물품을 수리를 위하여 소유권 이전없이 외국회사(을)에게 무환반출하는 경우 해당 불량부품의 반출은 부가법 제9조에서 규정하는 재화의 공급에 해당하지 아니한다(부가-4146, 2008. 11. 12.).

③ 사업자가 재화를 수출한 후 제품의 불량으로 인하여 불량제품의 수리용 자재를 무상으로 공급하는 경우 재화의 공급으로 보지 아니한다(부가 46015-3533, 2000. 10. 20.).

나. 위탁가공무역을 위한 원자재 반출

위탁가공무역방식으로 원자재 등을 무환으로 반출하는 경우 국외에서 완제품을 제3국(가공국에서의 판매 포함)으로 매각하거나 국내로 수입할 것인지에 관계없이 원자재의 소유권이 수탁자에게 이전되지 않는 것이므로 재화의 공급으로 보지 않는다.

> **위탁가공을 위한 무상수출(위탁가공) 처리**
>
> 일반적으로 무상수출이 재화의 공급에 해당되어 영세율이 적용되는 경우 부가가치세 신고서상 영세율과세표준에 포함하여 기재하고 수입금액제외란에 동 과세표준을 기재한다. 다만, 위탁가공을 위하여 원부자재를 무환반출한 경우에는 재화의 공급으로 보지 아니하므로 부가가치세신고서상 별도의 기재사항이 없다.

다. 위탁판매수출을 위한 재화의 반출

위탁판매수출의 경우도 재화의 소유권이 이전되지 않은 상태에서 국외의 수탁자가 판매한 범위 안에서 공급한 것으로 보기 때문에 재화의 반출시점은 재화의 공급으로 보지 아니하고, 국외의 수탁자가 수탁물품을 판매한 때 재화의 공급이 이루어진 것으로 보아 영세율을 적용한다.

라. 수출품, 수입물품 등의 하자로 인한 반출

당초 공급한 재화의 하자로 인해 반품된 재화를 수리하여 무상으로 재수출하거나 동일제품으로 교환하여 재수출하는 경우, 기계장치를 수입하여 판매하는 사업자가 수입·판매된 기계장치를 보증수리기간 내에 하자가 발생하여 수리목적으로 외국으로 반출하는 경우 및 수입된 기계장치의 하자로 반품처리(환불)하기 위하여 외국으로 반출하는 경우에는 부가법 제9조에 따른 재화의 공급에 해당하지 아니한다(부가 46015-2148, 1998. 9. 22. ; 서면3팀-3425, 2007. 12. 27.).

마. 용기의 반환

해외에서 물품을 수입하는 사업자가 반환조건의 용기를 외국사업자에게 반환하기 위하여 무상반출하는 경우 재화의 공급으로 보지 아니한다(서삼 46015-10017, 2004. 1. 5.).

바. 위약물품의 반환

수입한 재화를 국외로 반품하였다면 부가가치세신고에 있어 반품선적분도 수출하는 재화에 해당하여 영세율이 적용되며 부가가치세 과세표준 신고시 이를 누락한 경우에는 영세율과세표준신고불성실가산세가 부과된다. 다만, 수입재화가 「관세법」 제106조에 규정하는 위약물품에 해당되어 세관장으로부터 부의 수정수입세금계산서를 발급받고 수출신고를 필한 후 외국의 수출업자에게 반환한다면 재화의 공급으로 보지 아니하고, 이 과정에서 기납부한 관세 및 부가가치세는 돌려받을 수 있다(서삼 46015-10282, 2001. 9. 21.).

수입물품의 하자 등을 이유로 당초 수출자에게 반송하는 방법은 「관세법」 제106조에 따라 세관장으로부터 수정수입세금계산서를 발급받고 수입당시 적법하게 납부한 관세 및 부가가치세를 환급받는 방법과 수입물품을 수출통관하여 수출자에게 반송하고 부가가치세 영세율을 적용하여 신고하면서 수입시 부담한 부가가치세를 환급받고, 수입 당시 납부한 관세를 세관장으로부터 환급받는 방법이 있다. 이러한 위약수출의 경우 「관세법」 제106조에 따른 통관절차가 어렵다는 이유로 후자의 일반수출형태로 영세율 신고하고 종결하는 경우가 많다.

관세청은 "하자를 이유로 수입된 물품을 원상태로 유상 수출한 경우 「관세법」 제106조에 의한 환급조건과 환특법에 의한 환급조건(영세율 신고방법)의 충족 여부에 따라 선택적으로 환급을 신청할 수 있는 것"으로 회신(관세제도과-561, 2009. 6. 10.)하고 있어 납세자의 「관세법」 제106조에 따른 위약물품에 대한 관세환급 신청은 납세자에 대한 편의적 규정으로 동 규정을 관세환급이 불필요한 무관세 물품의 수입자에게도 수입당시 납부한 부가가치세를 환급받기 위해 반드시 동 관세환급절차를 이행해야 한다는 뜻으로 해석할 것은 아니다. 따라서 수입자가 하자 등을 이유로 수입품을 반품하는 방법으로는 「관세법」 제106조에 따른 환급 방법과 환특법에 따른 원상태로의 수출방법 중에서 선택 가능[224]한 것이다(조심 2010서0067, 2010. 10. 28.).

사. 전시물 등의 경우

국내 전시목적으로 외국사업자 소유의 전시물을 무환으로 수입하여 전시하고 전시가 종료된 후 반환하기 위하여 외국으로 반출하는 경우 외국에서 개최되는 국제행사, 체육대회, 전시회, 박람회, 문화예술공연 등에 참가하기 위하여 무상으로 반출하는 물품의 경우 반출 시점(선적일)에는 재화의 공급으로 보지 아니한다. 다만, 해외 전시회 등의 행사기간 중 또는 전시회 등이 종료된 이후 무상 반출한 재화를 국외에서 매각하는 경우에는 그 매각시점에 수출하는 재화(외국인도수출하는 재화로 파악)로 부가가치세 영의 세율이 적용된다(서면3팀-3425, 2007. 12. 27.).

아. 견본품, 광고물품의 반출

① 사업자가 재화를 국외로 무상으로 반출하는 경우에는 영의 세율을 적용하는 것이나, 자기사업을 위하여 대가를 받지 아니하고 국외의 사업자에게 견본품을 반출하는 경우에는 재화의 공급으로 보지 아니한다. 다만, 외국으로 반출한 견본품 및 광고물품을 외국에서 대가를 받고 판매하는 경우에는 재화의 공급으로 영세율이 적용된다(부가통칙 21-31-4 ; 부가 22601-1427, 1990. 10. 31.). 또한 광고선전물의 무상반출의 경우에도 국

---

224) 원상태 수출후 관세법에 따라 환급받는다 함은 위약물품으로 수입신고수리일로부터 1년 이내에 보세구역에 반입하여 수출하거나 폐기한 경우다. 이때 해당 물품에 대한 대가의 영수 여부는 고려사항이 아니다. 같은 물품이 환급특례법에 따라 환급가능하려면 반드시 유상으로 수출되어야 한다. 환급특례법상 환급이 가능한 수출은 수입신고수리일부터 2년 이내에 수출된 것이다. 그러나 반품하는 물품을 국내에서 사용한 사실이 있다면 비록 당초의 해외 수출자와 반품에 대해 합의가 있다 하더라도 관세법에 따른 위약물품 환급대상도 될 수 없고, 환급특례법상의 원상태 수출로도 인정되지 않으므로 역시 환급대상이 될 수 없다.

내에서 사업자가 자기의 사업과 관련하여 생산하거나 취득한 재화를 자기사업의 광고선전 목적으로 불특정 다수인에게 광고선전용 재화로서 무상으로 배포하는 경우(직매장·대리점을 통하여 배포하는 경우를 포함한다)에는 재화의 공급으로 보지 아니하는 것과 같이 수출하는 재화의 경우에도 이를 재화의 공급으로 보지 아니한다.

② 해외시장 개척을 위하여 해외에 견본품을 무상으로 송부하는 경우에는 그 견본품에 상당하는 가액은 이를 송부일이 속하는 사업연도의 소득금액 계산상 손금에 산입할 수 있다(법인통칙 19-19-21).

자. 무상 거래인 외국인도 또는 중계무역방식의 수출

"A"국에서 구입한 재화를 국내 반입없이 "B"국의 사업자에게 무상으로 제공하기 위하여 "A"국에서 "B"국으로 직접 공급(선적)하는 경우 수출대금의 수령이 없는 동 거래는 재화의 공급으로 보지 아니한다.

5) 반송통관 물품

외국으로부터 우리나라에 반입된 물품을 수입신고를 하지 아니하고 외국으로 되돌려 보내는 것을 반송이라 한다. 이러한 반송물품(단순반송물품, 통관보류물품, 위탁가공물품, 중계무역물품, 보세창고 반입물품, 장기비축 수출용 원재료 및 수출품 사후보수용품 등)의 반출은 대부분 계약내용의 상이 등으로 수입통관(소유권의 이전)없이 원소유자(국외의 수출자) 등에게 반송하거나 중계무역방식의 수출을 위한 과정으로서 재화의 공급이 이루어진 경우로 볼 수 없다(다만, 부가가치세법에서 정하는 중계무역에 해당하는 경우 영세율 적용대상이다).

(2) BWT(Bonded Warehouse Transaction)방식 수출입

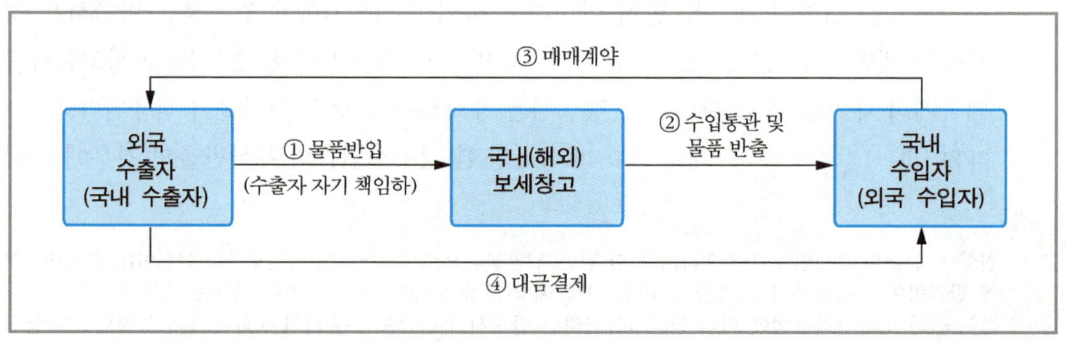

1) 의의

수출자는 본인의 책임하에 수입국에 소재하는 지사 또는 제3의 대리인을 수출물품 관리인으로 지정하고, 물품을 수입국내 보세창고에 입고한 후에야 실제 수입자를 확보하여 수출계약을 체결하고 물품을 판매하는 방식의 거래이다.

BWT 거래방식은 수출용 원자재 수요가 많은 원격지의 원자재 수입국, 수입 자유화가 예상되는 국가의 수입 수요를 충족할 목적으로 많이 활용되고 있다. 즉 수입국과 수출지와의 거리가 먼 경우 수입자가 건별로 원자재를 수입한 후 제조, 가공하여 수출하려면 많은 시일이 소요되므로 원자재를 적기에 공급받고자 하는 경우나, 가까운 시일 내에 수입 자유화가 예상되는 수입 제한 품목을 미리 국내 보세창고에 장치 보관했다가 자유화 개시 이후 반입 판매하고자 할 때 주로 이용한다.

※ BWT 거래방식은 위탁판매방식 수출입 거래의 변형이라고도 볼 수 있다.

> **CTS(Central Terminal Station)방식 수출입과 비교**
> 교역 상대국의 인가를 받아 현지법인을 설립한 후 그 법인의 명의로 수입하여 현지에서 직접 판매하는 방식의 거래

2) 특징

이 거래는 반출한 물품을 수입업자가 수입지역에서 통관하지 않고 보세구역인 보세창고에 입고시키고 관리기간 내에 물품을 판매하는 거래이기 때문에 적절히 판매할 수 있는 기회를 가질 수 있을 뿐만 아니라 Buyer를 충분히 물색할 수 있는 이점이 있다.

보세창고에 보관중인 물품은 관세는 물론 내국세도 부과되지 않으므로 보세상태에서 시장상황에 따라 수시로 판매 또는 반송할 수 있다. 관세법상 보세창고에는 자가용보세창고와 영업용 보세창고의 2종류가 있는데 영업용보세창고의 경우 보통의 영업창고와 마찬가지로 그 보관물자에 대한 창고증권을 발급하여 줌으로써 수출업자는 매매상의 편익을 얻을 수도 있다. 보세창고도조건수출은 거래상대자, 즉 수입업자와의 사전계약이 체결되지 않고 수출업자의 책임하에 현지에서 상품의 매매계약이 성립하기까지에는 수입업자가 미확정상태에서 거래가 이루어진다.

3) 절차 등

BWT 수출입 거래시 국내 수출자는 해당 물품을 관할 세관에서 수출신고(BWT 수출)면허를 획득한 후 자기 비용으로 수입지의 보세창고에 입고하는 절차가 필요하다. 해외법인 또는 해외물류업체를 수취인(구매자)으로 하고 거래구분코드번호는 "31" 및 유상거래로 기재하여 수출신고를 진행한다. 위탁판매에 의한 수출로 승인되지 않은 물품은 추후 미판매 물품의 반송시 재수입 면세 혜택을 받을 수 없기 때문이다(수출승인 물품은 2년 내 재수입시 면세).

수입지에서는 보세장치장이 아닌 보세창고에 물품을 반입, 보관하여야 한다(보세장치장은 물품을 통관하기 위하여 일시적으로 장치하는 보세구역이며, 보세창고는 물품을 통관 또는 보관하기 위하여 장치하는 보세구역이다. 우리나라는 보세장치장을 두고 있지 않고, 지정장치장이 그 역할을 한다).

BWT 수출실적 인정은 대외무역법 수출입 실적 인정 범위에 근거가 별도로 명시되어 있지는 않으나 거래 형태의 유사성으로 볼 때 위탁판매수출에 해당되므로 금액은 수출통관액(FOB)으로 인정되며 인정시점은 수출신고일이다.

4) 미판매 재화의 수입

위탁판매수출과 보세창고도인도조건인 BWT수출시 현지판매 후 국내로 재수입하고자 하는 경우 당초 수출신고수리된 날로부터 2년 이내에 재수입되는 물품은 「관세법」 제99조에 따라 재수입면세가 가능하다. 재수입면세를 받기 위해 제출해야 하는 서류는 해당 물품의 당초 수출신고필증, 사유서, 수입관련 선적서류 등이다.

5) 부가가치세 등 신고방법

사업자가 외국에 재화의 보관·관리시설만을 갖춘 보관창고를 설치하고 자기가 생산하거나 취득한 재화를 해당 외국의 보관창고로 반출하여 보관하다가 판매하는 경우 해당 수출재화의 공급시기는 부가령 제28조 제6항 제1호에 따라 선(기)적일이 된다(부가-4952, 2008. 12. 23.).

법인세법상 손익의 귀속시기, 매출액 산정

수출업자가 자기책임하에 수입국의 보세창고까지 수출상품을 반출하고 현지에서 수입자를 물색하여 계약이 성립되면 상품을 인도하는 방식의 수출을 하는 경우에는 해당 수출물품을 수입업자에게 인도한 날이 속하는 사업연도에 손익을 계상하며, 해외현지에서 실제 구매자에게 최종 인도한 날을 기준으로 하여 그 인도일의 외국환거래법에 따른 기준환율(또는 재정환율)을 적용하여 계산한 원화가액을 수출매출로 계상한다.

동 재화의 공급가액은 부가법 제29조에 따라 공급시기의 시가에 의하는 것이므로 선적일 현재의 예상판매가 또는 잠정가액으로 신고한다(부가-4952, 2008. 12. 23.). 물론 이 과정에서 수출건별로 해당 수출건의 판매금액이 최종 확정되는 날이 속하는 예정신고, 확정신고기간에 대한 신고시에 당초 선적일에 신고한 과세표준과의 차액을 그 확정일이 속하는 예정신고 또는 확정신고기간의 영세율과세표준에서 차가감하여 신고하여야 하는 불편이 발생한다(서삼 46015-11619, 2003. 10. 15.).

BWT수출시 영세율 첨부서류는 해당 거래를 「대외무역법」에 따른 위탁판매수출로 보지 아니하고 통상적인 직수출로 보고 있으므로 수출실적명세서에 기재하여 제출하면 된다.

(3) 플랜트 수출

1) 개요

산업설비(Plant)는 각종 상품을 제조하기 위한 기계·장치 등 Hardware와 그 설치에 필요한 엔지니어링, Know-How, 건설시공 등의 Software가 결합된 생산단위체를 지칭한다. 따라서 산업설비 수출절차는 산업설비의 규모나 특성에 따라 다양하며, 실무절차에 있어서 일반상품의 수출형태와 크게 다르다. 즉, 일반상품의 경우에는 기존에 생산되고 있는 물품이나 새로 개발된 샘플을 제시하고 수출입 당사자간의 상담에 의하여 계약이 이루지는데 반하여, 산업설비는 통상 국제경쟁입찰 과정을 거치고 사양에 따라 신규로 제작하여야 하므로 상담에 들어가기 전에 면밀한 사전조사(철저한 사업타당성 검토)가 요구되며, 사업타당성 검토 후 이를 토대로 수주의사를 결정하게 되면 「응찰→낙찰→계약교섭」을 거쳐서 계약을 체결하게 된다.

일반수출시는 계약 후 통관·선적을 거쳐 인도함으로써 거래가 종결되나, 산업설비수출시에는 설비시공이 포함될 경우 설계·현지건축·토목 등 복잡한 업무가 추가로 요구되며, 산업설비가 설치완성된 후에도 시운전 및 요원훈련을 통하여 테스트를 하고, 인도한 다음 다시 일정기간 성능보증(하자보증)책임이 뒤따르는 것이 일반적이며, 수출상은 보증기간이 끝나야만 모든 책임에서 벗어나 거래가 종결된다.

※ 최근에는 산업설비수출보다 플랜트수출이란 표현을 주로 사용한다(대외무역법에서도 플랜트수출로 표기)

2) 플랜트수출의 정의(대외무역법 §32)

가. 국내생산 기자재 비율에 적합한 미화 50만달러(FOB) 이상의 설비 수출

① 농업, 임업, 어업, 광업, 제조업, 전기·가스·수도사업, 운송·창고업 및 방송·통신업을 위하여 설치되는 기계장치

② 대외무역법 시행령에 따른 다음의 설비(14개)
발전설비, 담수설비 및 용수처리설비, 해양설비 및 수상구조설비, 석유처리설비 및 석유화학 설비, 정유설비 및 송유설비, 저장탱크 및 저장기지설비, 냉동 및 냉장설비, 제철·제강설비 및 철강재구조설비, 공해방지설비, 공기조화설비, 신에너지 및 재생에너지 설비, 정치식(定置 式)운반하역설비 및 정치식건설용설비, 시험연구실비, 그 밖에 산업 활동을 위하여 필요한 설비

나. 일괄수주방식에 의한 수출(산업설비와 기술용역 및 시공을 포괄적으로 하는 수출)은 미화 50만달러 이하라도 산업설비수출로 간주된다.

3) 세무처리

플랜트수출은 단순한 재화의 수출이라기보다는 그 재화의 설치에 필요한 상당한 기술과 설비시공용역이 투입되므로 하나의 전체적인 건설용역으로서 진행기준 즉 완성도기준지급조건부에 따라 부가법상 공급시기를 인식하고 영세율과세표준을 신고하면 된다고 판단되지만, 국세청의 해석 중에는 해당 설비가 선적되는 때마다 수출하는 재화로서 영세율을 적용하고, 잔여 시공용역에 대하여는 그 대가를 받은 때에 영세율을 적용하도록 하고 있어 현실에 맞는 해석변경이 필요하다고 본다(부가 46015 - 4393, 1999. 10. 29.).

반면 사업자가 중장기 연불조건으로 산업설비와 함께 기술용역 및 시공을 포괄적으로 하는 수출인 경우의 공급시기는 그 대가의 각 부분을 받기로 한 때를 공급시기로 본 해석도 있다(부가 22601 - 1970, 1985. 10. 10.).

(4) 소포수출 등

1) 소포수출

내국물품을 외국으로 반출하는 것은 대금의 영수방법에 관계없이 수출하는 재화에 해당하여 영의 세율을 적용하는 것으로 우체국 소포우편에 의하여 수출한 경우에는 소포수령증 발급일을 공급시기로 하여 영세율이 적용되며, 해당 우체국장이 발행(확인)하는 소포수령증(영수증)을 영세율 첨부서류로 제출하는 것이다.

또한 재화를 해외로 수출시 국제특급우편(EMS : express mail service)을 이용할 경우 부가가치세 신고시 영세율 첨부서류로 해당 우체국장이 발행한 소포수령증을 첨부하고 있으나, 우체국장이 발행하는 소포수령증의 수취가 불가한 국제특송업체(UPS, Fedex, DHL 등)를 이용하여 재화를 수출할 경우 부가가치세 신고시 영세율 첨부서류는 법령 또는 훈령에 정하는 서류를 제출할 수 없는 경우에 해당하여 외화획득명세서에 해당 외화획득내역을 입증할 수 있는 증빙서류(국제특송업체 영수증 등)를 첨부하여 제출할 수 있을 것이다(서삼-1933, 2005. 11. 2. ; 부가 46015-4706, 1999. 11. 26.).

2) EMS 발송시 수출신고 방법 등

사업자가 외국에 수출을 진행하면서 외국 바이어가 EMS로 배송을 희망하는 경우 EMS 발송에 따른 수출신고방법 및 영세율 적용방법은 수출대상물품을 우체국에서 EMS로 발송하고 수출신고필증을 발급받은 경우 수출하는 재화로 영세율이 적용되며 구체적인 EMS 발송에 따른 수출신고방법은 아래와 같다.

EMS 발송시 수출신고방법(수출신고필증, 우체국, 국제우편, 무역, 간이통관)

1) 서비스 개요
   수출대상물품을 우체국에서 EMS로 발송하면 수출통관에 필요한 수출신고필증을 우체국에서 무료로 발급해 줌
2) 서비스 대상 : EMS(EMS프리미엄) 이용계약 고객
   〈구비서류〉
   - Invoice
   - Packing list
   - 기타 사업자등록증 사본 등
3) 수출신고필증 발급신청 절차

- 고객이 수출대상품목을 EMS(EMS프리미엄)로 접수시 수출신고필증 발급요청
- 접수우체국에서 관세사에게 수출신고필증 발급신청서 팩스 전송
- 관세사는 세관으로부터 수출신고필증을 발급받은 후, 원본은 고객에게 우편 송부하고 사본은 접수우체국으로 팩스 송부
- 접수우체국은 수출신고필증 발급확인 후 수출우편물 발송확인 전산입력 등 수출통관업무 대행

4) 수출우편물 발송확인

외국으로 발송하는 우편물 중 수출신고된 물품이 있는 경우, 우체국 직원에게 신청하면 발송 확인하여 세관에 전산(EDI)으로 통지함.

○ 수출우편물 발송확인 대상 우편물

우편물 발송인이 사전에 세관에 수출신고한 물품(수출신고필증상의 물품과 동일한 우편물이어야 함)

○ 절차

우편물 접수 → 수출우편물 발송확인 신청(수출신고필증 구비) → 수출신고물품과 현물 대조·확인 → 세관에 전산통지(EDI)[통관시스템에 입력]

5) 관세환급 및 부가가치세 신고

수출신고물품로 접수되어 발송확인된 우편물은 관세 등의 환급대상이며 직수출로서 부가가치세 영세율 적용대상이 된다. 따라서 수출신고필증상의 물품과 동일한 것이어야 하며 수출신고된 물품과 상이한 물품이 우편발송 확인되어 부정수출 및 관세 부정환급에 해당되는 경우에는 관세법 등 관련법규에 의하여 처벌을 받게 된다.

※ 우체국 EMS로 물품을 수출하는 경우 영세율은 적용되나 수출실적으로 인정되지 아니하므로 수출을 하기 전에 관할 세관에 수출신고를 하여야 한다.

(5) 임대방식의 수출

1) 「임대수출」의 정의

"임대수출"이라 함은 임대(사용임대를 포함한다. 이하 같다) 계약에 의하여 물품 등을 수출하여 일정기간 후 다시 수입하거나 그 기간의 만료 전 또는 만료 후 해당 물품 등의 소유권을 이전하는 수출을 말한다(대외무역관리규정 §2 8).

2) 임대방식수출 절차

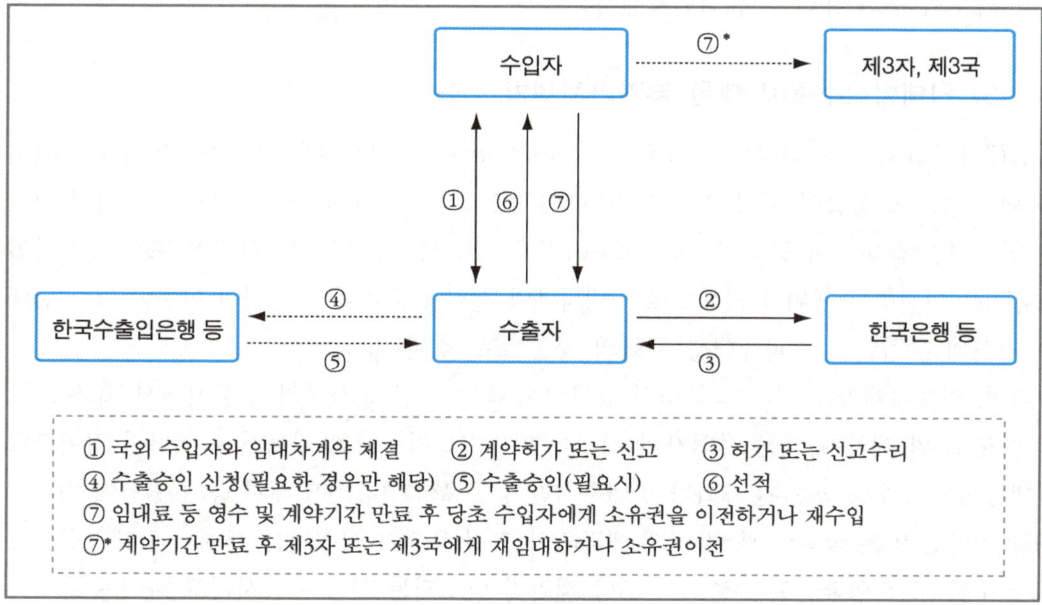

① 임대차계약의 체결

② 계약허가(신고)

- 허가기관 : 한국은행(증여, 무상임대 등)

- 신고기관 : 외국환은행(계약건당 3천만불 이하 임대계약), 한국은행(계약건당 3천만불 초과 임대계약)

- 임대차계약인증신청시 구비서류
  - 임대차계약신고서
  - 임대차계약서 원본 및 사본
  - 임대차물품 증빙서류
  - 임대차사유 증빙서류(임대차계약 목적물의 현재가격과 이자율, 이자부담액이 있는 경우 별도 명시)

③ 수출승인 신청
  - 구비서류 : 수출승인신청서, 임대계약서, 임대계약신고수리서 등

④ 수출통관 및 선적

⑤ 임대료 등의 영수

- 대외지급 수단으로 외국환은행을 통하여 전액 영수하여야 함.

• 영수하는 임대료는 해당 허가기관의 사후관리를 받게 됨.

⑥ 재수입 통관 또는 소유권변경신청

3) 임대방식수출에 대한 부가가치세법 적용

임대방식의 수출을 위하여 내국물품을 외국으로 반출하는 경우 부가가치세의 과세원인이 되는 재화의 공급이 되기 위한 조건인 '인도 또는 양도'란 부가가치세가 소비세의 일종이라는 성질에 비추어 궁극적으로 재화를 사용·소비할 수 있도록 경제적 또는 실질적인 소유권을 이전하는 행위가 없으므로 임대차계약 실현을 위하여 소유권의 이전이 없는 임대용 자산의 무환반출은 과세대상 재화의 공급으로 볼 수 없다.

다만, 임대차계약에 의하여 국외의 임차인이 해당 자산을 사용하고 현지에서 제3국으로의 수출도 위 계약에 따른 사업자의 지시에 따라 그 지배범위 내에서 이루어진 것이므로 임대방식으로 수출(반출)된 재화가 임대차기간이 종료되거나, 계약해지 등의 원인에 의하여 해당 임차인 또는 국외의 제3자에게 매각되어 그 소유권이 이전되는 때에는 임대차방식에 의한 수출 또는 외국인도 수출로서 해당 재화가 인도되는 때를 공급시기로 하여 수출하는 재화로서 영세율이 적용된다. 이 때의 부가가치세 과세표준은 외국에서 해당 재화가 인도되는 때의 인도가액으로 한다.

또한 국내사업자 국외 소재 법인과 임대차계약에 의하여 임대자산을 국외로 인도하여 국외에서 사용하게 하고 수취하는 임대료는 국외제공용역으로서 부가가치세 영의 세율이 적용된다(서면3팀 – 1883, 2007. 7. 3. ; 서면3팀 – 1875, 2007. 7. 2.).

4) 구체적 영세율 적용방법

가. 선적시

임대목적물(기계장치 등)의 반출시점(선적일)에는 소유권의 이전없이 국외 제공용역 제공을 위하여 그 장소만 이전시키는 것이므로 부가법 제9조에 규정하는 재화의 공급에 해당하지 아니한다.

나. 임대료 영수 시

국외의 임차인으로부터 수취하는 임대목적물의 사용료는 국외 제공용역의 대가로서 영세율이 적용된다.

외국환거래규정에서는 임대료의 영수는 대외지급수단으로 외국환은행을 통하여 전액 영수하여야 하나, 부득이한 경우 해당 목적물의 임대에 따라 직접적으로 발생하는 경비를 공제하고 영수할 수 있다. 이 때 임대료에는 운송비, 수수료 등 기타 비용은 포함하지 아니한다.

다. 임차자산 매각 시

국외에서 임대기간 만료 전 또는 만료 후 기계장치 매각하는 경우 해당 기계장치가 국외에서 인도되는 때에 수출하는 재화(외국인도수출의 한 형태)에 해당되어 영세율 과세표준에 포함하여 신고한다.

5) 공급시기

외국에서 수출재화(임대차목적물)가 인도되는 때를 공급시기로 하며, 임대목적물에 대한 임대료(사용료)에 대한 공급시기는 임대차계약에 의하여 그 대가를 받기로 한 때를 공급시기로 한다.

6) 세금계산서 발급의무 면제

공급받는 자가 국외의 외국법인 또는 비거주자이므로 임대료를 수취하거나 임대목적물을 해외에서 매각하는 경우 모두 세금계산서 발급의무가 면제된다(부가령 §71 ① 4).

7) 대가의 영수방법

임대목적물을 국외에서 임대하는 경우 국외 제공용역에 해당하므로 용역을 제공받는 자가 누구이든, 그 대가를 원화로 받든 외화로 받든 또는 국내에서 받든 국외에서 송금을 받았는지 여부에 관계없이 영세율이 적용된다.

8) 공급가액

국외에서 제공하는 자산의 임대용역에 대한 공급가액은 국외 비거주자 또는 외국법인으로부터 수취하는 임대료(사용료)로 하고, 해당 임대목적물을 해외에서 매각하는 경우 그 인도가액을 공급가액으로 한다.

9) 영세율 적용 첨부서류

임대자산의 사용료는 국외 제공용역으로서 영세율이 적용되므로 임대차계약서, 외화입금증명서 등을 첨부하고, 국외에서 임대기간 만료 전 또는 만료 후 기계장치 매각하는 경우 해당 기계장치가 국외에서 인도되는 때에 수출하는 재화에 해당되어 수출계약서, 외화입금 증명서 등을 영세율첨부서류로 제출한다.

10) 그 밖에 주의 사항

가. 국내에서 임차한 건설장비를 국외 사용 시 영세율 적용

국내에서 임차한 건설장비를 자기가 직접 국외로 이전시켜 국외에서 사용하는 경우 건설장비 임대용역 제공이 국내에서 이루어지는 것(단지 임차자가 건설장비를 해외에서 사용하는 것에 불과함)이므로, 해당 건설장비 임대용역의 제공은 부가법 제11조에 따라 부가가치세가 과세되는 것으로 영세율 적용 대상이 아니다(부가 46015-288, 1993. 3. 10. ; 국심 2005서480, 2005. 11. 18.).

나. 국외 임대용 건설장비를 내국법인에 양도하는 경우

임대방식에 따라 국외 반출한 자산을 임대에 공하다가 임대기간 만료 전 또는 후에 국내법인에 매각하고 그 대가를 내국법인으로부터 지급받는 경우 재화의 국외거래로 부가가치세 과세대상에 해당하지 아니한다.

다. 국외에서 임대하던 건설장비를 내국법인에 임대하는 경우

국외에서 외국법인에게 임대하던 건설장비를 임대차기간의 종료에 따라 국내의 다른 기업에게 국외에서 임대하기로 하고 국내에서 그 임차료를 지급받는 경우, 용역의 국외공급에 대하여는 임차자가 누구인지, 대가의 영수방법이 무엇인지에 불구하고 영세율이 적용되어야 한다.

(6) 보세판매장에 대한 영세율 적용

1) 보세판매장이 직접 공급하는 재화

사업자가 관세법에 따른 보세판매장(외교관면세점, 출국장 면세점, 시내면세점, 귀금속류면세점, 제주도여행객 면세품판매장인 지정면세점)에서 출국인에게 재화(보세판매장에서 판매할 수 있는 외국물품 포함)를 공급(위수탁계약에 따른 위탁자공급분을 포함하고, 국외거주 외국인으로부터 인터넷 주문에 의해 국제우편으로 발송하는 경우를 포함한다)하고 공급한 해당 재화가 보세판매장 운영에 관한 고시 규정에 따라 외국에 반출되는 경우 및 세관장으로부터 승선 또는 비행기 탑승허가를 받아 외국을 항행하는 선박 또는 항공기 내에서 공급하는 재화는 수출에 해당하여 영세율 적용대상이며, 공급시기는 국내거래와 동일하게 부가법 제15조의 규정이 적용된다(관세법

§196 ; 서면3팀-1057, 2006. 6. 8. ; 부가통칙 11-24-5 ; 제도 46013-10040, 2001. 3. 16. ; 보세판매장운영에 관한 고시).

국세청은 그간 「관세법」에 따른 보세판매장에서 출국인에게 재화를 공급하는 경우로서 해당 재화가 관세청의 「보세판매장 운영에 관한 고시」 규정에 따라 외국에 반출되는 경우에는 부가법 제21조 제2항 제1호 규정의 「수출하는 재화」에 해당하여 영세율이 적용되는 것으로 일관되게 회신하였다. 이 때 보세판매장에서 공급하는 해당 물품이 외국물품인지 내국물품인지를 가리지 아니하며, 수출하는 재화로 해석된다면 출국이 예정된 경우 내국인인지 외국인인지에 관계없이 영세율이 적용된다(서삼 46015-11039, 2001. 12. 31. ; 서면3팀-1672, 2006. 8. 2.).

2) 보세판매장에 공급하는 재화

사업자가 외국인 관광객 면세판매장이나 보세판매장에 재화를 공급하는 경우 부가가치세 사후환급규정이나 영세율이 적용되지 아니하므로 일반세율이 기재된 세금계산서를 발급하여야 한다(서삼 46015-10271, 2001. 9. 20.). 다만, 제주 지정면세점에 공급하는 내국물품 및 외국물품에 대하여는 영세율이 적용된다(제주 면세점 특례 규정 §7 ; 부가-272, 2012. 3. 14.).
※ 구매확인서가 개설된 경우 보세판매장에 공급하는 재화에 대하여 영세율 적용이 가능하다.

3) 수탁물품의 판매에 대한 영세율 적용

보세판매장을 운영하는 사업자가 위탁자의 물품을 수탁받아 외국인 관광객에게 판매하고 위탁자로부터 수수료를 받는 경우 수탁물품의 공급에 대하여는 위탁자가 영세율을 적용받는 것이며 보세판매장 운영자가 받는 수수료에 대하여는 위탁자에게 일반세금계산서(10%)를 발급하여야 한다.
※ 구매확인서가 개설된 경우 보세판매장에 공급하는 재화에 대하여 영세율 적용이 가능하다.

4) 보세판매장에서 현장인도하는 재화의 영세율 적용

보세판매장 종류 가운데 하나인 시내면세점에서 판매한 물품에 대하여는 현품을 판매장에서 인도하지 아니하고 구매자가 서명한 교환권을 발행하여 출국장에서 인도하여야 함이 원칙으로(보세판매장운영에 관한 고시 §12 ①), 이를 위반하여 판매한 외국물품을 시내면세점 또는 귀금속류면세점에서 인도한 때는 1개월 이상 6개월 이하의 기간을 정하여 판매장에 판매물품의 반입을 정지하게 할 수 있다. 다만, 출국이 예정된 외국인 구매자가 구매한 국산품을 해당 보세판매장에서 인도하는 경우에는 반드시 여권 및 탑승권을 확인한 후 구매자 관리대장에 기록하여 인도하여야 하며, 출국하는 내국인이 구매한 물품 또는 외국인 구매자가 출국장에서 인도를 원하는 경우에는 다른 외국물품과 구분·적재하여 운송한 후 출국장 인도장에서 인도할 수 있으며(보세판매장 고시 §12 ②), 동 규정을 위반하는 경우 보세판매장 운영에 관한 고시에 따라 주의처분을 받게 된다(주의 3회→경고 1회)[보세판매장 고시 §28 ③ 4 ; 보세판매장 고시 §28 ②].

시내면세점의 국산품매장에서 외국인의 현장인도 요구에 따라 현장인도하는 국산품의 경우 보세판매장 운영에 관한 고시에서 허용하고 있고 구매자인 외국인 인적사항을 구매자 관리대장에 기록하고 세관에 보고해야 하며, 세관은 내수판매 여부 등을 점검하고 있는 바, 이와 관련하여 관세법 및 고시사항의 위반이 없는 경우 정상적으로 외국에 반출된 것으로 보아야 할 것이며, 무엇보다 외국인관광객에 대한 국산품의 홍보 및 판매촉진을 원활히 하여 국내 중소·중견기업의 성장을 돕고자 하는 보세판매장 내 국산품 판매의 확대 정책에도 부합하는 바, 수출하는 재화로 보아 영의 세율을 적용함이 타당하다고 본다(법규부가 2014 -122, 2014. 4. 4. ; 서면3팀-1057, 2006. 6. 8.).

5) 입국장 보세판매장의 면세 내국물품에 대한 간접세의 특례

가. 보세판매장의 물품 공급에 대한 영세율 적용

「관세법」 제196조 제1항 제1호 단서(외국으로 반출하지 아니하더라도 관세법 시행령에서 정하는 바에 따라 외국에서 국내로 입국하는 자에게 물품을 인도하는 경우에는 해당 물품을 판매할 수 있다)에 따라 보세판매장에서 「관세법」 제196조 제4항 단서에 따른 물품(이하 "물품"이라 한다)을 판매하는 경우에는 그 물품에 대한 부가가치세 및 주세(이하 "부가가치세 등"이라 한다)를 면제(부가가치세의 경우는 영세율)한다.

공항 및 항만 등의 입국경로에 설치된 보세판매장에서 우리나라로 입국하는 자에게 물품을 판매하는 경우에도 그 물품에 대한 부가가치세 등을 면제한다(조특법 §121의14 ①, ② ; 관세법 §196 ②).

나. 보세판매장으로 공급하는 내국물품에 대한 영세율 적용

사업자가 제조장에서 제조·가공한 「관세법」 제2조 제5호에 따른 물품(이하 "내국면세물품"이라 한다)을 위 "1)"에 따른 보세판매장에 직접 공급한 경우에는 부가가치세 등을 면제한다(조특법 §121의14 ③ ; 조특령 §116의19 ①).

다. 부가가치세 등의 면제 신청

해당 부가가치세 영세율을 적용받으려는 사업자는 부가법 제48조 및 제49조에 따라 부가가치세 과세표준과 납부세액 또는 환급세액을 신고하는 때에 국세청장이 정하는 보세판매장 공급실적 명세서에 해당 신고기간의 내국면세물품 공급실적을 기록·작성하여「관세법」제176조의2 제1항 단서에 따라 특허를 받은 자("보세판매장 운영자")의 확인을 받아 사업장 관할 세무서장에게 제출해야 하며, 주세를 면제받으려는 자는「주세법 시행령」제20조 제1항 및 제2항을 준용하여 해당 주류의 면세승인신청서를 관할 세무서장에게 제출해야 한다 (조특법 §121의14 ② ; 조특령 §116의19 ②, ③).

라. 사후관리

부가가치세 및 주세를 면제받는 물품이 다음의 어느 하나에 해당하는 경우에는 관할 세무서장이 감면받거나 환급받은 부가가치세 및 주세를 그 행위를 한 자로부터 징수하여야 한다[225] (조특령 §116의19 ⑤).

① 보세판매장에서 타인의 명의로 물품을 구입하는 경우
② 보세판매장 운영자가 물품을 부정유통하는 경우
③ 국내 입국자가 구입한 물품을 타인에게 판매하는 경우
④ 국내 입국자로부터 내국물품을 구입하는 경우(물품을 판매한 "③"의 국내 입국자가 외국에 거주하는 외국인인 경우에 한정한다)

(7) 휴대반출

1) 의의

관세법령상 FOB 물품가격 2백만원을 초과하는 물품에 대해서는 수출통관 대상으로 규정하고 있으나 여행자 휴대하여 반출하는 물품에 대해서는 간이통관절차를 거친 것으로 간주하여 따로 통관절차 이행을 요구하지 않고, 수출하는 물품을 세관이 따로 검사하는 시스템도 운영하지 않는다. 다만, 휴대하여 반출하는 물품으로 관세환급 등이 필요하거나 재수입시 면세가 필요한 물품에 대해서는 여행자의 신고에 따라 세관이 서면으로 확인하는 절차가 운영된다.

---

225) 보세판매장에서 영세율을 적용받아 구매한 물품을 소지하고 출국한 여행자가 입국할 때 그 물품을 반입하게 되면 휴대품 면세기준을 적용하여 통관절차를 이행하게 된다. 이때 면세기준은 국내 면세점에서 구매한 것인지, 외국에서 구매한 것인지를 구분하지 않고 미화 600달러이다. 면세기준이 초과된 물품에 대해서는 세관장이 관세와 부가가치세를 포함한 내국세를 징수한다.

2) 영세율 적용 등

① 사업자가 자기의 사업과 관련하여 취득한 재화를 휴대품 반출에 따른 간이수출신고 (탑승 수속 시 수출신고필증 2부 제출)를 한 후 국외로 반출하는 경우에는 부가법 제21조 제2항 제1호에 따라 영세율을 적용한다. 이 경우의 영세율 첨부서류는 세관장이 발행하는 간이수출신고필증이 된다(제도 46015-12562, 2001. 8. 6.).

② 한편, 부가가치세 과세재화를 간이수출신고 없이 휴대반출하는 경우 종전 국세청 유권해석(부가 46015-2138, 1998. 9. 21.)에서는 영세율을 적용받을 수 없다고 하였으나, 간이수출신고가 없다고 하더라도 내국물품을 국외반출하는 것이므로 수출의 정의에 부합하는 점을 고려하여 국외반출하여 공급한 사실이 객관적인 증빙에 의해 확인되는 경우에는 영세율 적용대상 수출재화에 해당하는 것으로 해석을 변경하였다(재부가-177, 2007. 3. 20.).

※ 보따리무역이나 소포우편물 등 간이절차로 수출할 수 있는 경우는 관세환급대상이 아닌 물품가격 FOB 2백만원 이하의 물품이다(관세령 §246 ④ 5, 수출통관사무처리에관한고시 §36 8호). 관세환급대상인 물품도 간이통관절차로 수출통관은 가능하겠지만 서류 미비로 인해 환급이 불가능해진다.

3) 핸드캐리로 위장한 내수판매에 대한 영세율 적용 배제

핸드캐리(Hand Carry)란 사람이 직접 짐보따리를 주로 국제간에 이동(운송)시키는 경우를 말하며, 화물을 선박이나 항공편으로 운송 시 정식 수출·입으로 포워딩 등을 통하여 운송하지 아니하고 사람이 직접 짐보따리로 운송하는 방법이다. 주로 한중간, 한일간 고속카페리를 이용하여 짐을 꾸려 양국을 왕래하며 운송, 영업을 행위하는 소호무역으로 소위 "따이공(代公)" 또는 "보따리상"이라고 칭한다.

또한 소호무역은 정식으로 양국 세관에 수출·입신고를 하고 진행하는 경우도 있으나 주로 여행용품으로 면세로 통관하며 화주의 물품을 대리로 운송하여 주고 수수료를 받으며 영업하는 업체를 말한다.

「부가가치세법」에서 수출하는 재화로서 영세율이 적용되는 경우는 자기의 책임과 계산하여 수출물품을 국외의 바이어에게 인도하는 것이므로 자기의 직원이나 보따리상을 통해 수출통관을 거치지 아니하였더라도 국외반출된 사실이 객관적으로 입증되는 경우 대가의 수수방법에 불구하고 영세율이 적용된다(서울행법 2005구합 28829, 2006. 10. 17. ; 서울고법 2006누 27115, 2007. 6. 22. 외 다수).

수출하는 재화에 해당하는지는 납부 내지 환급세액 결정에 영향을 미치는 특별한 사유에 속하므로 그에 대한 증명책임은 납세의무자에게 있으나, 사업자가 영세율 적용대상 과세표준을 신고하면서 부가가치세 관련 법령이 정하는 영세율 첨부서류를 제출하지 아니한 경우에도 해당 과세표준이 영세율 적용대상임이 확인되는 때에는 영세율을 적용할 수 있다.

1) 원고가 증거로 제출한 소노손 직원과의 이메일·SNS메세지, 인보이스, 소노손의 발주서, 교역성품 및 물품인수확인서, 거래대금이 입금된 계좌 입금내역 중 직원들이 주고받은 이메일·SNS메세지는 업무처리 과정에서 작성된 것으로서 그 내용이 구체적이며 사후 조작의 의심정황이 없고, 인보이스·물품인수확인서 등도 이메일 등을 통해 드러난 정황들과 일치하며 그 신빙성이 인정됨.
2) 원고와 소노손 사이에 이 사건 물품의 수출입계약서 등 처분문서나 수출통관서류는 부존재하나, 위 1위 입증근거의 각 기재에 따르면 소노손이 '13. 3.경부터 이 사건 물품을 수입하기 위해 제조법인 봄텍전자와 거래하는 등 원고와 거래개시 전부터 이 사건 물품을 수입해온 것으로 보이는 바, 원고와 소노손이 이메일을 통해 이 사건 물품의 모델명, 수량, 단가 등을 특정하여 거래약정을 체결하였음을 인정할 수 있음(소노손과의 거래주체를 원고가 아닌 봄텍전자로 보기는 어려움).
3) 소노손은 통관지연 등으로 인해 수입대행업체를 통해 이 사건 물품을 수입하기로 한 것으로 보이고, 소노손이 대행업체를 지정하여 알려주면 원고는 해당 주소로 물품을 발송하는 방법으로 물품의 인도가 이루어졌고, 신속한 수입 필요시에는 보따리상을 통해 수입하기도 함.
4) 인보이스 상 물품 대금총액과 원고의 계좌 입금내역이 상이하고 입금 상대방도 소노손이 아닌 다른 업체이나, ① 정식 통관 절차의 수입거래가 아니기 때문에 대행업체를 통해 송금하였던 점, ② 소노손 직원은 원고 직원에게 중국의 다른 회사를 통해 물품대금을 송금한다거나, 대행업체에 송금 의뢰하였다는 이메일을 보낸 점, ③ 소노손이 대행업체를 통해서만 대금지급할 수 있는 거래제약으로 인보이스 물품대금과 상이한 금액을 수시로 원고의 계좌에 입금하는 방식으로 거래대금을 지급해 온 것으로 보이는 점에 비추어 원고가 소노손으로부터 이 사건 거래대금 전부를 원고 계좌를 통해 지급받았음을 인정할 수 있음.

따라서 원고가 영세율 과세표준 신고 시 부가령에 규정된 수출실적명세서를 제출하지 못하였더라도 원고와 소노손과의 이 사건 거래는 영세율이 적용되어야 함(서울고법 2019누42244, 2020. 8. 19.).

4) 국내에서 수입업자에게 인도한 재화에 대한 영세율 적용 여부

무역거래조건에 따라 수출재화를 해외바이어(수입자의 임직원 등)에게 국내에서 인도되었다고 무조건 영세율이 배제되는 것은 아니다. 예를 들어 공장인도조건(EXW) 방식수출의 경우 국내 공장에서 바이어의 운송업자에게 인도하고 그 시점에 수출재화의 위험과 효익이 이전되지만 추후 수출업자 명의로 수출신고필증이 교부되어 해외반출이 확인된 경우 영세율이 적용되는 것으로 해석하고 있다(부가가치세과-418, 2014. 5. 12. ; 법규부가2012-1, 2012. 1. 2. 외 다수).

보세판매장에서 비거주자에게 판매하는 재화에 대한 영세율 적용을 엄격하게 하고 있어 국내에서 비거주자에게 재화를 공급하고, 그 거래가 완전히 종결된 경우라면 일단 영세율을 배제하는 것이 국내 거주자와의 과세형평에 맞는 것이고 구매한 비거주자가 스스로 국외로 반출한 것이라면 수출자(보세판매장)의 책임과 계산 하에 반출한 것이라고 보긴 어려울 것이다.

하지만, 국내 공급자의 사업장 등을 방문한 비거주자가 구매대상 재화를 선택하고 매매계약을 하면서 무역거래조건은 FOB로 하면서 국내 공급자 명의로 수출통관이 이루어져 국외 반출된 사실이 확인된다면 매매계약 이후 물류비를 수출자가 부담하지 않았더라도 이는 무역거래조건에 따른 것일 뿐이어서 영세율을 배제하는 것은 무리가 있다 하겠다.

영세율을 인정한 법원의 판례를 보면 무역거래조건에 따라 자기책임과 계산 하에 국외반출한 사실이 객관적으로 확인되면 영세율 적용이 가능하다고 판시하고 있다(서울행법 2005구합28829, 2006. 10. 17. ; 서울고법 2006누27115, 2007. 6. 22.). 자기책임과 계산하의 국외반출이란 일반 무역조건에 따른 위험과 비용부담을 한 경우를 말하며, 영세율 적용을 배제한 조세심판례들은 보면 수출자, 수입자 사이에 제3의 사업자가 끼여 있거나 허위 가장거래 등이 있는 경우이므로 위와 같은 거래에 그대로 적용하기는 어렵다.

그 밖에도 국세청은 필자와 같은 취지의 세법해석들을 회신한 바 있어 영세율 적용 여부는 그 거래조건 등을 파악하여 개별사안에 따라 사실판단할 사항이지 무조건 영세율을 배제하는 것은 부당하다(서면-2014-부가-21885, 2015. 11. 11. ; 부가-1457, 2009. 10. 9.).

(8) 전자적 형태의 무체물의 수출

1) 개요

IT산업의 발달로 무역의 형태도 확대되어 실질적으로 국제간에 거래되는 전자적 형태의 무체물에 대하여도 수출입을 인정하고 대외무역법 체계에 흡수하여 수출입 관리를 지원하고 있다. 따라서 「대외무역법」 제2조 제1호 다목, 같은 법 시행령 제4조 및 대외무역관리규정 제4조에 규정하는 전자적 형태의 무체물을 컴퓨터 등 정보처리능력을 가진 장치에 저장한 상태로 국외에 반출하는 경우 수출하는 재화로 보아 영세율을 적용한다(서삼 46015-10208, 2003. 2. 6.).

2) 적용대상 무체물

가. 「소프트웨어산업진흥법」 제2조 제1호에 따른 소프트웨어

컴퓨터 통신, 자동화 장비와 그 주변장치에 대하여 명령·제어·입력·처리·저장·출력·상호작용이 가능하도록 하는 지시명령의 집합과 이를 작성하기 위해 사용된 기술서 등 그 밖의 자료

> **소프트웨어산업진흥법 제2조 【정의】**
> 이 법에서 사용하는 용어의 정의는 다음과 같다.
> 1. "소프트웨어"라 함은 컴퓨터·통신·자동화 등의 장비와 그 주변장치에 대하여 명령·제어·입력·처리·저장·출력·상호작용이 가능하도록 하게 하는 지시·명령(음성이나 영상정보 등을 포함한다)의 집합과 이를 작성하기 위하여 사용된 기술서 기타 관련 자료를 말한다.

나. 기타

부호·문자·음성·음향·이미지·영상 등을 디지털방식으로 제작하거나 처리한 자료 또는 정보 등으로 산업통상자원부장관이 정하여 고시하는 것
- 영상물(영화, 게임, 애니메이션, 만화, 캐릭터를 포함)
- 음향 음성물, 전자서적, 데이터베이스

3) 용역이나 전자적 형태의 무체물의 수출입 확인

산업통상자원부장관은 「대외무역법 시행령」 제3조에 따른 용역이나 제4조에 따른 전자적 형태의 무체물을 수출입한 자가 수출입에 관한 지원을 받기 위하여 수출입 사실의 확인을 신청하면 수출입 확인을 할 수 있으며, 수출입 확인에 필요한 세부 절차 등은 산업통상자원부장관이 정하여 고시한다(대외무역령 §23 ①, ②).

4) 부가가치세 신고

가. 영세율 적용기준

사업자가 「소프트웨어산업진흥법」 제2조 제1호에 따른 소프트웨어를 「외국환관리법」 제
3조 제13호에 따른 비거주자에게 전자통신망을 통한 전송방법으로 국외로 공급하는 경우
에는 수출하는 재화에 해당하여 부가가치세 영세율이 적용된다(부가 46015−752, 2002. 10. 16.).

나. 공급가액 및 세금계산서 발급 면제

수출재화에 대한 대가관계 있는 모든 금전적 가치가 공급가액이 되고, 세금계산서의 발

급의무는 면제된다.

다. 영세율 첨부서류

영세율 첨부서류로는 수출계약서, 외화입금증명서를 제출할 수 있으며 해당 서류를 제출할 수 없을 때에는 외화획득명세서에 거래사실을 증명하는 서류를 제출하여야 한다.

5) 앱스토어를 통한 애플리케이션 판매

가. 의의

앱스토어 사업은 옥션 등 부가통신 사업과 유사한 새로운 유형의 사업형태로서 앱스토어 운영 사업자는 온라인 장터 관리수익이 발생하고, 국내 개발자(프로그램 개발자)는 온라인 장터에 응용프로그램을 올려놓고 다운로드 횟수에 따라 판매수익을 얻는다.

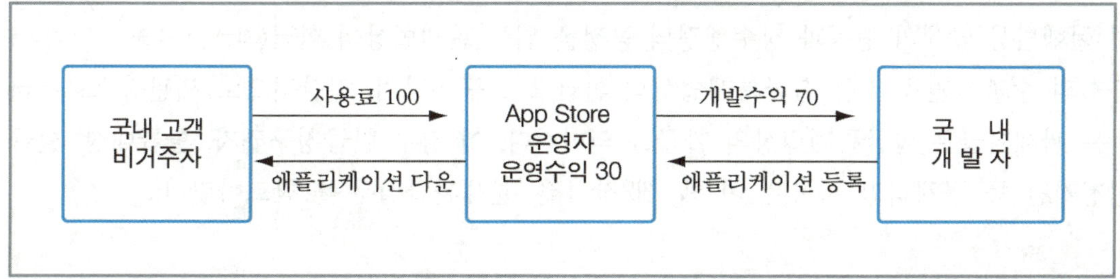

※ 앱스토어(App store) : 스마트폰에 탑재할 수 있는 다양한 애플리케이션(응용프로그램, 일정관리 · 게임 ·
  음악재생 · 인터넷접속 등)을 판매하는 온라인상의 모바일 콘텐츠 장터

나. 영세율 적용요건

국내 사업자가 개발한 스마트폰 응용프로그램(애플리케이션)을 인터넷상의 오픈마켓에 등재하고 오픈마켓 운영자의 중개 하에 국외 소비자가 이를 유상으로 다운로드받아 사용하는 경우에는 용역의 국외공급에 해당하여 영세율이 적용된다(재부가-388, 2010. 6. 10.).

※ 국내 소비자가 다운로드받아 사용 → 국내 용역거래로 10% 세율 적용

다. 공급시기 및 환율적용 시점

국내 개발자(사업자)와 오픈마켓 운영자 간 정산일 등 역무의 제공이 완료되고 공급가액이 확정되는 때를 공급시기로 한다.

라. 공급가액의 계산

위 거래와 관련하여 소비세 등의 명목으로 외국에서 납부한 금액은 공급가액에 포함되지 아니하고, 공급가액과 세액이 별도 표시되어 있지 아니하는 경우 거래금액의 110분의 100에 해당하는 금액을 공급가액으로 보되, 영세율이 적용되는 경우에는 전체 거래금액을 영세율 적용 공급가액으로 보며, 동 거래의 대가를 외국통화 또는 그 밖의 외국환으로 지급받은 경우 공급시기의 환율에 의하여 환산한 금액을 공급가액으로 한다(재부가-388, 2010. 6. 10.).

(9) 관세환급금에 대한 영세율 적용

1) 관세법, 환급특례법상 관세환급금

관세환급이란 자국상품에 대한 국제경쟁력 제고를 위하여 수출물품 제조에 소요된 원재료의 수입시 납부한 관세 등을 수출 등에 제공한 때에 수출자에게 되돌려 주는 것을 의미하며 현행법상 납세의 형평과 징수행정의 공정을 위한 관세법상의 환급(과오납 환급과 위약물품 환급)과 수출지원을 위한 환급특례법상의 환급으로 구분하며, 일반적으로 세관장으로부터 받는 관세환급은 환급특례법상의 환급을 의미한다. 이 경우 환급청구권자, 환급대상, 환급신청기간 등 구체적인 사항은 이 책 제2장 4절 '관세환급실무'를 참조바란다.

2) 부가가치세 영세율 적용대상 관세환급금

내국신용장, 구매확인서에 의하여 수출업자 또는 수출품 생산업자에게 재화를 공급한 자가 자기가 부담한 수입관세를 수출업자 또는 수출품 생산업자로부터 공급대가의 일부로 받는 경우에 동 관세환급금은 공급가액에 포함되어 영세율 적용을 받는다(부가통칙 21-31-9 ; 조심 2015중4040, 2016. 5. 9. ; 대법원 84누0357, 1985. 9. 10.).

이 때 개별소비세, 주세, 교통·에너지·환경세 및 농어촌특별세를 부담한 수출용 수입물품에 대하여는 환급을 함께 받게 되는데 이 경우의 개별소비세, 주세, 교통·에너지·환경세 및 농어촌특별세 환급금의 영세율 적용도 관세환급의 경우와 동일하게 처리한다(국심 79부604, 1979. 6. 23.).

그러나, 다음에 해당하는 관세환급금은 수출하는 재화에 대한 대가가 아니고 수출품 원가의 차감인 것이므로 부가가치세 과세대상이 되지 아니한다(부가 1265-1362, 1979. 5. 2.).

㉠ 자기의 계산으로 수출 등을 직접 이행한 수출업자가 세관장으로부터 직접 환급받은 관세환급금

ⓛ 내국신용장에 의하여 수출업자의 명의로 완제품을 수출하고 세관장 또는 수출업자로
부터 수령한 관세환급금
ⓒ 수출품 생산업자가 수출업자의 명의로 대행수출하고 세관장 또는 수출업자로부터 수
령한 관세환급금

3) 부가가치세법상 공급시기

영세율이 적용되는 관세환급금은 재화의 공급에 대한 대가의 일부로 받는 것이면서 동시에 국내거래이므로 해당 재화를 인도하는 때를 공급시기로 한다. 다만, 그 공급시기에 관세환급금의 일부가 확정되지 아니한 때에는 세관장으로부터 관세환급금이 통지되었을 때를 공급시기로 할 수 있다(부가 22601-2264, 1986. 11. 13. ; 서면3팀-3401, 2007. 12. 24. ; 부가 22601-2136, 1986. 10. 28.).

4) 세금계산서의 발급

관세환급을 수출업자가 받아 수출품생산업자에게 지급하는 경우 수출업자는 자기가 부담한 관세환급금을 돌려받은 것이 아니므로 과세대상이 되지 아니하여 세금계산서 발급의무가 없고 상기 "3)"에 해당하는 경우 그 공급시기에 관세환급금을 지급받는 자가 영세율 세금계산서를 발급한다(부가 22601-2264, 1986. 11. 13.).

5) 공급가액

부가가치세 과세대상이 되는 관세환급금으로서 대가의 일부로 받는 관세환급금액이 공급가액이 된다. 하지만 당초 관세상당액을 직접 납부하고 원가에 계상하였을 경우 세관장으로부터 직접 수령한 관세환급금은 매출원가에서 차감한다(법인 22601-2357, 1990. 12. 13.).

6) 영세율 첨부서류

수출대금입금증명서 또는 수출신고서를 첨부한다. 다만, 이 첨부서류를 부득이하게 제출할 수 없는 경우 내국신용장(구매확인서)사본을 제출한다. 또한 내국신용장에 포함하지 않는 관세환급금은 관세환급금등명세서를 제출한다.

7) 관세환급금에 대한 과세 여부 도해

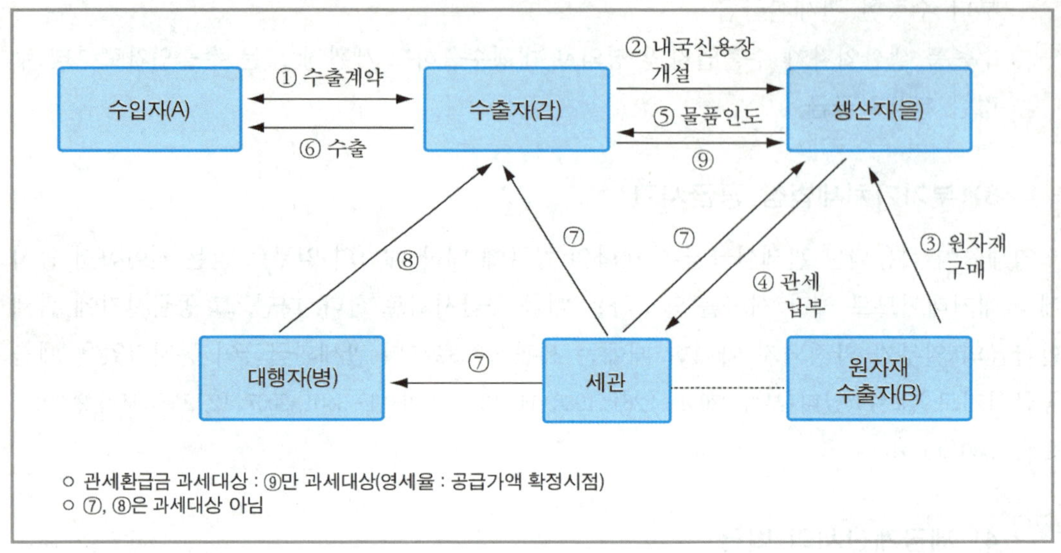

* 출처 : 부가 46015 - 329, 1996. 2. 17.

8) 관세환급금의 손익귀속 연도

① 세관장으로부터 환급

수출용 원자재 수입 시 납부된 관세 등을 매입부대비용으로 계상한 후 관세환급금을 수령한 때에는 수출과 동시에 환급받을 관세 등이 확정되는 경우 당해 수출을 완료한 날, 수출과 동시에 환급받을 세액이 확정되지 아니하는 경우에는 환급금의 결정통지일 또는 환급일 중 빠른 날에 익금에 산입한다(법인통칙 40-71-6).

② 공급받는자로부터 환급

수출물품의 판매로 인하여 수출업자로부터 받는 관세환급금의 귀속연도는 당해 수출물품의 판매대금의 귀속연도에 따라 처리한다. 이 경우 당해 관세환급금이 수출물품판매대금의 귀속연도까지 확정되지 아니한 경우에는 「수출용 원재료에 대한 관세 등 환급에 관한 특례법」 제13조에 따라 환급받을 예상액으로 계상하며 그 후 실지환급금과의 차액이 발생된 경우에는 동 차액은 실제로 환급받을 과세기간의 총수입금액 또는 필요경비에 산입한다(소득통칙 39-0-33).

9) 관련 사례

1. 3/6 갑은 수출용 완제품을 을로부터 내국신용장에 의하여 3천만원 상당액을 공급받았다. 갑은 을로부터 영세율세금계산서를 발급받았다.
2. 4/10 을은 수입시 부담한 관세환급금 5백만원을 세관장에서 직접 받았다.

● 해 답

갑 : 3/ 6 (차) 상 품 3,000만원   (대) 현금 등   3,000만원
을 : 3/ 6 (차) 현금 등 3,000만원   (대) 매 출   3,000만원
을 : 4/10 (차) 현금 등   500만원   (대) 관세환급금   500만원

● 해 설

갑·을 사업자 간의 거래금액은 대가관계로서 영세율세금계산서를 발급하여야 한다. 그러나 세관장에서 받는 관세환급금은 재화·용역의 대가가 아니므로 과세거래가 아니다. 을이 받는 관세환급금은 매출원가 차감항목이다.

1. 3/6 갑은 수출용 완제품을 을로부터 내국신용장에 의하여 3,500만원 상당액을 공급받았다. 갑은 을로부터 영세율세금계산서를 발급받았다.
2. 4/10 갑은 관세환급금 500만원을 세관장에서 직접 받았다.

● 해 답

갑 : 3/6 (차) 상 품 3,500만원   (대) 현금 등   3,500만원
갑 : 4/10 (차) 현금 등   500만원   (대) 관세환급금   500만원
을 : 3/6 (차) 현금 등 3,500만원   (대) 매 출   3,500만원

● 해 설

갑이 세관장에서 받는 관세환급금은 재화·용역의 대가가 아니므로 과세거래가 아니다. 매출원가 차감항목이므로 결국 갑의 상품원가는 3천만원으로서 앞 사례의 원가금액과 같다. 을은 관세환급금을 세관장에게 받지 아니하는 대신 처음부터 갑에게 매출가격을 높이 책정하여 공급한 것이다.

1. 3/6 갑은 수출용 완제품을 을로부터 내국신용장에 의하여 3,500만원 상당액을 공급받았다. 갑은 을로부터 영세율세금계산서를 발급받았다.
2. 4/10 갑은 관세환급금 560만원을 세관장에서 직접 받았다. 이 중 60만원을 을에게 영세율세금계산서를 발급받고 지급하였다.

◉ 해 답

갑 : 3/6	(차) 상　품	3,500만원	(대) 현금 등	3,500만원
갑 : 4/10	(차) 현금 등	560만원	(대) 관세환급금(매출원가)	560만원
갑 : 4/10	(차) 상　품	60만원	(대) 현금 등	60만원
을 : 3/6	(차) 현금 등	3,500만원	(대) 매　출	3,500만원
을 : 4/10	(차) 현금 등	60만원	(대) 매　출	60만원

◉ 해 설

갑은 세관장에서 받은 관세환급금 중 60만원을 을에게 지급하였다. 당초 갑과 을은 환급금을 500만원으로 예측하여 공급가액을 3,500만원으로 하였으나 더 많은 환급금을 받았다. 갑은 이 금액을 을에게 지급한 것으로 보인다. 따라서 그 지급액 60만원은 당초 3,500만원 공급과 관련한 것으로 대가관계가 있는 것이다. 즉, 영세율세금계산서를 발행 발급하여야 한다.

반대로 갑이 관세환급금으로 480만원 받았다면 갑은 당초 공급받은 금액이 과다하다고 판단하여 20만원을 을로부터 받게 될 것이며 이 경우 을은 마이너스영세율세금계산서를 발행 발급하여야 한다.

　수입시 납부한 관세의 회계처리(1, 2 방법 중 선택)

1. 수출용 원재료를 수입할 때 납부한 관세는 매입부대비용으로 재고자산에 포함시킨 후, 수출을 완료함으로써 받은 관세환급금은 매출원가의 차감으로 처리한다(기업회계기준 제69조에서도 채택).
2. 수입할 때 납부한 관세 중 수출하여 환급이 예상되는 세액만큼은 재고자산에 포함시키지 않고 관세미수금계정으로 처리하였다가 실제 회수되면 관세미수금과 대체처리한다.

(차) 관세미수금	×××	(대) 관세환급금	×××
(차) 현금 등	×××	(대) 관세미수금	×××

(10) 통관 전 보세구역 내에서 외국물품을 외국법인에 공급 시 영세율 적용

1) 분석대상 국세청 해석사례

국내사업자가 보세구역 내에서 수입한 재화를 미통관 상태로 다른 사업자에게 공급하는 것은 재화의 공급에 해당하는 것임. 다만, 국내사업자가 외국에서 수입하여[226] 보세구역에 보관하던 외국물품을 국내사업장이 없는 외국법인에게 양도하고 그 대가를 외국환은행에서 원화로 받는 경우로서 해당 외국물품이 중계무역방식의 수출에 해당하거나, 국내사업자가 외국물품을 공급받은 외국법인이 지정하는 국내의 다른 사업자에게 인도되어 과세사업에 사용되는 경우에는 「부가가치세법 시행령(2013. 2. 15. 대통령령 제24359호)」 제24조 제1항 제2호 및 같은 법 시행령 제26조 제1항 제1호에 따라 영세율이 적용되는 것이므로 국내사업자가 공급한 외국물품의 국외 반출 여부 및 그 경위, 국내의 다른 사업자에게 인도되어 과세사업에 사용되었는지를 추가 조사하여 사실판단할 사항임(기준-2015-법령해석부가-0101, 2015. 7. 10.).

2) 보세구역 내 재화 이동에 따른 부가가치세 과세방법 요약

보세구역은 외국물품에 대하여 통관 전에 관세법에 따라 관세의 부과가 유보되는 지정된 국내의 일정한 지역이나, 부가가치세는 관세와 달리 재화가 보세구역 내에 소재하느냐에 관계없이 대한민국의 주권이 미치는 지역에서 사업자가 물품을 공급하는 경우 납세의무가 있는 것이므로 보세구역도 대한민국의 영토로서 사업자가 보세구역 내의 통관되지 아니한 물품을 다른 사업자에게 보세구역에서 보세구역으로 또는 보세구역 내에서 보세구역 외의 국내로 공급하는 경우 부가가치세가 과세되고, 보세구역 안에서 밖으로 재화가 이동하는 경우 재화의 수입에 해당하여 관세가 부과되는 가액에 대하여는 세관장이 부가가치세를 징수하고 나머지에 대하여는 공급자가 부가가치세를 거래징수하는 것이다(서삼 46015-10431, 2003. 3. 14. ; 부가 46015-2088, 1997. 9. 9. ; 부가 22601-1688, 1987. 8. 14. 등).

다만, 보세구역 내 미통관의 외국물품에 대하여 외국법인에게 양도하는 경우로서 그것이 「대외무역법」에 따른 외국인도수출, 중계무역방식의 수출에 해당하거나 국내에서 국내사업장이 없는 비거주자 또는 외국법인에게 공급되는 재화가 비거주자 또는 외국법인이 지정하는 국내사업자에게 인도되어 해당 사업자의 과세사업에 사용되는 재화에 해당하고 그 대

---

226) 여기에서 수입이란 용어는 국어사전적인 개념으로 '외국에서 우리나라로 들여온' 의미로 사용되었다. 관세법상 개념으로는 외국에서 들여온 물품이 아직 수입통관 되지 않고 보세구역에 있는 동안은 수입되었다고 보지 않는다.

금을 외국환은행에서 원화로 받거나 기획재정부령으로 정하는 방법으로 받는 경우 영세율이 적용된다(부가령 §24 ① 2 가, 다 ; 부가령 §26 ① 1, 1의2 ; 국세청적부 2010-0350, 2011. 5. 27.).

3) 분석대상 거래에 대한 영세율 적용 여부

① 중계무역 또는 외국인도수출인지

「대외무역법」에 따른 중계무역방식의 수출 및 외국인도수출에 대해서는 영세율이 적용되고(2012. 2. 2. 시행령 개정 시 "대외무역법에 따른"을 삭제하였으나, 그 개념은 대외무역관리규정에 따른 중계무역 및 외국인도수출 개념을 그대로 차용함), 「대외무역법」에 따른 중계무역방식의 수출이란 "수출할 것을 목적으로 물품 등을 수입하여 보세구역 등 외의 국내에 반입하지 아니하고 수출하는 것"을, 부가법은 "수출할 것을 목적으로 물품 등을 수입하여 「관세법」 제154조에 따른 보세구역 및 같은 법 제156조에 따라 보세구역 외 장치의 허가를 받은 장소 또는 「자유무역지역의 지정 및 운영에 관한 법률」 제4조에 따른 자유무역지역 외의 국내에 반입하지 아니하는 방식의 수출을 말한다"고 규정하여 의미가 일치한다.

「대외무역법」과 「부가가치세법」에 따른 외국인도수출이란 "수출대금은 국내에서 영수하지만 국내에 통관되지 아니한 수출물품을 외국에 인도하는 수출"이라고 동일하게 규정하고 있다.

분석대상 거래의 경우 외국법인과 매매계약서를 작성하면서 재화를 인도하는 것으로 정하고 있다 하더라도 해당 재화를 외국법인이 보세구역 반출과 관련된 반송(수출)신고필증에 수출자를 당사로 구매자를 해당 외국법인으로 기재하여 해외로 반출한 경우라면 중계무역방식의 수출에 해당하고(지식경제부 무역정책과-141, 2011. 2. 10.), 보세창고에 보관하던 외국물품을 외국법인으로부터 매입하여 다른 외국법인에게 판매하고 그 대가를 외국법인으로부터 외화로 받는 경우로서 재화가 선적되는 시점에 소유권과 위험이 이전되고 해당 재화의 보세구역 반출과 관련된 반송(수출)신고필증에 의하면 수출자는 당사, 구매자는 외국법인으로 기재되고 양수법인이 지정하는 선박에 선적하여 해외로 반출한 경우라면 외국인도수출에 해당한다(지식경제부 2AA-1103-066639, 2011. 3. 16.).

이 때 당사가 위 선적일까지 외국물품을 점유·지배하고 위험을 부담한다면 선적일 이전에 소유권이 외국법인에게 이전되었다고 볼 수 없어 선적일을 공급시기로 보는 것이 타당하다(중계무역도 이와 같음).

따라서 사업자는 위와 같은 사실관계에 따른 영세율 해당 여부를 고려하여 매매계약서, 대금증빙 외에 해당 외국물품이 해외로 선적되어 반출되었는지를 추가확인하여 영세율 적용 여부를 판단하여야 한다.

② 그 밖의 외화획득 재화로서 영세율인지

국내에서 국내사업장이 없는 외국법인에게 공급하는 재화로서 대가를 외국환은행을 통해서 원화로 받고 그 외국법인이 지정하는 국내사업자에게 그 재화를 인도하여 국내사업자의 과세사업에 사용되는 경우 해당 외국법인에게 공급하는 재화는 그 밖의 외화획득 재화에 해당하여 영세율 적용대상이며, 이 때 해당 재화가 국내에서 인도되는 것으로 족한 것이지 내국물품인지 외국물품인지를 구분하지 아니한다. 이러한 규정은 사실상 국내거래에 해당하지만 수출과 같은 외화획득 효과가 있으며 이와 같은 거래에 대하여 일반세율을 적용할 경우 해당 재화를 최종적으로 인도받아 과세사업에 사용하는 국내사업자는 부가가치세를 사실상 부담한 재화를 과세사업에 사용함에도 국내사업장이 없는 외국법인으로부터 공급받은 경우로서 매입세액을 공제받을 수 없게 되는 결과를 방지하고자 하는 데에 그 취지가 있다.

분석대상 거래의 사실관계에서 외국법인에 공급된 외국물품이 국외로 반출되지 않았더라도 외국법인에게 판매된 재화가 다시 국내사업자에게 판매되어 보세구역에서 국내사업자 명의로 수입통관되는 거래단계를 거치거나 외국법인과 채권·채무관계 등에 의하여 외국법인이 지정하는 제3의 국내사업자에게 인도되어 국내사업자가 과세사업에 사용 또는 소비하는 경우라면 그 밖의 외화획득 재화의 영세율 요건을 모두 갖춘 것으로 대금지급요건만 갖춘다면 영세율이 적용된다(서면3팀 - 644, 2007. 2. 27. ; 대법원 85누369, 1985. 11. 26.).

만약 해당 거래에 대해 일반세율을 적용할 경우 이미 부가가치세를 부담한 원유에 대해 최종 사용자인 국내사업자는 수입통관 시 중복하여 부가가치세를 부담하게 되는 결과를 초래한다. 따라서 해당 외국물품이 외국으로 반출되지 않았다면 해당 재화가 국내사업자에 인도되어 과세사업에 사용하는지를 확인하여 영세율 적용 여부를 판단하여야 한다.

(11) 종합보세구역으로 반입된 석유제품을 외국법인이 블렌딩 후 수출하는 경우 세무처리

1) 블렌딩 후 수출하는 석유제품에 대한 과세 현황 및 용어 정리

국내 정유사들은 국산 석유제품이 블렌딩될 경우 원유 수입 시 납부한 석유수입부과금을 환급받을 수 없었고, 부가가치세 환급도 지연되는 등 각종 세금 및 부과금 문제가 있어 **국산 석유제품을 블렌딩** 목적으로는 공급할 수 없었다. 이러한 사유로 국제석유중계업자들은 국내 정유사에서 구매한 국산 석유제품을 모두 싱가포르 등 외국으로 운송하여 블렌딩하였고, 국내 오일탱크에서는 일본·중국 등에서 반입한 **외국산 석유제품만 블렌딩**할 수 있었다.

석유제품 블렌딩이란 저유황 경유와 고유황 경유 등을 혼합해 각국의 환경기준에 맞도록 황 함유량 및 석유 품질을 조정하는 작업을 말하며, 이러한 작업 후 국제 시세에 따라 최종 수요국에 판매된다.

* 블렌딩 예시 : 저유황 경유와 고유황 경유 등을 혼합하여 각국의 환경기준에 맞도록 황 함유량 및 석유 품질을 조정하는 작업 → 이후 국제 시세에 따라 최종 수요국에 판매

종합보세구역은 관세 등 과세가 보류되는 보세상태로 외국물품을 제조·가공하거나 물류작업을 할 수 있도록 관세청장이 지정한 구역을 말한다.

국제석유중계업자(Oil – Trader)는 세계 각국에서 구매한 석유제품들을 울산·여수 등 오일탱크(종합보세구역)에 보관하면서 최종 소비국의 품질기준에 맞추어 블렌딩 후 판매하는 국제거래를 하고 있다.

* 국제석유중계업자 : 유리한 가격으로 석유제품을 구입하여 보관·블렌딩 한 후, 시세차익에 따라 판매하는 형태로 석유제품을 거래

2) 종합보세구역에서 블렌딩 후 수출하는 석유제품에 대한 세무처리 규제개혁

위 문제점 해결을 위해 관세청은 산업통상자원부와 종합보세구역의 지정 및 운영에 관한 고시, 석유 및 석유대체연료의 수입·판매부과금의 징수, 징수유예 및 환급에 관한 고시 등 관세·석유수입부과금 관련 고시를 개정하였으며 국세청은 영세율적용사업자가 제출할 영세율적용 첨부서류 지정 고시를 개정하였다.

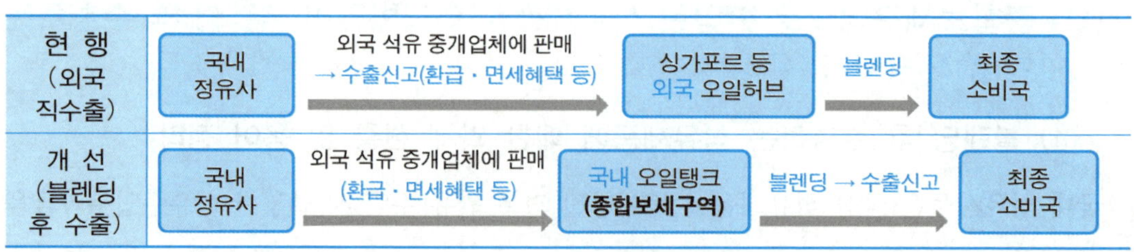

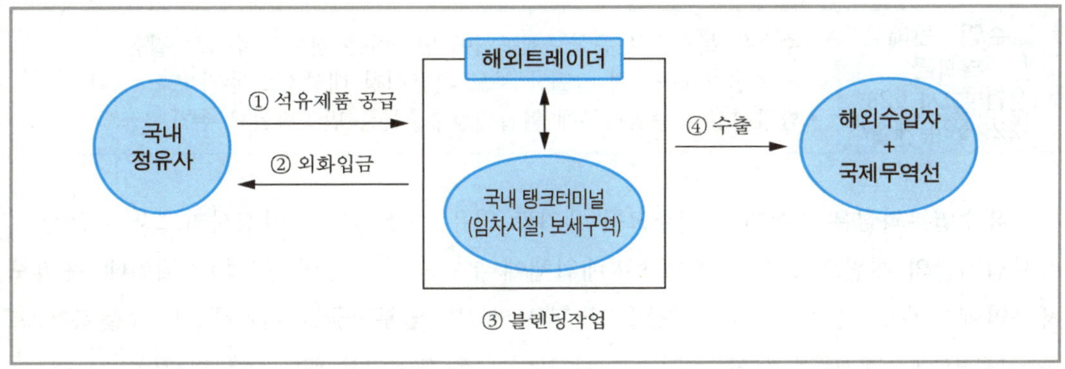

3) 각 기관별 제도개선 현황

가. 관세청

관세청은 종합보세구역에서 석유제품을 블렌딩 후 수출하는 세부절차를 관련 고시에 마련하였는데, 블렌딩 작업을 허용하고 블렌딩 후 전량 수출하는 조건으로 반입확인서 발급절차를 마련하였다. 이에 따라 종합보세구역에 반입하는 시점에 정유사가 원유 수입 시 납부한 관세를 환급받을 수 있게 되었다.

종합보세구역
(관세청 고시 §25 신설)
	• 오일탱크 종합보세구역에서 블렌딩 허용
	  – 석유제품, 석유화학제품, 석유대체연료(바이오디젤 등), 첨가제 등 혼합 가능
	• 환급대상 수출물품 반입확인서 발급절차 신설
	  – 혼합 후 수출된다는 내용 계약서 및 유사 서류 사본 첨부
	  – 반입 즉시* 발급신청 원칙(사후 발급 제한)
	• 환급대상 수출물품 반입확인서 발급 석유제품 등은 전량 혼합 후 수출 명시
	  – 국제무역선(기)에 연료 공급도 수출에 포함

관세 등(환특법) (영 §18 ①·②·④)	환급신청 : 환급신청서, 환급대상수출물품 반입확인서, 소요량계산서, 납부세액 확인서류 등

나. 산업통상자원부

산업통상자원부는 국산 석유제품이 블렌딩을 거쳐 수출될 목적으로 종합보세구역에 공급되는 것을 **수출에 준하는 것**으로 **해석**해 정유사가 곧바로 석유수입부과금 환급을 신청할 수 있도록 석유수입부과금 환급 고시를 개정했다.

<table>
<tr><td>수입·판매
부과금
(산업부고시 §21,
§22, §24 개정)</td><td>• 수출을 목적으로 종합보세구역에 반출하는 경우도 수출로 갈음
 – 종합보세구역에 반출한 자도 환급신청 대상자로 추가
• 환급신청시 증빙서류에 환급대상수출물품 반입확인서 추가</td></tr>
</table>

석유수입부과금은 정부가 오일쇼크를 계기로 원유 수급 불안을 안정시키고자 도입한 석유사업기금의 재원으로, 원유 수입·판매업체에 부과되는 일종의 준(準)조세인데, **종합보세구역**에서 수출 목적으로 석유제품을 반출 시 석유수입부과금을 환급해준다(수출 목적으로 종합보세구역에 석유제품을 반출하는 경우 석유수입부과금을 환급 고시 개정, 2023. 12. 21.).

다. 기획재정부

개소법 제14조 및 교통에너지환경세법 제12조에 따르면 수출물품을 제조·가공하기 위하여 다른 제조장으로 반출하는 경우 미납세반출이 가능한데, 기획재정부는 **블렌딩은 제조·가공에 해당**하며 **보세구역은 다른 제조장에 해당**하는 것으로 해석하여 이 경우 **종합보세구역으로의 미납세반출이 가능**하다고 회신하였다(기획재정부 환경에너지세제과-523, 2023. 9. 9.).

<table>
<tr><td>개별소비세법
(§14 ⑤, 영 §20 ①
· 영 §19의2)
교통·에너지·
환경세법
(§12 ⑤, 영 §17 ①
· 영 §16)</td><td>반입신고(반입자=종합보세구역)
 – 반입한 날이 속하는 달의 다음 달 15일까지
• 반입신고서(국세청 서식) → 반입지 관할 세관장</td><td>(특례) 미납세반출 반입증명(정유사)
 – 반출한 날이 속하는 달의 다음 달 말까지
• 과세표준신고서 및 첨부서류
• 미납세물품 반입증명서 첨부(제1호 서식도 가능*)
(개 : 12호, 교 : 9호 서식) → 관할 세무서</td></tr>
</table>

* **개소세법 시행령 제20조 제2항 제1호·교환세 시행령 제17조 제2항 제1호** : 보세구역과 수출자유무역지역으로 반입되는 물품의 경우 : 관할 세관장이 발행하는 물품반입확인서

아울러 기재부가 **부가법 제24조 제1항 제3호 및 부가령 제33조 제2항 제1호 가목**에 따라 종합보세구역내로의 석유제품의 반입에 대하여 ① 외국법인에 대한 재화의 공급에 해당하고, ② 외국환은행을 통하여 원화로 그 대가를 받고, ③ 국내 사업자에게 인도하고 과세사업에 사용하는 경우에 해당한다고 보아 **영세율이 가능하다는 취지로 해석**하였다(기획재정부 부가가치세과-672, 2023. 10. 5.).

라. 국세청

국세청도 국제석유중계업자에게 판매된 **석유제품이 종합보세구역에 반입되는 시점에 환급대상수출물품 반입확인서(영세율첨부서류로 고시)로 부가가치세를 환급받을 수 있도록** 부가가치세 영세율 고시를 개정했다.

정유사가 외국트레이더 판매없이 종합보세구역에 반입 후 블렌딩 수출한 경우에는 직수출로 영세율이 적용된다.

부가가치세법 (§21, 영 §33 ②·영 §101 ① 1)	부가가치세 예정신고 : 부가가치세 예정신고서, 수출실적명세서, 수출신고필증

4) 종합보세구역내 외국법인 소유의 석유제품 소유권 변동이 있는 경우

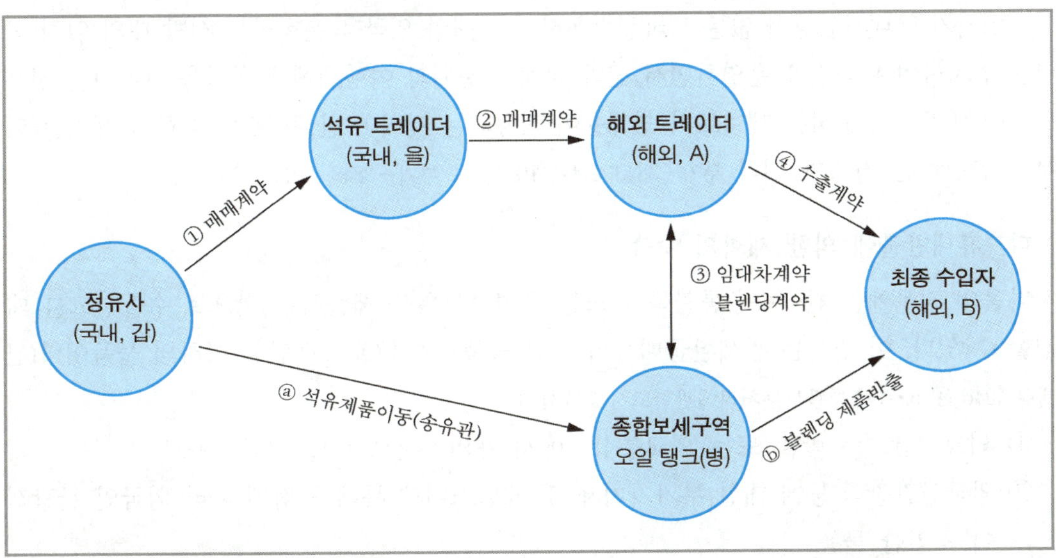

위와 같이 갑과 을 정유사간에 일반매매계약이 이루어지는 경우 "①" 거래에 대한 영세율 적용 여부와, 을이 해외 트레이더에게 석유제품을 매매하는 계약에 따라 석유제품이 종합보세구역으로 인도되는 경우 "②" 거래에 대한 영세율 적용 여부가 질의내용이다.

"①" 거래는 국내거래이지만 산업통상자원부에서 대외무역법상 수출거래로 간주한다고 하였으므로 구매확인서나 내국신용장을 개설하여 갑이 공급하는 석유제품에 대하여 영세율 적용이 가능하다고 보여지고, 을과 A 사이의 공급계약서(매매계약서)를 근거로 구매확인서를 발급할 수 있는지는 산업통상자원부에 문의하여 처리하여야 할 사항이다.

"②"의 을은 종합보세구역에 공급하는 석유제품은 외국법인 A와의 계약에 따라 종합보세구역 내의 병에게 인도하는 것이므로 대가를 외국환은행을 통해 원화로 지급받을 것이므로 부가령 제33조 제2항 제1호 가목에 따라 영세율이 적용된다.

(12) 기타의 수출재화

가. 외교행낭에 의하여 재외공관에 공급한 재화

국내사업자가 재외공관으로부터 직접 주문받은 재화를 자기의 책임과 계산 하에 외교행낭을 통해 공급하고 물품대금을 외화로 수취한 경우 부가가치세법 제21조 따른 영세율을 적용한다(재부가-146, 2015. 2. 12.).

나. 외항선박 내 소매점에서 공급하는 재화

사업자가 국내사업장이 없는 외국선박회사의 국내와 외국을 운항하는 선박 내의 일정 공간을 임차하여 편의점을 운영하면서 선박 내에서 선원과 여행객에게 물품을 판매하는 경우 그 판매대가는 수출하는 재화로서 영세율이 적용되는 것이며 판매행위에 대한 납세지는 업무를 총괄하는 장소가 된다(부가-3843, 2008. 10. 27. ; 부가-3843, 2011. 12. 23.).

다. 휴대반출에 의한 재화의 수출

다음의 경우에는 간이수출통관목록 또는 우편물목록을 제출하는 것으로 수출신고를 대신할 수 있다. 이 경우는 관세환급대상이 아닌 물품가격 FOB 2백만원 이하의 물품이다(관세령 §246 ④ 5, 수출통관사무처리에관한고시 §36 ① 8).

① 외교행낭으로 반출 또는 외교통상부에서 재외공관으로 발송되는 자료
② 외국인관광객 등에 대한 부가가치세 및 개별소비세 특례 규정에 따라 외국인 관광객이 구입한 물품
③ 환급대상이 아닌 물품가격 FOB 200만원 이하의 물품 등

(검사대상) 간이수출통관목록
대 한 민 국 세 관 KOREA CUSTOMS SERVICE

세관/과 PAGE :	특송업체명	출항일시 : 항공편명	검 사 자 :		
신 고 번 호	HOUSE AWB No.	수 출 자 상 호	품 명 / 규 격 / 수 량		
반 출 사 유	목 적 국	수 취 인 상 호	포장개수 (CT)	중량 (Kg)	가격 (FOB₩)
거래코드(A : 전자상거래, B : 기업견품, C : 기타)		사업자등록번호	세번부호(HSK 10단위)		

과세사업을 영위하는 사업자가 수출신고를 하여 수리된 물품을 출국시 휴대하여 반출하는 경우 해당 재화가 출국심사 세관공무원에 의하여 적재가 확인된 물품은 부가가치세법 제21조 제1항에 따라 영의 세율이 적용된다(부가 46015 – 518, 2002. 7. 12.).

부가가치세 과세재화를 간이수출신고 없이 휴대반출하여 국외에서 판매하더라도 그 국외반출하여 공급한 사실이 객관적인 증빙에 의해 확인되는 경우 영세율 적용대상 수출재화에 해당한다(재부가 – 177, 2007. 3. 20.).

※ 간이통관은 관세환급이 배제된다.

⑭ 클레임 및 수출재화 반입에 따른 세무처리

무역거래시 손해를 입은 당사자는 손해를 유발시킨 당사자에게 무역클레임을 제기하고 구상권을 행사할 수 있다. 무역거래에 있어 클레임의 제기에 따른 클레임 해결방법에 따른 부가가치세 세무처리는 다음과 같다.

1) 클레임 제기로 매출채권 일부를 탕감하거나 변상금을 지급한 경우

가. 부가가치세 공급가액

수출업자가 부가가치세가 과세되는 재화를 수출하고 일부 수출한 재화의 하자로 인하여 수출물품은 반품되지 아니하고 하자(클레임)에 대하여 현금으로 변상한 경우 해당 변상금은 부가가치세 공급가액에서 공제하지 않는다(부가 46015-2537, 1996. 11. 28.).

나. 소득금액 계산에 있어 손금인정

탕감한 매출채권액 또는 변상금은 각 사업연도 소득금액 계산시 손금에 산입한다(서면2팀-2698, 2006. 12. 28.).

> (차) 수출매출(손금)　×××　　　　　(대) 수출매출채권　×××

2) 수출재화의 국내 반입없이 현지에서 판매하고 수출매출채권에서 차감한 경우 (법인통칙 42-78-2 ; 서면2팀-1237, 2005. 7. 28.)

가. 부가가치세 과세표준

당초 신고한 부가가치세 과세표준에는 영향이 없다.

나. 소득금액 계산에 있어 손금인정

탕감한 매출채권액 또는 변상금은 각 사업연도 소득금액 계산시 손금에 산입한다(서면2팀-2698, 2006. 12. 28.).

> (차) 수출매출(손금)　×××　　　　　(대) 수출매출채권　×××

3) 반품된 재화를 수리하여 재수출 또는 동일 제품으로 교환하여 재수출하는 경우(부가 46015-2148, 1998. 9. 22.)

가. 반품일이 속하는 과세기간에 대한 부가가치세 예정 또는 확정신고시 부가가치세 과세표준에서 차감되지 아니하고, 재수출시에는 부가가치세 과세되지 아니하므로 수출실적명세서에 기재할 필요가 없다(세관에서 수출신고필증은 발급됨).

나. 수출된 재화의 반입시 세관장으로부터 발급받은 수입세금계산서 상의 매입세액은 자기의 매출세액에서 공제 가능하다.

다. 부가가치세 신고시 반입사실을 증명하는 서류인 수입신고서 사본을 제출한다.

4) 반품재화를 수리하여 재수출하지 않거나 동일제품으로 교환하여 재수출하지 않은 경우(부가 46015-2148, 1998. 9. 22.)

가. 반품일이 속하는 과세기간에 대한 부가가치세 예정 또는 확정신고시 부가가치세 과세표준에서 차감하며, 수출실적명세서의 그 밖의 영세율 적용분에서 신고기간분에 대한 그 밖의 매출금액에서 차감(-)한 금액을 기재한다. 이 때 부가세신고시 반입사실을 증명하는 서류인 수입신고서를 제출한다.

나. 반품일이 속하는 과세기간 중에 다른 수출재화 등이 없는 경우는 수출실적명세서를 제출할 필요가 없으므로 반입사실을 증명하는 서류만 제출한다. 이 경우에도 세관장으로부터 발급받은 수입세금계산서 상의 매입세액은 자기의 매출세액에서 공제 가능하다.

5) 반품된 재화와 다른 새로운 이종 재화를 공급하는 경우

수출한 재화가 하자로 반품(반입)되고, 새로운 재화(이종)를 무상수출하는 경우 반품시점에는 영세율 과세표준에서 이를 차감하며, 교환하여 수출하는 때에 영세율 과세표준을 신고하며, 영세율 첨부서류는 수출실적명세서이다(서면3팀-1686, 2005. 10. 5.).

6) 수출재화가 계약내용과 상이하여 반입하는 경우

수출재화가 당초 계약내용과 상이하여 재수입하는 경우 반입일이 속하는 예정 또는 확정신고시 부가가치세 과세표준에서 반입재화의 공급가액을 차감하여 신고한다(서삼 46015-11963, 2003. 12. 16.). 이 때 재수입으로 차감하는 과세표준은 수입시의 과세표준이 아니라 당초 신고시 부가가치세법에 따라 계산한 가액으로 한다.

7) 반입없이 동종 또는 이종의 재화를 반출하는 경우

수출한 재화의 반입없이 동종 또는 이종의 재화를 공급하는 것은 수출하는 재화(사업상 증여)에 해당하여 영세율이 적용된다(서면3팀-2303, 2004. 11. 11. ; 부가 46015-3533, 2000. 10. 20.).

8) 수출자 계산으로 불량품을 폐기하고 동일 제품을 반출하는 경우

반품비용 절감을 위하여 공급자의 계산으로 수출된 불량제품을 현지에서 폐기토록 하고 동일 제품을 무환반출하는 경우 불량제품의 폐기에 대하여 환입으로 보는 해석사례와 동일 제품으로 교환하여 공급하는 경우 재화의 공급으로 보지 않는다는 두 사례를 적용하여 별도의 부가가치세 세무처리가 불필요하다고 봄이 타당하다고 본다(현재까지는 유권해석 사례가 없어 폐기 시 영세율과세표준 감액, 재수출 시 영세율과세표준 증액 신고가 필요하다).

다만, 불량제품 폐기 후 동종 또는 유사제품의 재수출에 대하여는 환입 및 재화의 공급 (영세율 적용대상)으로 보아야 한다(부가-1030, 2013. 10. 31.).

9) 클레임으로 인한 무상수출시 공급시기 등

① 수출품의 클레임으로 무상수출하는 경우로서 부가가치세 과세대상(영세율)에 해당하는 경우 공급시기는 선적일로 한다.

② 수출제품의 클레임으로 지출한 보상비는 실제로 클레임이 발생하여 보상금 지급이 확정된 날이 속하는 사업연도에 손금산입한다(법인 22601-281, 1990. 1. 25.).

10) 국내에서 공급받아 수출한 재화의 불량으로 무상반출

사업자 A가 사업자 B로부터 제품을 공급받아 수출한 후 제품의 불량으로 인하여 당초 공급한 제품의 반품없이 B로부터 동종의 제품 및 불량제품의 수리용 자재를 무상으로 공급받아 국외로 무상으로 반출하는 경우에는 수출하는 재화에 해당되어 영세율이 적용되는 것이며, 이 경우 B가 A에게 동종의 제품을 무상으로 공급하는 것은 재화의 공급(사업상증여) 에 해당하나, 불량제품의 수리용 자재를 무상으로 공급하는 것은 재화의 공급으로 보지 아니한다(부가 46015-3533, 2000. 10. 20.).

11) 클레임 관련 영세율 첨부서류 등

① 수출품의 클레임으로 무상수출하는 경우로서 부가가치세 과세대상(영세율)에 해당하는 경우에는 수출실적명세서를 제출하며, 과세대상에 해당하지 않는 경우에는 클레임과 관련된 계약서 및 송장 등 그 지급사실을 확인할 수 있는 객관적인 자료를 보관한다.

② 사업자가 클레임과 관련하여 보상명목으로 재화를 무상공급시 동 클레임과 관련된 계약서, 송장 등 그 지급사실을 확인할 수 있는 객관적인 자료에 의하여 이에 상당하는 금액을 각 사업연도의 소득금액 계산시 손금에 산입할 수 있으며 지출증빙서류의 수취 및 보관규정을 적용하지 아니한다(법인 46012-2175, 2000. 10. 26.).

12) 클레임에 따른 세무(회계)처리 요약

① 수출한 제품이 클레임으로 반품되는 경우 매출을 취소하고 매출채권을 감액하는 회계

처리를 하는 것이며, 판매상품 등의 흠으로 회수한 상품 등은 법인통칙 42-78-2에 의하여 해당 재고자산을 사업연도 종료일 현재 처분 가능한 시가로 평가할 수 있는 것으로 반품 시점부터 반품되는 자산이 불용품으로 자산가치가 없어 재고자산으로 계상하지 아니한 것이 재고자산폐기손실에 대한 회계처리를 한 것으로 볼 수 있는지 여부는 반품된 재고자산의 상품가치, 시장교환성 유무 및 폐기처분 사실을 객관적인 증빙을 갖추어 처리하였는지 여부 등에 따라 사실 판단한다(서면2팀-885, 2006. 5. 18.).

② 사업자가 특수관계 없는 해외거래처에 수출한 제품에 불량이 발생하여 클레임이 제기되고 클레임에 대한 귀책사유가 제조과정상의 문제점으로 확인되어 계약서 및 합의서 내용에 따라 제조사에서 부담하기로 한 경우 클레임된 제품을 현지에서 할인판매하고 매출채권에서 차감하는 금액은 제조사 법인의 각 사업연도 소득금액 계산시 손금에 산입한다(서면2팀-1783, 2005. 11. 4. ; 법인-395, 2009. 4. 3. ; 서면1팀-102, 2006. 1. 25.).

③ 클레임 발생 등으로 수출대금을 국내로 회수하는 것이 불가능하여 한국은행총재 또는 외국환은행의 장으로부터 채권회수의무를 면제받은 경우 대손금으로 손금에 산입할 수 있다(서면2팀-9, 2006. 1. 3.).

15 외국물품의 오배송으로 인한 반송에 대한 세무처리

반송과 반품은 우리나라로 반입되었던 물품이 다시 반출된다는 측면에서는 동일하지만 관세법에서 보면 다른 개념이다. 반송은 우리나라에 반입되었지만 수입신고가 되지 않고 그대로 다시 국외로 반출되는 반면 반품은 정식 수입신고를 하고 관세 및 부가가치세를 납부했다가 재수출되는 거래형태이다. 이에 따라, 반송은 반송신고로 진행되고, 반품은 수출신고로 진행된다(반송절차에 관한 고시 참조).

수입하는 물품이 오배송되었거나 하자 등이 발생하여 국외로 재반송·재수출하는 경우는 다음과 같은 처리방법이 있다. 아래 "①"과 "②"의 경우는 수입통관 전에 외국물품을 반출하는 경우이고, "③"과 "④"는 보통 수입통관 이후 내국물품을 반출하는 경우이다.

① **단순반송**은 관세법 제2조에서 '국내에 도착한 외국물품이 수입통관 절차를 거치지 아니하고 다시 외국으로 반출되는 것을 말한다'라고 규정하고 있다. 실무에서는 해외에서 국내 보세구역으로 도착한 화물을 다시 원 출발국으로 반송할 때 사용한다. 반송신고 시 거래유형은 78[외국에서 보세구역에 반입한 물품의 반송(중계무역 수풀 제외)]을

기재하며 반송신고필증이 발행된다. 이 경우에는 자신의 수입이나 수출이 아니므로 부가가치세법상 세무처리할 내용은 없다.

② **중계무역방식 수출**은 대외무역관리규정 제2조에서 '수출할 것을 목적으로 물품 등을 수입하여 관세법 제154조에 따른 보세구역 및 같은 법 제156조에 따라 보세구역 외 장치의 허가를 받은 장소 또는 자유무역지역의 지정 등에 관한 법률 제4조에 따른 자유무역지역 이외의 국내에 반입하지 아니하고 수출하는 수출입을 말한다'라고 규정하고 있다. 국외에서 오배송된 물품이지만 국내 사업자가 국외 거래처(수입처)를 찾아 해당 사업자의 책임과 계산으로 새로운 수입자에게 반출하는 경우에는 수출신고필증 상 거래구분 79(중계무역 수출)로 신고하고 영세율과세표준(국외 거래처에 대한 판매금액)으로 부가가치세 신고하여야 한다.

또한 원 출발국이 아닌 원 출발국 사업자의 지시에 의하여 정당한 도착지국으로 공장 인도조건 등으로 국내사업자에게 반송을 의뢰함에 따라 제3국으로 반송하는 경우에도 거래구분 79를 사용한다. 이 때에도 국내 사업자의 수출하는 재화로 볼 수 없다.

③ **위약물품의 수출**로 진행하는 방법은 관세법 제106조에 따른 위약물품 환급대상으로 수출신고하는 방법으로서 수출신고필증 상 거래구분이 93으로 기재된다(수입된 물품이 계약내용과 상이하여 반출하는 물품). 위약수출로 통관을 진행하게 되면 당초 수입 시 납부했던 관세와 부가가치세를 세관장으로부터 환급받게 되며 감액수정수입세금계산서가 발급된다(해당 세금계산서는 부가가치세 신고 시 반영으로 종결). 위약수출로 진행하는 경우에는 수출하는 재화(재화의 공급)에 해당하지 아니한다.

④ **기타 수출**로 진행하는 방식은 위 "③"의 위약수출은 구비하여야 할 서류나 요건도 까다롭고 관세법 제106조의 위약수출 요건에 해당하지 아니하거나 빠르게 통관을 진행하고자 하는 경우에 기타 수출로 진행하게 된다. 보통 수출신고필증상 거래구분이 94(기타 수출 승인 면제물품)로 기재한다. 수입통관을 하지 아니한 경우라도 수입신고수리전 반출승인이나 수입신고전 즉시반출신고를 하고 반출할 수도 있다(관세법 §2 5호, §252, §253). 이 경우로 수출신고를 하게 되면 '내국물품을 외국으로 반출하는 것'으로서 수출하는 재화에 해당하므로 시가 또는 수출신고필증상 결제금액 등을 영세율과세표준으로 하여 부가가치세 신고를 하여야 하며, 수입통관 시에 발급받은 수입세금계산서는 공제받을 수 있다(서삼 46015-11058, 2002. 6. 26.).

국세청은 세관으로부터 수집된 자료 등을 토대로 부가가치세 세원관리시스템(수출입 통관자료 등이 포함)을 구축하고 영세율 신고누락자료를 생성되어 매출누락 여부 등을 체크하고 있다. 위 "②"나 "④"의 거래구분 코드를 사용하였으나 재화의 공급 해당 여부가 불분명하다면 영세율로 부가가치세 신고하였더라도 부가법상 가산세 등의 불이익이 없다. 따라서 영세율로 신고하기를 권장한다(수입통관되지 아니한 외국물품을 국외로 반출하는 경우 부가가치세법 시행령 제31조 제1항 제6호에 따라 영세율이 적용).

16 선하증권 양도와 세무처리

(1) 선하증권의 개념과 양도

1) 선하증권의 정의

"선하증권"은 송화인 등이 물품을 운송하기 위하여 해상운송인에게 인도한 경우에 선박회사가 발행하는 증권으로서 운송물을 인도하였다는 증거가 되고, 또 목적지에서 이것과 상환으로 운송물을 인도받는 권리를 표창하는 유가증권이다(상법 §820, §129 ; 국심 99중1116, 2000. 2. 5.).

2) 양도의 의미 및 효력

선하증권은 운송인과 그 증권소지인 사이에는 증권 기재에 따라 운송계약상의 채권관계가 성립하는 채권적 효력이 발생하고, 운송물을 처분하는 당사자 사이에는 운송물에 관한 처분은 증권으로서 하여야 하며 운송물을 받을 수 있는 자에게 증권을 교부한 때에는 운송물 위에 행사하는 권리의 취득에 관하여 운송물을 인도한 것과 동일한 물권적 효력이 발생하므로 운송물의 권리를 양수한 수하인 또는 그 이후의 자는 선하증권을 교부받음으로써 그 채권적 효력으로 운송계약상의 권리를 취득함과 동시에 그 물권적 효력으로 양도 목적물의 점유를 인도받은 것이 되어 그 운송물의 소유권을 취득한다.

또한 선하증권상에 특정인이 수하인으로 기재된 기명식 선하증권의 경우 그 증권상에 양도불능의 뜻이나 배서를 금지한다는 취지의 기재가 없는 한 법률상 당연한 지시증권으로서 배서에 의하여 양도가 가능하고, 그 증권의 소지인이 배서에 의하지 아니하고 권리를 취득한 경우에는 배서의 연속에 의하여 그 자격을 증명할 수 없으므로 다른 증거방법에 의하여 실질적 권리를 취득하였음을 입증하여 그 증권상의 권리를 행사할 수 있다.

부언하면 선하증권의 양도는 배서에 의하여 가능한데, 기명식 선하증권의 경우에는 특별히 배서를 금지하는 기재가 없는 이상 증권에 수하인으로 기재된 자의 배서에 의하여 양도가 가능하다(대법원은 기명식 선하증권에 배서를 금지하는 기재가 있는 경우에도 배서에 의한 양도는 불가능하나 지명채권 양도의 방식으로 양도가 가능하다고 판시하였다). 물론 지시식 선하증권의 경우 그 증권상 지시문언에 따라 배서에 의한 양도가 가능하다(상법 §861, §130).

다만, 선주가 선하증권을 발행한 상태에서 그 선하증권이 아직 수하인에게 교부되지 아니한 경우 선하증권상 운송물에 대한 최초의 권리자가 될 수 있는 자는 수하인일 뿐이므로 수하인으로부터의 배서에 의하지 않고 선하증권을 소지한 자가 있다고 하더라도 이를 두고 선하증권이 양도되었다고 보기 어렵다(대법원 2000다70064, 2003. 1. 10.).

3) 선하증권의 종류

선하증권상에 적혀 있는 적재문언에 따라 선적선하증권과 수취선하증권으로, 증권상 remark(포장 또는 수량 등에 대한 특정단서, 부가조항, 유보사항 등) 기재 여부에 따라 무고장선하증권과 사고부선하증권으로, 화물수령인의 표시 여부에 따라 기명식선하증권과 지시식선하증권(유통가능)으로 구분된다.

> **House B/L**
> 각기 다른 화주의 화물을 혼재하는 운송주선인이 개별화주 앞으로 발행하는 선하증권
>
> **통선하증권**
> 화물을 목적지까지 운송함에 있어 운송 도중 환적하거나 육상운송과 연계될 경우 최초의 운송업자가 전 구간에 대하여 책임을 지고 서명하여 발행한 선하증권

4) 법적 성질

선하증권의 법률상의 성질·효력 등은 육상운송에 있어서의 화물상환증의 경우와 동일하므로 채권적효력과 물권적효력이 있으며, 선하증권을 인도한 때에는 운송물 위에 행사하는 권리의 취득에 관하여 운송물을 인도한 것과 동일한 효력이 있다(부가 46015-4037, 2000. 12. 14. ; 상법 §820, §133).

(2) 국내 사업자 간 선하증권의 양도

1) 부가가치세 과세대상 여부

유가증권이라 함은 재산가치를 가지는 사권(私權)을 표시하는 증권이다. 그중 상품(물품)증권은 권리의 이전과 행사에 증권의 점유를 필요로 하는 것으로 화물상환증, 선하증권, 창고증권이 있다. 재화의 소유권을 나타내는 동 증권을 양도(교부)하는 것은 운송물을 인도하는 것과 동일한 효력이 있어 부가가치세 과세대상이 된다(부가 1265-2951, 1981. 11. 14. ; 부가 1265-2717, 1982. 10. 20. ; 국심 79중533, 1979. 5. 28.).

부가가치세가 과세되는 수입물품에 대한 선하증권의 경우 해당 수입물품이 보세구역 내에 있는 경우뿐만 아니라 선적 후 보세구역에 도착하기 전에 양도되는 선하증권에 대하여 부가가치세가 과세된다.

2) 선하증권 양도 시 공급시기

가. 통상적인 공급시기

사업자가 수입물품에 대한 선하증권을 양도하고 해당 선하증권을 양수한 자가 수입통관하는 경우로서 해당 선하증권 양도에 대한 공급가액을 부가령 제61조 제18항 제5호에 따라 순액(양도가액-수입 시 과세표준)으로 계산하는 경우에 해당 선하증권 양도와 관련한 공급시기는 해당 수입물품의 수입신고수리일로 해석하고 있다(서삼 46015-11452, 2003. 9. 15.).

그러나 선하증권의 양도가 재화의 공급인 이상 선하증권을 양도하는 경우 최종 소지자가 세관장으로부터 수입세금계산서를 발급받는 것은 별론으로 하고, 조건부거래에 해당하지 않는 한 선하증권의 양도일(명의변경일 또는 배서일)로 봄이 타당할 것이다. 특히 부가령 제61조 제1항 제5호 단서규정에 따라 선하증권 양도가액을 공급가액을 산정하는 경우에는 그 공급시기를 선하증권 양도일을 작성일자로 기재하여 세금계산서를 발급하여야 한다(기재부 부가가치세제과-445, 2009. 6. 29.).

나. 조건부 양도 또는 선적조건에 따른 공급시기

FOB, EXW, FCA 등의 인코텀즈는 운송에 있어서 비용과 위험 부담에 관한 책임과 한계를 정해 놓은 기준에 불과하여 물품의 소유권 이전을 판단하는 기준이 될 수 없다(서울중앙지방법원 2014가합2360, 2015. 6. 18.). 국내 구매자(수입물품을 최종 공급받는 자)와의 계약에서 FOB조건에 따라 '선적 시' 소유권이 이전된다고 하더라도 그와 함께 국내 구매자가 해당 물품의 품질요건 미달 등의 이유로 거래를 거절할 수 있는 등 조건부 또는 반환조건부거래에 해당한다면 선적시점이 아닌 조건이 성취되는 때 또는 재화의 공급이 확정되는 때가 공급시기가 된다(부가령 §28 ②). 따라서 FOB 등 선적조건이 선하증권의 거래당사자들의 별도 계약에서 정한 공급조건과 내용 등에 우선하여 재화의 공급시기나 공급장소를 판단하는 기준이 될 수 없다.

3) 부가가치세 공급가액

가. 원칙

사업자가 보세구역 내에 보관된 재화를 다른 사업자에게 공급하고, 그 재화를 공급받은 자가 그 재화를 보세구역으로부터 반입하는 경우에는 그 재화의 공급가액에서 세관장이 부가법 제58조 제2항에 따라 부가가치세를 징수하고 발급한 수입세금계산서에 적힌 공급가액을 뺀 금액을 공급가액으로 한다(부가령 §61 ② 5).

> **관련 대법원 판례**
>
> 최초 수입자가 수입물품을 해외에서 구입하여 보세구역에 반입한 뒤 그 선적서류 일체를 선하증권 양수자에게 교부함으로써 수입물품을 양도하고 양수자가 수입물품을 보세구역으로부터 인취하는 경우, 구 부가령 제48조 제8항 소정의 '보세구역 내의 사업자'라 함은 보세구역 내에 사업장을 둔 사업자에만 한정되는 것이 아니며 최초 수입자가 양수자에 대한 동 수입물품의 공급은 보세구역 내의 사업자가 보세구역 외의 국내에 재화를 공급하는 경우에 해당되므로 그로 인한 부가가치세의 공급가액은 동 수입물품 중 일부에 관하여 수입에 대한 부가가치세가 면제되는지 여부에 불구하고, 동 물품의 공급가액 중 물품의 수입에 대한 공급가액 금액을 제외한 나머지 금액이 된다(대법원 97다51490, 1999. 8. 20.).

나. 예외

선하증권의 양도와 관련된 재화가 수입재화에 해당되는 경우로서 세관장이 부가법 제58조 제2항에 따라 부가가치세를 징수하기 전에 같은 재화에 대한 선하증권이 양도되는 경우에는 양수인으로부터 받은 대가를 공급가액으로 할 수 있다(부가령 §61 ② 5 단서).

따라서 선하증권 양도가 선행되지 아니하는 보세구역 내에 보관된 재화를 다른 사업자에게 양도하는 경우에는 세관장의 수입세금계산서 발급시점 또는 일반세금계산서의 지연교부나 미교부에 관계없이 순액을 공급가액으로 기재하여 다른 사업자에게 세금계산서를 발급하는 것이다.

다. 선하증권 재양도에 따른 공급가액 산정방법

"갑"이 선하증권을 "을"에게 양도하고, "을"이 그 선하증권을 "병"에게 재양도 후, "병"이 수입물품을 통관하는 경우 "갑"과 "을" 모두 공급가액을 순액으로 할 수 있는지 여부에 대하여 국세청의 엇갈린 해석이 있었다.

재화의 공급가액에서 수입세금계산서상 공급가액을 차감하게 하는 취지가 수입 시 과세표준만큼 일시적으로 중복하여 과세되는 것을 방지하기 위한 것임을 감안할 때 재화를 수입통관하기 전에 그 재화에 대한 선하증권이 양도되는 경우에는 선하증권의 금액을 공급가액으로 할 수 있다는 부가령 제61조 제1항 제5호의 단서 규정은 수입통관 전에 사업자 간 선하증권 양도 시 과세표준을 확정하지 못하고 수입통관될 때까지 기다려야 하는 불편을 해소하기 위해 규정된 것으로 순액(수입 시 과세표준을 차감한 금액) 또는 총액(수입 시 과세표준을 차감하지 아니한 거래금액) 선택 적용 시 납세자의 탈루세액이 없으므로 선하증권을 최종소유자에게 양도하지 않는 경우에도 순액주의에 따른 세금계산서 발급을 배제할 이유가 없어 "갑"이 "을"에게 선하증권을 양도할 때 수입신고수리일에 순액으로 세금계산서를 발급할 수 있고 선하증권 양도 시에 양도가액을 공급가액으로 하는 세금계산서도 발급할 수 있도록 기존 해석을 정비하였다(기준-2014-법령해석부가-21939, 2015. 4. 30. ; 사전-2016-법령해석부가-0618, 2016. 12. 18.).

| 선하증권 양도 시 공급가액 변천 |

적용시기	선하증권양도 시 공급가액	관련 사례 및 규정
2003. 3. 30. 이전	• 총액주의(B/L양도금액)	부가 46015-1529, 1999. 6. 2.
2003. 3. 31. 이후	• 순액주의(B/L양도금액-수입 시 과세표준) • 총액으로 세금계산서 발급하더라도 상대방은 매입세액 공제 허용	재소비 46015-88, 2003. 3. 31. 재부가-445, 2009. 6. 29.
2010. 2. 18. 이후	• 순액주의 원칙 • 총액주의 선택가능	구 부가령 §48 ⑧ 부가령 §61 ① 5

(3) 선하증권 매매 시 발급된 세금계산서의 매입세액 공제

1) 선하증권 양수자(수입자)의 매입세액 공제

사업자가 과세되는 선하증권을 매입하면서 발급받은 세금계산서의 공급가액에 동 선하증권 관련 재화의 수입통관 시 세관장으로부터 발급받은 수입세금계산서의 공급가액이 포함되어 적혀 있는 경우 해당 선하증권 취득 시 부담한 부가가치세의 매입세액공제는 가능하며, 동일 물품이 '재화의 공급'과 '재화의 수입'에 해당되어 중복과세 방지를 위하여 수입세금계산서의 공급가액을 차감하여 세금계산서를 발급한 경우에도 재화의 수입에 대한 수입세금계산서 및 재화의 공급에 대한 세금계산서상의 매입세액을 모두 공제받을 수 있다(부가가치세과-352, 2014. 4. 18. ; 재부가-445, 2009. 6. 29.).

2) 선하증권 양도자의 매입세액 공제

부가가치세 과세대상 물품을 수입하여 판매 또는 과세사업에 직접 사용·소비하는 사업자가 외국에서 물품이 선적되어 국내로 운송 중이거나 보세구역 내에 있는 경우로서 해당 선하증권을 양도(배서)하는 것은 부가가치세 과세대상인 재화의 공급으로 본다. 아울러 해당 선하증권 양도와 관련된 세금계산서 및 계산서(수입물품이 면세대상인 경우) 발급 규정은 부가가치세의 이중부담, 납세자 편의 등을 감안하여 특례를 허용하고 있다. 즉 선하증권 양도 시 공급가액과 양수자이면서 수입통관을 하는 사업자가 세관장으로부터 교부받은 수입세금계산서의 공급가액의 차액에 대하여 세금계산서를 발급할 수 있고, "0" 또는 음수인 경우 선하증권 양도자는 세금계산서를 발급하지 아니한다. 물론 세관장이 부가가치세를 징수하기 전에 선하증권 양도금액을 공급가액으로 기재한 세금계산서를 발급할 수도 있다. 이 규정 및 해석은 면세물품 관련 선하증권 양도 시에도 그대로 준용된다(부가령 §61 ② 5호, 법인세과-813, 2011. 10. 26. ; 법규과-899, 2005. 11. 1. ; 부가가치세과-384, 2014. 4. 23.).

하지만 선하증권 양도가액을 기재(이하 "총액 발급")한 세금계산서를 발급한 경우에는 과세사업이고, 선하증권 양도와 관련한 부가령상의 특례규정에 따라 세금계산서를 순액으로 발급하거나 양도가액과 수입시 과세표준의 차액(이하 "순액 발급")이 음수여서 세금계산서 발급이 면제된 경우에는 양도자의 사업이 비과세 또는 면세사업으로 전환되는 것은 아니다. 동 시행령은 세금계산서 상에 기재될 공급가액 기재방법을 규정한 것이지 과세, 면세(비과세)수입금액을 규정한 것이 아니다.

부가법령상 공통매입세액 안분계산이 되는 '면세사업등'이라 함은 '면세사업 및 부가가치세가 과세되지 아니하는 재화 또는 용역을 공급하는 사업'을 의미하는 바, 면세나 비과세수입금액을 말하는 것이 아니라 면세사업 및 부가가치세가 과세되지 않는 사업(비과세사업)과 관련한 수입금액이 발생한 경우에 그 공통매입세액을 안분하는 것이다. 선하증권 양도로 인하여 공통매입세액 안분계산이 문제되는 경우는 물품이 국외에서 국외로 인도되는 선하증권의 국내사업자 간의 양도로서 계산서가 교부되는 경우로 한정된다(서면-2017-부가-3226, 2018. 4. 13. ; 기준-2019-법령해석부가-0445, 2019. 5. 31.).

따라서 과세물품과 관련된 선하증권을 국내 다른 사업자에게 양도하는 경우 공급가액을 순액을 기재하든 총액을 기재하든 순액 기재 시 양도가액에서 수입시 과세표준 차감시 음수가 되어 세금계산서를 발급을 하지 아니한 경우에도 과세표준의 산정에 관한 문제로서 선하증권 양도 사업자는 부가가치세 과세대상인 재화를 공급하는 사업자이므로 해당 사업을 운영하면서 발생된 매입세액은 부가법 제39조에 따른 매입세액에 해당하지 아니하는 한 전액 공제대상으로 공통매입세액 안분계산대상에 해당하지 않는다(서면-2020-법령해석부가-0642, 2020. 6. 12.).

※ 부가가치세 과세대상의 공급이 있었지만 공급가액에 포함하지 아니하는 금액(예를 들어 에누리, 국고보조금과 공공보조금, 자기적립마일리지 결제금액, 포괄적 사업양도시 양도가액)이 있다고 하여 그 금액 등이 면세(비과세) 사업의 수입금액이 될 수 없음은 명명백백하다.

(4) 면세재화 관련 선하증권의 양도

1) 부가가치세 과세 여부

수입면세에는 특정재화를 국내로 들여와 이를 국내로 직접 인취하도록 하는 것뿐 아니라 해당 물품을 국내로 도착하도록 하는 결과를 일으키는 것도 포함하는데, 선하증권 형태로 수입하는 경우에도 동 특정재화가 면세품목에 해당되면 부가가치세가 면제되는 것이다(부가 1265. 1-3074, 1982. 12. 7.).

2) 공급가액 계산

면세물품 관련 선하증권 양도 및 수입통관에 따른 계산서 발급대상 금액은 선하증권 양도가액에서 세관장이 법인법 제121조 제3항에 따라 발급한 계산서 가액을 차감한 금액("0"이거나 음수이면 발급의무 없음)으로 하거나 선하증권 양도가액으로 할 수 있다(법인세과-813, 2011. 10. 26. ; 서면2팀-149, 2006. 1. 18.).

3) 수입과 국내 유통 시 과세 또는 면세되는 경우 공급가액의 계산

가. 수입 시 면세, 국내 유통 시 과세인 경우

수입 시에는 면세, 국내 유통 시에는 과세되는 재화의 선하증권을 양도한 경우로서 보세구역 내의 사업자가 보세구역 외의 국내에 재화를 공급하는 경우 해당 재화가 부가가치세가 면제되는 수입재화에 해당하는 때에 수입계산서에 기재되는 관세의 과세가격과 관세, 개별소비세 및 주세 등의 합계액은 총거래금액에서 공제하지 아니한다(부가 22601-1655,

1990. 12. 18. ; 서면3팀-2601, 2004. 12. 21. ; 서면-2021-법령해석부가-4525, 2021. 11. 30.).
※ 위 "3)의 가" 순액을 공급가액으로 한다는 부가령 §61 ② 5호의 규정이 적용되지 아니한다.

나. 수입 시 과세, 국내 유통 시 면세인 경우

부가법, 소득법, 법인법 규정상에 수입 시 과세, 국내 유통 시 면세되는 재화의 선하증권을 양도한 경우 공급가액 산정에 관한 특별한 규정이 없어 부가가치세 기본원리상 선하증권 양도 시에는 총액(거래금액)으로 계산서를 발급하여야 한다는 것이 현행 국세청의 해석이다(서면법규과-1326, 2014. 12. 16.).

하지만 부가법에 따라 세금계산서 또는 영수증을 작성·발급한 것에 대해서는 계산서를 작성·발급한 것으로 보고, 계산서의 발급시기는 세금계산서의 발급시기를 준용하는 것으로 계산서의 작성·발급은 부가법 상의 공급시기, 발급방법 등을 준용하여야 한다(서면2팀-334, 2005. 2. 23.). 따라서 '선하증권 양도 시의 부가가치세 적용방법'을 준용하여 법인이 국내 유통 시에는 면세재화인 수입물품에 대한 선하증권을 양도하고 해당 선하증권을 양수한 자가 수입통관하는 경우에는 공급가액 중 관세 및 부가가치세가 과세되는 부분에 대하여 세관장이 발급한 수입세금계산서의 공급가액을 제외할 수 있도록 하는 유연한 해석이 요구된다.

(5) 항공화물운송의 경우

항공화물운송의 경우(선하증권이 발행되지 않는다) 매수인이 운송물의 점유를 취득하고 이를 다시 제3자에게 인도한 것은 아니나, 매수인이 수입할 매매목적물을 미리 제3자에게 양도함에 따라 매도인에 대하여 그 제3자를 수하인으로 하여 운송을 위탁할 것을 요구하고 매도인이 이에 응한 경우, 그러한 약정에 근거하여 당사자들의 의사에 따라 운송물이 국내에 도착하고 인도를 청구하였을 때 매도인→매수인, 매수인→제3자로 순차로 운송물에 대한 소유권 이전이 이루어진 것으로 본다(대법원 98도2526, 1998. 11. 10.).

(6) 주요 유형별 선하증권 양도의 과세 여부

1) 수입물품에 대한 선하증권 양도 시 과세방법

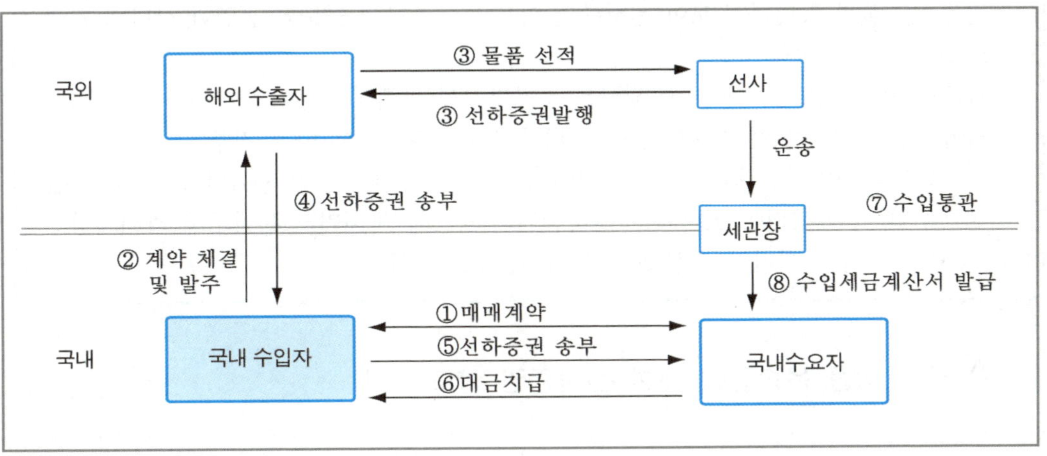

※ 선하증권을 송부받아 통관 전에 국내 수요자에게 양도하는 경우임.

부가가치세 과세대상 선하증권 양도란 "운송물이 국외에서 선적되어 국내에서 수입통관되기 전까지 해당 선하증권을 국내 다른 사업자에게 양도하는 경우"로서 상법상 선하증권의 교부나 양도는 운송물을 인도한 것과 동일한 채권적·물권적 효력(점유의 이전)이 있다.

따라서 그 운송물이 통관 전 보세구역 내에 있거나 해상운송 중이더라도 국내통관(수입)이 예정되었다면, 동 선하증권(즉, 해당 운송물)의 양도는 "운송물의 국내 양도거래"로 간주되어 과세되는 것이다.

보세구역 내 또는 보세구역에 도착 전 수입재화의 선하증권이 양도된 후 그 양수자가 수입통관하는 경우 해당 선하증권의 양도가액에서 수입과세표준을 차감하여 선하증권 양도자의 공급가액을 산정하는 것을 원칙으로 하되, 세관장이 수입부가가치세를 징수하기 전에 해당 선하증권이 양도되는 경우 선하증권의 양도가액을 공급가액으로 할 수 있도록 부가령에서 예외를 허용하고 있다(부가령 §61 ② 5).

- 「상법」상 선하증권의 교부나 양도는 운송물을 인도한 것과 동일한 채권적·물권적 효력이 있다고 보아 부가가치세 과세대상으로 보고 있으나, 이는 어디까지나 선하증권을 운송물과 동일하게 보아 선하증권 양도의 운송물의 양도와 동일한 하나의 거래로 보겠다는 의미임.
- 기존의 선하증권 양도에 대한 해석은 부가가치세 과세대상 운송물이 국외에서 선적되어 국내에서 수입통관되기 전까지 해당 선하증권을 양도하는 경우
  - 그 운송물이 통관 전 보세구역 내에 있거나, 비록 해상운송 중이더라도 국내통관(수입)이 예정되어 있으므로 선하증권의 양도를 국내거래로 간주해 과세대상으로 보겠다는 취지임(조심 2016부1068, 2016. 8. 17.).

2) 국외 이동 운송물에 대한 선하증권 양도 사례

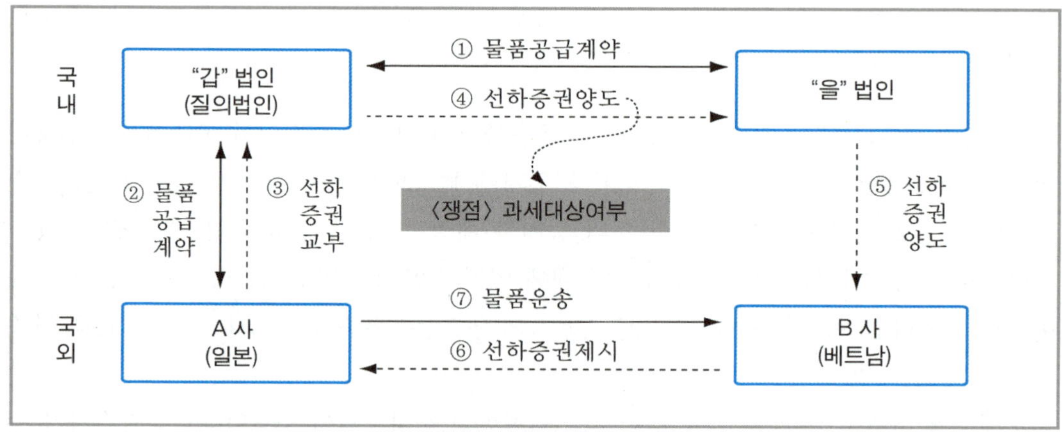

가. 사실관계

"갑"법인이 "을"법인에게 물품을 공급하기로 하는 매매계약 체결하고 "갑"법인은 일본 A사로부터 물품을 구입하며 받은 선하증권을 "을"법인에 양도하며, 이를 "을"법인이 베트남 B사에 양도함에 따라 물품은 국내 반입없이 A사에서 B사로 직접 이동된다.

※ 운송물이 국외에서 국외로의 이동이 전제된 선하증권의 양도임.

나. 검토

부가가치세는 속지주의과세 하의 소비지국과세원칙에 따라 부가가치세의 과세권이 미치는 지역적인 장소는 국내이므로 재화 또는 용역의 공급에 대한 거래장소가 국내인 것에 한

하여 과세대상이다. 재화의 공급장소는 동산의 경우 재화의 이동이 개시되는 장소이며 동장소를 기준으로 국외거래 여부를 판정하는 것이다(계약과 대금수수가 국내인지는 불문).

선하증권은 운송물과 독립된 별개의 거래대상이 아니라 운송물 위에 행사하는 것 또는 운송물이 존재하는 경우에만 재산적 가치를 지니며, 운송물과 일체가 되어 공급되는 것으로서 선하증권의 양도가 곧 운송물을 인도한 것이 된다(상법 §133).

따라서 선하증권의 과세·면세 여부, 국외거래 해당 여부는 결국 운송물을 기준으로 하며, 산업통상자원부도 선하증권 양도거래의 경우 운송물을 기준으로 특정무역방식의 수출인지를 판단하고 있다. 즉, 선하증권은 운송물의 목적지에서 운송물을 인도받을 권리를 표창하는 유가증권으로 그 대상재화가 존재하는 경우에만 재산적 가치를 가진다고 볼 수 있는바, 그 대상재화와 구분하여 별도의 독립적 재산적 가치나 법률상 취급을 논할 수 없다.

국세청도 선하증권과 그 운송물의 과세·면세 여부 판정에 있어서도 운송물의 면세 여부를 기준으로 판단하였으면서도(법인세과-813, 2011. 10. 26. : 부가가치세과-973, 2014. 12. 8.), 국내반입이 전제되지 아니한 재화에 대한 선하증권을 그 운송물과 별개의 독립된 재화로 보아 국내거래로 과세한다는 기존 해석을 고집하고 있어 하나의 물품공급계약에 대하여 국내거래(선하증권 양도)와 국외거래(운송물의 국제간 이동)라는 이원적 거래가 동시에 발생하는 모순을 외면하고 있었다.

선하증권의 대상재화가 국내반입 없이 국외에서 공급되어 국외에서 소비되는 경우 그에 대한 선하증권 역시 운송물을 기준으로 국외에서 공급되는 재화로 보는 것이 타당하며 이를 국내거래로 보아 과세대상의 범위에 포함한다면 부가법의 대전제인 소비지국과세원칙에 어긋나고 국제적 이중과세문제가 발생하게 된다(동지 : 조심 2016부1068, 2016. 8. 17.).

따라서 본 건 선하증권 양도거래에 대하여 국세청도 법령심사위원회를 통하여 부가법 제4조에 따른 부가가치세 과세대상에 해당하지 아니한다고 기존 해석을 변경하였다(기준-2019-법령해석부가-0445, 2019. 5. 31.).

3) 상법상 선하증권 종류별 과세방법 사례

가. 사실관계

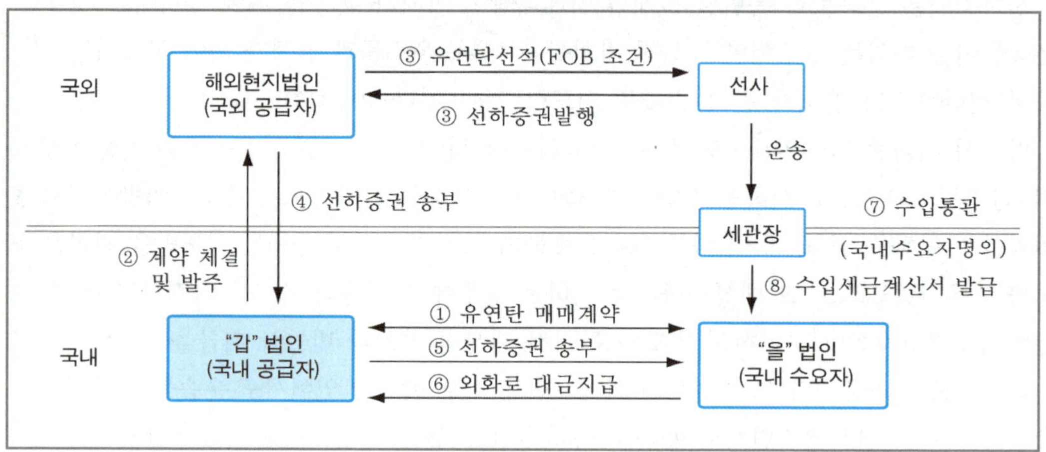

"갑"법인(무연탄 공급자)이 국내의 "을"법인(무연탄 최종 구매자)과 무연탄 공급계약을 체결하고, 인도네시아 소재 외국법인(수출자)과 무연탄 수입계약(무역거래조건 : FOB)을 체결한 후 외국법인이 인도네시아 선적항에서 물품 선적을 완료하고 선주가 발행한 선하증권을 통하여 거래를 하는 경우로서

① 기명식 선하증권을 "갑"법인이 보유하다가 양도

기명식 선하증권(수하인 : "을"법인)이 "갑"법인에게 인도되고 "갑"법인은 기명식 선하증권을 직접 보유하다가 "을"법인이 수입물품에 대한 결제를 완료하면 선하증권을 포함한 일체의 서류를 "을"법인에게 인도한 경우(FOB 조건, "을"법인은 선하증권 등 선적서류를 제시하고 "을"법인의 명의로 수입통관함)

② 기명식 선하증권을 선적 후 "을"법인에 직접 송부

외국법인이 인도네시아 선적항에서 물품 선적을 완료하면 선주가 발행한 기명식 선하증권(수하인 : "을"법인)을 "을"법인에게 직접 인도한 경우(FOB 조건, 선적 완료 시 물품에 대한 소유권이 "을"법인으로 이전된다고 계약서에 명시되었으며, 해상 운송료, 수입통관비 및 용선료 역시 "을"법인이 부담함)

③ 지시식 선하증권을 "갑"법인이 양도한 경우

위 "①" 및 "②"와 사실관계는 같으나 지시식 선하증권이 발행되었다.

나. 질의

위 사례별로 상법상 "갑"법인이 "을"법인에게 선하증권을 양도한 것으로서 부가가치세 과세대상인지 여부

※ 선하증권의 양도가 아니라면 "갑"은 "을"에게 선하증권 양도금액을 공급가액으로 하는 계산서를 발급하여 야 한다(이하 같다).

다. 상법상 선하증권 양도 여부 판정

㉠ 위 "가의 ①"의 경우 상법상 선하증권의 양도가 아님

기명식 선하증권이 수하인을 "을"법인으로 하여 발행되었으므로 "갑"법인이 해당 선하증권을 보유하다가 대금결제 후 "을"법인에게 인도하였더라도 상법상 "갑"법인이 선하증권을 양도한 것으로 볼 수 없다.

이는 선하증권상 최초의 권리자는 수하인인 "을"법인이어서 배서에 의한 선하증권의 양도는 "을"법인으로부터 시작되는 것이므로 "을"법인의 배서 이전에 "갑"법인이 "을"법인에게 선하증권을 인도한 것을 두고 '선하증권이 양도되었다'고 보기 어렵기 때문이다.

> 위 "가"의 ① 사례의 경우 선하증권을 "을"법인이 바로 보유하지 못하였지만 기명식 선하증권의 수하인인 "을"법인이 배서에 의하지 않고도 선하증권을 교부받음으로써 증권상의 권리를 행사할 수 있으므로 "을"법인은 운송물에 대한 권리를 먼저 양수받고 나중에 선하증권을 '교부'받아 운송물의 소유권을 취득한 것이다. 따라서, 위 '교부'는 실질적으로 본래 수하인으로서 권리를 가지고 있는 자가 소유권을 취득하는 것으로 선하증권의 양도라고 보기 어렵다.

다만, 계약의 당사자 사이에 선하증권이 발행되고 선하증권을 소지하고 있다가 운송물의 인도 및 대금결제와 동시에 선하증권을 양도하였다면, 비록 선하증권이 수입계약의 당사자가 아닌 운송물의 매수자 명의("을"법인)로 발행되었다고 하더라도 실질적으로는 "갑"법인이 선하증권의 소지자라고 할 것이므로 이를 "을"법인에게 양도하였다면 상법상 선하증권의 양도로 볼 수 있다는 소수의견도 있다.

ⓛ 위 "가의 ②"의 경우 상법상 선하증권의 양도가 아님

기명식 선하증권이 수하인을 "을"법인으로 하여 발행되었고 선하증권이 "갑"법인을 거치지 않고 "을"법인에게 직접 인도되었으므로 역시 "갑"법인이 선하증권을 양도한 것으로 볼 수 없다. 즉, 선하증권의 권리자가 본래부터 "을"법인이기 때문이다.

> 선하증권의 교부로 운송물의 소유권을 취득하는 것이므로 선하증권을 넘기는 행위, 즉 '교부'로 운송물의 소유권이 "을"법인에게 이전되는 것인 바, 물품의 소유권을 "을"법인에게 이전하는 계약이 체결되었다고 하더라도 소유권 이전의 효력은 결국 선하증권의 교부에 의하여 발생하므로 계약의 부수적 행위로 소유권 이전의 효력이 발생하는 것은 아니다.

ⓒ 위 "가의 ③"의 경우 상법상 선하증권의 양도임

수하인을 지시식으로 하여 선하증권이 발행되어 선하증권이 "갑"법인을 거쳐 "을"법인에게 인도된 경우는 상법상 선하증권을 양도한 것이다. 즉, 선하증권의 지시문언에 따라 운송인이 "갑"법인에게 선하증권을 교부하고 "갑"법인이 "을"법인에게 동 선하증권을 배서양도하였다면 "갑"법인과 "을"법인 사이에 선하증권의 양도가 있었다고 본다.

다만, 지시식 선하증권이 "을"법인에게 처음부터 인도되었다면 "갑"법인이 선하증권을 "을"법인에게 양도한 것으로 볼 수 없다는 소수 의견도 있다.

> 지시식 선하증권이 발행되어 "갑"법인이 배서양도한 경우에는 대법원 판례와 「민법」 제508조, 제523조에 따라 양도의 효력이 발생한다(대법원 85다카1080, 1987. 10. 13.).

라. "가의 ①" 거래에 대한 기재부 및 조세심판원의 결정

"갑"법인이 해외현지법인으로부터 선하증권 등 선적서류를 수령한 후 "을"법인이 수입통관을 하기 전 그 서류를 교부하고, "을"법인이 수입신고 후 국내에서 대금을 수령한 경우로서 ⓐ 소유권 이전 약정(선적시점)만으로 물권의 변동이 있었다고 단정할 수 없고, ⓑ 기명식 선하증권의 양수도 시점에 비로소 목적물의 소유권이 인도된 것으로 선적조건이나 통지처에 "갑"법인이 기재되어 있지 아니하다는 이유로 국외선적항에서 선적하는 시점에 목적물의 소유권이 이전되었다 할 수 없으며, ⓒ 운송물에 관한 물권변동은 선하증권에 의해서만 할 수 있고 선하증권의 교부가 운송물의 인도와 동일한 효력이 있으며, ⓓ 부가령 제

61조 제2항에 선하증권의 양도에 대한 공급가액 산정에 있어 기명식과 지시식 선하증권을 구분하여 규정하고 있지 아니한 점, (e) 기명식 선하증권의 경우도 양도불능이나 배서금지 기재가 없는 한 배서에 의하여 양도가 가능하고 배서에 의하지 않고 취득한 경우에도 실질적 권리취득을 입증하여 권리를 행사할 수 있는 점(대법원 96다6240, 1998. 9. 4.), (f) 재화의 공급은 해당 재화를 사용·소비할 수 있도록 소유권을 이전하는 행위를 전제로 한다는 점에 비추어 볼 때, 선하증권의 양수도를 고려하지 않고 선적조건이나 기명식 선하증권이라는 이유로 목적물의 국외거래로 볼 수는 없다고 결정하여 앞 "다"의 "㉠, ㉡"의 상법상 법리와 달리 납세자에게 유리한 결정을 내렸다(조심 2018서2783, 2019. 11. 19. ; 조심 2018서2818, 2019. 4. 16. ; 조심 2018서4264, 2020. 1. 10. ; 서울중앙지법 2014가합2360, 2015. 6. 18.). 동 조세심판례는 국세청의 과세사실판단을 거쳐 과세한 건에 대하여 인용결정한 사례이다.

이후 기획재정부도 예규심사위원회를 통해 위와 같은 기명식 선하증권의 양도에 대하여 조세심판원 결정취지대로 국세청의 해석을 변경하였다(국세청도 국외거래로 회신한 기존 사례들을 정비하였다).

> **기명식 선하증권 양도에 대한 기획재정부 회신**
>
> 국내사업자(이하 '甲')가 국외사업자(이하 '乙')로부터 매수한 물품을 국내사업자(이하 '丙')에게 매도하는 계약을 체결하고, 甲은 乙로부터 丙명의의 기명식 선하증권을 포함한 운송서류를 송부받아 丙에게 교부하고 丙이 해당 물품의 수입통관절차를 진행하는 사안에서, 甲의 丙에 대한 동 선하증권의 교부는 부가법 제32조 제1항에 따른 세금계산서 발급대상이 되며, 이는 본건 회신일 이후 결정·경정하는 분부터 적용됨(조세법령운용과-418, 2022. 4. 26.).

마. "가의 ②" 거래에 대한 국세청의 해석

국세청은 위 "가의 ②" 거래에 대하여 과세사실판단자문위원회에서 국외거래로 보아 "갑"법인은 계산서를 발급하여야 한다고 결정하였다. 이후 세법해석사전답변신청에서 국세청은, "국내 을법인이 국외 A법인으로부터 운송인인도조건(FCA)으로 구입한 재화를 국외에서 국내 갑법인에게 공급하고 국내 갑법인이 해당 재화에 대한 수입·통관 등 수입절차를 이행하여 국내 반입하는 경우로서 선하증권 등 운송관련 서류를 국외에서 국내 갑법인이 지정한 운송사로부터 교부받는 경우, 국내 을법인이 국내 갑법인에게 공급하는 재화는 재화와 선하증권이 모두 국외에서 인도된 국외거래로서 부가가치세 과세대상에 해당하

지 아니하며, 이 경우 국내 을법인은 국내 갑법인에게 계산서를 작성·발급하여야 한다"고
회신하였다(사전-2023-법규부가-0278, 2023. 7. 18.).

4) 물품 수입대행용역의 부가가치세 공급가액

수입대행업을 영위하는 사업자(이하 "수입대행업자")가 물품을 수입하고자 하는 사업자(이
하 "의뢰자" 또는 "수입위탁자")와 '수입대행계약'을 체결하여 단순히 수입대행용역을 제공하는
경우로서 수입대행업자가 자기 명의로 발급받은 선하증권을 수입위탁자에게 배서하고 수
입위탁자가 자기 명의로 수입통관 후(물품 입항 후 수입대행업자가 수입위탁자에게 선하증권을 배서
하면 의뢰자가 수입통관 진행) 수입대행업자에게 상품대금 및 대행수수료를 정산·지급하는 경
우 수입대행업자의 부가가치세 공급가액은 부가법 제29조 제3항 제1호에 따라 대행수수료
가 된다(사전-2019-법령해석부가-0711, 2019. 12. 16.).

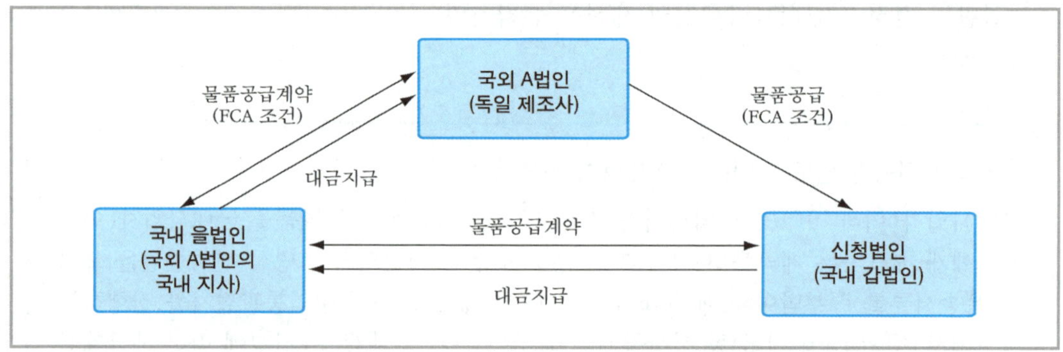

※ B/L(선하증권) : 화물이 국내로 입항 전, 지정 운송사로부터 교부받아 수입통관을 진행

(7) 총액기재 세금계산서에 대한 세금계산서불성실가산세 적용 여부

부가령 제61조 제2항 제5호에 따라 순액을 공급가액으로 기재하여야 하나 그 금액이 "0"
또는 음수여서 세금계산서 또는 계산서의 발급대상이 아님에도 불구하고 업무상 착오 등의
사유로 양도가액을 공급가액으로 기재한 전자세금계산서 또는 전자계산서를 발급한 경우
부가가치세 과세표준(또는 면세수입금액)에 포함되지 아니하는 공급가액을 기재하였다 하여
실제로 재화를 공급한 이상 가공의 (세금)계산서도 아니고, 사실과 다르게 공급가액을 기재
한 경우로 볼 수 없다는 것이 국세청과 기재부의 일관된 회신이다(서면2팀-616, 2007. 4. 9. :
법인세과-304, 2009. 3. 20. : 서면3팀-2172, 2007. 7. 31. : 재부가-546, 2007. 7. 18.).

이와 다른 취지의 대법원 판례(대법원 2009두10901, 2011. 8. 25.)가 있기는 하나 2003년 제1기

분 보세구역내 재화의 공급거래로서 당시 시행령상에는 순액을 기재한 세금계산서발급만
이 규정되어 있었고 선하증권의 양도와 관련해서는 유권해석상으로 현 규정과 같이 운영되
고 있었는 바, 동 판례는 사실관계는 총액기재가 허용되지 않는 시행령을 엄격해석하여 공
급가액을 사실과 다르게 과다하게 기재한 것으로 현 부가령 제61조 제2항 제5호 하에서는
그대로 원용할 수 없다고 본다.

(8) 외국사업자에게 선하증권을 양도하는 경우

선하증권(해당 외국물품이 보세구역 내에 소재하고 있으며 수입통관 전임)의 소유자(갑법인)가 국
내 사업자(을법인)에게 선하증권을 양도하고, 이후 "을"이 다시 외국법인(A법인)에게 재양
도함에 따라 보세구역내 해당 외국물품이 A법인의 소재지국으로 반출된 경우, 갑법인이
을법인에게 양도한 선하증권에 대하여는 국내사업자 간의 선하증권(외국물품이 부가가치세 과
세대상임을 전제함) 양도거래로서 부가가치세가 과세되고(법규부가 2012-231, 2012. 6. 7.), 을법인
이 A법인에게 양도한 선하증권도 부가가치세 과세대상이나 해당 외국물품이 국외로 반출
되었으므로 부가령 제31조 제1항 제6호에 따라 영세율 적용이 가능하다.

<table>
<tr><td>**IV**</td><td>**용역의 국외공급**</td></tr>
</table>

<table>
<tr><td>**1**</td><td>**의의**</td></tr>
</table>

용역의 제공장소가 국외이면 속지주의 원칙에 따라 그 용역자체가 과세거래가 될 수 없
으며 용역의 제공장소가 속하는 상대국에서 부가가치세가 과세될 것이다. 따라서 용역의
제공장소가 국외이면 우리나라의 과세권이 미치지 아니하는 곳에서 거래가 발생한 것이므
로 영세율 적용대상이기보다는 부가가치세를 과세할 수 없는 것으로 봄이 타당하다.

그러나 부가가치세법상의 납세지가 국내인 경우 납세지를 기준으로 한 속인주의 원칙을
적용하여 우리나라의 거주자 또는 내국법인이 국외에서 제공하는 용역을 과세거래로 간주
하고 국경세조정에 있어서 소비지국 과세원칙을 채택하여 부가법 제20조(용역의 공급장소)의
규정에 불구하고 영세율을 적용하고 있다.

국외제공용역의 제공자는 영세율이 적용됨으로 인하여 매입세액의 조기환급 등 수출의 경우와 동일한 이익을 얻게 된다.

2 영세율 적용요건

용역의 국외공급으로 영세율이 적용되기 위한 요건은 다음과 같다.
① 국외에서 공급하는 용역제공 사업자의 사업장이 반드시 국내에 소재하여야 하는 것으로 제한적으로 해석하고 있는 바, 사업장의 기준은 부가령 제8조에 규정하는 사업장을 기준으로 한다.
② 용역의 제공장소가 국외이어야 한다. 다만 용역의 제공이 국내외에 걸쳐 제공되는 경우에는 주요하고도 본질적인 용역의 수행이 국외에서 이루어진 경우에 한하여 영세율이 적용되어야 한다.
③ 국외제공용역에는 부가법 제14조에 의하여 부수되는 재화 또는 용역이 포함된다.

3 용역의 공급장소

부가법 제22조는 '국외에서 공급하는 용역에 대하여 영세율을 적용'하는 것으로 규정하고 있고, 부가법 제20조 제1항 제1호는 용역이 공급되는 장소를 '역무가 제공되거나 시설물, 권리 등 재화가 사용되는 장소'라고 규정하고 있으므로 영세율이 적용되는 거래인지 여부는 용역이 제공되는 장소를 기준으로 판단하여야 한다. 그러므로 그 용역을 공급받는 상대방이 내국법인지 외국법인지, 외국법인의 국내사업장이 있는지 없는지, 대금결제방법이 무엇인지, 외화획득에 기여했는지 유무에 관계없이 용역의 공급장소가 국외이면 영세율이 적용되는 것이다.

또한 한 사업자가 공급한 단일한 용역이 그 제공장소가 국내와 국외에 걸쳐 있는 경우 해당 용역의 중요하고 본질적인 부분이 이루어진 곳을 용역이 제공되는 장소로 보아 그곳이 국외인 경우에 영세율을 적용한다(대법원 2014두13829, 2016. 2. 18. ; 대법원 2004두7528, 2006. 6. 16.).

그 밖에 북한에 제공하는 용역은 「남북교류협력에 관한 법률 시행령」에 의하여 용역의 국외제공에 해당하여 영세율이 적용된다(서삼 46015-10039, 2004. 1. 8.).

(1) 용역의 국외공급으로 영세율이 적용되는 경우

용역의 제공장소가 국외이므로 영세율을 적용받는 거래를 예시하면 다음과 같다.

① 국외(북한 포함)에서 건설공사를 도급받은 사업자로부터 건설공사를 하도급받아 국외에서 건설용역을 제공하는 경우에는 그 대가를 원도급자인 국내사업자로부터 받는 경우에도 영세율 적용함(부가통칙 22-0-1 ; 부가 46015-449, 1999. 2. 12.).

② 국내 사업자가 해외에 있는 외국법인과 계약을 체결한 후 해외에서 건설감리용역을 제공하는 경우, 그 용역 대가를 외국법인의 채무지급대행을 하고 있는 국내법인으로부터 원화로 수령하더라도 해당 용역은 부가법 제22조의 규정에 따라 영세율을 적용하는 것임(부가-3505, 2008. 10. 8.).

③ 용선중개업을 영위하는 사업자가 외국선박업자와 국내 화주간에 용선중개용역을 제공하고 그 대가를 외국선박업주로부터 외화를 받는 경우에는 중개용역을 국외에서 제공한 것이므로 영의 세율이 적용되는 것이나, 국내 화주가 외국선박업주에게 지급할 사용료 중에서 중개료 상당액을 차감하고 해당 국내 화주로부터 용역대가를 직접 받는 때에는 중개용역을 국내에서 국내사업자에게 제공한 것이므로 영세율이 적용되지 아니하는 것임(부가 1265-3049, 1982. 12. 3.).

④ 사업자가 국내광고주에게 국외에서 홍보대행용역을 제공하는 경우 영세율 적용 대상임(법규부가 2009-170, 2009. 6. 25.).

⑤ 사업자가 국내 사업장이 없는 외국법인에게 선박(나용선)을 대여하고 그 대가를 받는 경우에는 용역의 국외공급으로 영의 세율이 적용됨(서면3팀-3110, 2007. 11. 15.).

⑥ 거래목적물이 고가이면서도 정착되어 있지 않은 선박매매거래의 특성상 선박매매중개용역은 검선하여 거래가 성약되도록 하는 것과 선박을 인수도하여 거래가 종결되도록 하는 것이 본질적인 부분이라 할 것으로서, 동 용역이 국외에서 제공되었기에 그 용역수수료는 영세율 적용대상임(심사부가 2007-0091, 2007. 11. 19.).

(2) 국내제공용역 등으로 영세율이 적용되지 아니하는 경우

용역의 제공장소가 국내이므로 일반세율에 의하여 부가가치세를 부과하는 거래를 예시하면 다음과 같다.

① 국내에서 외국법인에게 용역을 제공한 경우에는 그 대가를 외화로 받는 경우에도 영세율을 적용하지 않음.

② 외국법인과 용역대행계약을 체결하고 수입원면에 대한 검근 및 견본채취 용역을 제공

하고 수수료를 받는 경우에는 용역의 제공장소가 국내이므로 용역의 국외공급은 아님(간세 1235-1708, 1977. 7. 5.).

③ 내국무역업자에게 제공하는 중개용역은 외화획득에 간접지원을 하였다 하더라도 용역제공장소가 국내이므로 영세율 적용대상이 아님(부가 1235-1474, 1977. 7. 13.). 다만, 내국신용장에 의한 것이라면 영세율이 적용됨.

④ 국내발전소 건설을 도급받은 외국법인으로부터 하도급에 의하여 국내에서 기술용역을 제공하는 것은 국내제공용역이므로 영세율 적용대상이 아님(간세 1235-2810, 1977. 8. 29.).

⑤ 국외에 소재하는 부동산의 임대용역은 해당 부동산이 사용되는 장소가 국외이므로 부가가치세가 과세되지 아니함(부가-785, 2009. 6. 8.).

⑥ 세관의 보세구역에서 외국인이 입국시 예치품을 일시보관하였다가 출국시 인출하여 주고 외국인으로부터 경비료를 외화로 수령한 경우 국내제공용역이므로 영세율 적용대상이 아님(간세 1235-4064, 1977. 11. 8.).

⑦ 국내건설사가 해외공사입찰을 위하여 참가할 수 있는 용역을 제공하고 입찰참가회사로부터 대가를 받는 경우 국내제공용역이므로 영세율이 배제됨(간세 1235-499, 1978. 2. 16.).

(3) 용역의 공급장소 판정과 소비장소와의 관계

1) 원칙

부가법 제20조는 용역의 공급장소를 역무가 '제공'되거나 시설물, 권리 등 재화가 '사용'되는 장소라고 규정하고 있으므로, 과세권이 미치는 거래인지 여부는 용역이 제공되는 물리적 장소를 기준으로 판단하여야 한다(국세청 적부 2019-0188, 2020. 3. 11. ; 조심 2020서2604, 2021. 9. 30.).

다만, 물리적인 '행위'의 측면에서 공급되는 전통적 용역(건설, 숙박, 임대 등)과 달리 현대적 용역으로서 통신, 정보 제공, 광고 등 온라인을 통해 공급되는 무형의 용역은 소비장소와 멀리 떨어진 곳에서 원격수행(제공)이 가능하다는 특성이 있어 한 사업자가 공급하는 단일한 용역의 공급장소가 국내·외에 걸쳐있는 경우가 발생한다. 이 경우 국내사업자의 용역의 국외공급(수출과 유사)에 대한 부가법 제22조와 국외사업자의 용역의 국내공급(수입과 유사)에 대한 부가법 제52조의 적용과 해석에 있어 과세권이 미치는 공급장소가 어디인지에 대한 판정이 중요한 의미를 갖고 있다.

이에 대하여 법원이나 국세청은 용역의 국외공급의 경우 해당 용역의 중요하고도 본질적인 부분이 어디에서 이루어졌는지를 기준으로 공급장소를 판정하고 있다(대법원 2014두13829, 2016. 2. 18. ; 부가가치세과-221, 2014. 3. 24. 외). 반면, 부가법 제52조 대리납부 조항의 해석에 있어 대법원은 용역의 제공이 완료되기 위해서는 용역의 제공행위와 수령행위가 전제되어야 하므로 용역의 공급장소란 용역이 수행된 장소뿐만 아니라 해당 용역이 사용되는 장소까지 포함하는 개념이라고 판시함으로써 우리의 과세권을 넓혀 주었으나, 부가법상의 '용역의 공급장소'를 개념규정하면서 용역의 국외공급과 대리납부 판정에 있어 다르게 해석하고 있어 주의를 요한다(대법원 2016두43480, 2016. 10. 13. 외).

2) 국내외에 걸쳐 제공되는 단일의 용역

부가세법령의 문언상 '역무가 소비자에게 제공되는 장소'가 용역의 공급장소에 포함되는 바, 제공되는 용역의 중요하고도 본질적인 역무가 무엇인지를 먼저 살펴야 하고, 용역이 국내 및 국외에 걸쳐 유기적으로 결합되어 실질적으로 하나의 용역으로 공급된 것이라면 그 중요하고도 본질적인 부분이 어디에서 이루어졌는지에 따라 국외제공용역인지를 판단하여야 한다. 물론 국외 또는 국내에서 제공된 용역이 그 자체로 독자적인 목적을 수행한 것이라면 각각 별도의 용역처럼 평가되어 판단할 수 있을 것이다(국세청 적부 2019-0188, 2020. 3. 11. ; 조심 2020서2604, 2021. 9. 30.(석탄회 결정) ; 대법원 2014두13829, 2016. 2. 18.). 다만, 국내외에 걸친 하나의 용역이지만 국내, 국외 수행용역에 대하여 대가가 독립적으로 구분하여 산정되고, 어느 한쪽의 용역수행이 단순히 예비적 또는 보조적인 활동이 아닌 본질적이고 중요한 내용을 구성한다면 각각 공급장소를 달리할 수 있다(서울고법 2021누3374, 2022. 5. 11.).

3) 용역수행지와 결과물 사용지가 다른 경우

용역의 수행지와 그 용역수행 결과물의 전달 또는 사용지가 모두 외국이라면 국외제공용역으로서 영세율이 적용된다는 것에는 의문의 여지가 없다(서울고법 2021누32271, 2021. 9. 1.). 그러나, 용역의 수행지(국내)와 그 결과물의 사용지(국외)가 명백히 구분되는 경우 앞서 살펴 본 소비지과세원칙이나 대리납부에 대한 법원의 판례에 따르면 그 결과물의 사용지가 국외여서 국외를 공급장소로 볼 여지도 있지만, 국세청이나 기재부는 국외제공용역으로서 영세율 적용여부 판정에 있어서는 용역이 제공된 물리적(장소적)만을 기준으로 판단한다(동지 : 기획재정부 부가가치세제과-145, 2007. 3. 7.). 물론 이 경우에도 국외제공용역은 아니지만 부가령 제31조 제2항 제1호 또는 제2호에 따라 영세율이 적용될 수 있다.

(4) 해외물품 수입에 따른 구매대행용역의 국외제공용역 해당 여부

내국법인이 해외물품 구매대행계약을 통하여 국내소비자들이 해외 판매자 등으로부터 구입 의뢰한 상품을 해외현지법인을 통해 구입대행하여 국내소비자들에게 배송해 주는 서비스를 제공하고 그 대가로 구매대행수수료 및 국제운송료 등을 받은 경우로서 해외현지법인에게 구매대행수수료 등의 일정률을 지급하였는 바, 동 내국법인은 해외현지법인에 귀속되는 구매대행수수료와 국제운송료 및 국제배송실비를 제외하고 부가가치세 과세표준을 신고하였다.

이에 법원은 구매대행계약을 통하여 국내소비자들에게 공급하는 용역은 내국법인이 국내에서 공급하는 부분과 현지법인에 위탁하여 국외에서 공급하는 부분이 유기적으로 결합하여 실질적으로 하나의 용역으로 공급된 것으로서 그 중요하고도 본질적인 부분이 국내에서 이루어진 것으로 보았으며, 해외현지법인에 귀속된 대가로 별도 구분되었더라도 이 부분만을 국외제공용역으로 보아 영세율 적용대상으로 볼 수 없다고 판시하였다.

해당 용역의 중요하고도 본질적인 부분을 법원은 동 내국법인 홈페이지를 통해 해외상품에 대한 정보를 제공하고 주문접수·대금수수 및 정산·교환 및 환급·배송·손해배상 문제를 해결하여 주는 것이고, 구매자들 또한 이러한 문제해결을 위해 구매대행계약을 체결한 것이고 이 부분을 국내에서 직접 수행한 부분이 구매대행용역에 있어 가장 핵심적이고 본질적인 부분으로 보았다.

해외현지법인이 수행한 용역부분도 구매대행계약과 별개로 가능하거나 독립된 상태로 구매자에게 제공되어 그 자체로 독자적인 목적이 달성되는 것도 아니고, 구매자들도 내국법인과 계약을 체결한 것으로 인식하고 있으며, 대가가 구분된다는 사유만으로 영세율을 적용한다면 현지법인 없이 전체 역무를 수행한 다른 사업자들과 조세형평과도 맞지 않다.

따라서 동 내국법인이 해외현지법인에 위탁하여 국외에서 공급된 용역은 실질적으로 해외물품이라는 재화를 수입하는 과정의 일부에 해당하고 외화획득과는 무관하게 외화소비를 증진시키는 경우까지 용역의 국외공급이라는 이유로 영세율을 적용하는 것은 영세율 취지와도 맞지 않는다고 판시하였다(대법원 2018두46049, 2018. 9. 13. ; 서울고법 2017누73961, 2018. 5. 16.).

대금결제

용역의 국외공급으로 영세율이 적용됨에 있어 결제통화가 외화일 것을 요건으로 하지 않는다. 단순히 국외에서 제공되는 용역이면 용역을 제공받는 자가 누구이든 그 대가를 외화로 수령하든 원화로 수령하든 관계없이 영세율이 적용된다.

세금계산서 발급

국외에서 제공하는 용역의 공급에 대하여 공급받는 자가 국내에 사업장이 없는 비거주자 또는 외국법인이면 세금계산서 발급의무를 면제하고 있다(부가령 §71 ① 4).

따라서, 국내사업자로부터 하도급받아서 국외에서 건설용역을 제공하는 경우에는 용역을 제공받는 자가 국내사업자이므로 도급자에게 영세율세금계산서를 발급하여야 한다(서면 3팀-1705, 2006. 8. 4.).

영세율 첨부서류

국외제공용역의 영세율 적용을 받기 위하여 필요한 첨부서류는 외국환은행이 발급하는 외화입금증명서 또는 국외제공용역에 관한 계약서(하도급계약서)이다(부가령 §101 ① 8). 다만, 장기해외건설공사의 경우에는 최초의 과세표준신고시에 공사도급계약서 사본을 제출하고 그 이후의 신고시 영세율 규정에 의한 외화획득명세서를 제출한다(부가통칙 22-101-1).

V   **외국항행용역**

1   의의

외국항행용역이란 선박 또는 항공기로 여객이나 화물을 국내에서 국외로, 국외에서 국내로, 국외에서 국외로 수송하는 것을 말하는 것으로 용역의 공급장소가 국내외에 밀접하게 연결되어 있어 국내제공분과 국외제공분으로 구분하여 그 대가를 산정하는 것이 사실상 불가능하며, 구분한다고 할지라도 비경제적이고 과세행정도 복잡해지고 비효율적이다.

이처럼 외국항행용역이 경우 소비지의 판정이나 주된 용역이 제공되는 장소 등의 판정이 어려울 뿐만 아니라 각국의 입법례에서도 영세율을 적용하고 있고, 외화획득에 기여하고 있는 점을 감안하여 우리 부가가치세법은 국내외에 복합적으로 이루어지는 외국항행용역 전체를 영세율 적용대상으로 규정하고 있다.

2   외국항행용역의 범위

외국항행용역은 선박 또는 항공기로 여객이나 화물을 국내에서 국외로 국외에서 국내로 또는 국외에서 국외로 운송하는 것과, 외국항행사업자가 자기의 사업에 부수하여 공급하는 재화 또는 용역으로서 다음에 해당하는 것에 대하여는 영세율을 적용한다(부가법 §23, 부가령 §32).

   ㉠ 다른 외국항행사업자가 운용하는 선박 또는 항공기의 탑승권을 판매하거나 화물운송계약을 체결하는 것

   ㉡ 외국을 항행하는 선박 또는 항공기 내에서 승객에게 공급하는 것

   ㉢ 자기의 승객만이 전용하는 버스를 탑승하게 하는 것

   ㉣ 자기의 승객만이 전용하는 호텔에 투숙하게 하는 것

주된 거래인 용역의 공급에 필수적으로 부수되는 재화·용역의 공급은 주된 용역에 포함되는 것으로 보는 바, 주된 재화 또는 용역의 공급이 영세율에 해당하는 경우 그 부수재화·용역의 공급에도 영세율이 적용되는지에 대하여 유권해석은 영세율이 적용되는 사업에 사용하던 기계장치를 양도하는 경우 및 외국항행선박을 양도하는 경우 일반세율이 적용

되는 것으로 해석하고 있으므로 대체적으로 상기 4가지의 경우 외의 부수재화·용역의 공급 또는 주된 사업과 관련하여 우발적·일시적 공급에 해당하더라도 일반세율로 과세되는 것으로 보아야 한다(간세 1235-2424, 1977. 8. 9. ; 간세 1235-250, 1978. 1. 25.).

(1) 항공기의 외국항행용역

1) 국내항공사의 경우

국내항공사가 항공기에 의하여 국내(국외)지정장소에서 국외(국내)지정장소까지 또는 국외지정장소에서 국외지정장소까지 제공하는 항행용역에 대하여 부가가치세 영의 세율을 적용한다.

다만, 「항공사법」에 규정하는 항공기에 의한 국내에서 국내로의 화물 및 여객의 항공운송용역은 영의 세율이 적용되지 않는다(부가령 §37 1).

가. 세금계산서 발급의무 면제

항공기에 의한 외국항행용역에 대하여는 세금계산서 발급의무가 면제된다(부가령 §71 ① 4).

나. 공급시기

국내 항공사가 국내 항공사간 체결한 항공권 공동사용에 따른 협정내용에 따라 국내선 여객운송용역을 제공함에 있어서, 항공권 판매자와 항공운송용역 제공자가 다른 경우에 실제 항공운송용역 제공자는 해당 운송용역의 대가를 정산·확정하는 때가 공급시기가 되며, 국외 항공사간 항공운송용역에 대한 공급시기에 있어서도 해당 운송대가가 정산·확정되는 때가 된다(부가 46015-1001, 1994. 5. 20.).

> **항공운임정산(CASS) 제도**
> - CASS제도는 IATA절차에 따라 항공사와 대리점간에 발생하는 항공화물판매대금을 직접 당사자간에 결제하는 대신에 운임정산은행을 중개인으로 하여 대금을 일괄청구·정산하는 항공화물운임정산제도이다. 이 제도도입으로 기존 항공사와 대리점간 개별적으로 이루어지던 운임정산을 정산은행을 중개인으로 하여 대금을 결제하기 때문에 업무의 표준화와 효율화를 꾀할 수 있다.
> - CASS에 참여한 항공사 및 IATA대리점은 원칙적으로 IATA Resolution 제801조에 따라 CASS시행과 동시에 CASS를 이용하여 판매대금을 정산토록 규정하고 있다.
> - 원칙적으로 매월 1일부터 15일까지 발행된 airwaybill에 해당되는 항공운임은 다음

다. 대가의 영수방법

외국항행용역을 제공하는 사업자가 해당 용역을 제공하고 받는 대가에 대하여는 외화로 받든 원화로 받든지에 관계없이 부가가치세 영세율이 적용된다.

라. 공급가액

항공운임은 항공사 독자적으로 결정하는 것이 아니라 국제항공운송협회(IATA)에서 결정된 운임을 각 항공사들이 자국의 법률에 따라 정부의 허가를 받아 결정한다. 사업자가 외국항행용역을 제공하고 그 거래상대자로부터 받은 대금·요금·수수료 그 밖의 명목여하에 불구하고 화주(승객)로부터 받는 대가관계가 있는 모든 금전적 가치 있는 것을 포함한다.

마. 영세율 첨부서류

부가가치세 과세표준 예정·확정신고 또는 영세율 등 조기환급신고시 외국항행용역의 경우 공급가액확정명세서를 제출한다. 이 경우 사업자가 국세청장이 정하는 바에 따라 해당 영세율 첨부서류를 복사하여 저장한 테이프 또는 디스켓을 영세율첨부서류제출명세서(전자계산조직에 의하여 처리된 테이프 또는 디스켓을 포함한다)와 함께 제출할 수 있다.

또한 타 외항사업자와 탑승권 판매 및 화물운송계약을 체결하여 외국항행용역을 제공한 경우 송장집계표(공급자와 공급받는 자간에 정하는 서식으로 일정기간의 거래내용을 기재하여 집계한 서류)를 제출한다.

2) 외국 항공운송사업자(비거주자 또는 외국법인)의 경우(부가집행 23-32-3)

선박 또는 항공기에 의한 외국항행용역의 제공자가 국내사업장이 있는 비거주자 또는 외국법인인 경우에는 여객이 탑승하거나 화물이 적재되는 장소를 공급장소로 보아 여객이 탑승하거나 화물이 적재되는 장소가 국내인 경우에 한하여 우리나라에 부가가치세의 납세의무가 발생하는 것이며 이 때 영세율의 적용 여부는 상호면세주의가 적용되므로

　㉠ 상호면세국일 경우에는 우리나라(대한민국 영토 내)에서 여객이 탑승하거나 화물이 적재되는 것만 영세율이 적용되며, 이 때 탑승이란 한국에서의 최초 탑승만을 의미하며 귀환을 위한 탑승까지 포함하는 것은 아니다(재무부 부가 46015-59, 1994. 3. 11.).

　㉡ 상호면세국이 아닌 경우에는 우리나라에서 여객이 탑승하거나 화물이 적재되는 것만

일반세율이 적용된다(국가간 의정서에 해운 및 항공운수 운영에 부가가치세를 면제하기로 협정한 경우에는 상호면세국으로 본다).

ⓒ 상호면세국의 판정은 외국항행용역을 제공하는 사업자를 기준으로 판정하는 것이지 선박 또는 항공기의 국적에 따라 판정하는 것은 아니다(재무부 간세 1235-3143, 1977. 9. 15.).

※ 그 밖에 대가의 영수방법, 영세율 첨부서류, 공급시기는 국내항공사의 경우와 같다.

3) 구체적 사례

가. 국내외 연결 항공운송용역 중 국내구간 위탁시 국내구간 항공운송용역의 영세율 적용 여부

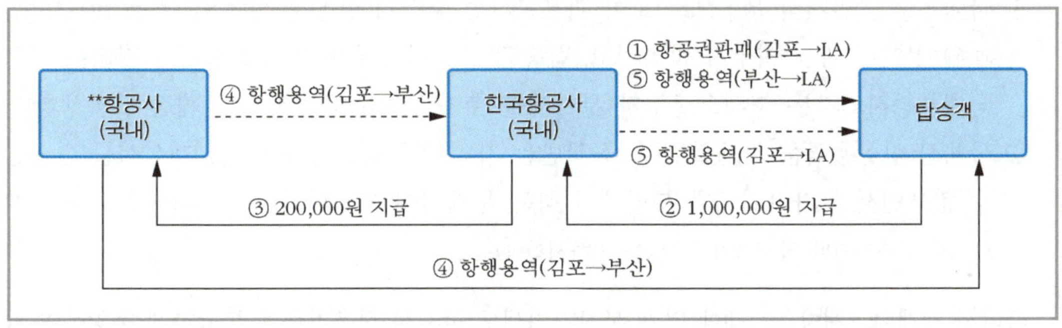

항공운송사업자가 국내지정장소에서 외국지정장소까지 또는 외국지정장소에서 국내지정장소까지 국제운송조건으로 외국항행용역을 공급하는 경우 국내운송구간이 국제운송구간에 연결된 하나의 항공권으로 발행되어 국내운송구간이 국제운송의 일환이라는 것이 확인되는 경우에는 해당 국제항공운송사업자와 국내항공운송사업자가 서로 다른 경우에도 해당 항공운송용역은 부가법 제23조에 따라 영세율이 적용된다(기획재정부 부가가치세제과-56, 2016. 1. 21. ; 소비 46015-78, 1995. 4. 10.).

단일 항공사로서는 승객이 가고자 하는 목적지까지 물리적 또는 정치적 제약으로 인하여 특정 구간의 운행이 불가할 수 있어 타국의 국내 여정에 대하여 서로 항공권을 판매하여 주는 협조체계(IATA)를 구축하고 있으며, 일본·프랑스·캐나다 등의 국가들은 하나의 탑승권에 의하여 국내외 운송이 연결·발행되어 제공되는 외국항행용역에 대하여 국제·국내구간 모두 동일 항공사에 의하여 제공되었는지에 불구하고 영세율을 적용하고 있다.

만약 국내외 구간을 연결하여 하나의 항공권에 의해 여객을 운송하는 항공운송업자의 자국내 구간을 외주하는 경우 자국내 운송구간의 항공운송용역에 대하여 부가가치세를 과세할 경우 아래와 같은 문제점이 발생한다.

① 단일 항공사에 의해 국제/국내운송이 이루어진다 하더라도 항공기 내 승객은 환승절
   차를 거쳐야 하므로 서비스 내용 측면에서 일부 구간의 항공여행을 타항공사로 하는
   것과 실질적 차이가 없다.
② 구 통행세법에서는 국제선 탑승시 노선관계로 국내 어느 지점을 경유하여 목적지까지
   하나의 탑승권으로 발권되어 동일기에 의하여 운행되는 경우 통행세가 면제될 뿐만
   아니라 동일기가 아니더라도 국제노선을 연결하는 항공기는 동일기로 취급하였다.
③ 국제항공관행상 승객편의를 위하여 항공사간의 탑승권 양도계약에 따라 여행구간 중
   일부승객이 다른 항공사의 여객기로 바꾸어 탑승하는 경우에도 국내운송을 국제운송
   의 일환으로 보아 영세율을 적용하고 있다.
④ 국내운송을 별개의 운송으로 보아 과세한다면 승객의 항공사 선택(타사항공 선택 시에만
   과세)에 따라 과세 여부가 달라지고, 탑승권 양도계약에 따라 항공사가 변경되는 경우
   국내운송사업자는 승객으로부터 부가세를 추가징수하여야 하는 문제점이 발생한다.
⑤ 국내선 항공용역을 과세할 경우 공급받는 자인 외국항공사에게 세금계산서를 발급할
   수 없으면서 부가가치세를 부담해야 하는 문제점이 발생한다(결국 우리나라 납세자의 부
   담으로 귀속되거나 국제가격경쟁력을 저하시킨다).

따라서 세계화·개방화시대에 맞게 부가가치세도 국제적 적용기준에 부합하게 운영하여 국
내 운송분이 국제구간 운송과 연결된 하나의 여정일 경우 국제운송의 연장으로 보아 부가법상
영세율을 적용하여 국내구간 과세로 인한 국제간 조세마찰 소지를 제거할 필요가 있었다.

나. 외국항행용역의 부수용역

외국항행사업자가 자기의 사업에 필수적으로 부수하여 행하는 재화 또는 용역의 공급은
영의 세율이 적용되는 외국항행용역에 포함된다(부가령 §23).

다. 항공화물대리점의 항공화물운송용역의 영세율 적용

국내항공화물대리점이 국내에서 국내사업장이 없는 비거주자(또는 외국법인)에게 해외로
발송하는 화물의 pick-up, packing, tucking, storage용역을 제공하고 그 대가를 외국환은
행을 통하여 받지 아니하고, 그 화물에 대한 항공운송용역을 제공한 항공회사의 해외지점
을 통하여 국내에서 전달받는 경우에는 영의 세율이 적용되지 아니한다.

이 때 용역을 공급받는 자가 비거자주인지 여부와 용역제공의 범위, 공급가액의 계산에
대하여는 항공화물대리점, 항공회사, 용역을 공급받는 자간의 실제 계약서내용에 따라 개
별적으로 판단하여야 한다(부가 46015-3019, 1993. 12. 29.).

항공화물운송주선(대리점)업 관련 세무처리

① 운송주선업을 영위하는 사업자 "갑"이 항공기에 의한 외국항행용역을 제공하는 사업자 "을"과 항공화물의 판매대리계약을 체결한 후 "을"사업자를 대신하여 화주와 화물의 국제운송계약을 체결하고 "을"사업자의 명의로 항공화물운송장을 발급한 후 화주로부터 운임을 받아 "을"사업자에게 송금하는 경우에 항공기에 의한 외국항행용역은 부가령 제71조 제1항 제4호에 따라 세금계산서 발급의무가 면제되는 것으로 해당 운임에 대하여는 "갑"사업자가 세금계산서를 발급할 수 없다.

② 운송주선업자가 「상법」 제116조에 따라 자기의 책임하에 타인의 화물을 직접 운송할 것을 약정하고 다른 운송업자에게 의뢰하여 동 화물을 운송하는 경우 화주에게 화주로부터 받는 운임 전액에 대하여 자기의 명의로 세금계산서를 발급하는 것이나, 해당 운송주선업자가 국외운송업자의 국내 대리인으로서 국외운송업자가 발행한 선하증권 및 항공화물운송장을 수취하여 국내 수입업자에게 단순히 인도하고 운임을 징수하여 국외운송업자에게 송금하는 경우 해당 국외운송용역에 대하여는 세금계산서 발급의무가 없다(부가 46015 – 4863, 1999. 12. 11. ; 부가 46015 – 1660, 1999. 6. 11.).

③ 운송주선업을 영위하는 사업자가 국제복합운송계약에 의하여 화주로부터 화물을 인수하여 자기명의로 항공화물운송장 등을 발급하고 자기책임하에 타인의 운송수단을 이용하여 출발지에서 도착지까지 운송용역을 하나의 용역으로 연결하여 국제간의 화물을 운송하여 주고 화주로부터 화물운송용역에 대한 대가를 받는 경우 해당 운송주선업을 영위하는 사업자는 화주에게 운송용역의 대가에 대하여 세금계산서를 발급(공급받는 자가 국내에 사업장이 없는 비거주자 또는 외국법인인 경우 제외)하여야 한다(부가 46015 – 1936, 1995. 10. 20. ; 부가 46015 – 4794, 1999. 12. 3.).

라. 화주로부터 별도로 받는 '대행수수료'의 영세율 적용 여부

운송주선업을 영위하는 사업자가 국내사업장이 없는 외국운송업자가 항공화물운송장을 발행하여 운송한 화물을 국내에서 인수하여 화주(물품수입자)에게 인도하고 해당 화주로부터 항공운임을 지급받아 해당 운송주선업자가 받기로 한 대가(AIR B/L 취급수수료)를 차감한 후 외국운송업자에게 송금하고 이와는 별도로 화주로부터 대행수수료(COLLECT CHARGE, HANDLING CHARGE)를 받는 경우에 있어 항공운임에 대하여는 외국운송업자가 제공하는 용역으로 세금계산서를 발급할 수 없고, 국내 화주로부터 받는 대행수수료에 대하여는 부가가치세가 과세되는 것으로 부가법 제32조 제1항에 따라 세금계산서를 발급하여야 한다(부가 46015 – 5, 2000. 1. 4.).

(2) 선박에 의한 외국항행용역

1) 영세율의 적용 개요

국내의 외국항행사업자가 선박에 의하여 여객이나 화물을 국내에서 국외로, 국외에서 국내로 또는 국외에서 국외로 수송하는 외국항행용역에 대하여 영의 세율을 적용한다. 외국의 선박에 의한 외국항행사업자의 경우에도 항공용역과 동일하게 상호면세주의가 적용된다.

선박에 의한 외국항행용역의 영세율 적용 여부에 대하여 예시하면 다음과 같다.

① 사업자가 외국항행선박으로 면허를 받은 선박을 선원부 용선계약에 의하여 타인에게 임대하여 자기책임하에 자기의 선원이 그 선박을 국제간에 운항하도록 하고 용선자로부터 용선료를 받는 경우의 선원부 선박임대용역에 대하여는 영세율이 적용된다(부가통칙 23-32-1).

② 타인에게 선박을 선원부 용선계약에 의하여 임차한 선박을 다른 외국항행사업자에게 재용선하여 국제간에 운항하도록 하고 재용선자로부터 재용선료를 받는 경우 영세율이 적용된다(조법 1265-865, 1984. 8. 22. : 소비 22601-356, 1986. 4. 29.).

③ 외국항행사업자가 나용선으로 임차한 외국항행선박을 선원부 용선계약에 의하여 타인에게 임대하고 자기 책임 하에 자기의 선원이 그 선박을 국제간에 운항하도록 하고 용선자로부터 용선료를 받는 경우의 선원부 선박임대용역은 영세율이 적용된다(서면3팀-2431, 2007. 8. 30.).

④ 외국항행사업자가 국내의 외국항행사업자에게 나용선으로 선박을 대여하고 그 대가를 받는 경우에는 영의 세율을 적용하지 아니한다(부가통칙 23-32-1).

⑤ 「해운업법」 제26조에 따라 외항정기화물운송 사업면허·외항부정기화물운송사업 또는 외항부정기화물운송 사업의 면허를 받은 사업자로부터 외항선박의 선복의 전부 또는 일부를 항해용선계약 조건으로 용선한 자가 제3자로부터 운임을 받는 경우 해당 운임에 대하여는 외국항행용역으로 보아 영세율을 적용한다(부가 1265-2482, 1984. 11. 21.).

일반세율의 적용

국내선으로서 다음에 정하는 선박에 의한 여객운송용역(기획재정부령이 정하는 차도선형여객선에 의한 여객운송용역을 제외한다)에 대하여는 부가가치세 일반세율이 적용된다(부가령 §31).
① 수중익선
② 에어쿠션선

③ 자동차운송 겸용 여객선
④ 항해시속 20노트 이상의 여객선

2) 공급시기

외국항행용역의 공급시기는 역무제공이 완료되고 공급가액이 확정되는 시기이다.

3) 대가의 영수방법

외국항행용역을 제공하는 사업자가 해당 용역을 제공하고 받는 대가에 대하여는 외화로 받든 원화로 받든지에 관계없이 부가가치세 영세율이 적용된다.

4) 세금계산서 발급의무

선박에 의한 외국항행용역을 거주자·내국법인 또는 국내사업장이 있는 비거주자·외국법인에게 공급하는 경우에는 영세율 세금계산서를 발급하여야 한다.

5) 공급가액

외국항행용역을 제공하고 그 거래상대자로부터 받은 대금·요금·수수료 그 밖의 명목 여하에 불구하고 화주로부터 받는 대가관계가 있는 모든 금전적 가치 있는 것을 포함한다.

6) 영세율 첨부서류

부가가치세 과세표준 예정·확정신고 또는 영세율 등 조기환급신고시에는 선박의 경우 외국환은행이 발급하는 외화입금증명서이며, 부득이한 경우 선박에 의한 운송용역공급가액일람표를 제출하며, 사업자가 국세청장이 정하는 바에 따라 해당 영세율 첨부서류를 복사하여 저장한 테이프 또는 디스켓을 부가령 제101조 제4항의 영세율 첨부서류제출명세서 (전자계산조직에 의하여 처리된 테이프 또는 디스켓을 포함한다)와 함께 제출할 수 있다.

(3) 국제복합운송용역

1) 복합운송용역

복합운송은 물품이 어느 한 국가의 지점(출발지)에서 수탁되어 다른 국가의 인도지점(도착지)까지 두 가지 이상의 운송방식에 의하여 이루어지는 물품운송을 말한다(복합운송증권에 관한 통일규칙 §2). 즉 복합운송인이 적어도 두 가지 이상의 서로 다른 운송수단으로 전구간에 대해 단일운임을 대가로 화물을 운송하고 화물에 발생한 손해에 대해 전적으로 책임을 지는 운송을 말한다.

2) 국제복합운송용역주선업(국제물류주선업)

'**복합운송주선업**'은 타인의 수요에 응하여 자기의 명의와 계산으로 타인의 선박·항공기·철도차량·자동차 등 2가지 이상의 운송수단을 이용하여 화물의 운송을 주선하는 사업으로 「화물유통촉진법」에서 「물류정책기본법」으로 법명이 변경되면서 '국제물류주선업'으로 명칭이 바뀌었으며, 그 의미도 아래와 같이 변경되었다(물류정책기본법 §2 11).

(舊)화물유통촉진법	물류정책기본법
"복합운송주선업"이라 함은 타인의 수요에 응하여 자기의 명의와 계산으로 타인의 선박·항공기·철도차량 또는 자동차 등 2가지 이상의 운송수단을 이용하여 화물의 운송을 주선하는 사업을 말한다.	"국제물류주선업"이란 타인의 수요에 따라 자기의 명의와 계산으로 타인의 물류시설·장비 등을 이용하여 수출입화물의 물류를 주선하는 사업을 말한다.

1991년 12월 화물유통촉진법 제정 이후 16년 동안 사용해 오던 **복합운송주선업**이란 명칭은 현행 「물류정책기본법」으로 2007. 8. 3. 전부 개정되어 이후 국제물류주선업으로 사용하게 되었으나, 부가령 제32조 제2항 제1호는 이러한 관계 법령 개정된 용어를 아직 반영하지 못하고 있다. 따라서 혼용하여 쓰기로 한다.

3) 국제물류주선업의 영업형태

국제물류주선업의 영업형태는 다음과 같다.[227]

① 국외에서 국내로의 수입화물운송에 대한 거래(Inbound)

  [일반현황]
- 선박을 이용하여 국제운송을 하는 외국법인이 국외에서 국내로 화물운송(Inbound)
  - 국내도착지에서 최종도착지까지의 내륙운송용역을 국내사업자에게 도급
  - 외국법인 국내지점이 본점을 대리하여 비용 등을 지급하고 국내사업자로부터 세금계산서를 발급받음.

---

227) 김형환, 부가가치세법 해설, 한국세정신문사, 1996, pp.340~342 참조

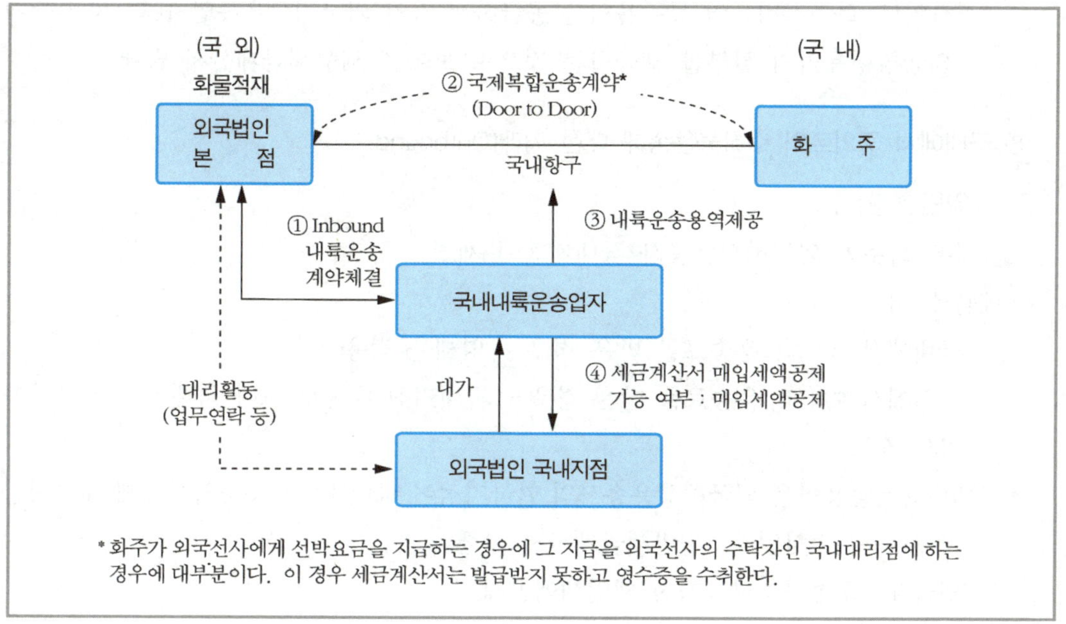

* 화주가 외국선사에게 선박요금을 지급하는 경우에 그 지급을 외국선사의 수탁자인 국내대리점에 하는
경우에 대부분이다. 이 경우 세금계산서는 발급받지 못하고 영수증을 수취한다.

| 구체적 처리방법 |

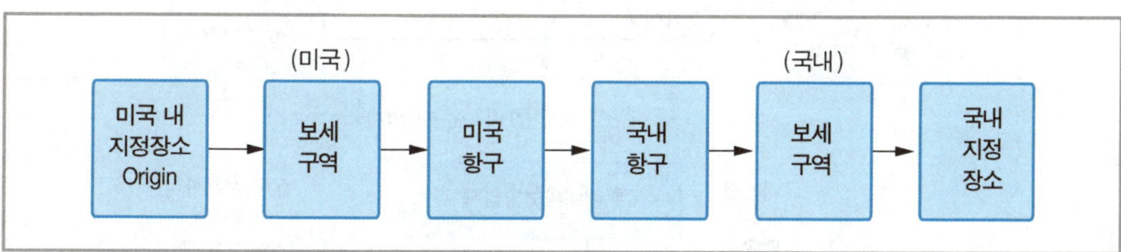

* 국내항구, 보세구역 및 내륙육송운송

㉠ 컨테이너서비스 : 화물이 국내항구에 도착하여 보세창고 내에서 각 제품별, 행선
지별로 내용물을 분류·집합

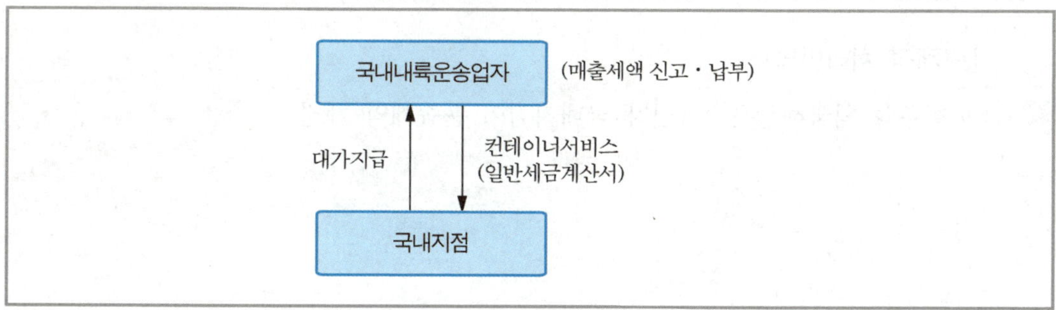

ⓛ 하역료, 화물경비용역 등 : 용역을 공급하는 자가 외국해상운송업자(국내지점)에게 외국항행용역의 일부를 제공하는 것으로 보아 영세율세금계산서 발행

② 국내에서 국외로의 수화물운송에 대한 거래(Outbound)

[일반현황]

• 계약은 화주와 외국해상운송사 국내지점이 체결
• 매출액 처리
  - 국내에서(선적지) 운송료를 받은 경우 → 영세율 적용
  - 국외에서(도착지) 운송료를 받은 경우 → 국내지점 매출로 보아 국내지점의 부가가치세 신고
• 국내내륙운송용역은 외국해상운송사의 한국지점이 국내내륙운송사업자에게 대금지급
  - 국내내륙운송사업자 : 일반세금계산서 발행
  - 외국해상운송사 : 한국지점 매입세액공제

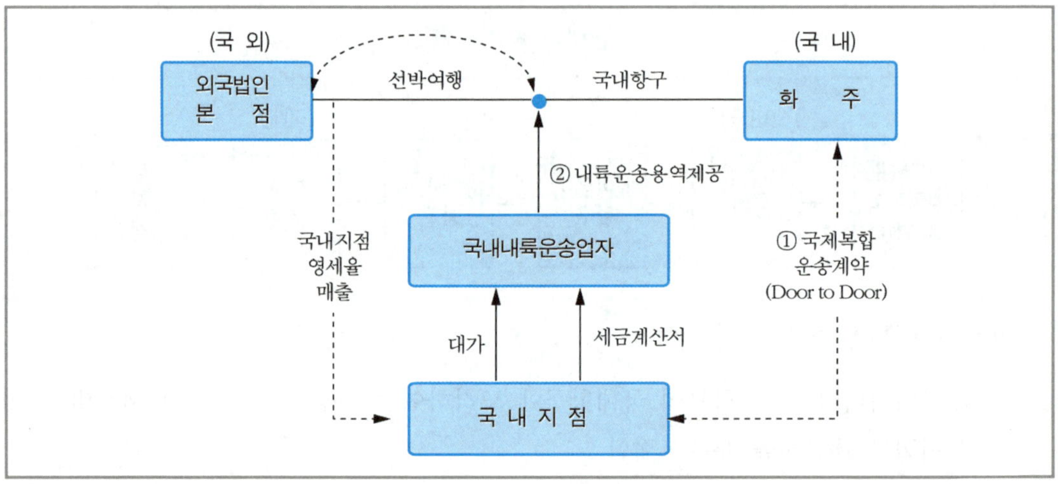

[구체적 처리방법]

㉠ 화주와 외국해상운송사업자 국내지점이 운송계약 체결

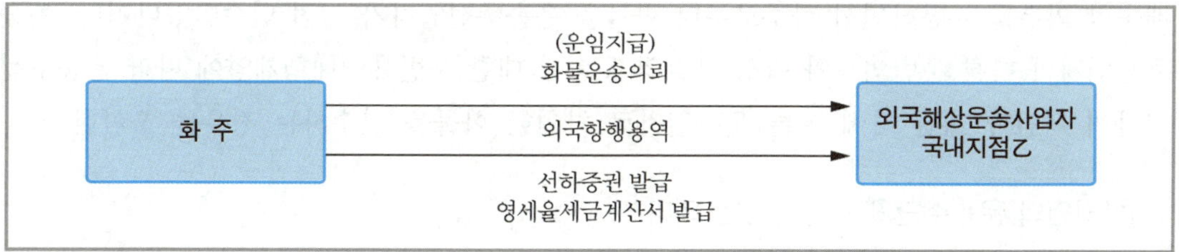

ⓛ 외국항행용역 수행

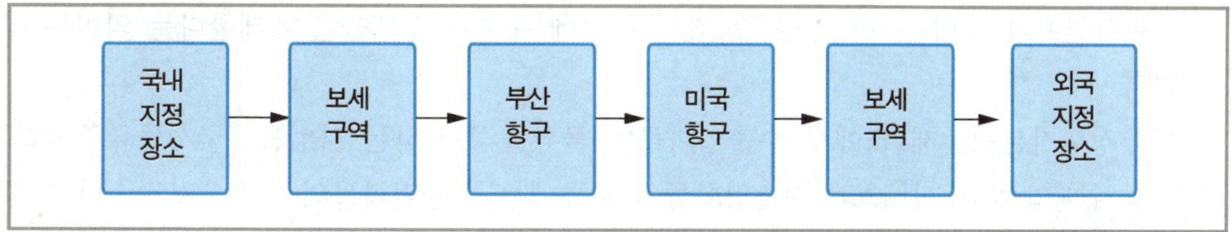

* 내륙운송 및 보세구역 서비스

ⅰ) 내륙운송용역 및 컨테이너 서비스 : 국내 내륙운송업자가 내륙운송용역을 제공하고 용역을 공급받는 외국 해상운송업자 국내지점 앞으로 일반세금계산서 발행

ⅱ) 하역료, 예인료, 접안료 등 : 용역을 공급하는 자가 외국해상운송업자 국내지점 앞으로 영세율세금계산서 발행

4) 영세율 적용

가. 개정 연혁

(복합)운송주선업자가 화주에게 제공하는 복합운송용역은 기본적으로 국내에서 이루어 지므로 부가가치세가 과세되다가 2000. 12. 29. 부가령 개정(대통령령 제17041호)으로 부가령 제25조 제2항이 신설되면서 영세율 적용 대상이 되었다. 이는 수출산업 지원 및 장려라는 정책적 목적에 따라 영세율의 범주에 포함된 것이다(대법원 2017두59376, 2017. 12. 21.).

나. 현행 규정

운송주선업자가 국제복합운송계약에 의하여 화주(貨主)로부터 화물을 인수하고 자기의 책임과 계산으로 타인의 선박 또는 항공기 등의 운송수단을 이용하여 화물을 운송하고 화 주로부터 운임을 받는 국제운송용역은 영세율이 적용된다(부가령 §32 ② 1).

① 화주로부터 화물을 인수한다는 의미

화주로부터 화물을 인수했다는 것은 운송주선업자가 국제복합운송계약에 따라 국내외로 배송할 의무를 부담하면서 화주로부터 화물을 운송주선업자가 직접 인수받았다거나, 운송주선업자와 다른 운반업자와 특정 구간의 운송에 대한 운반용역대행계약에 따라 운송주선업자의 책임과 계산 하에 다른 운반업자로 하여금 화물을 인수하는 경우를 포함한다.

② 타인의 운송수단을 이용한다는 의미

'자기의 책임과 계산으로 타인의 선박 또는 항공기 등의 운송수단을 이용한다'는 의미는 자신이 소유한 물류시설이나 장비를 이용한 경우 복합운송용역으로 보지 아니한다거나 자가 소유시설이나 장비를 이용한 경우 해당 부분에 대하여 영세율을 배제한다는 의미는 될 수 없다.

「물류정책기본법」 제2조에서 수출입화물의 물류를 주선하는 사업을 "국제물류주선업"으로 정의하고 있고(제11호), 수출입화물의 물류에는 수출입화물의 운송·보관·하역 등과 이에 부가되어 가치를 창출하는 가공·조립·분류·수리·포장 등이 포함되며(제1호), 수출입화물의 국내운송을 배제하고 있지 않으므로 수출입화물의 국제운송 뿐만 아니라 국내운송도 국제물류주선업자의 업무범위에 포함된다(국토해양부 물류산업과-61, 2010. 1. 7.).

「물류정책기본법」 제43조 및 동 시행령 제30조의2를 살펴보면, 국제물류주선업의 등록기준에는 자본금 3억원 이상 기준(법인이 아닌 경우 6억원 이상의 자산 평가액) 및 1억원 이상의 보증보험에 가입(컨테이너장치장을 소유하고 있는 경우 등은 제외)한 경우 국제물류주선업의 등록을 할 수 있고 물류시설이나 장비가 있는 경우를 제외한다는 규정을 두고 있지 않다.

국세청도 복합운송주선업자가 통관절차를 거친 후 직접 화주의 배송센터로 운송하거나 부산에 있는 당사의 창고로 입고시킨 후 화주의 축로지시에 따라 배송센터 또는 각 매장에 직접 배송하며 이때 보세운송비, 창고보관료, 내륙운송료 등의 비용이 발생하는데, 이상으로 화주에 대한 용역제공은 마무리되고 화주에게는 실제 발생한 운임 및 제반 비용 외에 Document fee 및 Handling fee(취급수수료)를 더하여 청구하게 되는 것으로 즉 미리 대납한 운임 등(Oceon freigh 및 surcharge와 Document fee)과 통관 후에 발생하는 보세운송비, 창고보관료, 내륙운송료에 Handling fee(취급수수료)를 청구하는 경우에 화주로부터 받는 운임 외에 통관 후에 발생하는 보세운송비, 창고보관료, 내륙운송료 및 Handling fee(취급수수료)의 영세율 적용여부에 대하여 "국제복합운송용역에 있어 국내에서 발생하는 이러한 업무는 통상적인 부수활동에 해당하는 바, 영세율이 적용되어야 하고, 부가가치세 과세표준에는 화물보관료 및 운송료 등을 포함하여 화주로부터 받는 대가관계가 있는 모든 금전적 가치 있는 것을 포함한다"고 회신하였다(부가가치세과-2069, 2008. 7. 17.).

기재부도 국제물류주선업(복합운송주선업)자가 자기책임과 계산하에서 화물의 해외운송을 위해 필요한 정도의 포장 및 기타서비스 제공용역을 국제운송용역과 함께 일괄하여 제공하는 경우 국제운송용역을 위하여 필수적으로 부수되는 일로 보아 영세율이 적용된다고 회신한 바 있다(재부가-826, 2007. 11. 28.).

다. 영세율 적용의 구체적 취지

위 국제복합운송용역에 대하여 부가가치세 영의 세율을 적용하는 취지는 아래와 같은 이유에서 비롯된다.

① 부가령 제32조 제2항 제1호의 복합운송주선용역에 대한 영세율 적용은 부가법 제23조 제1항의 선박 또는 항공기에 의한 외국항행용역의 일반적 개념보다는 상법, 물류정책기본법 및 국제규약 등 관례상의 복합운송용역 해당 여부 그 자체에 대한 판단에 따라야 한다.

② 국제간 운송개념이 문전에서 문전까지로 확대됨에 따라 비선박운항사업자를 운송인으로 보는 것이 국제적 관행이며

③ 자기의 계산과 책임하에 화물을 인수하여 운송하고 화주에 대하여 책임을 지는 것으로 운송수단의 소유 여부에 따라 그 판단을 달리할 수 없고

④ 선박과 항공기를 보유한 외국항행사업자도 특정 구간은 타인의 운송수단을 이용할 수밖에 없는 것이 현실이어서 영세율 적용대상에서 배제함은 불합리할 뿐 아니라

⑤ 한국표준산업분류에서도 화물운송대행업을 운수업(그외 기타 운송관련 서비스업)으로 분류하고 있다.

⑥ 아울러 상법에서는 운송주선인은 운송인이나 다른 운송주선인의 선택, 기타 운송에 관하여 주의를 해태한 경우 운송물의 멸실, 훼손 등으로 인한 손해배상책임을 부담시키고(상법 §115, §135)

⑦ 운송주선인이 화물상환증을 작성하여 위탁자에게 교부한 때에는 직접 운송한 것으로 보고 있어, 운송주선업자에게 운송인과 동일한 권리·의무를 부담시키며 운송주선업자가 운송인과 유사한 법적 지위를 가지고 있음을 규정하고 있다(상법 §116).

⑧ 수인(數人)이 순차적으로 운송주선을 하는 경우 후자가 전자에 갈음하여 그 권리를 행사할 의무를 부담하고, 후자가 전자에게 변제한 때에는 전자의 권리를 취득한다고 규정하는 등 선행 운송주선인과 후행 운송주선인의 긴밀한 연결관계를 규정하고 있다(상법 §117).

⑨ 선박·항공기 등의 운송수단을 보유한 사업자라도 자기의 운송수단이 없는 육로 또는

지선 등의 일부 구간에는 타인의 운송수단을 이용하여 수송하는 것은 불가피하며 이러한 통운송의 경우 그 전체에 대하여 영세율을 적용하는 것이 타당하다(동지 : 재부가 -56, 2016. 1. 21.).

⑩ 수입화물에 대하여 국제복합운송에 기인한 손해배상 건이 발생한 경우, 국내 수입자는 국내 운송주선인(내륙운송담당)에게 1차적으로 클레임을 제기하며, 국내 운송주선인은 국내수입자에 대하여 배상을 실시한 후, 책임소재를 파악하여 외주용역업체, 항공사 및 해운사 또는 해외관계사에 구상권을 행사한다.

⑪ 국제복합운송계약에 따라 국내 운송주선인의 국내운송용역에 대해 영세율 배제 시 해당 국내운송용역의 공급에 영세율이 적용되지 않으면, 국내 운송주선인은 이에 대해 부가가치세를 납부하여야 하나 거래상대방인 해외관계사는 같은 금액에 대하여 매입세액공제를 받을 수 없으므로, 이는 곧 운임의 상승으로 귀결되어 운임 등을 부담하기로 한 당사자의 원가에 포함된다. 수출거래의 경우 부과된 부가가치세 상당액은 국외로 반출되어 매입원가를 구성하므로 소비지국과세원칙에 위배되고, 수입거래의 경우 부가가치세 상당액이 수입재화의 가격에 반영되어 수입자는 수입재화 통관시 부가가치세 상당액만큼 상승한 수입재화 가격에 대해 관세 및 부가가치세를 부담하게 되는 바, 이는 곧 실질적으로 부가가치세 상당액에 다시 부가가치세가 중복하여 과세되는 불합리한 결과를 초래한다. 이에 '수출산업의 지원 및 장려'라는 법령의 입법취지와 물류산업의 경쟁력강화 측면을 고려할 때, 해당 국내운송용역은 화물을 국내에서 국외 또는 국외에서 국내로 운송하는 국제복합운송계약의 일부로서 외국항행용역에 해당하는 것으로 보아 영세율 적용대상으로 해석하는 것이 타당하다.

⑫ 위 "⑩", "⑪"에서 국내운송용역에 대한 일본과 독일의 입법사례를 보더라도 국제복합운송용역을 하나의 운송계약으로 보고 일련의 운송과정에서 수행된 국내구간운송에 대해 부가가치세 면제를 적용하고 있음이 확인된다.

일본소비세법 제7조 사업자가 국내에서 실시하는 과세자산의 양도 등 중 다음에 해당하는 경우에는 소비세를 면제한다.
3. 국내 및 국내 이외의 지역에 걸쳐 행해지는 여객 또는 화물의 수송 또는 통신

일본소비세법 집행기준 7-2-5 국제 수송으로서 행하는 화물의 수송의 일부에 국내 수송이 포함되어 있는 경우에도 해당 국내 수송이 국제 수송의 일환이라는 것이 국제 수송에 관한 계약에서 밝혀진 경우 해당 국내 수송은 국제 수송에 해당하는 것으로 취

급한다.

라. 해외 파트너사인 복합운송업자와의 계약에 따라 국내운송용역 제공 시 영세율 적용 여부

최근 외국법인과의 파트너 계약에 의하여 국내 운송만을 담당한 파트너사의 지점이나 국내 협력사들(국제물류주선업자로서 이하 "국내운송업자"라 함)의 영세율 적용에 대하여 대법원은 위 "나"의 영세율 적용요건을 엄격히 적용한 판결을 내렸다.

판결문의 주요내용을 보면, ① 운송주선업자인 국내운송업자들이 ② 국제복합운송계약에 의하여 ③ 국내 구매자에게 판매한 제품을 배송할 의무가 있는 외국 소재 화주로부터 화물을 인수하고 ④ 국내운송업자들의 책임과 계산으로 타인의 선박 또는 항공기 등의 운송수단을 이용하여 화물을 운송하고 ⑤ 화주로부터 직접 운임을 받는 국제운송용역을 제공하여야만 부가법 제23조의 위임을 받은 부가령 제32조 제2항 제1호의 요건을 모두 충족하여 영세율이 적용되는 것이어서 화주로부터 자기의 책임과 계산하에 화물을 인수하지 않았다거나 화주로부터 직접 운임을 지급받지 아니한 국내운송용역은 영세율 적용대상이 아니라고 보았다.

5) 공급가액

국제물류주선업자가 화주로부터 대가를 받는 경우 해당 용역의 영세율공급가액에는 국내운송료 및 창고료, 화물인도지시서(D/O) 발급대행용역 등 거래상대자로부터 받은 대금·요금·수수료 그 밖의 명목여하에 불구하고 화주로부터 받는 대가관계가 있는 모든 금전적 가치 있는 것을 포함한다(부가-506, 2009. 2. 9. ; 법규과-902, 2010. 5. 28.).

또한 운송을 스스로 하든 위탁하여 운송하든 운송업자의 책임 하에 운송이 이루어지므로 화물운송용역의 부가가치세 과세표준은 운송수수료가 아닌 운송업자가 받은 운송비 총액이 된다(서울고등법원 2007누19937, 2007. 12. 7.).

이 때 단순운송용역대가 외에 국제운송용역을 제공하면서 필수적으로 부수되는 포장 및 기타서비스 제공용역대가도 영세율 공급가액에 포함된다(재부가-826, 2007. 11. 28.).

다만, 국제운송용역의 제공없이 화주 등에게 단순한 중개용역을 제공하는 경우에는 영의 세율이 적용되지 아니하는 것으로서 중개수수료를 과세표준으로 하여 일반세율이 적용되는 세금계산서를 발급하여야 한다(부가-137, 2010. 2. 2.).

6) 공급시기

해당 외국항행용역의 공급시기는 역무제공이 완료되고 공급가액이 확정되는 시기이다. 일반적으로 국제물류주선업자 및 운송업자의 용역대가는 계약시 그 대가가 확정되므로 해당 외국항행용역에 대한 역무의 제공이 완료된 때가 공급시기가 된다(조심 2008부 2873, 2010. 1. 14. 외 다수).

7) 대가의 영수방법

복합운송주선용역(외국항행용역)을 제공하는 사업자가 해당 용역을 제공하고 받는 대가에 대하여는 외화로 받든 원화로 받든지에 관계없이 부가가치세 영세율이 적용된다.

8) 세금계산서 발급 및 수취

가. 세금계산서 발급의무

해당 외국항행용역을 거주자·내국법인 또는 국내사업장이 있는 비거주자·외국법인에게 공급하는 경우에는 영세율 세금계산서를 발급하여야 한다.

나. 세금계산서의 수취

① 내륙운송용역을 제공받은 경우

내륙운송의 일부를 타 내륙운송사업자에게 단순 위탁한 경우 내륙운송사업자로부터 일반세금계산서를 발급받아야 하며, 복합운송주선업자는 동 세금계산서상의 매입세액공제 가능하다.

② 외국항행용역을 제공받은 경우

화물의 해상운송을 선사에 위탁하여 운송하는 경우 선사로부터 외국항행용역 제공에 따른 영세율세금계산서를 발급받는다.

③ 하역용역 등을 제공한 경우

국제물류주선업자가 하역료, 예인료, 접안료, 등을 해상운송업자에게 제공하는 경우 영세율 세금계산서를 발급한다(부가 46015-61, 2001. 1. 8.).

④ 수입화물에 대한 수입세금계산서를 수취한 경우

국제물류주선업을 영위하는 사업자가 외국사업자로부터 수입화물을 인수하여 자기명의로 수입통관하고 세관장으로부터 발급받은 수입세금계산서상의 매입세액은 매출세액에서 공제받을 수 없다(부가 46015-808, 2001. 5. 31.).

9) 영세율 첨부서류

국제물류주선용역의 경우 부가가치세법에 영세율 첨부서류를 별도 규정하고 있지 아니하므로 국제운송용역 제공사실을 확인할 수 있는 증빙이 영세율 첨부서류가 된다(서면3팀-3009, 2006. 12. 5.).

보통 운송주선업의 경우, 보통 공급가액일람표에 운송의뢰자, 의뢰일, 선적일, 운송가액 등을 기재하여 제출하고 있다.

10) 그 밖의 주요 영세율 적용 사례

① 위탁에 의한 복합운송용역 제공 시 영세율 적용 여부

복합운송주선용역의 영세율 적용은 외국항행용역의 일반적 개념들은 무시하고 관례상의 여부만으로 복합운송용역 그 자체를 적용대상으로 판단하여야 한다. 이러한 관점에서 국세청과 기획재정부는 운송주선업자가 국제복합운송계약에 의하여 화주로부터 화물을 인수하고 자기의 책임과 계산하에 해당 국제복합운송용역 중 일부를 다른 복합운송주선업자에게 위탁하여 화물을 운송하고 화주로부터 그 대가를 받는 경우 해당 국제복합운송용역은 부가령 제25조 제2항에 따른 외국항행용역에 포함된다고 일관되게 회신하였다(재소비-213, 2004. 2. 25. ; 서면3팀-905, 2005. 6. 21.).

운송주선업을 살펴보면 송하인이 하나의 운송주선인에게 화물의 운송을 의뢰하여 다른 운송주선인을 거치지 아니하고 직접 도착지까지 화물이 운송되는 경우도 있으나, 소형화물의 경우 대부분 운송주선인 간에 효율적인 운송주선 업무를 위하여 자기가 관리하는 노선은 다른 운송주선인으로부터 위탁받아 국제운송용역을 제공하는 것이 현실이다.

아울러 자기가 운송주선인의 자기명의와 계산으로 한다는 의미도 송하주의 화물이 해외의 수화주에게 도착될 때까지의 책임 여부로 판단해야 함이 상법 등 제반규정에 비추어 명백하다. 운송주선인 자신이 운송하기 어려운 곳은 다른 운송주선인에게 위탁하는 방식으로 업무를 하고 있으며 여러 단계를 거치는 경우도 있는 바, 최종적으로 국제운송용역을 제공하는 운송주선인 입장에서는 자기에게 화물을 맡긴 다른 운송주선인이 화주가 되기 때문에 이에 대해서도 역시 영세율을 적용함이 타당하며 화물의 주인이 누구이고, 누구로부터 대가를 받는지가 중요한 것이 아니라 해당 용역이 국제운송용역에 해당하는지가 중요한 것이다(법규과-1542, 2012. 12. 27. ; 서삼 46015-10821, 2003. 5. 19. ; 서면-2017-부가-2720, 2017. 11. 30.).

국세청의 과세기준자문회신에서도 저자의 논리를 반영하여 『운송주선업자 "갑"이 다른 운송주선업자 "을"로부터 위탁받아 자신의 책임과 계산하에 타인의 선박, 항공기 등의 운송수단을 이용하여 국제운송용역을 제공하고 "을"로부터 운임을 받는 경우, 화주에는 소유권자로부터 운송주선을 위탁받은 다른 운송주선업자도 포함하는 것이 관례이고, 국제운송주선업은 운행노선이나 운송량에 따라 운송주선업자 상호 간 위수탁거래를 통하여 운송용역이 제공되고 있어 영세율 적용을 배제할 경우 외국항행용역 영세율 적용취지가 퇴색되므로 "을"로부터 받은 운임에 대하여 영세율을 적용하여야 한다』고 답변하였다(법규과-1542, 2012. 12. 27.).

송하인 → 운송주업자(을) → 운송주업자(갑) → 항공사/선사 → 수하인

② 미등록복합운송사업자에 대한 영세율 적용

국세청과 기획재정부는 「물류정책기본법」에 따라 국토교통부장관에게 국제물류주선업자로 등록하지 아니한 운송주선업자가 국제복합운송계약에 의하여 화주로부터 화물을 인수하고 타인의 운송수단을 이용하여 화주에 대하여는 자기책임과 계산하에 외국으로 화물을 운송해 주고 화주로부터 대가를 받는 경우에도 외국항행용역으로 부가가치세 영의 세율을 적용한다고 일관되게 회신하고 있다(서면-2022-법령해석부가-0114, 2022. 2. 21. ; 재소비 46015-169, 2000. 6. 2. ; 국심 1999부31, 2000. 3. 2.).

국내 기업의 복합운송주선업은 누구든지 국내외 파트너(수출입 상대 지역의 복합운송주선인)와의 계약으로 사업을 할 수 있으므로 미등록에 따른 업무상 제한이 전혀 없고 단지 과태료의 부담이 있을 뿐인 바, 동 업계 전체가 등록 여부와 관계없이 수십 년 전부터 영세율을 적용해 왔다. 이러한 복합운송주선용역을 영세율 적용하는 이유는 운송주선업자가 본인의 계산하에 화물을 인수하여 화주에 대하여는 본인의 책임하에 국제운송주선용역을 제공하기 때문이다.

③ 타인의 운송수단 이용

운송주선업을 영위하는 사업자가 국제복합운송계약에 의하여 화주로부터 화물을 인수하고 타인의 운송수단을 이용하여 화주에 대하여는 자기책임과 계산하에 외국으로 화물을 운송해 주고 화주로부터 받는 대가는 외국항행용역에 해당된다(재소비 46015-169, 2000. 6. 2.).

④ 복합운송관련 부수용역

국제물류주선업(복합운송주선업)자가 자기책임과 계산하에서 화물의 해외운송을 위해 필요한 정도의 포장 및 기타서비스 제공용역을 국제운송용역과 함께 일괄하여 제공하는 경우 국제운송용역을 위하여 필수적으로 부수되는 일로 보아 영세율이 적용된다. 다만, 국내에서 제공되는 화물포장 및 기타서비스 제공용역이 국제운송용역과 구분되어 제공되는 경우는 국내운송용역과 동일한 성질의 것으로서 일반세율을 적용한다(재부가-826, 2007. 11. 28.).

> **국토해양부 물류산업과-61, 2010. 1. 7.**
> 「물류정책기본법」 제2조에서 수출입화물의 물류를 주선하는 사업을 "국제물류주선업"으로 정의하고 있고(제11호), 수출입화물의 물류에는 수출입화물의 운송·보관·하역 등과 이에 부가되어 가치를 창출하는 가공·조립·분류·수리·포장 등이 포함되며(제1호), 수출입화물의 국내운송을 배제하고 있지 않으므로 수출입화물의 국제운송 뿐만 아니라 국내운송도 국제물류주선업자의 업무범위에 포함된다.

⑤ 운송 관련 단순서비스용역

운송주선업자가 국제운송용역을 제공함에 있어 다시 물류용역업체(선박회사, 관세사, 하역회사, 창고업자, 화물운송사)에게 각각 물류용역대가를 지급한다.

이처럼 운송주선업자가 화주에 대하여 국제운송용역을 제공함이 없이 단순히 국내 항구에 도착한 화물과 관련된 서비스 등의 용역만을 제공하고 그 대가를 화주로부터 받는 경우 그 대가에 대하여는 영세율을 적용하지 아니한다(부가가치세과-782, 2011. 7. 19. ; 부가가치세과-537, 2014. 6. 5.).

1) 영세율 적용 개요

상업서류송달업체로 지정을 받은 내국법인이 운송의뢰인으로부터 수출입 등에 관한 서류 및 견본품의 국제간 운송을 의뢰받고 자기의 명의로 항공운송사업자의 항공기를 이용하여 해당 서류 등의 국제간 운송용역을 공급한 후 운송의뢰인으로부터 대가를 받는 「항공법」에 따른 상업서류 송달용역은 외국항행용역에 포함되어 영의 세율이 적용된다(부가령 §32 ② 2, 항공법 §2 38 ; 부가 1265-2692, 1984. 12. 18.).

상업서류 송달업 개념

"상업서류 송달업"이란 타인의 수요에 맞추어 유상으로 「우편법」 제2조 제3항 단서에 해당하는 수출입 등에 관한 아래의 서류와 그에 딸린 견본품을 항공기를 이용하여 송달하는 사업을 말한다.

우편법 제1조의2 제7항 단서 및 동 시행령 제3조에 따르면 서류란 신문, 정기간행물, 서적(표지 제외하고 48쪽 이상), 상품안내서(표지 포함 16쪽 이상), 화물에 첨부하는 봉하지 아니한 첨부서류 또는 송장, 외국과 주고받는 국제서류, 본지점간 주고받는 우편물로서 발송 후 12시간 이내에 배달이 요구되는 상업용 서류, 신용카드를 말한다.

상업서류송달대리점은 외국의 상업송달업체와 계약을 체결하여 상업서류와 서적, 잡지, 신문 등 정기 간행물과 중량 45kg 이하의 물품을 자체운임과 운송약관에 따라 항공기를 이용하여 신속하게 운송하는 사업을 말한다.

상업서류 송달업과 앞서 설명한 항공운송총대리점업, 도심공항터미널업을 경영하려는 자는 국토해양부령으로 정하는 바에 따라 국토해양부장관에게 신고하여야 한다(항공법 §139).

---

2) 공급가액

운송의뢰인으로부터 수출입 등에 관한 서류 및 견본품의 국제간 운송을 의뢰받고 수취한 대가가 영세율이 적용되는 공급가액이 된다.

3) 세금계산서 발급의무 면제

「항공법」에 따른 상업서류 송달용역에 대하여는 세금계산서 발급의무가 면제된다(부가령

§71 ① 4).

4) 영세율 첨부서류

상업서류송달용역의 영세율첨부서류는 공급가액확정명세서이다(부가 1265-2692, 1984. 12. 18.).

 **국제 소화물일관운송**

1) 개념

소형의 샘플, 서류 화물 등의 소화물을 집화하여 항공기를 이용하여 화주의 문전에서 수하주의 문전까지 배달하는 운송시스템으로 보통 항공기의 간선운송과 자동차 등에 의한 집배의 연계에 의해 운송이 이루어지는 국제복합운송의 한 형태이다.

화물의 가격이 고가가 아니고 신속한 인도를 요구하는 보통 30㎏ 이하의 소화물운송에 주로 사용된다. 선적서류, 업무서류, 카탈로그 등 항공기를 이용한 문전운송인 쿠리어서비스와 상품견본, 선물, 각종 기계류 부품 등 소형(경량)제품 운송을 담당하는 별송서비스로 구분된다(인터넷 해외배송대행사업도 이에 포함된다, 법규부가 2012-360, 2012. 10. 17.).

2) 주요 업체

현재 DHL, FedEx, TNT, UPS 업체가 세계시장을 지배하고 있으며, 국내 운송업체로는 한진택배, 대한통운, 현대택배, 콜롬버스, 정보통신부/우체국 등이 있다.

우리나라의 경우 국제일관운송업 등록요건으로 50개 이상의 대리점 망을 갖춘 외국상업서류송달업체와 계약을 맺거나 6개국 이상의 해외 지점망을 갖출 것을 요구하고 있어 국내의 소화물 일관운송업체가 독자적으로 국내외에서 활동하기보다는 외국업체의 대리점으로 등록하는 경우가 다수이다. 그 외 TNT, UPS 업체와 국내소화물일관운송업자 간에 업무제휴가 이루어지고 있다.

3) 영세율 적용 여부

국내 소화물일관운송업자(운송주선업자에 해당한다. 관계 법령에 따라 등록하지 아니한 운송주선업자를 포함한다)가 제공하는 국제간 소화물 운송은 복합운송의 일환이므로 외국항행용역으로서 영세율 적용이 가능하다.

부언하면 자기의 책임과 계산으로 다른 (해외)운송주선업자에게 재위탁하여 물품을 운송하고 국내 화주로부터 운임을 받는 경우로서 앞서 국제복합운송용역이 영세율이 적용되는 바와 같이 운송주선업자가 국제복합운송계약에 의하여 화주로부터 화물을 인수하고 자기 책임과 계산으로 타인의 선박 또는 항공기 등의 운송수단을 이용하여 화물을 운송하고 화주로부터 운임을 받는 국제소화물일관운송용역도 영세율이 적용되어야 한다. 즉, 화물운송을 타인의 수단을 이용하더라도 화물에 대한 책임, 가격결정, 클레임 등 전반적인 책임과 위험을 운송주선업자가 지는 경우에 한해서 영세율 적용대상으로 볼 수 있다. 또한 위 "(2)"의 DHL 등의 국내대리점으로 등록한 업체 중 미등록복합운송업자가 다수 있는데 국내 운송주선업자가 관련 법령에 따라 등록이 되지 아니한 경우에도 자기계산과 자기책임으로 국제간 배송대행용역을 제공하는 경우 영세율 적용이 가능하다는 것이 국세청과 기획재정부의 해석이므로 동 사업자가 해당 용역의 일부나 전부를 해외 운송주선업자에게 재위탁하는 경우에도 해외배송대행 용역을 자기계산과 책임하에 제공하는 것이라면 영세율 적용이 가능하다고 판단된다(동지 : 법규부가 2014-132, 2014. 4. 28.).

다만, DHL, FedEx 같은 국제 소화물일관운송업자의 국내 제휴업체가 단순히 국내에서 집하업무를 수행하거나 국내에 도착된 소화물을 운송해 주고 국제 소화물일관운송업자로부터 대가를 받거나 송금할 금액에서 수수료를 상계하는 경우 및 단순히 FedEx 또는 DHL과 같은 국제운송주선업자와 고객을 연결시켜주는 역할만 하는 경우 동 대가에 대하여는 영세율을 적용하기 어렵다.

5　　국가간 화물 등 운송에 따른 세금계산서 발급 여부

1) 국제운송용역에 대한 세금계산서 발급의무 면제 여부

기획재정부는 운송주선업을 영위하는 사업자가 국제복합운송계약에 의하여 화주로부터 화물을 인수하여 자기명의로 항공화물운송장 등을 발급하고 자기책임하에 타인의 운송수단을 이용하여 출발지에서 도착지까지 운송용역을 하나의 용역으로 연결하여 국제간의 화물을 운송하여 주고 화주로부터 화물운송용역에 대한 대가를 받는 경우 해당 운송주선업을 영위하는 사업자는 화주에게 운송용역의 대가에 대하여 세금계산서를 발급(공급받는 자가 국내에 사업장이 없는 비거주자 또는 외국법인인 경우 제외)하여야 하는 것으로 해석하였다(재경원 소

비 46015-84, 1995. 4. 15.). 이 때부터 항공기에 의한 국제운송용역도 세금계산서 발급대상으로 기재부가 해석해 온 것으로 보인다.

부가법 제23조 제1항은 전통적인 운송인[즉 선박(선원부용선자 포함)이나 항공기의 소유자로서 운송용역 제공자]을, 제2항은 운송인의 부수재화나 용역도 외국항행용역에 포함된다는 의미를, 부가령 제32조 제2항 제1호는 운송주선업자의 국제운송용역과 제2호의 상업서류송달용역은 부가법 제23조 제3항의 외국항행용역 범위에 포함된다고 규정하고 있다.

부가령 제71조 제1항 제4호는 부가법 제23조 제2항에 따른 외국항행용역으로서 항공기의 외국항행용역이라고 규정하여 항공기를 직접 보유할 것이라는 전제를 달지 아니한 것은 사실이어서 조문의 문리해석상 국제운송용역 중 항공기에 의한 것이라면 세금계산서 발급의무가 없는 것으로 볼 여지도 상당하다. 그러나 법원은 조문 구조나 연혁, 상업서류송달용역을 세금계산서 발급의무면제대상에서 제외한 입법자의 개정취지(소액 다수로 납세협력비용 과다 발생)를 보았을 때 항공기의 외국항행용역이란 전통적인 운송인(항공기 직접 보유자)의 항공기에 의한 외국항행용역만을 말하고, 국제운송용역을 제외함이 타당하다고 판시하였다(대법원 2017두59376, 2017. 12. 21. ; 서울고법 2017누32663, 2017. 8. 16.). 이는 국제운송용역과 상업서류송달용역이 외국항행용역에 포함되는 것이어서 운송수단이 항공기인 경우 세금계산서 발급의무가 면제된다면 부가령 제71조 제1항 제4호에 상업서류송달용역을 굳이 언급할 필요가 없다는 게 법원의 해석이다.

따라서 사업자가 항공사업법상 상업서류송달용역 외의 국제운송용역을 제공하는 경우 영세율 적용은 별론으로 하고 세금계산서 발급의무가 면제되는 것은 아니라고 보아야 한다.

2) 상업서류송달용역과 해외배송대행사업

① 항공법에 따른 상업서류송달업은 외국항행용역으로 보아 영세율을 적용하고 세금계산서 발급의무가 부가령 규정에 따라 면제된다.

② 국내 거주자 등이 해외 인터넷쇼핑몰사이트에서 직접 물품을 구매한 물품을 해외배송대행업자(운송주선업자)가 구입물품을 국제항공운송, 수입통관, 국내택배운송을 거쳐 구매자의 국내 거주지까지 국제특송운임을 받고 운송하는 경우, 해외배송대행사업자는 해당 운송용역에 대하여 영세율 적용이 가능하고(법규부가 2014-132, 2014. 4. 28. ; 법규부가 2012-360, 2012. 10. 17.).

1 외교공관 등에 공급하는 재화 또는 용역

(1) 영세율 적용

우리나라에 상주하는 외교공관, 영사기관(명예영사관원을 장으로 하는 영사기관은 제외한다), 국제연합과 이에 준하는 국제기구(우리나라가 당사국인 조약과 그 밖의 국내법령에 따라 특권과 면제를 부여받을 수 있는 경우만 해당한다) 등(이하 "외교공관 등"이라 한다)에 재화 또는 용역을 공급하는 경우 대금결제 방법에 관계없이 영세율을 적용한다(부가법 §24 ① 1).

외교공관 등에 직접 공급하는 재화 또는 용역의 공급에 대하여만 영세율이 적용되므로 대리인 또는 수탁자를 통하여 공급하는 경우에는 영세율을 적용받을 수 있으나, 외교공관 등과 용역공급계약을 체결한 사업자와 하도급계약을 체결하고 용역을 제공하는 경우는 영세율이 적용되지 않는다(부가 1265.1-1829, 1983. 9. 1. ; 부가 1265-797, 1984. 4. 27.).
※ 영세율을 적용받을 수 있는 국제기구는 후술하는 "3. 조약 등에 따른 영세율의 적용"편을 참조한다.

(2) 세금계산서 발급의무의 면제

외국정부기관 등에 재화 또는 용역을 공급할 경우의 세금계산서 발급의무는 면제된다(부가령 §71 ① 5).

(3) 대가의 영수방법 및 공급가액

외국정부기관 등으로부터 그 대금을 외화로 받든 원화로 받든지에 관계없이 영세율이 적용되며, 재화 또는 용역의 대가로 받는 금전이 공급가액이 된다.

(4) 영세율 첨부서류

1) 시행령에 의한 첨부서류

외국환은행이 발급하는 수출(군납)대금입금증명서 또는 관할세무서장이 발급하는 군납완료증명서 또는 해당 외교공관 등이 발급한 납품 또는 용역공급사실을 증명할 수 있는 서류. 다만, 전력·가스 그 밖의 공급단위를 구획할 수 없는 재화를 계속적으로 공급하는 사업에 있어서는 재화공급기록표, 「전기통신사업법」에 따른 전기통신사업에 있어서는 용역공급기록표로 한다(부가령 §101 ① 13).

⇒ 수출(군납)대금입금증명서는 재화 또는 용역을 공급한 수출(또는 군납)업자의 외국환은행예금구좌에 수출 또는 군납대금이 입금되었음을 사업자의 신청에 의거 외국환은행장이 확인하여 발급하는 증명서류를 말하는 것이다(부가 1265.1-2574, 1979. 10. 6.). 다만, 전력·가스 등 공급단위를 구획할 수 없는 재화를 계속적으로 공급하는 사업에 있어서는 재화공급기록표를 제출해야 한다.

2) 영세율 규정에 의한 지정서류

부가가치세법 시행령에 의한 영세율 첨부서류를 부득이하여 제출할 수 없는 경우에 갈음하여 제출하는 지정서류는 외국환은행이 발급하는 외화입금증명서이다.

3) 지정서류 제출 불능 시의 첨부서류

외화입금증명서를 발급받을 수 없는 경우에는 외화획득명세서에 영세율이 확인되는 증명서류를 첨부하여 제출한다.

 외교관 등에게 공급하는 재화 또는 용역

(1) 개요

우리나라에 주재하거나 파견된 외교관 등이 관할세무서장의 지정을 받은 지정사업장에서 외교관면세카드를 제시하여 공급받은 아래의 면세재화 또는 용역으로서 해당 외교관 등의 성명·국적·외교관면세카드번호·품명·수량·공급가액 등이 적혀 있는 것은 해당 외국에서 대한민국의 외교공관 및 영사기관 등의 직원에게 공급하는 재화 또는 용역에 대하여 동일하게 면세하는 경우에만 영세율을 적용한다(부가법 §24 ① 2, §25, 부가령 §33 ①).

1) 외교관 등

우리나라에 상주하는 외교공관, 영사기관(명예영사관원을 장으로 하는 영사기관은 제외한다), 국제연합과 이에 준하는 국제기구(우리나라가 당사국인 조약과 그 밖의 국내법령에 따라 특권과 면제를 부여받을 수 있는 경우만 해당한다) 등(이하 "외교공관 등"이라 한다)의 소속 직원으로서 해당 국가로부터 공무원 신분을 부여받은 자 또는 외교부장관으로부터 이에 준하는 신분임을 확인받은 자 중 내국인이 아닌 자(이하 "외교관 등"이라 한다)를 말한다(주한외국공관의 행정직 기능직도 외교관 등의 범위에 포함).

2) 지정사업장

국세청장이 정하는 바에 따라 관할 세무서장으로부터 외교관면세점으로 지정받은 사업장(「개별소비세법 시행령」 제28조에 따라 지정받은 판매장을 포함한다)을 말하며, 지정을 받지 못하면 본 규정에 따라 영세율 적용이 불가하다.

3) 외교관면세카드

외교관면세카드란 외교관계에 관한 비인협정 제34조에 따라 외교관에 대하여 우리나라의 부가가치세의 부담을 배제하기 위하여 외교통상부장관이 발행하는 증표를 말한다.
우리나라에 주재하거나 파견된 외교관·외교사절 또는 주한외국공관에 근무하는 외국인으로서 해당 국가의 공무원신분을 가진 자*에게 외국인전용판매장 또는 국세청장이 정하는 바에 따라 관할세무서장의 지정을 받은 사업장에서 외교관면세카드를 제시받아 공급하는 아래 4)에 해당하는 재화 또는 용역에 대하여는 부가가치세의 영세율을 적용한다.
* 주한외국공관에 근무하는 행정·기능직의 공무원신분을 가진 자를 포함한다.

4) 면세재화·용역

외교관 등이 면세카드를 제시하여 공급받는 다음의 재화 또는 용역은 영세율로 공급한다.
① 음식·숙박용역
② 「개별소비세법 시행령」 제24조 제1항 및 제27조에 따른 물품
　　㉠ 주한외국공관 그 밖의 이에 준하는 대통령령이 정하는 기관에서 사용하는 석유류
　　㉡ 보석과 이를 사용한 제품
　　㉢ 귀금속제품
　　㉣ 골패와 화투류
　　㉤ 고급가구
　　㉥ 방향용 화장품
　　㉦ 고급융단

③「교통・에너지・환경세법 시행령」제20조 제1항에 따른 석유류 또는「주세법」에 따른 주류
  • 우리나라에 주재하는 외국공관(이하 "주한외국공관"이라 한다) 그 밖의 이에 준하는 대통령령이 정하는 기관에서 사용하는 물품에 대하여 대통령령이 정하는 바에 따라 관할 세무서장 또는 세관장의 승인을 얻은 경우에는 교통・에너지・환경세를 면제한다.
④ 전력과 외교통상부장관의 승인을 얻어 구입하는 자동차

(2) 사전면세와 사후면세

외교관 등이 상기 "(1)의 2)"에서 기술한 지정사업장에서 외교관면세카드를 제시하여 공급받는 "(1)의 4)"에 해당하는 면세되는 재화・용역으로서 해당 외교관 등의 성명・국적・외교관면세카드번호・품명・수량・공급가액 등이 적혀 있는 외교관면세판매기록표에 의하여 외교관 등과의 거래임이 표시되는 것에 대하여 영세율을 적용하는 것을 사전면세라 하고, 외교관 등이 상기 "(1)의 4)"에 해당하는 면세되는 재화・용역(영세율의 적용을 받는 재화 또는 용역)을 제외한 재화 또는 용역을 구입하거나 제공받는 경우에 부담한 부가가치세는 연간 200만원을 한도로 하여 해당 외교관 등에게 환급하는 것을 사후면세라 한다(조특법 §107 ⑥・⑦).

사후면세절차에 대하여는「조세특례제한법」상 외교관 등에게 공급하는 재화 또는 용역에 대한 사후 영세율 적용특례 규정에서 설명하기로 한다.

(3) 세금계산서 발급의무

원칙적으로 외교관 등은 비거주자에 해당되지 아니하므로 세금계산서 또는 영수증발급의무가 있는 것이나, 외교관 등이 사업자가 아니므로 세금계산서 발급의무는 면제되고 영수증 발급의무는 있다.

(4) 영세율 첨부서류

외교관면세판매기록표를 첨부하여 신고한다. 다만, 부득이한 사유로 동 서류를 제출할 수 없을 때에는 영세율 규정에 의하여 외화획득명세서에 영세율이 확인되는 증명자료를 첨부하여 제출한다(부가령 §101 ① 17).

(1) 개요

일정한 국내거래에 대하여 외화획득사업의 지원, 국제수지 개선 등을 위한 목적으로 영의 세율을 적용하고 있다. 부가가치세법은 국내사업장이 없는 비거주자 · 외국법인에게 공급하는 재화 또는 용역으로서 영세율적용대상 재화 및 용역의 범위, 비거주자 또는 외국법인의 국내사업장 유무에 따른 대금결제방법 등의 요건을 충족하고 외국환관리 및 부가가치세의 징수질서 등을 해하지 않는 범위 내에서 영세율을 적용하고 있다.

사업자가 비거주자 등에게 직접 인도하는 재화는 국내에서 재판매될 수 있으므로 2001. 1. 1.부터 영세율 적용대상에서 제외하였으나, 사업자가 비거주자 또는 외국법인에게 공급하는 용역은 국내에서 재판매될 수 없으므로 비교적 광범위하게 영세율을 적용하는 대신 외화획득 기여 여부를 판단하기 위하여 대금결제조건을 엄격하게 규정하고 있다.

(2) 개념 정의

1) 국내사업장

국내사업장에 대하여 「부가가치세법」이 별도로 정한 바가 없다. 비거주자의 국내사업장은 「소득세법」 제120조에 따르고 외국법인의 국내사업장은 「법인세법」 제94조에 따른다.

2) 비거주자 · 외국법인

① 국내사업장이 없는 비거주자

소득법 제1조의2 제2호의 비거주자에서 국내에 거소를 둔 개인, 부가법 제24조 제1항 제1호에 따른 외교공관 등의 소속 직원, 우리나라에 상주하는 국제연합군 또는 미합중국군대의 군인 또는 군무원은 제외한다.

② 외국법인

외국법인은 「법인세법」 제1조 제3호에 따라 외국에 본점 또는 주사무소를 둔 법인(국내에 사업의 실질적 관리장소가 소재하지 아니하는 경우에 한함)이다.

③ 비거주자·외국법인이 지정한 자

국내사업장이 없는 비거주자·외국법인 대신에 동 비거주자·외국법인이 지정한 자에게 재화·용역을 공급한 경우라도 비거주자 등에게 공급한 것으로 보아 영세율을 적용한다.

이 때 외국법인 등이 지정한 자에는 외국법인 등이 공급받은 재화의 소유권을 유지한 채 해당 재화를 공급한 국내사업자가 이를 사용하여 과세사업에 사용하는 경우도 외국법인 등이 지정한 자에 포함된다(부가-564, 2012. 5. 18. 외).

④ 외화

외화의 의미는 대외지급수단으로서 외국통화, 외국통화로 표시된 지급수단(수표, 어음, 비거주자용 원화표시 여행자수표 등) 및 외국에서 사용할 수 있는 지급수단 등을 포함하는 개념이다(외국환거래법 §3, 대외무역관리규정 §1 2).

⑤ 외국환은행

외국환은행이란「외국환거래법」제8조 제1항에 따라 외국환업무를 영위하는 자를 말한다.

(3) 영세율 적용범위

부가가치세제 하에서 영세율의 적용은 국제간의 재화 또는 용역의 거래에 있어서 생산공급면에서 부가가치세를 과세징수하고 수입국에서 다시 부가가치세를 과세하는 경우 국제적 이중과세를 방지하기 위하여 관세 및 조세에 관한 일반협정(GATT)상의 소비지과세원칙에 의하여 수출의 경우에만 원칙적으로 인정되고 국내의 공급소비에 대하여는 수출에 준할 수 있는 경우라도 외국환의 관리 및 부가가치세의 징수질서를 해하지 않는 범위 내에서 외화획득의 장려라는 국가정책상의 목적에 부합되는 경우에만 예외적·제한적으로 인정되어야 한다(대법원 83누409, 1983. 12. 27.).

국내에서 국내사업장이 없는 비거주자 또는 외국법인에 공급되는 재화 또는 사업에 해당하는 용역으로서 그 대금을 외국환은행에서 원화로 받거나 기획재정부령으로 정하는 방법으로 받는 것에 한하여 영세율이 적용되는 것으로 다음의 요건을 모두 충족하여야 한다(부가법 §24 ① 3, 부가령 §33 ② 1).

1) 국내에서 국내사업장이 없는 비거주자 또는 외국법인에게 공급하여야 한다.

"국내에서 국내사업장이 없는 비거주자 또는 외국법인에게 공급되어야 한다"고 규정에서 "국내에서"라는 문언은 용역의 공급장소가 국내일 것을 전제로 하므로 소비지과세원칙에 따르더라도 국내에서 소비가 이루어진 경우에 한하여 위 규정이 적용된다(서울고법 2015누67726, 2016. 10. 26.).

2) 다음의 재화 또는 사업에 해당하는 용역이어야 한다.

㉠ 비거주자 또는 외국법인이 지정하는 국내사업자에게 인도되는 재화로서 해당 사업자의 과세사업에 사용되는 재화(후술하는 아래 "(4)"를 참조)

㉡ 전문, 과학 및 기술서비스업[수의업(獸醫業), 제조업 회사본부 및 기타 산업회사본부는 제외한다]

> 국내모회사가 해외자회사에게 경영자문용역을 제공하는 경우 위 "㉡"의 괄호에 따른 회사본부가 제공하는 용역에 해당하여 영세율 적용이 배제되고 면세사업에도 해당하지 않음.

㉢ 사업지원 및 임대서비스업 중 무형재산권 임대업

㉣ 통신업

㉤ 컨테이너수리업, 보세구역의 보관 및 창고업, 「해운법」에 따른 해운대리점업, 해운중개업(2008. 2. 22. 이후 공급분부터), 선박관리업(2016. 2. 17. 공급분부터)

㉥ 정보통신업 중 뉴스제공업, 영상·오디오 기록물 제작 및 배급업(영화관 운영업과 비디오물감상실 운영업은 제외한다), 소프트웨어개발업, 컴퓨터프로그래밍, 시스템통합관리업, 자료처리, 호스팅, 포털 및 기타 인터넷 정보매개서비스업, 기타 정보서비스업

㉦ 상품중개업(상품종합중개업, 기계장비중개업, 기타 상품중개업 등) 및 전자상거래 소매 중개업

㉧ 사업시설관리 및 사업지원서비스업(조경관리 및 유지서비스업, 여행사 및 기타 여행보조 서비스업은 제외한다)(2012. 7. 1.부터 시행)

㉨ 「자본시장과 금융투자업에 관한 법률」 제6조 제1항 제4호에 따른 투자자문업(2020. 7. 1. 공급분부터 적용)

㉩ 교육서비스업(교육지원 서비스업만 해당한다)(2012. 7. 1.부터 시행)

㉪ 보건업(임상시험용역을 공급하는 경우로 한정한다)
  • 국가경쟁력 제고를 위해 2015. 2. 3. 이후 공급분부터 적용한다.
  • 동물실험용역은 전문, 과학 및 기술서비스업에 해당한다.

ⓔ 관세법에 의한 보세운송사업자가 제공하는 보세운송용역(부가칙 §23)

3) 그 대가를 외국환은행에서 원화로 받아야 한다.

가. 의의

앞 "2)"의 재화 또는 용역의 대가를 외국환은행에서 원화로 받거나 기획재정부령(부가칙 §22)으로 정하는 방법으로 받아야 영세율이 적용된다. 이때 '대금을 외국환은행에서 원화로 받는 것'이라 함은 단순히 세무행정의 편의를 위하여 훈시적으로 대금지급방법을 예시한 것이 아니므로 엄격하게 해석하여야 한다(대법원 2005두12718, 2007. 6. 14.).

나. 영세율 적용대상 결제방법

부가령 제33조 제2항 제1호 및 제2호에서 정하는 영세율이 적용되는 그 밖의 외화 획득 재화 또는 용역의 결제방법은 다음과 같다.

국내에서 국내사업장이 없는 비거주자 또는 외국법인(이하 "외국법인 등")에 공급되는 부가령 제33조 제2항 제1호 각목의 어느 하나에 해당하는 재화 또는 사업에 해당하는 용역(이하 "특정용역")으로서 그 대금을 외국환은행에서 원화로 받거나 기획재정부령으로 정하는 방법으로 받는 경우(이하 "영세율 적용대상 결제방법") 해당 재화 또는 특정용역의 공급에 대하여 영세율을 적용한다(부가령 §33 ② 1).

국내사업장이 있는 외국법인 등에게 공급하는 재화 또는 특정용역의 공급이 영세율이 적용되기 위해서는 국내에서 국외의 외국법인 등과 직접 계약(국내사업장이 아닌 국외의 외국법인 등이 특정용역 공급계약의 일방이 되는 계약)에 따라 외국법인 등에게 재화 또는 특정용역을 공급하고 그 대금을 해당 국외 외국법인 등으로부터 영세율 적용대상 결제방법으로 받아야 한다(부가령 §33 ② 2).

"외화"의 의미는 대외지급수단으로서 외국통화, 외국통화로 표시된 지급수단(수표, 어음, 비거주자용 원화표시 여행자수표 등) 및 외국에서 사용할 수 있는 지급수단 등을 포함하는 개념이며(외국환거래법 §3, 대외무역관리규정 §1 2), "외국환은행"이란 「외국환거래법」 제8조 제1항에 따라 외국환업무를 영위하는 자를 말한다.

"외국환은행에서 원화로 받는 것"의 구체적 의미는 비거주자 또는 외국법인으로부터 국내의 외국환은행 계좌로 직접 송금받아 외국환은행에서 매각(원화로 인출)하는 경우를 의미하며, 외화로 이체받아 외화로 출금하여 종업원의 급여나 거래처 매입대금 등에 결제한 경우도 이를 포함한다(부가-200, 2009. 1. 14.).

이 밖에도 부가법 시행규칙 및 기재부 해석에서 정하는 영세율 적용대상 결제방법은 아래와 같다(부가규칙 §22).

 ㉠ 국내사업장이 없는 비거주자 또는 외국법인에 재화를 공급하거나 용역을 제공하고 그 대가를 해당 비거주자 또는 외국법인에 지급할 금액에서 **빼는** 방법(상계 방법)

 ㉡ 그 대가를 외국신용카드로 결제받는 경우

 ㉢ 비거주자 또는 외국법인이 국외에 소재하는 금융기관을 지급자로 하고 해당 용역의 공급자를 수취인으로 하여 발행한 개인수표를 받아 외국환은행에서 매각하는 경우

 ㉣ 국내사업장이 없는 비거주자 또는 외국법인에 용역을 제공하고 그 대금을 외국환은행을 통하여 외화로 직접 송금받아 외국환은행에 외화예금계좌로 예치하는 경우(외국환은행이 발급한 외화입금증명서에 따라 외화 입금사실이 확인되는 경우에 한정)

 ㉤ 국내사업장이 없는 외국법인에게 국내에서 제공한 분양대행 등의 용역대가를 외국법인이 국내 외국환은행에 개설한 비거주자 자유원계정에서 원화로 받는 경우(재부가-204, 2009. 3. 10.)

반면 아래의 결제방법은 영세율이 적용되지 않는다.

 ⓐ 현금통화·여행자 수표·외화에 의하여 결제받은 경우(부가 22601-1325, 1988. 7. 29.)

 ⓑ 비거주자 원화예금계정에서 원화로 송금받는 경우(부가 22601-2150, 1986. 10. 29.)

 ⓒ 외화를 직접 받아서 외국환은행에서 매각(부가 22601-2148, 1985. 11. 2.)

 ⓓ 대가를 외국법인의 대리인(제3자)으로부터 받는 경우(서면3팀-2314, 2005. 12. 19.)

 ⓔ 대가를 직접 원화로 받은 경우(재소비 46015-72, 1999. 10. 25.)

다. 공급자의 관리·통제하에 있는 제3자를 통해 대가 수령시 영세율 적용

국내 사업자가 외국법인 등에게 재화 또는 특정 용역을 공급하고 그 대가를 외국환은행에서 원화로 받되 그 대금 수령자가 해당 국내 사업자가 아닌 제3자 명의로 받았음에도 다음의 결제방법에 대하여는 영세율 적용대상 결제방법에 포함된다고 해석하고 있다.

 ⓐ 특정 용역대가를 내국법인의 대표이사 개인이 외국환은행을 통하여 원화로 결제받고, 내국법인의 부가가치세 과세표준으로 신고하지 아니한 경우에도 영세율이 적용됨(부가 46015-1608, 1998. 7. 15.).

 ⓑ 특정 용역대가를 제3자 명의의 외국환은행 계좌를 통하여 결제받았다 하더라도 공급자의 관리, 지배하에 있었다고 볼 수 있는 경우(조심 2009서435, 2009. 7. 31.)

라. 외국법인 등의 관리·통제나 위수탁관계에 있는 제3자를 통하여 결제받는 경우

① 영세율을 긍정한 기재부 해석 및 국세청 해석 존재

국내에서 국내사업장이 없는 비거주자 또는 외국법인에게 재화 또는 용역을 공급하고 그 대금을 외국환은행으로부터 비거주자 등의 국내대리점을 경유하여 원화로 받는 경우, 국내대리점(국내 대리인, 에이전시 등을 포함)이 비거주자 등으로부터 국내대리점의 계정으로 송금된 외화를 매각하거나 비거주자 등에게 송금할 국내대리점 계정상의 외화의 전부 또는 일부를 매각하여 원화로 지급한 사실이 확인되는 때에는 영의 세율이 적용된다고 회신하였다 (기획재정부 부가가치세제과-348, 2014. 8. 11. ; 제도 46015-12017, 2001. 7. 10. ; 재무부 소비 22601-61, 1987. 1. 24.).

다만, 국세청은 국내사업자가 영세율이 적용되는 특정 용역을 공급함에 따른 대가를 제3자를 통하여 원화로 받는 경우에는 부가가치세 영세율이 적용되지 아니한다고 회신하였다 (서면3팀-2314, 2005. 12. 19. ; 제도 46015-12307, 2001. 7. 23.). 여기서 제3자란 국내대리점, 연락사무소, 준위탁매매인 외의 자를 의미하는 것으로 보아야 한다.

※ 제3자의 범위에 국내대리점이나 준위탁매매인을 포함한 해석도 일부 존재한다.

특히 특정 용역을 제공받은 외국법인의 국내사업장으로부터 대가를 받는 경우는 영세율이 배제되는 것으로 해석하였는데, 외국법인의 국내사업장(고정사업장, 국내지점)이 있는 경우 외국법인이 국내에서 공급하는 재화 또는 용역에 대하여는 해당 국내사업장이 거래에 관여했다면 국내사업장이 부가법상 납세지로서 부가가치세 납세의무가 있다는 것이 기획재정부나 국세청의 해석이다(재소비 22601-16, 1989. 1. 13. ; 부가 46015-1196, 1994. 6. 15. 외 다수). 국내사업장이 특정 용역대가의 지급에 관여한 경우 국내사업장이 특정 용역거래의 전부 또는 일부에 관여했다거나 거래의 중요하고도 본질적인 부분을 수행한 것으로 보아 국내사업장에 특정 용역을 공급한 것으로 보아 부가가치세를 과세하려는데 목적도 있었던 것으로 판단된다(서면3팀-194, 2004. 2. 9. ; 서면3팀-802, 2004. 4. 23. ; 서삼 46015-11237, 2002. 7. 27. ; 부가 46015-1446, 2000. 6. 23. ; 서면3팀-1928, 2005. 11. 2.).

② 영세율을 긍정한 조세심판원의 결정례

조세심판원은 해운중개업자가 외국선주와 국내용선자를 용선중개하고 그 대가를 국내용선자가 외국선주에게 지급할 용선료에서 차감하여 지급받는 형태인 경우 국세청의 해석 (법규과-840, 2011. 6. 29. 과세기준 자문)에도 불구하고 영세율 적용이 가능하다고 결정하였다 (조심 2011서4993, 2013. 3. 14.).

③ 광고대행사를 통한 외화 수령 시 영세율을 긍정한 사례

대법원은 준위탁매매인인 광고대행사를 통하여 위탁자인 광고매체사가 외국법인 광고주에게 광고용역을 공급한 경우, 광고대행사는 자기 명의로 광고매체사의 계산에 의하여 광고용역을 제공하는 것을 영업으로 하는 준위탁매매인에 해당하고, 준위탁매매인에 의한 용역 공급의 경우에도 부가법 제10조 제7항이 유추적용되므로 외국법인 광고주에게 광고용역을 공급한 주체는 위탁자인 광고매체사이고, 광고대행사가 외국법인 광고주로부터 외국환은행을 통하여 원화로 받은 광고료는 결국 광고매체사가 지급받은 것으로 보아 부가법 제24조 제1항 제3호 및 부가령 제33조 제2항 제1호에 정한 영세율 적용대상거래에 해당한다고 판시하였다(대법원 2010두27196, 2011. 3. 24. ; 대법원 2006두9337, 2008. 7. 10. ; 대법원 2004두12117, 2006. 9. 22.).

준위탁매매인인 광고대행사들이 위탁자인 광고매체사를 위하여 외국법인 광고주와 광고용역계약을 체결한 행위로 인한 경제적 효과는 광고매체사(광고용역 제공자)에게 귀속되므로 외국법인 광고주가 광고대금을 외화로 지급하는 경제적 효과 역시 광고매체사에게 귀속된다는 판결이다(서면3팀-1782, 2005. 10. 17.와 상반된 판결임).

④ 영세율 적용을 부정한 사례

국세청의 해석 중에는 특정용역 대금을 국내 제3자(외국법인의 국내대리점) 또는 국내대리인으로부터 받는 경우에는 영세율이 적용되지 아니한다는 사례도 다수 보인다(서면3팀-2314, 2005. 12. 19. ; 부가 22601-93, 1993. 2. 4.).

기재부 해석 중에는 외국법인에게 국내 갑과 을이 공동으로 특정용역을 제공하고 그 대가를 갑이 전부 받아 을에게 일부를 전달한 경우 을은 영세율 적용이 배제된다는 해석도 있다(재정경제부 소비세제과-581, 2005. 12. 15.).

마. 국내사업장 유무와 영세율 적용대상 결제방법의 차이

국내사업장이 있는 외국법인 등에게 국내사업자가 특정용역을 공급한 경우 부가령 제33조 제2항 제2호에서는 그 대가를 해당 외국법인으로부터 영세율 적용대상 결제방법으로 받아야 하지만, 국내사업장이 없는 외국법인 등에게 특정용역을 공급한 경우에는 그 지급자가 특정용역을 공급받은 해당 외국법인으로 한정하지 않았다.

전자의 경우 외국법인이 직접 국내사업자에게 영세율 적용대상 결제방법으로 지급하여야 할 것이지만 외국법인이 자신의 국내지점이나 국내지사(연락사무소 등 국내사업장이 아님), 준위탁매매인을 통하여 대가를 외화로 지급하는 경우나 이들을 통하여 상계방식으로 지급

한 경우까지 영세율을 배제할 것인지에 대하여는 추가검토가 필요하다(국세청은 현재 부정적인 해석이 다수이다).

반면 후자의 경우 부가령 제33조 제2항 제1호에서 영세율 적용대상 결제방법이기만 하면 그 지급자가 반드시 외국법인이 되어야 한다고 한정하지 않았으므로 외국법인이 자신의 국내지점이나 국내지사(연락사무소 등 국내사업장이 아님), 준위탁매매인에게 외화를 송금하고 이들이 다시 국내사업자에게 전달하는 경우에 영세율을 적용함이 타당하다.

물론 국내사업자에게 특정 용역대가를 선지급한 후에 국내지점이나 국내지사가 외국법인에 지급하여야 할 대가에서 상계하는 경우에도 영세율이 적용되어야 할지에 대하여는 2014년 8월 기재부 해석의 취지에 비추어 보면 법령규정보다 폭넓게 영세율 적용대상 결제방법을 해석하였다. 이러한 해석은 부가령 제33조 제2항 제1호의 거래에 영세율을 적용하는 취지가 외화획득장려에 있다는 점에서 납세자에게 현재까지 유리하게 적용되어 왔다(기획재정부 부가가치세제과-348, 2014. 8. 11. ; 재무부 소비 22601-61, 1987. 1. 24.), 이러한 해석은 조세심판원의 결정(조심 2011서4993, 2013. 3. 14.), 대법원 판례(대법원 2010두27196, 2011. 3. 24. ; 대법원 2006두9337, 2008. 7. 10. ; 대법원 2004두12117, 2006. 9. 22.)에서도 확인된다.

다만, 2022년 기재부는 외국본점에서 외국법인과 계약하고 국내고정사업장에서 용역을 해당 외국법인에 공급하고 그 대가를 외국본점에서 받은 경우 용역을 제공받은 해당 외국법인으로부터 받지 않아 영세율을 적용할 수 없다고 회신하였는 바(기획재정부 조세법령운용과-419, 2022. 4. 26.), 본·지점 간 역외거래에 있어서는 부가법 적용에 있어 별개의 사업실체로 의제하였으므로 국내지사가 외국법인의 국내지점이라면 국내 지점을 통한 외화의 수령은 영세율이 배제될 수 있다.

바. 제3자를 통한 대가 수령 시 영세율 적용을 배제한 기재부 해석

국내 보세운송사업자("갑")가 국내사업장이 없는 외국법인(해운회사, "을")에게 보세운송용역을 공급하고 해당 용역대가를 "을"의 국내지사로부터 원화로 지급받은 경우, 동 국내지사가 "을"에 지급하여야 하는 금액에서 "을"이 국내 보세운송사업자에게 지급하여야 하는 용역에 대한 대가를 차감하고 "을"에게 외화를 송금하는 경우, 부가령 제33조 제2항 제1호 및 부가규칙 제22조에 따른 대가의 지급방법에 해당하지 아니하므로 부가가치세 영세율을 적용할 수 없다고 회신하였다(기획재정부 부가가치세제과-360, 2023. 6. 7.).

"갑"의 보세운송용역대가를 국외 "을"로부터 외국환은행에서 원화로 받지 아니하였을뿐만 아니라 국외 "을"로부터 "을"의 국내지사에 외화로 송금되지 아니하였고, 원화로 "갑"에게 지급되었는 바, 부가규칙 제22조에서 정하는 상계의 방법은 거래당사자("갑"과 "을")

간의 상계를 의미하므로 영세율이 적용되는 상계에 해당하지 아니하며, 국내지사가 "갑"과 "을"간의 거래에 있어 준위탁매매인도 아니어서 부가령 제33조 제2항 제1호나 부가규칙 제22조의 어느 하나에 해당하는 결제방법으로 결제받은 것은 아니다(외화획득에 간접적으로 기여한 것은 맞다). 결론적으로 질의의 사실관계에 따른 결제방법은 엄격해석의 원칙상 열거된 영세율 적용대상 결제방법에는 속하지 아니한 것으로 판단된다.

위 기재부 해석은 종전 기재부 해석이나 조세심판 결정례에 반하여 특별한 사유도 없이 납세자에게 불리하게 해석한 것으로 종전 해석을 신뢰하고 영세율을 적용하고 있는 다수 사업자들에게 미치는 영향이 클 수밖에 없다(변경 사유가 정당하더라도 쟁점 기재부 해석 생성일 이후 공급분부터 적용하도록 적용시기도 함께 회신했어야 한다).

4) 원화채권, 채무의 상계가 영세율 적용대상이 될 수 있는지

부가규칙 제22조 제2호에서 영세율 적용대상 결제조건 중 하나로서의 상계란 보통 거래관계에서의 채권, 채무의 상계로서 외국환거래규정에서 인정하거나 외국환관리법령을 위반하지 아니하는 상계의 방법이면 족할 것이다. 또한 부가법령에서도 외화채권과 외화채무 간의 상계로 한정하여 규정하지 아니하였고, '외화획득'이란 외국에서 외화가 국내로 유입되는 경우뿐만 아니라 국내의 외화가 국외로 유출되어야 하나 위 상계방법으로 유출되지 아니한 경우까지 포함하는 것이 부가령 제33조 제2항 제1호의 취지에 부합하다. 이러한 취지에서 기재부는 외국법인의 공급대가를 국내기업이 원화로 받고 자신의 중개용역대가를 차감하여 외국법인에게 잔액을 송금한 경우에도 상계에 따른 결제방법으로서 해당 중개용역에 대하여 영세율 적용이 가능하다고 회신하였다(기재부 부가가치세제과-0484, 2008. 11. 17.).

국세청도 외국법인인 수출자가 국내기업인 수입자와 기계판매계약을 체결하고 수입자에게 기계를 발주받았으나 수입자의 사정으로 계약을 취소하고 위약금을 지급하기로 합의함에 따라 해당 거래를 중개한 국내 오퍼상이 위약금을 대리수령해 향후 발생할 중개수수료와 상계하기로 약정한 경우 오퍼상의 중개용역에 대하여 대금결제조건(상계)을 충족한 것으로 보아 영세율 적용대상으로 회신하였다(부가 22601-490, 1992. 4. 16.).

5) 상호주의의 적용 도입

위 외화획득사업 중에서 앞 "2)"의 "ⓒ" 사업 중 전문서비스업과 "ⓜ"의 사업(사업시설관리 및 사업지원 서비스업)에 해당하는 용역의 경우에는 2016. 7. 1. 이후 계약체결·수정·변경·갱신계약에 따라 공급하는 분부터, 2020. 7. 1. 공급분부터 영세율이 적용되는 자본시장법에 따른 투자자문업의 경우에는 해당 국가에서 우리나라의 거주자 또는 내국법인에 대하여 동일하게 면세하는 경우(우리나라의 부가가치세 또는 이와 유사한 성질의 조세가 없거나 면세하는 경우를 말함)에 한정하여 영세율을 적용한다(부가령 §33 ② 1, 2의 단서 : 사전-2016-법령해석부가-0287, 2016. 8. 17.).

상호면세주의 도입 필요성에는 공감하나 상호면세국에 해당하는지에 대한 입증서류를 납세자에게 제출하도록 함으로써 납세자에게 과중한 부담을 지운 면이 있다. 따라서 국세청이나 기획재정부가 해당 국가를 적극적으로 찾아 납세자에게 정보를 제공하도록 하여야 한다.

6) 신고일 현재 대가를 받지 못한 경우

가. 개요

영세율이 적용되는 그 밖의 외화획득사업으로 인한 재화 또는 용역의 공급대가를 공급시기가 속한 과세기간(예정신고기간 포함)까지 법령이 정한 방법으로 외화를 수령(상계)하지 못한 경우 시행령에 대가의 수령방법만을 규정하였을 뿐 수령시기까지 규정한 것은 아니므로 해당 과세기간에는 외화획득명세서에 관련 계약서 사본을 제출하여 영세율을 적용받고 이후 그 대가를 수령한 때에 외화획득명세서 등을 제출하면 된다. 물론 시행령이 정하는 방법 외의 방법으로 대가를 받았거나 대손처리되는 등의 사유가 발생하였다면 소급하여 영세율 적용이 배제된다.

나. 미회수채권을 신고 후에 원화로 지급받은 경우 영세율 적용

부가령 제33조 제2항 제1호 각호의 사업을 영위하는 사업자가 그 용역대금을 공급시기가 속하는 예정신고 또는 확정신고기간까지 수령하지 못하여 영세율과세표준으로 신고하면서 외화획득명세서에 미회수채권으로 기재한 경우로서 용역의 수입자인 외국법인이 착오로 원화로 송금한 경우에는 당초 영세율 적용을 배제하여야 할 것이다. 그러나 원화로 수취한 신고기간 또는 공급시기가 속한 신고기간에 원화 송금분을 다시 외국법인에 송금하고 다시 외화로 그 대가를 재송금받은 경우에는 영세율 적용이 가능하다고 판단된다.

(4) 외국법인 등이 지정하는 국내사업자에게 인도되는 재화의 영세율 적용

1) 개요

국내사업자가 국내에서 국내사업장이 없는 비거주자 또는 외국법인(이하 "외국법인 등"이라 한다)과 계약에 따라 재화를 공급하거나 외국법인 등이 국내사업장을 가진 경우에도 외국법인 등과의 직접 계약에 따라 재화를 공급하는 경우(해당 재화가 외국법인의 국내사업장에게 제공되어 실질적으로 사용·소비되는 경우를 제외), 아래의 요건에 해당되면 해당 재화의 공급에 대하여 영세율이 적용된다(부가법 §24 ① 3, 부가령 §33 ② 1, 2).

① 외국법인 등이 지정하는 국내사업자에게 인도되고
② 해당 재화가 인도받은 국내사업자의 과세사업에 사용되며
③ 국내사업자가 그 대가를 외국법인 등으로부터 외국환은행을 통하여 원화로 받거나 기획재정부령으로 정하는 방법으로 받는 경우

"국내에서 국내사업장이 없는 비거주자 또는 외국법인에게 공급되어야 한다"는 규정에서 "국내에서"라는 문언은 재화나 용역의 공급장소가 국내일 것을 전제로 하므로 소비지과세원칙과 달리 국내에서 소비가 이루어지더라도 위 규정이 적용된다(서울고법 2015누67726, 2016. 10. 26.).

다만, 동 규정은 외국법인 등에게 공급되는 재화에 대하여 영세율 적용이 가능하다는 것이므로, 용역결과물이 있더라도 외국법인 등에게 용역을 제공하는 형태라면 위 규정 적용이 불가하다. 즉, 재화의 공급으로 볼 수 있는 경우에 한하여 대금결제조건과 인도받은 내국법인이 과세사업에 사용한다면 동 규정 적용이 가능하다. 특히 아래 해석을 들어 용역을 제공한 경우라도 그 결과물이 국내사업자에게 인도되었기 때문에 영세율이 적용된다는 해석으로 오인하고 있는데 해당 임가공 용역을 '그 외 기타 분류안된 사업지원 서비스업'(75999)에 해당하기 때문에 영세율로 해석한 것임에 주의하여야 한다(집행기준 2-4-4, 부가 46015-1527, 1996. 7. 57. ; 부가 46015-2801, 1997. 12. 13. 외).

> **외국법인에게 수탁 가공용역을 공급하는 경우 영세율 적용 여부**
>
> 국내사업자가 국내사업장이 없는 외국법인과의 가공계약에 따라 외국법인으로부터 공급받은 의류반제품에 주요자재를 부담하지 아니하고 단순 가공만 한 후 외국법인이 지정하는 국내 다른 사업자에게 완성된 제품을 인도하고 그 대금을 외국법인으로부터 외국환은행에서 원화로 받는 경우로서 해당 국가에서 우리나라의 거주자 또는 내국법인에 대하여 동일하게 면세하는 경우「부가가치세법 시행령」제33조 제2항 제1호에 따라 영세율이 적용되는 것임(사전-2020-법령해석부가-0327, 2020. 4. 16.).

2) 해당 규정의 입법취지

위 규정에서 재화의 공급장소가 국내임에도 영세율을 적용하려는 취지는 국내 사업자간의 거래일 경우 세금계산서를 수수하여 거래징수된 부가가치세액이 예외없이 납부 및 공제(환급)될 것이나, 외국법인등이 거래에 개입된 경우 위 영세율 적용규정이 없다면 국내사업자(공급자)는 외국법인등에 세금계산서를 발급할 수 없고, 국내 수요자는 국내사업자(공급자)와 거래당사자가 아니기 때문에 세금계산서를 수취하여 매입세액공제를 받을 수 없어 국내 수요자(즉 외국법인등이 지정하는 국내사업자)가 과세사업에 해당 재화를 사용하는 경우에 영세율 적용을 허용함으로써 부가가치세 세수의 누수없이 국내 사업자의 부가가치세 부담을 완화하고자 하는 정책적 목적에 따른 배려로 신설될 것이다.

3) 국내사업자의 과세사업에 사용되는 재화의 의미

'국내사업자에게 인도되는 재화로서 해당 사업자(인도받은 사업자)의 과세사업에 사용되는 재화'에서 '과세사업에 사용된다'함은 세법해석이나 국세행정의 관행에 따라 실제 해당 사업자가 부가가치세를 신고·납부하였는지 또는 과세관청에 의하여 부가가치세가 과세되었는지와 무관하다. 즉, 국내사업자가 해당 재화를 과세사업에 활용하여 실제 매입세액을 공제받고 해당 재화를 활용하여 새롭게 창출한 부가가치에 대하여 실제 부가가치세를 납부한 경우로 해석할 수 없다. 따라서 해당 사업자(인도받은 국내사업자)의 사업이 부가가치세 과세대상 사업에 해당하는 경우라면 그 과세사업에 사용되는 재화로서 영세율 적용이 가능하다(서울행법 2019구합56746, 2020. 4. 16. ; 서울고법 2020누41353, 2020. 11. 25.).

4) '외국법인이 지정하는 국내사업자에게 인도하여야 한다'는 의미

외국법인등과의 계약에 따라 생산된 재화를 외국법인등이 지정하는 자에게 인도하여야 한다는 의미는 현실적인 인도 또는 부가법 제9조에 따른 재화의 공급(외국법인이 지정한 국내사업자 간에 재화의 공급계약이 반드시 전제되어야 한다거나 소유권이 이전되는 것을 전제로 하는 것은 아님)을 의미하는 것이 아니라 외국법인등과 인도받는 국내사업자 간에 어떠한 계약이 존재하던지 그 내용이 무엇이든지에 관계없이 해당 재화를 국내사업자에게 넘겨 주는 것으로 족하다(서삼 46015-11646, 2002. 9. 30.).

아울러 국세청은 외국법인과의 계약에 따라 자신이 완성한 외국법인 소유의 재화를 국내의 다른 사업자에게 인도함이 없이 자신의 사업장에서 과세사업에 사용하는 경우(임차료를 지급하거나 완성된 재화를 통하여 외국법인을 위해 임가공물을 생산해 수출하는 경우를 포함)에도 해당 재화의 제조대가에 대하여 영세율 적용이 가능한 것으로 해석하였다(부가가치세과-564, 2012. 5. 18.외 1).

5) 재화 인도 후 사후관리 필요

외국법인 등과의 계약에 의하여 국내사업장에 인도한 재화가 과세사업에 사용되어야 하므로 공급자가 영세율을 적용받기 위해서는 인도받은 국내사업자가 해당 재화를 과세사업에 사용하였거나 사용할 것인지를 사후관리하여야 하는 어려움이 생기고, 과세사업과 면세(비과세)사업에 공통으로 사용한 경우에는 영세율과 일반세율로 안분해야 하는지 영세율 적용을 배제하여야 하는지에 대한 규정도 미비하므로 공급자가 손해를 보지 않기 위해서는 과세사업에 사용한다는 확약을 받고 거래를 하는 것이 안전하다.

(5) 공급가액

사실상 국내거래에 해당되므로 영세율 적용의 대상이 되는 공급가액은 부가법 제29조에 따라 산정하며, 외화로 지급받는 경우 외화환산은 부가령 제59조의 규정에 따른다.

(6) 세금계산서 발급의무 면제

국내사업장이 없는 비거주자 또는 외국법인에게 공급하는 재화 또는 용역은 해당 비거주자 또는 외국법인이 해당 외국의 개인사업자 또는 법인사업자임을 증명하는 서류를 제시하고 세금계산서의 발급을 요구하는 경우를 제외하고는 세금계산서의 발급의무가 면제된다(부가령 §71 ① 5).

(7) 영세율 첨부서류

부가가치세 예정신고·확정신고 또는 영세율 등 조기환급신고시에 제출하는 영세율 첨부서류는 외국환은행이 발급하는 외화입금증명서이나, 부득이한 사유에 의하여 이를 제출할 수 없을 때는 영세율 규정 지정서류인 용역공급계약서 사본을 제출하며, 외화가 입금되지 아니하거나 상계한 경우에는 외화획득명세서에 영세율이 확인되는 증명자료를 첨부하여 제출한다(부가통칙 24-101-1).

또한 사업자가 국세청장이 정하는 바에 따라 해당 영세율첨부서류를 복사하여 저장한 테이프 또는 디스켓을 영세율첨부서류제출명세서(전자계산조직에 의하여 처리된 테이프 또는 디스켓을 포함한다)와 함께 제출할 수 있다.

4   **국내사업장이 있는 비거주자 · 외국법인에 공급하는 재화 또는 용역**

(1) 국내사업장이 있는 경우 영세율 적용

1983. 12. 31.까지는 국내사업장이 있는 외국법인에게 제공하는 재화 또는 용역에 대하여 는 영세율 적용을 배제하였으나 외국법인에게 동일한 재화 또는 용역이 제공되고 외화획득 하였음에도 영세율 적용을 배제함은 납세자에게 심히 불리하고 영세율 적용의 근본취지가 소비지국 과세임에 비추어 외국법인의 국내사업장 유무가 문제가 될 수 없으므로 국내 사 업장이 있는 외국법인 등에의 공급이라도 마치 국내사업장이 없는 외국법인 등에게 공급하 는 것과 같은 실질이면 영세율을 적용하도록 하였다(대법원 85누369, 1985. 11. 26.).

따라서 국내사업장이 있는 비거주자 · 외국법인에게 공급하는 재화 또는 용역의 공급이 영세율이 적용되기 위해서는 국내에서 국외의 비거주자 또는 외국법인과 직접 계약(국내사 업장이 아닌 국외의 비거주자 · 외국법인이 용역공급 계약의 일방이 되는 계약)에 따라 앞에서 언급한 '국내사업장이 없는 비거주자 · 외국법인에 공급하는 재화 또는 사업에 해당하는 용역'을 제공하고 그 대가를 해당 국외의 비거주자 또는 외국법인으로부터 외국환은행을 통하여 원 화로 받거나 기획재정부령으로 정하는 방법으로 받는 것이어야 한다(외국신용카드로 받는 경 우 포함)[부가령 §33 ② 2, 부가칙 §22].

거래상대방이 국외의 외국법인 등이므로 외국법인의 국내사업장과의 계약에 따른 재화 또는 용역의 공급은 당연히 해당 규정이 적용되지 아니한다.

또한 외국법인의 국내지점(외국법인의 부가법상의 국내사업장)에 재화나 용역을 공급하고 국 내지점이 이를 직접 사용 · 소비하는 경우 국내지점은 외국법인 등이 지정하는 국내사업자 에 해당하지 아니하고, 국제간 무역거래로 파악할 수 없어 영세율이 배제되므로 국내지점 에 10%의 부가가치세가 기재된 세금계산서를 발급하여야 한다(대법원 85누369, 1985. 11. 26. ; 사전-2016-법령해석부가-0148, 2016. 4. 22. ; 부가-1317, 2010. 10. 5. ; 서면3팀-811, 2006. 5. 2. ; 서면3팀-716, 2005. 5. 24. ; 부가 22601-1710, 1988. 9. 23.).

(2) 비거주자 또는 외국법인과 "직접 계약"의 의미

외국법인의 국내사무소 등(국내사업장에 해당하는 경우를 포함하며, 이하 "국내지점"이라 한다)이 국내사업자(공급받는 자)와 외국법인(공급자) 사이의 재화 또는 용역의 공급거래에 대한 보조 적 또는 예비적 활동을 수행하였다 하더라도 국내사업자와 외국법인 간에 공급계약에 따라 실질적 거래가 이루어진 경우 외국법인을 배제하고 국내사업자와 국내지점을 직접 거래당사자로 취급되어 직접 계약에 의해 공급이 이루어진 것으로 의제할 수 없고, 국내 고정사업장으로 취급되어서도 아니된다(동지 : 대법원 2008두9584, 2011. 6. 30.).

국내사업장이 있는 외국법인과의 거래에 있어 국내지점이 거래처의 알선이나 계약체결 등 일부 업무를 수행한 경우 국내사업자는 국내지점에 세금계산서를 발급하여야 한다는 국세청의 해석에 따라 부가가치세 과세가 이루지는 사례가 있으나, 국내지점이 외국법인(본점)을 위하여 용역의 자가공급이 있었고 독립적인 제조, 판매 등의 활동을 수행하지 아니하였음에도 세금계산서 수취대상 사업장으로 보는 것은 유사한 역할을 수행하는 자동차 영업소나 연락사무소 등을 사업장으로 보지 아니하는 국세청의 기존해석과 배치되고 외국법인이라는 이유로 사업장판정을 달리할 법적 근거도 없다.

뿐만 아니라 이는 부가령 제33조 제1항 제2호 "직접 계약"의 의미를 법률적 근거없이 유추확대한 해석으로 재검토가 필요하고, 이 점을 지적한 소송이 진행중이다(서삼 46015 - 11237, 2002. 7. 27.).

"직접 계약"이란 외국법인과 국내사업자 사이에 제3자가 거래에 끼어들어 다단계의 거래를 하는 경우(도급 및 하도급의 관계이거나 제3자가 구매하여 다시 재판매하는 경우 등을 말함)를 의미한다고 보아야 하며, 제3자가 공급받는 자와 공급자 사이에 중개, 주선 등의 역할을 수행한 경우에도 외국법인(공급받는 자)과 국내사업자(공급자) 간 "직접 계약"에 따라 재화나 용역이 공급된 것이다.

다만, 외국법인과 직접 계약을 체결한 경우라도 해당 재화나 용역이 국내지점에 공급되어 국내지점에서 실질적으로 사용·소비되는 경우에는 예외적으로 국내사업장과의 거래로 확대할 수는 있다고 본다(사전 - 법령해석부가 - 0148, 2016. 4. 22. ; 서면3팀 - 811, 2006. 5. 2.).

구 부가령(1982. 12. 31 대통령령 제10981호로 개정되기 전의 것) 제26조 제1항 제1호의 "국내에서 국내사업장이 없는 비거주자 또는 외국법인에게 공급되는 재화 또는 용역"이란 국내에서 비거주자 또는 외국법인과의 직접 계약에 의하여 국내사업장을 거침이 없이 공급됨으로써 외화획득을 하는 재화 또는 용역이라는 뜻으로 풀이되므로 국내사업장이 있는 비거주자 또는 외국법인이라도 이들과의 직접 계약에 의하여 국내사업장을 거침이 없이 공급되어 외화획득을 하게 되는 재화 또는 용역의 경우는 국내사업장이 없는 경우와 마찬가지로 위 시행령의 규정에 의하여 영세율이 적용된다고 보아야 할 것이며, 1983. 12. 29. 대통령령 제11285호로 개정된 부가령 제26조 제1항 제1의 2호는 위와 같은 개정 전 규정의 해석을 명문화한 것에 지나지 않는 것이고, 종전의 입법목적과 다른 취지에서 신설한 규정으로 보기 어렵다는 판례도 존재한다(대법원 85누369, 1985. 11. 26.).

따라서 국내사업장이 있는 비거주자, 외국법인에게 공급하는 재화 또는 용역의 공급이 영세율이 적용되기 위해서는 계약의 체결, 재화 또는 용역의 공급 상대방이 모두 국외의 비거주자·외국법인인 경우로서 ① 국내에서 국외의 비거주자 또는 외국법인과 직접계약에 따라, ② 부가령 제33조 제2항 제1호 각 호에 따른 재화 또는 용역을 제공하고, ③ 국외의 비거주자 또는 외국법인으로부터 외국환은행에서 원화로 받거나 부가칙 제22조에 따른 방법으로 받는 경우이어야 하며, 계약의 당사자가 국외의 비거주자 등이라도 그것이 허위임이 밝혀지거나, 재화 또는 용역이 외국법인의 국내사업장에게 제공되어 실질적으로 사용·소비되는 경우 외에는 영세율이 적용되어야 함이 원칙이다(부가가치세과-1317, 2010. 10. 5. 외 다수). 아울러 판매하는 것과 관련한 결정 권한, 책임 그리고 판매대금의 소유권이 전적으로 외국법인이 보유하고 있는 동 거래에 대하여 국내사업자와 국내지점을 거래당사자 또는 직접 계약이 있는 것으로 의제하는 것은 부당하다고 본다(서울고등법원 2018누30992, 2018. 10. 5.).

(3) 상호주의의 적용 도입

위 외화획득사업 중에서 해당 국가에서 우리나라의 거주자 또는 내국법인에 대하여 동일하게 면세하는 경우(우리나라의 부가가치세 또는 이와 유사한 성질의 조세가 없거나 면세하는 경우를 말함)에 한정하여 영세율을 적용하는 사업은 앞 "3"의 "국내사업장이 없는 비거주자·외국법인에 공급하는 재화 또는 용역"에서의 범위와 동일하다(부가령 §33 ② 1의 단서 및 2).

(4) 대금결제방법

위 외화획득사업 중에서 해당 국가에서 우리나라의 거주자 또는 내국법인에 대하여 동일하게 면세하는 경우(우리나라의 부가가치세 또는 이와 유사한 성질의 조세가 없거나 면세하는 경우를 말함)에 한정하여 영세율을 적용하는 사업은 앞 "3"의 "국내사업장이 없는 비거주자·외국법인에 공급하는 재화 또는 용역"에서의 범위와 동일하다(부가령 §33 ② 1의 단서 및 2).

(5) 세금계산서 발급의무, 공급가액, 영세율 첨부서류

앞에서 기술한 국내사업장이 없는 비거주자·외국법인에 공급하는 재화 또는 용역에 대한 영세율 적용과 같다.

(6) 대금결제방법에 따른 영세율 조건 비교

부가가치세법 제21조·제22조·제23조(수출, 국외제공용역, 외국항행용역)의 거래는 대금조건과 관계없이 영세율이다. 원화, 외화, 무상을 불문하고 영세율이다. 그러나 같은 법 제24조의 외화를 획득하는 재화 또는 용역은 대가를 외국환은행에서 원화로 받는 경우에만 영세율이 적용되는 것과 대금결제수단에 관계없이 영세율이 적용되는 것이 있으며 그 사례는 다음과 같다.

대금결제요건 필요	대금결제요건 불필요
• 국내 사업장이 없는 비거주자 또는 외국법인에게 공급되는 특정 재화 또는 용역 • 비거주자 또는 외국법인의 국내사업장이 있는 경우 국내에서 국외의 비거주자 또는 외국법인과 직접 계약에 의하여 공급되는 특정 재화 또는 용역 • 일반 여행업자가 외국인관광객에게 공급하는 관광알선용역 • 외국인전용판매장 또는 주한외국군인 및 외국인선원 전용 유흥음식점업을 경영하는 자는 외화를 받아 외국환은행에서 원화로 환전하는 경우	• 수출업자와의 도급계약에 따라 공급하는 수출재화임가공용역 • 국내에 주재하는 외국정부기관, 국제기구 또는 미국군에게 공급하는 재화 또는 용역 • 외국을 항행하는 선박, 항공기 및 원양어선에 공급하는 재화 또는 용역 • 내국신용장 또는 구매확인서에 의하여 공급하는 수출재화 임가공용역 • 외국인전용 관광기념품 판매업자가 물품판매기록표에 의하여 외국인 관광객에게 공급하는 관광기념품 • 외교관 등이 외교관면세점에서 외교관면세판매기록표에 의하여 공급받는 음식·숙박용역, 석유류, 보석제품 등의 물품, 주류, 자동차

수출재화임가공용역

(1) 개요

위탁가공이라 함은 타인에게 원재료 등을 제공하여 해당 원재료 등에 공작을 가하여 새로운 물건을 만들거나 노력을 가하고 그 대가로서 보수를 지급하는 것을 말한다. 외주가공 또는 임가공이라고도 하며 도급계약에 해당한다.

수출재화임가공용역이란 수출업자와 직접 도급계약에 의하여 수출재화를 임가공하는 용역 및 내국신용장 등에 의하여 공급하는 수출재화의 임가공용역을 말한다.

수출업자와 직접 도급계약에 의하여 수출재화를 임가공하는 수출재화임가공용역과 내국신용장 또는 구매확인서에 의하여 공급하는 수출재화임가공용역에 대하여는 영세율을 적용한다. 다만, 수출재화임가공용역을 제공하는 사업자가 부가법 제32조에 따라 부가가치세를 별도로 적은 세금계산서를 발급한 경우에는 그러지 아니한다(부가령 §33 ② 3).

(2) 개념정의 및 영세율 적용범위

1) 임가공

임가공이란 타인의 의뢰에 의하여 타인이 공급한 재화에 주요 자재를 해당 사업자가 전혀 부담하지 아니하고(일부의 부자재를 부담하는 것은 무방하다) 단순히 가공만 하여 주고 그에 대한 대가를 받는 것을 말한다.

임가공계약서에는 품목, 규격, 수량, 임가공단가, 금액, 관계 신용장 번호, 가공을 위탁하는 사업자가 수출업자임이 표시되어야 할 것이다.

2) 수출업자

직접도급계약에 따라 제공하는 임가공용역에 대하여 영세율을 적용할 수 있는 경우는 거래상대방은 수출업자이어야 한다. 여기에서의 수출업자는 명의여하에 관계없이 수출을 자기 계산과 자기책임하에 하는 자이다.

㉠ 수출품 생산업자가 수출업자와 수출대행계약을 체결하여 대행수출하는 경우의 수출품 생산업자는 "수출업자"에 해당하므로 동 수출품 생산업자와 직접 도급계약에 의하여 수출재화를 임가공하는 용역은 영세율의 적용대상이 된다(부가 1265.1 - 989, 1982.

4. 20. : 부가 22601 - 829, 1989. 6. 15.).

  ⓛ 수출업자가 반드시 수출신용장에 의하여 수출하는 경우만 동 수출업자에게 제공하는 임가공용역에 영세율 적용을 하는 것은 아니므로 수출금융규정에 의하여 수출신용장 없이 내국신용장을 개설할 수 있는 비축한도를 인정받은 수출업자와 직접 임가공 도급계약을 체결하고 수출용 재화를 임가공하는 때에는 영의 세율을 적용한다(부가통칙 24 - 33 - 5).

  ⓒ 내국신용장에 의하여 수출품을 생산하는 사업자는 수출업자에 해당되지 않으나 완제품내국신용장에 의하여 수출업자에게 공급하는 사업자라도 수출대행계약에 의하여 대행수출을 하면 수출업자에 해당된다(부가 22601 - 77, 1986. 1. 15. : 국심 83서573, 1983. 6. 23.).

  ⓔ 다른 수출업자로부터 개설받은 내국신용장에 의하여 재화를 공급하는 사업자 또는 다른 수출업자와의 직접 도급계약에 의하여 수출재화를 임가공하는 사업자는 수출업자에 해당되지 않으므로 이에 대한 직접 도급계약에 의한 임가공용역의 공급은 영세율 적용대상이 아니다(부가통칙 22 - 101 - 1).

  ⓜ 다른 수출업자로부터 내국신용장을 받아 수출용 재화 또는 임가공용역을 제공하는 사업자가 다시 다른 사업자에게 재임가공을 주는 경우에는 2차 내국신용장 등이 개설된 경우에만 재임가공용역에 대하여 영세율이 적용된다(부가 22601 - 1045, 1985. 6. 10.).

3) 직접 도급계약

  영세율이 적용되기 위한 요건으로 수출업자와 직접 도급계약에 의한 임가공용역의 제공을 정하고 있으므로 수출업자와 도급계약한 자와 다시 도급계약을 체결한 하도급자는 해당되지 않는다(대법원 88누2182, 1988. 12. 20.).

  여기서 도급(Subcontract)계약이란 당사자의 일방(수급인)이 어느 일을 완성할 것을 약정하고 상대방(도급인)이 그 일의 결과에 대하여 보수를 지급할 것을 약정함으로써 성립하는 계약(민법 §664)을 말한다. 도급은 타인의 노무를 이용하는 계약의 일종이므로 일의 완성결과를 목적으로 하는 점에 특색이 있다. 따라서, 아무리 노무를 제공하더라도 그 결과가 발생하지 않으면 채무는 이행된 것이 아니어서 보수를 청구할 수 없다. 반대로 결과만 발생하면 되므로 일은 반드시 수급인 자신의 노무에 의할 것을 요하지 않고 하도급을 주어도 무방하다.

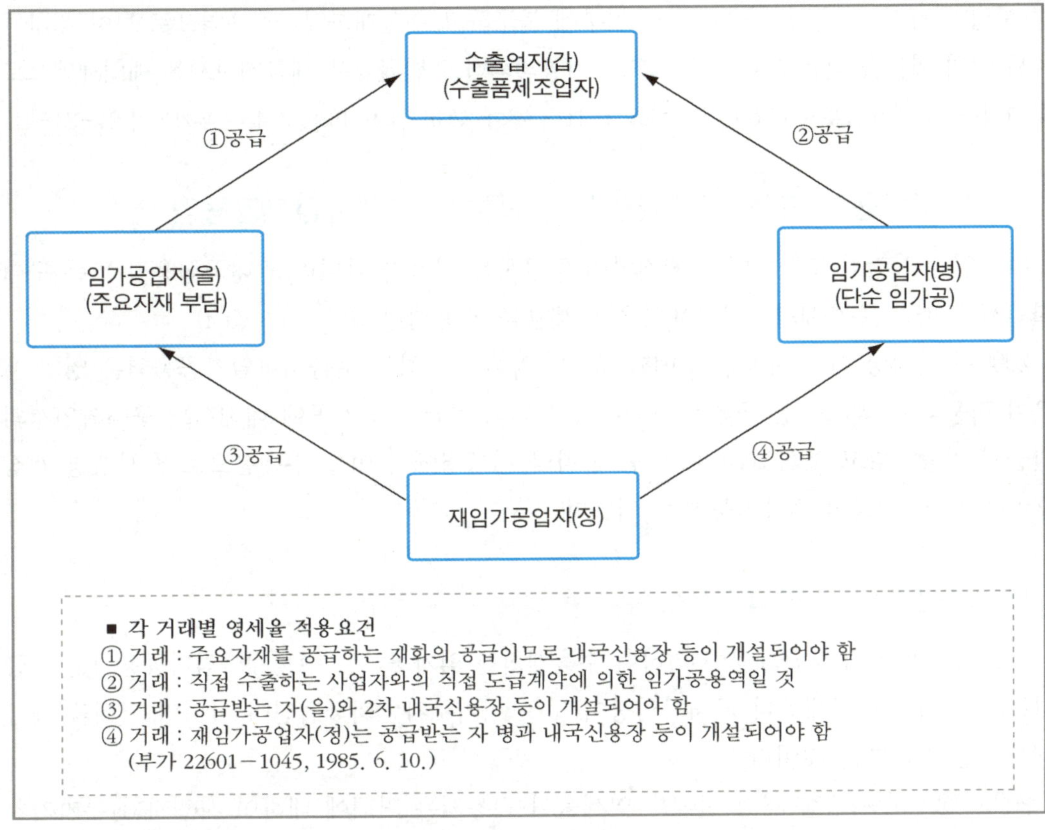

(3) 수출재화임가공용역 · 수출재화염색임가공

임가공업자가 부자재의 일부를 부담하여 공작을 가하여 납품하는 경우에도 임가공용역에 해당되며 영세율이 적용되나, 주요자재의 일부를 부담하여 임가공하면 임가공용역이 아니고 재화의 공급인 것이므로 내국신용장 또는 구매확인서를 개설받아 공급하는 경우에만 영세율이 적용된다(부가통칙 21−31−11, 24−33−3).

다만, 재화의 공급에 해당하는 수출재화염색임가공은 재화의 공급에 해당함에도 예외적으로 수출재화임가공용역에 포함하여 내국신용장(구매확인서)의 개설없이도 영세율이 적용된다.

또한 임가공계약상 임가공업자가 주요자재를 부담하도록 하였더라도 실제로 부담하지 않았다면 재화의 공급이 아니고 임가공용역을 공급한 것이므로 영세율의 적용대상이 된다(국심 83부104, 1983. 4. 23. ; 국심 82서799, 1982. 7. 16.).

수출업자와 직접 도급계약에 의하여 수출재화를 임가공하는 용역은 직접 도급계약을 체결

한 사업자 자신이 임가공하였는지의 여부에 불구하고 수출재화임가공용역으로 보아 부가가
치세 영의 세율을 적용받을 수 있으므로 가공의뢰하고 발급받은 세금계산서는 매입세액으로
공제받을 수 있다(부가 1265.1-62, 1983. 1. 11. ; 부가 22601-159, 1986. 2. 1. ; 부가통칙 24-33-4).

(4) 내국신용장 또는 구매확인서에 따른 수출재화임가공용역

수출업자와 직접 도급계약을 체결하여 공급하는 경우가 아니라도 내국신용장 또는 구매
확인서에 따른 수출재화임가공용역은 영세율을 적용한다(부가령 §33 ② 4).

2000년 시행령 개정 전에는 구매확인서에 의해 공급하는 수출재화임가공용역은 영의 세
율이 적용되지 않았으나, 구 산업자원부가 용역의 공급인 임가공에 대해서도 구매확인서의
발급이 가능하다고 해석(2000. 8. 31.)함에 따라 시행령에서 이를 수용함으로써 시행령 개정
후에는 영의 세율이 적용가능하게 되었다.

(5) 세금계산서 발급의무

수출업자와 직접 도급계약에 의하여 수출재화를 임가공하는 수출재화임가공용역을 공급
하는 경우에 거래상대방이 국내사업장이 없는 비거주자·외국법인이 아니면 영세율 세금
계산서를 발급하는 것이다.

2000. 12. 29. 시행령 개정 전에는 영세율이 적용되는 거래에 대하여 사업자가 부가가치
세를 거래 징수한 세금계산서를 발급하고 신고·납부한 경우 사실과 다른 세금계산서로 보
아 매입세액을 불공제하였으나 개정 후에는 수출업자와 직접 도급계약에 의해 수출재화를
임가공하는 수출재화임가공용역에 대해 부가가치세를 기재한 세금계산서를 발급한 경우
정당한 거래로 인정하여 매입세액공제를 받을 수 있다.

개정이유는 내국신용장 없이 수출업자와 직접 계약에 의해 공급하는 수출재화임가공용
역의 경우 관련재화를 공급하는 시점에 해당 재화가 수출되는지 여부를 사실상 알기 어려
우므로 사업자가 선택적으로 영의 세율에 대한 세금계산서가 아닌 부가가치세를 거래징수
한 세금계산서를 발급할 수 있도록 허용한 것이다.

내국신용장이나 구매확인서에 의하여 수출재화임가공용역을 공급하는 경우에는 거래상
대방이 국내사업장이 없는 비거주자·외국법인이 아니면 세금계산서를 발급하여야 하는
것이다(부가령 §71 ① 8).

(6) 영세율 첨부서류

수출업자와 직접 도급계약에 의하여 임가공용역을 제공한 경우에는 임가공계약서 사본과 납품사실증명서류를 제출하면 된다. 다만, 해당 수출사업자와 동일한 장소에서 수출재화임가공용역을 제공하는 경우에는 1993. 1. 1. 이후 최초로 신고하는 분부터 임가공계약서 사본 제출이 면제된다(부가령 §101 ① 11 : 부가통칙 24-101-2).

한편, 위의 지정서류를 제출할 수 없는 경우에는 외화획득명세서에 영세율이 확인되는 증명자료를 첨부하여 제출한다.

내국신용장 또는 구매확인서에 의한 공급의 경우는 전자발급명세서나 내국신용장 사본 또는 수출대금입금증명서를 제출한다(부가령 §101 ① 3).

 ## 6 외국항행선박 등에 공급하는 재화 또는 용역

(1) 개요

외국을 항행하는 선박·항공기 또는 원양어선에 공급하는 재화·용역에 대하여 선박 등의 국적에 관계없이 또한 대가로 수령하는 통화의 종류에 관계없이 영세율을 적용한다. 다만, 외항선박 등에 제공하는 개별 재화 또는 용역이 영세율 적용대상인지 여부에 대하여 과세당국과 납세자간의 혼선과 과세분쟁이 야기되므로 영세율 해당 여부가 불분명한 경우 납세편의를 제고하고 납세협력비용을 절감하기 위하여 2007. 2. 28.이 속하는 과세기간에 공급하거나 공급받는 분 또는 수입신고하는 분부터 사업자가 부가가치세를 별도로 적은 세금계산서의 발급을 선택할 수 있도록 개정하였다(부가령 §33 ② 5).

(2) 개념 정의

1) 외항선박

외항선박이란 외국의 선박과 「해운법」에 따라 사업면허를 얻은 외국항행사업자가 운항하는 선박으로서 외국을 항행하는 우리나라의 선박을 의미한다(부가통칙 24-33-6). 관세법에서는 이를 국제무역선이라 정의한다(관세법 §2 6호).

다만, 법원은 외항선박을 위 기본통칙에 국한하지 아니하고 시추나 탐사를 위한 시추선

[내국적 외항선(국제항로를 항행하는 우리나라의 선박)]에 공급하는 선용품 등도 영세율 적용대상으로 판단하였다(부산지법 2011구합6494, 2012 8. 31.).

2) 외국을 항행하는 항공기

항공기에 대하여 별도로 규정하고 있지 않으므로 외국을 항행하는(국내에서 국외로, 국외에서 국내로, 국외에서 국외로의 항행을 의미) 항공기면 이 규정의 적용대상이 된다. 관세법에서는 이를 국제무역기라 정의한다(관세법 §2 7호).

3) 원양어선

원양어선이란 「원양산업발전법」에 따라 원양어선으로 허가를 얻어 주로 해외어장에서 조업을 하는 선박을 의미한다. 부가법 제26조 제1항 제1호에 따라 원양어업자는 미가공식료품을 공급하는 면세사업자일 경우가 있는데 원양어업자가 면세사업자라도 동 원양어선에 공급하는 재화·용역은 본조의 규정에 의한 영세율 적용대상이 된다(부가 22601–1690, 1986. 8. 22.).

4) 선박용품

음료, 식품, 연료, 소모품, 밧줄, 수리용 예비부분품 및 부속품, 집기, 그 밖에 이와 유사한 물품으로서 해당 선박에서만 사용되는 것을 말한다(관세법 §2).

5) 항공기용품

선박용품에 준하는 물품으로서 해당 항공기에서만 사용되는 것을 말한다(관세법 §2).

(3) 영세율 적용대상 재화·용역의 범위

앞서 언급한 선박용품, 항공기용품 외에 외국을 항행하는 선박 또는 항공기(이하 "외항선박 등")에 공급하는 재화 또는 용역이란 외항선박 등 자체에 제공되는 용역 또는 외항선박 등에서 직접 사용·소비되는 재화 또는 용역도 영세율 적용대상이다.

기획재정부는 외항선박 또는 항공기에 공급하는 용역인지에 대하여 외항선박 등이 외국을 항행하는데 직접적이고 필수적인 용역인지 여부에 따르는 것으로 급유사업자가 공항지역 내에서 저장탱크 및 지하배관을 이용해 항공유를 저장, 품질관리용역을 제공하는 경우 외항항공기에 대한 필수적인 용역으로서 영세율 적용대상으로 회신하였는 바, 외항선박 등을 운영하는 외국항행사업자와 도급계약을 체결한 자 또는 하도급을 체결한 자가 외국항행에 직접적이고 필수적인 용역(착륙료, 정류료, 조명료, 탑승교·급유시설·수하물처리시설 사용료 등)을 제공하면 되는 것이지 외항선박 등에 물리적으로 접촉(승선 등)하여 용역을 제공하는 경우로 한정하지 않고 있고, 법원도 외국을 항행하는 선박 등에 공급하는 용역이 국외수송 등의 항행용역으로 이어지는 경우 영세율이 적용되는 것으로 보고 있다(재소비 46015-62, 2002. 3. 14. ; 조심 2016서1632, 2016. 6. 29. ; 조심 2013부1133, 2014. 1. 23. ; 부가 46015-4625, 1999. 11. 18. ; 부가가치세과-754, 2013. 8. 23. ; 서울고법 89누14122, 1990. 10. 16.).

1) 재화

외항선박 또는 항공기에 공급하는 재화(선박용품, 항공기용품 등)에 대하여 영세율이 적용되며 과세대상 재화에만 영세율을 적용하는 것이므로 면세 재화 또는 용역을 공급하는 사업자가 면세포기한 경우이면 영세율이 적용된다(부가통칙 24-33-8).

외국항행사업자가 선박용품 등을 다른 외항선박 또는 원양어선에 공급하면 영세율을 적용하나 국내의 다른 사업자에게 공급하면 그러지 아니한다(부가통칙 28-57-5).

보세구역 내에서 재화 또는 용역을 공급하는 사업자가 세관장으로부터 승선허가를 받아 외국을 항행하는 외국선박에 승선하여 동 선박의 외국인 선원에게 공급하는 재화는 수출하는 재화에 해당하므로 영의 세율이 적용되는 것이지 외항선박에 공급하는 재화·용역인 것은 아니다(간세 1265.1-525, 1980. 2. 27.).

2) 용역

영세율의 적용대상이 되는 용역은 외국을 항행하는 선박·항공기 자체에 제공하는 용역이어야 한다. 그 사례를 보면 다음과 같다.
 ⅰ. 외항선박에 직접 제공하는 하역용역
 ⅱ. 외항선박에 제공하는 도선용역, 항만운송사업법에 의한 검수용역 및 외국항행 선박 또는 항공기에 직접 제공하는 예인용역, 접안용역
 ⅲ. 보세구역에 입항한 외항선박에 제공하는 수리용역
 ⅳ. 외국을 항행하는 선박에 공급하는 항만시설의 사용용역
 ⅴ. 외항선박 수리용역을 하청에 의하여 제공한 경우

반면 외항선박 등에 직접 제공하는 용역 등으로 볼 수 없는 경우는 다음과 같다.
 ⅰ. 외항선박의 컨테이너 수리용역

ⅱ. 원양어선에 필요한 소금을 가공하는 가공용역

ⅲ. 외항선을 예인하는 예인선박에 소모되는 재화를 공급하거나 화주와의 계약에 의해 제공하는 하역용역

ⅳ. 침몰된 외항선박에서 유출된 기름제거용역

ⅴ. 선박관리업을 영위하는 사업자가 외국항행사업자에게 선박관리, 선원관리, 보험관리 등의 업무를 대행하여 주고 관리수수료를 받는 경우(서면3팀-1834, 2006. 8. 18.)

ⅵ. 외항선박 운영사업자 또는 선원에게 공급하는 일반물품

(4) 공급시기

외항선박 등에 공급하는 재화·용역의 공급시기는 외국을 항행하는 선박 등에의 공급으로 확정된 것을 영세율 적용대상으로 한다(간세 1235-2698, 1977. 8. 24.). 즉 공급받을 때는 국내선과 국제선의 정확한 사용량을 구분할 수 없고 공급 후에 외항기에 사용한 분에 대하여서는 세관의 선(기)적완료증명서 등에 의하여 외항선박 등의 공급분임을 증명되는 때(그 공급이 확정되는 때)로 한다(서면3팀-736, 2005. 5. 27.).

(5) 세금계산서 발급의무 및 발급방법

외국항행선박 등에 재화·용역을 공급할 때 공급받는 자가 국내사업장이 없는 비거주자·외국법인이면 세금계산서 발급의무가 면제된다. 국내사업장이 있는 자 또는 국내사업자에게는 세금계산서를 발급하여야 한다(부가령 §71 ① 9).

> 외항선박에 선용품을 공급하기로 한 사업자 A가 사업자 B와 해당 선용품 납품계약을 체결하여 B가 해당 선용품을 공급하기로 하고 B가 세관장으로부터 선용품 적재허가를 받아 직접 외항선박에 선용품을 공급하는 경우 B가 공급하는 선용품에 대하여 영세율이 적용된다. 이는 원양어선에 공급하는 선용품에 대하여 영세율을 적용한다고 규정했을 뿐 하청 등을 받은 자가 직접 공급하는 경우를 배제한다는 별도의 규정을 두고 있지 않고, 또 외항선박에 직접 공급하는 경우로 한정하지 아니하였기 때문이다. 따라서 B는 A에게 A는 선용품을 공급받은 외항선박 운영사업자에게 각각 영세율세금계산서를 발급하여야 한다(서면3팀-1014, 2006. 6. 1. ; 부가 46015-1209, 1999. 4. 24. ; 국심 79서1004, 1979. 9. 15.).

(6) 영세율 첨부서류

관할 세관장이 발급하는 선(기)적 완료증명서, 「전기통신사업법」에 따른 전기통신사업의 경우에는 용역공급기록표, 「개별소비세법 시행령」 제20조 제2항 제3호 및 「교통·에너지·환경세법 시행령」 제17조 제2항 제2호에 따른 석유류 면세의 경우에는 유류공급명세서를 제출하여야 한다(부가령 §101 ① 12 ; 부가 46015-637, 1997. 3. 22.).

위의 지정서류를 제출할 수 없는 경우에는 외화획득명세서에 영세율이 확인되는 증명자료를 첨부하여 제출한다.

㉠ 사업자가 외국을 항행하는 선박 및 항공기 또는 원양어선에 재화 또는 용역을 공급하고 영세율 적용에 대한 증빙서류로서 선(기)적완료증명서를 첨부하는 경우 해당 선(기)적완료증명서의 신청인 명의에 관계없이 공급하는 재화 또는 용역이 해당 선박 및 항공기 또는 원양어선에 공급된 것이 증명되는 경우에는 영의 세율이 적용되는 것이다(간세 1235-1769, 1978. 6. 13.). 따라서, 외국항행 선박 및 항공기 또는 원양어선에 재화 또는 용역을 공급하고 동 사업자가 「관세법」 제58조의2에 규정한 등록을 하지 아니하여 소관세관장으로부터 선(기)적완료증명서를 받을 수 없으므로 세관에 등록된 용달업자로 하여금 재화를 적재케 한 후 영세율 첨부서류로서 용달업자 명의로 발급된 선(기)적완료증명서와 사업자(실화주)와 용달업자와의 거래사실을 증명하는 서류를 첨부하는 경우에는 영의 세율을 적용받을 수 있다(부가 1265.1-2418, 1982. 9. 14.).

㉡ 원양어선에 공급하는 재화·용역으로서 시행령에 정한 서류를 부득이한 사유로 제출할 수 없는 경우에 영세율 적용 첨부서류로 제출한 항만청장이 발행하는 입출항제출증명원은 항만청장에게 제출한 입출항신고서류의 신고필증사본에 갈음하는 것이다(부가 1265.1-3086, 1981. 11. 25.).

㉢ 외국항행선박에 제공하는 선박수리용역에 대해 부가가치세 영세율을 적용받기 위하여 부가가치세 과세표준신고서에 첨부하여야 하는 서류는 세관장이 발급한 승선허가증 사본이나 이를 제출할 수 없는 경우에는 용역제공계약서 사본이며, 제출할 영세율 첨부서류가 "용역제공계약서 사본"인 것이나, 제출할 수 없는 경우에는 "외화획득명세서"를 제출하여야 하는 것이다(부가 1265.1-190, 1983. 1. 28. ; 부가 22601-181, 1985. 6. 13. ; 부가 22601-189, 1985. 1. 28.).

㉣ 원양어선에 재화를 공급하는 사업자가 법령 또는 훈령에 정하는 서류를 제출할 수 없는 경우에는 영세율 규정에 의한 외화획득명세서에 재화를 공급한 사실을 입증할 수 있는 서류를 첨부하여야 하므로, 외화획득명세서와 선장이 발행하는 확인서(또는 공급

계약서)로 영세율 첨부서류에 갈음할 수 있는 것이다(부가 1265.1 - 1674, 1983. 8. 19.).

  ㉤ 영세율 첨부서류로서 선(기)적완료증명서의 신청인 명의에 불구하고 해당 선박 및 항
공기에 공급된 것이 증명되는 경우 영세율이 적용된다(간세 1235 - 1769, 1978. 6. 13.).

 국제연합군 또는 미국군에게 공급하는 재화·용역

(1) 영세율 적용

우리나라에 상주하는 국제연합군 또는 미합중국군대(공인 조달기관 포함)에 공급하는 재화
또는 용역은 대금결제방법에 관계없이 영세율을 적용한다(부가령 §33 ② 6).

외국정부기관 등에 직접 공급하는 재화 또는 용역의 공급에 대하여만 영세율이 적용되므
로 대리인 또는 수탁자를 통하여 공급하는 경우에는 영세율을 적용받을 수 있으나, 외국정
부기관 등과 용역공급계약을 체결한 사업자와 하도급계약을 체결하고 용역을 제공하는 경
우는 영세율이 적용되지 않는다(부가 1265.1 - 1829, 1983. 9. 1. ; 부가 1265 - 797, 1984. 4. 27.).

(2) 세금계산서 발급의무의 면제

외국정부기관 등에 재화 또는 용역을 공급할 경우의 세금계산서 발급의무는 면제된다(부
가령 §71 ① 5).

(3) 대가의 영수방법 및 공급가액

외국정부기관 등으로부터 그 대금을 외화로 받든 원화로 받든지에 관계없이 영세율이 적
용되며, 재화 또는 용역의 대가로 받는 금전이 공급가액이 된다.

(4) 영세율 첨부서류

1) 시행령에 의한 첨부서류

외국환은행이 발급하는 수출(군납)대금입금증명서 또는 관할 세무서장이 발급하는 군납
완료증명서 또는 해당 외국정부기관 등이 발급한 납품 또는 용역공급사실을 증명할 수 있
는 서류. 다만, 전력·가스 그 밖의 공급단위를 구획할 수 없는 재화를 계속적으로 공급하
는 사업에 있어서는 재화공급기록표, 「전기통신사업법」에 따른 전기통신사업에 있어서는

용역공급기록표로 한다(부가령 §101 ① 13).

⇒ 수출(군납)대금입금증명서는 재화 또는 용역을 공급한 수출(또는 군납)업자의 외국환은
   행예금구좌에 수출 또는 군납대금이 입금되었음을 사업자의 신청에 의거 외국환은행
   장이 확인하여 발급하는 증명서류를 말하는 것이다(부가 1265.1-2574, 1979. 10. 6.). 다만,
   전력·가스 등 공급단위를 구획할 수 없는 재화를 계속적으로 공급하는 사업에 있어
   서는 재화공급기록표를 제출해야 한다.

2) 첨부서류 등의 제출 불가시 첨부서류

「부가가치세법 시행령」에 의한 영세율 첨부서류를 부득이하게 제출할 수 없는 경우에 갈
음하여 제출하는 지정서류는 외국환은행이 발급하는 외화입금증명서이다. 외화입금증명서
를 발급받을 수 없는 경우에는 외화획득명세서에 영세율이 확인되는 증명서류를 첨부하여
제출한다.

8 외국인관광객에게 공급하는 관광알선용역

(1) 개요

「관광진흥법」에 따른 일반여행업자가 외국인관광객에게 관광알선용역을 제공하고 대가
를 외국환은행에서 원화로 받거나 외국인관광객과의 거래임이 확인되는 것에 대하여 영세
율을 적용한다(부가령 §33 ② 7).

다만,「관광진흥법 시행령」상 지방자치단체장에 등록해야 하는 관광객이용시설업 중
「관광진흥법」에 따른 외국인전용 관광기념품 판매업자가 외국인관광객에게 공급하는 관광
기념품으로서 외국인관광객과의 거래임이 표시되는 것(다만, 출국예정사실이 확인되는 내국인의
경우에는 관광기념품이 국외로 반출되었음이 세관장에 의하여 확인되는 것에 한한다)에 대하여 그간 영
세율을 적용하여 왔으나 외국인전용 관광기념품 판매업이 폐지됨에 따라 2015. 1. 1. 공급
분부터 영세율 적용대상에서 삭제하였다(부가령 §33 ② 8).

(2) 용어의 정의

1) 일반여행업자

「관광진흥법」에 따른 일반여행업자 등이라 함은 「관광진흥법」에 따라 등록을 한 사업자

를 의미한다. 따라서 미등록자는 본 규정에 의한 영세율의 적용을 받지 못한다(부가 1265.1 - 953, 1982. 4. 16.).

| 여행업별 과세기준 |

구 분	업 황	부가가치세법 적용
국내 여행업	국내를 여행하는 내국인을 대상으로 하는 여행업	• 국내거래로서 수탁경비를 제외한 대가에 대하여 일반세율이 적용
국외 여행업	국외를 여행하는 내국인을 대상으로 하는 여행업(사증을 받는 절차를 대행하는 행위 포함)	• 랜드사 포함하여 해당 여행사가 외국여행사 등으로부터 받는 대가(외화로 받는 경우 포함)에 대하여 일반세율 적용(서울행법 2014구합20568, 2015. 4. 9. ; 법규과 - 776, 2013. 7. 5.)
일반 여행업	국내외를 여행하는 내국인 및 외국인을 대상으로 하는 여행업(사증을 받는 절차를 대행하는 행위 포함)	• 관광진흥법에 따른 일반여행업자가 제공하는 여행알선용역은 부가령 §33 ② 7에 따라 영세율 적용 • 그 외의 경우에는 일반세율이 적용됨

※ 관광진흥법시행령 §2 관광사업의 종류 참조

2) 외국인관광객

부가가치세법에 규정된 바는 없으나 유권해석에서 외국인관광객이란 관광의 목적으로 우리나라에 입국하는 외국인이면 되므로 재외국교포 등 재외국민이 포함되며 반드시 관광비자를 소지하여야만 관광객으로 보는 것은 아니다(간세 1235 - 2748, 1978. 9. 7. ; 국심 79서1346, 1980. 2. 27.).

「외국인관광객 등에 대한 부가가치세 및 개별소비세 특례규정」에서는 「외국환거래법」에 의한 비거주자로 규정하고 있다.

3) 여행알선업

여행알선업이라 함은 수수료를 받고 다음의 행위를 영위하는 업(자동차운송사업이나 선박운항사업을 경영하는 자 또는 철도경영자를 위하여 여행자와 운송에 관한 계약체결을 대리하는 행위만을 행하는 업을 제외한다)을 말한다.

㉮ 여행자를 위하여 운송·숙박, 그 밖의 여행에 부수되는 시설의 이용을 알선하거나 그 시설을 경영하는 자와 이용에 관한 계약체결을 대리하는 행위

㉯ 운송·숙박, 그 밖의 여행에 부수되는 시설의 경영자를 위하여 여행자의 이용을 알선

하거나 여행자와 이용에 관한 계약체결을 대리하는 행위

㉰ "㉮" 및 "㉯"의 행위 이외에 여행자를 위하여 안내 등 여행의 편의를 제공하는 행위

㉱ "㉮" 내지 "㉰"의 행위에 부수하여 여행자를 위하여 여권 및 사증을 받는 절차를 대행
하는 행위와 여행에 관한 상담에 응하거나 정보를 제공하는 행위

㉲ 항공운송사업자를 위하여 국내 또는 국외를 여행하는 외국인 및 국외를 여행하는 내
국인의 운송에 관한 계약체결을 대리하는 행위

(3) 관광알선용역에 대한 영세율 적용

① 「관광진흥법」에 따른 일반여행업자가 외국인관광객에게 공급하는 관광알선용역을 제
공할 것

② 결제방법

㉠ 외국환은행에서 원화로 받는 것

㉡ 외화 현금으로 받은 것 중 국세청장이 정하는 관광알선수수료명세표와 외화매입
증명서에 의하여 외국인 관광객과의 거래임이 확인되는 것

③ 세금계산서 발급의무의 면제

국내 또는 국외를 여행하는 외국인을 대상으로 하는 관광알선업에 대해서는 세금계
산서 발급의무가 면제된다(부가령 §71 ① 5).

④ 영세율 첨부서류

외국환은행이 발급하는 외화입금증명서(외화현금으로 받는 경우에는 관광알선수수료명세표
및 외화매입증명서)를 첨부하여 신고하여야 한다. 외화입금증명서를 제출할 수 없을 때는
외화획득명세서와 영세율이 확인되는 증명자료를 제출하여야 한다(부가령 §101 ① 14).

 **외국인전용판매장 및 유흥음식점에서 공급하는 재화 또는 용역**

(1) 개요

「개별소비세법」 제17조 제1항에 따른 지정을 받아 외국인전용판매장을 경영하는 자, 「조
세특례제한법」 제115조에 따른 주한외국군인 및 외국인선원 전용 유흥음식점업을 경영하
는 자가 국내에서 공급하는 재화 또는 용역으로서 그 대가를 외화로 받고 그 외화를 외국환
은행에서 원화로 환전하는 것에 대해 영세율을 적용한다(부가령 §33 ② 9).

구체적인 영세율 적용요건은 다음과 같다.

1) 지정사업자

「개별소비세법」 제17조 제1항에 따라 관할세무서장의 지정을 받은 외국인전용판매장을 운영하는 사업자나 「조세특례제한법」 제115조에 따라 유흥음식점업을 영위하는 자이어야 한다(부가 22601-675, 1987. 4. 9.).

2) 결제방법

재화·용역의 공급대가를 외화로 받고 그 외화를 외국환은행에서 원화로 환전하는 것에 한하여 영세율을 적용하므로 외국환거래규정에 의하여 국내에 본점을 두고 있는 외국환은행이 발행하는 비거주자용 원화표시 여행자수표는 해당되나, 원화로 직접 받는 것은 해당되지 않는다(재무부 소비 22601-335, 1986. 4. 22.).

(2) 세금계산서 발급의무 면제

국내사업장이 없는 비거주자 또는 외국법인에게 공급하는 재화 또는 용역은 해당 비거주자 또는 외국법인이 해당 외국의 개인사업자 또는 법인사업자임을 증명하는 서류를 제시하고 세금계산서의 발급을 요구하는 경우를 제외하고는 세금계산서의 발급의무가 면제된다(부가령 §71 ① 9).

(3) 영세율 첨부서류

외국환은행이 발급하는 외화입금증명서 또는 외화매입증명서를 제출하여야 하나, 부득이한 사유로 제출할 수 없을 경우에는 외화획득명세서에 영세율이 확인되는 증명자료를 첨부하여 제출한다. 이 때 사업자가 국세청장이 정하는 바에 따라 해당 영세율첨부서류를 복사하여 저장한 테이프 또는 디스켓을 영세율첨부서류제출명세서(전자계산조직에 의하여 처리된 테이프 또는 디스켓을 포함한다)와 함께 제출할 수 있다. 해당 서류를 제출할 수 없는 경우에는 외화획득명세서에 영세율이 확인되는 증명자료를 첨부하여 제출하여야 한다(부가령 §101 ① 16 ; 부가 46015-4457, 1999. 11. 5.).

1　의의

(1) 비거주자 또는 외국법인에 대한 상호주의의 적용

부가법 제21조부터 제24조까지의 규정을 적용할 때 사업자가 비거주자 또는 외국법인이면 그 해당 국가에서 대한민국의 거주자(「소득세법」 제1조의2 제1항 제1호의 거주자를 말한다) 또는 내국법인(「법인세법」 제1조 제1호에 따른 내국법인을 말한다)에 대하여 동일하게 면세하는 경우에만 영세율을 적용한다(부가법 §25 ①).

(2) 외교관 등에 대한 상호주의

사업자가 부가법 제24조 제1항 제2호에 따라 외교관 등에게 재화 또는 용역을 공급하는 경우에는 해당 외국에서 대한민국의 외교공관 및 영사기관 등의 직원에게 공급하는 재화 또는 용역에 대하여 동일하게 면세하는 경우에만 영세율을 적용한다.

(3) 비거주자·외국법인

비거주자는 「소득세법」상의 비거주자이므로 국내에 주소를 두거나, 국내에 183일 이상의 거소를 둔 개인. 즉 거주자가 아닌 자로서 국내원천소득이 있는 자이며, 외국법인은 외국에 본점·주사무소(국내에 사업의 실질적 관리장소가 소재하지 아니하는 경우에 한함)를 둔 법인이다(부가령 §2 8, 9).

(4) 국내사업장이 있는 자

비거주자·외국법인이라도 국내에 사업장이 있어야만 「부가가치세법」상의 납세의무자이므로 국내사업장이 없는 자가 제공하는 수출 등 재화·용역에 대하여는 「부가가치세법」상의 의무를 지우지 않는다(간세 1235-2824, 1977. 8. 27.).

(5) 상호면세주의 개념

동일한 면세를 하는 경우라 함은 해당 외국의 조세로서 우리나라의 부가가치세 또는 이와 유사한 성질의 조세를 면세하는 경우와 그 외국에 우리나라의 부가가치세 또는 이와 유사한 성질의 조세가 없는 경우로 한다(부가법 §25 ③, 부가통칙 25-0-1).

(6) 부가법 제25조와 부가령 제33조 ② 1호 단서의 상호면세주의 비교

부가법 제25조는 비거주자 또는 외국법인(이하 "외국법인등"이라 한다)이 부가가치세법상의 납세의무자로서 '공급자'에 해당하는 경우 외국법인등의 해당 국가에서 대한민국 거주자 또는 내국법인(이하 "내국법인등"이라 한다)에게도 동일하게 면세하는 경우에 그 외국법인등이 우리나라에서 공급하는 재화 또는 용역(조특법상 재화 또는 용역은 포함되어 있지 않다)에 대하여 영세율을 적용하겠다는 취지이고, 부가령 제33조 제2항 제1호의 단서 및 제2호 본문 괄호의 취지는 내국법인등이 국내에서 외국법인등에게 전문서비스업, 사업지원서비스 및 투자자문용역을 공급하는 경우 그 특정 용역을 '공급받는 자'(외국법인 등)의 국가에서 대한민국 내국법인등에게도 동일하게 면세하는 경우에 영세율을 적용하겠다는 취지이다.

공급자	공급받는 자	공급대상	부가법 제25조	부가령 제33조
내국법인등	내국법인등	영세율 적용대상[1]	해당 없음.[3]	–
내국법인등	내국법인등	특정 용역[2]	해당 없음.	–
내국법인등	외국법인등	영세율 적용대상	해당 없음.	해당 없음.
내국법인등	외국법인등	특정 용역	해당 없음.	적용
외국법인등	내국법인등	영세율 적용대상	적용	–
외국법인등	내국법인등	특정 용역	적용	–
외국법인등	외국법인등	영세율 적용대상	적용	해당 없음.
외국법인등	외국법인등	특정 용역	적용	적용

1) 영세율 적용대상이란 부가법 제21조부터 제24조까지의 영세율 적용대상을 말함(특정용역 제외).
2) 특정 용역은 부가령 제33조 제2항 제1호 단서에 규정된 전문서비스업과 사업시설관리 및 사업지원서비스업을 말함.
3) '해당 없음'은 해당 법조문이 적용되지 아니하는 경우를 말함.

2 　재화 · 용역의 공급

영세율을 적용하는 국내사업장 있는 비거주자 · 외국법인의 재화 · 용역의 공급을 예시하면 다음과 같다.

(1) 외국항행용역

국내사업장이 있는 외국법인이 우리나라에서 선적하여 외국을 항행하는 경우는 부가법 제10조에 의하여 국내거래이므로 부가가치세의 과세대상이다. 그러나 그 외국법인이 상호면세국의 법인이면 영세율을 적용한다(부가통칙 23-32-2).

(2) 용역의 국외공급

비거주자 · 외국법인의 국내사업장이 국외에서 해외건설 등 용역을 제공할 경우 그 비거주자 등이 상호면세국에 주소를 둔 것이면 영세율을 적용하나, 비상호면세국에 주소나 본점을 둔 경우 용역의 제공장소가 국내이면 과세대상이다(부가 22601-388, 1988. 3. 8.).

(3) 사업장이 없는 비거주자 등에의 공급

상호면세국에 주소나 본점을 둔 비거주자 · 외국법인이 국내에서 국내사업장이 없는 비거주자 · 외국법인에게 물품매도확약서 발행용역 등을 제공하고 대가를 외국환은행을 통하여 원화로 받으면 영세율의 적용대상이다(국조 1234-460, 1978. 2. 13.).

(4) 외항선박 · 항공기에 공급하는 재화 · 용역

상호면세국에 본점을 둔 외국법인이 국내에서 외국을 항행하는 항공기에 공급하는 재화는 영세율의 적용대상이다(조세 1265.2-617, 1982. 5. 17.).

3 　조약 등에 따른 영세율의 적용

헌법에 의하여 체결 · 공포된 조약과 일반적으로 승인된 국제법규는 국내법과 같은 효력을 가진다(대한민국 헌법 §6). 대법원도 조세조약에서 규율하고 있는 법률관계에 있어서는 조약이 국내법의 특별법적인 지위에 있으므로 국내법보다 우선하여 적용된다고 판시하고 있다(대법원 2012두24573, 2013. 5. 24.).

따라서 조세조약이나 국가 간 협정을 통해 해당 국제기구 등에 공급하는 재화 또는 용역의 공급에 대하여 부가가치세 면제에 관한 규정을 두고 있다면 동 조약이나 협정을 적용받는 국제기구가 우리나라에 상주하지 아니하더라도 우리나라에서 공급받은 재화 또는 용역에 대하여 영세율 적용이 가능하다(부가법 제24조 제1항이 아니더라도 영세율 적용 가능).

예를 들어 조약 제1921호「대한민국과 동남아시아국가연합 회원국 간의 한-아세안 센터 설립에 관한 양해각서(MOU)」에 따라 설립된 한-아세안 센터에 공급하는 재화 또는 용역의 경우 해당 조약 및 부가법 제24조 제1항 제1호에 따라 영의 세율을 적용한다(법규부가 2008-0040, 2009. 3. 16.).

※ 영세율 적용대상이 되는 국제기구 : IBRD 및 IMF, 아프리카개발은행(AfDB), 미주개발은행(IDB) 및 제30차 미주투자공사(IIC), 녹색기후기금(GCF), 국제백신연구소, 국제부흥개발은행, 국제개발협회, 국제금융공사, 아시아개발은행 등(소비 1265.3-652, 1984. 4. 9. ; 서면-2018-법령해석부가-0664, 2018. 2. 28. ; 기획재정부 부가가치세제과-196, 2015. 3. 3. ; 서면-2015-법령해석부가-0239, 2015. 4. 22. ; 법규부가 2014-544, 2015. 1. 6. ; 간세1235-3002, 1977. 9. 8. ; 법령해석부가 2015-17, 2015. 2. 2.)

4 세금계산서 발급의무

국내사업장이 있는 비거주자·외국법인은 부가가치세법상의 납세의무자로서 내국법인·거주자와 동일하게 세금계산서의 발급의무를 지거나 혹은 면제받는 것이므로 국내사업장이 있는 외국법인이 내국법인 또는 국내사업장이 있는 외국법인에게 재화 또는 용역을 공급한 경우에는 세금계산서를 발급하고, 국내사업장이 없는 비거주자 또는 외국법인에게 재화 또는 용역을 공급한 때에는 세금계산서 발급의무가 면제된다.

1 외국인관광객 등에 대한 부가가치세 사후환급

(1) 개요

외국인 관광객의 쇼핑(구매)을 적극적으로 확대할 목적으로 외국인 관광객이 국외로 반출하기 위하여 면세판매장 운영사업자로부터 구입하는 재화에 대하여는 외국인 관광객이 해당 재화를 국외로 반출하면서 출국항 관할세관장에게 판매확인서 1부와 구입물품을 제시·확인받고, 면세판매자가 세액상당액을 외국인 관광객에게 송금하거나 환급창구운영사업자를 통하여 환급 또는 송금한 것이 확인되는 등의 요건을 갖춘 경우에는 판매확인서 또는 환급·송금증명서를 송달받은 날이 속하는 과세기간에 대한 부가가치세 신고 시 해당 판매확인서에 송금증명서 또는 환급·송금증명서를 첨부하여 부가가치세 영세율을 적용받을 수 있다.

해당 규정을 적용받기 위한 외국인 관광객, 정부가 정하는 사업자 및 대상재화의 범위, 구입·판매의 절차, 세액환급 등을 「외국인 관광객 등에 대한 부가가치세 및 개별소비세 특례규정」(이하 "특례규정"이라 한다)에서 규정하고 있다.

| 외국인 관광객 사후환급 절차 Ⅰ(환급창구운영사업자) |

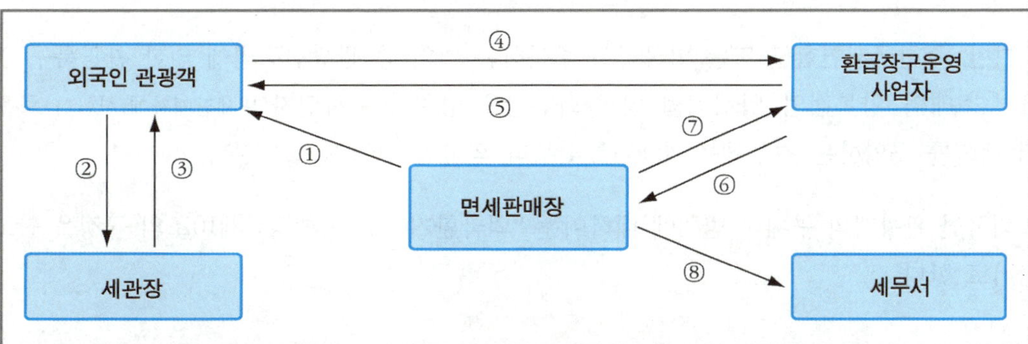

① 면세판매장이 면세대상 재화를 외국인관광객 등에게 판매하고 면세물품판매확인서 2부 교부
②③ 세관장에게 구입물품 및 물품판매확인서를 제시하고 세관장이 이를 확인
④⑤ 환급창구운영사업자에게 물품판매확인서를 제시하고, 환급창구운영사업자로부터 세액상당액 수령
⑥⑦ 환급창구운영사업자는 환급 또는 송금사실을 증명하는 서류를 송부하고 면세판매자는 세액상당액 및 제비용을 송금
⑧ 면세판매자는 환급·송금증명서를 송달받은 날이 속하는 과세기간의 과세표준과 세액 신고·납부

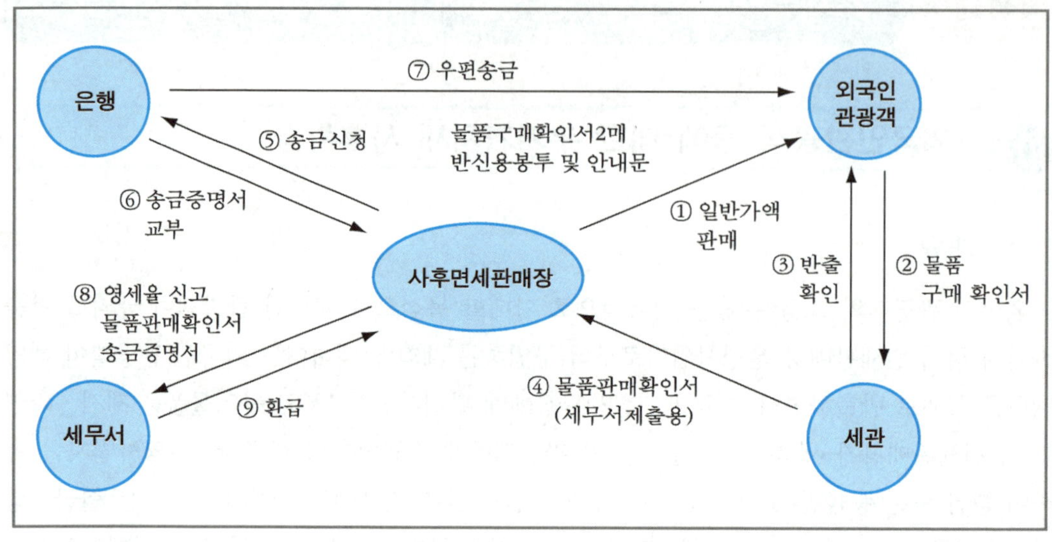

(2) 영세율 적용요건

1) 외국인 관광객 등의 범위

해당 규정을 적용받기 위한 외국인 관광객 등의 범위는 「외국환거래법」에 따른 비거주자로서 법인이나 국내에 주재하는 외교관 및 외국공관원과 국내 주재하는 국제연합군 및 미국군의 장병 및 군무원은 제외된다(특례규정 §2 ①).

다만, 주한국제연합군 또는 미국군이 주둔하는 지역 중 관광진흥법에 의한 관광특구 안에서 소매업, 양복점업, 양장점업 및 양화점업을 영위하는 사업자(면세판매자에 한한다)로부터 재화를 구입하는 경우에는 2006. 1. 1.부터 외국인 관광객으로 본다.

외국인 관광객의 구체적 범위에 대하여는 「외국환거래법 시행령」 제10조의 규정을 참고하기로 한다.

2) 면세대상 재화의 범위

부가가치세의 사후환급대상이 되는 대상재화의 범위는 아래의 재화를 제외한 물품으로 한다(특례규정 §3).

㉮ 「총포·도검·화약류 등의 안전관리에 관한 법률」에 따른 총포·도검 및 화약류

㉯ 「문화재보호법」에 따라 문화재로 지정을 받은 물품

㉰ 「약사법」에 따른 중독성·습관성 의약품

㉱ 부가가치세 및 개별소비세(개별소비세에 부과되는 교육세 및 농어촌특별세 포함)를 포함한 1회 거래가액이 3만원(2011. 3. 31. 이전 구입분까지는 5만원)에 미달하는 물품

다만, 상기 3만원에 미달하는 물품에 대하여도 면세판매자가 해당 세액상당액을 외국인 관광객에게 송금하는 경우 및 환급창구운영자를 통하여 해당 세액상당액을 외국인 관광객에게 환급하는 경우에는 해당 물품은 면세물품으로 한다(이 단서 규정은 2011. 4. 1. 이후에는 적용하지 않는다).

㉲ 법령에 의하여 거래가 제한되는 물품

㉳ 외화도피방지 등의 사유로 판매의 제한이 필요한 것으로써 기획재정부령으로 정하는 물품

- 「담배사업법」 제2조에 따른 담배
- 「관세법」 제234조에 따른 수출입 금지 물품

3) 면세판매자 등에게 구입한 것일 것

부가가치세 사후환급대상이 되는 면세판매장은 「외국인 관광객 등에 대한 부가가치세 및 개별소비세 특례규정」 제5조 제1항에 따라 관할세무서장의 지정을 받은 외국인 관광객 면세판매장을 말한다.

㉮ 면세판매자란 면세판매장을 경영하는 사업자를 말한다.

㉯ 면세판매장이란 사업자의 신청에 의하여 관할세무서장의 지정을 받은 외국인관광객 면세판매장을 말한다.

4) 반출사실이 확인될 것

면세판매자는 면세판매장에서 외국인 관광객에게 면세물품을 세액 상당액을 포함한 가격으로 판매한 후 다음의 요건이 모두 성립된 경우에는 부가가치세 영세율 적용을 받거나 해당 면세물품에 대한 개별소비세액을 환급받을 수 있다(조특령 §107 ① : 특례규정 §6).

㉮ 외국인 관광객이 면세물품을 구입한 날로부터 3월 이내에 국외로 반출한 사실이 출국항 관할세관장이 확인한 판매확인서로 확인되는 경우

㉯ 면세판매자가 외국인 관광객이 부담한 세액상당액을 판매확인서를 송부받은 날로부터 20일 이내에 우편송금방법에 의하여 송금하거나 환급창구운영사업자를 통하여 환급 또는 송금한 것이 확인되는 경우

5) 면세판매자의 세액상당액 송금(특례규정 §10)

① 면세판매자는 특례규정 제9조 제3항에 따라 출국항 관할세관장(특례규정 제2조 제2항의 규정에 의한 경우에는 관할세관장)이 확인인을 날인한 물품판매확인서, 물품판매 수기확인서 또는 전자판매확인서를 출국항 관할세관장 또는 외국인관광객으로부터 송부받은 날부터 20일 이내에 외국인관광객이 면세물품을 구입한 때에 부담한 세액상당액을 해당 외국인관광객에게 송금하여야 한다.

② 면세판매자가 동 세액상당액을 송금하는 때에는 해당 세액상당액에서 송금에 따른 제비용(송금수수료, 송금을 위한 국제우편요금 및 그 밖의 송금에 따른 비용으로서 국세청장이 정하는 금액)을 공제할 수 있다.

(3) 영세율 및 환급적용 배제(특례규정 §7)

① 면세판매자가 면세물품을 판매한 날로부터 3월이 되는 날이 속하는 과세기간(예정신고기간 및 영세율 등 조기환급기간을 포함한다. 이하 같다)의 종료 후 20일까지 특례규정 제9조 제3항에 따른 판매확인서나 특례규정 제10조의3 또는 제10조의4 제5항에 따른 환급·송금증명서를 송부받지 못한 경우에는 부가가치세 영세율을 적용하지 아니한다.

| 예정 · 확정신고를 하는 사업자의 영세율 적용 여부 |

판매일	국외 반출일	판매확인서 수령일	영세율 적용 여부	신고대상기간
2022. 4. 10.	2022. 5. 10.	2022. 9. 20.	여	'22. 2기 예정
2022. 4. 10.	2022. 6. 10.	2022. 10. 21.[2]	부	'22. 2기 확정
2022. 4. 10.	2022. 7. 11.[1]	–	부	'22. 2기 확정

1) 면세물품판매일로부터 3개월이 경과되어 영세율 적용불가
2) 판매확인서를 송달받은 날이 면세물품판매한 날로부터 3개월이 되는 날이 속하는 날의 예정신고기간 종료 익월 20일이 경과되어 영세율 적용불가
3) 손익의 귀속시기는 판매일을 기준으로 하는 것임.

② 면세판매자가 면세물품을 판매한 날로부터 3월이 되는 날이 속하는 달의 다음 달 20일까지 특례규정 제9조 제3항에 따른 판매확인서나 특례규정 제10조의3 또는 제10조의4 제5항에 따른 환급·송금증명서를 송부받지 못하거나 특례규정 제12조 제1항의 규정에 의한 개별소비세 환급신청을 하지 아니한 경우(첨부서류를 제출하지 아니한 경우 이와 관련된 환급세액을 포함한다)에는 개별소비세액의 환급을 하지 아니한다.

(4) 면세판매자의 부가가치세 신고

① 면세판매자가 이 규정에 의하여 부가가치세 영세율을 적용받기 위하여는 판매확인서 또는 환급·송금증명서를 송부받은 날이 속하는 과세기간의 과세표준과 납부세액 또는 환급세액을 관할세무서장에게 신고하는 때에 해당 판매확인서에 동 세액을 송금한 사실을 증명하는 서류(이하 "송금증명서"라 한다) 또는 환급·송금증명서를 첨부하여 제출하여야 한다. 다만, 세액상당액을 송금한 경우로서 부득이한 사유로 송금증명서를 첨부할 수 없는 때에는 국세청장이 정하는 서류로써 이에 갈음할 수 있다(특례규정 §11 ①).

② 면세판매자가 영세율이 적용되는 과세표준신고 시 세관장이 확인한 판매확인서와 송금증명서 또는 환급·송금증명서를 해당 신고서에 첨부하여 제출하지 아니한 경우에는 이와 관련된 과세표준은 상기 "①"에 따른 신고로 보지 아니한다. 다만, 영세율 과세표준을 신고하지 아니하거나, 미달하게 신고한 경우 또는 첨부서류를 제출하지 아니한 경우에도 해당 과세표준이 영세율 적용대상이 확인되는 때에는 영의 세율을 적용하되 영세율 과세표준신고 불성실가산세가 적용된다(조특통칙 106-106-1).

③ 면세판매자가 면세물품을 판매한 날로부터 3개월이 되는 날이 속하는 과세기간(예정신고기간 및 영세율 등 조기환급기간을 포함)의 종료 후 20일까지 판매확인서 또는 환급·송금증명서를 송부받지 못한 경우에는 면세물품을 판매한 날로부터 3개월이 되는 날이 속하는 과세기간의 신고기한까지 영세율 적용을 배제하여 부가가치세의 과세표준과 세액을 신고·납부한다(특례규정 §7 ①, §11 ③).

※ 위 "①", "②"의 개정규정은 2013년 7월 1일 이후 외국인관광객 등이 면세판매장에서 면세물품을 구입하는 분에 대하여 부가가치세를 신고하는 분부터 적용한다.

④ 면세판매장을 경영하는 사업자(위탁자)가 다른 장소에서 면세판매장을 경영하는 사업자(수탁자) 등과 위탁판매계약에 따라 수탁자의 면세판매장에서 위탁판매하는 경우 위탁자에게 영세율을 적용하며, 수수료에 대하여는 부가가치세가 과세된다(간세 1235 -1836, 1978. 6. 19. : 기획재정부 부가가치세제과-546, 2017. 10. 26.).

(5) 면세판매장에서의 세액상당액 즉시환급제도 도입

1) 의의

2016. 1. 1. 이후 외국인관광객이 면세판매장에서 면세물품 구입시 외국인관광객의 불편을 해소하고 국내 쇼핑증대를 위하여 외국인관광객이 면세물품을 구매하는 경우 부가가치

세와 개별소비세 세액상당액을 즉시 환급받을 수 있도록 하고, 출국항의 혼잡을 최소화하기 위하여 출국항 관할 세관장이 면세물품을 선별적으로 확인할 수 있도록 하는 등 현행 제도의 운영상 나타난 일부 미비점을 개선·보완하였다.

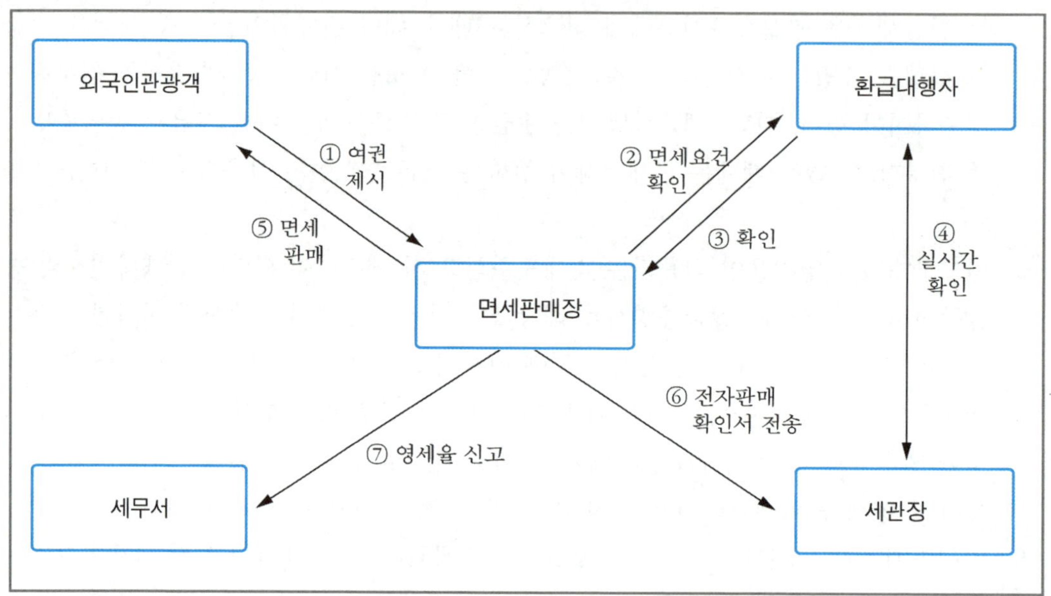

2) 즉시환급제도

가. 요건

면세판매자는 외국인관광객이 다음의 요건을 모두 충족하여 면세물품을 구입하는 경우에는 면세판매장에서 외국인관광객에게 면세물품을 세액상당액을 차감(이하 "즉시환급"이라한다)한 가격으로 판매한 후 부가가치세 영세율을 적용받거나 해당 면세물품에 대한 개별소비세액을 환급받을 수 있다(특례규정 §6 ②).

① 세액상당액을 포함한 1회 거래가액이 70만원 미만일 것(2023. 12. 31. 이전 환급분까지는 50만원)

② 입국 후 즉시환급을 받은 세액상당액을 포함한 총 거래가액이 250만원 이하일 것
  1) 2020. 3. 31.까지 구입분 중 "①"의 경우 30만원, "②"의 경우 100만원 이하였다.
  2) 위 "②"의 250만원 적용은 2022. 4. 1. 이후 구입분부터 적용한다.

나. 부가가치세의 신고

면세판매자가 즉시환급함에 따라 부가가치세 영세율을 적용받으려는 경우에는 면세물품을 판매하는 날이 속하는 과세기간의 과세표준과 납부세액 또는 환급세액을 관할 세무서장에게 신고할 때 기획재정부령으로 정하는 외국인관광객 즉시환급 물품 판매실적 명세서를 첨부하여 제출하여야 한다(특례규정 §11 ⑤).

다. 개별소비세의 환급신청

면세판매자가 개별소비세액을 환급받고자 하는 경우에는 즉시환급 전자판매확인서를 발급하거나 판매확인서 또는 환급·송금증명서를 송부받은 날이 속하는 달의 다음 달 말일까지 개별소비세 환급신청서에 다음에 해당하는 서류를 첨부하여 제출하여야 한다. 다만, ① 에 해당하는 경우로서 부득이한 사유로 송금증명서를 첨부할 수 없는 때에는 국세청장이 정하는 서류로써 이에 갈음할 수 있다.

① 세액상당액을 외국인관광객에게 송금한 경우에는 판매확인서 및 송금증명서
② 환급창구운영사업자를 통하여 환급 또는 송금한 경우에는 판매확인서 및 환급·송금증명서. 다만, 면세판매자가 제10조의4 제5항에 따라 환급창구운영사업자로부터 환급·송금증명서를 전송받은 경우에는 면세물품 판매 및 환급실적명세서를 말한다.
③ 외국인관광객에게 즉시환급을 한 경우에는 즉시환급 전자판매확인서

개별소비세 환급신청서를 받은 관할세무서장은 환급신청을 받은 날로부터 20일 이내에 면세판매자에게 개별소비세를 환급하여야 한다. 이 경우 납부할 세액이 있는 때에는 이를 공제한다.

그 밖에 특례규정 제3조 제1항 제1호 단서에 해당하는 물품의 면세판매자가 동 규정 제7조 제2항에 해당하는 경우에는 면세물품을 판매한 날로부터 3월이 되는 날이 속하는 달의 다음 달 말일까지 개별소비세의 과세표준과 세액을 신고 납부하여야 한다(특례규정 §12).

라. 그 밖의 행정사항 등

- 면세판매자가 외국인관광객에게 즉시환급하여 물품을 판매하는 경우에는 여권을 확인하고 정보통신망을 이용하여 전자적 방식의 외국인관광객 즉시환급용 물품판매확인서(이하 "즉시환급 전자판매확인서"라 한다)를 출국항 관할 세관장에게 전송하여야 한다(특례규정 §8 ④).
- 면세판매자가 세액상당액을 즉시환급하는 경우 해당 세액상당액에서 환급에 따른 제

비용 등으로서 환급창구운영사업자가 제10조의2 제2항에 따라 국세청장의 승인을 얻은 금액을 공제할 수 있다(특례규정 §6 ④).

3) 환급적용 배제

외국인관광객이 입국 후 특례규정 제6조 제1항 또는 제2항(부가가치세 영세율적용 및 개별소비세액의 환급)에 따라 면세물품을 구입한 날부터 3개월(이하 이 항에서 "면세물품반출기간"이라 한다) 이내에 국외로 반출하지 아니한 물품이 있는 경우에는 그 면세물품반출기간 후에 구입하는 면세물품에 대해서는 해당 면세물품에 대한 개별소비세액을 환급받을 수 없다(특례규정 §6 ③).

2 외국인관광객에 대한 숙박용역 부가가치세 특례

(1) 개요

관광산업 활성화를 위하여 외국인관광객 등이 2018. 1. 10.부터 2025. 12. 31.까지 「관광진흥법」에 따른 호텔로서 특례적용관광호텔에서 30일 이하의 숙박용역(이하 "환급대상 숙박용역"이라 한다)을 공급받은 경우에는 해당 환급대상 숙박용역에 대한 부가가치세액을 환급받을 수 있다(조특법 §107의2 ①).

1) 외국인관광객 등

외국인관광객 등이란 「외국인관광객 등에 대한 부가가치세 및 개별소비세 특례 규정」 제2조 제1항에 따른 외국인관광객을 말한다(조특령 §109의2 ①).

2) 특례적용관광호텔

부가가치세 환급을 받을 수 있는 특례적용관광호텔이란 다음의 요건을 모두 갖춘 호텔로서 문화체육관광부장관이 정하여 고시한 호텔을 말한다.
① 「관광진흥법」에 따른 관광호텔
② 해당 호텔의 외국인관광객 등에 대한 숙박용역의 객실 종류별 공급가액 평균을 해당 호텔의 전년 또는 전전연도 같은 기간별 외국인관광객 등에 대한 숙박용역의 객실 종류별 공급가액 평균의 100분의 110보다 높게 공급하지 아니하는 호텔

③ 2022년에 숙박용역을 공급하는 경우에는 직전 4개 연도 중 1개 연도의 같은 기간별 외국인관광객 등에 대한 숙박용역의 객실 종류별 공급가액 평균의 100분의 110보다 높게 공급하지 아니하는 호텔

(2) 숙박용역 제공 및 신고·공제 절차

1) 숙박용역 제공 시 숙박용역공급확인서 발급

특례적용관광호텔 사업자가 외국인관광객 등에게 숙박용역을 공급한 때에는 숙박용역을 공급받은 외국인관광객 등에게 그 숙박용역 공급 사실을 증명하는 서류인 "숙박용역공급확인서" 2부를 교부하여야 한다.

다만, 특례적용관광호텔 사업자가 외국인관광객 등이 숙박용역을 공급받은 때에 부담한 부가가치세액을 환급하는 사업을 영위하는 자(「외국인관광객 등에 대한 부가가치세 및 개별소비세 특례규정」 제5조의2를 준용하여 지정한 자를 말하며, 이하 "환급창구운영사업자"라 한다)에게 정보통신망을 이용하여 전자적 방식의 숙박용역공급확인서(이하 "전자숙박용역공급확인서"라 한다)를 전송한 경우에는 숙박용역공급확인서를 교부하지 아니할 수 있다(조특령 §109의2 ③).

2) 숙박용역 환급창구운영사업자의 환급업무 대행

외국인관광객 등은 특례적용관광호텔에서 숙박용역을 공급받은 경우 해당 숙박용역에 따른 부가가치세액을 환급창구운영사업자로부터 환급받을 수 있다. 이 경우 환급창구운영사업자의 부가가치세액의 환급에 관하여는 「외국인관광객 등에 대한 부가가치세 및 개별소비세 특례규정」 제6조 제2항·제3항 및 제10조의2를 준용하되, "면세물품을 구입하는 경우" 또는 "면세물품을 구입한 때"는 "숙박용역을 공급받은 때"로 본다(조특령 §109의2 ④).

3) 환급증명서의 송부

위 "나"에 따라 외국인관광객 등에게 세액상당액을 환급한 환급창구운영사업자는 기획재정부령으로 정하는 환급사실을 증명하는 서류인 "환급증명서"를 특례적용관광호텔 사업자에게 송부하여야 한다(조특령 §109의2 ⑤).

4) 특례적용관광호텔 사업자의 부가가치세액 공제

특례적용관광호텔 사업자는 외국인관광객이 숙박용역을 공급받은 날로부터 3월 이내에 부가가치세액을 환급받은 사실이 위 "다"에 따라 확인되는 경우에는 해당 부가가치세액을

공제받을 수 있다(조특령 §109의2 ⑥).

5) 특례적용관광호텔 사업자의 부가가치세 신고 및 첨부서류 제출

특례적용관광호텔 사업자가 위 "라"에 따라 부가가치세액을 공제받으려는 경우에는 환급증명서를 송부받은 날이 속하는 과세기간의 과세표준과 납부세액 또는 환급세액을 관할 세무서장에게 신고할 때에 외국인관광객 숙박용역 환급실적명세서를 첨부하여 제출하여야 한다(조특령 §109의2 ⑦).

(3) 부당환급에 대한 부가가치세액의 징수

특례적용관광호텔 관할세무서장은 위 "(1)"에 따른 환급대상이 아닌 숙박용역에 대하여 외국인관광객 등이 부가가치세를 환급받은 경우에는 특례적용관광호텔 사업자에게 부가가 치세액을 징수하여야 한다(조특법 §107의2 ②, 조특령 §109의2 ⑨, ⑩).

1) 대통령령으로 정하는 방법

부가가치세액을 징수할 경우 그 세액의 결정과 징수 등에 관하여는 「부가가치세법」 제57 조(결정과 경정), 제58조(징수) 및 제60조(가산세)를 따른다.

2) 대통령령으로 정하는 자

해당 외국인관광객 등에게 숙박용역을 공급한 특례적용관광호텔 사업자를 말한다.

(4) 부가가치세 공제 등의 배제

다음의 어느 하나에 해당하는 경우에는 특례적용관광호텔 사업자가 납부할 부가가치세 액에서 위 "(2)"에 따라 외국인관광객 등이 환급받은 해당 부가가치세액을 공제하지 아니 한다(조특령 §109의2 ⑧).

1) 숙박요금을 평균보다 높게 공급한 경우

특례적용관광호텔 사업자는 해당 호텔의 외국인관광객 등에 대한 숙박용역의 객실 종류 별 공급가액 평균을 해당 호텔의 전년 또는 전전연도 같은 기간별 외국인관광객 등에 대한 숙박용역의 객실 종류별 공급가액 평균의 100분의 110보다 높게 공급하는 경우에는 외국인 관광객 등이 환급받은 부가가치세 상당액을 공제하지 아니한다.

2) 숙박용역 공급확인서의 허위발급

특례적용관광호텔 사업자가 외국인관광객에게 숙박용역공급확인서를 허위로 적어 교부한 경우 외국인관광객 등이 환급받은 부가가치세 상당액을 공제하지 아니한다.

(5) 그 밖의 행정사항

1) 부정환급 방지를 위한 명령

국세청장, 관할 지방국세청장 또는 관할 세무서장은 부정환급 방지를 위하여 필요하다고 인정하면 특례적용관광호텔에 대하여 필요한 명령을 할 수 있다(조특법 §107의2 ③).

2) 그 밖의 절차

문화체육관광부장관은 환급대상 숙박용역에 대한 부가가치세액 환급을 위하여 필요한 경우 「출입국관리법」 제28조에 따른 외국인관광객의 출국기록을 법무부장관에게 요청할 수 있다. 이 경우 요청을 받은 법무부장관은 정당한 사유가 없으면 이에 따라야 한다(조특령 §109의2 ⑪).

3 외국인관광객 미용성형 의료용역에 대한 부가가치세 환급 특례

(1) 개요

의료관광 활성화 등을 위하여 외국인관광객이 「의료해외진출 및 외국인환자 유치지원에 관한 법률」 제6조 제1항에 따라 보건복지부장관에게 등록한 특례적용의료기관에서 2016. 4. 1.부터 2025. 12. 31.까지 공급받은 환급대상 의료용역에 대해서는 해당 환급대상 의료용역에 대한 부가가치세액을 환급할 수 있다(조특법 §107의3 ①).

1) 외국인관광객

미용성형 의료용역 등 환급대상 의료용역에 대한 환급대상이 되는 "대통령령으로 정하는 외국인관광객"이란 「외국인관광객 등에 대한 부가가치세 및 개별소비세 특례 규정」 제2조 제1항에 따른 외국인관광객을 말한다(조특령 §109의3 ①).

2) 특례적용대상 의료용역

환급대상이 되는 특례적용대상 의료용역이란 다음의 어느 하나에 따라 공급받는 의료용역으로서 특례적용의료기관에서 공급받는 의료용역 중 부가령 제35조 제1호 각목 외의 부분 단서에 따라 부가가치세가 과세되는 의료용역을 말한다(조특령 §109의3 ②).

  ㉠ 「의료 해외진출 및 외국인환자 유치 지원에 관한 법률」 제6조 제1항에 따라 등록한 의료기관 또는 같은 조 제2항에 따라 등록한 외국인환자 유치업자가 직접 외국인 관광객을 유치한 경우

  ㉡ 외국인관광객이 직접 특례적용의료기관에 방문한 경우

3) 특례적용의료기관

「의료법」 제27조의2 제1항에 따라 보건복지부령으로 정하는 보증보험에 가입하고, 일정 이상의 자본금을 보유하는 등 요건을 갖추어 보건복지부장관에게 등록한 특례적용의료기관을 말한다.

(2) 사후환급특례 적용대상 절차

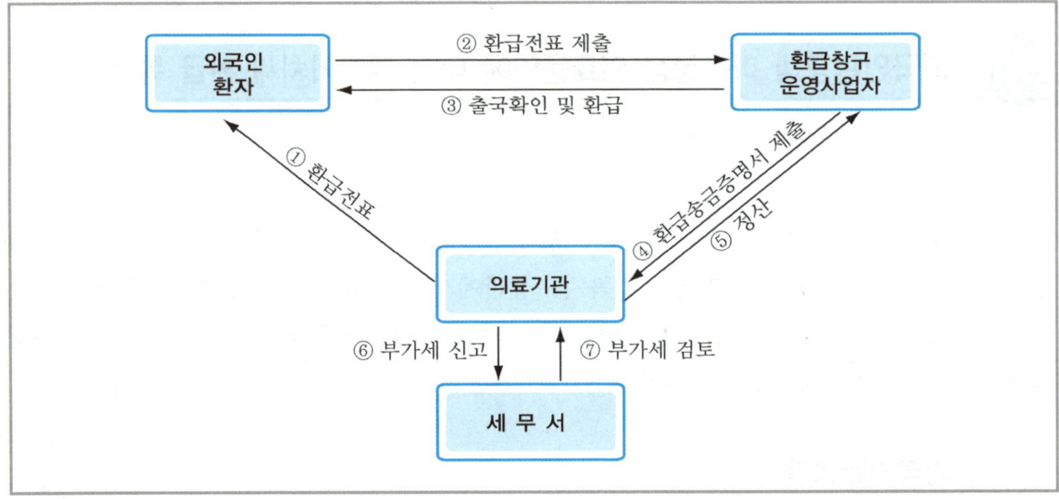

  ① 특례적용의료기관의 사업자는 외국인관광객에게 환급대상 의료용역을 공급한 때에 의료용역공급확인서(환급전표)를 해당 외국인관광객에게 교부하고, 외국인관광객이 부담한 부가가치세액을 환급하는 사업을 영위하는 자(환급창구운영사업자)에게 정보통신망을 이용하여 전자적 방식으로 전송하여야 한다(조특법 §107의3 ②).

② 부가가치세를 환급받으려는 외국인관광객은 환급대상 의료용역을 공급받은 날부터 3개월 이내에 환급창구운영사업자에게 해당 의료용역공급확인서를 제출하여야 한다(조특법 §107의3 ③).

③ 환급창구운영사업자의 요건과 지정절차는 「외국인관광객 등에 대한 부가가치세 및 개별소비세 특례규정(이하 "외국인관광객등 특례규정"이라 한다)」 제5조의2를 준용하고 이 경우 "면세물품을 구입한 때"는 "환급대상 의료용역을 공급받은 때"로 본다(조특령 §109의3 ③).

④ 환급창구운영사업자의 부가가치세 환급에 관하여는 외국인관광객 등 특례규정 제10조의2를 준용한다. 이 경우 "출국항 관할세관장이 확인한 판매확인서"는 "의료용역공급확인서"로 "면세물품을 구입한 때"는 "환급대상 의료용역을 공급받은 때"로 "면세판매자"는 "특례적용의료기관"으로 본다(조특령 §109의3 ④).

⑤ 외국인관광객이 환급대상의료용역을 공급받은 때 부담한 부가가치세액을 외국인관광객에게 환급 또는 송금한 환급창구운영사업자는 외국인관광객 등 특례규정 제10조의3에 따른 환급 또는 송금한 사실을 증명하는 서류인 환급·송금증명서를 특례적용의료기관에 송부하여야 한다(조특령 §109의3 ⑤).

⑥ 환급창구운영사업자는 외국인관광객에게 환급대상 부가가치세를 환급 또는 송금한 날이 속하는 분기의 종료일의 다음 달 20일까지 국세청장과 보건복지부장관에게 환급 또는 송금내역을 각각 제출하여야 한다(조특령 §109의3 ⑥).

⑦ 환급·송금명세서를 송부받은 특례적용의료기관은 환급대상 부가가치세액을 환급창구운영사업자에게 지급하여야 한다(조특령 §109의3 ⑦).

(3) 부가가치세 신고

특례적용의료기관의 사업자가 위 "(1)과 (2)"의 요건과 절차에 따라 환급대상 부가가치세액을 공제받으려는 경우에는 환급·송금증명서를 송부받은 날이 속하는 과세기간의 과세표준과 납부세액 또는 환급세액을 관할 세무서장에게 신고할 때에 외국인관광객 미용성형 의료용역 환급실적명세서를 첨부하여 제출하여야 한다(조특령 §109의3 ⑧, ⑨).

다만, 특례적용의료기관의 사업자가 환급대상 의료용역을 공급한 날부터 3개월이 되는 날이 속하는 달의 다음 달 20일까지 환급·송금증명서를 송부받지 못한 경우에는 환급대상 부가가치세액을 공제하지 아니하며, 특례적용의료기관의 사업자가 정당한 사유없이 환급창구운영사업자에게 환급대상 부가가치세액을 지급하지 아니한 때에는 부가가치세 신고시

공제받은 환급대상 부가가치세액을 납부세액에 가산하거나 환급세액에서 공제하여야 한다 (조특령 §109의3 ⑩, ⑪).

(4) 부정환급자 등에 대한 제재

특례적용의료기관 관할 세무서장은 환급대상 의료용역이 아닌 의료용역에 대하여 외국 인관광객이 부가가치세를 환급받은 경우나 특례적용의료기관이 사실과 다른 의료용역공급 확인서를 교부 또는 전송하는 등 아래의 사유에 해당하는 경우에는 해당 특례적용의료기관 으로부터 해당 부가가치세액 및 가산세를 징수하여야 한다. 이 경우 부가가치세액의 결정 과 징수 등에 관하여는 부가법 제57조, 제58조 및 제60조를 따른다(조특법 §107의3 ④, 조특령 §109의3 ⑫).

    ㉠ 특례적용의료기관이 사실과 다른 의료용역공급확인서를 교부 또는 전송하여 외국인 관광객이 부가가치세액을 환급받은 경우

    ㉡ 환급대상 의료용역에 해당하지 아니함에도 불구하고 특례적용의료기관이 의료용역공 급확인서를 교부 또는 전송하여 외국인관광객이 부가가치세액을 환급받은 경우

1 「자유무역지역의 지정 및 운영에 관한 법률」에 따른 간주수출

1) 의의

자유무역지역은 외국인투자자의 유치, 국제무역의 진흥 및 지역개발 등을 촉진하기 위해 대외무역법, 관세법 등 관계 법률에 의한 규제를 완화하여 자유로운 제조·유통·무역활동 등이 보장되는 지역으로 산업통상자원부장관이 지정한 지역을 말한다(자유무역지역의 지정 및 운영에 관한 법률 §2 1).

가. 자유무역지역

자유무역지역이란 관세, 부가가치세, 주세, 개별소비세, 교통·에너지·환경세, 농어촌특별세 또는 교육세와 지방소비세 등의 조세와 수입통관 절차 이행이란 부담 없이 자유로운 제조·물류·유통 및 무역활동 등이 보장되는 지역을 말한다. 이 지역은 자유무역지역의지정및운영에관한법률(이하 "자유무역법"이라 한다)에 따라 산업통상자원부장관이 고시한다.

나. 입주기업체

"입주기업체"라 함은 「자유무역지역의 지정 및 운영에 관한 법률」 제10조 제1항 제1호 내지 제3호 및 동조 제2항의 규정에 의한 입주자격을 갖춘 자로서 자유무역법 제11조의 규정에 의하여 입주허가를 받은 자를 말한다.

다. 내국물품
① 입주기업체의 영세율 적용대상 물품

"내국물품"이라 함은 「관세법」 제2조 제4호에 따른 내국물품을 말한다. 입주업체가 자유무역지역 안에서 사용 또는 소비하고자 하는 내국물품 중 관세 등을 면제, 영세율적용을 받고자 하는 물품은 다음에 해당하는 물품을 말한다(자유무역법 §29 ① 2).
- 기계, 기구, 설비 및 장비와 그 부분품
- 원재료, 윤활유, 사무용컴퓨터 및 건축자재
- 그 밖에 사업목적의 달성에 필요하다고 인정하여 관세청장이 정하는 물품

② 비거주자 등이 국외반출목적 보관물품으로서 영세율 대상물품

부가법 제52조 제1항 제1호에 해당하는 비거주자 등이 국외반출을 목적으로 자유무역지역에 보관하려는 내국물품 중 앞 '①'의 대상 물품으로서 다음의 요건을 모두 갖춘 물품
- 국내사업자와 직접 계약에 따라 공급받을 것
- 대금은 외국환은행을 통하여 원화로 지급할 것
- 비거주자 등이 지정하는 입주기업체에게 인도할 것

라. 자유무역지역 입주자격(자유무역법 §10)

① 수출을 주목적으로 하는 제조업종의 사업을 영위하려는 자로서 수출비중이 입주 신청일 이전 1년 이내의 수출액이 총매출액의 100분의 50 이상인 자
② 제조업종 또는 지식서비스산업에 해당하는 사업을 영위하려는 외국인투자기업으로서 외국인투자금 1억원 이상으로서 지분율 10% 이상 또는 기술제휴 등이 있는 외국인투자기업
③ 수출입거래를 주목적으로 하는 도매업종의 사업을 영위하려는 자로서 수출입거래비중 등이 50% 이상인 자
④ 물품의 하역·운송·보관·전시 그밖에 국제운송주선·국제선박거래, 포장·보수·가공 또는 조립하는 사업 등 복합물류관련 사업, 선박 또는 항공기(선박 또는 항공기의 운영에 필요한 장비를 포함)의 수리·정비 및 조립업 등 국제물류관련 사업, 연료·식수·선식(船食) 및 기내식(機內食) 등 선박·항공기용품의 공급업, 물류시설관련 개발업 및 임대업 사업을 영위하고자 하는 자
⑤ 입주기업체의 사업을 지원하는 업종으로서 금융업, 보험업, 통관업, 세무업, 회계업, 해운중개업·해운대리점업·선박대여업 및 선박관리업, 항만용역업, 교육·훈련업, 유류판매업, 폐기물의 수집·운반 및 처리업, 정보처리업, 음식점업, 식품판매업, 숙박업, 목욕장업, 세탁업, 이용업 및 미용업
⑥ 국민연금공단 등 공공기관
⑦ 국가기관

2) 자유무역지역 안으로 내국물품 반입은 관세 등 면세 또는 환급

입주기업체가 자유무역법 제29조 제1항에 따라 반입신고를 한 내국물품에 대하여는 「주세법」 제31조 제1항 제1호, 「개별소비세법」 제15조 제1항 제1호 또는 「교통·에너지·환경

세법」 제13조 제1항 제1호에 따라 수출 또는 공급하는 것으로 보아 관세 등을 면제하거나
환급한다(자유무역법 §45 ①).

3) 입주기업체에 대한 직접세 등의 감면

외국인투자기업인 입주기업체에 대하여는 「조세특례제한법」이 정하는 바에 따라 법인세·
소득세·취득세·등록세·재산세·종합토지세 등의 조세를 감면할 수 있다(자유무역법 §47).

4) 영세율 적용범위 요약

자유무역법에 따라 입주기업체의 재화 또는 용역의 제공과 관련된 세법의 적용은 다음과
같다.

① 자유무역법 제29조 제1항 제2호 및 같은 법 제45조 제2항에 따르면 입주업체가 자유
   무역지역 안에서 사용하고자 하는 내국물품으로서 기계, 기구, 설비 및 장비 등 동 법
   률에 규정된 물품을 자유무역지역 안으로 반입하고자 하는 자가 세관장에게 반입신
   고한 경우 부가법 제21조 제2항 제1호에 따른 수출하는 재화로 부가가치세 영세율이
   적용된다(자유무역법 §45 ②).

② 자유무역지역 안에서 입주기업체 간에 공급하거나 제공하는 외국물품 등과 용역에 대
   하여 부가가치세의 영세율을 적용한다(자유무역법 §45 ②, ③). 따라서 입주기업체가 아
   닌 국내사업자가 자유무역지역 내의 입주기업체에게 위탁급식용역을 공급하는 경우
   에는 영세율이 적용되지 않는다(부가가치세과－1533, 2009. 10. 22.).

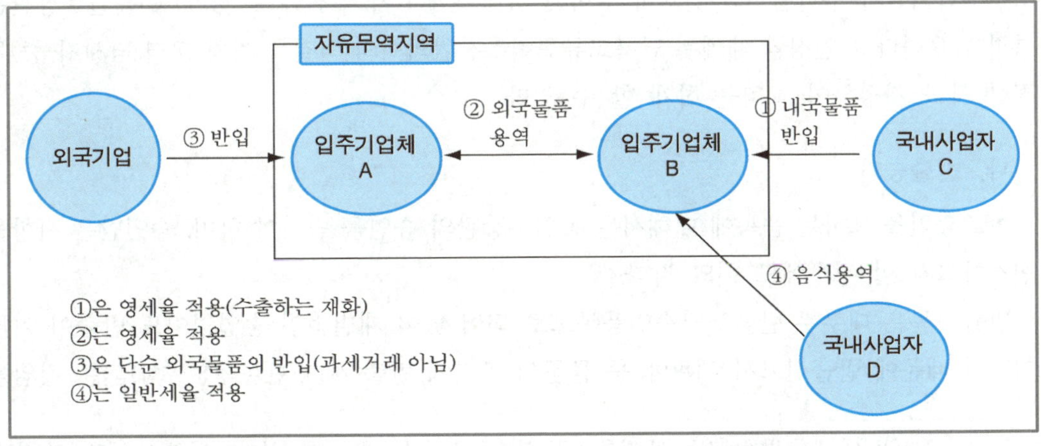

5) 영세율 첨부서류

세관장이 발행하는 내국물품 반입사실을 증명할 수 있는 서류를 제출하여야 한다.

2 북한으로 반출하는 재화 등에 대한 수출 간주

(1) 남북교역의 개념

남북교역이란 남한과 북한간의 민족간 내부거래로서 남북교류협력에 관한 법률에서는 수출, 수입이라는 용어 대신 물품의 반출·반입이라는 용어를 사용한다.[228]

반출·반입이라 함은 매매, 교환, 임대차, 사용대차, 증여 등을 원인으로 하는 남한과 북한과의 물품의 이동(단순히 제3국을 경유하는 물품의 이동도 포함)을 의미한다. 따라서 제3국산 물품이라 하더라도 남북간을 이동할 경우에는 남북교역(반출입)에 해당되며, 북한산 물품이 제3국으로 수출되어 남한으로 수입되는 경우는 대외무역(수입)에 해당된다.

(2) 남북교역 절차

1) 주요개념

가. 남북교역의 당사자

남북교역(북한과 제3국간 물품의 중계무역 포함)을 할 수 있는 자는 국가기관, 지방자치단체, 정부투자기관과 무역업 고유번호가 부여된 업체(관계자)가 추진할 수 있으며, 통일부장관은 특히 필요하다고 인정할 때에는 남북교류협력추진협의회의 의결을 거쳐 교역 당사자 중 특정한 자를 지정하여 교역을 하게 할 수 있다.

나. 반출승인

반출승인을 요하는 품목에 대해서는 통일부장관의 승인을 받아야 하며, 승인받은 사항을 변경하고자 할 경우에도 이와 같다.

반출품목은 대부분 반출포괄승인품목으로 되어 있어 개별적인 승인없이도 반출이 이루어지기 때문에 반출신고시 세관에 동 물품이 북한에 반출(제3국 단순 경유 포함)되는 것임을

---

228) 남북교류협력에 관한 법률에서는 이 법률이 "군사분계선 이남지역과 그 이북지역 간의 상호 교류와 협력"을 목적으로 함을 선언하고 있는데, 동 법에서는 군사분계선 이북지역을 북한으로 군사분계선 이남지역을 남이라 칭한다.

명백히 한다.

※ 반출, 반입 승인을 받지 않고 물품 등을 반출하거나 반입하면 3년 이하의 징역 또는 1천만원 이하의 벌금에
처함(남북교류협력에 관한 법률 §27).

다. 반입승인

반입승인을 요하는 품목에 대해서는 통일부장관의 승인을 받아야 하며, 승인받은 사항을
변경하고자 할 경우에도 이와 같다.

통일부는 해당 품목의 과다공급에 따른 국내시장 교란 가능성, 국내 생산자 보호 측면에
대한 고려, 반입가격의 적정성, 남북교역의 안정적인 확대, 발전에 대한 기여 가능성, 그 밖
의 남북관계 개선에 미치는 영향 등을 종합적으로 검토하여 승인 여부를 결정한다.

라. 반출입 승인

반출, 반입이 연계되어 교역이 이루어지는 경우로서 대응물품이 승인을 요하는 품목인
때에는 반출입승인 신청을 한다.

- 반출입 혼합거래의 형태로는 연계교역에 의한 반출입(물물교환, 구상무역, 대응구매)과 중
  계교역에 의한 반출입이 있다.
- 연계교역에 의한 반출입승인은 반출과 반입이 연계된 하나의 계약서로 가능하며, 별도
  의 계약서로 작성할 경우에는 2개의 계약을 연계시키는 의정서(protocol)가 있어야 한다.

마. 교역보고

대북 반출, 반입, 반출입 교역에 대한 교역보고서를 제출하여야 한다.

🔵 반입승인 신청서류

- 북한물품 반입승인신청서(소정양식) 5부
- 반입계약서 또는 물품매도확약서(offer sheet) 1부
  (간접교역의 경우 중개인과 북한 거래 당사자간의 계약서 포함)
- 반입대행계약서 1부(반입자와 위탁자가 다른 경우)
- 특정물품취급 면허증 사본 1부(해당자)
- 통일부장관이 필요하다고 인정하는 서류
  (무역업 고유번호부여서 사본, 사업자등록증 사본, 북한물품반입관련내역서(소정 양식), 북한주민접촉
  승인서 사본 및 접촉결과보고서 각 1부 등)
- 반출입승인 신청서류

- 반출입승인 신청서 5부
- 반출/반입계약서 1부(하나의 계약서)
  (별도의 계약서로 작성할 경우에는 2개의 계약을 연계시키는 의정서(protocol) 추가)
- 이행보증 또는 환급보증(필요한 경우)
- 그 밖의 통일부장관이 필요하다고 인정하는 서류(반입과 동일)

2) 교역절차

① 북한주민접촉 신고(필요시 북한 방문 승인 신청)
  - 신청시기 : 접촉예정일 10일 전까지 통일부 홈페이지 남북교류협력시스템에서 ON-LINE으로 신고서 제출
  - 신청장소 : 통일부 홈페이지 남북교류협력시스템(http://inter-Korea. uniKorea.go.kr), 단, 재외국민은 재외공관장 경유 신청
② 거래를 위한 접촉·상담(접촉·방문 승인시 부여된 조건에 따라 결과 보고)
③ 계약체결 또는 물품매도확약서(offer sheet) 접수
④ 반출입승인(승인대상품목)[예비검토·남북협회승인·통보 : 통일부]
  - 수출입공고 등의 제한승인품목 여부 확인 수출입공고 등 및 통합공고상에 수출입 제한이 없는 자동승인품목은 당사자간의 계약에 의해, 제한승인품목은 통일부의 승인을 받아야 한다.
  - 통일부의 남북교역대상물품 및 반출, 반입 승인절차에 관한 고시확인
⑤ 대금결제, 화물수송, 원산지 확인
⑥ 남북교역물품의 통관
⑦ 대금결제 및 관세환급
⑧ 교역보고(반출입 승인시 부여된 조건에 따라 결과보고)

3) 북한 물품 반입 관련 규정

북한에서 반입되는 북한산 물품은 국내거래로 간주되어 원칙적으로 관세가 과세되지 않는 것이나 관세 외 부가가치세 등 그 밖의 내국세는 과세된다(북한산물품이 아닌 외국물품은 관세가 과세됨).

또한 북한에서 반입되는 물품은 「남북교류협력에 관한 법률」, 같은 법 시행령, 같은 법 시행규칙, 「남·북한교역대상물품 및 반출·반입승인절차에 관한 고시(통일부고시)」, 「남북

교역물품의 원산지 확인에 관한 고시(통일부고시)」, 「남북교역물품통관관리에 관한 고시(관세청고시)」 등에서 정한 규정을 준수하여 우리나라로 반입되어야 한다.

동 법령 등은 통일부 홈페이지(www.unikorea.go.kr)〉자료실〉법령정보에서 조회할 수 있다.

(3) 남북간 물품 반출입시 유의사항

① 제3국산 물품 등이 남북간을 이동할 경우에도 남북교역에 해당하므로 반출반입 승인을 받아야 함
② 포괄승인물품 등이라 하더라도 거래형태가 임대 또는 무상이거나, 대금결제 방법이 「외국 환거래법」 제4장에 의해 허가 또는 신고를 요하는 지급과 거래(현금, 제3자 지급 등), 청산결제를 통한 결제인 경우에는 별도의 승인을 받아야 함
③ 북한산 농림수산물은 제3국산 농림수산물의 북한산 위장반입을 방지하기 위해 남북간 직접 수송인 경우에만 반입을 허용하고 있음
④ 북한산 소프트웨어는 모두 반입 승인을 받아야 하고, 노트북을 포함한 모든 컴퓨터는 반출승인을 받아야 함
⑤ 전략물자 및 사치품류는 대북 반출이 제한되며, 물품을 반출하고자 하는 경우 이에 해당하는지 여부를 사전에 확인하여야 함. 다만, 사치품류는 위탁가공, 북한 현지 체류 우리국민 사용 등을 목적으로 하는 경우 승인을 받고 반출할 수 있음
⑥ 반출, 반입 승인을 받지 않고 물품 등을 반출하거나 반입하면 3년 이하의 징역 또는 1천만원 이하의 벌금에 처함
　　※ 한국무역협회 홈페이지 참조

(4) 위탁가공교역

가. 특징

북한의 저렴하고 질 좋은 노동력을 이용할 수 있고, 북한 측에서도 노동력을 활용하면서 투자부담 없이 외화획득이 가능하며 북한의 낙후된 경공업 분야 발전의 계기가 될 수 있다.

포괄적으로 승인한 반출입으로 보나, 시설재를 공급하는 위탁가공교역에 있어 기계·장치·설비 공급이 「반출·반입 승인대상 물품 및 승인 절차에 관한 고시」 제4조 제1항의 승인을 요하는 반출·반입에 해당할 경우 통일부장관의 승인을 받아야 한다.

나. 절차

① 위탁가공계약체결

② 반출입 승인신청(필요시)

③ 남한의 원부자재 반출 통관(제3국 원부자재 수입)

④ 북한으로의 운송

⑤ 북한 내 제조·가공

⑥ 가공제품 선적

⑦ 운송서류 입수

⑧ 위탁가공수수료 지급

⑨ 가공물품의 재반입 통관[반출입 승인변경(필요시)]

⑩ 재반입 보고[가공물품의 제3국 수출]

⑪ 수출대금 회수(당초 가공물품의 수출국이 정해진 경우에는 반입물품의 도착항란에 수출대상국(항구)를 표시하면 별도의 변경승인이 필요없다)

(5) 남북교역물품 등에 대한 세무처리

1) 관세 등

남한과 북한간의 거래는 국가간의 거래가 아닌 민족내부의 거래로 보며(남북교류협력에 관한 법률 §12), 물품 등의 반출이나 반입과 관련된 조세에 대하여는 「남북교류협력에 관한 법률」에서 정하는 바에 따라 조세의 부과·징수·감면 및 환급 등에 관한 법률을 준용한다.

다만, 원산지가 북한인 물품 등을 반입할 때에는 「관세법」에 따른 과세 규정과 다른 법률에 따른 수입부과금(輸入賦課金)에 관한 규정은 준용하지 아니한다(남북교류협력에 관한 법률 §26 ②).

※ 관세를 부과하지 않음.

2) 부가가치세 등

가. 남북교류협력에 관한 법률 규정(남북교류협력에 관한 법률 시행령 §42, 43)

㉠ 북한으로부터 반입되는 물품 등은 「부가가치세법」에 따른 재화 또는 용역의 공급으로 보아 같은 법을 준용한다. 이 경우 물품 등(용역은 제외한다)에 대해서는 세관장이 관세 징수의 예에 따라 부가가치세를 징수하며 용역에 대해서는 부가법 제52조(대리납부)를 준용한다.

ⓛ 북한으로부터 반입되는 물품이 개별소비세·주세 및 교통·에너지·환경세의 과세대상인 경우 출입장소로부터 해당 물품이 반출되는 때를 보세구역으로부터 반출되는 것으로 보아「개별소비세법」·「주세법」또는「교통·에너지·환경세법」을 준용한다.

ⓒ 북한으로 반출되는 물품 등(해당 선박 또는 항공기에서 판매되는 물품은 제외한다)은 수출품목으로 보아「지방세법」·「부가가치세법」·「개별소비세법」·「주세법」및「교통·에너지·환경세법」을 준용한다. 다만, 물품 등 중 제3조에 따른 용역 및 전자적 형태의 무체물은「지방세법」및「부가가치세법」(영세율 적용)만 준용한다.

ⓡ 북한에 제공되는 용역 및 선박·항공기의 북한항행용역은 이를 각각 국외제공용역 또는 외국항행용역으로 보아「지방세법」및「부가가치세법」(영세율 적용)을 준용한다. 다만, 해당 선박 또는 항공기에서 운행요금 외에 별도로 대가를 받고 제공되는 용역에 대하여는 그러하지 아니한다.

ⓜ 출입장소를 통하여 북한에서 남한으로 들어오는 사람의 휴대품·별송품으로서 관계 행정기관의 장이 정하여 고시하는 물품 등에 대해서는「관세법」제41조 제2항 및 제42조에도 불구하고 관세·부가가치세·개별소비세·주세 및 교통·에너지·환경세를 부과하지 아니한다.

ⓗ 북한에서 남한을 방문하는 사람에 대하여는 외국인 관광객에 준하여「부가가치세법」및「개별소비세법」의 감면규정을 준용한다.

3) 소득세 등(남북교류협력에 관한 법률 시행령 §44)

㉠ 남한과 북한 간의 투자, 물품 등의 반출·반입, 그 밖에 경제 분야의 협력사업 및 이에 수반되는 거래로 발생하는 소득에 대한 조세의 부과·징수·감면 및 환급 등에 관하여는「남북교류협력에 관한 법률」제26조 제3항 제6호부터 제8호까지의 법률을 준용한다. 이 경우 북한에 물품 등을 반출하는 것은 수출 또는 외화획득사업으로 보며, 북한으로부터 물품 등이 반입되는 것은 수입으로 보지 아니한다.

㉡ 위의 규정에 따라「소득세법」을 준용할 때 북한에서 소득이 있는 남한주민의 소득에 대하여 소득세 부과의 특례를 인정하는 경우에는 남한에서 소득이 있는 북한주민의 소득에 대하여 그와 동등한 특례를 인정할 수 있다.

㉢ 남북교류·협력으로 발생하는 소득에 대한 과세에 대하여 정부와 북한의 당국 간의 합의가 있는 때에는 위의 규정에 따른「소득세법」의 전부 또는 일부를 준용하지 아니할 수 있다.

4) 구체적 사례

가. 대북물품 반입

북한지역에서 생산된 농산물·축산물·수산물·임산물로서 원생산물 또는 원생산물의 본래의 성상이 변하지 아니하는 정도의 원시가공을 거친 것은 부가가치세가 면제된다(서면3팀-387, 2008. 2. 22.).

※ 국내에서 생산된 농산물·축산물·수산물·임산물로서 원생산물 등의 과세·면세판정기준과 동일하게 판단

예를 들어 외국에서 수입하는 관세율표 제1211호에 해당하는 오미자 열매는 부가칙 제24조 [별표 1]에서 규정하는 미가공식료품에 해당하지 아니하므로 부가법 제27조 제1호에 따라 부가가치세가 면제되는 수입미가공식료품에 속하지 아니하나, 북한지역에서 생산된 농산물·축산물·수산물·임산물로서 원생산물 또는 원생산물의 본래의 성상이 변하지 아니하는 정도의 원시가공을 거친 것은 부가법 제26조 제1항 제1호에 따라 부가가치세가 면제된다(서면3팀-752, 2004. 4. 16.).

또한 북한으로부터 반입하는 재화 또는 용역에 대하여 부가가치세 적용은 「남북교류협력에 관한 법률」 제51조 규정 등에 따라 외국에서 수입하는 재화 또는 용역과 동일하게 취급하므로, 북한에서 반입되는 모래의 과세표준에 운임을 포함하도록 계약한 경우 세관장은 모래의 가격에 운임가격을 포함하여 부가가치세를 부과하는 것은 타당하며, 운임회사의 경우는 세금계산서를 발급하되 영의 세율을 적용한 세금계산서를 발급한다(재정경제부 부가가치세제과-668, 2007. 9. 18.).

나. 대북반출

㉠ 사업자가 내국물품을 북한으로 유상 또는 무상반출하는 경우 해당 내국물품은 수출하는 재화에 해당하여 영의 세율이 적용된다. 이 경우 공급시기는 부가령 제28조 제6항 제1호에 따라 판단하는 것으로 선적일이 공급시기가 된다(서면3팀-2179, 2005. 11. 30.). 그러나 사업자가 자기사업을 위하여 대가를 받지 아니하고 위탁가공을 위하여 원자재를 반입조건부로 북한에 소재하는 수탁가공사업자에게 무환반출하는 경우에는 재화의 공급으로 보지 아니한다(서면3팀-2605, 2007. 9. 14.).

㉡ 사업자가 북한으로 반출할 물품을 국내에서 다른 사업자에게 공급하는 경우에는 해당 물품이 내국신용장 또는 구매확인서에 의하여 공급되는 재화에 해당되어야 영세율이 적용된다(서면3팀-1083, 2007. 4. 10.).

㉢ 공익목적단체가 고유사업목적을 위하여 무상으로 반출하는 재화에 대한 면세포기신

고를 하고 영세율을 적용받는 경우 해당 재화와 관련한 매입세액은 공제받을 수 있다
(서면3팀 - 1921, 2006. 8. 28.).

ⓔ 전기통신사업에 의한 국내의 기간통신사업자가 국외에서 발신하여 국내에서 착신하
거나 국외에서 국외로의 송·수신하는 국제통화서비스를 제공하고 해당 기간통신사
업자가 국외의 수신자 또는 선불카드·후불카드의 구매자로부터 국내의 통화요금체
계에 따라 징수하는 통화요금에 대하여 부가법 제21조 제1항에 따라 부가가치세가 과
세된다(부가 46015 - 798, 1995. 4. 29.).

ⓜ 사업자가 북한지역을 운항하는 선박에 제공하는 석유류는 「남북교류협력에 관한 법
률」에 따라 영세율이 적용된다(서면3팀 - 1421, 2005. 8. 30.).

다. 운송용역

선박과 항공기에 의한 북한 항행용역은 외국항행용역으로서 영의 세율이 적용된다. 이
경우 도급운송용역을 포함한다. 그러나 남한에서 운수업을 영위하는 사업자가 무역업자 등
과의 계약에 의거 남한에서 북한간 관광객 또는 화물을 수송(육로 수송)하고 대가를 받는
경우 동 운송용역에 대하여는 영의 세율이 적용되지 아니한다(서면3팀 - 917, 2005. 6. 22. ; 제도
46015 - 10837, 2001. 4. 27.).

라. 북한에서 제공되는 용역

북한에 제공하는 용역(제공하는 용역의 사업장이 국내에 있는 경우에 한한다)은 「남북교류협력
에 관한 법률 시행령」에 따라 국외제공용역에 해당되므로 부가법 제22조에 따라 영세율이
적용된다(서면3팀 - 928, 2008. 5. 9.).

예를 들어 한국전력공사가 한반도에너지개발기구(KEDO)로부터 북한에 원자력발전소를
건설하는 도급을 받아 부문별로 국내건설업자에게 하도급하여 주는 경우 해당 도급용역과
하도급용역에 대하여는 각각 영세율이 적용된다(부가 46015 - 1791, 1997. 8. 1.).

마. 국외거래로 과세 제외되는 사례

ⓖ 사업자가 북한의 관계기관으로부터 토지를 임차하여 공장부지를 조성한 후 동 토지에
대한 이용권을 국내에서 국내사업자에게 양도하는 경우 부가법 제19조에 따라 부가
가치세가 과세되지 아니한다(서면3팀 - 2460, 2004. 12. 6.).

ⓛ 남북협력사업자가 북한지역에서 사업용 건축물을 취득하여 양도하는 경우 부가가치
세가 과세되지 아니한다(부가 46015 - 1102, 1999. 4. 15.).

ⓒ 사업자가 한반도에너지개발기구(KEDO)와 계약을 체결하고 북한 지역에서 공사를 수
행하는 한반도에너지개발기구(KEDO) 건설관련업체에 근무하는 직원에게 음식용역을
제공하는 직원식당을 북한에서 운영하는 경우 북한에서 제공하는 음식용역은 부가가
치세 과세대상이 아니다. 이 경우 사업자가 식자재를 구입하여 북한에 있는 식당에
반출하는 경우에는 「남북교류협력에 관한 법률」 제26조 및 동법 시행령 제51조에 따
라 영세율이 적용된다(부가 46015-296, 1998. 2. 21.).
※ 음식용역을 제공하는 사업장이 북한에 있기 때문에 국외거래로 봄.

바. 용역의 수입

국내 의류제조업자가 북한으로부터 공급받는 임가공용역에 대한 부가가치세 징수에 대
하여는 「남북교류협력에 관한 법률 시행령」 제51조 제1항에 따라 부가법 제52조(대리납부)
의 규정을 준용한다(재소비 46015-127, 1997. 4. 21.). 일반적으로 북한을 제외한 제3국에 원자
재를 반출하여 임가공 후 완성품을 수입하는 경우 원자재 가격, 가공임 등을 포함한 금액에
대하여 수입세금계산서가 발급된다.

그러나 우리나라에서 원·부자재 전부를 공급하여 북한에서 단순히 가공만하여 반입하
는 경우 부가령 제11조에 따른 용역의 공급에 해당하며 이때의 부가가치세 공급가액은 해
당 임가공료가 된다. 또한 해당 임가공물품을 세관 반입신고시 임가공계약서, 반출신고수
리필증, 부가가치세 영세율적용을 받지 않은 사실 등을 확인할 수 있는 자료를 제출하면
해당 물품의 부가가치세를 세관에서 징수하지 않는다(수입계산서 발급). 다만, 면세사업자가
위와 같은 단순임가공용역을 제공받아 면세사업에 사용 또는 소비하는 경우라면 대리납부
규정이 적용된다는 것이다.

> ※ 부가가치세 과세사업자가 국내에서 원자재를 무환반출하여 북한에서 임가공 후 완
> 제품을 반입하는 경우로서 북한에 지급하는 가공임은 용역의 공급대가에 해당되지
> 만 부가가치세 대리납부규정이 적용되지 아니하여 반입시 수입세금계산서 발급이
> 되지 아니한다.

만약 부가가치세 과세사업자가 자기의 원재료를 유상으로 북한에 반출하고, 북한에서 이
를 임가공하여 유상으로 반입하는 완성품에 대하여는 용역의 수입이 아닌 재화의 반입으로
서 부가가치세 대리납부대상이 아니어서 세관장으로부터 수입세금계산서를 발급받아 자기
의 매출세액에서 공제받게 된다.

5) 공급시기 및 영세율 첨부서류

외국으로 반출하는 재화와 동일하게 취급하고 있으므로 직수출의 경우와 같이 그 공급시기는 대북 반출재화에 대한 선(기)적일이 되고 영세율 첨부서류는 수출실적명세서가 된다(서면3팀-2179, 2005. 11. 30.).

X 공급장소와 재화의 국외거래

1 공급장소의 의의

부가가치세는 우리나라의 과세권을 행사할 수 있는 권리가 미치는 곳에서 이루어지는 거래에 대하여 과세하는 것이 원칙이며, 이러한 원칙하에서 공급장소(전면 개정 전의 거래장소)는 재화 또는 용역이 공급되는 장소로서 소비지국과세원칙에 따라 재화나 용역의 공급이 국내에서 이루어진 것이냐 국외에서 이루어진 것이냐의 기준을 제시하고 우리나라의 과세권이 미치는 과세거래인지를 판단하는 기준이 된다. 따라서 대한민국의 주권이 미치지 아니하는 국외에서 재화를 공급하는 경우에는 납세의무가 없다.

다만, 국내의 사업장에서 계약과 대가 수령 등 거래가 이루어지는 부가가치세법에서 정하는 중계무역방식의 수출, 위탁판매수출, 외국인도출, 위탁가공무역방식의 수출 및 국외에서 제공하는 용역의 경우에는 그 공급장소가 국외임에도 영세율 적용이 되는 것으로 규정하는 예외규정을 두고 있다.

2 재화의 공급장소

(1) 개요

재화가 공급되는 장소는 다음과 같다(부가법 §19).

㉠ 재화의 이동이 필요한 경우에는 재화의 이동이 시작되는 장소를 그 공급장소로 한다.

㉡ 재화의 이동이 필요하지 아니한 경우에는 재화가 공급되는 시기에 재화가 있는 장소

를 그 공급장소로 한다.

따라서 '재화의 수출'의 경우에는 해당 재화가 국외에서 사용되거나 소비된다 하더라도 그 재화의 이동이 개시되는 장소가 국내이기 때문에 과세대상인 재화의 공급에 해당되나 사업자가 국외에서 외국물품을 외국으로 공급하는 경우 국외에서 선박에 잔존하는 유류를 외국의 선주에게 공급하는 경우 등은 국외거래로서 「부가가치세법」에 따른 과세대상에 해당하지 아니한다.

또한 고정자산 중 이동이 필요없는 건물, 구축물, 사무실 등을 매각하는 경우 매각하는 재화의 공급장소는 공급하는 시기에 재화가 소재하는 장소이다.

(2) 공급장소가 공해인 경우

공해는 대한민국의 주권이 미치지 아니하는 지역으로서 외국 내지 국외에 해당하는 바, 수출 이후 공해상에서의 거래에 대하여는 부가가치세의 과세권이 미치지 아니하는 국외거래이다(서울고법 2021누36259, 2022. 5. 26. ; 서울행정법원 2019구합68718, 2021. 1. 26. 상고중의 사건).

(3) 수출과 수입의 공급장소

수출의 경우 공급장소는 국내이므로 부가가치세 과세대상에 해당하나 영세율을 적용하며, 수입의 경우 그 공급장소가 국외이나 과세대상 거래에 해당하지 아니함에도 소비지국 과세원칙에 따라 별도의 과세대상으로 규정하고 있다.

3 용역의 공급장소

이론적으로 용역의 공급장소를 결정하는 방법은 아래와 같다.
① 역무를 제공하는 자가 소재하는 장소
② 역무를 제공받는 자가 소재하는 장소
③ 역무가 제공되는 장소

우리나라의 부가가치세법은 ③의 방법에 따라 아래와 같이 그 역무가 제공되거나 재화·시설물 또는 권리가 사용되는 장소 등을 용역의 공급장소로 본다(부가법 §20).
㉠ 일반적인 경우에는 역무가 제공되거나 시설물, 권리 등 재화가 사용되는 장소

㉡ 국내 및 국외에 걸쳐 용역이 제공되는 국제운송의 경우 사업자가 비거주자 또는 외국 법인이면 여객이 탑승하거나 화물이 적재되는 장소

㉢ 전자적 용역의 경우 용역을 공급받는 자의 사업장 소재지, 주소지 또는 거소지

㉠의 규정에 따라 국외에 있는 부동산을 임대하고 받는 임대료 및 임대보증금에 대한 이자상당액과 외국매체에 광고게재를 의뢰하고 지급하는 광고료는 해당 부동산, 광고매체의 시설물이 사용되는 장소가 국외이므로 부가가치세가 과세되지 아니한다(부가통칙 20-0-1).

다만, 공급장소가 국외라 하더라도 해당 용역의 공급에 대한 부가법 제6조에 따른 사업장이 국내인 경우 또는 국외에 있는 부동산상의 권리만을 대여하는 경우로서 그 업무를 국내에 있는 사업장에서 총괄한다면 그 용역이 제공되는 장소가 국외라 하더라도 그 사업장은 국내이기 때문에 '국외에서 제공하는 용역'으로서 영세율이 적용되는 과세대상에 해당된다.

㉡과 같은 국제운송의 경우 사업자가 거주자나 내국법인인 경우에는 여객이 탑승하거나 화물이 적재되는 장소가 국내 또는 국외에 관계없이 부가가치세 과세대상으로 하여 영세율을 적용하고, 사업자가 비거주자나 외국법인인 경우에는 국내에서 여객이 탑승하거나 화물이 적재되는 때에만 국내거래로 과세대상에 해당한다.

그 밖에 용역의 공급장소를 '역무가 제공되거나 재화·시설물 또는 권리가 사용되는 장소'라고 규정하고 있어 역무에 관하여는 제공지 과세원칙을 채택한 것이라고 오해할 수 있으나, 이는 기술의 발전이 있기 전 과거에는 역무의 제공장소와 사용장소가 일치하여 이와 같이 규정하여도 별다른 문제가 발생하지 않은 것에 불과하고 최근에는 기술의 발전으로 인해 역무의 제공장소와 사용장소가 불일치하는 경우가 발생하게 되었다. 그러하더라도 위 규정을 들어 역무에 있어 소비지과세원칙이 변경된 것이라고 볼 수는 없다. 향후 해당 조문을 명확하고 구체적으로 규정할 필요성이 발생하였을 뿐이다. 또한 소비지과세원칙이라는 전제하에 용역의 공급장소를 넓게 해석하는 것이 조세법률주의에 반한다고 볼 수도 없다.

우리나라를 포함한 대부분의 국가에서는 국가 간 재화의 이동인 수출·수입의 경우 수출국과 수입국에서의 부가가치세 이중과세문제를 해소하기 위하여 생산지국에서는 부가가치세를 과세하지 않고 수입국에서 수입재화에 대한 수입부가가치세를 과세하는 소비지국과세방식을 채택하고 있다.

재화의 수출은 일반적으로 사업자가 외국의 수입업자와 직접 계약에 의하여 자기의 계산과 책임하에 외국으로 내국물품을 반출하는 것을 의미하며, 재화의 수출을 영세율 적용대상으로 규정하면서 영세율 적용을 위한 그 밖의 다른 조건(공급받는 자, 대금결제방법, 대가의 유무, 무역거래계약 조건 등)을 두지 않고 있다. 재화의 수입은 국내에서 소비 또는 사용될 것으로 예측하여 부가가치세를 징수하는 것이며, 국내에서 생산된 재화를 공급받는 경우와 동일한 조세부담이 되도록 하여 국내 산업을 보호하고 국내생산 재화와의 과세형평을 유지하기 위한 조치이다.

부가가치세는 간접세로서 속지주의과세에서의 소비지국과세원칙에 따라 부가가치세의 과세권이 미치는 지역적인 장소는 국내이므로 재화 또는 용역의 공급에 대한 공급장소가 국내인 것에 한하여 과세대상이 된다.

재화의 수출의 경우 특히 직수출의 경우에 있어 공급장소는 재화의 이동이 개시되는 장소이므로 수출재화가 선적되는 경우 외항선박에 선적이 이루어지는 장소가 되고 동 장소는 국내가 될 것이며, 외항선적이 국내항을 출발하여 공해상에 도달했을 때 비로소 국내를 벗어나게 된다. 부가법상 내국물품을 외국으로 반출하는 경우 수출재화의 선(기)적일이 원칙적인 공급시기인데 외국의 수입자에게 재화의 이동이 개시되는 장소나 공급시기인 선(기)적일에 수출재화가 소재하는 장소가 모두 국내지만 이를 국내거래로 보지 아니하고 위 소비지국과세원칙 및 부가법 제21조에 따라 수출하는 재화로서 영세율을 적용한다.

재화의 수입에 있어서도 수입물품이 외국항에서 선적되므로 그 공급장소는 국외인 것인데 국외거래가 있었던 것으로 보지 않는다. 해당 물품이 보세구역에 반입되면 비로서 국내에 소재하게 되는데 보세구역에 있는 재화를 국내 수입자가 인수받아 수입통관하는 경우 수출입자 간에 국내(보세구역) 내에서 재화의 공급이 있었던 것으로 보지 아니하고 전체거래를 하나의 거래로 보아 소비지국과세원칙에 따라 수입통관 시에만 재화의 수입으로 부가가치세가 과세된다.

국내 수출자와 외국 수입자 사이에 수출대상 재화의 인도부터 인수에 이르기까지 거래당사자의 변동이 없었고 해당 재화가 종국적으로 국외 수입자에게 인도되었다면 부가법 또는 관세법이 정하는 전형적인 수출거래에 해당하고 부가법상 공급시기 또는 수출재화의 실질적인 인수시점이 언제인지에 관계없이 수출로서 영세율이 적용되어야 한다(동지 : 서울행법 2019구합52973, 2020. 1. 16. ; 서울고법 2020누34829, 2021. 6. 4.).

아울러 부가법상 공급시기 및 그 특례규정, 월합계세금계산서 등 제 규정은 조세행정 편의상 재화 또는 용역의 귀속시기를 어느 과세기간 내에 귀속시킬지를 가림으로써 부가가치세 납세의무 성립시기를 판단하는 기준일뿐 공급시기에 재화가 소재하는 장소가 곧 국내거래·국외거래를 판단하는 기준이 되는 것은 아니다.

<h2>5   국외거래에 대한 계산서 발급의무 등</h2>

1) 국내사업자의 계산서 발급의무

재화의 공급장소(재화가 이동되는 물리적 장소를 기준으로 한다)가 국외이고 해당 거래의 거래주체가 모두 거주자 또는 내국법인인 경우 부가가치세 과세대상에 해당하지 아니하여 세금계산서 발급의무는 없는 것이나, 소득세법과 법인세법 규정에 따른 계산서 발급의 경우 재화나 용역의 공급에 대하여 세금계산서를 발급하지 않은 한 원칙적으로 계산서를 발급하도록 규정하고 있고, 부가가치세 면세대상만을 계산서 발급대상으로 한정하고 있지 않을 뿐만 아니라 국외거래에 대하여 별도로 계산서 발급의무 면제규정을 두고 있지 아니하므로 동 거래의 경우 공급자는 계산서 발급의무가 있다(재소비 46015-139, 1996. 5. 8. ; 소득세과-4348, 2008. 11. 24. ; 법인세과-445, 2011. 7. 6.).

2) 공급받는 자의 증빙불비가산세 적용 여부

공급받는 자의 정규지출증빙 수취의무에 있어서는 국외에서 재화 또는 용역을 공급받는 경우 그 의무를 면제하고 있으므로 그 거래상대방이 비거주자이거나 외국법인이어서 법정증빙의 수취가 곤란한 경우뿐만 아니라 거래상대방이 내국법인 등이어서 법정증빙수취가 현실적으로 가능한 경우에도 정규증빙수취의무는 면제되는 것으로 해석하여야 한다. 부언하면 공급자의 계산서 발급의무와 공급받는 자의 증빙수취의무는 별개의 개념이고 법정증빙서류의 미수취로 인한 가산세 규정도 법문에 따라 엄격하게 문리해석하여야 하는 것인

바, 계산서 발급의무가 있는 공급자에게 계산서미발급가산세가 부과되는 것은 별론으로 하더라도 공급받는 자는 계산서를 미수취·미제출하였더라도 증빙불비가산세를 적용할 수 없다(기재부 법인세제과-894, 2013. 9. 12.).

3) 계산서 발급거래에 대해 영세율세금계산서 발급시 가산세 적용 여부

구매확인서는 국내에서 생산되거나 수입된 물품을 외화획득용 원료(물품) 등으로 사용하기 위해 국내에서 구매하는 경우 외국환은행장이 발급하는 서류로서 구매확인서에 의한 재화의 공급은 국내 거래이지만 수출하는 재화의 범위에 포함하여 영세율을 적용하고 있는데, 을법인의 수출형태는 갑법인으로부터 공급받은 재화를 국내에 반입없이 국외 정법인에게 인도하는 외국인도수출로서 구매확인서 발급대상에 해당하지 아니하므로 갑법인이 을법인으로부터 구매확인서를 발급받는다고 하더라도 이를 통해 영세율을 적용할 수 없고, 갑법인은 '법인이 재화나 용역을 공급하면 계산서나 영수증을 작성하여 공급받는 자에게 발급하여야 한다'는 「법인세법」 제121조에 따라 계산서를 작성하여 을법인에게 발급하여야 한다(기준-2018-법령해석부가-0027, 2018. 2. 21.).

다만, 이 경우 갑법인이 계산서를 발급하지 아니하고 영세율 세금계산서를 발급한 데 대하여 계산서미교부가산세를 부과하지 아니한다는 것이 기재부의 해석이다(기획재정부 법인세제과-893, 2018. 7. 23. ; 기획재정부 법인세제과-1279, 2019. 9. 18.).

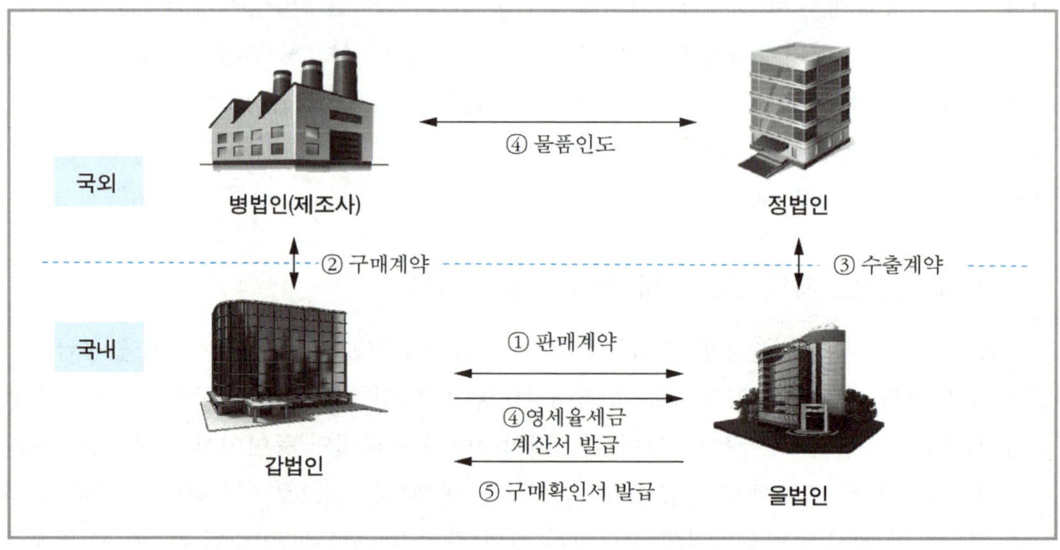

부가가치세의 납세의무는 대한민국의 주권이 미치는 범위 내에서 적용하므로 사업자가 대한민국의 주권이 미치지 아니하는 국외에서 재화를 공급하는 경우에는 납세의무가 없다. 이 경우 우리나라 국적의 항공기 또는 선박에서 이루어지는 거래는 국외거래로 보지 아니한다(부가통칙 3-0-3).

7 국외거래에 대한 부가가치세 과세제외 사례

(1) 해외 임가공용역을 공급하고 받는 대가의 과세 여부

1) 사실관계

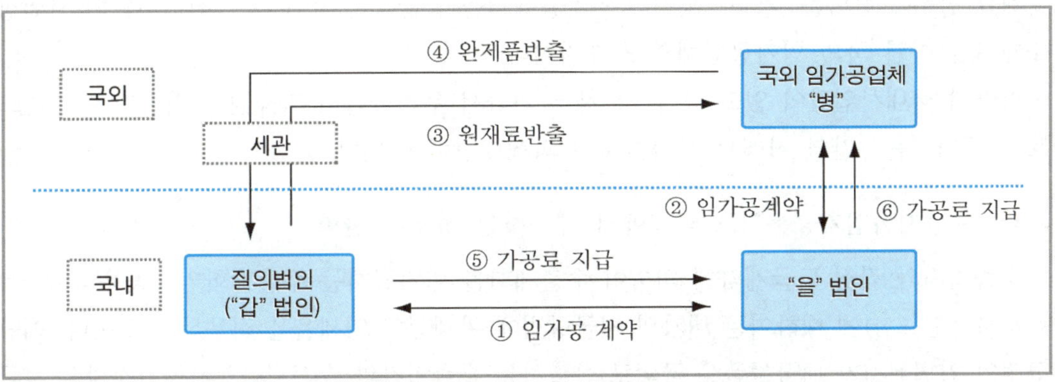

질의법인(이하 "갑")은 여성용 의류(이하 "제품") 제조업을 영위하는 사업자로 국내사업자 "을" 법인(이하 "을")과 임가공계약을 체결하여 제품을 제조하고 있으며, "갑"은 "을"이 지정하는 국외에 소재한 가공업체(이하 "국외 임가공업체", "을"과 임가공계약을 체결한 국외사업자)에게 제품의 원재료인 원단을 무상반출하고 국외 임가공업체는 공급받은 원단을 임가공하며, 완성된 제품은 "갑" 명의로 국내에 반입한다(일부는 "갑"이 현지에서 제3의 국외 수입업자에게 직접 수출하기도 한다).

2) 쟁점

국내사업자 "갑"이 국내사업자 "을"과 체결한 임가공계약에 의하여 국외사업자 "병"으로부터 임가공용역을 공급받는 경우 부가가치세 과세대상 여부 및 "을"이 "갑"에게 발급해야 할 정규증빙은 무엇인지 여부

3) 해당 임가공용역의 과세 여부 등 검토

가. 국외에서 공급하는 용역이며 사업장이 국외임

사업자가 국외에서 공급하는 용역에 대하여는 대가지급방법 및 공급받는 자가 누구인지 불문하고 영세율이 적용되는 것이며, 이는 용역의 공급장소가 국외인 경우 원칙적으로 우리나라의 과세권이 미치지 않는 것이나 속인주의 원칙을 적용하여 사업장이 국내인 국내사업자가 국외에서 제공하는 용역에 대하여 국내에서 재화나 용역의 구입 시 부담한 매입세액을 공제해 주기 위하여 영세율을 적용하는 것이다.

용역의 국외공급에 대한 영세율 적용은 해당 용역을 제공하는 부가법상 사업장이 국내에 소재한 경우에 한하는 것으로 본건의 임가공용역을 공급하는 사업장은 국내 "을"의 사업장 소재지가 아닌 국외 임가공업체의 소재지이다.

따라서 국내사업장이 없고 공급장소가 국외라서 우리나라의 과세권이 미치지 아니하므로 "갑"과 "을" 간의 거래는 부가가치세 과세대상이 아니다.

나. 수출재화임가공용역도 국내에서 제공하는 경우에 한함

수출업자와 직접 도급계약에 의하여 수출재화를 임가공하는 수출재화임가공용역(수출재화염색임가공 포함)에 대하여는 대가의 지급방법에 관계없이 영세율을 적용하는 것이나, 해당 규정의 입법취지가 내국물품을 국외로 반출하는 수출업자와 수출재화임가공업자와의 자금부담을 덜어주기 위한 것으로 볼 때 국외에서 공급되어 부가가치세를 부담하지 아니하는 거래는 동 규정을 적용할 수 없다(재소비 22601-1333, 1989. 12. 8.).

따라서 "갑"이 국외에서 임가공하여 완성된 의류를 해외 바이어에게 직접 현지에서 수출하는 경우에 수출하는 재화(외국인도수출)로서 영세율이 적용되는 것이나, "을"의 해당 의류에 대한 임가공용역은 국외에서 제공되었으므로 임가공용역은 국외 제공용역으로서 영세율(일반세율) 적용대상 거래가 될 수 없다.

다. 기획재정부는 위 임가공용역의 실질제공자를 국외사업자로 보아 과세대상이 아닌 것으로 해석함

용역의 국외공급에 대한 영세율 적용은 하도급 여부에 관계없이 적용되는 것이나, 용역 제공에 대한 사업장이 국내인 경우에 한정되므로 기획재정부도 본건과 유사한 거래에 대하여 실질용역의 제공자가 국내에 사업장이 없는 비거주자 또는 외국법인인 경우에는 부가가치세 과세대상이 아니라고 해석하였다(재소비-1, 2006. 1. 2. : 부가가치세과-1070, 2012. 10. 19. : 서면3팀-1325, 2008. 6. 26.).

라. 을이 발급해야 할 정규증빙

“을”이 “갑”에게 공급하는 임가공용역의 대가총액에 대하여는 국외거래분으로 우리나라의 과세권이 미치지 아니하므로 세금계산서 발급대상이 아니라 계산서를 발급하면 족하다.

(2) 국내법인과의 계약에 따라 국외 반출하는 재화의 영세율 적용 여부

1) 거래개요

가. 해외의 수입자에게 납품업자(을)가 직접 반출하는 경우

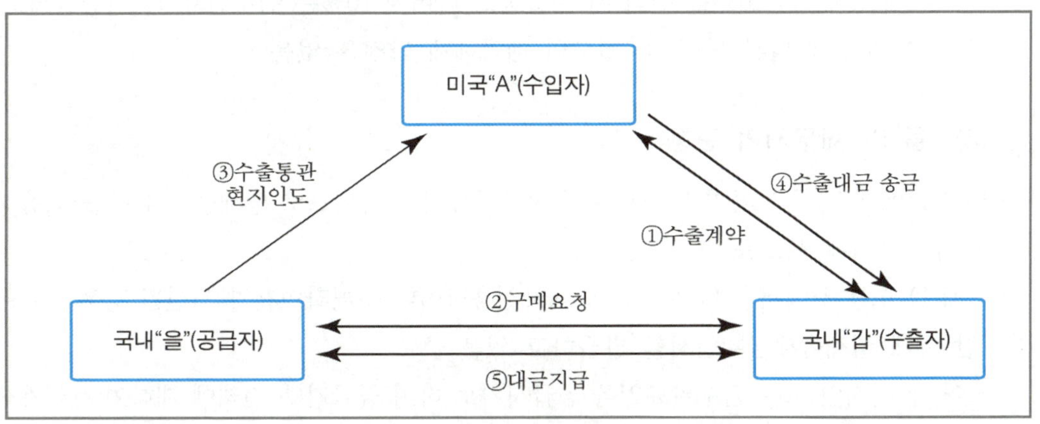

- 국내사업자 “갑”은 미국 “A”와 수출계약을 체결하고 국내 “을”과 구매계약을 체결하면서 수출물품을 구매하여 수출통관 및 현지(미국) “A”에게 직접 인도하는 조건임.
- “을”은 수출품을 구매하여 자신의 명의로 수출통관하여 미국 소재 “A”에게 직접 인도
- 수출대금은 “A”가 “갑”에게 지급하고, “갑”은 “을”에게 지급

나. 내국신용장을 개설하여 해외 건설현장에 반출하는 경우

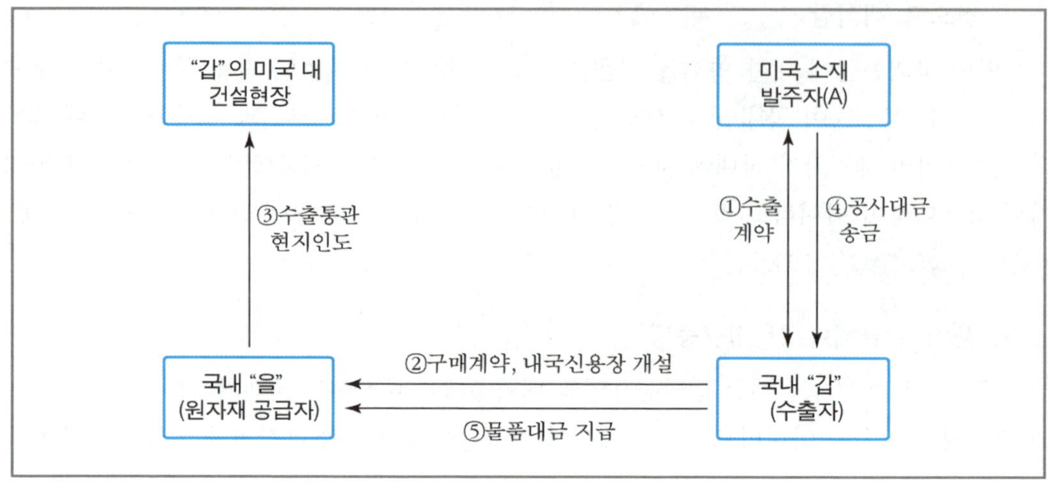

- 국내 "갑"은 미국소재 "A"와 해외건설공사계약을 체결
- "갑"은 해외 건설현장에 필요한 자재를 국내 "을"로부터 구매하기로 하고 "을"이 그 자재를 구매하여 선적, 운송까지 수행하며 해외 건설현장에서 검수하기로 함.
- "을"은 자재대금의 90%를 선적 시 지급받고 나머지 10%는 검수완료 시 지급받게 되며, 검수 불량에 따른 반품 등 별도의 계약해제 약정은 없음.

2) "을"의 세무처리 관행

- 사례 1)에서 "을"은 자기 명의로 수출신고필증이 발급되므로 영세율(직수출)을 적용하여 부가가치세 신고를 하고 있음.
- 사례 1) 또는 2)에서 "을"은 "갑"과 내국신용장이나 구매확인서가 개설된 경우 "을"이 "갑"에게 영세율세금계산서를 발급하고 있음.
  - 이 때 선적일 또는 검수완료일을 공급시기로 하여 공급가액 전액에 대하여 세금계산서를 발급하거나, 선적일에 90%, 검수완료일에 10%를 발급하는 경우가 있음.
- 사례 2)와 같이 검수조건이 있는 경우 그 공급시기를 국내 거래와 같이 검수조건이 완료된 때를 공급시기로 세금계산서를 발급하는 경우와 수출하는 재화로 보아 선적일을 공급시기로 하여 세금계산서를 발급하기도 함.

3) "을"의 영세율 적용 여부

가. 국내사업자와의 계약에 따라 자기명의로 국외 반출하는 경우 영세율 적용 여부

해외건설공사를 수주한 국내사업자 "갑"이 해외 건설자재 수급을 위하여 내국법인 "을"에게 해외건설현장에서 필요한 건설자재를 공급받음에 있어 "을"이 건설자재를 구매하여 수출신고를 하고 선적하여 해외건설현장까지 운송 및 통관 후 인도까지 하는 조건으로 계약을 체결하여 동 계약을 이행완료하고 대가를 지급받는 경우 "을"이 자기의 명의로 통관함에 따라 수출신고필증이 자사 명의로 발급되므로 "을"이 수출하는 재화로 보아 영세율 적용이 가능한 것으로 실무적으로 처리하고 있는 경우가 많다.

이에 대한 국세청과 법원의 입장은 "갑"사와 "을"사 사이의 물품공급계약의 내용을 보면 "을"이 "갑"에게 물품을 공급하기로 하는 내용 외에 "갑"을 위하여 수출절차를 대행하고, 납품한 물품을 해외건설현장까지 운송하여야 할 의무를 부담하기로 하는 약정이 포함되어 있어 "을"이 물품공급 외에 동 공급계약에 따른 수출절차 대행 및 운송 등의 의무를 부수적으로 이행한 것에 불과할 뿐이어서 "을"이 수출의 주체로서 해외건설현장에 물품을 수출하였다거나 또는 "을"이 통관절차를 거쳐 "갑"에게 물품을 수출한 것이라고 볼 수는 없으므로 부가법 제21조 제2항에 따른 수출하는 재화의 공급에 해당하지 아니하므로 "을"은 "갑"에게 계약조건에 따라 수출업무를 이행완료한 때에 일반세금계산서를 발급하여 부가가치세 신고·납부하여야 한다는 입장이다(서면3팀-31, 2005. 1. 6. ; 대법원 2000두6466, 2002. 8. 27. ; 국심 2000서0157, 2002. 12. 26. ; 법령해석부가-106, 2015. 4. 28. ; 국세청 발간 세법적용기준 대외무역법상 수출관련 영세율 54p).

국세청과 법원은 위 두 가지 사례에서 "을"이 국내 "갑"을 대리하여 자신을 수출자로 하여 수출신고 및 통관절차를 밟고 운송의 책임까지 지는 방식으로 사업을 진행하고, 공급물품에 대한 클레임까지 "을"이 책임을 지더라도 실질적인 수출의 주체는 "갑"이며 "을"은 공급계약에 따른 업무대행자에 불과한 것으로 보았다.

나. 내국신용장 등이 개설된 경우

내국신용장은 무역업체가 국내에서 수출용 완제품을 구매하여 직수출하거나, 수출물품 제조에 필요한 수출용 원자재를 구매하여 제조·가공 후 직수출하거나 또는 국내 공급하고자 하는 경우, 그 업체의 의뢰에 따라 외국환은행이 국내의 완제품 또는 원자재 공급업체를 수혜자로 하여 개설한 지급보증서로서 내국신용장 등이 개설된 경우 "을"이 해외공사를 수주한 건설현장에 공급하는 재화에 대하여는 영세율이 적용이 가능하다(부가 46015-538, 2001. 3. 21.).

다. 국내 해외현지법인과 직접 계약에 의해 반출하는 경우

건설자재 공급업자가 국내건설업자의 해외건설현장에 필요한 건설자재를 공급함에 있어 해외 건설현장으로부터 주문을 받아 계약을 체결하고 건설자재 공급업자가 수출신고를 하고 선적하여 해외현지까지 운송 및 통관한 후 해외건설현장에 인도하는 경우 직수출로 보아 영의 세율이 적용되고 세금계산서 발급의무가 면제되는 것으로 해석하였다(서삼 46015-11869, 2003. 11. 28.).

4) 공급시기

가. 일반원칙

내국물품을 외국으로 반출하는 수출하는 재화의 경우에 있어서 수출재화의 공급시기는 그 재화의 선적일로 하는 것이고, 수출용완제품을 내국신용장에 의하여 수출업자에게 공급하는 경우 내국신용장상의 인도조건이 수출품생산업자의 책임 하에 선적하기로 되어 있는 때에는 내국신용장에 의하여 공급하는 재화의 공급시기는 선적일이 된다(서면3팀-365, 2005. 3. 16. ; 부가 1265-574, 1983. 3. 30.).

또한 사업자가 과세되는 재화를 공급함에 있어 공급받는 자의 검수(시험검사)를 필수적인 조건으로 인도하는 경우 당해 재화의 공급은 조건부판매 거래에 해당하므로 그 공급시기는 당해 인도조건이 성취되는 때가 된다(서면3팀-326, 2005. 3. 8.).

나. 검수조건으로 볼 경우 공급시기

최근 조세심판원에서는 외국인도수출에 해당하는 경우의 공급시기는 부가령 제28조 제6항 제3호에서 외국에서 당해 재화가 인도되는 때로 규정되어 있는 바, 인도되는 때에 대하여 부가가치세법령에서 별도의 명문 규정이 없으므로 「법인세법 시행령」 제68조 및 「법인세법 시행규칙」 제33조의 규정을 준용하여야 할 것인 바, 법인세법령에서 인도한 날을 판정함에 있어 물품을 수출하는 경우에는 수출물품을 계약상 인도하여야 할 장소에 보관한 날로 규정되어 있고, 수출물품을 계약상 인도하여야 할 장소에 보관한 날이라 함은 계약상 별단의 명시가 없는 한 선적을 완료한 날을 뜻하는 것(법인세법 기본통칙 40-68-2)이나, 검수조건부판매로 재화를 공급하는 별단의 검수조건부계약을 체결한 경우에는 계약내용에 따라 검수가 완료된 날을 공급시기로 보아야 하는 것으로, 선적일 이후 거래상대방이 재화를 검수한 사실이 나타나고 있다면 공급시기는 검수완료일이 된다고 결정하였다(조심 2011서 3753, 2012. 2. 22.).

다. 검수조건으로 볼 수 없는 경우 공급시기

　재화의 공급시기는 원칙적으로 재화가 인도되거나 이용가능하게 되는 때이나 이를 적용할 수 없는 경우에는 보충적으로 재화의 공급이 확정되는 때가 공급시기가 되고, 검수조건부 판매는 부가령 제28조 제2항에서 규정한 조건부 판매의 일종으로서 당사자의 의사, 거래형태, 거래관행 등에 비추어 검수절차의 이행을 재화인도의 필수조건으로 한 경우가 이에 해당하며, 이러한 경우에는 조건이 성취되는 검수완료일이 재화의 공급시기가 된다(대구고법 2008누1178, 2009. 4. 10.). 여기서 '검수절차의 이행을 재화인도의 필수조건으로 한 경우'란 재화의 공급계약상 검수합격이 되지 않으면 전체의 재화공급이 실현되지 않은 것으로 간주하는 매수인의 검수를 정지조건으로 하는 조건부판매를 말한다(국심 2007서3649, 2008. 3. 27. ; 국심 2007전3932, 2008. 4. 25. ; 창원지법 2007구합2454, 2008. 7. 3.).

　위와 같은 이유에서 위 사례 2)에서 검수가 완료된 시점에 잔금 10%를 지급하는 계약조건이 명시되어 있다 하여 무조건 조건부거래로 파악할 것이 아니라 검수에 합격하지 못할 경우 당해 재화가 반품되거나 하자가 치유되지 않는 경우 계약취소가 가능하다든지 하는 검수가 거래의 성사를 좌우하는 필수적 조건인 경우라야 조건부거래라 할 것이다. 동 거래는 선적일에 대금의 90%를 수령하고 검수에 합격하지 못한 경우에도 반품한다는 계약이 없고 그 하자가 치유되지 않더라도 반품없이 잔금만 받지 못하는 거래라면 거래의 중요한 부분은 선적일에 이미 완성되었다고 보여지며 재화의 공급시기 원칙인 인도하는 때를 충족하는 시점이라 보여지므로 선적일을 공급시기로 하여 잠정가액 또는 계약금액을 공급가액을 기재한 영세율세금계산서를 "갑"에게 발급하고 공급가액 변동이 발생한 때에 수정세금계산서를 발급하는 것이 타당하다.

　또한 내국신용장은 수출용 원자재 등을 공급하는 거래에 대하여 발급하는 것이므로 선적일을 공급시기로 봄으로써 내국신용장 개설대상의 범위에 포함되어 내국신용장 발급 취지에도 부합하게 된다.

(1) 면세포기제도의 의의

사업자는 부가법 제26조 또는 「조세특례제한법」 제106조 등에 따라 부가가치세가 면제되는 재화 또는 용역의 공급 중 법령이 정하는 것에 대하여는 자신의 자유로운 의사로 면세의 포기신고를 통해 과세사업자와 같이 과세되는 재화와 용역으로 공급할 수 있다.

면세제도는 해당 재화 또는 용역을 공급하는 사업자에게 조세혜택을 부여하기 위한 것이 아니라 해당 재화 또는 용역을 공급받는 최종소비자의 부가가치세 부담을 덜어주기 위한 제도이므로 이러한 면세제도가 지니고 있는 누적과세현상, 중간단계의 매입세액 불공제 등으로 인한 원가상승 등의 단점을 회피하기 위한 방법의 하나로서 면세포기제도를 두고 있다. 따라서 모든 면세사업자가 면세포기를 할 수 있도록 하면 저소득층의 최종소비자를 보호하고자 하는 면세의 기본취지가 해당 공급자 등의 자의적인 면세포기로 침해되어 종국적으로 최종소비자에게 세부담이 전가되므로 면세포기대상을 한정하고 있다.

면세포기신고를 한 사업자는 면세포기를 한 부분에 대하여만 과세사업자가 되어 부가가치세의 거래징수와 매입세액의 공제 등 부가가치세 과세와 관련된 모든 의무를 이행한다.

(2) 면세포기의 대상

사업자는 부가법 제26조 또는 「조세특례제한법」 제106조 등에 따라 부가가치세가 면제되는 재화 또는 용역의 공급으로서 다음에 해당하는 것 중 시행령으로 정하는 ①과 ②는 면세포기 신고하여 부가가치세의 면제를 받지 아니할 수 있다(부가령 §28 ①).

① 부가법 제21조부터 제24조까지의 규정에 따라 영세율의 적용 대상이 되는 재화·용역
② 부가법 제26조 제1항 제12호에 따른 주택과 이에 부수되는 토지의 임대용역
③ 부가법 제26조 제15호에 따른 인적용역
④ 부가법 제26조 제18호에 따른 공익단체가 제공하는 재화 또는 용역의 공급
⑤ 「조세특례제한법 시행령」 제106조 제6항에서 규정하는 정부업무대행단체가 공급하는
　　①과 ④에 규정하는 재화 또는 용역(제도 46015-10475, 2001. 4. 9.)

부가령 제57조에서는 부가가치세가 면제되는 재화 또는 용역의 공급이 위 ①과 같이 부가법 제28조 제1항 제1호의 수출하는 재화로써 영세율이 적용되는 경우와 위 ④ 중 부가령

제45조 제2호에 따라 학술등 연구단체가 그 연구와 관련하여 실비 또는 무상으로 공급하는 재화 또는 용역을 공급하는 경우에만 면세포기가 가능하다.

(3) 면세포기절차 및 효력

영세율 적용이 되는 재화·용역을 공급하는 사업자와 학술연구단체 및 기술연구단체는 면세를 포기하고자 하는 재화 또는 용역을 기재한 면세포기신고서를 사업장 관할세무서장에 신고하고 지체없이 사업자등록을 함으로써 그 신고한 날부터 유효하게 면세를 적용받지 못하며, 그날로부터 3년간 면세포기한 재화 또는 용역의 공급에 대하여 면세하지 못하므로 면세포기일로부터 3년 기간이 경과한 후부터 다시 면세를 적용받고자 하는 경우 면세를 받고자 하는 해당 재화 또는 용역을 기재한 면세적용신고서와 교부받은 사업자등록증을 반환하여야 면세를 적용받는다. 따라서 면세적용신고서가 제출되지 않은 경우에는 계속하여 면세를 포기한 것으로 한다(부가령 §28 ② · ③, 부가통칙 28 - 57 - 3).

1) 면세포기의 신고

부가가치세의 면제를 받지 아니하려는 사업자는 다음의 사항을 기재한 면세포기신고서에 의하여 관할세무서장에게 신고(국세정보통신망에 의한 신고를 포함한다)하고, 부가법 제8조에 따라 지체없이 등록하여야 한다.
① 사업자의 인적사항
② 면세를 포기하려는 재화 또는 용역
③ 그 밖의 참고사항
면세포기의 신고에 관한 부가령 제57조를 적용할 때 신규로 사업을 시작하는 경우에는 면세포기신고서를 부가령 제11조에 따른 사업자등록 신청서와 함께 제출할 수 있다(부가칙 §44).

가. 면세포기시기

면세포기신고는 과세기간별로 하는 것이 아니고 언제나 수시로 포기할 수 있다.

나. 과세 · 면세 겸영사업자의 경우

과세사업과 면세사업을 겸영하는 사업자가 면세사업에 대하여 영세율 적용을 받고자 면세포기신고를 하는 경우 이미 해당 사업장에 대하여 사업자등록을 한 때에는 별도의 사업자등록은 하지 아니하여도 된다.

다. 특정 재화 또는 용역만을 면세포기할 수 있는지 여부

면세포기는 여러 재화와 용역의 공급 중에서 일부만 할 수도 있으며, 또한 여러 사업장 중 특별히 한 사업장만 면세포기로 신고한 경우라면 해당 사업장만 면세가 적용되지 아니하고 다른 사업장은 별도의 면세포기신고를 한 후에야 부가가치세 과세적용이 가능하다(부가 46015-2560, 1996. 12. 4. ; 부가통칙 28-57-1).

라. 면세포기한 사업에 사용하던 고정자산을 매각한 경우 과세 여부

면세포기한 사업자가 영세율 적용의 대상이 되는 재화 또는 용역의 공급에 사용하던 고정자산을 양도하는 경우 해당 고정자산의 공급이 국내공급이라도 과세되는 영세율 적용 재화에 필수적으로 부수되는 것이므로 부가가치세가 과세된다.

마. 영세율과 조특법상 면세가 중복되는 경우 면세포기

영세율과 「조세특례제한법」 제106조에 따른 면세가 중복되는 경우는 특별법 우선으로 면세가 적용되므로 적법한 면세포기신고를 한 경우만 과세로 되어 영의 세율을 적용한다(부가통칙 28-57-5).

바. 과세관청의 승인 여부

면세의 포기는 과세관청의 어떠한 행위나 협력을 요하지 않는 일방적 의사표시이기 때문에 사업자의 신고로서 유효하며 별도로 과세관청의 승인·확인 등의 요건을 필요로 하지 아니한다. 그러므로 과세관청은 그 신고가 면세포기신고의 법적요건을 갖추고 있는 한 면세포기를 거부할 수 없다.

2) 면세포기의 효력

면세를 포기하면 면세포기신고서를 신고한 날로부터 과세되며 3년간 부가가치세 과세사업자로서의 모든 권리와 납세의무를 이행하여야 한다. 3년의 기간을 둔 이유는 과세행정의 안정성을 기하는 외에 면세포기 등을 악용하여 매입세액만을 공제받으려 하는 경우를 제한하고자 하는 데 있다.

면세포기의 효력은 면세포기된 해당 재화 및 용역에 계속 적용되므로 해당 사업을 양수한 경우에도 승계되며, 통괄하여 3년간 계속 적용된다. 사업장을 이전한 경우에도 정정신고 여부에 관계없이 면세포기는 계속 유효하다(부가통칙 28-57-5 ; 부가 46015-2092, 1994. 10. 17.).

면세포기신고서를 제출한 시점에서 과세전환되고 면세포기신고 후 상당기간이 경과된 후에 사업자등록을 하는 경우 미등록에 따른 매입세액불공제와 미등록가산세 등이 부과되는 반면 매출세액은 납부하여야 하는 불합리가 발생하므로 납세자권익을 보호하기 위하여 사업자가 면세포기신고를 하고 사업자등록을 한 이후 거래분부터 면세포기효력이 발생하도록 해석하고 있다(부가 46015-2244, 1998. 10. 2.).

(4) 면세포기로 인한 수출사업자의 혜택

사업자가 면세재화를 수출하고자 할 때 매입세액을 공제받지 못하고 사업에 관련된 매입세액을 비용으로 계상하므로 경쟁상 불리한 경우 등이 발생할 수 있으므로 면세포기제도는 이러한 불이익을 덜어주기 위하여 사업자의 자유로운 의사에 의해 면세를 포기함으로써 과세사업자로 전환되어 재화 또는 용역의 구입에 따른 매입세액공제를 받을 수 있다.

제**4**절

영세율 신고와 납부 등

1 과세기간과 신고 · 납부

(1) 부가가치세 과세기간

사업자에 대한 부가가치세의 과세기간은 다음과 같다(부가법 §48 · §49).
- 제1기 : 1월 1일(신규사업은 사업개시일)부터 6월 30일(폐업하는 경우는 폐업일)까지
- 제2기 : 7월 1일(신규사업은 사업개시일)부터 12월 31일(폐업하는 경우는 폐업일)까지

(2) 법인의 부가가치세 신고

법인의 부가가치세는 6개월 단위 과세기간 중 다시 3개월로 나누어 예정신고제도를 두고 있다. 부가가치세의 과세기간과 신고납부기한은 다음과 같다.

구 분	제1기		제2기	
	신고할 사항	신고기한	신고할 사항	신고기한
예정신고	1. 1.(또는 사업개시일)~ 3. 31.까지의 사업실적	4. 1.~4. 25.	7. 1.(또는 사업개시일)~ 9. 30.까지의 사업실적	10. 1.~10. 25.
확정신고	4. 1.(또는 사업개시일)~ 6. 30.까지의 사업실적	7. 1.~7. 25.	10. 1.(또는 사업개시일)~ 12. 31.까지의 사업실적	다음 해 1. 1.~1. 25.

(3) 개인의 부가가치세 신고

개인사업자는 신고절차를 간편하게 하기 위하여 예정신고기간에 직전 과세기간 납부세액의 1/2에 해당하는 금액을 예정고지하게 되며 사업자는 예정고지된 금액을 납부하면 별

도로 예정신고를 할 필요없이 종결된다. 다만, 조기환급 사업자와 사업부진으로 각 예정신고기간의 공급가액 또는 납부세액이 직전 과세기간의 공급가액 또는 납부세액의 3분의 1에 미달하는 사업자는 예정고지에 불구하고 당해 예정신고기간에 대하여 신고·납부할 수 있다. 예정고지 납부를 한 사업자는 확정신고시 6개월(1. 1.~6. 30., 7. 1.~12. 31.) 거래분을 신고하여야 하며, 확정신고시 납부할 세액에서 예정고지 납부한 세액을 차감하여 납부하면 된다(부가법 §18 ②).

부가가치세의 예정고지는 다음과 같다.

구 분	고지서 발부시기	납부기한	고지되는 세액
제1기 예정신고	4. 1.~4. 10.	4. 1.~4. 25.	전년도 제2기 과세기간에 대한 납부세액의 1/2
제2기 예정신고	10. 1.~10. 10.	10. 1.~10. 25.	제1기 과세기간에 대한 납부세액의 1/2

1월 15일 신규로 사업을 시작한 개인사업자의 경우 부가가치세 예정신고·납부를 하여야 하는가?

아니다. 조기환급사유가 없다면 안 한다.

(4) 부가가치세 전자신고와 첨부서류 제출기한

부가가치세와 관련한 과세표준신고서, 과세표준수정신고서, 경정청구서 또는 과세표준신고·과세표준수정신고·경정청구신고서 등을 국세정보통신망을 이용하여 제출하는 경우에는 국세정보통신망에 입력된 때에 신고된 것으로 본다.

과세표준신고 등을 전자신고를 할 때 수출대금입금증명서 등 제출하여야 하는 관련 서류는 10일의 범위에서 제출기한을 연장할 수 있다. 그러나 영세율 적용으로 조기환급을 받고자 하는 경우에는 부가가치세법 시행령 제64조 제3항에 규정하는 영세율 첨부서류를 부가가치세법에서 규정하는 신고기한에 관할세무서에 제출하여야 한다(국세청고시 제2012-50호, 2012. 8. 24.).

(5) 부가가치세 환급

① 부가가치세는 매출세액에서 매입세액을 공제하여 계산하므로 매입세액이 매출세액보다 큰 경우 환급세액이 발생하며, 이 경우 해당 세액을 납세자에게 환급한다(부가법 §59, 부가령 §107).

② 환급에는 일반환급과 조기환급이 있다.

구분	환급대상	환급기한	비 고
조기환급	• 영세율이 적용되는 때 • 확장 또는 증축하는 때 • 재무구조개선을 이행중인 때	• 예정신고기간 중 또는 과세기간 최종 3월 중 매월분 또는 매 2월분을 다음 달 25일까지 신고하면 되고, • 신고기간 경과 후 15일 내에 해당 세액을 환급해 준다.	• 수출과 투자를 지원하기 위한 제도이다. • 첨부서류 : 영세율 관련 서류, 사업설비투자실적명세서, 재무구조개선계획서
일반환급	• 조기환급대상이 아닌 경우로서 매입세액이 매출세액보다 큰 경우	• 각 과세기간별로 확정신고기간 경과 후 30일 내에 환급해 준다.	

영세율 매출에 대한 조기환급신고를 좀더 구체적으로 설명하면 다음과 같다.

① 1개월 단위 또는 2개월 단위 또는 3개월 단위로 신고할 수 있다. 예컨대, 1월분 매출세액(0)과 매입세액을 기록한 부가가치세환급신고서를 다음 달 2월 25일까지 신고하는 경우 2월 25일로부터 15일 내에(3월 10일) 환급이 이루어진다.

② 1월분을 신고하지 아니한 경우 1, 2월분 매출세액과 매입세액을 기록한 부가가치세환급신고서를 다음 달 3월 25일까지 신고하는 경우 3월 25일로부터 15일 내에(4월 9일) 환급이 이루어진다.

③ 1, 2월분을 신고하지 아니한 경우 예정신고기간(1~3월) 전체에 대하여 부가가치세신고를 4월 25일까지 하면 4월 25일로부터 15일 내에(5월 10일) 환급을 받을 수 있다.

세무법인 한구실은 세무회계 관련 컨설팅을 국내사업장이 없는 외국법인에게 국외에서 제공하고 그 대가로 1월부터 3월까지 매달 USD 300,000씩 송금받았다. USD 300,000을 포함한 매출매입 현황은 다음과 같다. 환급신고기한을 말하라. 2월은 28일까지로 가정한다.

구분	매출		매입		환급세액
	공급가액	세액	공급가액	세액	
1월	370,000,000	1,000,000	200,000,000	20,000,000	−19,000,000
2월	390,000,000	3,200,000	205,000,000	20,500,000	−17,300,000
3월	380,000,000	2,800,000	190,000,000	6,200,000	−3,400,000

① (매월단위로 신고하는 경우) : 1월분을 2/25까지 신고하고 3/12까지 환급받는다. 2월분은 3/25까지 신고하고 4/9까지 환급받는다. 3월분은 4/25까지 신고하고 5/10까지 환급받는다.
② (1월~2월분 신고, 3월분 신고) : 1월~2월분을 합계하여 3/25까지 신고하고 4/9까지 환급받는다. 3월분은 4/25까지 신고하고 5/10까지 환급받는다.
③ (분기별 신고) 1월~3월분을 합계하여 4/25까지 신고하고 5/10까지 환급받는다.

2 영세율 관련 가산세 등

(1) 의의

가산세란 세법에 규정하는 의무의 성실한 이행을 확보하기 위하여 세법에 따라 산출한 세액에 가산하여 징수하는 금액으로 국세를 납부기한까지 납부하지 아니한 때에 「국세징수법」에 따라 고지세액에 가산하여 징수하는 금액과 납부기한 경과 후 일정기한까지 납부하지 아니한 때에 그 금액에 다시 가산하여 징수하는 금액인 가산금은 이에 포함하지 아니한다(국기법 §2 4, 5).

(2) 부가법 및 국기법상 가산세 종류

세법	가산세명	가산세액 계산
국기법	무신고	• 부당무신고납부세액 × 40% or 일반 무신고납부세액 × 20%
	과소신고·초과환급신고	• 부당과소신고 과소신고납부세액 등 × 40% or 일반과소신고 과소신고납부세액 등 × 10%
	납부지연	• 미납세액(초과환급세액) × 경과일수 × 이자율(1일 22/100,000) + 납부고지서에 의한 미납세액 × 3%(체납시에만 부과)
	원천징수납부 등 납부지연가산세	• MIN[(무과소납부세액 × 10%), (무과소납부세액 × 3% + 무과소납부세액 × 경과일수 × 이자율)]
	영세율과세표준 신고불성실	• 무·과소신고 영세율과세표준 × 0.5% • 영세율 첨부서류 미제품 금액 × 0.5%
부가법	미등록 (사업자등록·간편사업자등록)	• 공급가액 × 1%(간이과세자 0.5%)
	명의위장등록	• 공급가액 × 2%(간이과세자 1%)
	세금계산서발급 및 전송불성실	• 세금계산서의 지연발급 : 공급가액 × 1% • 세금계산서 미발급가산세 : 공급가액 × 2% • 종이세금계산서 발급가산세 : 공급가액 × 1% • 자기의 다른 사업장명의 발급가산세 : 공급가액 × 1% • 전자세금계산서 발급명세서 지연전송가산세 : 공급가액 × 0.3% • 전자세금계산서 발급명세서 미전송가산세 : 공급가액 × 0.5% • 세금계산서 기재불성실가산세 : 공급가액 × 1%
	세금계산서 등 부정수수	• 세금계산서등 가공발급가산세 : 공급가액 × 3% • 세금계산서등 가공수취가산세 : 공급가액 × 3% • 세금계산서등 위장발급가산세 : 공급가액 × 2% • 세금계산서등 타인명의수취가산세 : 공급가액 × 2% • 공급가액 과다기재분 세금계산서등 발급가산세 : 그 공급가액 × 2% • 공급가액 과다기재분 세금계산서등 수취가산세 : 그 공급가액 × 2%
	자료상이 수수한 세금계산서	• 자료상이 수수한 세금계산서가산세 : 공급가액 × 3%
	매출처별세금계산서 합계표불성실	• 미제출·기재내용 누락 및 부실기재 : 공급가액 × 0.5% • 지연제출(예정분 → 확정분) : 공급가액 × 0.3%
	매입처별세금계산서 합계표불성실	합계표 · 미제출·부실기재로 경정 시 세금계산서등에 의해 공제받는 경우 : 공급가액 × 0.5%

세법	가산세명	가산세액 계산
부 가 법	매입세금 계산서 공제분	• 등록번호, 공급가액의 기재누락 및 부실기재·과다기재 : 공급가액 × 0.5%
		• 세금계산서 지연수취(확정신고기한 내) : 공급가액 × 0.5% • 세금계산서 지연수취(1년 이내 : 공급가액 × 0.5%) • 선발급으로서 발급일로부터 6개월 내 공급시기 도래분 : 공급가액 × 0.5%
	신용카드매출전표 등 불성실가산세	• 경정등에 따라 공제되는 경우 : 공급가액 × 0.5% • 공급가액의 과다기재 : 과다기재 공급가액 × 0.5%
	현금매출명세서 등 제출불성실	• 미제출 또는 과소기재 수입금액 × 1%
	세금계산서 미수취가산세	• <u>세금계산서 미수취 : 그 공급대가 × 0.5%(간이과세자만 해당)</u>

※ 밑줄은 간이과세자에게도 해당 가산세가 적용되는 경우이며 간이과세자는 공급가액을 공급대가로 본다.

(3) 영세율과세표준 신고불성실가산세

1) 의의

영세율이 적용되는 과세표준에 '영'의 세율을 곱하면 매출세액은 영이 되므로 영세율과세표준을 예정신고 또는 확정신고를 하지 아니하거나 과소신고를 한다고 하더라도 납부세액이나 환급세액에는 영향을 미치지 아니하므로 산출세액을 기준으로 신고불성실가산세를 부과할 수 없다. 따라서 영세율이 적용되는 과세표준의 불성실신고에 대하여 가산세액이 산출되지 아니하므로 「부가가치세법」은 별도로 영세율과세표준의 불성실한 신고에 대하여 가산세 규정을 둠으로써 영세율이 적용되는 과세표준의 성실신고를 담보하고 있다.

또한 사업자가 「부가가치세법」 또는 「조세특례제한법」에서 정하는 영세율첨부서류를 제출하지 아니한 경우 그 부분에 대하여 신고하지 아니한 것으로 보아 영세율과세표준신고불성실가산세가 적용된다(구 부가령 §64 ⑪, §65 ④).

2) 영세율과세표준 무신고가산세

「부가가치세법」에 따른 사업자가 같은 부가법 제48조 제1항(예정신고), 제49조 제1항(확정신고) 및 제67조(간이과세자의 신고와 납부)에 따른 신고를 하지 아니한 경우로서 「부가가치세법」 또는 「조세특례제한법」에 따른 영세율이 적용되는 과세표준(이하 "영세율과세표준"이라 한다)이 있는 경우에는 「부가가치세법」에 따른 납부세액에 20%(부정행위로 인한 과소신고분 과세표준이 있는 경우에는 40%)에 상당하는 금액 외에 영세율과세표준의 0.5%에 상당하는 금액을 영세율과세표준 신고불성실가산세로 한다(국기법 §47의2 ②).

(4) 영세율과세표준 과소신고가산세

1) 일반원칙

사업자가 부가법 제48조 제1항(예정신고)·제4항(사업실적 부진자의 예정신고), 제49조 제1항(확정신고), 제66조(간이과세자의 예정신고) 및 제67조(간이과세자의 신고와 납부)에 따른 신고를 한 경우로서 영세율과세표준을 과소신고(신고하지 아니한 경우를 포함한다)한 경우에는 과소신고분 납부세액과 초과신고분(신고하여야 할 금액을 초과한 금액을 말한다) 환급세액을 합한 금액의 10%(부정행위로 인한 과소신고분 과세표준이 있는 경우에는 40%)에 상당하는 금액 외에 그 과소신고분(신고하여야 할 금액에 미달한 금액을 말한다) 영세율과세표준의 0.5%에 상당하는 금액을 영세율과세표준 신고불성실가산세로 한다(국기법 §47의3 ②).

2) 가산세 적용의 배제

영세율이 적용되는 과세표준을 신고함에 있어 부가령 제101조 제1항의 표 제1호에 따라 제출한 수출실적명세서, 내국신용장·구매확인서 전자발급명세서와 영세율첨부서류제출명세서의 기재사항이 착오로 기재되었으나 관련 증명자료 등에 의하여 그 사실이 확인되는 경우에는 영세율과세표준 과소신고가산세(「국세기본법」 제47조의3 제1항 각 호 외의 부분 단서 및 같은 조 제2항 제2호 각 목 외의 부분 단서)를 적용하지 아니한다(국기령 §27의2 ②).

3) 과세표준과 첨부서류 중 하나가 누락된 경우

가. 영세율과세표준은 기재하고 첨부서류가 누락된 경우

영세율과세표준은 적정하게 신고되고 그 첨부서류가 누락된 경우 영세율첨부서류 미제출분에 대한 과세표준의 0.5%에 해당하는 가산세를 부과하나 신고기한 경과 후 1개월 내 그 첨부서류를 제출하는 경우 가산세의 90%를 감면한다(국기법 §48 ②).

나. 영세율과세표준 기재없이 첨부서류만을 제출한 경우

부가가치세신고서 작성에 있어 착오를 인정한 「부가가치세법」상 규정이 없으므로 영세율과세표준을 면세수입금액란에 기재했다든지 영세율첨부서류를 제출하였으나 부가가치세신고서에 영세율과세표준을 기재하지 않은 경우 영세율과세표준 불성실가산세가 적용됨이 타당하다고 판단되나(부가-475, 2009. 4. 7. ; 조심 2009구2965, 2009. 10. 8.), 기획재정부에서는 영세율과세표준을 신고서상에 기재하지 않고 영세율첨부서류만을 제출한 경우 동 가산세를 적용하지 않는 것으로 해석한 바(재부가-444, 2009. 6. 26.), 사법적극주의의 입장에서 볼 때 납세자에게 유리한 유권해석을 배척하고 조세심판원의 결정에 따라 영세율과세표준 신고불성실가산세를 부과하는 것은 무리가 있다고 본다.

4) 영세율과세표준을 실제보다 과다기재한 경우

사업자가 영세율이 적용되는 과세표준을 실제보다 과다하게 신고한 경우로서 영세율 첨부서류가 정상적으로 제출된 때에는 영세율과세표준 신고불성실가산세가 적용되지 않는다(부가 46015-1233, 2000. 5. 29.).

3 간이과세제도와 영세율

연간(1역년) 부가가치세를 포함한 공급대가가 10,400만원 미만인 사업자를 간이과세자라 하며 간이과세자에 대한 부가가치세는 다음과 같이 계산한다.

> •공급대가 × 업종별부가가치율 × 10% = 납부세액
> •납부세액 − 매입세액 등 공제세액 = 차감납부할 세액

간이과세자는 공제세액이 납부세액을 초과하는 경우에도 환급받을 수 없으므로 수출 등 영세율이 적용되는 사유가 발생하는 경우 간이과세를 포기하고 일반과세를 적용받아야 환급이 가능하다.

(1) 첨부서류 미제출은 무신고

영세율이 적용되는 경우에는 부가가치세예정신고서에 다음 표에서 말하는 법령 서류를 첨부하여야 한다. 다만, 부득이한 사유로 인하여 해당 서류를 첨부할 수 없는 때에는 국세청장이 정하는 서류로 대신할 수 있다. 부득이한 사유라 함은 신고기한 내 서류발급관서의 사정으로 제출할 수 없을 때와 영세율 적용대상 거래로서 부가가치세법시행령 제101조에 정한 서류가 없는 때를 말하며, 그 밖의 영세율적용사업자에게 귀책사유가 없는 때라야 한다(부가가치세영세율적용에관한규정 §2).

제출방법은 외화획득명세서에 영세율이 확인되는 증거서류를 첨부하여 제출하여야 한다.

(2) 외화획득명세서를 제출한 경우 사후관리

① 부득이한 사유로 외화획득명세서를 제출한 사업자는 부가가치세법령 서류를 실질적으로 발급받을 수 있는 날이 속하는 과세기간의 예정신고 또는 확정신고 기한 내에 제출하여야 한다(부가가치세영세율적용에관한규정 §5).

② 제1항의 서류를 제출하지 아니한 때에는 당초부터 부가가치세법 및 같은법 시행령에 의한 서류를 제출하지 아니한 것으로 본다.

③ 관할세무서장은 제4조에 해당하는 사업자에 대하여 별지 제1호 서식의 "영세율적용사업자의 사후관리대장"에 등재하고 사후관리하여야 한다.

(3) 부가가치세 전자신고시 제출기한을 연장하는 서류

국세기본법 제5조의2 제3항, 같은 법 시행령 제1조의3 제2항에 따라 전자신고하는 부가가치세 과세표준 신고 또는 과세표준 수정신고와 관련한 영세율 첨부서류 중 수출실적명세서, 내국신용장·구매확인서 전자발급명세서, 영세율 첨부서류 제출명세서를 제외한 영세율 첨부서류는 제출기한을 10일 연장한다. 단, 부가가치세법 제59조 제2항의 규정에 의한 조기환급 신고의 경우에는 연장하지 아니한다(국세청고시 제2015−40호 2015. 8. 24.~2018. 8. 23.까지 적용).

(4) 영세율 적용 첨부서류 일람표

구 분	영세율 적용대상	법령에 의한 첨부서류	국세청장 지정서류
I. 수출재화	1. 직수출 (부가법 §21 ② 1) 2. 대행수출	• 다음 중 하나(전자계산조직에 의하여 처리된 테이프 또는 디스켓 포함) 1) 수출실적명세서 2) 소포수령증 3) 간이수출신고서 사본 　(부가령 §101 ① 1)	• 대행수출의 경우 수출대행계약서 사본과 수출실적명세서. 다만, 수출신고필증 상에 위탁자가 표시된 경우 수출신고필증 사본만 제출 • 그 밖의 수출재화임이 입증되는 서류
	3. 중계무역·위탁판매·외국인도·위탁가공수출 등 (부가법 §21 ② 2) (부가령 §31 ① 1~4)	• 수출계약서 사본 또는 외국환은행이 발행하는 외화입금증명서 등 　(부가령 §101 ① 2) • 외국인도수출자가 부가령 §31 ① 4호가 적용되는 사업자로부터 매입 시 매입계약서 추가	
	4. 수탁가공/양도를 위한 원료의 반출 (부가법 §21 ② 2) (부가령 §31 ① 5)	• 국내 사업자간 매매(납품)계약서 (필요 시 위탁가공계약서) 　(부가령 §101 ① 2)	규정 미비
	5. 보세구역 내 물품의 외국으로 반출 (부가법 §21 ② 2) (부가령 §31 ① 6)	• 수출계약서 사본 또는 외국환은행이 발행하는 외화입금증명서 등 　(부가령 §101 ① 2)	규정 미비
	6. 내국신용장·구매확인서에 의한 공급 (부가령 §31 ② 1)	• 내국신용장·구매확인서 전자발급명세서(전자무역기반시설을 통하여 개설 발급된 경우) • 그 외 내국신용장 등 사본 　(부가령 §101 ① 3)	
	7. 한국국제협력단 등에 해외 반출용으로 공급하는 재화 (부가령 §31 ② 2~4)	• 한국국제협력단(한국국제보건의료재단, 대한적십자사)이 발행한 공급사실 증명서류 　(부가령 §101 ① 4~6)	
	8. 수탁가공무역방식에 의한 수출 (부가령 §31 ② 5)	• 해당 수출재화임을 입증하는 증명서류 및 외화입금증명서 　(부가령 §101 ① 7)	

구 분	영세율 적용대상	법령에 의한 첨부서류	국세청장 지정서류
Ⅰ. 수출재화	9. 내국신용장에 포함되지 않은 관세환급금 등 (부가통칙 21-31-8)		• 관세환급금 등 명세서
Ⅱ. 용역의 국외공급	용역의 국외공급 (부가법 §22)	• 외화입금증명서 또는 용역제공계약서 사본 (부가령 §101 ① 8)	• 장기해외건설공사의 최초 신고 시 도급계약서(하도급) 사본을 제출하고 그 이후는 외화 획득명세서 제출(부가통칙 22-101-1)
Ⅲ. 선박 또는 항공기의 외국항행 용역	1. 항공기에 의한 외국 항행용역 (부가법 §23)	• 공급가액확정명세서 (부가령 §101 ① 9)	• 공급가액확정 명세서
	2. 선박에 의한 외국항행용역 가. 화물 또는 여객운송을 제공하고 그 대가를 원화로 받거나 해외에서 받은 수입금액 나. 다른 외항사업자가 운용하는 선박의 승선권 판매 또는 화물운송계약을 체결하여 주고 받은 대가 다. 운송주선에 의한 외국항행용역	• 외화입금증명서 (부가령 §101 ① 9)	가) 선박에 의한 운송용역공급가액 일람표 나) 공급가액확정명세서 또는 대금청구서 다) 외화획득명세서에 항공기, 선박에 의한 외국항행용역이라는 것을 입증하는 서류 (부가통칙 24-101-3) (부가통칙 24-101-5) ※ 화주가 내국인인 경우 외화획득명세서에 영세율임을 입증하는 서류(B/L 등) 첨부

구 분	영세율 적용대상	법령에 의한 첨부서류	국세청장 지정서류
Ⅳ. 그 밖의 외화획득 재화·용역	1. 국내사업장이 없는 비거주자 또는 외국법인에게 공급하는 재화·용역 (부가법 §24 ① 3) (부가령 §33 ② 1) 2. 국내사업장이 있는 비거주자·외국법인에게 공급하는 재화 용역 (부가령 §33 ② 2)	• 외화입금증명서 (부가령 §101 ① 10 및 2) • 부가령 §33 ② 1, 2호의 경우 상호면세국임을 그 사실을 입증할 수 있는 관계 증빙서류(제33조 제2항 제1호 나목 중 전문서비스업과 아목, 자목의 용역에 한정한다) • 정보통신망을 통해 부가령 제33조 제2항 제1호 바목에 해당하는 용역을 부가법 제52조 제1항 각 호의 어느 하나에 해당하는 자에게 제공하였음을 증명하는 서류(유튜버 등 채널이름·URL주소·개설시기 등이 기재된 서류를 말함)	• 용역공급계약서 사본 또는 대금청구서 • 외환매입증명서 또는 외국환매각증명서는 외화매입증명서에 갈음하며, 직접 외화가 입금되지 않은 경우 외화획득명세서에 외화획득사실증명서류 첨부 (부가통칙 24-101-1)
	3. 수출재화임가공용역 가. 도급계약 　(부가령 §33 ② 3) 나. 내국신용장 또는 구매확인서에 의한 공급 　(부가령 §33 ② 4)	가) 임가공계약서 사본과 납품사실증명서(수출업자와 직접 도급계약분에 한함) 또는 수출대금입금증명서(부가령 §101 ① 11) 나) 내국신용장 또는 구매확인서 　－ 수출대금입금증명서 　(부가령 §101 ① 3)	
	4. 외국항행 선박·항공기에 공급하는 재화 또는 용역 가. 외항선박, 항공기에 공급하는 재화 나. 외항선박 또는 항공기에 공급하는 하역용역 다. 외항선박, 항공기에 공급하는 하역용역 외의 용역 라. 원양어선에 공급하는 재화·용역 마. 외항선박, 항공기 또는 원양어선에 공급하는 용역에 대	• 선(기)적완료증명서 • 전기통신사업법에 의한 전기통신사업의 경우 용역공급기록표 (부가령 §101 ① 12)	공통 : 재화·용역일람표 가) 선(기)용품적재허가서 나) 수출입품목 적재·하선(기)작업 확인신청 및 증명원 또는 대금청구서 다) 승(탑승)수리신고서 또는 대금청구서 사본 라) 항만청장에게 제출한 입출항신고서류의 신고필증 사본 또는 선장이 발행하는 확인서

구 분	영세율 적용대상	법령에 의한 첨부서류	국세청장 지정서류
Ⅳ. 그 밖의 외화획득 재화·용역	한 지정 서류를 제출할 수 없는 경우 (부가령 §33 ② 5)		마) 용역공급계약서 사본 또는 대금청구서
	5. 외교공관 등, 국제연합군 또는 미국군에 공급하는 재화·용역 (부가법 §24 ① 1) (부가령 §33 ② 6)	• 외국환은행이 발급하는 수출(군납) 대금입금증명서 또는 법 제24조 제1항 제1호에 따른 해당 외교공관등이 발급한 납품 또는 용역 공급사실을 증명할 수 있는 서류 − 다만, 전력 등 계속 공급하는 경우 재화공급기록표, 전기통신사업법에 있어서는 용역공급기록표(부가령 §101 ① 13)	• 재화·용역공급기록표 • 외교관면세판매기록표
	6. 종합여행업자의 관광알선용역 (부가령 §33 ② 7)	• 외화입금증명서. 다만 현금 수령시에는 관광알선수수료명세서 및 외화매입증명서(부가령 §101 ① 13)	
	7. 외국인전용판매장, 주한외국군인 및 외국인전용의 유흥음식점 영위자가 공급하는 재화 또는 용역 (부가령 §33 ② 9)	• 외국환은행이 발급하는 외화입금증명서 또는 외화매입증명서 (부가령 §101 ① 16)	
	8. 외교관 등에게 공급하는 재화 또는 용역 (부가법 §24 ① 2)	• 외교관면세판매기록표 (부가령 §101 ① 17)	
Ⅴ. 조특법상 영세율 적용	1. 방위산업물자 등 (조특법 §105 ① 1)	• 납품증명서 (조특령 §106 ⑫ 1)	
	2. 군납 석유류 (조특법 §105 ① 2)		
	3. 도시철도건설용역 (조특법 §105 ① 3)	• 공급받는 기관장이 발행하는 용역공급사실 증명서류 또는 납품증명서 (조특령 §106 ⑫ 1)	
	4. 민투법 시행자의 사회기반시설 등 (조특법 §105 ① 3의2)		
	5. 장애인용 보장구 (조특법 §105 ① 4)	• 월별 판매액합계표 (조특령 §106 ⑫ 2)	

구 분	영세율 적용대상	법령에 의한 첨부서류	국세청장 지정서류
V. 조특법상 영세율 적용	6. 농·축산·임업용 기자재	• 농민·임업·어민에게 직접 공급하는 경우 - 월별 판매액합계표 • 임협·수협을 통하여 공급하는 경우 - 임협, 중앙회의 장의 임업용 기자재 구매확인서	
	7. 어업용 기자재 (조특법 §105 ① 6) (조특법 §105 ① 5) (동 특례규정 §4)	• 농협·임협·수협 등을 통하여 공급하는 경우 - 해당 기관장의 납품확인서 (동 특례규정 §4)	
	8. 농어업 기자재 등에 대한 사후환급 (동 특례규정 §9)	• 환급신청서, 농어민확인서, 매입처별세금계산서합계표(또는 매입세금계산서합계표), 환급신청명세서 (동 특례규정 §9)	
	9. 외국인 관광객에 대한 사후환급 (조특령 §107 ①)	• 세관장이 확인한 판매확인서와 송금명세서 또는 환급증명서 (동 특례규정 §11 ①)	
	10. 외교관 등에게 공급하는 재화 또는 용역에 대한 사후환급 (조특법 §107 ⑦)	• 외교관면세판매기록표	
	11. 외국사업자가 공급받은 재화 또는 용역에 대한 사후환급 (조특법 §107 ⑥)	• 외국사업자증명원, 거래내역서, 세금계산서 원본, 위임장(대리인에 의한 신청 시) (조특령 §107 ②)	
	12. 외국인 관광객 숙박용역(조특법 §107의2)	• 숙박용역공급확인서 (환급증명서 첨부)	
	13. 제주도 여행객 면세점 이용특례 (조특법 §121의13)	• 제주특별자치도 여행객 면세점 공급실적명세서 (동 특례규정 §7)	

1) 출처 : 국세청 고시 제2023-11호, 2023. 6. 23.외
2) 영세율적용대상이 되는 제조·가공·역무의 제공이 2개 과세기간 이상 계속되어 외화입금증명서 또는 수출신고필증을 받을 수 없는 경우 제조·가공·역무제공계약서 사본을 제출
3) 영세율적용사업자가 위 지정서류를 제출할 수 없는 경우 외화획득명세서와 영세율이 확인되는 증빙서류를 제출

일반과세자 부가가치세　[　]예정　[　]확정　[　]기한후과세표준　[　]영세율 등 조기환급　신고서

※ 뒤쪽의 작성방법을 읽고 작성하시기 바랍니다.　　　　　　　　　　　　　　　　(4쪽 중 제1쪽)

관리번호							처리기간　즉시

	신고기간　　년 제 기 (월 일 ~ 월 일)			

사업자	상 호 (법인명)		성 명 (대표자명)		사업자등록번호	－	－
	생년월일		전화번호	사업장	주소지	휴대전화	
	사업장 주소			전자우편 주소			

① 신 고 내 용

구　　분				금 액	세율	세 액
과세표준 및 매출세액	과세	세금계산서 발급분	(1)		10/100	
		매입자발행 세금계산서	(2)		10/100	
		신용카드·현금영수증 발행분	(3)		10/100	
		기타(정규영수증 외 매출분)	(4)		10/100	
	영세율	세금계산서 발급분	(5)		0/100	
		기　　타	(6)		0/100	
	예정 신고 누락분		(7)			
	대손세액 가감		(8)			
	합계		(9)		㉮	
매입세액	세금계산서 수 취 분	일 반 매 입	(10)			
		수출기업 수입분 납부유예	(10-1)			
		고정자산 매입	(11)			
	예 정 신 고 누 락 분		(12)			
	매 입 자 발 행 세 금 계 산 서		(13)			
	그 밖 의 공 제 매 입 세 액		(14)			
	합계 (10)-(10-1)+(11)+(12)+(13)+(14)		(15)			
	공제받지 못할 매입세액		(16)			
	차감계 (15)-(16)		(17)		㉯	
납부(환급)세액 (매출세액㉮-매입세액㉯)					㉰	
경감 공제 세액	그 밖의 경감·공제세액		(18)			
	신용카드매출전표등 발행공제 등		(19)			
	합계		(20)		㉱	
소규모 개인사업자 부가가치세 감면세액			(20-1)		㉲	
예정 신고 미환급 세액			(21)		㉳	
예정 고지 세액			(22)		㉴	
사업양수자가 대리납부한 세액			(23)		㉵	
매입자 납부특례에 따라 납부한 세액			(24)		㉶	
신용카드업자가 대리납부한 세액			(25)		㉷	
가산세액 계			(26)		㉸	
차감·가감하여 납부할 세액(환급받을 세액)(㉰-㉱-㉲-㉳-㉴-㉵-㉶-㉷+㉸)			(27)			
총괄 납부 사업자가 납부할 세액(환급받을 세액)						

② 국세환급금 계좌신고	거래은행	은행　지점	계좌번호	

③ 폐업 신고	폐업일	폐업 사유	

④ 영세율 상호주의	여[ ] 부[ ]	적용구분	업종	해당 국가

⑤ 과세표준 명세					「부가가치세법」 제48조·제49조 또는 제59조와 「국세기본법」 제45조의3에 따라 위의 내용을 신고하며, 위 내용을 충분히 검토하였고 신고인이 알고 있는 사실 그대로를 정확하게 적었음을 확인합니다.
업 태	종목	생산요소	업종 코드	금 액	
(28)					년　　월　　일
(29)					신고인:　　　　　(서명 또는 인)
(30)					세무대리인은 조세전문자격자로서 위 신고서를 성실하고 공정하게 작성하였음을 확인합니다.
(31) 수입금액 제외					세무대리인:　　　　　(서명 또는 인)
(32) 합 계					세무서장　귀하
					첨부서류　뒤쪽 참조

세무대리인	성 명	사업자등록번호	전화번호

210mm×297mm[백상지 (80g/㎡) 또는 중질지(80g/㎡)]

※ 이 쪽은 해당 사항이 있는 사업자만 사용합니다.
※ 뒤쪽의 작성방법을 읽고 작성하시기 바랍니다.
사업자등록번호 ☐☐☐ - ☐☐ - ☐☐☐☐☐ *사업자등록번호는 반드시 적으시기 바랍니다.

예정신고 누락분 명세	(7)매출	과세	세 금 계 산 서	(33)		10 / 100	
			기 타	(34)		10 / 100	
		영세율	세 금 계 산 서	(35)		0 / 100	
			기 타	(36)		0 / 100	
		합 계		(37)			
	(12)매입	세 금 계 산 서		(38)			
		그 밖의 공제매입세액		(39)			
		합 계		(40)			

	구 분		금 액	세율	세 액
(14) 그 밖의 공제 매입세액 명세	신용카드매출전표등 수 령명세서 제출분	일반매입	(41)		
		고정자산매입	(42)		
	의 제 매 입 세 액		(43)	뒤쪽 참조	
	재 활 용 폐 자 원 등 매 입 세 액		(44)	뒤쪽 참조	
	과세사업전환 매입세액		(45)		
	재 고 매 입 세 액		(46)		
	변 제 대 손 세 액		(47)		
	외국인 관광객에 대한 환급세액		(48)		
	합 계		(49)		

(16) 공제받지 못할 매입세액 명세	구 분	금 액		세율	세 액
	공제받지 못할 매입세액	(50)			
	공통매입세액 중 면세사업등 해당 세액	(51)			
	대 손 처 분 받 은 세 액	(52)			
	합 계	(53)			

(18) 그 밖의 경감·공제 세액 명세	구 분	금 액		세율	세 액
	전 자 신 고 세 액 공 제	(54)			
	전자세금계산서 발급세액 공제	(55)			
	택 시 운 송 사 업 자 경 감 세 액	(56)			
	대리납부 세액공제	(57)			
	현금영수증사업자 세액공제	(58)			
	기 타	(59)			
	합 계	(60)			

(26) 가산세액 명세	구 분			금 액	세 율	세 액
	사 업 자 미 등 록 등		(61)		1 / 100	
	세금계산서	지연발급 등	(62)		1 / 100	
		지연수취	(63)		5 / 1,000	
		미발급 등	(64)		뒤쪽 참조	
	전자세금계산서 발급명세 전송	지연전송	(65)		3 / 1,000	
		미전송	(66)		5 / 1,000	
	세금계산서 합계표	제출 불성실	(67)		5 / 1,000	
		지연제출	(68)		3 / 1,000	
	신고 불성실	무신고(일반)	(69)		뒤쪽참조	
		무신고(부당)	(70)		뒤쪽참조	
		과소·초과환급신고(일반)	(71)		뒤쪽참조	
		과소·초과환급신고(부당)	(72)		뒤쪽참조	
	납부지연		(73)		뒤쪽참조	
	영세율 과세표준신고 불성실		(74)		5 / 1,000	
	현금매출명세서 불성실		(75)		1 / 100	
	부동산임대공급가액명세서 불성실		(76)		1 / 100	
	매입자 납부특례	거래계좌 미사용	(77)		뒤쪽참조	
		거래계좌 지연입금	(78)		뒤쪽참조	
	신용카드매출전표 등 수령명세서 미제출·과다기재		(79)		5 / 1,000	
	합 계		(80)			

면세사업 수입금액		업태	종목	코드번호	금액
	(81)				
	(82)				
	(83)	수입금액 제외			
				(84) 합계	

계산서 발급 및 수취 명세	(85) 계산서 발급금액	
	(86) 계산서 수취금액	

홈택스(www.hometax.go.kr)에서도 신청할 수 있습니다.

영세율 매출명세서

년 제 기 (월 일 ~ 월 일)

※ 뒤쪽의 작성방법을 읽고 작성하시기 바랍니다.　　　　　　　　　(앞쪽)

1. 제출자 인적사항

① 상호(법인명)	② 사업자등록번호
③ 성명(대표자)	④ 사업장 소재지
⑤ 업태	⑥ 종목

2. 영세율 적용 공급실적 합계

⑦ 구분	⑧ 조문	⑨ 내용	⑩ 금액(원)
부가가치세법	제21조	직접수출(대행수출 포함)	
		중계무역·위탁판매·외국인도 또는 위탁가공무역 방식의 수출	
		내국신용장·구매확인서에 의하여 공급하는 재화	
		한국국제협력단, 한국국제보건의료재단 및 대한적십자사에 공급하는 해외반출용 재화	
		수탁가공무역 수출용으로 공급하는 재화	
	제22조	국외에서 공급하는 용역	
	제23조	선박·항공기에 의한 외국항행용역	
		국제복합운송계약에 의한 외국항행용역	
	제24조	국내에서 비거주자·외국법인에 공급되는 재화 또는 용역	
		수출재화임가공용역	
		외국항행 선박·항공기 등에 공급하는 재화 또는 용역	
		국내 주재 외교공관, 영사기관, 국제연합과 이에 준하는 국제기구, 국제연합군 또는 미합중국군대에 공급하는 재화 또는 용역	
		「관광진흥법 시행령」에 따른 일반여행업자가 외국인 관광객에게 공급하는 관광알선용역	
		외국인전용판매장 또는 주한외국군인 등의 전용 유흥음식점에서 공급하는 재화 또는 용역	
		외교관 등에게 공급하는 재화 또는 용역	
		외국인환자 유치용역	
⑪ 「부가가치세법」에 따른 영세율 적용 공급실적 합계			
조세특례제한법	제105조 제1항 제1호	방위산업물자 또는 「비상대비자원 관리법」에 따라 지정된 자가 생산공급하는 시제품 및 자원동원으로 공급하는 용역	
	제105조 제1항 제2호	「국군조직법」에 따라 설치된 부대 또는 기관에 공급하는 석유류	
	제105조 제1항 제3호	도시철도건설용역	
	제105조 제1항 제3호의2	국가·지방자치단체에 공급하는 사회기반시설 등	
	제105조 제1항 제4호	장애인용 보장구 및 장애인용 특수 정보통신기기 등	
	제105조 제1항 제5호	농민 또는 임업에 종사하는 자에게 공급하는 농업용·축산업용·임업용 기자재	
	제105조 제1항 제6호	어민에게 공급하는 어업용 기자재	
	제107조	외국인 관광객 등에게 공급하는 재화	
	제121조의13	제주특별자치도 면세품판매장에서 판매하거나 제주특별자치도 면세품판매장에 공급하는 물품	
⑫ 「조세특례제한법」 및 그 밖의 법률에 따른 영세율 적용 공급실적 합계			
⑬ 영세율 적용 공급실적 총 합계 ⑪+⑫			

210mm×297mm[백상지 80g/㎡ 또는 중질지 80g/㎡]

수출실적명세서(갑)
년　제　기　(　월　일　~　월　일)

※ 아래의 작성방법을 읽고 작성하시기 바랍니다.

제출자 인적사항	① 사업자등록번호	② 상호(법인명)
	③ 성명(대표자)	④ 사업장 소재지
	⑤ 업태	⑥ 종목

⑦ 거래기간 　　　년　　월　　일 ~ 　　월　　일	⑧ 작성일자

구분	건수	외화금액	원화금액	비고
⑨ 합계				
⑩ 수출재화(=⑫합계)				
⑪ 기타 영세율적용				

⑫ 일련번호	⑬ 수출신고번호	⑭ 선(기)적일 자	⑮ 통화코드	⑯ 환율	금액	
					⑰ 외화	⑱ 원화
	합계					

210㎜×297㎜[백상지 80g/㎡(재활용품)]

[별지 제41호 서식(1)] (2013. 6. 28. 개정) 홈택스(www.hometax.go.kr)에서도
신청할 수 있습니다.

내국신용장 · 구매확인서 전자발급명세서(갑)
년 제 기 (월 일 ~ 월 일)

※ 아래의 작성방법을 읽고 작성하시기 바랍니다.

접수번호	접수일	처리기간 즉시

1. 제출자 인적사항

① 상호(법인명)	② 사업자등록번호
③ 성명(대표자)	④ 사업장 소재지
⑤ 업태	⑥ 종목
⑦ 거래기간 년 월 일 ~ 월 일	⑧ 작성일

2. 내국신용장 · 구매확인서에 의한 공급실적 합계

구분	건 수	금액(원)	비고
⑨ 합 계(= ⑩ + ⑪)			
⑩ 내 국 신 용 장			
⑪ 구 매 확 인 서			

3. 내국신용장 · 구매확인서에 의한 공급실적 명세서

⑫ 번호	⑬ 구분	⑭ 서류번호	⑮ 발급일	⑯ 공급받는 자의 사업자등록번호	⑰ 금액(원)	⑱ 비고

「부가가치세법 시행령」 제101조 제1항의 표 제3호 가목에 따라 내국신용장 · 구매확인서 전자발급명세서를 제출합니다.

년   월   일

제출자   (서명 또는 인)

세 무 서 장 귀하

작성방법

이 명세서는 전자무역문서(「전자무역 촉진에 관한 법률」 제12조에 따른 전자무역기반시설을 이용한 전자문서를 말함)로 발급된 내국신용장 · 구매확인서에 의해 공급하는 재화 또는 수출재화임가공용역에 대하여 영세율을 적용받는 사업자가 작성하며, 해당 서류는 전자무역문서로 대체되고 그 사본은 제출하지 않습니다.
- ① ~ ⑥ : 제출자(공급자)의 사업자등록증에 적힌 내용을 적습니다.
- ⑦, ⑧ : 제출대상기간과 이 명세서의 작성일을 적습니다.
- ⑨ ~ ⑪ : ⑨ ~ ⑪ 아래 ⑫ ~ ⑱에 작성된 내국신용장과 구매확인서 제출대상기간의 건수 및 금액의 합계를 적습니다.
- ⑫ ~ ⑱ : 내국신용장과 구매확인서를 구분하여 서류번호, 발급일을 작성하며, 공급받는 자(내국신용장 개설업체, 구매확인서 신청업체)의 사업자등록번호 및 신고대상기간의 발급 또는 개설 금액을 각각 적습니다.

※ 『내국신용장 · 구매확인서 전자발급명세서(갑)』 서식을 초과하는 공급실적분에 대해서는 『내국신용장 · 구매확인서 전자발급명세서(을)』[별지 제41호 서식(2)]에 이어서 작성합니다.

210mm×297mm[백상지 80g/㎡(재활용품)]

홈택스(www.hometax.go.kr)에서도
신청할 수 있습니다.

영세율 첨부서류 제출명세서

년 제 기 (월 일 ~ 월 일)

※ [ ]에는 해당하는 곳에 √ 표시를 합니다. 뒤쪽의 작성방법을 읽고 작성하시기 바랍니다.

(앞쪽)

제출자 인적사항	① 사업자등록번호	② 상호(법인명)
	③ 성명(대표자)	④ 사업장 소재지 및 연락처
	⑤ 업태(종목)	

| ⑥ 거래기간 | ⑦ 작성일자 |

⑧ 제출사유

⑨ 일련 번호	⑩ 서류명	⑪ 발급자	⑫ 발급 일자	⑬ 선적 일자	⑭ 통화 코드	⑮ 환율	당기제출금액		당기신고해당분		⑳ 비고
							⑯ 외화	⑰ 원화	⑱ 외화	⑲ 원화	

※ 영세율적용사업자가 제출할 영세율적용첨부서류 지정 고시(국세청장 2017. 12. 26. 개정)

관세환급금 등 명세서
(　　년 제　기)

1. 인적사항

(1) 성　　　　명		(2) 사업자등록번호	
(3) 상　　　　호		(4) 사업장소재지	
(5) 거 래 기 간	년　월　일 ~ 　월　일	(6) 작　성　일	

2. 환급금 내용

(7) 공급일자	(8) 금 액	공급받는자		(11) 내국신용장번호	비 고
		(9) 상 호	(10) 사업자등록번호		

「영세율적용사업자가 제출할 영세율적용첨부서류 지정 고시」에 따라 관세환급금 등 명세서를 제출합니다.

년　　　월　　　일

제출인 　　　　　　　　　　　　　　　　(서명 또는 인)

세 무 서 장　귀하

작성방법

(1)~(4): 제출자(공급자)의 사업자등록증에 기재된 내용을 적습니다.

(5), (6): 제출대상기간과 이 명세서의 작성일을 적습니다.

(7)~(11): 내국신용장에 포함되지 않은 관세환급금 등에 대해 적습니다.

선박에 의한 운송용역 공급가액 일람표
(　 년 제 　 기)

1. 인적사항

(1) 성　　　명		(2) 사업자등록번호	
(3) 상　　　호		(4) 사업장소재지	
(5) 거 래 기 간	년　월　일 ~ 　월　일	(6) 작　성　일	

2. 선박에 의한 외국항행용역 공급 내용

(7) 선박명	(8) 운항기간	운송수입금액(원화)			(12) 비고 (외화 등)
		(9) 국내수입분	(10) 해외수입분	(11) 합 계	
(13) 소계 (A)					
(14) 외화입금증명서 제출분 (B)					
(15) 차감 (A - B)					

「영세율적용사업자가 제출할 영세율적용첨부서류 지정 고시」에 따라 선박에 의한 운송용역 공급가액일람표를 제출합니다.

년　　월　　일

제출인　　　　　　　　　　　　　　(서명 또는 인)

세 무 서 장 귀하

<table><tr><td colspan="2" align="center">작성방법</td></tr></table>

(1)~(4): 제출자(공급자)의 사업자등록증에 기재된 내용을 적습니다.

(5), (6): 제출대상기간과 이 명세서의 작성일을 적습니다.

(7)~(15): 선박에 의한 외국항행용역 공급 내용에 대해 적습니다. 금액은 원화로 적되 원단위 미만은 절사하며, 운항기간이나 외화 등은 비고란에 참고로 적을 수 있습니다.

공 급 가 액 확 정 명 세 서
(　　년 제　기)

1. 인적사항

(1) 성　　　　명		(2) 사업자등록번호	
(3) 상　　　　호		(4) 사업장소재지	
(5) 거 래 기 간	년　월　일 ~ 월　일	(6) 작 성 일	

2. 항공기에 의한 외국항행용역 공급 내용

(7) 노선별	공급금액(원화)						(14) 비 고 (외화 등)
	(8) 여객수입	(9) 화물수입	(10) 수화물수입	(11) 우편물수입	(12) 기타수입	(13) 합 계	

「영세율적용사업자가 제출할 영세율적용첨부서류 지정 고시」에 따라 항공기의 외국항행용역 공급가액확정 명세서를 제출합니다.

년　　　월　　　일
(서명 또는 인)

제출인

세 무 서 장 귀하

작성방법

(1)~(4) : 제출자(공급자)의 사업자등록증에 기재된 내용을 적습니다.
(5), (6) : 제출대상기간과 이 명세서의 작성일을 적습니다.
(7)~(10) : 외항 선박 등에 제공한 재화·용역에 대해 제출할 해당 지정서류명을 적고 지정서류와 함께 제출합니다. 금액은 원화로 적되 원단위 미만은 절사하며, 외화 등은 비고란에 참고로 적을 수 있습니다.

외항 선박 등에 제공한 재화 · 용역 일람표
(년 제 기)

1. 인적사항

(1) 성 명		(2) 사업자등록번호	
(3) 상 호		(4) 사업장소재지	
(5) 거 래 기 간	년 월 일 ~ 월 일	(6) 작 성 일	

2. 외항 선박 등에 제공한 재화 · 용역 일람표

(7) 구 분	(8) 금 액(원 화)	(9) 제 출 서 류	(10) 비 고 (외화 등)
(12) 선(기)적완료증명서 제출분			
(13) 합 계			

「영세율적용사업자가 제출할 영세율적용첨부서류 지정 고시」에 따라 외항 선박 등에 제공한 재화 · 용역 일람표를 제출합니다.

년   월   일

제출인

(서명 또는 인)

세 무 서 장   귀하

작성방법

(1)~(4) : 제출자(공급자)의 사업자등록증에 기재된 내용을 적습니다.
(5), (6) : 제출대상기간과 이 명세서의 작성일을 적습니다.
(7)~(10) : 외항 선박 등에 제공한 재화 · 용역에 대해 제출할 해당 지정서류명을 적고 지정서류와 함께
　　　　　제출합니다. 금액은 원화로 적되 원단위 미만은 절사하며, 외화 등은 비고란에 참고로 적을 수
　　　　　있습니다.

재화·용역 공급기록표
(　　년 제　기)

1. 인적사항

(1) 성　　　　명		(2) 사업자등록번호	
(3) 상　　　　호		(4) 사업장소재지	
(5) 거 래 기 간	년　월　일 ~ 　월　일	(6) 작　　성　　일	

2. 공급내용

(7) 공급일자	공급받는자		(10) 품목	(11) 금액	(12) 비고
	(8) 기관명	(9) 대표자			

「영세율적용사업자가 제출할 영세율적용첨부서류 지정 고시」에 따라 재화공급기록표를 제출합니다.

년　　월　　일

제출인　　　　　　　　　　　　　　　　　　　　　(서명 또는 인)

세 무 서 장 귀하

작성방법

(1)~(4): 제출자(공급자)의 사업자등록증에 기재된 내용을 적습니다.

(5), (6): 제출대상기간과 이 명세서의 작성일을 적습니다.

(7)~(12): 외교공관 등에 공급하는 재화 또는 용역에 대해 적습니다. 금액은 원화로 적되 원단위 미만은 절사합니다.

[별지 제6호 서식] (2017. 12. 26. 개정)

외국인 물품판매 · 외교관 면세판매 기록표
(년 제   기)

1. 인적사항

(1) 성 명		(2) 사업자등록번호	
(3) 상 호		(4) 사업장소재지	
(5) 거 래 기 간	년 월 일 ~ 월 일	(6) 작 성 일	

2. 공급내용

(7) 공급일자	공급받는자				(12) 품 목	(13) 금액(원화)	(14) 비 고 (외화 등)
	(8) 성 명	(9) 국 적	(10) 근무처	(11) 여권(외교관면세카드, 주민등록)번호			

「영세율적용사업자가 제출할 영세율적용첨부서류 지정 고시」에 따라 외국인 물품판매 · 외교관 면세판매기록표를 제출합니다.

년   월   일
(서명 또는 인)

제출인

세 무 서 장   귀하

작성방법

(1)~(4) : 제출자(공급자)의 사업자등록증에 기재된 내용을 적습니다.

(5), (6) : 제출대상기간과 이 명세서의 작성일을 적습니다.

(7)~(14) : 부가가치세법 시행령 제26조 제1항 5호의2 및 7호, 조세특례제한법 시행령 제108조에 따라 공급하는 경우 적습니다. 금액은 원화로 적되 원단위 미만은 절사하며, 외화 등은 비고란에 참고로 적을 수 있습니다.

외 화 획 득 명 세 서
(년 제 기)

1. 인적사항

(1) 성 명		(2) 사업자등록번호	
(3) 상 호		(4) 사업장소재지	
(5) 거 래 기 간	년 월 일 ~ 월 일	(6) 작 성 일	
(7) 영세율적용근거		(9) 법 정 서 식 제출불능사유	
(8) 법정제출 서류명		(10) 법정서식제출 가능여부 및 일자	

2. 외화획득내용

(11) 공급일자	공급받는자		공급내용			(17) 비 고 (외화 등)
	(12) 상호및성명	(13) 국 적	(14) 구 분 (재화 또는 용역)	(15) 명 칭	(16) 금 액 (원화)	

위와 같이 부가가치세법 제24조 및 동법 시행령 제31조부터 제33조까지 규정하는 영세율 적용 재화 및 용역을 공급하였기 「영세율적용사업자가 제출할 영세율적용첨부서류 지정 고시」에 따라 외화획득명세서외 관계증빙서류를 붙임과 같이 제출합니다.

붙 임 : 1.
　　　　2.
　　　　3.

년 　 월 　 일
(서명 또는 인)

제출인

세 무 서 장 귀하

작성방법

(1)~(4) : 제출자(공급자)의 사업자등록증에 기재된 내용을 적습니다.

(5), (6) : 제출대상기간과 이 명세서의 작성일을 적습니다.

(7)~(17) : 「부가가치세법」 제24조 및 「같은법 시행령」 제31조부터 제33조까지 규정한 영세율적용사업자가 지정서류를 제출할 수 없는 경우에 영세율이 확인되는 증빙서류를 첨부하여 제출합니다. 금액은 원화로 적되 원단위 미만은 절사하며, 외화 등은 비고란에 참고로 적을 수 있습니다.

월별 판매액 합계표

사업자	① 상호(법인명)		② 사 업 자 등 록 번 호	
	③ 성명(대표자)		④ 전 화 번 호	
	⑤ 사업장 소재지			

⑥ 월별	⑦ 품목	⑧ 판매가액	⑨ 비고
합계			

위와 같이 「조세특례제한법 시행령」 제106조 제12항 제2호에 따라 부가가치세영세율이 적용되는 장애인용보장구를 공급하였음을 확인합니다.

년   월   일

성 명   （서명 또는 인)

제4장

외국환의 거래와 환위험

외국환거래법 개요

 1 목적과 적용대상

(1) 목적

외국환거래법은 외국환거래를 관리하는 기본법으로서 외국환거래와 그 밖의 대외거래의 자유를 보장하고 시장기능을 활성화하여 대외거래의 원활화 및 국제수지의 균형과 통화가치의 안정을 도모함으로써 국민경제의 건전한 발전에 이바지함을 목적으로 한다(외국환거래법 §1).

(2) 적용대상

외국환거래법은 다음의 어느 하나에 해당하는 경우에 적용한다(외국환거래법 §2, 외국환거래령 §2).

① 대한민국에서의 외국환과 대한민국에서 하는 외국환거래 및 그 밖에 이와 관련되는 행위

② 대한민국과 외국 간의 거래 또는 지급·수령, 그 밖에 이와 관련되는 행위(외국에서 하는 행위로서 대한민국에서 그 효과가 발생하는 것을 포함한다)

③ 외국에 주소 또는 거소를 둔 개인과 외국에 주된 사무소를 둔 법인이 하는 거래로서 대한민국 통화(通貨)로 표시되거나 지급받을 수 있는 거래와 그 밖에 이와 관련되는 행위

④ 대한민국에 주소 또는 거소를 둔 개인 또는 그 대리인, 사용인, 그 밖의 종업원이 외국에서 그 개인의 재산 또는 업무에 관하여 한 행위

⑤ 대한민국에 주된 사무소를 둔 법인의 대표자, 대리인, 사용인, 그 밖의 종업원이 외국

에서 그 법인의 재산 또는 업무에 관하여 한 행위

「외국환거래법」 "①"부터 "③"까지의 규정에 따른 "그 밖에 이와 관련되는 행위"란 "①"부터 "③"까지의 규정에 따른 거래·지급 또는 수령과 직접 관련하여 행하여지는 지급수단·귀금속·증권 등의 취득·보유·송금·추심·수출·수입 등을 말한다.

2 용어의 정의(외국환거래법 §3, 외국환거래규정 §1-2)

(1) 주요용어

1. "내국통화"란 대한민국의 법정통화인 원화(貨)를 말한다.
2. "외국통화"란 내국통화 외의 통화를 말한다.
3. "지급수단"이란 다음의 어느 하나에 해당하는 것을 말한다.
   가. 정부지폐·은행권·주화·수표·우편환·신용장
   나. 대통령령으로 정하는 환어음, 약속어음, 그 밖의 지급지시
   다. 증표, 플라스틱카드 또는 그 밖의 물건에 전자 또는 자기적 방법으로 재산적 가치가 입력되어 불특정 다수인 간에 지급을 위하여 통화를 갈음하여 사용할 수 있는 것으로서 대통령령으로 정하는 것
4. "대외지급수단"이란 외국통화, 외국통화로 표시된 지급수단, 그 밖에 표시통화에 관계없이 외국에서 사용할 수 있는 지급수단을 말한다.
5. "내국지급수단"이란 대외지급수단 외의 지급수단을 말한다.
6. "귀금속"이란 금, 금합금의 지금(地金), 유통되지 아니하는 금화, 그 밖에 금을 주재료로 하는 제품 및 가공품을 말한다
7. "증권"이란 위 "3"에 해당하지 아니하는 것으로서 「자본시장과 금융투자업에 관한 법률」 제4조에 따른 증권과 그 밖에 대통령령으로 정하는 것을 말한다.
8. "외화증권"이란 외국통화로 표시된 증권 또는 외국에서 지급받을 수 있는 증권을 말한다.
9. "파생상품"이란 「자본시장과 금융투자업에 관한 법률」 제5조에 따른 파생상품과 그 밖에 대통령령으로 정하는 것을 말한다.
10. "외화파생상품"이란 외국통화로 표시된 파생상품 또는 외국에서 지급받을 수 있는

파생상품을 말한다.

11. "채권"이란 모든 종류의 예금·신탁·보증·대차(貸借) 등으로 생기는 금전 등의 지급을 청구할 수 있는 권리로서 위 "1"부터 "10"까지의 규정에 해당되지 아니하는 것을 말한다.

12. "외화채권"이란 외국통화로 표시된 채권 또는 외국에서 지급받을 수 있는 채권을 말한다.

13. "외국환"이란 대외지급수단, 외화증권, 외화파생상품 및 외화채권을 말한

14. "매매기준율"이라 함은 최근 거래일의 외국환중개회사를 통하여 거래가 이루어진 미화와 위안화 각각의 현물환매매중 익익영업일 결제거래에서 형성되는 율과 그 거래량을 가중 평균하여 산출되는 시장평균환율을 말하며, "재정된 매매기준율"이라 함은 최근 주요 국제금융시장에서 형성된 미화와 위안화 이외의 통화와 미화와의 매매중간율을 미화 매매기준율로 재정한 율을 말한다.

15. "미화"라 함은 미합중국통화를 말한다. 다만, 따로 정하는 경우를 제외하고는 미화표시금액은 그 상당액의 다른 통화표시금액을 포함하는 것으로 한다.

16. "본지사간 거래"라 함은 국내에 본점을 둔 국내기업과 동 기업의 해외지사나 현지법인과의 거래를 말한다.

17. "무역", "수입", "수입실적", "수출", "수출실적"이라 함은 「대외무역법」에서 정하는 바에 의한 "무역", "수입", "수입실적", "수출" 및 "수출실적"을 말한다.

18. "외국환은행"이라 함은 외국환거래법 시행령 제14조 제1호에 규정된 금융회사 등의 외국환업무를 영위하는 국내영업소를 말한다.

19. "외국환은행을 통한 지급 등"이라 함은 외국환은행을 통하여 지급·추심 또는 수령을 하거나 외국환은행에 개설된 계정간의 이체에 의한 방법으로 지급 등을 하는 것을 말한다.

20. "외화획득실적"이라 함은 다음의 어느 하나에 해당하는 방법에 의한 외화획득실적을 말한다.

    가. 「대외무역법」에서 정하는 바에 의하여 인정된 수출실적

    나. 주한국제연합군 기타 외국군기관에 대한 물품의 매각, 공사의 수급 및 용역의 제공에 의한 외화획득실적

    다. 「관광진흥법」에서 규정하고 있는 관광사업으로 인한 외화획득실적

    라. 해외건설 및 용역사업에 의한 외화획득실적

마. 외항운송사업에 의한 외화획득실적

바. 기타 인정된 거래에 의한 외화획득실적

21. "용역"이라 함은 기술원조, 뉴스나 정보의 제공, 흥행(필름상영권의 제공을 포함한다), 항만작업, 항만시설의 제공, 선박 및 항공기의 수리, 대리업무, 은행업무, 보험, 보관, 운수, 기타 타인을 위한 노무, 편의 또는 오락의 제공을 말한다.

22. "지급 등"이라 함은 이 법에 따른 지급 또는 수령을 말한다.

23. "해외건설 및 용역사업"이라 함은 외국에서의 건설공사 및 건설용역·항만용역·운송·기타 이와 직접 관련된 용역으로서 당해 사업과 관련하여 현지에서 경비지출이 필요한 사업(당해 사업의 전부 또는 일부에 대하여 하도급계약을 체결하는 경우를 포함한다)과 「대외무역법」에서 정하는 일괄수주방식에 의한 수출을 말한다.

24. "현지법인"이라 함은 이 규정에 의하여 신고 등을 하여 설립한 외국에 있는 법인을 말한다.

25. "외국환업무"란 다음 각 목의 어느 하나에 해당하는 것을 말한다.

가. 외국환의 발행 또는 매매

나. 대한민국과 외국 간의 지급·추심(推尋) 및 수령

다. 외국통화로 표시되거나 지급되는 거주자와의 예금, 금전의 대차 또는 보증

라. 비거주자와의 예금, 금전의 대차 또는 보증

마. 그 밖에 가목부터 라목까지의 규정과 유사한 업무로서 다음에 정하는 업무(외국환거래령 §6)

ㄱ 비거주자와의 내국통화로 표시되거나 지급되는 증권 또는 채권의 매매 및 매매의 중개

ㄴ 거주자 간의 신탁·보험 및 파생상품거래(외국환과 관련된 경우에 한정한다) 또는 거주자와 비거주자 간의 신탁·보험 및 파생상품거래

ㄷ 외국통화로 표시된 시설대여(「여신전문금융업법」에 따른 시설대여를 말한다. 이하 같다)

ㄹ 그 밖에 위 가목부터 라목까지 및 ㄱ부터 ㄷ까지의 업무에 딸린 업무

26. "외국환중개업무"란 다음 각 목의 어느 하나에 해당하는 것을 말한다.

가. 외국통화의 매매·교환·대여의 중개

나. 외국통화를 기초자산으로 하는 파생상품거래의 중개

다. 그 밖에 가목 및 나목과 관련된 업무

27. "금융회사등"이란 「금융위원회의 설치 등에 관한 법률」 제38조(제9호 및 제10호는 제외한다)에 따른 기관과 그 밖에 금융업 및 금융 관련 업무를 하는 자로서 대통령령으로 정하는 자를 말한다.

28. "비예금성외화부채 등"이란 금융회사 등의 외국통화표시 부채(외화예수금은 제외한다) 및 이와 유사한 것으로서 대통령령으로 정하는 것을 말한다.

(2) 거주자 및 비거주자

1) 거주자

"거주자"란 대한민국에 주소 또는 거소를 둔 개인과 대한민국에 주된 사무소를 둔 법인을 말한다(외국환거래법 §3, 외국환거래령 §10 ①, ③).

다음의 자는 거주자로 본다.

① 대한민국 재외공관

② 국내에 주된 사무소가 있는 단체·기관, 그 밖에 이에 준하는 조직체

③ 다음의 어느 하나에 해당하는 대한민국국민

　　㉠ 대한민국 재외공관에서 근무할 목적으로 외국에 파견되어 체재하고 있는 자

　　㉡ 비거주자이었던 자로서 입국하여 국내에 3개월 이상 체재하고 있는 자

　　㉢ 그 밖에 영업 양태, 주요 체재지 등을 고려하여 거주자로 판단할 필요성이 인정되는 자로서 기획재정부장관이 정하는 자

④ 다음의 어느 하나에 해당하는 외국인(아래 비거주자 중 ②부터 ⑤와 ⑥의 ㉠, ㉡에 해당하는 자는 제외한다)

　　㉠ 국내에서 영업활동에 종사하고 있는 자

　　㉡ 6개월 이상 국내에서 체재하고 있는 자

거주자 또는 비거주자에 의하여 주로 생계를 유지하는 동거 가족은 해당 거주자 또는 비거주자의 구분에 따라 거주자 또는 비거주자로 구분한다(외국환거래령 §10 ③).

2) 비거주자

"비거주자"란 거주자 외의 개인 및 법인을 말한다. 다만, 비거주자의 대한민국에 있는 지점, 출장소, 그 밖의 사무소는 법률상 대리권의 유무에 상관없이 거주자로 본다(외국환거래법 §3, 외국환거래령 §10 ②, ③).

다음의 어느 하나에 해당하는 자는 비거주자로 본다.

① 국내에 있는 외국정부의 공관과 국제기구

② 「대한민국과 아메리카합중국 간의 상호방위조약 제4조에 의한 시설과 구역 및 대한민국에서의 합중국군대의 지위에 관한 협정」에 따른 미합중국군대 및 이에 준하는 국제연합군(이하 이 호에서 "미합중국군대 등"이라 한다), 미합중국군대 등의 구성원·군속·초청계약자와 미합중국군대 등의 비세출자금기관·군사우편국 및 군용은행시설

③ 외국에 있는 국내법인 등의 영업소 및 그 밖의 사무소

④ 외국에 주된 사무소가 있는 단체·기관, 그 밖에 이에 준하는 조직체

⑤ 다음의 어느 하나에 해당하는 대한민국 국민

    ㉠ 외국에서 영업활동에 종사하고 있는 자

    ㉡ 외국에 있는 국제기구에서 근무하고 있는 자

    ㉢ 2년 이상 외국에 체재하고 있는 자. 이 경우 일시 귀국의 목적으로 귀국하여 3개월 이내의 기간 동안 체재한 경우 그 체재기간은 2년에 포함되는 것으로 본다.

    ㉣ 그 밖에 영업양태, 주요 체재지 등을 고려하여 비거주자로 판단할 필요성이 인정되는 자로서 기획재정부장관이 정하는 자

⑥ 다음의 어느 하나에 해당하는 외국인

    ㉠ 국내에 있는 외국정부의 공관 또는 국제기구에서 근무하는 외교관·영사 또는 그 수행원이나 사용인

    ㉡ 외국정부 또는 국제기구의 공무로 입국하는 자

    ㉢ 거주자였던 외국인으로서 출국하여 외국에서 3개월 이상 체재 중인 자

거주자 또는 비거주자에 의하여 주로 생계를 유지하는 동거 가족은 해당 거주자 또는 비거주자의 구분에 따라 거주자 또는 비거주자로 구분한다.

(1) 외국환의 의의

일반적으로 외환(外換 : foreign exchange)이란 외국의 화폐 또는 외국의 화폐로 표시된 재산적 가치가 있는 증표 등을 의미한다. 외국환거래법에서는 외국환을 대외지급수단, 외화증권, 외화파생상품 및 외화채권을 말하는 것으로 정의한다.[229] 외국환거래에는 통화를 달리하는 국가간에 자금의 이동이 발생하기 때문에 다음과 같은 특징이 있다.

첫째, 외화의 매매로 인한 환율의 문제가 발생한다. 내국환거래는 동일국내에서 같은 통화에 의해 결제되지만 외국환거래는 다른 통화를 사용하는 국가간의 대차관계를 결제한다. 당연히 이종(異種)통화간의 교환비율, 즉 환율의 문제가 발생하는 것이다. 환율의 변동은 환리스크(exchange risk)의 원인이 되므로 이를 방지하기 위한 대책을 강구하여야 한다.

둘째, 외국환거래의 결과는 국제수지로 나타난다. 외국환은 국제간의 대차관계를 발생시키는 모든 거래에 적용됨으로써 국가와 국가간에 대차관계가 일어나게 되고 그 결과는 국제수지로서 나타난다. 따라서 대부분의 나라에서는 무역거래와 함께 외국환거래를 관리한다. 우리나라에도 직접적으로 외국환관리를 목적으로 하는 외국환거래법령이 있다.

셋째, 자금의 결제방법이 복잡하다. 내국환의 경우 환집중결제기관(금융결제원, 한국은행)에 따라 은행간 자금의 대차관계를 원활히 할 수 있다. 그러나 외국환거래의 경우 채권자와 채무자가 대개 서로 다른 국가에 있고, 환집중결제기관도 존재하지 않으므로 외국환은행이 독자적으로 환거래계약[230]을 체결한 환거래은행을 통하여 대차관계를 결제하여야 한다.

---

229) 외국환거래법 제3조 제1항 제13호. 여기에서 말하는 대외지급수단, 외화증권, 외화채권의 내용은 다음과 같다.
- **대외지급수단** : 외국통화, 외국통화로 표시된 정부지폐·은행권·주화(단, 액면가액을 초과하여 매매되는 금화 등은 주화에서 제외)·수표·우편환·신용장·환어음·약속어음·우편 또는 전신에 의한 지급지시·기타 지급을 받을 수 있는 내용이 표시된 것과 증표·플라스틱카드 그밖의 물건에 전자 또는 자기적 방법으로 재산적 가치가 입력되어 불특정다수인간에 지급을 위하여 통화에 갈음하여 사용할 수 있는 선불카드 등
- **외화증권** : 외국통화로 표시된 증권 또는 외국에서 지급받을 수 있는 증권
- **외화파생상품** : 외국통화로 표시된 파생상품 또는 외국에서 지급받을 수 있는 파생상품
- **외화채권** : 외국통화로 표시된 채권 또는 외국에서 지급을 받을 수 있는 채권

230) 환거래계약이란 은행간에 이루어질 환거래업무의 종류, 대상점포, 거래통화의 종류, 대금결제방법 등에 관한 약정을 맺고 이에 필요한 부대문서를 상호 교환하는 것을 말한다. 계약을 체결한 은행은 외국환추심, 송금, 신용장업무 등에서 서로를 대행하여 업무를 취급하게 되는데 이러한 은행을 환거래은행(Correspondent Bank)이라 한다.

따라서 환의 결제구조가 복잡하게 된다.

넷째, 외국환거래에는 이자요소가 개재된다. 외국환의 수단을 환어음에 의할 경우 금융기관의 환어음 매입과 채무자의 대금지급에 일정한 시간적 차이가 날 경우가 있다. 이 경우 금융기관은 소요기간에 대해 환가료(換價料)를 징수하여 수입으로 한다.

(2) 외국환의 분류

외국환은 분류자의 관점에 따라 다음과 같이 여러 가지로 구분될 수 있다.

① **송금환과 추심환** : 자금을 결제하는 방법에 따른 구분이다. 송금환은 채무자가 채권자 앞으로(무역에서 수입상이 수출상 앞으로) 외국환은행을 통하여 대금을 송금하는 것을 말한다. 추심환은 송금환과는 반대로 채권자가 채무자 앞으로 외국환은행을 통하여 대금을 추심하는 것을 말한다. 송금환에는 세 가지 방법이 있다. 송금수표를 이용하는 경우와 우편환을 이용하는 경우, 그리고 전신환을 이용하는 경우가 그것이다. 추심환은 지급지가 외국으로 되어 있는 어음, 수표 등의 외국환을 채권자(수출상)가 발행한다. 이 외국환을 외국환은행이 매입하거나 추심의뢰를 받아 직접 지급은행에 대하여 또는 거래은행을 통하여 채무자(수입상)로부터 대금을 수취하는 것이다. 추심은 외국환은행의 입장에서 볼 경우 추심하는 방향에 따라 당발추심(outward collection)과 타발추심(inward collection)으로 구분되기도 한다. 당발추심은 어음이나 수표의 지급인이 외국에 있을 경우 거래은행을 통하여 대금을 청구하는 것이다. 타발추심은 이와 반대로 해외은행의 의뢰에 대하여 채무자에게 대금을 수취하여 송금해 주는 것이다. 추심환은 추심전매입(bills purchased)과 추심후지급(bills collection)으로 구분되기도 한다. 추심전매입은 외국환은행이 어음이나 수표의 대금을 먼저 채권자에게 지급하는 매입방식이다. 이에 반해 추심후지급은 추심은행에서 대금이 입금되었다는 통보를 받은 후에 지급하는 방식이다.

② **매도환과 매입환** : 외국환은행의 입장에서 외국환을 판매(매도)하느냐, 구매(매입)하느냐에 따라 구분한 것이다. 외국환을 하나의 상품으로 간주하여 고객이 소지한 외국환을 자국화폐로 환산지급하며 구입하는 경우가 매입환(buying exchange)이다. 매도환(selling exchange)은 고객에게서 자국화폐를 받는 대가로 외국환을 교환해 주는 것이다. 이 구분에 의할 경우 당발송금환이나 타발추심환은 매도환에 해당하고, 타발송금환과 당발추심환은 매입환에 해당한다.

은행이 다른 은행과 외환을 거래할 경우 적용하는 환율을 외국환은행간 환율이라고 하

며 은행이 개인이나 기업 등과 외환을 거래할 경우 적용하는 환율을 대고객환율이라고
한다. 그리고 한국은행이 외환거래시 적용하는 환율은 한국은행 환율이라고 한다.

③ **수출환과 수입환** : 환의 발생원인이 수출과 관련되느냐, 아니면 수입과 관련되느냐에
따라 구분한 것이다. 수출과 관련하여 발생하는 모든 외국환은 수출환(export exchange),
수입과 관련하여 발생하는 모든 외국환은 수입환(import exchange)으로 본다.

④ **전신환과 보통환** : 전신의 사용 여부를 기준으로 구분한 것이다. T/T와 같이 전신을
이용하는 경우를 전신환, 환어음이나 우편지시에 의하는 경우를 보통환이라 한다. 전
신환은 전신료의 부담이 다소 크다는 것이 단점인 반면 보통환과 달리 이자의 문제나
도난 또는 화재 등의 사고위험이 없다는 점이 장점이다.

⑤ **현물환과 선물환** : 외화의 매매시기와 인도시기의 시간적 차이에 따른 것이다. 외화의
매매계약과 동시에 외화가 인도되고 그 대가가 지급되는 거래가 현물환(또는 직물환 :
spot exchange)이다. 반면, 외화의 매매계약이 성립된 후 일정기간이 경과한 장래의 특
정시기(적어도 2영업일 이후)에 대상외화와 그 대가의 지급이 이루어지는 거래를 선물환
(forward or future exchange)이라 한다.

4 환율

기획재정부장관은 원활하고 질서 있는 외국환거래를 위하여 필요하면 외국환거래에 관
한 기준환율, 외국환의 매도율·매입률 및 재정환율(이하 "기준환율 등")을 정할 수 있으며,
거주자와 비거주자는 기획재정부장관이 기준환율 등을 정한 경우에는 그 기준환율 등에 따
라 거래하여야 한다(외국환거래법 §5).

(1) 환율의 표시방법

환율이란 외환시장에서 거래되는 서로 다른 통화간의 상대적 가격을 의미한다. 환율은
그것이 결정되는 방법에 따라 크게 고정환율(fixed exchange rate)제도와 변동환율(floating
exchange rate)제도로 나누어진다.

고정환율제도란 일정한 평가를 설정하고 이를 일괄적으로 대외거래에 적용하도록 하는
환율 또는 이러한 평가를 기준으로 하여 일정 범위 내에서 유지되는 환율제도를 말한다.
변동환율제도는 환율이 외환시장에서 수요와 공급에 따라 자유로이 변동되면서 결정되는

환율제도이다. 환율을 표시하는 방법에는 방화(邦貨)표시법과 외화(外貨)표시법, American Term, European Term의 네 가지가 있다.

① **방화표시법**(direct quotation) : 외국통화 1단위를 얻기 위해 지급하여야 하는 자국통화의 화폐단위 수를 표시하는 방법이다. 예를 들면 1USD=1,000원과 같이 표시한다. 국내에서의 일반적인 외국환거래에서는 대개 방화표시법을 사용한다.

② **외화표시법**(indirect quotation) : 자국통화 1단위를 대가로 수취할 수 있는 외국통화의 단위수로 표시하는 방법이다. 예를 들면 1원=1/1,000USD와 같이 표시한다.

③ American Term : 국제외환시장에서는 자국과 타국의 구분이 불분명하기 때문에 방화표시법이나 외화표시법으로 환율을 표시하기가 어렵다. 이 경우 사용하는 것이 American Term과 European Term이다. American Term은 1EUR=1.0556USD와 같이 미국 달러화 이외의 통화 한 단위 가치를 표시할 경우 USD 수량으로 표시하는 방법이다.

④ European Term : 1USD=110.55JPY과 같이 1USD의 가치를 여타 통화의 수량으로 표시하는 방법이다.

(2) 환율의 종류

1) 매도율과 매입률

변동환율제도하에서 실제 외환거래에 적용되는 환율은 상당히 다양하다. 먼저 같은 시기에 외환이 거래될지라도 외환의 인도시기에 따라서 현물환율과 선물환율(또는 선도환율)로 적용환율이 달라진다. 또한 금융기관이 외환을 매도할 경우는 매도율(selling rate)이, 이와 반대로 금융기관이 외환을 매입할 경우는 매입률(buying rate)이 적용된다. 매도율과 매입률의 차이로부터 금융기관은 이익을 취하므로 방화표시 환율에서 매도율이 매입률보다 높다.

2) 은행간율과 대고객률

외환의 거래는 은행들간에 이루어지는 경우와, 은행과 고객 사이에 이루어지는 경우의 두 가지가 있다. 은행들간의 외환거래에서 적용되는 환율을 은행간율(interbank rate)이라 한다. 은행간율은 완전경쟁시장의 특성을 보이며 시시각각으로 변동한다. 국제금융시장에 참여하는 대규모 은행들은 전자 통신장비를 갖춘 자체 trading room을 통해 외환시장에서 직접 거래에 참여한다. 그러나 trading room을 갖추지 못한 개인이나 기업들은 은행을 통하여 외환거래를 하게 되는데, 이 경우 적용되는 환율이 대고객률이다.

3) 전신환매매율 등

외국환은행과 고객과의 거래에 적용되는 환율에는 전신환매매율, 일람출급환어음매매율, 기한부어음매입률, 수입어음결제율 등이 있다. 은행과 고객 사이의 거래에서 매도냐 매입이냐 하는 것은 외국환은행의 입장에서 외환거래를 파악하고 호칭하는 것이다.

전신환매매율(T/T rate)은 모든 대고객매매율의 기준이 된다. 이는 전신으로 결제가 되기 때문에 보통환율의 경우와 달리 환어음의 우송기간에 대한 금리요인이 포함되지 않은 순수 환율이다. 일람출급환어음매매율, 기한부어음매입률, 수입어음결제율 등은 전신환매매율에서 환어음의 결제 또는 자금화에 소요되는 기간에 해당하는 금리만큼을 가감(加減)하는 것이다. 따라서 엄격한 의미에서 환율이라 하면 전신환매매율을 말한다고 할 수 있다.

전신환매매율에서 매입률(T/T Buying Rate)은 은행의 '고시기준율'보다 낮고, 매도율(T/T Selling Rate)은 '고시기준율'보다 높다. 이 차액이 외국환은행의 수수료, 환리스크에 대한 보험료 등의 성격으로 은행의 수익에 해당하는 것이다. 일람출급환어음매매율은 환어음이 지급은행에 제시될 경우 대금이 지급되는 일람출급환어음(at sight or on demand bill) 매매에 적용되는 환율이다. 일반적으로 환어음의 우송기간이 경과하여야 자금으로 활용할 수 있으므로 다음 산식(算式)과 같이 해당 기간에 대한 금리를 T/T매매율에서 가감한 율로서 결정된다.[231]

일람출급환어음매입률＝전신환매입률－환가료
환가료＝은행의 '고시기준율'×연 환가료율(은행별 고시)×표준우편일수/360(또는 365)

※ ① GBP, AUD, NZD, IEP 통화는 1년을 365일, 기타 통화는 360일로 계산
　② 표준우편일수는 JPY, HKD, SGD, MYR은 9일 기타 통화는 10일로 계산

기한부어음매입률은 수출상이 수입상에게 금융의 혜택을 주는 기한부어음의 매입에 적용되는 환율이다. 수출상이 선적완료 후 선적서류와 기한부어음을 매입은행에 제시하면 매입은행은 기한부어음 매입률을 적용하여 매입한다. 그러나 추심된 외환은 어음 기간이 완료되었을 경우 매입은행계정에 입금되므로 Usance기간 및 우송기간 동안의 이자, 즉 환가료를 공제하고 수출상에게 지급하게 된다. 수입어음결제율은 전신환매도율처럼 은행이 외환을 매도할 경우 적용하는 환율이다. 일람출급환어음 매입률의 경우와 마찬가지로 금리요

---

231) 송금수표의 취결과 같은 경우 은행이 송금대금을 수입상에서 먼저 받으므로 우송기간에 해당하는 금리만큼 전신환매도율보다 낮은 율로 외환을 매도하여야 할 것이지만, 대개 은행은 전신환매도율을 적용하고 있다.

인이 포함된 것으로 전신환매도율에 환가료를 더하여 산출한다.

수입어음결제율은 구상(Reimbursement) 또는 지급(Payment)결제방식 등의 일람출급수입신용장에 의한 수입환어음 결제에 적용된다. 이 경우 수출상이 선적을 하고 환어음을 발행하여 현지 거래은행에 매입시키면 해외은행에 개설되어 있는 수입상거래은행의 당좌계정에서 동 어음의 매입대금이 먼저 지급된다. 그 뒤 우송기간이 경과한 후 동 어음이 송부되어 왔을 경우 수입상에게 제시하여 수입대금을 지급받게 되므로 수입상의 거래은행은 우송기간만큼의 자금부담을 하게 된다. 따라서 이를 보전시키기 위하여 표준우편일수 동안의 환가료를 더한 수입어음결제율을 적용하는 것이다.

현찰을 매매할 경우와 여행자수표를 매매할 경우는 보다 높은 상하 매매요율이 적용된다. 이상의 여러 환율이 적용되는 구조를 예시로서 정리하면 다음의 그림과 같다.

| 은행의 대고객매매 환율의 구조(예시) |

(3) 기준환율과 재정환율(Arbitration)

1) 환율고시

① 기획재정부장관은 원활하고 질서있는 외국환거래를 위하여 필요한 경우 외국환거래에 관한 기준환율, 외국환의 매도율과 매입률 및 재정환율(이하 "기준환율 등"이라 한다)을 정할 수 있다.

② 거주자 및 비거주자는 위 "①"에 따라 기획재정부장관이 기준환율 등을 정한 경우 해당 기준환율 등에 따라 거래하여야 한다.

2) 기준환율과 재정환율

1997년 12월 이후 시행되고 있는 자유변동환율제하에서는 매일의 외환거래가 마감되면 서울외국환중개주식회사(금융결제원이 전액 출자해 설립한 비영리법인)가 전일 외국환중개회사를 통해 거래된 현물환 거래량을 가중 평균하여 산출한 매매기준율을 다음 날 영업시작 30분 전까지 각 외국환업무 취급기관의 장에게 통보하고 있다. 이를 기준환율(Basic Rate)이라고도 한다. 여기에서 말하는 "매매기준율"이란 최근 거래일의 오전 9시 00분부터 오후 3시 30분(대한민국 표준시 기준)까지 외국환중개회사를 통하여 거래가 이루어진 미화와 위안화 각각의 현물환매매중 익익영업일 결제거래에서 형성되는 율과 그 거래량을 가중 평균하여 산출되는 시장평균환율을 말하며, "재정된 매매기준율"이라 함은 최근 주요 국제금융시장에서 형성된 미화와 위안화 이외의 통화와 미화와의 매매중간율을 미화 매매기준율로 재정한 율을 말한다(외국환거래규정 §1-2). 각 외국환업무 취급기관의 장은 이 매매기준율을 참고로 하여 자율적으로 '고시기준율'을 정하여 대고객매매에 적용한다.

현재 매매기준율은 외국환중개회사를 통해 거래된 미달러화 및 위안화(CNH)의 현물환(SP : 익익영업일 결제물) 거래량을 가중평균하여 산출하는 시장평균환율(MAR : Market Average Rate)을 말하고 다른 나라 통화는 최근 주요 국제금융시장에서 형성된 미달러화와 위안화 이외의 통화와 미국 달러화와의 매매중간율을 매매기준율로 재정(arbitration : 임의로 계산하여 정함)하여 산출한다(출처 : 서울외국환중개㈜). 예컨대, 기준환율이 1USD=₩1,101.54이고, 미 달러와 엔화간의 환율(cross rate)이 1USD=¥120인 경우 엔화에 대한 재정환율은 1,101.54/120×100=917.95원, 즉 JPY 100=₩917.95원이다.

기준환율(달러/원 매매기준율)과 재정환율(기타통화/원 매매기준율)은 현재 서울외국환중개주식회사(www.smbs.biz/'환율조회')에서 조회할 수 있다.

참고 　기준환율 결정예시

전일 은행간 거래환율(원)	거래량(USD)	거래금액
1,050	400,000	420,000,000
1,100	1,000,000	1,100,000,000
1,120	1,200,000	1,344,000,000
합　계	2,600,000	2,864,000,000
기준(시장평균)환율	2,864,000,000/2,600,000=1,101.54	

기준환율 또는 재정환율은 부가가치세실무, 법인세실무, 소득세실무 및 회계실무에서 보유외환

을 매각하거나 외환을 매입하는 경우 외에 적용하는 환율이다. 이 경우 적용일이 공휴일 등으로 고시한 환율이 없는 경우 적용일 전일에 고시한 기준환율 또는 재정환율을 적용한다.

기 준 환 율 표

	국가명		통화	2021. 12. 31.	2022. 12. 31.	2023. 12. 31.
1	미 국	USD	달러	1,185.50	1,267.30	1,289.40
2	일 본	JPY	100엔	1,030.24	953.18	912.66
3	중 국	CNY	위안	186.26	181.44	180.84
4	홍 콩(달러)	HKD	달러	152.3	162.55	165.06
5	유 로	EUR	유로	1,342.34	1,351.20	1,426.59
6	영 국	GBP	파운드	1,600.25	1,527.67	1,641.79
7	캐 나 다	CAD	달러	930.61	935.38	974.64
8	호 주	AUD	달러	858.89	858.41	880.08
9	스 위 스	CHF	프랑	1,297.47	1,372.87	1,526.82
10	싱 가 폴	SGD	달러	877.14	943.11	976.86
11	태 국	THB	바트	35.57	36.66	37.62
12	인도네시아	IDR	100루피아	8.31	8.09	8.36

3) 환율적용

① 법인세법 등과 회계기준

외화거래에 대한 원화금액은 각 세법의 공급시기 또는 거래일자의 외국환거래법에 의한 기준환율 또는 재정환율로 환산한다.

② 관세법

관세법에 의한 수입통관에서 적용하는 환율을 과세환율이라 하고, 수출통관에서 적용하는 환율을 수출환율이라 한다. 과세환율과 수출환율은 수입 또는 수출신고를 한 날이 속하는 주의 전주의 기준환율 또는 재정환율을 평균하여 관세청장이 그 율을 정한다(관세법 §18 및 동법시행령 §288). 현재 관세청 소속기관인 관세평가분류원장이 매주 토요일에 그 주의 월요일부터 금요일까지 매일 아침 서울외국환중개주식회사가 최초 고시한 기준환율 또는 재정환율을 평균하여 과세환율과 수출환율을 정한 다음 이를 고시하고 있다. 고시된 환율은 고시 다음날인 일요일부터 다음 주 토요일까지 적용된다. 즉, 일주일 동안 과세환율과 수출환율은 변동이 없는 것이다. 과세환율은 수입물품에 부과되는 관세를 비롯한 조세의 세액에, 수출환율은 물품 수출에 따른 관세등의 환급액(간이정액 환급의 경우)에 각각 영향을 미친다.

(4) 환가료(Exchange Commission)

매입신용장, 제한신용장, 개설은행부담 기한부신용장 등인 경우 매입은행은 먼저 수출상에게 자기자금을 선지급하고 개설은행에서 나중에 지급받게 되는데 그 기간 동안의 이자를 수출상에게 받는다. 이것을 환가료라고 한다(환가료에 대한 자세한 내용은 '제1장 제5절'을 참조).

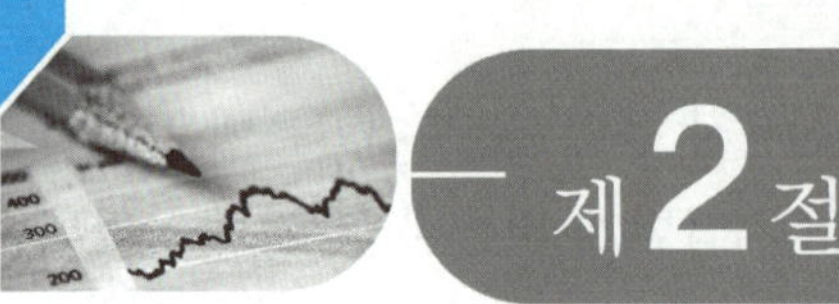

환위험의 극복

1 환위험의 극복

선진국들의 통화도 환율변동이 상당한 경우가 있으나 대부분 개발도상국가들의 환율은 수시로 그리고 큰 폭으로 변한다. 따라서 무역계약에서 정한 결제통화에 따라서 환리스크 (exchange risk)에 직면할 수 있고, 반대로 환차익(exchange gain)을 얻을 수도 있다. 환율변동에 따른 리스크 또는 이익의 가능성을 환노출(exchange exposure)이라 한다. 무역거래를 포함한 국제경영활동을 하는 기업은 환율변동에서 환리스크를 최소화하는 대신 환차익을 높이기 위해 환노출을 관리할 필요가 있다. 환노출의 관리에는 대내적 환노출관리방법과 대외적 환노출관리방법이 활용된다.

2 대내적 환노출관리

대내적 환노출관리방법은 주로 무역거래, 금융/자금거래, 외환거래 등에서 발생하는 환노출을 본원적, 사전적으로 방지 내지 감소시키기 위한 것이다. 물론 환차익을 올리기 위한 목적으로 활용되기도 한다. 대내적 환노출관리방법으로는 네팅(netting), 매칭(matching), 리딩(leading), 래깅(lagging), 이전가격조작, 바터무역(물물교환) 또는 구상무역방법 등이 활용되고 있다.

① 네팅(netting) : 다국적기업들이 사내(社內)거래를 함에 있어 상호간에 발생하는 채권과 채무의 순차액만 일정한 기간마다 정산함으로써 외환거래를 최소화하는 방법이다.

② **매칭**(matching) : 네팅과 유사한 방법이다. 다만, 그 대상이 다국적기업 내부거래뿐 아니라 제3자일 수도 있다. 통화별로 현금의 수입과 지급을 의도적으로 일치시킴으로써 환거래를 배제하되 수입과 지급이 일치하지 않는 차액은 외환시장을 통해 결제한다.

③ **리딩**(leading)**과 래깅**(lagging) : 리딩은 환율이 상승하는(평가절하) 상황에서 무역대금, 수수료, 로열티 등을 가급적 미리 지급함으로써 환리스크를 극복하는 것을 말한다. 반대로 래깅은 환율이 하락하는(평가절상) 상황에서 대금의 지급을 가급적 늦춤으로써 환리스크를 극복하는 것이다. 리딩과 래깅은 본·지사간 거래에 주로 이용되고 제3자간 거래에는 이용에 제약이 따른다.

④ **이전가격**(移轉價格) **조작** : 이것은 환율변동 추이에 따라 정상적인 가격보다 높게, 또는 낮게 거래가격을 임의로 조정함으로써 환리스크를 극복하는 방법이다. 이전가격을 조작하는 이유는 환리스크의 극복 외에도 조세의 회피(또는 포탈), 음성적인 자금의 이전 등 여러 가지가 있다. 그러나 이와 같은 이전가격의 조작은 해당 국의 법을 어기는 결과가 될 수 있으므로 위법의 문제가 발생할 소지가 있다.

⑤ **바터무역 등** : 상품 수출에 따른 대가 또는 그 대가의 일부를 그에 상당하는 상품을 영수함으로써 환리스크가 극복될 수도 있다. 물물교환(barter) 또는 구상무역(compensation trade)을 이용하는 것이다. 이를테면 컴퓨터를 수출하고 그 대가로 원유를 받거나, 그 대가의 일부는 원유로, 나머지는 대금으로 받는 거래가 그것이다.

3 대외적 환노출관리

대외적 환노출관리는 대내적 환노출관리방법으로는 제거할 수 없는 환리스크를 방지 또는 감소하기 위한 것이다. 대외적 환노출관리는 대개 환율변동의 위험을 헤징(Hedging)하기 위해 외환을 현재 가격으로 미래에 인도하는 조건의 계약, 즉 파생금융거래를 통하여 행해진다. 파생금융거래는 무역과정의 환거래에 따른 리스크의 극복뿐 아니라 다음의 표에서와 같이 금리변동위험이나 주가변동위험을 헤징하기 위한 목적으로도 사용된다.

Hedging 대상	파생금융 선물거래 방식			
	선 물	옵 션	선물 및 옵션	스 왑
환율변동 금리변동 주가변동	통화선물 이자율선물 주가지수선물	통화옵션 이자율옵션 주가지수옵션 주식옵션	통화선물 및 옵션 이자율선물 및 옵션 주가지수선물 및 옵션	통화스왑 이자율스왑

환율변동을 헤징하기 위한 파생금융거래는 표에서와 같이 거래방식에 따라 통화선물(currency futures), 통화옵션(currency options), 통화선물·옵션(options on foreign currency future), 통화스왑(currency swaps) 거래로 구분된다. 통화선물거래는 미래의 일정시점에서 특정통화를 거래자간에 약정한 가격으로 인수·인도하기로 하는 선물계약을 말한다. 선물거래소에서 공개경쟁입찰 방식으로 거래된다.[232]

통화옵션거래는 옵션 매입자에게 특정통화를 약정기일 이전에 특정가격(행사가격)으로 매도 또는 매입할 수 있는 권리를 부여하는 계약이다. 이 경우 매도할 수 있는 권리를 풋옵션(put option)이라 하고, 매입할 수 있는 권리를 콜 옵션(call option)이라 한다.

통화옵션의 예를 보자. 환율이 내려갈 것을 우려하는 수출상은 풋 옵션을 매입하고 그 뒤 실제 환율이 행사가격보다 내려가면 행사가격으로 옵션을 행사하여 달러를 매도함으로써 환위험을 회피할 수 있다. 만약 실제 환율이 행사가격보다 높게 형성되면 옵션을 행사하지 않고 현물환시장에서 높은 시장환율로 수출 달러를 매도할 수 있다. 한편, 환율이 올라갈 것을 예상하는 수입상은 콜 옵션을 매입하고 미래에 환율이 행사가격보다 올라가면 시장환율보다 낮은 행사가격으로 달러를 매입할 수 있다. 또한 실제 환율이 행사가격보다 낮으면 옵션을 행사하지 않음으로써 환위험을 회피할 수 있다.

옵션거래는 옵션권한을 사고파는 거래이므로 가격이 있다. 그 가격을 옵션 프리미엄(option premium)이라 한다. 옵션거래는 선물거래소에서 거래되기도 하지만 외국환은행 등의 창구에서 거래되기도 한다. 통화선물 및 옵션거래는 통화선물거래와 통화옵션거래를 결합하여 거래하는 것이다. 한편, 통화스왑거래는 거래당사자간 보유 외화자산 또는 부채를 서

---

232) 선물환의 거래는 ① 무역거래 또는 자본거래에 따른 환리스크의 극복, ② 환투기(speculation), ③ 재정거래, ④ 자금조정거래 등의 목적으로도 이루어진다. 환투기란 환율변동을 예측하여 이를 투기로서 행하는 것이고, 재정거래란 시장의 선물환율이 이론가격보다 비정상적으로 높거나 낮은 경우 이러한 불균형현상을 이용하여 차익거래를 하는 것을 말한다. 또 자금조정거래란 외환스왑거래를 통해 서로 다른 통화간의 자금을 조정하는 것을 말한다.

로 필요로 하는 통화로 매매하고 만기에는 계약당시에 약정한 환율로 원금을 당초 거래의 반대 방향으로 매매함으로써 차입비용을 절감하는 거래이다.

최근 들어 다수의 무역업체들이 환위험 회피수단으로 한국무역보험공사의 환변동보험을 이용하고 있다. 이 보험에 가입하면 적은 보험료 부담으로 환율변동에 따른 위험을 피할 수 있는 장점이 있다[환변동보험에 대한 보다 자세한 내용은 한국무역보험공사(www.keic.or.kr) 홈페이지 설명자료 참조].

외국환거래에 대한 관리

 **1** **개요**

(1) 외국환거래에 대한 관리의 의의

우리나라는 1955. 8. 26. IMF에 가입하였고, 1988. 11. 1. IMF 제8조국으로의 이행을 수락하였다. IMF 제8조국은 외환자유화의 의무를 수락하는 국가이다. IMF 제8조국 이행과 함께 우리나라는 외국환관리의 제한을 지속적으로 완화하여 왔다. 특히 외환위기 직후인 1998년 9월 외국환관리법 대신 외국환의 지급과 영수에 대한 제한을 대폭 완화한 외국환거래법이 제정·공포되고 1999년 4월 시행됨에 따라 기업과 금융기관의 외국환거래는 거의 제약없이 이루어질 수 있게 되었다.

그럼에도 불구하고 예외적인 대외지급 또는 영수, 그리고 지급수단의 수출입에는 일정한 의무를 부여하여 관리를 하고 있다. 이러한 의무를 위반하였을 경우는 외환사범으로서 처벌의 대상이 될 수 있기 때문에 이에 대한 이해는 무역업자에게 필수적이다.

여기서는 먼저 외국환거래법령에 의한 무역 관련 외국환의 거래에 대한 주요 관리내용을 살펴보고, 다음으로 자본거래에 대해 보기로 한다. 외국환거래법은 다음의 어느 하나에 해당하는 경우 적용한다(외국환거래법 §2).

① 대한민국에서의 외국환과 대한민국에서 하는 외국환거래 및 그 밖에 이와 관련되는 행위

② 대한민국과 외국 간의 거래 또는 지급·수령, 그 밖에 이와 관련되는 행위(외국에서 하는 행위로서 대한민국에서 그 효과가 발생하는 것을 포함한다)

③ 외국에 주소 또는 거소를 둔 개인과 외국에 주된 사무소를 둔 법인이 하는 거래로서 대한민국 통화(通貨)로 표시되거나 지급받을 수 있는 거래와 그 밖에 이와 관련되는

행위

④ 대한민국에 주소 또는 거소를 둔 개인 또는 그 대리인, 사용인, 그 밖의 종업원이 외국에서 그 개인의 재산 또는 업무에 관하여 한 행위

⑤ 대한민국에 주된 사무소를 둔 법인의 대표자, 대리인, 사용인, 그 밖의 종업원이 외국에서 그 법인의 재산 또는 업무에 관하여 한 행위

(2) 외국환의 개념(외국환거래법 §3)

외국환이란 대외지급수단, 외화증권, 외화파생상품 및 외화채권을 말한다.

대외지급수단은 외국통화로 표시되거나 외국에서 사용할 수 있는 정부지폐·은행권·주화·수표·우편환·신용장과 환어음·약속어음, 그 밖의 지급받을 수 있는 내용이 표시된 우편 또는 전신에 의한 지급지시 및 대금을 미리 받고 발행하는 선불카드 등을 말한다.

외화증권은 외국통화로 표시되거나 외국에서 지급받을 수 있는 증권이다.

외화채권은 외국통화로 표시되거나 외국에서 지급받을 수 있는 채권(債權)(모든 종류의 예금, 신탁, 보증, 대차 등으로 인하여 생기는 금전 등의 지급을 청구할 수 있는 권리로서 지급수단, 증권, 귀금속 또는 파생상품에 해당되지 않는 것)이다.

(3) 외국환업무의 취급기관

외국환업무는 외국환은행에서만 가능하다. 다만, 외국통화의 매입 또는 매도, 외국에서 발행한 여행자수표의 매입업무인 환전업무는 환전업무등록을 한 환전영업자가 취급할 수 있다. 외국환업무란 다음의 업무를 말한다(외국환거래법 §3, 외국환거래령 §6).

① 외국환의 발행 또는 매매
② 대한민국과 외국 간의 지급·추심(推尋) 및 수령
③ 외국통화로 표시되거나 지급되는 거주자와의 예금, 금전의 대차 또는 보증
④ 비거주자와의 예금, 금전의 대차 또는 보증
⑤ 비거주자와의 내국통화로 표시되거나 지급되는 증권 또는 채권의 매매
⑥ 거주자 간의 신탁·보험 및 파생상품거래(외국환과 관련된 경우에 한정한다) 또는 거주자와 비거주자 간의 신탁·보험 및 파생상품거래
⑦ 외국통화로 표시된 시설대여(여신전문금융업법에 따른 시설대여를 말한다)
⑧ 그 밖에 위 '①'부터 '⑦'까지의 업무에 딸린 업무

외국환은행은 외국환거래법 제8조 제1항에 따라 기획재정부장관에게 위에 열거된 외국환업무의 취급을 등록한 금융회사 등의 외국환업무를 영위하는 국내영업소를 말한다.

 2 대외거래의 원활화 촉진 등

기획재정부장관은 외국환거래법에 따른 제한을 필요한 최소한의 범위에서 함으로써 외국환거래나 그 밖의 대외거래가 원활하게 이루어질 수 있도록 노력하여야 하며, 안정적인 외국환수급(需給)의 기반조성과 외환시장의 안정을 위하여 노력하여야 하며, 이를 위한 시책을 마련하여야 한다(외국환거래법 §4).

3 외국환거래의 정지 등

(1) 원칙

2017. 7. 18. 이전에는 건당 미회수 잔액이 미화 50만불을 초과하는 비거주자에 대한 채권을 보유하고 있는 거주자는 그 채권을 추심하여 국내로 회수하도록 의무를 부여하였다. 그러나 법 개정으로 해당 조항을 삭제하여 이러한 의무가 없어지게 되었다.

(2) 외국환거래의 정지

기획재정부장관은 천재지변, 전시·사변, 국내외 경제사정의 중대하고도 급격한 변동, 그 밖에 이에 준하는 사태가 발생하여 부득이 하다고 인정되는 경우에는 다음 어느 하나에 해당하는 조치를 할 수 있다(외국환거래법 §6, 외국환거래령 §11).

① 외국환거래법을 적용받는 지급 또는 수령, 거래의 전부 또는 일부에 대한 일시 정지
② 지급수단 또는 귀금속을 한국은행·정부기관·외국환평형기금·금융회사 등에 보관·예치 또는 매각하도록 하는 의무의 부과
③ 비거주자에 대한 채권을 보유하고 있는 거주자로 하여금 그 채권을 추심하여 국내로 회수하도록 하는 의무의 부과

(3) 자본거래자에 대한 지급수단 예치의무

기획재정부장관은 다음의 어느 하나에 해당된다고 인정되는 경우에는 자본거래를 하려는 자에게 허가를 받도록 하는 의무를 부과하거나, 자본거래를 하는 자에게 그 거래와 관련하여 취득하는 지급수단의 일부를 한국은행·외국환평형기금 또는 금융회사 등에 예치하도록 하는 의무를 부과하는 조치를 할 수 있다.

① 국제수지 및 국제금융상 심각한 어려움에 처하거나 처할 우려가 있는 경우
② 대한민국과 외국 간의 자본 이동으로 통화정책, 환율정책, 그 밖의 거시경제정책을 수행하는 데에 심각한 지장을 주거나 줄 우려가 있는 경우

위 "(2)"와 "(3)"의 외국환거래의 정지등에 따른 조치는 「외국인투자 촉진법」 제2조 제1항 제4호에 따른 외국인투자에 대하여 적용하지 아니하며, 이러한 조치는 특별한 사유가 없으면 6개월의 범위에서 할 수 있으며, 그 조치 사유가 소멸된 경우에는 그 조치를 즉시 해제하여야 한다.

 4 무역거래대금 등의 지급과 거래(외국환거래법 §15 – §18)

(1) 원칙

무역거래와 관련한 대외지급과 영수는 원칙적으로 자유로우나 지급 등을 하기에 앞서 해당 지급 또는 그 원인이 되는 거래 또는 행위가 외국환거래법령 및 타 법령 등에 따라 신고 등을 하여야 하는 경우 그 신고 등을 먼저 하여야 한다.

(2) 지급 등에 대한 신고 등(외국환거래규정 §4 - 2)

1) 신고대상

건당 미화 5천불을 초과하는 지급 등을 하고자 하는 자는 외국환은행의 장에게 지급 등의 사유와 금액을 입증하는 서류(이하 "지급 등의 증빙서류")를 제출하여야 한다. 다만, 이 규정에 따른 신고를 요하지 않는 거래로서 비거주자 또는 외국인거주자가 외국에 있는 자금을 국내로 반입하기 위하여 수령하는 후술하는 "(3)"의 경우에는 그러하지 아니한다.

지급 등을 하고자 하는 자는 당해 지급 등을 하기에 앞서 당해 지급 등 또는 그 원인이 되는 거래, 행위가 법, 영, 이 규정 및 타법령 등에 의하여 신고 등을 하여야 하는 경우에는

그 신고 등을 먼저 하여야 할 것이다.

2) 사후신고의 인정

지급 등을 하고자 하는 자가 해당 지급 등과 관련하여 필요한 신고 등을 이행하지 않는 등 외국환거래 관련 규정을 위반한 경우에는 해당 위반사실을 제재기관의 장(금융감독원장을 포함)에게 보고하고 필요한 신고절차를 사후적으로 완료한 후 지급 등을 할 수 있다. 다만, 수령을 하고자 하는 경우에는 위반사실을 제재기관의 장에게 보고한 후 수령할 수 있다.

3) 지급 등의 중단

"2)"의 위반사실을 보고받은 제재기관의 장은 위반한 당사자가 외국환거래법 제19조 제2항에 따른 제재를 받을 우려가 있거나 기타 제재의 실효성 확보를 위하여 필요하다고 인정되는 경우 제재처분 확정시까지 지급 등을 중단시킬 수 있다.

4) 지급

이 규정에 따라 거래외국환은행을 지정한 경우에는 해당 외국환은행을 통하여 지급 등(휴대수출입을 위한 환전을 포함한다)을 하여야 한다.

(3) 거주자의 지급 등 절차 예외(외국환거래규정 §4 - 3)

위 "(2)"의 "1)" 전문에 불구하고 거주자(외국인거주자는 제외)는 다음의 어느 하나에 해당하는 경우 지급 등의 증빙서류를 제출하지 아니하고 지급 등을 할 수 있다. 이 경우 다음 "①" 내지 "②"에 따라 증빙서류를 제출하지 않는 경우에도 지급 등을 하고자 하는 자는 외국환은행의 장에게 해당 거래의 내용을 설명하고 외국환거래규정 제2-1조의 2의 절차에 따라 확인을 받아야 하고, "①"에 따른 지급을 하고자 하는 자는 거래외국환은행을 지정하여야 한다(외국환거래규정 §4 - 3).

① 이 규정에 따른 신고를 필요로 하지 않는 거래로서 다음의 어느 하나에 해당하는 지급
　　가. 연간 누계금액이 미화 10만불 이내(외국환거래규정 §7 - 2 ⑧의 거래에 따른 지급금액을 포함한다)인 경우
　　나. 연간 누계금액이 미화 10만불을 초과하는 지급으로서 당해 거래의 내용과 금액을 서류를 통해 외국환은행의 장이 확인할 수 있는 경우
② 이 규정에 따른 신고를 필요로 하지 않는 수령. 다만, 동일자 · 동일인 기준 미화 10만

불을 초과하는 경우에는 서면에 의하여 외국환은행의 장으로부터 수령사유를 확인받아야 한다.

③ 정부 또는 지방자치단체의 지급 등

④ 외국환거래규정 §4-5 내지 §4-7에 따른 지급을 제외하고 거래 또는 행위가 발생하기 전에 하는 지급. 이 경우 거래 또는 행위발생 후 일정한 기간 내에 지급 증빙서류를 제출하여 정산하여야 한다. 다만, 그 지급금액의 100분의 10 이내에서는 정산의무를 면제할 수 있다.

⑤ 전년도 수출실적이 미화 3천만불 이상인 기업의 송금방식 수출대금의 수령 및 전년도 수입실적이 미화 3천만불 이상인 기업의 송금방식 수입대금의 지급(다만, 「새만금사업 추진 및 지원에 관한 특별법」제2조 제1호에 따른 새만금사업지역 내에 소재한 기업의 경우 전년도 수출 또는 수입실적이 미화 1천만불 이상인 경우로 한다). 다만, 지급 등의 증빙서류 제출을 면제받은 기업은 관련 지급 등의 증빙서류를 5년간 보관하여야 한다.

⑥ 「외국인투자촉진법」상 외국인투자기업 및 외국기업 국내지사의 설립을 위하여 비거주자가 지출한 비용의 반환을 위한 지급. 다만, 지출비용을 수령한 외국환은행을 통하여 지급하여야 한다.

⑦ 해외이주자(「해외이주법」 등 관련 법령에 의하여 해외이주가 인정된 자를 말한다)가 관할세무서장으로부터 발급받은 자금출처확인서의 범위 이내에서 해외이주비를 지급하는 경우

(4) 비거주자 또는 외국인거주자의 지급(외국환거래규정 §4-4)

1) 예외적인 지급사유

위 "(2)"의 "1)" 전문에 불구하고 비거주자 및 외국인거주자는 아래의 어느 하나에 해당하는 자금의 취득경위를 입증하는 서류(이하 "취득경위 입증서류")를 제출하여 외국환은행 장의 확인을 받은 경우에 한하여 지급할 수 있다. 아래 사유에 해당되지 않는 경우 비거주자 등은 연간 미화 5만불(외국환거래규정 §4-5 ⑥ 단서 규정의 금액을 포함) 범위 내에서 지정거래외국환은행을 통해 지급할 수 있다. 다만 신용카드사를 통해 지급하는 경우에는 거래신용카드사를 지정하여야 한다.

① 비거주자 또는 외국인거주자(배우자와 직계존비속을 포함)가 외국으로부터 이 규정에서 정한 바에 따라 수령 또는 휴대수입한 대외지급수단 범위 이내의 경우. 다만, 비거주자의 경우 최근 입국일 이후 수령 또는 휴대수입한 대외지급수단에 한한다.

② 외국환거래규정 §2-3 ① 3호(거주자로부터 당해 거주자의 거주자계정 및 거주자외화신탁계정에 예치된 외국환을 매입하는 경우)에 따라 한국은행총재에게 신고한 범위 이내의 경우

③ 국내에서의 고용, 근무에 따라 취득한 국내보수 또는 자유업 영위에 따른 소득 및 국내로부터 지급받는 사회보험 및 보장급부 또는 연금 기타 이와 유사한 소득범위 이내에서 지정거래외국환은행을 통해 지급하는 경우. 다만, 「외국인근로자의 고용 등에 관한 법률」에 따른 출국만기보험 수령은 지정거래외국환은행을 통하지 아니하여도 된다.

④ 주한 외교기관이 징수한 영사수입 기타 수수료의 지급

⑤ 외국환거래규정 §2-2 ① 4(국내에 있는 외국정부의 공관과 국제기구 등 대외지급수단을 매입하는 경우)에 따라 매각실적 범위 내의 지급

⑥ 외국환거래규정 §2-3 ④ 단서규정(국내에 있는 외국정부의 공관과 국제기구 등)에서 정한 비거주자의 지급

⑦ 기타 외국환거래규정 제7장 내지 제9장의 규정에 따라 대외지급이 인정된 자금의 지급

⑧ 비거주자인 재외동포가 관할세무서장으로부터 발급받은 부동산매각자금확인서 또는 자금출처확인서의 범위 이내에서 지정거래외국환은행을 통해 지급하는 경우

2) 위 "1)"에 대한 예외

비거주자와 외국인거주자는 위 "1)"에 불구하고 다음의 금액을 지급할 수 있다.

① 외국환거래규정 제2-3조 제1항 제2호 라목(비거주자에 대한 매각으로서 제2-3조 제1항 제2호 가목 내지 다목의 매각실적 등이 없는 비거주자의 경우에는 미화 1만불 이내)의 규정에 따라 매입한 외화

② 외국인거주자의 미화 1만불 이내의 해외여행경비 지급

③ 외국인거주자가 제1항 제3호에 해당하는 자금의 취득경위를 입증하는 서류를 제출하여 영 제14조 제3호에 따른 체신관서를 통하여 지급

(5) 해외여행경비 지출절차(외국환거래규정 §4-5)

1) 외국환은행을 통한 해외여행자의 여행경비지급

해외여행자는 해외여행경비를 외국환은행을 통하여 지급하거나 외국환거래규정 제5-11조의 규정에 의하여 휴대수출할 수 있다. 다만, 일반해외여행자가 외국환은행을 통하여 외국에 지급할 수 있는 경우는 다음의 어느 하나에 한한다.

① 다음의 어느 하나에 해당하는 기관의 예산으로 지급되는 금액

　　가. 정부, 지방자치단체

　　나. 「공공기관의 운영에 관한 법률」에 따라 지정된 공공기관

　　다. 한국은행, 외국환은행

　　라. 한국무역협회·중소기업협동조합중앙회·언론기관(국내 신문사, 통신사, 방송국에 한
　　　　함)·대한체육회·전국경제인연합회·대한상공회의소

② 다음의 어느 하나에 해당하는 자에 대하여 주무부장관 또는 한국무역협회의 장이 필
　요성을 인정하여 추천하는 금액

　　가. 수출·해외건설 등 외화획득을 위한 여행자

　　나. 방위산업체 근무자

　　다. 기술·연구목적 여행자

③ 외국에서의 치료비

④ 해당 수학기관에 지급하는 등록금, 연수비와 교재대금 등 교육관련 경비

⑤ 외국에 소재한 여행업자, 숙박업자, 운수업자에 대한 해외여행경비의 지급(소속 임직원
　의 일반해외여행경비에 대해서 해당 법인이 지급하는 경우 및 해외여행자의 관광상품권 비용을 여행
　업자가 일괄지급하는 경우를 포함한다)

2) 해외체재자 및 해외유학생의 해외여행경비 지급

해외체재자 및 해외유학생에게 해외여행경비를 지급하고자 하는 경우에는 거래외국환은
행을 지정하여야 하며, 해외체재 또는 해외유학을 입증할 수 있는 서류를 제출하여야 한다.
다만, 해외유학생은 이후에도 매연도별로 외국교육기관의 장이 발급하는 재학증명서 등 재
학사실을 입증할 수 있는 서류를 제출하여야 한다.

3) 여행업자 또는 교육기관 등과의 계약에 의한 해외여행경비의 지급

여행업자 또는 교육기관 등(국내 해외연수알선업체를 포함)과의 계약에 의하여 해외여행을
하고자 하는 해외여행자는 해외여행경비의 전부 또는 일부를 해당 여행업자 또는 교육기관
등에게 외국환은행을 통하여 지급할 수 있으며, 여행업자 또는 교육기관 등은 동 경비를
외국의 숙박업자·여행사 또는 해외연수기관(외국의 연수알선업체를 포함한다)에 외국환은행
을 통하여 지급하거나 휴대수출하여 지급할 수 있다.

여행업자 또는 교육기관 등이 해외여행자와의 계약에 의한 필요외화 소요경비를 환전하
고자 하는 경우에는 외국환은행의 장으로부터 환전금액이 해외여행자와의 계약에 따른 필

요외화 소요경비임을 확인받아야 한다.

지정거래외국환은행의 장은 위 규정에 의하여 해외여행경비를 매각하는 경우로서 해외여행자가 외국인거주자인 경우에는 당해 해외여행자의 여권에 매각금액을 표시하여야 한다. 다만, 1백만원 이하에 상당하는 외국통화를 매각하는 경우에는 그러하지 아니하다.

4) 신용카드 등에 의한 해외여행경비 지급

해외여행자는 해외여행경비를 신용카드 등(여행자카드 포함)으로 지급(현지에서의 외국통화 인출을 포함하며, 이하 이 항에서 같다)할 수 있다. 다만, 외국인거주자의 경우 제4-4조 제2항의 금액범위 이내에서 해외여행경비를 신용카드 등으로 제4-4조 제1항 제3호의 지정거래외국환은행을 통하여 지급할 수 있다.

5) 법인 소속 임직원의 해외여행경비 지급

법인은 해당 법인의 예산으로 소속 임직원(일반해외여행자에 한함)에게 해외여행경비 지급할 경우 법인명의로 환전하여 지급하거나, 법인명의의 신용카드 등(여행자카드 포함)으로 지급할 수 있다.

(6) 국세청장 등에 대한 통보(외국환거래규정 §4-8)

1) 국세청장에 통보

외국환은행의 장은 외국환거래법 제21조 및 영 제36조의 규정에 의하여 다음의 어느 하나에 해당하는 지급 등의 경우에는 매월별로 익월 10일 이내에 지급 등의 내용을 국세청장에게 통보하여야 한다. 다만, 정부 또는 지방자치단체의 지급 등은 그러하지 아니하다.

① 외국환거래규정 제4-3조 제1항 제1호 내지 제2호의 규정에 의한 지급 등의 금액이 지급인 및 수령인별로 연간 미화 1만불을 초과하는 경우 및 제7-11조 제2항의 규정에 의한 지급금액이 지급인별로 연간 미화 1만불을 초과하는 경우

② 외국환거래규정 제4-5조의 규정에 의한 해외유학생 및 해외체재자의 해외여행경비 지급금액이 연간 미화 10만불을 초과하는 경우

③ 위 ① 및 ②의 경우를 제외하고 건당 미화 1만불을 초과하는 금액을 외국환은행을 통하여 지급 등(송금수표에 의한 지급 등을 포함한다)하는 경우

2) 관세청장에 통보

외국환은행의 장은 외국환거래법 제21조 및 영 제36조의 규정에 의하여 다음의 어느 하나에 해당하는 지급 등의 내용을 매월별로 익월 10일까지 관세청장에게 통보하여야 한다. 다만, 정부 또는 지방자치단체의 지급은 그러하지 아니하다.
① 수출입대금의 지급 또는 수령
② 외국환거래규정 제4-3조 제1항 제1호 내지 제2호의 규정에 의한 지급 등
③ 건당 미화 1만불을 초과하는 해외이주비의 지급
④ 위 ① 내지 ③의 경우를 제외하고 건당 미화 1만불을 초과하는 금액을 외국환은행을 통하여 지급 등(송금수표에 의한 지급을 포함한다)을 하는 경우

3) 금융감독원장에 통보

외국환은행의 장은 외국환거래법 제21조 및 영 제36조의 규정에 의하여 다음의 어느 하나에 해당하는 지급 등의 내용을 매월별로 익월 10일까지 금융감독원장에게 통보하여야 한다. 다만, 정부 또는 지방자치단체의 지급은 그러하지 아니하다.
① 외국환거래규정 제4-3조 제1항 제1호의 규정에 의한 지급 및 제7-11조 제2항의 규정에 의한 지급금액이 지급인별로 연간 미화 1만불을 초과하는 경우
② 해외유학생 및 해외체재자의 해외여행경비 지급금액이 연간 미화 10만불을 초과하는 경우
③ 위 ① 및 ②의 경우를 제외하고 건당 미화 1만불을 초과하는 금액을 외국환은행을 통하여 지급 등(송금수표에 의한 지급을 포함한다)을 하는 경우

5 지급 및 영수방법에 대한 신고

(1) 대외지급의 허가

기획재정부장관은 외국환거래법을 적용받는 지급 또는 수령과 관련하여 환전절차, 송금절차, 재산반출절차 등 필요한 사항을 정할 수 있는 바, 다음의 어느 하나에 해당한다고 인정되는 경우에는 국내로부터 외국에 지급하려는 거주자·비거주자, 비거주자에게 지급하거나 비거주자로부터 수령하려는 거주자에게 그 지급 또는 수령을 할 때 허가를 받도록 할 수 있다(외국환거래법 §15, 외국환거래령 §29).

① 우리나라가 체결한 조약 및 일반적으로 승인된 국제법규를 성실하게 이행하기 위하여
   불가피한 경우
② 국제 평화 및 안전을 유지하기 위한 국제적 노력에 특히 기여할 필요가 있는 경우

위 규정에 따른 지급 또는 수령의 허가를 받으려는 자는 기획재정부장관이 정하여 고시하는 허가신청 서류를 기획재정부장관에게 제출하여야 하며, 지급 또는 수령의 허가신청을 받은 기획재정부장관은 다음의 사항을 심사하여 허가 여부를 결정하고 신청인에게 통지하여야 한다.
   ① 해당 지급 또는 수령이 허가 대상인지의 여부
   ② 해당 지급 또는 수령의 사유와 금액
   ③ 해당 지급 또는 수령의 원인이 되는 거래 또는 행위의 내용

또한 기획재정부장관은 지급 또는 수령에 대하여 허가를 받도록 조치한 사유가 소멸하게 된 때에는 해당 조치를 지체 없이 해제하여야 한다.

(2) 지급 또는 수령방법의 신고 일반

1) 신고

거주자 간, 거주자와 비거주자 간 또는 비거주자 상호 간의 거래나 행위에 따른 채권·채무를 결제할 때 거주자가 다음의 어느 하나에 해당하면(자본거래의 신고에 따라 신고를 한 자가 그 신고된 방법으로 지급 또는 수령을 하는 경우는 제외) 그 지급 또는 수령의 방법을 기획재정부장관(한국은행총재 또는 외국환은행장)에게 미리 신고하여야 한다. 다만, 외국환수급 안정과 대외거래 원활화를 위하여 대통령령으로 정하는 거래의 경우에는 사후에 보고하거나 신고하지 아니할 수 있다(외국환거래법 §16, 외국환거래령 §30).
   ① 상계 등의 방법으로 채권·채무를 소멸시키거나 상쇄시키는 방법으로 결제하는 경우
   ② 기획재정부장관이 정하는 기간을 넘겨 결제하는 경우
   ③ 거주자가 해당 거래의 당사자가 아닌 자와 지급 또는 수령을 하거나 해당 거래의 당사자가 아닌 거주자가 그 거래의 당사자인 비거주자와 지급 또는 수령을 하는 경우
   ④ 외국환업무취급기관을 통하지 아니하고 지급 또는 수령을 하는 경우

2) 사후보고 및 신고의 예외

외국환수급 안정과 대외거래 원활화를 위하여 아래 거래의 경우에는 사후에 보고하거나

신고하지 아니할 수 있다(외국환거래령 §30, 외국환거래규정 §5-2).

1. 거주자와 비거주자가 상계의 방법으로 결제할 때 기획재정부장관이 정하여 고시하는 방법으로 일정한 외국환은행을 통하여 주기적으로 결제하는 경우
2. 외국환거래법 제18조에 따라 기획재정부장관에게 신고한 방법에 따라 채권을 매매, 양도 또는 인수하는 경우
3. 계약 건당 미화 5만달러 이내의 수출대금을 기획재정부장관이 정하여 고시하는 기간을 초과하여 수령하는 경우
4. 거주자가 건당 미화 1만달러 이하의 경상거래에 따른 대가를 외국환업무취급기관 등을 통하지 아니하고 직접 지급하는 경우
5. 다음 중 ⅰ부터 ⅳ에 해당하는 경우에는 본 신고를 요하지 아니하며, ⅴ부터 ⅶ에 해당하는 경우에는 지급 등의 방법 신고를 요하지 아니한다.
    ⅰ. 외국환거래규정 제7장 내지 제9장의 규정에 의하여 자본거래의 신고를 한 자(다만, 외국환은행의 장에게 신고를 한 경우는 제외한다)가 그 신고내용에 포함된 지급 등의 방법으로 지급 등을 하는 경우
    ⅱ. 한국은행, 외국환은행, 체신관서, 전자지급결제대행업자 및 종합금융회사가 외국환업무와 관련하여 지급 등을 하는 경우
    ⅲ. 조약 또는 일반적으로 승인된 국제법규에서 정하는 지급 등의 방법으로 지급 등을 하는 경우
    ⅳ. 거래당사자의 일방이 신고한 경우
    ⅴ. 정부 또는 지방자치단체가 지급 등을 하는 경우
    ⅵ. 「공공차관의도입및관리에관한법률」에 의한 차관자금으로 수입대금을 지급하는 경우
    ⅶ. 대외무역관리규정 별표 3 및 별표 4에서 정한 물품의 수출입대금을 지급 또는 수령하는 경우

(3) "1)"의 신고에 대한 구체적 방법 및 절차

1) 상계 등의 방법으로 채권·채무를 소멸시키거나 상쇄시키는 방법으로 결제하는 경우

가. 신고의 예외

다음의 어느 하나에 해당하는 방법으로 지급 등을 하고자 하는 경우에는 신고를 요하지

아니한다(외국환거래규정 §5-4 ①)

① 일방의 금액(분할하여 지급 등을 하는 경우에는 각각의 지급 등의 금액을 합산한 금액을 말한다)이 미화 5천불 이하인 채권 또는 채무를 상계하고자 하는 경우

② 거주자가 거주자와 비거주자간의 거래 또는 행위에 따른 채권 또는 채무를 이 절 제2관의 규정에 의한 상호계산계정을 통하여 당해 거래의 당사자인 비거주자에 대한 채무 또는 채권으로 상계하고자 하는 경우

③ 신용카드발행업자가 외국에 있는 신용카드발행업자로부터 수령할 금액과 당해 외국에 있는 신용카드발행업자에게 지급할 금액(거주자의 신용카드 대외지급대금, 사용수수료 및 회비)을 상계하거나 그 상계한 잔액을 지급 또는 수령하는 경우

④ 「보험업법」에 의한 보험사업자 및 특정보험사업자(「신용협동조합법」, 「수산업협동조합법」 및 「새마을금고법」에 따른 공제사업자를 포함한다)가 외국의 보험사업자와의 재보험계약에 의하여 재보험료, 재보험금, 대행중개수수료, 대행업무비용, 공탁금 및 공탁금 이자 등을 지급 또는 수령함에 있어서 그 대차를 차감한 잔액을 지급 또는 수령하는 경우

⑤ 거주자가 제7장 제7절의 규정에 의한 파생상품거래에 의하여 취득하는 채권 또는 채무를 당해 거래상대방과의 반대거래 또는 당해 장내파생상품시장에서 동종의 파생상품거래에 의하여 취득하는 채무 또는 채권과 상계하거나 그 상계한 잔액을 지급 또는 수령하는 경우

⑥ 연계무역, 위탁가공무역 및 수탁가공무역에 의하여 수출대금과 관련 수입대금을 상계하고자 하는 경우

⑦ 물품의 수출입대금과 당해 수출입거래에 직접 수반되는 중개 또는 대리점 수수료 등을 상계하고자 하는 경우

⑧ 외국항로에 취항하는 국내의 항공 또는 선박회사가 외국에서 취득하는 외국항로의 항공임 또는 선박임과 경상운항경비를 상계하거나 그 상계한 잔액을 지급 또는 수령하는 경우

⑨ 외국항로에 취항하고 있는 국내선박회사가 외국선박회사와 공동운항계약을 체결하고 선복 및 장비의 상호사용에 따른 채권과 채무를 상계하고자 하는 경우

⑩ 국내외철도승차권 등(선박, 항공기 또는 교통수단 등의 이용권을 포함한다)의 판매대금과 당해 거래에 직접 수반되는 수수료를 상계하고자 하는 경우

⑪ 거주자간에 외화표시 채권 또는 채무를 상계하고자 하는 경우

⑫ 국내 통신사업자가 외국에 있는 통신사업자로부터 수령할 통신망 사용대가와 당해 통

신사업자에게 지급할 통신망 사용대가를 상계하거나 그 상계한 잔액을 지급 또는 수령하는 경우

⑬ 조세에 관한 법률 등에 따라 거주자가 비거주자간 소득에 대한 원천징수 후 잔액을 지급 또는 수령하는 경우

⑭ 거주자와 비거주자간 국내 소송·중재 등에 따른 지급 등과 관련하여 소송비용 등을 상계하거나 그 상계한 잔액을 지급 또는 수령하는 경우

⑮ 제1-2조 제18호의 해운대리점이 외국 선박회사를 대리하면서 국내에서 징수한 선박임과 국내에서 지급한 경상운항경비를 상계하거나 상계한 잔액을 외국 선박회사와 지급 또는 수령하고자 하는 경우

나. 외국환은행장에게 신고하는 경우

거주자가 수출입, 용역거래, 자본거래 등 대외거래를 함에 있어서 계정의 대기 또는 차기에 의하여 결제하는 등 비거주자에 대한 채권 또는 채무를 비거주자에 대한 채무 또는 채권으로 상계를 하고자 하는 경우에는 외국환은행의 장에게 신고하거나, 상계처리 후 1개월 이내에 외국환은행의 장에게 사후 보고를 하여야 한다(외국환거래규정 §5-4 ②). 다만, 다국적 기업의 상계센터를 통하여 상계하거나 다수의 당사자의 채권 또는 채무를 상계하고자 하는 경우에는 한국은행총재에게 신고하여야 한다(외국환거래규정 §5-4 ③).

다. 통보 등

신고 또는 사후보고를 받은 한국은행 총재 또는 외국환은행의 장은 동 신고 또는 사후보고 내용을 다음 반기 첫째달 말일까지 국세청장 및 관세청장에게 통보하여야 한다. 상계를 실시하는 자는 관계증빙서류를 5년간 보관하여야 한다(외국환거래규정 §5-4 ④, ⑤).

2) 상호계산에 의한 결제의 신고

가. 지정거래외국환은행의 장에게 신고 등(외국환거래규정 §5-5)

상대방과의 거래가 빈번하여 상호계산방법으로 지급 등을 하고자 하는 자는 상호계산신고서를 지정거래외국환은행의 장에게 제출하여야 하며, 폐쇄하고자 하는 경우에도 신고하여야 하며, 상호계산을 실시하는 자가 법·영·이 규정 및 기타 법령에 규정하는 사항을 위반하거나 그 거래실적·거래내용이나 기타 사정에 비추어 상호계산계정의 존속이 필요없다고 인정되는 경우에는 지정거래외국환은행의 장은 그 상호계산계정을 폐쇄할 수 있다.

동 신고를 받은 지정거래외국환은행의 장은 동 신고사실을 국세청장 및 관세청장에게 통

보하여야 한다.

나. 대차기 항목 및 기장시점(외국환거래규정 §5-6)

상호계산계정을 통하여 대기 또는 차기할 수 있는 항목은 상호계산상대방과의 채권 또는 채무로 한다. 다만, 법·영 및 이 규정에 의하여 지급, 지급방법 및 자본거래에 있어 신고를 요하는 경우에는 신고하여야 한다.

상호계산계정의 기장은 당해 거래가 물품의 수출입 또는 용역의 제공을 수반하는 경우에는 그 수출입 또는 용역제공의 완료 후 30일 이내, 기타의 경우에는 당해 거래에 따른 채권·채무의 확정 후 30일 이내에 행하여야 한다.

다. 결산 등(외국환거래규정 §5-7)

① 상호계산계정의 결산은 회계기간의 범위 내에서 월단위로 결산주기를 정하여 실시하여야 한다. 다만, 필요한 경우 회계기간의 범위 내에서 결산주기를 달리 정할 수 있다

② 상호계산계정의 결산에 있어서의 대기 및 차기잔액은 각 상대방별 계정의 대차기잔액을 합산한 금액으로 한다.

③ 상호계산계정의 대차기잔액은 매 결산기간 종료 후 3월 이내에 지정거래외국환은행의 장에게 신고한 후 지급하거나 수령하여야 한다.

④ 상호계산을 실시하는 자는 결산보고서 등 지정거래외국환은행의 장이 정하는 보고서를 지정거래외국환은행의 장에게 제출하여야 한다.

⑤ 상호계산을 실시하는 자는 장부 및 관계증빙서류를 5년간 보관하여야 한다.

3) 기획재정부장관이 정하는 기간을 넘겨 결제하는 경우(외국환거래규정 §5-8)

가. 수출입대금 지급의 신고 제외 원칙

거주자가 수출입대금의 지급 등을 하고자 하는 경우에는 신고를 요하지 아니한다.

나. 수출입대금의 신고

거주자가 수출입대금(물품거래 대금으로 한정한다)을 다음의 어느 하나에 해당하는 방법으로 지급등을 하고자 하는 자는 한국은행총재에게 신고하여야 한다. 다만, 선박, 철도차량, 항공기, 「대외무역법」에 의한 산업설비를 수출입하는 경우에는 신고를 요하지 아니한다(외국환거래규정 §5-8).

① 계약건당 미화 10만불을 초과하는 수출대금을 물품의 선적 전 1년을 초과하여 수령하고자 하는 경우
② 계약건당 미화 10만불을 초과하는 수입대금을 선적서류 또는 물품의 수령 전 1년을 초과하여 지급하고자 하는 경우

위 규정에도 불구하고 수출입 상대방의 귀책 등 불가피한 사유가 인정되는 경우에는 1년을 초과한 날로부터 3월 이내에 한국은행총재에게 사후신고를 할 수 있다. 동 신고를 받은 한국은행총재는 매월별로 익월 10일 이내에 동 신고사실을 국세청장 및 관세청장에게 통보하여야 한다.

4) 제3자 지급 등에 관한 신고

가. 제3자 지급 등에 관한 신고 원칙

다음 "나"에 해당하는 경우를 제외하고는 거주자가 미화 5천불을 초과하고 미화 1만불 이내의 금액(분할하여 지급 등을 하는 경우에는 각각의 지급 등의 금액을 합산한 금액을 말한다)을 제3자와 지급 등을 하려는 경우에는 외국환은행의 장에게 신고하여야 한다(외국환거래규정 §5-10 ②).

나. 제3자 지급 등에 관한 신고 예외

다음의 어느 하나에 해당하는 경우에는 제3자 지급 등에 관한 신고를 요하지 아니한다 (외국환거래규정 §5-10 ①).

1. 미화 5천불 이하의 금액을 제3자 지급 등을 하는 경우(분할하여 지급 등을 하는 경우에는 각각의 지급 등의 금액을 합산한 금액을 말한다)
2. 거주자간 또는 거주자와 비거주자간 거래의 결제를 위하여 당해 거래의 당사자인 거주자가 당해 거래의 당사자가 아닌 비거주자로부터 수령하는 경우
3. 비거주자간 또는 거주자와 비거주자간 거래의 결제를 위하여 당해 거래의 당사자가 아닌 거주자가 당해 거래의 당사자인 비거주자로부터 수령하는 경우(당해 거래의 당사자인 거주자가 당해 거래의 당사자가 아닌 거주자로부터 결제대금을 수령하는 경우를 포함한다).
4. 외국환은행이 당해 외국환은행의 해외지점 및 현지법인의 여신과 관련하여 차주, 담보제공자 또는 보증인으로부터 여신원리금을 회수하여 지급하고자 하는 경우
5. 거주자인 예탁결제원이 예탁기관으로서 법·영 및 이 규정에서 정하는 바에 따라 비거주자가 발행한 주식예탁증서의 권리행사 및 의무이행과 관련된 내국지급수단 또는

대외지급수단을 지급 또는 수령하는 경우

6. 거래당사자가 회원으로 가입된 국제적인 결제기구와 지급 또는 수령하는 경우

7. 인정된 거래에 따른 채권의 매매 및 양도, 채무의 인수가 이루어진 경우(비거주자간의 외화채권의 이전을 포함한다)

8. 인정된 거래에 따라 외국환거래규정 제9장 제4절의 외국에 있는 부동산 또는 이에 관한 권리를 취득하고자 하는 거주자가 동 취득대금을 당해 부동산 소재지 국가에서 부동산계약 중개·대리업무를 영위하는 자(제9-39조 제2항 제2호에 해당하는 경우에는 거주자의 배우자를 포함한다)에게 지급하는 경우

9. 인정된 거래에 따라 외국에서 외화증권을 발행한 거주자가 원리금상환 및 매입소각 등을 위하여 자금관리위탁계약을 맺은 자에게 지급하고자 하는 경우

10. 인정된 거래에 따라 외화증권을 취득하고자 하는 자가 관련자금을 예탁결제원에게 지급하는 경우

11. 외국환거래규정 제7-31조 제1항 제10호의 규정에 따라 주식 또는 지분을 취득하는 경우 동 취득대금을 「외국인투자촉진법」에 의한 외국인투자기업(국내자회사를 포함한다), 제9장 제3절에 의한 외국기업국내지사, 외국은행국내지점 또는 사무소가 본사(본사의 지주회사나 방계회사를 포함한다)에게 직접 지급하는 경우

12. 외국환거래규정 제9장의 규정에 의한 해외현지법인을 설립하거나 해외지사를 설치하고자 하는 거주자가 동 자금을 해외직접투자와 관련된 대리관계가 확인된 거주자 또는 비거주자에게 지급하는 경우

13. 외교부의 "신속 해외송금 지원제도 운영 지침"에 따라 대한민국 재외공관이 국민인 비거주자에게 긴급경비를 지급하는 경우

14. 수입대행업체(거주자)에게 단순수입대행을 위탁한 거주자(납세의무자)가 수입대행계약 시 미리 정한 바에 따라 수입대금을 수출자인 비거주자에게 지급하는 경우

15. 거주자가 인터넷으로 물품 수입을 하고 수입대금은 국내 구매대행업체를 통하여 지급하는 경우 및 수입대금을 받은 구매대행업체가 수출자에게 지급하는 경우

16. 비거주자가 인터넷으로 판매자인 다른 비거주자로부터 물품을 구매하고 구매대금을 거주자인 구매대행업체를 통하여 지급하는 경우 및 구매대금을 받은 거주자인 구매대행업체가 판매자인 다른 비거주자에게 지급하는 경우

17. 거주자인 정유회사 및 원유, 액화천연가스 또는 액화석유가스 수입업자가 외국정부 또는 외국정부가 운영하는 기업으로부터 원유, 액화천연가스 또는 액화석유가스를

수입함에 있어 당해 수출국의 법률이 정한 바에 따라 수입대금을 수출국의 중앙은행에 지급하는 경우

18. 외국환거래규정 제1－2조 제18호의 해운대리점 또는 선박관리업자가 비거주자인 선주(운항사업자를 포함한다)로부터 수령한 자금으로 국내에 입항 또는 국내에서 건조중인 선박(이하 '외항선박')의 외항선원 급여 등 해상운항경비를 외항선박의 선장 등 관리책임자에게 지급하는 경우

19. 거주자간 거래의 결제를 위하여 당해 거래의 당사자인 거주자가 당해 거래의 당사자가 아닌 거주자와 지급 등을 하는 경우

20. 거주자인 통신사업자와 비거주자인 통신사업자간 통신망 사용대가의 결제를 위하여 당해 거래의 당사자인 거주자가 당사자가 아닌 비거주자와 지급 등을 하는 경우

21. 「정보통신망 이용촉진 및 정보보호 등에 관한 법률」에 따라 등록된 통신과금서비스 제공자가 거주자 또는 비거주자의 전자적 방법에 의한 재화의 구입 또는 용역의 이용에 있어 그 대가의 정산을 대행하기 위해 지급 등을 하는 경우

22. 거주자가 외국환은행 또는 이에 상응하는 금융기관에 개설된 에스크로 계좌(상거래의 안정성을 확보하기 위하여 중립적인 제3자로 하여금 거래대금을 일시적으로 예치하였다가 일정 조건이 충족되면 당초 약정한 대로 자금의 집행이 이루어지는 계좌를 말한다)를 통해 비거주자와 지급 등을 하는 경우

23. 해외광고 및 선박관리 대리대행계약에 따라 동 업무를 대리ㆍ대행하는 자가 지급 또는 수령하는 경우

24. 「국제개발협력기본법」에 따른 국제개발협력과 관련한 자금을 거래당사자가 아닌 자에게 지급하는 경우

25. 외국환거래규정 제5－4조 제3항에 따라 다국적기업의 상계센터를 통한 상계로서 한국은행총재에게 상계 신고를 이행한 후 상계잔액을 해당 센터에 지급하는 경우

26. 거주자인 「외국인관광객 등에 대한 부가가치세 및 개별소비세 특례규정」에 따른 환급창구운영사업자가 지급 업무의 대행에 대한 협약을 맺은 업체를 통해 비거주자에게 환급금을 지급하는 경우

27. 거주자가 외국에 있는 과세당국에 세금을 납부하기 위해 비거주자인 납세대리인을 지정하고, 당해 대리인에게 지급하는 경우

28. 「선주상호보험조합법」에 따른 선주상호보험조합이 선주상호보험사업과 관련한 자금을 거래당사자가 아닌 자에게 지급 등을 하는 경우

29. 비거주자가 국내에 있는 과세당국 또는 조세와 관련하여 권한 있는 당국에 납부해야

하는 세금을 위해 거주자인 세무대리인을 임명하고 당해 대리인이 법·영 및 이 규정
에서 정하는 바에 따라 환급금을 수령한 후 이를 비거주자에게 지급하는 경우
30. 비거주자가 국내 법원의 소송을 위해 거주자인 소송대리인(변호인)을 임명하고 당해
대리인이 동 법원 또는 동 소송의 상대방으로부터 법원 재판에 따른 배상금 또는 제반
소송비용(공탁금 포함)과 관련된 환급금을 수령한 후 이를 비거주자에게 지급하는 경우
31. 비거주자와 거주자간 제9장 제5절의 국내에 있는 부동산 또는 이에 관한 권리의 거
래를 위해 비거주자가 거주자인 대리인을 임명하고 인정된 거래에 따라 거주자가
당해 대리인에게 동 취득대금을 지급한 후 당해 대리인이 이를 비거주자에게 지급
하는 경우

다. 신고 및 통보

거주자가 위 "가"와 "나"를 제외하고 제3자와 지급 등을 하려는 경우에는 한국은행총재
에게 신고하여야 하며, 거주자와 다국적회사인 비거주자와의 거래의 결제를 위하여 당해
거래의 당사자가 아닌 다국적회사의 자금관리전문회사로 지정된 자에게 지급하는 경우에
는 지급일로부터 1개월 이내에 신고를 사후 보고할 수 있다. 신고를 받은 외국환은행의 장
또는 한국은행총재는 매월별로 익월 10일 이내에 동 신고사실을 국세청장 및 관세청장에게
통보하여야 한다(외국환거래규정 §5-10 ③, ⑤).

5) 외국환은행을 통하지 아니하고 지급 또는 수령을 하는 경우

가. 현황

외국환은행을 이용하지 않고 불법적으로 외국에 송금하거나 영수하는 행위를 "환치기"
라 한다. 이러한 행위가 적발되었을 경우는 해당 행위로 인해 취득한 외국환 등은 이를 몰
수하며(몰수할 수 없을 경우는 그 가액을 추징), 그 행위를 한 자에 대해서 2년 이하의 징역 또는
1억원 이하의 벌금(다만, 위반행위 목적물의 가액이 1억원을 초과하는 경우 목적물 가액의 3배 이하 벌
금)처벌이 따른다. 이 경우 양벌규정이 적용되어 법인의 대표자 또는 법인이나 개인의 대리
인·사용인 그밖의 종업원이 그 법인 또는 개인의 재산 또는 업무에 관하여 위반행위를 한
경우에는 행위자를 벌하는 외에 그 법인 또는 개인에 대하여도 같은 수준의 벌금형이 과해
진다(외국환거래법 §28·30·31). 다수의 외국환거래법 위반 사건이 바로 이와 같은 불법적인
송금 또는 영수에서 일어나고 있다.

나. 외국환은행을 통한 외국환 지급 및 수령 원칙

아래 "다"에 해당하는 경우를 제외하고 거주자가 외국환은행을 통하지 아니하고 지급 등을 하고자 하는 경우(물품 또는 용역의 제공, 권리의 이전 등으로 비거주자와의 채권·채무를 결제하는 경우를 포함한다)에는 한국은행총재에게 신고하여야 한다. 한국은행 총재는 매월 별로 익월 10일 이내에 신고사실을 국세청장 및 관세청장에게 통보하여야 한다(외국환거래규정 §5-11 ③, ④).

다. 외국환은행을 통한 지급 및 수령의 예외(외국환거래규정 §5-11 ①)

다음의 어느 하나에 해당하는 방법으로 지급을 하고자 하는 경우에는 신고를 요하지 아니한다.

1. 외항운송업자와 승객간에 외국항로에 취항하는 항공기 또는 선박 안에서 매입, 매각한 물품대금을 직접 지급 또는 수령하는 경우
2. 해외여행자(여행업자 및 교육기관 등을 포함한다) 또는 해외이주자(해외이주예정자를 포함한다) 및 재외동포가 해외여행경비, 해외이주비 및 국내재산을 외국에서 직접 지급하는 경우. 다만, 미화 1만불을 초과하는 대외지급수단을 휴대수출하여 지급하는 경우는 다음의 어느 하나에 한한다.
   ㉠ 지정거래외국환은행의 장의 확인
   - 해외체재자, 해외유학생이 대외지급수단을 휴대수출하여 지급하는 경우
   - 해외이주자, 해외이주예정자 및 재외동포가 대외지급수단을 휴대수출하여 지급하는 경우
   ㉡ 일반해외여행자(외국인거주자는 제외)가 대외지급수단을 관할세관의 장에게 신고한 후 휴대수출하여 지급하는 경우
   ㉢ 외국환거래규정 §4-5 ① 1에 해당하는 기관의 예산으로 지급되는 해외여행경비를 휴대수출하여 지급하는 경우
   ㉣ 위 ㉠의 (1)의 해외체재자 및 해외유학생이 지정거래외국환은행의 장이 확인한 금액을 초과하여 관할세관의 장에게 신고한 후 휴대수출하여 지급하는 경우. 다만, 초과금액이 미화 1만불 이하의 경우에는 신고를 요하지 아니한다.
   ㉤ 여행업자(교육기관 등을 포함한다)가 외국환은행의 장의 확인을 받은 대외지급수단을 휴대수출하여 지급하는 경우
3. 거주자가 인정된 거래에 따른 지급을 위하여 송금수표, 우편환 또는 유네스코쿠폰으로 지급하는 경우
4. 거주자가 외국에서 보유가 인정된 대외지급수단으로 인정된 거래에 따른 대가를 외국

에서 직접 지급하는 경우

5. 거주자와 비거주자간에 국내에서 내국통화로 표시된 거래를 함에 따라 내국지급수단
   으로 지급하고자 하는 경우

6. 외국환거래규정 §4-2의 지급 등의 절차를 거친 후 당해 외국환은행의 장의 확인을
   받은 다음의 어느 하나에 해당하는 경우

   ㉠ 대외무역관리규정 별표 3-1 및 별표 3-2에서 정한 물품을 외국에서 수리 또는
      검사를 위하여 출국하는 자가 외국통화 및 여행자수표를 휴대수출하여 당해 수리
      또는 검사비를 외국에서 직접 지급하는 경우

   ㉡ 외국항로에 취항하는 항공 또는 선박회사가 외국통화를 휴대수출하여 외국에서
      운항경비를 직접 지급하는 경우

   ㉢ 원양어업자가 어업규정준수 여부 확인 등을 위하여 승선하는 상대국의 감독관 등
      에게 지급하여야 할 경비를 휴대수출하여 지급하는 경우

   ㉣ 영화, 음반, 방송물 및 광고물을 외국에서 제작함에 필요한 경비를 당해 거주자가
      대외지급수단을 휴대수출하여 외국에서 직접 지급하는 경우

   ㉤ 스포츠경기, 현상광고 등과 관련한 상금을 당해 입상자에게 직접 지급하는 경우

   ㉥ 외국인거주자(비거주자를 포함한다)가 제4-4조 제1항 제3호에 따라 지정거래외국환
      은행으로부터 매입한 대외지급수단을 휴대수출하여 지급하는 경우

   ㉦ 외국환거래규정 §4-5 ① 제2호 내지 제4호의 규정에 의한 해외여행경비를 휴대수
      출하여 지급하는 경우

   ㉧ 외국인거주자(비거주자를 포함한다)가 제2-3조 제1항 제3호의 규정에 의하여 취득
      한 대외지급수단을 휴대수출하여 지급하는 경우

   ㉨ 해운대리점 또는 선박관리업자가 비거주자인 선주(운항사업자를 포함한다)로부터 수
      령한 자금으로 국내에 입항 또는 국내에서 건조중인 선박(이하 '외항선박')의 외항선
      원 급여 등 해상운항경비를 외항선박의 선장 등 관리책임자에게 지급하는 경우

7. 외국환거래규정 제7장 제2절의 규정에 의하여 인정된 외화자금을 직접 예치·처분하
   는 경우 및 인정된 거래에 따른 대가를 당해 예금기관이 발행한 외화수표 또는 신용카
   드 등으로 국내에서 직접 지급하는 경우

8. 거주자와 비거주자간 또는 거주자와 다른 거주자간의 건당 미화 1만불 이하(단, 「경제자
   유구역의 지정 및 운영에 관한 특별법」에 따른 경제자유구역에서는 10만불 이하)의 경상거래에 따
   른 대가를 대외지급수단으로 직접 지급하는 경우

9. 본인명의의 신용카드등(여행자카드 포함)으로 다음 각목의 1에 해당하는 지급을 하고자
   하는 경우
    ㉠ 외국에서의 해외여행경비 지급(외국통화를 인출하여 지급하는 것을 포함한다)
    ㉡ 거주자가 국제기구, 국제단체, 국제회의에 대한 가입비, 회비 및 분담금을 지급하
       는 경우
    ㉢ 거주자의 외국간행물에 연구논문, 창작작품 등의 발표, 기고에 따른 게재료 및 별
       책대금 등 제경비 지급
    ㉣ 기타 비거주자와의 인정된 거래(자본거래를 제외한다)에 따른 결제대금을 국내에서
       지급(국내계정에서 지급하는 것을 의미한다)하는 경우
10. 외국인관광객등에대한부가가치세및개별소비세특례규정에 의한 환급창구운영사업자
    가 환급금을 직접 지급하는 경우
11. 법인의 예산으로 해외여행을 하고자 하는 법인소속의 해외여행자(일반해외여행자에 한
    함)가 당해 법인명의로 환전한 해외여행경비를 휴대수출하여 지급하는 경우
12. 거주자가 외국환거래규정 제9장 제1절, 제2절, 제4절의 규정에 의한 건당 미화 1만불
    이하 대외지급수단을 직접 지급하는 경우
13. 원양어업자가 원양어로자금 조달을 위한 현지금융의 원리금 또는 어로경비 및 해외
    지사의 유지활동비를 외국에서 직접 수출하는 어획물의 판매대금으로 상환하거나 지
    급하는 경우

라. 외국환신고필증의 교부

위 "다"의 규정에 의하여 확인요청을 받은 외국환은행의 장은 지급수단의 취득사실을 확
인하고 당해 거주자에게 별지 제6-1호 서식의 외국환신고(확인)필증을 발행·교부하여야
한다(외국환거래규정 §5-11 ②).

마. 한국은행총재에의 신고

위 "다"의 어느 하나에 해당하는 경우를 제외하고 거주자가 외국환은행을 통하지 아니하
고 지급 등을 하고자 하는 경우(물품 또는 용역의 제공, 권리의 이전 등으로 비거주자와의 채권·채무
를 결제하는 경우를 포함한다)에는 한국은행총재에게 신고하여야 한다(외국환거래규정 §5-11 ③).

바. 신고 및 통보

위 "다의 2", "㉡"의 규정에 의하여 신고를 받은 관할세관의 장 및 위 마의 규정에 의하

여 지급 등의 방법(변경)신고필증을 교부한 한국은행총재는 매월별로 익월 10일 이내에 동 신고사실을 국세청장 및 관세청장에게 통보하여야 한다(외국환거래규정 §5-11 ④).

(4) 지급수단 등의 수출입 신고

1) 지급수단의 수출입신고 원칙

기획재정부장관은 외국환거래법의 실효성을 확보하기 위하여 필요하다고 인정되는 경우 지급수단 또는 증권을 수출 또는 수입하려는 거주자나 비거주자로 하여금 그 지급수단 또는 증권을 수출 또는 수입할 때 신고하게 할 수 있다(외국환거래법 §17, 외국환거래령 §31).

아래 "3)"에 해당하는 경우를 제외하고 다음의 어느 하나에 해당하는 경우에는 관할세관의 장에게 신고하여야 한다(외국환거래규정 §6-2 ②).

① 거주자 또는 비거주자가 미화 1만불을 초과하는 지급수단(대외지급수단과 내국통화, 원화표시여행자수표 및 원화표시자기앞수표를 말한다)을 휴대수입하는 경우

② 국민인 거주자가 미화 1만불을 초과하는 지급수단(대외지급수단, 내국통화, 원화표시여행자수표 및 원화표시자기앞수표를 말한다)을 휴대수출하는 경우

2) 지급수단 등의 의미

지급수단 또는 증권(이하 "지급수단 등")의 수출 또는 수입에 대하여 신고를 하게 할 수 있는 경우는 다음과 같다. 다만, 외국환거래법 제16조 및 제18조 제1항에 따라 신고를 한 자가 신고 내용에 따라 지급수단 등을 수출 또는 수입하는 경우는 제외한다.

① 우리나라가 체결한 조약 및 일반적으로 승인된 국제법규의 성실한 이행을 위하여 필요한 경우

② 자본의 불법적인 유출·유입을 방지하기 위하여 필요한 경우

3) 지급수단 등 신고의 예외

거주자 또는 비거주자가 다음의 어느 하나에 해당하는 지급수단 등을 수출입하는 경우에는 신고를 요하지 아니한다(외국환거래규정 §6-2 ①).

① 미화 1만불 이하의 지급수단 등을 수입하는 경우. 다만, 내국통화, 원화표시여행자수표 및 원화표시자기앞수표 이외의 내국지급수단을 제외한다.

② 약속어음·환어음·신용장을 수입하는 경우

③ 미화 1만불 이하의 지급수단(대외지급수단, 내국통화, 원화표시자기앞수표 및 원화표시여행자수표를 말한다) 및 제3항의 규정에서 정한 절차를 거친 대외지급수단을 수출하는 경우

④ 외국환거래령 제10조 제2항 제1호, 제2호 및 제6호 가목 및 나목에 해당하는 자가 대외지급수단을 수출입하는 경우

⑤ 다음의 어느 하나에 해당하는 지급수단 등을 수출하는 경우

    가. 외국환거래규정 §5-11에 의하여 인정된 대외지급수단을 수출하는 경우

    나. 비거주자가 다음에 해당하는 대외지급수단을 수출하는 경우

        • 인정된 거래에 따른 대외지급을 위하여 송금수표 또는 우편환을 수출하는 경우

        • 최근 입국시 휴대수입한 범위 내 또는 국내에서 인정된 거래에 의하여 취득한 대외지급수단을 수출하는 경우

        • 이 법의 적용을 받지 않는 거래에 의하여 취득한 채권을 처분하고자 발행한 수표를 수출하는 경우

        • 주한 미합중국 군대 및 이에 준하는 국제연합군이 한미행정협정과 관련한 근무 또는 고용에 따라 취득하거나 외국의 원천으로부터 취득한 대외지급수단 또는 당해 국가의 공금인 대외지급수단을 수출하는 경우

    다. 외국인거주자가 이 법의 적용을 받지 않는 거래에 의하여 취득한 대외지급수단을 수출하는 경우

    라. 다음에 해당하는 내국지급수단을 수출하는 경우

        • 수출물품에 포함 또는 가공되어 「대외무역법」에서 정하는 바에 의해 내국지급수단을 수출하는 경우

        • 비거주자가 입국시 휴대수입하거나 국내에서 매입한 원화표시여행자수표를 수출하는 경우

⑥ 외국환은행이 외국환은행해외지점, 외국환은행현지법인 또는 외국금융기관(외국환전영업자를 포함한다)과 내국통화를 수출입하는 경우

⑦ 다음의 어느 하나에 해당하는 지급수단 등을 수출입하는 경우

    가. 다음에 해당하는 무기명식증권이나 기명식증권을 수출입하는 경우

        • 자본거래의 신고를 한 자가 신고한 바에 따라 기명식증권을 수출입하는 경우

        • 「외국인투자촉진법」에 의하여 취득한 기명식증권을 수출입하는 경우

        • 외국환거래규정 제7-31조 제1항 제10호의 규정에 의하여 거주자가 취득한 본사의 주식이나 국제수익증권 등을 수출입하는 경우

나. 거주자가 미화 5만불 상당액 이내의 외국통화 또는 내국통화를 지급수단으로 사
용하지 아니하고 자가화폐수집용·기념용·자동판매기시험용·외국전시용 또는
화폐수집가 등에 대한 판매를 위하여 수출입하고자 하는 경우
다. 한국은행·외국환은행 또는 체신관서가 인정된 업무를 영위함에 있어 대외지급
수단을 수출입하는 경우
라. 거주자가 수출대금의 수령을 위하여 외국통화표시수표를 휴대수입 이외의 방법
으로 수입하는 경우

4) 대외지급수단 국내취득사실의 신고

다음의 어느 하나에 해당하는 자가 미화 1만불을 초과하는 대외지급수단을 국내에서 취
득하는 경우에는 당해 취득사실에 대하여 외국환은행의 장의 확인을 받아야 한다(외국환거
래규정 §6-2 ③).
① 외국환거래령 §10 ② 1, 2 및 6호 가목 및 나목에 해당하는 자를 제외한 비거주자가
다음의 어느 하나에 해당하는 방법으로 취득하는 경우
가. 대외지급수단을 대외계정 및 비거주자외화신탁계정의 인출 등으로 취득하거나
송금을 수령하는 경우
나. 외국환거래규정 §4-4 ① 1의 규정에 의하여 취득하는 경우
② 외국인거주자가 다음의 어느 하나에 해당하는 방법으로 취득하는 경우
가. 위 ①의 "가"에 해당하는 경우
나. 외국환거래규정 §4-4 ① 1의 규정에 의하여 취득하는 경우
다. 해외여행경비 지급을 위하여 취득하는 경우. 다만, 해외체재자 및 해외유학생은
외국환거래규정 §5-11의 규정에 따른다.

5) 외국환신고확인필증의 교부 및 통보

위 "1)"의 하단 및 "4)"의 규정에 의하여 신고를 받거나 확인요청을 받은 관할세관의
장 또는 외국환은행의 장은 지급수단의 신고 및 취득사실을 확인하고 당해 거주자 또는 비
거주자에게 외국환신고(확인)필증을 발행·교부하여야 하고, 외국환신고(확인)필증을 발
행·교부한 세관의 장은 매월별로 익월 10일 이내에 동 신고사실을 국세청장에게 통보하여
야 한다(외국환거래규정 §6-2 ④~⑥).

6) 관할세관의 장에 대한 신고

위 "1)"부터 "5)"까지의 규정을 제외하고 거주자 또는 비거주자가 지급수단 등을 수출입하고자 하는 경우에는 관할세관의 장에게 신고하여야 하며, 국제우편물로 수입되어 수입된 사실을 알지 못하는 등 불가피한 사유로 인정되는 경우에는 지급수단이 수입된 날로부터 30일 이내에 사후 보고를 할 수 있다.

해당 신고를 하고자 하는 자는 지급수단 등의 수출입(변경) 신고서에 다음에 해당하는 서류를 첨부하여 당해 신고기관에 제출하여야 한다. 신고한 내용을 변경하고자 하는 경우에도 같다(외국환거래규정 §6-3).

① 당해 지급수단 등의 수출입사유나 원인이 되는 거래 또는 행위의 증빙서류
② 정상적인 거래관행에 부합하는지 여부 등 수출입의 필요성을 입증하는 서류

7) 세관의 장의 수출입제한 조치 등

세관의 장은 입출국하는 자가 지급수단 등을 수출입할 때에는 질문, 증빙서류 제시요구 등을 통하여 지급수단 등의 수출입 신고를 하였는지 여부를 확인하여야 하며 신고를 하여야 하는 수출입으로서 신고를 하지 아니하고 수출입하는 경우에 대하여는 위 "6)"의 규정에 의한 신고를 하게 하거나 당해 지급수단 등의 수출 또는 수입을 제한하는 등 필요한 조치를 할 수 있다(외국환거래규정 §6-4).

6 자본거래

(1) 개요

외국환거래법령에 규정된 자본거래 관련 체계는 다음과 같다. 여기에서는 자본거래의 정의 개념을 본 다음, 이러한 자본거래 중에서 외국환거래규정 제9장에 규정되어 있는 금융·보험업 이외의 해외직접투자를 보기로 한다.

| 자본거래에 대한 외국환거래법의 체계 |

	외국환거래법		외국환거래규정
제3조	자본거래의 정의	제7장 자본거래	① 예금, 신탁계약에 따른 자본거래 ② 금전의 대차, 채무의 보증계약에 따른 자본거래 ③ 대외지급수단, 채권 그밖의 매매 및 용역계약에 따른 자본거래 ④ 증권의 발행 ⑤ 증권의 취득 ⑥ 파생상품거래 ⑦ 기타 자본거래
제18조	① 자본거래의 신고 ② 자본거래의 허가 ③ 자본거래의 허가 및 신고 제외 ④ 자본거래의 신고수리		
	외국환거래법시행령		
제9조	자본거래	제8장	현지금융
제32조	자본거래의 신고 등	제9장	해외직접투자 및 부동산 취득

(2) 주요 개념 정의

1) 자본거래의 개념(외국환거래법 제3조 제19호 및 동법 시행령 제9조 제2항)

외국환거래법에서 자본거래란 다음의 어느 하나에 해당하는 거래 또는 행위를 말한다. 따라서 이러한 거래 또는 행위는 자본거래로서 규율된다.

① 예금계약, 신탁계약, 금전 대차계약, 채무의 보증계약 또는 대외지급수단이나 채권의 매매계약에 따른 채권의 발생·변경 또는 소멸에 관한 거래('③'에 해당하는 경우를 제외하며, 거주자간 거래는 외국환과 관련된 경우로 한정)

② 증권의 발행이나 모집, 증권 또는 이에 관한 권리의 취득('③'에 해당하는 경우를 제외하며, 거주자간 거래는 외국환과 관련된 경우로 한정)

③ 파생상품거래(거주자 간의 파생상품거래는 외국환과 관련된 경우 한함)

④ 거주자에 의한 외국에 있는 부동산이나 이에 관한 권리의 취득 또는 비거주자에 의한 국내에 있는 부동산이나 이에 관한 권리의 취득[233]

---

233) 거주자가 외국에 있는 부동산 등을 취득하였을 때는 신고하여야 하는데, 만일 신고하지 아니한 경우 1억원 이하의 과태료를 부과한다(외국환거래법 §32 ① 및 동법 시행령 §41 별표 4). 그러나 미신고 가액이 10억원을 초과함에도 신고하지 아니한 경우에는 1년 이하의 징역 또는 1억원 이하의 벌금(위반행위의 목적물 가액의 3배가 1억원을 초과하는 경우에는 그 벌금을 목적물 가액의 3배 이하) 처벌 대상이 되고, 해당 행위를 하여 취득한 외국환이나 그 밖에 증권, 귀금속, 부동산 및 내국지급수단은 몰수하며, 몰수할 수 없는 경우에는 그 가액을 추징한다(외국환거래법 §29 ①, 30, 동법 시행령 §40 ①). 이와 같은 사례도 종종 발생하고 있다.

⑤ '①'의 경우를 제외하고 법인의 국내에 있는 본점·지점·출장소 그 밖의 사무소(이하 "사무소"라 한다)와 외국에 있는 사무소 사이의 사무소의 설치·확장 또는 운영 등과 관련된 행위 및 그에 따른 자금의 수수. 다만, 사무소의 유지에 필요한 경비나 경상적 거래와 관련된 다음 자금의 수수는 제외된다.

  ㉮ 집기구매대금, 사무실임대비용 등 사무소를 유지하는 데에 직접 필요한 경비의 지급 또는 수령
  ㉯ 물품의 수출입대금과 이에 직접 딸린 운임·보험료 기타 비용의 지급 또는 수령
  ㉰ 용역거래의 대가와 이에 직접 부대되는 비용의 지급 또는 수령

⑥ 기타 '①~⑤'와 유사한 형태로서 외국환거래법시행령 제9조 제2항에 규정된 거래 또는 행위

2) 해외직접투자

해외직접투자란 거주자가 외국법령에 따라 설립된 법인 또는 설립 중인 법인(이하 "외국법인"이라 한다)이 발행한 증권을 취득하거나 해당 법인에 대한 금전의 대여 등을 통하여 해당 법인과 지속적인 경제관계를 수립하기 위하여 행하는 거래 또는 행위로서 외국법령에 따라 설립된 법인(설립 중인 법인을 포함)이 발행한 증권을 취득하거나 그 법인에 대한 금전의 대여 등을 통하여 그 법인과 지속적인 경제관계를 맺기 위하여 하는 거래 또는 행위로서 다음의 것을 말한다(외국환거래법 §3, 외국환거래령 §8).

① 외국 법령에 따라 설립된 법인(설립 중인 법인을 포함. 이하 "외국법인")의 경영에 참가하기 위하여 취득한 주식 또는 출자지분이 해당 외국법인의 발행주식총수 또는 출자총액에서 차지하는 비율(주식 또는 출자지분을 공동으로 취득하는 경우에는 그 주식 또는 출자지분 전체의 비율을 말한다. 이하 이 항에서 "투자비율"이라 한다)이 100분의 10 이상인 투자

② 투자비율이 100분의 10 미만인 경우로서 해당 외국법인과 다음의 어느 하나에 해당하는 관계를 수립하는 것
  ㉮ 임원의 파견
  ㉯ 계약기간이 1년 이상인 원자재 또는 제품의 매매계약의 체결
  ㉰ 기술의 제공이나 도입 또는 공동연구개발계약의 체결
  ㉱ 해외건설 및 산업설비공사를 수주하는 계약의 체결

③ 위 "①" 또는 "②"에 따라 이미 투자한 외국법인의 주식 또는 출자지분을 추가로 취득하는 것

④ 위 "①~③"에 따라 외국법인에 투자한 거주자가 해당 외국법인에 대하여 상환기간을
   1년 이상으로 하여 금전을 대여하는 것

한편, 외국에서 영업소를 설치, 확장, 운영하거나 해외사업활동을 영위하기 위하여 행하는
자금의 지급으로 다음의 것도 해외직접투자로 본다(외국환거래법 §3 ① 18, 외국환거래령 §8 ②).
   ① 지점 또는 사무소의 설치비 및 영업기금
   ② 거주자가 외국에서 법인 형태가 아닌 기업을 설치 · 운영하기 위한 자금
   ③ 「해외자원개발 사업법」 제2조에 따른 해외자원개발사업 또는 사회간접자본개발사업을
      위한 자금. 다만, 해외자원개발을 위한 조사자금 및 해외자원의 구매자금은 제외한다.

3) 해외직접투자의 수단

해외직접투자의 목적물은 다음의 어느 하나에 해당하는 것이다. 따라서 이와 같은 목적
물을 직접투자에 사용할 경우 외국환거래법령의 규율대상이 된다(외국환거래규정 §9-1의2).

① 지급수단
② 현지법인의 이익유보금 및 자본잉여금
③ 자본재(외국인투자촉진법 제2조 제1항 제9호의 자본재[234])
④ 산업재산권 기타 이에 준하는 기술과 이의 사용에 관한 권리
⑤ 해외법인 또는 해외지점 · 사무소를 청산한 경우의 그 잔여재산
⑥ 외국환거래법령에 따라 채권회수 대상에서 제외된 대외채권
⑦ 주식
⑧ 기타 그 가치와 금액의 적정성을 입증할 수 있는 자산

4) 해외투자의 형태

가. 외화증권 취득

외국에서 경영에 참여하기 위한 현지법인의 설립, 기 설립된 법인의 인수 등을 말하며
해외직접투자방법의 주종을 이루고 있다.

---

234) 외국인투자촉진법 제2조 제1항 제9호에는 「"자본재"란 산업시설(선박 · 차량 · 항공기 등을 포함)로서의
    기계 · 기자재 · 시설품 · 기구 · 부분품 · 부속품 및 농업 · 임업 · 수산업의 발전에 필요한 가축 · 종자 · 수
    목 · 어패류 기타 주무부장관(해당 사업을 관장하는 중앙행정기관의 장을 말함)이 해당 시설의 최초시운전
    (시험사업을 포함)에 필요하다고 인정하는 원료 · 예비품 및 이의 도입에 따르는 운임 · 보험료와 시설을
    하거나 조언을 하는 기술 또는 용역을 말한다」고 규정하고 있다.

나. 외화대부채권 취득

비거주자 등에게 업무수행에 필요한 자금을 대부하는 경우로서 현지법인 및 합작사업의 공동출자자에 대한 대부 등이 있다.

다. 공동사업 참여

비거주자의 명의 또는 비거주자와 공동명의로 영위하는 사업에 투자하는 경우로서 해외자원개발사업 또는 기술개발사업에 참여하는 경우 등에 인정되고 있다.

라. 개인기업 영위

외국에서 법인형태가 아닌 기업(주유소, 슈퍼마켓 등)을 투자자가 단독으로 소유하여 경영하는 방법

5) 해외직접투자의 신고와 심사

가. 해외 직접투자의 신고 등

거주자(해외이주 수속중이거나 영주권등을 취득할 목적으로 지급하고자 하는 개인 또는 개인사업자는 제외한다)가 해외직접투자(증액투자 포함)를 하고자 하는 경우 또는 거주자가 해외직접투자를 한 거주자로부터 당해 주식 또는 지분을 양수받아 해외직접투자를 하고자 하는 경우에는 다음의 어느 하나에 정하는 외국환은행의 장에게 신고하여야 한다(외국환거래규정 §9-5 ①).
① 주채무계열 소속 기업체인 경우 해당 기업의 주채권은행
② 거주자가 주채무계열 소속 기업체가 아닌 경우 여신최다은행
③ 기타 거주자의 경우 거주자가 지정하는 은행

나. 사후보고

거주자가 해외직접투자를 한 거주자로부터 당해 주식 또는 지분을 양수받아 해외직접투자를 하고자 하는 경우와, 이미 투자한 외국법인이 자체이익유보금 또는 자본잉여금으로 증액투자하는 경우에는 투자금의 지급이 있은 날로부터 3개월 이내에 사후보고할 수 있다(외국환거래규정 §9-5 ②).

다. 해외직접투자신고서의 제출

해외직접투자를 하고자 하는 자는 해외직접투자신고서에 다음의 서류를 첨부하여 해당 신고기관에 제출하여야 한다. 위 "나"에 따라 사후에 보고하는 경우에도 같다(외국환거래규

정 §9-5 ③).

① 사업계획서(자금조달 및 운용계획 포함)

② 해외직접투자를 하고자 하는 자가 신용정보의이용및보호에관한법률에 의한 금융거래 등 상거래에 있어 약정한 기일 내에 채무를 변제하지 아니한 자로서 종합신용정보 집중기관에 등록되어 있지 않음을 입증하는 서류. 다만, 「회사정리법」 또는 「화의법」에 의하여 정리절차가 진행되고 있는 기업체가 기존의 유휴설비나 보유기술을 투자하거나 관련 법령이 정한 법원 또는 채권관리단의 결정에 의한 경우에는 그러하지 아니하다.

③ 조세체납이 없음을 입증하는 서류

④ 기타 신고기관의 장이 필요하다고 인정하는 서류

라. 무신고자에 대한 보고

거주자가 신고를 하지 아니하거나 신고된 내용과 다르게 해외직접투자를 한 경우에는 당해 위반사실을 제재기관의 장에게 보고하고 당해 투자에 대하여 신고기관의 장에게 사후신고를 할 수 있다(외국환거래규정 §9-5 ⑤).

마. 해외직접투자에 대한 사후관리(외국환거래규정 §9-9)

해외직접투자자는 외화증권(채권)취득보고서(법인 및 개인기업 설립보고서 포함), 송금(투자)보고서, 연간사업실적보고서(투자업종과 상관없이 300만불 이하 투자는 연간 사업실적 보고가 면제된다), 청산보고서 등을 외국환거래규정이 정한 기일 내에 당해 신고기관의 장에게 제출하여야 한다. 다만, 해외직접투자자 또는 투자한 현지법인의 휴·폐업, 현지의 재난·재해 등 불가피한 사유로 해외직접투자자가 보고서 등을 제출하는 것이 불가능하다고 신고기관의 장이 인정하는 경우에는 당해 불가피한 사유가 해소되기 전까지 해당 보고서 또는 서류를 제출하지 아니할 수 있다. 해외직접투자신고를 받은 신고기관의 장은 신고를 받은 해외직접투자사업에 대하여 해외직접투자 관리대장을 작성하고 해외투자신고 및 투자실적을 매 익월 15일 이내에 한국수출입은행장에게 보고하여야 한다.

한국수출입은행장은 매년 해외직접투자기업 현황을 작성하여 기획재정부장관 및 해외공관의 장에게 송부하여야 한다. 이 경우 기획재정부장관은 사실 확인 등을 위하여 추가적인 자료의 요청 및 실태 점검 등을 실시할 수 있다.

이하 자세한 사항은 지면 관계상 외국환거래규정 §9-9를 참조한다.

바. 해외직접투자사업의 청산

해외직접투자자는 당해 신고의 내용에 따라 투자원금과 과실을 국내에 회수하여야 하는
바, 해외직접투자자가 투자사업을 청산할 때에는 분배잔여재산을 즉시 국내로 회수하고 청
산관련서류를 신고기관에 보고하여야 한다. 다만, 해외직접투자자가 잔여재산을 즉시 국내
로 회수하는 것이 불가능하다고 신고기관이 인정하는 경우에는 분할하여 회수할 수 있다.
동 규정에 불구하고 청산 보고 후 해외에서 이 규정에 의해 인정된 자본거래를 하고자 하는
경우에는 청산자금을 국내로 회수하지 아니할 수 있다(외국환거래규정 §9-4, §9-6).

(3) 자본거래의 신고 등

1) 자본거래 신고

자본거래의 신고를 하려는 자는 기획재정부장관이 정하여 고시하는 신고 서류를 기획재
정부장관에게 제출하여야 한다. 이 경우 신고의 절차 및 방법 등에 관한 세부 사항은 기획
재정부장관이 정하여 고시한다(외국환거래법 §18, 외국환거래령 §32).

다만, 외국환수급 안정과 대외거래 원활화를 위하여 아래의 자본거래는 사후에 보고하거
나 신고하지 아니할 수 있다.
① 외국환업무취급기관이 외국환업무로서 수행하는 거래. 다만, 외환거래질서를 해할 우
　　려가 있거나 급격한 외환유출입을 야기할 위험이 있는 거래로서 기획재정부장관이
　　고시하는 경우에는 신고하도록 할 수 있다.
② 기획재정부장관이 정하여 고시하는 금액 미만의 소액 자본거래
③ 해외에서 체재 중인 자의 비거주자와의 예금거래
④ 추가적인 자금유출입이 발생하지 아니하는 계약의 변경 등으로서 기획재정부장관이
　　경미한 사항으로 인정하는 거래
⑤ 그 밖에 기획재정부장관이 정하여 고시하는 거래

2) 자본거래신고의 타당성 검토 및 수리

기획재정부장관은 자본거래 신고하도록 정한 사항 중 거주자의 해외직접투자와 해외부
동산 또는 이에 관한 권리의 취득의 경우에는 투자자 적격성 여부, 투자가격 적정성 여부
등의 타당성을 검토하여 신고수리 여부를 결정할 수 있다(외국환거래법 §18 ③).

기획재정부장관이 신고수리 여부를 결정할 때에는 처리기간(30일)에 신고수리, 거부 또

는 거래 내용의 변경 권고 여부를 정하여 신고인에게 통지하여야 한다. 이 경우 투자 업종, 투자 유형, 투자 규모 등을 고려하여 정형화된 해외직접투자로 인정되는 것으로 미리 고시한 경우에 해당하면 요건심사를 생략할 수 있으며, 필요시 보완요구와 보완요구 미이행 시 신고서류를 반려할 수 있다(외국환거래령 §32 ③, ④).

거래 내용의 변경 권고를 받은 자는 변경 권고를 받은 날부터 10일 이내에 해당 변경 권고에 대한 수락 여부를 기획재정부장관에게 알려야 하며, 그 기간에 수락 여부를 알리지 아니하면 수락하지 아니한 것으로 보며, 기획재정부장관은 수락하지 아니한다는 통지를 받은 때에는 통지를 받은 날(통지가 없는 경우에는 신고인이 변경 권고를 받은 날부터 10일이 지난 날)부터 10일 이내에 해당 자본거래의 변경 또는 중지를 명할 것인지의 여부를 결정하여 신고인에게 알려야 한다(외국환거래령 §32 ⑤~⑦).

3) 결정통지

자본거래신고에 대한 처리기간(30일)에 다음의 어느 하나에 해당하는 결정을 하여 신고인에게 통지하여야 한다(외국환거래법 §18 ④).

① 신고의 수리

② 신고의 수리 거부

③ 거래 내용의 변경 권고

신고의 수리거부의 결정을 한 경우 그 신고를 한 거주자는 해당 거래를 하여서는 아니되며, 거래 내용의 변경 권고 통지를 받은 자가 해당 권고를 수락한 경우에는 그 수락한 바에 따라 그 거래를 할 수 있으며, 수락하지 아니한 경우에는 그 거래를 하여서는 아니된다.

처리기간에 기획재정부장관의 통지가 없으면 그 기간이 지난 날에 해당 신고가 수리된 것으로 본다(외국환거래법 §18 ⑤~⑦).

 **경고 및 거래정지 등**

외국환거래법을 적용받는 자가 다음의 어느 하나에 해당하는 경우에는 경고를 할 수 있다(외국환거래법 §19, 외국환거래령 §33).

① 앞의 외국환거래법 제15조부터 제18조까지의 규정에 따라 허가를 받거나 신고를 한 경우 허가사항 또는 신고사항에 정하여진 기한이 지난 후에 거래 또는 행위를 한 경우

② 거래 또는 행위 유형에 따라 아래 금액 이하의 거래 또는 행위로서 외국환거래법 제15조부터 제18조까지의 규정에 따른 절차 준수, 허가 또는 신고(이하 "신고 등")의 의무를 위반하여 거래 또는 행위를 한 경우

  1. 외국환거래법 제15조 지급절차 위반 : 미화 1만달러

  2. 외국환거래법 제16조 지급 또는 수령방법의 신고 위반 : 미화 1만달러

  3. 외국환거래법 제17조 지급수단 등의 수출입 신고 위반 : 미화 1만달러

  4. 외국환거래법 제18조 자본거래의 신고 등 위반 : 미화 5만달러

기획재정부장관은 거래 또는 행위가 외국환거래법 제15조부터 제18조까지의 규정에 따른 신고 등의 의무를 5년 이내에 2회 이상 위반한 경우에는 각각의 위반행위에 대하여 1년 이내의 범위에서 관련 외국환거래 또는 행위를 정지·제한하거나 허가를 취소할 수 있다.

8 국세청장 등에게의 자료통보 등

다른 법률에도 불구하고 기획재정부장관은 외국환거래법을 적용받는 거래, 지급, 수령, 자금의 이동 등에 관한 자료를 국세청장, 관세청장, 금융감독원장 또는 한국수출입은행장에게 직접 통보하거나 한국은행총재, 외국환업무취급기관 등의 장, 세관의 장, 여신전문금융업협회의 장으로 하여금 국세청장, 관세청장, 금융감독원장 또는 한국수출입은행장에게 통보하도록 할 수 있다(외국환거래법 §21, 외국환거래령 §36).

기획재정부장관은 외환정보집중기관에게 이 법을 적용받는 거래, 지급, 수령, 자금의 이동 등에 관한 자료를 「신용정보의 이용 및 보호에 관한 법률」 제25조에 따른 신용정보집중기관에 제공하도록 할 수 있다.

9 주요 벌칙

다음의 어느 하나에 해당하는 자는 5년 이하의 징역 또는 5억원 이하의 벌금에 처한다. 다만, 위반행위의 목적물 가액(價額)의 3배가 5억원을 초과하는 경우에는 그 벌금을 목적물 가액의 3배 이하로 한다. 징역과 벌금은 병과(併科)할 수 있으며 이하 같다(외국환거래법 §27).

① 외국환거래법 제5조 제2항을 위반하여 기준환율 등에 따르지 아니하고 거래한 자

② 외국환거래법 제6조 제1항 제1호의 조치를 위반하여 지급 또는 수령이나 거래를 한 자

③ 외국환거래법 제6조 제1항 제2호의 조치에 따른 보관·예치 또는 매각 의무를 위반한 자

④ 외국환거래법 제6조 제1항 제3호의 조치에 따른 회수의무를 위반한 자

⑤ 외국환거래법 제6조 제2항의 조치에 따른 허가를 받지 아니하거나, 거짓이나 그 밖의 부정한 방법으로 허가를 받고 자본거래를 한 자 또는 예치의무를 위반한 자

⑥ 외국환거래법 제10조 제2항을 위반하여 외국환업무를 한 자

다음의 어느 하나에 해당하는 자는 3년 이하의 징역 또는 3억원 이하의 벌금에 처한다. 다만, 위반행위의 목적물 가액의 3배가 3억원을 초과하는 경우에는 그 벌금을 목적물 가액의 3배 이하로 한다(외국환거래법 §27의2)

① 외국환거래법 제8조 제1항 본문 또는 같은 조 제3항에 따른 등록을 하지 아니하거나, 거짓이나 그 밖의 부정한 방법으로 등록을 하고 외국환업무를 한 자(제8조 제4항에 따른 폐지신고를 거짓으로 하고 외국환업무를 한 자 및 제12조 제1항에 따른 처분을 위반하여 외국환업무를 한 자를 포함한다)

② 외국환거래법 제9조 제1항 전단, 같은 조 제3항 또는 제5항에 따른 인가를 받지 아니하거나, 거짓이나 그 밖의 부정한 방법으로 인가를 받고 외국환중개업무를 한 자(제9조 제3항에 따른 신고를 거짓으로 하고 외국환중개업무를 한 자 및 제12조 제1항에 따른 처분을 위반하여 외국환중개업무를 한 자를 포함한다)

③ 외국환거래법 제15조 제2항에 따른 허가를 받지 아니하거나, 거짓이나 그 밖의 부정한 방법으로 허가를 받고 지급 또는 수령을 한 자

다음의 어느 하나에 해당하는 자는 1년 이하의 징역 또는 1억원 이하의 벌금에 처한다. 다만, 위반행위의 목적물 가액의 3배가 1억원을 초과하는 경우에는 그 벌금을 목적물 가액의 3배 이하로 한다(외국환거래법 §29).

① 외국환거래법 제8조 제5항에 따른 인가를 받지 아니하거나, 거짓이나 그 밖의 부정한 방법으로 인가를 받고 계약을 체결한 자

② 외국환거래법 제10조 제1항을 위반하여 확인하지 아니한 자

③ 외국환거래법 제16조 또는 제18조에 따른 신고의무를 위반한 금액이 5억원 이상의 범위에서 대통령령으로 정하는 금액을 초과하는 자

④ 외국환거래법 제17조에 따른 신고를 하지 아니하거나 거짓으로 신고를 하고 지급수단 또는 증권을 수출하거나 수입한 자(제17조에 따른 신고의무를 위반한 금액이 미화 2만달러 이상의 범위에서 대통령령으로 정하는 금액을 초과하는 경우로 한정한다)

⑤ 외국환거래법 제19조 제2항에 따른 거래 또는 행위의 정지·제한을 위반하여 거래 또는 행위를 한 자

⑥ 외국환거래법 제32조 제1항에 따른 과태료 처분을 받은 자가 해당 처분을 받은 날부터 2년 이내에 다시 같은 항에 따른 위반행위를 한 경우

제 5 장

수출회계

(1) 기업회계기준의 수익 및 비용의 측정과 인식

1) 수익

① 재화

재화의 판매로 인한 수익은 다음 조건이 모두 충족될 때 인식한다(일반기업기준 16.10).

㉮ 재화의 소유에 따른 유의적인 위험과 보상이 구매자에게 이전된다.

㉯ 판매자는 판매한 재화에 대하여 소유권이 있을 때 통상적으로 행사하는 정도의 관리 나 효과적인 통제를 할 수 없다.

㉰ 수익금액을 신뢰성 있게 측정할 수 있다.

㉱ 경제적 효익의 유입 가능성이 매우 높다.

㉲ 거래와 관련하여 발생했거나 발생할 원가를 신뢰성 있게 측정할 수 있다

② 용역

용역의 제공으로 인한 수익은 용역제공거래의 성과를 신뢰성 있게 추정할 수 있을 때 진행기준에 따라 인식한다. 다음 조건이 모두 충족되는 경우에는 용역제공거래의 성과를 신뢰성 있게 추정할 수 있다고 본다(일반기업기준 16.11).

㉮ 거래 전체의 수익금액을 신뢰성 있게 측정할 수 있다.

㉯ 경제적 효익의 유입 가능성이 매우 높다.

㉰ 진행률을 신뢰성 있게 측정할 수 있다.

㉱ 이미 발생한 원가 및 거래의 완료를 위하여 투입하여야 할 원가를 신뢰성 있게 측정할 수 있다.

③ 이자, 배당금, 로열티 등

자산을 타인에게 사용하게 함으로써 발생하는 이자, 배당금, 로열티 등의 수익은 수익금액을 신뢰성 있게 측정할 수 있고 경제적 효익의 유입 가능성이 매우 높을 때 다음 기준에 따라 인식한다(일반기준 16.15).

㉮ 이자수익은 원칙적으로 유효이자율을 적용하여 발생기준에 따라 인식한다.

㉯ 배당금수익은 배당금을 받을 권리와 금액이 확정되는 시점에 인식한다.

㉑ 로열티수익은 관련된 계약의 경제적 실질을 반영하여 발생기준에 따라 인식한다.

④ 실무지침

수익은 실현되었거나 또는 실현가능한 시점에서 인식된다. 수익은 제품, 상품 또는 기타 자산이 현금 또는 현금청구권과 교환되는 시점에서 실현된다. 수익이 실현가능하다는 것은 수익의 발생과정에서 수취 또는 보유한 자산이 일정액의 현금 또는 현금청구권으로 즉시 전환될 수 있음을 의미한다. 또한 수익은 그 가득과정이 완료되어야 인식된다. 기업의 수익 획득활동은 재화의 생산 또는 인도, 용역의 제공 등으로 나타나며, 수익창출에 따른 경제적 효익을 이용할 수 있다고 주장하기에 충분한 정도의 활동을 수행하였을 때 당해 수익이 가 득된 것으로 본다(일반기준 실16.2).

거래 이후에도 판매자가 관련 재화의 소유에 따른 유의적인 위험을 부담하는 경우에는 그 거래를 아직 판매로 보지 아니하며 따라서 수익을 인식하지 않는다(실16.2).

또한 판매대가가 장기간에 걸쳐 유입되는 경우에는 공정가치는 명목금액의 현재가치로 측정하며, 공정가치와 명목금액과의 차액은 현금회수기간에 걸쳐 이자수익으로 인식한다.

2) 비용

수익과 관련 비용은 대응하여 인식한다. 즉, 특정 거래와 관련하여 발생한 수익과 비용은 동일한 회계기간에 인식한다. 일반적으로 재화의 인도 이후 예상되는 품질보증비나 기타 비용은 수익인식시점에 신뢰성 있게 측정할 수 있다. 그러나 관련된 비용을 신뢰성 있게 측정할 수 없다면 수익을 인식할 수 없다. 이 경우에 재화 판매의 대가로 이미 받은 금액은 부채로 인식한다(실16.7).

3) 회계기준원 질의회신검토

① 수출가격조건이 FOB, C&F 또는 CIF 등으로 수출하는 경우

수출가격조건이 FOB, C&F 또는 CIF 등으로 수출하는 경우 수익은 실현시기를 기준으로 계상하는바, 상품이 고객이나 운송수단 등에 인도(수출화물을 본선에 선적완료할 때)되는 시점을 수익실현시기로 보는 것이 타당하다[(구)기업회계기준 등에 관한 해석 35-43].

② Ship-Back(원상태 재수출)

당초 수입한 재고자산이, Ship-Back(원상태 재수출)하는 시점에 반품되는 수입장비에 대하여 수출업자가 인정하는 금액을 선급금으로 인식하고, 기존 장부가액과의 차액은 반품손익으로 인식하는 것이 타당하다. 이 경우 선급금은 수출업자가 인정하는 외화금액에 반품시점의 적절한 환율을 적용하여 환산한 금액으로 인식하되, 추후 신제품장비의 수량과 단가가 확정되기 전까지는 화폐성자산으로 보아 기업회계기준 제68조에 따라 회계처리하는 것이 타당하다(회계기준원 KQA 04-057, 2004. 10. 20.).

- 수입취득시
  - （차） 상품   ×××   （대） 미착   ×××
- Ship-Back(원상태 재수출)
  - （차） 외화선급금   ×××   （대） 상품   ×××
  - （차） 반품손실 또는   ×××   （대） 반품이익   ×××

4) INCOTERMS

무역상인들은 오래 전부터 거래상품의 인도 및 가격과 관련하여 무역거래 조건을 CIF나 FOB와 같이 부호화하여 사용함으로써 이러한 불편을 해결하고 있다.

그 부호는 국제상업회의소(ICC : International Chamber of Commerce)에 의해 정형화된 INCOTERMS(International Rules for the Interpretation of Trade Terms : 무역거래조건의 해석에 관한 국제규칙)이다. 이 규칙을 적용할 것인가 하는 것은 전적으로 계약당사자의 자유로운 의사에 달려 있다. 거래당사자가 거래조건과 관련하여 INCOTERMS의 규정과 다른 별도의 조항을 두는 경우 이러한 별도 조항은 INCOTERMS상의 여러 해석 규정보다 우선하여 적용한다.

INCOTERMS에 의할 때 매출계상시점은 다음과 같다.

① EXW(Ex Works : 공장인도조건)

공장인도조건은 계약물품을 매도인의 작업장구내(즉, 작업장 또는 공장구내 등)에서 적치한 상태로 인도함으로써 그 물품에 대한 위험과 소유권을 매수인에게 귀속시키며, 그 이후의 위험과 비용은 매수인이 부담하고 수출에 따른 수출지에서의 통관절차도 매수인이 부담한다.

- 수출자의 공장 등에서 수입자 인수시점에 회계처리
  - （차） 외화외상매출금   ×××   （대） 수출매출   ×××

② FCA(Free Carrier : 운송인인도조건)

매도인이 계약물품을 지정지점(육상)에서 매수인이 지정한 운송인의 관리하에(into the

charge of the carrier) 인도할 때 매도인의 의무를 완수하고 이 시점에 모든 위험과 책임이 매수인에게 이전된다.

- 수출자가 수입자가 지정한 운송인에게 인도한 시점에 회계처리

  (차) 외화외상매출금　　　　　×××　　　(대) 수출매출　　　　　×××

③ FAS(Free Alongside Ship : 선측인도조건)

계약물품을 선적항(named port of shipment)의 본선 선측(선박 옆)에 적치된 경우 인도하는 조건이다.

- 수출자가 선박 옆(선측)에 적치하였을 때 회계처리

  (차) 외화외상매출금　　　　　×××　　　(대) 수출매출　　　　　×××

④ FOB(Free on Board : 본선인도조건)

FOB는 '본선인도조건'을 의미한다. 계약물품은 매매계약상의 지정된 선적항에서 매도인에 따라 본선내로 반입되어야 한다. 계약물품의 멸실 또는 손상에 관한 위험은 계약물품이 본선에 on board하는 시점에 매도인에서 매수인에게 이전된다.

FOB는 EXW, FCA, FAS와 같이 물품인도와 대금결제가 선적국영역 내에서 이행되는 조건이다. 그러나 FOB는 물품의 인도장소가 국제무역선의 선내이다.

- 수출자가 선박 본선에 on board하는 시점에 회계처리

  (차) 외화외상매출금　　　　　×××　　　(대) 수출매출　　　　　×××

⑤ CFR(Cost and Freight : 본선인도조건에 해상운임 포함)

CFR(종전의 C&F와 동일개념)은 FOB조건에 추가하여 '운임포함조건'을 의미한다. 매도인은 지정된 목적지까지 계약물품을 운송하는 데 필요한 비용과 운임을 지급하여야 한다. 계약물품의 멸실 또는 손상에 관한 위험은 계약물품이 선적항에서 본선에 on board하는 때부터 매도인에서 매수인에게로 이전된다. 즉 CFR은 매도인이 지정된 목적지까지 계약물품을 운송하는 데 필요한 운임이 포함된 거래조건이다.

- 수출자가 선박 본선에 on board하는 시점에 회계처리

  (차) 외화외상매출금　　　　　×××　　　(대) 수출매출　　　　　×××

⑥ CIF(Cost, Insurance and Freight : 본선인도조건에 해상운임·보험료 포함)

CIF는 FOB조건에 추가하여 '운임·보험료포함조건'을 의미한다. 즉 CIF는 물품의 가격 (shipping cost)에 목적지까지의 해상보험료와 해상운임이 포함된다. 이 조건에서도 매도인의 위험부담은 FOB의 경우와 마찬가지로 계약물품이 본선에 on board하는 시점에 매도인에서 매수인에게 이전된다.

- 수출자가 선박 본선에 on board하는 시점에 회계처리

    (차) 외화외상매출금　　　×××　　　(대) 수출매출　　　×××

☞ 수출품을 선박 옆에서 선박 안으로 옮기는 작업을 크레인으로 하다가 본선에 옮기지 못하고 파손되었다. 인도일까? 아닐까? FAS조건에서는 인도완료, 즉 수입자의 책임이지만 FOB 또는 CFR, CIF조건에서는 수출자가 본선에 인도하지 아니한 상태이다.

⑦ CPT(Carriage Paid to : 수출지 일정장소에서의 인도조건에 목적지까지의 운임 포함)

계약물품의 운송에 소요되는 운임을 매도인이 지급하여야 함을 의미한다. 계약물품의 멸실 또는 손상에 관한 위험은 계약물품이 최초의 운송인에게 인도되었을 때 매도인에서 매수인에게 이전되는 것이다.

- 수출자가 지정한 운송인에게 인도한 시점에 회계처리

    (차) 외화외상매출금　　　×××　　　(대) 수출매출　　　×××

⑧ CIP(Carriage and Insurance Paid to : 수출지 일정장소에서의 인도조건에 목적지까지 운임·보험료 포함)

CPT 및 CIP에 있어서 매도인의 인도제공의무는 운송인인도조건과 같이 약정품이 최초의 운송인의 관리 아래로(into the custody of the carrier) 인도되었을 경우 끝난다.

- 수출자가 지정한 운송인에게 인도한 시점에 회계처리

    (차) 외화외상매출금　　　×××　　　(대) 수출매출　　　×××

⑨ DPU(Delivered at Place Unloaded : 도착지 양하인도)[235]

수출자와 수입자가 정한 지정 목적항 또는 지정 목적지에 도착된 운송수단으로부터 양하한 물품을 수입통관하지 않고 매수인의 임의처분 상태로 인도하는 조건이다.

---

235) 2011. 1. 1.부터 시행된 INCOTERMS(2010)에서는 DAT조건과 DAP조건이 신설되고, 반면 INCOTERMS (2000)의 DAF, DEQ, DDU, DES 조건은 삭제되어 종전 13개 거래조건이 11개로 축소되었다. 2020. 1. 1. 부터 시행된 INCOTERMS(2020)에서는 DAT조건을 삭제하는 대신 DPU조건이 추가되었다.

• 수출품이 목적지에 도착하여 운송수단으로부터 양하하여 수입자에게 인도하였을 때
  회계처리

    (차) 외화외상매출금 등   ×××   (대) 수출매출   ×××

⑩ DAP(Delivered at Place : 도착지의 목적지인도)

DAP조건을 사용할 경우 DAP 뒤에 지정목적지를 표시한다. 지정 목적지에서 수입통관
을 하지 않은 상태로, 계약물품을 도착된 운송수단으로부터 양하하지 않은 상태로 매수인
의 임의처분 상태로 인도하는 조건이다. 이때 도착된 운송수단은 선박이 될 수 있고, 또 지
정목적지는 항구가 될 수 있다. 매수인은 지정목적지에서 자기가 임의로 처분할 수 있는
상태가 된 이후의 모든 위험과 비용을 부담한다.

• 수출품이 지정목적지에 도착하여 운송수단(예컨대, 선박)으로부터 양하하지 않고 수입
  자에게 인도하였을 때 회계처리

    (차) 외화외상매출금 등   ×××   (대) 수출매출   ×××

⑪ DDP(Delivered Duty Paid : 도착지국의 관세지급인도)

물품이 수입국의 지정목적지에서 매수인이 인수가능하게 되었을 때 매도인이 그의 인도
의무를 완료하는 것을 의미한다. DDP조건에서 물품 인도의무의 완료와 매도인과 매수인의
위험부담은 DAP조건의 경우와 차이가 없다. 그러나 비용부담의 측면에서 매도인은 수입
관세, 조세 및 기타 물품인도비용을 포함하여 모든 위험과 비용을 부담하여야 하고 수입통
관도 하여야 한다.

• 수출품이 수입통관되어 수입자가 지정한 지정장소에서 인도되었을 때 회계처리

    (차) 외화외상매출금 등   ×××   (대) 수출매출   ×××

> 저자주 : DDP(Delivered Duty Paid : 관세지급인도조건)
> 관세지급인도조건으로 수입하는 경우 수출자가 수입국의 관세, 부가가치세, 운임 등을 부담하여야
> 한다. 수입자가 실제적인 수입주체인 경우 수출자가 부담한 관세·부가가치세 등의 합계액을 잡이
> 익으로 회계처리하고 수입자명의로 발급되어진 각종 증빙서류에 의한 비용은 수입원가 또는 부가
> 가치세대급금(매입세액)으로 처리하면 될 것이다.

5) 법인세법상 재화의 수출

① 계약상 인도하여야 할 장소에 보관한 날

상품, 제품, 기타생산품의 판매는 그 상품 등을 인도한 날이 귀속사업연도이다. 인도한

날이란 수출물품을 계약상 인도하여야 할 장소에 보관한 날을 말하며, 보관한 날이란 계약
상 별단의 명시가 없는 한 선적을 완료한 날을 말한다. 다만, 선적완료일이 분명하지 아니
한 경우로서 수출할 물품을 관세법 제155조 제1항 단서[236]에 따라 보세구역이 아닌 다른
장소에 장치하고 통관절차를 완료하여 수출면장을 발급받은 경우 인도한 것으로 한다(법령
§68, 법칙 §33 2호, 법통 40-68…2).

> **예 규**
>
> ❶ 수출재화를 도착지 물류창고에서 출고한 후에 소유권이 이전되는 경우
>   법인이 수출재화를 도착지 물류창고에서 출고한 후에 소유권이 이전되는 경우 법인세
>   법시행령 제68조 제1항 제1호 및 같은법 시행규칙 제33조 제2호의 규정에 따라 수출
>   물품을 계약상 인도하여야 할 장소에 보관한 날에 손익을 인식하는 것이다(서면2팀-
>   574, 2006. 12. 13.).
> ❷ 수출업자가 자기책임하에 수입국의 보세창고에까지 수출상품을 반출하고 현지에서
>   수입계약이 성립되면 상품을 인도하는 방식의 수출은 그 인도한 날이 수입금액 귀속
>   시기이다(법인 46012-2085, 1998. 7. 25.).
> ❸ 내국법인이 물품을 수출하는 경우 수출물품을 계약상 인도하여야 할 장소에 보관한
>   날이 속한 사업연도의 손익으로 인식하는 것으로 법인이 자기책임하에 중고자동차를
>   수입국으로 반출하고 계약이 성립되면 현지 수입업자에게 중고자동차를 인도할 경우
>   당해 수입업자에게 인도한 날이 속하는 사업연도에 중고자동차 수출에 따른 손익을
>   인식하는 것이다(법인-349, 2009. 1. 28.).

② 외국법인이 국내에 물품을 판매하는 경우의 수익실현시기

국내에 사업장을 두고 있는 외국법인이 외국에서 자기가 직접 생산하였거나 매입한 물품
을 국내에 판매함에 있어서 계약상 물품의 인도조건이 외국항구 선적조건인 경우에는 계약
금을 영수한 날에 불구하고 그 물품이 외국항구에서의 선적된 날에 수익이 실현된 것으로

---

236) 관세법 제155조 제1항 본문과 단서는 다음과 같다.
   수출 등을 할 물품은 보세구역이 아닌 장소에 장치할 수 없다. 다만, 다음 각 호의 어느 하나에 해당하는
   물품은 그러하지 아니하다.
   1. 수출·수입 또는 반송의 신고가 수리된 물품
   2. 크기나 무게의 과다 그 밖의 사유로 보세구역에 장치하기 곤란하거나 부적당한 물품
   3. 재해 기타 부득이한 사유로 임시로 장치한 물품
   4. 검역물품
   5. 압수물품
   6. 우편물품

본다(법통 40-71…10).

③ 선적완료일(앞 '①'과 다른 해석이다)

법인이 재화를 수출하는 경우 손익의 귀속시기는 무역거래법상 계약조건과는 관계없이 법인세법시행령 제68조 제1항 제1호 및 같은 법 시행규칙 제33조 제2호에 따라 당해 수출물품의 선적을 완료한 날을 재화의 인도일로 보아 손익을 인식하는 것이다(서면2팀-2797, 2004. 12. 30. ; 서이-529, 2005. 4. 11.).

☞ 저자주 : 수출거래에 대한 매출의 수익인식시기에 대한 국세청회신은 앞 '①', '②'와 같이 인도하여야 할 장소에 보관한 날 또는 수출물품의 선적을 완료한 날로 하고 있다. 필자의 견해로는 수출품은 이미 수출입당사자간에 인도하여야 할 장소조건이 정하여진 경우가 대부분이므로 꼭 선적일이 인도일이라고 볼 수만은 없다고 본다. 이 의견은 필자뿐 아니라 삼일인포마인의 다음 '④'의 상담내용 또한 필자와 같다.

6) 부가가치세법(부령 §21 ① 10호)

① 내국물품을 외국으로 반출하거나 대외무역법에 의한 중계무역방식으로 수출하는 경우 수출재화의 선(기)적일

> **참 고**　연불수출재화의 거래시기는 선적일임(부가 46015-163, 1993. 2. 17.)
>
> **[질의]**
>
> 부가가치세법 제9조 동 시행령 제21조 제1항 제10호의 규정에 따라 수출재화의 경우 수출재화의 선적일이 재화의 거래시기로 규정하고 있고, 동법 제13조 동 시행령 제48조의3항의 규정에 있어서의 연불판매의 과세표준은 계약에 따라 받기로 한 대가의 각 부분을 과세표준으로 한다고 되어 있는바, 당 법인의 경우 베트남국에 연불(5년) 조건으로 물품을 판매한 사실이 있는바 과세표준금액은 상품판매전액이 되는지 또는 수입된 금액만이 과세표준이 되는지?
>
> **[회신]**
>
> 부가가치세법시행령 제21조 제1항 제10호의 규정에 따라 수출재화의 거래시기는 연불수출조건부인 경우에도 당해 수출재화의 선적일인 것임.

② 원양어업 및 대외무역법에 의한 위탁판매수출의 경우 수출재화의 공급가액이 확정되는 때

③ 대외무역법에 의한 위탁가공무역방식으로 수출하거나 외국인도수출의 경우 외국에서 당해 재화가 인도되는 때

④ 내국신용장 또는 구매확인서상의 금액을 기준으로 과세표준을 계산한다. 내국신용장

등의 원화표시금액은 그 금액으로, 외화표시금액은 거래시기일 현재의 기준환율 또는
재정환율로 환산한 금액을 말한다.

① 2020. 12. 30. 수출자 '갑'의 공장에서 컨테이너에 실었음.
② 2021. 1. 2. 선박 옆(선측)에 내림.
③ 2021. 1. 3. 선박 안에 옮김, 즉 선적완료
④ 2021. 1. 15. 수입국의 목적항 도착
⑤ 2021. 4. 1. 수입국의 목적지에 도착하여 통관완료하고 목적장소에서 양하 하지 않은
채 인도
⑥ 인도조건에 대하여는 별도의 계약없이 국제상업회의소에서 정한 인코텀스(incoterms)
를 적용하기로 함.

귀속 및 거래시기[237]

구 분	회계 및 법인세법	부가가치세법
EXW(공장인도조건)	2022. 12. 30.	2023. 1. 3.
FAS(선측인도조건)	2023. 1. 2.	2023. 1. 3.
FOB, CFR, CIF(본선인도)	2023. 1. 3.	2023. 1. 3.
DDP(목적지인도)	2023. 4. 1.	2023. 1. 3.

(영업외수익)

(2) 할부매출

1) 기업회계기준

단기할부, 장기할부를 불문하고 인도시점에 수익을 인식한다. 다만, 장기인 경우 현재가
치에 따른 이자상당액은 기간의 경과에 따라 이자수익으로 인식한다. 이때 장·단기의 구
분은 판매시점을 기준으로 한다(기업회계기준서 제4호). 다만 일반기업회계기준 31장 중소기
업 특례에 따라 중소기업기본법상 중소기업은 1년 이상의 기간에 걸쳐 이루어지는 할부매
출은 할부금회수기일이 도래한 날에 실현되는 것으로 할 수 있다.

---

237) 인도시기에 대하여 법인세법의 설명을 충분히 이해하고 접근하기 바란다.

2) 법인세법

법인세법에서는 할부수출에 대하여 별도의 규정이 없으므로 국내할부매출과 동일하게
처리하면 될 것이다.

① 단기할부(할부기간 1년 미만) : 인도기준

② 장기할부(할부기간 1년 이상)

원칙은 인도기준이다. 그러나 회수기일 도래기준으로 회계처리 하는 경우에도 인정한다.
즉, 회수하였거나 회수할 금액과 이에 대응하는 비용을 각각 수익과 비용으로 계상한 경우
에는 인도기준에 불구하고 각각 익금과 손금에 산입한다. 또한 조특법상 중소기업인 법인
이 장기할부조건으로 자산을 판매하거나 양도한 경우에는 그 장기할부조건에 따라 각 사업
연도에 회수하였거나 회수할 금액과 이에 대응하는 비용을 각각 세무조정으로도 해당 사업
연도의 익금과 손금에 산입할 수 있다.

3) 기업회계기준과 법인세법과의 차이

단기할부에 있어서는 양자 인도기준이므로 차이가 없으나 장기할부판매에 있어서는 차
이가 있다. 법인세법에서는 회수기일도래기준을 인도기준과 함께 인정하는 데 비하여 기업
회계기준에서는 인도기준을 원칙으로 하고 비상장중소기업에 있어서 부동산을 장기할부
조건으로 처분하는 경우, 회수기일도래기준을 인도기준과 함께 인정하고 있다.

> **참고**
>
> **[1] 연불수출**
>
> 외국에 5년간 연불로 수출시 법인세법상 손익의 귀속이 선적일인지 아니면 법인세법시행령
> 제68조 제2항을(회수하였거나 회수할 금액) 적용하여도 되는지(콜센터 답변 2003-114846)
> 귀 상담의 경우 법인세법시행령 제68조 제2항을 적용하여 손익귀속사업연도를 판단하여야
> 할 것으로 보임을 알려드리니 참고하시기 바랍니다.
> 법인세법시행령 제68조 【자산의 판매손익 등의 귀속사업연도】
> ② 법인이 장기할부조건으로 자산을 판매하거나 양도한 경우로서 판매 또는 양도한 자산의
> 인도일(제1항 제3호에 해당하는 자산은 동호 단서에 규정된 날을 말한다. 이하 이 조에서
> 같다)이 속하는 사업연도의 결산을 확정함에 있어서 당해 사업연도에 회수하였거나 회수할

(3) 용역 등 수출매출

1) 기업회계기준

① 단기용역매출, 장기용역매출 모두 공사진행기준에 따라서 매출계상하여야 한다(기업회계기준서 제4호). 다만 중소기업기본법상 중소기업은 1년 내의 기간에 완료되는 용역매출 및 건설형 공사계약에 대하여는 용역제공을 완료하였거나 공사 등을 완성한 날에 수익으로 인식할 수 있다.

② 복합운송주선업 : 복합운송주선업체는 직접 운송은 하지 않고 주선만을 하고 있으므로 주선수수료를 손익계산서에 수익으로 인식하는 것이 타당하다(회계제 8360-00364, 2001. 3. 10.).

2) 법인세법

① 건설·제조·기타용역

법인세법도 회계기준과 같이 장단기 구분없이 건설·제조 기타 용역(도급공사 및 예약매출을 포함하며, 이하 "건설 등"이라 한다)의 제공으로 인한 익금과 손금은 그 목적물의 건설 등의 착수일이 속하는 사업연도부터 그 목적물의 인도일이 속하는 사업연도까지 건설을 완료한 정도의 작업진행률을 기준으로 하여 계산한 수익과 비용을 각각 해당 사업연도의 익금과 손금에 산입한다. 다만, 조특법상 중소기업인 법인이 수행하는 계약기간이 1년 미만인 건설 등의 경우[238], ㉠ 인도일 기준으로 손금산입할 수 있다.(신고조정 가능) ㉡ 기업회계기준에 따라 그 목적물의 인도일이 속하는 사업연도의 수익과 비용으로 계상한 경우에는 그 목적물의 인도일이 속하는 사업연도의 익금과 손금에 산입할 수 있다.

$$작업진행률 = \frac{해당\ 사업연도\ 말까지\ 발생한\ 총공사비누적액}{총공사예정비}$$

작업진행률에 의한 익금 또는 손금이 공사계약의 해약으로 인하여 확정된 금액과 차액이 발생된 경우에는 그 차액을 해약일이 속하는 사업연도의 익금 또는 손금에 산입한다.

② 구상무역에 있어서의 매매가액

구상무역방법에 따라 수출한 물품의 판매금액의 계산은 다음 각 호에 의한다(법칙 §40 ①).
㉮ 선수출 후수입의 경우 그 수출과 연계하여 수입할 물품의 외화표시가액을 수출한 물품의 선박 또는 비행기에의 적재를 완료한 날 현재의 당해 거래와 관련된 거래은행의 대고객외국환매입률에 따라 계산한 금액
㉯ 선수입 후수출의 경우 수입한 물품의 외화표시가액을 통관절차가 완료된 날 현재의 당해 거래와 관련된 거래은행의 대고객외국환매입률에 따라 계산한 금액

③ 법인세법상 물품매도확약서 발행업

물품매도확약서 발행업에 있어서 수익실현시기는 당해 물품을 선적한 날이 속하는 사업연도로 한다. 다만, 물품매도확약서 발행에 관한 장부와 제증빙서류를 비치하지 아니한 경우 신용장 개설일이 속하는 사업연도로 한다(법통 40-71…4).

④ 소득세법상 물품매도확약서 발행업

물품매도확약서 발행업에 있어서 수입금액의 귀속연도는 당해 물품을 선적한 날이 속하는 과세기간으로 하며 선적한 날이 확인되지 않는 경우 신용장개설일이 속하는 과세기간으로 한다(소통 39-2).

---

238) 중소기업에 대하여는 결산에 진행기준으로 계상한 경우에도 인도기준으로 신고조정을 선택할 수 있다.

3) 부가가치세법

① 거래시기

용역의 공급이란 계약상 또는 법률상의 모든 원인에 따라 역무를 제공하거나 재화·시설물 또는 권리를 사용하게 하는 것을 말한다. 이때 거래시기는 다음과 같다(부가령 §22).

㉮ 통상적인 공급의 경우 역무의 제공이 완료되는 때

㉯ 완성도기준지급·중간지급·장기할부 또는 기타 조건부로 용역을 공급하거나 그 공급단위를 구획할 수 없는 용역을 계속적으로 공급하는 경우 그 대가의 각 부분을 받기로 한 때

㉰ 위 '㉮·㉯'를 적용할 수 없는 경우 역무의 제공이 완료되고 그 공급가액이 확정되는 때

예 규

무역업을 영위하는 사업자의 오파수수료에 대한 용역의 거래시기는 계약조건에 따라 역무의 제공이 완료되는 때이나, 당해 역무의 제공이 완료되는 경우 그 대가가 확정되지 아니하는 경우 대가가 확정된 때를 그 거래시기로 보는 것이며, 이에 따른 회계처리는 일반적으로 공정타당하다고 인정되는 회계기준에 따라 처리하기 바람. 이 경우 영세율 첨부서류는 부가가치세법시행령 제64조 제3항 제4호에 따른 서류를 첨부하여야 하는 것임(부가 46015－4161, 1999. 10. 13.).

② 과세표준

과세표준에는 거래상대자로부터 받은 대금·요금·수수료 기타 명목 여하에 불구하고 대가관계에 있는 모든 금전적 가치 있는 것을 포함한다. 복합운송업자에 대하여도 화주로부터 받은 총운임이 과세표준이다. 그런데 복합운송주선업자에 대하여 최근 다음과 같은 심판례가 있다.

☞ 국제복합운송계약을 체결하고 화주로부터 총운임을 수취하여 외국법인에게 지급한 운임은 사실상 매출로 보기 어려우므로 이를 차감한 금액을 부가가치세 과세표준으로 보아야 한다(국심 2007서, 2007. 8. 21.).

(1) Banker's Usance

L/C조건에서의 Banker's Usance는 수입자가 수입대금을 금융기관에서 차입하여 수출자에게 결제하고 수입자가 금융기관에 이자 및 차입금을 상환하는 조건의 수입이다. 이 경우 수출자 입장에서 보면 수출대금이 회수되었으므로 현금거래(AT SIGHT)와 그 효과가 같다.

(2) Shipper's Usance

L/C조건에서의 Shipper's Usance는 수출자가 일정기간 동안의 외상거래를 허용한 경우이다. 따라서 수입자는 금융기관에 대한 이자부담이 없을 수밖에 없다. 이 조건에서 수입자는 그 기간만큼 유리하고 수출자는 불리하다. 다만, 계약서상 수출입대금에 별도의 이자를 포함할 수 있는데 이 경우 수입자가 수출자에게 직접 이자를 지급하게 된다. 그리고 수출자는 수출대금의 회수를 위하여 기한부환어음을 할인매입시켜 자금화할 수가 있는데 이 경우 수출자에게는 은행에 대하여 이자부담이 있다. 이자에 대한 회계처리는 다음의 표를 참조바란다.

| Shipper's Usance이자 및 D/A이자 회계처리 |

구분	회계기준별 차이 및 계정과목		세법
〈수출자 입장〉 환어음 발행하여 금융기관에서 할인하는 경우	K-IFRS적용기업 (제10호 A22)	이자비용	회계 준용. 다만 지급이자손금불산입하는 차입금이자에는 해당하지 않음.
	일반기업회계기준 또는 중소기업회계기준	매출채권처분손실	
〈수입자입장〉 이자를 수출자에게 지급하는 경우	모든 회계기준	이자비용	원가 또는 이자비용 선택이가능. 다만 지급이자손금불산입하는 차입금이자에는 해당하지 않음.

| Banker's Usance이자 및 D/P이자 회계처리 |

구분		회계기준상 계정과목	세법
수출자 입장	현금수출과 같이 이자 발생 없음		
수입자 입장	금융기관에서 차입하여 수입대금 결제	이자비용	원가 또는 이자비용 선택가능. 다만 지급이자손 금불산입하는 차입금이자에는 해당하지 않음.

(3) Usance이자의 회계와 세법상 처리

신용장방식에서만 발생하는 Usance이자에 대하여 다음과 같이 처리한다.

① 수입자가 부담하는 이자가 거래은행에 지급하는 Banker's Usance이자라면, 원칙적으로 이자비용이다(기업회계기준). 세법에서는 원칙적으로 수입품 원가이나 기업회계기준도 수용하므로 이자비용으로 처리하면 될 것이다. 은행실무에서는 이자비용이란 용어보다는 환가료라는 용어로 표시되기도 한다.

② 수입자가 Shipper's Usance로 수입하면서 수출자에게 이자를 별도로 지불한다면 그 이자에 대하여 회계기준에서는 이자비용이며 세법에서는 위 '①'의 Banker's Usance 이자와 마찬가지로 원가와 이자비용처리 중 선택할 수 있다.

③ Shipper's Usance로 수출한 자가 그 기간(위 신용장에서 120일) 내에 자금이 필요한 경우 국내매출의 상업어음할인과 같이 수출환어음을 발행하여 할인하여 필요한 자금에 충당할 수 있다. 따라서 이 경우의 Usance이자는 채권의 매각거래에 해당한다면 상업어음 할인료와 같이 매출채권처분손실로 처리하며 가지급금 등 지급이자손금불산입되는 이자에 포함되지 아니하는 것이다.

(4) D/A이자의 회계와 세법상의 처리

추심결제방식 중 D/A(인수인도조건 Documents against Acceptance) 조건의 수입은 수입자가 수출자 발행 기한부환어음을 인수함으로써 운송서류를 인도받아 통관한다. 그리고 어음만 기일에 결제하는(수입자가 유리한) 외상방식이다. 그런데 수출자가 D/A어음 만기일까지의 이자부분을 수입자에게 부담시킬 수가 있는데 앞 Shipper's Usance와 같이 처리한다.

  (차) 현금·예금   ××× (대) 외화외상매출금   ×××
     매출채권처분손실   ×××

(5) D/A조건부의 만기일 이후 연체이자

D/A거래(Documents against Acceptance, 어음인수서류인도조건)방식이란 수출상이 수입상과의
매매계약에 따라 물품을 선적하고 구비된 추심서류에 기한부 환어음을 발행 첨부하여 자기
거래은행(추심의뢰은행) 및 수입상의 거래은행(추심은행 또는 제시은행)을 통하여 수입상에게
이를 제시하고, 수입상이 그 제시된 어음을 인수함으로써 서류를 인도받은 후 어음만기일
에 대금을 지급하는 거래방식으로 관계은행들이 지급보증은 하지 아니하고 단순히 추심만
수행하므로 수출상에게는 대금결제상의 위험이 크나, 수입상에게는 신용상 매우 유리한 제
도인바, D/A연장이자는 수입상의 대금지급의 어려움 등으로 당초 약정한 환어음만기일을
연장하는 경우 지급하는 수수료로서 연장기간에 대한 어음할인료에 상당하는 이자비용성
격이므로 수입상의 귀책사유로 인한 비용으로 보아야 할 것이다(국심 2002서1878, 2003. 2. 14.
같은뜻).

따라서 D/A연장이자인 쟁점연체이자는 수입자가 수입대금의 지급을 지연함으로써 발생
한 비용으로, 비용발생의 원인을 제공한 현지법인이 부담할 성질의 비용으로 보아야 할 것
이므로 처분청이 쟁점연체이자를 손금불산입한 처분은 잘못이 없는 것으로 판단된다(국심
2003서3061, 2004. 10. 19.).

| SHIPPER'S USANCE와 BANKER'S USANCE 요약 |

구 분	SHIPPER'S USANCE	BANKER'S USANCE	
		OVERSEAS BANKER'S USANCE	DOMESTIC BANKER'S USANCE
1. 의 의	수출자가 인수금융을 제공, 즉 수출자는 일정기간 후에 수출대금을 회수하므로 자금부담을 안게 됨.	해외의 인수은행이 인수금융을 공여, 수출자는 일람출급조건으로 수출대금 회수	신용장발행은행이 수입자 앞으로 신용장결제대금을 외화대출하여 대외결제, 즉 수출자는 일람출급조건으로 수출대금회수
2. 신용장형태	Negotiation Credit	Acceptance Credit, Negotiation Credit	Negotiation Credit
3. 어음지급인 (Drawee)	신용장발행은행	해외인수은행 (Deposiary Bank)	신용장발행은행
4. 인수절차	운송서류가 내도하면 인수 여부를 결정한 후 동 「인수사실 및 만기일」을 매입은행 앞 통지	인수은행이 인수 후 「만기일 및 수수료와 Discount charge」 등이 명시된 인수통지 송부	운송서류와 함께 내도된 환어음에 인수실행

| 구 분 | SHIPPER'S USANCE | BANKER'S USANCE | |
		OVERSEAS BANKER'S USANCE	DOMESTIC BANKER'S USANCE
5. 수입대금 대외결제	만기일에 수입자로부터 징수하여 매입은행 앞 대외결제	만기일에 수입자로부터 징수하여 인수은행 앞 대외결제	인수일에 내국수입유산스 계정을 차기하여 매입은행 앞 대외결제 만기에 수입상에서 대출금 회수
6. 신용장상 표시방법	Drafts shall be duly honored at maturity and discount charge are for seller's account.	Usance drafts must be negotiated at sight basis and acceptance commi -ssions and discount charge are for buyer's account.	Usance drafts must be negotiated at sight basis and discount charge are buyer's account.

* 남풍우, 무역결제론(도서출판 두남), p.221 참조

환어음의 견본은 제1장 제3절을 참조바라며 만기일 표시는 다음과 같다.
- 일람출급 : at sight
- 일람 후 정기출급 : at ~days after sight
- 발행일자 후 정기출급 : at ~days after B/C sight
- 확정일출급 : on fixed date

3 일람불 신용장방식의 회계처리

일람불 신용장이란 신용장에 의해 발행되는 어음이 지급인에게 제시되면 즉시 지급되어야 하는 일람불어음 또는 요구불어음을 발행할 수 있는 신용장을 말한다.

① 인도시

 (차) 외화외상매출금   ×××   (대) 수출매출   ×××

② 선적서류 구비하여 은행에 환어음의 매입의뢰하여 결제시

(차) 현금·예금	×××	(대) 외화외상매출금	×××
환가료	×××		
은행수수료	×××		
(차) 외환차손	×××	(대) 또는 외환차익	×××

 일람불 수출신용장(At Sight L/C)방식의 수출

① ×××2. 11. 5. : FOB USD 20,000상당의 물품을 선적하였다. 선적당시 기준환율은 1USD =₩1,350이다.

| (차) 외화외상매출금 | 27,000,000 | (대) 수출매출 | 27,000,000 |

② ×××2. 11. 10. : 외국환은행에 선적서류와 환어음을 매입의뢰하여 다음과 같이 Nego하였다. USD 20,000 중 환가료 USD 40과 전신료 USD 12를 차감 후 USD 19,948을 외화예금하였다. 당일의 기준환율은 1USD=₩1,310이다.

(차) 외화예금(USD 19,948)	26,131,880	(대) 외화외상매출금	27,000,000
환가료(USD 40)	52,400		
수수료(USD 12)	15,720		
외환차손	800,080		

위 ②의 회계기준상 분개는 법인세법 또는 소득세법과 차이가 있다. 외화로 매출채권을 회수하여 외화입금시 세법은 외환차손익을 인식하지 아니한다. 즉, 당초 발생환율인 1,350원으로 외화예금은 26,929,800원이고 차이는 외환차손으로 한다.

③ 부가가치세신고 과세표준 : 선적일자의 기준환율로 환산한 금액이므로 27,000,000원이다.

 일람불 수출신용장(At Sight L/C)방식의 수출

① 수출신용장가격 : CIF USD 10,000

② ×××1. 5. 12. : 선적시 기준환율 1USD=₩1,200, 부대비용(국내 및 국제해상운반비와 통관수수료 등) 2,100,000 발생

(차) 외화외상매출금	12,000,000	(대) 수출매출	12,000,000
(차) 수출제비용	2,100,000	(대) 현금및현금등가물	2,100,000
		(판매·관리비)	

③ ×××1. 5. 14. : 거래외국환은행에서 Nego금액 외화 USD 10,000 전액을 외화단기차입금(장부가격 12,200,000)으로 상환하였다. 환가료 50,000원 부담하였음. 5월 14일의 기

준환율은 1USD=₩1,250이다.

(차) 외화단기차입금	12,200,000	(대) 외화외상매출금	12,000,000
		외환차익	200,000
(차) 환가료	50,000	(대) 현금또는예금	50,000

사례 3 일람불 수출신용장(At Sight L/C)방식의 수출

① 무역업자가 독일의 수입업자로부터 FOB. 가격조건으로 미화 10,000달러 상당의 일람불(at sight)수출신용장을 수취하고 수출하였다. 선적일자의 외환관리법상 기준환율은 달러당 1,400원이며, 외국환대고객전신환매입률은 1USD=₩1,350이다. 이때의 회계처리는 다음과 같다.

서울로부터 부산 C.Y.(container yard)까지 트럭운송료 : 110,000원

수출통관수수료 : 30,000원

(차) 외화외상매출금	14,000,000	(대) 수출매출	14,000,000
수출부대비(판매비)			
(차) 트럭운임	110,000	(대) 현　금	140,000
통관수수료	30,000		

② 다음 선적일로부터 2일 후에 선적서류가 입수되어 미화 10,000달러의 일람불화환어음을 작성 첨부하고 수출신용장과 함께 외국환은행에 선적서류의 매입을 의뢰하다. 이때의 대고객전신환매입률은 1USD=₩1,370이고 환가료는 130,000원이다.

(차) 외화예금	13,700,000	(대) 외화외상매출금	14,000,000
외환차손	300,000		
환가료 등	130,000	현금또는예금	130,000
(판매비와관리비)			

➡ 법인세법은 외화예금을 당초 외화채권금액대로 14,000,000원으로 하고 외환차손익은 발생하지 않는다.

Shipper's Usance 신용장방식의 수출 회계처리

USANCE 화환어음은 수출자가 상품·제품 등을 매출하고 발행한 어음으로서 이를 할인한 경우 차입금으로 보지 아니한다고 해석하고 있다.

> **참고　지급이자손금불산입(법통 28 – 53…1)**
>
> 법 제28조의 규정 중 "차입금"이란 지급이자 및 할인료를 부담하는 모든 부채를 말한다. 이 경우 상품, 제품 등을 매출하고 받은 상업어음을 할인한 경우의 할인어음은 차입금으로 보지 아니하고, 금융리스에 의한 리스료 중 유효이자율법에 따라 계산한 이자상당액을 제외한 금액(상환액은 제외한다)은 차입금에 포함한다.

사례 1　기한부(즉, 외상 Usance)수출하는 경우

① A중소기업은 90일 Usance L/C에 의거 FOB가격 USD 10,000 해당액의 수출상품을 선적완료하였다. 기준환율은 1USD＝₩1,200이다.

(차) 외화외상매출금	12,000,000	(대) 수출매출	12,000,000
(USD 10,000)			

② 2일 후 선하증권(B/L)과 함께 일건 선적서류 입수되어서 선적일 후 90일불 화환어음(90 day's after B/L date)을 작성 첨부하여 외국환은행에 할인 매입의뢰하다. 전신환매입률은 1USD＝₩1,150이고, 환가료는 30,000원이고 유산스이자는 270,000원이다. 외화예금은 USD 9,739이다.

(차) 외화예금	11,200,000	(대) 외화외상매출금	12,000,000
환가료	30,000		
매출채권처분손실	270,000		
외환차손(영업외비용)	500,000*		

* $(1,200-1,150) \times 10,000 = 500,000$

 수출자가 외상으로 판매(신용공여자가 수출상 Shipper's Usance 또는 Seller's Usance)한 경우로서 수출자가 자금을 조기에 사용하고자 하는 경우 외상기간 만료 전에 금융기관에서 할인한 경우이다.

➡ 법인세법은 외화예금 11,686,800원(＄9,739×1,200)이고 외환차손은 차이 14,000원이다.

① ×××2. 10. 4. : 90일 CFR조건의 슈퍼스유산스(Shipper's Usance)로 USD 20,000 수출
　하였다. 이날의 기준환율은 1USD＝₩1,310이다.
　（차）외화외상매출금　　26,200,000　　（대）수출매출　　　　26,200,000

② ×××3. 1. 10. : 90일 후 외국환은행에 선적서류제출 및 환어음 매입의뢰하였다. 환가료
　60,000원을 차감한 25,874,000원을 현금으로 수령하였다.
　（차）현금　　　　　25,874,000　　（대）외화외상매출금　26,200,000
　　　환가료　　　　　　60,000
　　　외환차손　　　　　266,000

① 수출신용장가격 : C.F.R USD 10,000 at sight
② ×××1. 5. 12. : 선적시 기준환율 USD 1＝1,200, 부대비용(국내 및 국제해상운반비와
　통관수수료 등) 발생 2,100,000
　（차）외화외상매출금　　12,000,000　　（대）수출매출　　　　12,000,000
　（차）수출제비용　　　　2,100,000　　（대）현금 또는 예금　2,100,000
　　　　　　　　　　　　　　　　　　　　　（판매·관리비）

③ ×××1. 5. 14. : 거래외국환은행에서 NEGO금액 외화 USD 10,000 전액을 외화예금하
　였다. 환가료 50,000원을 현금으로 지급하였다. 5월 14일의 기준환율은 1,220원이다.
　（차）외화예금　　　　12,200,000　　（대）외화외상매출금　12,000,000
　　　환 가 료　　　　　　50,000　　　　　현금 또는 예금　　　50,000
　　　　　　　　　　　　　　　　　　　　　외환차익　　　　　200,000

🔹 앞 '③' 분개와 법인세법과의 차이
법인세법기본통칙 42－76－2 3호에 따르면 사업연도 중에 보유외환으로 다른 외화자산
을 취득하거나 기존의 외화부채를 상환하는 경우에는 보유외환의 장부상 원화금액으로
회계처리한다. 법인세법대로 분개한다면 다음과 같다.

　（차）외화예금　　　　12,000,000　　（대）외화외상매출금　12,000,000
　（차）환 가 료　　　　　50,000　　（대）현금 또는 예금　　　50,000

Shipper's Usance와의 차이점은 수출자에게 이자비용이 없다는 것이다.

> 기한부환어음 ┌ Shipper's Usance―어음할인방식으로
> └ Banker's Usance―일람불방식으로

　수출자입장에서는 일람불방식과 Banker's Usance방식 똑같이 이자부담 없이 결제받는다. 이에 대한 구체적인 설명은 제3절 수입원가부분에서 자세히 설명하고 있다.

6 D/P조건의 추심방식에 의한 수출 회계처리

　추심결재방식(D/P, D/A)에 의한 수출은 신용장을 수취함이 없이 단순히 거래쌍방의 매매계약서에 따라 신용으로 수출하는 경우를 말한다. D/P 또는 D/A조건 수출거래는 주로 본지사간 또는 본국의 모회사와 외국에 있는 현지법인자회사간에 거래되는 것이며 또한 신용있는 제3자와의 거래인 경우 수출보험에 가입한 다음 수출품선적 직후 D/A 환어음만기일 전에 외환은행에서 선적서류와 함께 D/A환어음을 할인매입시키는 것이 일반적이다.

사례　　**추심방식 중 D/A(즉, 외상)수출인 경우**

(1) 90일 D/A조건의 FOB가격 USD 10,000 상당의 수출상품을 선적하다.
　　선적일자(B/L DATE)의 기준환율 1USD＝₩1,100
　　부산까지의 트럭운임 100,000원, 통관사의 수출통관수수료 30,000원

(차) 외화외상매출금	11,000,000	(대) 수출매출	11,000,000
운반비	100,000	현　금	130,000
통관수수료	30,000		

(2) 선적일자로부터 3일 후에 선적서류 일체를 완전 입수하여 이에 B/L일자로부터 90일 기한부 D/A환어음을 작성 첨부한 다음 매매계약서와 함께 수출어음보험에 가입하고 외국환은행에 수출대금할인매입시키다. 90일 기한부어음매입률은 1USD＝₩1,150이다.

(차) 현금 또는 예금	11,500,000	(대) 외화외상매출금	11,000,000

| 매출채권처분손실 | 500,000 | 외환차익 | 1,000,000 |
| (영업외비용) | | | |

7　D/A조건의 추심방식에 의한 수출 회계처리

신용장방식에 있어서 Shipper's Usance의 경우와 같다.

① 선적시

| (차) 외화외상매출금 | ××× | (대) 수출매출 | ××× |

② 선적서류 구비하여 환어음의 매입의뢰시

(차) 현금·예금	×××	(대) 외화외상매출금	×××
환가료	×××		
은행수수료	×××		
(차) 외환차손	××× 또는(대) 외환차익		×××

사례　**D/A방식의 수출**

① ×××2. 11. 21. FOB조건의 90일 D/A방식으로 USD 10,000 수출선적하다.
② 선적일자의 기준환율은 1USD=₩1,230이며
③ 수출제비용(운임 및 관세사수수료) 100,000원 지불되었다.
④ ×××2. 11. 29. D/A수출건에 대하여 수출보험(보험료 90,000원)에 가입하고 선적서류 및 D/A 환어음을 작성하여 거래 외국환은행에 할인매입 의뢰하였다. 동일자의 대고객전신환매입률은 1USD=₩1,380으로 원화금액은 13,800,000원이나 D/A이자 750,000원 차감한 13,050,000원을 수령하였다.
⑤ ×××2. 12. 31. 결산시점에 화폐성외화자산은 기준환율(1USD=₩1,290)로 평가하였다.
⑥ 또한 90일 후 ×××3. 2. 27. D/A환어음 추심은행에서 송금되어와 외화단기차입금과 상계처리되었음을 통보받다.

① ×××2. 11. 21.

| (차) 외화외상매출금 | 12,300,000 | (대) 수출매출 | 12,300,000 |

(차) 수출제비용	100,000	(대) 현금·예금	100,000

② ×××2. 11. 29.

(차) 수출제비용	90,000	(대) 현금·예금	90,000
(차) 현금·예금	13,050,000	(대) 외화외상매출금	12,300,000
매출채권처분손실	750,000	외환차익	1,500,000

8 송금방식에 의한 수출 회계처리

① 송금입금시

(차) 현금·예금	×××	(대) 선수금	×××
은행수수료	×××		

② 선적시

(차) 선수금	×××	(대) 수출매출	×××

* 선수금과 수출당시의 기준환율차이는 외환차손익으로 계상한다.

사례 1 　단순송금방식의 수출 1

① ×××2. 10. 2. : USD 10,000 상당의 선수금을 T/T송금받아 전액 원화로 환가하였다. 은행수수료 20,000원을 제외한 13,010,000원을 수령하였다.

(차) 현금·예금	13,010,000	(대) 수출선수금	13,030,000
수수료	20,000		

② ×××2. 10. 15. : 위 선수금에 대한 물품을 제조 완성하여 CIF조건으로 선적완료하였다. 선적시 기준환율은 1USD＝₩1,260이며 수출제비용(운임 등) 452,000원이 지불되었다.

(차) 수출선수금	13,030,000	(대) 수 출 매 출	12,600,000
		외 환 차 익	430,000
(차) 수출제비용	452,000	(대) 현금·예금	452,000

부가가치세신고 과세표준 : 선적일 전에 환가한 경우 그 환가한 금액 13,030,000원이 과세표준이다.

① ×××2. 10. 2. : USD 10,000 상당의 선수금을 T/T로 송금받아 전액 외화예금(또는 외화보유포함)하였다. 이 날의 기준환율은 1USD＝₩1,280이다.

　(차) 외화예금　　　　　12,800,000　　　(대) 수출선수금　　　　12,800,000
　　　(또는 외화현금)

② ×××2. 10. 15. : 위 선수금에 대한 물품을 제조 완성하여 선적완료하였다. 선적일의 기준환율은 1USD＝₩1,260이며 수출제비용(운임 등) 452,000원이 지불되었다.

　(차) 수출선수금　　　　12,800,000　　　(대) 수출매출　　　　　12,600,000
　　　　　　　　　　　　　　　　　　　　　　외환차익　　　　　　　200,000
　(차) 수출제비용　　　　　452,000　　　(대) 현　금　　　　　　　452,000

부가가치세신고 과세표준 : 선적일까지 환가하지 아니한 경우이므로 선적일의 기준환율로 환산한 금액이다(USD 10,000×1,260＝12,600,000).

사례

국내건설사가 중국건설현장에서 사용하던 기계장비(기계장치 취득가격 120,000,000, 감가상각누계액 90,000,000)를 현지에서 직접 판매하기 위하여 선적하였다. 매각조건은 USD 30,000이며 인도일인 ×××2. 7. 6.의 기준환율은 1USD＝₩1,240이다. ×××2. 8. 2. 중국에서 수출대금 USD 30,000을 송금받아 USD 29,960외화예금으로 입금하였다. 은행수수료 USD 40 상당액의 원화금액 49,120원은 수수료 지불하였다. ×××2. 8. 2.의 기준환율은 1USD＝₩1,290이다.

① ×××2. 7. 6.

(차) 외화미수금	37,200,000	(대) 기계장치	120,000,000
감가상각누계액	90,000,000	유형자산처분이익	7,200,000

② ×××2. 8. 2.

(차) 외화예금	38,648,400	(대) 외화미수금	37,200,000
지급수수료	49,120	외환차익	1,498,000
외환차손	480		

③ USD 40은 원화매각하였으며 USD 40×(1,240−49,120)원과의 차액이 환차손익이다. 그리고 USD 29,960은 외화예금하였다. 이때 당초 기준환율차이(1,240−1,290)×USD 29,960은 환차손익으로 처리한다.

부가가치세 거래시기 및 과세표준 : 중국에서의 인도일자가 거래시기이며 이 날의 기준환율을 적용한다. 즉 거래시기는 ×××2. 7. 6.이고 과세표준은 37,200,000원이다.

(1) 무환임가공 수출거래방식(위탁가공무역)

① 甲은 미국 A회사로부터 FOB USD 10,000 상당의 신용장을 받고 중국에서 완성품을 만들기 위하여 ×××2. 5. 1 중국의 B합작투자회사 앞 원자재 USD 5,000 무환으로 발송

    (차) 적송원재료   6,500,000   (대) 원재료   6,500,000

② ×××2. 5. 1. 중국회사 앞으로 무환위탁가공료 USD 3,000

    해당의 수입신용장 개설함. 전보료 5,000원 신용장개설수수료 10,000원

    (차) 무환외주가공품   15,000   (대) 현 금   15,000

            전 보 료   5,000
            L/C 수수료   10,000

③ ×××2. 7. 15. 외국환은행에서 무환위탁가공료 USD 3,000 수입어음 결제되었음을 통지받다(T.T.S. rate 1USD = ₩1,390).

    (차) 무환외주가공품   4,170,000*   (대) 예 금   4,170,000

      * (USD 3,000×1,390원)

    (차) 무환외주가공품   6,500,000   (대) 적송원재료   6,500,000

④ ×××2. 7. 16. 중국 B회사로부터 미국 A회사 앞으로 상품이 선적되었음을 통보받다(기준환율 1USD = ₩1,350).

    (차) 외화외상매출   13,500,000   (대) 수출매출   13,500,000

    (차) 수출매출원가   10,685,000   (대) 무환외주가공품   10,685,000

⑤ ×××2. 7. 20. 미국 A사에 대한 USD 10,000 수출 Nego하다(T.T.B. rate 1USD = ₩1,340). 환가료 8,500원

    (차) 현금또는예금   13,391,500   (대) 외화외상매출   13,500,000

       수출부대비(판관비)   8,500

       외환차손(영업외비용)   100,000

| 무환위탁가공무역거래도 |

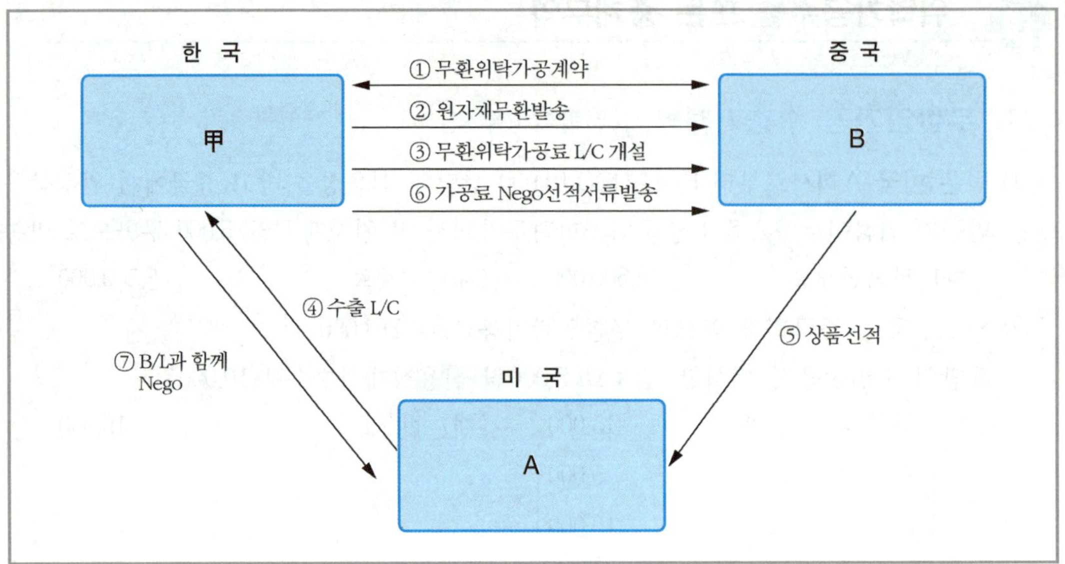

(2) 중계무역방식수출

① 미국의 수입상은 ×××2. 6. 10. 한국의 수출상 앞으로 L/C USD 10,000 F.O.B. Busan 개설하다.

② 한국의 갑수출상은 ×××2. 6. 10. 미국에서 USD 10,000 수출 L/C수취하고 곧 중국회사 앞으로 수입 L/C USD 8,000 F.O.B. china port를 개설하다. L/C조건은 화물도착항으로 미국항구, 하수인은 미국의 수입상으로 선적서류 작성조건으로 한다(L/C 개설수수료 20,000원, 전보료 12,000원).

   （차） 미착상품   32,000   （대） 현 금   32,000

     （전보료 12,000원, L/C 개설수수료 20,000원）

③ ×××2. 7. 1. 중국회사로부터 미국 병회사 앞으로 상품이 선적되었음을 통보받다(USD 10,000, 기준환율 1USD＝₩1,350).

   （차） 외화외상매출   13,500,000   （대） 수출매출   13,500,000

④ ×××2. 7. 15. 외국환은행에서 중국회사의 USD 8,000 선적서류와 함께 수입어음 결제되었음을 통지받다(T.T.S. rate 1USD＝₩1,390).

   （차） 미착상품   11,120,000   （대） 예 금   11,120,000

   （차） 상 품   11,152,000   （대） 미착상품   11,152,000

（차）매출원가　　　　　11,152,000　　（대）상　품　　　　　11,152,000

⑤ ×××2. 7. 20. 미국수입상 앞으로 입수된 선적서류와 화환어음 USD 10,000 작성첨부하
　여 외환은행에 수출 Nego하다(전신환매입률 1USD=₩1,340, 환가료 12,000원).

　（차）예　금　　　　　13,388,000　　（대）외화외상매출　　　13,500,000
　　　　외환차손　　　　　100,000
　　　　환가료　　　　　　12,000

(3) 수탁가공무역

① 무환수탁가공 수출용 원자재 USD 10,000를 관세 및 부가가치세 면세로 보세운송하여
　공장으로 반입하다. 이때의 원자재는 외국물품에 해당하므로 원자재수불보조기록만
　하고 회계처리분개는 하지 아니한다.

② 임가공료에 대한 수출 L/C USD 15,000를 계약하다.
　회계처리분개는 없음.

③ 임가공제조 완료하고 기일 내에 선적 완료하다(환율 1USD=₩1,200 기준환율).
　（차）외화외상매출금　　18,000,000　　（대）수출임가공료수입　18,000,000
　　　　（USD 15,000）

④ 수출품임가공료수입 USD 15,000 L/C를 수출대전 Nego완료하다(환율 1USD=₩1,220).
　환가료는 25,000원으로 한다.
　（차）현금·예금　　　　18,275,000　　（대）외화외상매출금　　18,000,000
　　　　환가료　　　　　　25,000　　　　　외환차익　　　　　　300,000

11　클레임(claim)과 국내원천소득

① 특수관계가 없는 해외거래처에 수출한 제품에 대하여 클레임이 제기되고 클레임에 대
　한 귀책사유가 제조과정상의 문제점으로 확인(관련 계약서, 합의서 등에 의한 확인)되어 계
　약서 및 합의서 내용에 따라 제조사에서 부담하기로 한 경우 클레임된 제품을 현지에
　서 할인판매하고 매출채권에서 차감하는 금액은 제조사 법인의 각 사업연도 소득금
　액 계산시 손금에 산입할 수 있다(서이-1783, 2005. 11. 4.).

② 국내사업장이 없는 외국법인이 무역거래(수출)로 인하여 지급받는 지체상금 또는 원

상회복을 초과하는 손해배상금은 국내원천소득에 포함된다(법통 93-132…17).

12 수출매출채권과 대손상각

(1) 법인세법상 대손사유(법령 §19의2)

① 상법상 소멸시효
  ㉮ 운송 및 주선수수료 등의 소멸시효 완성 : 1년(상법 §121·§122·§147)
  ㉯ 창고업의 창고사용료 : 1년(상법 §166)
  ㉰ 보험금액의 청구권과 보험료 또는 적립금의 반환청구권 : 2년(상법 §662)
  ㉱ 보험료의 청구권 : 1년(상법 §662)
  ㉲ 선박소유자의 용선자, 송하인 또는 수하인에 대한 채권 : 1년(상법 §811)
  ㉳ 해상여객운송 수수료 : 1년(상법 §830)
  ㉴ 공동해손으로 인한 채권 : 1년(상법 §842)
  ㉵ 상기 사항 외의 상행위로 인한 채권 : 5년(상법 §64)
  그러나 다른 법률에 단기시효가 있는 경우 그 단기시효를 적용한다(상법 §64).
② 어음법에 의한 소멸시효가 완성된 어음
  ㉮ 인수인에 대한 환어음상의 청구권은 만기의 날로부터 3년
  ㉯ 소지인의 배서인과 발행인에 대한 청구권은 적법한 기간 내에 작성시킨 거절증서의 일자로부터, 무비용상환의 문언이 기재된 경우 만기의 날로부터 1년
  ㉰ 배서인의 다른 배서인과 발행인에 대한 청구권은 그 배서인이 어음을 환수한 날 또는 그 자가 제소된 날로부터 6월
③ 수표법에 의한 소멸시효가 완성된 수표
  ㉮ 소지인의 배서인, 발행인 그 밖의 채무자에 대한 소구권은 제시기간 경과 후 6월
  ㉯ 수표의 채무자의 다른 채무자에 대한 소구권은 그 채무자가 수표를 환수한 날 또는 그 자가 제소된 날로부터 6월
  ㉰ 지급보증을 한 지급인에 대한 수표상의 청구권은 제시기간 경과 후 1년
④ 민법상 3년 단기소멸시효(민법 §163) : 상법상 소멸시효보다 민법의 소명시효가 단기인 경우 적용한다.
  ㉮ 이자, 부양료, 급료, 사용료 기타 1년 이내의 기간으로 정한 금전 또는 물건의 지급

을 목적으로 한 채권

㉯ 의사, 조산사, 간호사 및 약사의 치료, 근로 및 조제에 관한 채권

㉰ 도급받은 자, 기사 기타 공사의 설계 또는 감독에 종사하는 자의 공사에 관한 채권

㉱ 변호사, 변리사, 공증인, 공인회계사 및 법무사에 대한 직무상 보관한 서류의 반환을 청구하는 채권

㉲ 생산자 및 상인이 판매한 생산물 및 상품의 대가

㉳ 수공업자 및 제조자의 업무에 관한 채권

⑤ 민법상 1년 단기소멸시효(민법 §164)

㉮ 여관, 음식점, 대석, 오락장의 숙박료, 음식료, 대석료, 입장료, 소비물의 대가 및 체당금의 채권

㉯ 의복, 침구, 장구 기타 동산의 사용료의 채권

㉰ 노역인, 연예인의 임금 및 그에 공급한 물건의 대금채권

㉱ 학생 및 수업자의 교육, 의식 및 유숙에 관한 교주, 숙주, 교사의 채권

⑥ 민법상 판결 등에 의하여 확정된 채권의 소멸시효(민법 §165)

㉮ 판결에 의하여 확정된 채권은 단기의 소멸시효에 해당한 것이라도 그 소멸시효는 10년으로 한다.

㉯ 파산절차에 의하여 확정된 채권 및 재판상의 화해, 조정 기타 판결과 동일한 효력이 있는 것에 의하여 확정된 채권도 전항과 같다.

㉰ 위 '㉮ · ㉯'의 규정은 판결확정당시에 변제기가 도래하지 아니한 채권에 적용하지 아니한다.

⑦ 민법에 의한 소멸시효가 완성된 대여금 및 선급금의 소멸시효는 10년이나 회사의 대여금 및 선급금은 상행위로 보거나 추정되므로 5년을 적용하여야 할 것이다.

⑧ 물품의 수출 또는 외국에서의 용역제공으로 발생한 채권으로서 다음 각 호의 사유에 해당하여 무역에 관한 법령에 따라 「무역보험법」 제37조에 따른 한국무역보험공사로부터 회수불능으로 확인된 채권

㉮ 채무자의 파산 · 행방불명 또는 이에 준하는 불가항력으로 채권회수가 불가능함을 현지의 거래은행 · 상공회의소 또는 공공기관이 확인하는 경우

㉯ 거래당사자 간에 분쟁이 발생하여 중재기관 · 법원 또는 보험기관 등이 결정한 채권금액을 감면하기로 결정하거나 그 소요경비로 하기로 확정된 경우

㉰ 채무자의 인수거절 · 지급거절에 따라 채권금액의 회수가 불가능하거나 거래당사자

간의 합의에 따라 채권금액을 불가피하게 감면하기로 한 경우로서 현지의 거래은
행·검사기관·공증기관 또는 공공기관이 확인하는 경우
⑨ 중소기업의 외상매출금 및 미수금으로서 회수기일이 2년 이상 지난 외상매출금 등.
다만, 특수관계인과의 거래로 인하여 발생한 외상매출금 등은 제외한다.
⑩ 채무자의 파산, 강제집행, 형의 집행, 사업의 폐지, 사망, 실종, 행방불명으로 인하여
회수할 수 없는 채권
⑪ 부도발생일부터 6월 이상 지난 수표 또는 어음상의 채권 및 외상매출금(중소기업의 외
상매출금으로서 부도발생일 이전의 것에 한한다). 다만, 당해 법인이 채무자의 재산에 대하여
저당권을 설정하고 있는 경우를 제외한다.
⑫ 회수기일을 6월 이상 지난 채권 중 회수비용이 당해 채권가액을 초과하여 회수실익이
없다고 인정되는 10만원 이하(채무자별 채권가액의 합계액을 기준으로 한다)의 채권

(2) 대손사례

① [사실관계]

당 법인은 국내에서 제조업을 영위하는 내국법인으로 생산한 제품을 무역업을 하는
국내계열사 갑을 통하여 외국회사 을에 매출하였음.

당 법인의 갑에 영세율세금계산서를 발행하여 매출하고 갑은 다시 을에게 당 법인의
매출가액에 일정부분 수수료를 더하여 매출하였음.

갑은 당 법인을 대신하여 을로부터 채권을 회수하고 갑은 수수료를 제한 후 대금지급
을 하였음.

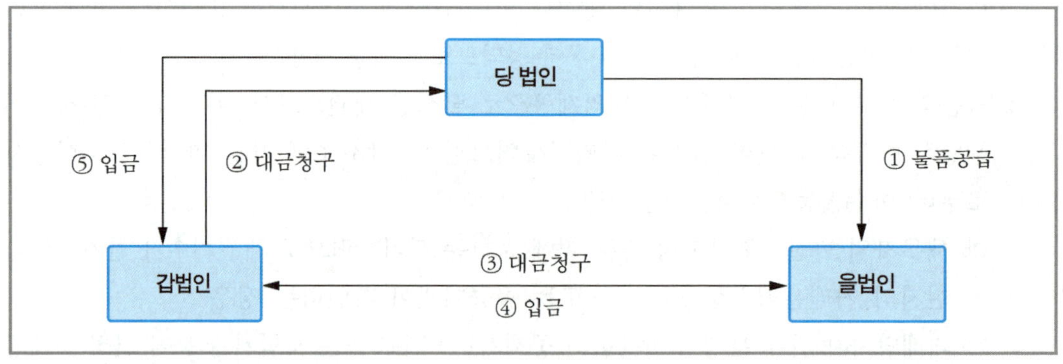

※ 당 법인과 갑의 채권은 모두 을을 상대로 설정되어 있음.

[질의]

질의일 현재 해외 을은 채무지급불능상태이며 갑은 외국환은행장의 확인을 거쳐 동 채권에 대하여 대손처리하고자 하는바, 당 법인도 갑의 외국환은행장 확인서를 통해 대손처리하고자 하는 경우 대손인정을 받는 것이 가능한지.

[회신]

수출품 제조법인이 무역업자에게 영세율세금계산서를 발행하여 무역업자 명의로 수출한 이후 수출대금을 국내로 회수하는 것이 불가능하여 외국환거래에 관한 법령에 따라 한국은행총재 또는 외국환은행의 장에서 채권회수의무를 면제받은 경우 면제를 받은 사업자는 법인세법시행령 제62조 제1항 제7호에 따라 해당 회수면제채권에 대하여 면제를 받은 날이 속하는 사업연도에 이를 손금에 산입할 수 있다.

② [질의]

당 법인이 수출한 중고설비에 대하여 클레임 제기를 받고, 지속적으로 협의 끝에 금번 클레임을 제기한 측과 클레임비용에 대하여 합의를 하게 되었음.

이에 관련법이 따른 바에 의거하여(외국환거래규정 제14조 및 법인세법 제34조 동 시행령 제62조 등) 거래당사자 간의 합의에 의한 현지의 검사기관 및 공공기관(현지의 국가공인 검사기관 및 공공기관이 시청 등)이 확인하고, 아울러 법인세법이 정하는 바에 의하여 본 사항에 대하여 제반 증명 및 증빙서류 등을 국내의 외국환은행에 채권회수 의무면제허가 신청을 요청하고 은행이 실사 등의 절차에 따른 조사결과 최근 당 법인의 신청사항에 대하여 허가를 완료하였음.

이와 같이 당 법인이 상기의 절차에 따라 본 사안을 처리한 것이 대손요건을 충족하는 것인지?

[회신]

법인이 수출한 설비에 대한 클레임 발생 등으로 수출대금을 국내로 회수하는 것이 불가능하여 외국환거래에 관한 법령에 따라 한국은행총재 또는 외국환은행의 장에서 채권회수의무를 면제받은 경우 면제를 받은 사업자는 법인세법시행령 제62조 제1항 제7호에 따라 해당 회사면제채권에 대하여 면제를 받은 날이 속하는 사업연도에 이를 손금에 산입할 수 있다(서이-9, 2006. 1. 3.).

③ 내국법인이 보유하고 있는 해외매출채권도 국내매출채권과 같이 채무자의 파산 등 법인세법시행령 제62조 제1항 각 호에서 정하는 사유로 회수할 수 없는 채권의 금액은 당해 사업연도의 소득금액계산에 있어서 이를 손금에 산입하는 것으로 당초 결산상

대손금으로 비용처리한 후 세무조정시 손금불산입한 금액은 같은법 시행령 제62조 제1항 각 호에 정하는 사유가 발생한 날이 속하는 사업연도에 손금추인한다(서이-2150, 2005. 12. 22.).

④ 법인이 거래처에 대한 매출채권은 법인세법시행령 제62조 제1항 각 호의 사유가 발생한 날이 속하는 사업연도의 대손금으로 손금산입하는 것이다(서이-2085, 2005. 12. 16.).

제 6 장

수입회계

1 수입의 정의

재화의 수입은 다음 각 호의 어느 하나에 해당하는 물품을 우리나라에 반입하는 것(보세구역을 거치는 것은 보세구역에서 반입하는 것)으로 한다.

① 외국에서 국내에 도착한 물품(외국의 선박에 의하여 공해(公海)에서 채집된 수산물을 포함한다)

② 수출신고가 수리된 물품(수출신고가 수리된 물품으로서 선적(船積)되지 아니한 물품을 보세구역에서 반입하는 경우는 제외)

| 수입절차의 도해 |

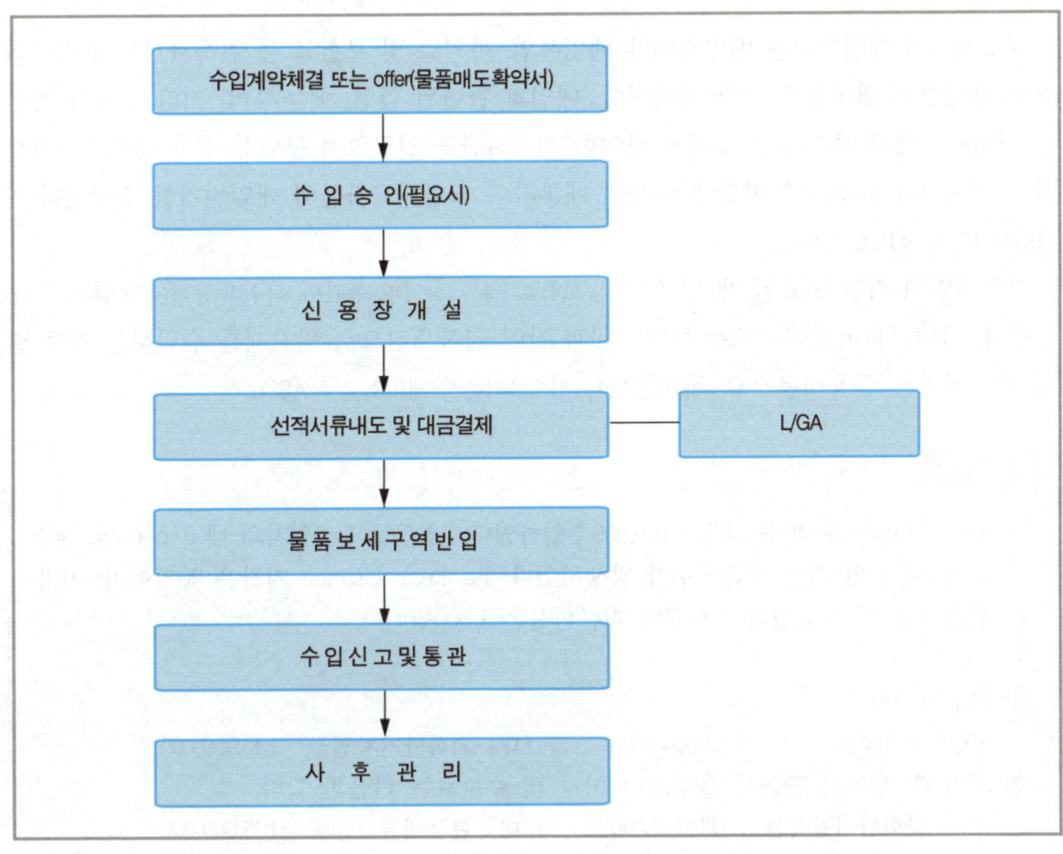

자산의 취득원가는 법인세법 및 기업회계기준에서 유사하게 정하고 있다. 다만, 취득에 소요된 차입금이자에 대하여, 기업회계기준에서는 제조에 장기간 소요되는 경우의 차입금이자를 재고자산 및 고정자산의 원가에 포함할 수도 있고 제외할 수도 있도록 선택적으로 정하고 있다. 그러나 법인세법은 사업용 고정자산의 매입·제작·건설에 분명히 소요되는 차입금이자는 취득원가에 포함하여야 한다(법령 52 ①).

(1) 기업회계기준서 제10호(문단7·부록A22)의 취득가액

재고자산의 매입원가는 매입가액에 매입운임, 하역료 및 보험료 등 취득과정에서 정상적으로 발생한 부대비용을 더한 금액이다. 매입과 관련된 할인, 에누리 및 기타 유사한 항목은 매입원가에서 차감한다. 성격이 상이한 재고자산을 일괄하여 구입한 경우 총매입원가를 각 재고자산의 공정가액 비율에 의하여 배분하여 개별재고자산의 매입원가를 결정한다(기업회계기준서 제10호 문단7).

상품매입에 직접 소요된 제 비용(운임, 보험료, 관세, 하역비, 통관비, 검수비 등)은 매입액에 포함한다. 다만, Usance Bill 또는 D/A Bill과 같이 연불조건으로 원자재를 수입하는 경우 발생하는 이자는 금융비용으로 처리한다(기업회계기준서 제10호 부록A22).

> **사례**
>
> Banker's Usance에 의하여 USD 100,000수입하였다. 7월 7일 수출업자의 네고(negotiation)로 수입신용장의 대금 지급의무가 발생하였다. Banker's Usance 기간은 90일이며, 이자는 원금과 같이 상환한다. 7월 7일 기준환율은 1,300원이다.
>
> ---
>
> ① 차입발생시
>   (차) 미착상품　　　　　　130,000,000　　　　(대) 외화단기차입금　130,000,000
> ② 90일 후 상환시 환율은 올랐으며 이자 및 수수료는 다음과 같다.
>   (차) 외화단기차입금　130,000,000　　　　(대) 현금예금　　　　135,000,000
>   이자비용(Usance 이자) 1,500,000
>   지급수수료　　　　　　65,000
>   외환차손　　　　　　3,500,000

(2) 법인세법상 자산의 취득가액

1) 자산의 취득가액 범위(법령 §72)

① 타인에서 매입한 자산 : 매입가액에 취득세·등록면허세·수입관세 등 기타 부대비용을 더한 금액

② 자기가 제조·생산·건설 기타 이에 준하는 방법에 의하여 취득한 자산 : 원재료비·노무비·운임·하역비·보험료·수수료·공과금(취득세와 등록세를 포함한다)·설치비 기타 부대비용의 합계액

③ 수입기계장치를 설치하기 위하여 지출한 외국인기술자에 대한 식비 등 체재비는 기계장치에 대한 자본적지출로 한다(법통 23-31-1).

④ 신용장(L/C)에 의한 수입시 은행 또는 수출자에게 부담한 기한부(Usance Bill)이자

⑤ 추심(D/A)방식에 의한 수입시 수출자에게 부담한 기한부(D/A Bill)이자

⑥ '①~④' 외의 방법으로 취득한 자산 : 취득당시의 시가

2) 취득가액 불포함(법령 §72 ③)

① 자산을 장기할부조건 등으로 취득하는 경우 발생한 채무를 기업회계기준이 정하는 바에 의하여 현재가치로 평가하여 현재가치할인차금으로 계상한 부분은 취득가액에 포함하지 아니한다.

[취득시]

(차) 차량운반구	×××	(대) 미지급금	×××
현재가치할인차금	×××		

* 현재가치할인차금은 유효이자율로 계산하여 할부기간 동안 이자비용으로 상각한다.
  (차) 이자비용　×××　(대) 현재가치할인차금　×××

② 구상무역(법칙 40)
구상무역으로 수입한 물품의 취득가액은 수출하였거나 수출할 물품의 판매금액과 당해 수입물품의 수입에 소요된 부대비용의 합계액에 상당하는 금액으로 한다.

③ D/A이자, Shipper's Usance이자, Banker's Usance를 부담하는 연지급수입에 있어서 취득가액과 구분하여 지급이자로 계상한 금액은 취득가액에 포함하지 아니한다(법칙 §37).

구 분	세법(개정 전)	세법(현행)	회계	개정 전 세무조정
Shipper's Usance 이자 및 D/A 이자	원 가	원칙은 원가이나 지급이자로 구분회계처리한 경우 지급이자	이자비용	기말재고자산 해당분 손금불산입(유보)
Banker's Usance 이자	원칙은 원가이나 지급이자로 구분회계처리한 경우 지급이자	원칙은 원가이나 지급이자로 구분회계처리한 경우 지급이자	이자비용	세무조정 없음.

한편, 정유회사, 원유·액화천연가스 또는 액화석유가스 수입업자가 원유·액화천연가스 또는 액화석유가스업은 2006. 3. 14.자로 개정되었다.

3 무상으로 수입한 물품의 취급

(1) 소득세법

사업자가 사업과 관련하여 해외에서 무상으로 수입한 물품을 사업용으로 공한 때에는 다음 각 호와 같다(소통 24-51…12·27-55…7).

① 그 물품이 재산적 가치가 있는 경우 소득금액계산상 총수입금액에 산입한다. 이 경우 총수입금액에 산입할 금액은 당해 물품의 관세 과세표준금액으로 하며 관세 및 부대비용은 취득가액에 합산한다.

② 그 물품이 필요경비에 산입할 성질인 경우 관세 및 부대비용은 견본비, 소모품비 등 그 성질에 의하여 필요경비에 산입한다. 다만, 반환할 것이 약정된 무상수입자산의 통관비용 등은 그 효익이 미치는 기간에 안분하여 필요경비에 산입한다. 그 효익이 미치는 기간이 소득세법시행규칙 제32조의 규정에 의한 기준내용연수를 초과할 때에는 그 기준내용연수기간에 안분하여 필요경비에 산입한다(소통 27-55…7).

(2) 법인세법

① 익금계상

법인이 해외에서 물품을 무상으로 수입하는 경우 이를 각 사업연도의 소득금액계산상 익금으로 한다. 이 경우 익금에 산입할 금액은 당해 물품의 통관시 관세 과세표준금액이 되는 감정가액으로 하며 관세 및 부대비용은 취득가액에 합산한다(법통 15-11···3).

　　(차) 상품 또는 소모품비　　　×××　　　(대) 자산수증이익　　　　×××

② 익금으로 미계상시 문제점

자산수증이익(익금)으로 계상 후 그 무상수입품이 결산일 현재 재고가 없다면 매출원가나 소모품비 등으로 손금계상하여야 한다. 즉 익금과 손금은 영(0)이므로 익금과 손금의 회계처리를 하지 않아도 별 문제는 없다. 그러나 재고로 남아있는 경우는 다르다. 재고액만큼 익금누락이므로 세무조정을 하여야 한다. 따라서 회계기준의 총액주의에 의하여 자산수증이익으로 회계처리하는 것이 가장 바람직하다.

③ 반환할 것이 약정된 무상수입자산의 통관비용 등은 그 효익이 미치는 기간에 안분하여 손금에 산입한다(법통 19-19···16).

- **통관시**
　(차) 선급비용　　　　　　　×××　　(대) 현금·예금　　　　×××
- **사용기간**
　(차) 통관제비용　　　　　　×××　　(대) 선급비용　　　　×××

(3) 무환물품

① 무환수출입이란 '외국환거래가 수반되지 아니하는 물품의 수출·수입'을 말한다(대외무역관리규정 §2 13호).

② 대외무역법에서는 '無償수출입'과 '無換수출입'을 구분하고 있는데, 무상수출입은 '대가를 지급하지 아니하는 물품의 수출입'을 의미하며, 무환수출입(무상수출입 포함)은 '외국환거래가 수반되지 아니하는 물품의 수출입 또는 대금결제가 수반되지 아니하고 물품의 이동만 이루어지는 거래를 의미한다.

③ 무환수출입은 다시 無償無換과 有償無換으로 구분되며, 무상무환에는 증여, 상속, 유증 등이 있고, 유상무환에는 위·수탁판매무역, 위·수탁가공무역시 원자재수출입, 임대차수출입, 무환상계결제(연계무역 중 물물교환방식의 거래) 등이 있다.

④ 무환수출입절차

일반적인 수출입의 절차와 같다. 종전에는 무환수출입 중 일정한 경우 산업통상자원부장관의 '인정'을 받아야 수출입할 수 있었으나 2014년부터 이러한 규제가 폐지되었다.

개나리무역㈜는 일본 벚꽃상사로부터 USD 1,500 상당의 호랑이캐릭터 샘플을 무상으로 받았다. 통관비용 등 270,000원이 소요되었다. 샘플의 관세과세가격은 2,000,000원(CIF)이다.

(차) 상품 등	2,270,000	(대) 현금 또는 예금 등	270,000
		자산수증이익	2,000,000
		(영업외수익)	

관세과세가격은 수입신고서 서식 ㉘항란을 참고하면 된다.

4 수입거래의 회계처리 사례

수입은 국외의 자와 계약시점부터 수입품이 일정한 장소에 도착하기까지 장시간이 필요하며 회계거래도 다수 발생한다. 1건의 수입거래를 운반비지급, 물품대금지급, 통관비 등 비용발생시마다 상품 또는 원재료 등으로 회계처리하면 상품 등을 수회 구입한 것으로 오해할 수 있다.

따라서 수입품이 수입자의 일정한 장소에 도착할 때까지의 발생한 모든 비용을 차변의 미착계정에 모아 두었다가 완성되면 미착계정을 상품 또는 원재료 등 적절한 과목으로 대체한다.

(1) 수입회계

일반적인 수입절차에 따른 회계처리는 다음과 같다.

1) 수입계약체결과 수입인증의 신청취득

회계상의 분개는 없음.

2) 신용장 개설시

수입품에 대한 대금지급방법은 신용장(letter of credit)방식, 추심(D/A, D/P)방식 또는 송금 (T/T)방식 등이 있다. 신용장방식은 수입자가 거래은행에 신용장 개설을 의뢰한다.

수입자 甲은 L/C금액 USD 30,000(CIF)을 개설하고 L/C개설수수료 40,000원 전보료 45,000원, 무역협회 수입부담금 70,000원을 지급하다.

(차) 미착상품　　　　　　155,000원　　　(대) 현금과예금　　　　　155,000원

(L/C개설수수료 40,000원, L/C개설전보료 45,000원, 무역협회부담금 70,000원)

3) 선적 통보시

甲은 수출상대방에서 선적하였다는 통보를 받았다. 선적일의 기준환율은 1USD＝₩1,300 이다.

(차) 미착상품　　　　39,000,000　　　(대) 외화외상매입금　　　39,000,000

4) 선적서류 원본인수시

甲은 L/C금액 USD 30,000에 대하여 L/C개설은행에서 일람불 화환어음 제시받고 USD 30,000 @전신환매도율 1USD＝₩1,400으로 결제하고 선적서류 인수하다.

(차) 외화외상매입금　　39,000,000원　　　(대) 현금과예금　　　42,000,000원
　　　외화차손　　　　　3,000,000원

5) 수입통관시

수입통관제비용을 다음과 같이 지급하다.

보세구역외장치료	50,000원	해 상 운 임	500,000원
창　고　료	100,000원	하 역 비	3,000원
출 고 상 차 료	150,000원	화물검수표	4,000원
화 재 보 험 료	11,000원	운 송 료	100,000원
파　출　료	60,000원	통관수수료	130,000원
관　세	13,000,000원	부가가치세	5,000,000원
합　계			19,108,000원

（차）미착상품(통관제비용)　14,108,000　　（대）현금과예금　　　　19,108,000
　　　부가가치세대급금　　5,000,000[239]

6) 물품이 공장창고에 입고시

（차）상　　품(원재료)　　53,263,000　　（대）미착상품　　　　39,000,000
　　　　　　　　　　　　　　　　　　　　미착상품　　　　　155,000
　　　　　　　　　　　　　　　　　　　　미착상품　　　14,108,000

7) 수입원가명세서 사례

① 관세사무소가 통관대행한 경우 통관비 정산서

품　명	SODIUM STANNATE		공　급　처	TOYOMURA(일본)	
L/C NO.	M0480205NS00107		선(항공)명	OZ101	
외화금액	USD 7,800		B/L　NO.	VP110600184BUS	
선　적　일	×××2. 07. 12		수입신고NO.	11010-08-5059720	
수　량	2000kg		수입 신고일	×××2년 7월 18일	
신고가격	USD 8,000	과세가격	9,320,125	세율	8%

구　분	공급가액	부가세	비　고
관　세	745,610		
부　가　세		1,006,570	
항공(해상)운임	45,114		
입　항　료	4.992		
하　역　료			
창　고　료	25,560	2,556	
입　출　고　료			
창　고　보　험　료	559		
파　출　검　사　료	5,000		
특　허(검　수)료			
통　관　수　수　료	27,000	2,700	

---

239) 수입품에 대한 수입세금계산서는 세관장이 발급한다. 이때 공급가액은 부가가치세법에 따라 산출된 과세
　　표준일 뿐 실제 지출된 금액이 아니므로 회계처리하지 않는다.

구 분	공급가액	부 가 세	비 고	
운 송 료	130,000	13,000	선급금 정산	
업무취급수수료	15,000	1,500	가지급	2,500,000
C.Y.작업수수료			정 산	2,053,461
송 금 수 수 료			잔 액	446,539
임시개청수수료				
THC & DOC/F	28,300			
합 계	1,027,135	1,026,326		
총 합 계		2,053,461		

• 지출시

(차) 선급금　　　　　2,500,000　　　(대) 현금·예금　　　2,500,000

• 정산시

(차) 미착상품　　　　1,027,135　　　(대) 선급금　　　　2,500,000

　　　 VAT　　　　　 1,026,326

　　　 현 금　　　　　 446,539

② 수입상품명세서 및 분개

• ×××2. 5. 10. 신용장개설(CFR 조건 USD 7,800)시 지출비용

(차) 미착원재료　　　　33,292　　　(대) 현 금　　　　　33,292

• ×××2. 7. 12. 수출회사로부터 선적되었음을 통보받음(7월 12일 기준환율은 1USD= ₩1,193.79).

(차) 미착원재료　　　9,311,562　　　(대) 외화외상매입금　　9,311,562

☞ 사례와 달리 DDP조건의 수입이라면 수입통관하여 수입자의 사업장에 입고되었을 때 회계처리한다.

• ×××2. 7. 19. 은행수수료 등 지출

(차) 미착원재료　　　174,972　　　(대) 현금 등　　　　174,972

- ×××2. 7. 20. B/L서류 도착하여 인수하고 은행이 적용한 환율로 계산하여 현금으로
  결제함.

(차) 외화외상매입금   9,311,562   (대) 현금 등   9,350,000

    수수료   20,000

    외환차손   18,438

- ×××. 7. 20. 통관관세 등 2,053,461원 지출(관세사사무소에 대행하지 않은 경우)[240]

(차) 미착원재료   1,027,135   (대) 현금 등   2,053,461

    부가가치세대급금   1,026,326

(차) 원재료   10,546,961   (대) 미착원재료   10,546,961

☞ 회사가 외화자산·부채를 계상하거나 평가하는 경우 기준환율(USD 외에는 재정환율)로 환산하여 회계처리하고 실제은행에서 외화를 구입하고 매각하는 경우 은행에서 실제 적용한 환율의 금액으로 회계처리한다.

L/C No.		M0480205NS00107					관리번호	07 – 78
B/L No.		VP110600184BUS					개설일자	×××2. 5. 10
품 명	A	SODIUM STANNATE		수 량	2000KG	단 가		$3.90/KG
	B							
	C							
AMOUNT		USD 7,800. –		인도조건		CFR		

	적 요	금 액	날 짜	비 고
개	개설수수료	33,292	5. 10.	
설	적하보험료	11,780	7. 19.	
및	Term Charge	10,000	7. 19.	
결	Amend	153,192	7. 19.	
제	대금(B/L)결제	9,311,562	7. 20.	수출자의 선적일을 7월 12일
	소 계	9,519,826		

---

[240] 관세사무소에서 수입통관을 대행한 경우에는 앞 '①'과 같이 통관정산서류에 의하여 차변에 미착계정과 대변에 선급금으로 회계처리한다.

적 요	공급가액	부가세	날 짜	비 고
관 세	745,610	1,006,570	7. 20.	용당세관장
입항료	4,992		7. 20.	㈜한신익스프레스
선 임	45,114		7. 20.	㈜한신익스프레스
THC.CH.	28,300		7. 20.	㈜한신익스프레스
H/D CH.				
하역료				
출고료				
보관료	25,560	2,556	7. 20.	대한통운㈜부산지사
보험료	559		7. 20.	대한손해보험협회
통관료	27,000	2,700	7. 20.	해덕합동관세사무소
파출료	5,000		7. 20.	
운반비	130,000	13,000	7. 20.	㈜한배기업
취급수수료	15,000	1,500	7. 20.	㈜한배기업
소 계	1,027,135	1,026,326		

통관제비용 (세로 레이블)

수입원가	10,546,961	수입단가	
비 고			

8) Shipper's Usance 신용장방식의 수입 회계처리

Shipper's Usance(즉, 외상)수입

90일 Usance L/C에 의거 CFR가격 USD 20,000 해당액의 수입상품을 선적, 통보받았다.
기준환율은 1USD＝₩1,310이다.

  (차) 미착상품　　　　26,200,000　　　　(대) 외화외상매입금　　26,200,000

☞ 수출자가 외상으로 판매(신용공여자가 수출상 Shipper's Usance 또는 Seller's Usance)한 경우로서 수출
자가 자금을 조기에 사용하고자 하는 경우 외상기간 만료 전에 금융기관에서 할인할 수도 있다.

Shipper's Usance(즉, 외상)수출

① ×××2. 10. 4. : 90일 CFR조건의 쉬퍼스유산스(Shipper's Usance)로 USD 20,000 수출하였다. 이날의 기준환율은 1USD=₩1,310이다.

(차) 외화외상매출금	26,200,000	(대) 수출매출	26,200,000

② ×××3. 1. 10. : 90일 후 외국환은행에 선적서류 제출 및 환어음 매입의뢰하였다. 환가료 60,000원을 차감한 25,874,000원을 현금으로 수령하였다.

(차) 현금·예금	25,874,000	(대) 외화외상매출금	26,200,000
환가료	60,000		
외환차손	266,000		

수·출입에 대한 유형별 회계처리

기한부(S-U) 수출자가 만기 전에 환어음을 발급하여 금융기관에서 할인한 경우 그 기간 동안 이자가 발생한다. 회사에 따라서 차입금과 이자비용으로 처리하기도 하고 외상매출금 회수와 부담한 이자는 수수료로 처리하기도 한다.

구분		수출자	수입자
일람 출급		(차) 외화외상매출금 ××× (대) 수출매출 ×××	(차) 미착상품 등 ××× (대) 외화외상매입금 ×××
		(차) 예금 ××× (대) 외화외상매출금 ×××	(차) 외화외상매입금 ××× (대) 예금 ×××
기한부 (B-U)		(차) 외화외상매출금 ××× (대) 수출매출 ×××	(차) 미착상품 등 ××× (대) 외화단기차입금 ×××
		(차) 예금 ××× (대) 외화외상매출금 ×××	(차) 외화단기차입금 ××× (대) 예금 ××× 이자비용[241] ×××
기한부 (S-U)	일반 기준	(차) 예금 ××× (대) 외화외상매출금 ××× 매출채권처분손실[242] ×××	(차) 미착상품 등 ××× (대) 외화외상매입금 ×××
	K-IFRS	(차) 예금 ××× (대) 단기차입금 ××× 이자비용[237] ×××	(차) 외화외상매입금 ××× (대) 예금 ×××

---

241) 수입자가 부담하는 B-U이자는 회계기준은 이자비용이다. 법인세 또는 소득세법은 원가처리가 원칙이고 이자비용처리는 선택이다.

242) 수출환어음 할인의 경우이다. 이때 이자를 일반기업회계기준에서는 대체적으로 매각거래로 보아 매출채권처분손실로 처리하며(일반기준 6장 부록 실6.9) K-IFRS 적용하는 기업은 대체적으로 차입거래로 보아 대변에 차입금계정과 차변 이자비용의 회계처리를 한다(기준서 제1039호 문단 20).

▶ 외화차 · 손익은 고려하지 않음.
　① 수출자의 차입거래로 보는 경우 이자비용은 법인세법상 지급이자 손금불산입 대
　　상 이자이다.
　② 수입자의 B-U 이자는 법인세법상 원가이며 선택적 이자비용이므로 지급이자 손
　　금불산입 대상 이자에 해당하지 않는다.

9) Banker's Usance 신용장방식의 수입 회계처리

사례

Banker's Usance L/C 수입

90일 Banker's Usance L/C에 의거 FOB가격 USD 10,000 해당액의 수입상품을 선적, 통
보받았으며 이 날의 기준환율은 1USD=₩1,200이다. 그리고 7일 후 해외 인수은행에서
환어음이 인수되었음을 통보받았으며 이 날 기준환율은 1,300원이다.

① 선적시

(차) 미착상품	12,000,000	(대) 외화외상매입금	12,000,000

② 해외은행환어음인수시

(차) 외화외상매입금	12,000,000	(대) 외화 · 단기차입금	13,000,000
외환차손	1,000,000		

③ Usance이자

(차) 이자비용[243]	130,000	(대) 현금 · 예금	130,000

④ 상환시

(차) 단기차입금	13,000,000	(대) 현금 · 예금	12,700,000
		외환차익	300,000

(2) 미착계정 계상시점

1) 의의

미착이란 매도자는 물품을 발송하였으나 매입자측에 도착하지 아니한 상태를 의미한다.
즉, 운송 중에 있는 것으로서 주로 수입품이 이에 해당한다. 이때 도착되지 아니한 물품이

---

[243] 외부회계 감사 대상법인이 아닌 기업은 원가(미착)처리하여도 된다. 또한 세법상 지급이자손금 불산입 대
　　상이자가 아니다.

기계인 경우 미착기계계정으로 하여 유형자산으로 회계처리한다.

수입품에 대한 미착금액을 계상하는 시점은 매매계약상 거래조건에 따른다. 즉, 법률적인 소유권 유무에 따라 재고자산계상을 결정하여야 한다. 적출지의 선적시점 인도조건(예 : FOB, CIF, CFR 등)이면 수출상대방의 선적시점이며 양륙지 인도조건(예 : DDP 등)이면 수입지의 지정장소에 도착한 시점에 회계처리한다(기업회계기준서 제10호 A24).

구체적으로 다음과 같다.

2) 거래조건별 미착계정 인식시점(소유권 결정시점)

① EXW(Ex Works : 공장인도조건)

공장인도조건은 계약물품을 매도인의 작업장구내(즉, 작업장 또는 공장구내 등)에서 적치한 상태로 인도함으로써 그 물품에 대한 위험과 소유권을 매수인에게 귀속시키며, 그 이후의 위험과 비용은 매수인이 부담하고 수출에 따른 수출지에서의 통관절차도 매수인이 부담한다.

- 수출자의 공장 등에서 인수시점에 회계처리

  수입자 : (차) 미착상품 등　　×××　　(대) 외화외상매입금　　×××

  수출자 : (차) 외화외상매출금　　×××　　(대) 수출매출　　×××

② FCA(Free Carrier : 운송인인도조건)

매도인이 계약물품을 지정지점(육상)에서 매수인이 지정한 운송인의 관리하에(into the charge of the carrier) 인도할 때 매도인의 의무를 완수하고 이 시점에 모든 위험과 책임이 매수인에게 이전된다.

> **참고** **FOB와의 비교**
>
> 비용과 위험의 분기점이 해상에서 본선에 on board하는 시점인 FOB의 경우와는 달리 육상에서 운송인에게 물품을 인도하는 시점이라는 것이다.

- 수출자가 수입자가 지정한 운송인에게 인도한 시점에 회계처리

  수입자 : (차) 미착상품 등　　×××　　(대) 외화외상매입금　　×××

  수출자 : (차) 외화외상매출금　　×××　　(대) 수출매출　　×××

③ FAS(Free Alongside Ship : 선측인도조건)

계약물품을 선적항(named port of shipment)의 본선 선측(선박 옆)에 적치된 경우 인도하는 조건이다.

- 수출자가 지정된 선박 옆(선측)에 적치하였을 때 회계처리

  수입자 : (차) 미착상품 등　　　　×××　　　(대) 외화외상매입금　　　　×××

  수출자 : (차) 외화외상매출금　　×××　　　(대) 수출매출　　　　×××

④ FOB(Free on Board : 본선인도조건)

FOB는 '본선인도조건'을 의미한다. 계약물품은 매매계약상의 지정된 선적항에서 매도인에 의하여 본선내로 반입되어야 한다. 계약물품의 멸실 또는 손상에 관한 위험은 계약물품이 본선에 on board하는 때 매도인에서 매수인에게 이전된다.

FOB는 EXW, FCA, FAS와 같이 물품인도가 선적국영역 내에서 이행되는 조건이다. 그러나 FOB는 물품의 인도장소가 국제무역선의 선내이다.

- 수출자가 지정된 선박 본선에 on board하는 시점에 회계처리

  수입자 : (차) 미착상품 등　　　　×××　　　(대) 외화외상매입금　　　　×××

  수출자 : (차) 외화외상매출금　　×××　　　(대) 수출매출　　　　×××

⑤ CFR(Cost and Freight : 본선인도조건에 해상운임 포함)

CFR은 FOB조건에 추가하여 '운임포함조건'을 의미한다. 매도인은 지정된 목적지까지 계약물품을 운송하는 데 필요한 비용과 운임을 지급하여야 한다. 계약물품의 멸실 또는 손상에 관한 위험은 계약물품이 본선에 on board하는 시점에 매도인에서 매수인에게로 이전된다. 즉 CFR은 매도인이 지정된 목적항까지 계약물품을 운송하는데 필요한 운임이 포함된 거래조건이다.

- 수출자가 선박 본선에 on board하는 시점에 회계처리

  수입자 : (차) 미착상품 등　　　　×××　　　(대) 외화외상매입금　　　　×××

  수출자 : (차) 외화외상매출금　　×××　　　(대) 수출매출　　　　×××

⑥ CIF(Cost, Insurance and Freight : 본선인도조건에 해상운임 · 보험료 포함)

CIF는 FOB조건에 추가하여 '운임 · 보험료포함조건'을 의미한다. 즉 CIF는 물품의 가격(shipping cost)에 목적지까지의 해상보험료와 해상운임이 포함된다. 이 조건에서도 매도인의

위험부담은 FOB의 경우와 마찬가지로 본선에 on board하는 때 매도인에서 매수인에게 이전된다.

- 수출자가 지정된 선박 본선에 on board하는 시점에 회계처리

 수입자 : (차) 미착상품 등   ××× (대) 외화외상매입금   ×××

 수출자 : (차) 외화외상매출금   ××× (대) 수출매출   ×××

  ☞ 수출품을 선박 옆에서 선박만으로 옮기는 작업을 크레인으로 하다가 본선에 옮기지 못하고 파손되었다. 인도일까? 아닐까? FAS조건에서는 인도완료, 즉 수입자의 책임이지만 FOB 또는 CFR, CIF 조건에서는 수출자가 본선에 인도하지 아니한 상태이다.

⑦ CPT(Carriage Paid to : **수출지 일정장소에서의 인도조건에 목적지까지의 운임 포함**)

계약물품의 운송에 소요되는 운임을 매도인이 지급하여야 함을 의미한다. 계약물품의 멸실 또는 손상에 관한 위험은 계약물품이 최초의 운송인에게 인도되었을 때 매도인에서 매수인에게 이전되는 것이다.

- 수출자가 지정한 운송인에게 인도한 시점에 회계처리

 수입자 : (차) 미착상품 등   ××× (대) 외화외상매입금   ×××

 수출자 : (차) 외화외상매출금   ××× (대) 수출매출   ×××

⑧ CIP(Carriage and Insurance Paid to : **수출지 일정장소에서의 인도조건에 목적지까지 운임·보험료 포함**)

CIP는 운송비지급필조건(CPT)에 매도인에게 부보의무를 추가한 조건으로서 전자가 CFR에 해당된다고 할 수 있다면, 이것은 CIF에 해당된다고 할 수 있다.

한편, CPT 및 CIP에 있어서 매도인의 인도제공의무는 운송인인도조건과 같이 약정품이 최초의 운송인의 관리 아래로(into the custody of the carrier) 인도되었을 경우 끝난다.

- 수출자가 지정한 운송인에게 인도한 시점에 회계처리

 수입자 : (차) 미착상품 등   ××× (대) 외화외상매입금   ×××

 수출자 : (차) 외화외상매출금   ××× (대) 수출매출   ×××

⑨ DPU(Delivered at Place Unloaded : 도착지 양하인도)

수출자와 수입자가 정한 지정 목적항 또는 지정 목적지에 도착된 운송수단으로부터 양하한 물품을 수입통관하지 않고 매수인의 임의처분 상태로 인도하는 조건이다.

- 수입품이 지정목적지에 도착하여 운송수단으로부터 양하하여 수입자에게 인도하였을

때 회계처리

수입자 : (차) 미착상품 등   ×××   (대) 외화외상매입금 등   ×××

수출자 : (차) 외화외상매출금 등×××   (대) 수출매출   ×××

⑩ DAP(Delivered at Place : 도착지의 목적지인도)

DAP조건을 사용할 경우 DAP 뒤에 지정목적지를 표시한다. 지정 목적지에서 수입통관을 하지 않은 상태로, 계약물품을 도착된 운송수단으로부터 양하하지 않은 상태로 매수인의 임의처분 상태로 인도하는 조건이다. 이때 도착된 운송수단은 선박이 될 수 있고, 또 지정목적지는 항구가 될 수 있다. 매수인은 지정목적지에서 자기가 임의로 처분할 수 있는 상태가 된 이후의 모든 위험과 비용을 부담한다.

- 수입품이 지정목적지에 도착하여 운송수단(예컨대, 선박)으로부터 양하하지 않고 수입자에게 인도하였을 때 회계처리

수입자 : (차) 미착상품   ×××   (대) 외화외상매입금 등   ×××

수출자 : (차) 외화외상매출금 등×××   (대) 수출매출   ×××

⑪ DDP(Delivered Duty Paid : 도착지국의 관세지급 인도)

물품이 수입국의 지정목적지에서 매수인이 인수가능하게 되었을 때 매도인이 그의 인도의무를 완료하는 것을 의미한다. DDP조건에서 계약물품을 도착된 운송수단으로부터 양하하지 않은 상태로 매수인의 임의처분 상태로 인도하는 것은 DAP조건의 경우와 차이가 없다. 그러나 비용부담의 측면에서 매도인은 수입관세, 조세 및 기타 물품인도비용을 포함하여 모든 위험과 비용을 부담하여야 하고 수입통관도 하여야 한다.

- 수입품이 수입통관되어 수입자가 지정한 지정장소에서 인도되었을 때 회계처리

수입자 : (차) 상품 등   ×××   (대) 외화외상매입금 등   ×××

수출자 : (차) 외화외상매출금 등×××   (대) 수출매출   ×××

> 저자주 : DDP(Delivered Duty Paid : 관세지급인도조건)
> 관세지급인도조건으로 수입하는 경우 수출자가 수입국의 관세, 부가가치세, 운임 등을 부담하여야 한다. 수입자가 실제적인 수입주체인 경우 수출자가 부담한 관세·부가가치세 등의 합계액을 잡이익으로 회계처리하고 수입자명의로 발급되어진 각종 증빙서류에 의한 비용은 수입원가 또는 부가가치세대급금(매입세액)으로 처리하면 될 것이다.

3) 미착재고의 평가

미착재고는 회사 내의 판매가능재고와 구분하여 회사의 기말재고를 구성하도록 개별법으로 회계처리하는 것이 타당하다(회제일 8360-00188, 2004. 4. 8.).

(3) L/G발급에 따른 회계처리

수입화물선취보증(letter of guarantee : L/G, shipping guarantee)이란 수입자가 도착항에 도착한 화물을 선박회사로부터 인도받기 위해서는 선적서류, 특히 운송서류를 제시하여야 한다. 그러나 선적서류는 수입화물과 같이 도착항에 도착하는 것이 아니라 은행을 경유하여 내도하기 때문에 화물은 수입지에 도착하였으나 선적서류는 도착하지 않는 사례가 있다. 이러한 경우, 수입자는 화물을 인도받을 수 없어 많은 불편과 비용을 부담하게 된다.

첫째, 화물을 영업용창고에 보관하여야 하므로 창고료를 부담하여야 된다.

둘째, 입고되어 있는 화물에 대하여는 화재보험료를 부담하여야 된다.

셋째, 수입품을 매도하여 이익을 취득할 수 있는 상기를 놓칠 가능성이 많다.

이러한 문제는 은행이 차후에 내도하는 선하증권의 제시를 선박회사에 약속하고 수입자로 하여금 물품을 인도받을 수 있도록 하면 해결할 수 있다. 수입화물선취보증이란 이러한 문제를 해결하기 위하여 탄생한 선박회사 앞 신용장개설은행의 지급보증 또는 보증서 자체를 의미하는 것이다. 즉 은행이 수입화물선취보증서를 발급하여 수입자에게 발급하면, 수입자는 이를 선박회사에 제시하여 화물을 인도받고, 차후 선하증권원본이 은행에 내도하면 이를 선박회사에 송부하여 수입화물 선취보증서를 회수하게 된다. 이 보증서에서 수하인은 선하증권 도착 즉시 선박회사에 송부할 것 및 화물을 인도한 결과 생긴 손해에 대하여 책임질 것과 미지급운임비용을 지급할 것을 약속하며, 보증은행은 선하증권 도착 즉시 선박회사에 송부할 것을 약속한다. 선박회사는 이것을 제시받고 수하인에게 화물인도지시서(delivery order)를 발급하며, 수하인은 이 D/O를 본선 또는 창고에 제시하고서 화물을 인도받는다. 일반적으로 수입자는 L/G발급시 수입대금을 결제한다.

(차) 수입보증금(USD 10,000) 14,000,000　　(대) 현금예금　　　　　　14,000,000

[질의]

물품수입시 거래상대방에서 B/L수취 이전에 수입화물선취보증서(Letter of Guarantee)를 통하여 먼저 통관을 진행하고 L/G를 발급하기 위해 은행에 적립한 보증금으로 향후 수입대금을 결제하고 있는 경우의 회계처리

[회신]

운송 중인 재고자산은 매매계약상 조건에 의하여 소유권이 이전된 시점에서 회사의 재고자산 및 매입채무로 인식하는 것이 타당하다. 또한 수입화물선취보증서를 발급받기 위하여 은행에 적립한 금액은 보증금으로 회계처리하는 것이 타당하다. 이때 재고자산 관련 매입채무 및 보증금의 환율변동에 해당하는 금액은 영업외손익으로 회계처리한다.

즉, 선적조건의 수입일 때

1. 선적시

    (차) 미착계정   ×××   (대) 외화외상매입금   ×××

2. LG시

    (차) 수입보증금   ×××   (대) 현   금   ×××

3. BL도착 후 정산시

    (차) 외화외상매입금   ×××   (대) 수입보증금   ×××

(4) 수출용 원자재의 수입관세에 대한 회계처리

수입품에 대한 관세 등은 수입품의 취득원가로 처리한다. 그러나 그 수입품이 수출품의 원료 등으로 사용되어 반출되는 경우에는 그 관세는 환급받을 것이므로 수입원가에 포함하지 않는다. 다만 수입 단계에서 환급받을 금액이 확정되지 않는 경우에는 관세 등 부담금액을 일단 수입원가로 처리하였다가 환급받을 때 원가에서 차감하는 회계처리를 한다.

1) 세관장으로부터 지급받은 관세환급금

수출용 원재료수입시 납부한 관세는 매입부대비용으로 재고자산에 포함시킨 후 수출을 완료함으로써 세관장에서 받은 관세환급금은 매출원가의 차감으로 처리한다(기업회계기준 제69조에서도 채택).

관세환급금에 대한 회계처리절차는 다음과 같다.

① 원재료수입시 납부한 관세(물품가격 4억원, 관세 1억원)

    (차) 원재료   5억원   (대) 현금·예금   5억원

② 수출 후 환급받은 관세환급금(1억원)

    (차) 현금·예금   1억원   (대) 관세환급금   1억원

③ 결산시

    (차) 관세환급금   1억원   (대) 매출원가   1억원

손익계산서

제×기 ××××년 ×월 ×일부터 ××××년 ×월 ×일까지
제×기 ××××년 ×월 ×일부터 ××××년 ×월 ×일까지

회사명   (단위 : 원)

과　목	제×(당)기		제×(전)기	
	금	액	금	액
Ⅰ. 매　　출　　액		1,200,000,000		×××
Ⅱ. 매　출　원　가				
1. 기 초 제 품 재 고 액	300,000,000		×××	
2. 당 기 제 품 제 조 원 가	900,000,000		×××	
계	1,200,000,000		×××	
3. 기 말 제 품 재 고 액	150,000,000		×××	
4. 관 세 환 급 금	100,000,000	950,000,000	×××	×××

2) 수출업자로부터 받는 관세환급금

수출업자를 통하여 간접적으로 수령하는 경우는 매출액으로 처리하여야 하고 수출업자는 매입액으로 처리하여야 한다. 물론 세금계산서도 발행 발급하여야 한다. 즉 세관장에서 직접 환급받는 관세 등 환급금은 그 성질로 보아 세관장과 수출업자 사이에 매매거래가 없었다는 점에서 그 환급금을 수입금액으로 볼 수 없는 것이나, 수출품 생산업자가 내국신용장에 의하여 수출물품을 판매하고 그 공급대가에 포함시킨 관세 등 환급금을 수출업자를 통하여 받는 것은 수출품 생산업자가 청구할 수 있는 관세환급금을 수출업자가 대신 청구하여 주는 것이 아니라 물품구입대금의 일부로 지급하는 것으로 보는 것이다.

3) 매출원가차감

상품 또는 제품에 대하여 판매·생산 또는 매입 이외의 사유로 증감액이 있는 경우와 관세환급금 등 기타 매출원가항목으로 차감 또는 부가하여야 할 것이 있는 경우 이를 구분하여 적는다(기업회계기준 제39조).

4) 법인세법상 관세환급금의 손익귀속시기

관세환급금의 손익귀속시기는 다음 각 호의 날이 속하는 사업연도로 한다(법통 40-71 …6).

① 수출과 동시에 환급받을 관세 등이 확정되는 경우(수출용원재료에대한관세등환급에관한특례법 제13조에 따른 정액환급률표에 의한 환급액을 포함한다)에는 당해 수출을 완료한 날

② 수출과 동시에 환급받을 관세 등이 확정되지 아니하는 경우 환급금의 결정통지일 또는 환급일 중 빠른 날. 다만, 수출한 연도에 관세환급금을 미수금으로 계상한 경우에도 다음 '5)'와 같은 경우 그 계상한 때를 귀속시기로 정한다.

5) 수출과 동시에 환급받을 세액이 확정되지 아니한 관세환급금

수출용 원재료를 수입할 때 부담한 관세 등을 관세청장이 고시하는 정액환급률표에 의하여 환급받지 아니하고 소요량증명서류에 의하여 개별환급받는 법인이 사업연도 종료일 현재의 관세환급금 예상액을 다음과 같이 결산에 반영한 경우

(차) 관세환급금 미수금　　　×××　　　(대) 관세환급금　　　×××

수출용원재료에대한관세등환급에관한특례법에 따라 환급받을 관세 등으로서 수출과 동시에 환급받을 세액이 확정되지 아니하는 관세환급금의 귀속사업연도는 당해 환급금의 결정통지일 또는 환급일 중 빠른 날이 속하는 사업연도로 하는 것이나, 일반적으로 공정·타당하다고 인정되는 기업회계기준을 적용하거나 관행을 계속적으로 적용하여 온 경우 당해 기업회계기준 또는 관행에 의한다(법인 46012-2567, 1998. 9. 11.).

6) 관세환차손의 손비인정 여부

내국신용장상에 외화로 표시되어 있는 관세가 입금시점에서 발생하는 환차손에 대하여 세금계산서 발급일로부터 Local L/C Nego일까지의 환차손에 대하여는 대금결제일이 속하는 사업연도의 익금 또는 손금으로 처리한다(법인 22601-1810, 1988. 6. 30.).

7) 수입관세 등과 관련된 국세예규와 기본통칙

① 관세법 위반에 따른 벌과금의 손금산입 여부

손금불산입하고 기타사외유출로 처분한다.

② 보세구역에 장치되어 있는 수출용 원자재가 관세법상의 장치기간 경과로 국고귀속이 확정된 자산의 가액(법통 21 - 0…2)

③ 국고에 귀속되는 수입물품의 손금 귀속시기

수입물품이 관세법의 규정에 따라 국고에 귀속하게 되는 경우(관세법 위반으로 몰수되는 물품을 제외한다) 동 수입물품의 손금산입시기는 국고에 귀속되는 날이 속하는 사업연도로 한다(법통 40 - 71…16). 수입물품이 관세법의 규정에 따라 국고에 귀속하게 되는 경우로 대표적인 것은 보세구역 장치물품이 장치기간 경과로 매각대상이 되어 매각절차를 진행하였으나 매각되지 않았을 때이다. 이 경우 세관장은 매각되지 아니한 물품에 대해 그 물품의 화주 등에게 장치 장소로부터 지체 없이 반출할 것을 통고하는데, 통고일부터 1개월 내에 해당 물품이 반출되지 아니하는 경우에는 소유권을 포기한 것으로 보고 이를 국고에 귀속시키거나(경제적 가치가 있는 경우), 폐기를 명령(경제적 가치가 없는 경우)할 수 있다(관세법 §212).

(5) 신용장의 번호기재방식

취소불능화환신용장발행신청서

(APPLICATION FOR IRREVOCABLE DOCUMENTARY CREDIT)
ABC BANK OF KOREA

Cable Address :

Mailing Address :

Telex Number :

AT SIGHT L/C 및 내국수입 USANCE
지 급 보 증 용

To :

Dear Sirs :

We request you to establish by ☐ cable ☐ air mail an Irrevocable Credit on the following terms and conditions

Advising Bank	
Cable Address	
Credit Number	
Applicant	
Beneficiary	
Amount	
Expiry Date	

Tenor of Draft　　　　At　　　　　　Sight　　　　For　　　% of invoice value

Documents(please indicate by placing x Mark in applicable box)

☐ full set of clean on board ocean bills of lading, made out to the order of the ABC Bank of Korea Ltd.,

marked "Freight ___________________" and "Notify accountee"

☐ Marine Insurance policy or certificate in duplicate, endorsed in blank for　　　% of the invoice value.
Insurance polices or certificates must expressly stipulate that claims are payable in the currency of the drafts and
policies or certificates must also indicate a claim settling agent in Korea. Insurance must include:

Institute Cargo Clauses : ________________________________

☐ Signed commercial invoice in

☐ Packing list in

☐ Other document(s) (if any)

Commodity Description

Name of Commodity	Quantity	Unit Price	Amount
Country of Origin			

Shipment from　　　　　　　　　　　to　　　　　　Latest

Partial shipments are　　　　　　　　Transhipment is

Documents must be presented within _____ days after the date of issuance of B/L or other transportation documents.
Special condition(s) : All banking charges including postage, advising and payment commission outside Korea are for account of ________________________________
Shipment by ________________________

위와 같이 신용장발행을 신청함에 있어서 위 기재사항이 수입허가(승인)사항과 틀림없음을 확인하고 따로 제출한 수입거래약정서의 각 조항에 따를 것을 확약하며
아울러 위 수입화물에 관한 모든 권리를 귀행에 양도하겠습니다.

Except so far as otherwise expressly stated, this credit is subject to the : Uniform Customs and Practice for Documentary Credits : (1993 Revision) International Chamber of Commerce, Publication NO. 500	신청인　　　　　　　　　㊞ 주 소	인감대조

지급보증확인	Checked By	Approved By		계	대 리	차 장	부 점 장

87912B6-58 13 B-19A 210mm×297mm

신용장의 번호는 1976. 10. 15. 한국은행에서 제정한 '수출입허가(승인)서 및 신용장 등의 번호기재요강'에 의하여 정하게 된다.

1) 번호의 구성

①－②③④⑤－⑥⑦⑧－⑨⑩－⑪⑫⑬⑭⑮
M 0602 208 ES 04258

① : 번호의 부여대상별 기호

대 상	기 호	대 상	기 호
수출허가(승인)번호	E	수출실적 확인서 번호	X
수출신용장 통지번호	A	수입허가(승인)번호	I
내국신용장 번호	L	국산원자재 공급실적확인서 번호	S
선수출계약서 관리번호	P	수입신용장번호	M
외화표시공급계약서 관리번호	F	수출입허가(승인)	C

② · ③ : 취급관서 또는 은행번호(본점기준)
④ · ⑤ : 취급관서 또는 은행의 부, 지점번호(지점기준)
⑥ : 연도표시번호(매년도의 끝자리 수 1단위만 표시. 예 : 99년은 9로 표시)
⑦ · ⑧ : 월표시 번호(월은 두 단위로 표시, 예 : 8월은 08, 12월은 12)
⑨ : 수입용도 기호

대 상	기 호	대 상	기 호
정부용	G	가공무역용	B
일반용	N	군납용 원자재	A
수출용 원자재	E	기타외화획득용	S
수출용 시설기재	M	특수거래	X

⑩ : 수입결제방법 기호

대 상	기 호	비 고
일람출급신용장	S	
기한부신용장	U	
기타신용장	D	무화환신용장, 연지급신용장 포함.
D/P	P	
D/A	A	
단순송금	R	

⑪～⑭ : 일련번호
⑮ : 검색번호(check digit)

2) 번호활용의 실제 예

M-0602-208-ES-04258

이 수입(M) 신용장은 외환은행명동지점(602)에서 2002년 8월(208)에 수출용 원자재(E)를 현금지급조건(S)으로 수입하기 위하여 425번째로 발행한 것이다.

5 내국신용장에 의한 매입

내국신용장에 의한 매입은 국내거래이므로 실질적인 인수일을 취득일로 본다. 다만 분할 입고되는 경우 인수증 발급일을 취득일로 보아 인수증 발급일 현재의 매입가격을 취득원가로 처리한다. 이 경우 인수일 또는 인수증 발급일 이후의 환율변동으로 인한 취득원가와 Nego금액과의 차액은 기간손익으로서 영업외손익으로 처리한다.

매입가격과 조건이 입고시에 확정되지 아니하고 차후 Local L/C 개설시에 확정되는 경우 Local L/C상의 금액을 취득원가로 한다. 이 경우 Local L/C 개설 이후의 환율변동으로 인한 취득원가와 Nego금액과의 차액은 영업외비용으로 처리한다(회계질의회신해석 16-55, 1999. 6. 29.).

제7장

외화자산·부채의 환산 및 평가

기업회계기준

(1) 용어정의(일반기준 제23장)

- **공정가치** : 합리적인 판단력과 거래의사가 있는 독립된 당사자 사이의 거래에서 자산이 교환되거나 부채가 결제될 수 있는 금액
- **기능통화** : 영업활동이 이루어지는 주된 경제 환경의 통화
- **마감환율** : 보고기간말의 현물환율
- **연결실체** : 지배기업과 그 지배기업의 모든 종속기업
- **외화** : 기능통화 이외의 다른 통화
- **외화환산손익** : 결산일에 화폐성외화자산 또는 화폐성외화부채를 환산하는 경우 환율의 변동으로 인하여 발생하는 환산손익
- **외환차손익** : 외화자산의 회수 또는 외화부채의 상환시에 발생하는 차손익
- **외환차이** : 특정 통화로 표시된 금액을 변동된 환율을 사용하여 다른 통화로 환산할 때 생기는 차이
- **표시통화** : 재무제표를 표시할 때 사용하는 통화
- **해외사업장** : 보고기업과 다른 국가에서 또는 다른 통화로 영업활동을 하는 종속기업, 관계기업, 조인트벤처나 지점
- **해외사업장에 대한 순투자** : 해외사업장의 순자산에 대한 보고기업의 지분 해당 금액
- **현물환율** : 즉시 인도가 이루어지는 거래에서 사용하는 환율
- **화폐성항목** : 보유하는 화폐단위들과 확정되었거나 결정가능한 화폐단위 수량으로 회수하거나 지급하는 자산·부채
- **환율** : 두 통화 사이의 교환비율용어의 정의

(2) 화폐성외화자산·부채의 결산일 환산가액

화폐성항목의 결제시점에 발생하는 외환차손익 또는 화폐성항목의 환산에 사용한 환율이 회계기간 중 최초로 인식한 시점이나 전기의 재무제표 환산시점의 환율과 다르기 때문에 발생하는 외화환산손익은 그 외환차이가 발생하는 회계기간의 손익으로 인식한다 (23.10).

상품을 외상으로 수출하였다. 현금 판매가격이 3,000,000원(USD 2,500)인데 3년 후에 지급받기로 하였기 때문에 15%의 이자율로 계산하여 4,562,625원(USD 3,802)을 받기로 한 경우 유효이자율법에 의한 분개는 다음과 같다.

① ×××1. 1. 1.

    (차) 외화외상매출금   4,562,625   (대) 수출매출   3,000,000
                                  현재가치할인차금   1,562,625

② ×××1. 12. 31.

    (차) 현재가치할인차금   450,000   (대) 이자수익   450,000

* 3,000,000×15%=450,000

③ ×××2. 12. 31.

    (차) 현재가치할인차금   517,500   (대) 이자수익   517,500

* (3,000,000+450,000)×15%=517,500

④ ×××3. 12. 31.

    (차) 현재가치할인차금   595,125   (대) 이자수익   595,125
        현   금   4,562,625   외화외상매출금   4,562,625

* (3,000,000+450,000+517,500)×15%=595,125

※비상장중소기업은 장기연불조건의 매매거래에 대하여 현재가치 평가를 하지 아니하고 명목가치로 표시할 수 있다.

재성㈜는 결산일 현재 USD 1,000,000 상당액의 외화매출채권이 있다. 5월 4일 발생하였으며 결산 전 장부가액은 1,020,000,000원이다. 12월 31일 현재 기준환율은 1,257.5 /1USD이다.

● 결산일분개

    (차) 외화외상매출금   237,500,000   (대) 외화환산이익   237,500,000
                                           (영업외수익)

● 세무조정여부 : 다음에서 설명하는 법인세법을 참조바란다.

(3) 비화폐성외화자산·부채의 환산

비화폐성항목에서 발생한 손익을 기타포괄손익으로 인식하는 경우에 그 손익에 포함된 환율변동효과도 기타포괄손익으로 인식한다. 그러나 비화폐성항목에서 발생한 손익을 당기손익으로 인식하는 경우에는 그 손익에 포함된 환율변동효과도 당기손익으로 인식한다 (일반기준 23.11).

☞ 법인세법에서는 비화폐성항목에 대한 환율차손익을 인정하지 아니한다. 따라서 당기손익으로 회계처리한 경우에는 불산입하는 세무조정을 하여야 한다.

(4) 화폐성과 비화폐성의 구분

1) 화폐성 항목

화폐성외화자산 및 화폐성외화부채는 현금및현금등가물·매출채권·매입채무 등과 같이 화폐가치의 변동과 상관없이 자산·부채의 금액이 계약 기타에 의하여 일정액의 화폐액으로 고정되어 있는 경우의 당해 자산 및 부채로 한다. 다만, 유가증권과 같이 화폐성·비화폐성의 양면적인 성격을 동시에 가지고 있는 자산·부채는 당해 자산·부채의 보유상의 목적 또는 성질에 의하여 구분한다.

2) 비화폐성 항목

자산 또는 부채가 일정액의 화폐금액으로 고정되어 있지 아니하여 화폐가치의 변동에 영향을 받는 자산과 부채를 말한다. 예를 들면 재고자산, 대부분의 유형고정자산, 주식 등이 이에 속한다.

> **참고** 화폐성·비화폐성자산과 부채의 예
> - 화폐성자산 : 현금및현금등가물, 매출채권, 미수금, 대여금 등
> - 화폐성부채 : 차입금, 외상매입금, 지급어음, 미지급금, 사채, 퇴직급여충당금, 신주인수권부사채 등
> - 비화폐성자산 : 선급비용, 재고자산, 유형자산, 무형자산 등
> - 비화폐성부채 : 선수금(실물로 지급하기로 한 경우), 예수금, 순손익 등

(1) 사업연도 중에 발생된 외화자산·부채의 기장환율

외화자산·부채는 다음 각 호의 방법에 의하여 환산한 원화금액으로 기장한다(법통 42 – 76…2, 법령 §76 ⑤).

① 사업연도 중에 발생된 외화자산·부채는 발생일 현재 외국환거래법에 의한 기준환율 또는 재정환율에 의하여 환산한다. 이 경우 외화자산·부채의 발생일이 공휴일인 때에는 그 직전일의 환율에 의한다.

② 사업연도 중에 보유외환[244]을 매각하거나 외환을 매입하는 경우 거래은행에서 실제 적용한 환율에 의하여 기장한다.

③ 사업연도 중에 보유외환으로 다른 외화자산을 취득하거나 기존의 외화부채를 상환하는 경우 보유외환의 장부상 원화금액으로 회계처리한다.

④ 내국법인이 상환받거나 상환하는 외화채권·채무의 원화금액과 원화기장액의 차익 또는 차손은 당해 사업연도의 익금 또는 손금에 이를 산입한다.

사례　**외화자산·부채 발생시 회계사례**

① 수출신용장가격 : CIF USD 10,000 at sight

② ×××1. 5. 12. 선적 : 기준환율 1USD＝₩1,200 국제해상운반비 부대비용 발생 2,100,000

(차) 외화외상매출금	12,000,000	(대) 수출매출	12,000,000
(차) 수출제비용	2,100,000	(대) 현금또는예금	2,100,000

③ ×××1. 5. 14. : 거래외국환은행에서 Nego금액 외화 USD 10,000 전액을 외화예금하였다. 환가료 50,000원을 현금으로 지급하였다. 5월 14일의 기준환율은 1USD＝₩1,220이다.

(차) 외화예금	12,200,000	(대) 외화외상매출금	12,000,000
		외환차익	200,000
(차) 환가료	50,000	(대) 현금또는예금	50,000

④ ×××2. 1. 10. : 위 외화예금 중 외화예금 USD 8,000 인출하여 외화단기차입금 USD

---

244) 세법엔 외환에 대한 정의가 없다. 외국환거래법의 외국환에 대한 정의는 다음과 같다.
　　외국환이란 대외지급수단·외화증권 및 외화채권을 말한다.
　　－대외지급수단 : 외국통화, 외국통화로 표시된 지급수단, 기타 외국에서 사용할 수 있는 지급수단
　　－외화증권 : 외국통화로 표시된 증권 또는 외국에서 지급을 받을 수 있는 증권
　　－외화채권 : 외국통화로 표시된 채권 또는 외국에서 지급을 받을 수 있는 채권

8,000 상환하였다. 외화단기차입금 장부가액은 8,400,000원이다.

| (차) 외화단기차입금 | 8,400,000 | (대) 외화예금 | 9,760,000 |
| 외환차손 | 1,360,000 | | |

〈사례 '③' 분개에 대한 세무조정〉

법인세법은 보유외환(외화외상매출금)으로 다른 외화자산(예금)을 취득한 경우 보유외환의 장부상 원화금액으로 회계처리하도록 통칙에서 정하고 있다. 즉 평가하지 않는다. 따라서 외환차익 20만원을 익금불산입하는 세무조정을 하여야 한다. 그러나 2011년부터 결산시점에 외화평가를 허용하고 있어서 평가를 선택한 경우 이 분개에 대한 세무조정을 안 해도 결국은 기말평가에 포함된 셈이다. 그러면 회계기준은 어떠한가? 회계기준에는 외상매출채권을 회수하여 바로 외화예금하는 경우 외환차손익인식에 대한 규정이 없는바 금감원의 질의회신을 본다.

> **사례**
>
> 외화매출채권의 회수(12. 15.)와 원화 환전(12. 25.)이 동시에 이루어지지 않고 외화예금으로 보유하다가 시차를 두고 원화로 환전하는 경우 외환차손익 인식시점은?
>
> 12. 15.과 12. 25.에 외환차손익을 모두 인식하는 것이 타당함(금감원 2004 - 028).

(2) 외화예금 인출시 원화기장액 산출방법

법인이 수차례에 걸쳐 입금한 외화예금의 일부를 원화로 인출하는 경우 외화예금의 원화기장액 산정방법은 선입선출법을 적용하는 것이나 이동평균법을 준용한 평가방법을 계속적으로 적용하여 온 경우 그 평가방법을 적용할 수 있다(법통 42 - 76 - 5).

> **사례**
>
> 원화로 외화예금을 하였을 때는 은행에서 외화 매입시 적용한 환율로 하고 외화채권(수출대금)을 받아 그대로 외화예금한 경우 외화채권의 장부가액대로 대체처리하였다고 가정한다(회계기준은 대체처리하는 경우도 외환차손익을 인식하여야 함). 그 후 인출하였을 때 외환차손익을 인식한다. 다음 자료의 장부에서 12월 1일 인출한 USD 10,000에 대한 회계처리를 검토해 보자. 사업연도 종료일 현재 1USD의 매매기준율은 1,000원이다.

〈외화예금 장부〉

일자	차변	대변	잔액
9. 20.	(USD 6,000)　5,704,200		(USD 6,000)　5,704,200
10. 5.	(USD 9,000)　8,115,010		(USD 15,000)　13,819,210
12. 1.		(USD 10,000)　?	(USD　5,000)　?
합계	13,819,210		

① 인출일의 선입선출법 사례

먼저 입금한 금액을 인출한 것으로 하는 경우이다. 따라서 9월 20일 예금액 5,704,200
원 전부와 10월 5일 예금액 중 USD 4,000을 인출한 것이다.

(차) 현　　금	9,450,000	(대) 외화예금	5,704,200
		외화예금	3,606,671 *
		외환차익	139,129

　* 8,115,010/9,000×4,000

② 인출일의 이동평균법 사례

이동평균법은 인출일 현재의 원화잔액에 대한 평균단가이다. 따라서 13,819,210원을
USD 15,000로 나누면 환율은 921.28원이다.

(차) 현　　금	9,450,000	(대) 외화예금	9,212,800
		외환차익	237,200

③ 사업연도 종료일의 평가액

　㉠ 사업연도 종료일 현재 평가하지 않는 경우

　　선입선출법으로 회계처리한 경우 사업연도 종료일 현재 외화예금잔액은 USD
　　5,000에 원화 4,508,339원이다. 장부와 차이나는 금액이 있는 경우 외환차손익으로
　　처리한다.

　㉡ 사업연도 종료일 현재 매매기준율로 평가하기로 신고한 경우

　　선입선출법으로 회계처리한 경우 사업연도 종료일 현재 외화예금잔액은 USD
　　5,000에 원화 5,000,000원이다. 다음과 같이 평가차액을 분개한다.

(차) 외화예금	491,661	(대) 외화환산이익	491,661

〈12월 말 결산법인의 기업회계기준과 법인세법 사례〉

1) 기업회계기준

기업회계기준은 외환차손익이 발생한 때마다 인식한다. 채권회수일인 12월 29일과 결

산일인 12월 31일 그리고 1월 7일에 외환차손익을 모두 인식하여야 하는 것이다(금감
원 2004－028, 회제일 8360－00154, 2004. 3. 12.).

① 회사는 12월 25일 USD 1,000,000의 재화를 미국의 'A'에게 FOB조건으로 수출했다.
선적일 : 기준환율 1USD＝₩1,200

 (차) 외화외상매출금   1,200,000,000 (대) 수출매출   1,200,000,000
 * USD 1,000,000 × 1,200

② 회사는 12월 29일 수출채권으로 외화 USD 100만 전액을 받아 외화예금하였다. 12
월 29일 기준환율 1USD＝₩1,220

 (차) 외화예금   1,220,000,000 (대) 외화외상매출금 1,200,000,000
               외환차익   20,000,000

 * USD 1,000,000 × 1,220

③ 12월 31일 결산일 평가 : 기준환율 1,250

 (차) 외화예금   30,000,000 (대) 외화환산이익   30,000,000
 * USD 1,000,000 × (1,250－1,220)

④ 회사는 다음 연도 1월 7일 위 외화예금 중 USD 800,000 인출하여 원화계좌로 이체하
였다. 은행에서 적용한 환율의 원화금액은 950,000,000원이다.

 (차) 보통예금   950,000,000 (대) 외화예금   1,000,000,000
   외환차손   50,000,000
 * 800,000 × 1,250 ＝ 1,000,000,000

⑤ 다음 연도 1월 20일 위 외화예금 중 USD 200,000 인출, 외화채무상환(장부금액
237,000,000원)

 (차) 외화단기차입금 237,000,000 (대) 외화예금   250,000,000
   외환차손   13,000,000
 * 200,000 × 1,250 ＝ 250,000,000

2) 법인세법 : 결산일에 화폐성외화자산·부채를 평가하지 않는 법인

① 회사는 12월 25일 USD 1,000,000의 재화를 미국의 'A'에게 FOB조건으로 수출했다.
선적일 : 기준환율 1USD＝₩1,200

 (차) 외화외상매출금   1,200,000,000 (대) 수출매출   1,200,000,000
 * 법인세법 기본통칙 42－76…2 1호 적용 : USD 1,000,000 × 1,200

② 회사는 12월 29일 수출채권으로 외화 USD 100만 전액을 받아 외화예금하였다. 1월
29일 기준환율 1USD＝₩1,220

(차) 외화예금   1,200,000,000 (대) 외화외상매출금   1,200,000,000
 * 법인세법 기본통칙 42-76…2 3호 적용하여 외환차손익 없음.

③ 회사는 다음 연도 1월 7일 위 외화예금 중 USD 800,000 인출하여 원화계좌로 이체하였다. 은행에서 적용한 환율의 원화금액은 950,000,000원이다.

(차) 보통예금   950,000,000 (대) 외화예금   960,000,000
    외환차손   10,000,000
 * 법인세법 기본통칙 42-76…2 2호 적용함. 외화예금인출 800,000 × 1,200 = 960,000,000

④ 결산일 : 분개없음

⑤ 다음 연도 1월 20일 위 외화예금 중 USD 200,000 인출, 외화채무상환(장부금액 237,000,000원)

(차) 외화단기차입금   237,000,000 (대) 외화예금   240,000,000
    외환차손   3,000,000
 * 200,000 × 1,200 = 240,000,000

〈회계기준대로 분개한 경우의 세무조정〉

귀속		내용			세무조정	소득차이 누계
		과목	회계금액	법인세법		
×××1. 12. 29.	외화채권 회수하여 외화예금	외환차익	2천만원	0	익금불산입 2천만원	-2천만원
×××1. 12. 31.	결산일	외화환산이익	3천만원	0	익금불산입 3천만원	-5천만원
×××2. 1. 7.	외화예금 원화로 인출	외환차손	5천만원	1천만원	손금불산입 4천만원	-1천만원
×××2. 1. 20.	외화예금 외화차입금상환	외환차손	1,300만원	3백만원	손금불산입 1천만원	0

☞ 법인세법은 보유외환(외화외상매출금)으로 다른 외화자산(예금)을 취득한 경우 보유외환의 장부상 원화금액으로 회계처리하도록 정하고 있다. 즉 평가하지 않는다. 따라서 외환차익 2천만원과 외환환산이익 3천만원을 익금불산입하는 세무조정을 하여야 한다.

3) 법인세법 : 결산일에 화폐성외화자산·부채를 평가하는 법인
① 회사는 12월 25일 USD 1,000,000의 재화를 미국의 'A'에게 FOB조건으로 수출했다.
    선적일 : 기준환율 1USD＝₩1,200

(차) 외화외상매출금   1,200,000,000 (대) 수출매출   1,200,000,000
 * 법인세법 기본통칙 42-76…2 1호 적용 : USD 1,000,000 × 1,200

② 회사는 12월 29일 수출채권으로 외화 USD 100만 전액을 받아 외화예금하였다. 12월 29일 기준환율 1USD＝₩1,220

(차) 외화예금   1,200,000,000 (대) 외화외상매출금   1,200,000,000
* 법인세법 기본통칙 42-76…2 3호 적용하여 외환차손익 없음

③ 12월 31일 결산일 평가 : 기준환율 1,250

(차) 외화예금   50,000,000 (대) 외화환산이익   50,000,000
* USD 1,000,000 × (1,250-1,200)

④ 회사는 다음 연도 1월 7일 위 외화예금 중 USD 800,000 인출하여 원화계좌로 이체하였다. 은행에서 적용한 환율의 원화금액은 950,000,000원이다.

(차) 보통예금   950,000,000 (대) 외화예금   1,000,000,000
    외환차손   50,000,000
* 법인세법 기본통칙 42-76…2 2호 적용함. 외화예금인출 800,000 × 1,250 = 1,000,000,000

⑤ 다음 연도 1월 20일 위 외화예금 중 USD 200,000 인출, 외화채무상환(장부금액 237,000,000원)

(차) 외화단기차입금   237,000,000 (대) 외화예금   250,000,000
    외환차손   13,000,000
* 200,000 × 1,250 = 250,000,000

<회계기준대로 분개한 경우의 세무조정>

귀속		내용			세무조정	소득차이 누계
		과목	회계금액	법인세법		
×××1. 12. 29.	외화채권 회수하여 외화예금	외환차익	2천만원	0	익금불산입 2천만원	-2천만원
×××1. 12. 31.	결산일	외화환산 이익	3천만원	5천만원	익금산입 2천만원	0
×××2. 1. 7.	외화예금 원화로 인출	외환차손	5천만원	5천만원	없음	0
×××2. 1. 20.	외화예금 외화차입금 상환	외환차손	1,300만원	1,300만원	없음	0

☞ 법인이 화폐성외화자산·부채를 평가하기로 세무서에 신고하고 법인세법대로 분개한 경우에는 아무런 세무조정을 하지 않아도 된다. 위 사례에서 보듯이 기중에는 세무조정사항이 2천만원 발생하기도 하나 기말 현재는 반대의 세무조정으로 소득금액은 차이가 나지 않기 때문이다.

(3) 실무상 간편하게 하는 외환차손익

앞 사례의 3) 외화예금을 원화로 인출, 외화예금으로 외화차입금 상환 등 거래를 보자. 외화예금의 원화장부상 금액을 파악하였기에 외환차손으로 5천만원, 1,300만원 산출된 것이다. 거래가 많아 파악이 어려운 경우에는 기중에 발생하는 외화예금 또는 외화예금인출의 원화금액은 평가하지 말고 상대계정인 현금이나 채권 또는 채무의 장부가액대로 분개하여 외환차손익이 없는 분개를 한다. 그리고 외화예금계정을 기말에 한 번(반기별 관리는 두 번)만 외환차손익을 한꺼번에 계산하는 것이 간편하다. 즉,

① 외화예금계정의 차변(借邊)의 발생 금액은 대변(貸邊)의 상대과목장부금액대로 한다.

② 외화예금계정의 대변(貸邊)은 차변(借邊)의 상대과목장부금액대로 한다. 차변이 현금인 경우에는 금융기관이 적용한 환율대로 처리하여 외환차손익을 발생시키지 않는다.

③ 위 ①과 ②와 같이 처리하면 결산시점에 남아있는 외화예금의 원화금액은 오류상태이므로 바로잡는 작업을 다음의 사례와 같이 하면 될 것이다.

사례 1

자료
- 1년간 외화입금과 외화출금 거래 후 외화예금잔액이 USD 150,000이고 장부상 원화잔액이 1억 8천만원인 경우이다.
- 12/31 결산시점에서 거슬러서 12/25 USD 70,000 외화입금에 원화입금은 7천8백만원, 11/30 USD 90,000 외화입금에 원화입금이 9천7백만원이 있다. 잔액이 USD 150,000이므로 입금거래건수는 많지만 그 이상은 거슬러 볼 필요가 없다.

① 회사가 원가법 중 선입선출법으로 적용했을 때 기말잔액과 외환차손익은 얼마인가?

(USD 70,000에 대한 원화 7800만원) + (9700만원 × USD 80,000/USD 90,000) = 164,222,222원이다.

－장부잔액 1억8천만원과의 차액 15,777,778원은 외환차손으로 회계처리한다.

（차）외환차손　　　　　15,777,778　　　　（대）외화예금　　　　　15,777,778

② 결산일에 화폐성외화자산·부채를 평가하는 법인이라면 기말잔액과 외화환산손익은 얼마인가?

결산일의 기준환율 1USD＝₩1,170
(차) 외화예금   11,277,778   (대) 외화환산이익   11,277,778
*(1,170 × USD 150,000 ＝ 기말외화예금 175,500,000) － 164,222,222 ＝ 11,277,778

사례 2

외환차손익은 결산시에만 처리

① 자료 : 12. 31.말 결산하는 회사의 거래

(단위 : 천원)

일자	적요, USD, @기준환율	차변	대변
11. 5.	#1 수출 $1,000 @1,000	외상매출금 1,000,000	수출매출 1,000,000
11. 15.	#2 수입 $800 @1,080	상품 864,000	#2 외상매입금 864,000
11. 16.	#1 수출대금입금 $1,000 @1,100	외화예금 1,000,000	#1 외상매출금 1,000,000
11. 20.	#2 수입대금상환 ▲$800 @1,110	외상매입금 864,000	외화예금 864,000
12. 4.	#3 수출 $2,000 @1,200	외상매출금 2,400,000	수출매출 2,400,000
12. 10.	#3 수출대금입금 $2,000 @1,220	외화예금 2,400,000	#3 외상매출금 2,400,000
12. 15.	외화를 보통예금으로 ▲$1,400	보통예금 1,800,000	외화예금 1,800,000

② 결산분개전 외화예금계정

적요	차변	대변	잔액
외화예금합계	USD 3,000	USD 2,200	USD 800
원화예금합계	3,400,000	2,664,000	736,000

③ 12. 31. 현재 외화예금 장부잔액은 USD 800 원화 736,000이다. 그러나 이 금액은 기중에 외환차손익을 계산하지 않은 금액이다. 세법 상 기말에 남아야 할 외화예금 원화금액은 선입선출법으로 할 때 12. 10. 입금한 금액에서 남는다. USD 800 × @1,200원 ＝ 960,000원이다. 기중에 224,000원을 과다하게 인출처리 했으므로 다음과 같이 정정

분개를 한다.

 12. 31.　　　　　　　　　　　　　　　　　（대）외화예금　　　　　　▲224,000
　　　　　　　　　　　　　　　　　　　　　　（대）외환차익　　　　　　224,000

④ 법인이 화폐성외화자산·부채에 대한 평가를 하는 경우에는 추가로 다음과 같이 분개한다.

결산일의 기준환율 1,210원인 경우 기말잔액은 968,000원이다.

 12. 31.（차）외화예금　　　　8,000　　　（대）외화환산이익　　　　8,000
　　　　　　　[960,000－(USD 800×1,210＝968,000)＝8,000]

(4) 기준환율(基準換率)과 재정환율(裁定換率, Arbitration)

외국환거래법 제5조에서 정하는 환율은 다음과 같다.

① 기획재정부장관은 원활하고 질서 있는 외국환거래를 위하여 필요하면 외국환거래에 관한 기준환율, 외국환의 매도율·매입률 및 재정환율(이하 "기준환율 등"이라 한다)을 정할 수 있다.

② 거주자와 비거주자는 제1항에 따라 기획재정부장관이 기준환율 등을 정한 경우에는 그 기준환율 등에 따라 거래하여야 한다.[245]

(5) 외화채무인계에 따른 차손익의 귀속시기

자산의 양도대가로 외화부채를 인계·인수하는 경우 동 부채의 인계·인수일 현재의 외국환거래법에 의한 기준환율 또는 재정환율에 의하여 환산한 금액을 자산양도가액 또는 자산의 취득가액으로 한다(법통 42-76…1).

(6) 새로운 외화채무로 종전의 외화채무를 직접 차환하는 경우

새로운 외화채무로 종전의 외화채무를 상환한 경우 당해 채무의 원화기장액을 수정하지 아니한다(법통 42-76…3).

---

245) '제3장' 참조

A은행에 대한 외화단기차입금 USD 50,000(장부가액 52,500,000원)의 만기가 도래하였다. 이를 상환하기 위하여 새로운 외화차입을 B은행에서 하였으며 기준환율은 USD/ 1,080 원이다.

　(차) 외화단기차입금　　52,500,000　　　(대) 외화단기차입금　　52,500,000

(7) 화폐성외화자산·부채평가

법인(금융회사 등 외)이 보유하는 화폐성외화자산·부채와 화폐성외화자산·부채의 환위험을 회피하기 위하여 보유하는 통화선도 등은 법인의 선택에 의하여 사업연도 종료일 현재의 환율로 평가할 수 있다.

1) 외화평가대상 자산·부채의 범위

금융회사 등 외의 일반법인이 보유하는 외화자산·부채 중 다음 ①과 ② 전체가 평가대상이다.
① 화폐성외화자산·부채
② 화폐성외화자산·부채의 환위험을 회피하기 위하여 보유하는 통화선도 및 통화스왑

2) 관할 세무서장에게 신고한 방법

① 평가방법 선택

다음 방법 중 관할 세무서장에게 신고한 방법에 따라 평가하여야 한다. 다만, 최초로 '㉯'의 방법을 신고하여 적용하기 이전 사업연도의 경우에는 '㉮'의 방법을 적용하여야 한다.
㉮ 취득일 또는 발생일(통화선도·통화스왑의 경우에는 계약체결일) 현재의 매매기준율 등으로 평가하는 방법
㉯ 사업연도 종료일 현재의 매매기준율 등으로 평가하는 방법
　• ㉠, ㉡ 중 선택

	화폐성외화자산·부채	환위험회피용 통화선도 등
㉠	평가 ✕	평가 ✕
㉡	평가 ○	평가 ○

② 평가방법 계속적용(법령 §76 ③ 단서)

사업연도 종료일 현재의 매매기준율 등으로 평가하는 방법으로 신고한 그 후의 사업연도에도 계속하여 적용하여야 한다. 다만, 신고한 평가방법을 적용한 사업연도를 포함하여 5개 사업연도가 지난 후에는 다른 방법으로 신고를 하여 변경된 평가방법을 적용할 수 있다(단서는 2014. 1. 1. 이후 개시하는 사업연도분부터 적용한다).

③ 신고기한

사업연도 종료일 현재의 매매기준율 등으로 평가방법을 적용하려는 사업연도의 법인세과세표준신고와 함께 화폐성외화자산등평가방법신고서를 관할 세무서장에게 제출하여야 한다.

3) 평가손익

화폐성외화자산·부채, 통화선도·통화스왑 및 환위험회피용통화선도·통화스왑을 .평가함에 따라 발생하는 평가한 원화금액과 원화기장액의 차익 또는 차손은 해당 사업연도의 익금 또는 손금에 이를 산입한다.

사례

갑법인의 2021. 12. 31. 현재 외화단기차입금잔액은 USD 500,000이며 장부상 원화잔액은 550,000,000원이다. 2021. 12. 31.의 기준환율은 1,153.3원이며 2020. 12. 31. 현재 기준환율은 1,138.9원이다. 회사는 전기에 외화평가를 하지 아니하였으며 당기말 결산회계를 다음과 같이 분개하였다. 세무조정은?

   (차) 외화환산손실　　26,650,000　　　　(대) 외화단기차입금　　26,650,000
   USD500,000×1,153.3=576,650,000−550,000,000=26,650,000원

외화환산손실 19,450,000원 손금불산입 유보
세법상 외화평가순익은 2021년도분만 인정하므로 2021. 12. 31. 현재 환율 1,153.3과 2020. 12. 31. 환율 1,138.9의 차이인 14.9원에 USD 500,000을 곱한 금액인 7,200,000원만 인정한다. 나머지 19,450,000원은 손금불산입하고 유보로 처분한다. 그 후 상환할 때 손금산입하고 유보감소시키면 된다.

☞ 회사가 전기에 기업회계기준에 따라 외화평가를 회계처리를 한 경우 세무조정으로 19,450,000원 손금불산입하고 세무조정으로 유보처분되어 있을 것이므로 세무상 효과는 항상 같다.

4) 외환차손익인식시점에 대한 회계기준과 법인세법 차이

기업회계기준해석은 외환차손익이 발생한 때마다 인식한다. 예컨대 외화매출채권의 회수(12월 15일)와 원화 환전(12월 25일)이 동시에 이루어지지 않고 외화예금으로 보유하다가 시차를 두고 원화로 환전하는 경우 12월 15일과 12월 25일에 외환차손익을 모두 인식하여야 하는 것이다(금감원 2004-028, 회제일 8360-00154, 2004. 3. 12.).

반면에 법인세법 통칙은 '사업연도 중에 보유외환으로 다른 외화자산을 취득하거나 기존의 외화부채를 상환하는 경우에는 보유외환의 장부상 원화금액으로 회계처리한다'고 해석하고 있어 세무조정이 필요해진다. 다만 2011. 1. 1. 이후 최초로 개시하는 사업연도분부터는 화폐성외화자산·부채의 평가가 선택적이므로 평가를 선택한 경우 세무조정문제는 없다.

사례 1

① A법인은 3월 25일 USD 16,000을 외화예금하고 결산일인 12월 31일까지 인출하지 아니하였다. 3월 25일의 은행적용환율은 1USD=₩1,250이며, 12월 31일의 기준환율은 1USD=₩1,280이다.

- 3월 25일

  (차) 외화예금   20,000,000   (대) 현금 등   20,000,000
- 12월 31일

  (차) 외화예금   480,000   (대) 외화환산이익[246]   480,000

  (환율차이 1,280−1,250)×USD 16,000=480,000

② 2월 1일 위 예금 USD 16,000을 모두 인출하였다. 인출당시 은행의 적용환율은 1USD=₩1,300이다.

  (차) 현금 등   20,800,000   (대) 예　금   20,480,000

                                          외환차익   320,000

  (환율차이 1,300−1,280)×USD 16,000=320,000

---

246) 세법개정으로 2011년 1월 이후 외화환산손익은 사업연도 종료일 현재의 매매기준율 등으로 평가방법을 신고한 경우에 인정하므로 신고하지 아니한 경우에는 손금불산입하는 세무조정을 하여야 한다.

3월 25일 서울은행에서 USD 100,000월 단기차입하였고 9월 30일 USD 100,000을 상환하였다. 3월 25일 은행적용환율은 1USD＝₩1,200이고 9월 30일의 환율은 1USD＝₩1,150이다.

- 3월 25일

  (차) 현금 등　　　　　120,000,000　　　(대) 외화단기차입금　120,000,000

  (USD 100,000×1,200원＝120,000,000원)

- 9월 30일

  (차) 외화단기차입금　120,000,000　　　(대) 현금 등　　　　　　115,000,000

  　　　　　　　　　　　　　　　　　　　　　　외환차익　　　　　　　5,000,000

  (차입시 환율 1,200원－상환시 환율 1,150원)×USD 100,000＝5,000,000

(1) 12월 결산법인인 A는 2019. 11. 1. US＄10,000 상품을 수출하고 대금은 5개월 후에 받기로 하였다.

(2) 한편, A는 US＄수출대금의 ₩에 대한 환율변동을 회피하기 위하여 다음과 같은 통화선도거래계약을 체결하였다.

　① 통화선도거래계약 체결일 : 2019. 11. 1.

　② 계약기간 : 5개월(2019. 11. 1.～2020. 3. 31.)

　③ 계약조건 : US＄10,000를 @₩1,150/US＄1(Forward rate)로 매도하기로 하였다.

(3) 환율에 대한 자료는 다음과 같다.

일　자	현물환율(₩/$)	통화선도환율(₩/$)
2019. 11. 1.	1,100	1,150(만기5개월)
2019. 12. 31.	1,080	1,120(만기3개월)
2020. 3. 31.	1,180	

(4) A회사는 법인세법상 외화환산 및 통화선도거래에 대하여 사업연도 종료일 현재의 환율로 평가하는 방법을 채택하였다.

• 각 시점별 회계처리

일 자	내 역	차 변		대 변	
2019. 11. 1.	일반상거래	매출채권	11,000,000	매출	11,000,000
	통화선도거래	회계처리 없음			
2019. 12. 31.	일반상거래	외화환산손실	200,000	매출채권	200,000
	통화선도거래	통화선도(유동자산)	300,000	통화선도평가이익(수익)	300,000[주]
2020. 3. 31.	일반상거래	현금	11,800,000	매출채권 외환차익	10,800,000 1,000,000
	통화선도거래	통화선도거래손실 (비용)	600,000	통화선도 현금	300,000 300,000

주) US＄미지급액 변동액 US＄10,000×(1,120－1,150)＝(－)3,000

• 세무조정

법인세법상 화폐성외화자산·부채와 환위험회피용 통화선도 등에 사업연도 종료일의 환율로 평가함을 선택한 경우이므로 상기 회계처리에 대하여 아무런 세무조정이 발생하지 않는다.

예 규

❶ 내국신용장을 개설하여 수출품생산대금을 결제하는 법인이 모든 거래처와 사전약정을 체결하고 대금결제 후 L/C 개설시의 환율을 적용하여 환차손익을 정산·수수하는 경우 그 수수금액을 지급하거나 지급받기로 확정된 날이 속하는 사업연도의 소득금액 계산시 익금 또는 손금에 산입하는 것임(법인 46012－3472, 1997. 12. 30.).

❷ 국내수출업자로부터 내국신용장을 개설받아 수출품을 납품하는 법인이 당해 수출업자와 사전약정을 체결하여 은행에서 수령한 "신용장상의 외화금액에 상당하는 원화금액"과 "신용장개설당시의 환율에 의한 원화금액"의 차액을 정산수수하는 경우 그 수수금액을 지급하거나 지급받기로 확정된 날이 속하는 사업연도의 익금 또는 손금에 산입하는 것임(법인 46012－47, 1998. 1. 8.).

❸ 수입원재료에 의해 제품을 생산하여 국내대기업에 납품하는 법인이 원재료수입시 금융기관과의 신인도문제로 연지급조건의 L/C개설이 어려워 대기업명의로 L/C를 개설하여 원재료를 수입한 후 당해 대기업에서 수입원재료를 수입원가로 공급받는 것으로 처리하고 수입대금결제시에 환율차이로 인하여 발생하는 환차손익을 쌍방이 수수하기로 함에 따라 실제로 수수하는 환차손익상당액은 각 사업연도소득금액 계산시 익금 또는 손금에 산입하는 것임(법인 46012－1521, 1998. 6. 11.).

❹ 유산스조건 수입원자재를 통관당시의 환율로 환산해 인도하고 유산스결제일의 환율

로 환산한 금액을 물품대로 하기로 함으로써 발생한 정산차액은 손익에 산입함(법인 46012-326, 1998. 2. 9).

❺ 외화예금을 새로운 외화예금으로 대체가입하는 경우 당초 장부상 원화금액을 변경하지 아니함(법인 46012-3458, 1997. 12. 30.).

❻ '상호합의'절차에 따라 조정된 소득금액을 계약에 의해 외화로 회수하거나 반환하는 경우 생기는 환차손익은 채권·채무가 확정된 날에 익금 또는 손금에 산입함(법인 46012-1400, 1998. 5. 27.).

(8) 해외사업장 재무제표 외화환산

1) 기업회계기준의 해외사업장 외화환산

① 해외사업장의 개별재무제표에서 외환차이는 당기손익

기업이 해외사업장으로부터 수취하거나 해외사업장에 지급할 화폐성항목 중에서 예측할 수 있는 미래에 결제할 계획이 없고 결제될 가능성이 낮은 항목은 실질적으로 그 해외사업장에 대한 순투자의 일부가 된다. 이러한 화폐성항목에는 장기 채권이나 대여금은 포함될 수 있으나 매출채권과 매입채무는 포함되지 아니한다. 이와 같이 보고기업의 해외사업장에 대한 순투자의 일부인 화폐성항목에서 생기는 외환차이는 해외사업장의 개별재무제표에서 당기손익으로 적절하게 인식한다.

② 보고기업과 해외사업장을 포함하는 재무제표에서는 기타포괄손익

그러나 보고기업과 해외사업장을 포함하는 재무제표(예 : 해외사업장이 종속기업인 경우의 연결재무제표)에서는 이러한 외환차이를 처음부터 기타포괄손익으로 인식하고 문단 23.17에 따라 관련 순투자의 처분시점에 자본에서 당기손익으로 재분류한다(일반기준 23.12).

2) 법인세법상 해외사업장의 과세표준 계산 특례

내국법인의 해외사업장의 과세표준 계산은 다음 3개의 방법 중 납세지 관할세무서장에게 신고한 방법에 따른다. 다만, 최초로 방법2 또는 방법3의 과세표준계산방법을 신고하여 적용하기 이전 사업연도의 소득에 대한 과세표준을 계산할 때에는 방법1의 과세표준계산방법을 적용하여야 한다(법법 §53의3).

방법1. 해외사업장 재무제표를 원화 외의 기능통화를 채택하지 아니하였을 경우에 작성

하여야 할 재무제표로 재작성하여 본점의 재무제표와 합산한 후 합산한 재무제표를 기준으로 과세표준을 계산하는 방법

방법2. 해외사업장의 기능통화로 표시된 해외사업장 재무제표를 기준으로 과세표준을 계산한 후 이를 원화로 환산(사업연도 종료일 현재의 매매기준율 등 또는 평균환율 중 신고한 환율로 환산)하여 본점의 과세표준과 합산하는 방법

이 경우 해외사업장에서 지출한 기부금, 접대비, 고유목적사업준비금, 책임준비금, 비상위험준비금, 퇴직급여, 퇴직보험료(제44조의2 제4항에 따른 확정기여형 퇴직연금 등의 부담금을 말한다), 퇴직급여충당금, 대손충당금, 구상채권상각충당금, 그 밖에 법·령에 따라 손금산입한도가 있는 손금 항목은 이를 손금에 산입하지 아니한다.

방법3. 해외사업장의 재무제표에 대하여 ㉠ 재무상태표 항목은 사업연도종료일 현재의 매매기준율을 ㉡ 포괄손익계산서 항목 중 ⓐ 감가상각비, 퇴직급여충당금, 대손충당금 등은 평균환율을, ⓑ 그 외 항목은 거래일 현재의 매매기준율 등 또는 평균환율 중 신고한 환율에 의하여 원화 환산한다. 그리고 본점 재무제표와 합산한 후 합산한 재무제표를 기준으로 과세표준을 계산하는 방법

* '방법2' 또는 '방법3'에 해당하는 과세표준계산방법을 신고하여 적용하는 법인은 과세표준계산방법이 서로 다른 법인간 합병, 인수 등 사유가 발생한 경우 외에는 과세표준계산방법을 변경할 수 없다.

사례 **해외사업장 또는 기능통화 적용시 과세표준 계산사례**

① (매출액) 상품 A, B, C를 각각 3. 1., 6. 1., 9. 1.에 USD 200에 판매
② (매출원가) 상품 A, B, C의 취득가액은 각각 USD 100(취득시 환율 1,000원)
③ (감가상각) 취득가액 USD 1,000(취득시 환율 1,000원)인 유형자산을 정액법으로 감가상각(내용연수 10년)
④ (양도차익) 장부가액 USD 500(취득시 환율 1,000원)인 유형자산을 9. 1. USD 800에 매각

※기능통화는 미국달러, 사업연도는 1월~12월, 법인세율은 20%(단일세율) 가정
※환율 : (3. 1.) 1,000 → (6. 1.) 1,010 → (9. 1.) 1,020 → (12. 31.) 1,030, (연평균) 1,015

구분		방법1	방법2	방법3
① 매출액	상품A	$200	₩200,000	₩200,000
	상품B	$200	₩202,000	₩202,000
	상품C	$200	₩204,000	₩204,000
	합계	$600	₩606,000	₩606,000
②매출원가		$300	₩300,000	₩300,000
③감가상각비		$1,000÷10 = $100	₩1,000,000÷10 =₩100,000	$100×1,015₩/$ =₩101,500*
④양도차익		$800 − $500 = $300	₩816,000 − ₩500,000 =₩316,000	$300×1,020₩/$ =₩306,000** (영업외수익)
과세표준 (①+④−②−③)		$500	₩522,000	₩510,500
원화 과세표준		₩507,500	₩522,000	₩510,500
원화 납부세액		₩101,500	₩104,400	₩102,100

* 기능통화로 작성된 손익계산서상 양도차익을 거래일 환율로 환산
** 기능통화로 계산한 과세표준을 당해 사업연도 평균환율로 환산하는 것으로 가정

3 소득세법

개인사업자의 기장환율 등은 법인세법과 동일하므로 앞 '제2절' 내용 중 '2. 법인세법'편을 참조 바란다. 다만 결산일 현재 화폐성외화자산·부채에 대한 평가손익을 개인사업자에는 인정하지 않는다. 소득세법시행령 제97조를 2008. 2. 22. 시행령 개정시 평가손익은 미실현이익으로서 권리의무확정주의에 부합하지 않아 화폐성 외화자산·부채의 평가차손익을 부인하는 것으로 개정하였다.

■ 김겸순

- 경희대학교 경영대학원 세무관리학과(석사) 졸업
- KBS1 라디오 매주 목요일 오후 6시 "오늘" 고정출연
- 국가전문행정연수원 자치행정연수부 강사
- 관세청 자체평가위원회 위원
- 영등포세무서, 영등포구청 심사위원
- ㈜뉴보텍 사외이사
- 서울지방세무사회 연수이사
- 국세청 자체평가위원회 위원
- 한국세무사회 조세정보위원회 위원장
- 영등포지역 세무사회 회장
- (현) 세무사
- (현) 세무법인 다솔위드 대표
- (현) 한국세무사회 연수원 교수
- (현) 국세청 수출입회계와 세무실무 강사
- (현) 삼일아카데미 등 강사

[주요저서]
- 「기업의 회계와 세무실무」(도서출판 다음)
- 「법인결산과 세무조정·신고실무」(경제법륜사)
- 「상법 규정관련 회계·세무처리실무」(경제법륜사)

■ 정재완

- 서강대학교 경영학박사(국제경영 및 무역전공)
- 제7회 관세사자격시험 합격
- 재정경제원(부) 세제실 행정사무관 및 서기관
- 관세청장비서관, 관세청심사정책과장
- 용당세관 세관장, 인천본부세관 통관국장
- 국립세무대학 교수(관세학과장)
- 한국관세학회 회장, FTA전문가포럼 회장
- 국무총리소속 조세심판원 조세심판관
- 한남대학교 무역학과 조교수~정교수
- (현) 관세사, 대문관세법인 고문

[주요저서]
- 「관세법」(공저, 도서출판 청람)
- 「대외무역법의 이해와 적용」(공저, 삼영사)
- 「21세기 무역학개론」(공저, 삼영사)
- 「HS 품목분류와 상품학」(공저, 삼영사)
- 「무역실무」(공저, 도서출판 청람)
- 「특급 보세사」(공저, 학연)외 다수

■ 황종대

- 국립세무대학 졸업
- 국세청 법령해석과
- 서울지방국세청 조사2국
- 서울지방국세청 송무국
- (현) 김앤장 세무법인

[주요저서]
- 「조합이론과 조세제도의 이해」
- 「부가가치세 실무」
- 「세법개론1 - 부가가치세법, 소득세법 외」

2025년판　무역 회계와 세무실무

2021년 4월 5일 초판 발행
2025년 7월 4일　5판 발행

		김	겸	순
저	자	정	재	완
		황	종	대
발 행 인		이	희	태
발 행 처		**삼일피더블유씨솔루션**		

저자협의
인지생략

서울특별시 용산구 한강대로 273 용산빌딩 4층
등록번호 : 1995. 6. 26 제3－633호
전　　화 : (02) 3489－3100
Ｆ　Ａ　Ｘ : (02) 3489－3141
Ｉ Ｓ Ｂ Ｎ : 979－11－6784－427－9　93320

※ '삼일인포마인'은 '삼일피더블유씨솔루션'의 단행본 브랜드입니다.

※ 파본은 교환하여 드립니다.　　　　　　　　　**정가 65,000원**